TEORIA JURÍDICA DA LIBERDADE SINDICAL

A PROTEÇÃO CONTRA OS ATOS ANTISSINDICAIS E ANTIRREPRESENTATIVOS

AUTORIA
PAULO ROBERTO LEMGRUBER EBERT

LTr®

TEORIA JURÍDICA DA LIBERDADE SINDICAL

A PROTEÇÃO CONTRA OS ATOS ANTISSINDICAIS E ANTIRREPRESENTATIVOS

2023

LTr®

LTr Editora Ltda.

Rua Jaguaribe, 571
CEP 01224-003
São Paulo, SP — Brasil
Fone: (11) 2167-1101
www.ltr.com.br
Junho, 2023

Projeto Gráfico e Editoração Eletrônica: Peter Fritz Strotbek - The Best Page
Projeto de Capa: Danilo Rebello
Impressão: Edições Loyola

Versão impressa: LTr 6409.6 — ISBN 978-65-5883-233-1
Versão digital: LTr 9886.7 — ISBN 978-65-5883-234-8

Dados Internacionais de Catalogação na Publicação (CIP)
(Câmara Brasileira do Livro, SP, Brasil)

Ebert, Paulo Roberto Lemgruber
Teoria jurídica da liberdade sindical : a proteção contra os atos antissindicais e antirrepresentativos / Paulo Roberto Lemgruber Ebert. — São Paulo : LTr, 2023.

Bibliografia.
ISBN 978-65-5883-233-1

1. Direito do trabalho — Brasil 2. Sindicalismo — Brasil 3. Trabalhadores — Direitos fundamentais I. Título.

23-150891 CDU-34:331(81)

Índice para catálogo sistemático:

1. Brasil : Direito do trabalho 34:331(81)

Eliane de Freitas Leite - Bibliotecária - CRB 8/8415

Dedico a presente tese à Marcela,
esposa e companheira de toda uma vida,
bem como aos pequenos Bernardo, Murilo e Silas,
que são as razões pelas quais trabalhamos
por um mundo melhor e mais justo.

Dedico-a, também, à minha mãe — Lucia Magalhães Lemgruber
e à memória de meu pai — Pedro Luiz Leão Velloso Ebert.

Agradecimentos

Agradeço, em primeiro lugar, a Deus por ter me permitido chegar até aqui e por me permitir vislumbrar novos horizontes.

Agradeço, igualmente, à Marcela, pela confiança, compreensão e carinho incondicionais em mim depositados ao longo da empreitada que ora se encerra.

Agradeço também aos colegas do Escritório Mauro Menezes & Advogados em São Paulo, Brasília e Salvador, que nos ladeiam na nobre luta diária pela concretização dos direitos dos trabalhadores.

Agradeço, ademais, aos colegas, professores e funcionários da Faculdade de Direito da Universidade de São Paulo, com quem tive o privilégio de conviver durante minha trajetória acadêmica.

E agradeço, em especial, ao Professor Guilherme Guimarães Feliciano, não apenas pela orientação da tese que deu origem ao presente trabalho, mas pelos valorosos ensinamentos a servirem de base para novas e desafiadoras empreitadas no universo acadêmico.

Sumário

Prefácio

O advogado **PAULO ROBERTO LEMGRUBER EBERT** já é bem conhecido do mercado editorial brasileiro, em razão de variegadas obras e estudos publicados no curso dos últimos anos, sempre com expressiva qualidade e estilo único. Citem-se, entre tantos, os excelentes "**Sindicato mais representativo e mutação constitucional:** uma proposta de releitura do art. 8º, II, da Constituição Federal" (LTr, 2007) e "**Mora legislativa em matéria trabalhista:** O caso paradigmático do aviso prévio proporcional" (LTr, 2014). Paulo Lemgruber é doutor em Direito do Trabalho pela Faculdade de Direito da Universidade de São Paulo, sob minha orientação; é especialista em Direito Constitucional pela Universidade de Brasília; é também especialista em Direito e Processo do Trabalho pelo Centro Universitário de Brasília; é pesquisador-líder do Grupo de Pesquisas e Extensão "Meio Ambiente do Trabalho" (GPMAT), da Faculdade de Direito da USP, que coordeno como docente, e para cuja formação/formalização Lemgruber foi essencial; e é também pesquisador associado do Grupo de Pesquisas "Constituição, Trabalho e Cidadania", da Faculdade de Direito da UnB.

Esta obra, porém, ainda não é conhecida do grande público. E, como de hábito (considerando-se a boa cepa e a excelência de sempre), mas também com rara oportunidade (mercê dos novos horizontes políticos que se desenham na República Federativa do Brasil, quiçá mais gentis para com o Direito do Trabalho), *é bom que seja.*

Este "**Teoria jurídica da liberdade sindical:** A proteção contra os atos antissindicais e antirrepresentativos" é o produto final da tese apresentada por Lemgruber à Egrégia Congregação da Faculdade de Direito da Universidade de São Paulo e que lhe valeu, em 2016, o já referido título de Doutor em Direito do Trabalho. À altura, foi examinado por rigorosa banca docente que, sob a minha presidência, soube honrar e valorizar a seriedade do estudo que tinha diante de si. Compuseram-na a Prof.ª Yone Frediani (FAAP), o Prof. Antonio Rodrigues de Freitas Júnior (USP), o Prof. Homero Batista Mateus da Silva (USP) e o Prof. Menelick de Carvalho Netto (UnB). Esse seleto grupo dedicou-se, ao longo de mais de quatro horas de arguição, à testagem sistemática das principais ideias ora vertidas, em todas as dimensões possíveis e úteis, do campo metodológico ao hermenêutico, passando pela necessária análise política e econômica de viabilidade das proposições mais ousadas. E a tese sobreviveu. Mais do que isso: *afirmou-se.* Será, a partir de agora, referência para inúmeros outros estudos de mesmo pendor.

Desdobrando os conteúdos de sua pesquisa, Lemgruber parte da força normativa dos princípios que estatuem direitos fundamentais no Estado Democrático de Direito — em uma abordagem que, diga-se, fia-se nas mesmas raízes tão bem expostas por K. HESSE ("*Die Normative Kraft der Verfassung*"),[1] mas não se reduz a ele — para discutir as diversas concepções doutrinárias em torno dos princípios e dos direitos fundamentais (nomeadamente, a positivista clássica, as "neoconstitucionalistas", a axiológica e a deontológica dos direitos fundamentais). A partir desse arcabouço compreensivo, passa a considerar a liberdade sindical como direito fundamental e como princípio dotado de força normativa, examinando-a desde os seus antecedentes histórico-conceituais até a sua consolidação no direito internacional, sem descurar das

(1) Sobre essas raízes, pode-se ver, por todos, WAHL, Rainer. Die normative Kraft der Verfassung: Die Antrittsvorlesung Konrad Hesses in ihrem historischen Kontext. *Der Staat*. Berlin: Duncker & Humblot, 2019, vol. 58, Iss. 2, p. 195–222.

circunstâncias políticas que antecederam a criação da Organização Internacional do Trabalho; e, por fim, aporta na tessitura normativa que hodiernamente molda as discussões sobre a liberdade sindical, incluindo o art. XXIII da Declaração Universal dos Direitos do Homem (1948), as Convenções ns. 87 (1947), 98 (1949), 154 (1981) e 158 (1982) da OIT, o Protocolo de San Salvador da OEA (1988) e, mais recentemente — já sob a inflexão que a OIT engendrou, no final do século XX, em direção à *soft law* —, a Declaração de Princípios Fundamentais da OIT (1998), a Declaração da OIT sobre a Justiça social para uma Globalização Equitativa (2008) e o Pacto Mundial para o Emprego (2009). A seguir, o debate é recomposto sob as balizas da realidade jurídica e socioeconômica nacional, desde a abolição da escravatura, a fase protoindustrial da economia brasileira e o subsequente advento do Estado Novo até a dita Reforma Trabalhista de 2017 (Lei n. 13.467/2017), que levou, nas palavras do autor, à "asfixia das entidades sindicais". Na sequência, como contraponto axiológico e alternativa jurídico-argumentativa para esse estado de coisas, Paulo Lemgruber redescobre, a partir de explícitas e sólidas linhas dworkinianas, o conteúdo histórico-institucional do princípio da liberdade sindical, com suas repercussões de trato individual e coletivo. Em suas próprias palavras,

> [...] o conteúdo do princípio da liberdade sindical consagrado na Constituição Federal de 1988 como uma instituição dotada de um conteúdo historicamente definido é formado em seu plano individual pelo direito conferido aos trabalhadores e aos empregadores à criação de entidades sindicais — dentro dos limites formulados pela regra da unicidade por categoria profissional na base territorial mínima de um município — bem assim pelas faculdades de livre filiação, participação e desfiliação titularizadas pelos obreiros e pela proteção de tais atores contra os atos antissindicais; [...] No plano coletivo, a garantia em referência tem por conteúdo histórico-institucional reconhecido pela Constituição Federal de 1988 os direitos à livre organização e administração, bem como as garantias de ação sindical — a incluir o direito à definição dos motivos pertinentes à deflagração da greve — e de filiação a outras organizações representativas nacionais e internacionais e, ainda, a tutela contra a interferência governamental em seus assuntos internos e contra a ingerência recíproca das entidades de trabalhadores e empregadores umas nas outras; [...]

E, ademais,

> [...] à luz do conceito de *integridade* a caracterizar a concepção deontológica dos direitos fundamentais, pode-se dizer que o reconhecimento em torno da proteção das representações unitárias e sindicais dos trabalhadores nos locais de trabalho constitui um capítulo adicional à trama da liberdade sindical, cuja elaboração logrou a atualização da concepção ideológica originária do franco associativismo; [...]

Restaria discutir, talvez, sem excessos historicistas, os conteúdos juridicamente possíveis e razoáveis — ou, dir-se-ia no jardão alexyano, *proporcionais* — de cláusulas gerais como "livre organização e administração sindical", "tutela contra a interferência governamental" ou "proteção das representações unitárias e sindicais". Mas esse é outro debate.

Lemgruber também dedica todo um capítulo ao necessário estudo da dogmática dos atos antissindicais e antirrepresentativos — que, aliás, correta e precisamente distingue —, estabelecendo novos marcos para a retormada do debate em torno da regulamentação da matéria no Brasil (que, espera-se, virá brevemente, sob ventos designadamente "trabalhistas", soprando forte a partir das eleições presidenciais consumadas em 30 de outubro p.p., para o gáudio dos democratas). Em sua visão, à qual adiro,

> [...] a proteção contra os chamados *atos antissindicais* e *atos antirrepresentativos* é componente inafastável do direito à liberdade sindical titularizado por trabalhadores e suas respectivas entidades, não havendo como concebê-lo sem reconhecer a incompatibilidade existente entre aquelas condutas discriminatórias e os aspectos individuais e coletivos que vêm configurando, historicamente, aquela garantia fundamental. [...] No entanto, em que pese a existência de dispositivos constitucionais e infraconstitucionais no ordenamento jurídico brasileiro a consagrarem aspectos individuais e coletivos cruciais do direito à liberdade sindical e a nulificarem as condutas lesivas a tais posições jurídicas, os titulares das referidas garantias — em especial os trabalhadores e seus sindicatos — não vêm conseguindo extrair das normas em apreço a devida proteção contra as práticas antissindicais e antirrepresentativas de que são vítimas. [...] A explicação para tal vicissitude reside no fato de que a interpretação usualmente conferida aos dispositivos principiológicos consagradores do direito à liberdade sindical insiste em enxergá-los como normas carentes de autoaplicabilidade — ou como normas programáticas —, destituídas de aptidão para regular, por si só, as situações concretas a envolverem atos antissindicais e antirrepresentativos. [...] Tal concepção restritiva e formalista a respeito da proteção jurídica contra os atos antissindicais e antirrepresentativos é um dos pontos de vista que o presente trabalho pretende superar ao longo de seus sete capítulos, por intermédio da demonstração de que os dispositivos principiológicos positivados no ordenamento jurídico pátrio a conformarem o direito à liberdade sindical possuem força normativa suficiente para prevenir e coibir aquelas condutas discriminatórias e que, por tal razão, é possível delimitar em que medida os trabalhadores, os servidores públicos e suas entidades representativas encontram-se protegidos contra tal sorte de práticas. [...]

Por outro lado, o Autor também sustenta, coerentemente com o conjunto de sua obra pregressa (e, nesse ponto, temos divergências, a tempo apontadas durante a banca), que

> [...] a importação da metódica da *ponderação de bens* e de seus subprincípios da *adequação*, da *necessidade* e da *proporcionalidade em sentido estrito*, a ter em Robert Alexy seu principal expoente [...], [e] a concepção axiológica e seu método característico não se mostram adequados para promover o desvelamento do conteúdo objetivo inerente aos direitos fundamentais — dentre eles a liberdade sindical — porquanto a fixação do significado em concreto destes últimos dependerá, ao fim e ao cabo, da discricionariedade do aplicador autorizado que acabará por definir o *peso* que cada princípio terá naquela operação pretensamente neutra a envolver a *ponderação de bens*. [...]

E, nessa mesma linha de raciocínio, propõe,

> [...] [c]omo alternativa a tal visão acerca dos direitos fundamentais, [...] [a] concepção deontológica, que busca compreendê-los como efetivos *direitos institucionais* dotados de um conteúdo objetivo cujas características foram historicamente adquiridas e lhes conferem, por isso mesmo, notas distintivas em relação a outros institutos jurídicos [...].

É, sem dúvida, uma vereda desafiadora. E quiçá mais efetiva, mercê dos erráticos "juízos de proporcionalidade" praticados no Judiciário nacional, não raro desconcertantes e avessos à própria metodologia alexyana.(2)

Por esses caminhos, enfim, Paulo Lemgruber conclui, com todo acerto, que, no Brasil, a liberdade sindical segue a demandar dos juristas — e, diríamos nós, especialmente dos juízes, dos advogados e dos legisladores — a *"atualização de seu escopo tutelar com vistas à agregação daqueles novos supostos fáticos e a coerência de tal reação com o principal elemento institucional a caracterizar a garantia em tela, qual seja, o oferecimento de condições aos obreiros para que estes últimos possam exercer um efetivo contrapoder aos desígnios patronais"*, em condições de paridade de armas com os detentores dos meios de produção.

Seria isso historicamente possível?

Não pergunte, caro leitor. Outra vez ingressaríamos em um longo debate — senão interminável —, estranho à presente obra. Althusser talvez objetasse, com razão, que "[t]*odos os Aparelhos Ideológicos de Estado, sejam quais forem, contribuem para um mesmo resultado: a reprodução das relações de produção, isto é, das relações capitalistas de exploração. Cada qual contribui para esse resultado único da maneira que lhe é própria*".(3) Não seria diferente com o Direito.

O ideal filosófico, porém, não raro obnubila a visão. O jurista, por isso, deve ser pragmático, sem perder o idealismo. E, do ponto de vista pragmático — como, de resto, do ponto de vista ético, jurídico e até mesmo econômico (no sentido de que as crises cíclicas do capitalismo reduzam o seu passo acelerado ao longo do século XXI) —, não há outro norte a seguir.

Conheça-o, pois, a partir da próxima página.

São Paulo, verão de 2023.

Guilherme Guimarães Feliciano

Professor Associado I do Departamento de Direito do Trabalho e da Seguridade Social da Faculdade de Direito da Universidade de São Paulo.

Titular da Cadeira n. 53 da Academia Brasileira de Direito do Trabalho.

Doutor e Livre-Docente pela Faculdade de Direito da Universidade de São Paulo.

Doutor pela Faculdade de Direito da Universidade de Lisboa.

Pós-Doutor pelo *"Ius Gentium Conimbrigae"*/Centro de Direitos Humanos (Faculdade de Direito da Universidade de Coimbra).

Docente coordenador dos Núcleos de Pesquisa e Extensão "O Trabalho além do Direito do Trabalho" (FDUSP) e "Meio Ambiente do Trabalho" (FDUSP).

Presidente da Associação Nacional dos Magistrados da Justiça do Trabalho — Anamatra (2017/2019).

Presidente da Associação dos Magistrados da Justiça do Trabalho da 15ª Região — Amatra XV (2011/2013).

Juiz Titular da 1ª Vara do Trabalho de Taubaté/SP.

---

(2) Nesse sentido, pode-se ver, por todos, STRECK, Lênio L. A Katchanga e o bullying interpretativo no Brasil. Senso incomum (coluna). Revista Consultor Jurídico, 28 jun. de 2012. Disponível em: <https://www.conjur.com.br/2012-jun-28/senso-incomum-katchanga-bullying-interpretativo-brasil>. Acesso em: 24 jan. 2023. Ao longo do texto, Streck identifica, no pendor decisionista de Alexy, o "mito Katchangal" que, no Brasil, desdobrou-se como uma "ponderação à brasileira." Do mesmo autor, aliás, convergindo com as teses de Lemgruber, v. STRECK, Lênio L. O novo Código de Processo Civil (CPC) e as inovações hermenêuticas: O fim do livre convencimento e a adoção do integracionismo dworkiniano. In: Revista de Informação Legislativa. Brasília: Senado Federal (Coordenação de Edições Técnicas), abr./jun. 2015. n. 206.

(3) ALTHUSSER, Louis. Aparelhos ideológicos de Estado. In: ZIZEK, S. (Org.). *Um mapa da ideologia.* Trad. Vera Ribeiro. Rio de Janeiro: Contraponto, 2013. p. 121.

Prólogo. Sindicatos: Para Que?

O estudo ora publicado tem por base a tese de doutoramento defendida junto à Faculdade de Direito da Universidade de São Paulo em abril de 2016 sob o título *O conteúdo deontológico da liberdade sindical e a proteção contra os atos antissindicais e antirrepresentativos*. Naquela quadra, o País vivenciava uma forte crise política e econômica que culminaria, alguns meses mais tarde, com o afastamento da então ocupante da Presidência da República e com a intensificação de uma agenda de reformas clamada, já há algum tempo, pelos agentes do mercado e por grande parte dos veículos de comunicação.

Dentre as reformas *encomendadas* ao novo governo pelos agentes econômicos que apoiaram sua emergência, ao cabo de um custoso processo de *impeachment*, aquela que encabeçava a lista de prioridades se fazia representada, justamente, pela *Reforma Trabalhista*, insuflada, à ocasião, pela crença amplamente propagada nos mais diversos meios de comunicação a respeito da obsolescência da Consolidação das Leis do Trabalho e, principalmente, do caráter inflexível de suas normas como as principais causas para os altíssimos índices de desocupação entre a população economicamente ativa.

Assim, logo no final daquele ano de 2016 o Poder Executivo encaminhou ao Congresso Nacional um projeto de lei (PL n. 6.787/2016) contendo as vigas mestras do que seria a *Reforma Trabalhista* pleiteada pelos agentes econômicos. Nessa versão inicial, as alterações legislativas limitar-se-iam (i) a questões afetas às multas e ao regime de trabalho a tempo parcial; (ii) à previsão acerca das *representações de trabalhadores nos locais de trabalho*; (iii) à instituição do regime do *negociado sobre o legislado*, com o elenco das matérias passíveis de enquadramento em tal sistemática e (iv) à ampliação do chamado *trabalho temporário* (*terceirização*).

No entanto, tão logo chegou ao Congresso Nacional, o Projeto de Lei n. 6.787/2016 recebeu um texto substitutivo que ampliou significativamente o escopo da chamada *Reforma Trabalhista* e afetou fortemente a atuação das entidades sindicais, não apenas nos aspectos cotidianos concernentes ao desempenho de suas atividades regulares, como também nas questões pertinentes ao enfrentamento de suas contrapartes, especialmente na arena da negociação coletiva.

Sob o aspecto *operacional*, o texto do substitutivo que se tornou a Lei n. 13.647, de 13.7.2017, acabou por dificultar (e até mesmo por impossibilitar, em muitos casos), a ação sindical desenvolvida pelas entidades, na medida em que o desconto compulsório da contribuição sindical foi cessado de maneira abrupta, sem que houvesse o estabelecimento de quaisquer mecanismos de transição a fim de lhes possibilitar a adequação paulatina à nova sistemática e a fim de que pudessem se mobilizar, com mais tempo e tranquilidade, para buscar novas formas de custeio junto às respectivas categorias.

Já sob o aspecto *negocial*, o texto da *Reforma Trabalhista* acabou por ferir de morte o poder de barganha que os sindicatos obreiros titularizavam até então com a *ultratividade* dos instrumentos de autorregulação coletiva (acordos e convenções coletivas) para além do período de vigência destes últimos, conforme havia sido definido na Súmula n. 277 do Tribunal Superior do Trabalho.[(1)]

(1) "Súmula n. 277. As cláusulas normativas dos acordos coletivos ou convenções coletivas integram os contratos individuais de trabalho e somente poderão ser modificadas ou suprimidas mediante negociação coletiva de trabalho."

Com a eliminação de tal sistemática, a inércia tende a ser favorável às contrapartes patronais, de modo que as entidades representativas dos interesses obreiros se veem confrontadas com a contingência de anuir com as propostas das empresas, sob pena de perder as conquistas históricas das categorias consagradas em seus acordos e convenções coletivas, em notória afronta ao *equilíbrio de forças* que deve permear as negociações coletivas, a teor do art. 7º, XXVI, da Constituição Federal e das Convenções ns. 98 e 154 da OIT.(2)

Nesse mesmo sentido, o substitutivo que veio a se tornar a *Reforma Trabalhista* eliminou expressamente a exigência de *contrapartidas recíprocas* quando da elaboração dos acordos e das convenções coletivas de trabalho, o que, na prática, favorece a transformação de tais instrumentos em verdadeiros *contratos de adesão* elaborados de modo unilateral pela contraparte patronal e acaba por rebaixar a negociação coletiva a um mero simulacro em que as entidades obreiras não têm qualquer peso ou voz.

Some-se a isso as demais diretrizes constantes da *Reforma Trabalhista* que estabelecem de maneira peremptória (i) a prevalência dos *acordos coletivos* sobre as *convenções coletivas*; (ii) a dispensa da participação do sindicato obreiro nas deliberações concernentes às demissões coletivas e (iii) que pretendem limitar o escopo analítico das respectivas cláusulas pela Justiça do Trabalho à *"conformidade dos elementos essenciais ao negócio jurídico"*.

É nesse ambiente amplamente desfavorável ao estabelecimento de um processo negocial em igualdade de condições informativas e em equilíbrio real de forças que o texto da *Reforma Trabalhista* consagrou a prevalência do *negociado sobre o legislado* em uma série de matérias extremamente sensíveis à integridade psicofísica dos trabalhadores, chegando ao extremo de preconizar em certo momento (art. 611-B, parágrafo único) que *"as regras sobre duração do trabalho e intervalos não são consideradas como normas de saúde, higiene e segurança do trabalho"*!(3)

A despeito das justificativas oficiais apresentadas desde o advento do substitutivo ao PL n. 6.787/2016, o fato é que o tratamento conferido aos sindicatos e ao instituto da negociação coletiva por seu texto tem por real intuito o enfraquecimento das entidades representativas dos trabalhadores (especialmente daquelas mais atuantes), sob a crença de que o poder de barganha exercido por estas últimas no lídimo exercício de suas ações institucionais representariam um entrave à flexibilização de regras, à competitividade dos empresários e, finalmente, à geração de postos de trabalho.(4)

Sobre a eliminação da *ultratividade* por força da Lei n. 13.467/2017, *vide*: AZEVEDO NETO, Platon Teixeira de. A Reforma Trabalhista e a vedação da ultra-atividade das normas coletivas: retrocesso social? In: FELICIANO, Guilherme Guimarães *et alii*. *Reforma Trabalhista.* Visão, compreensão e crítica. São Paulo: LTr/ANAMATRA, 2017. p. 187-197.

(2) Afinal, conforme preceituam Mauricio Godinho Delgado e Gabriela Neves Delgado: "Sendo o empregador, regra geral (...) ser coletivo típico — uma vez que sua forma de estruturação, via empresa e instituições, e o impacto de suas ações, todos ostentam dimensão coletiva relevante —, apenas por intermédio da estruturação coletiva também dos trabalhadores é que estes alcançarão a aptidão para se posicionarem diante do empregador em situação de alguma paridade e equilíbrio." DELGADO, Mauricio Godinho; DELGADO, Gabriela Neves. *A reforma trabalhista no Brasil com os comentários à Lei n. 13.467/2017.* São Paulo: LTr, 2017. p. 44.

(3) Sobre o dispositivo em apreço, Mauricio Godinho Delgado e Gabriela Delgado Neves asseveram que: "A Constituição Federal, relativamente à proteção do ser humano e de sua saúde, afirma inequivocamente o princípio da inviolabilidade do direito à vida (...), corolário lógico do princípio da dignidade da pessoa humana (...) e do princípio da centralidade dessa pessoa na ordem jurídica e na vida socioeconômica.

(...)

Não há como, dessa maneira, a singela disposição jurídica ordinária (parágrafo único do art. 611-B da CLT) fazer *tabula rasa* de todo o estuário normativo constitucional arquitetado em respaldo à saúde da pessoa humana trabalhadora." *Ibidem*, p. 270.

(4) Os ataques ao movimento sindical no Brasil também se explicam, em certa medida, pelo crescimento do que Antônio Rodrigues de Freitas Júnior classifica como "populismo liberal-conservador, a partir do governo de Michel Temer e da eleição de Jair Bolsonaro, em 2018. Tal tendência é caracterizada, segundo o autor e em apertada síntese, pela crença cega no ideário do livre-mercado, aliada à celebração do nacionalismo, de uma moral conservadora e da descrença nas orientações científicas e nos valores democráticos.

Trata-se, na essência, das mesmas ideias postuladas pelo economista alemão Friedrich Hayek em seus ensaios do início da década de 1980, nos quais responsabilizou os chamados *privilégios sindicais* assegurados em lei pela decadência econômica vivenciada no Reino Unido e pela perda de competitividade de suas empresas no comércio internacional diante do surgimento de novos polos industriais sediados em países com legislações mais flexíveis e com mão de obra mais barata. Sob tal lógica, a perda de poder de barganha por parte das entidades representativas dos trabalhadores seria compensada pela possibilidade de conquista de novos mercados em decorrência do barateamento dos custos de produção e pelos incrementos na geração de empregos.(5)

Ocorre, todavia, que a implementação prática de tal ideário, antes de acarretar ganhos de competitividade às economias que precarizam suas relações coletivas de trabalho, as conduz a uma verdadeira *corrida ao fundo do poço,* na expressão cunhada por Jürgen Habermas e empregada por Onofre Alves Batista Júnior, pois o enfraquecimento das entidades sindicais – especialmente naqueles países onde elas exerceram historicamente algum protagonismo – contribuirá substancialmente para a redução da massa salarial, bem como para a perda do poder de compra dos trabalhadores e, consequentemente, para a redução da atividade econômica e, no extremo, para a recessão.(6)

Especificamente sobre o tema em apreço, o autor observa que: "Entre as instituições de mediação e de representação política que o populismo liberal-conservador tem se empenhado em desqualificar, isolar e enfraquecer — quando não for possível aniquilar — notabilizam-se os sindicatos de trabalhadores. Os sindicatos, nesse cenário, são hostilizados sob o argumento de que representam apenas a 'elite' dos trabalhadores e, portanto, 'inimigos', de seus interesses. O ataque aos sindicatos coincide com um processo de persistente e crescente enfraquecimento de sua capacidade de arregimentação e de protagonismo conflitual, que remete, com breves intervalos, a meados dos anos 1980.

(...)

Esse quadro mostra-se, contudo, ainda mais agudizado com as evidentes dificuldades, exibidas pela maioria das organizações sindicais de trabalhadores, de lidar com a crescente precarização das relações de trabalho, bem assim como com a emergência de novos arranjos de relação laboral, que o trabalho sob demanda em plataforma parece caso exemplar." FREITAS JÚNIOR, Antonio Rodrigues de. *Direito do Trabalho e populismo:* de Vargas a Bolsonaro. Campinas: Lacier Editora, 2022. p. 69.

(5) Em um de seus escritos mais icônicos, Hayek assim resume o *diagnóstico* da situação vivenciada pela Inglaterra e o *remédio* a ser ministrado:

"No hay esperanza de que Inglaterra mantenga su posición en el comercio internacional — lo cual significa para su pueblo que no hay esperanza de mantener su ya reducido nível de vida —, a menos que se prive a los sindicatos de sus poderes coactivos. Mientras sigan teniéndolos, aun sus dirigentes más sensatos, según vemos todos los días, se verán obligados a ejercelos por parte de grupos pequeños. Lo cual es matar empresa tras empresa y provocar un derroche continuo de capital, con consecuencias que todavia no hemos experimentado del todo. Por los errores legislativos del passado, tienen agarrada a Inglaterra por el cuello y no pueden entender que están matando la gallina de los huevos de oro. (...) Todo lo que puedo decir con convicción es que, *mientras la opinión general haga politicamente imposible privar a los sindicatos de sus poderes coactivos, será también imposible la recuperación económica de Inglaterra.*

Ya alarma bastante mirar desde dentro la evolución inglesa. Pero nos lleva a una desesperación completa observar lo que está sucediendo en el resto del mundo mientras Inglaterra sigue paralisada por las consecuencias de los privilégios que irresponsablemente se otorgaron por la ley a los sindicatos. Al ver como incluso Japón está siendo derrotado ahora en cada vez más terrenos por Corea del Sur y por otros recién llegados que han descubierto los benefícios del mercado libre, no podemos menos de temblar al preguntarnos si dentro de unos cuantos años Inglaterra podrá alimentar a su pueblo.

(...)

No se trata sólo de si Inglaterra puede prescindir de coches u otros produtos japoneses o coreanos. Se trata de si podemos hacer que otros países compren barcos, o sapatos, o acero, o produtos textiles o químicos ingleses, cuando no sólo las fábricas y los astilleros japoneses y coreanos los producen mejores y más baratos, sino cada vez más pueblos superan a Inglaterra en competência en muchas cosas...y cuando no sólo los científicos y los inginieros, sino también los obreros especializados ingleses encuentran que pueden vivir mejor en otros países cuya estrutura industrial no ha quedado anquilosada por las restricciones sindicales. Todavía puede ofrecernos salida un cambio drástico, pero será certamente demasiado tarde si dejamos passar outro decenio sin que nadie se atreva a tocar la vaca sagrada [sindical]." HAYEK. Friedrich. *Sindicatos, ¿para qué?* Madrid: Unión Editorial, 2009, p. 102-103.

(6) Segundo o autor: "Na modernidade líquida, o capital, sempre em busca de maiores lucros, rompeu o pacto que perdurou no *Welfare State* e se liquefez, fugindo para outras fronteiras, deixando o Estado sem condições de fazer frente às necessidades e anseios sociais da massa (servil) de trabalhadores. (...) Do lado dos empregadores, deseja-se 'viajar

A realidade vivenciada pelos países que se valeram, em maior ou menor medida, da flexibilização do marco regulatório das relações coletivas de trabalho nas últimas décadas no ensejo de aumentar a competitividade de suas respectivas economias indica, justamente, a baixíssima efetividade — ou mesmo a inefetividade — de tais medidas para os fins pretendidos, particularmente no que concerne à geração de empregos e à reativação econômica. O máximo alcançado pelas *reformas trabalhistas* foi, justamente, a proliferação de ocupações precárias alternativas ao vínculo de emprego tradicional, cujas remunerações em patamares muito baixos não logram aumentar a massa salarial da população e, consequentemente, tendem a brecar a expansão do consumo e a ampliar a concentração de riqueza nos estratos sociais mais elevados.(7)

No Brasil é exatamente esse o cenário constatável quatro anos após a promulgação da *Reforma Trabalhista* plasmada na Lei n. 13.467/2017, incrementado, em grande medida, pela persistente pandemia de Covid-19 e pela desastrosa gestão da economia e da crise sanitária por parte do Governo Federal no período em referência. Dados recentes (de janeiro/2022) atestam que os parcos pontos percentuais acrescidos ao nível de emprego no País decorrem, exatamente, de ocupações precárias com remunerações próximas ao salário mínimo e até mesmo inferiores a tal patamar.(8)

De fato, as *reformas trabalhistas* consideradas de *per se* em nada (ou muito pouco) contribuem para o incremento da atividade econômica e para a mitigação dos efeitos advindos dos processos de deslocalização dos grandes empregadores (especialmente no setor industrial), da subcontratação de mão de obra, da horizontalização dos processos produtivos, da automação, da precarização das relações laborais, da extinção de profissões e dos demais impactos provenientes das mudanças tecnológicas. Tais efeitos, antes de se apresentarem como meros fenômenos conjunturais a afetarem as economias locais em momentos cíclicos, consistem, na realidade, em elementos configuradores das estruturas contemporâneas do capitalismo que transcendem as fronteiras e as jurisdições nacionais.(9)

---

com pouca bagagem', do lado dos trabalhadores, resta 'mais estresse, insegurança e distanciamento psicológico'. O capital escapou do poder estatal e, assim, a massa de cidadãos foi obrigada a se render impotente e desamparada ao grande capital fluido, reverenciando e servindo a riqueza." BATISTA JÚNIOR, Onofre Alves. *O outro leviatã e a corrida ao fundo do poço*. Coimbra: Almedina, 2015. p. 135-136.

(7) De acordo com a crítica formulada por Mauricio Godinho Delgado:

"O argumento corrente sustentava (e ainda o faz) que a redução do custo trabalhista para as empresas teria o condão de elevar o número de contratações no sistema socioeconômico, mesmo que por pactos menos retributivos da força de trabalho.

De maneira geral, entretanto, o implemento desse tipo de reformulação trabalhista tende a agravar os efeitos sofridos pelos níveis de emprego e pelos trabalhadores nas respectivas economias e sociedades, em face da repercussão concentracionista de riqueza que enseja, além da diminuição da participação do valor-trabalho na renda nacional correspondente." DELGADO, Mauricio Godinho. *Capitalismo, trabalho e emprego*. Entre o paradigma da destruição e os caminhos da reconstrução. 2. ed. São Paulo: LTr, 2015. p. 65-66.

(8) Cf., a propósito: <https://www.terra.com.br/economia/entenda-por-que-a-reforma-trabalhista-nao-reduziu-o-desemprego,ff2cb08148d5d29c20dbc24fabe3c37drfxje8i7.html>. Acesso em: 26-jan. 2022; <https://www.oantagonista.com/economia/economista-diz-que-inflacao-e-informalidade-explicam-queda-da-renda>. Acesso em: 28-jan. 2022.

(9) Ao elaborarem uma análise do mercado de trabalho após a recessão experimentada pelos principais países da União Europeia entre as décadas de 2000 e 2010 e após a implementação das sucessivas Reformas Trabalhistas, María Isabel Heredero de Pablos e Santos Miguel Ruesga Benito constataram que:

"Los sectores económicos de escasso valor añadido, cuyas exigencias de cualificación e intensidad tecnológica son bajas, y dominados por las pymes, son los que han facilitado la extensión de un trabajo más precario.

En los países donde la estructura productiva muestra este perfil, como en España y Italia, los resultados sobre la calidad del empleo han sido especialmente negativos. Pero también en otros países, como el Reino Unido y Francia, con diferentes rasgos respecto a la estrutura productiva, se ha generado una dualidad en el mercado de trabajo cuyo efecto neto ha sido un avance del subempleo em forma de temporalidad y parcialidad involuntaria.

(...)

Con ello, el año de 2014 confirma que la recuperación del empleo viene acompañada de precariedad en una parte extensa del território europeo, bajo diferentes formas, y que en parte determinan la devaluación de las retribuciones

Se há intenção em enfrentar tais estruturas do capitalismo contemporâneo, qualquer estratégia que se pretenda engendrar nesse desiderato deve ser perpassada, necessariamente, pelo fortalecimento dos sindicatos nos cenários locais e, em paralelo, pela promoção do princípio da *liberdade sindical* no âmbito global, a fim de que os ordenamentos internos dos Estados possam encampá-lo em sua plenitude, de modo a fortalecer as entidades representativas e capacitá-las para o exercício efetivo da defesa dos interesses obreiros e do contrapoder aos desígnios empresariais nas negociações coletivas.

O acúmulo de experiências históricas vivenciadas especialmente nas últimas décadas do século XIX e no século XX demonstra que os sindicatos tiveram papel protagonístico na obtenção de melhores condições de trabalho e de vida por intermédio da encampação de lutas voltadas para a redução das jornadas, para a majoração dos salários e, principalmente, para a implementação de melhores condições de labor. É possível afirmar, nesse sentido, que os sindicatos são os responsáveis por assegurar os patamares mínimos de *dignidade humana* nas relações trabalhistas, com visíveis e sensíveis reflexos nas sociedades, sendo essa exatamente a razão pela qual a *liberdade sindical* se faz presente na Declaração Universal dos Direitos Humanos (art. 23) e nos principais tratados internacionais de Direitos Humanos.

Por mais eloquentes que tenham sido os apelos romantizados em torno do *empreendedorismo* individual e da pretensa necessidade de flexibilização das relações de trabalho, especialmente veiculados a partir das décadas de 1980 e 1990 e intensificados no transcurso do século XXI, a notória precarização dos postos de trabalho iniciada a partir das ocupações a tempo parcial e intensificadas com o fenômeno da *uberização*, aliadas à institucionalização do *dumping social* e do *law shopping*, vem fazendo com que os trabalhadores das gerações mais recentes "redescubram" os sindicatos a partir da percepção de que o enfrentamento dos tomadores de serviços por melhores condições de vida e de labor somente pode ocorrer, com alguma chance de êxito, no plano coletivo.(10)

E, efetivamente, não se pode negar que esses fenômenos são os principais responsáveis pela redução do nível de vida dos trabalhadores no mundo contemporâneo, seja nos países desenvolvidos, onde o emprego formal vem dando lugar às ocupações precárias, seja nos chamados *emergentes* "beneficiados" pelo *law shopping*, onde os postos de trabalho conjugam, em grande parte, extensas jornadas, baixos salários e péssimas condições labor-ambientais. O panorama global é, portanto, caracterizado por uma tendência clara de rebaixamento generalizado do nível de vida dos trabalhadores, bem como de concentração de renda nos estratos mais elevados da pirâmide social, propiciado pela mobilidade do capital produtivo, pela crescente financeirização e pela liberdade para transcender as fronteiras nacionais em busca da mão de obra mais barata, em uma verdadeira reedição ampliada (e agravada) dos flagelos sociais que antecederam (e inspiraram) o advento das primeiras leis trabalhistas em meados do século XIX.

Diante de tal cenário, pode-se afirmar que os sindicatos permanecem tendo um papel central na contemporaneidade, para além de uma importantíssima função sócio-econômica, pois serão eles — tanto no mundo desenvolvido, quanto nos países ditos *emergentes* — os únicos atores coletivos capazes de extrair dos empresários (e dos *tomadores de serviços*, em geral) avanços nas condições de trabalho e no nível de vida dos trabalhadores que, ao fim e ao cabo, pavimentarão o crescimento estável e duradouro dos indicadores econômicos (PIB, taxas de emprego, consumo, poupança etc.) e viabilizarão, por conseguinte, a própria subsistência equilibrada do sistema capitalista.(11)

---

del mercado laboral." PABLOS, María Isabel Heredero de; BENITO, Santos Miguel Ruesga. *Instituciones laborales en Europa*. Cambios durante la Gran Recesión. Valencia: Tirant lo Blanch, 2019, p. 123.

(10) *Vide*, a propósito: <https://www.cnnbrasil.com.br/business/por-que-a-geracao-z-esta-se-sindicalizando-nos-eua/>. Acesso em: 26 jan. 2022.

(11) Conforme assevera António José Avelãs Nunes: "A verdade é que o salário pago aos trabalhadores não é apenas um elemento dos custos de produção, é também o rendimento que alimenta o poder de compra da grande maioria da

Para tanto, é preciso buscar, no plano internacional, o fortalecimento do direito fundamental à *liberdade sindical*, de modo a que este último se descole do universo abstrato das declarações de princípios e adquira vivência concreta nos instrumentos multilaterais de comércio exterior, por intermédio, a título exemplificativo, da inserção de dispositivos que permitam a adoção imediata de represálias aos países exportadores que se valerem do *law shopping*, do *dumping social* e, principalmente, do enfraquecimento deliberado da ação sindical, no ensejo de baratear o custo de produção e de exportação de seus produtos.

Nesse desiderato, poder-se-ia cogitar, igualmente a título exemplificativo, na legitimação do estabelecimento de tarifas e alíquotas tributárias majoradas, ou mesmo na proibição de importação de produtos oriundos dos países adeptos de tais práticas, bem como na imposição, a ser veiculada nos tratados de livre-comércio, de que os Estados signatários adotem em suas legislações internas mecanismos que determinem às suas empresas multinacionais a elaboração de *códigos de conduta*, a definirem os padrões mínimos de Direito do Trabalho que serão observados em seus negócios no exterior, tendo como piso, naturalmente, aquelas diretrizes previstas nos principais documentos da OIT sobre o tema, com destaque para a *Declaração de Princípios Fundamentais*, de 1998, na *Declaração sobre a Justiça social para uma Globalização Equitativa*, de 2008, e no *Pacto Mundial para o Emprego*, de 2009.(12)

Trata-se, em síntese, da elaboração não exaustiva de patamares mínimos civilizatórios a serem observados pelos países, no jogo do livre comércio, a fim de evitar os prejuízos recíprocos e os efeitos perversos decorrentes do *law shopping* e do *dumping social* e no ensejo de viabilizar a atuação sindical com vistas à obtenção de melhores condições de vida e trabalho tanto nos países desenvolvidos, quanto nos países ditos *emergentes*, em benefício último do fortalecimento de seus mercados de consumo e de seu próprio crescimento econômico em condições de equilíbrio.(13)

Paralelamente a isto, acreditamos que, no plano doméstico, as legislações devem trilhar o caminho oposto àquele vislumbrado por textos como a Lei n. 13.467/2017, que consagrou, entre nós, a *Reforma Trabalhista*, de modo a buscar o fortalecimento dos sindicatos por intermédio

---

população que há de comprar as mercadorias que foram produzidas com o único objetivo de serem vendidas no mercado e que têm de ser vendidas para que os empresários capitalistas possam recuperar o dinheiro investido e apoderar-se da *mais-valia* (em linguagem marxista), de onde sai o lucro que acrescenta ao capital adiantado. Por isso, ao reduzir os salários, o capital *aumenta a sua taxa de mais-valia* (em termos absolutos e relativos). Mas, ao fazê-lo, *reduz o poder de compra dos trabalhadores*, que constituem a grande massa dos consumidores, colocando em risco a *realização da mais-valia*. E as crises de sobreprodução, próprias do capitalismo são, precisamente, *crises de realização da mais-valia*.

(...)

A história do capitalismo adulto mostra que o aumento do poder de compra dos trabalhadores (que constituem a grande maioria da população) acompanhou sempre os períodos de crescimento econômico e de progresso social. Isso quer dizer que a subida dos salários reais, em resultado da luta das organizações dos trabalhadores, tem constituído, historicamente, um fator de desenvolvimento pelo menos tão importante como o desenvolvimento científico e tecnológico (e o consequente aumento da produtividade), as exportações e o investimento direto estrangeiro." NUNES, António José Avelãs. *A crise atual do capitalismo*. São Paulo: Revista dos Tribunais, 2012. p. 67-68.

(12) Tais proposições foram por nós tratadas no seguinte artigo: EBERT, Paulo Roberto Lemgruber. O Direito do Trabalho no século XXI: em busca de uma nova estruturação. In: *Revista do Tribunal Superior do Trabalho*, Brasília, vol. 78, n. 2, abr./jun. 2012. p. 209-238.

(13) Busca-se, nas palavras de Miguel Ángel Purcalla Bonilla: "Diseñar e imponer un Derecho del Trabajo supranacional, una regulación común a todos los operadores jurídicos del mercado global, evitandose con ello el *dumping* social que rastrean y utilizan las empresas, y estableciéndose condiciones laborales justas en todos los países, siempre que los contenidos de esa regulación común resulten adecuados a tal fin."

Ainda segundo o autor: "Ante las difucultades para implantar a nível mundial una normativa internacional única, la fijación de derechos laborales mínimos (a modo de orden público internacional) que deben observarse por todos los países (estandares OIT), permite que aunque no todos los países tengan las mismas condiciones de trabajo (cosa impensable por irreal a día de hoy), el respeto a los derechos laborales fundamentales impide que algunos las estabezcan a unos niveles tan bajos que rompan el mercado, llegando a constituir competencia desleal. Junto a ello, la implementación de buenas prácticas y códigos de conducta, medidas peculiares de soft law, no debe tampoco desdeñarse." BONILLA, Miguel Ángel Purcalla. *El trabajo globalizado:* realidades y propuestas. Pamplona: Aranzadi, 2009. p. 224-225.

da adoção de estruturas consentâneas com o conteúdo institucional da *liberdade sindical*, tais como (i) a pluralidade sindical, com o escrutínio da maior representatividade; (ii) o fomento à negociação coletiva, orientada pela obtenção do equilíbrio de forças entre os atores sociais; (iii) a garantia de autonomia organizativa, financeira e administrativa às entidades; (iv) a coexistência harmoniosa e coordenada entre os sindicatos e as representações unitárias de trabalhadores e, finalmente, (v) a coibição efetiva às práticas antissindicais de qualquer natureza.

Acreditamos, além disso, que os ordenamentos jurídicos devem reconhecer de modo pleno as entidades e as coletividades de caráter reivindicatório formadas pelos trabalhadores que exercem suas atividades por intermédio de plataformas digitais ou através de sistemas situados no *ciberespaço* (p. ex.: trabalhadores plataformizados ou uberizados, teletrabalhadores, nômades digitais etc.) e que, por motivos diversos, não podem ser enquadrados no vínculo empregatício clássico ou nos conceitos utilizados pelas legislações no ensejo de delimitar a representação sindical tradicional (p. ex.: categorias profissionais e econômicas).

Trata-se, nesse sentido, de qualificar tais entidades como verdadeiros sujeitos coletivos dedicados à defesa dos interesses comuns dos integrantes dessas novas relações de trabalho, possibilitando-lhes a plena defesa administrativa e judicial dos interesses de seus representados e, consequentemente, o exercício dos direitos à negociação coletiva e à greve, na medida exigida e adequada às peculiaridades de tais organizações e de suas contrapartes econômicas, em uma reedição, com as devidas proporções, do processo de reconhecimento dos sindicatos pelos ordenamentos jurídicos nos séculos XIX e XX.(14)

Partilhamos a crença de que os desafios socioeconômicos apresentados pelo processo de globalização não são enfrentados de modo adequado por intermédio do simples rebaixamento dos parâmetros heterônomos e autônomos estabelecidos para a compra e venda da força de trabalho, pela universalização de modalidades precárias de contratação e, em especial, pela criação de óbices à atuação sindical, tal como têm feito as sucessivas *reformas trabalhistas* implementadas mundo afora. Conforme a realidade já demonstrou, tais medidas, para além de não impactarem minimamente na redução dos índices de desocupação e no crescimento do PIB nacional, acabam por reduzir substancialmente a renda e o consumo da população, em prejuízo último às próprias condições macroeconômicas dos países.

De fato, a competição pela redução do *custo* do trabalho, mesmo sendo decisiva para as decisões empresariais concernentes à mobilidade de suas estruturas produtivas, conduzirá as sociedades que nela se embrenharem, fatalmente, à precarização das ocupações, à estagnação do consumo e à impossibilidade de se obter um crescimento econômico estável. Ou seja, a *corrida ao fundo do poço* empreendida pelos artífices das *reformas trabalhistas* levará todos os seus participantes ao mesmo destino: o *fundo do poço*.(15)

---

(14) Pois, afinal, conforme assinala Renata Queiroz Dutra: "Ao assegurar a existência, a voz e o reconhecimento dos sujeitos coletivos, conforma-se a própria experiência da regulação do trabalho, eis que ela passa a ser uma construção solidária entre sujeitos que vivenciam uma determinada experiência laboral e de vida e que, ao invés de concorrerem entre si, num leilão às avessas de sua força de trabalho, solidarizam-se e aliam-se para a defesa de patamares de proteção social que sejam comuns e não excepcionáveis. Essa dimensão cristaliza o caráter político da regulação do trabalho e das lutas dos sujeitos coletivos." DUTRA, Renata Queiroz. *Direito do Trabalho:* uma introdução político-jurídica. Belo Horizonte: RTM, 2021. p. 58.

(15) Nesse sentido, Arturo Bronstein, ao comentar o consenso firmado a partir da década de 1980 em torno da desregulamentação do trabalho, observa que: "O aumento da concorrência internacional juntou-se à forte defesa internacional, especialmente por parte das instituições de Bretton Woods, com vistas ao ajuste estrutural e à desregulamentação geral do mercado, incluindo a do mercado de trabalho. Sugeriu-se que padrões de trabalho rígidos, abrangentes e consolidados afetariam negativamente a competitividade internacional e desencorajaram os investidores a entrar em um país para investir capital e criar empregos. Isso implicaria em um clamor pela desregulamentação, que aparentemente não levou em conta o fato de que nenhum país se tornaria mais competitivo se todos os demais países passassem a adotar as mesmas medidas de desregulamentação (algo que é comumente referido como 'corrida até o fundo."

E para que tal tendência seja revertida, os sindicatos têm papel central, como visto, pois é justamente através de sua atuação — principalmente na arena da *negociação coletiva* — que se obtêm as melhorias nas condições de trabalho e de remuneração a beneficiarem os trabalhadores, sendo justamente tais incrementos os motores que tendem a conduzir os indicadores socioeconômico para uma trajetória ascendente e sustentável.

Assim, ao contrário do que preconizou Hayek no início da década de 1980, as posições titularizadas pelos sindicatos em vistas à representação dos interesses de suas categorias profissionais, antes de serem meros *privilégios* passíveis de serem descartados pelas legislações domésticas em nome de uma maior *competitividade* com os demais *mercados*, configuram — especialmente nos dias de hoje — verdadeiros e efetivos direitos assegurados às entidades e aos próprios trabalhadores, destinados a resguardar a observância a patamares civilizatórios mínimos nas relações laborais, cuja veiculação nos tratados internacionais (especialmente nos de comércio exterior) e nas legislações domésticas afigura-se, a nosso ver, imperativa, por força do próprio conteúdo institucional que subjaz ao princípio da *liberdade sindical* e por força das contingências impostas, no presente, pelo atual estágio do processo de globalização econômica.

São estas, no nosso sentir, as ideias que justificaram a elaboração da tese de doutoramento apresentada em 2016 e que justificam, com ainda maior pertinência, sua atualização sob a vigência da *Reforma Trabalhista* consolidada na Lei n. 13.467/2017 e à luz das recentes decisões do Supremo Tribunal Federal sobre a temática sindical.

Campinas – SP, outubro de 2022.

No original: "Increasing international competition came together with Strong international advocacy, especially from the Bretton Woods institutions, for structural adjustment and overall market deregulation, including that of the lanbour market. It was suggested that strong, comprehensive and well-implemented labour standards negatively affected international competitiveness, and discouraged investors from coming into a country to invest capital and create jobs. This implied a call for deregulation, which apparently did not take into account the fact that no coutry would become more competitive if all coutries came to adopt the same or comparable deregulation measures (something which is commonly referred to as 'race to the bottom'." BRONSTEIN, Arturo. *International and comparative labour law.* Current challenges. New York: Palgrave Macmillan, 2009. p. 89-90.

Introdução

A liberdade sindical, a compreender uma garantia reconhecida pelos mais expressivos pactos e declarações de direitos humanos, tem seu conteúdo institucional resultante de vicissitudes históricas decorrentes de "*lutas em defesa de novas liberdades contra velhos poderes*", na dicção de Bobbio, cuja conformação foi — e ainda é — pautada por eventos que se sucederam — e se sucedem — gradualmente no plano das relações sociais.(16)

Nesse diapasão, o direito humano-fundamental à liberdade sindical tem sua origem mais remota na luta dos trabalhadores contra as mazelas sociais verificadas nos países protagonistas da *Primeira Revolução Industrial* e contra as limitações impostas pelos ordenamentos jurídicos liberais do século XIX à coalizão e ao agrupamento permanente de indivíduos em torno de organizações voltadas para a defesa de melhores condições laborais.(17)

Como resultado de tais conflagrações, os trabalhadores lograram extrair de seus respectivos Estados o reconhecimento dos direitos à livre constituição de sindicatos e à livre filiação e desfiliação de tais entidades, bem como o direito à livre organização e atuação dos entes por eles criados. Com a propagação das condições sociais advindas da Revolução Industrial para além dos países que a protagonizaram e com os movimentos em torno da internacionalização do direito do trabalho, o conceito de *liberdade sindical*, definido por tais garantias individuais e coletivas, foi consagrado não só em grande parcela das legislações nacionais, como também em relevantes documentos internacionais.

No entanto, a experiência demonstrou que a singela positivação das garantias individuais e coletivas inerentes à liberdade sindical não bastava para assegurar, por si só, o efetivo gozo de

(16) BOBBIO, Norberto. Trad.: COUTINHO, Carlos Nelson. *A Era dos Direitos*.11. ed. Rio de Janeiro: Campus, 1992. p. 5.

(17) Ao comentar o período em referência, Manuel Carlos Palomeque Lopez assinala que:

"O processo de substituição do trabalho humano pela máquina e suas sequelas anexas (...) originaria um verdadeiro excedente de mão de obra propício à exploração" e que "as terríveis consequências do maquinismo e da exaltação capitalista dos princípios liberais, haveriam de conduzir a resultados negros: jornadas de trabalho esgotantes («de sol a sol»), salários de fome (no limite da subsistência física do trabalhador, que permitisse a reprodução da força de trabalho), condições laborais precárias e ambientes nocivos e insalubres)."

[Assim], neste deplorável estado e condição das classes trabalhadores resultante da industrialização capitalista, o que eufemisticamente chegou a denominar-se, na época, a questão social, encontra-se, precisamente, o gérmen da sua própria superação", gerando, segundo o autor, "a formação da classe operária a partir das relações trabalhistas, cujo ponto de partida é a separação entre o trabalho e os instrumentos e os meios de produção [e] a emergência, no seio deste grupo social, de uma tomada de consciência da condição operária, de uma autêntica consciência de classe, como núcleo solidário de interesses próprios e contraditórios ao da burguesia.

[No entanto] "a burguesia triunfante da sua revolução histórica, que se alicerçou na consagração das relações capitalistas de produção e na afirmação do liberalismo como produto ideológico dominante, apressava-se a eliminar os vestígios das corporações do Antigo Regime, sob o princípio de «nada entre o indivíduo e o Estado» [e assim] os sindicatos e demais organizações operárias entraram integralmente no âmbito proibitivo de leis como a francesa Le Chapelier de 1791.

Ainda segundo Palomeque López, com a intensificação da questão social "o desenvolvimento do movimento operário conduz paulatinamente, nos diversos ordenamentos jurídicos, a um levantamento da proibição penal sobre a constituição de sindicatos."

Todavia, ainda de acordo com o referido doutrinador espanhol, "a plenitude do reconhecimento do sindicato pelo Estado alcança-se, [somente], com a constitucionalização dos direitos sociais, dentro do modelo de Estado Social de Direito", quando a liberdade sindical deixou de ser "apenas um instrumento básico de auto-tutela para a classe trabalhadora", passando a configurar "um dos pilares da estrutura institucional dos Estados democráticos de capitalismo avançado." LOPEZ, Manuel Carlos Palomeque. Trad.: António Moreira. *Direito do Trabalho e Ideologia*. Coimbra: Almedina, 2001. p. 23-27.

tais direitos por parte dos trabalhadores e das suas entidades, pois as empresas, na condição de detentoras dos meios de produção, ainda se mantinham com a preponderância de forças nas relações entabuladas com os obreiros e, nessa posição, permaneciam atuando de modo a limitar ou mesmo impedir-lhes a fundação de entidades representativas, bem como a filiação a estas últimas e a ação coletiva das organizações por eles criadas.

Percebeu-se, desse modo, que a liberdade sindical somente encontraria condições de ser efetivamente fruída por seus destinatários se a prática de tal sorte de expedientes por parte dos empresários fosse coibida. Da experimentação empírica de tais condutas e do reconhecimento de sua incompatibilidade com as garantias individuais e coletivas inerentes àquela garantia, nasceu o conceito de *ato antissindical*, definido por Oscar Ermida Uriarte como "*toda atitude (...) que prejudica indevidamente um titular de direitos sindicais (...) ou aquela mediante a qual lhe são negados injustificadamente as facilidades ou prerrogativas necessárias para o normal desempenho da ação coletiva*".[18]

Com o passar do tempo e, principalmente, com o incremento dos conflitos sociais e com a diversificação de seus atores, o conceito de liberdade sindical foi estendido para englobar em seu âmbito de proteção não só os trabalhadores e os sindicatos representativos dos seus interesses, como também os núcleos sindicais e extrassindicais de representação dos trabalhadores nos locais de trabalho.

Nesse sentido, a Organização Internacional do Trabalho procedeu, no plano extranacional, à aprovação sucessiva das Convenções ns. 98 e 135 em 1949 e 1971 voltadas, respectivamente, para a proteção dos trabalhadores e organizações de empregadores contra atos atentatórios à liberdade sindical, oriundos tanto dos empregadores, quanto das autoridades governamentais.

Diante dessa breve narrativa, observa-se que a proteção contra os chamados *atos antissindicais* e *atos antirrepresentativos* é componente inafastável do direito à liberdade sindical titularizado por trabalhadores e suas respectivas entidades, não havendo como concebê-lo sem reconhecer a incompatibilidade existente entre aquelas condutas discriminatórias e os aspectos individuais e coletivos que vêm configurando, historicamente, aquela garantia fundamental.[19]

Com tal constatação em mente, e passando-se à análise do direito à liberdade sindical delineado no art. 8º da Constituição Federal, observa-se que seu conteúdo engloba, em grande medida, as mesmas posições jurídicas consagradas na evolução do franco associativismo no plano internacional, a compreenderem, como visto, o direito à autonomia coletiva das entidades representativas (inciso I) e o direito à livre filiação e desfiliação por parte dos integrantes das categorias profissionais e econômicas (inciso V).[20]

Ou seja, afora o direito à livre criação de entidades sindicais — limitado, de fato, mas não completamente impedido pela regra da unicidade por base territorial mínima, a teor do inciso II — os sujeitos titulares da liberdade sindical titularizam, nos termos dos incisos I e V, do art. 8º, da

(18) URIARTE, Oscar Ermida. Trad.: FERRARI, Irany. *A Proteção contra os Atos Anti-Sindicais*. São Paulo: LTr, 1989. p. 35.

(19) Nesse sentido, a passagem de Alejandro Gallart Folch, transcrita por Nestor de Buen Lozano em seu *Derecho del Trabajo*, bem indica o imbricamento inafastável existente entre o direito à liberdade sindical e a coibição aos atos antissindicais:

"Basta subrayar estas dos facetas de la libertad sindical [individual y coletiva], para darse cuenta de los espinosos problemas práticos que plantea, de su índole delicadísima y, sobre todo, de su gran vulnerabilidad, pues los ataques que la harían ilusoria, pueden afectar: a su aspecto de autonomía del ente social o a su aspecto de derecho personal humano; y puede venir no sólo del Estado, por sus organismos políticos y administrativos, sino, a cada clase social, de los organismos representativos de la otra, o lo que es peor aún, pero es lo más frecuente, de los organismos sindicales de la misma clase pero de distinta parcialidad societaria." FOLCH, Alejandro Gallart. *Apud*: LOZANO, Néstor de Buen. *Derecho del Trabajo. Tomo segundo.* 21. ed. México: Porrúa, 2008. p. 613-614.

(20) No presente estudo, a expressão *franco-associativismo* será utilizada como sinônimo de *liberdade sindical*.

Carta Magna, posições jurídicas que os protegem das condutas perpetradas por suas contrapartes nas relações laborais e pelo Estado no sentido de obstar, interferir e intervir na livre filiação individual e na livre atuação das entidades.(21)

Paralelamente à descrição genérica da liberdade sindical constante do art. 8º e incisos da Constituição Federal, a Carta Magna assegurou em seu art. 11 a eleição de representantes dos trabalhadores nos locais de trabalho em empresas com mais de duzentos empregados, ampliando, dessa forma, o âmbito subjetivo do direito ao franco associativismo.

E não obstante a previsão constante dos sobreditos dispositivos constitucionais, há de se ressaltar que o Brasil não só ratificou o Pacto Internacional de Direitos Civis e Políticos e o Pacto Internacional dos Direitos Econômicos, Sociais e Culturais (PIDESC), ambos da Organização das Nações Unidas (ONU), como também assim o fez em relação ao Protocolo de San Salvador da Organização dos Estados Americanos (OEA)(22), cujos dispositivos reiteram os aspectos individuais e coletivos do direito à liberdade sindical.

---

(21) Ressalte-se, por oportuno, que a regra da unicidade sindical insculpida no art. 8º, II, da Constituição Federal não impede a criação de entidades voltadas para a representação de categorias profissionais e econômicas mais específicas (dissociação), ou para a defesa dos interesses de uma mesma categoria obreira ou patronal em uma base territorial menor (desmembramento). Tal faculdade encontra pleno respaldo no art. 571 da CLT, não sendo mais limitada pelo vetusto quadro das atividades e profissões outrora editado pelo Ministério do Trabalho, haja vista sua incompatibilidade com o postulado da autonomia sindical, consagrada no art. 8º, I, da Carta Magna.

(22) O Pacto de Direitos Civis e Políticos da ONU foi aprovado pelo Decreto Legislativo n. 226, de 12 de dezembro de 1991 e ratificado pelo Decreto Presidencial n. 592, de 6.7.1992.

O direito à liberdade sindical consta de seu art. 22, nos seguintes termos:

"Art. 22

1. Toda pessoa terá o direito de associar-se livremente a outras, inclusive o direito de construir sindicatos e de a eles filiar-se, para a proteção de seus interesses.

2. O exercício desse direito estará sujeito apenas às restrições previstas em lei e que se façam necessárias, em uma sociedade democrática, no interesse da segurança nacional, da segurança e da ordem públicas, ou para proteger a saúde ou a moral públicas ou os direitos e liberdades das demais pessoas. O presente artigo não impedirá que se submeta a restrições legais o exercício desse direito por membros das forças armadas e da polícia.

3. Nenhuma das disposições do presente artigo permitirá que Estados Partes da Convenção de 1948 da Organização Internacional do Trabalho, relativa à liberdade sindical e à proteção do direito sindical, venham a adotar medidas legislativas que restrinjam ou aplicar a lei de maneira a restringir as garantias previstas na referida Convenção."

De seu turno, o Pacto Internacional dos Direitos Econômicos, Sociais e Culturais da ONU foi aprovado pelo mesmo Decreto Legislativo n. 226, de 12.12.1991 e ratificado pelo Decreto Presidencial n. 591, de 6.7.1992.

O direito à liberdade sindical encontra previsão no art. 8º do Pacto em referência, lavrado nos seguintes termos:

"Art. 8º – 1. Os Estados-Partes do presente Pacto comprometem-se a garantir:

a) o direito de toda pessoa de fundar com outras sindicatos e de filiar-se ao sindicato de sua escolha, sujeitando-se unicamente aos estatutos da organização interessada, com o objetivo de promover e de proteger seus interesses econômicos e sociais. O exercício desse direito só poderá ser objeto das restrições previstas em lei que sejam necessárias, em uma sociedade democrática, no interesse da segurança nacional ou da ordem pública, ou para proteger os direitos e as liberdades alheias;

b) o direito dos sindicatos de formar federações ou confederações nacionais e o direito destas de formar organizações sindicais internacionais ou de filiar-se às mesmas.

c) o direito dos sindicatos de exercer livremente suas atividades, sem quaisquer limitações além daquelas previstas em lei e que sejam necessárias, em uma sociedade democrática, no interesse da segurança nacional ou da ordem pública, ou para proteger os direitos e as liberdades das demais pessoas.

d) o direito de greve, exercido de conformidade com as leis de cada país."

O Protocolo de San Salvador, por sua vez, foi aprovado pelo Decreto Legislativo n. 56 de 19.4.1995 e ratificado pelo Decreto Presidencial n. 3.321, de 30.12.1999. Seu art. 8º assegura o direito à liberdade sindical nos seguintes termos:

"Art. 8º. Direitos Sindicais – 1. Os Estados Partes garantirão:

a. O direito dos trabalhadores de organizar sindicatos e de filiar-se ao de sua escolha, para proteger e promover seus interesses. Como projeção desse direito, os Estados Partes permitirão aos sindicatos formar federações e confederações nacionais e associar- se às já existentes, bem como formar organizações sindicais internacionais e associar-se à de sua escolha. Os Estados Partes também permitirão que os sindicatos, federações e confederações funcionem livremente;

b. O direito de greve.

Nesse mesmo sentido, é o Brasil signatário das Convenções ns. 98, 135 e 154 da OIT, tendo integrado os referidos diplomas ao ordenamento jurídico interno.(23)

No entanto, em que pese a existência de dispositivos constitucionais e infraconstitucionais no ordenamento jurídico brasileiro a consagrarem aspectos individuais e coletivos cruciais do direito à liberdade sindical e a nulificarem as condutas lesivas a tais posições jurídicas, os titulares das referidas garantias — em especial os trabalhadores e seus sindicatos — não vêm conseguindo extrair das normas em apreço a devida proteção contra as práticas antissindicais e antirrepresentativas de que são vítimas.

A explicação para tal vicissitude reside no fato de que a interpretação usualmente conferida aos dispositivos principiológicos consagradores do direito à liberdade sindical insiste em enxergá-los como normas carentes de autoaplicabilidade — ou como normas programáticas —, destituídas de aptidão para regular, por si só, as situações concretas a envolverem atos antissindicais e antirrepresentativos.

Segundo tal entendimento, a partilhar de uma visão positivista a respeito dos princípios jurídicos definidores de direitos fundamentais, a efetiva tutela contra as práticas antissindicais e antirrepresentativas estaria a depender da edição de diplomas complementares que trariam de forma mais precisa a definição do âmbito de proteção jurídica e das condutas vedadas. Dito em outros termos, a proteção contra as referidas formas de discriminação sindical somente teria lugar no momento em que fosse possível promover a subsunção precisa dos casos concretos (premissas menores) na legislação específica (premissa maior).

Tal concepção restritiva e formalista a respeito da proteção jurídica contra os atos antissindicais e antirrepresentativos é um dos pontos de vista que o presente trabalho pretende superar ao longo de seus sete capítulos, por intermédio da demonstração de que os dispositivos principiológicos positivados no ordenamento jurídico pátrio a confirmarem que o direito à liberdade sindical possuem força normativa suficiente para prevenir e coibir aquelas condutas discriminatórias e que, por tal razão, é possível delimitar em que medida os trabalhadores, os servidores públicos e suas entidades representativas encontram-se protegidos contra tal sorte de práticas.

No entanto, não basta apenas reconhecer na liberdade sindical uma garantia jurídica dotada de aptidão para vincular seus destinatários nos supostos conceitos de aplicação, nos moldes já amplamente aceitos pelas teorias acerca dos direitos fundamentais amplamente difundidas nas searas da Filosofia do Direito e do Direito Constitucional. É preciso, para além disso, definir de que maneira a força normativa da garantia em apreço opera, o que especificamente ela impõe aos seus destinatários deste último e como estes últimos deverão proceder para desvelar seu sentido e alcance.

Nesse sentido, o presente trabalho buscará se afastar dos lugares-comuns que têm pautado, em grande medida, os estudiosos da Filosofia do Direito e do Direito Constitucional no tocante à compreensão dos direitos fundamentais, cujo estabelecimento nos meios jurídicos brasileiros se deve à ampla difusão que a concepção axiológica acerca daquelas garantias logrou a partir da

2. O exercício dos direitos enunciados acima só pode estar sujeito às limitações e restrições previstas pela lei que sejam próprias a uma sociedade democrática e necessárias para salvaguardar a ordem pública e proteger a saúde ou a moral pública, e os direitos ou liberdades dos demais. Os membros das forças armadas e da polícia, bem como de outros serviços públicos essenciais, estarão sujeitos às limitações e restrições impostas pela lei.

3. Ninguém poderá ser obrigado a pertencer a um sindicato."

(23) A Convenção n. 98 da OIT foi aprovada pelo Decreto Legislativo n. 49, de 27.8.1952 e ratificada pelo Decreto Presidencial n. 33.196, de 29.6.1953.

A Convenção n. 135 da OIT, por sua vez, foi aprovada pelo Decreto Legislativo n. 86, de 14.12.1989 e ratificada pelo Decreto Presidencial n. 131, de 22.5.1991.

década de 1990, com a importação da metódica da *ponderação de bens* e de seus subprincípios da *adequação*, da *necessidade* e da *proporcionalidade em sentido estrito*, a ter em Robert Alexy seu principal expoente.(24)

Demonstrar-se-á, a propósito, que a concepção axiológica e seu método característico não se mostram adequados para promover o desvelamento do conteúdo objetivo inerente aos direitos fundamentais — dentre eles a liberdade sindical — porquanto a fixação do significado em concreto destes últimos dependerá, ao fim e ao cabo, da discricionariedade do aplicador autorizado que acabará por definir o *peso* que cada princípio terá naquela operação pretensamente neutra a envolver a *ponderação de bens*.

Como alternativa a tal visão acerca dos direitos fundamentais, o presente trabalho se valerá da concepção deontológica, que busca compreendê-los como efetivos *direitos institucionais* dotados de um conteúdo objetivo cujas características foram historicamente adquiridas e lhes conferem, por isso mesmo, notas distintivas em relação a outros institutos jurídicos, segundo a compreensão definida por Ronald Dworkin em *Taking Rights Seriously* e *Law's Empire*.(25)

Ao cabo da análise da liberdade sindical à luz da concepção deontológica e do desvelamento do conteúdo histórico-institucional a caracterizá-lo, será possível definir de maneira objetiva não apenas as posições jurídicas titularizadas pelos destinatários individuais e coletivos da garantia em apreço em face dos atos antissindicais e antirrepresentativos, como também os mecanismos de proteção de tais sujeitos contra aquelas práticas e as pautas a serem necessariamente observadas (i) pelo Poder Legislativo na tarefa de concretização do princípio em referência através de normas gerais e abstratas; (ii) pelo Poder Judiciário no tocante à realização do controle concentrado de constitucionalidade e de convencionalidade de tais diplomas e no que tange à resolução dos casos concretos em sede de controle difuso de constitucionalidade e de convencionalidade e, finalmente, (iii) pelo Poder Executivo no exercício das funções de regulamentação e fiscalização.

Assim, o Capítulo 1 será dedicado à descrição do percurso trilhado pela Filosofia do Direito e pelo próprio Direito Constitucional nos séculos XIX e XX para a definição do conteúdo das normas a consagrarem as linhas mestras dos ordenamentos jurídicos hodiernos, a ter por ponto de partida o positivismo clássico e por destino as duas grandes vertentes do chamado *neoconstitucionalismo*, quais sejam, as concepções *axiológica* e *deontológica* acerca dos direitos fundamentais.

Ao término de tal jornada, o capítulo inaugural fixará a premissa de que a liberdade sindical, na forma de uma instituição jurídica dotada de um conteúdo histórico-institucional próprio e de força normativa, encontra na concepção deontológica desenvolvida principalmente por Ronald Dworkin um marco teórico adequado para a regência dos casos concretos a envolverem sua incidência.

Tal marco teórico será retomado no Capítulo 2, que se ocupará, justamente, da formulação de um esboço preliminar do conteúdo histórico do direito à liberdade sindical, por intermédio da análise descritiva das vicissitudes mais importantes que plasmaram a referida garantia ao longo do tempo no direito comparado, nos pactos e declarações internacionais e no âmbito doméstico, e que a conferiram seu atual desenho institucional.

Na sequência, o Capítulo 2 analisará os conflitos sociais protagonizados por trabalhadores e por empregadores durante os séculos XIX e XX nos países protagonistas da Revolução Industrial

(24) ALEXY, Robert. Trad.: VALDÉS. Ernesto Garzón. *Teoría de los derechos fundamentales*. Madrid: Centro de estudios políticos y constitucionales, 2002.

(25) DWORKIN, Ronald. *Taking rights seriously*. Cambridge: Harvard University Press, 1978; DWORKIN, Ronald. *Law's Empire*. Cambridge: Bellknap Harvard, 1986.

e de sua importância para o advento das legislações de proteção dos operários, ressaltando, nesse contexto, a particular relevância de tais lutas para o próprio surgimento do direito fundamental à liberdade sindical como mecanismo imprescindível para o alcance da almejada equalização de forças entre os interesses obreiros e patronais.

Em seguida, serão abordados os eventos decisivos ocorridos no âmbito internacional que culminaram com a estruturação da Organização Internacional do Trabalho (OIT) e com a edição de sucessivos documentos internacionais voltados para a garantia dos aspectos individuais e coletivos do direito à liberdade sindical e para o fomento à negociação coletiva.

Após isto, a abordagem se voltará para o âmbito doméstico e passará a analisar as vicissitudes históricas que plasmaram o tardio delineamento da liberdade sindical no ordenamento jurídico pátrio e que culminaram com o paradoxal regime jurídico insculpido no art. 8º da Constituição Federal, no qual estruturas corporativistas e restritivas convivem com traços democráticos elementares dos aspectos individuais e coletivos do franco associativismo.

Por derradeiro, o segundo capítulo procurará consolidar, com respaldo na narrativa dos sobreditos eventos, um esboço histórico dos aspectos individuais e coletivos a integrarem, atualmente, o direito fundamental à liberdade sindical, sem olvidar, todavia, que tal definição não deve ser vista como um dado certo e acabado, haja vista a própria dinâmica da história, que impõe, naturalmente, a superveniência de novos eventos no plano fático aptos a lhe alterar o sentido e a lhe impor a redefinição de seus contornos.

Uma vez delineados em termos gerais os aspectos individuais e coletivos do direito fundamental à liberdade sindical, o Capítulo 3 avançará na análise em torno do conteúdo histórico-institucional da referida garantia, para demonstrar, particularmente, que a evolução do franco-associativismo agregou ao seu escopo tutelar os representantes dos trabalhadores nos locais de trabalho e suas respectivas estruturas organizativas, sejam de origem sindical ou extrassindical.

Verificar-se-á, mais precisamente, que a criação dos núcleos sindicais nas empresas e das representações dos trabalhadores nos locais de trabalho veio suprir uma deficiência histórica inerente à atuação dos sindicatos obreiros, na medida em que estes últimos limitavam-se, tradicionalmente, a defender as reivindicações mais genéricas de suas categorias profissionais, tais como jornada máxima, piso salarial, descanso semanal remunerado, entre outras, sem atentar para as peculiaridades das condições de labor presentes em cada um dos estabelecimentos empresariais.

Nesse sentido, será constatado ao longo do capítulo que a criação das sobreditas estruturas em paralelo aos sindicatos demandou a extensão do âmbito de proteção do princípio da liberdade sindical em direção aos órgãos sindicais constituídos no interior dos estabelecimentos patronais (*vg:* delegacias e seções sindicais) e às representações extrassindicais dos trabalhadores nas empresas (*vg:* comitês de empresa e comissões de fábrica).

Serão abordados, portanto, os aspectos históricos inerentes a tal ampliação do direito à liberdade sindical, destacando as vicissitudes que plasmaram a criação das estruturas sindicais intraempresariais e das representações dos trabalhadores e os mecanismos que surgiram no direito comparado e internacional para garantir-lhes a livre atuação e para assegurar a seus integrantes o direito à filiação e à desfiliação.

Em complemento a tal abordagem, o capítulo procurará delinear os limites e possibilidades inerentes à representação sindical e extrassindical dos trabalhadores na empresa no ordenamento jurídico pátrio, com especial destaque para a vinculação indissociável e histórica existente entre o referido instituto e a liberdade sindical.

E assim, após a formulação dos três primeiros capítulos, será possível constatar que o conteúdo histórico-institucional da liberdade sindical consagrado no direito comparado, nos mais diversos tratados internacionais e no ordenamento jurídico pátrio, por mais complexa que tenha sido sua evolução, aponta inequivocamente para o resguardo das faculdades de criação, filiação, desfiliação e atuação sindical, que terão por titulares não só os trabalhadores e os representantes obreiros nos locais de trabalho, como também as respectivas entidades e núcleos por eles constituídos.

Formuladas tais premissas, o trabalho avançará, no Capítulo 4, para a análise dos atos antissindicais e antirrepresentativos propriamente ditos e de sua dogmática. Para tanto, será empreendida uma narrativa histórica da coibição às referidas práticas nos países mais relevantes para o tema e no ordenamento emanado da Organização Internacional do Trabalho. Paralelamente a isto, proceder-se-á à descrição dos principais aspectos inerentes àquelas condutas contrárias ao franco associativismo, tais como o âmbito subjetivo de proteção, o rol exemplificativo de modalidades, os mecanismos de tutela consagrados no direito comparado e as figuras análogas.

Procurar-se-á reforçar, ao longo de todo o Capítulo 4 e, em especial, quando de seu fecho, a constatação de que a coibição à prática dos atos antissindicais e dos atos antirrepresentativos constitui um consectário natural do direito à liberdade sindical e que, por tal razão, não se pode falar no reconhecimento jurídico deste último e de seus aspectos individuais e coletivos por um dado sistema jurídico sem que se promova a prevenção e a reversão daquelas medidas discriminatórias.

Com tal noção em mente, o Capítulo 4 prosseguirá no sentido de descrever o tratamento conferido pelo ordenamento jurídico pátrio à temática dos atos antissindicais e antirrepresentativos, destacando, nesse particular, o anacronismo e as deficiências presentes nas normas domésticas editadas sobre a matéria, bem como a postura restritiva adotada pela jurisprudência quando da aplicação em concreto de tais dispositivos.

Demonstrar-se-á, mais precisamente, que a repressão e a reversão dos atos antissindicais praticados em território nacional, apesar de ter logrado alguns avanços ainda tímidos, vêm encontrando obstáculo não só nos dispositivos domésticos restritivos e ultrapassados a respeito da matéria, representados pelo art. 543, §§ 3º e 6º da CLT e pelo art. 199 do Código Penal, como também na concepção positivista a propalar a carência de autoaplicabilidade do princípio da liberdade sindical e de seus aspectos individuais e coletivos delineados no art. 8º da Carta Magna.

Dando sequência a tal análise crítica, o Capítulo 4 procurará demonstrar que a despeito das limitações imputadas à legislação nacional pertinente ao tema, o ordenamento jurídico brasileiro possui mecanismos aptos a coibir e a reprimir a prática de atos antissindicais, representados não só pelas Convenções ns. 98 e 135 da OIT, ratificadas em 1952 e 1991, respectivamente, como também pela Lei n. 9.029, de 13.4.1995, pelos arts. 187 e 422 do Código Civil e, afinal, pela própria Constituição Federal, na parte em que estabelece as diretrizes sociais voltadas para a conformação da ordem econômica.

Uma vez esboçado o conteúdo histórico-institucional do direito à liberdade sindical e constatada a existência, no ordenamento jurídico pátrio, de mecanismos aptos a promover a repressão e a reversão dos atos antissindicais e antirrepresentativos, o Capítulo 5 retomará as premissas fixadas no capítulo inaugural para averiguar em que medida a liberdade sindical e os dispositivos que a consagram vinculam os intérpretes na resolução dos casos concretos a envolverem condutas discriminatórias praticadas contra os titulares da referida garantia.

Nesse sentido, o Capítulo 5 buscará delimitar o conteúdo histórico-institucional do direito à liberdade sindical, de modo a estabelecer, objetivamente, em que medida os agentes públicos a encamparem os Poderes Legislativo, Judiciário e Executivo se encontram vinculados àquelas pautas e qual é o escopo tutelar que emana delas (ou seja, *do que* a garantia em referência protege seus titulares e *em que situações* podem estes últimos invocá-la).

Ao cabo dos cinco capítulos, espera-se que o estudo a ser empreendido possa bem exprimir a convicção de que o direito fundamental à liberdade sindical, a integrar o ordenamento jurídico pátrio, não é uma mera recomendação programática ao legislador para a edição de diplomas complementares e tampouco um *mandato de otimização* — ou uma *norma de peso variável* — passível de sofrer a influência de concepções subjetivas do intérprete/aplicador, mas sim um princípio dotado de rico conteúdo histórico-institucional a lhe conferir força normativa.

1. A Força Normativa dos Princípios Consagradores de Direitos Fundamentais

A ideia a fundamentar as teses a serem formuladas nos capítulos subsequentes pode ser sintetizada da seguinte forma: o direito à liberdade sindical consagra uma instituição jurídica dotada de um conteúdo histórico-institucional, resultante de uma evolução que lhe é peculiar e que servirá, nos casos concretos, como medida de coerência e como prumo para sua aplicação, nisso residindo, exatamente, a sua força normativa.

A fim de justificar a opção por tal entendimento acerca da força normativa dos princípios consagradores de direitos fundamentais e, mais especificamente, da liberdade sindical, em detrimento das outras concepções em voga, faz-se necessário percorrer, ainda que em largas passadas, a trilha conceitual que a Filosofia do Direito e o próprio Direito Constitucional desbravaram nos séculos XIX e XX para a definição do conteúdo das normas a consagrarem as linhas mestras dos ordenamentos jurídicos hodiernos.

O caminho a ser percorrido compreende, em apertada síntese, a análise do ideário positivista que tem por pretensão distinguir o direito das formulações morais de modo a conferir cientificidade àquele primeiro, seguido pela descrição das duas grandes vertentes do chamado *neoconstitucionalismo*, quais sejam, as concepções *axiológica* e *deontológica* a permearem a definição dos direitos fundamentais, de seu conteúdo e dos limites e possibilidades da atividade interpretativa a ser exercida em relação a eles.

Tal análise tem por escopo aferir os motivos pelos quais se optou pela escolha do marco teórico acima delimitado em detrimento das concepções concorrentes que, apesar de descartadas ao longo dos capítulos subsequentes, encontram ampla repercussão nos meios acadêmicos e forenses.

1.1. A concepção positivista clássica dos princípios e dos direitos fundamentais

O positivismo jurídico, aqui compreendido como uma concepção descritiva do Direito, surgiu no contexto do iluminismo e do ideário racionalista a caracterizar a passagem do século XVIII para o século XIX. Seu advento teve por base a noção de que o labor científico destinado a desvelar a *natureza do homem* seria capaz de produzir um Direito simples, universal e imutável que, por isso mesmo, poderia ser codificado e aplicado mecanicamente às situações fáticas.[26]

(26) Nas palavras de Norberto Bobbio: "A ideia de codificação é fruto da cultura racionalista, e se aí pode se tornar realidade, é precisamente porque as ideias iluministas se encarnaram em forças histórico-políticas, dando lugar à Revolução Francesa. E, de fato, propriamente durante o desenrolar da Revolução Francesa (entre 1790 e 1800) que a ideia de codificar o direito adquire consistência política.

Este projeto nasce da convicção de que possa existir um *legislador universal* (isto é, um legislador que dita leis válidas para todos os tempos e para todos os lugares) e da exigência de realizar um *direito simples e unitário*. A *simplicidade* e a *unidade* do direito é o *Leitmotiv*, a ideia de fundo, que guia os juristas que nesse período se batem pela codificação. (...)

Uma vez desvelado e codificado, o Direito Positivo adquiriria a pretensão de neutralidade axiológica, de modo a não se confundir com as concepções valorativas configuradoras das ideias morais ou o *Direito Natural* de cariz kantiano. Por isso mesmo, todos os casos concretos a serem solucionados pelo Direito Positivo deveriam encontrar nele próprio suas respostas nisso consistindo, exatamente, o dogma da *completude*.(27)

Paralelamente a isto, o positivismo jurídico confere grande importância à origem formal do Direito Positivo, de modo a erigi-la como fundamento próprio para sua legitimidade sistêmica. Nesse sentido, se o legislador é a fonte criadora do Direito, ao juiz não caberia outra função senão aplicar mecanicamente a norma ao caso concreto, sem recorrer a concepções valorativas respaldadas na moral, sob pena de vulneração à própria segurança jurídica.(28)

Ora, a concepção racionalista considerava a multiplicidade e a complicação do direito um fruto do arbítrio da história. As velhas leis deviam, portanto, ser substituídas por um direito simples e unitário, que seria ditado pela ciência da legislação, uma nova ciência que, interrogando a natureza do homem, estabeleceria quais eram as leis universais e imutáveis que deveriam regular a conduta do homem. Os iluministas estavam, de fato, convencidos de que o direito histórico, constituído por uma selva de normas complicadas e arbitrárias, era apenas uma espécie de direito 'fenomênico' e que além dele, fundado na natureza das coisas cognoscíveis pela razão humana, existia o verdadeiro direito. Pois bem, a natureza profunda, a essência verdadeira da realidade, é simples e suas leis são harmônica e unitariamente coligadas; por isto, também o direito, verdadeiro direito fundado na natureza, podia e devia ser simples e unitário." BOBBIO, Norberto. Trad.: PUGLIESI, Márcio. *O positivismo jurídico. Lições de filosofia do direito.* São Paulo: Ícone, 2006. p. 64-65.

(27) Segundo pontua Hans Kelsen, o Direito Positivo, na condição de objeto da ciência do Direito, distinguir-se-ia da Justiça, na medida em que esta última seria um conceito estritamente moral e, portanto, indiferente para a ciência jurídica: "Quando uma teoria do Direito positivo se propõe distinguir Direito e Moral em geral Direito e Justiça em particular, para os não confundir entre si, ela volta-se contra a concepção tradicional, tida como indiscutível pela maioria dos juristas, que pressupõe que apenas existe *uma única* Moral válida — que é, portanto, *absoluta* — da qual resulta uma Justiça absoluta. A exigência de uma separação entre Direito e Moral, Direito e Justiça, significa que a validade de uma ordem jurídica positiva é independente desta Moral absoluta, única válida, da Moral por excelência, de *a* Moral.

(...)

É de per si evidente que uma Moral simplesmente relativa não pode desempenhar a função, que consciente ou inconscientemente lhe é exigida, de fornecer uma medida ou um padrão absoluto para a valoração de uma ordem jurídica positiva. Uma tal medida também não pode ser encontrada pela via do conhecimento científico.

(...)

Na afirmação evidente de que o objeto da ciência jurídica é o Direito, está contida a afirmação — menos evidente — de que são as normas jurídicas o objecto da ciência jurídica, e a conduta humana só o é na medida em que é determinada nas normas jurídicas como pressuposto ou consequência, ou — por outras palavras — na medida em que constitui conteúdo de normas jurídicas. Pelo que respeita à questão de saber se as relações inter-humanas são objecto da ciência jurídica, importa dizer que elas também só são objecto de um conhecimento jurídico enquanto relações jurídicas, isto é, como relações que são constituídas através de normas jurídicas. A ciência jurídica procura apreender o seu objecto «juridicamente», isto é, do ponto de vista do Direito. Apreender algo juridicamente não pode, porém, significar senão apreender algo como Direito, o que quer dizer: como norma jurídica ou conteúdo de uma norma jurídica, como determinado através de uma norma jurídica." KELSEN, Hans. Trad.: MACHADO, João Baptista. *Teoria pura do direito.* Volume I. 2. ed. Coimbra: Arménio Amado, 1962. p. 127-136.

(28) Segundo Norberto Bobbio:

"[A] doutrina da separação dos poderes (...) constitui o fundamento ideológico da estrutura do Estado moderno (fundada na distribuição das competências, portanto na atribuição das três funções fundamentais do Estado — a legislativa, a executiva e a judiciária — a três órgãos constitucionais distintos). Com base nesta teoria, o juiz não podia criar o direito, caso contrário invadiria a esfera de competência do poder legislativo, mas devia, de acordo com a imagem de Montesquieu, ser somente a boca através da qual fala a lei.

(...)

Um outro fator de natureza também ideológica é representado pelo princípio da certeza do direito segundo o qual os associados podem ter do direito um critério seguro de conduta somente conhecendo antecipadamente, com exatidão, as consequências de seu comportamento. Ora, a certeza só é garantida quando existe um corpo estável de leis, e aqueles que devem resolver as controvérsias se fundam nas normas nele contidas e não em outros critérios. Caso contrário, a decisão se torna arbitrária e o cidadão não pode mais prever com segurança as consequências das próprias ações. (...) A exigência da segurança jurídica faz com que o jurista deva renunciar a toda contribuição criativa na interpretação da lei, limitando-se simplesmente a tornar explícito, através de um procedimento lógico (silogismo), aquilo que já está implicitamente estabelecido na lei." BOBBIO, Norberto. Trad.: PUGLIESI, Márcio. O positivismo jurídico. Lições de filosofia do direito. São Paulo: Ícone, 2006. p. 79-81.

A propósito, tamanha é a importância da origem formal das normas para o positivismo jurídico que seus principais teóricos a erigiram com o principal fundamento científico de todo o sistema sendo ela, ao fim e ao cabo, o fundamento próprio dos preceitos vigentes em um determinado Estado. Assim, a legitimidade de tais preceitos decorre de uma cadeia sucessiva de fontes que culmina com a chamada *norma fundamental* que não é simplesmente posta por uma dada autoridade, mas sim *pressuposta* em relação a esta última, de onde todo o ordenamento retira sua validade.(29)

Toda essa estrutura complexa engendrada pelos teóricos do positivismo teve por único e deliberado intento o de conferir ao Direito um caráter de ciência, a ter um objeto e uma metodologia próprios — quais sejam, o Direito e a interpretação jurídica —, evitando-se, desse modo, o recurso a concepções valorativas e a elementos próprios da ética, da filosofia e da sociologia. Nesse diapasão, as normas positivas seriam, por excelência, o objeto de estudo da ciência do Direito.

Em que pese, todavia, o intento histórico do positivismo no sentido de expurgar as concepções valorativas do Direito, nunca foi possível para seus teóricos concretizar tal pretensão por completo. O máximo que as teorias positivistas lograram conceber em contrapartida a tal constatação fez-se representado pelo intento de harmonizar as normas axiológicas emanadas da moral com o caráter pretensamente científico do sistema jurídico, de modo que este último pudesse legitimamente recorrer àquelas primeiras sem comprometer sua pretensa racionalidade.(30)

---

(29) Nas palavras do próprio Kelsen: "O fundamento de validade de uma norma apenas pode ser a validade de uma outra norma. Uma norma que representa o fundamento de validade de uma outra norma é figurativamente designada como norma superior, por confronto com uma norma que é, em relação a ela, norma inferior.

(...)

Como já notamos, a norma que representa o fundamento de validade de uma outra norma é, em face desta, uma norma superior. Mas, a indagação do fundamento de validade de uma norma não pode, tal como a investigação da causa de um determinado efeito, perder-se no interminável. Tem de terminar numa norma que se pressupõe como a última e a mais elevada. Como norma mais elevada, ela tem de ser *pressuposto* , visto que não pode ser *posta* por uma autoridade, cuja competência teria de se fundar numa norma ainda mais elevada. A sua validade já não pode ser derivada de uma norma mais elevada, o fundamento de sua validade já não pode mais ser posto em questão. Uma tal norma, pressuposta como a mais elevada, será aqui designada como norma fundamental (*Grundnorm*).

(...)

Todas as normas cuja validade pode ser reconduzida a uma e mesma norma fundamental formam um sistema de normas, uma orde, normativa. A norma fundamental é a fonte comum de validade de todas as normas pertencentes a uma mesma ordem normativa, o seu fundamento de validade comum." KELSEN, Hans. Trad.: MACHADO, João Baptista. *Teoria pura do direito.* Volume II. 2. ed. Coimbra: Arménio Amado, 1962. p. 1-4.

(30) As conclusões empreendidas por Francesco Ferrara já na década de 1930 a respeito do trabalho analítico do intérprete quando da aplicação das normas é bem ilustrativa de tal formulação:

"O direito é também uma ciência, e, como toda a ciência, pressupõe que a sua matéria seja transformada em conceitos e que estes conceitos sejam compostos em unidade sistemática. O direito deve ser organizado para se simplificar o seu conteúdo, dando-lhe expressão mais adequada e precisa. Assim se torna mais fácil compreender e senhorear o material e se chega a entender o pensamento jurídico.

Ora, o conjunto dos meios e processos que servem para tal objectivo constituem o *método jurídico.*

(...)

A actividade do intérprete tendente a apurar o conteúdo da lei e a desenvolvê-lo e completa-lo, bem como a elaboração científica, têm por último fim a *aplicação*. Porque o direito vive para se realizar, e a sua realização consiste nem mais nem menos que na aplicação aos casos concretos. O conhecimento do direito visa este objectivo prático — a decisão dos casos jurídicos.

Mas aqui se nos depara outro aspecto da actividade do jurista — *a arte da decisão.* O juiz terá de adaptar a norma abstracta à situação de facto, terá de sotopor o caso controverso aos princípios exactos que o governam, de escolher, isto é, que princípios são de aplicar na hipótese (*atividade de subsunção*).

(...)

A actividade judiciária, porém, não se reduz ao trabalho de subsunção dos factos à norma de direito. Apertar nestes limites a função do juiz, é concepção falsa e estreita. Pois o juiz não é um autómato de decisões; é um homem pensante, inteligente, e partícipe de todas as ideias e conhecimentos que formam o património intelectual e a experiência do seu tempo.

Para tanto, os teóricos positivistas elaboraram um complexo estratagema que concebia a generalidade das diretrizes axiológicas como *princípios gerais do direito*. Tal conjunto, amplo e heterogêneo por sua própria natureza, abrangia, segundo tal concepção, todos os vetores valorativos de origem externa ao direito objetivo que eventualmente poderiam vir a ser invocados nas atividades de interpretação e de aplicação deste último, bem como na resolução de casos concretos hipoteticamente não abrangidos pelo arcabouço normativo.(31)

Ainda segundo a concepção em apreço, a aplicabilidade dos chamados *princípios gerais de direito* aos casos concretos estaria condicionada (i) à inexistência de regras legais especificamente voltadas para a resolução da hipótese, (ii) à inexistência de normas a serem aplicadas à espécie por intermédio do recurso à analogia e, principalmente, (iii) à existência em abstrato, no ordenamento, de uma norma a permitir o recurso a tais *princípios* valorativos por parte do Juiz. Com isto, o positivismo legitimava a atividade criadora do intérprete sem comprometer a validade científica do sistema.(32)

Na prática, tal solução encontrada pelo positivismo jurídico acabou por viabilizar e por legitimar a discricionariedade judicial na resolução dos casos concretos, especialmente quando as normas positivadas não conferiam aos aplicadores a única solução possível a ser obtida por intermédio da singela subsunção. Não por outra razão, Kelsen, ao discorrer sobre o tema na segunda edição de sua Teoria Pura do Direito, salienta que o Direito, ante tais situações, admite uma pluralidade de respostas a serem conferidas em concreto pelos distintos juízes que, em tais casos, são legitimados pelo próprio Direito Positivo a recorrer àqueles *princípios gerais do direito*, à *equidade* e às orientações emanadas dos costumes de modo a produzir verdadeiras normas jurídicas inovadoras fundadas em uma *interpretação autêntica*.(33)

Ao julgar, portanto, o juiz utiliza, e deve utilizar, conhecimentos extra-jurídicos que constituem elementos ou pressupostos do raciocínio. Verdades naturais ou matemáticas, princípios psicológicos, regras do comércio ou da vida social, compõem um acervo inesgotável de noções do saber humano, de que o juiz todos os dias se serve no desenvolvimento da sua actividade. Tais são os *princípios de experiência* , definições ou juízos hipotéticos de conteúdo geral, ganhos por observação de casos particulares, mas elevados a princípios autônomos com validade para o futuro.

Estes princípios pode o indivíduo obtê-los directamente por indução dos factos; muitas vezes, porém, constituem um material adquirido de ideias, património comum da generalidade ou pelo menos de certos círculos de pessoas.

Algumas vezes é a lei mesma que apela para os conhecimentos do juiz, quando nas suas disposições não determina com precisão o estado de facto, mas remete para factores sociais, v.g, para os bons costumes, para os usos locais, para a boa-fé do comércio: aqui deve valer como direito o que o juiz, pelo seu conhecimento das relações da vida, considerar normal e típico naquela série de fenómenos." FERRARA, Francesco. Trad.: ANDRADE, Manuel A. D. *Interpretação e aplicação das leis*. Coimbra: Arménio Amado, 1933. p. 80-97.

(31) A propósito, Josef Esser advertiu em sua clássica obra sobre o tema que: "Basta una observación superficial para percatarse de que es muy heterogéneo el conjunto de cuestiones que incluímos entre los princípios generales del derecho: 'consideraciones' de la jurisprudencia y axiomas y máximas propuestos por la doctrina. Se encontrarán, en efecto, princípios didaticos y constructivos, ideas dominantes en un sistema juridico nacional y principios abstractos en que se inspira una institución universal, princípios que se derivan como *ratio* de los fundamentos vigentes del derecho, y otros que han sido introducidos por la tradición, unos que han sido propuestos por la practica jurisprudencial y otros que la estructura política ha proclamado obligatorios, principios materiales y principios heurísticos o técnicos de la aplicación del derecho, y finalmente principios generales superiores que por definición informan 'todo derecho'.

De todo ello se deduce una idea muy clara: no es posible dar una contestación unitaria a la pregunta acerca de la naturaleza de estos princípios." ESSER, Josef. Trad.: FIOL, Eduardo Valentí. Principio y norma en la elaboración jurisprudencial del Derecho Privado. Barcelona: Bosch, 1961. p. 4-5.

(32) A concepção de Rubens Limongi França acerca da matéria bem ilustra tal visão acerca dos chamados princípios gerais de Direito." "Os Princípios Gerais do Direito só podem ser invocados como regra normativa, à falta de Lei, quer específica, quer reguladora de matéria análoga; bem assim quando a questão não se possa resolver de acordo com os Usos e Costumes." FRANÇA, Rubens Limongi. Princípios gerais de Direito. 3. ed. São Paulo: Revista dos Tribunais, 2010. p. 185.

(33) Nas palavras de Kelsen: "Na medida em que, na aplicação da lei, para além da necessária fixação da moldura dentro da qual se tem de manter o acto a pôr, possa ter ainda lugar uma atividade cognoscitiva do órgão aplicador do Direito, não se tratará de um conhecimento do Direito positivo, mas de outras normas que, aqui, no processo da criação jurídica, podem ter a sua incidência: normas de Moral, normas de Justiça, juízos de valor sociais que costumamos designar por expressões correntes como bem comum, interesse do Estado, progresso, etc.

Em sentido bastante próximo, H.L.A Hart — outro grande expoente do positivismo jurídico do século XX —, ao analisar os chamados *casos difíceis* — assim compreendidos aqueles que não podem ser resolvidos através da mera subsunção da hipótese fática a uma norma escrita — preconiza que o ordenamento jurídico admite a formulação de uma variedade de soluções corretas a serem engendradas pelos aplicadores em tais situações com fundamento, justamente, na discricionariedade a eles facultada pelo ordenamento jurídico quando da resolução de tais controvérsias.(34)

Da síntese ora formulada a respeito dos principais cânones do positivismo jurídico, já é possível aferir que sob tal concepção os princípios a consagrarem, na atualidade, os direitos fundamentais que veiculam as diretrizes nucleares das modernas constituições democráticas, seriam meras orientações valorativas sem caráter vinculante, cuja aplicação aos casos concretos dependeria de autorização legislativa a ser suprida pela discricionariedade do intérprete/aplicador.(35)

Para o positivismo jurídico em sua versão clássica, aliás, a própria constituição não detinha o protagonismo que possui nos dias de hoje, de modo que sua principal função era a de

---

Do ponto de vista do Direito positivo, nada se pode dizer sobre a sua validade e verificabilidade. Deste ponto de vista, todas as determinações desta espécie apenas podem ser caracterizadas negativamente: são determinações que não resultam do próprio Direito positivo. Relativamente a este, a produção do acto jurídico dentro da moldura da norma jurídica aplicanda é livre, isto é, realiza-se segundo a livre apreciação do órgão chamado a produzir o acto. Só assim não seria se o próprio Direito positivo delegasse em certas normas metajurídicas como a Moral, a Justiça etc. Mas, neste caso, estas transformar-se-iam em normas de Direito Positivo.

Se queremos caracterizar, não apenas a interpretação da lei pelos tribunais ou pelas autoridades administrativas, mas, de modo inteiramente geral, a interpretação jurídica realizada pelos órgãos aplicadores do Direito, devemos dizer: Na aplicação do Direito por um órgão jurídico, a interpretação cognoscitiva (obtida por uma operação de conhecimento) do Direito a aplicar combina-se com um acto de vontade em que o órgão aplicador do Direito efectua uma escolha entre as possibilidades reveladas através daquela mesma interpretação cognoscitiva. Com este acto, ou é produzida uma norma de escalão inferior, ou é executado um acto de coerção estatuído na norma jurídica aplicanda.

Através deste acto de vontade se distingue a interpretação jurídica feita pelo órgão aplicador do Direito de toda e qualquer outra interpretação, especialmente da interpretação levada a cabo pela ciência jurídica.

A interpretação feita pelo órgão aplicador do Direito é sempre autêntica. Ela cria Direito." KELSEN, Hans. Trad.: MACHADO, João Baptista. Teoria pura do direito. Volume II. 2. ed. Coimbra: Arménio Amado, 1962. p. 293-294.

(34) Segundo Hart: "As leis devem ser interpretadas para que possam ser aplicadas a casos concretos, e, uma vez que um estudo realista tenha dissipado os mitos que obscurecem a natureza dos processos judiciais, torna-se claro que (...) a textura aberta do direito oferece um vasto campo para a atividade criadora que, no entender de alguns, é uma atividade 'legislativa'. Ao interpretar as leis ou os precedentes, os juízes não têm à sua disposição somente as alternativas da escolha cega e arbitrária ou da dedução 'mecânica' a partir de normas de significado predeterminado. (...) A decisão judicial, especialmente em assuntos de grande importância constitucional, muitas vezes envolve uma escolha entre valores morais e não a simples aplicação de um único princípio moral importante, pois é loucura acreditar que, onde o significado da lei é duvidoso, a moral tenha sempre uma resposta clara a oferecer. Mesmo nesse caso, os juízes podem, mais uma vez, fazer uma escolha que não é nem arbitrária nem mecânica; e nisto frequentemente exibem certas virtudes judiciais características, cujo caráter especialmente apropriado à decisão judicial explica por que alguns relutam em chamar essa atividade judicial de 'legislativa'. Essas virtudes são: a imparcialidade e a neutralidade ao analisar alternativas; a consideração pelos interesses de todos os afetados; e a preocupação de oferecer algum princípio geral aceitável como base racionalmente ponderada para a decisão. Não há dúvida de que, devido a que sempre pode haver um grande número desses princípios, não é possível demonstrar que uma decisão é a única correta; mas esta se torna aceitável como o produto ponderado da decisão imparcial informada pelos fatos. Em tudo isso encontramos a 'ponderação' e o 'equilíbrio' que caracterizam o esforço de fazer justiça entre interesses concorrentes." HART, H.L.A. Trad.: SETTE-CÂMARA, Antônio de Oliveira. O conceito de Direito. São Paulo: Martins Fontes, 2009. p. 264-265.

(35) Sobre a conceituação positivista dos princípios, Daniel Sarmento assevera que: "O positivismo não renegava completamente os princípios. No entanto, atribuía a eles uma função meramente subsidiária e supletiva da ordem jurídica. O tema dos princípios era discutido sobretudo no âmbito do Direito Privado, onde eles surgiam como princípios gerais de Direito. Neste contexto, não se lhes reconhecia o caráter de norma jurídica, mas de meio de integração do Direito, cuja utilização caberia apenas nas hipóteses de lacuna.

(...)

No campo do Direito Constitucional, a doutrina positivista inseria os princípios no universo das normas constitucionais não auto-aplicáveis, desvestidas de valor jurídico." SARMENTO, Daniel. *Direitos fundamentais e relações privadas.* Rio de Janeiro: Lumen Juris, 2004. p. 81.

servir de repositório para as regras organizadoras das estruturas do Estado e das competências das autoridades. Nesse último aspecto, as constituições acabavam por conferir à lei (essa sim, a figura central para o positivismo jurídico) a legitimidade formal para a regulação dos principais aspectos da vida social e por atribuir às autoridades, em última instância, a prerrogativa de decidir discricionariamente um *caso difícil*.[36]

Sob tal concepção, o máximo que se poderia conferir de força normativa às normas constitucionais definidoras de direitos era, no caso das liberdades individuais clássicas, a potestade de obstar a ação do legislador quando esta última tolhia de maneira incisiva garantias como a propriedade, a intimidade, a iniciativa privada etc. e, no caso das normas ditas *programáticas*, a de condicionar a futura atuação legislativa à observância de suas diretrizes gerais, vedando-se sua aplicação direta haja vista, justamente, sua pretensa carência de densidade normativa.[37]

O papel supletivo, ou secundário, conferido aos princípios consagradores de direitos fundamentais e, principalmente, a legitimidade atribuída à atuação discricionária do intérprete diante do *silêncio da norma* e dos *casos difíceis* sempre constituíram um dos principais pontos fracos a comprometer a estrutura pretensamente científica atribuída ao Direito pelo positivismo.

De fato, ao se atribuir ao intérprete/aplicador a legitimidade para conferir aos *casos difíceis* uma solução discricionária, ainda que pretensamente fundada em juízos de *equidade*, abre-se a porta do Direito para o arbítrio pessoal da autoridade de ocasião. Subverte-se, assim, a própria racionalidade sistêmica arquitetada pelo positivismo jurídico, na medida em que as almejadas *segurança jurídica* e *certeza do direito* pretensamente asseguradas pela lógica da subsunção

---

(36) A propósito, Giorgio Bongiovanni destaca que: "A teoria positivista sempre conferiu pouca atenção à constituição. Ela construiu, de fato, uma concepção do Direito baseada primordialmente no papel central desempenhado pela lei. Esta ideia não decorre, obviamente, de uma visão oitocentista e estatalista da lei, mas emerge, em particular, da concepção da constituição como norma primordialmente 'procedimental'. Pode-se dizer que o positivismo considera a constituição como simples instrumento de organização das competências. A partir de uma determinada interpretação de Kelsen e até mesmo de Hart, a constituição não assume uma dimensão 'substancial', senão apenas 'formal', inscrita no âmbito das normas 'secundárias' (de reconhecimento e de competência), ou seja, aquelas 'normas que conferem poderes limitados ou ilimitados a certas pessoas autorizadas em um dado momento a legislarem segundo procedimentos determinados'. Nessa perspectiva, os vínculos a que o Poder Legislativo se encontra submetido não são do tipo substancial, mas são derivados do fato de que a norma constitucional, 'para além de designar as pessoas legitimadas a legislar, pode definir em termos mais ou menos rígidos os procedimentos a serem seguidos na tarefa legislativa'. (...)

Nesse contexto, a lei emana como a fonte primordial do Direito e o papel da constituição e as possibilidades de um desenvolvimento do Direito a partir de seus preceitos são amplamente reduzidas."

No original: "La riflessione positivistica ha mostrato scarsa attenzione per il problema dell'analisi dela costituzione. Essa ha, infatti, construito uma visione del diritto basata prevalentemente sul ruolo centrale dela legge. Questa idea non è legata, ovviamente, a uma visione ottocentesca e statalista dela legge, ma emerge, in particolare, in relazione ala visione dela costituzione quale norma primariamente «procedurale.» Si può dire che il positivismo considera la costituzione quale símplice strumento di organizzazione dele competenze. A partire da una determinata interpretazione di Kelsen, e fino ad Hart, la costituzione non assume una dimensione «sostanziale» ma solo «formale»: essa viene vista nell'ambito dele norma «secondarie» (di riconoscimento e di mutuamento), cioè quale «norma che conferisce poteri, che possono essere limitati o illimitati, a persone autorizzate in un dato momento a legiferare seguendo un certo procedimento.» In questa prospettiva, i vincoli al potere legislativo non sono di tipo sostanziale, ma sono legati al fato che la norma costituzionale «oltre a designare le persone legittimate a legiferare, può definire in termini più o meno rigidi i procedimenti da seguire nella legislazione.»

(...)

In questo quadro, la legge rimane la fonte preminente del diritto e il ruolo dela costituzione e la possibilità di uno sviluppo del diritto che si svolga sulla sua base appaiono ampiamente ridotti." BONGIOVANNI, Giorgio. Costituzionalismo e teoria del diritto. 13. ed. Roma: Laterza, 2005. p. 47-48.

(37) Segundo a clássica definição de José Afonso da Silva, as normas constitucionais programáticas seriam: "Aquelas normas constitucionais através das quais o constituinte, em vez de regular, direta e imediatamente, determinados interesses, limitou-se a traçar-lhes os princípios para serem cumpridos pelos seus órgãos (legislativos, executivos, jurisdicionais e administrativos), como programas das respectivas atividades, visando à realização dos fins sociais do Estado." SILVA, José Afonso da. Aplicabilidade das normas constitucionais. 7. ed., 2. tir. São Paulo: Malheiros Editores, 2008. p. 138.

dos fatos à norma, são substituídas por posições pessoais das autoridades legitimadas por sua origem, e não por seu conteúdo.(38)

Diante de tal abertura para o arbítrio — que se mostrou tragicamente factível nos episódios que antecederam à Segunda Guerra Mundial e se sucederam no seu desenrolar, especialmente na Alemanha nazista — era natural que os teóricos do Direito buscassem concepções alternativas ao positivismo jurídico, principalmente com vistas a possibilitar a integração dos princípios de ordem moral aos ordenamentos e a erigi-los como efetivos parâmetros de controle das autoridades.

Apenas com o advento das constituições dirigentes a partir do segundo pós-guerra, os princípios — aqui compreendidos como as pautas axiológicas a nortearem a organização da sociedade em todos os seus aspectos — passaram a ocupar um papel central nos ordenamentos jurídicos. Com isto, passou-se do *Estado de Direito*, em que a lei em sentido estrito possuía o protagonismo na definição dos direitos e deveres, para o *Estado Constitucional de Direito*, no qual a atuação das autoridades não é mais apenas limitada formalmente pelas regras repartidoras de poderes e competências, mas sim jungida àquelas diretrizes que lhes impõem parâmetros substantivos de ação.(39)

---

(38) *Vide*, nesse sentido, as observações críticas formuladas por Menelick de Carvalho Netto e por Guilherme Scotti às posições de Kelsen e Hart transcritas alhures:

"O reconhecimento de Kelsen de que não há nada a fazer se a autoridade encarregada de aplicar o direito não se deixa submeter à moldura das interpretações possíveis descrita pela Ciência do Direito equivale, na verdade, à aceitação da possibilidade de arbítrio da autoridade aplicadora como algo inafastável e incontrolável.

A contribuição que se buscara alcançar com a *Teoria Pura do direito,* expressa em seu último capítulo, perde-se agora de seu propósito original. O sentido do texto normativo, ou seja, a norma, será aquela que a autoridade afirma ser. A segurança jurídica termina por não ser crível, nem mesmo no âmbito do regulado pelas regras jurídicas expressamente positivadas.

O positivismo jurídico de Hart concebe os *hard cases* como casos que não podem ser solucionados com recurso a uma regra jurídica suficientemente clara, cabendo portanto ao juiz fazer uso de sua discricionariedade para decidir. Ao fazê-lo uma nova regra estaria sendo criada e aplicada retroativamente, por mais que o juiz se esforçasse para dar a entender que estaria simplesmente aplicando um direito pré-existente, tentando assim salvaguardar a ficção da segurança jurídica. (...)

A teoria positivista da interpretação, ao igualar em essência as tarefas legislativa e judicial, especialmente diante de *hard cases*, nivela as distintas lógicas subjacentes, causando uma profunda confusão entre argumentos, cuja distinção é cara a toda estrutura política das sociedades modernas: *argumentos de política* e *argumentos de princípio.* Os primeiros se referem à persecução de *objetivos e bens coletivos* considerados relevantes para o bem-estar de toda a comunidade, passíveis de transações e compromissos, enquanto os segundos fundamentam decisões que resguardam *direitos* de indivíduos ou grupos, possuindo assim um papel de garantia *contramajoritária.*" CARVALHO NETTO, Menelick de; SCOTTI, Guilherme. *Os direitos fundamentais e a (in)certeza do direito.* A produtividade das tensões principiológicas e a superação do sistema de regras. Belo Horizonte: Fórum, 2011. p. 52-55.

(39) Sobre o constitucionalismo democrático em questão, Peter Häberle assevera que: "Las constituciones democráticas, tal como se han implantado tanto en el mundo libre (...) como en el espacio planetario, al menos desde el *'annus mirabilis'* de 1989 (...) se compone de elementos ideales y reales — referentes al Estado y a la sociedad —, los cuales no se han alcanzado al mismo tempo practicamente em ningún Estado constitucional, pero que apuntan tanto a una situación óptima de lo que debe ser como a una situación posible de lo que es.

Tales elementos son: la dignidad humana como premisa, realizada a partir de la cultura de un Pueblo y de los derechos universales de la humanidad, vividos desde la individualidad de ese Pueblo, que encuentra su identidad en tradiciones y experiencias históricas y sus esperanzas en los deseos y la voluntad creadora hacia el futuro; el principio de la soberania popular, pero entendida no como competencia para la arbitrariedad ni como magnitud mística por encima de los ciudadanos, sino como fórmula que caracteriza la unión renovada constantemente en la voluntad y en la responsabilidad pública; la Constitución como contrato, en cuyo marco son posibles y necesários fines educativos y valores orientadores; en principio de la división de poderes tanto en sentido estricto, relativo al Estado, como en el sentido amplio del pluralismo, los princípios del Estado de derecho y el Estado social, lo mismo que el principio del Estado de cultura (*'Kulturstaat'*) abierto; las garantias de los derechos fundamentales; la independencia de la jurisdicción etcétera. Todo esto se incorpora en uma democracia ciudadana constituida por el principio del pluralismo.

Esta descripción esquemática pretende poner en claro que este tipo, en sus elementos centrales, es una conquista cultural de la civilización occidental." HÄBERLE, Peter. Trad.: FIX-FIERRO, Héctor. El estado constitucional. Buenos Aires: Astrea, 2007. p. 81-82.

1.2. As concepções neoconstitucionalistas dos Direitos Fundamentais

Com o fim da Segunda Guerra Mundial e com o desvelamento das atrocidades cometidas pelos nazistas sob o pretexto do cumprimento de ordens superiores — tal como assumido no Tribunal de Nuremberg por Ernst Kaltenbrunner, ex-comandante dos campos de extermínio — restou claro que os sistemas jurídicos não poderiam prescindir dos valores, por mais fluidos que fossem seus conceitos e que o positivismo, plasmado na pretensa pureza do sistema jurídico, objeto da *Ciência do Direito*, não era capaz de conter o arbítrio das decisões emanadas daquelas autoridades formalmente legitimadas pelo arcabouço normativo.

De fato, o positivismo jurídico, na condição de sistema que extraía da origem formal a legitimidade de seus elementos conceituais, acabava por validar, ao fim e ao cabo, toda e qualquer ordem instituída, independentemente de sua orientação axiológica. Assim, a *norma fundamental* pressuposta por Kelsen, a servir de base para todas as demais emanações estatais, bem poderia ser um pacto pré-constitucional de cariz democrático, o ato institucional de uma ditadura ou mesmo o urro delirante do *Führer* de plantão.[(40)]

Por isso mesmo, a nota distintiva a caracterizar as concepções em torno do Direito engendradas a partir do Segundo Pós-Guerra foram plasmadas, em grande medida, (i) pela definição de uma pauta valorativa comum à generalidade dos povos, plasmada, em grande medida, no postulado da *dignidade humana*, (ii) pela centralidade da Constituição, a partir de agora composta também por uma larga pauta substantiva de cunho dirigente, ao lado das normas definidoras de competência, (iii) do estabelecimento de Direitos Fundamentais não só de cunho individual, mas também de cariz social e, principalmente, (iv) da abertura dos sistemas jurídicos para as pautas axiológicas.[(41)]

As correntes pautadas em tal concepção elaboradas a partir do Segundo Pós-Guerra, que diferiam em alguns pontos entre si mas partilhavam, no seu núcleo conceitual, dos elementos acima mencionados, foram reunidas pelos estudiosos da Filosofia do Direito e do Direito Constitucional em fins da década de 1990 sob a denominação de *neoconstitucionalismo*.[(42)]

Assim, em apertada síntese, o *neoconstitucionalismo* caracterizaria o movimento destinado a superar o positivismo jurídico de cariz formalista e legicentrista, por intermédio da

---

(40) Nas palavras de Gustavo Zagrebelsky: "El positivismo jurídico, al negar la existencia de «niveles» de derecho diferentes de la voluntad recogida en la ley, se cerraba intencionalmente la posibilidad de una distinción juridicamente relevante entre ley y justicia. Tal distinción podía valer en otro plano, el plano de la experiencia ética, pero no en el jurídico. Del mismo modo que los derechos eran lo que la ley reconocía como tales, la justícia era lo que la ley definia como tal. La relación ley-justicia se adecuaba perfectamente a la relación ley-derechos.

En una sociedad política donde la hegemonia la ostentaba una sola clase, la ley reflejaba un orden simple con el que podia identificarse enteramente, expresando su intrínseca visión de la justicia." ZAGREBELSKY, Gustavo. Trad.: GASCÓN, Marina. El derecho dúctil. Ley, derechos, justicia. Sexta edición. Madrid: Trotta, 2005. p. 96.

(41) Sobre o contexto a plasmar o constitucionalismo no Segundo Pós-Guerra, Flávia Piovesan assevera que: "Apresentando o Estado como o grande violador de direitos humanos. A Era Hitler foi marcada pela lógica da destruição e da descartabilidade da pessoa humana, o que resultou no extermínio de onze milhões de pessoas.

(...)

No momento em que os seres humanos se tornam supérfluos e descartáveis, no momento em que vige a lógica da destruição, em que cruelmente se abole o valor da pessoa humana, torna-se necessária a reconstrução dos direitos humanos, como paradigma ético capaz de restaurar a lógica do razoável. A barbárie do totalitarismo significou a ruptura do paradigma dos direitos humanos, por meio da negação do valor da pessoa humana como valor fonte do direito. (...) Nesse contexto, desenha-se o esforço de reconstrução dos direitos humanos, como paradigma e referencial ético a orientar a ordem internacional contemporânea. Se a Segunda Guerra significou a ruptura com os direitos humanos, o pós-guerra deveria significar sua reconstrução." PIOVESAN, Flávia. Direitos Humanos e o Direito Constitucional Internacional. 7. ed. São Paulo: Saraiva, 2006. p. 116-117.

(42) Sobre os múltiplos conceitos compreendidos na expressão "neoconstitucionalismo", *vide*: CARBONELL, Miguel. El neoconstitucionalismo en su laberinto. In: CARBONELL, Miguel *et alii*. *Teoría del neoconstitucionalismo*. Madrid: Trotta, 2007. p. 9-12.

constitucionalização dos direitos fundamentais sob a forma de princípios cujo conteúdo seria, à primeira vista, preenchido por concepções valorativas e cuja concretização, por intermédio de uma interpretação a possibilitar-lhes a aplicação direta às mais diversas hipóteses fáticas, recairia sob os órgãos estatais sob a forma de um dever.(43)

O *neoconstitucionalismo* efetivamente possibilitou uma guinada radical na compreensão dos Direitos Fundamentais e na aferição de sua força normativa. No entanto, o termo em destaque, longe de caracterizar uma única acepção, serve de denominação genérica para uma série de tendências pós-positivistas que buscam, em síntese, delimitar em que medida aqueles princípios vinculam os órgãos estatais na tarefa de promoverem sua concretização.(44)

No presente trabalho, as principais tendências do *neoconstitucionalismo*, empunhadas por seus expoentes mais significativos, foram agrupadas em duas grandes concepções quais sejam, a *axiológica* e *deontológica*, que convergem na importância central conferida aos direitos fundamentais de cariz constitucional para a resolução dos casos concretos, mas divergem em relação às formas pelas quais os intérpretes/aplicadores a eles se vinculam e à metodologia a ser seguida nesse desiderato.

Sendo assim, na sequência do presente capítulo, procurar-se-á definir as principais notas distintivas daquelas duas concepções, bem como os motivos pelos quais far-se-á a opção em torno da visão deontológica como a mais apropriada para delimitar, mais adiante, em que medida o direito fundamental à liberdade sindical vincula os legisladores e seus intérpretes/aplicadores.

---

(43) Sobre as linhas gerais do *neoconstitucionalismo*, Paolo Comanducci pontua que: "El constitucionalismo ha sido fundamentalmente uma ideologia dirigida a la limitación del poder y a la defensa de una esfera de libertades naturales o de derechos fundamentales. Tal ideologia, por un lado, tiene como trasfondo habitual, aunque no necessario, al iusnaturalismo que por un lado, sostiene la tesis de la conexión identificatoria entre derecho y moral, y, por outro, tiene como adversário directo el positivismo ideológico.

(...)

El neoconstitucionalismo, como teoria del derecho, aspira a describir los logros de la constitucionalización, es decir, de ese processo que ha comportado una modificación de los grandes sistemas jurídicos contemporaneos respecto a los existentes antes del despliegue integral del processo mismo. El modelo de sistema jurídico que emerge de la reconstrucción del neoconstitucionalismo está caracterizado, además por una constitución 'invasora', por la positivación de un catálogo de derechos fundamentales, por la presencia en la constitución de princípios y no solo de reglas, y por algunas peculiaridades de la interpretación y de la aplicación de las normas constitucionales respecto a la interpretación y a la aplicación de la ley. Como teoria, el neoconstitucionalismo constituye por lo tanto uma alternativa respecto a la teoria positivista tradicional: las transformaciones sufridas por el objeto de investigación hacen que ésta ya no refleje la situación real de los sistemas jurídicos contemporáneos. En particular, el estatalismo y el legicentrismo y el formalismo interpretativo, tres de las características destacadas del juspositivismo teórico de matriz decimonónica, hoy no parecen sostenibles.

(...)

Cuando se presente (también) como una ideologia, el neoconstitucionalismo tende a distinguirse parcialmente de la ideologia constitucionalista ya que pone en un segundo plano el objetivo de la limitación del poder estatal — que era por el contrario absolutamente central en el constitucionalismo de los siglos XVIII e XIX —, mientras que pone en un primer plano el objetivo de garantizar los derechos fundamentales.

(...)

El neoconstitucionalismo ideológico no se limita por tanto a describir los logros del processo de constitucionalización, sino que los valora positivamente y propugna su defensa y ampliación. En particular, subraya la importancia de los mecanismos institucionales de tutela de los derechos fundamentales (...) pero, más aún, subraya la exigencia de que las atividades del legislativo y del judicial estén diretamente encaminhadas a la concretización, la adecuación y la garantia de los derechos fundamentales previstos en la Constitución." COMANDUCCI, Paolo. Constitucionalización y neoconstitucionalismo. In: COMANDUCCI, Paolo; AHUMADA, Ma Ángeles; LAGIER, Daniel González. Positivismo jurídico y neoconstitucionalismo. Madrid: Fundación Coloquio Juridico Europeo, 2009. p. 89-96.

(44) *Cf.*, a propósito: SARMENTO, Daniel; SOUZA NETO, Cláudio Pereira de. *Direito Constitucional*. Teoria, história e métodos de trabalho. 2. ed.. Belo Horizonte: Fórum, 2016. p. 233-236.

1.2.1. A concepção axiológica dos Direitos Fundamentais

A concepção axiológica dos Direitos Fundamentais e seu método de resolução dos *casos difíceis* — a ponderação de bens —, que foram sistematizados e amplamente divulgados nos sucessivos estudos de Robert Alexy e em suas inúmeras traduções não surgiram como criações exclusivamente acadêmicas dos teóricos contemporâneos da Filosofia do Direito. Ao revés, seu advento decorreu da prática interpretativa desempenhada pelo Tribunal Constitucional Federal Alemão (*Bundesverfassungsgerichts)* nas décadas que se seguiram à promulgação da chamada *Constituição de Bonn*, em 1949.(45)

Nesse sentido, o fato da *Constituição de Bonn* ser uma típica carta dirigente do Segundo Pós-Guerra, plasmada em um contexto de superação do positivismo clássico e repleta de Direitos Fundamentais, somado ao fato de ser o Tribunal Constitucional Federal um típico órgão de cúpula judiciária destinado exclusivamente ao controle concentrado de constitucionalidade das normas inferiores, segundo a acepção formulada por Kelsen em resposta a Carl Schmitt, foram decisivos para o desenvolvimento de tal concepção.(46)

Não obstante, a prática empreendida pelo Tribunal Constitucional Federal nas décadas subsequentes à promulgação da Constituição de 1949 foi fortemente influenciada pela obra do constitucionalista Rudolf Smend que já na década de 1920 — portanto, no momento mais proeminente do ideário positivista — havia identificado os Direitos Fundamentais catalogados na então Constituição de Weimar como o sistema de valores culturais próprios do povo alemão que legitimaria todo o direito positivo e a própria atividade estatal.(47)

Assim, com esteio em sua configuração como corte constitucional e a partir da concepção valorativa elaborada por Rudolf Smend ainda sob a Constituição de Weimar, o Tribunal Constitucional Federal produziu, ao longo de seu funcionamento, farto material que serviu de base para a formulação de uma vasta doutrina constitucionalista a respeito do alcance dos Direitos Fundamentais no âmbito das esferas pública e privada, bem assim dos limites por eles impostos reciprocamente e da metodologia para a resolução em concreto dos conflitos de garantias dessa natureza e da própria constitucionalidade das leis.

A título exemplificativo, cita-se as decisões proferidas no caso *Lüth*, em que se discorreu sobre a eficácia horizontal dos direitos fundamentais em relação aos particulares (*Drittwirkung*),

(45) *Vide*, nesse sentido: MENDES, Gilmar Ferreira. *Direitos fundamentais e controle de constitucionalidade*. 3. ed. São Paulo: Saraiva, 2004. p. 114-130.

(46) Sobre o embate entre Kelsen e Schmitt acerca do *Guardião da Constituição*, *vide*: SCHMITT, Carl. Trad.: CARVALHO, Gerando de. *O guardião da Constituição*. Belo Horizonte: Del Rey, 2007. KELSEN, Hans. Trad.: KRUG, Alexandre. *Jurisdição constitucional*. São Paulo: Martins Fontes, 2003.

(47) Segundo Smend, a textura normativa dos direitos fundamentais plasmados na Constituição de Weimar indica que: "Ou eles [os direitos fundamentais] conferem posições jurídicas colocando forte acento em um âmbito material de cultura, neles formulando aberta profissão de fé, ou iniciam frase por frase com a expressão 'todos os alemães...', 'todo alemão' etc. Nisso se expressam, inequivocamente, os dois momentos que conferem sentido à elaboração de um catálogo de direitos fundamentais: estes últimos regularão normativamente uma série de conteúdos dotados de uma certa completude, ou seja, um sistema de valores ou bens, um sistema cultural regulado como sistema nacional próprio dos alemães, que positiva valores muito genéricos de modo nacional. Desse modo, confere-se aos cidadãos daquela nação qualquer coisa como um *status* material que lhe difere materialmente como um povo em relação aos nacionais de outros Estados. Este duplo sentido de sistema cultural e de integração do povo consiste na orientação positiva dos direitos fundamentais."

No original: "o li premettono ponendo fortemente l'accento su un ambito materiale di cultura nei confronti del quale fanno aperta professione di fede, o iniziano frase per frase con le parole: «Tutte i tedeschi...», «Ogni tedesco...» ecc. In ciò trovano inequivocabile espressione i due momenti che costituiscono il senso del contenuto di un catalogo di diritti fondamentali: quest'ultimo vuole regulare normativamente una serie di contenuti dotata di una certa compiutezza, cioè un sistema di valori o beni, un sistema culturale regolato come sistema nazionale proprio dei tedeschi, e positivizza valori più generali in forma nazionale. In tal modo, conferisce agli appartenenti di questa nazione dello Stato qualcosa come uno status materiale che li rende materialmente un popolo, tra loro e nei confronti degli altri. Questo duplice senso di sistema culturale e di integrazione del popolo è l'orientamento positivo dei diritti fondamentali." SMEND, Rudolf. Trad.: FIORE, F; LUTHER, J. Costituzione e diritto costituzionale. Milano: Giuffrè, 1988. p. 245.

no caso *Lebach*, em que a metódica do *sopesamento de bens* foi traçada em minúcias e o *caso das farmácias*, a ter por objeto os limites reciprocamente impostos pelos direitos fundamentais (*Schrankenschranke*).[(48)]

Os elementos sistêmicos elaborados a partir do labor interpretativo do Tribunal Constitucional Federal inspiraram a prática de outras constitucionais europeias de perfil kelseniano e definiram uma concepção acerca dos Direitos Fundamentais e da generalidade dos princípios constitucionais plasmada, justamente, na compreensão das respectivas normas como valores assumidos pela Constituição cuja concretização dependeria da aplicação de uma metódica própria para tal finalidade que, por sua vez, seria legitimada pela aferição do peso de cada valor nas distintas hipóteses fáticas e pela abertura para o ingresso dos argumentos advindos dos mais diferentes atores sociais. Tais características constituem, justamente, os principais traços da visão axiológica ora analisada.[(49)]

Pois bem. O principal teórico da visão axiológica em torno dos direitos fundamentais é, justamente, Robert Alexy que em seus textos dedicados à configuração e interpretação dos Direitos Fundamentais sistematizou os elementos centrais de tal concepção e influenciou uma série de outros estudiosos do Direito Constitucional e da Filosofia do Direito, amealhando, inclusive, um número considerável e qualificado de adeptos no Brasil.

O ponto central da visão axiológica dos Direitos Fundamentais formulada por Alexy reside, exatamente, na distinção entre as *regras* e os *princípios*. Para ele, enquanto aquelas primeiras possuiriam um alto grau de densidade normativa, a permitir a plena subsunção dos fatos às suas previsões textuais, estes últimos caracterizar-se-iam, justamente, pelo fato de não possuírem um conteúdo pré-determinado a permitir sua aplicação automática dependendo, por isso mesmo, da atividade criativa do intérprete no sentido de definir a exata medida de tais pautas valorativas nos casos concretos de modo a concretizá-las da melhor maneira possível. Por isso mesmo, para Alexy, os princípios configurariam direitos *prima facie* ou *mandados de otimização.*[(50)]

Por serem *mandados de otimização* e não regras dotadas de um conteúdo normativo pré-fixado de maneira cerrada e onivalente, os princípios – na concepção de Alexy – teriam por conteúdo pautas valorativas cuja aplicabilidade aos casos concretos estaria a depender do sopesamento com outros valores concorrentes a ser empreendido à luz das hipóteses fáticas analisadas pelo intérprete. Nisso reside, exatamente, a *dimensão de peso* a configurar a colisão

(48) ALEMANHA: BVerGE 7, 198; ALEMANHA: BVerGE 53,202 e ALEMANHA: BVerGE 7, 377.

Vide, nesse sentido: HÄBERLE, Peter. Trad.: CAMAZANO, Joaquín Brage. El Tribunal Constitucional como poder político. In: HESSE, Konrad; HÄBERLE, Peter. *Estudios sobre la jurisdicción constitucional.* México: Porrúa, 2005. p. 91-123.

(49) Segundo André Rufino do Vale: "Se o neoconstitucionalismo é concebido como um conjunto de teorias que pretendem descrever o processo de constitucionalização dos sistemas jurídicos contemporâneos, seu traço distintivo não poderia ser outro que a adoção de um peculiar modelo constitucional: o denominado 'modelo axiológico de Constituição como norma'. De acordo com esse modelo, a Constituição é marcada pela presença de princípios, especificamente de normas de direitos fundamentais que, por constituírem a positivação (expressão normativa) de valores da comunidade, são caracterizadas por seu denso conteúdo normativo de caráter material ou axiológico, que tende a influenciar todo o ordenamento jurídico e vincular a atividade pública e privada." VALE, André Rufino do. Estrutura das normas de Direitos Fundamentais. Repensando a distinção entre regras, princípios e valores. São Paulo: Saraiva, 2009. p. 23-24.

(50) Conforme aponta o próprio Alexy: "El punto decisivo para la distinción entre reglas y principios es que los *princípios* son normas que ordenan que algo sea realizado en la mayor medida posible, dentro de las possibilidades jurídicas y reales existentes. Por lo tanto, los princípios son *mandatos de optimización,* que están caracterizados por el hecho de que pueden ser cumplidos en diferente grado y que la medida debida de su cumplimiento no sólo depende de las possibilidades reales sino también de las jurídicas. El ámbito de las posibilidades jurídicas es determinado por los princípios y reglas opuestos.

En cambio, las reglas son normas que sólo pueden ser cumplidas si o no. Si una regla es válida, entonces de hacerce exatamente lo que ella exige, ni más ni menos. Por lo tanto, las reglas contienen determinaciones en el ámbito de lo fáctica y juridicamente posible." ALEXY, Robert. Trad.: VALDÉS, Ernesto Garzón. Teoría de los Derechos Fundamentales. Madrid: Centro de Estudios Políticos y Constitucionales, 2002. p. 86-87.

de princípios, em contraposição à *dimensão da validade*, característica dos conflitos de regras.[51]

Desse modo, para a resolução de um conflito de regras bastaria apelar aos critérios clássicos de cronologia (*lex posteriori derrogat lex priori*) e de especialidade (*lex specialis derrogat lex generalis*) já formulados pela doutrina positivista, o que resultaria no afastamento em absoluto de uma ou de outra norma. De outro turno, as colisões de princípios dependeriam da aferição do *peso* destes últimos nos casos concretos a serem avaliados pelo intérprete, cujo resultado, muito embora venha a definir uma dada configuração de precedência na hipótese em análise, não afetaria a validade em abstrato daquelas pautas axiológicas.

Portanto, as situações a envolverem o conflito de princípios em um dado suposto fático configurariam, para a concepção axiológica dos direitos fundamentais, os *casos difíceis* a serem resolvidos pelos intérpretes da norma jurídica. E, nesse desiderato, a aferição em concreto do *peso* dos princípios em choque e, consequentemente, de sua preponderância nas distintas hipóteses de incidência seria implementada por intermédio de uma metodologia especificamente elaborada para tal finalidade: a *ponderação de bens*.[52]

Em termos práticos, a metódica da *ponderação de bens* seria implementada através da aplicação em cada caso do *princípio da proporcionalidade*, cuja configuração atual decorreu

---

(51) Segundo Alexy: "Un conflicto de reglas sólo puede ser solucionado o bien introduciendo en una de las reglas una cláusula de excepción que elimina el conflicto o declarando inválida, por lo menos, una de las reglas. (...) A diferencia de lo que sucede con el concepto de validez social o de la importancia de una norma, el concepto de validez jurídica no es graduable. Una norma vale o no vale juridicamente. Que una regla vale y es aplicable a un caso significa que vale también su consecuencia jurídica. Cualquiera que sea la forma como se los fundamente, no puede ser el caso que valgan dos juicios concretos de deber ser reciprocamente contradictorios. Si se constata la aplicabilidade de dos reglas con consecuencias reciprocamente contradictorias en el caso concreto y esta contradicción no puede ser eliminada mediante la introducción de uma cláusula de excepción, hay entonces que declarar inválida, por lo menos, a una de las reglas.

Con la constatación de que en caso de un conflicto de reglas, cuando no es posible la inclusión de una cláusula de excepción, por lo menos una de las reglas tiene que ser declarada inválida, no se dice todavia nada acerca de cuál de ellas debe ser tratada así. El problema puede ser solucionado a través de las reglas tales como *'lex posterior derogat legi priori'* y *'lex specialis derogat legi generali'*, pero también es posible proceder de acuerdo con la importancia de las reglas en conflicto. Lo fundamental es que la decisión es uma decisión acerca de la validez.

(...)

Las colisiones de princípios deben ser solucionadas de manera totalmente distinta. Cuando dos princípios entran em colisión (...) uno de los princípios tiene que ceder ante el otro. Pero, esto no significa declarar invalido al principio desplazado ni que en el principio desplazado haya que introducir una cláusula de excepción. Más bien lo que sucede es que, bajo ciertas circunstancias uno de los princípios precede al outro. Bajo otras circunstancias, la cuestión de la precedencia puede ser solucionada de manera inversa. Esto es lo que se quiere decir cuando se afirma que en los casos concretos los princípios tienen diferente peso y que prima el principio con mayor peso. Los conflictos de reglas se llevan a cabo en la dimensión de la validez; la colisión de princípios (...) tiene lugar más allá de la dimensión de la validez, en la dimensión del peso." *Ibidem*, p. 88-89.

(52) Sobre a ponderação como método, Paulo Gustavo Gonet Branco assevera que: "A teoria da argumentação jurídica de Alexy (...) permite afirmar que o exercício da ponderação — método para aplicar normas-princípios — tem a sua racionalidade assegurada, justamente por ser uma expressão da argumentação jurídica. Daí Alexy asseverar que 'há um procedimento racional de ponderação' [que] é dado pela teoria dos princípios jurídicos, desdobramento da sua teoria da argumentação jurídica.

(...)

Os princípios, quando se contrapõem, não estariam exatamente em contradição, mas em tensão, que deve ser resolvida com referência ao caso que, à primeira vista, os atrai. Os princípios apresentam pesos ou importâncias diferentes para o caso analisado, mesmo que, considerados em abstrato, nenhum ostente primazia sobre o outro. O que há de se realizar é uma ponderação entre os princípios, com vistas a apurar qual o que se refere a interesse de maior monta no episódio a ser avaliado.

(...)

Alexy não crê que o sistema jurídico permita que se fale num arranjo fechado e predeterminado de princípios hierarquizados entre si. A sua é uma teoria débil de princípios, que se completa com a ponderação, segundo uma hierarquia de valores que se constrói em cada conjunto de circunstâncias considerado. Princípios e valores, para ele, são a mesma coisa, contemplando-se o caso sob o aspecto deontológico ou axiológico." BRANCO, Paulo Gustavo Gonet. Juízo de ponderação na jurisdição constitucional. São Paulo: Saraiva, 2009. p. 166-169.

do labor interpretativo implementado pelo Tribunal Constitucional Federal alemão quando da aferição da validade das normas legais em face da Constituição de 1949.(53)

O *princípio da proporcionalidade* funcionaria, para a tarefa da ponderação de bens, como a balança para a pesagem de cada um dos princípios em choque e, ao mesmo tempo, como o prumo para a aferição da exata medida dos limites reciprocamente impostos por cada uma das referidas pautas valorativas. Para tanto, a metódica em apreço se valeria de três juízos a serem formulados separadamente pelo intérprete/aplicador, quais sejam, a *adequação* (*Geeignetheit*), a *necessidade* (*Erforderlichkeit*) e a *proporcionalidade em sentido estrito* (*Verhältnismässigkeitsprinzip*).

O primeiro juízo (de *adequação*) demandaria do intérprete a verificação acerca da aptidão do meio adotado por uma determinada norma de concretização de Direitos Fundamentais para o alcance das finalidades por ela almejadas. Já o segundo juízo (de *necessidade*), indagaria se não seria possível o atingimento do mesmo fim mediante um meio menos gravoso para a integridade da garantia a ser limitada. E, por fim, o terceiro juízo (de *ponderação em sentido estrito*), questionaria se os benefícios da concretização implementada em uma dada situação compensaria os custos ocasionados aos demais princípios colidentes.(54)

A resposta negativa a um ou mais desses testes autorizaria o intérprete/aplicador a invalidar a norma em confronto com a Constituição e, ao mesmo tempo, sinalizar ou até mesmo implementar em concreto uma solução alternativa que ele julgasse efetivamente adequada ao atingimento das finalidades originalmente almejadas pelo diploma sob exame, menos gravosa à garantia em questão e mais apta a assegurar, em concreto, o equilíbrio entre os princípios em choque.(55)

Para além da formulação em abstrato de tal metódica calcada no *princípio da proporcionalidade* e em seus respectivos testes, a ponderação encontraria legitimidade na abertura conferida às entidades públicas e às organizações de representação dos mais diversos setores sociais no processo de interpretação dos direitos fundamentais, especialmente naquelas situações a envolverem o controle concentrado de constitucionalidade ou a repercussão geral de uma dada matéria.

Nisso consiste, exatamente, a tese formulada por Peter Häberle acerca da *sociedade aberta dos intérpretes da Constituição*. Sendo assim, em um contexto democrático, pautado pela presença dos Direitos Fundamentais como diretrizes para a ação do Estado e dos particulares, nada mais coerente do que abrir o processo de interpretação jurídica para as esferas da sociedade diretamente interessadas na definição do sentido e do alcance de tais garantias.(56)

(53) BARROS, Suzana de Toledo. *O princípio da proporcionalidade e o controle de constitucionalidade das leis restritivas de direitos fundamentais*. 3. ed. Brasília: Brasília Jurídica, 2003. p. 47-50.

(54) Segundo Alexy: "Ya se ha insinuado que entre la teoría de los principios y la máxima de la proporcionalidad existe una conexión. Esta conexión no puede ser más estrecha; el carácter de principio implica la maxima de la proporcionalidad, y esta implica aquélla. Que el caracter de principio implica la maxima de la proporcionalidad significa que la maxima de la proporcionalidad, com sus trés maximas parciales de la adecuación, necesidad (postulado del médio más benigno) y de la proporcionalidad en sentido estricto (el postulado de ponderación propriamente dicho) se infiere logicamente del caráter de principio, es decir, es deducible de él." ALEXY, Robert. Trad.: VALDÉS, Ernesto Garzón. Teoría de los derechos fundamentales. Madrid. Centro de estudios políticos y constitucionales, 2002. p. 111-112.

(55) Nas palavras de Gilmar Ferreira Mendes: "A doutrina identifica como típica manifestação do excesso de poder legislativo a violação ao princípio da proporcionalidade ou da proibição de excesso (...), que se revela mediante contrariedade, incongruência, e irrazoabilidade ou inadequação entre meios e fins, [de modo que] a aferição da constitucionalidade da lei em face do princípio da proporcionalidade ou proibição do excesso contempla os próprios limites do poder de conformação outorgado ao legislador." MENDES. Gilmar Ferreira. In: MENDES, Gilmar Ferreira; COELHO, Inocêncio Mártires; BRANCO. Paulo Gustavo Gonet. *Hermenêutica constitucional e direitos fundamentais*. Brasília: Brasília Jurídica, 1998. p. 248.

(56) Para Häberle: "En los processos de la interpretación constitucional están incluídos potencialmente todos los órganos

Disso se infere que para a concepção axiológica dos direitos fundamentais o labor interpretativo (e criativo) dos aplicadores naqueles *casos difíceis* estaria legitimado (i) pela aplicação de um método previamente definido para a resolução de tais questões (a ponderação calcada no *princípio da proporcionalidade*), (ii) pela argumentação dos intérpretes fundada em tal metódica e (iii) pela abertura do processo interpretativo à participação dos atores estatais e sociais diretamente interessados na definição de tais controvérsias.

Logo, um mesmo caso concreto a envolver a definição do sentido e do alcance de direitos fundamentais poderia obter dos intérpretes várias respostas tidas por corretas que extrairiam sua legitimidade, justamente, da aplicação do método da ponderação, somada à formulação de um efetivo labor argumentativo e à abertura do debate para a participação dos atores estatais e dos corpos intermediários da sociedade.(57)

Em que pese, contudo, a rebuscada construção elaborada pelos teóricos da concepção axiológica dos direitos fundamentais em torno da *ponderação de bens* e da *sociedade aberta dos intérpretes da Constituição*, as estruturas a sustentarem tal modelo não elidem aqueles mesmos

del Estado, todos los poderes publicos, todos los ciudadanos y los grupos. ¡No hay un números clausus de intérpretes de la Constitución! Hasta ahora, la interpretación constitucional ha sido en exceso, de manera consciente y menos *realiter*, un asunto de una 'sociedad cerrada': la de los intérpretes constitucionales jurídicos y de quienes participan formalmente en el processo constitucional; pero en la realidad es más un asunto de una sociedad abierta, es decir, la de todos los poderes publicos en tanto participen materialmente, porque la interpretación constitucional participa una y outra vez en la constitución de esta sociedade abierta y es constituída por esta. Sus critérios serán tan abiertos como pluralista sea la sociedad.

(...)

Un examen realista del surgimiento de la interpretación constitucional puede requirir un concepto de interpretación más amplio, para el cual los ciudadanos y los grupos, los órganos del Estado y la opinión pública (Öffentlichkeit) son 'fuerzas productivas de la interpretación', es decir, interpretes de la Constitución en el sentido amplio. Estos interpretes actúan al menos como 'interpretes prévios' (Vorinterpreten);la responsabilidad permanece en la jurisdición constitucional como interprete de 'última instancia' (a reserva de la fuerza normativa de los votos de minoria). Si se quiere, se trata de la democratización de la interpretación constitucional, en la medida en que la teoria de la interpretación tenga que obtener respaldo en la teoría democrática y viceversa. No hay interpretación de la Constitución sin los ciudadanos activos y los poderes publicos citados." HÄBERLE, Peter. Trad.: FIX-FIERRO, Héctor. El Estado constitucional. Buenos Aires: Astrea, 2007. p. 264-265.

(57) Sobre a pretensa legitimidade racionalista e argumentativa das várias respostas corretas obtidas por intermédio da ponderação, Luís Prieto Sanchís acentua que: "La ponderación es una consecuencia de la vinculación directa y universal de los princípios y derechos (...) y si bien no garantiza una y sólo una respuesta para todo problema práctico, sí nos indica qué hay que fundamentar para resolver un conflito constitucional, es decir, hácia donde ha de moverse la argumentación, a saber: la justificación de un enunciado de preferencia (en favor de un principio o de outro, de un derecho o de su limitación) en función del grado de sacrifício o de afectación de un bien y del grado de satisfación del bien en pugna. (...) En suma, que exista un cierto peligro de particularismo no significa que la ponderación abra las puertas a juicios basados en la intuición, el pálpito o la corazonada. La ponderación se endereza a la construcción de una regla y, si nos tomamos en serio las exigencias de la argumentación, ello significa el respeto a un principio de universalización que opera como garantia última de racionalidad; al igual que ocurre siempre que carecemos de una única respuesta correcta, la universalización obliga a considerar todas las circunstancias relevantes y a justificar a la vista de ellas una solución susceptible de ser assumida en el futuro por todos y, en primer lugar, por el próprio juez." SANCHÍS, Luis Prieto. Justicia constitucional y Derechos Fundamentales. Madrid: Trotta, 2003. p. 206-207.

Já para Aulis Aarnio, muito embora a metódica da ponderação de bens possa resultar no aparecimento de uma multiplicidade de respostas corretas, é possível, para o referido autor, encontrar dentre estas uma resposta *melhor* do que as outras.

Assim, para Aarnio tal resposta *melhor* mais se aproximaria do ideal à medida em que o intérprete procurasse implementar, diante de um *caso difícil*, seu princípio *regulador*, formulado na seguinte máxima:

"Cuando se trate de un caso difícil, procura alcanzar una solución y una justificación, de forma tal que la mayoría de los membros de una comunidad jurídica que piensen de forma racional puedan aceptar tu punto de vista y tu justificación."

Ainda segundo Aarnio: "Lo que realmente necessitamos en la sociedad no es una misteriosa única respuesta correcta, sino una justificación racional de las decisiones en la medida de lo posible, y una aceptación genuína y equitativa del principio regulador en todo el razonamiento jurídico." AARNIO, Aulis. ¿Una única respuesta correcta? In:AARNIO, Aulis; ATIENZA, Manuel; LAPORTA, Francisco. J. Bases teóricas de la interpretación jurídica. Madrid: Fundación Colóquio Jurídico Europeo, 2010. p. 44-45.

riscos de arbítrio e de protagonismo autoritário que se faziam presentes no positivismo jurídico.

De fato, apesar do pretenso rigor metodológico conferido à ponderação de bens e à fórmula da proporcionalidade, a análise da vasta jurisprudência já produzida com base em tal modelo teórico demonstra que a mensuração do *peso* dos princípios em choque num dado caso concreto depende mais das preferências pessoais e das visões de mundo dos intérpretes/aplicadores a respeito de cada um dos valores a serem sopesados do que de qualquer dado objetivo disponível.(58)

Assim, se um dado intérprete possui maior propensão ideológica a preferir o princípio X em detrimento do princípio Y ele bem pode valer-se da metódica da *ponderação de bens* para justificar sua visão de mundo pré-definida. Em suma, as fórmulas pretensamente neutras elaboradas pelos teóricos da concepção axiológica acabam por viabilizar — e até mesmo a dar um certo verniz legitimador — às preferências pessoais dos aplicadores dos Direitos Fundamentais.

Nessa concepção, os Direitos Fundamentais não possuem qualquer conteúdo pré-definido de modo objetivo. Aqui, eles acabam reduzidos a *conceitos indeterminados* cujo significado em concreto dependerá, ao fim e ao cabo, da discricionariedade do aplicador autorizado que, a despeito da existência de um *método* pretensamente neutro e da abertura formal do processo interpretativo aos terceiros interessados, terá a palavra final a respeito do *peso* que cada princípio terá na ponderação, em modo muito similar ao que se passava sob a égide do positivismo jurídico, conforme bem pontuam Menelick de Carvalho Netto e Guilherme Scotti.(59)

É justamente a abertura da metódica da *ponderação* à discricionariedade dos intérpretes/aplicadores que acaba por explicar o sucesso que a concepção axiológica dos Direitos Fundamentais vem obtendo no âmbito do Poder Judiciário brasileiro, especialmente após o advento da Constituição Federal de 1988. De fato, em um sistema historicamente marcado pelo autoritarismo, qualquer possibilidade de legitimação de tal conduta, ainda mais sob um verniz de pretensa neutralidade, racionalidade e cientificidade, será sempre bem vinda, conscientemente ou não.(60)

(58) Tal relação entre preferências pessoais dos intérpretes e sopesamento dos valores colidentes na ponderação de bens foi magnificamente demonstrada no artigo de Juan Antonio Garcia Amado intutulado *El juicio de ponderación y sus partes. Una Critica.*

Nele, o autor espanhol analisa três acórdãos do Tribunal Federal Constitucional alemão (BVerfGE 19, 330 – Sachkundenachweis, BVerfGE 95, 173 – Warnhinweise für Tabakerzeugnisse e BVerfGE 86, 1 – TITANIC/geb. Mörder) à luz dos subprincípios da "adequação", "necessidade" e "proporcionalidade em sentido estrito", para concluir que: "Es la conciencia valorativa del Tribunal, su ideologia, lo que determina tanto qué es lo que en concreto se ha de pesar, de poner en cada platillo de la balanza, como el resultado de ese pesaje o ponderación." AMADO, Juan Antonio Garcia. El juicio de ponderación y sus partes. Una crítica. In: ALEXY, Robert et alii. Derechos sociales y ponderación. Madrid: Fundación Coloquio Jurídico Europeo, 2007. p. 249-331.

(59) De acordo com os autores: "As noções de lacuna e discricionariedade típicas da concepção positivista das normas também são mantidas pela teoria das normas de Alexy, que rejeita a tese da única resposta correta. (...) A tarefa propriamente de aplicação dos princípios é então recusada por Alexy, ao considera-la como algo idêntico à legislação, uma atividade de balanceamento de valores concorrentes, passíveis de tratamento metodológico e sujeitos à hierarquização. Direitos, entendidos como interesses, devem assim ser sacrificados de acordo com seu grau de relevância, e os princípios ensejam múltiplas possibilidades de decisão correta disponíveis à discricionariedade do aplicador." CARVALHO NETTO, Menelick de; SCOTTI, Guilherme. Os Direitos Fundamentais e a (in)certeza do direito. A produtividade das tensões principiológicas e a superação do sistema de regras. Belo Horizonte: Fórum, 2011. p. 116-120.

(60) Nesse sentido, Lenio Luiz Streck assinala que: "Se fizermos uma análise do problema 'de como decidir' à luz da filosofia da linguagem, ficará evidente que as teorias que apostam na vontade do intérprete (e esse é, efetivamente, o 'problema' do 'livre convencimento') *acabam gerando/possibilitando discricionariedades e arbitrariedades.*

(...)

No direito constitucional, essa perspectiva é perceptível pela utilização descriteriosa dos princípios, transformados em 'álibis persuasivos', fortalecendo-se, uma vez mais, o protagonismo judicial (nas suas diversas roupagens, como o decisionismo, o ativismo etc.). O uso da ponderação é também nesse ramo do direito outro sintoma de uma espécie de 'constitucionalismo da efetividade', pelo qual o mesmo 'princípio' é utilizado para sustentação de teses antitéticas.

Nesse sentido, não é difícil perceber o modo pelo qual a ponderação foi sendo transformada – aqui em *terrae brasilis* – em um enunciado performativo.

Da síntese ora formulada, pode-se concluir que a concepção axiológica, em que pese o esforço formulado por seus teóricos no sentido de racionalizar e legitimar o processo e o resultado da *ponderação de bens*, não é a mais adequada para promover a aplicação dos Direitos Fundamentais nos casos concretos, bem assim o desvelamento de seu conteúdo à luz das hipóteses sob a apreciação do intérprete.

Tal conclusão, por nós compartilhada, se baseia na constatação de que o elevado grau de discricionariedade conferida ao intérprete/aplicador para a definição do sentido e do alcance dos Direitos Fundamentais nos chamados *casos difíceis*, através da metódica da *ponderação*, acaba por conduzir à substituição do *discurso de aplicação* das normas jurídicas, por um *discurso de justificação*, mais próprio ao legislador do que ao juiz, em prejuízo último à própria separação dos poderes, conforme ver-se-á mais detalhadamente no item subsequente.(61)

Por isso mesmo, a compreensão dos princípios a positivarem Direitos Fundamentais deve ocorrer, no nosso sentir, de maneira distinta, a partir de uma concepção que reconheça neles verdadeiras normas jurídicas dotadas de um conteúdo institucional objetivo e, por isso mesmo, apto a vincular a ação do intérprete/aplicador na análise dos chamados *casos difíceis*.

1.2.2. A concepção deontológica dos direitos fundamentais

Tal como a concepção axiológica dos direitos fundamentais, a concepção deontológica é fruto dos questionamentos impostos ao positivismo jurídico por teóricos do chamado *neoconstitucionalismo*. No particular, a visão a ser sintetizada no presente tópico tem por origem a crítica formulada pelo jusfilósifo norte-americano Ronald Dworkin ao modelo de princípios idealizado por H. L. A. Hart e à alternativa apresentada por aquele primeiro a tal sistema.

Para Dworkin, o principal ponto de atrito com o modelo positivista de Hart reside, justamente, na concepção dos princípios como *mandatos de otimização* ou, como ele mesmo denomina, *rules manquées*, pela qual tais preceitos seriam diretrizes de cunho moral cuja apli-

---

(...)

Daí que expressões como 'ponderação de valores', 'mandados de otimização', 'proporcionalidade', 'razoabilidade', 'justa medida', 'decido conforme minha consciência', no momento em que são utilizadas ou pronunciadas, têm um forte poder de violência simbólica (Bordieu) que produz o 'sentido próprio' e o 'próprio sentido'.

(...)

Excetuando os casos em que, teleologicamente, decisões calcadas na ponderação de valores podem ser consideradas corretas ou adequadas à Constituição (o que por si só já é um problema, porque a interpretação não pode depender dessa 'loteria' de caráter finalístico), a maior parte das sentenças e acórdãos acaba utilizando tais argumentos como um instrumento para o exercício da mais ampla discricionariedade (para dizer o menos) e o livre convencimento de ativismos.

Como se sabe, em nome do 'sopesamento entre fins e meios' (a assim denominada 'ponderação'), é possível chegar às mais diversas respostas, ou seja, casos idênticos acabam recebendo decisões diferentes, tudo sob o manto da 'ponderação' e suas decorrências." STRECK, Lenio Luiz. O que é isto — decido conforme minha consciência? 2. ed. Porto Alegre: Livraria do Advogado, 2010. p. 49-51.

(61) A fim de antecipar o debate acerca dos *discursos de justificação* e dos *discursos de aplicação*, a crítica de Eros Roberto Grau acerca da pretensa discricionariedade conferida aos juízes diante de conceitos indeterminados vem bem a calhar: "Todo intérprete, embora jamais esteja submetido ao 'espírito da lei' ou à 'vontade do legislador', estará sempre vinculado pelos textos normativos, em especial — mas não exclusivamente — pelos que veiculam princípios. (...) Ao intérprete autêntico não [está] atribuída a formulação de juízos de oportunidade — porém, exclusivamente, de juízos de legalidade. Ainda que não seja o juiz meramente a 'boca que pronuncia as palavras da lei', sua função — dever-poder — está contida nos lindes da legalidade (e da constitucionalidade). *Interpretar o direito* é formular juízos de legalidade. A discricionariedade é exercida em campo onde se formulam juízos de oportunidade (= escolha entre indiferentes jurídicos), exclusivamente, porém, quando uma norma jurídica tenha atribuído à autoridade pública a sua formulação.

Insisto nisso: o que se tem denominado de discricionariedade judicial é o poder de criação de norma jurídica que o intérprete autêntico exercita formulando juízos de legalidade (não de oportunidade). A distinção entre ambos esses juízos encontra-se em que o juízo de oportunidade comporta uma opção entre indiferentes jurídicos, procedida subjetivamente pelo agente; o juízo de legalidade é atuação, embora desenvolvida no campo da prudência, que o intérprete autêntico empreende atado, retido, pelo texto normativo e, naturalmente, pelos fatos." GRAU, Eros Roberto. Ensaio e discurso sobre a interpretação/aplicação do direito. 4. ed. São Paulo: Malheiros Editores, 2006. p. 56-57.

cação ou não a um determinado caso concreto estaria a depender do juízo discricionário do intérprete/aplicador.[62]

Em contraposição a tal concepção estritamente positivista, Dworkin busca comprovar que os princípios, antes de configurarem singelos repositórios de preceitos meramente valorativos, estranhos ao sistema do Direito, seriam elementos que não apenas integram efetivamente o ordenamento jurídico, como também asseguram direitos aos seus destinatários, de modo a possuir força normativa apta a ensejar sua aplicação nos casos concretos.

Por isso mesmo, na concepção dworkiniana, a aplicação dos princípios não é uma mera faculdade disponibilizada ao intérprete/aplicador quando este último se depara com uma lacuna normativa. Para muito além disso, tais preceitos integram efetivamente o ordenamento jurídico e possuem um enunciado normativo cogente que, na presença de um *caso difícil*, impõem uma determinada solução que será obtida por intermédio do cotejo entre as nuances da hipótese sob exame e o conteúdo histórico-institucional do princípio em questão.

Isso ocorre na medida em que Dworkin concebe os princípios como repositórios de *direitos institucionais* que, de seu turno, possuem conteúdos próprios cujas características foram historicamente adquiridas e lhes conferem, por isso mesmo, notas distintivas em relação a outros institutos jurídicos. Tais peculiaridades institucionais viabilizam a aplicação direta daquele conteúdo histórico-institucional aos casos concretos e a resolução destes últimos segundo suas diretrizes peculiares.[63]

---

(62) Nas palavras de Dworkin: "Quando os positivistas se dedicam à análise dos princípios e das políticas eles as consideram como regras 'fracas'. Eles assumem que se eles pretendem ser elementos integrantes do Direito eles deveriam ser compreendidos como verdadeiras 'regras', de modo que eles o enxergam, por isso mesmo, como elementos que tentam ser regras. Quando um positivista ouve alguém argumentar que os princípios integram o Direito, ele compreende isto como um argumento em reforço daquilo que ele compreende como a teoria do 'direito suprapositivo', que pressupõe que aqueles princípios integram, em verdade, um metadireito. Ele argumenta, ademais, que estas 'normas' são algumas vezes observadas e outras não (...) e que não há como se aferir a validade de regras dessa natureza.' Ele conclui, então, que os princípios e políticas não são regras válidas oriundas daquele metadireito não são regras válidas, o que não deixa de ser verdade, já que elas não são efetivamente 'regras'. Ele conclui, também, que eles são parâmetros extra-legais que cada juiz escolhe aplicar ao caso concreto de acordo com suas próprias convicções no exercício de sua discricionariedade, o que é falso."

No original: "When the positivists do attend to principles and policies, they treat them as rules manquées. They assume that if they are standards of law they must be rules, and so they read them as standards that are trying to be rules. When a positivist hears someone argue that legal principles are part of the law, he understands this to be an argument for what he calls the 'higher law' theory, that these principles are the rules of a law about the law. He refutes this theory by pointing out that these 'rules' are sometimes followed and sometimes not (...) and that there is no way to test the validy of 'rules' like these. He concludes that these principles and policies are not valid rules of a law above the law, which is true, because they are not rules at all. He also concludes that they are extra-legal standards which each judge selects according to his own lights in the exercise of his discretion, which is false." DWORKIN, Ronald. Taking rights seriously. Cambridge: Harvard University Press, 1978. p. 39.

(63) A existência de um conteúdo objetivo inerente aos princípios (ainda que sob a forma de valores) é igualmente reconhecida por Paulo Ferreira da Cunha.

Ainda que a concepção do referido autor lusitano acerca da força normativa dos princípios não seja idêntica à de Dworkin, ela é útil para a compreensão da historicidade dos direitos fundamentais veiculados sob a forma de princípios, bem como da possibilidade de desvelamento de seu conteúdo histórico-institucional à luz dos casos concretos.

Assim, segundo Paulo Ferreira da Cunha: "A objectividade tem um certo grau de fanerismo: os valores são *cognoscíveis* e não esotéricos, embora precisem ser investigados e *re-conhecidos*. Para os platónicos, seriam reconhecidos por intuição imediata e directa, dado serem existentes e subsistentes por si próprios; para os nominalistas seriam meros artefactos humanos, pelo que também facilmente identificáveis. Para o realismo moderado, de raiz aristotélica, mesmo os valores naturais coenvolvem a participação humana, o que nos remete novamente para a sua dimensão temporal e mundanal. Encontram-se dotados de historicidade, pois. (...) Daí que a *objectividade* dos valores seja *relativa*, na medida em que, se há valores cujo núcleo essencial (o espírito essencial) parece não mudar, como a aspiração à Justiça, à Igualdade, à Liberdade, todavia o conteúdo concreto e a aplicação prática dessas aspirações é muito histórico. E, assim, não é arbitrário, relativo ou reversível, mas narrativo, aquisitivo e irreversível: os valores vão-se descobrindo e conquistando.

(...)

Dito em outros termos, as vicissitudes históricas que desaguaram no aparecimento e na evolução dos valores de uma dada comunidade, uma vez transformadas em Direitos Fundamentais, passam a integrar o escopo normativo destes últimos e, consequentemente, a vincular os intérpretes/aplicadores na análise dos casos concretos. Nisso consistirá, exatamente, o conteúdo objetivo dos *direitos institucionais* na concepção dworkiniana.(64)

A noção de *direito institucional* é ilustrada por Dworkin por intermédio da alegoria do *árbitro do jogo de xadrez* (*chess referee*), formulada no quarto capítulo de sua obra *Taking Rights Seriously* dedicada, justamente, à análise dos chamados *casos difíceis*. Nessa ilustração, o autor supõe a existência de um dispositivo nas regras do xadrez a asseverar, de modo singelo, que a postura de provocação ao oponente durante uma partida conduz o jogador que assim agir à desclassificação.

Diante disso, Dworkin passa a indagar qual deveria ser a conduta do árbitro diante da postura do enxadrista russo Mikhail Tal durante a partida disputada contra o norte-americano Bobby Fischer, em que aquele passou a sorrir continuamente para este último no intuito de enervá-lo. Estaria, portanto, o árbitro livre para agir a seu critério discricionário ante a suposta inexistência de um rol taxativo de práticas irritativas vedadas ou, ao revés, aquele dispositivo, a par de sua generalidade e aparente indeterminação, o vincularia à penalização de Tal por seu comportamento antidesportivo?

A solução encontrada por Dworkin leva em consideração o fato de que o jogo de xadrez, por ser uma *instituição* caracterizada desde a sua concepção pela primazia à destreza intelectual, não se compatibiliza com a prática de condutas tendentes a promover a desestabilização psicológica do oponente. Logo, o próprio conteúdo histórico-institucional do jogo de xadrez, analisado à luz das nuances do caso concreto a envolver a intimidação psicológica de Tal em relação a Fischer, impunha ao árbitro a penalização daquele primeiro por sua conduta antidesportiva.(65)

Os valores são fundamentos dos direitos e deveres. Dos deveres éticos e também dos deveres jurídicos, e, obviamente, fundamento ainda de princípios e normas que o consagram, conjuntamente com os direitos. Logo, os valores são, antes de mais nada, entidades constitucionais por natureza. (...) A determinação valorativa é o passaporte com que as Constituições ganham legibilidade nos continentes da ética e da filosofia política. Além de contribuírem para sua demarcação ideológica." CUNHA, Paulo Ferreira da. A constituição viva. Cidadania e direitos humanos. Porto Alegre: Livraria do Advogado, 2007. p. 40-42.

(64) Sobre a assimilação de conteúdos morais pelo direito na teoria dworkiniana, Jürgen Habermas pontua que esta última apoia-se na premissa de que: "Há pontos de vista morais relevantes na jurisprudência, porque o direito positivo assimilou inevitavelmente conteúdos morais" e que "essa premissa não causa nenhuma surpresa para uma teoria discursiva do direito, a qual parte da ideia de que argumentos morais entram no direito através do processo democrático da legislação."

Ainda segundo Habermas: "O discurso jurídico é independente da moral e da política, porém somente no sentido de que também os princípios morais e as finalidades políticas podem ser traduzidos para a linguagem neutra do direito e engatadas no código jurídico." HABERMAS, Jürgen. Trad.: SIEBENEICHLER, Flávio Beno. Direito e democracia. Entre facticidade e validade. Volume I. 2. ed. Rio de Janeiro: Tempo Brasileiro, 2003. p. 257-258.

E ainda sobre o imbricamento inafastável do Direito e da Moral no que concerne à formulação dos conteúdos daquele primeiro sistema, Carlos Santiago Nino assevera que: "El unico espacio que queda para que discursos prácticos diferentes al moral generen razones que justifiquen acciones y decisiones es el espacio que ese discurso moral deje libre, sea porque se mueva en una dimensión diferente, porque defina un área de indiferencia o porque sea aplicable algún principio defendible en el discurso moral y que permita la justificación propia de algún subdiscurso.

(...)

El discurso jurídico no es un discurso justificatório monológico. Por eso, los jueces no pueden justificar (...) sus decisiones sobre la base de la satisfacción de sus propios interesses (ello sería considerado una insólita explicación de motivos). Tampoco se mueve en general, salvo en cuestiones como la ordenación del tránsito, en un área de indiferencia moral.

(...)

No existen razones jurídicas que puedan justificar acciones y decisiones con independencia de su derivación de razones morales." NINO, Carlos Santiago. Derecho, moral y política. Una revisión de la teoría general del Derecho. Buenos Aires: Siglo veintiuno, 2014. p. 82-85.

(65) Nas palavras de Dworkin: "Uma vez que o xadrez é um jogo de cunho intelectual, deve-se lever em conta tal preceito a fim de proteger e não de prejudicar o papel do intelecto nesse contexto.

É justamente nesse ponto específico que Dworkin sustenta, ao contrário de autores como Alexy, Luís Prieto Sanchís e Aulis Aarnio, que a aplicação de princípios, antes de fornecer uma miríade de respostas obtidas pelos intérpretes que poderiam ser tidas por *corretas*, apontariam, nos chamados *casos difíceis*, para uma única solução a ser desvelada justamente por intermédio daquela operação de análise do significado dos enunciados normativos à luz das nuances dos casos concretos.

Sendo assim, Dworkin sustenta que a possibilidade de obtenção de tal resposta correta confere às partes dos chamados *casos difíceis* o direito à aplicação de tal solução em suas demandas, vedando-se, por conseguinte, a atuação do intérprete/aplicador no sentido de buscar alternativas discricionárias para o caso em questão.(66)

Naturalmente, a concepção de Dworkin a respeito da *única resposta correta* gerou sucessivas críticas, especialmente por parte dos teóricos da visão axiológica, que passaram a apontar (i) tanto a suposta inexistência, na obra dworkiniana, de um critério material para a obtenção de tal solução, quanto (ii) a impossibilidade de se obter tal solução sem a implementação de um labor criativo e não meramente descritivo e, (iii) consequentemente, a hipotética possibilidade quanto ao aparecimento, no futuro, de uma *única resposta correta* melhor em relação àquela primeira, o que, para tais críticos — especialmente por Aulis Aarnio —, acabaria por esvaziar a tese ora analisada.(67)

Tem-se, então, no caso do árbitro do jogo de xadrez, um exemplo de uma autoridade cuja decisão sobre o alcance dos direitos institucionais deve ser compreendida dentro de parâmetros institucionais, mesmo que a força desses parâmetros não seja clara. Não pensamos que ele [a autoridade] é livre para legislar de maneira excepcional dentro da 'textura aberta' de regras imprecisas. Se a interpretação de tal preceito deve proteger aquela característica inerente ao jogo, e não outra, então os enxadristas têm direito àquela primeira interpretação. Procuramos encontrar, a partir deste caso relativamente simples, algumas diretrizes gerais concernentes aos direitos institucionais que, aplicados nos 'casos difíceis', pautarão a atividade dos juízes que os apreciarem."

No original: "Since chess is an intellectual game, he must apply the forfeiture rule in such a way as to protect, rather than jeopardize, the role of intellect in the contest.

We have, then, in the case of the chess referee, an example of an official whose decision about institutional rights are understood to be governed by institutional constraints, even when the force of these constrains is not clear. We do not think that he is free to legislate interstitially within the 'open texture' of imprecise rules. If one interpretation of the forfeiture rule will protect the character of the game, and another will not, then the participants have a right to the first interpretation. We may hope to find, in this relatively simple case, some general feature of institutional rights in hard cases that will bear on the decision of a judge in a hard case at law." DWORKIN, Ronald. Taking Rights Seriously. Cambridge: Harvard University Press, 1978. p. 101-102.

(66) Nesse sentido, Dworkin esclarece que havendo a consagração de uma instituição autônoma em um determinado ordenamento jurídico e o reconhecimento, em favor dos destinatários, de direitos subjetivos advindos de tal instituição, será possível formular respostas aos casos difíceis que envolvam a aplicação de tais garantias.

No original: "Once an autonomous institution is established, such that participants have institutional rights under distinct rules belonging to that institution, then hard cases may arise that must, in the nature of the case, be supposed to have an answer." *Ibidem*, p. 104.

(67) A propósito, Aulis Aarnio toca nesse ponto específico colocando em questão a figura criada por Dworkin a respeito do *Juiz Hércules* que, segundo este último, seria um intérprete fictício capaz de reconstruir com perfeição nos casos concretos toda a cadeia de elementos histórico-institucionais subjacentes aos princípios a serem aplicados a fim de obter, ao fim e ao cabo, a única resposta correta.

Segundo Aarnio: "Tomando las premisas de Dworkin en serio (...) podríamos plantearnos una pregunta: ¿es posible encontrar una única solución correcta en cada *caso difícil*? Demos otro passo más y preguntémonos: ¿qué pasaría si hubiese *dos* Hércules J., ambos racionales? ¿Serían también capaces de resolver de forma objetiva autenticos problemas axiológicos? La pregunta es crucial, porque las elecciones finales en el razonamiento jurídico no dependen sólo de la racionalidad del processo de racionamiento, sino también de las evaluaciones. La elección final de las premisas (de evaluación) resulta de *sopesar* y equilibrar.

(...)

No hay forma de equilibrar los razonamientos finales de forma objetiva, porque el 'mejor' equilíbrio debe ser el 'más coherente'. Esto presupone, a su vez, un meta-nivel, es decir, un 'Super Hércules J' capaz de resolver los conflictos entre estas dos subcoordinadas etc., *ad infinitum*. Esta classe de 'Super Hércules J.' sería como un Tirano Platónico que dictaría las soluciones a las personas.

Em que pesem as críticas formuladas pelos teóricos da concepção axiológica, é de se ressaltar que para Dworkin a tese da *única resposta correta* nunca teve a pretensão de conferir aos intérpretes/aplicadores uma metodologia apta a lhes assegurar, por intermédio de sua singela aplicação, a obtenção daquela solução nos chamados *casos difíceis* e muito menos a intenção de gerar, nessas hipóteses, o desvelamento de uma resposta definitiva, perfeita e absoluta, como se todos os intérpretes tivessem os mesmos dons de seu *Juiz Hércules*. A propósito, o próprio autor deixou isso consignado de forma expressa no início do capítulo de sua obra *Taking Rights Seriously* dedicada aos *casos difíceis*.(68)

Por isso mesmo, a tese da *única resposta correta*, antes de configurar um método apto a conduzir o intérprete/aplicador a tal solução pretensamente perfeita e inquestionável, representa uma *postura* a ser por ele assumida diante de um "caso difícil" no sentido de buscar, justamente, a descoberta do significado dos princípios à luz das nuances daquelas situações concretas, sem excluir a possibilidade de discordâncias em relação ao que seria, em tais casos, a *única resposta correta*, conforme observado por Menelick de Carvalho Netto e Guilherme Scotti.(69)

Essa postura exigida do intérprete/aplicador diante dos chamados *casos difíceis* compreende, justamente, aquilo que Dworkin denomina *integridade no Direito*. Tal conceito abrange, em apertada síntese, a necessidade de que os componentes de um dado sistema jurídico (*vg:* as

---

(...)

Esto se debe en parte al hecho de que Hércules J, no puede ser meramente um autómata racional, o una máquina que unicamente se ocupa de un material argumental disponible de acuerdo com un sistema experto, como si se tratase de un ordenador. La interpretación es, también en caso de Hércules J., un procedimiento creativo, que produce siempre nuevas sendas de razonamiento. Por este motivo, el própio Hércules J. no es sólo un ser racional, sino también un ser creativo en el sentido sustancial del término." AARNIO, Aulis. ¿Una única respuesta correcta? In: AARNIO, Aulis; ATIENZA, Manuel; LAPORTA, Francisco. J. Bases teóricas de la interpretación jurídica. Madrid: Fundación Colóquio Jurídico Europeo, 2010. p. 15-17.

Para uma síntese das críticas à tese da "única resposta correta" de Dworkin, *vide*: BRANCO, Paulo Gustavo Gonet. *Juízo de ponderação na jurisdição constitucional.* São Paulo: Saraiva, 2009. p. 146-157.

(68) De acordo com Dworkin: "Não se pretende com a presente teoria afirmar a existência de qualquer procedimento mecânico apto a demonstrar quais são os direitos das partes nos casos difíceis. Ao revés, a argumentação a ser formulada supõe que juízes e juristas razoáveis irão muitas vezes divergir sobre os direitos, assim como os cidadãos e as autoridades estatais divergem sobre as questões políticas. Descrever-se-á, pois, no presente capítulo as questões que juízes e juristas devem colocar para si próprios, mas isso não assegura que todos eles darão as mesmas respostas a essas indagações."

No original: "It is no part of this theory that any mechanical procedure exists for demonstrating what the rights os parties are in hard cases. On the contrary, the argument supposes that reasonable lawyers and judges will often disagree about legal rights, just as citizens and statesman disagree about political rights. This chapter describes the questions that judges and lawyers must put to themselves, but it does not guarantee that they will all give these questions the same answer." DWORKIN, Ronald. Taking rights seriously. Cambridge: Harvard University Press, 1977. p. 81.

(69) Segundo os autores: "O argumento de Dworkin da *única resposta correta* consiste na afirmação de que mesmo nos casos considerados pelo positivismo como *hard cases,* onde não há uma regra estabelecida dispondo claramente sobre o caso, uma das partes pode mesmo assim ter um direito preestabelecido de ter sua pretensão assegurada. Cabe ao juiz descobrir quais são esses direitos, mas isso não poderá ser obtido com auxílio de algum método ou procedimento mecanicista. Dworkin deixa claro que se trata primeiramente de uma *postura* a ser adotada pelo aplicador diante da situação concreta e com base nos princípios jurídicos, entendidos em sua *integridade*, e não numa garantia metodológica, o que significa que discordâncias razoáveis sobre qual a resposta correta para cada caso exigida pelo Direito podem ocorrer entre os juízes, advogados, cidadãos etc.

(...)

É nesse sentido que pode Dworkin falar da exigência de se buscar a *única decisão correta* autorizada pelo ordenamento: não enquanto mandamento inscrito *a priori* nas normas gerais e abstratas, mas como *postura* a ser assumida pelo aplicador em face das questões aparentemente não reguladas apresentadas pelos *hard cases,* de densificação dos sentidos abstratos em face de um compartilhamento existente, embora sempre passível de ser problematizado e polemizado, do sentido vivencial dos princípios jurídicos, presente naquela determinada comunidade de princípios, tanto na assimilação prática dos direitos pela sociedade em seu quotidiano, em suas lutas, reivindicações por posições interpretativas e em seu aprendizado histórico, quanto na reafirmação institucional do sentido dessa história pelos órgãos oficiais." CARVALHO NETTO, Menelick de; SCOTTI, Guilherme. *Os direitos fundamentais e a (in)certeza do direito.* A produtividade das tensões principiológicas e a superação do sistema de regras. Belo Horizonte: Fórum, 2011. p. 55-61.

leis, os regulamentos e as decisões judiciais) guardem coerência com o conjunto de princípios que caracteriza esse ordenamento.

Para explicar seu conceito de *integridade no Direito*, Dworkin se vale da alegoria do *romance em cadeia* (*chain novel*), que narra uma situação hipotética na qual um dado autor dá início à redação de uma obra literária, definindo, no primeiro capítulo, o enredo, os personagens, bem assim os demais elementos centrais da trama e confiando as partes restantes do livro a escritores diversos que, com base naqueles elementos iniciais, deverão completá-lo.(70)

Desse modo, o segundo capítulo da trama deverá guardar pertinência com os elementos contextuais delineados no primeiro e assim sucessivamente, sob pena de quebra da coerência da obra. E na medida em que novas partes forem se integrando de modo coerente com o texto, formar-se-á, paulatinamente, uma unidade íntegra de sentido.

Do contrário, se porventura um novo capítulo desconsiderar, por exemplo, o nome dos personagens definidos nas passagens iniciais da trama, ou alterar-lhe substancialmente o enredo, ter-se-á comprometida a coerência do conjunto, de modo que tal parcela não reunirá condições de juntar-se ao todo textual, por incompatível com seu conteúdo.

Segundo Dworkin, a mesma lógica inerente à alegoria do *romance em cadeia* orienta a tarefa de criação e interpretação do Direito nos diferentes sistemas jurídicos. Nesse sentido, os princípios seriam os capítulos iniciais da obra e os aplicadores de tais pautas seriam os *escritores* das partes subsequentes da narrativa, cabendo-lhes, no exercício de tal mister, zelar pela coerência entre estas últimas e aqueles primeiros e, consequentemente, pela integridade do conjunto.

Desse modo, os intérpretes/aplicadores devem solucionar os novos casos a eles submetidos mediante elaboração de uma solução compatível com o conjunto de princípios existente em

(70) Nas palavras de Dworkin: "A interpretação criativa fundamenta sua estrutura formal na ideia de intenção, não necessariamente porque pretende desvelar os propósitos de alguma pessoa ou grupo historicamente situados, mas porque pretende conferir algum propósito ao texto, dado ou tradição a ser interpretado. Uma vez que toda interpretação criativa partilha desse conteúdo, e desse modo possui um aspecto ou componente normativo, podemos extrair vantagens da comparação entre o direito e outras formas e ocasiões de interpretações. Nós podemos comparar, de modo útil, um juiz decidindo o que significa o direito em alguma matéria não apenas com os cidadãos de uma dada comunidade decidindo o que requer a tradição, mas também com um crítico literário extraindo as várias dimensões de valor em uma obra complexa ou em um poema.

(...)

Nós podemos encontrar uma comparação ainda mais frutífera entre o direito e a literatura, desse modo, construindo um gênero artificial de literatura que poderíamos chamar de *romance em cadeia*.

Nesse empreendimento, um grupo de autores escreve uma novela em série. Cada autor da cadeia interpreta o capítulo que lhe foi confiado de modo a escrever uma nova parte do romance, que então é adicionado à obra para que o próximo autor possa redigir o seu capítulo, e assim sucessivamente. Cada um deles tem por trabalho a redação de seu capítulo de modo a fazer com que o romance seja contruído da melhor maneira possível, e a complexidade dessa tarefa demonstra a complexidade da decisão que subjaz a um caso difícil na perspectiva do direito como integridade."

No original: "Creative interpretation takes its formal structure from the Idea of intention, not (at least not necessarily) because it aims to discover the purposes of any particular historical person or group but because it aims to impose purpose over the text or data or tradition being interpreted. Since all creative interpretation shares this feature, and therefore has a normative aspect or component, we profit from comparing law with other forms or occasions of interpretation. We can usefully compare the judge deciding what law is on some issue not only with the citizens of courtesy deciding what that tradition requires, but with the literary critic teasing out the various dimensions of value in a complex play or poem.

(...)

We can find an even more fruitful comparision between literature and law, therefore, by constructing an artificial genre of literature that we might call the chain novel.

In this enterprise a group of novelists writes a novel seriatim; each novelist in the chain interprets the chapters he has been given in order to write a new chapter, which is then added to what the next novelist receives, and so on. Each has the job of writing his chapter so as to make the novel being constructed the best it can be, and the complexity of this task models the complexity of deciding a hard case under law as integrity." DWORKIN, Ronald. Law's Empire. Cambridge: Bellknap Harvard, 1986. p. 228-229.

seus respectivos ordenamentos, procurando desvelar o significado de tal sistema para a situação concreta. Logra-se, com isto, ao mesmo tempo, a resolução de um dado da realidade impensável quando da formulação do princípio em abstrato e a coerência do sistema.[71]

E à medida que as novas soluções forem admitidas no seio do sistema jurídico, por se mostrarem coerentes com este último, seus enunciados serão agregados ao conteúdo institucional dos princípios e passarão, ao lado daquelas pautas já existentes anteriormente, a servir como diretrizes vinculantes dos intérpretes/aplicadores quando da resolução dos futuros casos concretos. Desse modo, o conjunto de princípios manter-se-á, ao mesmo tempo, íntegro e aberto a novas definições.[72]

No entanto, para que o sistema jurídico mantenha a sua coerência e assegure, com isto, sua integridade por meio da busca em torno do conteúdo histórico-institucional dos Direitos Fundamentais nos casos concretos, é fundamental que a argumentação jurídica se valha de um discurso próprio da aplicação de normas jurídicas, diverso daquela linguagem que caracteriza a escolha de opções políticas na tarefa legislativa.

---

(71) Segundo Dworkin: "O direito como integridade (...) tem início no presente e leva em consideração o passado apenas e na medida em que o foco contemporâneo exige. Ele não pretende recapturar, mesmo para o direito do presente, os ideais ou propósitos práticos dos políticos que primeiramente o criaram. Ele pretende, ao revés, justificar o que eles [os políticos] o que eles fizeram, e até mesmo o que eles disseram, em uma história abrangente contada à luz do contexto do presente, ou seja, uma história com um apelo complexo: o de que a prática do presente pode ser organizada e justificada por princípios suficientemente atrativos para promover um futuro honroso.

(...)

O direito como integridade requer dos juízes que eles assumam, da melhor maneira possível, que o direito é estruturado em um conjunto coerente de princípios que traduzem as ideias de justiça, equidade e devido processo legal, que requer daqueles juízes que os leve em consideração nos novos casos concretos que lhes são submetidos, de modo que cada situação pessoal é equânime e justa segundo os mesmos padrões principiológicos. Tal estilo de aplicação do direito respeita a ambição que a integridade assume, a ambição de ser uma comunidade de princípios. (...) O direito como integridade, então, requer dos juízes que eles testem suas interpretações de alguma parte da grande rede de estruturas políticas e de decisões de sua comunidade, indagando se essas interpretações poderiam vir a formar parte de uma teoria coerente sobre aquela rede como um todo.

(...)

Os juízes que aceitam o ideal interpretativo da integridade decidem os casos difíceis tentando encontrar, em um conjunto coerente de princípios concernentes aos direitos e deveres dos indivíduos, a melhor interpretação construtiva das estruturas políticas e jurídicas de sua comunidade."

No original: "Law as integrity (...) begins in the present and pursues the past only so far as and in the way its contemporary focus dictates. It does not aim to recapture, even for the present law, the ideals on practical purposes of the politicians who first created it. It aims rather to justify what they did (sometimes including, as we shall see, what they said) in a overall story worth telling now, a story with a complex claim: that present practice can be organized by and justified in principles sufficiently attractive to provide an honorable future.

(...)

Law as integrity asks judge to assume, so far as this is possible, that the law is structured by a coherent set of principles about justice and fairness and procedural due process, and it asks them to enforce these in the fresh cases that comes before them, so that each person's situation is fair and just according to the same standards. That style of adjudication respects the ambition integrity assumes, the ambition to be a community of principles. (...) Law as integrity, then, requires a judge to test his interpretation of any part of the great network of political structure and decisions of his community by asking whether it could form part of a coherent theory justifying the network as a whole.

(...)

Judges who accepts the interpretative ideal of integrity decide hard cases by trying to find, in some coherent set of principles about people's rights and duties, the best constructive interpretation of the political structure and legal doctrine of their community." *Ibidem*, p. 227-255.

(72) Sobre tal aspecto da teoria de Dworkin a caracterizar, justamente, a noção de coerência, Jürgen Habermas salienta que por intermédio da prática descrita no presente parágrafo: "Os juízes controlam situações indeterminadas através da referência sistemática ao pano de fundo de finalidades políticas e princípios morais [chegando] a decisões bem fundamentadas através da elaboração jurídica de argumentos fundamentais e de argumentos extraídos da determinação de objetivos. Tais justificações externas são possíveis porque o próprio direito vigente já incorporou conteúdos teleológicos e princípios morais, assimilando os argumentos de decisão do legislador político." HABERMAS. Jürgen. Trad.: SIEBENEICHLER, Flávio Beno. Direito e democracia. Entre facticidade e validade. Volume I. 2. ed. Rio de Janeiro: Tempo Brasileiro, 2003. p. 257.

Desse modo, na concepção deontológica dos Direitos Fundamentais, a constatação em torno do caráter plural e diferenciado dos corpos sociais, bem como das próprias situações fáticas, exigirá dos intérpretes/aplicadores do direito a elaboração de decisões específicas para cada caso concreto por intermédio, justamente, da reconstrução do sentido e do alcance de tais garantias à luz daqueles casos concretos, tal como proposto por Dworkin no exemplo do árbitro do jogo de xadrez.

Assim, a partir desse cotejo entre o conteúdo histórico-institucional dos princípios jurídicos a veicularem direitos fundamentais e as nuances dos casos concretos, o intérprete/aplicador terá condições de averiguar se a norma em questão é adequada ou não para a regência da situação fática sob exame.(73)

Nisso reside, exatamente, a característica nuclear dos *discursos de aplicação* que se diferenciam dos *discursos de fundamentação* próprios das esferas de decisões políticas (*vg*: Poder Legislativo) na medida em que aqueles primeiros se voltam, justamente, para a resolução em concreto dos diferentes casos à luz do ordenamento jurídico já vigente, ao passo que estes últimos buscam justificar em abstrato, por meio do sopesamento de custos e benefícios e dos juízos de razoabilidade, adequação e necessidade, a opção do ente político por uma ou outra diretriz a ser veiculada em uma proposição legislativa.

É justamente dessa diferença cristalina a permear os discursos de aplicação e de fundamentação que se extrai a constatação de que a *ponderação de bens* tão decantada pelos teóricos da visão axiológica não se mostra adequada para as questões a envolverem a aplicação caso-a-caso dos Direitos Fundamentais, justamente porque a estrutura argumentativa de tal metódica é própria dos juízos políticos de justificação a serem empreendidos pelos legisladores quando estes últimos selecionam, em abstrato, um ou outro caminho, conforme bem sintetiza Jürgen Habermas.(74)

---

(73) Nas palavras de Menelick de Carvalho Netto: "No domínio dos discursos de aplicação normativa, faz-se justiça não somente na medida em que o julgador seja capaz de tomar uma decisão consistente com o Direito vigente, mas para isso ele tem que ser igualmente capaz de se colocar no lugar de cada um desses envolvidos, de buscar ver a questão de todos os ângulos possíveis e, assim, proceder racional ou fundamentadamente à escolha de única norma plenamente adequada à complexidade e à unicidade da situação de aplicação que se apresenta. Com essa abertura para a complexidade de toda essa situação de aplicação, o apliador deve exigir então que o ordenamento jurídico apresente-se diante dele, não através de uma única regra integrante de um todo passivo, harmônico e predeterminado que já teria de antemão regulado de modo absoluto a aplicação de suas regras, mas em sua integralidade, como um mar revolto de normas em permanente tensão concorrendo entre si para regerem situações." CARVALHO NETTO, Menelick de. A Hermenêutica Constitucional sob o Paradigma do Estado Democrático de Direito. In: *Notícia do Direito Brasileiro*. Brasília, 6, 1998, p. 233-250.

(74) Nas palavras de Habermas: "Os direitos fundamentais (...) ao serem levados a sério em seu sentido deontológico, não caem sob uma análise dos custos e vantagens. Isso também vale para normas 'abertas' não referidas a casos exemplares facilmente identificáveis — como é o caso dos programas condicionais — e formuladas em um sentido específico de aplicação, necessitando de uma 'concretização' metodicamrnte inofensiva. Tais normas encontram a sua determinação clara num discurso de aplicação. No caso de colidirem com outras prescrições jurídicas, não há necessidade de uma decisão para saber em que medida valores concorrentes são realizados.

(...)

A tarefa consiste, ao invés disso, em encontrar entre as normas aplicáveis *prima facie* aquela que se adapta melhor à situação de aplicação descrita de modo possivelmente exaustivo e sob todos os pontos de vista relevantes. É preciso estabelecer um nexo racional entre a norma pertinente e as normas que passam para o pano de fundo, de tal modo que a coerência do sistema de regras permaneça intocada em seu todo. As normas pertinentes e as retroativas não se relacionam entre si como valores concorrentes, os quais, na qualidade de mandamentos de otimização, seriam realizados em diferentes níveis: porém, como normas 'adequadas' ou não 'adequadas'. Ora, adequação significa a validade de um juízo deduzido de uma norma válida, através do qual a norma subjacente é satisfeita.

Uma jurisprudência orientada por princípios precisa definir qual pretensão e qual ação deve ser exigida num determinado conflito — e não arbitrar sobre o equilíbrio de bens ou sobre o relacionamento entre valores. É certo que normas válidas formam uma estrutura racional flexível, na qual as relações podem deslocar-se segundo as circunstâncias de

A estrutura dos *discursos de aplicação*, próprios do Direito, permite antever que para a visão deontológica de corte dworkiniano tanto os princípios quanto as regras, muito embora sejam efetivamente distintos em função de seu grau de densidade normativa, devem ser submetidos a um juízo de adequação, de modo a averiguar sua aplicabilidade ou não aos casos concretos.

Desse modo, muito embora as regras possuam efetivamente uma densidade normativa maior do que os princípios, para Dworkin elas somente serão aplicáveis aos casos concretos na modalidade *tudo ou nada* se as nuances de tais situações fáticas, a serem analisadas pelo intérprete/aplicador em cotejo com as diretrizes institucionais subjacentes à norma em questão, apontarem para a adequação desta última à hipótese concreta.

Do contrário, a regra pretensamente aplicável à situação afigurar-se-á inadequada e o caso concreto será regido pelos Direitos Fundamentais veiculados sob a forma de princípios jurídicos que efetivamente incidirem na hipótese. Caberá ao intérprete, portanto, promover a reconstrução de tais garantias institucionais à luz do conteúdo histórico-institucional destas últimas e à luz das nuances do caso concreto para obter, ao cabo de tal processo, aquela solução coerente apta a assegurar a integridade do ordenamento jurídico.(75)

Ao cabo da breve síntese ora formulada acerca da concepção deontológica, podemos afirmar que esta última provê uma compreensão mais adequada acerca dos Direitos Fundamentais, de seu conteúdo e de sua aplicação aos casos concretos, não apenas em relação à visão positivista, mas também — e principalmente — em comparação com a concepção axiológica.

De fato, na concepção deontológica dos Direitos Fundamentais estes últimos, se compreendidos e aplicados segundo a postura da *única resposta correta* proposta por Dworkin, veicularão efetivas posições jurídicas titularizadas pelos cidadãos e pelos entes da coletividade cujo conteúdo é aferível não de um juízo discricionário de valor acerca de seu sentido e alcance

---

cada caso; porém esse deslocamento está sob a reserva da coerência, a qual garante que todas as normas se ajuntam num sistema afinado, o qual admite para cada caso uma única solução correta. A validade jurídica do juízo tem o sentido deontológico de um mandamento, não o sentido teleológico daquilo que é atingível no horizonte dos nossos desejos, sob circunstâncias dadas. Aquilo que é melhor para cada um de nós não coincide e o ipso com aquilo que é igualmente bom para todos." HABERMAS, Jürgen. Trad.: SIEBENEICHLER, Flávio Beno. Direito e democracia. Entre facticidade e validade. Volume I. 2. ed. Rio de Janeiro: Tempo Brasileiro, 2003. p. 322-323.

(75) Nesse ponto específico, Ronald Dworkin esclarece que: "O ponto de vista defendido [em *Taking Rights Seriously*] não é o de que o direito contém um número fixo de normas, sendo umas regras e outras princípios. Eu, inclusive, me oponho à concepção de que o direito é um conjunto pré-fixado de normas de qualquer tipo. Minha concepção, ao contrário, prima pela ideia de que o arcabouço preciso a ser considerado pelos juristas quando estes últimos se deparam com uma questão particular a envolver a definição em concreto de direitos e obrigações deve incluir as preposições que possuem a forma e a força de princípios, e que os juízes e os juristas, ao fundamentarem suas conclusões, frequentemente se valem de proposições que devem ser compreendidas deste modo.

(...)

Eu afirmei que a compreensão integral de uma regra deve incluir suas exceções e que o texto de uma regra que ignora tais exceções deve ser tido por incompleto. (...) Eu gostaria de esclarecer que uma exceção [a uma determinada regra] pode integrar o conteúdo desta última, ora sob a forma de uma regra distinta, tal como a regra da 'legítima defesa', ora sob a forma de um novo preceito subjecente à regra original."

No original: "My point was not that 'the law' contains a fixed number of standards, some of which are rules and others principles. Indeed, I want to oppose the idea that 'the law' is a fixed set of standards of any sort. My point was rather that an accurate summary of the considerations lawyers must take into account, in deciding a particular issue of legal rights and duties, would include propositions having the form and force of principles, and that judges and lawyers themselves, when justifying their conclusions, often use propositions which must be understood in that way.

(...)

I did say that a 'full' statement of a legal rule would include its exceptions, and that a statement of a rule that neglected the exceptions would be 'incomplete'. (...) I would have made plain that an exception can be stated in the form of a distinct rule, like the rule about self-defense, as well as in the form of a revised statement of the original rule." DWORKIN, Ronald. Taking rights seriously. Cambridge: Harvard University Press, 1977. p. 76.

ou de seu *peso* em cotejo com outro(s) princípio(s) de igual envergadura, mas sim da análise objetiva de seu desenvolvimento histórico como instituição independente e de seu significado à luz da situação concreta e de suas nuances bem como do próprio ordenamento jurídico ao qual estão integrados.

Não se pode ter, contudo, a ilusão de que a compreensão dos Direitos Fundamentais segundo a concepção deontológica ora analisada é por si só suficiente para atingir o resultado dela esperado. Para além disso, faz-se necessário que o intérprete/aplicador esteja efetivamente comprometido com a adoção de uma postura em torno da obtenção da *única resposta correta*, a fim de assegurar a *coerência* da solução do caso concreto em questão com o ordenamento jurídico, de modo a assegurar a *integridade* deste último.

De fato, nenhuma concepção, metodologia, discurso ou teoria é suficiente, por si só, para afastar o risco de arbítrio por parte daqueles intérpretes/aplicadores que são comprometidos apenas com suas próprias opiniões pessoais ou interesses. Para estes, tais estratagemas jusfilosóficos (seja o positivismo, a *ponderação de bens*, a *proporcionalidade*, a concepção deontológica ou qualquer outra estrutura ideal) não passarão de molduras a serem preenchidas com o único intuito de justificar formalmente suas decisões discricionárias.

No entanto, para aqueles intérpretes/aplicadores que buscam efetivamente desvelar o conteúdo dos Direitos Fundamentais diante de um dado caso concreto e que, principalmente, creem que o conteúdo histórico-institucional de tais garantias tem algo de coerente a dizer naquela situação posta à sua análise, não temos dúvidas em afirmar que a visão deontológica se afigura mais adequada do que qualquer outra concepção que abre espaço para a discricionariedade do julgador.

1.3. Conclusão do capítulo

Retomando a ideia formulada no primeiro parágrafo do presente capítulo, após a síntese empreendida acerca das principais perspectivas elaboradas pela Filosofia do Direito no século XX para compreender os Direitos Fundamentais, nota-se que a liberdade sindical, como instituição jurídica dotada de um conteúdo histórico-institucional próprio e de força normativa, encontra na concepção deontológica desenvolvida principalmente por Ronald Dworkin um marco teórico adequado para a regência dos casos concretos a envolverem sua incidência.

Tal como os demais Direitos Fundamentais de cunho individual e social inseridos na Constituição Federal de 1988, a liberdade sindical é fruto de uma evolução histórica que perpassa em muito as discussões na Assembleia Nacional Constituinte e as próprias vicissitudes ocorridas no âmbito nacional desde os primórdios da organização coletiva dos trabalhadores, compreendendo, inclusive, os aspectos vivenciados nos países que protagonizaram a Revolução Industrial, bem assim aqueles que foram inseridos nos tratados internacionais ratificados pelo Brasil.

E tal evolução, a conferir à liberdade sindical e à generalidade dos Direitos Fundamentais seu conteúdo institucional, proporciona ao intérprete/aplicador um referencial objetivo para a resolução dos casos concretos, sem abdicar, como visto, da integração de novos conteúdos àquela garantia a depender das novas vicissitudes constatadas quando da análise dos casos concretos.

Desse modo, a análise da liberdade sindical à luz da concepção deontológica dos Direitos Fundamentais a ser empreendida nos capítulos subsequentes permitirá aferir não apenas o grau de proteção contra os chamados atos *antissindicais* e *antirrepresentativos* que seus destinatários (trabalhadores e entidades) detêm no presente, como também reforçará a ideia de que o caráter propositalmente aberto dos dispositivos constitucionais que o consagram possibilita a integração de novas figuras não apenas no debate em torno da concretização daquele princípio, mas também em seu escopo protetivo.(76)

(76) Sobre a importância da conceituação aberta dos direitos fundamentais para o postulado do Estado Democrático de Direito consagrado na Constituição Federal de 1988, Marcelo Cattoni assevera que: "A Constituição, para articular-se com uma visão discursiva da Democracia, deverá ser compreendida, fundamentalmente, como a interpretação e a prefiguração de um sistema de direitos fundamentais, que apresenta as condições procedimentais de institucionalização jurídica das formas de comunicação necessárias para uma legislação política autônoma. Essa institucionalização jurídica das formas de comunicação necessárias para uma legislação política autônoma deverá estabelecer, em termos constitucionais, as condições para um processo legislativo democrático, no qual a soberania popular e os direitos humanos, concebidos, desde o início, como princípios jurídico-constitucionais, fazem valer o nexo interno entre autonomia pública e autonomia privada dos cidadãos, estas também consideradas, desde o início, de forma jurídica, co-originárias e com igual relevância." CATTONI, Marcelo. Devido processo legislativo. 2. ed. Belo Horizonte: Mandamentos, 2006. p. 71-72.

2. A Liberdade Sindical como Direito Fundamental e como Princípio Institucional Dotado de Força Normativa

A liberdade sindical é um direito histórico. Não foi ela concebida originalmente pelo gênio de algum legislador bondoso e outorgada às classes trabalhadoras e às suas entidades representativas como dádiva ou favor. Ao revés, a positivação da liberdade sindical nas legislações nacionais e seu reconhecimento nos principais pactos e declarações de Direitos Humanos é resultado direto das lutas empreendidas pelos obreiros contra o poder desmesurado do capital nas relações de trabalho e do impacto daquelas conflagrações no *establishment* político.

Vista sob a ótica da evolução dos direitos fundamentais adotada por Norberto Bobbio, o surgimento da liberdade sindical coincide com aquele período em que as aspirações das classes trabalhadoras deixaram de ser meros desejos abstratos e adquiriram o *status* de garantias elementares, passando, primeiramente, de ideais morais a direitos positivamente assegurados no âmbito dos ordenamentos jurídicos domésticos e, posteriormente, a pautas constantes de documentos internacionais de abrangência pretensamente universal.[(77)]

De modo ainda mais preciso, Gregório Péces-Barba situa a liberdade sindical dentre aquelas instituições que passaram a integrar os ordenamentos domésticos na etapa de generalização dos Direitos Fundamentais, quando estes deixaram de ser meras garantias de aspiração burguesa destinadas a proteger o indivíduo e seu patrimônio da ação estatal e passaram a abranger, em seu conteúdo, posições jurídicas titularizadas pelas classes menos favorecidas com vistas a resguardá-las da exploração de sua força de trabalho e a conferir-lhes, efetivamente, a cidadania plena.[(78)]

(77) Na dicção de Norberto Bobbio: "A liberdade e a igualdade dos homens não são um dado de fato, mas um ideal a perseguir; não são uma existência, mas um valor; não são um ser, mas um dever ser. Enquanto teorias filosóficas, as primeiras afirmações dos direitos do homem são pura e simplesmente a expressão de um pensamento individual: são universais em relação ao conteúdo, na medida em que se dirigem a um homem racional fora do espaço e do tempo, mas são extremamente limitadas em relação à sua eficácia, na medida em que são (na melhor das hipóteses) propostas para um futuro legislador.

No momento em que essas teorias são acolhidas pela primeira vez por um legislador (...) e postas na base de uma nova concepção do Estado (...) a afirmação dos direitos do homem não é mais expressão de uma nobre exigência, mas o ponto de partida para a instituição de um autêntico sistema de direitos no sentido estrito da palavra, isto é, enquanto direitos positivos e efetivos. O segundo momento da história da Declaração dos Direitos do Homem consiste, portanto, na passagem da teoria à prática, do direito somente pensado para o direito realizado. Nessa passagem, a afirmação dos direitos do homem ganha em concreticidade, mas perde em universalidade. Os direitos são doravante protegidos (ou seja, são autênticos direitos positivos), mas valem somente no âmbito do Estado que os reconhece.

(...)

Com a Declaração de 1948, tem início uma terceira e última fase, na qual a afirmação dos direitos é, ao mesmo tempo, universal e positiva: universal no sentido de que os destinatários dos princípios nela contidos não são mais apenas os cidadãos deste ou daquele Estado, mas todos os homens; positiva no sentido de que põe em movimento um processo em cujo final os direitos do homem deverão ser não mais apenas proclamados ou apenas idealmente reconhecidos, porém efetivamente protegidos até mesmo contra o próprio Estado que os tenha violado." BOBBIO, Norberto. A Era dos Direitos. Trad.: COUTINHO, Carlos Nelson. 11. ed. Rio de Janeiro: Campus, 1992. p. 29-30.

(78) Nas palavras de Péces-Barba: "Como consecuencia de la acción coordinada del ejercicio del derecho de asociación y del sufrágio por esos grupos sociales democráticos, radicales o socialistas, se incorporarán al Parlamento representantes de los partidos obreros que defenderán sus intereses y que plantearán problemas ajenos a los que tradicionalmente

O fato é que o direito à liberdade sindical consiste em uma instituição histórica, resultante de lutas travadas em um determinado contexto social e econômico surgido nas nações protagonistas da Primeira Revolução Industrial nos séculos XVIII e XIX e repetido, mais tardiamente, em outros países. As razões políticas e morais que ensejaram a sua consolidação como norma jurídica naquelas sociedades e as aspirações que motivaram as conflagrações voltadas para o reconhecimento do franco associativismo como garantia fundamental integrarão, necessariamente, o conteúdo de tal direito.(79)

No entanto, tal afirmação não pode ser acatada de modo singelo e acrítico, sem que se formule e se responda a três indagações de capital relevância para a aplicabilidade prática do direito à liberdade sindical compreendida como instituição histórica: (1) Há a possibilidade de se estabelecer um núcleo axiológico comum a todas as sociedades no que pertine ao conteúdo do franco associativismo? (2) A regulamentação da liberdade sindical nos países que a consagram em seus ordenamentos jurídicos lhe confere conteúdos peculiares a ponto de impedir a formulação daquele núcleo comum? (3) Em que medida estes conteúdos vinculam os intérpretes na aplicação cotidiana do direito à liberdade sindical?

O primeiro passo para responder a tais questões consiste no reconhecimento da liberdade sindical não apenas como um Direito Fundamental, mas também como um *princípio*, aqui compreendido em sua acepção deontológica, ou seja, como norma dotada de conteúdos por si só vinculantes, e não como elementos de aplicação subsidiária a serem invocados na ausência de regras específicas ou como diretrizes programáticas a serem conceituadas e concretizadas exclusivamente pela ação discricionária dos legisladores ordinários.(80)

Trata-se, portanto, de conceber a liberdade sindical como uma instituição jurídica que muito embora seja definida em abstrato nos ordenamentos domésticos e internacionais, é dotada de conteúdos históricos peculiares que indicarão uma direção a ser seguida pelos aplicadores nos casos concretos, conforme bem esclarece Gustavo Zagrebelsky ao definir a força normativa dos princípios.(81)

---

interesaban a la burguesía. Esta dinámica, que llevará a la formación incluso de gobiernos socialistas, incidirá en el constitucionalismo con una actuación positiva de los poderes públicos y con una nueva función atribuída al Derecho, la promocional, sobre todo a través del incremento de la acción del Derecho Administrativo y Del Laboral.

La influencia de esa situación en el tema de los derechos fundamentales consistirá en la formulación de unos nuevos derechos, los llamados económicos, sociales y culturales, a la educación, a las condiciones del trabajo y en el trabajo, a la protección de la salud y a la sanidad, a la seguridad social etc. (...) El fundamento de esos derechos será la igualdad y la solidariedad, para que todos los ciudadanos estén en similares condiciones de disfrute de los derechos civiles y políticos. Es quizá la expresión más directa de la generalización. Se trata de satisfacer a una serie de necesidades básicas que la burguesia tiene resueltas por sus próprios médios y que los trabajadores no pueden resolver por si mismos sin el apoyo de los poderes públicos." MARTÍNEZ, Gregorio Peces-Barba. Curso de Derechos Fundamentales. Teoría General. Madrid: Universidad Carlos III / Boletín Oficial Del Estado, 1995. p. 169-170.

(79) Nesse sentido, Miguel Carbonell assinala que: "A partir de su historicidad se puede afirmar que los derechos no son entidades que siempre hayan estado ahi, presentes en toda la historia de la humanidad, ni representan tampoco algo así como la manifestación de la 'esencia humana'. Los derechos (...) tienen una edad, son producto de su tiempo y de las necesidades concretas que desarrollan las sociedades y los indivíduos dentro de unas coordenadas espaciales y temporales determinadas." CARBONELL, Miguel. Una Historia de los Derechos Fundamentales. México: Porrúa/UNAM/ CNDH, 2005. p. 8.

(80) SILVA, José Afonso da. *Aplicabilidade das normas constitucionais.* 7. ed. 2. tir. São Paulo: Malheiros Editores, 2008. p. 137-138.
Nesse mesmo sentido: CRISAFULLI, Vezio. *La Constituzione e le sue disposizioni di principio.* Milano: Giuffrè, 1952.

(81) Segundo o referido autor italiano: "Los principios (...) no imponen una acción conforme con el supuesto normativo, como ocurre com las reglas, sino una «toma de posición» conforme com su ethos en todas las no precisadas ni predecibles eventualidades concretas de la vida en las que se puede plantear, precisamente, una «cuestión de princípio.» Los princípios, por ello, no agotan en absoluto su eficácia como apoyo de las reglas jurídicas, sino que poseen uma autonoma razón de ser frente a la realidad.

La realidad, al ponerse en contacto con el principio, se vivifica, por así decirlo, y adquiere valor. En lugar de presentarese como matéria inerte, objecto meramente pasivo de la aplicación de reglas, caso concreto a encuadrar en el supuesto

Nesse mesmo sentido, é possível definir a liberdade sindical como um *princípio de direito institucional*, na acepção de Ronald Dworkin, porquanto a referida garantia constitui um conceito autônomo, cujo conteúdo é formado por características próprias que foram historicamente adquiridas e lhe conferem notas distintivas em relação a outros institutos jurídicos e que, por isso mesmo, permitem a aplicação direta daquele conteúdo histórico-institucional aos casos concretos e a resolução destes últimos segundo suas diretrizes peculiares.

Dito em outros termos, a liberdade sindical é uma instituição jurídica dotada de um conteúdo histórico-institucional próprio, resultante de uma evolução que lhe é peculiar. Tal característica faz com que os ordenamentos jurídicos que a consagrem em abstrato sob a forma de *princípio*, venham a ser integrados, necessariamente, por suas notas distintivas.

Sendo o direito à liberdade sindical, portanto, uma instituição jurídica concebida sob a forma de *princípio*, na acepção deontológica do termo, tem-se que seu conteúdo historicamente definido vincula não só os legisladores nas tarefas de concretização e limitação da referida garantia, como também condiciona diretamente a atuação de seus intérpretes/aplicadores quando da resolução dos casos concretos postos ao seu conhecimento.

Verificada a estrutura principiológica das normas que positivaram o direito à liberdade sindical, o passo seguinte a ser empreendido na tarefa de conferir resposta àquelas três indagações formuladas alhures consiste na perquirição em torno da possibilidade de se conceber um núcleo axiológico comum a tal garantia, presente, de modo uniforme, nos pactos internacionais e nos ordenamentos domésticos das democracias que a consagram e em torno da existência de conteúdos peculiares ao franco associativismo nos diferentes contextos nacionais.

No que diz respeito à primeira indagação, há, de fato, um conteúdo institucional próprio da liberdade sindical, que lhe confere nota distintiva e que permeia os documentos internacionais e os ordenamentos domésticos a consagrarem o princípio em referência. Tal núcleo comum é formado pelos aspectos individuais e coletivos do franco associativismo, cujo reconhecimento como direito foi resultado direto das conflagrações que antecederam a fase de positivação do franco associativismo.

Dentre os aspectos individuais da liberdade sindical que formam esse núcleo comum destacam-se, na dicção de Antonio Baylos Grau, o direito conferido aos trabalhadores e aos empregadores à criação de entidades sindicais, bem assim as faculdades de livre filiação, participação e desfiliação titularizadas pelos obreiros e pelos empresários e a proteção contra as chamadas *práticas antissindicais*.(82)

---

de hecho normativo previsto en la regla — como razona el positivismo jurídico —, la realidad iluminada por los princípios aparece revestida de cualidades jurídicas propias. El valor se incorpora al hecho e impone la adopción de «tomas de posición» jurídicas conformes con él (al legislador, a la jurisprudencia, a la administración, a los particulares y, en general, a los intérpretes del derecho). (...) Aunque no se estabelezca expresamente, en todo princípio se sobreentiende el imperativo: «tomarás posición frente a la realidad conforme a lo que proclamo.»" ZAGREBELSKY, Gustavo. Trad.: GASCÓN, Marina. El Derecho dúctil. 6. ed. Madrid: Trotta, 2005. p. 118-119.

(82) Nas palavras do autor: "La libertad sindical individual se descompone a su vez en dos facetas, positiva o negativa, de las que se hace depender todo un conjunto de facultades y de poderes reconocidos normativamente.

La libertad sindical individual positiva comprende la pluralidad de situaciones de que son titulares los trabajadores individualmente considerados, en su relación con la organización sindical de la que forman parte, y que se reconocen como derechos o facultades correspondientes a los mismos. De forma previa, este derecho garantiza que cualquier trabajador pueda formar un sindicato, es decir, participar como individuo en la formación de un sindicato.

(...)

Pero la faceta individual de la libertad sindical tiene también una dimensión negativa que se configura explicitamente al mismo nível de tutela que las actuaciones de adhesión o de participación en la organización y acción sindical. La libertad sindical individual negativa implica que ningún trabajador puede verse obligado a afiliarse a un sindicato (...) y que puede asimismo apartarse del sindicato que ha elegido, abandonarlo o desafiliarse." GRAU, Antonio Baylos. Sindicalismo y Derecho Sindical. 3. ed. Albacete: Bomarzo, 2006. p. 14-15.

No plano coletivo da liberdade sindical, ainda segundo Baylos Grau, integram aquele núcleo institucional comum os direitos à livre organização e administração, bem como as garantias de ação sindical e de filiação a outras organizações representativas nacionais e internacionais e, ainda, a tutela contra a interferência governamental em seus assuntos internos e contra a ingerência recíproca das entidades de trabalhadores e empregadores umas nas outras.[83]

Em que pese, todavia, a existência desse núcleo comum peculiar à liberdade sindical, há, de fato, nos ordenamentos domésticos, condicionantes normativas que conferem notas de particularidade ao franco associativismo em seus domínios, sem, contudo, desvirtuar substancialmente o conteúdo daquela garantia institucional disposta sob a forma de princípio.[84]

É o que se passa, a título exemplificativo, no Brasil, onde o direito à livre criação de entidades sindicais é substancialmente condicionada — mas não totalmente impedida — pela regra da *unicidade*, prevista em abstrato no art. 8º, II, da Constituição Federal, a impedir a coexistência de mais de uma entidade representativa de uma mesma categoria econômica ou profissional em uma dada base territorial, que não poderá ser inferior a um município.

E ainda no intuito de ilustrar a existência de conteúdos peculiares à liberdade sindical nos ordenamentos domésticos, há de se ressaltar que as legislações a consagrarem o princípio da *pluralidade* e o critério da *maior representatividade sindical*, estabelecem uma série de limitações à ação sindical plena das entidades, no fito de tornar a participação dos sindicatos nas negociações coletivas e nas tratativas com os governos proporcional à sua penetração nas respectivas categorias obreiras e patronais.[85]

---

(83) Ainda de acordo com Antonio Baylos Grau: "La dimensión colectiva de la libertad sindical se refiere al conjnto de derechos y facultades que corresponden al sindicato como sujeto colectivo, y que permiten hablar, diferenciadamente, de una libertad sindical colectiva de organización y de una libertad sindical colectiva de actuación.

(...)

En todas estas prescripciones se encuentra una exigencia de autonomia organizativa del sindicato que le inmuniza de cualquier intervención por parte del poder público o del poder privado del empresario que persiguiera orientar o condicionar sus opciones organizativas, es decir, dotarse de um preciso esquema organizativo, de um ideario y de un programa de acción tal como libremente se decida por el mismo sindicato." *Ibidem*, p. 16-17.

(84) Canotilho assevera, nesse sentido, que: "As garantias institucionais, constitucionalmente protegidas, visam não tanto «afirmar», «manter» ou «conservar» certas «instituições naturais» mas impedir a sua submissão à completa discricionariedade dos órgãos estaduais, proteger a instituição e defender o cidadão contra ingerências desproporcionadas ou coactivas."

Em outra passagem o autor lusitano assinala que "a protecção das garantias institucionais aproxima-se da protecção dos direitos fundamentais quando se exige, em face das intervenções limitativas do legislador, a salvaguarda do «mínimo essencial» (núcleo essencial) das instituições." CANOTILHO, José Joaquim Gomes. Direito Constitucional e Teoria da Constituição. 7. ed. Coimbra: Almedina, 2003. p. 397-1.171.

(85) Veja-se, a propósito, que o Comitê de Liberdade Sindical da OIT não se opõe à distinção formulada nas legislações nacionais entre os sindicatos mais e menos representativos. As únicas ressalvas apontadas pelo referido órgão dizem respeito aos seguintes pontos: (1) à necessidade de que os critérios para a designação da entidade mais representativa sejam objetivos; (2) à impossibilidade de que esta última venha a adquirir privilégios para além de um maior poder de voto nas negociações coletivas e nas tratativas governamentais e, por fim, (3) à necessidade de que a distinção em apreço venha a afetar os direitos assegurados às entidades menos representativas no texto da Convenção n. 87. A síntese do posicionamento daquele colegiado sobre o assunto encontra-se consolidada em seu verbete n. 346:

"346. (...) El Comité estimó que el simple hecho de que la legislación de un país establezca una distinción entre las organizaciones sindicales más representativas y las demás organizaciones sindicales no debería ser en si criticable. Sin embargo, es necesario que una distinción de este género no tenga como consecuencia conceder a las organizaciones más representativas — carácter que se deriva de un número más elevado de afiliados — privilégios que excedan de una prioridad en matéria de representación em las negociaciones colectivas, consultas con los gobiernos, o incluso en matéria de designación de los delegados ante organismos internacionales. En otras palabras, tal distinción no debería tener por consecuencia el privar a las organizaciones sindicales, que no hayan sido reconocidas como las más representativas, de los médios esenciales para defender los intereses profesionales de sus miembros ni del derecho de organizar su gestión y su actividad y de formular su programa de acción, previsto por el Convenio num. 87." OFICINA INTERNACIONAL DEL TRABAJO. *La Libertad Sindical*. Recopilación de decisiones y princípios del Comité de Libertad Sindical del Consejo de Administración de la OIT. 5. ed. Ginebra: OIT, 2006. p. 78.

Tais critérios voltados para a averiguação da entidade *mais representativa*, e que limitam o direito à ação sindical, variam substancialmente nos ordenamentos internos. Assim, por exemplo, na legislação espanhola (*Ley Orgánica de Libertad Sindical — LOLS*) a participação dos entes obreiros nas negociações de nível nacional e regional será proporcional à eleição de representantes nas empresas e de delegados sindicais. No direito norte-americano (*National Labor Relations Act*), por sua vez, a representatividade plena será conferida àquela entidade que obtiver maior votação em pleito específico a ser realizado no âmbito da própria unidade produtiva ou em um conjunto de instalações.[(86)]

Dos exemplos ora formulados, observa-se que a existência de conteúdos peculiares a condicionarem o exercício do direito à liberdade sindical nos ordenamentos internos de cunho democrático não compromete a existência de um núcleo axiológico comum ao franco associativismo, formado, como visto, pelo conjunto daquelas garantias de cunho individual e coletivo que o caracterizam como princípio e instituto jurídico autônomo, na concepção de Dworkin.

As condicionantes domésticas ao princípio da liberdade sindical, muito embora restrinjam justificadamente o exercício pleno do referido direito em determinadas circunstâncias, não o descaracteriza em sua essência e nem impede a aplicação direta daquelas garantias individuais e coletivas que formam seu núcleo institucional aos casos concretos, até porque os textos normativos a versarem tais limitações não têm a capacidade de abranger, por si só, todos os supostos fáticos a envolverem, de uma forma ou de outra, o exercício do franco associativismo.[(87)]

Desse modo, a operacionalidade prática da liberdade sindical e das garantias individuais e coletivas que integram seu núcleo histórico-institucional depende, em menor medida, do legislador ordinário quando procede à sua regulamentação e, em medida muito maior, do intérprete/aplicador, quando da resolução das situações submetidas à sua apreciação, pois são estes últimos que conferirão eficácia concreta àquele princípio positivado em abstrato.

A operacionalidade prática do princípio da liberdade sindical, nos moldes aqui formulados, pode ser explicada mediante perspectiva do *romance em cadeia* formulada por Ronald Dworkin

(86) *Vide*, nesse sentido: GRAU, Antonio Baylos. *Sindicalismo y Derecho Sindical*. 3. ed. Albacete: Bomarzo, 2006. p. 19-20 e GOLD, Michael Evan. *An Introduction to Labor Law*. 2. ed. Ithaca: ILR Press, 1998. p. 27-28.

(87) É o que se infere do magistério de Eros Grau: "O direito é alográfico. E alográfico é porque o texto normativo não se completa no sentido nele impresso pelo legislador. A 'completude'do texto somente é atingida quando o sentido por ele expressado é produzido, como nova forma de expressão, pelo intérprete.

(...)

Interpretação e aplicação não se realizam autonomamente. A separação em duas etapas — de interpretação e de aplicação — decorre da equivocada concepção da primeira como mera operação de subsunção.

O intérprete discerne o sentido do texto a partir e em virtude de um determinado caso dado; a interpretação do direito consiste em concretar a lei em cada caso, isto é, na sua aplicação. Assim, existe uma equação entre interpretação e aplicação: não estamos, aqui, diante de dois momentos distintos, porém frente a uma só operação. Interpretação e aplicação consubstanciam-se em um processo unitário, superpondo-se.

(...)

A norma é produzida, pelo intérprete, não apenas a partir de elementos colhidos no texto normativo (mundo do dever ser), mas também a partir de elementos do caso ao qual será ela aplicada, isto é, a partir de dados da realidade (mundo do ser).

(...)

Por isso inexistem soluções previamente estruturadas, como produtos semi-industrializados em uma linha de montagem, para os problemas jurídicos.

O trabalho jurídico de construção da norma aplicável a cada caso é trabalho artesanal. Cada solução jurídica, para cada caso, será sempre, renovadamente, uma nova solução. Por isso mesmo - e tal deve ser enfatizado-, a interpretação do direito realiza-se não como mero exercício de leitura de textos normativos, para o que bastaria o intérprete ser alfabetizado." GRAU, Eros Roberto. Ensaio e Discurso sobre a Interpretação/Aplicação do Direito. 4. ed. São Paulo: Malheiros Editores, 2006. p. 30-36.

para ilustrar seu conceito de *integridade no direito*, que apregoa, em apertadíssima síntese, a necessidade de que as criações de um dado sistema jurídico sejam coerentes com o conjunto de princípios que caracteriza esse ordenamento, conforme já descrito no capítulo anterior.

Feitas tais considerações e retomando a análise em torno do direito à liberdade sindical e de sua operacionalidade prática à luz da alegoria dworkiniana do *romance em cadeia*, pode-se imaginar que o princípio em apreço integra o capítulo inicial de uma trama que será desenvolvida, no contexto de um sistema de direito romano-germânico como o brasileiro, pelo legislador infraconstitucional e pelo Poder Judiciário na tarefa diária de interpretação/aplicação do dispositivo constitucional que o contém, bem assim pelo Poder Executivo quando da regulamentação das leis já existentes.

Assim, quando um dado sistema normativo agrega de forma abstrata ao seu cabedal de princípios o *direito à liberdade sindical*, está ele a inserir em seu ordenamento uma instituição jurídica que contém em sua própria definição histórica aquelas garantias individuais e coletivas a integrarem o núcleo axiológico comum do franco associativismo.

Nesse contexto, a legislação infraconstitucional, ao definir as condições para o exercício da liberdade sindical, bem assim as limitações ao desempenho de tal direito por parte de seus destinatários, não poderá formular restrições tão severas a ponto de desfigurar as garantias individuais e coletivas que caracterizam institucionalmente o franco associativismo.

E os intérpretes/aplicadores do direito à liberdade sindical, por sua vez, deverão enxergar no princípio em referência uma instituição jurídica dotada de conteúdo historicamente definido, apta a reger os casos concretos a partir da busca do significado do franco associativismo à luz das nuances da situação, em um procedimento similar àquele imaginado por Dworkin na alegoria do árbitro do jogo de xadrez. Lograr-se-á, desse modo, a solução de um novo problema concreto — um *hard case* — de maneira coerente com o conteúdo histórico-institucional daquele princípio.

Diante do que foi exposto até então, é possível, agora, responder de modo sucinto àquelas três indagações formuladas alhures. Pode-se dizer, portanto, que há, sim, um núcleo axiológico comum à liberdade sindical oriundo das aspirações que motivaram as lutas predecessoras de seu reconhecimento como garantia fundamental, núcleo este que subsiste íntegro mesmo em face das restrições e conformações advindas dos ordenamentos domésticos e que possui força normativa apta a vincular tanto o legislador infraconstitucional quanto os intérpretes/aplicadores na resolução dos casos concretos, bem assim o Poder Executivo.

No entanto, há indagações que ainda persistem e cuja resposta é essencial para compreender integralmente o conteúdo histórico-institucional do franco associativismo e para delimitar, com precisão, sua força normativa e sua aptidão para promover a resolução de casos concretos, especialmente na realidade brasileira, que é, afinal, o objeto do presente estudo.

Importa perquirir, nesse sentido: quais foram os antecedentes históricos que ensejaram a positivação do direito à liberdade sindical? Em que contexto socioeconômico surgiu o princípio em referência? Como se deu seu desenvolvimento nos planos da legislação doméstica e internacional? E, por fim, qual o significado do franco associativismo diante das peculiaridades do sindicalismo brasileiro?

Após a análise de tais pautas será possível formular um esboço parcial do conteúdo histórico-institucional da liberdade sindical que será de utilidade capital para delimitar, nos capítulos subsequentes, as esferas subjetiva e objetiva de proteção do referido princípio, em que medida ele vincula os Poderes Legislativo, Judiciário e Executivo e de que modo promove a proteção dos trabalhadores e empregadores em face das práticas antissindicais e antirrepresentativas.

2.1. Antecedentes da liberdade sindical: o paradigma liberal e os dogmas da igualdade formal e da autonomia privada

O estudo dos antecedentes de uma instituição jurídica não tem por intuito exclusivo situá-la cronologicamente na história do direito e nem tampouco corresponde a um mero preciosismo erudito sem finalidade prática. Pelo contrário, a análise do contexto social e econômico que precede o advento de uma dada garantia tem primordial importância para explicar as razões de seu surgimento em um dado momento e para justificar seu conteúdo em face dos eventos ocorridos naquele período.

Se a liberdade sindical é um princípio de direito institucional na acepção dworkiniana formulada alhures, dotado de um conteúdo historicamente definido, então a análise de seus elementos estruturais não prescinde do estudo dos antecedentes sociais que a precederam e que deram origem às vicissitudes a serem combatidas pelo franco associativismo.

Desse modo, com a compreensão plena dos motivos históricos que ensejaram o surgimento das garantias individuais e coletivas características da liberdade sindical, ter-se-á a base conceitual necessária para a formulação, mais adiante, de um esboço de seu conteúdo institucional e de uma prognose em torno das possibilidades de aplicação do postulado em referência, conforme se infere do magistério de Gustavo Zagrebelsly acerca da estrutura normativa dos princípios positivados nas constituições.(88)

Pois bem, o contexto histórico que antecedeu a positivação da liberdade sindical tem sua origem mais remota no período iniciado com a passagem da idade moderna para a contemporânea (século XVIII), marcado pelo triunfo da filosofia iluminista, pelas revoluções que destituíram as monarquias absolutistas, pela ascensão da burguesia como classe politicamente dominante e, principalmente, pela sobreposição do liberalismo como teoria preponderante no plano das relações econômicas.

A conceituação em torno dos *direitos do homem* partilhada pela filosofia iluminista e pela burguesia, aliada às concepções políticas que motivaram as grandes revoluções do período e as posições defendidas pelo liberalismo econômico viria a formar, mais adiante, o pano de fundo para o surgimento dos movimentos que lograriam extrair do Estado o reconhecimento dos direitos sociais e, nesse diapasão, da própria liberdade sindical. Para a exata compreensão de tal relação entre causa e efeito, faz se necessário formular uma breve síntese acerca do ideário subjacente àqueles três fatores.

Como contraposição ao ideário absolutista, caracterizado pelo caráter hereditário, divino e ilimitado do poder, os movimentos liberais inspirados na filosofia iluminista que eclodiram

(88) Nas palavras de Zagrebelsky: "Las normas de principio no son más que la formulación sintética, privada casi de significado desde el punto de vista del mero análisis del lenguaje, de las matrices histórico-ideales del ordenamiento. Por um lado, declaran las raíces y, por outro, indican una dirección. Ofrecen un punto de referencia en el pasado y, al mismo tiempo, orientan el futuro. Los principios dicen, por un lado, de que pasado se proviene, en que líneas de continuidad el derecho constitucional actual quiere estar inmerso; por outro, dicen hacia qué futuro está abierta la constitución. Los princípios son, al mismo tiempo, factores de conservación y de innovación, de una innovación que consiste en la realización siempre más completa y adecuada a las circunstancias del presente del gérmen primigenio que constituye el principio.

Un ejemplo: cuando la constitución proclama, como principio, la inviolabilidad de la persona humana, primeramente inserta la fase actual del derecho constitucional de nuestro país en la gran tradición del *habeas corpus* y luego obliga a desarrollar los médios de protección hasta hoy inventados, de modo que hagan frente a los siempre posibles y nuevos peligros, y análogamente para todos los demás princípios en que es rica la constitución.

La interpretación de la constitución no es por tanto um acto puntual, ahistórico, que se agota em la búsqueda de la norma que subjetivamente parece, hic et nunc, la más conforme a nuestras expectativas. En una constitución basada en principios, la interpretación es el acto que relaciona un pasado constitucional asumido como valor y un futuro que nos ofrece como problema para resolver en la continuidad." ZAGREBELSKY, Gustavo. Trad.: CARBONELL, Miguel. Historia y Constitución. Madrid: Trotta, 2005. p. 89-90.

no final século XVIII, com destaque para a Revolução Francesa, empunharam dentre suas principais bandeiras a ruptura dos laços que uniam o comando do Estado ao estamento social nobiliárquico, a desvinculação entre a legislação e a vontade pessoal do soberano e a abertura do processo político aos cidadãos tidos por *livres* e *iguais*.(89)

Em tal momento histórico, fortemente marcado pela ascensão da burguesia como classe dominante do ponto de vista econômico e social, bem como pela valorização da cidadania em contraposição à pertinência estamental, operou-se a desconcentração do poder outrora desempenhado em absoluto pela autoridade monárquica, originando-se, com isto, a ideia de *separação dos poderes*, na concepção engendrada por Montesquieu, a compreender a função legislativa, a executiva e a judiciária.(90)

Nessa nova redefinição dos papéis estatais, a função mais significativa correspondia, naturalmente, à dicção das leis que seriam executadas e aplicadas pelos outros dois poderes (executivo e judiciário) e vinculariam aos seus comandos a generalidade dos cidadãos. Justamente por sua importância central em tal contexto, o Poder Legislativo foi confiado, na concepção liberal-iluminista, aos próprios indivíduos *livres* e *iguais* que, por intermédio de seus representantes eleitos, elaborariam as normas necessárias à manutenção da coesão social.(91)

No entanto, em que pese a preponderância do Poder Legislativo no ideário político liberal, seus integrantes não partilhavam do mesmo protagonismo ilimitado outrora exercido pelos monarcas absolutistas quando do desempenho das funções normativas. Ao revés, a atuação de seus integrantes encontrava-se condicionada à observância de certos condicionantes objetivos fixados no intuito de assegurar a regularidade dos órgãos estatais e, principalmente, a integralidade dos direitos titularizados pelos cidadãos.

Tais limites se faziam presentes nas constituições escritas, concebidas nesse período histórico, segundo Mauruice Hauriou, como fórmulas textuais elaboradas no âmbito de cada Estado com vistas a subtrair das discussões políticas ordinárias os princípios que serviam de fundamento axiológico às respectivas estruturas institucionais, resguardando-os das paixões temporárias e dos ímpetos revisionistas dos governos de diferentes orientações que se sucediam.(92)

No intuito de promover a tutela daqueles princípios basilares da organização estatal concebidos pelas revoluções liberais do século XVIII, bem como de assegurar o regular cumprimento

---

(89) A propósito, Maurizio Fioravanti assinala que: "En la lógica individualista, el antiguo orden natural de las cosas, que asigna a cada uno sus proprios derechos y deberes, no puede ser reformado o desarollado gradualmente como sugiere el ejemplo histórico inglés: debe ser abatido para poder construir ex novo, para poder edificar un nuevo orden político que se funde sobre la voluntad de los indivíduos, sobre el consenso de los ciudadanos. La liberación del individuo de la sujeción a los poderes feudales y señorales comprende también su liberación de un orden político global, que antes trascendia su voluntad, que ahora no está obligado a sufrir, y que puede y debe ser reinventado a partir de la voluntad individual con el instrumento del contrato social." FIORAVANTI, Maurizio. Trad.: NEIRA, Manuel Martínez. Los Derechos Fundamentales. Apuntes de historia de las constituciones. 4. ed. Madrid: Trotta, 2003. p. 38.

(90) TROPER, Michel. *La séparation des pouvoirs et l'histoire constitutionnelle française*. Paris: LGDJ, 1980, 93-120.

(91) A supremacia da lei na concepção iluminista é justificada por Luís Soares Cabral de Moncada da seguinte forma: "Substituída a soberania do monarca pela dos cidadãos corporizada pela vontade geral e ficando claro que esta não é sequer alienável a favor de um representante, estava dado o passo mais decisivo para que o seu testemunho ou seja, a lei passasse a ocupar o lugar central nas fontes do Direito em detrimento do costume e da jurisprudência. A lei não revela a ordem racional divina; é ela a própria já razão e como tal toda a vida colectiva deve ser reconstruída através dela. É que a lei é a expressão autorizada daquele corpo moral que é constituído pela junção de todos os cidadãos num novo sujeito político dotado de todos os atributos da pessoa moral individual, desde logo da racionalidade. Da lei passa-se para uma teoria reconstrutiva da legislação, apostada na conformação integral da vida social de acordo com as «luzes» da razão.

Mas é claro que o lugar cimeiro da lei requer um novo arranjo dos órgãos e dos poderes estaduais. Estes deixam de estar no mesmo plano para se disporem numa hierarquia, ocupando a lei e através dela o órgão que a gera o primeiro lugar." MONCADA, Luís Soares Cabral de. Ensaio sobre a Lei. Coimbra: Coimbra Editora, 2002. p. 52-53.

(92) HAURIOU, Maurice. Trad.: CASTILLO, Carlos Ruiz del. *Principios de Derecho Público y Constitucional*. Granada: Editorial Comares, 2003. p. 49-51.

das funções legislativa, executiva e judiciária, as constituições escritas do período em referência tinham como conteúdo material exclusivo as normas pertinentes à repartição dos poderes e das competências e, principalmente, os elencos formais dos direitos e garantias fundamentais.(93)

A inserção destes Direitos Fundamentais nas constituições pós-revolucionárias teve como base axiológica a visão jusnaturalista partilhada pela burguesia, a conceber-lhes como fins em si mesmos e como garantias inatas aos seres humanos que não poderiam ser alterados pela ação estatal. Sua alocação em um documento escrito teve por intuito conferir segurança, precisão e operacionalidade prática a pautas racionais já tidas como existentes no plano da moral atendendo, com isto, os anseios revolucionários daquela classe social.(94)

Nesse diapasão, se a liberdade configurava o *estado primordial do homem* — ou seja, a condição que lhe foi dada pela própria natureza e que, portanto, não poderia se cingir a limitações artificiais, segundo a concepção jusnaturalista apropriada pela burguesia —, somente seriam considerados *naturais* aqueles direitos voltados para a tutela das faculdades inatas dos indivíduos e para o livre exercício destas últimas.

Daí porque as garantias fundamentais constantes de documentos paradigmáticos do período em referência, como a *Declaração dos Direitos do Homem e do Cidadão*, e positivadas nas primeiras constituições escritas correspondiam, exclusivamente, a posições titularizadas pelos indivíduos que se encontravam resguardadas do protagonismo do Poder Público, cujos expoentes clássicos se faziam representados pelo conjunto das liberdades (pensamento, iniciativa,

(93) Conforme destaca Dieter Grimm: "La constitución formal se impuso porque, de acuerdo con las convicciones de los apoyos sociales de la revolución, El bienestar social y la justicia dependían de una limitación del Estado en defensa de la libertad individual. De este modo, se conservó el poder estatal concentrado y provisto del monopolio de la violencia que, durante la modernidad, había desplazado al reparto policéntrico (...) característico de la distribuición medieval del poder, haciendo posible por primera vez la intervención reguladora de una constitución. De eso se tratava precisamente: de reorganizar dichos poderes de tal manera que cumpleran con eficácia su función de garantia, pero sin que pudieran desplegar ninguna ambición própria de gobierno. Se facilitaba así la tarea de que dicha función encontrase precisamente en el derecho su solución adecuada: los derechos fundamentales limitaban el poder del Estado a la protección y el equilíbrio de la libertad individual y la división de poderes prevenia el peligro de abusos." GRIMM. Dieter. Trad.: PINA, Antonio López. Constitucionalismo y derechos fundamentales. Madrid: Trotta, 2006. p. 29.

(94) Conforme observado por José Damião de Lima Trindade: "Houve um núcleo dinâmico de ideias, no terreno da filosofia, de que a burguesia se serviu — seletivamente, como se verá — com notável eficiência para seus propósitos revolucionários na França, devido às consequências políticas imediatas que dele poderia extrair: o jusnaturalismo, particularmente o jusnaturalismo de base racional.

A suposição da existência de um direito aproximadamente equiparado à noção de Justiça, em forte conexão com a moral e, portanto, mais perfeito do que o direito produzido pelas sociedades humanas, era muito antiga entre os pensadores, deitando raízes em filósofos da Grécia antiga. Sua gênese helênica foi primordialmente laica, na medida em que esse direito superior decorria da própria natureza, ou da observação do equilíbrio a ela inerente, e não dos deuses, embora também se encontrem na Grécia clássica referências a um direito natural que emanava dos deuses. Na Idade Média, ao retomar Aristóteles, São Tomás de Aquino buscou atualizar para o pensamento cristão a ideia desse direito natural *(jus naturae)*, esforçando-se para demonstrar sua compatibilidade com a fé, uma vez que a natureza seria obra da criação divina.

Mas logo o direito natural seria dessacralizado pelo Iluminismo, substituindo-se progressivamente a natureza em geral (isto é, o mundo físico ou social externo) pela ideia de natureza humana e, especificamente, pela razão humana, fonte interior do conhecimento. O direito, portanto, poderia ser descoberto/produzido pelo espírito humano, desde que se procedesse à sua investigação com os rigores do raciocínio, considerando-se então como expressão moral de possibilidades inalienáveis, universais e eternas do ser humano (os direitos naturais humanos). Essa razão triunfante busca a liberdade, estado primordial do homem; a natureza mostra que os homens nascem iguais, por isso todo privilégio é antinatural; as pessoas podem estabelecer as cláusulas do contrato que institui a sociedade; o indivíduo, portador de direitos imanentes (porque naturais), deve ser protegido do poder absoluto pela repartição do poder; a intolerância religiosa deve ser abolida, e o Estado governado de acordo com a vontade geral, por isso as leis devem ser as mesmas para todos — e por aí vai." TRINDADE, José Damião de Lima. História social dos Direitos Humanos. 2. ed. São Paulo: Peirópolis, 2002. p. 36-37.

indústria, comércio, locomoção, crença, dentre outras) e pelos direitos à propriedade, igualdade formal, à integridade física e à segurança jurídica.(95)

Nesse arcabouço ideológico partilhado pela burguesia, as decisões pessoais concernentes à atividade social e econômica dos indivíduos, bem assim as resoluções concernentes à utilização e ao emprego de seus bens, integravam a esfera de autonomia privada dos cidadãos e cabiam exclusivamente a estes últimos, sendo, pois, desvinculadas de qualquer finalidade imposta pelo Estado ou por qualquer outra esfera intermediária de poder.(96)

Ao Poder Público, portanto, subsistiria o dever de zelar pela livre fruição das liberdades individuais, coibindo os excessos dos próprios cidadãos no exercício de seus direitos, sendo-lhe vedada, por conseguinte, a interferência na dinâmica autônoma das relações pessoais e econômicas estabelecidas entre os indivíduos.(97)

As concepções burguesas ora descritas em torno do papel do Estado e dos direitos fundamentais, a permearem as primeiras constituições modernas, tiveram em Adam Smith uma de suas fontes ideológicas mais importantes, mormente nas passagens de sua clássica obra intitulada *A riqueza das Nações* em que o referido autor apregoa a primazia do mercado na regência das relações econômicas entre os indivíduos e a abstenção do Poder Público nesse mister.(98)

---

(95) A relação entre o jusnaturalismo e os direitos fundamentais concebidos como tal pelo ideário liberal-burguês é bem explicada por Carl Schmitt, nos seguintes termos: "En el Estado burguês de derecho son derechos fundamentales solo aquellos que pueden valer como anteriores y superiores al Estado, aquellos que el Estado, no es que otorgue con arreglo a sus leyes, sino que reconoce y protege como dados antes que él, y en los que sólo cabe penetrar en una cuantía mensurable en princípio, y solo dentro de un procedimiento regulado. Estos derechos fundamentales no son, pues, según su sustancia, bienes jurídicos, sino esferas de la Libertad, de las que resultan derechos, y precisamente derechos de defensa. Esto se ve con toda claridad en los derechos de libertad, que históricamente significan el comienzo de los derechos fundamentales: la libertad de religión, la libertad personal, propriedad, derecho a la libre manifestación de opiniones, existen, según esta concepción, antes que El Estado." SCHMITT, Carl. Trad.: AYALA, Francisco. Teoría de la Constitución. 4. reimp. Madrid: Alianza Editorial, 2003. p. 169.

(96) Nas palavras de José Carlos Vieira de Andrade: "Os direitos fundamentais triunfaram politicamente nos fins do século XVIII com as revoluções liberais. Aparecem, por isso, fundamentalmente, como liberdades, esferas de autonomia dos indivíduos em face do poder do Estado, a quem se exige que se abstenha, quanto possível, de se intrometer na vida económica e social, como na vida pessoal. São liberdades sem mais, puras autonomias sem condicionamentos de fim ou de função, responsabilidades privadas num espaço autodeterminado.

(...)

O liberalismo pressupõe o indivíduo como ponto de partida [e] por isso, explica contratualmente a sociedade e o Estado. Por isso, estabelece o processo e as condições de formação das leis no pressuposto antropológico da opinião própria.

(...)

Exige-se, em primeiro lugar, o atomismo e a mobilidade dos intervenientes, não se admitindo solidariedades particulares ou arranjos moleculares de interesses parciais que prejudiquem a independência dos agentes e a sua exclusiva vinculação às exigências da Razão e do interesse geral, isto é, que ponham obstáculos à providência da «mão invisível.» Daí que fossem proibidos os grupos e todas as associações parciais, consideradas como formas de sedição, pois promoviam interesses egoísticos e mesquinhos, opressores da verdadeira liberdade." ANDRADE, José Carlos Vieira de. Os Direitos Fundamentais na Constituição Portuguesa de 1976 3. ed. Coimbra: Almedina, 2004. p. 51-52.

(97) Nesse sentido, Dieter Grimm assinala que sob a ótica burguesa, "la producción de cohesión social y la creación de un justo equilibrio de intereses se transfirieron así al mecanismo del mercado, que debía cumplir esta tarea de manera más segura y respetuosa que la dirección política centralizada."

Assim, ainda segundo Grimm: "Se hizo necesaria una instancia situada fuera de la sociedad y dotada de un poder coactivo legal, que fue precisamente el Estado. Sin embargo, como consecuencia de la capacidad de autogobierno de la sociedad, aquél perdió su competencia de dirección centralizada y debió contentarse con una función auxiliar para la sociedad burguesa. Sus tareas quedaron reducidas a prevenir los peligros para la libertad de aquélla y a reconstruir el orden de de libertad una vez que la perturbación hubiese tenido lugar." GRIMM, Dieter. Trad.: PINA, Antonio López. Constitucionalismo y Derechos Fundamentales. Madrid: Trotta, 2006. p. 29.

(98) Segundo José Damião de Lima Trindade, as ideias de Adam Smith dispostas em *A riqueza das nações* foram de grande serventia para a burguesia na deposição do pensamento mercantilista, a configurar a base econômica do absolutismo, senão veja-se:

"Segundo essa obra paradigmática, os indivíduos só buscam mesmo seus próprios interesses, competem incessantemente para isso, o que pode parecer mau; mas, se essa competição não for artificialmente cerceada pelo Estado ou pela intromissão ignorante dos homens, terminará, mediante a divisão social do trabalho, gerando uma ordem social

Segundo Adam Smith, a busca dos homens pela concretização de seus próprios interesses seria um elemento inerente ao espírito humano e a livre atuação dos indivíduos nesse sentido conduziria ao florescimento do empreendedorismo e, consequentemente, ao aumento da riqueza das nações e ao bem-estar geral. Nisso consistiria, segundo o autor, a ordem social natural que a *mão invisível do mercado* seria capaz de promover e de garantir.(99)

Interessante notar que a obra de Adam Smith não ignora o fato de que a livre competição sob os auspícios da *mão invisível do mercado* poderia conduzir a uma gritante desigualdade social, mormente entre aqueles atores que titularizam os meios econômicos de produção e os que vendem sua força de trabalho. No entanto, o autor minimiza tal aspecto perverso do livre mercado sob as crenças de que o empreendedorismo geraria, por si só, possibilidades de emprego e bem-estar para os mais pobres e de que a venda de labor humano em troca de uma contraprestação pecuniária nesse contexto, nada mais significaria senão o estabelecimento de relações entre indivíduos *livres* e *iguais*, dentro da esfera de autonomia privada por eles titularizada.(100)

De fato, as diferenças sociais, culturais e econômicas entre os indivíduos – inequivocamente presentes na realidade dos séculos XVIII e XIX — não eram ignoradas nem por Adam Smith e muito menos por outros pensadores iluministas. Veja-se, a propósito, que o próprio Emmanuel Joseph Sieyès, ao tempo da *Declaração dos Direitos do Homem e do Cidadão* já havia alertado que o ideal de *fraternidade* — situado ao lado da *igualdade* e da *liberdade* como lema da Revolução Francesa — impunha ao Estado a assunção de postura ativa no sentido de anular ou mitigar os efeitos das desigualdades naturais existentes entre os homens.(101)

No entanto, tais evidências e alertas, por mais presentes que fossem, não obstaram a dispersão de um conceito meramente formal de *igualdade*, a propalar que os indivíduos, por mais diferentes que fossem, seriam tratados pelo Estado de igual maneira, pois este desconhecia privilégios de qualquer espécie, e seriam titulares dos mesmos direitos e deveres, lhes assegurando,

---

natural que aumentará rapidamente a riqueza das nações e o bem-estar dos indivíduos competidores. A produção sob o regime da livre empresa privada, com a consequente acumulação do capital, é o caminho para atingir esse fim. A classe dos capitalistas, proprietária dos meios sociais de produção, é necessária e benéfica a todos, mesmo aos trabalhadores, que se alugam aos capitalistas para fazer funcionarem aqueles meios. É certo que disso tudo resultará uma sociedade de grande desigualdade econômica, mas isso não é motivo para escândalo porque, ainda assim, propiciará melhorias nas condições de existência dos mais pobres, não sendo incompatível com a igualdade natural dos homens. Ademais, isso não será também injusto, pois, embora o trabalho humano seja a verdadeira origem de toda riqueza, as relações serão baseadas na livre troca de equivalentes no mercado: o salário que o capitalista paga equivale ao trabalho que o operário lhe presta. Portanto, deixar livre a mão invisível do mercado é o meio mais sábio para que a economia naturalmente se regule a si mesma e todos possam chegar à felicidade individual." TRINDADE, José Damião de Lima. História social dos Direitos Humanos. 2. ed. São Paulo: Peirópolis, 2002. p. 39-40.

(99) SMITH, Adam. Trad.: LIMA, Norberto de Paula. *A Riqueza das nações.* Investigação sobre sua natureza e suas causas. Rio de Janeiro: Ediouro, 1986. p. 56.

(100) *Ibidem*, p. 61.

(101) Segundo Sièyes: "O objeto da união social é a felicidade dos associados. Os homens, como temos dito, caminham constantemente para esse objetivo; e certamente não pretendem alterá-lo quando se associarem aos seus semelhantes.

Portanto, o Estado Social não tende a degradar, a aviltar os homens, mas, pelo contrário, a enobrecê-los, a aperfeiçoá-los.

Portanto, a sociedade não enfraquece, não reduz os meios particulares que cada indivíduo traz à associação para a sua utilidade privada; pelo contrário, ela os acresce, os multiplica por meio de um maior desenvolvimento das faculdades morais e físicas. Ela ainda os aumenta pelo inestimável concurso das ajudas e dos serviços públicos, de modo que se o cidadão paga uma contribuição aos cofres públicos, isto não é senão uma forma de restituição; é a mais singela parte do lucro e das vantagens que ele obtém.

Portanto, o Estado Social não estabelece uma injusta desigualdade de direitos ao lado da desigualdade natural dos meios; ao contrário, ele protege a igualdade dos direitos contra a influência natural, mas nociva, da desigualdade dos meios. A lei social não é feita para enfraquecer o fraco e fortificar o forte; ao contrário, ela se ocupa de pôr o fraco sob o abrigo das investidas do forte e, cobrindo com sua autoridade tutelar a universalidade dos cidadãos, ela garante a todos a plenitude de seus direitos." SIEYÈS, Emmanuel Joseph. Trad.: GARCIA, Emerson. Exposição refletida dos Direitos do Homem e do Cidadão. Rio de Janeiro: Lumen Juris, 2008. p. 59-60.

outrossim, as mesmas chances de prosperar por seus próprios meios sob a égide da *mão invisível do mercado*. A *fraternidade* apregoada por Sieyès ficou, então, relegada a um segundo plano na ordem de prioridades das revoluções burguesas.(102)

A estrutura dos direitos positivados nas primeiras constituições escritas, com destaque para os conceitos liberais de *liberdade* e *igualdade* demonstra que todo o arcabouço jurídico de então voltava-se para a tutela de um indivíduo considerado em abstrato como um ser dotado das mesmas faculdades naturais e das mesmas oportunidades de progresso pessoal que seus concidadãos e que, portanto, deveria receber o mesmo tratamento conferido pelo Estado à generalidade dos membros da sociedade, independentemente de serem "*grandes ou pequenos, ricos ou pobres, fortes ou fracos*".

Estes cidadãos *livres e iguais* eram considerados em si mesmos pelo Estado como centros exclusivos de direitos e, nesse sentido, titularizavam uma esfera de ação pessoal imune à interferência do Poder Público, que abrangia, na dicção de John Stuart Mill, "*todos os aspectos da vida e da conduta de um indivíduo que só o afectam a ele, ou, se também afectam outros, o fazem com autorização e participação livres e voluntárias dos mesmos.*" Nisso, exatamente, consistia a noção liberal de *autonomia privada*.(103)

Nesse contexto ideológico, os aspectos da vida privada dos indivíduos que envolvia, de algum modo, a concorrência da autonomia dos demais, eram por eles convencionados através de instrumentos particulares de direitos e deveres, elaborados de forma livre por cidadãos mental e fisicamente aptos à franca disposição de seus interesses pessoais. Tal elocubração sintetizava, justamente, a concepção liberal-burguesa em torno do *contrato*.

Em contratos firmados por cidadãos livres e dotados das mesmas faculdades mentais, não cabia ao Estado intervir no franco exercício da autonomia das partes para impor aos seus instrumentos particulares certos conteúdos finalísticos ou restrições para além daquelas impostas pelos direitos individuais de terceiros. Se os pactuantes encontravam-se em pleno gozo de suas faculdades mentais e se lícito fosse o objeto do instrumento privado, não haveria espaço para a intromissão do Poder Público em suas avenças.(104)

---

(102) A definição formulada por João Barbalho Uchôa Cavalcante em seus comentários à Constituição Federal brasileira de 1891 é bem ilustrativa dessa concepção liberal em torno da isonomia: "Todos são eguaes perante a lei, isto é, os direitos que a Constituição assegura são os mesmos para todos os indivíduos; os meios e os recursos estabelecidos para garanti-los competem egualmente a todos. Não ha, perante a lei republicana, grandes nem pequenos, senhores nem vassallos, patricios nem plebeos, ricos nem pobres, fortes nem fracos, porque a todos irmana e nivela o direito.

Não existem privilegios de raça, casta ou classe, nem distinções quanto ás vantagens e onus instituídos pelo regimen constitucional. E a desegualdade proveniente de condições de fortuna e de posição social não têm que influir nas relações entre o indivíduo e a autoridade publica em qualquer de seos ramos. A lei, a administração,a justiça serão eguaes para todos.

E a desegualdade, além de injusta e injurídica, é impolitica. Em que fundamento se faria repousar uma organisação politica, dando mais direitos, mais garantias, mais vantagens, a uns do que a outros membros da mesma communhão? Não seria n'um principio de direito." CAVALCANTE, João Barbalho Uchôa. *Constituição Federal brasileira (1891). Edição Fac-Similar. Brasília: Senado Federal, 2002.* p. 303-304.

(103) MILL, John Stuart. Trad.: MADEIRA, Pedro. *Sobre a liberdade.* Lisboa: Edições 70, 2006. p. 61.

(104) Enzo Roppo ao dissertar sobre a ideologia liberal em torno do *contrato,* estabelece que: "Os princípios ideológicos a que nos referimos podem ser reconduzidos a uma única ideia: a ideia da *liberdade de contratar.* Com base nesta, afirmava-se que a conclusão dos contratos, de qualquer contrato, devia ser uma operação absolutamente livre para os contraentes interessados: deviam ser estes, na sua soberania individual de juízo e de escolha, a decidir se estipular ou não estipular um certo contrato, a estabelecer se concluí-lo com esta ou com aquela contraparte, a determinar com plena autonomia o seu conteúdo, inserindo-lhe estas ou aquelas cláusulas, convencionando este ou aquele preço. Os limites a uma tal liberdade eram concebidos como exclusivamente negativos, como puras e simples proibições; estas deviam apenas assinalar, por assim dizer, do exterior, as fronteiras, dentro das quais a liberdade contratual dos indivíduos podia expandir-se sem estorvos e sem controlos: *não* concluir um certo contrato, *não* inserir nele uma certa cláusula. Inversamente, não se admitia, por princípio, que a liberdade contratual fosse submetida a vínculos positivos, a prescrições tais que impusessem aos sujeitos, contra a sua vontade, a estipulação de um certo contrato, ou a estipulação com um

Nesse contexto de celebração estupefaciente da autonomia da vontade e da liberdade contratual sem peias, não era de se estranhar que as relações dos indivíduos entre si fossem concebidas como uma realidade apartada das pautas voltadas para a regência dos assuntos incumbidos ao Poder Público. Desse modo, *sociedade* e *Estado* eram fenômenos regulamentados pelo Direito de forma diversa. Não se confundiam e não se intervinham mutuamente. O único imbricamento existente entre ambos consistia, justamente, nas barreiras impostas ao Estado em resguardo aos direitos individuais.

Desse apartamento entre sociedade e Estado na concepção liberal nasceu a dicotomia entre direito público (Constituição) e direito privado (Código Civil). Na linha de tal ruptura jurídica, as normas gerais e abstratas destinadas à regulação das relações individuais, nos moldes do jusnaturalismo racionalista, tinham como *locus* natural o Código Civil, concebido por Daniel Sarmento como *"a constituição da sociedade civil"*, enquanto à constituição propriamente dita, cabia as restritas funções de organização dos poderes, divisão de competências estatais e, finalmente, limitação *"dos governantes em prol da liberdade dos governados"* por intermédio da fixação do rol dos *direitos individuais.*[(105)]

E como não poderia deixar de ser, a regulação das relações sociais estabelecida no bojo dos códigos civis partilhava daquela mesma concepção restritiva a caracterizar os direitos individuais positivados nas primeiras constituições escritas, a equalizar os indivíduos em garantias e obrigações, fazendo abstração das condições sociais e econômicas que lhes diferenciavam na prática.

Tal abstração, diga-se de passagem, era parte substancial da ideologia subjacente à codificação novecentista, que tinha por pretensão dispor, em um único diploma, sobre todos os aspectos elementares das relações sociais que, por sua vez, configurariam os pressupostos necessários para que os indivíduos *livres e iguais* pudessem exercer plenamente os atos pertinentes à sua autonomia privada.

Os códigos civis idealizados em meados do século XIX partiam, portanto, do pressuposto de que seus conteúdos configuravam obras perenes, predestinadas à sobrevivência eterna e erigidas à prova de alterações culturais, econômicas e sociais. Enquanto os homens fossem considerados como figuras abstratas detentoras do mesmo grau ideal de liberdade e igualdade, as vicissitudes inerentes à sua vida pessoal, bem como os aspectos centrais de suas relações com outros indivíduos seriam passíveis de encerramento em um único diploma.[(106)]

---

sujeito determinado, ou por um certo preço ou em certas condições: os poderes públicos — legislador e tribunais — deveriam abster-se de interferir, a que título fosse, na livre escolha dos contraentes privados.

(...)

Neste sistema, fundado na mais ampla liberdade de contratar, não havia lugar para a questão da intrínseca igualdade da justiça substancial das operações económicas. (...) Considerava-se e afirmava-se, de facto, que a justiça da relação era automaticamente assegurada pelo facto de o conteúdo deste corresponder à vontade livre dos contraentes, que espontânea e conscientemente, o determinavam em conformidade com os seus interesses, e sobretudo, o determinavam num plano de recíproca igualdade jurídica. (...) Justamente nesta igualdade de posições jurídico-formais entre os contraentes consistia a garantia de que as trocas, não viciadas na origem pela presença de disparidades nos poderes, nas prerrogativas, nas capacidades legais atribuídas a cada um deles, respeitavam plenamente os cânones da justiça comutativa. Liberdade de contratar e igualdade formal das partes eram portanto os pilares — que se completavam reciprocamente — sobre os quais se formava a asserção peremptória segundo a qual dizer «contratual» equivale a dizer «justo» («qui dit contratuel dit juste»)." ROPPO, Enzo. Trad.: COIMBRA, Ana; GOMES, Januário. O Contrato. Coimbra: Almedina, 2009. p. 32-35.

(105) Nas palavras do autor: "No âmbito do Direito Público, vigoravam os direitos fundamentais, erigindo rígidos limites à atuação estatal, com o fito de proteção do indivíduo, enquanto no plano do Direito Privado, que disciplinava relações entre sujeitos formalmente iguais, o princípio fundamental era o da autonomia da vontade." SARMENTO, Daniel. Direitos Fundamentais e relações privadas. Rio de Janeiro: Lumen Juris, 2004. p. 27-29.

(106) De acordo com Giovanni Cazzetta: "Aglutinando simultáneamente absolutismos iusnaturalistas e intereses específicos de la burguesia, la codificación decomonónica estuvo impulsionada por la pretensión de encerrar todo el derecho en un horizonte predeterminado. La mirada de los juristas no iba más allá del modelo, simple e idealizado, de la sociedad «programada» por el legislador. Una sociedad armónica y autosuficiente, gobernada por una ilimitada libertad contractual que se apoyaba en el orden estable de la propiedad individual. El Código (...) se presentaba como «la inmovilización de una voluntad política en un texto de papel», separado, por tanto, de manera artificial y presuntu-

No bojo dos códigos civis do início do século XIX, as relações interpessoais tendo por objeto o desempenho de trabalho humano e o pagamento de uma contraprestação não possuíam um tratamento diferenciado em relação ao regime geral das obrigações. Ora, se na concepção liberal caracterizada pelo dogma da *autonomia da vontade* empregadores e trabalhadores eram seres abstratos dotados das mesmas faculdades intelectuais conferidas pela natureza e do mesmo grau de liberdade individual reconhecido pelo Estado, não havia razão para submeter o contrato laboral a uma regulamentação diferenciada em relação às demais avenças a versarem sobre a locação de serviços, sob pena de subversão do equilíbrio social resguardado pelo ideal de isonomia.

No entanto, as próprias vicissitudes sociais ocorridas no decorrer do século XIX tratariam de demonstrar a falácia de tal elucubração ideológica concebida pelo liberalismo no que concerne à regulação das condições de trabalho com base no regime geral das obrigações e contratos. Nesse sentido, Mario de La Cueva assevera, de modo irônico, que a complexa e rebuscada obra jurídica consolidada nos códigos civis mostrou-se falha por apenas um detalhe: o de voltar-se para um homem abstrato, de existência meramente ideal, olvidando-se do homem real, que se consumia nas fábricas, morria em decorrência da ação das máquinas nos locais de trabalho e vivia em condições miseráveis.[(107)]

Tal abstração em torno do *homem real* e de suas penosas condições laborais, aliada à crença em torno da intangibilidade dos códigos civis diante das alterações econômicas e culturais experimentadas pela sociedade viria a ser, justamente, a causa dos movimentos que culminariam, mais adiante, com o esvaziamento dos dogmas liberais em torno do tímido papel do Estado nas relações interpessoais e com a criação de um arcabouço legal voltado exclusivamente para a proteção das condições de vida e de labor dos trabalhadores.

E à medida em que foi ganhando forma a regulamentação das condições de trabalho, percebeu-se que a almejada equivalência de forças entre empregadores e trabalhadores não prescindiria da intermediação de sujeitos coletivos, rompendo-se, desse modo, com a concepção liberal-burguesa em torno da exclusividade do indivíduo como sujeito de direitos. Tal constatação conduziria ao nascimento da liberdade sindical, não de forma pacífica, mas após a deflagração de memoráveis conflitos cujo desfecho culminou com o seu reconhecimento como direito fundamental e com a consagração daqueles conteúdos axiológicos que lhe conferem identidade.

2.2. O imbricamento entre o direito à liberdade sindical e a proteção dos trabalhadores. Dois conceitos e uma mesma origem: a Revolução Industrial

A liberdade sindical tal como a conhecemos hoje teve por antecedente histórico justamente o modelo de relações sociais difundido pela doutrina liberal-burguesa e, mais precisamente, o

osa del devenir de las fuerzas culturales, sociales y económicas. Ideado como una «realidad meta-histórica», se forjo a medida de un sujecto abstracto; un sujeto considerado como punto de confluencia de relaciones abstractas, porque en «El Código jamás se alude a sujetos y relaciones inmersos en la rebosante y cotidiana factualidad.» De tales presupuestos extraía su «pureza», y de ahí procedía su apartamiento del devenir histórico y esa tendencia a situarse como regla constitucional inquebrantable del orden burgués, como el cualificado y definitivo instrumento para arreglar y sojuzgar los hechos en continuo movimento." CAZZETTA, Giovanni. Trad.: ÁLVAREZ, Clara. Estado, juristas y trabajo. Itinerarios del Derecho del Trabajo en el siglo XX. Madrid: Marcial Pons, 2010. p. 37-38

(107) A referida passagem da obra do autor mexicano está relacionada à dicotomia entre o direito público (constituição) e o direito privado (código civil), que, por sua clareza, merece ser integralmente transcrita: "En las normas estruturales del estado y en las que autorizaban y delimitaban su acción como guardián de la coexistencia de las libertades, se agotaba el derecho público. Las relaciones entre los hombres se regirían por el derecho civil, un ordenamiento que partia de una igualdad y libertad teóricas, una reglamentación formal de la coexistencia de las libertades, impersonal y abstracta, apoyada en una historia jurídica dos veces milenaria, a la que faltaba únicamente un elemento: El hombre real, el que se consumia en las fábricas, el que moría por la acción de las máquinas, y a quien la miséria de su hogar le envolvia en las sombras de la tristeza y la desesperanza." DE LA CUEVA, Mario. El Nuevo Derecho Mexicano del Trabajo. Tomo I. 21. ed. México: Porrúa, 2007. p. 9.

impacto de tal ideário na produção de bens e serviços, aliado às consideráveis modificações tecnológicas verificadas no período, alterações estas que configuraram a Primeira Revolução Industrial.

As radicais alterações verificadas nos métodos de produção no final do século XVIII e no início do século XIX, caracterizados eminentemente pelo advento da indústria, demandaram o emprego de um enorme contingente humano para servir de mão de obra nas fábricas. A aplicação pura e simples do arcabouço jurídico liberal-burguês às relações contratuais firmadas entre os empregadores e os operários fabris teve como consequência a exploração desenfreada destes últimos por aqueles primeiros, gerando, com isto, tensões sociais que viriam a culminar, mais tarde, com o reconhecimento dos *trabalhadores* como classe vulnerável e com o advento de uma legislação que lhes conferia direitos mínimos de proteção de suas condições físicas e mentais.(108)

A situação social dos trabalhadores se afigurava ainda mais dramática na medida em que o arcabouço legislativo liberal-burguês, de cunho notoriamente individualista, tornara proscritas as coalizões e as associações, de modo a tolher no nascedouro qualquer intento dos obreiros no sentido de insurgirem-se coletivamente na busca de melhores condições de vida e labor. Mais adiante, as mesmas correntes sociais que se bateram pela implementação da legislação operária, perceberam que esta última não lograria de *per se* a equivalência de forças entre os atores das relações de trabalho, fazendo-se necessário, portanto, dotar os obreiros da possibilidade de se organizarem em torno de entidades que pudessem fazer frente aos empresários no tocante às suas reivindicações de classe.

A síntese ora formulada a respeito dos fatos que culminaram com o surgimento do sindicalismo moderno — fatos estes, diga-se desde já, que serão melhor detalhados nas próximas linhas

(108) De acordo com o relato formulado por Paul Pic a respeito da experiência francesa: "O regime de livre concorrência, sucedendo abruptamente o sistema corporativo, sem o contrapeso da livre associação (proibido pela lei de 14 a 17 de junho de 1791, conhecida como lei Chapelier), resultou, sem dúvidas, no estímulo às energias individuais e no aumento excessivo da produção. No entanto, esse inegável aumento da riqueza não gerou todos os efeitos benéficos vislumbrados pelos trabalhadores.

Longe de contribuir para um entendimento duradouro entre os dois principais fatores da produção, capital e trabalho, a concorrência econômica deu origem aos conflitos mais graves entre os referidos polos.

(...)

O Direito Civil ignora quase completamente o contrato de trabalho. Os redatores do Código Civil não parecem ter suspeitado que a contratação de serviços industriais exigia uma regulamentação quase tão extensa quanto a contratação de coisas.

(...)

Na realidade (...) o Código Civil de 1804 foi, no campo da vida jurídica, a expressão perfeita de uma concepção de Estado que tinha acabado de triunfar, pela qual os interesses das classes médias e do individualismo burguês teriam preponderância."

No original:

«Le régime de la libre concurrence, succédant brusquement au système corporatif, sans le contrepoids de l'association libre (prohibée par la loi des 14-17 juin 1791, dite loi Chapelier), a eu sans doute cet heureux résultat de stimuler les énergies individuelles, et d'accroître démeseurément la production; mais cette progression indéniable de la richesse publique n'a pas eu, pour la masse des travailleurs, tous les heureux effets escomptés.

Loin de contribuer à une entente durable entre les deux grands facteurs de la production, capital et travail, la concurrence économique n'a suscite que trop solvente les conflits les plus graves.

(...)

La loi civile ignore presque totalement le contrat de travail: les rédacteurs du Code civil ne semblent pas s'être doutés que le louage de services industriels nécessitait une réglementation presque aussi étendue que le louage de choses.

(...)

En realité (...) le Code civil de 1804 fut dans le domaine de l avie juridique l'expresion parfaitement adaptée d'un état social qui bientôt ne sera plus, mais qui venait de triompher, celui de la prpepondérance des classes moyennes et de l'individualisme Bourgeois." PIC, Paul. Traité élémentaire de législation industrielle. Les lois ouvrières. 6. ed. Paris: Arthur Rousseau, 1930. p. 72-75.

— demonstra, já de antemão, que o direito à liberdade sindical é um fenômeno que, tal como a legislação operária, tem sua origem nas vicissitudes sociais advindas da Revolução Industrial.

Não obstante tal constatação, não é incomum deparar-se com posições doutrinárias que pretendem ver em institutos tão diversos como os colégios romanos, as guildas e as corporações de ofício, as sementes que deram origem ao sindicalismo moderno. Tais intentos, contudo, não se mostram frutíferos, ante a singela evidência a atestar que a organização produtiva em Roma, no medievo e na Idade Moderna não partilhava, nem sequer minimamente, das estruturas advindas da Primeira Revolução Industrial, marcadas pela produção em massa nas fábricas e, principalmente, pela cisão entre a classe detentora dos meios de produção (burguesia) e aquela que nada tinha a oferecer senão sua mão de obra (proletariado).

De fato, a produção de bens na antiguidade, na Idade Média e na Idade Moderna era marcada, em linhas gerais, por um caráter eminentemente artesanal e manufatureiro, sob o controle de organismos corporativos que impediam a expansão capitalista daqueles estabelecimentos. Desse modo, os mais diversos ofícios eram desempenhados por profissionais liberais e por poucos auxiliares em suas respectivas oficinas e *atelliers*, de modo que os próprios detentores dos meios de produção participavam de todo o processo de execução da obra, desde o manuseio das matérias-primas até a transformação destas no produto final.(109)

Nesse contexto, os agrupamentos de indivíduos praticantes dos mesmos ofícios eram voltados eminentemente para a proteção recíproca dos respectivos integrantes, para o assistencialismo mútuo, para a manutenção em segredo dos métodos e processos de produção, para a regulamentação dos aspectos éticos e práticos da profissão e, finalmente, para a supervisão e controle da oferta e da demanda de seus produtos no mercado.(110)

Em suma, a organização dos ofícios na antiguidade, no medievo e na Idade Moderna não tinha por intuito promover a defesa dos interesses de seus praticantes em face de uma força externa a subtrair-lhes os meios de produção e a exigir-lhes subordinação por intermédio de um poder diretivo, até porque tal hierarquia tipicamente industrial era inimaginável em um contexto de produção manufatureira desempenhada em pequena escala pelos próprios artesãos

---

(109) Especificamente sobre o período das corporações de ofício, Karl Marx salienta que: "As leis corporativas, limitando totalmente o número de empregados que um mestre tinha o direito de ocupar, impediam metodicamente esse mestre de transformar-se em capitalista. Em outras palavras, o patrão não podia empregar auxiliares senão exclusivamente do ofício onde ele era o próprio mestre.A corporação repelia ciumentamente toda a intromissão do capital mercantil, a única forma livre de capital que enfrentava. Esse capital só era tolerável porque permitia o escoamento dos produtos do ofício.

(...)

A organização corporativa, embora premissa material para o suprimento do período manufatureiro, excluiu a divisão manufatureira do trabalho. Em suma, o operário e seus meios de produção permaneciam unidos como caramujos à sua concha, faltando assim a primeira base da manufatura, isto é, a constituição dos meios de produção como capital frente ao operário." MARX, Karl. Trad.: SCHMIDT, Ronaldo Alves. O Capital. Edição resumida por Julian Borchardt. 7. ed. LTC Editora: Rio de Janeiro, 1982. p. 75.

(110) Alfredo Ruprecht conceitua os colégios romanos, as guildas e as corporações de ofício da seguinte maneira: "[Os colégios romanos] fundamentalmente tinham um caráter religioso e funções de ajuda a seus membros, carecendo de uma verdadeira vocação profissional, [enquanto as guildas] têm sua origem no costume dos povos germânicos de durante as refeições, tratarem de assuntos vitais, tanto de paz como de guerra, e os que assistiam a essas reuniões se comprometiam, sob juramento formal, a se defenderem entre si por todos os meios, mesmo pelas armas. Contraíam compromisso de caráter moral e solidário que implicava ajuda e amparos recíprocos.

(...)

As corporações se caracterizavam pelo juramento que obrigava seus membros à ajuda mútua, à obediência aos chefes, às práticas religiosas e à defesa dos interesses de seus membros e da coletividade. A corporação tinha como finalidade assegurar os benefícios de seus membros e controlar o mercado produtor. Esse controle era efetuado de diversas formas. O monopólio crescia com a proibição de admissão de novos membros; limitava-se a atividade econômica de seus integrantes, velando pelo cumprimento de todas as regras prescritas para uma boa produção — quer dizer, evitava-se a competição desleal entre bons e maus produtores 3 e mantinha em segredo as técnicas de sua atividade." RUPRECHT, Alfredo. Trad.: FERRARI, Irany. Relações Coletivas de Trabalho. São Paulo: LTr, 1995. p. 63-67.

no âmbito de suas oficinas. Os atritos entre aprendizes, companheiros (ou oficiais) e mestres ocorridos no ocaso das corporações de ofício configuraram mais disputas internas pela ascensão nos degraus da organização profissional do que um conflito propriamente dito entre classes sociais distintas.(111)

O sindicalismo moderno e, consequentemente, a liberdade sindical são, ao lado das leis voltadas para a proteção das condições laborais dos trabalhadores, fenômenos característicos do período histórico correspondente ao desenvolvimento da Primeira Revolução Industrial, quando as radicais alterações no processo de produção, aliadas à ascensão da burguesia como grupo dominante e à imposição de seu ideário de cunho liberal no ordenamento jurídico, fez surgir a classe obreira em contraposição aos capitalistas, detentores dos meios de produção industrial.

Com efeito, a Primeira Revolução Industrial tem início com o surgimento das máquinas, cujos impactos no custo e nos métodos de transformação das matérias-primas em bens foram, desde cedo, percebidos pela burguesia, que veio a empregá-las em seus estabelecimentos fabris. Naquele momento ainda marcado pela incipiência dos novos métodos produtivos, o maquinário das fábricas burguesas foi empregado na substituição das tradicionais ferramentas utilizadas no processo artesanal, ocasionando, com isso, um aumento considerável da escala de produção daqueles mesmos bens outrora produzidos nas oficinas dos artífices. Eram tais instrumentos, na dicção de Marx, as chamadas *máquinas-ferramenta*.(112)

A ampliação da escala de produção dos bens de consumo, ocasionada pelo emprego das *máquinas-ferramenta*, gerou, para a burguesia urbana, a necessidade quanto à implementação de meios mais eficientes de comunicação e de transportes, sem o que não seria possível escoar a enorme produção oriunda de suas fábricas. Tal vicissitude conferiu ao capitalismo uma nova dinâmica, conduzindo, por conseguinte, ao desenvolvimento de tecnologias que propiciaram o desempenho de atividades industriais até então desconhecidas, voltadas para o atendimento

(111) Sobre as causas dos conflitos que culminaram com a implosão das corporações de ofício, Mozart Victor Russomano assinala que: "A rígida organização interna das corporações (...) haveria de ser fator relevante no processo de sua destruição.

Os integrantes da corporação estavam dispostos em ordem hierárquica ascendente em três níveis: *aprendizes, companheiros e mestres.*

Os aprendizes — sujeitos a dura disciplina pessoal — como o nome indica, aprendiam o ofício. Os companheiros eram oficiais, mas que nunca chegavam à mestria, porque o controle do mercado e o poder monopolista ou despótico dos mestres não lhes dava esse ensejo. Os mestres (que eram os grandes favorecidos) ficavam no ápice da organização e desfrutavam de todos os privilégios, exercendo seu poder de comando sobre os aprendizes e contra os companheiros.

Estes adquiriram, por amarga experiência, a convicção de que sua situação profissional, na verdade, não era um degrau na escala das corporações, mas sim, estado definitivo, permanente, que jamais lhes permitiria chegar à condição de mestre.

(...)

Um regime econômico desse quilate e um sistema tão rígido e injusto de organização das profissões fazem pensar, com surpresa, na capacidade de resistência histórica das corporações medievais, que foram durante séculos, a tônica e a característica do sistema econômico de uma vasta região do mundo." RUSSOMANO, Mozart Victor. Princípios gerais de Direito Sindical. 2. ed. Rio de Janeiro: Forense, 1995. p. 13.

(112) Segundo Marx: "*É da máquina-ferramenta que parte a revolução industrial do século XVIII.* É mesmo a máquina-ferramenta que propicia o ponto de partida quando o ofício ou a exploração manufatureira se transforma em exploração mecânica.

Examinemos agora a máquina-ferramenta ou a verdadeira máquina de trabalho. Aí encontramos in totum, ainda que frequentemente sob uma forma bem modificada, ferramentas e instrumentos com os quais trabalham o artesão e o operário de manufatura: porém estes não são mais instrumentos do homem, mas ferramentas de um mecanismo, ferramentas mecânicas. (...) A máquina-ferramenta é então um organismo que, após ter recebido o movimento apropriado, faz as operações que o operário fazia antes com as ferramentas análogas."

(...)

A máquina-ferramenta, que serve de ponto de partida para a revolução industrial, substitui o operário, que maneja uma só ferramenta, por um mecanismo que opera numa só vez uma quantidade de feramentas idênticas ou análogas e é posto em movimento por uma única força motriz, seja ela qual for. MARX, Karl. Trad.: SCHMIDT, Ronaldo Alves. *O Capital*. Edição resumida por Julian Borchardt. 7. ed. LTC Editora: Rio de Janeiro, 1982. p. 81-82.

àquelas demandas, tais como a produção de locomotivas, vagões, transatlânticos, telégrafos, ferrovias etc.[113]

Essa nova dinâmica experimentada pelo capitalismo praticamente extinguiu as manufaturas e teve considerável impacto nas atividades econômicas desempenhadas no meio rural, gerando, com isto, uma maior concentração dos fatores produtivos nas cidades e, naturalmente, um enorme êxodo de mão de obra em direção a estas últimas. Com o advento da máquina, portanto, a burguesia adquiriu exclusivamente para si os meios de produção, tornando-se a protagonista do processo industrial e reduzindo significativamente o valor agregado do conhecimento em torno dos métodos artesanais de elaboração dos bens.

Dito em outros termos, o emprego indiscriminado nas máquinas na produção daqueles bens outrora elaborados artesanalmente retirou do artífice o papel de transformador da matéria-prima bruta em produto final, cuja realização dependia eminentemente de seus conhecimentos adquiridos. Com a Primeira Revolução Industrial, o obreiro passara a ser um mero operador do maquinário — ou, como diria o próprio Marx, um *apêndice da máquina* —, podendo ser substituído por outro operário no desempenho de seus misteres sem maiores dificuldades. A partir de então, o trabalhador viu-se alienado não só de sua força laboral, como também de sua principal moeda de troca nas relações com os detentores dos meios de produção: o conhecimento.[114]

A situação dos trabalhadores afigurava-se ainda mais dramática na medida em que a gradual substituição do trabalho artesanal pelas máquinas, aliado às massivas migrações do campo em direção aos núcleos urbanos industriais, gerou um verdadeiro *exército de reserva*, cuja subsistência era decisiva para a manutenção de um *status quo* extremamente favorável à burguesia, marcado, por um lado, pela excessiva demanda por trabalho e tendo como contrapartida, uma restrita oferta. Com a persistente sobreoferta de mão de obra no mercado, a lei *natural* da oferta e da procura possibilitava sempre ao empresariado a fixação dos salários em níveis convenientemente baixos.[115]

---

(113) Conforme destaca Marx: "A transformação no modo de produção da indústria e da agricultura tornou notadamente necessária uma transformação nos meios de comunicações e de transporte. Os meios de comunicações e transporte, legados pelo período manufatureiro, tornaram-se logo sérios embaraços à grande indústria, com sua rapidez vertiginosa de produção em alta escala, sua transferência contínua de capitais e de operários de uma esfera de produção para outra, seus constantes empregos no mercado mundial. Sem falar da transformação completa na construção de navios à vela, o sistema de transporte e de comunicações foi pouco a pouco adaptado ao modo de produção da grande indústria pela introdução de vapores fluviais, trens de ferro, transatlânticos, telégrafos. Mas as grandes quantidades de ferro que era preciso agora forjar, soldar, cortar, furar, modelar, exigiam, por seu turno, máquinas gigantescas que o trabalho manufatureiro era incapaz de construir. A grande indústria foi obrigada então a ocupar-se das máquinas, isto é, a produzir máquinas por meio de máquinas." *Ibidem*, p. 84.

(114) Nas palavras de Marx: "Estudando a manufatura (cuja exploração desconhecia as máquinas), vimos que ela repousava ainda inteiramente na habilidade pessoal do operário, no virtuosismo com o qual ele manejava seu instrumento. (...) Vimos mais que a diferença entre a manufatura e a indústria mecanizada reside precisamente no fato de que a ferramenta usada para trabalhar a matéria-prima é tirada das mãos do operário para ser incorporada à máquina. (...) Na manufatura, a ferramenta não pode manifestar mais firmeza, intensidade, direção e potência do que as possuídas pelo homem a quem é confiado o seu manejo. Na grande indústria, aquele que supervisiona uma máquina pode ser facilmente substituído por outro, e a ferramenta continua a trabalhar mesmo se o homem precisa dormir ou alimentar-se.

(...)

Na manufatura e na oficina o operário serve-se da ferramenta, na fábrica ele serve à máquina. No primeiro caso, é ele que faz mover o meio de trabalho; no segundo, ele apenas segue o movimento. Na manufatura, os operários são membros de um mecanismo vivo; na fábrica, são apenas complementos vivos de um mecanismo morto que existe independente dele." *Ibidem*, p. 112-113.

(115) Ainda de acordo com Marx: "Se a acumulação ou o desenvolvimento da riqueza e base capitalista produz necessariamente uma superpopulação operária, essa superpopulação contribui, por sua vez, para a acumulação capitalista, e torna-se mesmo uma das condições de existência do modo de produção capitalista. Ela forma, para a indústria, um exército de reserva sempre disponível e do qual o capital tem inteira propriedade, como se ele o tivesse criado com os seus próprios gastos. Ela cria para as necessidades variáveis do capital um material humano sempre pronto e independente dos limites do real aumento populacional.

A excessiva oferta de força de trabalho no mercado, aliada à propriedade dos meios de produção industrial (máquinas), conduziu o empresariado burguês à situação de preponderância nas relações de trabalho, possibilitando-lhe a determinação unilateral das condições laborais. Tal circunstância suscitou, no período compreendido entre o final do século XVIII e grande parte do século XIX, a materialização daqueles clássicos vilipêndios à integridade física e mental da classe trabalhadora, de amplo relato na literatura, a compreenderem a utilização do labor de mulheres e crianças, a intensificação do volume de serviços, a fixação de jornadas extenuantes e o aumento no número de acidentes em decorrência das precárias condições laborais.(116)

Ora, se a utilização das máquinas tornou supérfluo o conhecimento do trabalhador para a produção e se há uma sobreoferta de mão de obra no mercado, porque não utilizar uma força de trabalho mais dócil aos desígnios do capital e porque não estender indefinidamente as jornadas laborais segundo as necessidades da produção? E se o contexto mercadológico faculta a busca da mais-valia a qualquer preço, porque investir em instrumentos e mobiliários adequados à preservação da saúde física dos trabalhadores? Era esta a lógica que orientava a conduta do empresariado burguês nas relações laborais e que conduziu à tragédia humana materializada após o advento da Primeira Revolução Industrial.

Tal exploração desmesurada do trabalho humano pelo capital somente foi possível na medida em que o arcabouço jurídico a refletir os valores individualistas e contratualistas da burguesia permitia a fixação de salários e jornadas laborais aviltantes desempenhadas sob condições insalubres e perigosas, à luz daquela mesma abstração ideológica a apregoar que patrões e obreiros detinham o mesmo grau de autonomia privada para pactuar a prestação de um serviço e sua correspondente contraprestação.(117)

(...)

Nos períodos de estagnação ou de prosperidade média o exército industrial de reserva pesa sobre o exército ativo dos trabalhadores e, nos períodos de superprodução e da expansão fabril, modera as suas exigências. A superpopulação relativa serve, assim, de eixo da lei da oferta e da procura de trabalho. Força tal lei a se mover nos limites que convém ao desejo de exploração e dominação que anima o capital." *Ibidem*, p. 161-164.

(116) Veja-se, a propósito, a descrição formulada por Gérard Aubin e Jacques Bouveresse a respeito das condições de trabalho nas indústrias e nas minas europeias do século XIX: "As fábricas foram construídas às pressas, com o menor custo, de acordo com preocupações estritamente utilitaristas. As janelas eram escassas e estreitas, a iluminação medíocre, a ventilação inexistente. Eram congelantes no inverno e sufocantes no verão. As oficinas de metalurgia e de vidro e os giradores de linho ofereciam vários perigos. Em outros lugares, respirava-se o ar nocivo onde partículas de algodão flutuavam. Nas minas, o gás era um inimigo constante (...). As áreas de produção eram mal projetadas: trabalhadores e máquinas se aglomeravam de modo confuso e a floresta de troncos de transmissão, cintos, polias, prensas, rolos era sempre perigosa, às vezes mortal. Nesse contexto, os acidentes de trabalho configuravam uma realidade comum."

No original:

«Les usines ont été construits hâtivement, au moindre coût, en fonction de préoccupations étroitement utilitaires. Les fenêtres sont rares et étroites, l'éclairage mediocre, la ventilation inexistente. On y gèle l'hiver, on y étouffe l'été. Les ateliers de métallurgie et de verrerie, les filateures de lin sont en permanence de véritables étives. Ailleurs, on respire l'air nocif où flottent les particles de coton. Dans la mine, le gaz est un ennemi constant (...). Les locaux de production sont mal conçus: travailleurs et machines s'y entassent pêle-mêle, et la forêt des arbres de transmission, des courroies, des poulies, des presses, des rouleaux est toujours dangereuse, parfois mortelle. Aussi les acidentes du travail sont-ils courants.» AUBIN, Gérard; BOUVERESSE, Jacques. Introduction historique au Droit du Travail. Paris: Puf, 1995 p. 116-117.

(117) Conforme apontam André Rouast e Paul Durand: "A economia liberal é (...) regida pela lei da concorrência que tende a rebaixar as condições de vida dos trabalhadores. Entre dois trabalhadores igualmente qualificados, o empregador escolhe aquele que aceita as condições de trabalho mais baratas. Ele é forçado a fazê-lo, porque ele próprio está sujeito à lei da concorrência como empreendedor, e não pode colocar sua empresa em uma situação desvantajosa.

No entanto, o mecanismo contratual não dá ao trabalhador um meio suficiente de defesa contra as condições impostas a ele. A proteção dos trabalhadores deveria, nesse particular, ser encontrada na liberdade de não contratar. No entanto, o trabalhador é colocado em uma situação de dependência econômica, porquanto ele deriva seus recursos de seu trabalho e não pode adiar indefinidamente a celebração do contrato. Desse modo, mais cedo ou mais tarde, o empregador acabará por ditar a lei."

No original: «L'économie libérale est (...) gouvernée par la loi de concurrence qui tend à abaisser la condition du salarié. Entre deux ouvriers présentant des qualités égales, l'employeur choisit celui qui accepte les conditions de travail les

Nesse contexto, o contrato de trabalho firmado entre o industrial e o operário era inserido no capítulo dos códigos civis dedicados à *locação de serviços* e ao *arrendamento de obras*, cuja regulamentação limitava-se à dicção dos aspectos formais que as avenças deveriam observar. As propostas de intervenção legislativa no sentido de condicionar o conteúdo dos contratos laborais eram rechaçadas de antemão sob o argumento de que tal forma de tutela afrontaria a igualdade formal, por criar um *privilégio* aos trabalhadores, e tolheria de indivíduos dotados das mesmas faculdades naturais a possibilidade de dispor livremente sob aspectos concernentes a suas respectivas esferas de autonomia privada.(118)

Não obstante a bela ficção liberal a tomar corpo nos códigos civis, fruto de elucubrações filosóficas de alta complexidade, os trabalhadores dos polos industriais urbanos encontravam-se, no mundo real, submetidos aos mecanismos da *mão invisível do mercado* — em especial à *lei da oferta e da procura* —, deparando-se com a inafastável contingência de vender sua mão de obra a preço vil como única forma de sobrevivência, aceitando, dessa forma, as ínfimas contraprestações oferecidas pelos detentores dos meios de produção em troca da prestação de trabalho sob jornadas excessivas e condições extremamente penosas.(119)

---

moins onéreuses. Il y est contraint, car il subit lui-même la loi de concurrence comme entrepeneur, et ne peut placer son entreprise dans une situation défavourable.

Or le mécanisme contractuel ne donne pas au travailleur un moyen de défense suffisant contre les conditions qui lui sont faites. Le sauvegarde ouvrière devrait se trouver dans la liberté de ne pas contracter. Mais le salarié est placé dans une situation de dépendance économique. Il tire ses ressources de son travail et ne peut différer indéfiniment la conclusion du contrat: tôt ou tard, l'employeur em dictera la loi.» ROUAST, André; DURAND, Paul. Précis de législation industrielle. Paris: Dalloz, 1948. p. 18-19.

(118) Sobre os códigos civis do período liberal, Héctor-Hugo Barbagelata assinala que: "Los Códigos Civiles a imagen y semejanza del francés, concebían las relaciones laborales como relaciones encuadradas lisa y llanamiente en el sistema de las obligaciones y los contratos, destinándoles apenas unos pocos artículos bajo la rubrica del arrendamiento de servicios y del arrendamiento de obra.

En ese marco, solo respondia a una cierta preocupación humanística la disposición destinada a impedir que el contrato pudiera generar una situación de esclavitud, o sea la que establecía expresamente la nulidad del contrato de por vida.

(...)

Dichos códigos eran mirados como reflejando una especie de derecho común, válido también para las relaciones laborales, respecto de las cuales en contrato se concebia como la institución por excelencia dentro de un sistema jurídico basado en la libertad individual.

(...)

Basta una simple ojeada a la forma en que los civilistas encaraban las relaciones laborales para convencerse de que sus tesis están condicionadas por las ideas economicas en boga, así como por la admisión de la imposibilidad de salirse del Código Civil sin provocar una verdadera catástrofe en el sistema jurídico." BARBAGELATA, Héctor-Hugo. Curso sobre la evolución del pensamiento juslaboralista. Montevideo: Fundación de Cultura Universitaria, 2009. p.82-86.

(119) A propósito, Manuel Carlos Palomeque Lopez relata que: "O processo de substituição do trabalho humano pela máquina e suas sequelas anexas (incremento dos rendimentos, divisão do trabalho, concentrações urbanas etc.), originaria um verdadeiro excedente de mão de obra propício à exploração. Embora os princípios liberais da contratação contidos nos Códigos Civis não deixassem de proclamar a liberdade e igualdade das partes na determinação do conteúdo do contrato, um singular mecanismo ligado às leis do mercado encarregava-se, contrariamente, de esvaziar o conteúdo daquelas formulações igualitárias. Com efeito, a troca de trabalho por salário estava submetida, tal como quaisquer outras relações econômicas, à lei da oferta e da procura dos bens objecto de transacção (trabalho e salário).

Por um lado, a «oferta» de trabalho não cessava de crescer como consequência da destruição do emprego, decorrente da generalizada industrialização da produção. (...) Por outro lado, a «procura» de trabalho controlada pelo empresário era cada vez mais reduzida, por idênticas razões de substituição da máquina pelo homem. (...) O empresário podia assim livremente dispor de condições de trabalho a baixo custo (tempos de trabalho prolongados e salários reduzidos), sabendo que seriam aceites por um ou outro indivíduo de uma superpovoada oferta de trabalho.

(...)

As terríveis consequências do maquinismo e da exaltação capitalista dos princípios liberais, haveriam de conduzir a resultados negros: jornadas de trabalho esgotantes («de sol a sol»), salários de fome (no limite da subsistência física do trabalhador, que permitisse a reprodução da força de trabalho), condições laborais precárias e ambientes nocivos e insalubres; exploração qualificada do trabalho feminino e dos menores; (...) desenvolvimento de procedimentos como o regime do truck, que consistia no pagamento dos baixos salários em espécie e não em dinheiro ou em vales permutáveis por determinados produtos unicamente dos estabelecimentos pertencentes ao empresário e nos quais os níveis de

Em tais circunstâncias, não é difícil imaginar que a formulação das condições de trabalho deixada ao livre alvedrio dos pactuantes, a observar tão somente as flácidas balizas dos *contratos de locação de serviços* e dos *contratos de arrendamento de obra*, transformaria as referidas avenças em verdadeiros contratos de adesão com condições fixadas unilateralmente pelos empregadores, na acepção utilizada por Lyon-Caen, Jean Pélissier e Alain Supiot, e levaria uma parcela significativa da sociedade — ou seja, a classe trabalhadora — à mais completa degradação. Pode-se dizer, portanto, valendo-se da figura de linguagem tornada clássica por Adam Smith, que a tão propalada *mão invisível do mercado* conduzia a classe obreira para o abismo.(120)

No entanto, as agruras operárias não cessavam aí. Como se já não bastasse o perverso mecanismo da lei da oferta e da procura a aviltar os salários e as jornadas, a legislação de cunho individualista em vigor nos países protagonistas da Primeira Revolução Industrial era francamente avessa às coalizões e ao associativismo de qualquer espécie, principalmente quando advindo dos trabalhadores. Acreditava-se, à ocasião, que os conceitos liberais de *liberdade* e *igualdade* somente poderiam ser efetivamente assegurados em uma sociedade na qual os indivíduos fossem considerados como os únicos centros de direitos e deveres, ou como os interlocutores exclusivos com o Estado, com exclusão de quaisquer outros organismos coletivos.(121)

A ideologia liberal consolidada nas legislações domésticas — ainda impregnada do combate ao Antigo Regime e, mais especificamente, às corporações de ofício —, via na associação privada uma ameaça ao interesse coletivo, por entender que a reunião de indivíduos em torno

---

preços, muito superiores ao habitual do mercado, reduziam ao mínimo o poder aquisitivo dos já insuficientes salários. (...) Em suma, tinha-se atingido a exploração sistemática do proletariado industrial, que via, realmente, ameaçada a sua permanência histórica como grupo social diferenciado." LOPEZ, Manuel Carlos Palomeque. Trad.: MOREIRA, António. Direito do Trabalho e Ideologia. Coimbra: Almedina, 2001. p. 23-24.

(120) Nesse sentido, Lyon-Caen, Pélissier e Supiot asseveram que, de fato, a locação de serviço na acepção liberal, configurava verdadeiro contrato de adesão, em que os empregadores impunham as condições de labor e a remuneração do trabalho, tendendo a reduzir ao máximo a contraprestação pecuniária.

No que concerne às consequências sociais do liberalismo, os autores em referência destacam que a inexistência de uma legislação protetiva e a vedação à ação coletiva obreira conduziu os trabalhadores à percepção de salários insuficientes para sua própria sobrevivência, submetendo-os, paralelamente a isto, a jornadas de trabalho excessivas, sob condições precárias de higiene, segurança e habitação, à exploração do labor de mulheres e crianças, bem como a regimes disciplinares que previam até mesmo a imposição e o desconto salarial de multas, transformando-os em figuras aterrorizantes e ameaçadoras à estabilidade social.

No original: «En fait, [le contrat de louage de services] est un contrat d'adhésion par lequel l'employeur impose les conditions et la rémunération du travail dont il tend a réduire au maximum la charge.

(...)

Les conséquences du libéralisme en matière sociale sont bien connues.

Privés de réglamentation proctectrice, l'action collective leur étant interdite les travailleur ne perçoient que des salaries insuffisants pour vivre et sont contraints de faire des journées de travail démesurées sans hygiène, ni securité. Ils sont au surplus assujettis à une discipline stricte allant jusqu'au pronounce d'amendes retenues sur le salaire. Vivant dans les taudis (...), faisant travailler femmes et enfants, ils constituent un sujet d'effroi et une menace pour l'ordre établi.» LYON-CAEN, Gérard; PÉLISSIER, Jean; SUPIOT, Alain. Droit du Travail. 19. ed.. Paris: Dalloz, 1998. p. 8.

(121) Nas palavras de José Carlos Vieira de Andrade: "O liberalismo pressupõe o indivíduo como ponto de partida. Por isso explica contratualmente a sociedade e o Estado. Por isso, estabelece o processo e as condições de formação das leis no pressuposto antropológico da opinião própria.

Assim, como a economia era vista numa perspectiva microeconômica, também a vida política era concebida numa visão micropolítica.

Mas, o mercado político, tal como o económico, exige uma certa racionalidade, tendente ao óptimo, e, postula, para esse fim, um conjunto de condições.

Exige-se, em primeiro lugar, o atomismo e a mobilidade dos intervenientes, não se admitindo solidariedades particulares ou arranjos moleculares de interesses parciais que prejudiquem a independência dos agentes e a sua exclusiva vinculação às exigências da Razão e do interesse geral, isto é, que ponham obstáculos à providência da 'mão invisível'. Daí que fossem proibidos os grupos e todas as associações parciais, consideradas como forma de sedição, pois promoviam interesses egoísticos, mesquinhos, opressores da verdadeira liberdade." ANDRADE, José Carlos Vieira de. Os Direitos Fundamentais na Constituição Portuguesa de 1976. 3. ed. Coimbra: Almedina, 2004. p. 51-52.

de interesses de classe propiciava a interferência destes grupos na atuação do Estado e, em última medida, poderia vir a gerar uma casta detentora de privilégios corporativos. Assim, a única associação legítima consistia naquela que unia os cidadãos, individualmente considerados, na formação da Nação, conforme bradava Sièyes em fins do século XVIII.(122)

Não por outra razão, a Lei Le Chapelier, promulgada na França em 1791, proibiu expressamente o restabelecimento das *corporações de ofício*, bem assim a reunião de profissionais e empresários em torno de seus interesses comuns mediante a realização de atos típicos das associações para fins permanentes, tais como a eleição de representantes, a confecção de atas, a tomada de decisões e a lavratura de regulamentos próprios.(123)

Imbuídos desse mesmo espírito, os arts. 291 e 292 do Código Penal Francês de 1810 condicionavam a associação permanente de mais de vinte pessoas para fins religiosos, políticos e literários à autorização do Poder Público e à adequação às condições impostas por este último, criminalizando os agrupamentos constituídos sem a observância a tal disposição e submetendo os infratores à multa de dezesseis a duzentos francos, para além da dissolução da organização. Paralelamente a isto, o art. 415 do Código vedava expressamente a organização esporádica de trabalhadores (coalizões) que conduzissem à interrupção do trabalho, com ou sem violência, apenando os incidentes em tal delito com a detenção de um mês a cinco anos.(124)

---

(122) Nas próprias palavras de Sièyes: "Observemos en el corazón humano tres tipos de intereses: 1º aquel por el que se unen; es que da la justa medida del interes común; 2º aquel por el que un individuo se alía solo con algunos más; El interes de cuerpo; y, por fin, 3º aquel por El que cada uno se aísla, pensando solo en si mismo; el interes personal. El interes por el que um hombre se pone de acuerdo con todos sus sócios, es evidentemente el objecto de la voluntad de todos, y el de la asamblea común. Ahí la influencia del interes personal debe ser nula. És lo que sucede; su diversidad es su remédio. La gran dificuldad proviene del interes que provoca el acuerdo de un ciudadano con otros cuantos solamente. Este interes permite la concertación, la asociación; por el se combinan los proyectos peligrosos para la comunidad; por él se conforman los enemigos públicos más terribles. La historia esta repleta de esas verdades.

No hay que sorprenderse si el orden social exige con tanto rigor que no se permita a los ciudadanos asociarse en corporaciones (...) Así, y no de otra forma, podrá el interes común dominar con toda seguridad los intereses particulares. Sólo en esas condiciones puede ser razonable la posibilidad de fundar asociaciones humanas basadas en el provecho general de los asociados, y, consecuentemente, justificar la legitimidad de las asociaciones políticas." SIÈYES. Emmanuel. Trad.: SARIÑENA, Marta Loriente; JIMENEZ, Lídia Vazquez. ¿Que és El Tercer Estado? Ensayo sobre los privilégios. Madrid: Alianza Editorial, 2003. p. 169-170.

(123) Os arts. 1º e 2º da Lei Le Chapelier tiham a seguinte redação, cuja tradução em espanhol consta da obra de Héctor-Hugo Barbagelata:

"Art. 1º Por cuanto la supresión de todas las especies de corporaciones de ciudadanos del mismo estado o profesión es una de las bases fundacionales de la constitución francesa, está prohibido restablecerlas de hecho, bajo cualquier pretexto y bajo cualquier forma que sea.

Art. 2º Los ciudadanos de un mismo estado o profesión, los empresários, los que tienen comércios abertos, los obreros de cualquier oficio, no podrán, cuando se reúnan, nombrar presidentes, secretários o síndicos, ni llevar actas, adoptar decisiones o deliberaciones, ni establecer reglamentaciones sobre sus pretendidos intereses comunes." BARBAGELATA, Héctor-Hugo. *Curso sobre la evolución del pensamiento juslaboralista.* Montevideo: Fundación de Cultura Universitaria, 2009. p.98.

(124) De fato, o art. 209 do Código Penal Francês de 1810 estabelecia como *rebelião* todo ataque ou resistência violenta contra as autoridades públicas, em um sentido genérico, enquanto o art. 218, em sua segunda parte, estendia as penas aplicáveis ao delito de *rebelião* àqueles operários fabris que, com ou sem armas, agissem de forma violenta contra as autoridades públicas. No original:

"ARTICLE 209. Toute attaque, toute résistance avec violence et voies de fait envers les officiers ministériels, les gardes champêtres ou forestiers, la force publique, les préposés à la perception des taxes et des contributions, leurs porteurs de contraintes, les préposés des douanes, les séquestres, les officiers ou agents de la police administrative ou judiciaire, agissant pour l'exécution des lois, des ordres ou ordonnances de l'autorité publique, des mandats de justice ou jugements, est qualifié, selon les circonstances, crime ou délit de rébellion.

(...)

ARTICLE 218. (...) Seront punies comme réunions de rebelles, celles qui auront été formées avec ou sans armes, et accompagnées, de violences ou de menaces contre l'autorité administrative, les officiers et les agents de police, ou contre la force publique,

1º Par les ouvriers ou journaliers, dans les ateliers publics ou manufactures."

Nesse mesmo sentido, a Inglaterra do Primeiro Ministro William Pitt aprovou em 1799 e 1800 os *combinations acts* que, como explica suas próprias ementas, eram destinados a "combater coalizões ilegais de trabalhadores", compreendendo-se em tal expressão a organização de movimentos voltados para o incremento dos salários, a redução da quantidade de trabalho, a diminuição das jornadas, a fixação de contratos coletivos entre obreiros e empregadores. Mais tarde, em 1817, foi promulgado o *sediction meeting act*, cujo teor criminalizou tais comportamentos equiparando-os aos crimes de sedição e conspiração. (125)

No entanto, em que pesem a proibição da coalizão obreira e sua criminalização, bem assim a aversão liberal à associação de indivíduos, os trabalhadores então submetidos àquelas condições degradantes de labor e remuneração decorrentes do jugo impiedoso da *mão invisível* (mas não imparcial) *do mercado*, tomaram consciência de sua situação de classe social desfavorecida no contexto do capitalismo industrial e passaram a cultivar um forte sentimento de fraternidade proletária, que os conduziu, naturalmente, à organização coletiva com vistas à consecução de seus interesses comuns.(126)

Este sentimento de solidariedade partilhado pelos obreiros, gerado pelos impiedosos efeitos colaterais da *lei da oferta e da procura* levou-os, em um primeiro momento, à implementação de movimentos desorganizados que, tal qual o *luddismo*, eram voltados para a destruição física dos elementos que, na concepção dos trabalhadores de então, concorriam para a degradação de suas condições laborais, como o maquinário das grandes indústrias e os produtos estrangeiros que ingressavam no mercado interno.

Posteriormente, já na terceira década do século XIX, a subsistência daqueles mesmos fatores de degradação social que atingiam a classe operária, conduziu esta última às primeiras manifestações de organização coletiva de cariz obreiro, representadas, nesse momento embrionário, pelas sociedades de auxílio e resistência, cooperativas e caixas de benefícios de caráter mutualista, com destaque, na França, para as entidades dessa natureza fundadas em Grenoble, Lyon e Paris. Nesse mesmo período, a coincidir com o apogeu do ideário liberal e da dominação política da burguesia, os obreiros dos países industrialmente mais avançados partiram para a

---

O art. 415, por sua vez, estabelecia que as coalizões de trabalhadores que resultassem, de alguma forma, na interrupção das atividades de uma indústria ou no impedimento à realização do trabalho regularmente desempenhado na referida unidade afigurava-se ilicita, apenando-se os envolvidos com a prisão de um a três meses e os líderes com a detenção de dois a cinco anos. No original:"ARTICLE 415. Toute coalition de la part des ouvriers pour faire cesser en même temps de travailler, interdire le travail dans un atelier, empêcher de s'y rendre et d'y rester avant ou après de certaines heures, et en général pour suspendre, empêcher, enchérir les travaux, s'il y a eu tentative ou commencement d'exécution, sera punie d'un emprisonnement d'un mois au moins et de trois mois au plus.

Les chefs ou moteurs seront punis d'un emprisonnement de deux ans à cinq ans." Disponível em: <http://ledroitcriminel.free.fr/la_legislation_criminelle/anciens_textes/code_penal_de_1810.htm>. Acesso em: 21 jun. 2021.

(125) GÓMEZ, Roberto Charis. *Fundamentos del Derecho Sindical.* México: Porrúa, 2003. p.61-62.

(126) De acordo com o relato formulado por Manuel Carlos Palomeque Lopez:"A noção de movimento operário constrói-se, certamente, pela concorrência de três elementos que surgem na alvorada da sociedade capitalista industrial: 1. A formação da classe operária a partir das relações de produção capitalistas, cujo ponto de partida é a separação entre o trabalhador e os instrumentos ou meios de produção; 2. A emergência, no seio deste grupo social, de uma tomada de consciência da condição operária, de uma autêntica consciência de classe, como núcleo solidário de interesses próprios e contraditórios aos da burguesia, em suma, de uma «consciência operária reduzida a esquema.» 3. Esta convicção de classe social diferenciada (consciência de classe ou consciência operária) não basta, por si só, para a emergência de um proletariado militante. Há de produzir-se historicamente uma tomada de consciência adicional por parte da classe operária: a de ser um grupo social desprovido de instrumentos legais e políticos capazes de modificar o seu *status* económico e social. A mobilização subsequente contra a ordem económico-burguesa (modo de produção capitalista e sistema de classes sociais), através de organizações políticas ou sindicais, portadoras de um projecto revolucionário de substituição do sistema de trabalho assalariado, constitui, exactamente a noção de movimento operário." LOPEZ. Manuel Carlos Palomeque. Trad.: MOREIRA, António. Direito do Trabalho e ideologia. Coimbra: Almedina, 2001. p. 24-25.

conflagração direta com o capital, através da realização de greves que foram, naturalmente, reprimidas de forma violenta e sanguinária pelo Poder Público.(127)

Com a radicalização das lutas obreiras, as sociedades de auxílio, originalmente concebidas como entidades destinadas à cotização de recursos financeiros voltados para promover o auxílio recíproco dos operários vitimados pelas penosas condições laborais a eles impostas pelo patronato, transcenderam o caráter meramente mutualista e adquiriram uma natureza mais reivindicatória, fazendo franca e aberta oposição ao capital e ao Estado burguês.(128)

Nesse mesmo período, via-se nos Estados Unidos a fundação das primeiras associações de trabalhadores, surgidas no influxo da incipiente industrialização daquele País, que lograram obter alguma mobilização junto ao operariado e, com isso, protagonizaram conflitos com os empresários que culminavam, irrefragavelmente, com a deflagração de greves localizadas.

Em razão disso, o arcabouço jurídico de então — em especial a Lei Le Chapelier e o Código Penal de 1810, na França, bem assim os *combinations acts* na Inglaterra — passaram a ser amplamente utilizados no sentido de dissolver as associações obreiras e de reprimir os movimentos dos trabalhadores. Nisso consistiu, exatamente, a etapa inaugural da evolução do direito à liberdade sindical, ou a chamada *fase de proibição*.(129)

Já nos Estados Unidos, os industriais passaram a valer-se do enunciado genérico do delito de *conspiração*, a constar da legislação penal dos Estados norte-americanos, para processar judicialmente aquelas entidades e seus dirigentes envolvidos naquelas atividades reivindicatórias, o que lhes foi bastante proveitoso.(130)

---

(127) PIMENTA, Joaquim. *Sociologia jurídica do trabalho*. 2. ed. Rio de Janeiro: Editora Nacional de Direito, 1946. p.165.

(128) Sobre as referidas entidades, Georges Lefranc pontua que: "Mais ou menos clandestinas, mais ou menos toleradas, as "Mutuais" ou "Fraternais" se desenvolvem no período compreendido entre 1791 e 1840. A prudência as impediu de se declararem adversárias do patronato. Provavelmente nem fosse esse seu desejo. Os meios onde prosperaram foram aqueles que conservaram uma sólida tradição artesanal. Nas indústrias que protagonizaram a revolução industrial, seu surgimento foi mais tardio (...). Frequentemente a "Mutual" pedia ao operário a contribuição de um dia de trabalho por mês, assegurando-lhe, em troca, um auxílio-doença que equivalia, mais ou menos, ao salário, uma aposentadoria que representava um terço de seus ganhos normais e, no caso de falecimento, um auxílio igual, em média, a uma quinzena de remuneração."

No original: «Plus ou moins clandestines, plus ou moins tolérées, lês Mutuelles ou Fraternelles se développent cependant, de 1791 à 1840. La prudence leur interdit de se poser em adversaires Du patronat; peut-être n'en ont-elles pas le désir. Les milieux où elles prospèrent sont ceux qui ont conservé une solide tradition artisanale. Dans les industries qu'a touchées la révolution industrielle,l'éveil est plus tardif. (...) Souvent la mutuelle demande à l'ouvrier une cotisation d'une journée de travail par mois; en échange de quoi elle lui assure un secours-maladie équivalant à peu près au salaire, une retraite qui représente le tiers du gain normal et, en cas de décès, un secours égal en moyenne à une quinzaine de paye.» LEFRANC, George. Le syndicalisme dans le monde. Paris: PUF, 1958. p.21-22..

(129) Sobre a aplicação da Lei Le Chapelier na França das primeiras décadas do século XIX e sua influência em outros países, Héctor-Hugo Barbagelata assevera que "A los obreros la ley les impedia reunirse e invocar intereses comunes, y desde luego, hacer acuerdos entre ellos y con los patronos para fijar condiciones de trabajo. No se les dejaba crear organizaciones que los representaran, no dar a sus autoridades nombre de Presidente o de Secretario. Además, quienes infringieran esas normas eran penalmente castigados con severidad.

(...)

La importancia de esta ley radica en el hecho que, como ocurrió con el Código Civil francés, por las circunstancias históricas, políticas y culturales que la rodeaban, se convertió en un modelo en el mundo entero, o sea en la forma jurídica que se entendia apropiada para responder al surgimiento de las organizaciones de trabajadores." BARBAGELATA. Héctor-Hugo. Curso sobre la evolución del pensamiento juslaboralista. Montevideo: Fundación de Cultura Universitaria, 2009. p.91-92.

(130) Conforme narrado por Enoque Ribeiro dos Santos: "A partir de 1806, alguns empregadores encontraram um novo método para tratar com os sindicatos de sapateiros. Eles procuraram a ajuda dos tribunais. Easse procedimento — a busca da tutela do Estado nos conflitos coletivos de trabalho — permanece até os dias de hoje como um elemento persistente e padrão das relações trabalhistas norte-americanas.

(...)

Nesse período de conflagrações a compreender a primeira metade do século XIX, denominado por Mario de La Cueva como *a idade heróica do Direito do Trabalho*, as lutas obreiras voltaram-se para a supressão daquelas barreiras legislativas erigidas no fito de conter a organização permanente dos trabalhadores em torno de seus interesses comuns, o exercício legítimo de suas reivindicações nos conflitos entabulados com o capital e a contratação coletiva com os empregadores, sem o que não se poderia cogitar na real melhoria de suas condições sociais.(131)

Paralelamente a isto, o agravamento da *questão social* e o envolvimento dos intelectuais nas discussões sobre o tema conduziu ao surgimento da ideologia socialista e de suas vertentes utópica e científica, que, não obstante suas diferenças estruturais, partilhavam do intento de refundar a ordem social sob a revisão dos fundamentos liberais em torno do livre mercado e sob a superação das penosas condições a que estavam submetidos os trabalhadores.(132)

Naquele ano, os empregadores do setor de calçados da Filadélfia acusaram os sindicatos de conspiradores. Como conspiradores, eles reivindicavam que os sindicatos de trabalhadores tinham se tornado organizações fora-da-lei. Uma conspiração pode ser definida, geralmente, como uma combinação de duas ou mais pessoas que se reuniam em grupo para prejudicar os direitos de outros ou de toda a sociedade.

(...)

Os sindicatos de trabalhadores nos casos de conspiração eram julgados por júris. Uma análise da composição dos jurados revela que os júris eram representados principalmente por empresários e grupos de empregadores. Nesta época, um dos pré-requisitos para a tarefa de jurado era possuir algum tipo de propriedade. Trabalhadores, que tinham pequenas posses ou propriedade, eram geralmente excluídos do serviço de jurados. Além disso, as decisões eram influenciadas, não apenas pelas preferências sociais e econômicas dos jurados, mas também pelas características gerais dos juízes responsáveis pelos julgamentos. Alguns dos juízes faziem pouco esforço para esconder seus sentimentos anti-sindicais.

(...)

Amaioria dos processos judiciais de conspiração dos sindicatos de trabalhadores terminou em sentenças condenatórias. Eles representavam a rejeição da ação coletiva no mercado de trabalho em favor das negociações individuais." SANTOS, Enoque Ribeiro dos. Fundamentos do Direito Coletivo do Trabalho nos Estados Unidos da América, na União Europeia, no Mercosul e a experiência brasileira. Rio de Janeiro: Lumen Juris, 2005. p. 3-6.

(131) De acordo com o referido autor mexicano: "Los primeros cincuenta años del siglo XIX integran lo que hemos llamado en diversas ocasiones la edad heroica del movimiento obrero y del derecho del trabajo, una denominación que corresponde primeramente a la lucha sindical, pero pertenence también al derecho del trabajo, porque se luchaba por su idea, pues las libertades sindical, de huelga y de negociación y contractación colectivas, son su finalidad inmediata, la condición para que pudiera nacer el derecho sustantivo en una sociedad en la que su estado era impotente frente a la formula del laisser-faire, laisser-passer de los fisiocratas." DE LA CUEVA, Mario. El Nuevo Derecho Mexicano del Trabajo. Tomo. I. 21. edición. México: Porrúa, 2007. p. 15.

(...)

"El movimiento obrero nació como un instrumento de lucha de la clase trabajadora en contra del capital con una finalidad de múltiples matices: primeramente, *conquistar su derecho a la existencia* — libertad sindical y reconocimiento de los sindicatos de trabajadores — en segundo término, *romper el principio de que toda controvérsia debía someterse al conocimiento y decisión de los tribunales estatales* — reconicimiento al derecho de huelga como un procedimiento legítimo para buscar la autocomposición del conflicto – y en tercer lugar, *superar la concepción del contracto de arrendamiento de servicios e imponer la fijación bilateral* — contratos y convenciones colectivos — *de condiciones de trabajo para todas las personas de un gremio, del personal de una empresa o de los trabajadores de una rama de la indústria."*

(132) Segundo o relato de Joaquim Pimenta: "[Para o socialismo] a *questão social* pressupõe uma ordem ou *estado social* que se deve suprimir ou refundar na sua estrutura, variando sòmente de critério ou modo como os seus adeptos entendem resolvê-la: por meios pacíficos, lícitos ou legais, por *ewvolução*: ou pela fôrça, pela violência, pela *revolução*. Todos, porém, reconhecem que a sociedade contemporânea não pode mais mover-se nos moldes angustiosos e gastos de uma economia, de um direito, de uma política que novas condições de existência, novas diretrizes do mundo moderno puseram em chocante desacordo com a realidade dos fatos.

Essa realidade começou a acentuar-se após o desmoronamento do antigo regime, com o antagonismo de interesses com que se foram distanciando capital e trabalho na produção e na distribuição das riquezas, do que resultaram duas *situações sociais* em choque dentro do mesmo círculo econômico: o *capitalismo* e o *assalariado*. Ou por outra, o *regime capitalista* — a empolgar e absorver todo o cenário da economia mundial.

(...)

Nesse contraste entre a excepcional ou privilegiada situação do produtor-capitalista e a de pobreza ou penúria do produtor-operário, ambos na realização da mesma obra, produzindo na mesma emprêsa, mas separados pela diversidade ou desigualdade de interêsses e de direitos; nesse contraste que o progresso assombroso da técnica industrial tornou ainda mais duro e agudo, é que se encontra a chave das reivindicações proletárias e dos sistemas ideológicos

Nesse contexto, o socialismo utópico, que tem dentre seus maiores expoentes Robert Owen, Fourier, Saint-Simon e Proudhon, correspondia à vertente que apregoava, em síntese, a superação das mazelas advindas do capitalismo e da exploração desmesurada da força de trabalho do proletariado por intermédio da intervenção legislativa do Estado no sentido de implementar a justa divisão dos frutos do trabalho entre patrões e operários, bem assim de promover patamares mínimos de proteção aos trabalhadores e de assegurar a estes últimos a livre organização em torno de entidades representativas voltadas para a defesa de seus interesses comuns em face do empresariado e para a negociação das condições laborais com as empresas.(133)

Em sentido oposto, o socialismo científico, de caráter mais pessimista, reputava inviável a superação das mazelas do capitalismo industrial burguês por intermédio da singela correção de rumos a ser implementada pela intervenção legislativa estatal. Seus partidários, com especial destaque para, Karl Marx e Friedrich Engels, identificam a *questão social* com a luta de classes entre a burguesia e o proletariado, vislumbrando a solução para suas vicissitudes no aniquilamento daquela primeira por esta última, através da revolução que instauraria um estado obreiro fundamentado na socialização dos bens de produção e na repartição coletiva dos frutos do processo produtivo.(134)

A eclosão de correntes ideológicas em torno da *questão social* atingiu seu ápice com o advento do Manifesto Comunista de Karl Marx e Friedrich Engels em 1848, que, em uma linguagem singela e de fácil compreensão pelo operariado fabril, explica os conceitos atinentes à *luta de classes* entre a burguesia e o proletariado e detalha as formas pelas quais este último se reconhecerá como classe explorada e como se dariam as condições para que o operariado protagonizasse a tomada do poder estatal e a destituição do modo de produção capitalista.(135)

As ideias dispostas no *Manifesto*, aliadas à crise econômica que já há algum tempo atingia a Europa Ocidental, foram o estopim para o estouro de uma série de revoltas protagonizadas pelo proletariado, conhecidas, em conjunto, como a *Primavera dos Povos*, com destaque para a Revolução de fevereiro de 1848 ocorrida em Paris e para a revolta prussiana de março do mesmo ano. (136)

Dentre as principais reivindicações populares a motivarem as insurreições constavam a coletivização dos meios de produção, nos moldes socialistas, e a ampliação do sufrágio, que até então era restrito àqueles que dispusessem de certa quantia pecuniária, no sistema de voto censitário.(137)

---

que as refletem, todos, não obstante a divergência de objetivos, de orientações com que se distanciam ou se repelem." PIMENTA, Joaquim. Sociologia jurídica do trabalho. 2. ed. Rio de Janeiro: Editora Nacional de Direito, 1946. p. 151-152.

(133) BARBAGELATA, Héctor-Hugo. *Curso sobre la evolución del pensamiento juslaboralista.* Montevideo: Fundación de Cultura Universitaria, 2009. p. 53-66..

(134) Nas palavras de Joaquim Pimenta: "Para o Marxismo, a questão social é, pois, uma questão de luta de classes, luta, no mundo moderno, entre a burguesia e o proletariado, como o foi antes, entre aquela e a aristocracia feudal; questão que, para os seus adeptos, só se resolverá com o aniquilamento da primeira pelo segundo: quando substituir-se o regime de propriedade capitalista pela socialização dos meios de produção e de troca; quando, enfim, pela ditadura do operariado, extinguir-se a ordem burguêsa com as suas instituições, inclusive o Estado que a encarna e mantém, para prevalecer o regime comunista, que importará na supressão de todos os antagonismos geradores da luta de classes e consequente dominação de uma sôbre outra." PIMENTA, Joaquim. Sociologia jurídica do trabalho. 2. ed. Rio de Janeiro: Editora Nacional de Direito, 1946. p. 159.

(135) MARX, Karl; ENGELS, Friedrich. Trad.: PINA, Álvaro. *Manifesto Comunista.* São Paulo: Boitempo, 1998.

(136) ROUAST, André; DURAND, Paul. *Précis de législation industrielle (Droit du Travail).* 3. ed. Paris: Dalloz, 1948. p. 26-27.

(137) Em seus comentários à Constituição Imperial de 1824, José Antonio Pimenta Bueno, o Marquês de São Vicente, justifica o voto censitário com os argumentos, muito difundidos na primeira metade do Século XIX, de que apenas os cidadãos dotados de condições morais e intelectuais teriam condição de eleger os representantes do povo no parlamento e, assim, decidir os rumos da nação e de que a detenção de alguma propriedade seria prova ou sinal de ilustração e de independência. Nas palavras do autor: "Desde que o sistema da eleição direta é adotada, desde que o número e não as

As revoltas de 1848 não culminaram com a ascensão do proletariado ao poder, como preconizavam Marx e Engels, mas impuseram aos governos, ainda dominados pela burguesia, certas concessões à classe trabalhadora, tais como a ampliação da participação política desta última nos parlamentos e, como consequência disto, a edição de uma legislação voltada para a proteção das condições laborais dos obreiros. Nesse sentido, pode-se afirmar que o temor em torno de novas revoltas de cunho socialista, aliado à necessidade de arrefecimento dos ânimos obreiros e da manutenção do próprio sistema capitalista, foram as molas propulsoras do chamado *Direito Operário*.(138)

De fato, a segunda metade do século XIX na Europa Ocidental foi marcada pelo incremento da produção legislativa voltada para a proteção dos trabalhadores em diversos aspectos, tais como a limitação ao trabalho de menores e mulheres, a fixação de salários mínimos e jornadas laborais máximas, a proteção contra acidentes de trabalho, a implementação de um corpo de inspeção laboral, entre outras.(139)

Nesse sentido, a Inglaterra editou entre 1850 e 1891 uma série de *factories acts* que tiveram por objeto o estabelecimento de uma jornada especial de trabalho para mulheres e crianças e do repouso hebdomadário, a limitação da idade mínima para o trabalho infantil e a obrigação dos empregadores de proverem instrução aos menores em suas fábricas. Imbuído desse mesmo

---

condições dos votantes é quem tem de por si escolher os representantes da nação, faz-se necessário que êsses votantes, que são verdadeiros eleitores, ofereçam maior soma de garantias, a fim de que a simples circunstância da multidão, sem propriedade e sem luzes, não prevaleça sôbre as fortunas que põem a riqueza do Estado, e sôbre a inteligência, que é quem tem o direito de governá-lo, mesmo para o bem e interêsse de todos.

E' desde então necessário que o votante ministre à sociedade de uma maior segurança, ou ao menos fundada na presunção de moralidade, inteligência e interêsse pela causa pública; é desde então necessário combinar com maior reflexão o direito do indivíduo com o da ordem social, para que esta e a liberdade não sejam sacrificadas a título de dilatar o voto.

(...)

Uma certa propriedade é com efeito, ao menos em regra geral, uma prova ou sinal de certa educação, inteligência, interêsse pela causa pública, e consequente independência de caráter e de opiniões. São pois as garantias desde então exigidas em escala mais alta, como condições indeclináveis em atenção ao bem-ser e à segurança política do Estado, e de suas instituições. E' nas eleições que está a base a mais segura do sistema, e moralidade constitucional; cumpre pois que essa base seja firme." BUENO, José Antonio Pimenta. Direito Público brasileiro e análise da Constituição do Império. Rio de Janeiro: Ministério da Justiça e dos Negócios Interiores, 1958. p. 192-193.

(138) Conforme salienta Palomeque Lopez: "A legislação operária responde, *prima facie*, a uma solução defensiva do Estado burguês para, através de um quadro normativo protetor dos trabalhadores, prover à integração do conflito social em termos compatíveis com a viabilidade do sistema estabelecido, assegurando deste modo, a dominação das relações de produção capitalistas. Não é, por isso, nenhuma casualidade que as primeiras leis operárias versem precisamente sobre aqueles aspectos da relação laboral em que se haviam manifestado os resultados mais visíveis da exploração dos trabalhadores, abordando, assim, a limitação do trabalho das mulheres e menores, a redução dos tempos de trabalho, o estabelecimento de salários mínimos ou, finalmente, a preocupação pelas condições de segurança e higiene no trabalho e a prevenção dos riscos profissionais.

(...)

A intervenção do Estado nas relações de produção, através da promulgação de «normas protectoras» das condições de vida e de trabalho do proletariado industrial e limitadoras da até então absoluta vontade do empresário na fixação do conteúdo do contrato de trabalho, responde historicamente, como se viu, à necessidade social de integrar e canalizar o «conflito social» surgido entre novos antagonistas sociais. O novo corpo normativo integrador haveria de cumprir, pois, a transcendental missão de impor ao conflito um canal de desenvolvimento compatível com a permanência e progresso do modo de produção capitalista e as paredes mestras da sociedade burguesa." LOPEZ, Manuel Carlos Palomeque. Trad. MOREIRA, António. Direito do Trabalho e ideologia. Coimbra: Almedina, 2001.p. 30-33

(139) Note-se, contudo, que a Inglaterra já havia editado, em 1802, uma lei voltada para a proteção dos menores de idade nas tecelagens e várias leis, entre 1818 e 1847, tendentes ao incremento da proteção do trabalho de crianças e mulheres. A França, por sua vez, em 1841, promulgara lei tendo por objeto a imposição de uma idade mínima para o trabalho infantil. No caso francês, o diploma em apreço teve como intuito principal não a proteção dos obreiros em si, mas o resguardo da integridade do material humano que serviria à nação nas guerras, conforme destaca Alain Supiot. SUPIOT, Alain. Trad.: RUBINI-BLANCO, Patricia. *Derecho del Trabajo*. Buenos Aires: Heliasta, 2008. p. 19-20.

espírito, editaram-se, em 1875 e 1878, respectivamente, o *Employers and Workmen Act* que descriminalizou uma série de condutas obreiras e procurou estabelecer a igualdade material entre obreiros e empregadores e o *Factory Act*, que promoveu a consolidação de toda a legislação operária editada até aquele momento na Grã-Bretanha.(140)

A França, de seu turno, editou ainda em 1848, no calor da *Primavera dos Povos*, um ousado programa de cunho socialista que, para além de proclamar o *direito ao trabalho*, objetivava o direito à livre associação, a limitação da jornada de trabalho em dez horas para os adultos e a criação de um ministério do trabalho. Mais adiante, já na Terceira República, após a derrota na Guerra Franco-Prussiana, editam-se as leis de 1874 e 1892, voltadas, respectivamente, para a regulamentação do trabalho das mulheres e para a formação de um corpo de inspeção laboral, bem como as leis de 1890 e 1898 tendentes ao estabelecimento do aviso prévio em caso de despedida e à prevenção dos acidentes de trabalho.(141)

Na Alemanha de Otto Von Bismark, marcada pela crescente influência de Marx e Lassale — este último fundador do Partido Trabalhista Social Democrata —, aprovou-se, em 1869, um programa voltado para a promoção do bem-estar dos trabalhadores e, naquele mesmo ano, a *Gewerbeordnung*, lei que regulamentou de forma profunda e abrangente diversos aspectos das relações de trabalho dentro da política do governo de então. Merece destaque, igualmente, a histórica instituição, em 1881, da seguridade social, voltada para a proteção dos obreiros em face dos acidentes laborais e da velhice, que viria a exercer enorme influência na legislação de outros países.(142)

O advento das leis protetivas dos trabalhadores abriu o primeiro flanco nos até então impenetráveis dogmas liberais em torno da ação passiva do Poder Público diante das forças do mercado na organização dos fatores de produção. Tal mudança na postura do Estado refletiu diretamente na evolução dos direitos fundamentais que, de meras garantias às clássicas liberdades burguesas de cunho individualista, passaram a posições jurídicas titularizadas pelos indivíduos a demandarem a implementação de medidas promocionais concretas por parte dos governos.(143)

(140) LOPEZ, Manuel Carlos Palomeque. Trad. MOREIRA, António. *Direito do Trabalho e ideologia*. Coimbra: Almedina, 2001. p. 29.

(141) A propósito, Lyon-Caen, Pélissier e Supiot relatam em sua obra coletiva que a Revolução de 1848 intentou pela primeira vez realizar um programa coerente que, sob a influência do ideário socialista, pretendia instituir o *direito ao trabalho* — iniciado com a abertura das oficinas nacionais destinadas ao oferecimento de trabalho aos desempregados — bem assim a liberdade de associação, a limitação da jornada de trabalho a dez horas para os adultos, a condenação da prática denominada "marchandage" (ou terceirização), pela qual há a intermediação de mão de obra por subcontratantes que desoneram o empregador principal, a supressão dos escritórios de colocação custeados pelos obreiro e a criação da *comissão de Luxemburgo*, que viria a ser o embrião do Ministério do Trabalho.

No original: "La Révolution de 1848 tenta pour la première fois de réaliser un programme social cohérent, sous l'influence des doctrinaires du socialisme: proclamation du droit au travail, qui trouva un début de réalisation dans l'ouverture des ateliers nationaux destines à procurer de l'ouvrage aux chômeurs. — affirmation de la liberte d'association; — limitation de la journée de travail a dix heures pour les adultes; — condamnation du marchandage (spéculation sur la main-d'oeuvre de la part de sous-entrepreneurs sur lesquels se décharge l'entrepreneur principal); — supression des bureaux de placement payants; — création de la commision du Luxembourg; embryon d'un ministère du Travail." LYON-CAEN, Gérard; PÉLISSIER, Jean; SUPIOT, Alain. Droit du Travail. 19. ed. Paris: Dalloz, 1998. p. 8-9.

(142) DE LA CUEVA, Mario. *El Nuevo Derecho Mexicano del Trabajo*. Tomo. I. 21. edición. México: Porrúa, 2007. p. 18-19.

(143) Na dicção de Gregorio Peces-Barba Martinez: "Como consecuencia de la acción coordinada del ejercicio del derecho de asociación y del sufrágio por esos grupos sociales democráticos, radicales o socialistas, se incorporarán al Parlamento representantes de los partidos obreros que defendrán sus intereses y que plantearán problemas ajenos a los que tradicionalmente interesaban a la burguesia. Esta dinamica, que llevará a la formación incluso de gobiernos socialistas, incidirá en el constitucionalismo con una actuación positiva de los poderes públicos y con una nueva función atribuída al Derecho, la promocional, sobre todo a través del incremento de la acción del Derecho Administrativo y del Laboral.

La influencia de esa situación en el tema de los derechos fundamentales consistirá en la formulación de unos nuevos derechos, los llamados derechos economicos, sociales y culturales, a la educación, a las condiciones del trabajo y en el trabajo, a la protección de la salúd y a la sanidad, a la seguridad social etc.." MARTÍNEZ, Gregorio Peces-Barba. Curso de derechos fundamentales. Teoría general. Madrid: Universidad Carlos III/ Boletín Oficial del Estado, 1995. p. 169-170.

Não obstante a promulgação da legislação protetiva, os trabalhadores lograram extrair dos governos a revogação dos dispositivos penais que criminalizavam a associação obreira para fins permanentes e a coalizão. Nesse sentido, a Inglaterra, já em 1824 por intermédio da *Lei de Francis Place*, havia derrogado os *combinations acts* e a França, em 1864, promoveu a revisão de seu Código Penal de 1810 com vistas à supressão dos delitos capitulados nos arts. 415 e 416. Passou-se, com isto, da *fase de proibição* para a *fase de tolerância*.(144)

A partir de então, os obreiros passaram a formar suas coalizões e suas associações sem que o Estado pudesse coibir tal atividade mediante a repressão penal. No entanto, a singela revogação dos dispositivos que criminalizavam a organização esporádica e permanente dos trabalhadores não lhes assegurou, de *per se*, a consecução de seus objetivos coletivos em face dos empresários, pois estes últimos não estavam obrigados a negociar com o agrupamento obreiro e nem tampouco a manter vigentes os contratos de trabalho em caso de greve.(145)

Durante a fase de tolerância, as associações obreiras não passavam de agrupamentos de trabalhadores que intentavam concretizar seus interesses coletivos em face de empregadores que remanesciam em uma posição de preponderância, pois continuavam a contar, a seu favor, com a faculdade de livre resolução contratual em sua plenitude e com a possibilidade de manter a regularidade de suas atividades empresariais a despeito das reivindicações obreiras.

Ou seja, com a subsistência da primazia dos empregadores na dicção dos rumos da empresa e das relações laborais entabuladas com os trabalhadores, estes últimos não se sentiam incentivados a tomar parte das coalizões e das associações criadas no fito de lutar por seus interesses coletivos, o que conduzia, naturalmente, ao esvaziamento das iniciativas obreiras, fossem elas esporádicas ou permanentes. Nesse contexto, não é difícil antever que os movimentos operários não possuíam perspectivas animadoras de êxito.

Diante disso, os trabalhadores perceberam que a implementação de um arcabouço protetivo de caráter individual tendente à humanização das relações laborais e a singela revogação dos dispositivos que criminalizavam a coalizão obreira não bastavam para assegurar a igualdade de forças entre eles e os empresários. Contatou-se, mais precisamente, que apenas o advento de garantias tendentes a promover o reconhecimento legal das associações obreiras e a assegurar sua ação coletiva como efetivo contrapoder aos desígnios empresariais seria capaz de dotar os

(144) Merece destaque a análise formulada por Robert Peel, constante da obra de Henry Peeling sobre a história do sindicalismo britânico, a reconhecer expressamente que o ato de 1824 teve o condão de conferir àqueles "que nada mais tinham senão sua força de trabalho" a possibilidade de estabelecer, em comum acordo entre si e com os empregadores, o preço de seu labor: "Aqueles que (...) não tem qualquer propriedade senão suas habilidades manuais e sua força, devem poder estabelecer em conjunto, se julgarem apropriado, o preço pelo qual venderão sua propriedade.

Em tais bases, as organizações que emergiram alguns meses atrás das sombras da ilegalidade puderam vir a público para formar o núcleo do movimento sindical tal como conhecemos na atualidade."

No original: No original: "Men Who... have no property except their manual skill and strenght, ought to be allowed to confer together, if they think fit, for the purpose of determining at what rate they will sell their property.

On this basis the organizations which had emerged a few months earlier from the shadows of illegality were allowed to remain in public view, to forme the nucleous of the trade-union movement as we know it today." PELLING, Henry. A History of the British Trade Unionism. 3. ed. Harmondsworth: Penguin Books, 1976. p. 32.

(145) Conforme destaca Mario de La Cueva: "[En la era de la tolerancia] los trabajadores pudieron asociarse libremente, sin temor a ser perseguidos y sin que el estado pudiera estorbar su formación, pero las reformas a las leyes penales y la consecuente libertad de sindicación, no trajeron consigo su reconocimiento legal como personas jurídicas; fueron asociaciones de hecho, razón por la cual los empresários no estaban obligados a negociar o contratar colectivamente las condiciones de trabajo. Podían tambbién los trabajadores suspender su trabajo, pero no podían paralizar las actividades de la empresa, antes bien, la ley y la fuerza pública acudían en auxilio del patrono a fin de que pudiera contratar nuevos trabajadores y continuar las actividades de la negociación; por otra parte, si la huelga dejó de constituir un delito, era un ilícito civil, cuya sanción consistía en la facultad otorgada al empresário para declarar rescindidos los contratos de arrendamiento de servicios en vista del incumplimiento de las obligaciones del arrendador." DE LA CUEVA, Mario. El nuevo Derecho Mexicano del Trabajo. Tomo. I. 21. edición. México: Porrúa, 2007. p. 18.

trabalhadores de força para impor a efetiva observância das leis protetivas nos mais diversos locais de trabalho e para obter, através da negociação direta com os patrões, condições laborais mais favoráveis.

De fato, sendo a empresa uma coletividade em si mesma, formada por um corpo diretivo e por seus meios de produção, somente um outro organismo transindividual reuniria forças para negociar as reivindicações obreiras em igualdade de condições com o patronato. A consciência dos trabalhadores em torno dessa situação conduziu-os a empunhar a bandeira da liberdade sindical plena, a preconizar o reconhecimento formal de suas associações permanentes por parte do Estado, bem assim as garantias de negociação coletiva e de greve como instrumentos legítimos de ação.[146]

A luta dos trabalhadores em torno da liberdade sindical levada a cabo na segunda metade do século XIX conduziu ao reconhecimento efetivo das entidades obreiras como associações dotadas de personalidade jurídica de direito privado e, principalmente, como organismos detentores da prerrogativa de estabelecer, em nome dos empregados, condições de trabalho diretamente com os empregadores. Passou-se, a partir de então, da mera tolerância à *fase de reconhecimento.*[147]

O marco legislativo inicial do período de reconhecimento fez-se representado pelo *Trade Unions Act*, editado na Inglaterra em 1871, cujo teor legitimou as organizações obreiras e

---

(146) Conforme bem relata Mario de La Cueva: "El movimiento obrero plenteó una tesis nueva, que es una justificación magnífica del derecho colectivo del trabajo: *la igualdad no puede darse entre cada trabajador aislado y su patrono, sino únicamente entre los dos elementos de la producción, el trabajo, que es la unidad de todos los trabajadores y el capital.* En la imposición de este principio nuevo radica la grandeza de la lucha obrera: *la igualdad de fuerzas y de derechos entre el trabajo y el capital, en espera de la sociedad del mañana, en la que el trabajo hará del capital el instrumento de una vida mejor para todos los hombres.*

(...)

Mientras la igualdad del derecho civil fue individualista y formal, la igualdad por la que luchó el movimiento obrero a fin de fundar sobre ella el derecho colectivo del trabajo, fue la igualdad de la clase trabajadora frente al capital, la igualdad de los factores de la producción , trabajo y capital, de suerte que en cada empresa la igualdad se daria entre la comunidad obrera y el patrono, y ahí donde entrara la convención-ley, entre la totalidad de los trabajadores de la rama industrial o comercial considerada y el conjunto de los empresários.

Por lo tanto, el derecho colectivo serviria para igualar, mediante prerrogativas jurídicas, la superioridad económica del capital. El resultado final a que se llegó, despues de la legitimación de los sindicatos, de los contratos colectivos y de la huelga, fue que las condiciones de prestación de los servicios tendrían que ser el efecto de un acuerdo de voluntades de las dos clases sociales, pero si no se lograba, la actividad de la o de las empresas se tornaba um imposible." DE LA CUEVA, Mario. El nuevo Derecho Mexicano del Trabajo. Tomo. II. 14. edición. México: Porrúa, 2006. p. 207-225.

(147) Sobre a fase de tolerância e o nascimento das primeiras associações de caráter reivindicatório na França, Paul Pic observa que: "A partir de 1860, o Governo Imperial abandonou seus rigores e inaugurou uma política semi-socialista destinada, em tese, a tirar proveito do movimento liberal e republicano, que crescera justamente em razão de sua política repressiva. (...) Essa reversão da política imperial se refletiu em dois atos que, em seguida, tiveram grande repercussão: a graça concedida aos tipógrafos condenados por atos de greve e o envio à Exposição Universal de Londres, às custas do Estado, de uma delegação de trabalhadores franceses.

Este último ato teve uma influência decisiva na formação de grupos operários, pois delegados franceses entraram em contato com os líderes dos sindicatos e voltaram para a França convencidos da necessidade de organizar poderosas associações de trabalhadores. Sob pressão da opinião pública, o Governo Imperial aprovou a lei de 1864, abolindo o crime de coalizão, sendo este o primeiro passo para o reconhecimento legal dos sindicatos."

No original: «À partir de 1860, le Gouvernement impérial se départit de ses rigueurs, et inaugura une politique semi-socialiste destinée, dans as pensée, à deriver à son profit le mouvement liberal et républicain, qu'une politique répressive n'avait fait que rendre plus redoutable. (...) Ce revirement de la politique impériale se traduisit par deux actes qui eurent alors um grand retentissement: la grace acordée aux ouvriers typographes condamnés pour faits de greve et l'envoi à l'Éxposition universelle de Londres, aux frais de l'Etat, d'une délégation d'ouvriers français.

Ce dernier acte eut une influence décisive sur la formation des groupements ouvriers: les délegués entrèrent em rapport avec les chefs des Trade Unions, et revinrent em France, convaincus de la necessite d'organiser des associations ouvrières puissantes. Sous la pression de l'opinion, le Gouvernement impérial fit voter la loi de 1864, abolissant le délit de coalition; c'était um premier pas dans la voie de la reconaissance légale des syndicats.» PIC, Paul. Traité élémentaire de législation industrielle. Les lois ouvrières. 6. ed. . Paris: Arthur Rousseau, 1930 p. 224.

permitiu o estabelecimento dos *gentlemen's agreement*, acordos negociados entre aquelas entidades e as empresas que originaram os atuais acordos e convenções coletivas.(148)

Na França, o reconhecimento efetivo das entidades representativas de trabalhadores veio a ocorrer com a promulgação da Lei Waldeck-Rousseau, em 1884, que não só revogou expressamente a Lei Le Chapelier, de 1791, como também reconheceu o direito à livre constituição de entidades sindicais obreiras e patronais e a atuação destas no estudo e na defesa dos interesses comuns de suas respectivas categorias profissionais e econômicas, inclusive em juízo. Ademais, o diploma legal em referência assegurou aos integrantes individuais dos sindicatos o direito à livre filiação e desfiliação.(149)

E no contexto das lutas empreendidas pelos obreiros em torno do reconhecimento de suas entidades, merece especial destaque a Carta Encíclica *Rerum Novarum*, editada pelo Papa Leão XIII em 15.5.1891. Tal documento, ao ensejo de oferecer uma resposta da Igreja Católica às vertentes radicais do socialismo baseada na conciliação entre as classes, condenou a exploração desmesurada da força de trabalho do operariado ao mesmo tempo em que reconheceu no associativismo um fator de amplificação das possibilidades de superação da situação social a que estavam submetidos os trabalhadores.(150)

---

(148) NASCIMENTO, Amauri Mascaro. *Compêndio de Direito Sindical.* 6. ed. São Paulo: LTr, 2009. p. 72.

(149) Sobre a importância histórica da Lei Waldeck- Rousseau, André Fourgeaud observa que: "A lei de 1884 significava algo diferente de uma simples organização das forças do proletariado e também algo diferente da abolição do art. 416 do Código Penal que punia o crime de coalizão. A nova lei expressou que a sociedade contemporânea estava entrando em uma nova era de organização da produção, do comércio e da vida econômica como um todo, envolvendo novos parâmetros contratuais e o nascimento de um novo Direito. Do lado dos trabalhadores, a organização do trabalho deveria ser baseada em acordos coletivos intersecionais.

Do lado dos empreendedores, a produção seria direcionada para os acordos de agrupamento empresarial de ciclos de fabricação ou fábricas que operam o mesmo produto.

Do lado dos consumidores, os agrupamentos de usuários teriam o papel de controlar os preços por métodos diferentes dos utilizados no sistema de livre concorrência, mais precisamente, pelo sistema de acordos coletivos envolvendo um ajuste de interesses."

No original: «La loi de 1884 signifiait pourtant autre chose qu'une simple organisation des forces du prolétariat; autre chose aussi que l'abolition de l'article 416 du Code penal réprimant le délit de coalition. La nouvelle loi exprimait que la societé contemporaine entrait dans une ère nouvelle d'organisation de la production, des échanges et de l avie économique tout entière, impliquant des liasons contractuelles nouvelles et la naissance d'um droit nouveau. Du côte des travailleurs, l'organisation du travail allait être assise sur les accords collectifs inter-sindicaux.

Du côte des entrepreneurs, loa production allait être dirigée vers les ententes d'enterpriese groupant des cycles de fabrication entiers ou des usines exploitant de le même produit.

Du côte des consomatteurs, les groupements d'usagers allaient avoir le rôle de contrôler les prix par des méthodes autres que celles em honneur dans le régime de la libre concurrence, par le régime des accords collectifs impliquant un ajustement des interêts.» FOURGEAUD, André. Du code individualiste au droit syndical. Paris: Valois, 1929. p. 41-42.

(150) Assim versa a Encíclica Rerum Novarum em seu Item 29: "Em último lugar, diremos que os próprios patrões e operários podem singularmente auxiliar a solução, por meio de todas as obras capazes de aliviar eficazmente a indigência e de operar uma aproximação entre as duas classes. Pertencem a este número as associações de socorros mútuos; as diversas instituições, devidas à iniciativa particular, que têm por fim socorrer os operários, bem como as suas viúvas e órfãos, em caso de morte, de acidentes ou de enfermidades; os patronatos que exercem uma protecção benéfica para com as crianças dos dois sexos, os adolescentes e os homens feitos. Mas o primeiro lugar pertence às corporações operárias, que abrangem quase todas as outras. Os nossos antepassados experimentaram por muito tempo a benéfica influência destas associações. Ao mesmo tempo que os artistas encontravam nelas inapreciáveis vantagens, as artes receberam delas novo brilho e nova vida, como o proclama grande quantidade de monumentos. Sendo hoje mais cultas as gerações, mais polidos os costumes, mais numerosas as exigências da vida quotidiana, é fora de dúvida que se não podia deixar de adaptar as associações a estas novas condições. Assim, com prazer vemos Nós irem-se formando por toda a parte sociedades deste género, quer compostas só de operários, quer mistas, reunindo ao mesmo tempo operários e patrões: é para desejar que aumentem a sua acção. Conquanto nos tenhamos ocupado delas mais duma vez , que-remos expor aqui a sua oportunidade e o seu direito de existência e indicar como devem organizar-se e qual deve ser o seu programa de acção." Disponível em: <http://www.vatican.va/holy_father/leo_xiii/encyclicals/documents/hf_l-xiii_enc_15051891_rerum-novarum_po.html>. Acesso em: 11 maio 2021.

Alheios a esse movimento de integração das garantias sociais aos catálogos de direitos fundamentais vivenciado na Europa, os Estados Unidos mantinham-se firmes no propósito de manter a integralidade dos dogmas liberais subjacentes ao *Bill of Rights*, sob a crença de que a propriedade privada, a autonomia individual e a livre-iniciativa, da maneira absoluta ali definida, configurariam direitos inatos. Para Bruce Ackerman, tal excepcionalidade se justifica na medida em que os norte-americanos não partilharam do mesmo processo de desenvolvimento histórico experimentado pelos europeus, o que os conduziu a desenvolver um sentimento peculiar de desconfiança, quando não de repúdio, às ações implementadas pelo Estado com vistas à consecução de uma determinada finalidade.(151)

Não obstante a resistência cultural norte-americana à ideia dos direitos sociais, diversos entes governamentais adotaram leis voltadas não só para a fixação de jornadas laborais máximas, como também para a definição de parâmetros relativos às demais condições de trabalho. De imediato, diversos setores sociais manifestaram oposição a tais normas, sob a alegação de que a regulamentação das relações laborais por parte do Poder Público ia de encontro não só ao direito de propriedade estabelecido na Quinta Emenda, como também à garantia de liberdade contratual consagrada na Décima Quarta Emenda, de 1868.

A questão foi judicializada e, em 1905, a Suprema Corte, quando do julgamento do célebre caso *Lochner v. State of New York*, firmou o entendimento de que as legislações destinadas à regulamentação das condições de trabalho não se compatibilizavam com o direito constitucional à liberdade de contratação. Tinha início, com tal precedente, a *Era Lochner*, marcada pela ferrenha resistência do Poder Judiciário, em especial de sua instância mais elevada, às medidas governamentais de cunho social.(152)

---

(151) Nas palavras do autor: "Eu partilho com Louis Hartz uma visão cética sobre o poder dos modelos europeus para ilustrar a política americana sem uma reorganização conceitual fundamental. O modelo em particular a preocupar Hartz era a familiar visão marxista a condenar todas as sociedades modernas a uma marcha compulsória de três etapas em direção à utopia: como primeiro estágio, haveria o feudalismo, então o capitalismo e, então (mas somente então), o socialismo. Para Hartz, este modelo não poderia ser considerado como uma premissa, pelas seguintes razões: os norte-americanos nunca experimenrtaram nada igual ao feudalismo europeu. Desde a primeira das três etapas a sequência mostra-se falha, pois a América não possui os ingredientes sociais necessários para impulsionar o movimento seguinte do segundo estágio capitalista para o terceiro estágio socialista. A América foi um caso de desenvolvimento aprisionado, permanentemente congelado no segundo estágio. Era ela uma terra apsisionada em um "consenso lockeano" que trivializava a política e glorificava os direitos naturais dos individos isolados à vida, à liberdade e à persecução da propriedade (...). Como os norte-americanos nunca foram forçados a usar o poder do Estado para se livrarem do feudalismo, eles 'nasceram iguais' e passaram a vislumbrar o Estado como uma ameaça a pairar sobre as liberdades naturais. O governo que governa melhor governa menos. Deixe que os Europeus digam o contrário."

No original: "I share with Louis Hartz na abiding skepticism about the Power of European models to enlighten American politics without fundamental conceptual reorganization. The particular model that concerned Hartz was the familiar Marxist view condemning all modern societies to a compulsory three-step march to utopia: first, feudalism, then capitalism, then (but only then) socialism. For Hartz, this model was a non-starter for one basic reason: Americans had never experienced anything like Eurpoean feudalism. Since the first term in the three-stage sequence was lacking, America was a case of arrested development, permanently frozen at stage two. It was a land locked in a grip of a 'Lockean consensus' which trivialized politics and glorified the natural rights of isolated individuals to life, liberty, and the pursuit of property (...). Since americans never were obliged to use state power to liberate themselves from feudalism, they were 'born equal' ans could afford to look upon the state as an unmitigated threat to natural liberty. The government that governs best governs least. Let the Europeans say otherwise." ACKERMAN, Bruce. We The People. Foundations. Cambridge: Belknap-Harvard, 1991. p. 25-26.

(152) O caso *Lochner v. State of New York* teve por objeto a discussão em torno da validade de uma lei editada pelo Estado de Nova York a estabelecer que o trabalho nas padarias não poderia ultrapassar sessenta horas semanais. No referido precedente, estabeleceu-se que: "O direito geral de firmar um contrato em relação aos seus negócios é parte da liberdade tutelada pela Décima Quarta Emenda, e isto inclui o direito de comprar e vender a força de trabalho, exceto quando controlada pelo Estado dentro do legítimo exercício de seu poder de polícia.

A liberdade contratual relativa ao trabalho vincula ambas as partes a isto. Enquanto um tem como direito a venda de seu trabalho, o outro tem por direito a compra de tal trabalho.

Não há base razoável, em termos de saúde, para interferir na liberdade dos indivíduos ou no direito à livre contratação através da determinação das horas de trabalho empregadas na profissão de padeiro. Nem pode a lei limitar tais horas

Ao longo das três primeiras décadas do século XX o entendimento firmado em *Lochner v. State of New York* efetivamente pautou o posicionamento da Suprema Corte na análise dos casos a envolverem a validade de normas trabalhistas editadas por entes públicos. Tal situação somente viria a ser alterada com as vicissitudes que sucederam a crise de 1930, cuja dimensão abalou as estruturas do capitalismo conduzindo a sociedade norte-americana a um intenso debate acerca da revisão dos dogmas liberais que até então vinham impedindo a intensificação da atuação estatal na resolução dos problemas sociais, a resultar nas medidas de cunho social sintetizadas na expressão *new deal*.(153)

As medidas a integrarem o *new deal* tinham por fonte teórica os estudos promovidos pelos economistas *institucionalistas* integrantes da chamada *Escola de Winsconsin*. Segundo tal corrente, os problemas relacionados ao trabalho tinham por causa principal os efeitos sociais decorrentes da aplicação do ideário do *laissez faire* e do *darwinismo social* e sua solução passaria, necessariamente, pela intervenção do Estado no fito de corrigir as disfunções do mercado na organização e no emprego dos fatores laborais.

Dentre os referidos problemas do trabalho, os teóricos institucionalistas apontavam a preponderância do empregador na dicção das condições de trabalho e a consequente ocorrência dos conflitos laborais. Como solução para tal questão, a *Escola de Winsconsin* sugeriu, justamente, a criação de um ambiente industrial democrático que dependeria, necessariamente, do fortalecimento dos sindicatos obreiros e da criação das condições necessárias para que estes últimos pudessem constituir um fator legítimo e efetivo de contrapoder aos desígnos empresariais, de modo a possibilitar, em última instância, a prática da negociação coletiva como mecanismo apto a alcançar o equilíbrio entre os interesses dos dois atores sociais.(154)

---

sob a justificativa de que se trata de uma norma destinada a salvaguardar a saúde pública, ou a saúde dos indivíduos que desempenham aquela ocupação."

No original:"The general right to make a contract in relation to his business is part of the liberty protected by the Fourteenth Amendment, and this includes the right to purchase and sell labor, except as controlled by the State in the legitimate exercise of its police power. Liberty of contract relating to labor includes both parties to it; the one has as much right to purchase as the other to sell labor.There is no reasonable ground, on the score of health, for interfering with the liberty of the person or the right of free contract, by determining the hours of labor, in the occupation of a baker. Nor can a law limiting such hours be justified a a health law to safeguard the public health, or the health of the individuals following that occupation." ESTADOS UNIDOS DA AMÉRICA: LOCHNER v. PEOPLE OF STATE OF NEW YORK,198 U.S. 45 (1905).

(153) *Vide*, a propósito: KENS, Paul. *Lochner v. New York.* Economic regulation on trial. Lawrence: University Press of Kansas, 1998.

(154) Segundo Bruce Kaufman, a visão individualista confere aos sindicatos quatro funções essenciais que contribuem para a superação dos problemas advindos dos excessos do liberalismo econômico:

"1. A instituição de uma democracia industrual. (...) Embora os trabalhadores individualmente considerados sejam desprovidos dos meios para mudar o sistema, os sindicatos, através do poder de ação coletiva podem fazê-lo.Em particular, os sindicatos controlam o exercício arbitrário do poder diretivo, introduzindo métodos bilaterais de resolução de disputas e conferindo voz aos trabalhadores no que concerne à determinação do sistema de regras a ser adotado no local de trabalho e a que eles submeter-se-ão.

(...)

2. A equalização entre o poder de barganha entre o trabalho e o capital na determinação dos salários e das outras condições de emprego.

(...)

O requisito adicional para alcançar-se um equilíbrio efetivo de poder (...) é que a negociação coletiva deve alcançar a totalidade ou a maior parte das empresas existentes em um determinado mercado de modo a fazer com que o custo do trabalho fique fora da concorrência. No curto prazo, a taxa padrão de remuneração servirá como um piso que evitará a redução dos salários e a depreciação das condições de trabalho, retirando-as da competição. No longo prazo, os sindicatos lograrão lograrão aumentar gradualmente as taxas padrão, de modo a promover a redistribuição dos ingressos, transformando lucros em salários.

(...)

Em total consonância com os diagnósticos institucionalistas, foi promulgado em 1935 o *National Labor Relations Act*, cujos dispositivos estabeleceram as bases jurídicas necessárias para o pleno exercício da liberdade sindical por parte dos empregados e empregadores, seguido da superação do entendimento firmado em *Lochner v. State of New York* por parte da Suprema Corte, quando do julgamento do caso *West Coast Hotel v. Parrish* , após ferrenhos embates travados entre o Presidente Franklin Delano Roosevelt e aquele órgão de cúpula judicial.[155]

3.Um fator de correção das falhas do mercado associada a externalidades, bens públicos, informações imperfeitas, e questões do gênero.

(...)

4. Um contrafluxo ao poder das classes empresariais no sistema político.

(...)

Sem os sindicatos e a influência que eçes exercem por intermédio do 'lobby' e dos endossos políticos, os direitos e interesses dos trabalhadores convencionais serão subrepresentados lãs legislaturas e nos gabinetes executivos."

No original: "Trtade unions perform four functions that the instititutionalists believed are vital for public interest.

1. The introduction of industrial democracy. (...) Altough the individual worker was powerless to change the system, trade unions through the power of collective action could do so. In particular, trade unions checked the arbitrary exercise of management power, introduced bilateral methods of dispute resolution, and gave workers a voice in the determination of the system of workplace rules they worked under.

2. The equalization of bargaining power between labor and capital to the determination of wages and other conditions of employment. (...) This additional requirement for effective power balancing (...) is that collective bargaining must cover all or most of the firms in a product market in order to take labor cost out of competition. In the short run, the standard rate serve as a floor preventing the downward ribbling of wages and working conditions due to enthroat competition. In the longer run, trade unions gradually increase the standard rate, thereby redistributing income from profit to wages.

(...)

3. An offset to market failures associated with externalities, public goods, imperfect information, and so on.

(...)

4. A counterbalance to the business class otherwise preponderant power in the political system. (...) Without unions and the influence they exert through lobbying and political endorsements, the rights and interests of the average working person are likely to be underrepresented in legislatures and executive offices." KAUFMAN; Bruce. Labor Markets and Employment Regulation: The View of the "Old" Institutionalists. In: KAUFMAN, Bruce. *Government Regulation of the Employment Relationship.* Madison: Industrial Relations Research Association, 1997. p. 11-56.

(155) No caso West Coast Hotel v. Parrish, a Suprema Corte vinculou-se ao entendimento de que a lei editada pelo Estado de Washington no sentido de estabelecer um salário mínimo para as empregadas do sexo feminino afigurar-se-ia constitucional, porquanto as condições a que as mulheres encontravam-se submetidas no mercado de trabalho justificariam a tutela legal. Nesse sentido: "O que pode ser mais próximo do interesse público do que a saúde das mulheres e sua proteção em relação a empregadores inescrupulosos e destituídos de limites? E se a proteção das mulheres é um fim legítimo para o exercício do poder estatal, como pode ser dito que o requisito concernente ao pagamento de um salário mínimo escorreitamente fixado de modo a levar em consideração as necessidades existenciais não é um meio admissível para a consecução de tal fim? O Poder Legislativo do estado estava claramente a par da situação das mulheres no mercado de emprego, em especial aos fatos de que elas encontram-se na classe que recebe os menores pagamentos, que se seu poder de barganha é relativamente fraco, de que elas são as vítimas tradicionais daqueles que pretendem extrair vantagens de suas necessidades. O Poder Legislativo está autorizado a adotar medidas destinadas a reduzir os efeitos maléficos do sweating system, da exploração de trabalhadores por intermédio de salários tão baixos que se mostram insuficientes para acompenhar o custo de vida, de modo a colocá-los em situação de desamparo em função de uma competição desleal. O Poder Legislativo tem o direito de considerar que a exigência de um salário mínimo pode ser importante a ponto de conduzi-lo à implementação de tal política de proteção. A adoção de exigências simlares por diversos estados evidencia a profunca convicção tanto no que concerne à presença do mal, quanto no que diz respeito aos meios próprios para controlá-lo. A resposta legislativa a tal convicção não pode ser considerada arbitrária ou caprichosa e isso é tudo o que temos de decidir."

No original: "What can be closer to the public interest than the health of women and their protection from unscrupulous and overreaching employers? And if the protection of women is a legitimate end of the exercise of state power, how can it be said that the requirement of the payment of a minimum wage fairly fixed in order to meet the very necessities of existence is not an admissible means to that end? The Legislature of the state was clearly entitled to consider the situation of women in employment, the fact that they are in the class receiving the least pay, that their bargaining power is relatively weak, and that they are the ready victims of those who would take advantage of their necessitous circumstances. The Legislature was entitled to adopt measures to reduce the evils of the 'sweating system,' the exploiting of workers at wages so low as to be insufficient to meet the bare cost of living, thus making their very helplessness the occastion of a most injurious competition. The Legislature had the right to consider that its minimum wage requirements would be an important aid in carrying out its policy of protection. The adoption of similar requirements by many

No que diz respeito à negociação coletiva, não obstante a difusão dos acordos e convenções entre as partes obreira e patronal principalmente nos países mais industrializados da Europa, apenas no início do século XX a legislação viria a reconhecer formalmente os frutos de tal processo. Assim o fariam a França, por intermédio da Lei de 25 de março de 1919 e a Espanha por intermédio de sucessivas leis editadas entre 1904 e 1931.[(156)]

No âmbito dos Estados Unidos, o direito à negociação coletiva foi objeto de expresso reconhecimento no *National Labor Relations Act,* no contexto de revisão dos dogmas liberais promovidos sob o influxo do *new deal.*

É oportuno registrar que o período de reconhecimento dos sindicatos nos países industrializados coincidiu, justamente, com a Segunda Revolução Industrial, marcada pela separação entre a gerência e a execução das atividades fabris, pela divisão hierarquizada do trabalho e pela produção em massa sob as diretrizes funcionais do binômio *taylorismo-fordismo.*

O modelo de organização do processo laboral imaginado por Frederik Wisnslow Taylor vislumbrava, em apertada síntese, o estabelecimento de padrões de produção que seriam controlados e supervisionados nos estabelecimentos fabris por um número restrito de funcionários de perfil intelectual, cabendo aos trabalhadores braçais — ou seja, à massa de mão de obra empregada nas unidades produtivas — a execução de certas e determinadas atividades segundo aqueles métodos e molduras estabelecidos prévia e objetivamente.[(157)]

Diz-se, por essa razão, que o sistema taylorista cindiu hierarquicamente as etapas mentais e físicas do processo produtivo, retirando dos trabalhadores os resíduos de conhecimento que estes ainda possuíam em torno das atividades por eles empreendidas. Com isso, os obreiros passaram a constituir uma massa facilmente substituível (*mass worker*), já que o desempenho mecânico das diferentes funções existentes nas unidades fabris a depender da intervenção humana poderia ser desempenhado por qualquer outro indivíduo minimamente treinado.[(158)]

Henry Ford, por sua vez, agregou às diretrizes tayloristas um novo componente que contribuiu sobremaneira para a hierarquização do trabalho, para a cisão entre as funções intelectuais e manuais, para a racionalização do tempo de labor e para o aumento exponencial da produção: a *linha de montagem.* Nela, todo o processo produtivo, a compreender a transformação da matéria bruta em produto final, ocorria no interior da própria unidade através da atuação conjunta de

---

states evidences a deepseated conviction both as to the presence of the evil and as to the means adapted to check it. Legislative response to that conviction cannot be regarded as arbitrary or capricious and that is all we have to decide." ESTADOS UNIDOS DA AMÉRICA: WEST COAST HOTEL CO. V. PARRISH, 300 U.S. 379 (1937).

(156) Segundo Antonio Ojeda Avilés, "as leis em referência estabeleceram diretrizes para os pactos e acordos a serem firmados pelos sindicatos obreiros e as empresas nas questões atinentes ao descanso dominical (Lei de 3.3.1904), à jornada máxima em estabelecimentos mercantis (Lei de 4.7.1918) e à carga horária dos empregados em chapelarias. Em 1931 foi editada a 'Lei de Contratos de Trabalho' cujo teor, finalmente, veio a regulamentar a contratação coletiva em termos gerais na Espanha." AVILÉS, Antonio Ojeda. Derecho Sindical. 8. ed. Madrid: Tecnos, 2003. p. 669-670.

(157) Nas palavras do próprio Taylor: "O principal objetivo da administração deve ser o de assegurar o máximo de prosperidade ao patrão e, ao mesmo tempo, o máximo de prosperidade ao empregado (...) Máxima prosperidade para o empregado significa, além de salários mais altos do que os recebidos habitualmente pelos obreiros de sua classe, este fato de maior importância ainda, que é o aproveitamento dos homens de modo mais eficiente, habilitando-os a desempenhar os tipos de trabalho mais elevados para os quais tenham aptidões naturais e atribuindo-lhes, sempre que possível, esses gêneros de trabalho.

(...)

Em uma palavra, o máximo de prosperidade somente pode existir como resultado do máximo de produção (...) Se é exato o raciocínio acima, conclui-se que o objetivo mais importante de ambos, trabalhador e administração, deve ser a formação e o aperfeiçoamento do pessoal da empresa, de modo que os homens possam executar em ritmo mais rápido e com maior eficiência os tipos mais elevados de trabalho, de acordo com suas aptidões naturais." TAYLOR, Frederick Winslow. Trad.: RAMOS, Arlindo Vieira. Princípios de administração científica. São Paulo: Atlas, 1985.

(158) OLIVEIRA, Christiana D'Arc Damasceno. *(O) Direito do Trabalho contemporâneo.* Efetividade dos direitos fundamentais e dignidade da pessoa humana no mundo do trabalho. São Paulo: LTr, 2010. p. 29-30.

operários que ocupavam postos de trabalho fixos e limitavam-se a exercer uma mesma função mecanizada.

Paradoxalmente, ao mesmo tempo em que o binômio *taylorismo-fordismo* enfraquecia o poder de barganha dos trabalhadores individualmente considerados, na medida em que lhes retirava os resquícios de conhecimento em torno das etapas do processo produtivo transformando-os em meras engrenagens de um sistema complexo e padronizado, contribuía sobremaneira para fortalecer a coletividade obreira, pois as próprias características das unidades fabris daquele período conduziam à convivência cotidiana e próxima dos obreiros e propiciava a construção de um ambiente marcado pela solidariedade de interesses.

De fato, nas empresas tayloristas-fordistas, caracterizadas pelo domínio total do processo produtivo em uma mesma unidade, os trabalhadores, mesmo exercendo diferentes funções mecânicas, se encontravam sob o comando de um mesmo empregador e sujeitos às mesmas vicissitudes econômicas e aos riscos que poderiam conduzir a um aumento ou redução da atividade produtiva. Some-se a isto o fato de que os obreiros, àquela ocasião, conviviam cotidianamente mesmo fora do local de trabalho, na medida em que habitavam, geralmente, vilas operárias surgidas nos próprios arredores da fábrica.

Nas unidades produtivas surgidas com a Segunda Revolução Industrial os obreiros encontravam-se efetivamente sujeitos a idênticas condições de vida e trabalho, o que conduzia, naturalmente, ao florescimento da solidariedade espontânea entre eles. Não por outra razão, o lapso compreendido entre o final do século XIX e início do século XX foi marcado pelo crescimento exponencial do movimento sindical nos países industrializados da Europa ocidental e nos Estados Unidos e, mais precisamente, pela organização dos obreiros em entidades de representação mais ampla, a compreender as federações, as confederações e as entidades internacionais.[159]

Nesse período surgiram, na França, diversas confederações, com destaque para a *Confédération Générale du Travail* em 1895. A Alemanha, por sua vez, presenciou em 1897 a criação da Associação Livre de Sindicatos da Alemanha (*Freie Vereinigung Deutscher Gewerkschaft — FVDG*) e os Estados Unidos assistiram à constituição, em 1886, da *American Federation of Labor*, sob os auspícios de Samuel Gompers.[160]

Do relato ora formulado, observa-se de plano que tanto a legislação trabalhista quanto o sindicalismo e a liberdade sindical são consequências advindas das modificações no processo produtivo decorrentes da Revolução Industrial — que colocaram em posição de antagonismo a burguesia e o proletariado — e da aplicação desmesurada daquele arcabouço jurídico de cunho liberal e individualista às relações de trabalho. Tais vicissitudes econômicas, sociais e tecnológicas instigaram as ideologias e os movimentos obreiros que lograram extrair do Estado, em um primeiro momento, a edição de leis voltadas para a proteção da integridade física e psíquica dos obreiros e, posteriormente, o direito à franca constituição de entidades destinadas à atuação coletiva em defesa dos interesses comuns dos trabalhadores.

No decorrer desse processo, os trabalhadores perceberam que sua força de classe diante dos empresários somente existiria conquanto estivessem eles organizados em torno da consecução de seus interesses comuns. Notou-se, nesse sentido, que a igualdade entre obreiros e empregadores

(159) Nesse sentido, Christiana D'Arc Damasceno Oliveira assinala que: "Embora a racionalização da fábrica tenha trazido óbices à resistência individual, a contradição criada pela própria fábrica ocasionou o agravamento da resistência coletiva. Naquele período, foi propiciada a formação de grandes contingentes urbanos operários, sendo que os trabalhadores agrupados, com identificação profissional a partir de um similar universo de exercício de sua força de trabalho, padeciam mais intensamente das mesmas desventuras, pelo que se manifestou uma consciência coletiva e um sentimento de solidariedade, recrudescidos pela luta de classes, sendo os obreiros capitaneados pelos sindicatos." *Ibidem*, p. 32.

(160) *Vide*, nesse sentido: NASCIMENTO, Amauri Mascaro. *Compêndio de Direito Sindical*. 6. ed. São Paulo: LTr, 2009. p. 74 e GOMPERS, Samuel. Trad.: GOMES, Luiz. *Sindicalismo e trabalhismo nos E.U.A.* Rio de Janeiro: Presença, 1966. p. 122-144.

continuaria sendo mera retórica formal se não lhes fosse assegurado pelo ordenamento jurídico o direito à criação de entidades representativas de seus interesses comuns e se tais organizações não gozassem de liberdade e de autonomia para exercer seus respectivos programas de ação em torno da consecução de seus objetivos.

Paralelamente a isto, os trabalhadores perceberam, mais precisamente durante a chamada *fase de tolerância*, que a legislação protetiva que os reconhecia como a parte vulnerável das relações de trabalho somente seria efetivamente observada pelos empresários se o mesmo ordenamento jurídico assegurasse a livre criação de organizações coletivas e a atuação autônoma destas últimas com vistas a fiscalizar e a exigir do patronato a concretização daqueles direitos sociais.

Viu-se, portanto, que a liberdade sindical não só configura um mecanismo apto a assegurar a observância da legislação trabalhista editada pelo Estado, como também constitui uma condição imprescindível para que os trabalhadores possam se igualar em forças com o patronato com vistas a buscar a implementação, por intermédio da negociação coletiva, de direitos mais adequados às condições laborais concretas vislumbradas nos setores econômicos e profissionais específicos, bem como no âmbito das próprias empresas.

Tais constatações verificadas de modo empírico pelos trabalhadores serviram de mola propulsora para a consolidação do direito à liberdade sindical na legislação daqueles países que protagonizaram a Primeira e a Segunda Revolução Industrial e configuram o núcleo axiológico do franco associativismo. Tal conteúdo histórico-institucional orientou a evolução da referida garantia nos planos doméstico e internacional e remanesce, até os dias de hoje, tal qual um farol, a indicar os caminhos a serem seguidos pelos operadores jurídicos nas tarefas de adaptar a liberdade sindical às novas contingências da realidade e de aplicá-la aos casos concretos.

2.3. As organizações sindicais patronais e a liberdade sindical

A análise da evolução do direito à liberdade sindical denota que o surgimento da liberdade sindical como instituição juridicamente tutelada está, de fato, umbilicalmente relacionado à constituição das entidades obreiras constituídas como coletividades destinadas ao exercício de uma legítima contraposição ao poderio dos empregadores. Diante de tal constatação histórica, como situar, na compreensão em torno do franco-associativismo, os sindicstos patronais formados pela associação das empresas de um mesmo segmento econômico?

Nesse sentido, vários autores chegam a sugerir que a associação patronal para a defesa dos interesses do empresariado na temática das relações trabalhistas configuraria uma contradição em si mesma, haja vista ser a empresa propriamente dita um ser coletivo dotado, naturalmente, da preponderância na dicção das condições laborais.

Mario de La Cueva, a propósito, afirma de maneira veemente que o verdadeiro sindicalismo nasceu como uma manifestação obreira com vistas a promover, em um primeiro momento, a derrogação do ordenamento liberal a proscrever as coalizões e as associações de trabalhadores e, posteriormente, o enfrentamento da classe empresarial. Por essa razão, o autor classifica o direito à constituição de entidades patronais na legislação mexicana como "*uma explosão romântica e equivocada do princípio da igualdade, já que o direito de uma classe social não pode ser aplicado a outra*".(161)

De fato, a origem histórica da liberdade sindical está relacionada diretamente com as lutas obreiras em torno da igualdade de forças na negociação das condições de trabalho com o empregador. A vulnerabilidade dos trabalhadores diante do patronato e os rigores da legislação

(161) No original: "El reconocimiento de los sindicatos patronales, lo mismo en 1917 que en las leyes de 1931 y 1970, fue una explosión romántica del principio de igualdad, pero equivocada, porque el derecho de una clase social no puede aplicarse a otra." DE LA CUEVA, Mario. El Nuevo Derecho Mexicano del Trabajo. Tomo. II. 14. ed. México: Porrúa, 2006. p. 371.

editada pelo estado burguês é que os conduziu à união em torno de entidades sindicais voltadas para a defesa dos interesses comuns das categorias profissionais a atuarem em empresas dos mais diversos setores econômicos.

Tal vicissitude, todavia, não basta para retirar a legitimidade das organizações patronais, muito embora as exclua, de fato, do escopo institucional de proteção subjacente ao princípio da liberdade sindical. De fato, o percurso histórico trilhado pelas organizações em referência é diverso daquele árduo itinerário percorrido pelos trabalhadores em torno da criação das entidades obreiras, de modo que o direito de organização coletiva por elas titularizado é muito mais uma expressão da garantia genérica à livre constituição de associações do que, propriamente, fruto direto da liberdade sindical propriamente dita.(162)

Assim, se os sindicatos patronais titularizam a autonomia organizacional, administrativa e financeira em relação ao Estado e aos particulares em geral, bem assim o protagonismo nas negociações coletivas entabuladas com os entes obreiros, tais prerrogativas decorrem, antes, da garantia genérica de associação em torno da defesa dos interesses comuns dos filiados a uma dada entidade, do que do direito à liberdade sindical que é, de fato, uma instituição historicamente vinculada à efetivação da contraposição obreira aos desígnios empresariais.(163)

Não obstante, o fato das entidades patronais não partilharem da mesma história institucional e, consequentemente, do mesmo escopo protetivo inerente à liberdade sindical titularizada pelos obreiros e por suas organizações, não bastará para impedi-las de exercer o papel de interlocutoras dos sindicatos obreiros naquelas questões relativas às condições de trabalho que envolvem um determinado setor econômico em uma dada circunscrição territorial, transcendendo, portanto, as esferas de interesse das empresas individualmente consideradas. É justamente por esse motivo que os ordenamentos democráticos e a legislação internacional — com destaque para as Convenções ns. 87 e 98 da OIT — as reconhecem e as conferem autonomia.

Nesse sentido, as prerrogativas titularizadas pelas entidades patronais em decorrência do direito genérico de associação — entre nós positivada no art. 5º, XXI, da Constituição Federal — se justificam na exata medida necessária para a defesa coletiva dos interesses das empresas a elas filiadas, seja nos embates perante o Estado, seja nas negociações entabuladas com os sindicatos obreiros.

E não tendo sido o poder de contraposição das empresas aos interesses obreiros ameaçado pelos trabalhadores e por seus entes coletivos, mas sim o contrário, conforme demonstram as circunstâncias históricas narradas nos itens anteriores, tem-se que os mecanismos de tutela titularizadas pelos obreiros e por seus sindicatos, especialmente no que concerne às práticas antissindicais e antirrepresentativas, não podem ser coerentemente estendidos aos empregadores e

(162) *Vide*, nesse sentido: CANOTILHO, J. J. Gomes; MOREIRA, Vital. *Constituição portuguesa anotada*, Vol. I. 4. ed. Coimbra: Almedina, 2007. p. 731.

(163) Em sua acepção genérica, o direito de associação é descrito como a faculdade conferida aos particulares com vistas à organização coletiva em torno de interesses comuns que podem abranger, por exemplo, a exploração de determinada atividade econômica, o oferecimento de socorros mútuos, a realização de obras filantrópicas etc.

Compreende ela a liberdade de constituição das pessoas jurídicas em geral (associações em sentido estrito, sociedades, fundações etc.), conforme ilustra Carlos Maximiliano em seus comentários à Constituição Federal de 1891:

"Comprehende-se na denominação generica de liberdade de associação a que tem as pessoas 'de por em commum bens, direitos ou valores, o seu trabalho, a sua atividade, os seus conhecimentos, forças individuaes quaisquer, para um fim, desinteressado ou não, intelectual, moral, caridoso, econômico, artístico ou recreativo.

Ha associações, propriamente ditas, que não envolvem a ideia de lucro material partilhevel entre os cooperadores; e *sociedades*, que pressupõem um contracto, capital comum, interesse monetario predominando no acto de se constituir e no de se dissolver afinal." SANTOS, Carlos Maximiliano Pereira dos. *Comentários à Constituição Brasileira de 1891*. Edição fac-similar. Brasília: Senado Federal, 2005. p. 700.

às suas entidades patronais, pela própria distinção a compor, naturalmente, os papéis dos atores sociais no bojo das relações trabalhistas.(164)

Além disso, há de se ressaltar que as organizações patronais partilham de um desenvolvimento histórico peculiar, cuja ocorrência se deu em paralelo ao surgimento e à evolução das entidades obreiras. De fato, as fontes indicam que a primeira metade do século XIX foi marcada, na Europa, pelo surgimento de associações de empresários voltadas para a defesa de seus interesses econômicos, a compreenderem, em um primeiro momento, a atuação junto ao Estado com vistas ao exercício de influência na definição das políticas industriais e comerciais e na regulamentação da concorrência.(165)

Surgiram, assim, na França, em 1824, 1835 e 1846, respectivamente, o *Comitê dos Proprietários de Lille*, o *Comitê dos Industriais do Leste* e a *Associação para o Trabalho Nacional*, a despeito da proibição emanada da Lei Le Chapelier, de 1791. No mesmo período, segundo a narrativa de Walküre Lopes Ribeiro da Silva e Alexandre Pinto Loureiro, foram criadas na Bélgica, a partir de 1840, diversas entidades patronais de duração esporádica, ao passo que a Alemanha presenciou, em 1825, o advento da *Federação das Livrarias Alemãs*.(166)

Curioso notar que a mesma energia utilizada pelo Poder Público para reprimir as coalizões de trabalhadores na primeira metade do século XIX com respaldo na legislação criminal e nos dispositivos que propalavam a incompatibilidade entre o dogma individualista do liberalismo e a criação de associações, não foi reproduzida em relação à criação de organizações patronais, conforme notado por Jean-Maurice Verdier ao comentar o sindicalismo empresarial na França.(167)

De fato, as associações patronais organizadas para a defesa dos interesses econômicos dos empresários gozavam de uma tolerância por parte do Poder Público que as entidades de obreiros somente viriam a experimentar após os duros confrontos sociais que conduziram à superação da chamada *fase de proibição* e, mais precisamente, à abertura dos parlamentos aos representantes do operariado e à edição da legislação trabalhista.

Nos idos da primeira metade do século XIX, a defesa dos interesses dos empregadores no que pertine à regulamentação das condições de trabalho do operariado não integrava o programa de ação das organizações patronais, mesmo porque as coalizões e as associações permanentes entre trabalhadores eram expressamente proscritas pela legislação penal.

(164) Conforme preceitua José Francisco Siqueira Neto: "Na empresa não se pode falar em liberdade sindical do empresário, porque, sendo o empregador um só, ele não tem com quem sindicalizar-se. No campo da proteção do sindicalizado, a situação é igualmente curiosa, visto que o poder das relações de trabalho concentra-se nas mãos do empregador. Em relação à ingerência nas entidades, então, a incongruência se mostra ainda mais evidente, vez que, se são possíveis a influência e o controle do sindicato dos trabalhadores por parte do empresário, a situação inversa não resulta sequer imaginável." SIQUEIRA NETO, José Francisco. Liberdade Sindical e Representação dos Trabalhadores nos Locais de Trabalho. São Paulo: LTr, 2000. p. 89.

(165) SILVA, Walküre Lopes Ribeiro da; LOUREIRO, Alexandre Pinto. Origem, evolução e perspectivas atuais dos sindicatos patronais. *LTr: Revista do Departamento de Direito do Trabalho e da Seguridade Social*. Faculdade de Direito da USP. v. 4, p. 194, jul./dez. 2007.

(166) *Ibidem*, p. 192.

(167) Segundo o autor: "[O sindicalismo patronal] é muito antigo e beneficiou-se da tolerância dos poderes públicos bem antes do que o sindicalismo obreiro; em 1884 contava-se já em Paris 185 sindicatos patronais que agrupavam 25.000 membros, e nas províncias uma centena de câmaras sindicais. Guiado pela preocupação de defender situações adquiridas e não de alterá-las, orientado essencialmente para objetivos meramente econômicos, privado de ideologias (exceto a da livre empresa), ele permanece, malgrado as novas tendências que se afirmam e a despeito de certas iniciativas construtivas, profundamente diferente do sindicalismo obreiro."

No original: «[Le syndicalisme patronal] est très ancien et a bénéficié de la tolérance des pouvoirs publics bien avant les ouvrières; en 1884 on comptait déjà a Paris 185 syndicats patronaux groupant 25000 membres, et en province une centaine de Chambres syndicales. Mu par le souci de défendre des situations acquises et non de les modifier, orienté essentiellement vers des objectifs purement économiques, dénué d'idéologie (hormis celle de la libre entreprise), il reste, malgré de nouvelles tendences qui s'y sont affirmées et des initiatives constructives, profondément différent du syndicalisme ouvrier.» VERDIER, Jean-Maurice. Syndicats et droit syndical. Vol. I. 10. ed. Paris: Dalloz, 1987. p. 112-113.

Não havia, portanto, por parte das entidades empresariais, a necessidade de se contrapor aos obreiros com vistas à fixação de parâmetros para o desenvolvimento das atividades destes últimos, pois, de um lado, os termos dos contratos laborais estavam submetidos exclusivamente à autonomia da vontade dos contraentes segundo os cânones liberais-individualistas e, de outro, os trabalhadores não haviam adquirido condições legais e práticas para a luta coletiva com vistas à consecução de seus objetivos comuns.

Se existia, no período em referência, alguma preocupação das entidades empresariais com as condições de trabalho e remuneração dos obreiros, tal ocorria apenas quando a fixação unilateral destas últimas pelas empresas interferia, de algum modo, no custo da mão de obra, de modo a causar potenciais desequilíbrios na concorrência e no mercado.

Apenas quando o Estado passou a tolerar a associação dos trabalhadores para a defesa de seus interesses de classe e quando os obreiros puderam efetivamente contar com algum poder de barganha nos conflitos com o capital é que os empregadores se viram na contingência de aparelhar suas entidades para a atuação como contraparte às coletividades obreiras na negociação das condições de trabalho. Não por outra razão, Gino Giugni vaticina que *"a associação sindical dos empresários [constitui] um fenômeno induzido"*.(168)

Tanto isto é verdade, que a Lei Waldeck-Rousseau, editada na França em 1884, ao reconhecer a personalidade jurídica das entidades voltadas para a defesa dos interesses comuns dos diversos protagonistas das relações de trabalho, subtraindo-as, portanto, da mera existência *ex facto* característica do período de tolerância, o fez, de modo expresso, tanto para os sindicatos de trabalhadores, quanto para as organizações patronais.

Nesse mesmo sentido, à medida que os demais estados da Europa continental foram reconhecendo o direito à associação obreira para a defesa de seus interesses coletivos, ao longo da segunda metade do século XIX e do início do século XX, os empresários passaram ora a criar entidades voltadas especificamente para o exercício do contrapoder nas tratativas em torno das condições laborais a serem discutidas com os sindicatos operários, ora a agregar tal função negocial ao rol de atribuições de suas vetustas organizações de cunho meramente econômico.(169)

A propósito, Walküre Lopes Ribeiro da Silva e Alexandre Pinto Loureiro relatam que a antiga Áustria-Hungria presenciou em 1893, a criação da Federação da Indústria Austríaca (transformada, mais tarde, na Federação do Reich) e, em 1897, a União dos Industriais Austríacos. Na Alemanha, de igual modo, foram criadas entre 1904 e 1920 entidades de cúpula voltadas para a coordenação política das associações patronais a elas afiliadas, com destaque

(168) Nesse sentido, o autor italiano assevera que "a exigência de coligação [dos empresários] nasce da necessidade de constituir-se como contraparte e, também, do interesse de evitar que a concorrência de outros empresários possa se basear em menores custos da força de trabalho." GIUGNI, Gino. Trad.: ITIOKA, Eiko Lúcia. Direito Sindical. São Paulo: LTr, 1991. p. 36.

(169) No que diz respeito às diferenças de origem entre o sindicalismo obreiro e o patronal, Alejandro Gallart Folch observa que: "Si el movimento obrero associacionista tiene, desde los primeiros momentos, la fuerza y el dinamismo que le da este espontáneo nacimiento, tiene, al mismo tempo, todos los defectos derivados de ser un movimiento de protesta social, que pugna diametralmente com el régimen jurídico vigente, que tiene que vivir en la clandestinidad absoluta al principio, al margen de la legalidad después, y, por consiguiente, en la situación inferior de tener que esperarlo todo de la tolerancia de los que ejercen el Poder público y de tener que temerlo todo del malhumor o antipatía de tales personas, hasta llegar, muy tardiamente, a una legalidad siempre precaria.

(...)

El movimento de sindicación profesional es, inicialmente, un movimiento exclusivamente obrero, mejor podríamos decir expresión auténtica del espíritu proletario. El movimento sindical patronal nace mucho después, cuando ya aquél está en pleno desarrollo. Es, en cierta manera un movimiento reflejo del obrero, pues sus primeras manifestaciones són de simple oposición a las exigéncias de los sindicatos obreiros, es decir, puramente negativas." FOLCH, Alejandro Gallart. Derecho español del trabajo. Barcelona: Editorial Labor, 1936. p. 119-122.

para a Central das Associações Patronais Alemãs (*Haupstelle Deutscher Arbeitgeberverbände*) e para a Confederação Central de Associações de Empresários.[(170)]

Com a intensificação dos debates em torno da *questão social*, insuflado, em grande medida, pela Carta Encíclica *Rerum Novarum*, pela Revolução Russa, de 1917 e pelo incremento da participação dos partidos de cunho socialista nos parlamentos, as constituições surgidas no início do século XX passaram a assegurar aos cidadãos, ao lado das garantias tradicionais de cunho liberal-individualista, aqueles direitos a demandarem a ação do Estado para a superação, ou ao menos para a mitigação, das mazelas advindas do *jogo livre dos mercados*. Nesse contexto, a paradigmática Carta Mexicana de 1917, em seu art. 123, XVI, e a não menos importante Constituição de Weimar, de 1919, em seu art. 165, estabeleceram de modo expresso o direito à sindicalização obreira e patronal[(171)]

A coexistência entre as organizações obreiras e patronais, bem assim o reconhecimento destas últimas como interlocutores de suas respectivas classes na negociação das condições de trabalho, foram consagrados, no plano internacional, já nas Convenções ns. 87 e 98 da Organização Internacional do Trabalho.

Foram institucionalizadas, portanto, no texto das sobreditas convenções, as prerrogativas que as legislações domésticas mais avançadas na temática das garantias sociais já vinham assegurando aos empresários e às suas entidades, quais sejam, o direito dos empregadores à constituição de entidades representativas de seus interesses e as garantias de filiação e de desfiliação a estas últimas, bem como os direitos das organizações patronais à autonomia organizativa, administrativa, financeira e patrimonial, à franca ação sindical e à proteção contra ingerências do Estado e de outros entes.[(172)]

Reconhecidas primeiramente no plano das legislações domésticas dos países democráticos e, posteriormente, na seara da Organização Internacional do Trabalho, as organizações patronais foram desenvolvendo, ao longo de sua existência, objetivos e meios de ação peculiares que as distinguiram das coletividades obreiras e lhes conferiram características próprias, sem retirar-lhes a legitimidade como entidades voltadas para a defesa dos interesses econômicos do empresariado, conquanto titulares da garantia genérica de associação.[(173)]

---

(170) SILVA, Walküre Lopes Ribeiro da; LOUREIRO, Alexandre Pinto. Origem, Evolução e Perspectivas atuais dos sindicatos patronais. *Revista do Departamento de Direito do Trabalho e da Seguridade Social. Faculdade de Direito da USP*. V. 2, p. 193-194, jul./dez. 2007.

(171) "Art. 123. Toda persona tiene derecho al trabajo digno y socialmente útil; al efecto, se promoverán la creación de empleos y la organización social de trabajo, conforme a la ley.

(...)

XVI. Tanto los obreros como los empresarios tendrán derecho para coaligarse en defensa de sus respectivos intereses, formando sindicatos, asociaciones profesionales etc."

(...)

"Art. 165. Os trabalhadores e empregados são chamados a colaborar com os mesmos direitos que os empresários na regulação das condições salariais e de trabalho, assim como no desenvolvimento geral das forças produtivas. São reconhecidas as agrupações de ambos e seus convênios."

No que concerne ao processo de elaboração da Constituição de Weimar, Ottmar Bühler assinala que: "Las disposiciones sobre la vida económica exigían en primer lugar, como era de esperar, un acuerdo con el socialismo, del que efectivamente había partido la revolución política. Dada la gran influencia que los partidos de la socialdemocracia tenían en la Asamblea Nacional, no es de se extrañar que la Constitución reflejara grandes concesiones a su programa." BÜHLER, Ottmar. Trad.: ARMENGOL, José Rovira. Texto de La Constitución Alemana de Agosto de 1919 y comentario sistemático a sus preceptos. In: VVAA. La Constitución de Weimar. Madrid: Tecnos, 2010. p. 312.

(172) SÜSSEKIND, Arnaldo. Convenções da OIT e outros tratados. 3. ed. São Paulo: LTr, 2007. p. 122-388.

(173) Alfredo Ruprecht sintetiza as características das entidades patronais do seguinte modo:

"1) *Em sua composição:* seus integrantes são, em sua maioria, pessoas de existência ideal, com exceção de alguns chefes de empresas individuais. Os pequenos empregadores são refratários à filiação, razão pela qual são constituídos, na maioria dos casos, por grandes empresas;

Nesse sentido, Antonio Ojeda Avilés, ao analisar o fenômeno do sindicalismo patronal no plano global, destaca que as entidades empresariais caracterizam-se, em linhas gerais, por seu caráter defensivo e conservador, pois representam, historicamente, a reação do poder econômico aos logros sociais conquistados pelos trabalhadores a partir do século XIX. Nos aspectos organizativos e operacionais, o autor espanhol em referência assevera que as organizações de tal espécie têm como peculiaridades o fato de reunirem em seus quadros membros de portes diferentes e de interesses muitas vezes distintos (tanto empregadores individuais quanto pessoas jurídicas) e de priorizarem a interlocução com o Poder Público (*lobby*) e a judicialização dos conflitos com o operariado, em detrimento da negociação coletiva com os sindicatos de trabalhadores.(174)

De modo complementar, Jean-Maurice Verdier assinala que, tradicionalmente, o individualismo mais acentuado dos empresários e a concorrência entravaram a sindicalização patronal e a associação da classe econômica em torno de seus propósitos em comum e que tal característica foi arrefecendo a medida que as crises econômicas, o intervencionismo estatal, a competência de produtos estrangeiros e o temor em relação ao sindicalismo obreiro passaram a exigir a união dos empresários para o enfrentamento de seus desafios comuns.(175)

Ainda segundo Verdier, com a mitigação de tal postura individualista por parte dos empresários, as entidades sindicais representativas destes últimos passaram a estabelecer dentre seus objetivos econômicos a disciplina da profissão no fito de regulamentar a concorrência no mercado, voltando-se, outrossim, para a defesa da autonomia privada das empresas e da disciplina fiscal do Estado. No plano dos objetivos sociais das organizações empresariais, o autor francês destaca, justamente, a resistência contra os aumentos de salários, as ampliações dos encargos sociais e a objeção às medidas legislativas e administrativas que redundam na redução do poder diretivo dos empregadores.(176)

As características ora descritas sintetizam, em traços gerais, o perfil histórico dos sindicatos patronais e de suas formas peculiares de ação. Viu-se que no período a compreender seu surgimento até os presentes dias, as referidas entidades conservaram as funções primógenas de defesa da atividade econômica desempenhada por seus filiados e de regulação da concorrência, ao mesmo tempo em que agregaram ao seu cabedal de atribuições o papel de contraparte das organizações de trabalhadores nos embates em torno da remuneração e das condições de trabalho dos obreiros.

Desse modo, o sindicalismo patronal, com suas características peculiares e com seus meios próprios de atuação em defesa dos interesses da classe econômica, é, de fato, um dos protagonistas das relações coletivas de trabalho, ao lado das entidades obreiras. Muito embora não estejam as entidades patronais inseridas no conteúdo histórico-institucional subjacente à liberdade sindical, conforme visto, a garantia genérica de associação as confere o grau de autonomia organizativa e administrativa necessárias à realização de suas finalidades institucionais.

Assim, no plano das lutas coletivas, as entidades sindicais de trabalhadores e de empregadores encontram-se em pé de igualdade para negociar reciprocamente os conteúdos das relações laborais e para buscar, junto aos poderes e órgãos do Estado, a formulação de políticas públicas

---

2) *em seus objetivos:* sua preocupação essencial é de ordem econômica. Tratam de defender seus integrantes contra as regulamentações e fiscalizações. Com relação aos trabalhadores procuram conter suas reivindicações, embora, por meio das convenções coletivas, se encontrem numa fase de colaboração;

3) *em sua estrutura:* não se caracterizam pela disciplina que têm os sindicatos operários; é mais um órgão de representação do que de direção da política econômica e social do capitalismo." RUPRECHT, Alfredo. Trad.: FERRARI, Irany. *Relações coletivas de trabalho.* São Paulo: LTr, 1995. p. 218.

(174) AVILÉS, Antonio Ojeda. *Derecho sindical.* 8. ed. Madrid: Tecnos, 2003. p. 132-135.

(175) VERDIER, Jean-Maurice. *Syndicats et droit syndical.* Vol. I. 10. ed. Paris: Dalloz, 1987. p. 114.

(176) *Ibidem*, p. 118-119.

e de medidas concretas de natureza social e econômica com vistas ao atendimento de seus interesses. Tal situação, a denotar a supressão da hipossuficiência obreira no plano coletivo, explica a coexistência do sindicalismo obreiro e patronal nos diplomas dos países democráticos que consagram o princípio da liberdade sindical, bem como nas Convenções ns. 87 e 98 da OIT.[177]

No entanto, não se pode dizer que a tutela conferida aos referidos atores coletivos pelos diplomas em tela será a mesma, pois o desenvolvimento histórico da organização obreira em torno da defesa de seus interesses comuns a integrar, como visto, o cerne do princípio da liberdade sindical, tende a estabelecer para os trabalhadores e para suas entidades representativas, dada a natureza dos papéis por eles desempenhados, um escopo protetivo mais extenso com vistas a assegurar aquela igualdade de forças almejada pelas Convenções ns. 87 e 98 da OIT, especialmente no que concerne às práticas antissindicais e antirrepresentativas.

2.4. A consolidação do direito à liberdade sindical no Direito Internacional

A tarefa em torno da definição do conteúdo histórico-institucional do princípio da liberdade sindical não se esgota com o estudo das vicissitudes fáticas que antecederam o reconhecimento do referido direito nos países protagonistas da Revolução Industrial e que contribuíram substancialmente para sua positivação nas legislações domésticas.

Para além disso, a compreensão de uma parte essencial da moderna concepção em torno da liberdade sindical depende da análise dos episódios que contribuíram para a internacionalização dos direitos fundamentais e, mais especificamente, para a criação da Organização Internacional do Trabalho (OIT) e de seu sistema específico de tutela do franco associativismo, da negociação coletiva e da representação dos obreiros no local de trabalho.

Nesse sentido, partir-se-á da premissa de que a transposição dos direitos fundamentais — e da própria liberdade sindical — para além das legislações domésticas, se enquadra plenamente no modelo evolutivo concebido por Gregorio Peces-Barba Martínez, a identificar a internacionalização daquelas garantias basilares como a etapa que sucedeu cronologicamente sua positivação e sua generalização.

Segundo Peces-Barba, a etapa de positivação dos direitos fundamentais nas constituições do final do século XVIII teve por mote propulsor a inserção das pautas axiológicas partilhadas pela burguesia naqueles documentos fundadores do Estado, valores estes que se encontram condensados, justamente, naquelas garantias individuais tidas por inatas aos seres humanos,

(177) Mauricio Godinho Delgado, ao discorrer sobre o princípio da equivalência dos contratantes coletivos salienta que o postulado em apreço: " Postula pelo reconhecimento de um estatuto sociojurídico semelhante a ambos os contratantes coletivos (o obreiro e o empresarial).

(...)

Em primeiro lugar, de fato, os sujeitos do Direito Coletivo do Trabalho têm a mesma natureza, são todos 'seres coletivos'. Há, como visto, o empregador que, isoladamente, já é um ser coletivo, por seu próprio caráter, independentemente de se agrupar em alguma associação sindical. É claro que pode também atuar através de sua entidade representativa; contudo, mesmo atuando de forma isolada, terá natureza e agirá como ser coletivo.

No que tange aos trabalhadores, sua face coletiva institucionalizada surge através de seus entes associativos; no caso brasileiro, os sindicatos.

(...)

O segundo aspecto essencial a fundamentar o presente princípio é a circunstância de contarem os dois seres contrapostos (até mesmo o ser coletivo obreiro) com instrumentos eficazes de atuação e pressão (e, portanto, negociação).

Os instrumentos colocados à disposição do sujeito coletivo dos trabalhadores (...) reduziriam, no plano juscoletivo, a disparidade lancinante que separa o trabalhador, como indivíduo, do empresário. Isso impossibilitaria ao Direito Coletivo conferir tratamento jurídico mais equilibrado às partes nele envolvidas." DELGADO, Mauricio Godinho. Curso de Direito do Trabalho. 4. ed. São Paulo: LTr, 2005. p. 1.312-1.314.

sacando-lhes da mera existência moral e ideológica e conferindo-lhes perenidade, tecnicidade e textualidade.(178)

Já a etapa de generalização dos direitos fundamentais teve início, justamente, com a mudança de postura assumida pelo Estado com a edição das primeiras leis trabalhistas, sendo ampliada, posteriormente, para outras esferas. A partir daí, o Poder Público deixou de ser um mero guardião daquelas liberdades individuais a integrarem o conjunto de valores burgueses, para adotar uma postura ativa no sentido de intervir nas relações sociais, tutelando, por intermédio da atividade legislativa, os cidadãos colocados em situação de desvantagem, resguardando-as do jugo do *livre mercado*, rompendo com a ideia de *isonomia formal* e passando a adotar a *solidariedade* como parâmetro de ação.(179)

Por fim, a fase de internacionalização dos direitos fundamentais é caracterizada pela tendência de se conceber um ordenamento universal voltado para a proteção das referidas garantias, haja vista a crescente superação do Estado como *locus* das relações sociais e o consequente surgimento de ameaças transnacionais a tais direitos.(180)

---

(178) Segundo o autor espanhol: "[La positivación] supone la progresiva toma de conciencia de la necesidad de dotar a la idea de los derechos, que aparecieron historicamente como derechos naturales, de un estatuto jurídico, que permita su aplicación eficaz, y la protección real de las personas titulares de los mismos. Con este punto de vista encontramos ya la idea de positivación en iusnaturalistas racionalistas como Pufendorf, Burlamaqui o Locke.

La positivación se apoya en dos ideas: una própria del concepto moderno del Poder y Del Derecho, la idea de que el Derecho es expresión del soberano, su primera función en el pensamiento de Bodino; y la otra, propia de la concepción liberal, la fundamentación pactista del poder, que situa la soberania como expresión del consenso del pueblo.

(...)

Sin la positivación los derechos no se completan, solo son ideales morales, valores que no lo son plenamente hasta que no enraizan en la realidad. Así como los valores estéticos se realizan en un cuadro, en una poesia o en una escultura, este valor ético, pretensión justificada que son los derechos fundamentales, se realiza com su incorporación al Derecho positivo." MARTÍNEZ, Gregorio Peces-Barba. Curso de Derechos Fundamentales. Teoría general. Madrid: Universidad Carlos III / Boletín Oficial Del Estado, 1995. p. 157-160.

(179) Nas palavras de Peces-Barba: "Como consecuencia de la acción coordinada del ejercicio del derecho de asociación y del sufrágio por esos grupos sociales democráticos, radicales o socialistas, se incorporarán al Parlamento representantes de los partidos obreros que defenderán sus intereses y que plantearán problemas ajenos a los que tradicionalmente interesaban a la burguesía. Esta dinámica, que lleverá a la formación incluso de gobiernos socialistas, incidirá en el constitucionalismo con una actuación positiva de los poderes públicos y con una nueva función atribuída al Derecho, la promocional, sobre todo a través del incremento de la acción del Derecho Administrativo y Del Laboral.

La influencia de esa situación en el tema de los derechos fundamentales consistirá en la formulación de unos nuevos derechos, los llamados económicos, sociales y culturales, a la educación, a las condiciones del trabajo y en el trabajo, a la protección de la salud y a la sanidad, a la seguridad social etc. (...) El fundamento de esos derechos será la igualdad y la solidariedad, para que todos los ciudadanos estén en similares condiciones de disfrute de los derechos civiles y políticos. Es quizá la expresión más directa de la generalización. Se trata de satisfacer a una serie de necesidades básicas que la burguesia tiene resueltas por sus próprios médios y que los trabajadores no pueden resolver por si mismos sin el apoyo de los poderes públicos." *Ibidem*, p. 169-170.

(180) Segundo Peces-Barba: "Hoy, una identificación de los derechos humanos es imposible sin considerar esta dimensión internacional con la que se presentan. Se trata de un proceso incompleto y que se situa también en un ámbito jurídico, el de la Comunidad Internacional, que carece de un poder político que garantice plenamente la eficácia de esse ordenamiento, encontrándose en una situación similar a la poliarquía medieval, es decir, en un momento previo a la formación del Estado en el mundo moderno.

(...)

Es un hecho indudable (...) que se puede hablar de la existencia de un proceso de internacionalización de los derechos humanos, y los valores que lo impulsan.

Entre las causas generales se puede señalar la influencia de la realidad social, abierta cada vez más en este siglo, y superadora de las fronteras nacionales, en el ámbito económico, cultural, educativo, de las comunicaciones etc. Entre las más inmediatas aparecen tanto la existencia de adversários de los derechos humanos que se situan en más de un Estado, por ejemplo las multinacionales, en relación con los derechos de los trabajadores o de los consumidores, y en outro ambito, las redes de narcotraficantes o los grupos terroristas como, consecuentemente con lo anterior, la necesidad de médios supraestatales para afrontar esos ataques a los derechos fundamentales." *Ibidem*, p. 173-176.

É exatamente sobre esta última etapa que a análise a ser formulada no presente tópico irá se debruçar, no fito de demonstrar que a liberdade sindical, antes de ser uma pauta cujo atendimento se satisfaz com a singela previsão nas legislações domésticas, depende, necessariamente, de uma tutela internacional não meramente declamatória, mais substancialmente eficaz.

2.4.1. As vicissitudes que antecederam a criação da Organização Internacional dos Trabalhadores. século XIX e início do século XX

Conforme já visto no presente capítulo, o período compreendido entre o final do século XVIII e a metade do século XIX foi marcado por uma drástica alteração do processo de elaboração dos bens de consumo que culminou com o advento da grande indústria e, consequentemente, com a utilização de um contingente enorme de trabalhadores como mão de obra nesse novo modelo produtivo.

A concentração dos meios de produção nas mãos da burguesia, aliada à existência de farta de mão de obra nos polos industriais urbanos e à aplicação sem peias das ideologias do *livre mercado*, do *laissez faire* e da *lei da oferta e da procura*, fariam com que a contratação das condições de trabalho entre os patrões e os operários se desse em parâmetros cada vez mais depreciativos para estes últimos, de modo a criar um incontestável problema social.

Tal combinação de elementos levou os trabalhadores à mobilização por meio de coalizões, greves e mesmo atos de violência, gerando, como resposta por parte dos Estados após longos embates com as representações obreiras, a edição de parâmetros legislativos mínimos que deveriam ser observados pelos operários quando do estabelecimento dos contratos de trabalho.

Com a paulatina consagração das normas protetivas dos trabalhadores nos ordenamentos internos dos países protagonistas da Revolução Industrial, as lideranças dos trabalhadores e dos empresários, bem assim os próprios governos nacionais, passaram a envidar os primeiros esforços no sentido de promover a regulamentação internacional do trabalho.

Dentre os motivos que impulsionaram tal movimento, Geraldo Von Potobsky e Héctor Bartolomei de La Cruz destacam o temor de que a edição de legislações operárias por parte de determinados países pudesse vir a encarecer-lhes os custos com a mão de obra, de modo a tornar seus produtos menos competitivos em relação àquelas nações destituídas de um arcabouço protetivo.(181)

Diante disso, sucessivas propostas voltadas para a regulamentação internacional do trabalho foram formuladas ao longo do século XIX e nas primeiras décadas do século XX, destacando-se, nesse ínterim, a proposição pioneira de Robert Owen dirigida já em 1818 aos governos europeus no intuito de limitar as jornadas de trabalho, a gestão bem sucedida de Daniel Legrand junto às autoridades francesas entre 1841 e 1848, com vistas a que estas últimas patrocinassem

(181) Nas palavras dos autores: "La dureza de las condiciones de trabajo durante la revolución industrial motivaron el desarollo de cirtas ideas sociales que se concretaron primeramente en la demanda de una reglamentación internacional para paliar las penúrias de los obreros y condujeron al término de la Primera Guerra Mundial a la creación de la OIT. Las ideas tuvieron una inspiración humanitária, pero la internacionalización de toda acción protectora surgió rápidamente, debido al temor de los industriales y gobiernos de quedar rezagados en la competencia comercial al tomar medidas tuitivas unilaterales que aumentaran los costos de producción frente a los demás países. De allí las propuestas de una reglamentación social internacional a través de la cual tales medidas serían adoptadas simultáneamente por todos los diversos Estados."VON POTOBSKY, Geraldo; DE LA CRUZ, Héctor Bartolomei. La Organización Internacional del Trabajo. Buenos Aires: Astrea, 1990. p. 3-4.

a internacionalização das normas de proteção ao labor prematuro e excessivo e as iniciativas do governo suíço em 1855 e 1891, no sentido de convocar seus pares europeus para a promulgação de convenções tendo por objeto a normatização uniforme das condições de trabalho.[(182)]

Nesse mesmo sentido, há de se destacar as discussões promovidas no âmbito das Associações Internacionais de Trabalhadores convocadas em 1864 e 1889, bem assim as Conferências Internacionais do Trabalho, realizadas em 1890 (Berlim) e em 1905 e 1906 (Berna), com especial destaque, ademais, para a criação, em 1900, da *Associação Internacional para a Proteção Legal dos Trabalhadores*, sob os auspícios do governo suíço.[(183)]

No entanto, em que pesem tais esforços, a internacionalização do Direito do Trabalho somente veio a se tornar realidade em 1919, com o término da Primeira Guerra Mundial e com a assinatura do Tratado de Versalhes, cuja Parte XIII constituiu a Organização Internacional do Trabalho (OIT) e consagrou expressamente em seu texto o rol dos *princípios fundamentais do Direito do Trabalho*, contendo as principais pautas já presentes nas legislações dos países protagonistas da Revolução Industrial.

A intenção do Tratado de Versalhes, nesse particular, é exposta de maneira cristalina no preâmbulo de sua Parte XIII, quando se afirma que a almejada paz entre os signatários depende, em certa medida, da fixação de condições uniformes e justas de trabalho, no fito de evitar a utilização do custo da mão de obra como fator de desequilíbrio concorrencial entre os países.[(184)]:

No entanto, há de se destacar, na esteira das observações formuladas por José Francisco Siqueira Neto, que a consagração dos direitos trabalhistas naquela convenção internacional

---

(182) *Vide*, nesse sentido: SÜSSEKIND, Arnaldo. *Direito Internacional do Trabalho*. 3. ed. São Paulo: LTr, 2000. p. 85-98.

(183) *Ibidem*, p. 92.

(184) "Considerando que a Liga das Nações tem por objetivo o estabeloecimento da paz universal e que tal paz só poderá ser obtida em bases assentadas sob a justiça social.

E considerando que as condições de trabalho a envolverem injustiça, penosidade, e privação de um grande número de pessoas produzem agitações que comprometem a paz e a harmonia do mundo e que a melhoria dessas condições é urgentemente requerida, como, por exemplo, pela regulamentação das horas de trabalho, incluindo o estabelecimento de uma jornada diária e semanal máxima, a regulação das condições de trabalho, a prevenção do desemprego, a provisão de um salário adequado à subsistência, a proteção do trabalhador contra as moléstias, doenças e acidentes decorrentes de seu emprego, a proteção das crianças, jovens e mulheres, a provisão em face da velhice e dos acidentes, a proteção dos interesses dos trabalhadores empregados em países que não os seus, o reconhecimento do princípio da liberdade de associação, a organização de serviços de educação técnica e vocacional e outras medidas.

Considerando que a inobservância de qualquer nação em adotar condições humanas para o trabalho é um obstáculo posto às outras nações que desejam melhorar as condições laborais em seus próprios territórios.

As ALTAS PARTES CONTRATANTES, movidas por sentimentos de justiça e humanidade, bem como pelo desejo de assegurar a permanente paz mundial, concordam com o seguinte."

No original: "Whereas the League of Nations has for its object the establishment of universal peace, and such a peace can be established only if it is based upon social justice;

And whereas conditions of labour exist involving such injustice, hardship, and privation to large numbers of people as to produce unrest so great that the peace and harmony of the world are imperilled; and an improvement of those conditions is urgently required: as, for example, by the regulation of the hours of work, including the establishment of a maximum working day and week, the regulation of the labour supply, the prevention of unemployment, the provision of an adequate living wage, the protection of the worker against sickness, disease and injury arising out of his employment, the protection of children, young persons and women, provision for old age and injury, protection of the interests of workers when employed in countries other than their own, recognition of the principle of freedom of association, the organisation of vocational and technical education and other measures;

Whereas also the failure of any nation to adopt humane conditions of labour is an obstacle in the way of other nations which desire to improve the conditions in their own countries;

The HIGH CONTRACTING PARTIES, moved by sentiments of justice and humanity as well as by the desire to secure the permanent peace of the world, agree to the following." Disponível em: <http://net.lib.byu.edu/~rdh7/wwi/versa/versa12.html. Acesso em: 12 maio 2021.

foi significativamente insuflada pela ameaça socialista que ganhava cada vez mais força àquela altura, haja vista, principalmente, o sucesso da Revolução Russa dois anos antes, em 1917.(185)

De qualquer modo, a Parte XIII do Tratado de Versalhes foi o primeiro instrumento multilateral a consagrar universalmente uma série de posições jurídicas a serem fruídas por indivíduos em concreto, antes mesmo das tradicionais garantias individuais de cunho liberal, em um momento no qual o processo de internacionalização dos direitos humanos encontrava-se em uma fase ainda incipiente, conforme atesta Fábio Konder Comparato, abrangendo, ao lado das primeiras normas supranacionais de regulação do labor, algumas pautas de direito humanitário (*v.g.* proteção das populações civis em guerras) e certos diplomas voltados para o combate à escravidão.(186)

No que concerne especificamente à liberdade sindical, o preâmbulo do Título XIII estabeleceu de forma expressa que o princípio em referência consistia em uma das pautas elementares a serem observadas pelos Estados para assegurar não apenas o equilíbrio internacional na utilização dos fatores de produção, mas também, em última instância, as próprias condições necessárias para a manutenção da paz entre as nações.

A ideia que subjaz à inserção da liberdade sindical dentre os princípios a serem tutelados pela Organização Internacional do Trabalho é basicamente a mesma que influenciou o elenco dos demais objetivos constantes do preâmbulo da Parte XIII do Tratado de Versalhes, qual seja, a de impedir que a coexistência de ordenamentos jurídicos extremamente protetivos do franco associativismo com outros que não o tutelam em igual medida possa afetar negativamente a competitividade daquelas primeiras economias, comprometendo, em última medida, o delicado equilíbrio entre as nações existente àquela época.

No início do século XX a obtenção de tal equilíbrio entre as diversas legislações domésticas em matéria sindical consistia uma tarefa difícil, mas, certamente não tão complexa quanto nos dias atuais. De fato, àquela ocasião, apenas alguns poucos países da Europa ocidental e os Estados Unidos tinham na indústria o setor produtivo preponderante, de modo que a carência de uma legislação protetiva do franco associativismo nas nações de desenvolvimento tardio ou predominantemente agrárias não comprometia, de modo preocupante, a competitividade dos produtos industrializados daquelas economias.

Some-se a isto o fato de que a mobilidade das finanças e dos meios de produção àquela época se afigurava extremamente dificultosa e, principalmente, custosa se comparada às condições atuais, de modo que as instalações fabris e os demais bens de capital tendiam a permanecer, como regra geral, fixados em seus lugares de origem. Nesse contexto, as legislações estatais logravam regulamentar de forma plena as relações coletivas de trabalho, sem o temor de que os investimentos e os empregos migrassem para outros países detentores de um ordenamento sindical mais flexível.

Tal situação possibilitou que os idealizadores do Título XIII do Tratado de Versalhes vislumbrassem a criação de um organismo supranacional destinado à regulamentação do trabalho como uma medida apta a assegurar, ao mesmo tempo, o equilíbrio comercial entre as nações e o estabelecimento de padrões humanitários mínimos a serem usufruídos pelos obreiros, dentre os quais constava a liberdade sindical.

(185) SIQUEIRA NETO, José Francisco. *Liberdade sindical e representação dos trabalhadores no local de trabalho.* São Paulo: LTr, 2000. p. 34.

(186) COMPARATO, Fábio Konder. *A Afirmação histórica dos Direitos Humanos.* 3. edição. São Paulo: Saraiva, 2003. p. 54-55.

2.4.2. A Constituição da OIT e a Declaração de Filadélfia (1944)

Paralelamente à elaboração do Tratado de Versalhes, que contemplou as bases iniciais para a implementação da Organização Internacional do Trabalho, constituiu-se uma comissão que teria por incumbência a redação de um esboço de legislação supranacional do trabalho. O grupo foi formado por representantes de nove países (Bélgica, Cuba, Tchecoslováquia, Estados Unidos, França, Itália, Japão, Polônia e Grã-Bretanha), tendo sido presidida por Samuel Gompers, então presidente da *American Federation of Labor- AFL.*(187)

Como resultado final do trabalho dessa Comissão, foi redigida entre janeiro e abril daquele mesmo ano de 1919 a primeira Constituição da Organização Internacional do Trabalho, cujo preâmbulo consagrou a redação constante do Título XIII do Tratado de Versalhes, de modo a reafirmar a liberdade sindical como uma das condições necessárias para assegurar a melhoria das condições sociais dos trabalhadores e para assegurar a paz duradoura entre as nações.(188)

Uma vez instalada a Organização Internacional do Trabalho em Genebra, na Suíça, foram realizadas as reuniões pioneiras de sua Conferência Internacional do Trabalho e, em tais ocasiões, aprovadas as primeiras convenções, que lograram a internacionalização de uma série de pautas relevantes para a proteção dos trabalhadores, com especial destaque para a regulação da jornada de trabalho nas indústrias (1919), da idade mínima para o trabalho nas indústrias (1919), do descanso semanal nas indústrias (1921), da sindicalização na agricultura (1921), dos acidentes de trabalho (1925), do trabalho forçado (1930), entre outras.

Muito embora a liberdade sindical tenha sido expressamente mencionada no Título XIII do Tratado de Versalhes e na própria Constituição da Organização Internacional do Trabalho, o organismo em referência não logrou obter consenso entre seus membros a respeito do conteúdo que viria a integrar aquele direito, em que pesem seus esforços para promover estudos aprofundados sobre a matéria ainda na década de 1920.(189)

Saliente-se, a propósito, que a liberdade sindical chegou a ser inserida como ponto de pauta da Conferência Internacional do Trabalho de 1927 e que em 1932 o Conselho de Administração da OIT constituiu uma comissão voltada para o aprofundamento dos estudos sobre o tema (Comissão de Liberdade Sindical), cujos resultados seriam utilizados como base para a redação de uma proposta de convenção a abranger não só o franco associativismo em seus aspectos gerais,

---

(187) *Vide*: <http://www.ilo.org/public/portugue/region/eurpro/lisbon/html/portugal_visita_guiada_01a_pt.htm>. Acesso em: 15 mar. 2021.

(188) Assim reza o Preâmbulo da Constituição da OIT: "Considerando que a paz para ser universal e duradoura deve assentar sobre a justiça social;

Considerando que existem condições de trabalho que implicam, para grande número de indivíduos, miséria e privações, e que o descontentamento que daí decorre põe em perigo a paz e a harmonia universais, e considerando que é urgente melhorar essas condições no que se refere, por exemplo, à regulamentação das horas de trabalho, à fixação de uma duração máxima do dia e da semana de trabalho, ao recrutamento da mão de obra, à luta contra o desemprego, à garantia de um salário que assegure condições de existência convenientes, à proteção dos trabalhadores contra as moléstias graves ou profissionais e os acidentes do trabalho, à proteção das crianças, dos adolescentes e das mulheres, às pensões de velhice e de invalidez, à defesa dos interesses dos trabalhadores empregados no estrangeiro, à afirmação do princípio "para igual trabalho, mesmo salário", à afirmação do princípio de liberdade sindical, à organização do ensino profissional e técnico, e outras medidas análogas;

Considerando que a não adoção por qualquer nação de um regime de trabalho realmente humano cria obstáculos aos esforços das outras nações desejosas de melhorar a sorte dos trabalhadores nos seus próprios territórios.

AS ALTAS PARTES CONTRATANTES, movidas por sentimentos de justiça e humanidade e pelo desejo de assegurar uma paz mundial duradoura, visando os fins enunciados neste preâmbulo, aprovam a presente Constituição da Organização Internacional do Trabalho." Disponível em: <http://www.oit.org.br/sites/default/files/topic/decent_work/doc/constituicao_oit_538.pdf>. Acesso em: 15 mar. 2021.

(189) VON POTOBSKY, Geraldo; DE LA CRUZ, Héctor Bartolomei. *La Organización Internacional del Trabajo*. Buenos Aires: Astrea, 1990. p. 215-217.

como também a proteção dos trabalhadores, dos empregadores e de suas respectivas entidades em face das práticas antissindicais.(190)

Porém, tais intentos não lograrariam êxito no período entre-guerras. De fato, nos vinte primeiros anos de funcionamento da Organização Internacional do Trabalho foram aprovadas sessenta e sete convenções e sessenta e seis recomendações, todas versaram sobre aspectos do direito individual do trabalho. Com o início da Segunda Guerra Mundial em 1939, a sede do organismo foi transferida provisoriamente para Montreal, no Canadá, e sua atividade normativa ficaria suspensa por quatro anos.

Em 1944, já na iminência da vitória dos aliados, a Conferência Geral da Organização do Trabalho editou a célebre *Declaração da Filadélfia*, cujo texto teve por intuito reafirmar os princípios fundantes da OIT após a era de atrocidades que estava prestes a ser superada e, para além disso, servir de guia para a regulação do trabalho humano no novo cenário que emergiria com o término da Segunda Guerra Mundial.

Nesse sentido, a *Declaração da Filadélfia*, em nítida contraposição ao ideário dos regimes totalitários, partiu da premissa axiológica de que o homem não pode ser considerado um mero instrumento para a consecução de fins almejados por governos ou por organizações do setor privado, sendo ele, ao revés, o sujeito de direitos em torno do qual todas as instituições públicas e particulares encontram sua justificativa existencial.

Desse modo, como o trabalho é uma atividade eminentemente humana, não pode ser ele considerado como uma mercadoria ou um fator de produção tal qual os demais insumos utilizados na geração de bens e na prestação de serviços. Por isso mesmo, o homem, na condição de trabalhador, é titular de direitos que servirão como um patamar mínimo a ser observado na entabulação e no desempenho das relações laborais.(191)

---

(190) *Ibidem*, p. 219.

(191) Sobre o sentido axiológico da Declaração da Filadélfia, Alain Supiot observa que: "Los princípios planteados en Filadelfia son el fruto de una pesada experiencia histórica y es preciso volverse a situar en el contexto en que se concibieron si queremos comprender cabalmente su significación. En 1944 todavía no se había producido el bombardeo de Hiroshima, no se conocía la amplitud de la Shoah y las extravagantes matanzas cometidas por Stalin. (...) Pero la victoria de estos últimos no dejaba lugar a duda, y los autores de la Declaración de Filadelfia pretendían poner la «piedra fundamental» de un nuevo orden mundial que extraería las lecciones aportadas por la «guerra de treinta años» que había desgarrado el mundo de 1914 a 1945. Ese período de atrocidades inéditas ha conocido, de Verdún a Hiroshima, pasando por Auschwitz y el gulag, variaciones en el horror. Pero se trata de variaciones sobre un mismo tema, que consiste en considerar «cientificamente» a los hombres, como «material humano» (en la terminologia nazi) o «capital humano» (en la terminologia comunista), y en aplicarles los mismos cálculos de utilidad y los mismos métodos industriales que a la explotación de los recursos naturales.

(...)

Dado que esta experiencia ha mostrado los efectos mortíferos de la reificación del ser humano, es necesario reconocer que «La dignidad inherente a todos los miembros de la família humana [...] constituye el fundamento de la libertad, la justicia y la paz en el mundo.»

(...)

Así entendido, el principio de dignidad obliga a vincular los imperativos de libertad y de seguridad. Para que puedan ejercer su «libertad de palabra y de creencias», es preciso que los seres humanos disfruten de una seguridad física y una «seguridad economica» suficientes para verse «liberados del temor y de la miséria.» El ordenamiento jurídico debe contribuir a «promover mejores condiciones de vida dentro de una mayor libertad.» El vínculo así establecido entre la seguridad y la libertad es rasgo común de los cuatro princípios fundamentales enumerados por la Declaración de Filadelfia: a) El respeto por el trabajo; (...) b) las libertades colectivas; (...) c) la solidariedad; (...) d) la democracia socialAsí entendido, el principio de dignidad obliga a vincular los imperativos de libertad y de seguridad. Para que puedan ejercer su «libertad de palabra y de creencias», es preciso que los seres humanos disfruten de una seguridad física y una «seguridad economica» suficientes para verse «liberados del temor y de la miséria.» El ordenamiento jurídico debe contribuir a «promover mejores condiciones de vida dentro de una mayor libertad.» El vínculo así establecido entre la seguridad y la libertad es rasgo común de los cuatro princípios fundamentales enumerados por la Declaración de Filadelfia: a) El respeto por el trabajo; (...) b) las libertades colectivas; (...) c) la solidariedad; (...) d) la democracia social." SUPIOT, Alain. Trad.: TERRÉ, Jordi. El Espíritu de Filadelfia. La justicia social frente al mercado total. Barcelona: Península, 2011. p. 12-25.

Dentre os princípios fundamentais constantes do Título I da *Declaração da Filadélfia* a integrarem o patamar mínimo de garantias de observância necessária por parte dos Estados em matéria de regulamentação do trabalho humano, consta expressamente a *liberdade de associação* como uma "*condição indispensável para o progresso constante*", ao lado das afirmações de que "*o trabalho não é uma mercadoria*", de que "*a pobreza, em qualquer lugar, consiste em um perigo para a prosperidade de todos*" e de que "*a luta contra a carestia deve prosseguir com incessante energia no seio de cada nação e mediante um esforço internacional contínuo e concentrado*".(192)

Mais adiante, em seu Título III, a *Declaração da Filadélfia* reafirma de modo expresso que a Organização Internacional do Trabalho tem como obrigação solene, no contexto da promoção da melhoria das condições de vida e de trabalho dos seres humanos, estimular o reconhecimento do direito à negociação coletiva, bem assim a colaboração dos obreiros e dos trabalhadores na elaboração das políticas econômicas e na fixação das condições laborais.(193)

Com a consagração da liberdade sindical e da negociação coletiva no documento que viria a servir como pauta de ação para a Organização Internacional do Trabalho no segundo pós--guerra, fazia-se necessário definir, ainda que genericamente, os concectários daqueles direitos que deveriam ser minimamente assegurados pelos Estados, a fim de possibilitar aos trabalhadores, aos empregadores e às suas respectivas representações, o pleno e autônomo exercício das garantias em referência.

2.4.3. A Convenção n. 87 da OIT (1947) e o artigo XXIII da Declaração Universal dos Direitos do Homem (1948)

Retomada a paz após a conflagração mundial de 1939-1945, a Organização Internacional do Trabalho deu sequência às iniciativas que tiveram início ainda na década de 1920 com vistas à elaboração de uma minuta de convenção sobre o direito à liberdade sindical e seus corolários. Os estudos do organismo nesse sentido foram respaldados, em grande medida, não só pelas aprofundadas investigações formuladas nos dois decênios anteriores em torno das tendências

---

(192) "I – A Conferência reafirma os princípios fundamentais sobre os quais está fundamentada a Organização e, em especial, os seguintes:

a) O trabalho não é uma mercadoria;

b) A liberdade de expressão e de associação é uma condição indispensável para o progresso constante;

c) A pobreza, em qualquer lugar, constitui um perigo para a prosperidade de todos;

d) A luta contra a necessidade deve prosseguir com incessante energia no seio de cada nação e mediante um esforço internacional contínuo e concertado, no qual os representantes dos trabalhadores e dos empregadores, colaborando em é de igualdade com os representantes dos governos, participem de discussões livres e em decisões de caráter democrático, a fim de promover o bem comum."

(193) "III – a Conferência reconhece a obrigação solene da Organização Internacional do Trabalho de fomentar, entre as diferentes nações do mundo, programas que permitam:

a) lograr o pleno emprego e a elevação do nível de vida;

b) empregar trabalhadores em ocupações em que possam ter a satisfação de utilizar, da melhor forma possível, suas habilidades e conhecimentos e de contribuir ao máximo para o bem estar comum;

c) conceder, como meio para a obtenção desse fim e com garantias adequadas para todos os interessados, oportunidades de formação profissional e meios que facilitem o translado de trabalhadores, incluídas as migrações de mão de obra e de colonos;

d) atotar, em matéria de salários e ganhos, de horas e de outras condições de trabalho, medidas destinadas a garantir a todos uma justa distribuição dos frutos do progresso e um salário mínimo vital para todos os que tenham emprego e necessitem de tal proteção;

e) lograr o reconhecimento efetivo do direito de negociação coletiva, a cooperação de empregadores e de trabalhadores para a melhoria contínua da eficiência na produção, e a colaboração de trabalhadores e de empregadores na preparação e aplicação da política social e econômica;

f) estender as medidas de seguridade social para garantir ingressos básicos àqueles que necessitem e prestar assistência médica completa;"

gerais verificadas nas legislações domésticas, como também pela aprovação, em 1946, da Resolução do México, na qual os países americanos membros da OIT lograram estabelecer as pautas elementares do franco associativismo.(194)

A relevância da liberdade sindical na ordem do dia das organizações internacionais foi reforçada, outrossim, pelo requerimento formulado pelo Conselho Econômico e Social das Nações Unidas à OIT em abril de 1947, no sentido de que esta última pautasse o tema em sua próxima Conferência Internacional do Trabalho, a se realizar em 1948 na cidade norte-americana de San Francisco.(195)

Assim foi feito no ano seguinte e ao cabo da Conferência Internacional do Trabalho de 1948, mais precisamente no dia 9 de julho, a OIT aprovaria sua 87ª Convenção, cujo teor viria a condensar, de modo objetivo e sucinto, o escopo tuitivo básico do direito à liberdade sindical presente nas legislações dos países democráticos, a abranger os aspectos individuais, coletivos, positivos e negativos do franco associativismo.

Já em seu art. 2º o texto da Convenção delimita o âmbito individual do princípio da liberdade sindical, deixando assente em termos preclaros que todo trabalhador ou empregador tem o direito de fundar associações representativas ou de aderir aos entes de sua escolha, sem que para tanto seja necessária a obtenção de qualquer autorização prévia das autoridades públicas.

Os arts. 3º e 4º, de seu turno, cuidam dos aspectos coletivos mais relevantes para do direito à liberdade sindical, ressaltando, nesse particular, que as entidades constituídas por trabalhadores e empregadores têm ampla autonomia para redigir seus estatutos, bem como para organizar suas estruturas internas e para formular seus programas de ação, vedando-se ao Estado, em contrapartida, quaisquer formas de intervenção ou interferência. Note-se que o art. 8º da Convenção deixa assente que tais garantias devem ser exercidas dentro dos mesmos parâmetros de legalidade aplicáveis à generalidade das associações convencionais.

Nos arts. 5º e 6º a Convenção n. 87 ressalta outro aspecto crucial do direito à liberdade sindical coletiva, qual seja, a faculdade inerente à formação de entidades de grau superior por parte dos sindicatos de trabalhadores e empregadores, bem como a garantia de adesão a organizações internacionais por parte daquelas associações, cuja implementação ocorrerá com independência em relação às autoridades públicas.

Na sequência, a previsão instituída no art. 7º da Convenção n. 87 da OIT vem a reforçar o aspecto individual concernente à livre criação de entidades sindicais por parte de trabalhadores e empregadores, na medida em que condiciona a validade do registro público daqueles entes à existência, nos ordenamentos internos, de procedimentos e condições formais que não redundem na interferência e na intervenção do Estado na organização autônoma dos atores sociais.

Nestes seis artigos da Convenção n. 87 da OIT, tem-se os contornos elementares do conteúdo institucional do franco associativismo, que poderiam ser sintetizados pela seguinte sentença: *a liberdade sindical compreende a faculdade dos trabalhadores e dos empregadores de criar entidades sindicais sem autorização do Estado, bem como de aderir ou não aderir a tais organizações, sendo assegurado a estas últimas, de seu turno, ampla autonomia para a organização interna, para a ação externa e para a constituição de ente de grau superior, dentro dos limites estabelecidos pelos ordenamentos internos para a generalidade das associações.*

Ao longo das décadas que se seguiram à promulgação da Convenção n. 87, as diretrizes dela emanadas foram reiteradamente reafirmadas em documentos editados não só pela própria OIT, como também por outros organismos internacionais e por diversas legislações domésticas.

(194) VON POTOBSKY, Geraldo; DE LA CRUZ, Héctor Bartolomei. *La Organización Internacional del Trabajo*. Buenos Aires: Astrea, 1990. p. 220-221.

(195) SÜSSEKIND, Arnaldo. *Direito Internacional do Trabalho*. 3. ed. São Paulo: LTr, 2000. p. 325.

Pode-se dizer, portanto, que os princípios delineados no documento em apreço serviram de moldura básica para a configuração do direito à liberdade sindical no cenário democrático e humanístico que se pretendeu instaurar após o término da Segunda Guerra Mundial.

A veracidade de tal assertiva ganha respaldo diante do fato de que a Declaração Universal dos Direitos do Homem, que fora gestada no âmbito da Organização das Nações Unidas — ONU paralelamente à concepção da Convenção n. 87 da OIT, consagrou a liberdade sindical em seu artigo XXIII como instrumento essencial para a existência material digna dos seres humanos, em especial daqueles que integram grupos sociais hipossuficientes, tal como os trabalhadores.(196)

Nesse particular, a Declaração Universal dos Direitos do Homem, promulgada em 10 de dezembro de 1948, tal qual a Declaração da Filadélfia e a própria Convenção n. 87 da OIT, partiu da premissa de que a consecução da almejada paz mundial em superação às atrocidades cometidas na Segunda Guerra Mundial não poderia prescindir da concretização de garantias aptas não só a assegurar o pleno exercício das faculdades humanas elementares (liberdades individuais), como também a impedir que os indivíduos ficassem desassistidos em suas necessidades básicas (direitos de solidariedade).(197)

Com escopo em tal orientação axiológica, a concepção de liberdade sindical consagrada no Artigo XXIII da Declaração Universal dos Direitos do Homem e, mais especificamente na Convenção n. 87 da OIT, viria a ser reafirmada em outros documentos internacionais de relevância, para além de reforçada, de modo a tornar ainda mais precisos seu sentido e alcance.

2.4.4. A Convenção n. 98 da OIT. Proteção contra os atos antissindicais e fomento da negociação coletiva (1949)

Já no início da década de 1930, a *Comissão de Liberdade Sindical* constituída pelo Conselho de Administração da OIT havia examinado a possibilidade de inserir a proteção dos trabalhadores em

---

(196) "Artigo XXIII

1.Toda pessoa tem direito ao trabalho, à livre escolha de emprego, a condições justas e favoráveis de trabalho e à proteção contra o desemprego.

2. Toda pessoa, sem qualquer distinção, tem direito a igual remuneração por igual trabalho.

3. Toda pessoa que trabalhe tem direito a uma remuneração justa e satisfatória, que lhe assegure, assim como à sua família, uma existência compatível com a dignidade humana, e a que se acrescentarão, se necessário, outros meios de proteção social.

4. Toda pessoa tem direito a organizar sindicatos e neles ingressar para proteção de seus interesses."

(197) A propósito, Fábio Konder Comparato assinala que: "A Declaração Universal dos Direitos Humanos, como se percebe da leitura de seu preâmbulo, foi redigida sob o impacto das atrocidades cometidas durante a 2ª Guerra Mundial, e cuja revelação só começou a ser feita (...) após o encerramento das hostilidades. Além disso, nem todos os membros das Nações Unidas, à época, partilhavam por inteiro as convicções expressas no documento: embora aprovado por unanimidade, os países comunistas (União Soviética, Ucrânia e Rússia Branca, Tchecoslováquia, Polônia e Iugoslávia), a Arábia Saudita e a África do Sul abstiveram-se de votar.

Seja como for, a Declaração, retomando os ideais da Revolução Francesa, representou a manifestação histórica de que se formara, enfim, em âmbito universal, o reconhecimento dos valores supremos da igualdade, da liberdade e da fraternidade entre os homens, como ficou consignado em seu artigo I. A cristalização desses ideais em direitos efetivos, como se disse com sabedoria na disposição introdutória da Declaração, far-se-á progressivamente no plano nacional e internacional, como fruto de um esforço sistemático de educação em direitos humanos.

(...)

O princípio da solidariedade está na base dos direitos econômicos e sociais que a Declaração afirma nos arts. XXII a XXVI. Trata-se de exigências elementares de proteção às classes ou grupos sociais mais fracos ou necessitados, a saber:

O direito à seguridade social (arts. XXII e XXV);

O direito ao trabalho e à proteção contra o desemprego (art. XXIII, 1);

Os principais direitos ligados ao contrato de trabalho, como a remuneração igual por trabalho igual (art. XXIII, 2), o salário mínimo (art. XXIII, 3); o repouso e o lazer, a limitação horária da jornada de trabalho, as férias remuneradas (art. XXIV);

A livre sindicalização dos trabalhadores (art. XXIII, 4);

O direito à educação: ensino elementar obrigatório e gratuito, a generalização da instrução técnico-profissional, a igualdade de acesso ao ensino superior (art. XXVI)." COMPARATO, Fábio Konder. A Afirmação histórica dos Direitos Humanos. 3. ed. São Paulo: Saraiva, 2003. p. 223-227.

face dos atos antissindicais no bojo da futura convenção que teria por objeto o franco associativismo. À ocasião, já se podia perceber que as garantias de livre criação, filiação e organização representativas não poderiam ser fruídas de modo pleno por seus destinatários sem a repressão às práticas empresariais tendentes a menoscabar tal faculdade e sem a promoção da negociação coletiva.(198)

No entanto, as divergências existentes a respeito do conteúdo do direito à liberdade sindical, já manifestadas nas tentativas de regulamentação internacional do tema no entre-guerras, foi determinante para que se procurasse, primeiramente, estabelecer uma pauta básica em torno do franco associativismo — o que foi obtido com a promulgação da Convenção n. 87 em 1948 — e para que se buscasse, posteriormente, o aprofundamento dos corolários individuais e coletivos imprescindíveis para a consolidação da referida garantia.

Imediatamente após a promulgação da Convenção n. 87, a constatação em torno da necessidade de mecanismos efetivos contra a dilapidação recíproca da liberdade sindical por parte dos atores sociais que a titularizam ficara evidente e já no ano seguinte (1949), a tutela contra os atos antissindicais e o fomento à negociação coletiva foram inseridas na ordem do dia da Conferência Internacional do Trabalho, cujo desfecho culminou com a aprovação da 98ª Convenção da OIT.

Logo em seu art. 1º, a Convenção n. 98 da OIT deixou assente de modo cristalino que os trabalhadores deveriam ser protegidos contra quaisquer práticas empresariais tendentes a prejudicá-los ou discriminá-los por sua filiação sindical, especialmente — mas não de modo taxativo —, em face daquelas condutas que condicionam a subsistência do vínculo empregatício à desfiliação ou a não adesão dos obreiros a uma determinada organização.

No dispositivo seguinte, a Convenção n. 98 da OIT consagra a independência das organizações de trabalhadores e de empregadores, de modo a vedar a interferência de umas no funcionamento das outras. Nesse particular, o art. 2º confere especial destaque para a vedação das práticas bastante difundidas concernentes à criação e à sustentação financeira de sindicatos obreiros por empresas e entidades patronais.(199)

Na sequência do texto, a Convenção n. 98 da OIT estabelece em seus arts. 3º e 4º que as autoridades domésticas deverão constituir mecanismos jurídicos e instrumentais destinados a assegurar a plena observância das garantias previstas nos artigos precedentes, bem como promover o fomento à negociação coletiva como forma da autorregulamentação das condições de trabalho por parte das entidades representativas de trabalhadores e de empregadores.

A leitura dos quatro artigos iniciais da Convenção n. 98 da OIT, destinados à tutela da organização autônoma das organizações obreiras e patronais, dos atos antissindicais e do fomento à negociação coletiva, demonstra de modo palmar que as medidas ali constantes têm por escopo a complementação do direito à liberdade sindical consagrado em termos elementares na Convenção n. 87.

Dito em outros termos, os dispositivos em referência, lidos em cotejo com as definições constantes da Convenção n. 87, atestam que o direito à liberdade sindical em seu aspecto individual compreende, para além da faculdade de criação, filiação e desfiliação de entidades representativas,

(198) VON POTOBSKY, Geraldo; DE LA CRUZ, Héctor Bartolomei. *La Organización Internacional del Trabajo*. Buenos Aires: Astrea, 1990. p. 220-221.

(199) Sobre o problema enfrentado pela Convenção n. 98 da OIT nesse particular, Nestor de Buen assinala que: "el sindicato tiene en el empresario a su enemigo natural. Por lo mismo el empresario procura, con todos los medios a su alcance, impedir o amortiguar la fuerza de los trabajadores. Para ello se vale de toda clase de medios. Unos se orientan hacia fórmulas de resistencia, otros al control mismo del sindicato y no falta, por último, el aprovechamiento formal de organismos sindicales no representativos que le sirven de escudo frente a los que si buscan en interes de los trabajadores." DE BUEN, Néstor. Derecho Del Trabajo. Tomo Segundo. 21. ed. México: Porrúa, 2008. p. 638-639.

a garantia contra a implementação de toda e qualquer medida patronal destinada a prejudicar um trabalhador por sua filiação sindical.

Ao assim dispor, o diploma internacional em apreço parte da premissa de que o direito à liberdade sindical individual não passaria de uma declaração meramente formal e carente de efetividade prática se os trabalhadores não pudessem contar, a seu favor, com mecanismos destinados a coibir a utilização abusiva do poder diretivo do empregador naqueles termos.(200)

De igual modo, o art. 2º da Convenção n. 98 da OIT complementa a Convenção n. 87 para estabelecer que o direito à liberdade sindical em seu aspecto coletivo não se basta com a proteção das entidades obreiras e patronais em face da ingerência governamental, mas também com sua tutela diante da interferência de umas nas outras, sem o que não haverá de se falar nem de autonomia e tampouco de independência, que são as condições elementares para o exercício escorreito dos poderes representativos titularizados por aquelas organizações.(201)

Para além disso, a Convenção n. 98 da OIT deu o primeiro passo no sentido de consagrar a negociação coletiva como uma expressão do exercício legítimo e autônomo da liberdade sindical por parte dos sindicatos obreiros e patronais e como uma garantia imprescindível para a plena fruição do franco associativismo pelas referidas entidades.

Com a aprovação da Convenção n. 98 da OIT os traços do direito à liberdade sindical nos instrumentos internacionais ganharam, efetivamente, definições mais precisas. Nos anos seguintes, o franco associativismo não só passaria a integrar os instrumentos regionais de proteção aos direitos humanos, como também viria a ser significativamente reforçado no âmbito da própria Organização Internacional do Trabalho.(202)

2.4.5. A criação do Comitê de Liberdade Sindical (1951)

Em 1947, ainda durante as discussões em torno das diretrizes que viriam a integrar as duas convenções básicas referentes ao franco associativismo, a Conferência Internacional do

(200) Conforme assinala Oscar Ermida Uriarte: "Seja qual for o enfoque que se dê à noção de *foro sindical*, dos atos discriminatórios, das práticas desleais ou de atos de ingerência, o tema da proteção contra as práticas antissindicais — enquanto conjunto de medidas tendentes a proteger ou permitir o exercício da liberdade sindical — não pode ser ele estudado senão dentro —, e a partir do conceito de liberdade sindical. E neste plano, a liberdade sindical (...) opera como premissa ou pressuposto e como resultado ou concretização das medidas de proteção contra as práticas anti-sindicais, enquanto constitui o principal bem jurídico ou interesse tutelado por estas.

(...)

Com efeito, a liberdade sindical inclui medidas de proteção e estímulos aos indivíduos e às coletividades atuantes, destinadas a permitir e promover o pleno e eficaz desenvolvimento dessa atividade sindical que esteve em sua origem e que é seu centro conceitual e finalístico.

Dessa forma, estas medidas de proteção da atividade sindical, por um lado, derivam do princípio da liberdade sindical, como uma consequência deste, mas, por outro lado, constituem pressupostos essencialíssimos do exercício real e efetivo da atividade sindical, porque se tais medidas de proteção não existem ou não são eficazes, ele determina que, de fato, a atividade sindical não pode ser praticada." URIARTE, Oscar Ermida. Trad.: FERRARI, Irany. A Proteção contra os atos anti-Sindicais. São Paulo: LTr, 1989. p. 19-21.

(201) Ainda segundo Oscar Ermida Uriarte: "El sindicato debe mantenerse independiente frente a los empleadores, frente a las organizaciones patronales y frente al estado, en su origen, desarrollo y estructura. Debe nacer y vivir con independencia, dándose sus proprias normas de formas (estructura) y funcionamiento." URIARTE, Oscar Ermida. Sindicatos en libertad sindical. Segunda Edición. Montevideo: Fundación de Cultura Universitaria, 1999. p. 60..

(202) Nesse sentido, a Convenção Europeia de Direitos Humanos, firmada em Roma no ano de 1950, estabeleceu em seu art. 11 que "qualquer pessoa tem direito à liberdade de reunião pacífica e à liberdade de associação, incluindo o direito de, com outrem, fundar e filiar-se em sindicatos para a defesa dos seus interesses."

A Organização dos Estados Americanos, por sua vez, viria a consagrar a liberdade sindical em 1988, quando da promulgação do "Protocolo de San Salvador", que será objeto de análise mais adiante.

Trabalho da OIT conclamou o Conselho de Administração a examinar a possibilidade de criar um organismo especialmente dedicado à proteção do direito à liberdade sindical.[(203)]

E assim, em atendimento a tal pleito, o Conselho de Administração da OIT criou em janeiro de 1950 a Comissão de Investigação e Conciliação em Matéria de Liberdade Sindical que funcionaria em conjunto com o Conselho Econômico e Social da Organização das Nações Unidas e submeteria a esta última as queixas contra estados-membros da ONU por intermédio de um procedimento conjunto.[(204)]

No entanto, tal sistemática trouxe inconvenientes e, diante disso, o Conselho de Administração da OIT optou por criar em novembro de 1951 um órgão especial em seu próprio âmbito, destinado à apreciação e ao julgamento das demandas apresentadas ora por seus estados-membros, ora por organizações sindicais de âmbito nacional e internacional tendo por objeto lesões aos corolários do franco associativismo. Tal colegiado foi batizado como *Comitê de Liberdade Sindical*.[(205)]

O *Comitê de Liberdade Sindical*, de composição tripartite, é formado por nove membros titulares e igual número de suplentes, reunindo-se em Genebra nas mesmas ocasiões em que ocorrem os encontros do Conselho de Administração da OIT (março, maio e novembro). O procedimento a ser observado para a análise das queixas e reclamações consolidou-se ao longo dos anos, tendo sido compilado, em 1982, no documento intitulado "*Procedimentos Especiales de la Organización Internacional del Trabajo para el Examen de Quejas por Violaciones al Exercicio de la Libertad Sindical*".[(206)]

Segundo o entendimento firmado no âmbito do *Comitê de Liberdade Sindical* e consolidado no referido documento, as queixas somente poderão ser apresentadas por governos nacionais ou por entidades representativas de trabalhadores e de empresários enquadrados nas seguintes situações: a) organizações nacionais diretamente interessadas na questão; b) entidades internacionais dotadas de estatuto consultivo junto à OIT (CIOSL, FSM, CMT e OIE); c) outros entes internacionais em questões atintentes aos sindicatos a eles filiados.

Ainda segundo os procedimentos consolidados no âmbito do Comitê de Liberdade Sindical, as queixas podem ter por objeto não apenas as violações à liberdade sindical advindas de órgãos governamentais, mas também afrontas praticadas por particulares (*vg:* empresários). No entanto, em ambos os casos, o polo passivo da demanda será preenchido pelo Estado-membro detentor de personalidade jurídica de direito internacional público que responderá, em qualquer caso, pelas eventuais omissões quanto à observância das normas referentes ao franco-associativismo editadas no âmbito da OIT.

Até o ano de 2006, o Comitê de Liberdade Sindical do Conselho de Administração da OIT havia apreciado duas mil, quatrocentos e setenta e cinco queixas, cujas decisões foram dispostas organizadamente sob a forma de verbetes a partir da análise daqueles requerimentos. Tal compilação é de grande auxílio para o desvelamento do significado do direito à liberdade sindical nas situações concretas, formando um verdadeiro repositório do entendimento da Organização Internacional do Trabalho sobre o sentido e o alcance da referida garantia.

(203) VON POTOBSKY, Geraldo; DE LA CRUZ, Héctor Bartolomei. *La Organización Internacional del Trabajo*. Buenos Aires: Astrea, 1990. p. 124.

(204) *Ibidem*, p. 125.

(205) *Idem*.

(206) Íntegra disponível em: OFICINA INTERNACIONAL DEL TRABAJO, *La Libertad Sindical*. Recopilación de Decisiones y Principios del Comité de Libertad Sindical del Consejo de Administración de la OIT. 5. ed.. Ginebra: OIT, 2006. p. 247-259.

2.4.6. O Pacto Internacional sobre Direitos Civis e Políticos e o Pacto Internacional sobre Direitos Econômicos, Sociais e Culturais da ONU (1966)

No intuito de pormenorizar o conteúdo da Declaração Universal dos Direitos do Homem e de criar mecanismos voltados para a concretização das garantias ali previstas, a Assembleia Geral da Organização das Nações Unidas aprovou em 16 de dezembro de 1966, após intensos debates, o Pacto Internacional sobre Direitos Civis e Políticos e o Pacto Econômico sobre Direitos Econômicos, Sociais e Culturais.

Malgrado a dualidade de instrumentos — fruto mais de pressões políticas e ideológicas características do período mercado pela Guerra Fria e pela descolonização africana, do que de uma divisão efetivamente natural a permear os direitos "individuais" e "sociais" — ambos os instrumentos estabeleceram definições sintéticas, porém precisas, sobre os temas ali versados, logrando conferir aos intérpretes dos respectivos textos uma visão mais nítida acerca do conteúdo institucional daquelas garantias.(207)

Assim se deu em relação à liberdade sindical, consagrada tanto no Pacto Internacional sobre Direitos Civis e Políticos, quanto no Pacto Internacional sobre Direitos Econômicos, Sociais e Culturais. Naquele primeiro instrumento, o direito à constituição de entidades representativas e à filiação a tais organismos foi assegurado expressamente em seu art. 22, vindo seu texto a ressaltar de forma expressa que a adesão do Estado-membro ao Pacto não serviria de pretexto para a mitigação das garantias asseguradas na Convenção n. 87 da OIT por parte dos países que a ratificaram.(208)

Ao assim proceder, o dispositivo em apreço estabeleceu uma relação de interdisciplinaridade com a Convenção n. 87 da OIT, de modo a fixar que as diretrizes desta última, concernentes aos aspectos individuais e coletivos do franco associativismo, passariam a integrar o conteúdo do precitado art. 22 do Pacto Internacional sobre Direitos Civis e Políticos e seriam de observância obrigatória por parte dos estados-membros da ONU e da OIT que ratificaram os dois instrumentos.

---

(207) A propósito, Fábio Konder Comparato observa que: "A elaboração de dois tratados e não de um só, compreendendo o conjunto dos direitos humanos segundo o modelo da Declaração Universal de 1948, foi o resultado de um compromisso diplomático. As potências ocidentais insistiam no reconhecimento, tão só, das liberdades individuais clássicas, protetoras da pessoa humana contra os abusos e interferências dos órgãos estatais na vida privada. Já os países do bloco comunista e os jovens países africanos preferiam pôr em destaque os direitos sociais e econômicos, que têm por objeto políticas públicas de apoio aos grupos ou classes desfavorecidas, deixando na sombra as liberdades individuais.

(...)

Essa divisão do conjunto dos direitos humanos em dois Pactos distintos é, em grande medida, artificial. Temos, assim, que o direito à autodeterminação dos povos é reconhecido, de forma idêntica, no art. 1o de ambos os Pactos, o mesmo sucedendo com o direito de sindicalização (art. 22 do Pacto sobre Direitos Civis e Políticos e art. 8o do Pacto sobre Direitos Econômicos, Sociais e Culturais). De qualquer forma, os redatores estavam bem conscientes de que o conjunto dos direitos humanos forma um sistema indivisível, pois o preâmbulo de ambos os pactos é idêntico. A unidade essencial do sistema de direitos humanos foi, aliás, afirmada pela Resolução n. 32/120 da Assembleia Geral da ONU, em 1968, e confirmada pela Conferência Mundial de Direitos Humanos de 1993, na Declaração de Viena." COMPARATO, Fábio Konder. A afirmação histórica dos Direitos Humanos. 3. ed. São Paulo: Saraiva, 2003. p. 276.

(208) "Art. 22:

1. Toda pessoa terá o direito de associar-se livremente a outras, inclusive o direito de construir sindicatos e de a eles filiar-se, para a proteção de seus interesses.

2. O exercício desse direito estará sujeito apenas às restrições previstas em lei e que se façam necessárias, em uma sociedade democrática, no interesse da segurança nacional, da segurança e da ordem públicas, ou para proteger a saúde ou a moral públicas ou os direitos a liberdades das demais pessoas. O presente artigo não impedirá que se submeta a restrições legais o exercício desse direito por membros das forças armadas e da polícia.

3. Nenhuma das disposições do presente artigo permitirá que Estados Partes da Convenção de 1948 da Organização do Trabalho, relativa à liberdade sindical e à proteção do direito sindical, venham a adotar medidas legislativas que restrinjam — ou aplicar a lei de maneira a restringir — as garantias previstas na referida Convenção."

Já no Pacto Internacional sobre Direitos Econômicos, Sociais e Culturais, a definição do conceito de liberdade sindical consagrada em seu art. 8º se deu de forma ainda mais precisa e a interconexão do dispositivo em tela com o conteúdo da Convenção n. 87 da OIT foi amplificada, podendo-se mesmo dizer que o dispositivo em referência promoveu em seu texto uma reafirmação das diretrizes ali fixadas.

De fato, na primeira alínea de seu art. 8º, 1, o Pacto Internacional sobre Direitos Econômicos, Sociais e Culturais ressalta novamente os matizes elementares da liberdade sindical em seu aspecto individual, na medida em que impõe aos países signatários não só o dever de garantir aos seus cidadãos a livre criação de entidades representativas e a filiação à organização de sua escolha, como também a abstenção quanto a interferência e a intervenção nesse particular.

Em seguida, o dispositivo trata da liberdade sindical em sua faceta coletiva, reafirmando o direito ao livre exercício das atividades representativas por parte das entidades de trabalhadores e de empregadores, bem assim a faculdade destas últimas de formarem organizações de grau superior, resguardando-as da ingerência estatal, salvo no que concerne ao estabelecimento das limitações imputáveis à generalidade das associações civis em um sistema democrático.

O art. 8º do Pacto Internacional sobre Direitos Econômicos, Culturais e Sociais chega mesmo a avançar na discriminação das garantias subjacentes ao franco associativismo em seu aspecto coletivo se comparado às Convenções ns. 87 e 98 da OIT, na medida em que consagra expressamente, em sua alínea "d", o direito à greve como corolário da legítima ação sindical exercida pelas entidades representativas.(209)

Com a promulgação dos dois pactos de Direitos Humanos em 1966 no âmbito da Organização das Nações Unidas, o processo de internacionalização do conteúdo inerente à liberdade sindical ganhou importante reforço, não só porque a fórmula consagrada na Convenção n. 87 da Organização Internacional do Trabalho logrou transcender os umbrais desta última, mas também porque os instrumentos em referência contribuíram significativamente para a consolidação de um dos aspectos coletivos mais caros ao franco associativismo, qual seja, o direito à greve.

2.4.7. A Convenção n. 154 da OIT (1981) e a Convenção n. 158 (1982)

Conforme visto alhures, a Convenção n. 98 da OIT, ao tratar da negociação coletiva no contexto de especificação dos aspectos coletivos do direito à liberdade sindical em seu art. 4º, limitou-se a asseverar que os estados-membros deveriam tomar as medidas cabíveis no intuito de fomentar a autorregulamentação das condições de trabalho por parte das entidades obreiras e patronais.

---

(209) "Art. 8º

1. Os Estados Partes do presente pacto comprometem-se a garantir:

a) o direito de toda pessoa de fundar com outras sindicatos e de filiar-se ao sindicato de sua escolha, sujeitando-se unicamente aos organização interessada, com o objetivo de promover e de proteger seus interesses econômicos e sociais. O exercício desse direito só poderá ser objeto das restrições previstas em lei e que sejam necessárias, em uma sociedade democrática, no interesse da segurança nacional ou da ordem pública, ou para proteger os direitos e as liberdades alheias;

b) o direito dos sindicatos de formar federações ou confederações nacionais e o direito desta de formar organizações sindicais internacionais ou de filiar-se às mesmas;

c) o direito dos sindicatos de exercer livremente suas atividades, sem quaisquer limitações além daquelas previstas em lei e que sejam necessárias, em uma sociedade democrática, no interesse da segurança nacional ou da ordem pública, ou para proteger os direitos e as liberdades das demais pessoas;

d) o direito de greve, exercido de conformidade com as leis de cada país.

2. O presente artigo não impedirá que se submeta a restrições legais o exercício desses direitos pelos membros das forças armadas, da política ou da administração pública.

3. nenhuma das disposições do presente artigo permitirá que os Estados Partes da Convenção de 1948 da Organização Internacional do Trabalho, relativa à liberdade sindical e à proteção do direito sindical, venha a adotar medidas legislativas que restrinjam — ou a aplicar a lei de maneira a restringir — as garantias previstas na referida Convenção."

Três anos depois da aprovação da Convenção n. 98, em 1951, a Organização Internacional do Trabalho editou a Recomendação n. 91, reafirmando tal dever a ser observado pelos estados-membros, para além de definir o conceito de *contrato coletivo*, bem como as diretrizes gerais pertinentes à extensão de suas normas e à interpretação de tais instrumentos em cotejo com a legislação doméstica e com os contratos individuais de trabalho.(210)

Por muitos anos, os diplomas em referência (Convenção n. 98 e Recomendação n. 51) permaneceram como as únicas menções da Organização Internacional do Trabalho a respeito da negociação coletiva, que configura, ao lado da greve, a mais importante atividade sindical desempenhada pelas entidades representativas de trabalhadores e de empregadores e um dos aspectos elementares do franco associativismo em sua vertente coletiva.

De fato, é justamente por intermédio do exercício da negociação coletiva que os sindicatos de trabalhadores logram exercitar seu contrapoder em relação aos empresários, de modo a fazer com que estes últimos e suas entidades representativas venham a discutir, em condições de paridade de forças, as condições de trabalho e de remuneração, retirando tais matérias da esfera do poder diretivo desempenhado unilateralmente pelos empregadores.(211)

Em que pese a importância do tema, apenas em 1981, com a aprovação da Convenção n. 154, a Organização Internacional do Trabalho logrou estabelecer um marco regulatório apto a fixar, em termos genéricos, o alcance da expressão *negociação coletiva*, bem como a definir as matérias cuja relevância para o desempenho das relações laborais imporia a tratativa conjunta entre as entidades representativas dos obreiros, as empresas e os sindicatos patronais.

Nesse sentido, e coerentemente com a definição já presente na Recomendação n. 91, a Convenção n.154 da OIT, em seu art. 2º, definiu a *negociação coletiva* como toda e qualquer tratativa entabulada entre as entidades obreiras e as empresas com o fim de "*fixar as condições de trabalho e emprego*", "*regular as relações entre trabalhadores e empregadores*" ou estabelecer pautas para as relações entre as entidades patronais e obreiras, bem como entre estas últimas e as empresas.

Paralelamente a isto, o art. 5º da norma em apreço impôs aos Estados signatários, em síntese, a adoção de medidas tendentes a promover a progressiva extensão do direito à negociação coletiva ao maior número possível de categorias de trabalhadores e empregadores, a remoção das disposições de direito interno e das estruturas burocráticas tendentes a obstar ou a dificultar a livre pactuação entre os atores coletivos e, principalmente, a ampliação do escopo das legislações domésticas com vistas a contemplar as matérias referidas no parágrafo anterior.

(210) "Recomendación n. 91.
(...)
II. Definición de los Contratos Colectivos
2.
1) A los efectos de la presente Recomendación, la expresión ***contrato colectivo*** comprende todo acuerdo escrito relativo a las condiciones de trabajo y de empleo, celebrado entre un empleador, un grupo de empleadores o una o varias organizaciones de empleadores, por una parte, y, por otra, una o varias organizaciones representativas de trabajadores o, en ausencia de tales organizaciones, representantes de los trabajadores interesados, debidamente elegidos y autorizados por estos últimos, de acuerdo con la legislación nacional."
Disponível em: <http://www.ilo.org/ilolex/cgi-lex/singles.pl?query=021951091@ref&chspec=02>. Acesso em: 15 mar. 2021.

(211) Nesse sentido, Juan Garcia Abellan salienta que: "La presencia e intervención sindical en la ordenación negociada de las condiciones de trabajo, sobre su propia realidad histórica y progresivamente generalizada, se explica y argumenta en razón a la autonomía colectiva, que como manifestación de un poder reclamado por la defensa de intereses colectivos, estructura un concepto jurídico elaborado por el Derecho del Trabajo. A partir de la libertad de disposición o autonomia dispositiva del indivíduo, pasa la titularidad de los grupos profesionales configurando un poder que esgrimido por éstos en las relaciones de trabajo, busca restablecer una correlación de prestaciones que limite los excesos de la autonomía individual en la oferta de trabajo asalariado. De esta suerte,el grupo, actuando como tal, reconduce las relaciones laborales a niveles de intereses colectivos." ABELLAN, Juan Garcia. Curso de Derecho Sindical. 2. ed. Murcia: Universidad de Murcia, 1984. p. 310-311.

A análise dos dispositivos da Convenção n. 154 da OIT ora destacados conduz o intérprete à nítida percepção de que as situações vivenciadas no seio da empresa ou de um conjunto de empregadores a impactarem, de algum modo, nas relações laborais, deverão ser resolvidas por intermédio de negociação coletiva a contar com a imprescindível participação da representação obreira, sob pena de desconfiguração do próprio intuito igualitário que permeia a instituição do Direito Sindical.(212)

A presença de tal conteúdo no âmago do direito à negociação coletiva foi constatada, novamente, quando da aprovação da Convenção n. 158 pela Organização Internacional do Trabalho em 1982, cujo objeto faz-se representado pela regulamentação da dispensa por iniciativa do empregador, condicionada a motivos tecnológicos, econômicos ou estruturais.

De fato, na parte destinada aos despedimentos coletivos (art. 13, 1), a Convenção n. 158 da OIT estabeleceu de maneira peremptória que a implementação de dispensas daquela natureza por motivos econômicos, tecnológicos ou estruturais deve ser precedida de consulta ao sindicato obreiro e de procedimentos de negociação com este último, vedando-se, dessa forma, a tomada unilateral de tais medidas por parte dos empregadores.(213)

A lógica inerente ao dispositivo em comento parte do seguinte pressuposto: quando uma determinada organização empresarial opta pela promoção de um grande número de despedidas para adequar-se às novas conjunturas econômicas, tecnológicas ou mercadológicas, tal medida afeta a coletividade dos trabalhadores e as relações entabuladas entre estes últimos e a empresa naquele aspecto fundamental que possibilita e pressupõe a própria existência das demais condições de trabalho, qual seja, o vínculo empregatício.

Disso decorre o dever imposto às empresas no sentido de informar a entidade representativa dos trabalhadores a respeito dos intentos despeditórios e de consultá-la previamente à implementação daquela providência drástica, possibilitando, nesse sentido, a discussão bilateral em torno das eventuais medidas alternativas à dispensa coletiva ou, se realmente impossível a manutenção dos vínculos empregatícios, das compensações a serem oferecidas aos obreiros afetados.

Vê-se, portanto, que a promulgação das Convenções ns. 154 e 158 no âmbito da Organização Internacional do Trabalho contribuiu substancialmente para a especificação do conteúdo que subjaz ao direito ao franco associativismo em seu aspecto coletivo, na medida em que tornou

(212) Pois afinal, conforme assevera Mario de la Cueva: "Mientras la igualdad del derecho civil fue individualista y formal, la igualdad por la que luchó el movimiento obrero a fin de fundar sobre ella el derecho colectivo del trabajo, fue la igualdad de la clase trabajadora frente al capital, de tal suerte que en cada empresa la igualdad se daria entre la comunidad obrera y el patrono. (...) Por lo tanto, el derecho colectivo serviría para igualar, mediante prerrogativas jurídicas, la superioridad económica del capital. El resultado final a que se llegó, después de la legitimación de los sindicatos, de los contratos colectivos y de la huelga, fue que las condiciones de prestación de los servicios tendrían que ser el efecto de un acuerdo de voluntades de las dos clases sociales, pero si no se lograba, la actividad de las empresas se tornaba un imposible. De ahí la sentencia final: sin el concurso del trabajo toda actividad económica es imposible, pero el trabajo sólo se prestará (...) con su pleno consentimiento y mediante la retribución que estime justa. Así se realizó el fenómeno, relatado muchas veces por numerosos autores: el derecho del trabajo provocó el tránsito del absolutismo empresarial a la democracia de clases sociales." DE LA CUEVA, Mario. El nuevo Derecho Mexicano del Trabajo. Tomo II. 14. ed. Mexico: Porrúa, 2006. p. 225.

(213) "Art. 13 – 1. Quando o empregador prever términos da relação de trabalho por motivos econômicos, tecnológicos, estruturais ou análogos:

a) Proporcionará aos representantes dos trabalhadores interessados, em tempo oportuno, a informação pertinente, incluindo os motivos dos términos previstos, o número e categorias dos trabalhadores que poderiam ser afetados pelos mesmos e o período durante o qual seriam efetuados esses términos;

b) Em confortmidade com a legislação e a prática nacionais, oferecerá aos representantes dos trabalhadores interessados, o mais breve que for possível, uma oportunidade para realizarem consultas sobre as medidas que deverão ser adotadas para evitar ou limitar os términos e as medidas para atenuar as consequências adversas de todos os términos para os trabalhadores afetados, por exemplo, achando novos empregos para os mesmos."

explícita uma das facetas mais relevantes da atividade sindical: a negociação coletiva e a necessidade de instaurá-la sempre que as medidas empresariais a serem implementadas afetarem as relações laborais.

2.4.8. O Protocolo de San Salvador da OEA (1988) e a Opinião Consultiva OC-27/21 da Corte Interamericana de Direitos Humanos

No âmbito da Organização dos Estados Americanos — OEA, a Declaração Americana dos Direitos do Homem, promulgada em Bogotá (Colômbia) no ano de 1948, já reconhecia a toda e qualquer pessoa, em seu artigo XXIII, "*o direito de se associar com outras para promover, exercer e proteger os seus interesses legítimos de ordem (...) sindical*".

Tal garantia foi reafirmada, em termos ainda genéricos, quando do advento da Convenção Americana sobre Direitos Humanos, aprovada em San José (Costa Rica), cujo art. 16 reitera que "*todas as pessoas têm o direito de associar-se livremente com fins ideológicos, políticos, econômicos, trabalhistas, sociais, culturais, desportivos ou de qualquer natureza*".

No entanto, a previsão mais detalhada do direito à liberdade sindical somente veio a ocorrer no sistema da Organização dos Estados Americanos com a promulgação, em 1988, do Protocolo Adicional à Convenção Americana sobre Direitos Econômicos, Sociais e Culturais, ocorrida na cidade de San Salvador (El Salvador), cujos dispositivos estabelecem diretrizes voltadas para a tutela do trabalho, da previdência social, da saúde, da educação, do acesso à cultura, à alimentação, ao meio ambiente sadio, à constituição da família, das crianças, dos idosos e dos deficientes.

No tocante à liberdade sindical, o Protocolo de San Salvador da OEA reafirma em seu art. 8º as mesmas pautas individuais já consagradas na Convenção n. 87 da OIT e no Pacto Internacional sobre os Direitos Econômicos, Sociais e Culturais da ONU, concernentes ao direito à livre criação de entidades representativas e à filiação aos entes de sua escolha.

Ainda no que concerne aos aspectos individuais do franco associativismo, o art. 8º do Protocolo de San Salvador, ao estatuir em seu parágrafo derradeiro que "*ninguém poderá ser obrigado a pertencer a um sindicato*", reforça a convicção de que a filiação a uma entidade representativa deve decorrer da vontade dos trabalhadores e dos empregadores, não podendo ser imposta quer pelo Estado, quer pelos agentes privados.

Os aspectos coletivos do direito à liberdade sindical, de seu turno, se fazem presentes no dispositivo na medida em que este último reitera aos sindicatos as possibilidades de constitução de entidades de grau superior e de livre filiação a organizações internacionais, para além de assegurar-lhes o funcionamento e atuação sem qualquer ingerência estatal indevida e, por fim, o legítimo exercício da greve.

É mister mencionar, nesse desiderato, que no ano de 2021, a Corte Interamericana de Direitos Humanos emitiu, à pedido da Comissão Interamericana de Direitos Humanos, a Opinião Consultiva OC-27/21, de 5.5.2021, tendo por escopo a definição do "*alcance das obrigações dos Estados, no âmbito do sistema interamericano, sobre as garantias à liberdade sindical, sua relação com outros direitos e sua aplicação com uma perspectiva de gênero*", a teor dos arts. 13, 15, 16 e 24 a 26 da Convenção Americana dos Direitos Humanos (Pacto de San José da Costa Rica) e dos arts. 3º, 6º, 7º e 8º do Protocolo de San Salvador.

Na oportunidade, a Corte Interamericana de Direitos Humanos reafirmou categoricamente que a liberdade sindical positivada nos sobreditos dispositivos configura um direito inalienável a toda pessoa humana e contempla o dever atribuído aos Estados de assegurar, de modo amplo, as garantias concernentes à criação de sindicatos, à associação a tais entidades, à negociação coletiva e à greve, cujo exercício deve ser protegido contra toda e qualquer forma de intervenção ou violência de origem estatal ou privada.(214)

De modo ainda mais objetivo, a Opinião Consultiva OC-27/21, de 5.5.2021 se alinha expressamente com os pronunciamentos oriundos do Comitê de Liberdade Sindical da OIT para reafirmar em seus parágrafos 75 a 105 que (i) a liberdade sindical contempla a generalidade dos trabalhadores das searas pública e privada e envolve, no plano individual, as garantias de filiação, desfiliação e criação de entidades representativas; (ii) o exercício de tais direitos não deve ser submetido ao escrutínio subjetivo por parte do Estado e tampouco à coação oriunda do setor privado; (iii) as organizações devem ter plena autonomia administrativa, organizacional, orçamentária e financeira e (iv) as atividades de mobilização e negociação, quando exercidas dentro dos parâmetros de legalidade, não devem ser objeto de restrição por parte das autoridades públicas.(215)

A leitura dos instrumentos de proteção dos Direitos Humanos da Organização dos Estados Americanos — em especial, do Protocolo de San Salvador e da Opinião Consultiva OC-27/21, de 5.5.2021, da Corte Interamericana de Direitos Humanos — demonstra, mais uma vez, que os elementos de cariz individual e coletivo consagrados na Convenção n. 87 da OIT constituem

---

(214) "43. (...) en lo que respecta a esta introducción, conviene puntualizar, desde un comienzo, que tal como lo pone de manifiesto el Relator Especial sobre los derechos a la libertad de reunión pacífica y de asociación de las Naciones Unidas: "[s]in derechos de reunión y asociación, los trabajadores tienen poca fuerza para cambiar las condiciones que blindan la pobreza, alimentan la desigualdad y limitan la democracia." En este sentido, los Estados deben crean un entorno propicio para el pleno ejercicio de estos derechos, como medio para combatir la desigualdad mundial, la pobreza, la violencia y el trabajo infantil y forzoso. Las herramientas tradicionales del trabajo para reivindicar los derechos — sindicatos, huelgas, negociación colectiva etc. — resultan fundamentales en esta tarea, por lo que los Estados deben velar por su vigencia. 37. Asimismo, el Tribunal destaca que, en cualquier contratación financiera internacional, los Estados deberán cuidar que los compromisos que adquieran no importen reales o eventuales exigencias de flexibilización o derogación de normas de derecho laboral en perjuicio de los trabajadores y las trabajadoras.

(...)

58. Asimismo, la libertad sindical, como un derecho inherente e inalienable de toda persona humana, ha sido reconocido en el ámbito universal y regional, y en el ámbito interno de los Estados.

(...)

71. El derecho humano a la libertad sindical ha sido entendido por este Tribunal, en el marco de la protección del derecho a la libertad de asociación en materia laboral, como un derecho con connotaciones colectivas e individuales.

72. En su dimensión colectiva, la libertad sindical protege la facultad de constituir organizaciones sindicales y poner en marcha la estructura interna, actividades y programas de acción, sin intervención de las autoridades públicas que limite o entorpezca el ejercicio del respectivo derecho.

73. Por otra parte, en su dimensión individual, esta libertad supone que cada persona pueda determinar sin coacción alguna si desea o no formar parte de la Asociación.

74 . Adicionalmente, en el marco de la protección de este derecho, la Corte ha señalado que el Estado tiene el deber de garantizar que las personas puedan ejercer libremente su libertad sindical sin temor de que serán sujetos a violencia alguna, pues de lo contrario se podría disminuir la capacidad de las agrupaciones de organizarse para la protección de sus interesses.

75. En este sentido, la libertad de asociación en materia laboral no se agota con el reconocimiento teórico del derecho a formar agrupaciones, sino que comprende además, inseparablemente, el derecho apropiado para ejercer esa libertad.

76. Asimismo, la Corte ha señalado que los sindicatos y sus representantes gozan de una protección específica para el correcto desempeño de sus funciones, pues tal como lo ha establecido este Tribunal en su jurisprudencia, y como se advierte en diversos instrumentos internacionales (supra párrs. 56 a 65), incluido el artículo 8 del Protocolo de San Salvador, la libertad sindical reviste la mayor importancia para la defensa de los intereses legítimos de los trabajadores y las trabajadoras, y se enmarca en el corpus iuris de derechos humanos. Incluso, la importancia que los Estados le han reconocido a los derechos sindicales se refleja en el hecho de que el artículo 19 del Protocolo de San Salvador le confiere a esta Corte competencia para pronunciarse sobre violaciones a la obligación del Estado de permitir que los sindicatos, federaciones y confederaciones funcionen libremente." CORTE INTERAMERICANA DE DERECHOS HUMANOS. *Opinión Consultiva OC-27/21 de 5 de mayo de 2021 solicitada por la Comisión Interamericana de Derechos Humanos*. Disponível em: <https://www.corteidh.or.cr/docs/opiniones/seriea_27_esp1.pdf>. Acesso em: 5 out. 2022.

(215) *Idem*.

as diretrizes elementares que orientam a definição conceitual do franco associativismo nos ordenamentos internacionais e que permitem a existência de uma verdadeira unidade de sentido no cerne destes últimos sobre a matéria ora analisada.

2.4.9. A Declaração de Princípios Fundamentais da OIT (1998), a Declaração da OIT sobre a Justiça social para uma Globalização Equitativa (2008) e o Pacto Mundial para o Emprego (2009)

O panorama econômico mundial a caracterizar as últimas décadas do século XX e o primeiro decênio do século XXI teve por marco inicial os choques do petróleo nos anos 1970 e as crises que os sucederam nos países industrializados. Tais vicissitudes culminaram com a eleição de governos ultraliberais nos Estados Unidos e na Grã-Bretanha (Ronald Reagan e Margareth Thatcher, respectivamente), com o desmantelamento do *welfare state* e com a desregulamentação da economia e do mercado financeiro.

O quadro subjacente à virada do milênio foi complementado com a derrocada dos regimes comunistas no final da década de 1980 e com a consolidação dos países emergentes — com especial destaque para a China — como atores econômicos de peso. Nesse mesmo período, o mundo presenciou o substancial aumento na mobilidade dos capitais, facilitada pelos progressos dos meios tecnológicos, a sucessiva derrubada de barreiras comerciais e o incremento nas transações internacionais, a intensificarem o processo de globalização.

Tal panorama teve como norte ideológico as diretrizes consolidadas no conjunto de medidas ditadas pelos economistas vinculados ao Fundo Monetário Internacional, ao Banco Mundial e ao Departamento de Tesouro dos Estados Unidos no documento intitulado *Consenso de Washington*, a sintetizar os dogmas do pensamento neoliberal e seu receituário para os países ditos *em desenvolvimento*.

Dentre os dogmas do *Consenso de Washington* destinados a promover, hipoteticamente, a adequação das economias à nova etapa do processo de globalização constam expressamente a *desregulamentação da economia* e o *afrouxamento das leis trabalhistas*, ao lado da *disciplina fiscal*, da *redução dos gastos públicos*, da *reforma tributária*, da *aplicação de juros e câmbio de mercado*, da *abertura comercial*, da admissão do *investimento estrangeiro direto*, da *privatização das estatais* e do *respeito à propriedade intelectual*.(216)

Em consequência das vicissitudes políticas, ideológicas e econômicas ocorridas em âmbito global nas últimas décadas do século XX, o trabalho humano passou a ser encarado, fatalmente, como um fator sujeito às mesmas regras gerais concernentes ao mercado internacional de bens e serviços. Nesse contexto, a abertura dos mercados e a mobilidade dos capitais no plano internacional possibilitaram aos detentores dos meios de produção a busca pelos países com legislação trabalhista mais flexível, mão de obra mais barata e sindicalismo mais fraco no intuito de reduzirem seus custos produtivos e de maximizarem seus ganhos.(217)

---

(216) *Vide*: BATISTA, Paulo Nogueira. O Consenso de Washington: a visão neoliberal dos problemas latino-americanos. Programa Educativo Dívida Externa — PEDEX, *Caderno Dívida Externa*, n. 6, 2. ed., nov. 1994.

(217) Conforme descreve criticamente Alain Supiot: "Al proclamar que «el trabajo no es una mercancia» y al exigir «la ampliación de las medidas de seguridad social para garantizar ingresos básicos a quienes los necesiten y prestar asistencia médica completa», la Declaración de Filadelfia obligava a los Estados a dotarse de un Derecho Laboral y de La Seguridad Social capaz de garantizar la seguridad física y económica de los asalariados y de sus famílias, es decir, de establecer las bases jurídicas indispensables para el funcionamiento de los mercados del trabajo en el plazo largo de la sucesión generacional.

Estas bases se establecieron a nível nacional y están siendo desmanteladas progresivamente en el contexto de la globalización.

(...)

Diante de tal cenário, marcado por intensas transformações no perfil econômico global, a Organização Internacional do Trabalho se viu na contingência de optar por reavaliar os princípios institutivos consagrados em sua Constituição e na Declaração da Filadélfia, ou por reafirmá-los em face do novo contexto. E assim, em 19 de junho de 1998, por ocasião de sua 86ª Conferência Internacional do Trabalho, os países membros da OIT acataram a segunda alternativa e firmaram o documento intitulado *Declaração da OIT sobre os Princípios e os Direitos Fundamentais no Trabalho.*

No documento em referência, a Organização Internacional do Trabalho não só reafirmou as diretrizes constantes de sua Constituição e da Declaração da Filadélfia, como também enfatizou que a aversão à mercantilização do trabalho e a promoção de condições laborais dignas apresentar-se-iam como pautas ainda mais imperativas no contexto de intensificação do processo de globalização econômica e de desregulamentação dos mercados.[218]

Nesse sentido, a Declaração deixou assente que a consecução de tais objetivos no atual contexto econômico depende do comprometimento dos países-membros da OIT em assegurar, independentemente da ratificação de qualquer convenção, "*a liberdade sindical e o reconhecimento*

En este Mercado global, el Derecho (...) se considera como un producto que compite a escala mundial, donde se produciría la selección natural de los ordenamientos jurídicos mejor adaptados a la exigencia de rendimiento financiero. En lugar de que la libre competencia se funde en el Derecho, es el Derecho que debería fundarse en la libre competencia.

(...)

Para ayudar a los «consumidores de derecho» a realizar su elección en este «mercado de las normas», el Banco Mundial publica cada año desde 2004, en el marco de su programa «Doing Business», un informe que evalúa los derechos nacionales por el rasero de su eficácia económica. La base de datos numéricos puesta así al dia está destinada a suministrar «medidas objectivas» del Derecho de ciento setenta y ocho países (rebautizados «economias»). En especial, contiene indicadores numéricos de la «rigidez» de los derechos laborales de estos países. El informe «Doing Business» de 2005 contiene, por ejemplo, um capítulo titulado «Hiring and Firing Workers», dedicado especialmente a la medición de los obstáculos a la inversión que representaria en cada país el Derecho Laboral. El cuadro comparativo de todos los derechos laborales del mundo se elabora en función de los seguientes indicadores: dificuldad de contratación; dificuldad de alargamiento o de reducción de la duración del trabajo; dificuldad de despido por razones económicas de un trabajador; índice de rigidez del empleo; coste de contratación y coste de los despidos.

(...)

El establecimiento de este «mercado de productos legislativos» debe conducir a la eliminación progresiva de los sistemas normativos menos aptos para satisfacer las expectativas financieras de los inversores. Por tanto, la competición a la que se entregan las empresas bajo la égida de los mercados financieros no debería limitarse a la esfera económica, sino convertirse en el princípio de organización de la esfera jurídica." SUPIOT, Alain. Trad.: TERRÉ, Jordi. El Espíritu de Filadelfia. La justicia social frente al mercado total. Barcelona: Península, 2011. p. 61-68.

(218) Veja-se, a propósito, as assertivas iniciais da Declaração de 1998: "Considerando que a criação da OIT procede da convicção de que a justiça social é essencial para garantir uma paz universal e permanente;

Considerando que o crescimento econômico é essencial, mas insuficiente, para assegurar a equidade, o progresso social e a erradicação da pobreza, o que confirma a necessidade de que a OIT promova políticas sociais sólidas, a justiça e instituições democráticas;

Considerando, portanto, que a OIT deve hoje, mais do que nunca, mobilizar o conjunto de seus meios de ação normativa, de cooperação técnica e de investigação em todos os âmbitos de sua competência, e em particular no âmbito do emprego, a formação profissional e as condições de trabalho, a fim de que no âmbito de uma estratégia global de desenvolvimento econômico e social, as políticas econômicas e sociais se reforcem mutuamente com vistas à criação de um desenvolvimento sustentável de ampla base;

(...)

Considerando que, com o objetivo de manter o vínculo entre progresso social e crescimento econômico, a garantia dos princípios e direitos fundamentais no trabalho reveste uma importância e um significado especiais ao assegurar aos próprios interessados a possibilidade de reivindicar livremente e em igualdade de oportunidades uma participação justa nas riquezas a cuja criação têm contribuído, assim como a de desenvolver plenamente seu potencial humano;

(...)

Considerando que numa situação de crescente interdependência econômica urge reafirmar a permanência dos princípios e direitos fundamentais inscritos na Constituição da Organização, assim como promover sua aplicação universal." Disponível em: <http://www.oit.org.br/sites/default/files/topic/oit/doc/declaracao_oit_547.pdf>. Acesso em: 15 mar. 2021.

efetivo do direito de negociação coletiva", a "*eliminação de todas as formas de trabalho forçado ou obrigatório*", a "*abolição efetiva do trabalho infantil*" e "*a eliminação da discriminação em matéria de emprego e ocupação*".

A inserção da liberdade sindical dentre os direitos fundamentais a serem assegurados por todos os Estados-membros da OIT, nos termos da Declaração de 1998, atesta que a existência de sindicatos autônomos, fortes e independentes aptos a exercitar um efetivo contrapoder aos desígnios empresariais é um elemento imprescindível para que o trabalho no mundo globalizado não se transforme definitivamente em uma mercadoria e, principalmente, para que a dignidade humana dos trabalhadores seja preservada em face da mobilidade do capital e dos fatores de produção.

Ou seja, se os países-membros da OIT vierem a concretizar efetivamente a liberdade sindical em todos os seus aspectos individuais e coletivos, a mobilidade do capital e dos fatores de produção encontrará, em todo o lugar, um contrapoder que terá o condão de imunizar os trabalhadores contra a depreciação das condições laborais. Tal é a ideia que subjaz à Declaração de Princípios Fundamentais da OIT de 1998.

Nos anos que se seguiram à Declaração, o processo de globalização sob o receituário neoliberal teve continuidade, a despeito de sucessivas crises econômicas a atingirem economias emergentes (*v.g.* Rússia, em 1998, Brasil, em 1999 e Argentina, em 2001). Nesse sentido, os primeiros anos do século XXI foram marcados pela consolidação de novos polos econômicos e industriais, com especial destaque para a Ásia, e pela intensificação da transferência de meios de produção e de investimentos entre os países.

Diante de tal quadro, a OIT, quando da 97ª Conferência Internacional do Trabalho realizada em 10 de julho de 2008, aprovou a *Declaração sobre a Justiça social para uma Globalização Equitativa,* reafirmando aquelas diretrizes consagradas na Declaração de Princípios Fundamentais de 1998 e asseverando que a observância das referidas pautas permaneceria imperativa em face da intensificação da circulação de capitais e de meios de produção, facilitada sobremaneira pelas novas tecnologias e pela potencial lesividade de tal processo para a manutenção dos empregos e da dignidade dos trabalhadores.(219)

No que concerne à liberdade sindical, a Declaração de 2008 estabeleceu que a concretização dos objetivos voltados para a promoção do emprego em um entorno econômico sustentável,

---

(219) O cenário mundial subjacente à Declaração de 2008, bem assim seus objetivos, são descritos na parte introdutória do documento em referência nos seguintes termos: "Considerando que o contexto atual da globalização, caracterizado pela difusão de novas tecnologias, a circulação das ideias, o intercâmbio de bens e serviços, o crescimento da movimentação de capital e fluxos financeiros, a internacionalização do mundo dos negócios e seus processos, do diálogo bem como da circulação de pessoas, especialmente trabalhadoras e trabalhadores, transforma profundamente o mundo do trabalho:

— por uma parte, o processo de cooperação e integração econômicas têm contribuído a beneficiar certo número de países com altas taxas de crescimento econômico e de criação de empregos, a integrar um número de indivíduos pobres da zona rural na moderna economia urbana, a elevar seus objetivos de desenvolvimento e a estimular a inovação na elaboração de produtos e circulação de ideias;

— por outra parte, a integração econômica mundial tem confrontado muitos países e setores com grandes desafios no tocante à desigualdade de ingressos, à persistência de níveis de desemprego e pobreza elevados, a vulnerabilidade das economias diante das crises externas e o aumento, tanto do trabalho precário como da economia informal, que têm incidência na relação de trabalho e na proteção que esta pode oferecer;

Reconhecendo que, nestas circunstâncias, faz-se ainda mais necessário obter melhores resultados, equitativamente distribuídos entre todos com o fim de responder à aspiração universal de justiça social, alcançar o pleno emprego, assegurar a sustentabilidade das sociedades abertas e da economia mundial, conquistar a coesão social e lutar contra a pobreza e as desigualdades crescentes;

Com a convicção de que a Organização Internacional do Trabalho desempenha um papel fundamental na promoção e conquista do progresso e da justiça social num entorno em constante evolução:

a ampliação da seguridade social, a utilização do diálogo social tripartite em maior escala e o respeito aos direitos fundamentais de cunho laboral dependem substancialmente da existência de entidades representativas fortalecidas capazes de promover a defesa dos interesses dos trabalhadores por intermédio da ação sindical e da negociação coletiva.

Coerentemente com a diretriz já consagrada desde os primórdios da OIT, no sentido de que "*o trabalho não é uma mercadoria*", a Declaração de 2008 repudiou expressamente as práticas dos estados-membros tendentes ao afrouxamento ou à dilapidação dos direitos fundamentais dos trabalhadores — aí incluída a liberdade sindical —, com vistas à obtenção de vantagens comerciais na concorrência com os demais países.

Poucos meses após a adoção da *Declaração sobre a Justiça Social para uma Globalização Equitativa*, uma crise de grandes proporções decorrente dos excessos na desregulamentação do mercado financeiro e na concessão indiscriminada de crédito, principalmente nos Estados Unidos, atingiu a economia global, determinando a desconfiança generalizada nas instituições financeiras domésticas e internacionais, a redução da atividade produtiva em praticamente todo o mundo e, fatalmente, a extinção de inúmeros postos de trabalho.

Diante dos efeitos devastadores da hecatombe de 2008, a OIT, já em sua 98ª Conferência Internacional do Trabalho, realizada em junho de 2009, aprovou o documento intitulado *Pacto Mundial para o Emprego*, reconhecido pelo próprio organismo como "*a resposta mais urgente e ampla adotada pela OIT, nos seus 90 anos de existência, para enfrentar uma crise econômica*".(220)

O pacto de 2009 parte da premissa que a crise econômica ocorrida em 2008 deveria servir como oportunidade para uma mudança de concepção acerca do processo de globalização, a ser pautada, a partir de agora, pelo desenvolvimento sustentável, pelo respeito ao meio ambiente, pela observância dos direitos dos trabalhadores, pela igualdade de gênero, pela proteção dos indivíduos em situação vulnerável — em especial os trabalhadores pouco qualificados, os idosos e os jovens — e pelo auxílio aos países com vistas ao aperfeiçoamento de seus serviços públicos.(221)

Nesse sentido, o Pacto de 2009 propõe uma agenda de respostas que deverá ser implementada pelos países-membros nos anos subsequentes, com vistas a aplacar os efeitos da crise econômica de 2008, sintetizada pela concretização de medidas voltadas para a obtenção do pleno emprego, pelo reforço do sistema de proteção social, pelo respeito às normas internacionais do trabalho "*a fim de evitar um nivelamento descendente das condições laborais*", e pelo estímulo ao diálogo social.

Dentre as medidas destinadas a assegurar o "*respeito às normas internacionais do trabalho*", o Pacto de 2009 elenca a liberdade sindical e o apreço à negociação coletiva, reafirmando, desse

---

— sobre a base do mandato contido na Constituição da OIT, junto com a Declaração de Filadélfia (1944), que continua plenamente pertinente no século XXI e deveria inspirar a política de seus Membros, e que, dentre outros fins, objetivos e princípios:

Afirma que o trabalho não é uma mercadoria e que a pobreza, onde houver, constitui um perigo para a prosperidade de todos;

reconhece que a OIT tem a solene obrigação de promover entre as nações do mundo, programas próprios que permitam alcançar os objetivos do pleno emprego e a elevação do nível de vida, um salário mínimo vital e a extensão das medidas de seguridade social para garantir ingressos básicos a quem precise, junto com os demais objetivos enunciados na Declaração da Filadélfia;

recomenda à OIT examinar e considerar, à luz do objetivo fundamental de justiça social, todas as políticas econômicas e financeiras internacionais."

Disponível em: <http://www.oit.org.br/sites/default/files/topic/oit/doc/declaracao_oit_globalizacao_213.pdf>. Acesso em: 15 mar. 2021.

(220) ORGANIZAÇÃO INTERNACIONAL DO TRABALHO. *Para superar a crise:* Um Pacto Mundial para o Emprego. Lima: OIT, 2009. p. 2.

(221) *Ibidem*, p. 4-5.

modo, que a observância às pautas consagradas nas Convenções ns. 87, 98 e 154 se afigura como condição imprescindível para evitar que a depreciação das condições laborais por parte dos estados-membros seja utilizada como forma de aquisição de vantagens concorrenciais em relação aos demais países.

Da análise das três declarações formuladas no âmbito da OIT durante o período de intensificação do processo de globalização e após a crise econômica de 2008, observa-se que o direito à liberdade sindical em seus aspectos individuais e coletivos remanesce nos instrumentos internacionais como um componente imprescindível para promover a melhoria contínua das condições dos trabalhadores e para evitar que o labor humano torne a ser um fator mercadológico.

Dito em outros termos, a liberdade sindical e sua adoção integral pelos Estados têm por função hodierna, ao lado dos demais objetivos elencados pela OIT, impedir que a globalização econômica seja um fator de retrocesso social para os trabalhadores, recolocando o labor humano à mercê da lei da oferta e da procura e da concorrência internacional e fazendo com que o custo da mão de obra seja nivelado por baixo.

2.5. O direito à liberdade sindical no Brasil e as peculiaridades do sindicalismo nacional

Conforme já ressaltado no início do presente capítulo, a liberdade sindical é uma instituição jurídica dotada de um conteúdo histórico-institucional próprio, resultante de uma evolução que lhe é peculiar e que resultou na definição de seus aspectos individuais, coletivos, positivos e negativos atualmente consagrados nos mais diversos pactos internacionais de direitos humanos. Sendo assim, os ordenamentos jurídicos que consagram o franco associativismo em abstrato sob a forma de princípio são, necessariamente, integrados por suas notas distintivas.

Em que pese, todavia, a existência desse núcleo comum peculiar à liberdade sindical, há, no plano doméstico, condicionantes sociológicas e normativas que conferem notas de particularidade ao franco associativismo. Tal vicissitude é plenamente compreensível na medida em que o desenvolvimento histórico das sociedades, mesmo daquelas que guardam certa proximidade contextual umas com as outras, não é uniforme, o que acaba por influir decisivamente na definição dos conteúdos principiológicos acatados por seus respectivos ordenamentos jurídicos.

Pode-se dizer, portanto, que paralelamente àquela parcela do núcleo axiológico da liberdade sindical que se faz presente de maneira uniforme nos pactos internacionais de direitos humanos (a compreender seus aspectos individuais, coletivos, positivos e negativos), há uma parte preenchida pelos condicionantes histórico-institucionais pertinentes às sociedades nas quais o princípio em referência encontra consagração em abstrato no ordenamento jurídico.

No caso brasileiro, não há como negar que o viés autoritário e personalista a marcar o exercício do poder e a gestão da coisa pública pelos governantes desde o período colonial, bem assim as sucessivas convulsões políticas e sociais a marcarem a trajetória histórica do País, principalmente no Império e na República, fazem soar estranha, em um primeiro momento, a aceitação da assertiva em torno da plena incorporação, entre nós, do conteúdo histórico-institucional da liberdade sindical nos moldes consagrados naqueles pactos internacionais de direitos humanos.

Tal estranheza se amplifica diante da constatação em torno da longa subsistência das relações escravagistas de trabalho em pleno século XIX, bem como da repressão exercida pelo Poder Público aos movimentos sociais espontâneos nas primeiras décadas do século XX, com arrimo naquela ideologia liberal já superada há muito em solo europeu. A tais aspectos, soma-se a notória cooptação do movimento sindical pelo governo após a Revolução de 1930 e sua reorganização em torno de estruturas corporativistas e de objetivos pré-definidos pelas autoridades estatais, cujos efeitos ainda marcam profundamente o sindicalismo pátrio.

Se tais assertivas procedem, também é certo que existe no seio da sociedade pátria, há muito, o desejo de institucionalizar no País a democracia em sua forma plena e de possibilitar, nessa toada, a inserção de todos os segmentos sociais na condução dos assuntos republicanos e no exercício do poder, a fim de que as mazelas decorrentes daquelas estruturas autoritárias e paternalistas sejam eliminadas. É este, justamente, o espírito que subjaz à Constituição Federal de 1988, ao definir os fundamentos e os objetivos da República Federativa do Brasil em seus dispositivos iniciais e ao elaborar um amplo e abrangente programa para sua consolidação nos capítulos subsequentes.(222)

Tendo em vista, portanto, as tensões existentes entre as notas autoritárias a pautarem a formação histórica da sociedade pátria e os desígnios democráticos e emancipatórios que subjazem ao texto da Constituição Federal de 1988, é mister revisitar, à luz de tais elementos, a trajetória evolutiva da organização sindical brasileira a fim de verificar em que medida o art. 8º da Carta Magna incorpora aquele conteúdo da liberdade sindical presente nos pactos internacionais de direitos humanos e, paralelamente a isto, em que medida as peculiaridades do sindicalismo brasileiro condicionam o exercício do franco associativismo em seus aspectos individuais, coletivos, positivos e negativos.

2.5.1. Da abolição da escravatura à fase protoindustrial. As primeiras manifestações do sindicalismo no Brasil

Nas primeiras décadas do século XIX, quando a Europa Ocidental vivenciava em plenitude os progressos da Revolução Industrial e as contradições do liberalismo e do individualismo, o Brasil recém-emancipado do jugo colonial mantinha uma economia ainda fortemente baseada no extrativismo de matérias-primas, no latifúndio, na agricultura e na pecuária, cuja movimentação dependia de mão de obra escrava que, por sua vez, encontrava-se submetida a relações de absoluto servilismo e dependência dos proprietários das terras.

O Brasil era, portanto, um país eminentemente agrário. Nesse contexto, não havia o mínimo ambiente para o surgimento espontâneo de coalizões entre trabalhadores, mesmo porque as noções de *proletariado*, de *detentores dos meios de produção*, de *livre-iniciativa econômica*, de *contrato de locação de serviços* e de *venda de mão de obra* — que ditavam o ritmo dos acontecimentos na Europa — eram absolutamente estranhas àquele ambiente econômico de desenvolvimento ainda tão incipiente.(223)

(222) Sobre as ideias a permearem a elaboração da Constituição Federal de 1988, Luis Roberto Barroso assinala que: "A Assembleia Nacional Constituinte, que iria elaborar a nova Constituição da República, marcou o ingresso do Brasil no rol dos Países democráticos, após vinte e cinco anos de regime militar e quase doze de abertura 'lenta, segura e gradual'. (...) É inegável que a Constituição de 1988 tem a virtude de espelhar a reconquista dos direitos fundamentais, notadamente os de cidadania e os individuais, simbolizando a superação de um projeto autoritário, pretensioso e intolerante que se impusera ao País. Os anseios de participação, represados à força nas duas décadas anteriores, fizeram da constituinte uma apoteose cívica, marcada, todavia, por interesses e paixões.

(...)

A falta de coordenação entre as diversas comissões, e a abrangência desmesurada com que cada uma cuidou de seu tema, foram responsáveis por uma das maiores vicissitudes da Constituição de 1988: as superposições e o detalhismo minucioso, prolixo, casuístico, inteiramente impróprio para um documento dessa natureza. De outra parte, o assédio dos *lobbies*, dos grupos de pressão de toda a ordem, geraram um texto com inúmeras esquizofrenias ideológicas e densamente corporativo.

A crítica, cabível e necessária, não empana o seu caráter democrático, mas apenas realça a fisionomia ainda imatura de um País fragilizado pelas sucessivas rupturas institucionais e pela perversidade de suas relações sociais. Como protagonista e beneficiária das disfunções atávicas da sociedade brasileira, sobrepaira uma classe dominante – a elite econômica e intelectual – que jamais se interessou ou foi capaz de elaborar um projeto generoso de país, apto a integrar à cidadania, ao consumo mínimo, enfim, à vida civilizada, os enormes contingentes historicamente marginalizados." BARROSO, Luís Roberto. O Direito Constitucional e a efetividade de suas normas. 8. ed. Rio de Janeiro: Renovar, 2006. p. 40-42.

(223) Sobre o estágio da economia brasileira no século XIX e sua dependência da mão de obra escrava, Caio Prado Júnior assevera que: "A escravidão vai aceleradamente perdendo sua base moral, não somente na opinião comum, mas

Não obstante tal estado de coisas, a subsistência da escravidão foi duramente questionada durante todo o século XIX, seja em decorrência das pressões abolicionistas verificadas no plano interno, seja por conta das restrições ao tráfico de cativos impostas, especialmente, pelo Reino Unido. Diante do cenário ora descrito, o Império deu início à paulatina eliminação do sistema escravocrata, através das sucessivas leis libertárias, a culminar com a Lei Áurea de 1888, e do fomento à introdução de colonos europeus nas propriedades rurais, nos termos do art. 18 da alcunhada *Lei Vergueiro* (Lei n. 601, de 18.9.1850).(224)

A partir de então, em função das crises econômicas verificadas nos países europeus, o ingresso de estrangeiros no País aumentou significativamente, vindo os imigrantes a se empregarem nas propriedades rurais e nas incipientes atividades industriais, comerciais e de serviços que passaram a surgir nos polos urbanos, especialmente em São Paulo e no então Distrito Federal.

Tais imigrantes trouxeram consigo as ideias anarquistas e socialistas que durante a última metade do século XIX e no início do século XX foram o estopim das conflagrações sociais protagonizadas pela burguesia detentora dos meios de produção e o proletariado na Europa ocidental. E sob tal pensamento, foram fundados já nas décadas de 1890 e de 1900 as primeiras "ligas operárias" naqueles núcleos urbanos de adensamento populacional crescente.(225)

Paralelamente a isto, o ideário do liberalismo econômico e da autonomia privada — com significativo atraso em relação à Europa — encontrava amplo espaço para influenciar a organização da sociedade na recém-nascida república, vindo a Constituição de 1891 e, posteriormente, o Código Civil de 1916, a refletirem exatamente tal espírito, principalmente na definição dos direitos individuais e na abstenção do Estado em intervir na organização econômica, o que, na prática, redundou na subsistência do polo patronal como o fixador unilateral das condições de trabalho.(226)

---

até em círculos conservadores. Logo depois da Independência já a vemos alvo da crítica geral. Aceita-se e se justifica, mas como uma 'necessidade', um mal momentaneamente inevitável. Ninguém ousa defendê-la abertamente; e seu desaparecimento num futuro mais ou menos próximo é reconhecido fatal. A discussão se trava apenas em torno da oportunidade. Tal posição dúbia explica aliás a atitude incoerente e contraditória das opiniões da época: enquanto se critica a escravidão, sustenta-se energicamente sua manutenção; reconhecem-se seus males, mas raros ousam ainda combatê-la francamente e propor medidas efetivas e concretas para sua extinção.

É que realmente a escravidão ainda constituía a mola mestra da vida do país. Nela repousam todas as suas atividades econômicas; e não havia aparentemente substituto possível. Efetivamente, é preciso reconhecer que as condições da época ainda não estavam maduras para a abolição imediata do trabalho servil. A posição escravista reforçar-se-á, aliás, depois da Independência, com a ascenção ao poder e à direção política do novo Estado, da classe mais diretamente interessada na conservação do regime: os proprietários rurais que se tornam sob o Império a força política e socialmente dominadora." PRADO JÚNIOR, Caio. História econômica do Brasil. 51. reimp. São Paulo: Brasiliense, 2011. p. 143.

(224) "Art. 18. O Governo fica autorizado a mandar vir annualmente á custa do Thesouro certo numero de colonos livres para serem empregados, pelo tempo que for marcado, em estabelecimentos agricolas, ou nos trabalhos dirigidos pela Administração publica, ou na formação de colonias nos logares em que estas mais convierem; tomando anticipadamente as medidas necessarias para que taes colonos achem emprego logo que desembarcarem."

(225) Sobre a fundação dos primeiros sindicatos em São Paulo, Edilene Toledo assinala que: "No Brasil, desde os últimos anos do século XIX, o movimento operário de São Paulo se expandia progressivamente, e várias novas organizações foram sendo criadas. Grande parte desse movimento inspirava-se então nos princípios do sindicalismo revolucionário. Também no Brasil os operários perceberam o seu mundo e agiram sobre ele, e utilizaram, muitas vezes, a linguagem e a ação do sindicalismo revolucionário em resposta a seus problemas e preocupações concretos." TOLEDO, Edilene. Anarquismo e sindicalismo revolucionário. Trabalhadores e militantes em São Paulo na Primeira República. São Paulo: Fundação Perseu Abramo, 2004. p. 67-69.

(226) Conforme assinala Azis Simão: "A primeira interferência do poder público nas relações de produção foi constituída pelos atos referentes à abolição do regime escravista. Nisto, porém, ficou a ação efetiva do Estado nesse plano da vida econômica, não mais tocando, de fato, por longo período, no direito privado de estabelecer regimes de trabalho. Do ponto de vista das gestões econômicas, a diferença entre o braço escravo e o livre representava apenas uma diferença na forma de investimentos em mão de obra – nunca a negação do direito privado de determinar as condições de locação da fôrça de trabalho. Tal privatismo não foi aqui, portanto, uma consequência da simples adoção de ideias do liberalismo econômico, criadas nas áreas europeias em que se originou a sociedade capitalista. Ao contrário, êle apenas ajustou, no processo da vida política, formulações jurídicas do Estado liberal às normas já elaboradas na experiência

Como resultado prático de tal modelo, repetiu-se em solo brasileiro o mesmo fenômeno verificado cem anos antes na Europa, em que a propalada liberdade contratual conferida aos obreiros e aos empregadores para a pactuação dos termos da *locação de serviços* daqueles primeiros a estes últimos, aliada ao excesso de oferta de mão de obra, fez com que o trabalho humano fosse explorado à exaustão pelos detentores dos meios de produção, mediante o pagamento de um preço vil, em condições sanitárias degradantes e sob jornadas destrutivas.(227)

Tais circunstâncias, aliadas à difusão cada vez maior das ideologias do socialismo e do anarquismo dentre os trabalhadores urbanos e à constituição de associações operárias, fez com que as greves deflagradas em face das precárias condições de trabalho e de remuneração se fizessem cada vez mais frequentes nas aglomerações populacionais de maior relevância já a partir das últimas décadas do Século XIX, com especial destaque para aqueles verificados no Estado de São Paulo e na capital paulista.(228)

Diante de tais movimentos, a reação estatal era pautada, sempre, pela repressão violenta legitimada não só pelos arts. 205 e 206 do Código Penal de 1890, como também pela ideologia liberal a permear tais dispositivos, fundada na noção de que a greve representaria, em última instância, um obstáculo à livre pactuação das condições de trabalho por parte dos indivíduos *livres e iguais* devendo, por tal razão, ser combatida pela legislação criminal e pelo Estado.(229)

---

econômico-social do período escravista. E assim ajustado, pautou o comportamento das gestões econômicas que surgiram no processo de formação e crescimento da economia urbana. De seu lado, também a própria população assalariada ainda não conhecera outra forma de relações de produção que não se baseasse exclusivamente em tratos estipulados dentro da ordem econômica privada. A reivindicação de normas do direito público restritivas do arbítrio pessoal no estabelecimento do regime de trabalho resultou da ampliação da própria experiência social dos assalariados no processo de crescimento da economia urbana." SIMÃO, Azis. Sindicato e Estado. São Paulo: Dominus, 1966. p. 63.

(227) A situação é descrita por Evaristo de Moraes da seguinte forma: "Os resultados nefastos [da liberdade econômica] sem freio não tardaram em manifestar-se tornando-se de mais em mais graves e intoleráveis, provocando reações por tôda a parte. Verifica-se hoje, nas relações dos assalariados com seus patrões, que a liberdade é para aquêles uma burla.

De fato: — a liberdade individual sòmente poderia bastar para assegurar a harmonia coletiva, se não houvesse profundas desigualdades das fôrças individuais, a liberdade sem freios tornou-se uma causa fatal de usurpação e de opressão.

O isolamento entre os assalariados foi o meio mais seguro de conduzi-los ao estado de inferioridade em que se encontram.

(...)

Até hoje, a mercadoria que se chama trabalho tem sido vendida a retalho, parcela por parcela, por homens isolados; presentemente, é preciso, por meio de associação, estabelecer o comércio por atacado, coletivo, dessa mercadoria que se chama trabalho humano.

É o idel a atingir, incontestàvelmente, êsse da substituição do contrato individual pelo contrato coletivo de trabalho. E o sindicato operário está destinado a realizar essa revolução no sistema industrial moderno. Dia virá em que o sindicato não será sòmente o porta-voz das reclamações e das reivindicações operárias; será o contratador do trabalho, fixará com os sindicatos patronais as condições em que os trabalhadores poderão contribuir com sua atividade profissional para o desenvolvimento da indústria, respondendo, como pessoa jurídica, pela perfeita execução do contrato, passado em nome de seus membros." MORAES, Evaristo de. Apontamentos de Direito Operário. 4. ed., fac-similar. São Paulo: LTr, 1998. p. 101-103.

(228) Nesse sentido, Azis Simão destaca que os primeiros movimentos surgiram nos setores de transportes e construção civil em Santos e na capital, durante o período compreendido entre 1888 e 1890. Após isto, a frequência das greves se intensificou, principalmente nas primeiras décadas do século XX, vindo a autor a registrar, entre 1901 e 1914, 129 (cento e vinte e nove) paredes na capital e no interior paulista e, entre 1915 e 1929, outras 116 (cento e dezesseis). *Vide*, nesse sentido: SIMÃO, Azis. *Sindicato e Estado.* São Paulo: Dominus, 1966. p. 134-139.

(229) Assim dispunham os artigos em referência:

"Art. 205. Seduzir, ou alliciar, operarios e trabalhadores para deixarem os estabelecimentos em que forem empregados, sob promessa de recompensa, ou ameaça de algum mal:

Penas – de prisão cellular por um a três mezes e multa de 200$ a 500$000."

"Art. 206. Causar, ou provocar, cessação ou suspensão de trabalho, para impor aos operarios ou patrões augmento ou diminuição de serviço ou salario:

Pena – de prisão cellular por um a três mezes.

§ 1º Si para esse fim se colligarem os interessados:

E nesse contexto de eclosão de movimentos paredistas insuflados por ligas operárias criadas, por sua vez, sob o influxo de ideologias trazidas por imigrantes empregados nas atividades urbanas, o Congresso Nacional aprovou, em janeiro de 1907, a Lei n. 1.641 (alcunhada de *Lei Afonso Gordo*), a versar, justamente, sobre a expulsão de estrangeiros nocivos à *segurança nacional* e à *tranquilidade pública*. Àquela altura da história republicana pátria, não é difícil verificar que o público-alvo da medida em referência compreendia, exatamente, os operários anarquistas e socialistas que estavam à frente daquelas greves cuja deflagração nos polos urbanos vinha crescendo exponencialmente.(230)

Naquele mesmo mês de janeiro de 1907, foi editado o Decreto n. 1.637, cujo teor facultou aos trabalhadores de profissões similares ou conexas do meio urbano a fundação de entidades sindicais para o estudo e a defesa de seus interesses comuns (art. 1º), independentemente da autorização do Estado (art. 2º), bem como possibilitou aos obreiros a adesão e a desfiliação em

---

Pena – aos chefes ou cabeças da colligação, de prisão cellular por dous a seis mezes.

§ 2º Si usarem de violencia:

Pena – de prisão cellular por seis mezes a um anno, além das mais em que incorrerempela violencia."

E sobre a lógica a permear a repressão governamental no período, Azis Simão destaca que:

"Desde que a locação de serviços deve resultar de contratos individuais, feitos na esfera das relações privadas, a greve, como imposição coletiva de condições dêsse contrato, entrava o processo regular do mercado de trabalho e transgride direitos individuais. Constitui, por isso, um fato que deve ser reprimido e punido pelos poderes públicos. O conflito coletivo de trabalho torna-se, então, objeto de lei apenas enquanto ação proibida e sujeita a penalidades. Estas, certamente, não podendo ser aplicadas a todos os participantes das greves deveriam recair sôbre seus líderes, indigitados como agitadores sociais, que visavam não o bem estar dos operários, mas a subversão da ordem pública." *Ibidem*, p. 123.

(230) Assim dispunham os arts. 1º, 2º e 4º, da "Lei Afonso Gordo":

"Art. 1º O estrangeiro que, por qualquer motivo, comprometer a segurança nacional ou a tranquilidade pública pode ser expulso de parte ou de todo o território nacional.

Art. 2º São também causas bastantes para a expulsão:

1ª) a condenação ou processo pelos tribunais estrangeiros por crimes ou delitos de natureza comum;

2ª) duas condenações, pelo menos, pelos tribunais brasileiros, por crimes ou delitos de natureza comum;

3ª) a vagabundagem, a mendicidade e o lenocínio competentemente verificados."

(...)

"Art. 4º O Poder Executivo pode impedir a entrada no território da República a todo estrangeiro, cujos antecedentes autorizem incluí-lo entre aqueles a que se referem os arts. 1º e 2º.

Parágrafo único. A entrada não pode ser vedada ao estrangeiro nas condições do art. 3º, se tiver se retirado da República temporariamente."

Em discurso datado de 29.11.1912, o próprio Afonso Gordo justificou o endurecimento das medidas constantes da Lei de 1907, asseverando, para tanto, que:

"Quando todos os países movem uma formidável campanha contra os elementos perniciosos que invadem as suas fronteiras, manter aquelas restrições é abrir as nossas portas aos vagabundos, mendigos, cáftens, anarquistas e bandidos profissionais, expulsos de toda a parte, é sacrificar os mais vitais interesses da nossa pátria!

Sim, porque para não poderem ser expulsos — ou se casam com mulher brasileira ou aguardam o prazo de dous anos para desenvolverem depois a sua ação...

E o Brasil já está se constituindo um refúgio de anarquistas e fomentadores de desordens.

Informa este documento que tenho em mãos, (...) emanado de uma repartição pública de São Paulo, que já há naquele Estado 26 sociedades anarquistas. Os chefes dos grupos anarquistas limitavam-se, a princípio, a fazer propaganda de suas ideias libertárias em Santos e na Capital, agitando as várias classes operárias, provocando greves que se repetiam com muita frequência, e prejudicando consideravelmente a vida industrial daquelas cidades. Uma das últimas greves que tiveram lugar na Capital, durou mais de 30 dias e nela estiveram envolvidos cerca de 10.000 operários.

Ultimamente, porém, têm eles feito uma propaganda intensíssima no interior do Estado, junto aos colonos, com o intuito de desorganizarem completamente o serviço agrícola, promovendo, durante a colheita, uma greve geral.

Parece-me que não tenho necessidade de expor todas as consequências desastrosas que resultarão para S. Paulo e para o país inteiro desse fato." Disponível em: <http://www.ebooksbrasil.org/eLibris/gordo.html>. Acesso em: 2 abr. 2021.

qualquer momento (art. 5º) de tais entidades, para além de assegurar a estas últimas a formação de entes de nível superior (art. 4º).[231]

Em que pese o teor aparentemente democrático da norma em referência, seu art. 8º limitava o direito de representação das categorias àquelas entidades que fossem constituídas no intuito de obter a harmonia entre os trabalhadores e os empregadores. Com tal disposição, o legislador brasileiro demonstrava de forma nítida sua preferência por sindicatos de cunho conciliatório e, ao mesmo tempo, dóceis aos desígnios estatais, imbuído na crença de que a atividade reivindicatória de tais organizações prejudicava sobremaneira o equilíbrio das relações sociais, baseadas na liberdade contratual e na igualdade meramente formal, para além de comprometer a *ordem pública* e a *paz social*.[232]

De outro turno, a prática demonstrou que a atuação coletiva característica das entidades operárias formadas espontaneamente nos meios urbanos — a compreender, dentre outras atividades, o proselitismo da ação sindical nas empresas e a organização de greves — não só carecia de respaldo legal para se desenvolver, como também era veementemente contrária ao arcabouço jurídico de cunho liberal e, por isso mesmo, veementemente reprimida pelas autoridades públicas com arrimo no Código Penal de 1890 e na *Lei Afonso Gordo*.

---

(231) É importante destacar, para fins históricos, que em 6 de janeiro de 1903, foi editado o Decreto n. 979, tendo por objeto a organização dos profissionais da agricultura e das indústrias rurais em sindicatos.

A despeito da denominação de *sindicato* utilizada pelo decreto, o fato é que as associações ali mencionadas não almejavam a representação dos interesses profissionais dos trabalhadores do campo, sendo, ao revés, entidades formadas para o auxílio mútuo de seus integrantes e para a defesa dos interesses corporativos dos proprietários de terras e das empresas agrárias.

Pode-se dizer, portanto, que os "sindicatos" mencionados no Decreto n. 979/1903 se aproximavam mais de associações de proprietários rurais e de cooperativas agrícolas do que de entidades voltadas para a defesa dos interesses dos trabalhadores na agricultura em contraposição aos desígnios patronais.

(232) Assim dispunham os arts. 1º, 2º, 4º, 5º e 8º, do Decreto n. 1.637/1907:

"Art. 1º E' facultado aos profissionaes de profissões similares ou connexas, inclusive as profissões liberaes, organizarem entre si syndicatos, tendo por fim o estudo, a defesa e o desenvolvimento dos interesses geraes da profissão e dos interesses profissionaes de seus membros.

Paragrapho unico. São considerados como continuando a pertencer á profissão, embora não o pertençam mais, os profissionaes que tiverem exercido a profissão durante cinco annos e que não a tenham abandonado desde mais de dez annos, comtanto que não exerçam outra profissão e residam no paiz desde mais de tres annos.

Art. 2º Os syndicatos profissionaes se constituem livremente, sem autorização do Governo, bastando, para obterem os favores da lei, depositar no cartorio do registro de hypothecas do districto respectivo tres exemplares dos estatutos, da acta da installação e da lista nominativa dos membros da directoria, do conselho e de qualquer corpo encarregado da direcção da sociedade ou da gestão dos seus bens, com a indicação da nacionalidade, da idade, da residencia, da profissão e da qualidade de membro effectivo ou honorario.

O official do registro das hypothecas é obrigado a enviar, dentro dos oito dias da apresentação, um exemplar á Junta Commercial do Estado respectivo e outro ao procurador da Republica. Este deverá, dentro de tres mezes da communicação, remetter recibo com a declaração de regularidade. Si, findo o prazo acima, o procurador não o tiver feito, ficarão sanadas as irregularidades.

§ 1º O registro deverá ser renovado a cada mudança de direcção ou modificação dos estatutos.

§ 2º Só podem fazer parte dos corpos de direcção dos syndicatos, brazileiros natos ou naturalizados, com residencia no paiz, de mais de cinco annos, o no gozo de todos os direitos civis."

(...)

"Art. 4º Os syndicatos terão a faculdade de se federar em uniões ou syndicatos centraes, sem limitação de circumscripções territoriaes. As federações terão personalidade civil separada e gozarão dos mesmos direitos e vantagens dos syndicatos isolados.

Art. 5.º Ninguem será obrigado a entrar para um syndicato sob pretexto algum, e os profissionaes que forem syndicatarios poderão retirar-se em todo tempo, perdendo, porém, as cotizações realizadas, os direitos, concessões e vantagens inherentes ao syndicato, em favor deste, sem direito a reclamação alguma e sem prejuizo da cotização do anno corrente."

(...)

"Art. 8º. Os syndicatos que se constituirem com o espirito de harmonia entre patrões e operarios, como sejam os ligados por conselhos permanentes de conciliação e arbitragem, destinados a dirimir as divergencias e contestações entre o capital e o trabalho, serão considerado como representantes legaes da classe integral dos homens do trabalho e, como taes, poderão ser consultados em todos os assumptos da profissão."

E como se já não bastassem os referidos diplomas legais, a repressão oficial aos movimentos operários de cunho anarquista e socialista ganhou substancial reforço em 1921, com a promulgação da Lei n. 4.269 (*Lei Aníbal de Toledo*), cujo art. 12 autorizava o governo a fechar por tempo determinado as associações e os sindicatos envolvidos naquilo que o diploma caracterizava como "*atos nocivos aos bens públicos*".(233)

Não por outra razão, as ligas e associações operárias de orientação socialista e anarquista (de primeiro e segundo graus) se organizaram à margem das condições estabelecidas no Decreto n. 1.637/1907, constituindo entidades de fato cuja atividade reivindicatória era objeto de constante perseguição por parte das autoridades estatais. Tal vicissitude explica o motivo pelo qual os sindicatos formados durante a Primeira República possuíam existência efêmera e vacilante, estando mais próximos de coalizões obreiras do que de entes dotados de existência perene.(234)

Em que pese, todavia, o caráter incipiente das ligas operárias e das associações de classe formadas no final do século XIX e nas três primeiras décadas do século XX, o fato é que o debate em torno da tutela estatal do trabalho humano, nos moldes europeus, vinha ganhando cada vez mais espaço seja em razão do crescimento das atividades comerciais, industriais e de serviços nos núcleos urbanos, ou da percepção do esgarçamento dos dogmas liberais, em uma reprodução de certo modo artificial do que ocorrera no *Velho Continente* com quase quarenta anos de atraso.(235)

---

(233) Assim dispunha o art. 12 da Lei Aníbal de Toledo:
"Art. 12. O Governo poderá ordenar o frechamento, por tempo determinado, de associações, syndicatos e sociedades civis quando incorram em actos nocivos ao bem publico.
§ 1º Ao Poder Judiciario compete, porém, decretar a dissolução em acção propria, de fórma summaria, promovida pelo Ministerio Publico.
§ 2º O acto do Governo será fundamentado e expedido pelo Ministerio da Justiça e Negocios Interiores si a sociedade, associação, ou syndicato funccionar no Districto Federal ou no Territorio do Acre."

(234) A propósito, João Tristan Vargas, após profundo estudo de casos a identificarem a ação repressiva do Poder Público sobre o movimento operário na Primeira República, formulou a seguinte conclusão:
"A pesquisa aqui apresentada encontrou indicações, não de uma política do Estado em relação aos trabalhadores, mas de uma instrumentalização direta da polícia por parte dos interesses patronais. (...) Há atitudes constantes: a não admissão do anarquismo como interlocutor legítimo (nem os representantes deste desejavam tal interlocução) e em certa extensão o favorecimento a formas e propósitos de associação operária que não se chocassem com a ordem liberal." VARGAS, João Tristan. O trabalho na ordem liberal. O movimento operário e a construção do Estado na Primeira República. Campinas: Unicamp, 2004. p. 200.

(235) Nesse sentido, o discurso proferido por Rui Barbosa acerca da *questão social*, durante a campanha presidencial de 1919, bem sintetiza o espírito do período em referência: "A concepção individualista dos direitos humanos tem evolvido rapidamente, com os tremendos sucessos dêste século, para uma transformação incomensurável nas noções jurídicas do individualismo restringidas agora por uma extensão, cada vez maior, dos direitos sociais. Já não se vê na sociedade um mero agregado, uma justaposição de unidades individuais, acasteladas cada qual no seu direito intratável, mas uma entidade naturalmente orgânica, em que a esfera do indivíduo tem por limites inevitáveis, de todos os lados, a coletividade. O direito vai cedendo à moral, o indivíduo à associação, o egoísmo, à solidariedade humana.
(...)
Mas, senhores, já que me constrangeram a trazer a êste auditório a questão social, de cujo melindre ìntimamente escarnecem êsses exploradores e zombadores de tudo, aceito o repto, e entremos a contas.
Venham com as suas os homens, que, há trinta anos, se assenhoraram da República, e nela, vai por trinta anos, parasiteiam à tripa fôrra. Que fizeram êles, nesses seis lustros, nêsse terço de século, pela causa do trabalho nesta terra, êles, os únicos em cujas mãos está, para tudo, a faca e o queijo, a faca rija no corte e o queijo inesgotável no miolo?
(...)
Nada se construiu. Nada se adiantou, nada se fêz. A sorte do operário continua indefesa, desde que a lei, no pressuposto de uma igualdade imaginária entre êle e o patrão e de uma liberdade não menos imaginária nas relações contratuais, não estabeleceu, para êste caso de 'minoridade social', as providências tutelares, que uma tal condição exige.
As fábricas devoram a vida humana desde os sete anos de idade. Sôbre as mulheres, pesam, de ordinário, trabalhos tão árduos quanto os dos homens; não percebem senão salários reduzidos e, muitas vêzes, de escassez mínima. Equiparam-se aos adultos, para o trabalho, os menores de quatorze e doze anos. Mas, quando se trata de salário, cessa a equiparação. Em emergências de necessidade todo êsse pessoal concorre aos serões. O horário, geralmente, nivela sexos e idades entre os extremos habituais de nove a dez horas cotidianas de canseira.

Após longos anos de omissão e críticas, deu-se, em 1926, ainda que de forma tímida, o primeiro passo do ordenamento brasileiro em direção à normatização específica das condições do labor humano, por intermédio da promulgação da Emenda Constitucional n. 1, o *Direito do Trabalho* dentre as competências legislativas da União.(236)

No entanto, em que pese a previsão em abstrato a respeito de uma legislação trabalhista a ser ditada pela União, a tendência oficial, na prática, continuava a apontar para a repressão de quaisquer atividades tendentes a subverter a lógica liberal fundada na livre contratação entre empregadores e trabalhadores. Tal viés foi confirmado em 1927, durante o governo de Washington Luís, quando da promulgação da chamada *Lei Celerada* (Decreto n. 5.221, de 12.8.1927), cujo art. 2º ampliou o espectro da Lei Aníbal de Toledo de modo a vedar o proselitismo de ações promovidas pelo movimento operário.(237)

Porém, a *Lei Celerada* e as demais medidas repressivas adotadas pela República Velha nos últimos anos da década de 1920 não lograram estancar a crise que afetava o regime político e econômico vigente no País há mais de quatro décadas, do qual as agitações operárias eram, antes de ameaças, meros sintomas. O golpe de misericórdia no já carcomido sistema foi desferido pela crise de 1929 que rebaixou o preço do café (mola mestra da economia brasileira de então) em mais de setenta por cento e tornou inviável a sustentação do sistema.

Diante disso, a percepção em torno da necessidade de adoção de novas estruturas políticas por parte do País tornou-se evidente. De igual modo, restou patente a insustentabilidade do modelo agrícola baseado, substancialmente, na exportação de café em face das turbulências econômicas internacionais.

(...)

Eis, senhores, no escôrço que êste lugar me permitia, uma ideia suscinta da extensão do território imenso por lavrar, na vastidão extensíssima e complexíssima dos assuntos que entendem com a sorte do operariado, que, sendo a sorte do nosso trabalho, é a sorte, assim da nossa indústria, como da nossa agricultura, e, portanto, a sorte do País. Feito não há nada. Tudo por fazer.

(...)

São consequências da irresistível evolução econômica do mundo. Por isso 'as constituições não podem continuar a ser utilizadas como instrumentos, com que se privem dos seus direitos aquêles mesmos, que elas eram destinadas a proteger, e que mais lhes necessitam da proteção'. As nossas constituições têm ainda por normas as declarações de direitos consagrados no século dezoito. Suas fórmulas já não correspondem exatamente à consciência jurídica do universo. A inflexibilidade individualista dessas cartas, imortais, mas não imutáveis, alguma coisa tem de ceder (quando lhes passa já pelo quadrante o sol do seu terceiro século) ao sôpro da socialização, que agita o mundo." BARBOSA. Ruy. A Questão social e política no Brasil. In: LACERDA, Virgínia Côrtes de. Ruy Barbosa. Escritos e discursos seletos. Rio de Janeiro: Companhia Aguilar Editora, 1966. p. 430-453.

(236) Antes disso, o próprio Rui Barbosa havia chamado a atenção para a necessidade de reforma à Constituição Federal de 1891 no ensejo de integrar na Lei Maior, dispositivo apto a fundamentar, entre nós, a edição de normas tutelares do trabalho humano, a fim de evitar-se a reprodução da jurisprudência originada, nos Estados Unidos, após o julgamento do caso *Lochner vs. New York* pela Suprema Corte. Segundo ele: "Trouxeram ao Brasil, criaram no Brasil a questão social. Ella surge comnosco por medidas, que com seriedade atendam aos seus mais imperiosos reclamos. Mas como é que lhe atenderíamos nos limites do nosso direito constitucional?

Ante os nossos princípios constitucionais, a liberdade dos contractos é absoluta, o capitalista, o industrial, o patrão estão ao abrigo de interferencias da lei, a tal respeito. Onde iria ella buscar, legitimamente, autoridade para acudir a certas reclamações operarias para, por exemplo, limitar horas ao trabalho? Veja-se o que tem passado na America do Norte, onde leis adoptadas para acudir a taes reclamações têm ido esbarrar, por vezes, a titulo de inconstitucionalidade, em sentenças de tribunaes superiores." BARBOSA, Ruy. Commentarios á Constituição Federal Brasileira coligidos e ordenados por Homero Pires. Volume VI. São Paulo: Saraiva, 1934. p. 472.

(237) Assim dispunha o art. 2º da *Lei Celerada*:

"Art. 2º O art. 12 da Lei n. 4.269, de 17 de janeiro de 1921, fica substituido pelo seguinte: O Governo poderá ordenar o fechamento, por tempo determinado, de aggremiações, syndicatos, centros ou sociedades que incidam na pratica de crimes previstos nesta lei ou de actos contrarios á ordem, moralidade e segurança publicas, e, quer operem no estrangeiro ou no paiz, vedar-lhes a propaganda, impedindo a distribuição de escriptos ou suspendendo os orgãos de publicidade que a isto se proponham, sem prejuizo do respectivo processo criminal."

Fazia-se necessária, portanto, a redefinição das bases políticas e econômicas da República, o que foi promovido pelo novo governo revolucionário na década de 1930 com consequências diretas para a organização sindical brasileira.

2.5.2. O Estado Novo e o ideário corporativista. O sindicato de direito público

Superadas as agitações que precederam a derrocada da República Velha em 1930, o novo governo revolucionário deparou-se com dois desafios de considerável monta, um de curto e outro de médio prazo: superar os graves efeitos da crise de 1929 sobre a economia nacional e reestruturar as bases produtivas do País, de modo a substituir a tradicional monocultura agrária de exportação por uma pauta diversificada de produtos apta a atender, ao mesmo tempo, o crescente mercado interno e os consumidores estrangeiros.

Para tanto, o novo governo lançou mão de instrumentos de planificação do mercado — em postura diametralmente oposta àquela até então utilizada pela República Velha —, tendo por intuito o condicionamento da economia e da produção aos desígnios estatais e a instituição de mecanismos de controle dos conflitos sociais que já vinham se intensificando nas três primeiras décadas do século XX, principalmente no meio urbano, sob o influxo dos movimentos operários de cunho anarquista e socialista.

Nesse particular, o Governo Federal passou a priorizar a intervenção normativa nas relações entre o capital e o trabalho, no intuito de minar os movimentos obreiros surgidos de forma espontânea no meio urbano e de, consequentemente, dispor de uma maior margem de atuação para moldar, segundo seus desígnios, os novos atores sociais que estavam surgindo nesse novo estágio do desenvolvimento econômico nacional.(238)

No que diz respeito às relações individuais de trabalho, a atividade legislativa pautou-se pela edição de normas a estabelecerem de maneira detalhada as condições mais relevantes para prestação do labor, dentre elas, a remuneração, a jornada, os descansos hebdomadários, os intervalos, as férias e o trabalho dos menores e das mulheres. Paralelamente a isto, as relações coletivas foram objeto de uma regulamentação pautada pela confusão entre os interesses oficiais e os desígnios das categorias econômicas e profissionais no fito de evitar que os conflitos sociais pudessem obstar a consecução dos propósitos do Estado em torno da regulação da produção. Com isso, o público brasileiro foi apresentado à ideologia que viria a pautar a organização sindical pátria nas próximas décadas: o *corporativismo.*

A doutrina corporativista moderna surgiu no primeiro quartel do século XX em contraposição aos paradigmas liberais que nortearam os ordenamentos jurídicos do ocidente durante

(238) Nas palavras de José Francisco Siqueira Neto: "O Brasil, durante a República Velha (1889-1930), era uma sociedade rural dominada pelas elites políticas dos três mais poderosos Estados da Federação: São Paulo, Minas Gerais e Rio Grande do Sul. Estados basicamente agrícolas, com o café como sustento econômico dos dois primeiros e a pecuária do terceiro. (...) Este sistema político se mostrou incapaz de incorporar os setores urbanos médios e os trabalhadores industriais. A expansão dos centros urbanos, durante os primeiros vinte anos do século, acrescentou uma importante medida de instabilidade que, finalmente derrubou a República Velha. Nos seus últimos anos, as elites dominantes perceberam que não poderiam mais ignorar os grupos urbanos, assim, tentaram excluí-los da política, inclusiva através de alterações no sistema eleitoral.

(...)

A nova coalizão dominante significa a acomodação entre elites tradicionais e emergentes e portanto, abriu-se efetivamente, com a Revolução de 30, um novo espaço político para as elites industriais. O pensamento autoritário, ideologia dominante nessa etapa histórica, influenciou positivamente o processo de industrialização ao legitimar a ação planificadora e intervencionista do Estado.

Neste contexto, a centralização político-administrativa e a modernização institucional sobressaem como as grandes tendências do desenvolvimento do Estado no Brasil. A partir de então, a atuação de Vargas foi incisiva no que tange às leis trabalhistas, passando a atuar fortemente no sentido de intervir nas relações de trabalho, sob forte influência do corporativismo." SIQUEIRA NETO, José Francisco. Direito do Trabalho & democracia. Apontamentos e pareceres. São Paulo: LTr, 1996. p. 190-192.

grande parte do século XIX, bem como em face da doutrina socialista fundada na inafastável luta de classes a exigir do Estado a planificação da economia e o apossamento dos meios de produção. É ela, portanto, uma terceira via àquelas duas correntes ideológicas que se degladiaram de forma intensa nas décadas que antecederam a Segunda Guerra Mundial.

A contraposição ao liberalismo decorre, principalmente, da postura abstencionista exigida e assumida pelo Estado no que tange às relações privadas. Importa repisar que os Poderes Públicos, no bojo dessa concepção ideológica, encontravam seu fundamento de existência na necessidade de assegurar o livre jogo das forças, protegendo a autonomia individual e a igualdade formal.

É justamente este caráter secundário assumido pelo Estado diante do indivíduo — em que a existência daquele gravitava em torno deste último — que a doutrina corporativista vai combater, revertendo a ordem de precedência, ao propalar a ideia de que a Nação (aqui confundida com o Estado) é o fim último dos cidadãos e que estes consistem em partes integrantes de tal estrutura maior, comprometidos conjuntamente com o seu progresso.[(239)]

A oposição ao socialismo, por sua vez, teve como principal fator de discordância a luta de classes compreendida por aquela doutrina como algo inerente ao liberalismo, cuja superação deveria ocorrer por meio da união do proletariado com vistas à tomada do poder e da ulterior estatização dos meios de produção.

Em contraposição à luta de classes preconizada pelo socialismo, a doutrina corporativista — partindo da premissa de que os indivíduos (membros da burguesia e do proletariado) integram o Estado e se comprometem com o bem comum vislumbrado por este último — passa a vislumbrar estruturas tendentes a *"organizar respectivamente os industriais e os trabalhadores com o recíproco propósito de colaboração"*, nas palavras de Siqueira Neto.[(240)]

Nesse contexto, os governos de extrema direita surgidos nas décadas de 1920 e 1930 do século passado — notadamente o Fascismo italiano, o Estado Novo português e o Estado Corporativo austríaco — elaboraram atos legislativos tendentes à reestruturação da organização sindical em torno daquele intuito de *colaboração recíproca* idealizado, no ensejo de eliminar o antagonismo histórico existente entre os referidos atores sociais e de redirecionar a atuação destes para a construção dos fins nacionais.[(241)]

---

(239) Conforme aponta Cotrim Neto: "O nacionalismo proclama altamente sua incompatibilidade com o individualismo economico e o erro completo de todos os princípios sobre os quaes este se baseia. A attitude fundamental da economia nacionalista deve ser a de uma violenta, absoluta, irreconciliável opposição á economia individualista, liberal e socialista, que repousa sobre princípios antagonicos aos do movimento nacionalista: individualismo, utilitarismo, materialismo internacionalista;

É falso que o individuo seja o fim ultimo de toda actividade social; que a sociedade e o Estado existem para o individuo e que não sejam algo distinctos dos indivíduos, senão a somma destes em todo momento;

É falso igualmente que a sociedade em que cada homem vive seja a sociedade de todos os homens, a humanidade...No mundo moderno, a sociedade em que vive o homem é a sociedade nacional, a nação. A sociedade estabelecida sobre um território solidamente organizado sob o poder supremo forma um Estado, e quando uma nação se organiza dessa maneira, constitue um Estado nacional, do qual o individuo não é mais do que um elemento infinitesimal e somente um orgão ou um instrumento.

O postulado hedonistico sobre o qual se apoia a economia individualista é falso, como a concepção materialista da vida social delle derivada. E'falso que o homem se determine no campo das acções economicas sob o estimulo do mero interesse economico, isto é, sob o imperio do principio hedonístico." COTRIM NETO, A. B. Doutrina e formação do corporativismo. Rio de Janeiro: A. Coelho Branco Fo. Editor, 1938. p. 169-170.

(240) SIQUEIRA NETO, José Francisco. *Liberdade Sindical e representação dos trabalhadores nos locais de trabalho*. São Paulo: LTr, 2000. p. 194-195.

(241) Segundo Raimundo de Araújo Castro: "O sindicalismo tem por fim congregar todos os indivíduos da mesma classe para melhor defenderem os seus direitos.

Os sindicatos que atualmente têm mais importância são os operários. (...) O movimento sindicalista não é na realidade a guerra empreendida pelo proletariado para esmagar a burguesia e para conquistar os instrumentos da produção e direção da vida econômica. Não é, como pretendem os teóricos do sindicalismo revolucionário, a classe operária,

Tal concepção de estrutura social veio a servir de inspiração para a incipiente legislação sindical brasileira, surgida no início dos anos 1930 (Decretos ns. 19.770/31 e 22.132/32), logo após a Revolução que destituiu do Poder as oligarquias rurais. Para além disso, a adoção dos postulados corporativistas entre nós foi em muito influenciada pela crença de que a índole eminentemente individualista e anti-gregária do povo brasileiro recomendava a atuação do Estado na formação e atuação das entidades profissionais.

O pensamento sociológico a servir de mote para a organização sindical brasileira tem como idealizador Francisco José de Oliveira Viana, que em suas *Instituições Políticas Brasileiras* responsabiliza a rarefação demográfica e escassez de conglomerados populacionais como causas históricas daquele individualismo. Tais fatores teriam ocasionado a ausência da solidariedade coletiva espontânea, razão pela qual esta somente poderia ser alcançada mediante a atuação de uma força exógena à do grupo, conforme o próprio autor assevera em sua tese.(242)

Contudo, ainda que se tomem como verídicas as considerações de Oliveira Viana acerca do antissolidarismo histórico a macular o caráter nacional, não há de se olvidar que os movimentos reivindicatórios das classes proletárias no período inicial da industrialização brasileira foram

---

adquirindo a consciência de si mesma, para concentrar o poder e a fortuna, e aniquilar a classe burguesa. E'um movimento muito mais amplo, muito mais fecundo, mesmo muito mais humano. Não é uma transformação só da classe operária, abrange todas as classes e tende a coordena-las num sistema harmônico. O sindicalismo é a organização da massa amorfa de grupos fortes e coerentes de estrutura jurídica determinada e compostos de homens já unidos pela comunidade de função social e interesse profissional.

(...)

Certo, os industriais, que representam o capital merecem grande acatamento e respeito, mas menor acatamento e respeito não devem merecer os proletários. Seria mesmo difícil afirmar qual dessas duas classes é o maior propulsor da riqueza pública. Entre elas não deve haver antagonismos. Ao contrário, tudo aconselha a necessidade de serem conciliados os respectivos interêsses, a bem da prosperidade de ambas, da coexistência social e do desenvolvimento econômicos do País." CASTRO, Raimundo de Araújo. A Constituição de 1937. Edição fac-similar. Brasília: Senado Federal, 2003. p. 324.

(242) Nas palavras de Oliveira Viana: "Esta a estruturação ecológica, sob a qual evoluiu a nossa população colonial. Caracterizada pela rarefação e adelgaçamento da massa povoadora, pela dispersão dos moradores por uma base territorial imensa e inculta, apenas percorrida calcante pede pelo povo-massa e carecente quase em absoluto de comunicações espirituais, tinha que acabar, como acabou, por enformar o homem, criando-lhe um tipo humano adequado a essa disposição dispersiva, individualística e atomística. E criou o homo colonialis, amante da solidão e do deserto, rústico e antiurbano, fragueiro e dentrófilo, que evita a cidade e tem o gosto do campo e da floresta.

(...)

Como, pois, no meio desta dispersão — que vem desde os primeiros dias da colônia — as estruturas da solidariedade social e os 'complexos culturais' correspondentes poderiam ter ambiente para se formar, e se desenvolver, e se cristalizar em usos, costumes e tradições?

É claro que os laços de solidariedade social, os hábitos de cooperação e colaboração destas famílias na obra do bem público local não podiam formar-se. Com mais razão, não precisavam elas associar-se para a vida pública, para organizarem (...) os órgãos da administração da 'região', do 'município', da 'freguesia', do 'distrito'. Em consequencia, o espírito público não podia encontrar leira, nem húmus para germinar e florescer como tradição ou cultura.

(...)

Conclusão: o brasileiro é fundamentalmente individualista; mais mesmo, muito mais do que os outros povos latino-americanos. Estes ainda tiveram, no início, uma certa educação comunitária de trabalho e de economia.

(...)

Nós não. No Brasil, só o indivíduo vale e, o que é pior, vale sem precisar da sociedade – da comunidade. Estude-se a história da nossa formação social e econômica e ver-se-á como tudo concorre para dispersar o homem, isolar o homem, desenvolver, no homem, o indivíduo. O homem socializado, o homem solidarista, o homem dependente de grupo colaborando com o grupo não teve, aqui, clima para surgir, nem temperatura para desenvolver-se.

(...)

Esta a formação social e econômica do nosso povo. Como se vê, ela se processou dentro do mais extremado individualismo familiar. É claro que de tudo isto outra coisa não se poderia esperar senão este traço cultural tão nosso, caracterizado pela despreocupação do interesse coletivo, pela ausência de espírito público, de espírito do bem comum, de sentimento de solidariedade comunal e coletiva e pela carência de instituições corporativas em prol do interesse do 'lugar', da 'vila', da 'cidade'." VIANA, Francisco José de Oliveira. Instituições políticas brasileiras. Brasília: Senado Federal, 1999. p. 140-142.

inflamados, em grande medida, por imigrantes europeus partidários do anarco-sindicalismo ou vinculados às correntes socialistas, recém-estabelecidos, principalmente, em São Paulo e no antigo Distrito Federal.

A presença destes indivíduos nas fábricas e na sociedade brasileira contribuiu para a formulação de uma pauta de reivindicações titularizada pela classe trabalhadora, que, por sua vez, fez emergir entre as décadas de 1920 e 1930, o movimento operário organizado com vistas à sua implementação.(243)

Paralelamente a isto, no plano político-governamental, os revolucionários de 1930 se opunham às diretrizes liberais a fundamentarem a Primeira República e a própria Constituição Federal de 1891. Assim, a adoção de tais postulados *"fornecia"*, por um lado, *"uma justificação para a tentativa do governo de impedir a restauração do Estado oligárquico"*, e, por outro, *"correspondia à ideologia centralizadora dos tenentes e à ênfase dada pelos militares à integração e unidade da nação,* nas palavras de Luiz Werneck Vianna. (244)

Nesse contexto, a centralização e a unidade social vislumbradas pelo Governo Revolucionário determinaram a montagem de uma estrutura sindical que, nos dizeres de Boris Fausto, *"teve por objetivos principais reprimir os esforços organizatórios da classe trabalhadora urbana fora do controle do Estado e atraí-la para o apoio difuso ao governo"*.(245)

Justamente imbuído por tal intuito, o Decreto n. 19.770, de 19.3.1931 determinou expressamente em seu art. 1º, que a defesa *dos "interesses de ordem econômica, jurídica, higiênica e cultural"* far-se-ia *"por intermédio do Ministério do Trabalho"*. A referida legislação condicionava, ainda, a constituição das entidades sindicais à aprovação de seus estatutos por aquele órgão administrativo e deixava expresso que tais entes associativos configuravam órgãos de colaboração com o Estado.(246)

Com a promulgação da Constituição Federal de 1934, o modelo sindical brasileiro passou a ser pautado pela pluralidade, nos termos de seu art. 120. Na prática, todavia, os pilares do corporativismo e da subordinação dos sindicatos aos desígnios oficiais não sofreram abalos, pois o Decreto n. 24.694 daquele mesmo ano não só reforçou tal papel, como também impôs uma série de condições restritas para a constituição das entidades e manteve o protagonismo do Ministério do Trabalho no reconhecimento discricionário das entidades.(247)

---

(243) Azis Simão ressalta, a propósito, que: "Desde o começo do século os socialistas propugnaram por uma legislação do trabalho, nos moldes das existentes na Europa, que ia desde a instituição do salário mínimo e a jornada de 8 horas à constituição de juntas de arbitramento para os conflitos de trabalho, com representantes de empregados e empregadores. Há notícias, também, de que algumas associações de assalariados apelaram para o governo no sentido de regulamentar certas condições de trabalho." SIMÃO, Azis. Sindicato e Estado. São Paulo: Dominus, 1966. p. 84.

(244) VIANNA, Luiz Werneck. *Liberalismo e Sindicato no Brasil.* 3. ed. Rio de Janeiro: Paz e Terra, 1989. p. 123.

(245) FAUSTO, Boris. *História do Brasil.* São Paulo: Edusp, 1994. p. 335.

(246) "Art. 2º Constituidos os sindicatos de acordo com o artigo1º, exige-se ainda, para serem reconhecidos pelo Ministério do Trabalho, Indústria e Comércio, e que adquirirem, assim, personalidade jurídica, tenham aprovados pelo Ministério os seus estatutos, acompanhados de cópia autêntica da ata de instalação e de uma relação do número de sócios com os respectivos nomes, profissão, idade, estado civil, nacionalidade, residência e lugares ou empresas onde exercerem a sua atividade profissional."

(247) De fato, o art. 120 da Constituição Federal de 1934 preconizava, de modo singelo, que "os sindicatos e as associações profissionais serão reconhecidos de conformidade com a lei."

No entanto, o Decreto n. 24.694/1934 condicionava a criação de entidades obreiras à representatividade de, pelo menos, 1/3 (um terço) da categoria em uma determinada base territorial, para além de estabelecer um número-padrão de dirigentes e exigir-lhes a abstenção quanto à propagação de qualquer ideologia, mantendo-se, outrossim, no Ministério do Trabalho o *locus* de reconhecimento e controle de suas atividades.

No que diz respeito às entidades de grau superior, o decreto em testilha fixou em termos inflexíveis a organização da cúpula sindical obreira, de modo a nomear as 5 (cinco) confederações em torno das quais os entes de base organizar-se-iam. (Confederação Nacional dos Trabalhadores na Indústria — CNTI, Confederação Nacional dos Trabalhadores no Comércio — CNTC, Confederação Nacional dos Trabalhadores na Agricultura e Pecuária, Confederação Nacional dos Empregados em Transportes e Comunicações e, finalmente, Confederação Nacional das Profissões Liberais).

Todavia, o regime da pluralidade — que nem mesmo chegou a ser uma realidade entre nós — teve curta duração, pois, com o advento do Estado Novo, em 1937, e a outorga da nova Constituição Federal nesse mesmo ano, o corporativismo como ideologia norteadora da organização sindical pátria foi reforçado e a unicidade foi restabelecida. A propósito, o art. 138 da novel Carta Política deixava assente que *"sómente (...) o sindicato regularmente reconhecido pelo Estado tem o direito de representação legal dos que participam da categoria de produção para que foi constituído"*.

Sob tal regime, o sindicato único assumira, definitivamente, o papel de ente de direito público responsável pela coordenação das categorias econômicas e obreiras sob a orientação dos desígnios oficiais. Nesse sistema, em que o ente representativo vinculava-se visceralmente à estrutura estatal, não havia espaço para que os próprios trabalhadores e empregadores definissem, *sponte sua*, as coletividades em torno das quais se organizariam e, muito menos, para a livre criação de entidades em um ambiente de convívio plural e democrático, pois tais noções não se compatibilizavam com o caráter dirigente e planificador assumido pelo Estado Novo, sob os auspícios da Constituição Federal de 1937.[(248)]

No que diz respeito à greve, o art. 139 da Constituição Federal de 1937 tratou de proscrevê-la, como decorrência lógica do ideário assumido pela carta. Com efeito, se a sociedade vislumbrada pela doutrina corporativista é livre de conflitos sociais, não há como legitimar-se o levante unilateral de um dos atores (trabalhadores e empregadores), sob pena de quebra da harmonia entre capital e trabalho almejada pelo Estado e, o que é pior, de comprometimento da planificação econômica nela fundada.

A estrutura sindical de cariz corporativista delineada no art. 138 da Constituição Federal de 1937 e nos sucessivos decretos editados pelo governo de Getúlio Vargas a partir de 1931 foi reiterada — e, de certa forma, aprimorada — no Título V da Consolidação das Leis do Trabalho. Ali se fazem presentes, ao lado do cânone máximo da unicidade (art. 516), o conceito de *categoria* como parâmetro para a organização dos grupos econômicos e profissionais (arts. 511 e 571), o

---

Tem-se aí, portanto, a primeira manifestação do enquadramento sindical que viria a subsistir até a promulgação da Constituição Federal de 1988.

(248) A propósito, Oliveira Viana observa que: "O sindicato, projetado para fora dos limites do seu quadro associativo, passou então a exercer, na vida profissional e administrativa do país, atividades e funções que, de modo algum, poderiam estar contidas na sua condição de associação privada. Tornou-se uma associação específica, *sui-generis,* dotada de atributos de direito público, colocada numa situação que a situa abaixo das instituições administrativas do Estado, mas acima do vasto mundo das associações privadas, sôbre as quais o Estado não tem propriamente nenhum interêsse de controle direto e imediato.

É claro que, desde êste momento, os sindicatos não podiam mais reger-se pelos mesmos princípios pelos quais se regiam outrora e que eram os que regiam e regem as sociedades de puro direito civil ou comercial. Um novo regime jurídico teria que regular a sua constituição e as suas atividades, regime imposto pela necessidade que tem o Estado de vigiar o modo por que estas associações exercem os poderes de autoridade pública a elas delegados.

(...)

Dentro de um regime de sindicatos múltiplos para cada categoria e organizados autonômicamente, isto é, libertos do controle do Estado, não seria possível a êste, evidentemente, dar às atividades econômicas da Nação uma determinada política econômica *nacional.* Porque, ou o Estado cruzaria os braços, deixando - como acontece nos regimes de democracia liberal - que a impulsão e a orientação econômicas viessem exclusivamente de baixo - das classes, com tôdas as perversões do individualismo e do particularismo que lhes são próprias; ou o Estado tomaria a iniciativa de orientar essas classes num certo sentido, útil ao país - *à coletividade nacional*; mas, então, neste último caso, não encontraria à mão os agentes necessários para fazer chegar às categorias sindicalizadas esta orientação da sua política econômica, divididas como elas estariam numa multiplicidade de núcleos associativos, inteiramente independentes do Estado e, às vezes mesmo, opostos a êle.

O problema da unidade ou da pluralidade sindical não é, pois, um simples problema de direito sindical ou de economia interna dos sindicatos; interessa, como se vê, à própria estrutura do Estado, ao princípio fundamental do regime instituído na Constituição de 1937." VIANA, Francisco José de Oliveira. Problemas de Direito Sindical. Rio de Janeiro: Max Limonad, 1943. p. 6-12.

caráter de direito público das entidades e seu dever de colaboração com as autoridades oficiais (arts. 513 e 514), a discricionariedade do Ministério do Trabalho no reconhecimento dos sindicatos (arts. 515, 519 e 520), a constituição de um modelo pré-fixado de diretoria (arts. 522 e 538), a possibilidade de intervenção governamental nas entidades (arts. 527 e 528), o enquadramento sindical capitaneado por quinze confederações patronais e obreiras estabelecidas previamente pela legislação (arts. 515, 570 e 577) e o financiamento por intermédio da contribuição compulsória, descontada de toda a categoria, independentemente da filiação ou não ao ente sindical (arts. 578 e seguintes).

O modelo concebido sob os cânones corporativistas na década de 1930 e cristalizado na Consolidação das Leis do Trabalho constituiu o caldo de cultura em que a estrutura sindical pátria viria a se desenvolver nas décadas seguintes. Sob tais fundamentos, surgiu uma verdadeira *elite* remanescente do vetusto enquadramento sindical, custeada pela contribuição compulsória recolhida de toda a categoria independentemente de filiação, despreocupada com a representatividade efetiva de seus entes e absolutamente refratária a qualquer modificação no regime, por mais anacrônico que este último se apresentasse à luz do atual estágio econômico e político do País.

Percebe-se, pois, claramente, que os desafios atualmente enfrentados pela consolidação efetiva da liberdade sindical em território brasileiro têm sua origem, justamente, nessa estrutura herdada da década de 1930, que teima em obstaculizar quaisquer tentativas de discussão, em torno do fortalecimento da representatividade dos trabalhadores e dos empregadores em uma sociedade pluralista e democrática, caracterizada não mais pela organização em torno de um *interesse coletivo* definido de forma unívoca pelo Estado, mas sim pela coexistência de várias visões de mundo diferentes que concorrem em igualdade de condições no espaço coletivo.(249)

Os vícios inerentes a tal estrutura, inclusive, foram amplamente ressaltados durante a tramitação da proposta que culminou com a Reforma Trabalhista consolidada na Lei n. 13.467, de 13 de julho de 2017, mais como propaganda em prol de sua aprovação do que como iniciativa destinada a fomentar, efetivamente, a construção de um modelo alternativo de organização sindical mais condizente com os cânones democráticos e pluralistas insculpidos na Constituição Federal de 1988.

Como resultado, obteve-se um diploma legislativo que, no louvável intuito de majorar a representatividade dos sindicatos em relação aos seus associados, acabou por dificultar sobremaneira o custeio daquelas entidades e, consequentemente, o desempenho regular de suas atividades, como também por enfraquecê-las substancialmente nas negociações coletivas travadas com suas contrapartes patronais, sem elidir, em grande medida, as vigas mestras da estrutura sindical pátria.(250)

---

(249) Ao discorrer sobre a superação do modelo de planificação centralizada no Estado sob o paradigma democrático, Cristiano Paixão Araújo Pinto assinala que *"a crise do Estado Social não é exclusivamente fiscal ou administrativa. Ela é, antes de tudo, uma crise de déficit de cidadania e de democracia."*

E tal crise, segundo o autor: "[Viabilizou] a construção — ainda em pleno andamento — de um novo paradigma: o Estado Democrático de Direito. Ele decorre da constatação da crise do Estado Social e da emergência — a partir da complexidade das relações sociais — de novas manifestações de direitos. Desde manifestações ligadas à tutela do meio ambiente, até reivindicações de setores antes ausentes do processo de debate interno (minorias raciais, grupos ligados por vínculos de gênero ou orientação sexual), passando ainda pela crescente preocupação com lesões a direitos cuja titularidade é de difícil determinação (os chamados interesses difusos), setores das sociedades ocidentais, a partir do pós-guerra e especialmente da década de 1960, passam a questionar o papel e a racionalidade do Estado-interventor.

A ênfase conferida ao paradigma emergente concentra-se na ideia de cidadania, compreendida em sentido procedimental, de participação ativa." PINTO, Cristiano Paixão Araújo. Arqueologia de uma Distinção — O Público e o Privado na experiência histórica do Direito. In: PEREIRA, Claudia Fernanda Oliveira. O Novo Direito Administrativo Brasileiro. Belo Horizonte: Fórum, 2003. p. 17-18.

(250) *Cf.*, a propósito: FELICIANO, Guilherme Guimarães; EBERT, Paulo Roberto Lemgruber. A Reforma Sindical no Brasil: Redenção ou caos? In: *Revista Direito das Relações Sociais e Trabalhistas*, v. 5, p. 113-146, 2019.

2.5.3. A redemocratização de 1946 e a manutenção das instituições corporativas

Com a vitória dos aliados na Segunda Guerra Mundial, a quem o Brasil vinculou-se já em 1943, concorrendo, inclusive, com o envio de uma Força Expedicionária à frente bélica europeia, a subsistência do Estado Novo tornou-se uma contradição insubsistível. De fato, como seria possível manter um aparato corporativista e repressor, com traços nitidamente inspirados nos regimes autoritários da Europa Ocidental, em um país que cerrou fileiras com as nações ideologicamente refratárias a tal modelo?

Tal contradição, perceptível de forma cristalina, resultou na derrocada do regime varguista em 29 de outubro de 1945, bem como na realização de eleições diretas para a Presidência da República, vencidas por Eurico Gaspar Dutra, e na convocação de uma Assembleia Nacional Constituinte com a participação de legendas de direita (Partido Social Democrático — PSD e União Democrática Nacional — UDN) e de esquerda (Partido Trabalhista Brasileiro — PTB e Partido Comunista do Brasil — PCB), cujos trabalhos se iniciaram em 31.1.1946.

No entanto, mesmo após a derrocada do Estado Novo e de sua Constituição autoritária, a moldura corporativista traçada neste período histórico permaneceu determinando a estrutura sindical brasileira. Tal situação decorreu, em certa medida, do fato de ter prevalecido na Assembleia Constituinte de 1946 o peso das bancadas do PSD e do PTB — partidos ligados à ideologia getulista — em detrimento das propostas alavancadas pelo PCB e pela UDN, a defenderem a ampla liberdade sindical e a desvinculação entre o Estado e os Sindicatos.(251)

---

(251) A propósito, recorda José Carlos Arouca que: "Empenhado na defesa da autonomia sindical o PCB pugna pela liberdade de associação profissional ou sindical sem qualquer limitação, no que é apoiado pela UDN, enquanto PTB e PSD se aproximam na defesa de um texto de cunho corporativista.

(...)

Considerando o peso da bancada pessedista e sua vinculação por uma formulação corporativista, restará ao Partido Comunista buscar soluções intermediárias e formulações atenuantes, mas sem deixar de denunciar, como fez João Amazonas, a manobra da maioria que, apesar de referir-se à livre associação sindical, mantinha de fato a estrutura corporativista." AROUCA. José Carlos. O Sindicato em um mundo globalizado. São Paulo: LTr, 2003. p. 178.

A discussão travada entre o então Deputado Federal Segadas Viana (PTB/DF) e seus colegas Armando Fontes, Gurgel do Amaral e Osvaldo Pacheco na Assembleia Constituinte de 1946 — transcrito em obra de Octaciano Nogueira — bem ilustra o embate ideológico travado à época:

"O SR. SEGADAS VIANA –

(...)

Sr, Presidente, restam-me poucos minutos e ainda devo abordar dois assuntos que julgamos da máxima relevância.

O primeiro deles é o que se refere à organização sindical.

Somos favoráveis a uma completa autonomia das entidades sindicais.

(...)

Somos, sempre fomos, contrários à intervenção da polícia nos sindicatos, como sempre fomos favoráveis a que o Ministério do Trabalho não tivesse ingerência nas organizações sindicais, tanto que, quando eventualmente exercíamos a função de Diretor do Departamento Nacional do Trabalho, tivemos oportunidade de encaminhar o decreto, que foi aprovado, estabelecendo que as eleições sindicais não mais dependeriam da aprovação ministerial.

O projeto, no entanto, estabelecendo a liberdade sindical silencia sobre a questão que julgamos da maior importância — a da manutenção do regime da unidade sindical.

O Sr. Armando Fontes – Isso não é democrático; aí discordo de V. Exª.

O SR. SEGADAS VIANA – Provarei que é democrático.

O Sr. Armando Fontes – Aguardarei a comprovação.

O Sr. Gurgel do Amaral – O que não é democrático é enfraquecer o movimento sindical no Brasil.

O SR. SEGADAS VIANA – Não se assegura o fortalecimento das classes trabalhadores, permitindo-se que possam ser manejadas pelos empregadores e pelo Estado.

(...)

O SR. SEGADAS VIANA – Com a divisão dos trabalhadores em sindicatos de classe, para provocar a luta dentro de uma mesma classe e facilitar o domínio do capitalismo.

(...)

O SR. SEGADAS VIANA – Defendem a unidade sindical, Sr. Presidente, não apenas aqueles que a sustentavam nos países de regime corporativo, por que lá a unidade sindical. Defendem a unidade sindical, sem essa obrigatoriedade, e com absoluta autonomia das entidades sindicais, todos os verdadeiros democratas, porque ela é, até mesmo, uma forma de democracia de representação.

Ante os embates travados pelas duas referidas correntes, o legislador constituinte optou, ao final, por remeter a organização sindical à legislação ordinária, que deveria determinar *"a forma de sua constituição, a sua representação legal nas convenções coletivas de trabalho e o exercício de funções delegadas pelo Poder Público"*, nos termos do art. 159, da Carta Política de 1946. Todavia, o diploma a regulamentar a matéria permaneceu — durante toda a vigência da referida Constituição — representado pelo art. 511 e seguintes da Consolidação das Leis do Trabalho, de nítido caráter corporativista.

Remanesceram, portanto, ainda sob a égide de Constituição Federal de 1946, todas aquelas instituições oriundas da década precedente, a preconizarem a unicidade sindical por base, o financiamento compulsório das entidades, a intervenção estatal em sua organização, a estrutura confederativa pré-definida em lei e o enquadramento sob controle do Ministério do Trabalho.(252)

No campo da liberdade sindical coletiva, antes mesmo da promulgação da Constituição Federal de 1946, o Presidente da República editou o Decreto-lei n. 9.070, de 15 de março de 1946, regulamentando o exercício do direito de greve, então vedado pela Carta de 1937. O dispositivo em apreço condicionou o exercício de tal faculdade por parte dos trabalhadores à prévia notificação ao Departamento Nacional do Trabalho que, após isto, intentaria a conciliação entre as partes e, uma vez fracassadas as tratativas, remeteria o dissídio à Justiça do Trabalho que, em se tratando de atividades essenciais, resolveria definitivamente a controvérsia por intermédio de seu poder normativo.(253)

(...)

Há uma contradição fundamental entre o fato de encarregar o sindicato de representar e defender o interesse profissional e a liberdade deixada aos profissionais de formarem sindicatos opostos ou mesmo de defender cada um individualmente seu interesse profissional. O interesse profissional, cremos, é uno e é um interesse coletivo que não se confunde com a soma dos interesses de cada um dos membros da profissão.

(...)

Os interesses comunais, departamentais, racionais são confiados, de per si, nos cuidados de uma administração única: a pluralidade seria a anarquia. Dá-se fatalmente o mesmo quanto à profissão: o sindicato, para administra-la, deve possuir um monopólio, em uma palavra deve emigrar do domínio do direito privado para o domínio do direito público.

O Sr. Armando Fortes – Poderia contrapor a esta opinião de Georges Gurvith e Jacques Maritian e de ação do Partido do Movimento Popular na França. O que na França se preconiza, toda a democracia legítima deve fazer – pluralidade e autonomia sindical. Entretanto, se V. Ex^as^ querem evitar que o trabalhador seja dominado pelo patrão, o que é também minha aspiração, deveriam prever um quorum que limitasse a existência dos sindicatos. Assim, um terço dos trabalhadores da indústria poderia formar um sindicato.

O SR. SEGADAS VIANA – Pediria licença a V. Exª para dizer que em democracia não há porcentagem. Ou V. Exª aceita como democracia ou não. Limitação é o que não pode haver.

O Sr. Armando Fontes – Perdão, a nossa assenta na proporcionalidade. Como não existe porcentagem?

(...)

O Sr. Gurgel do Amaral – Todas as tendências referidas aqui pelo ilustre Deputado Armando Fontes são no sentido de enfraquecer o movimento sindical para entregar os trabalhadores, de mãos e pés amarrados, ao capitalismo e ao imperialismo internacional." NOGUEIRA, Octaciano. Doutrina constitucional brasileira (Constituição de 1946). Tomo III. Brasília: Senado Federal, 2006. p. 349-352.

(252) Sobre a contradição existente entre os princípios coligidos na Constituição Federal de 1946 e o regramento constante do Título V da CLT, Evaristo de Moraes Filho salientava, à ocasião, que: "Apesar de se encontrar em vigor a nova Constituição desde 18 de setembro de 1946, pouco se tem modificado a nossa legislação sindical. E isso constitui um fato deveras curioso: a sobrevivência de uma lei, promulgada para um regime corporativo fascistizante, em pleno quadro democrático de uma nação. Quanto à estrutura sindical em conjunto, não houve a rigor alteração alguma. O sistema ainda é o mesmo, de enquadramento sindical, como quem prepara a base para uma organização corporativa mais ampla." MORAES FILHO, Evaristo de. O problema do sindicato único no Brasil. Seus fundamentos sociológicos. 2. ed. São Paulo: Alfa-Omega, 1978. p. 273.

(253) À época, havia grande controvérsia doutrinária sobre a conveniência e a oportunidade quanto ao reconhecimento legal do direito à greve. Questinava-se, àquela ocasião, se a possibilidade de deflagração de movimentos paredistas poderia conviver com uma Justiça do Trabalho destinada, justamente, a promover a solução de tais conflitos coletivos.

O próprio Segadas Vianna parece compreender a greve como uma liberdade que só deveria ser tolerada, com limites, pelo Estado diante da impossibilidade deste último atender a tempo os desígnios pacificadores da sociedade:

"Não temos dúvida em afirmar que a greve, como arma do proletariado nos conflitos econômicos, só deve ser usada

Nesse particular, o art. 3º da norma em apreço classificou como *essenciais* praticamente todas as atividades desempenhadas nos âmbitos urbano e rural, cuja clientela abrangia, potencialmente, toda a população. Assim, receberam tal adjetivo os "*serviços de água, energia, fontes de energia, iluminação, gás, esgotos, comunicações, transportes, carga e descarga*", bem como as atividades desempenhadas "*nos estabelecimentos de venda de utilidade ou gêneros essenciais à vida das populações, nos matadouros, na lavoura e na pecuária, nos colégios, escolas, bancos, farmácias, drogarias, hospitais e serviços funerários e nas indústrias básicas ou essenciais à defesa nacional.*"

Segundo Luiz Werneck Vianna, a sistemática constante do Decreto-lei n. 9.070/46 — que viria a servir de regulamentação para o direito de greve previsto em abstrato no art. 158 da Carta Magna — representava um dos mais escandalosos exemplos da sobrevivência das instituições corporativistas após a derrocada do regime autoritário de 1937, na medida em que transferia para o Estado — personificado no Departamento Nacional do Trabalho e, principalmente na Justiça do Trabalho —, a resolução de conflitos sociais que, em condições normais, seriam resolvidos pelos próprios atores.(254)

Vê-se, portanto, que sob a égide da Terceira República (1946-1964), a liberdade sindical não encontrou, no Brasil, terreno fértil para ser implantada em sua plenitude. A despeito da consolidação internacional do princípio em apreço no período, com destaque para a edição da Convenção n. 87 da OIT em 1948, os interesses dos setores políticos e sindicais ligados à estrutura corporativista herdada do regime anterior prevaleceram no plano interno e, em razão disso, o Estado remanesceu como o protagonista, por excelência, da organização representativa das categorias econômicas e profissionais.

Percebeu-se, assim, que a remissão da regulamentação da matéria para a legislação ordinária, resultaria, inequivocamente, na manutenção das estruturas viciadas até então existentes, pois os beneficiários do *status quo* herdado do Estado Novo encontravam-se, já àquela ocasião, suficientemente mobilizados para obstar a regulamentação da organização sindical pátria em pautas diversas daquelas previstas no Título V da Consolidação das Leis do Trabalho.

Diante desse cenário, apenas uma mobilização política forte o suficiente para reabrir os debates em torno da revisão da estrutura sindical brasileira lograria fazer com que esta última avançasse para patamares mais avançados, segundo as diretrizes traçadas na Convenção n. 87 da OIT. Contudo, as vicissitudes que se sucederam após o golpe militar de 1964 eliminariam por completo tal possibilidade.

2.5.4. O Regime Militar e os intentos de domesticação dos sindicatos

No contexto das décadas de 1950 e 1960, marcado pela Guerra Fria e pelas tensões internacionais entre Estados Unidos e União Soviética, não era de se estranhar que a vida política nacional sofresse diretamente os influxos de tal conflito, de modo a opor, no plano interno, os

---

excepcionalmente para que não venha a provocar repercussões graves atentando contra tôda a coletividade. Daí o legislador brasileiro ter procurado encontrar na Justiça do Trabalho uma solução para os grandes problemas coletivos, porque o remédio jurídico deveria sobrepor-se às decisões da fôrça." VIANNA, Segadas. Greve. Direito ou violência? Rio de Janeiro: Freitas Bastos, 1959. p. 38.

(254) Assim, segundo o autor: "[Com tal prática], evitava-se, consequentemente, o encontro das partes no mercado. O Estado intervinha logo que instalado o dissídio, chamando a si a responsabilidade pela resolução do conflito. Inviável a conciliação, seria então enviado à Justiça do Trabalho, facultando-se, a partir daí, aos sindicatos de atividades não fundamentais a cessação do trabalho.

Não obstante, julgado o dissídio, as partes são obrigadas a se sujeitarem à decisão do Tribunal, o que converte a greve em um ato absolutamente inócuo. Alçada à instância racional do regime, a Justiça do Trabalho 'julga' o feito, realizando uma conversão antiliberal do fato mercantil em jurídico, tendo por base um bem abstrato, não definido em lei, o "interesse coletivo." Expurgado do sistema da organização política, o corporativismo se instalava no Judiciário Trabalhista, opondo a "reta razão" ao interesse, a coletividade às partes, compondo-se como um poder constitucional permanente." VIANNA, Luiz Werneck. Liberalismo e sindicato no Brasil. 3. ed. Rio de Janeiro: Paz e Terra, 1989. p. 269.

partidários do comunismo e os do capitalismo. De fato, a constante oposição de interesses entre as duas correntes ideológicas que emergiram como vitoriosas após a Segunda Guerra Mundial contribuiu substancialmente para as diversas crises intestinas que eclodiram no Brasil durante a Terceira República, anteriormente ao Golpe de 1964.

Tal situação se agravou ainda mais após a tomada do poder em Cuba pelos partidários da Revolução de 1958, quando os Estados Unidos passaram a intensificar a vigilância sobre os países da América Latina, a fim de evitar que outros regimes aderissem ao bloco comunista e, especialmente, após a posse do presidente João Goulart, cuja agenda de reformas sociais serviu de mote para colocar em estado de alerta lideranças militares americanófilas e representantes do capital.(255)

E assim, sob o pretexto de depurar o País da influência ideológica do bloco comunista, que, na visão dos insurgentes, vinha ganhando espaço nas instituições oficiais, um amplo setor das Forças Armadas apoiado pelo governo norte-americano deflagrou, em 31 de março de 1964, um golpe de estado que teve como principal justificativa a necessidade de promover uma intervenção passageira, porém incisiva, para livrar o País da *subversão* e da *corrupção*, cujo desfecho demoraria longos vinte e um anos para se materializar.(256)

Em tal contexto, não é difícil constatar que a refundação da vetusta estrutura sindical brasileira plasmada no período do Estado Novo sob a égide da pluralidade sindical e da independência das organizações constituídas autonomamente por trabalhadores e empregadores, com o consequente afastamento do Estado em tal seara, definitivamente não integrava a pauta de prioridades do novo regime.

Pelo contrário, a organização sindical traçada no Título V da Consolidação das Leis do Trabalho — a possibilitar o controle direto das entidades pelo Governo Federal — ia ao encontro dos interesses oficiais. Com efeito, ao oferecer amplos mecanismos de intervenção, o referido diploma legal possibilitava ao Estado verificar constantemente as tendências ideológicas seguidas pelas entidades, bem como a eventual aproximação de seus membros com teses de esquerda, notoriamente combatidas no período compreendido entre 1964 e 1985.

Desse modo, a estrutura herdada do período estadonovista não só foi mantida no ordenamento jurídico instituído pela nova ordem, como também foi aperfeiçoada a fim de facilitar a vigilância e o controle oficiais sobre as entidades sindicais, bem como de evitar que estas últimas fossem utilizadas como plataforma para eventuais opositores ao regime e às suas políticas sociais e econômicas.(257)

(255) Sobre o tema, *vide* a narrativa de Elio Gaspari em: GASPARI, Elio. *A Ditadura envergonhada*. São Paulo: Cia. das Letras, 2002. p. 59-66.

(256) A exposição de motivos do Ato Institucional do regime militar (AI n. 1 de 9.4.1964), redigido em uma linguagem pouco comum para atos oficiais, bem demonstra o contexto político e ideológico que motivou o Golpe de 1964 e os objetivos imediatos do novo governo: "O presente Ato Institucional só poderia ser editado pela revolução vitoriosa, representada pelos Comandos em Chefe das três Armas que respondem, no momento, pela realização dos objetivos revolucionários, cuja frustração estão decididas a impedir. Os processos constitucionais não funcionaram para destituir o governo, que deliberadamente se dispunha a bolchevizar o País. Destituído pela revolução, só a esta cabe ditar as normas e os processos de constituição do novo governo e atribuir-lhe os poderes ou os instrumentos jurídicos que lhe assegurem o exercício do Poder no exclusivo interesse do Pais. Para demonstrar que não pretendemos radicalizar o processo revolucionário, decidimos manter a Constituição de 1946, limitando-nos a modificá-la, apenas, na parte relativa aos poderes do Presidente da República, a fim de que este possa cumprir a missão de restaurar no Brasil a ordem econômica e financeira e tomar as urgentes medidas destinadas a drenar o bolsão comunista, cuja purulência já se havia infiltrado não só na cúpula do governo como nas suas dependências administrativas." Disponível em: <http://www6.senado.gov.br/legislacao/ListaNormas.action?numero=1&tipo_norma=AIT&data=19640409&link=s>. Acesso em: 26 abr. 2021.

(257) Conforme assevera Kenneth Paul Erickson: "O governo [após 1964] exerceu todos os esforços para limitar a autonomia das organizações de trabalhadores. Os controles diretos e indiretos, estabelecidos na Consolidação das Leis

Viabilizou-se, desse modo, uma aliança conveniente e duradoura entre as lideranças do novo regime — interessadas em domesticar as entidades sindicais e instrumentalizá-las para a consecução dos programas oficiais — e aqueles dirigentes que lograram tirar proveito do arcabouço legislativo corporativista para se encastelarem por décadas na cúpula das entidades representativas, em especial nas federações e confederações.

E tal domesticação dos sindicatos far-se-ia útil ao regime nos anos subsequentes à revolução — em especial nas décadas de 1970 e 1980 —, na medida em que a negociação coletiva das condições de trabalho e remuneração entre as entidades obreiras e os empresários possuía o potencial de minar os esforços do governo para controlar os salários, os preços e, consequentemente, a escalada inflacionária.

Assim, interessava plenamente ao regime instituído em 1964 ter consigo sindicatos de patrões e empregados dóceis às suas políticas, que estivessem comprometidos antes com o *bem coletivo* e com os "*supremos interesses da nação*" do que com a defesa de suas respectivas categorias. Em contrapartida, o governo assegurava aos dirigentes encastelados na cúpula das entidades os mecanismos eleitorais necessários para assegurar sua subsistência e para garantir, compulsoriamente, seu financiamento, em um nítido corporativismo de conveniência para ambas as partes.

Ainda nessa linha de cerceamento à autonomia coletiva das categorias profissionais, o regime posto instituiu, em 1964, um novo marco normativo para a regulamentação da greve (Lei n. 4.330, de 1º de junho de 1964), tornando-a, em muitos casos, proibida na prática, haja vista a excessiva limitação à fruição daquele direito mesmo em relação ao derrogado Decreto-lei n. 9.070, de 15 de março de 1946.

Nesse sentido, a Lei n. 4.330/64 manteve o sistema de tentativas obrigatórias de conciliação por parte do Departamento Nacional do Trabalho já existente na legislação anterior, especificando, outrossim, que a cessação do trabalho somente ocorreria após o decurso de cinco e dez dias nas atividades acessórias e fundamentais, respectivamente, sem que houvesse acordo entre os empregadores e os trabalhadores. Para além disso, o novel diploma estabelecia um rol extenso de atividades ditas *fundamentais*, nas quais o exercício do direito à parede era ainda mais limitado e vedava expressamente a deflagração de greve por motivos políticos, partidários, religiosos, sociais, de apoio ou solidariedade.

No entanto, o maior empecilho ao exercício do direito de greve não constava da Lei n. 4.330/64, mas sim do próprio Ato Institucional do novo regime (AI n. 1, de 9 de abril de 1964),

---

do Trabalho (CLT), facilitaram essa tarefa. Além disso, o governo militar, vigilante com a autonomia obtida pelos líderes trabalhistas nos anos cinquenta e sessenta, decretou um considerável corpo de novas leis para estreitar seus canais de ação. Esta legislação refinou e suplementou as técnicas do Estado Novo para fazer o sistema corporativo funcionar melhor como instrumento de controle social. Não procurou libertar o movimento sindical da tutela governamental. Em uma palavra, o golpe iniciado pela tradição anti-Vargas resultou não na destruição do legado do Estado Novo, mas numa tentativa de aplicá-lo com mais eficiência.

(...)

A nova legislação governamental serve para três propostas principais. Primeiro, apertando os controles diretos, ela impede os sindicatos de estruturar uma base organizacional a partir da qual possam atacar o sistema político e social existente, ou opor-se a políticas governamentais específicas. Em segundo lugar, procura fortalecer os sindicatos e o sistema corporativo para seu papel na construção da nação e da coesão social. Em terceiro lugar, sob a escusa do controle da inflação, transferiu recursos para a indústria, sujeitando a classe trabalhadora a vários tipos de poupança forçada.

(...)

O governo então procurou apertar a camisa-de-força legal de forma a evitar a futura mobilização radical dos sindicatos. O ministro do Trabalho, que ajudara a planejar a CLT durante o Estado Novo, colocou em funcionamento antigas disposições ou estruturou novas onde achou que os controles existentes não bastavam para guiar as atividades dos trabalhadores nas direções apropriada." ERICKSON, Kenneth Paul. Trad.: LOPES, Cecília. Sindicalismo no processo politico no Brasil. São Paulo: Brasiliense, 1979. p. 208-209.

cujo art. 6º possibilitou ao Presidente da República a decretação de estado de sítio pelo prazo máximo de trinta dias, com os efeitos previstos no art. 209, parágrafo único, II, da então vigente Constituição Federal de 1946, a incluir a suspensão do direito de reunião.

Sendo assim, a singela decretação de estado de sítio pelo Presidente da República, em um momento de exceção como aquele instaurado em 1964, tinha o condão de impedir mesmo o ato inicial dos movimentos paredistas, qual seja, a assembleia geral para deliberação em torno da deflagração ou não do movimento paredista, cuja ocorrência dependia (e ainda depende), naturalmente, do exercício do direito de reunião. Não é difícil, portanto, verificar que nesse contexto de crise institucional e de supressão das liberdades individuais e coletivas, o exercício do direito à greve era mais uma retórica legal do que uma realidade plenamente fruível por seus destinatários.(258)

Em que pesem, todavia, os intentos de controle do governo sobre a atividade dos sindicatos e sobre o exercício do direito à greve, os trabalhadores coletivamente organizados desafiaram o modelo imposto pelo regime e buscaram o estabelecimento de uma organização representativa independente e autônoma apta a defender efetivamente seus interesses, mormente em face da preocupante realidade econômica vivenciada pelo País após o fim do chamado *milagre econômico* e após a eclosão da crise internacional do petróleo na metade da década de 1970.

A corrente mais representativa desse movimento consistiu no chamado *novo sindicalismo* que, surgido na região do ABC Paulista como uma reação à inaptidão do sistema corporativista-confederativo para a resolução dos problemas enfrentados pelas categorias profissionais à época (em especial, as perdas salariais acumuladas impostas pela galopante inflação entre 1973 e 1978), desafiou o *status quo* ao mobilizar os obreiros em torno da resolução direta dos conflitos com os empregadores, afastando-se da tutela estatal, bem como da aproximação das entidades com a base e da luta pela conquista de sua plena autonomia coletiva.(259)

As ideias apregoadas pelo *novo sindicalismo* serviram de base para a criação da Central Única dos Trabalhadores — CUT em 1983, em uma estrutura que transcendia o estanque modelo confederativo e que visualizava a defesa dos interesses dos trabalhadores a partir da coordenação política que perpassava as mais diversas categorias profissionais, tirando-as do isolamento imposto pelo enquadramento sindical encabeçado pelas confederações previstas no art. 535 da Consolidação das Leis do Trabalho.(260)

(258) *Vide* nesse sentido: ERICKSON, Kenneth Paul. *Sindicalismo no processo politico no Brasil.* São Paulo: Brasiliense, 1979. p. 214-215.

(259) A propósito, Francisca Albertina Schürmann ressalta que o movimento foi instigado pelo Sindicato dos Metalúrgicos de São Bernardo do Campo e Diadema no fito de, justamente, superar seu afastamento em relação à base. Segundo a autora, o movimento iniciado pela referida entidade viria a alterar significativamente suas relações com as empresas, que, a partir de então, seriam pautadas pelas seguintes premissas:

"a) em um crescente envolvimento do sindicato na luta pela defesa econômica da categoria e melhores condições de trabalho, reivindicando nas campanhas salariais reajustes acima dos índices fixados pelo governo e melhores condições de trabalho; b) na adoção de uma estratégia pautada por um extremo legalismo, entendido como lutas que não ferissem a legislação trabalhista; c) na persistência em suas reivindicações num contexto em que as vitórias tinham de ser sempre reconquistadas; d) na capacidade de assumir a luta pelos direitos dos trabalhadores, ao mesmo tempo em que se difundia a ideia de que a diretoria do sindicato, sozinha, pouco poderia fazer."

Ainda segundo a autora: "O sindicato adotou também um discurso e uma prática norteados por dois princípios básicos: primeiro, a conquista da liberdade e da autonomia sindical, que abarcava desde tentativas de encaminhar suas pautas de reivindicações independentemente da federação até a luta maior para se libertar da tutela estatal e conquistar negociações diretas com os empresários. Segundo, o fortalecimento da base que se consubstanciava no incentivo e no apoio às pequenas lutas de resistência que surgiram no interior das fábricas e que resultaram em uma crescente democratização interna do movimento." SCHÜRMANN, Francisca Albertina. Sindicalismo e democracia. Os casos do Brasil e do Chile. Brasília: Editora UnB, 1998. p. 35-36.

(260) O contexto subjacente à criação da CUT, em 1983, é resumido por Ricardo Machado Lourenço Filho da seguinte maneira: "No decorrer do processo de reorganização do movimento sindical, diversos encontros e congressos foram

No momento em que o *novo sindicalismo* surgia como uma alternativa ao vetusto modelo confederativo estadonovista e que os partidários daquele vetusto sistema se organizavam para organizar a reação àquele movimento, o regime militar agonizava. Com a abertura "*lenta e gradual*" em plena marcha e com o esgarçamento progressivo da economia nacional após a crise da dívida de 1982/83, os próceres da ditadura encontravam-se mais preocupados em promover uma transição honrosa do que em manter os sindicatos em sua órbita.

Consolidado o fim da ditadura em 1985, abriram-se os espaços para a discussão em torno da reforma das estruturas sindicais brasileiras, que viria a colocar em lados opostos os partidários da unicidade e os adeptos do *novo sindicalismo*. A arena para o confronto ideológico entre ambos far-se-ia representada pela Assembleia Nacional Constituinte convocada para o biênio 1987/88.

2.5.5. O regime paradoxal da Constituição Federal de 1988. A liberdade sindical parcial

Ultrapassadas as etapas iniciais do processo brasileiro de transição para a democracia, já na metade da década de 1980, a sociedade civil começou a despertar da longa sedação imposta à força pelo regime autoritário que, àquela altura, já vivia o seu ocaso. Percebeu-se, então, que as organizações dos diversos setores poderiam ter um papel mais ativo na definição dos novos rumos a serem tomados pelo País após a redemocratização.(261)

Diante disso, a sociedade civil se reorganizou em torno de suas bandeiras até então retraídas sob a égide do regime autoritário. Movimentos de massa, como as *Diretas Já*, nos anos de 1983 e 1984, eclodiram no fito de catalizar a participação popular na escolha dos governantes e de restaurar em sua plenitude os direitos civis e políticos tolhidos pelos sucessivos atos institucionais da ditadura militar. De outro turno, os trabalhadores e suas entidades representativas se mobilizaram para desmontar o aparelho de intervenção oficial em sua organização coletiva e para viabilizar a adoção de mecanismos aptos a lhes possibilitar a luta em torno de seus interesses comuns, com especial destaque para a recomposição salarial, que adquiria especial relevância naquele contexto de elevada inflação.

---

realizados. (...) Eram significativas as divergências entre as lideranças renovadoras ou 'combativas' com relação à unicidade e à contribuição sindicais. Em última análise, porém, tais divergências tinham razões políticas, dividindo-se entre aqueles que propugnavam a criação de um partido dos trabalhadores e os que, diversamente, defendiam uma união com o MDB. Foi assim que, em 1980, a liderança do movimento sindical estava polarizada entre, de um lado, o Novo Sindicalismo (acompanhado das Oposições Sindicais) e, de outro, a Unidade Sindical. O primeiro proclamava uma mudança integral na estrutura, inclusive com o fim da contribuição sindical. Já a segunda era mais contida: visava fortalecer a estrutura, embora com independência em relação ao Ministério do Trabalho; defendia a unicidade sindical e a permanência da contribuição obrigatória." LOURENÇO FILHO, Ricardo Machado. Liberdade sindical: percursos e desafios na história constitucional brasileira. São Paulo: LTr, 2011. p. 66-67.

(261) Segundo Guillermo O'Donell e Philippe Schmitter, o fenômeno da *ressureição da sociedade civil* é típico das sociedades que passaram por um período de transição de um regime autoritário para um regime democrático. Nas palavras dos autores, a mecânica de tal processo ocorre da seguinte maneira: "Ao trivializar a cidadania e reprimir as identidades políticas, o regime autoritário destrói os espaços políticos auto-organizados e autonomamente definidos e os substitui por uma arena pública controlada pelo Estado, na qual todas as discussões devem ser encetadas segundo códigos e termos estabelecidos pelos governantes. Apenas os indivíduos com um nível excepcionalmente alto de motivação estão preparados para aceitar os riscos de agir fora desta arena. Os incumbentes autoritários tendem a interpretar a subsequente falta de oposição perceptível como evidência de 'paz social' entre classes previamente antagônicas e de 'consenso tácito' com relação às suas políticas.

Mas uma vez que o governo sinalize a diminuição dos riscos do engajamento na ação coletiva e o aumento do espaço permitido para a discussão pública de alguns temas até então considerados além dos limites, esses regimes cedo descobrem que a pretensa paz social e consenso tácito constituíam, na melhor das hipóteses, expressão de um armistício coercitivamente imposto. As antigas identidades políticas voltam a emergir e outras aparecem ex novo para expandir, além das expectativas de todos, os espaços públicos que os incumbentes autoritários decidiram tolerar no início da transição." O'DONNEL, Guillermo; SCHMITTER, Philippe. Trad.: SOBRAL, Adail. Transições do regime autoritário. Primeiras conclusões. São Paulo: Vértice, 1988. p. 84.

Nesse ambiente, foi editada em 27 de novembro de 1985, a Emenda Constitucional n. 26, cujo art. 1º convolou em Assembleia Nacional Constituinte a legislatura a ser eleita no ano de 1986. Em observância a tal dispositivo, o Poder Executivo designou um colegiado de notáveis — denominado *Comissão Afonso Arinos*, com vistas à elaboração de um anteprojeto de constituição que viria a ser apreciado, então, pelo Congresso Nacional.

Contudo, a despeito de tal iniciativa, o clamor da sociedade civil, ainda embalada pelos ideais fundantes do movimento das *Diretas Já*, fez com que o rito imaginado pelo Poder Executivo fosse suplantado pela adoção de um processo totalmente diverso daquele, marcado pela ampla participação dos movimentos sociais na elaboração e na discussão dos textos a serem examinados pela Assembleia Nacional Constituinte.

Nessa grande arena social em que se transformou a Assembleia Constituinte de 1987/88, os partidários do *novo sindicalismo* e os caudatários do sistema confederativo alimentado pelas contribuições compulsórias a vigorar desde o governo de Getúlio Vargas, por intermédio de seus respectivos parlamentares, se embrenharam em um embate ferrenho acerca do delineamento da organização sindical que seria plasmada na nova Carta Magna.(262)

Mais especificamente, os embates em torno do modelo sindical no âmbito da Assembleia Constituinte de 1987/88 foram travados por duas correntes opostas. A primeira, capitaneada pelo Partido dos Trabalhadores — PT, defendia a *pluralidade* e centrava-se na tarefa de ver aprovada a Emenda relatada pelo então Deputado Federal Luiz Inácio Lula da Silva. Do outro lado, parlamentares do chamado *centrão* e do *bloco socialista* (principalmente PCB e PC do B), batiam-se pela manutenção da unicidade.

Ao cabo das longas discussões acerca da matéria, prevaleceu a unicidade sindical tal qual consta do art. 8º, da Carta Política.(263)

Concorreram para a aprovação do sobredito texto os temores do bloco socialista em torno da hipotética *"divisão do movimento operário e dos trabalhadores brasileiros na sua organização sindical."* a decorrer da adução da pluralidade — conforme ressaltou o Deputado Roberto Freire (PCB-PE) ao se manifestar a respeito da emenda proposta pelo Deputado Luiz Inácio Lula da Silva — bem como os desígnios em torno de *"um movimento sindical independente do Governo"* e que não estivesse *"a serviço da empresa e dos partidos políticos."*, nas palavras do Deputado Mário Lima (PMDB-MG).(264)

Como resultado, obteve-se um modelo híbrido, que assegura, ao mesmo tempo, o monopólio por base territorial e a livre organização e atuação das entidades, sem a ingerência do Estado. Em outras palavras, a organização sindical pátria na Constituição de 1988, nesse particular, acabou por mesclar elementos eminentemente *corporativistas* com diretrizes *pluralistas* e *democráticas*, representadas, no primeiro caso, pela unicidade e, no último, pela dissociação entre sindicatos e Governo.

Tal sistemática mista, ao manter a unicidade sindical sem o enquadramento outrora existente, possibilitou às categorias profissionais e econômicas a definição autônoma dos interesses a serem por elas defendidos e, com isso, potencializou a dissociação e o desmembramento de bases territoriais e coletividades mais específicas em relação àquelas mais amplas, nos termos do

---

(262) *Vide*, nesse sentido: LOURENÇO FILHO, Ricardo Machado. *A Liberdade sindical:* Percursos e desafios na história constitucional brasileira. São Paulo: LTr, 2011. p. 81-100.

(263) Conforme recorda José Carlos Arouca: "O texto aprovado foi definido em acordo a partir de um ajuste das emendas dos deputados José Fogaça (PMDB-SP), Haroldo Lima (PCdoB - BH), Adolfo de Oliveira (PL-RJ), Geraldo Campos (PMDB-DF), Antônio Carlos Mendes Thame (PFL-SP), Júlio Costamilan (PMDB-RS) e Antônio Carlos Franco (PMDB-SE)." AROUCA, José Carlos. O sindicato em um mundo globalizado. São Paulo: LTr, 2003. p. 321.

(264) *Ibidem*, p. 323-326.

art. 571 da CLT. Nesse contexto, o papel do Ministério do Trabalho no que pertine ao registro das entidades sindicais, não é mais pautado pela discricionariedade na concessão das cartas, tal como ocorria sob o regime anterior, limitando-se, ao revés, à manutenção de um cadastro apto a verificar a observância, em concreto, da regra constante do art. 8º, II, da Constituição Federal.[265]

O resultado prático de tal modelo, especialmente no período anterior à Reforma Trabalhbista de 2017, consistiu na fundação de dezenas de milhares de novas entidades sindicais a partir da dissociação e do desmembramento de categorias e bases territoriais em relação a entes preexistentes de configuração mais ampla. Na grande maioria dos casos — com honrosas exceções — a segmentação era protagonizada por chapas derrotadas nas eleições da *entidade-mãe* e motivada precipuamente pelo recolhimento das contribuições compulsórias.

A situação se afigurava ainda mais grave diante da constatação de que as novas entidades eram criadas sem qualquer respaldo das categorias a serem dissociadas ou desmembradas, muitas vezes por intermédio de assembleias fraudulentas ou, na melhor das hipóteses, realizadas sem a presença efetiva das coletividades interessadas. E como o Ministério do Trabalho, ao processar os pedidos de cadastramento, não perquiria — como até hoje não perquire — tais elementos substanciais, limitando-se à análise meramente formal da documentação apresentada pelo postulante, os registros eram geralmente concedidos e o desdobramento consolidado.[266]

Note-se, nesse particular, que a verificação em torno da participação direta das coletividades profissionais é ignorada pelo Ministério do Trabalho e Emprego mesmo diante da subsistência, entre nós, da prerrogativa de ampla representação da categoria pelo sindicato detentor do registro concedido por aquela pasta, independentemente da filiação ou não dos trabalhadores àquelas organizações, a teor do art. 513, *a*, da CLT. Em tal sistemática, as entidades sindicais criadas por dissociação e desmembramento serão investidas do múnus público concernente à defesa dos interesses de um certo grupo profissional e serão beneficiadas com o desconto compulsório de um dia-salário dos integrantes deste último sem sua anuência. Há, nisso, um

(265) Tal orientação decorre do julgamento do Mandado de Injunção n. 144, por parte do Supremo Tribunal Federal, ementado da seguinte forma:

"Liberdade e unicidade sindical e competência para o registro de entidades sindicais (Cf., art. 8º, I e II): recepção em termos, da competência do Ministério do Trabalho, sem prejuizo da possibilidade de a lei vir a criar regime diverso. O que é inerente à nova concepção constitucional positiva de liberdade sindical é, não a inexistência de registro público — o qual e reclamado, no sistema brasileiro, para o aperfeiçoamento da constituição de toda e qualquer pessoa jurídica de direito privado —, mas, a teor do art. 8º, I, do texto fundamental, 'que a lei não poderá exigir autorização do Estado para a fundação de sindicato': o decisivo, para que se resguardem as liberdades constitucionais de associação civil ou de associação sindical, é, pois, que se trate efetivamente de simples registro — ato vinculado, subordinado apenas à verificação de pressupostos legais —, e não de autorização ou de reconhecimento discricinários. A diferença entre o novo sistema, de simples registro, em relação ao antigo, de outorga discricionária do reconhecimento sindical não resulta de caber o registro dos sindicatos ao Ministério do Trabalho ou a outro oficio de registro público. Ao registro das entidades sindicais inere a função de garantia da imposição de unicidade — esta, sim, a mais importante das limitações constitucionais ao princípio da liberdade sindical. A função de salvaguarda da unicidade sindical induz a sediar, 'si et in quantum', a competência para o registro das entidades sindicais no Ministério do Trabalho, detentor do acervo das informações imprescidíveis ao seu desempenho. O temor compreensível - subjacente à manifestação dos que se opõem à solução —, de que o hábito vicioso dos tempos passados tenda a persistir, na tentativa, consciente ou não, de fazer da competência para o ato formal e vinculado do registro, pretexto para a sobrevivência do controle ministerial asfixiante sobre a organização sindical, que a Constituição quer proscrever — enquanto não optar o legislador por disciplina nova do registro sindical —, há de ser obviado pelo controle jurisdicional da ilegalidade e do abuso de poder, incluida a omissão ou o retardamento indevidos da autoridade competente." BRASIL: SUPREMO TRIBUNAL FEDERAL. MANDADO DE INJUNÇÃO N. 144/SP. RELATOR: Min. Sepúlveda Pertence. Plenário. DJ: 28.5.1993.

(266) Posteriormente, o Supremo Tribunal Federal editou a Súmula n. 677, vazada nos seguintes termos:

"SÚMULA 677 – Até que lei venha a dispor a respeito, cabe ao Ministério do Trabalho proceder ao registro das entidades sindicais e zelar pela observância do princípio da unicidade."

Vide, nesse sentido:

EBERT, Paulo Roberto Lemgruber. *O art. 187 do Código Civil e a criação abusiva de entidades sindicais de trabalhadores*. São Paulo: Suplemento Trabalhista LTr n. 103/2009. Out. 2009.

inegável e cristalino déficit democrático absolutamente incompatível com as diretrizes emanadas da Carta Magna vigente.

Diante de tal quadro potencializado pela organização esboçada no art. 8º da Constituição Federal, pode-se afirmar que, atualmente, não há mais de se falar em *unicidade sindical* na sua acepção clássica a preconizar a exclusividade de representação de uma determinada entidade em relação a uma dada categoria em uma base territorial pré-definida. A extrema facilidade encontrada por grupos determinados para promoverem a *dissociação* e o *desmembramento* de coletividades profissionais e econômicas fez com que a organização sindical brasileira passasse a se organizar, de fato, em torno de um sistema de *pluralidade sem representatividade*, no qual a ruptura do monopólio por intermédio da criação de novas organizações mais específicas é, em grande medida, livre de amarras legais e absolutamente independente de qualquer respaldo a ser obtido junto ao grupo diretamente afetado.

No entanto, em que pese a preponderância fática de tal visão míope acerca do princípio da autonomia sindical e das faculdades de *dissociação* e *desmembramento* asseguradas pelo art. 8º, I, da Constituição Federal e pelo art. 571 da CLT, não é esta a interpretação, a nosso ver, mais consentânea com as diretrizes democráticas e pluralistas a inspirarem a Carta Magna e com a própria função exercida pelos sindicatos e que, em última instância, legitima as prerrogativas constantes do art. 513 da CLT. De fato, o desdobramento de categorias e a consequente criação de novos entes representativos não pode ocorrer de modo apartado da representatividade efetiva por eles exercida, sob pena de configuração de *abuso de direito*, a teor do art. 187 do Código Civil. Tivemos a oportunidade de trabalhar tal problemática em estudos anteriores, para os quais remetemos o leitor interessado em um maior aprofundamento sobre o tema.[267]

No que diz respeito ao exercício do direito de greve — a integrar, como visto, a faceta coletiva do princípio da liberdade sindical — a Constituição Federal de 1988 o assegurou de forma ampla, com um notável teor de ineditismo em relação aos textos precedentes. Nesse sentido, seu art. 9º não se limitou a proclamar a faculdade paredista, ressaltando, para além disso, que a definição dos motivos e das oportunidades a ensejarem a deflagração dos movimentos desse jaez dependeria tão somente das categorias diretamente envolvidas.

Para além disso, a autonomia das entidades sindicais no que concerne ao enfrentamento legítimo das estruturas empresariais foi substancialmente reforçada nos arts. 7º, XXVI e 8º, VI, da Constituição Federal, cujos enunciados, ao nomearem os sindicatos como os interlocutores das categorias nas negociações coletivas e ao reconhecerem a plena validade dos acordos e convenções coletivas por eles firmados, legitimaram o exercício de contrapoder aos desígnios empresariais por parte dos entes obreiros.

A inserção da negociação coletiva dentre os direitos dos trabalhadores e a garantia de participação do sindicato em sua entabulação acabou por lhes assegurar o direito de tomar parte nas discussões a versarem sobre aspectos organizativos tendentes a afetar diretamente a coletividade obreira, sendo as dispensas em massa o exemplo mais claro de tal faceta histórica do franco associativismo assumido pela nova Carta Magna.

Assim, do cotejo entre o princípio da *autonomia sindical* consagrado no art. 8º, I e o postulado do fomento à *negociação coletiva* referendado nos retromencionados arts. 7º, XXVI e 8º,

---

(267) EBERT, Paulo Roberto Lemgruber. *Sindicato mais representativo e mutação constitucional:* uma proposta de releitura do art. 8º, II, da Constituição Federal. São Paulo: LTr, 2007; EBERT, Paulo Roberto Lemgruber. O art. 187 do Código Civil e a criação abusiva de entidades sindicais de trabalhadores. *Suplemento Trabalhista LTr*, n. 103/2009. São Paulo, out. 2009. *Vide*, nesse mesmo sentido: KAUFMANN, Marcus de Oliveira. Uma visão prospectiva da atuação jurisdicional em relação à organização sindical. *Jus Navigandi*, Teresina, ano 14, n. 2247, 26 ago. 2009. Disponível em: <http://jus.com.br/revista/texto/13395>. Acesso em: 16 maio 2021.

VI, da Constituição Federal, tem-se que a Carta Magna primou pelo protagonismo dos próprios atores coletivos na resolução de suas controvérsias econômicas, em nítida contraposição à visão corporativista presente nos diplomas magnos anteriores, a priorizarem, como visto, a intervenção do Estado em nome de suas políticas econômicas.

O poder normativo da Justiça do Trabalho, de seu turno, havia sido integralmente mantido na redação originária do art. 114, § 2º da Constituição Federal. Todavia, com o advento da Emenda Constitucional n. 45, de 8 de dezembro de 2004, a intervenção daquele ramo do Poder Judiciário nos dissídios coletivos de natureza econômica foi mitigado, na medida em que sua invocação passou a depender da obtenção prévia de comum acordo entre os atores sociais envolvidos, não mais bastando, tal como outrora, alegação unilateral de uma das partes acerca da recusa da outra para negociar.(268)

Da análise em conjunto dos dispositivos constitucionais pertinentes à organização sindical, pode-se dizer que a Carta de 1988, dado o seu espírito institucional, recepcionou, em parte, os conteúdos histórico-institucionais subjacentes ao princípio da liberdade sindical consagrados internacionalmente nas Convenções ns. 87, 98 e 154 da OIT. Ao mesmo tempo, outros institutos corporativistas remanesceram, tal como a unicidade sindical, a contribuição compulsória e o poder normativo da Justiça do Trabalho nos dissídios coletivos de natureza econômica, ainda que de forma mitigada.

Dito de modo mais específico, ao mesmo tempo em que a Constituição de 1988 liberou as categorias coletivamente organizadas e as entidades representativas das amarras estatais, possibilitando-lhes o exercício pleno da ação sindical (art. 8º, I), da implementação de medidas voltadas para a contraposição coletiva em relação aos desígnios empresariais com vistas à elaboração de normas destinadas à promoção da *melhoria da condição social dos trabalhadores* (art. 7º, *caput* e inciso XXVI), da *negociação coletiva* (art. 8º, III e VI) e da *greve* (art. 9º), cerceou significativamente o primado da liberdade sindical em seu aspecto individual, porquanto vedou aos trabalhadores a livre criação de organizações representativas de um mesmo agrupamento profissional em idêntica base territorial já integrada por outro sindicato preexistente, bem como a franca filiação à entidade sindical de sua escolha (art. 8º, II).

Com relação a este último aspecto individual, é importante ressaltar que muito embora a Constituição Federal proclame em seu art. 8º, V que *"ninguém será obrigado a filiar-se ou a manter-se filiado a sindicato"*, o regime de monopólio representativo em uma determinada base territorial consagrado no inciso II acaba por impor aos trabalhadores uma única opção associativa, de modo a restringir-lhes significativamente o direito à livre vinculação à entidade sindical de sua escolha, tal como assegurado no art. 2º da Convenção n. 87 da OIT.

Desse modo, os elementos integrantes do conteúdo histórico-institucional da liberdade sindical incorporados expressamente no texto da Constituição Federal de 1988 podem ser ilustrados da seguinte maneira:

---

(268) No entanto, o Tribunal Superior do Trabalho vem entendendo que a ocorrência de ajuizamento unilateral do dissídio coletivo de natureza econômica seguida da contestação da outra parte a respeito da matéria de fundo da divergência, faz exsurgir o mútuo consentimento exigido pela novel redação do art. 114, § 2º, da Constituição Federal. Nesse sentido, apenas a discordância expressa a respeito do ajuizamento ensejaria a extinção do feito sem julgamento de mérito: *Vide*, a propósito: BRASIL: TRIBUNAL SUPERIOR DO TRABALHO. RECURSO ORDINÁRIO EM DISSÍDIO COLETIVO N. 3563-20.2010.5.04.0000. RELATORA: Minª. Kátia Magalhães Arruda. Seção de Dissídios Coletivos. *DJ*: 18.5.2012; BRASIL: TRIBUNAL SUPERIOR DO TRABALHO. RECURSO ORDINÁRIO EM DISSÍDIO COLETIVO E REMESSA *EX-OFFICIO* N. 2009600-25.2006.5.02.0000. RELATOR: Min. Fernando Eizo Ono. Seção de Dissídios Coletivos. *DJ*: 27.4.2012; BRASIL: TRIBUNAL SUPERIOR DO TRABALHO. RECURSO ORDINÁRIO EM DISSÍDIO COLETIVO N. 101700-44.2009.5.05.0000. RELATOR: Min. Mauricio Godinho Delgado. Seção de Dissídios Coletivos. *DJ*: 20.4.2012.

Liberdade Sindical Individual

Livre criação de entidades sindicais	EM TERMOS, DESDE QUE OBSERVADAS AS REGRAS DO ART. 8º, II DA CONSTITUIÇÃO FEDERAL E DO ART. 571 DA CLT
Livre filiação e desfiliação à entidade sindical de sua categoria	EM TERMOS, POIS OS DIREITOS DE FILIAÇÃO/ DESFILIAÇÃO SÃO EXERCITÁVEIS APENAS EM RELAÇÃO À ENTIDADE DETENTORA DO MONOPÓLIO POR BASE E CATEGORIA
Livre participação nas atividades sindicais	SIM

Liberdade Sindical Coletiva

Livre organização e administração	SIM
Ação sindical (mobilização, negociação coletiva e greve)	SIM
Filiação a entidades representativas de grau superior e a organizações internacionais	SIM
Tutela contra a interferência e a intervenção estatal	SIM

Vê-se, portanto, que a Constituição Federal de 1988 erigiu o sindicato como o interlocutor dos trabalhadores nas relações coletivas de trabalho, liberando-o da tutela estatal, deixando as categorias livres do enquadramento e lhes possibilitando o amplo exercício das faculdades da dissociação e do desmembramento nesse desiderato. Em tal contexto, a resgatar a autonomia sindical e a romper, em parte, com as estruturas corporativistas, os elementos previstos nos arts. 7º e 8º devem ser interpretados de forma ampla, de modo a tutelar, na maior medida possível, os agentes dos sindicatos e os trabalhadores no lídimo exercício da ação sindical.

Tal interpretação deve, em primeiro lugar, ocorrer em concordância com as diretrizes axiológicas a plasmarem de sentido a própria Constituição Federal de 1988, com especial destaque para os postulados da *democracia*, do *pluralismo ideológico*, da *valorização do trabalho humano* e do *condicionamento da ordem econômica à promoção da existência digna* que, lidos em conjunto com os arts. 7º e 8º da Carta Magna condicionam o exercício das prerrogativas sindicais por parte das entidades à comprovação em torno de sua efetiva representatividade e vedam a prática de qualquer medida oficial ou privada tendente a mitigar o legítimo exercício da ação sindical, corporificada na mobilização das categorias, na negociação coletiva e na deflagração e desenvolvimento de greves.(269)

Nesse sentido, não se afiguram consentâneas com a Constituição Federal interpretações restritivas e apartadas do conjunto principiológico consagrado na Carta Magna, tais como aquela a reconhecer como detentora da representatividade exclusiva a entidade que obteve seu registro no Ministério do Trabalho antes das demais, ou a exegese que restringe a estabilidade conferida aos dirigentes sindicais nos termos do art. 8º, VIII, da Carta Magna apenas aos sete membros elencados no art. 522 da CLT e aos seus suplentes.(270)

(269) A propósito, Néstor Pedro Sagüés salienta que: "En concreto, la interpretación sistemática alerta que no hay cláusulas solitárias en la Constitución, ya que ella es un todo; que sus normas debe entendérselas enlazadas entre si; que el operador no debe magnificar el sentido de alguno de sus preceptos, ni minimizar el de otros; y que debe compatibilizar positivamente, y no destruir entre si, a las reglas de la ley suprema." SAGÜÉS, Néstor Pedro. La interpretación judicial de la Constitución. Buenos Aires: Depalma, 1998. p. 139.

(270) *Vide*, nesse sentido: EBERT, Paulo Roberto Lemgruber. A limitação legal ao número de dirigentes sindicais estáveis — Da insubsistência do art. 522 da CLT na ordem instituída pela Constituição de 1988. *Revista LTr*, São Paulo: LTr, v. 72, n. 4, p. 463-482, abr. 2008.

De igual modo, as convenções e pactos internacionais ratificados pelo Brasil a terem por objeto a liberdade sindical em seus aspectos individual e coletivo deverão preencher de sentido os dispositivos constitucionais, de forma a ampliar o escopo tuitivo já reconhecido expressamente pelos arts. 7º, 8º e 9º da Carta Magna. Tal exercício é de fundamental importância para delimitar o escopo da proteção dos trabalhadores e de suas entidades em face das práticas antissindicais, conforme ver-se-á mais detalhadamente no Capítulo 5.

2.5.6. A Reforma Trabalhista de 2017 e a asfixia das entidades sindicais

Após a promulgação da Constituição Federal de 1988 a organização sindical brasileira permaneceu, em certa medida, estável. Poucas alterações pontuais foram implementadas nos anos que se seguiram ao advento do texto magno, de modo que as estruturas basilares do edifício erigido na década de 1930 e reformulado, em partes, no final da década de 1980 — caracterizadas (i) pela unicidade sindical; (ii) pelo sistema confederativo; (iii) pela representatividade irrestrita e inoponível no escopo das categorias profissionais e econômicas e (iv) pelo custeio das entidades de primeiro e de segundo graus por meio da contribuição compulsória — remanesciam de pé.(271)

Sob os auspícios de tal sistema, a despeito de suas inúmeras imperfeições, havia ainda algum espaço para que as contrapartes negociais alcançassem composições aceitáveis para ambas, em um ambiente de efetiva transação, bem como para que as entidades, especialmente aquelas dedicadas à defesa dos interesses das categorias profissionais, angariassem os recursos necessários para o desempenho da ação reivindicatória e assistencial a elas atribuídas, malgrado seu baixo coeficiente de representatividade.

Nesse cenário de subsistência de um modelo sindical contraditório, a mesclar de forma quase inconciliável, traços corporativistas e democráticos, a organização e os mecanismos de financiamento assumidos pelas entidades representativas, bem como sua atuação cotidiana, sempre conviveram com inúmeras críticas — algumas pertinentes, outras não — que tendiam a se intensificar nos períodos de crise econômica. Foi exatamente essa dinâmica que ocasionou, a partir de 2016, no contexto mais amplo das propostas de *Reforma Trabalhista,* um intenso debate a respeito da estrutura sindical brasileira, com especial ênfase no custeio das entidades, em sua função negocial, em seu âmbito de representatividade e em seus mecanismos de atuação.

As proposições surgidas ou ressuscitadas naquele momento não buscavam exatamente aprimorar a estrutura sindical pátria em superação aos problemas congênitos do sistema até então vigente, mas sim colocar em xeque suas vigas mestras — indistintamente, com relação às virtudes e aos defeitos a elas inerentes — sem possibilitar a visualização clara do que seria posto em seu lugar, sob o argumento simplório de que elas conduziriam à *modernização* do sistema de relações coletivas e à *democratização* dos vínculos entre os trabalhadores representados e suas entidades representativas, em linha com os ordenamentos mais avançados sobre o tema.

Nesse ponto, as proposições em referência se valeram dos mesmos conceitos a fundamentar as propostas veiculadas na década de 1990 e nos primeiros anos da década de 2000. Tal marco teórico tem como consectários diretamente relacionados ao Direito do Trabalho a *flexibilização do marco legal trabalhista* e a *desregulamentação das condições laborais,* conforme observado por José Martins Catharino já naquele período histórico.(272)

---

(271) Importante observar, a propósito, que com o advento da Lei n. 11.648, de 31.3.2008, as centrais sindicais passaram a intergrar oficialmente a estrutura sindical pátria, sem que isto significasse um rompimento com o sistema confederativo.

(272) Nas palavras do referido autor: "De acordo com o pensamento liberal [desregulamentar] quer dizer reduzir ao máximo as *regras ditadas pelo Estado* e aumentar a *privatização normativa.*

Diminuir a caudal legiferente pública por assoreamento de origem privada.

(...)

A 'desregulamentação', a grosso modo, pode ser processada com a *diminuição das regras ditadas pelo Estado, ou pela redução de sua intensidade e extensão.*

O arcabouço ideológico a motivar a *Reforma Trabalhista*, que culminou com o advento da Lei n. 13.467, de 13.7.2017, partilha do ideário característico da *Análise Econômica do Direito*, a preconizar que o *Direito do Trabalho*, compreendido como o conjunto de normas regulamentadoras do amplo conjunto das relações laborais, deve buscar a constante adequação de seus institutos às conjunturas econômicas verificadas no *mercado de trabalho*, de modo a atender aos anseios deste último, a variarem segundo as clássicas leis de oferta e procura.(273)

Com base em tal ideário, a *Reforma Trabalhista* teve por fio condutor a premissa de que a desregulamentação das relações trabalhistas e as alterações na organização sindical por ela promovida conduziriam ao incremento dos níveis de emprego e, consequentemente, ao crescimento da atividade econômica, a despeito da demonstração em torno da falácia de tal assertiva, extensamente comprovada pela experiência dos países que adotaram tal receituário entre os anos 1980 e 2000.(274)

Tal escopo se fez presente de maneira cristalina nas disposições da Lei n. 13.467/2017 que tratam do Direito Coletivo do Trabalho, pelos quais o legislador tratou de instituir uma série de modificações substanciais tendentes a limitar o poder de barganha e, consequentemente, a legítima ação dos sindicatos no exercício de seus misteres negociais, tais como (i) a instituição das *representações dos trabalhadores nas empresas* sem a totalidade das garantias a elas inerentes e sem a paridade de tratamento com as *representações sindicais nas empresas* (arts. 510-A a 510-D da CLT); (ii) a eliminação da ultratividade das cláusulas normativas (art. 614, § 3º, da CLT); (iii) a supressão da exigência de explicitação das *contrapartidas recíprocas* nos instrumentos negociais (art. 611, § 2º, da CLT); (iv) a prevalência em absoluto dos acordos coletivos sobre as convenções coletivas de trabalho (art. 620 da CLT) e, sob tais condições já por si só desfavoráveis, (v) a sistemática do *negociado sobre o legislado* (arts. 611-A e 611-B da CLT).

Para além disso, a *Reforma Trabalhista* veiculada na Lei n. 13.467/2017 encerrou com a compulsoriedade no desconto da contribuição sindical em relação à totalidade das categorias representadas pelos sindicatos (arts. 578 e seguintes), passando a exigir a autorização *prévia* e *expressa* dos trabalhadores para que o recolhimento em folha possa ocorrer, sem estabelecer quaisquer mecanismos de transição ou de regressividade nos percentuais até sua completa eliminação.

Por consequência, aumentando o *regramento autônomo*, mediante a conjunção da vontade de sujeitos de direito privado, naturais ou com personalidade jurídica.

(...)

Flexibilidade é o mesmo que *ductibilidade e maleabilidade*, que pressupõem elasticidade.

(...)

Flexibilizar é fazer do rígido flexível, ou o que já o é mais ainda.

(...)

Flexibilizar não é *desregular*. É regular de modo diferente do que se acha regulado. Também, a 'flexibilização' pode ser procedida sem que haja privatização, o que não exclui a possibilidade, de acordo com a ideologia do liberalismo econômico, de serem procedidas conjunta e simultâneamente privatização, 'desregulação' e 'flexibilização', constituindo elos de uma corrente com igual finalidade.

(...)

No campo específico das relações de trabalho, a 'flexibilização' normativa, destinada a adequar o sistema de produção à realidade modificada, de modo a assegurar o desenvoilvimento econômico, pode acarretar — é o que está ocorrendo — redução do caráter protetor da legislação do trabalho." CATHARINO, José Martins. Neoliberalismo e sequela. São Paulo: LTr, 1997. p. 42-51.

(273) UGARTE, José Luis. *Análisis económico del derecho.* El derecho laboral y sus enemigos. Montevideo: Fundación de Cultura Universitaria, 2001. p. 32-36.

(274) *Vide*, nesse sentido: ROBORTELLA, Luiz Carlos Amorim. *O moderno Direito do Trabalho.* São Paulo: LTr, 1994. p. 128-132.

Ironicamente (ou não), a inserção de tais medidas no corpo da Lei n. 13.467/2017 teve por escopo a promoção do estabelecimento, em comum acordo, das diretrizes pertinentes às condições laborais (p. ex.: duração do trabalho, regime dos intervalos, repousos interjornadas, férias, formas de remuneração etc.), pelos próprios atores coletivos (empresas e sindicatos obreiros), de modo a adequar tais fatores às necessidades peculiares de cada empresa e de cada categoria profissional, bem assim às variações de conjuntura econômica a afetarem o *mercado de trabalho*.(275)

Contraditoriamente a tal desígnio, contudo, o art. 611-A da CLT, que consagrou o decantado primado do *negociado sobre o legislado*, dispensou em seu § 2º a exigência de *contrapartidas recíprocas* na elaboração dos acordos em convenções coletivas de trabalho, de modo a potencializar a transformação de tais instrumentos em verdadeiros *contratos de adesão* ditados unilateralmente pelas empresas ou pelos sindicatos patronais, em um simulacro de negociação coletiva contrário às diretrizes emanadas dos arts. 7º, XXVI e 8º, VI, da Constituição Federal, bem como do art. 5º da Convenção n. 154 da OIT.(276)

É exatamente com relação a este último ponto que os deveres de *lealdade* e de *transparência*, subjacentes ao próprio princípio da *negociação coletiva*, atuam com maior intensidade, impondo aos atores sociais a real e a efetiva apresentação de *propostas* e de *contrapropostas* com vistas à obtenção de um ponto de consenso, sem o que o processo de negociação coletiva não será algo mais do que uma pantomima engendrada no intuito de mascarar a aderência de uma das partes aos termos e às condições elaborados unilateralmente pela outra.(277)

---

(275) De acordo com o Parecer apresentado pelo Deputado Federal Rogério Marinho (PSDB-RN), relator do então Substitutivo ao Projeto de Lei n. 6.787/2016, que deu origem à *Reforma Trabalhista*: "Ao se abrir espaço para que as partes negociem diretamente condições de trabalho mais adequadas, sem revogar as garantias estabelecidas em lei, o projeto possibilita maior autonomia às entidades sindicais, ao mesmo tempo em que busca conferir maior segurança jurídica às decisões que vierem a ser negociadas. A insegurança jurídica da representação patronal, que não tem certeza se o que for negociado será preservado pela Justiça do Trabalho, é um grande empecilho à celebração de novas condições de trabalho mais benéficas aos trabalhadores e, em última instância, um entrave à contratação de mão de obra. Nessa linha de raciocínio, o foco que se almeja com a presente reforma é a expansão das condições de negociação dos sindicatos diante das rígidas regras da CLT, sem comprometer os direitos assegurados aos trabalhadores. Ao mesmo tempo em que se limita o papel do Estado nas negociações, propõe-se um sistema no qual o interesse das partes seja respeitado, garantindo-se ao trabalhador liberdade ampla para aderir ou não ao que for negociado.

(...)

Porém o que se está propondo não é a sua revogação, mas, sim, permitir que as entidades possam negociar a melhor solução para as suas necessidades. Repita-se, não se busca com esse dispositivo reduzir direitos dos trabalhadores, mas apenas permitir que regras rígidas da CLT possam ser disciplinadas de forma mais razoável pelas partes, sem que haja o risco de serem invalidadas pelo Judiciário, contribuindo para uma maior segurança jurídica nas relações de trabalho. Em suma, modernizar a legislação sem comprometer a segurança de empregados e empregadores." Disponível em: <https://www.camara.leg.br/proposicoesWeb/prop_mostrarintegra?codteor=1544961&filename=SBT+1+PL678716+%3D%3E+PL+6787/2016>. Acesso em: 10 dez. 2021.

(276) A propósito, a crítica formulada por Georges Ripert nas primeiras décadas do século XX sobre a pretensa manifestação da vontade nos contratos de adesão vem bem a calhar na hipótese em comento. Segundo o autor: "Adesão não quer dizer consentimento. Consentir num contrato é debater as suas cláusulas com a outra parte depois duma luta mais ou menos dura, cuja convenção traduzirá as alternativas. Aderir é submeter-se ao contrato estabelecido e submeter a sua vontade protestando no íntimo contra a dura lei que lhe é imposta. Num tal contrato há sempre uma espécie de vício permanente de consentimento, revelado pela própria natureza do contrato. Que há de contratual neste ato jurídico? É na realidade a expressão duma autoridade privada. O único ato de vontade do aderente consiste em colocar-se em situação tal que a lei da outra parte venha a se aplicar. O aderente entra neste círculo estreito em que a vontade da outra parte é soberana. (...) É uma graça de mau gosto dizer-lhe: tu quiseste." RIPERT, George. Trad.: OLIVEIRA, Osório de. A regra moral nas obrigações civis. 2. ed. Campinas: Bookseller, 2009. p. 112-113.

(277) Conforme observa Bernard Teyssié: "O dever de lealdade — expresso pela referência à boa-fé —, que vale para cada um dos protagonistas da negociação coletiva e deve impregnar todas as discussões é definido como sendo a vontade de alcançar um acordo, dedutível do comportamento das partes durante as negociações. (...) São considerados como indicativos de má-fé e, consequentemente, de deslealdade:

— a utilização de táticas dilatórias decorrentes, por exemplo, do excessivo prolongamento dos intervalos entre duas sessões de negociação, de uma mudança brusca de posição no momento em que o acordo está prestes a ser concluído ou do prolongamento artificial dos debates sobre detalhes com o intuito de retardar a discussão das questões essenciais;

Nesse mesmo sentido, o Comitê de Liberdade Sindical da OIT, após a análise de sucessivos casos, firmou o entendimento de que os deveres de *lealdade* e de *transparência* subjacentes ao instituto da *negociação coletiva*, impõem e presumem a atuação das partes pautada pelo real intuito de fixarem normas de comum acordo para a regência das relações laborais, como também pela colaboração mútua e pela efetiva discussão das propostas em um ambiente verdadeiramente transacional.(278)

Recorde-se, por oportuno, que a concepção da *negociação coletiva* como forma de autocomposição dos atores das relações trabalhistas (*empresários*, de um lado, e *sindicatos*, de outro) tem por eixo de sustentação a ideia de que a edição de cláusulas normativas advindas do ajuste de vontades entre aqueles protagonistas só é legítima quando se constata a efetiva igualdade de forças entre as partes contratantes e quando o ajuste logra promover a melhoria das condições sociais dos trabalhadores por intermédio de *concessões recíprocas* entre os pactuantes, dentro daqueles limites estabelecidos pela legislação trabalhista no fito de assegurar condições mínimas de dignidade aos obreiros.(279)

A redação conferida ao art. 611-A, § 2º, da CLT pela Lei n. 13.467/2017 é, portanto, a negação pura e simples do próprio conteúdo institucional do princípio positivado nos arts. 7º,

---

— certos comportamentos, tais como aqueles consistentes em se lançar contra um ou mais integrantes da mesa de negociação, em uma campanha de difamação;

— a atitude concernente a subordinar a abertura ou o entabulamento das negociações a condições que, na prática, impedem a abertura ou o desenvolvimento da própria negociação;

— a recusa, por uma das partes, de todas as proposições formuladas por seu interlocutor, sem que se lhe seja formulada uma contraproposta."

No original: «La loyauté — exprimée par référence à la bonne foi —, qui vaut pour chacun des protagonistes et doit imprégner les discussions, est définie comme la volonté d'arriver à un accord, elle-même déduite du comportament des parties au cours des négotiations. (...) Sont considérés comme autant d'indices de mauvaise foi, donc de déloyauté:

— L'utilisation de tactiques dilatoires, résultant par exemple de l'excessif allongement de l'intervalle séparant deux sessions de négotiation, d'un changement brusque de position au moment où in accord est sur le point d'être conclu, de la prolongation artificielle de débats sur des points de détail en vue de retarder la discussion des questions essentielles ;

— Certains comportements, tel celui consistant à se lancer, contre l'un ou pluisieurs de ceux qui sont assis autour de la table de négotiation, dans une campaigne de diffamation;

— Le attitude consistant à subordonner l'ouverture ou la poursuite des négotiations à des conditions qui, en pratique, empêcheront l'ouverture ou le développement de celles-ci;

— Le refus, par l'une des parties, de toutes les propositions formulées par son interlocuteur, sans qu'aucune contre-proposition lui soit adressée.» TEYSSIÉ, Bernard. Droit du travail. Relations collectives. 10. ed. Paris : Lexis Nexis, 2016. p. 856.

(278) "941 – La negociación colectiva implica un proceso de concesiones mutuas y una certeza razonable de que se mantendrán los compromisos negociados, al menos mientras dure el convenio, ya que éste es resultado de compromisos contraídos por ambas partes sobre ciertas cuestiones, y de la renuncia a determinadas exigencias de negociación con el fin de obtener otros derechos considerados como más prioritarios por los sindicatos y sus miembros. Si estos derechos, a cambio de los cuales se han hecho concesiones en otros puntos, pueden cancelarse unilateralmente, no podría haber ninguna expectativa razonable de estabilidad en las relaciones laborales, ni confianza suficiente en los acuerdos negociados." OFICINA INTERNACIONAL DEL TRABAJO. *La Libertad Sindical.* Recopilación de decisiones y principios del Comité de Libertad Sindical del Consejo de Administración de la OIT. 5. ed. Ginebra: OIT, 2006. p. 201.

"934 – El Comité recuerda la importancia que concede a la obligación de negociar de buena fe para el mantenimiento de un desarollo armonioso de las relaciones profesionales." *Ibidem*, 199.

"935 – Es importante que tanto los empleadores como los sindicatos participen en las negociaciones de buena fe y que hagan todo lo posible por llegar a un acuerdo, y la celebración de negociaciones verdaderas y constructivas es necesaria para establecer y mantener una relación de confianza entre las partes." *Ibidem*, p. 199.

"936 – Tanto los empleadores como los sindicatos deben negociar de buena fe, realizando esfuerzos para llegar a un acuerdo, y la existencia de relaciones de trabajo satisfactorias depende primordialmente de la actitud recíproca de las partes y de su confianza mutua." *Ibidem*, p. 200.

"938 – Si bien la actitud conciliadora o intransigente adoptada por una de las partes frente a las reivindicaciones de la otra es materia de negociación entre las partes, tanto los empleadores como los sindicatos deben negociar de buena fe realizando esfuerzos para llegar a un acuerdo." *Ibidem*, p. 200.

(279) DE LA CUEVA, Mario. *El nuevo Derecho Mexicano del Trabajo.* Tomo. II. 14. ed. México: Porrúa, 2006. p. 207-225.

XXVI e 8º, VI, da Constituição Federal, pois um procedimento em que se permite a imposição da vontade unilateral de uma das partes na elaboração do instrumento dele decorrente, não pode ser classificado como *negociação* (ou, na dicção utilizada em Direito Civil, *transação*), pois o vocábulo em questão pressupõe em seu escopo semântico, justamente, a formulação de *contrapartidas recíprocas*.

Em junho de 2022, o Supremo Tribunal Federal apreciou o Recurso Extraordinário n. 1.121.633/GO (Tema n. 1.046 de Repercussão Geral), em que se discutiu a validade das cláusulas previstas em Acordo ou Convenção Coletiva de Trabalho que limitam ou restringem direitos trabalhistas não previstos expressamente no texto constitucional. O tema, por sua abrangência, envolveu a discussão em torno da necessidade ou não quanto à formulação de *contrapartidas recíprocas* nos instrumentos negociais que suplantavam, no todo ou em parte, garantias previstas nas normas coletivas precedentes.

Ao cabo do julgamento, o Plenário firmou maioria no sentido de que as disposições dos Acordos e das Convenções Coletivas de Trabalho que suprimem ou mitigam direitos trabalhistas são válidas, desde que a limitação não envolva garantias *absolutamente indisponíveis*, não havendo a necessidade de que as vantagens compensatórias sejam explicitadas nos respectivos instrumentos.(280)

Em primeiro lugar, cabe tecer algumas considerações sobre a expressão correspondente aos *"direitos absolutamente indisponíveis"* empregada, a nosso ver, de maneira inadequada e confusa na tese de Repercussão Geral, uma vez que o enunciado do Tema n. 1.046 dizia respeito à *"validade de norma coletiva de trabalho que limita ou restringe direito trabalhista <u>não assegurado constitucionalmente</u>"*.

É consabido que o conjunto dos *direitos indisponíveis* em matéria trabalhista não se confunde com o rol de garantias gerais e específicas asseguradas aos trabalhadores na Constituição Federal (no art. 7º e nos dispositivos esparsos). A tempo, o conceito em referência não guarda qualquer relação com o *locus* hierárquico que a norma ocupa no ordenamento jurídico, mas sim com o fato de se conceder às partes, ou não, uma esfera de autonomia para se sobrepor no todo ou em parte ao comando heterônomo das normas estatais.(281)

Por isso mesmo, o enunciado da tese aprovada pelo Supremo Tribunal Federal parece resguardar da autonomia das partes um rol mais amplo de direitos que abrange não apenas aqueles previstos na Carta Magna, como também outros estabelecidos nos Tratados Internacionais de Direitos Humanos e na legislação ordinária, em aparente respaldo ao expediente consagrado no art. 611-B da CLT, cujo teor veda expressamente aos atores coletivos a pactuação sobre diversas garantias que extrapolam as matérias versadas no texto constitucional.(282)

---

(280) A tese de Repercussão Geral foi assim redigida: "São constitucionais os acordos e as convenções coletivas que, ao considerarem a adequação setorial negociada, pactuam limitações ou afastamentos de direitos trabalhistas, independentemente da explicitação especificada de vantagens compensatórias, desde que respeitados os direitos absolutamente indisponíveis."

(281) Conforme assevera Egon Gottschalk sobre as normas indisponíveis: "O *'jus cogens'* impõe-se, de uma maneira *absoluta, coativa,* à vontade das partes. Esta pode ser livre em estabelecer o vínculo obrigacional, mas, uma vez constituída a relação jurídica, é, única e exclusivamente, a norma legal que determina conteúdo e efeitos jurídicos desta relação, tanto na sua constância como na sua evolução.

O 'jus dispositivum' indica o âmbito da liberdade contratual, é o 'campo de autonomia' das partes. Nesta hipótese, a norma jurídica prescreve: ora, para que prevaleçam seus preceitos no caso em que não se manifeste a vontade do interessado, ao qual era permitido dispor de outro modo; ora, para produzir efeito e desenvolver sua força obrigatória só depois de se manifestar a vontade individual." GOTTSCHALK, Egon Felix. Norma pública e privada no Direito do Trabalho. São Paulo: Saraiva, 1944. p. 189-190.

(282) A tempo, tais matérias destituídas de sede constitucional e elencadas no art. 611-B da CLT abrangem (i) a identificação profissional; (ii) os valores dos depósitos na conta do FGTS; (iii) as questões concernentes à saúde, higiene e segurança do trabalho previstas em lei e nas NRs do Ministério do Trabalho; (iv) os serviços essenciais para fins de greve;

Em segundo lugar — e retomando-se a discussão sobre as *contrapartidas recíprocas* — a tese de Repercussão Geral formulada pelo Supremo Tribunal Federal no Tema n. 1.046 aparentemente chancelou a infeliz redação conferida ao art. 611-A, § 2º, da CLT, cujo teor, conforme visto, exime os atores coletivos de indicar expressamente nas cláusulas respectivas das Convenções e Acordos Coletivos de Trabalho as concessões conferidas às suas contrapartes em troca de certas vantagens.

A despeito de tal constatação, é importante observar que o fato de não se exigir a "*explicitação especificada de vantagens compensatórias*", na dicção da tese de Repercussão Geral firmada pelo Supremo Tribunal Federal, não quer significar que as contrapartes negociais estão liberadas do dever de agir de boa-fé no curso das tratativas, de modo a apresentar *propostas* e *contrapropostas* com vistas ao atingimento de um consenso e de modo a efetuar uma verdadeira *transação* caracterizada, exatamente, pela compensação de concessões por vantagens.

Nesse sentido, o trecho final do voto do Ministro Luis Roberto Barroso indica que a ideia de compensação, a fundamentar as *contrapartidas recíprocas,* é um corolário pressuposto pelo princípio constitucional da negociação coletiva — e, mais particularmente, pelo postulado da boa-fé objetiva a ele inerente — de modo que a ausência de tal elemento nos casos concretos conduzirá, irrefragavelmente, à invalidação dos procedimentos e do acordos deles resultantes.(283)

Parece-nos, portanto, que a tese consagrada pelo Supremo Tribunal Federal no Tema de Repercussão Geral n. 1.046 apenas não exige a explicitação textual das *contrapartidas recíprocas*, mas as pressupõe e as reconhece como uma condição inafastável de validade dos acordos e convenções coletivas que integra o conteúdo institucional subjacente ao art. 7º, XXVI, da Constituição Federal.(284)

De modo ainda mais contraditório com o postulado da *negociação coletiva,* a Lei n. 13.467/2017 inseriu um parágrafo terceiro ao art. 614 da CLT em que se veda expressamente a *ultratividade* dos acordos e convenções coletivas para além da duração destes últimos. A medida em apreço, se levada ao extremo, tende a ocasionar um vácuo normativo na regência das condições peculiares de trabalho das mais diversas categorias profissionais e econômicas, pois todo o arcabouço de conquistas sociais e econômicas logradas com os sucessivos processos negociais protagonizados por seus representantes tende a se perder após a vigência dos instrumentos por eles firmados, fazendo com que as contrapartes retornem, constantemente, ao *marco zero* negocial.

(v) os tributos e créditos de terceiros; (vi) a proteção da mulher contra discriminação; (vii) o emprego da mulher em trabalhos com uso de força muscular; (viii) a licença-maternidade de 120 dias para a mãe adotante; (ix) o rompimento do contrato de trabalho por parte da gestante em condições de risco laboral; (x) afastamento das empregadas gestantes em atividades insalubres; (xi) repouso de dois dias para as empregadas em caso de aborto não criminoso; (xii) pausas para as empregadas lactantes e (xiii) instalações para guarda dos filhos das empregadas lactantes.

(283) Transcreve-se, nesse sentido, o trecho em referência, a partir do registro audiovisual da sessão de 2.6.2022: "Não me passou desapercebida uma observação feita pelo Eminente advogado, Dr. Mauro Menezes, relativamente à ideia da compensação. Eu acho que essa compensação está implícita na negociação coletiva e, portanto, eu parto do pressuposto de que o sindicato em boa-fé não transaciona contra o interesse de seus filiados, de seus integrantes. Por evidente, se por má-fé ou mesmo por erro grosseiro se obtiver um acordo coletivo que vulnere esse patamar mínimo civilizatório que nós estamos assentando aqui, aí sim penso que [o acordo] será passível de invalidade. (...) Portanto eu acho que o benefício mútuo na negociação é presumido. Ele está implícito, mas se (...) for possível demonstrar que o sindicato atuou contra o interesse do trabalhador por qualquer motivo, eu acho que essa é uma discussão que se pode travar. Mas, evidentemente, que essa vai ser a exceção e não a regra. Parte-se do pressuposto de que as negociações são de boa-fé entre partes que estão (...) em equivalência." BRASIL: SUPREMO TRIBUNAL FEDERAL. AGRAVO NO RECURSO EXTRAORDINÁRIO COM REPERCUSSÃO GERAL N. 1.121.633/GO. RELATOR: Ministro Gilmar Mendes. Plenário. Julgado em 2.6.2022. Acórdão pendente de publicação.

(284) *Vide*, nesse sentido: SOUTO MAIOR, Jorge Luiz. *O STF (no ARE 1.121.633) não fixou tese de que o negociado prevalece sobre o legislado, para o efeito de eliminar direitos trabalhistas.* Disponível em: <https://www.jorgesoutomaior.com/blog/o-stf-no-are-1121633-nao-fixou-tese-de-que-o-negociado-prevalece-sobre-o-legislado-para-o-efeito-de-eliminar-direitos-trabalhistas>. Acesso em: 9 jun. 2022.

Nesse sentido, a cessação automática dos instrumentos coletivos, sem a ultratividade de suas cláusulas, quando as empresas e os sindicatos patronais se mantêm propositalmente inertes no que concerne ao dever de buscar a composição com as entidades obreiras, acaba por materializar, justamente, a situação de desequilíbrio entre os atores coletivos que o postulado da *negociação coletiva* buscou superar com seu reconhecimento pelo ordenamento internacional e pelos arcabouços domésticos. Tal situação equivaleria, em termos práticos, à imposição unilateral da vontade do empregador à contraparte obreira por intermédio de sua negativa a tomar parte nas negociações com a representação dos trabalhadores.(285)

Não obstante, o Supremo Tribunal Federal, ao julgar a Arguição de Descumprimento de Preceito Fundamental n. 323/DF, que questionava a constitucionalidade da Súmula n. 277 do Tribunal Superior do Trabalho, acabou por chancelar a tese em torno da vedação da ultratividade dos acordos e convenções coletivas de trabalho para além do período de vigência destes últimos.(286)

E como se já não bastassem tais alterações amplamente nocivas ao desempenho da ação sindical — que integra, afinal, o direito à liberdade sindical em sua faceta coletiva — a Lei n. 13.467/2017 suprimiu, sem quaisquer medidas de transição ou de compensação, a principal fonte de custeio das entidades representativas pátrias, qual seja, a contribuição compulsória prevista, originalmente, nos arts. 578 e seguintes da CLT, passando a exigir a autorização expressa dos trabalhadores para seu recolhimento. A partir daí, as entidades passaram a vivenciar, salvo pontuais exceções, grave crise financeira, restando, em muitos casos, impossibilitadas de desempenhar as funções representativas e assistenciais que remanesciam a elas impostas pelo art. 8º, III, da Constituição Federal e pelo art. 513 da CLT.(287)

Conforme já expusemos em outras oportunidades, e também ao longo do presente estudo, a contribuição a ser descontada compulsoriamente de toda a categoria não é a modalidade de financiamento mais consentânea com a liberdade sindical sob o prisma *individual*. Sob outro ângulo, no entanto, não se pode ignorar que as organizações representativas pátrias dependiam substancialmente de tais recursos para a realização de suas atividades de mobilização, de negociação e de fiscalização que também integram o primado da liberdade sindical em sua vertente *coletiva*.

De fato, com o advento da Lei n. 13.467/2017, as entidades sindicais pátrias se viram, abruptamente, tolhidas de sua mais importante fonte de custeio e passaram a enfrentar significativas dificuldades para custear os aspectos imediatos mais elementares de sua subsistência enquanto pessoas jurídicas, ao mesmo tempo em que foram incumbidas da representação obreira nas negociações com as contrapartes patronais que, a partir de agora, resultarão em instrumentos normativos capazes de suplantar a legislação heterônoma (*negociado sobre legislado*), nas matérias elencadas no art. 611-A da CLT.

---

(285) Salvador del Rey Guanter, ao tratar do tema, pontifica que: "La ultraactividad mantiene una estrecha relación con el binomio autonomia colectiva-autonomía individual considerando que la razón fundamental de aquélla es evitar la creación de un vacío regulador exterior al contrato de trabajo que reintroduzca al mismo en una situación marcada por la desigualdad entre las partes individuales contratantes." GUANTER, Salvador Del Rey. Autonomía individual y autonomia colectiva: algunos puntos críticos a la luz del TRET. In: Revista Española de Derecho del Trabajo, n. 77, 1996, p. 437.

(286) "Arguição de descumprimento de preceito fundamental. Violação a preceito fundamental. Interpretação jurisprudencial conferida pelo Tribunal Superior do Trabalho (TST) e pelos Tribunais Regionais do Trabalho da 1ª e da 2ª Região ao art. 114, § 2º, da Constituição Federal, na redação dada pela Emenda Constitucional 45, de 30 de dezembro de 2004, consubstanciada na Súmula 277 do TST, na versão atribuída pela Resolução 185, de 27 de setembro de 2012. Suposta reintrodução do princípio da ultratividade da norma coletiva no sistema jurídico brasileiro pela Emenda Constitucional 45/2004. Inconstitucionalidade. Arguição de descumprimento de preceito fundamental julgada procedente." BRASIL: SUPREMO TRIBUNAL FEDERAL. ARGUIÇÃO DE DESCUMPRIMENTO DE PRECEITO FUNDAMENTAL N. 232/DF. RELATOR: Ministro Gilmar Mendes. Plenário. Julgado em 30.5.2022. *DJ*: 15.9.2022.

(287) Disponível em: <https://economia.estadao.com.br/noticias/geral,sindicatos-perdem-90-da-contribuicao-sindical-no-1-ano-da-reforma-trabalhista,70002743950>. Acesso em: 12 dez. 2020.

Diante desse cenário, impunha-se, a nosso ver — até mesmo por força do primado da *segurança jurídica* erigido como direito fundamental no art. 5º, *caput*, da Constituição Federal — a implementação de um prazo de transição por parte da própria Lei n. 13.467/2017 destinado a reduzir paulatinamente os montantes da contribuição sindical compultória, até atingir sua completa extinção e a promover sua substituição gradual por outras formas de financiamento mais consentâneas com a *liberdade sindical*, tais como a *contribuição assistencial* (ou *negocial*) e a *mensalidade dos sócios*.(288)

Tal expediente, como sabido, não sucedeu e o Supremo Tribunal Federal foi instado a se manifestar sobre a constitucionalidade das alterações carreadas pela Reforma Trabalhista nesse particular, por ocasião do julgamento da Ação Direta de Inconstitucionalidade n. 5.794/DF. Na oportunidade, restou consagrada a tese no sentido de que o fim da compulsoriedade no desconto da contribuição sindical não se mostraria contrário à Constituição Federal, pois estaria em linha com o princípio da *liberdade sindical* em sua acepção individual (art. 8º, V, da Carta Magna), a possibilitar aos trabalhadores o direito de decidir se serão ou não filiados a uma determinada entidade sindical e, nesse ínterim, se contribuirão ou não com estas últimas.(289)

A despeito da formalização de tal entendimento, o Supremo Tribunal Federal não apreciou, à ocasião, a questão concernente à possibilidade (ou não) de que a autorização para o desconto em folha da contribuição sindical prevista nos arts. 578 e seguintes da CLT pudesse ser obtida mediante deliberação em sede de assembleia geral, na medida em que esta última representa, justamente, a instância onde a vontade coletiva da categoria se manifesta.(290)

Paralelamente a isto, também não houve manifestação, por parte do Supremo Tribunal Federal quando do julgamento da Ação Direta de Inconstitucionalidade n. 5.794/DF, a respeito da possibilidade de desconto da *contribuição assistencial* (ou *negocial*) de toda a categoria, como decorrência da assinatura de convenção ou de acordo coletivo, após o advento da Lei n. 13.467/2017 (Reforma Trabalhista).

No que diz respeito à obtenção de autorização dos integrantes da categoria para o desconto da contribuição prevista nos arts. 578 e seguintes da CLT, convém observar, nesse ponto específico, que a matéria em apreço se encontra totalmente albergada pelo princípio da *autonomia sindical*, consagrada no art. 8º da CLT e que compreende, na dicção de Evaristo de Moraes Filho, "*a liberdade do sindicato de autodeterminar-se, de autogovernar-se, de elaborar seus próprios estatutos, de administrar-se e dirigir-se independentemente*".(291)

---

(288) Sobre o tema, Humberto Ávila assevera que: "Uma das decorrências do dever de continuidade normativa é a gradualidade de mudança. Existe um estado de calculabilidade do Direito quando o cidadão tem, em grande medida, a capacidade de antecipar e medir o espectro reduzido e pouco variável de consequências atribuíveis abstratamente a atos, próprios e alheios, ou a fatos e o espectro reduzido de tempo dentro do qual a consequência definitiva será aplicada. A exigência de calculabilidade, portanto, não impede mudanças. Ela apenas é contrária a um tipo de mudança que fuja do espectro material e temporal de consequências antecipáveis (...) e que termine por frustrar a confiança daqueles que, com apoio nas normas jurídicas então em vigor, tomaram decisões, adotaram condutas, optaram por um tipo de negócio, e assim por diante.

(...)

Daí decorrer da exigência de continuidade normativa o dever de evitar mudanças abruptas, desconexas ou inconsistentes, temperando a mudança e atribuindo ao Direito um ritmo estável. Isso não quer dizer – reitere-se – que o Direito deva tornar-se imutável; quer dizer, em vez disso, que a mudança deverá causar o menor trauma, a menor comoção, às relações jurídicas passadas. Isso significa, portanto, que o princípio da segurança jurídica exige (...) uma gestão prudencial do tempo no Direito." ÁVILA, Humberto. Teoria da segurança jurídica. 4. ed. São Paulo: Malheiros Editores, 2016. p. 618-619.

(289) BRASIL: SUPREMO TRIBUNAL FEDERAL. AÇÃO DIRETA DE INCONSTITUCIONALIDADE N. 5.794/DF. RELATOR: Ministro Edson Fachin. Plenário. *DJ*: 22.4.2019.

(290) AROUCA, José Carlos. *Curso básico de Direito Sindical*. São Paulo: LTr, 2006. p. 60.

(291) MORAES FILHO, Evaristo de. *O problema do sindicato único no Brasil*. Rio de Janeiro: Alfa-Ômega, 1978, p. 147.

De fato, não cabe ao Estado, por qualquer um de seus ramos (inclusive o Poder Legislativo), impor às entidades sindicais um procedimento específico com vistas a obter, de suas respectivas categorias, a manifestação a respeito da autorização ou não para o desconto em folha da contribuição sindical. São os sindicatos, portanto, no exercício da autonomia financeira e organizativa resguardada pelo art. 8º, I, da Constituição Federal que detêm a prerrogativa para estabelecer tais mecanismos.

Já no que concerne ao desconto da *contribuição assistencial* de toda a categoria, mediante previsão expressa no instrumento decorrente do processo negocial prévio (convenção ou acordo coletivo), é mister observar que tal expediente tem por função, justamente, custear as despesas assumidas pelas entidades sindicais no desempenho das atividades que antecederam a assinatura daquelas avenças com a contraparte.

E uma vez que a totalidade da categoria representada pelo sindicato signatário (e não apenas seus filiados) é contemplada no instrumento resultante do processo negocial, deve ela arcar com os custos de tal empreitada, como decorrência do próprio direito à *negociação coletiva* consagrado nos arts. 7º, XXVI e 8º, VI, da Constituição Federal.(292)

Veja-se, a propósito, que o desconto compulsório da *contribuição assistencial* com vistas ao financiamento das atividades estritamente relacionadas à representação sindical (p. ex.: atuação nas negociações coletivas) vem encontrando amplo respaldo na jurisprudência internacional. A título ilustrativo, a Suprema Corte norte-americana, ao analisar os casos *International Association of Machinists vs. Street*, de 1961 e *Abood vs. Detroit Board of Education*, de 1977, assentou o entendimento de que as objeções pessoais quanto ao recolhimento da respectiva parcela somente poderiam abranger os repasses relacionados ao financiamento das ações políticas das entidades sindicais, uma vez que os demais montantes teriam por objeto, justamente, o custeio da atuação desempenhada em benefício de toda a categoria profissional.(293)

---

(292) O Tribunal Superior do Trabalho, ao homologar os Pedidos de Mediação Pré-Processuais (PMPP) n. 1000356-60.2017.5.00.0000 e 1000191- 78.2018.05.00.0000, chancelou a validade das cláusulas das Convenções Coletivas de Trabalho das categorias dos aeroviários (âmbito nacional) e dos ferroviários dos Estados do Maranhão, Pará e Tocantins que previam o desconto da contribuição assistencial de toda a categoria, a depender de aprovação em assembleia geral.

Nesse mesmo sentido, a Coordenadoria Nacional de Promoção da Liberdade Sindical — CONALIS, do Ministério Público do Trabalho, por intermédio de sua Nota Técnica n. 02, de 26.10.2018, reconheceu a possibilidade de fixação da *contribuição assistencial* a ser descontada da totalidade da categoria contemplada pelos instrumentos normativos firmados por seus respectivos sindicatos, desde que autorizada por assembleia geral.

Para tanto, a CONALIS observou, na sobredita Nota Técnica, que *"nas seis oportunidades em que o legislador [na Lei n. 13.467/2017] recorreu ao requisito da prévia e expressa autorização, em nenhuma delas se apura as expressões individual ou coletiva (CLT, arts. 578, 579, 582, 583, 602, 611-B, XXVI)"*, razão pela qual o aval da categoria para o desconto da contribuição negocial poderia ocorrer em sede de assembleia geral.

No entanto, em agosto de 2022, a Seção de Dissídios Coletivos do Tribunal Superior do Trabalho, ao julgar o Recurso Ordinário n. 21255-85.2017.5.04.0000, reformou cláusula constante do acordo coletivo celebrado entre as entidades representativas das categorias econômica e profissional do setor mobiliário do Estado do Rio Grande do Sul que estabelecia o desconto de contribuição assistencial de todos os trabalhadores representados pelos sindicatos profissionais signatários, independentemente de filiação.

(293) UNITED STATES OF AMERICA: *Machinists v. Street*, 367 U.S. 740 (1961);

No precedente *Abood v. Detroit Board of Education* ficou consignado que:

"Os empregados públicos que se recusarem a ingressar em um sindicato podem, no entanto, serem instados a pagar a parcela das contribuições sindicais destinadas a cobrir as despesas com a negociação coletiva, bem como com a administração dos contratos e com os procedimentos de queixas. Aqueles que possuem objeções quanto à integração aos quadros sociais dos sindicatos ou com seu alinhamento político não podem, contudo, ter suas contribuições utilizadas no ensejo de financiar propósitos ideológicos ou políticos não coincidentes com os seus."

No original: "Public employees who refuse to join a labor union can nonetheless be required to pay the portion of union dues that cover the expenses of collective bargaining, contract administration, and grievance adjustment purposes; objectors to union membership or policy may not, however, have their dues used for other ideological or political purposes." UNITED STATES OF AMERICA: Abood v. Detroit Board of Education, 431 U.S. 209 (1977)

Não obstante, alguns Ministros do Supremo Federal Tribunal, na análise de pedidos de medidas cautelares em reclamações ajuizadas em face de decisões judiciais que chancelaram o recolhimento em folha das contribuições *sindical* e *assistencial* aprovadas em assembleia geral, vem afastando o desconto de tais parcelas em relação aos trabalhadores não associados, por entender que as decisões impugnadas teriam malferido a autoridade do acórdão proferido na Ação Direta de Inconstitucionalidade n. 5.794/DF.[(294)]

Em que pese o advento de tais decisões monocráticas, cumpre observar que a prolação destas últimas ocorreu em um contexto de análise perfunctória dos argumentos carreados pelas partes, como sói ocorrer nas medidas cautelares em geral. De fato, a leitura dos julgados em referência indica que a questão acerca da possibilidade quanto à fixação das sobreditas contribuições para a totalidade da categoria em sede de assembleia geral e de norma coletiva (no caso da *contribuição assistencial*), não foi apreciada, de maneira aprofundada, à luz dos princípios da autonomia sindical e da negociação coletiva, à luz de seus respectivos conteúdos institucionais subjacentes aos arts. 7º, XXVI e 8º, I e VI, da Constituição Federal, bem como à luz das Convenções ns. 98 e 154, da OIT, o que deverá ocorrer quando da apreciação do mérito das reclamações.

Além disso, a leitura das decisões monocráticas em apreço revela que estas últimas tiveram por fundamento a jurisprudência do Supremo Tribunal Federal firmada anteriormente à edição da Lei n. 13.467/2017, a consagrar o entendimento segundo o qual apenas a *contribuição sindical* prevista na redação originária dos arts. 578 e seguintes poderia ser descontada compulsoriamente de toda a categoria, em razão de seu caráter tributário que não se fazia presente nas demais espécies contributivas (*mensalidades, contribuição assistencial* e *contribuição confederativa*).[(295)]

Nos referidos precedentes, tal como nas recentes medidas cautelares concedidas em sede de reclamação constitucional, as questões concernentes (i) à legitimidade da assembleia geral para fixar contribuições a serem descontadas de toda a categoria à luz do princípio da *autonomia sindical* e (ii) à possibilidade de fixação de contribuição assistencial em normas coletivas com vistas a custear as atividades desempenhadas pelas entidades sindicais previamente a estas últimas não foram analisadas, havendo, portanto, espaço para que o tema seja apreciado sob o contexto inaugurado com a edição da Lei n. 13.467/2017.

Em 15.6.2022, contudo, o Supremo Tribunal Federal deu início à apreciação dos Embargos Declaratórios opostos ao acórdão proferido nos autos do Agravo em Recurso Extraordinário n. 1.018.459/PR, cuja tese de repercussão geral foi estabelecida no sentido de que *"é inconstitucional a instituição, por acordo, convenção coletiva ou sentença normativa, de contribuições que se imponham compulsoriamente a empregados da categoria não sindicalizados"*.

Na referida oportunidade, o Ministro Luís Roberto Barroso formulou pedido de vistas regimentais após o proferimento dos cinco votos que o antecederam, tendo salientado que o

(294) *Vide*, nesse sentido:

BRASIL: SUPREMO TRIBUNAL FEDERAL. MEDIDA CAUTELAR NA RECLAMAÇÃO N. 36.933/SP. RELATOR: Ministro Ricardo Lewandowski. DJ: 30.9.2019;

BRASIL: SUPREMO TRIBUNAL FEDERAL. MEDIDA CAUTELAR NA RECLAMAÇÃO N. 36.174/RJ. RELATORA: Ministra Carmen Lúcia. DJ: 14.8.2019;

BRASIL: SUPREMO TRIBUNAL FEDERAL. MEDIDA CAUTELAR NA RECLAMAÇÃO N. 35.540/RJ. RELATOR: Ministro Roberto Barroso. DJ: 28.6.2019.

(295) *Vide*, a título exemplificativo:

BRASIL: SUPREMO TRIBUNAL FEDERAL. AGRAVO NO RECURSO EXTRAORDINÁRIO COM REPERCUSSÃO GERAL N. 1.018.459/PR. RELATOR: Ministro Gilmar Mendes. Plenário. DJ: 10.3.2017;

BRASIL: SUPREMO TRIBUNAL FEDERAL. AGRAVO DE INSTRUMENTO NO RECURSO EXTRAORDINÁRIO N. 461.451/SP. RELATOR: Ministro Eros Grau. 2ª Turma. DJ: 5.5.2006;

BRASIL: SUPREMO TRIBUNAL FEDERAL. AGRAVO DE INSTRUMENTO NO RECURSO EXTRAORDINÁRIO N. 224.885/RS. RELATORA: Ministra Ellen Gracie. 2ª Turma. DJ: 6.8.2004.

tema concernente à compulsoriedade do desconto da contribuição assistencial para a totalidade dos integrantes das categorias contempladas nas negociações coletivas entabuladas por seus sindicatos representativos merecia melhor análise, haja vista (i) a própria vinculação da referida rubrica ao custeio de atividade essencial desempenhada pelas entidades sindicais em benefício de seus representados e (ii) a valorização que a própria jurisprudência recente do Supremo Tribunal Federal tem conferido ao instituto da negociação coletiva nos julgados que consagraram o primado do *negociado sobre o legislado*.(296)

Em sua manifestação, o Ministro Luís Roberto Barroso propôs a tese de julgamento a propalar que *"é constitucional a instituição, por acordo ou convenção coletivos, de contribuições assistenciais a serem impostas a todos os empregados da categoria, ainda que não sindicalizados, desde que assegurado o direito de oposição"*.

Na sequência, em meados de abril de 2023, o Ministro Gilmar Mendes, relator dos Embargos Declaratórios, alterou seu voto para reconhecer a viabilidade da fixação compulsória da contribuição assistencial, desde que assegurado o direito de oposição, tendo sido acompanhado pela Ministra Cármen Lúcia. O julgamento do feito foi, então, suspenso em 21.4.2023 haja vista o pedido de vistas formulado pelo Ministro Alexandre de Moraes.(297)

---

(296) Transcreve-se, nesse sentido, o trecho em referência, a partir do registro audiovisual da sessão de 15.6.2022: "Por ocasião do julgamento do ARE eu votei pela posição que considerava inconstitucional a compulsoriedade da cobrança, e, nas circunstâncias em que votei, votaria novamente no mesmo sentido.

(...)

Porém, de lá para cá já se passaram quatro ou cinco anos desde o julgamento e houve um conjunto de modificações na realidade fática, que me levam a uma nova reflexão e eu não tenho ainda uma convicção formada e por isso peço vistas.

(...)

Eu não tenho simpatia pela compulsoriedade, mas a contribuição assistencial é aquela que financia a atuação dos sindicatos inclusive nas negociações coletivas e a linha de jurisprudência que nós temos procurado firmar aqui no Tribunal, com o meu apoio, é de que o negociado deve prevalecer sobre o legislado, e que nós queremos prestigiar e valorizar a negociação coletiva e, portanto, eu acho que sendo a contribuição assistencial o mecanismo de financiamento da negociação coletiva, se ela estiver prevista em negociação coletiva, eu gostaria de refletir se eu não a consideraria legítima, sobretudo se nós ressalvarmos o direito de oposição. (...) Mas, então, eu acho que nós legitimamente validamos a retirada da contribuição sindical compulsória [e] acho que nós legitimamente validamos a retirada da contribuição confederativa compulsória e que nós deveríamos refletir se a mesma lógica nós queremos aplicar à contribuição assistencial diante da jurisprudência que nós criamos de que o negociado deve prevalecer sobre o legislado, mas eu não gostaria de esvaziar completamente a capacidade de negociação dos sindicatos por falta de financiamento e é por isso, para fazer essa reflexão, que eu estou pedindo vista regimental." BRASIL: SUPREMO TRIBUNAL FEDERAL. EMBARGOS DECLARATÓRIOS NO AGRAVO REGIMENTAL EM RECURSO EXTRAORDINÁRIO N. 1.018.459/PR. RELATOR: Ministro Gilmar Mendes. Plenário. Julgamento pendente de conclusão.

(297) De acordo com o voto proferido pelo Ministro Gilmar Mendes:

"Entendo que é caso de evolução e alteração do posicionamento inicialmente por mim perfilhado para aderir àqueles argumentos e conclusões, em razão das significativas alterações das premissas fáticas e jurídicas sobre as quais assentei o voto inicial que proferi nestes embargos de declaração, sobretudo em razão das mudanças promovidas pela Reforma Trabalhista (Lei n. 13.467/2017) sobre a forma de custeio das atividades sindicais.

(...)

Caso mantido o entendimento por mim encabeçado no julgamento de mérito deste Recurso Extraordinário com repercussão geral reconhecida, no sentido da impossibilidade de cobrança da contribuição sindical a trabalhadores não filiados aos Sindicatos respectivos, tais entidades ficariam sobremaneira vulnerabilizadas no tocante ao financiamento de suas atividades.

Havendo real perigo de enfraquecimento do sistema sindical como um todo, entendo que a mudança de tais premissas e a realidade fática constatada a partir de tais alterações normativas acabam por demonstrar a necessidade de evolução do entendimento anteriormente firmado por esta Corte sobre a matéria, de forma a alinhá-lo com os ditames da Constituição Federal.

Isso ocorre em razão da previsão contida no art. 8º da Constituição, que assegura a própria existência do Sistema Sindicalista, além de conferir especial relevância às negociações coletivas, conforme interpretação assentada por esta Corte no julgamento do ARE n. 1.121.633, de minha relatoria.

Com as manifestação proveniente do Ministro Luis Roberto Barroso na sessão plenária de 15.6.2022, abre-se a possibilidade de que o Supremo Tribunal Federal venha a reconhecer nos autos do próprio ARE n. 1.018.459/PR a situação peculiar inerente à contribuição assistêncial fixada em sede de convenção ou de acordo coletivo e, consequentemente, a legitimidade quanto ao seu desconto compulsório de todos os integrantes das categorias contempladas pelos referidos instrumentos normativos à luz dos postulados da autonomia sindical e do próprio fomento à negociação coletiva.

Independentemente da solução futura a ser dada à questão, o fato é que a *Reforma Trabalhista* instrumentalizada na Lei n. 13.467/2017 asfixiou financeiramente as entidades sindicais — especialmente aquelas dedicadas à representação dos interesses obreiros — de modo a dificultar sobremaneira, ou mesmo a inviabilizar, o desempenho de suas atividades mais comezinhas. Ao mesmo tempo, tais organizações — já enfraquecidas e destituídas de recursos para a mobilização de suas respectivas categorias — passaram a negociar com as contrapartes patronais instrumentos normativos que se sobreporão às leis ordinárias na regência de assuntos capitais para as relações entre trabalhadores e empregadores.

A contradição ora exposta (que é patente no texto da Lei n. 13.467/2017) somada à *vedação da ultratividade* e à *inexigência de concessões recíprocas*, tende a fazer com que as entidades sindicais obreiras cheguem enfraquecidas à mesa de negociações e acabem por funcionar, em muitos casos, como meros chanceladores dos desígnios patronais e como signatários formais de *contratos de adesão* elaborados de forma unilateral pelas empresas.

Vê-se, portanto, que também no plano do Direito Coletivo do Trabalho, as diretrizes ventiladas na *Reforma Trabalhista* (Lei n. 13.467/2017) buscam, ao fim e ao cabo, ajustar o ordenamento jurídico pátrio aos cânones impostos pelo sistema de *law shopping*, segundo o qual os países se embrenham em uma corrida em direção à desregulamentação de seus respectivos *mercados de trabalho* com vistas à atração de empresas interessadas em explorar a mão de obra local, sob a crença de que a deterioração das condições de trabalho, potencializada pela asfixia das entidades sindicais, seria compensada pelo crescimento econômico e pela geração de empregos.(298)

Tendo em vista que a contribuição assistencial é prioritariamente destinada ao custeio de negociações coletivas, as quais afetam todos os trabalhadores das respectivas categorias profissionais ou econômicas, independentemente de filiação, entendo que a solução trazida pelo Ministro Roberto Barroso é mais adequada para a solução da questão constitucional controvertida por considerar, de forma globalizada, a realidade fática e jurídica observada desde o advento da Reforma Trabalhista em 2017, garantindo assim o financiamento das atividades sindicais destinadas a todos os trabalhadores envolvidos em negociações dessa natureza." BRASIL: SUPREMO TRIBUNAL FEDERAL. EMBARGOS DECLARATÓRIOS NO AGRAVO REGIMENTAL EM RECURSO EXTRAORDINÁRIO N. 1.018.459/PR. RELATOR: Ministro Gilmar Mendes. Plenário. Julgamento pendente de conclusão.

(298) De acordo com a definição de Giles Lhuilier: "Para grandes grupos internacionais, os Estados não são mais do que 'centros de lucro' ou unidades de negócios, ou seja, unidades de organização, trabalho ou estratégia de produção. Em suma, simples 'centros de custos'. No entanto, a redução desses custos com a realocação tornou-se mais interessante nos últimos dez anos devido à queda muito acentuada do custo de transporte, ao aumento do nível de formação da força de trabalho em alguns países do Terceiro Mundo, bem como ao desenvolvimento de novas tecnologias da informação (NICTs). Por isso, essa comparação dos custos sociais induzidos pela lei tornou-se uma prática essencial para as empresas em sua estratégia de produção."

No original: «Pour les grands groupes internationaux, les États ne sont plus que des «centres de profit» ou business units c'est-à-dire des unités d'organisation, de travail ou de stratégie et de production, bref de simples «centres de coûts.» Or réduire ces coûts par une délocalisation devient plus intéressant depuis une dizaine d'annés en raison de la très forte diminution du coût du transport, de la augmentation du niveau de formation de la main-d'œuvre dans certains pays du tiers-monde, ainsi que du développement des nouvelles technologies de l'information (NTIC). Voilà por-quoi cette comparaison des coûtes sociaux induits par la loi est devenue pour les enterprises une pratique essentielle dans leur stratégie de production.» LHUILIER ; Giles. Le concept de «law shopping» (droit international privé, droit social et droit de l'environnement). In: BLIN-FRANCHOMME, Marie-Pierre; DESBARATS, Isabelle. Droit du Travail et Droit de l'Environnement. Regards croisés sur le développement durable. Paris: Lamy, 2010 p. 119.

2.6. O conteúdo histórico-institucional do princípio da liberdade sindical. Esboço parcial

Ao cabo do presente capítulo, é possível concluir que o conteúdo histórico-institucional da liberdade sindical encampado pelo art. 8º da Constituição Federal é formado, em síntese, pelas posições jurídicas individuais e coletivas oriundas das aspirações que motivaram as lutas predecessoras de seu reconhecimento como garantia fundamental.

O conceito sintético ora formulado é um *esboço parcial* na medida em que não leva em conta outros sujeitos e situações assimilados pela liberdade sindical ao longo de sua evolução vivenciada no século XX — tais como as representações *unitárias* e *sindicais* no âmbito da empresa e seus agentes — que serão estudados apropriadamente nos capítulos seguintes.

Esse conteúdo básico, ainda que restringível pelas legislações domésticas, é integrado por um núcleo axiológico intransponível, cuja relativização por parte dos ordenamentos nacionais acabará por desvirtuar o princípio da *liberdade sindical*, comprometendo sua própria caracterização institucional.

2.6.1. A liberdade sindical individual

O conteúdo do princípio da *liberdade sindical* é formado em seu plano individual, como visto, pelo direito conferido aos trabalhadores e aos empregadores à criação de entidades sindicais, bem assim pelas faculdades de livre filiação, participação e desfiliação titularizadas pelos obreiros e pelos empresários e pela proteção de tais atores contra os atos antissindicais.

No Brasil, tal conteúdo é restringido pela regra insculpida no art. 8º, II, da Constituição Federal, que, ao impor o monopólio sindical por base territorial e categoria, limitou os direitos de livre filiação, participação e desfiliação à entidade detentora da exclusividade representativa. Tal regramento, de outro turno, condicionou a livre criação de entidades à inexistência de sindicato previamente constituído nas mesmas base e categorias pretendidas, possibilitando, de outro turno, o desmembramento e a dissociação independentemente do enquadramento oficial.

O direito à participação é restringido, outrossim, na medida em que o trabalhador individualmente considerado não tem como se opor à representatividade exercida em seu nome pela entidade detentora do registro sindical, cuja atuação abrange não só seus filiados, como também a totalidade dos integrantes da categoria existentes em sua base territorial.

Para além dos trabalhadores individualmente considerados, a liberdade sindical evoluiu no sentido de integrar em seu âmbito tuitivo os representantes sindicais e unitários nas empresas, bem como os servidores públicos. As vicissitudes históricas que ensejaram a ampliação do escopo do franco associativismo para tais atores, bem como as posições jurídicas por eles titularizadas serão objeto de análise dos capítulos subsequentes.

No que diz respeito à proteção contra os atos antissindicais praticados contra os atores sociais individualmente considerados, o ordenamento brasileiro não dispõe de um elenco de situações enumerado de forma exemplificativa, muito embora tenha reconhecido tal prerrogativa em abstrato por intermédio da ratificação de diversos tratados internacionais, com destaque para a Convenção n. 98 da OIT.

Tal vicissitude, contudo, não impede que o âmbito de proteção contra tal sorte de práticas seja definido de modo objetivo, pois as posições jurídicas titularizadas pelos indivíduos em face dos atos antissindicais decorrem da evolução histórica do princípio da liberdade sindical, sendo, portanto, plenamente passíveis de catalogação e sistematização. É exatamente disso que os capítulos finais da presente tese ocupar-se-ão, no fito de delimitar o escopo tuitivo que o ordenamento jurídico brasileiro confere aos sujeitos no que se refere a tal sorte de condutas.

2.6.2. A liberdade sindical coletiva. A autonomia sindical

No que diz respeito ao plano coletivo, a liberdade sindical é integrada pelos direitos à livre organização e administração, bem como pelas garantias de ação sindical e de filiação a outras organizações representativas nacionais e internacionais e, ainda, pela tutela contra a interferência governamental em seus assuntos internos e contra a ingerência recíproca das entidades de trabalhadores e empregadores umas nas outras.

É justamente no plano coletivo que a Constituição Federal de 1988 rompeu mais significativamente com a sistemática anterior, marcada preponderantemente pela intervenção e pela interferência oficiais nos assuntos cotidianos das entidades. Agora, em decorrência do art. 8º, I, da Carta Magna, os sindicatos não mais necessitam do beneplácito do Estado para estabelecer suas pautas de ação, definir sua organização em grau superior, fixar suas normas internas e formular seus pontos de reivindicação em sede de negociação coletiva.

Paralelamente a isto, o art. 9º da Constituição Federal ampliou significativamente a autonomia sindical coletiva ao definir que os motivos para a deflagração de greve serão definidos pela coletividade obreira e por sua respectiva entidade, não cabendo ao Estado a definição prévia dos assuntos passíveis de serem reivindicados ou não pelas categorias.

E tal como no plano individual, a evolução da liberdade sindical culminou com a extensão de seu âmbito tuitivo em direção às representações sindicais e unitárias dos trabalhadores na empresa, inclusive no que diz respeito ao ordenamento pátrio. O escopo do direito ao franco associativismo nesse particular será igualmente estudado nos capítulos subsequentes.

Não obstante, a *Reforma Trabalhista* instituída pela Lei n. 13.467/2017, ao eliminar a exigência quanto à relação expressa das *contrapartidas recíprocas* nas negociações coletivas, bem assim a *ultratividade* dos instrumentos pactuados em caráter autônomo pelas representações obreira e patronal, acabou por romper com o equilíbrio de forças entre os atores sociais cuja subsistência no plano fático constitui uma condição imprescindível para o pleno desempenho da liberdade sindical em sua faceta coletiva.

Nesse mesmo sentido, a Lei n. 13.467/2017, ao eliminar a compulsoriedade no desconto da contribuição sindical sem estabelecer mecanismos de transição para um modelo alternativo de custeio, acabou por promover a ruína financeira de diversas entidades representativas de trabalhadores, de modo a inviabilizar, na prática, sua atuação regular e, com isso, o exercício pleno da ação sindical a elas atribuídas pelo princípio do franco associativismo em sua vertente coletiva.

No que concerne à tutela contra as práticas antissindicais implementadas no plano coletivo, corporificadas na interferência recíproca das organizações de trabalhadores e de empregadores umas nas outras, o ordenamento brasileiro não dispõe de uma catalogação definida em abstrato, a exemplo do que ocorre no âmbito individual.

Todavia, as posições jurídicas titularizadas pelos atores coletivos em face de tais práticas é igualmente decorrente da evolução histórica do princípio da *liberdade sindical*, de modo que sua catalogação, sistematização e juízo quanto à presença no ordenamento brasileiro são plenamente possíveis, conforme demonstrar-se-á nos capítulos subsequentes.

3. A Liberdade Sindical, a Atuação dos Sindicatos nas Empresas e a Representação Unitária dos Trabalhadores

Conforme visto no capítulo anterior, a conquista do direito à *liberdade sindical* por parte dos trabalhadores e a formação das primeiras entidades legalmente reconhecidas tiveram por antecedente um contexto espaço-temporal marcado pela tomada de *consciência de classe* dos obreiros em face da burguesia detentora dos meios de produção e pela solidariedade esporádica que os unia em torno de *categorias profissionais* detentoras de problemas e interesses comuns que transcendiam os locais específicos de trabalho.

Sob tais circunstâncias, o sindicalismo clássico — fortemente pautado por correntes ideológicas de cariz *anarquista* e *socialista* — tinha por pretensão natural, de modo concreto, a organização dos obreiros com vistas à superação dos desafios comuns àquelas categorias profissionais que guardavam similitude de condições de vida e labor e, mais remotamente, a apropriação dos meios de produção pelos próprios trabalhadores e a consequente superação do sistema de produção capitalista fundado na propriedade privada.

Para além disso, o processo fabril nos primórdios da Revolução Industrial se concentrava em indústrias de pequeno porte, cujo maquinário, ainda incipiente, não permitia a produção de bens em grande escala e tampouco viabilizava a ampliação do número de empregados, bem assim a adoção de uma estrutura funcional mais complexa. Em tal contexto político, social e tecnológico não havia espaço para que os obreiros priorizassem sua organização representativa tendo por parâmetro o local de trabalho, havendo, por tal razão, a predominância dos interesses das categorias específicas organizadas em torno dos sindicatos.[(299)]

---

(299) Sobre o surgimento do fenômeno do sindicalismo e seus interesses primários naquele momento, Roberto Charis Gómez destaca que: "El sindicato es una institución de lucha que surge para mejorar las condiciones de trabajo que durante la revolución tecnológica se presentan en diversos países; por lo que debemos afirmar que su nesencia la constituyen precisamente dichos objetivos, mejorar las condiciones de trabajo y elevar el nível de vida de la clase trabajadora.

Por lo que respecta a sus fines, la doctrina sostiene que estos son de orden primários y secundários, inmediatos y mediatos (...) fundamentales y accesorios.

Por la primera debemos entender que son 'aquellos que están en la base de su misma existencia, constituyen su razón de ser, sin los cuales el sindicato no sería tal', ejemplos:

La determinación de las condiciones de trabajo, por via colectiva, para todos los trabajadores de la categoria o profesión representados; a fin de que constituye, sin duda, el objetivo esencial de la organización sindical.

a) El mejoramiento y la elevación de las condiciones de vida de la clase trabajadora, bien que esta finalidad aparezca como característica fundamental en el sindicalismo obrero y no constituya lógicamente un objetivo de los sindicatos patronales.

b) La asisencia a los miembros del sindicato, en aquellas coyunturas en que éstos se encuentren especialmente necesitados de la misma.

(...)

c) La defensa de los intereses profesionales, que más que un fin en si mismo, costituye la esencia del sindicato y viene a ser, en definitiva, la resultante de los fines anteriormente considerados o, si se quiere, el objetivo a conseguir, como síntesis final por medio de los fines precedentes." GÓMEZ, Roberto Charis. Fundamentos Del Derecho Sindical. México: Porrúa, 2003. p. 45.

No entanto, à medida que os métodos científicos de produção baseados no binômio *taylorismo-fordismo* possibilitaram às indústrias a adoção de formas estanques de divisão funcional do trabalho, baseados na cisão entre a coordenação e a execução do processo produtivo, bem como o desenvolvimento de máquinas mais eficientes organizadas em torno do conceito de *linha de montagem*, de modo a possibilitar a concentração das etapas da fabricação na própria unidade, as empresas passaram a experimentar um crescimento exponencial não só no número de empregados, como também na estrutura funcional e burocrática.

A partir daí, a organização das empresas em torno de estruturas complexas com funções dotadas de grande especialização e a ampliação das diferenças de filosofias e métodos de gestão do trabalho entre elas fizeram com que os obreiros passassem a agregar àqueles desígnios comuns às suas categorias profissionais tradicionalmente defendidos pelos sindicatos, outros interesses específicos partilhados com seus colegas de firma que tinham por parâmetro o local de trabalho e as questões a pautarem o cotidiano da unidade fabril.

Surge, com isto, a figura da *representação dos trabalhadores nas empresas*. Tal movimento, iniciado no referido momento histórico, não só contribuirá substancialmente para o avanço da democracia e da cidadania para além do espaço público, como também culminará, mais tarde, com a inserção da liberdade sindical e de seus aspectos individuais e coletivos no interior das unidades fabris, justamente onde as relações entre empregadores e trabalhadores ganham contornos mais concretos e candentes.(300)

Pode-se dizer, por isso mesmo, que o surgimento e o reconhecimento legal das representações dos trabalhadores nas empresas é fenômeno que se enquadra plenamente na tendência verificada a partir do advento do constitucionalismo social do século XX, pautado pelo exercício dos direitos à autonomia privada e à propriedade de acordo com a função social destes últimos e pela limitação das referidas garantias em nome da concretização de outros direitos fundamentais titularizados pelos obreiros individualmente considerados e por suas entidades sindicais.(301)

---

(300) Tal intenção é assim descrita por Bernard Teyssié: "O direito à palavra é legalmente afirmado para que cada homem seja, também, um 'cidadão na empresa', livre e ativo, capaz de contribuir diretamente para a mudança de suas condições de trabalho, sem que o papel de seus superiores seja questionado. Pode-se esperar, nesse sentido, um aumento da 'democracia" — combinando direitos e deveres, bem assim uma melhora no clima social, fazendo com que os debates venham, provavelmente, a evitar conflitos e com que se constate um aumento da produtividade, cada um dos quais contribui mais fortemente para a atividade da empresa."

No original: «Le droit à la parole est légalement affirmé afin que tout homme soit, aussi, un «citoyen dans l'enterprise», libre et active, contribuant directement au changement de ses conditions de travail, sans que le rôle du personnel d'encadrement soir, pour autant, remis en cause. D'un sucroît de «démocratie» — combinant droits et devoirs — peuvent être attendues une amélioration du climat social, la discussion étant de nature à éviter les conflits, et une augmentation de la productivité, chacun apportant um plus ferme concours à l'activité de l'enterprise.» TEYSSIÉ, Bernard. Droit du Travail. Relations collectives. 10. ed.. Paris: Lexis Nexis, 2016. p. 96.

(301) Tal tendência, a pautar de modo geral os ordenamentos dos países democráticos do hemisfério ocidental, é sintetizada por Pietro Perlingieri, nos seguintes termos: "No vigente ordenamento não existe um direito subjetivo — propriedade privada, crédito, usufruto — ilimitado, atribuído ao exclusivo interesse do sujeito, de modo tal que possa ser configurado como entidade pré-dada, isto é, preexistente ao ordenamento e que deva ser levada em consideração enquanto conceito, ou noção, transmitido de geração em geração. O que existe é um interesse juridicamente tutelado, uma situação jurídica que já em si mesma encerra limitações para o titular. (...) O ordenamento tutela um interesse somente enquanto atender àquelas razões, também de natureza coletiva, garantidas com a técnica das limitações e dos vínculos.

(...)

A autonomia não é livre arbítrio: os atos e as atividades não somente não podem perseguir fins anti-sociais ou não sociais, mas, para terem reconhecimento jurídico, devem ser avaliáveis como conformes à razão pela qual o direito de propriedade foi garantido e reconhecido. (...) Aqui os nexos com a disciplina da empresa tornam-se muito estreitos. Assim, a atividade de gozo e de disposição do proprietário (...) não pode ser exercida em contraste com a utilidade social ou de modo a provocar dano à segurança, à liberdade, à dignidade humana." PERLINGIERI, Pietro. Trad.: DE CICC, Maria Cristina. Perfis do Direito Civil. Introdução ao Direito Civil Constitucional. 2. ed. Rio de Janeiro: Renovar, 2002. p. 121-228.

De fato, o advento das representações dos trabalhadores nas empresas a partir da Segunda Revolução Industrial transpôs os conceitos de *cidadania* e de *democracia* para o interior das unidades fabris na medida em que possibilitou às coletividades obreiras não só a participação, ao lado dos empresários, nas decisões a afetarem a organização dos fatores de produção, como também o exercício de um efetivo contrapoder em relação aos empregadores, justamente naquele espaço onde os conflitos se fazem mais presentes.(302)

Por exercerem efetivamente um contrapoder em relação aos desígnios empresariais no interior das unidades fabris, as representações de trabalhadores nos locais de trabalho surgidas a partir da necessidade de adaptação da defesa dos interesses obreiros à nova realidade surgida a partir da Segunda Revolução Industrial, podem ser consideradas uma evolução institucional do direito à *liberdade sindical*, nos moldes definidos no Capítulo anterior.

Dito em outros termos, as representações dos trabalhadores na empresa surgiram como resposta dos obreiros coletivamente organizados ao ganho de complexidade no processo produtivo a partir da Segunda Revolução Industrial no intuito de lhes possibilitar o exercício de um efetivo contrapoder em relação aos desígnios empresariais nas unidades fabris, de modo a complementar e reforçar a atuação do sindicalismo clássico.

Tais instâncias obreiras situadas no âmbito interno das unidades produtivas são integradas pelas *representações sindicais nos locais de trabalho* — tradicionalmente representadas pelas delegacias e seções sindicais — e pelas *representações unitárias*, a compreenderem os organismos

---

Nesse mesmo sentido, José de Oliveira Ascensão assevera que: "Da autonomia deriva (...) que o homem prossegue com os seus bens os fins que escolher, sem ter de dar justificação do que faz.

Mas o direito exerce-se em sociedade. As posições dos vários intervenientes têm também de ser conjugadas, para evitar conflitos e organizar a colaboração.

A tendência deste século foi a de assegurar progressivamente a solidariedade neste domínio, afastando-se o modelo da propriedade absoluta romana. A lei tece cada vez mais vínculos de colaboração entre os intervenientes.

Esta preocupação levou a enunciar um princípio da função social da propriedade, ou dos direitos sobre os bens — particularmente os bens de produção.

De fato, a pessoa deve agir, não apenas com os outros, mas *para os outros*.

Em toda a sociedade deve haver uma solidariedade que implique que a atuação de todos tenha reflexos positivos na ordem global. Pressupõe-se que cada um, no uso da sua autonomia, beneficia o conjunto.

Esta preocupação funcional é uma conquista deste século. No século passado imperou o individualismo. A satisfação individual era motivação suficiente. (...) As preocupações éticas que voltaram a imperar neste século levaram uma sólida corrente a exigir que cada ato fosse justificado pela sua função social. As legislações foram incorporando regras ditadas por esta preocupação. Pelo menos até certa altura elas tinham porém provavelmente um acento negativo: destinavam-se a evitar que no exercício dos direitos se sacrificassem interesses sociais." ASCENSÃO, José de Oliveira. Direito Civil 1. Introdução. As pessoas. Os bens. 3. ed. São Paulo: Saraiva, 2010. p. 21-22.

(302) O exercício de contrapoder por parte dos trabalhadores no ambiente empresarial é definido por Miguel Gutiérrez Pérez sob a expressão *cidadania de empresa*, que engloba em seu conceito os seguintes elementos: "En cuanto a la denominada *ciudadanía de empresa,* nos referimos a los derechos específicamente laborales reconocidos a los trabajadores con el objeto de garantizar a éstos la participación en la organización y gestión de la empresa. Es decir, hablar de *ciudadanía de empresa* supone adentrarnos en la llamada democracia industrial. Esto es, nos estamos refiriendo a aquella forma de gestión empresarial que asume la aplicación en la empresa de los principios rectores de la democracia política, admitiendo la posibilidad de que en el gobierno de la empresa intervengan estructuras representativas de intereses distintos a los del capital, si bien el poder empresarial continua siendo detentado por el capital, en la toma de decisiones sobre la marcha de la empresa participan también los trabajadores, de una u outra forma, con menor o mayor intensidad — según los casos.

(...)

En cuanto a los órganos que personifican la participación de los trabajadores en la empresa, podemos afirmar que las instituciones en las que se encarna la democracia industrial en nuestro ordenamiento jurídico son, fundamentalmente, dos: por un lado, la representación unitaria y, por otro, la representación sindical. (...) Así, la actuación de las organizaciones de contrapoder colectivo va a convertirse en el pilar básico de esta democracia industrial y, por ello, de esta ciudadanía de empresa, con lo que la transposición a la empresa de los principios de participación democrática de la sociedad civil, se produce mediante la acción de los sujetos colectivos y su legalización en la empresa." PÉREZ, Miguel Gutiérrez Pérez. Ciudadanía en la empresa y derechos fundamentales inespecíficos. Murcia: Laborum, 2011. p. 25-30.

criados pelos próprios obreiros em paralelo às entidades sindicais existentes com vistas à formulação de um contrapoder nos aspectos diretamente relacionados à organização dos fatores de produção, cujos exemplos mais conhecidos são os comitês de fábrica.(303)

Sendo assim, por guardarem intrínseca conexão com as necessidades concretas que deram ensejo ao surgimento do princípio da *liberdade sindical* e que justificaram sua subsistência ao longo do tempo, as representações dos trabalhadores na empresa e suas vicissitudes evolutivas integram o conteúdo institucional da garantia em referência e merecem, portanto, ser estudadas em suas duas formas elementares: a *representação unitária* e a *representação sindical*.(304)

Desse modo, procurar-se-á definir no presente capítulo o grau de contribuição das *representações dos trabalhadores nas empresas* para a definição hodierna do princípio da *liberdade sindical* e em que medida elas integram o conteúdo histórico-institucional inerente a este último.

3.1. A evolução histórica da *representação dos trabalhadores nas empresas*. Panorama geral

Historicamente, a representação dos trabalhadores nos locais de trabalho surgiu e avançou em duas frentes, separadas não só pela distância temporal entre o advento de uma e de outra, como também por seus desígnios concretos. Assim, enquanto as representações *unitárias* surgiram na segunda metade do século XIX naquele mesmo momento em que os sindicatos vinham obtendo seu reconhecimento por parte do Estado, as representações *sindicais* tiveram sua origem ao cabo da Segunda Guerra Mundial, quando aquelas entidades obreiras de âmbito mais amplo se deram conta da necessidade de se fazerem presentes no cotidiano das empresas.

Do ponto de vista dos interesses a serem defendidos, a existência de uma dualidade de formas de representação dos trabalhadores na empresa tem origem remota na diferença ideológica que permeou as *comissões de fábrica* e os *comitês paritários* do século XIX, de um lado, e os sindicatos, do outro. De fato, enquanto aqueles primeiros buscavam, a grosso modo, a participação dos trabalhadores na gestão das unidades fabris, estes últimos viam nas categorias profissionais a coletividade a ser defendida em face dos desígnios do capital e, por isso mesmo, pautavam a defesa dos interesses obreiros pelo conceito de *luta de classes*.(305)

---

(303) O presente trabalho se valerá da denominação representação unitária já utilizada por Marcus de Oliveira Kaufmann para indicar que as representações assim designadas "se perfazem independentemente da filiação sindical e, portanto, para todos os trabalhadores naquele ambiente de trabalho, sendo irrelevante o caráter associativo que se tem nas representações sindicais." KAUFMANN, Marcus de Oliveira. Das práticas anti-sindicais às práticas anti-representativas. Sistemas de combate e a tutela das representações coletivas de trabalhadores. São Paulo: LTr, 2005. p. 387.

Utiliza-se, portanto, a expressão *representação unitária* em contraposição à *representação sindical*, que engloba os organismos vinculados às estruturas dos sindicatos a funcionarem no interior das empresas.

(304) Nesse sentido, José Francisco Siqueira Neto observa que: "A representação geral dos trabalhadores nos locais de trabalho foi se consolidando como espaço necessário nas relações de trabalho, mesmo ante a existência dos sindicatos. Atualmente, a liberdade sindical abarca também, além da ação sindical nos locais de trabalho, a representação interna de todos os trabalhadores que, como frisado, pode inclusive – de acordo com o ordenamento específico de cada país – ser o sujeito da negociação coletiva. O ponto básico de sustentação e de consolidação dessa dualidade representativa funda-se na elementar constatação da necessidade de se contar com o maior grau possível de representatividade interna e de participação da coletividade trabalhista." SIQUEIRA NETO, José Francisco. Liberdade sindical e representação dos trabalhadores nos locais de trabalho. São Paulo: LTr, 2000. p. 62.

(305) A propósito, José Luján Alcaraz pontua que: "Fuera de manifestaciones protosindicales más o menos definidas, en las que puede vislumbrarse una cierta organización de los trabajadores en el taller o en la fábrica, ni las primeras asociaciones obreras, organizadas por trabajadores unidos por su profesión u ofício con inequívoca influencia gremial, tomaron en consideración los lugares de trabajo como escenario principal de sus actividades, ni los nacientes sindicatos incluyeron en su estratégia una actuación que tuviera a la empresa como centro de operaciones. Por el contrario, éstos últimos nacen y se desarrollan, frente al primitivo sindicato de ofícios, para actuar en el plano general de la sociedad, como organizaciones de masas portadoras cualificadas de los intereses de la clase obrera e instrumento de la lucha de clases. Lo que de verdad persigue el movimiento sindical en sus albores es «presionar la vida pública» y subvertir un sistema político y económico que ha colocado a los trabajadores al borde de la desesperación. Y siendo así, su ámbito de

Ideologicamente, enquanto os sindicatos se viam na posição de células dos trabalhadores na luta de classes contra a burguesia pela suplantação do sistema capitalista, as *comissões de fábrica* e os *comitês paritários* não só deixavam de partilhar de tal intuito mais amplo, como também pressupunham a subsistência das estruturas produtivas de então para terem alguma voz dentro delas, em uma perspectiva mais objetiva.

Tais diferenças de cunho histórico ocasionaram nas democracias industrializadas da Europa Ocidental o surgimento das duas classes de representações dos trabalhadores na empresa: a *unitária*, surgida por intermédio da vontade autônoma dos trabalhadores lotados em uma determinada unidade produtiva (daí extraindo sua nomenclatura) e a *sindical*, de origem mais recente, derivada da criação de núcleos dos sindicatos no interior das empresas (delegados e seções sindicais).

Tanto uma quanto a outra, a despeito de suas origens distintas, são concretizações do princípio da liberdade sindical, de modo a integrar seu núcleo histórico-institucional. Daí a necessidade de se proceder, na sequência do presente capítulo, ao estudo minucioso e diferenciado dos elementos integrantes das representações unitárias e sindicais dos trabalhadores nas empresas a fim de visualizar em que medida eles vinculam o legislador e o intérprete na tarefa de promover a concretização dos dispositivos do ordenamento jurídico pertinentes ao tema.

3.1.1. A representação unitária. *Dos conselhos de fábrica às representações dos trabalhadores nas empresas*

Durante a maior parte do século XIX as lutas dos trabalhadores dos países industrializados se concentravam, basicamente, na implementação de melhores condições laborais nas precárias unidades produtivas de então — a compreenderem as jornadas, o salário, o maquinário e a segurança — e no reconhecimento em torno da possibilidade de organização em torno de entidades representativas com vistas à defesa de seus interesses comuns.

Tais bandeiras da classe obreira foram empunhadas, à ocasião, pelos sindicatos de trabalhadores que ao longo daquela centúria tomaram a dianteira nos conflitos ideológicos com o *establishment* político-jurídico de então e assumiram a vanguarda nas lutas em torno do arrefecimento dos dogmas liberais e individualistas de então que viam nas coalizões e nas entidades obreiras severas ameaças aos direitos à autonomia privada, à propriedade e à livre-iniciativa titularizada por cidadãos pretensamente *livres e iguais*.

Nesse contexto caracterizado pela existência de uma unidade de interesses concretos entre os trabalhadores das mais diversas categorias (*vg:* mineiros, tecelões, metalúrgicos etc.) que efetivamente encontravam-se submetidos às mesmas condições de vida e trabalho, era natural que os sindicatos buscassem congregar os obreiros em torno de tais pautas comuns, independentemente de seus empregadores e buscassem ser reconhecidos pelo Estado como os representantes de tais desígnios.

Ao mesmo tempo em que os sindicatos — então os grandes alvos da repressão oficial no século XIX — buscavam se impor perante o Estado e os empresários como depositários dos grandes interesses comuns dos obreiros, os países mais industrializados da Europa presenciaram a eclosão de um movimento alternativo ao sindicalismo, pautado pela organização dos trabalhadores em seus respectivos locais de trabalho com vistas à resolução das questões cotidianas verificadas na unidade fabril.

---

actuación debe extenderse a lo social y a lo político, pues «no se concebia una mejora en el seno de la empresa, si no se reestructuraban en profundidad las relaciones socioeconomicas» y la empresa misma. Ello explica también que, en sus albores, el sindicalismo estuviese guiado por corrientes ideológicas de signo revolucionário: socialismo y, sobre todo, anarquismo." ALCARAZ, José Luján. La Acción sindical en la empresa. Madrid: Consejo Económico y Social, 2003. p. 30-32.

Tal movimento é caracterizado, em um primeiro momento, pelo surgimento de coalizões esporádicas no ambiente empresarial voltadas para a resolução de problemas concretos e, em um segundo momento, pela constituição de *conselhos de fábrica* e *comissões paritárias* formados por trabalhadores e empregadores que não só tinham por intuito a discussão pacífica das questões afetas à organização do trabalho na unidade fabril, como também pretendiam tomar parte na gestão da empresa ao lado de seus proprietários.(306)

Tais organizações surgidas no seio das empresas, por não partilharem de uma postura conflitiva em relação aos desígnios empresariais, buscando, ao revés, a colaboração na gestão da unidade fabril, não demandaram, naquele momento histórico, uma maior atenção por parte do Estado burguês que, àquela altura, voltava suas energias para o combate aos sindicatos e ao pretendido contrapoder a ser exercido em relação aos patrões no que concerne à organização dos fatores de trabalho.(307)

No entanto, à medida que os sindicatos deixaram a clandestinidade e passaram a ser reconhecidos pelo Estado em fins do século XIX, adquirindo, desta feita, a prerrogativa legal de defender os interesses das categorias profissionais em torno das quais se constituíram, a representação dos trabalhadores passou a experimentar uma situação de dicotomia.

Assim, enquanto os sindicatos ficaram responsáveis pela defesa dos interesses gerais que os obreiros partilhavam com suas respectivas categorias profissionais (p. ex.: jornada de trabalho, regime remuneratório, piso salarial) em um âmbito *macrorrepresentativo*, localizado *fora* das empresas, as células unitárias constituídas dentro das fábricas passaram a cuidar das questões *microrrepresentativas*, ou seja, aquelas concernentes aos problemas surgidos nos locais de trabalho, a afetarem os trabalhadores de uma unidade produtiva específica.(308)

---

(306) Segundo a descrição de Antonio Ojeda Avilés: "Sólo cuando se generaliza la gran empresa y pasan a predominar las estructuras monopolísticas, al tiempo que por el otro lado se hace presente el gran sindicato unitario, hallamos las premisas adecuadas para sindicalizar la representación obrera a nível de factoría o de empresa; pero ello sucede ya comenzado el siglo XX, como se sabe, en los países más adelantados. Durante todo ese tiempo, la representación interna en todas sus facetas se ha desempeñado de manera informal por los sujetos colectivos de base que han surgido esporádicamente para expresar una reclamación, dirigir un plante o discutir una situación conflictiva: coaliciones, asambleas de personal, delegados, comissiones de representantes...

(...)

Estos sujetos colectivos de base asumen un caráter unitário, actuando a impulsos y en defensa de todo el personal del establecimiento o empresa, a diferencia del carácter asociativo de los sindicatos, y por la especial situación dentro de las estructuras economicas se interesan por los problemas de gestión que tienen a la vista. Carácter unitário y tendencia gestora que los rondarán permanentemente como perfiles típicos. De todos ellos, los consejos de fábrica entroncan además con las experiencias de comités paritários de obreros y fabricantes, que para la discusión y solución pacífica de los problemas laborales se crean voluntariamente en numerosas industrias y localidades europeas a lo largo del XIX." AVILÉS, Antonio Ojeda. Derecho Sindical. Octava Edición. Madrid: Tecnos, 2003. p. 303-304.

(307) Nas palavras de José Luján Alcaraz: "La inexistencia de actividad sindical directa dentro de las empresas, que se prolonga hasta los umbrales del último tercio del siglo XX, fue suplida em um primer momento por la formación espontanea y esporádica de representaciones unitarias de los trabajadores para desarrollar negociaciones con la empresa, plantear quejas o satisfacer funciones de ayuda mutua. Su independencia del sindicato y su actitud colaboradora explicarían, por outra parte, tanto el interés de los poderes públicos en apoyar su existencia, como las tensiones surgidas entre las organizaciones sindicales y estas instancias de representación unitaria." ALCARAZ, José Luján. La acción sindical en la empresa. Madrid: Consejo Económico y Social, 2003. p. 35.

(308) Assim, segundo Gian Carlo Perone: "Se a história sindical mostra uma predominante evolução organizativa de tipo territorial, por meio de estruturas de tipo associativo, refletida pelo nível nacional da contrataçao coletiva, pode ser verificada nas empresas a difusão de um tipo diverso de organismos de representação do pessoal dependente.

Esses organismos desempenham a função de interlocutores das empresas, não só com relação à contratação dos mínimos salariais e de condições de trabalho — reservada aos níveis superiores de categoria e de setor, mas com as integrações e adaptações condizentes com a especificidade de situações locais — como também com relação a outro gênero de competências, como controle da aplicação dos contratos coletivos e da legislação de trabalho, conciliação das vertentes individuais e coletivas, informação e consulta sobre o exercício do poder empresarial de organização do trabalho, e as próprias opções econômicas empresariais, a gestão de serviços empresariais." PERONE, Gian Carlo. Trad.: CUNHA, Edilson Alkmim. A ação sindical nos Estados-membros da União Europeia. São Paulo: LTr, 1996. p. 48-49.

No período em tela, as referidas esferas de representação dos trabalhadores coexistiam em separado, de maneira absolutamente independente, de modo que os entes unitários não dialogavam com os sindicatos, ao mesmo tempo em que estes últimos não logravam transcender os umbrais das unidades produtivas, seja em razão dos conflitos ideológicos existentes entre as duas instituições ou em função da natural resistência oferecida pelas empresas à presença constante dos sindicatos em suas dependências.(309)

Com a legalização dos sindicatos e com o reconhecimento em torno da liberdade de propagação ideológica por parte de tais entidades em fins do século XIX, os governos passaram a incentivar a constituição das representações *unitárias* como forma de contraposição ao programa de ação desenvolvido por aqueles entes obreiros no espaço externo da empresa.

Tem-se como exemplo cristalino de tal tendência a legislação aprovada na Alemanha do *Kaiser* Guilherme II em 1890 – após, portanto, a revogação das *leis antissocialistas*, a vedarem a sindicalização, cujo teor tendia a promover a criação de *conselhos de fábrica* no interior das empresas tendo por funções precípuas a colaboração com os empresários na gestão da unidade fabril e a defesa dos interesses obreiros nesta última.(310)

Nesse mesmo período, a compreender os últimos anos do século XIX, o advento da Segunda Revolução Industrial e o crescimento das fábricas não só em porte, mas em complexidade e em burocracia, fomentada sobremaneira pela aplicação dos métodos de produção calcados no binômio *fordismo-taylorismo*, resultou no incremento da diferenciação entre os diversos tipos de unidades produtivas e entre umas e outras, mesmo quando exercentes de idênticas atividades.

Tal fenômeno fez surgir no seio das empresas consideradas em si mesmas uma massa de operários semiqualificados que mesmo estando alocados em diferentes tarefas mecanizadas, partilhavam entre si problemas específicos decorrentes da hierarquização de funções e da organização da produção adotadas por suas respectivas empresas que não existiam anteriormente ao advento dos métodos *tayloristas* e *fordistas*.(311)

---

(309) Conforme observa José Luján Alcaraz: "Obviamente, tampoco los empresarios han sido proclives a la presencia sindical en sus instalaciones, pues es evidente que la misma «supone la consolidación de una instancia de control de todas las decisiones económicas y organizativas empresariales, disminuyendo considerablemente el margen de discrecionalidad que posee (el empresario) en el ejercicio de sus poderes organizativos y de dirección.» Ello les ha llevado a defender un cierto principio de neutralización sindical de la empresa «que comporta una división de competencias entre sindicato, al exterior de la empresa, y representación de los trabajadores en la empresa ajena al sindicato que sirviera «como coartada para excluir al sindicato de la empresa, manteniendo ésta como ámbito 'neutral' de las luchas obreras." ALCARAZ, José Luján. La acción sindical en la empresa. Madrid: Consejo Económico y Social, 2003. p. 33.

(310) AVILÉS, Antonio Ojeda. *Derecho Sindical*. Octava Edición. Madrid: Trotta, 2003. p. 304.

(311) Segundo a descrição do fenômeno formulada por Ricardo Antunes: "De maneira sintética, podemos indicar que o binômio *taylorismo/fordismo*, expressão dominante do sistema produtivo e de seu respectivo processo de trabalho, que vigorou na grande indústria, ao longo praticamente de todo século XX, sobretudo a partir da segunda década, baseava-se na *produção em massa* de mercadorias, que se estruturava a partir de uma produção mais *homogeneizada* e enormemente *verticalizada*. Na indústria automobiliística taylorista e fordista, grande parte da produção necessária para a fabricação de veículos era realizada internamente, recorrendo-se apenas de maneira secundária ao fornecimento externo, ao setor de autopeças. Era necessário também racionalizar ao máximo as operações realizadas pelos trabalhadores, combatendo o 'desperdício' na produção, reduzindo o *tempo* e aumentando o *ritmo* de trabalho, visando a intensificação das formas de exploração.

(...)

Uma linha rígida de produção articulava os diferentes trabalhos, tecendo vínculos entre as ações individuais das quais a *esteira* fazia as interligações, dando o ritmo e o tempo necessários para a realização das tarefas. Esse processo produtivo caracterizou-se, portanto, pela *mescla* da *produção em série fordista* com o *cronômetro taylorista*, além da vigência de uma separação nítida entre *elaboração* e *execução*. Para o capital, tratava-se de apropriar-se do *savoir-faire* do trabalho, 'suprimindo' a *dimensão intelectual do trabalho operário*, que era transferida para as esferas da gerência científica. A atividade de trabalho reduzia-se a uma ação mecânica e repetitiva.

Esse processo produtivo transformou a produção industrial capitalista, expandindo-se a princípio para toda a indústria automotiva dos EUA e depois para praticamente todo o processo industrial nos principais países capitalistas. Ocorreu

Diante dessa nova realidade, pautada pelo ganho de complexidade nas estruturas produtivas e na diferenciação organizacional entre elas, as representações *unitárias* dos trabalhadores adquiriram importância ainda maior, passando a se constituir como núcleos de defesa dos interesses dos obreiros nos locais de trabalho.

Como expoentes de representações unitárias surgidas nesse período, Amauri Mascaro Nascimento faz menção às *Comissões Internas* surgidas na Itália em 1906 em decorrência de acordo firmado entre a Federação Italiana Operária Metalúrgica (FIOM) e a Fábrica de Automóveis Ítala, de Torino, bem como aos *Conselhos de Usina de Léon Harmel*, originados em 1885 na localidade de Val-des-Bois, aos *Delegados Operários das Fábricas Schneider*, surgidos em 1889 na cidade de Creusot e aos *Comitês de Salário Mínimo*, criados no âmbito das empresas inglesas a partir de 1909.[(312)]

O crescimento dos núcleos unitários nas grandes empresas surgidas na virada do século XIX para o século XX, aliada ao recrudescimento das divergências ideológicas existentes entre aquelas e os sindicatos tradicionais, os conduziu, naturalmente, a embates que atingiram seu clímax no período imediatamente anterior à Primeira Guerra Mundial (1914-1918) e durante a conflagração, principalmente na Grã-Bretanha e na Alemanha. Tal situação viria a contribuir substancialmente, anos mais tarde, para a estrutura de representação *dual* atualmente existente nas democracias industrializadas da Europa.

Em terras britânicas, os atritos se deram a partir da mudança de orientação política dos sindicatos (outrora revolucionários, agora reformistas e moderados) após seu reconhecimento formal pelo Estado e a partir da criação, em 1915 e 1916, dos comitês operários de Clyde, Londres e Sheffield e do *National Shop Stewards and Workers Commettee Moviment*, todos formados por representações unitárias. Nos anos que antecederam o primeiro conflito mundial, as referidas organizações pretendiam questionar a legitimidade dos sindicatos na condição de defensores dos interesses gerais obreiros sob o argumento de que estes últimos, ao respaldarem a legislação bélica proposta pelo governo, teriam "*incorrido em traição à classe operária*"[(313)]

Paralelamente a isto, na Alemanha, o comprometimento dos representantes sindicais com as medidas do governo destinadas à promoção de uma *economia de guerra* erodiu as relações entre os trabalhadores e os sindicatos. Diante disso, os obreiros passaram a se organizar em torno de *Conselhos de Trabalhadores e Soldados*, tendo por pauta reivindicatória o término da guerra, a libertação dos presos políticos, a melhoria nas políticas remuneratórias e a socialização dos meios de produção.[(314)]

Com o término efetivo do conflito de 1914-1918, os núcleos unitários de representação dos trabalhadores se fortaleceram substancialmente e passaram a contar com um grau maior de respaldo nas bases e de reconhecimento oficial. Tal tendência foi verificada de modo mais enfático na Alemanha do pós-guerra e na Áustria, no período posterior ao esfacelamento do Império Áustro-Húngaro, onde a legislação chegou a conferir às células obreiras o direito à paticipação na gestão da empresa.[(315)]

também sua expansão para grande parte do setor de serviços. Implantou-se uma sistemática baseada na acumulação intensiva, uma produção em massa executada por operários predominantemente semiqualificados, que possibilitou o desenvolvimento do operário-massa (mass worker), o trabalhador coletivo das grandes empresas verticalizadas e fortemente hierarquizadas." ANTUNES, Ricardo. Os sentidos do trabalho. Ensaio sobre a afirmação e a negação do trabalho. 2. ed. São Paulo: Boitempo, 2010. p. 38-39.

(312) NASCIMENTO, Amauri Mascaro. *Compêndio de Direito Sindical.* 6. ed. São Paulo: LTr, 2011. p. 376.

(313) AVILÉS, Antonio Ojeda. *Derecho Sindical.* Octava Edición. Madrid: Trotta, 2003. p. 304.

(314) ALCARAZ, José Luján. *La acción sindical en la empresa.* Madrid: Consejo Económico y Social, 2003. p. 35

(315) Nesse sentido, Juan Garcia Abellan enfatiza que: "Efecto o consecuencia de las agitaciones socio laborales que hubieron de seguir a la Guerra europea 1914-1918, con la realidad añadida del triunfo de la revolución rusa, los países

Note-se, a propósito, que a Constituição de Weimar, promulgada na Alemanha em 1919 sob o rescaldo da conflagração, assegurava expressamente em seu art. 165 que "*os operários e empregados são chamados a colaborar, em igualdade de direitos, com os empresários, na regulação das condições de salário e trabalho, assim como na evolução econômica geral das forças produtivas*".(316)

Também nos países vencedores da Primeira Guerra Mundial, os núcleos unitários saíram fortalecidos, pois, com respaldo na ideia de *democracia industrial* elocubrada, em especial, na França, a legislação possibilitou àquelas células obreiras o exercício de certo controle sobre as decisões dos empregadores no que concerne à organização dos fatores de produção, de modo a mitigar, com isso, os desígnios unilaterais dos empresários na gestão da organização laboral.(317)

Nesse contexto, em 1936, foram celebrados os famosos *acordos Matignon* entre a *Confédération Générale du Travail* (CGT) e a *Confédération Générale de la Production Française* (CGPF), a redundar, mais tarde, na Lei de 24 de junho de 1936, cujo conteúdo previa a nomeação, em cada estabelecimento com mais de dez assalariados, de *delegados operários* incumbidos de levar à direção das unidades produtivas as reclamações concernentes à "*aplicação das tarifas de salário, ao cumprimento do arcabouço normativo e à observância dos parâmetros de higiene e segurança*". (318)

Na Grã-Bretanha, a mesma tendência de democratização do local de trabalho foi implementada, a partir de 1917, por intermédio dos chamados *Comitês Whitley*, de âmbito fabril, distrital e nacional que, formados por representações de patrões e empregados, tinham por objetivo a discussão e o estabelecimento das condições laborais, para além de funcionarem como instâncias arbitrais, substituídos, mais tarde, pelos *Comitês Mistos de Produção*.(319)

A despeito do crescimento exponencial das representações obreiras nos locais de trabalho e dos ganhos de complexidade e de porte nas grandes indústrias, os núcleos unitários dos trabalhadores nas empresas e os sindicatos tradicionais permaneciam atuando em mundos diferentes. Assim, enquanto estes últimos permaneciam preocupados com as pautas gerais das categorias no *extramuros* das unidades fabris, aqueles primeiros dedicavam-se às reivindicações mais objetivas e concretas dos trabalhadores no âmbito das unidades fabris.(320)

---

derrotados en la contenda soportaron alteraciones en sus establecimientos fabriles, con objectivos de socialización de empresas; surgiron los consejos de fábrica constituídos por trabajadores que, a diferencia de los ensayos precedentes, apuntaban a la abolición del derecho privado a la propiedad de la empresa.

Las situaciones pré revolucionarias creadas, fueron premiosamente reconducidas por los Estados, mediante leyes de participación — Austria, 1919; Alemania, 1920 — que llamaban a la intervención de los representantes de los trabajadores, en la gestión social de las empresas, formulas compendiadas en lo que se llamó control obrero." ABELLAN, Juan Garcia. Curso de Derecho Sindical. 2. ed. Murcia: Universidad de Murcia, 1986. p. 386-387.

(316) *Vide*, nesse sentido: THOME, Candy Florêncio. A República de Weimar e os movimentos operários. In: *Caderno de Doutrina e Jurisprudência da Ematra XV*, v. 1, n. 5, set./out. 2005. p. 163-166.

(317) Segundo Elson Gottschalk: "A ideia mais corrente, em França, nos anos que seguiram ao primeiro grande conflito armado, foi a da democracia industrial. Consistia em transferir para o plano econômico certas fórmulas que não eram mais discutidas, no plano político. O direito divino, ou seja, o sistema consistente num poder absoluto e sem contrôle do empregador sôbre sua empresa, devia desaparecer. Em seu lugar, dever-se-ia instalar um sistema segundo o qual os empregadores seriam portadores de deveres e de responsabilidades. O empregador deveria assumir a posição de monarca constitucional. Sua autoridade deveria, por consentimento seu, sofrer certo contrôle por parte daqueles em proveito dos quais êle a exerceria. Portanto, um contrôle do pessoal." GOTTSCHALK, Elson. A Participação do empregado na gestão da empresa. Edição fac-similada. São Paulo: LTr, 1996. p. 15.

(318) *Ibidem*, p. 16.

(319) *Ibidem*, p. 43-47.

(320) Conforme destaca Juan Garcia Abellan: "En tanto que la representación obrera en la fábrica iba ganando expansión, los sindicatos mantuvieron sus estructuras territoriales limitadas, en el primer escalón, a las organizaciones de localidad, actuando así los fines reivindicativos extramuros de los centros de trabajo, en los que eran protagonistas directos e inmediatos de la reivindicación, los consejos o comités de fábrica. El sistema, diversamente matizado según los países de implantación, habría de evolucionar con el tiempo en instituciones laborales de representación de personal en la empresa, como vehículo de relación permanente entre uno y otra." ABELLAN, Juan Garcia. Curso de Derecho Sindical. 2. ed. Murcia: Universidad de Murcia, 1986. p. 387-388.

Vê-se, diante disso, que nas primeiras décadas de existência dos núcleos obreiros nos locais de trabalho, as atividades destes últimos vinham sendo realizadas num contexto de total independência em relação aos sindicatos, onde os espaços de atuação de um e de outro eram bem definidos.

Tal situação somente começaria a mudar ao cabo da Segunda Guerra Mundial, quando os sindicatos tomaram pé da defasagem de suas políticas de atuação *macrorrepresentativas*, voltadas para a defesa dos interesses gerais de determinadas coletividades obreiras em determinadas unidades territoriais e, principalmente, da necessidade de se fazerem presentes no interior das unidades produtivas para agregarem ao seu cabedal de interesses tutelados, as demandas dos trabalhadores nos locais de trabalho.

A análise em torno do ingresso dos sindicatos no interior das empresas será efetivada em pormenores no tópico seguinte. Por ora basta concluir, de forma sintética, que os núcleos obreiros surgidos na última década do Século XIX como *comissões de fábrica* e transformados em verdadeiras *representações dos trabalhadores nas unidades produtivas* subsistiram ao longo do tempo com um perfil colaborativo e, ao mesmo tempo, reivindicatório.

Colaborativo, na medida em que almejaram, desde seus primórdios, tomar parte na gestão das empresas, de modo a fazer com que os desígnios obreiros pesassem na organização dos fatores de produção, e *reivindicatório*, na medida em que lutaram (e ainda lutam) pela concretização dos interesses dos trabalhadores mais diretamente relacionados às relações dos atores coletivos nos locais de trabalho.

***3.1.2. O advento da representação* dual. *Os sindicatos e o* intramuros**

Conforme já visto alhures, os sindicatos clássicos surgidos na Europa industrializada do século XIX nunca se interessaram pela defesa dos interesses dos trabalhadores no interior da empresa, concentrando-se, ao revés, na representação das categorias obreiras organizadas por ramo ou setor, em caráter mais amplo, sob a bandeira ideológica da mudança das condições sociais.(321)

Tal postura encontra justificativa no fato de que as ideologias socialistas e anarquistas por eles partilhadas concebia a melhoria das condições da empresa como uma parte dos objetivos a serem conquistados, e não um fim em si mesmo, para além da já referida objeção patronal à presença de tais organizações dentro das unidades produtivas.(322)

Por outro lado, o porte reduzido das empresas e a maior similaridade existente entre as condições de vida e de labor dos empregados de um determinado ramo ou setor profissional não permitia, a grosso modo, o florescimento de um sentimento de solidariedade dos trabalhadores de um mesmo local de trabalho em torno de questões particulares à suas respectivas unidades fabris.

(321) Clement Atlee, a propósito, observa que: "O movimento sindicalista apresenta duas faces. É, em primeiro lugar, uma organização de assalariados operando nos moldes da sociedade capitalista, a fim de defender os seus membros de injustiças e conseguir vantagens para os mesmos. Por outro lado, é também uma oposição à ordem social existente, que êle pretende modificar. Desta dupla função segue-se que os seus métodos de ação devem ser de natureza a satisfazer duas exigências. Êle não pode subordinar inteiramente os interêsses imediatos dos seus membros ao alcance dos seus últimos objetivos ou a fins puramente políticos. Por outro lado, não pode sacrificar os seus ideais sociais a fim de obter vantagens transitórias para parte, ou mesmo para a totalidade de seus membros. Êle deve, necessàriamente, manter um equilíbrio." ATLEE, Clement. Trad.: MARZANO, Eneias. Bases e fundamentos do Trabalhismo. Rio de Janeiro: A Noite, 1942. p. 45

(322) *Vide*, nesse sentido: ALCARAZ, José Luján. *La acción sindical en la Empresa*. Madrid: Consejo Económico y Social, 2003. p. 28-35.

A unidade dos trabalhadores ao redor de interesses surgidos no âmbito de uma mesma empresa somente tomou corpo com o advento da Segunda Revolução Industrial, sob a qual as empresas incipientes e diminutas de então ganharam musculatura e passaram a adotar princípios científicos de organização do trabalho e de produção em massa, crescendo exponencialmente de porte e adotando, a partir daí, formas peculiares de gestão laboral que geraram, de seu turno, a necessidade dos trabalhadores em se organizarem nos locais de trabalho cada vez mais dotados de complexidades e peculiaridades.

Com o surgimento das representações unitárias nos locais de trabalho, dois movimentos passaram a coexistir em paralelo ao largo do final do século XIX e das primeiras décadas do século XX: o *sindicalismo* e o *conselhismo*, aquele pautado pela defesa dos interesses gerais das categorias que trespassavam os muros das empresas e este preocupado com a participação dos trabalhadores na gestão das unidades produtivas e com a defesa dos interesses obreiros nas questões concretas verificadas nas firmas.[(323)]

A dicotomia entre as representações unitárias e os sindicatos durou até o fim da Segunda Guerra Mundial nos países industrializados da Europa, quando a recuperação econômica do *Velho Continente* se fez acompanhada do advento de novos métodos de produção pelas unidades fabris em substituição ao *fordismo-taylorismo*, rompendo, dessa forma, com a especialização das funções e com a hierarquização rígida a caracterizarem aquela forma tradicional.

Desse modo, enquanto no *fordismo-taylorismo* clássico a divisão estanque, verticalizada e hierárquica entre coordenação e execução das tarefas e a rígida segmentação das funções davam o tom, os novos métodos de produção, com destaque para o *toyotismo*, tinham por características principais a generalização do conhecimento do processo produtivo por parte dos trabalhadores, o trabalho em equipe, a flexibilização da produção dos bens em relação à demanda — em oposição à fabricação em massa de outrora — e a horizontalização do processo produtivo, com a transferência de etapas da fabricação para outras unidades, por intermédio da terceirização.[(324)]

---

(323) AVILÉS, Antonio Ojeda. *Derecho Sindical.* Octava Edición. Madrid: Trotta, 2003. p. 304-306.

(324) Conforme destaca Ricardo Antunes: "O toyotismo (ou *ohnismo,* de Ohno, engenheiro que o criou na fábrica da Toyota), *como via japonesa de expansão e consolidação do capitalismo monopolista industrial,* é uma forma de organização do trabalho que nasce na Toyota, no Japão pós-45, e que, muito rapidamente, se propaga para as grandes companhias daquele país. Ele se diferencia do fordismo basicamente nos seguintes traços:

1) *é uma produção muito vinculada à demanda,* visando atender às exigências *mais individualizadas* do mercado consumidor, diferenciando-se da produção *em série* e *de massa* do taylorismo/fordismo. Por isso sua produção é *variada e bastante heterogênea,* ao contrário da homogeneidade fordista;

2) fundamenta-se no trabalho operário em *equipe*, com *multivariedade* de funções, rompendo com o caráter parcelar típico do fordismo;

3) a produção se estrutura num processo produtivo flexível, que possibilita ao operário operar *simultaneamente* várias máquinas (na Toyota, em média até 5 máquinas), alterando-se a relação *homem/máquina* na qual se baseava o taylorismo/fordismo;

4) tem como princípio o *just in time*, o melhor aproveitamento possível do tempo de produção;

5) funciona segundo o sistema de *kanban,* placas ou senhas de comando para a reposição de peças e de estoque. No toyotismo, os estoques são mínimos quando comparados ao fordismo;

6) as empresas do complexo produtivo toyotista, inclusive as terceirizadas, têm uma estrutura horizontalizada, ao contrário da verticalidade fordista. Enquanto na fábrica fordista aproximadamente 75% da produção era realizada no seu interior, a fábrica toyotista é responsável por somente 25% da produção, tendência que vem se intensificando ainda mais. Essa última prioriza o que é central em sua especialidade no processo produtivo (a chamada 'teoria do foco') e transfere a 'terceiros' grande parte do que antes era produzido dentro de seu espaço produtivo.

(...)

7) organiza os Círculos de Controle de Qualidade (CCQs), constituindo grupos de trabalhadores que são instigados pelo capital a discutir seu trabalho e desempenho, com vistas a melhorar a produtividade das empresas, convertendo-se num importante instrumento para o capital se aproveitar do savoir-faire intelectual e cognitivo do trabalho, que o fordismo desprezava." ANTUNES, Ricardo. Os sentidos do trabalho. Ensaio sobre a afirmação e a negação do trabalho. 2. ed. São Paulo: Boitempo, 2010. p. 56-57.

Nesse cenário surgido a partir das décadas de 1950 e 1960 e intensificado nos dias atuais, Hélio Zylberstajn chegou mesmo a questionar se a crescente eliminação dos postos de trabalho especializados aliada à dispersão da produção de bens e serviços (horizontalização e *outsourcing*) não poderia conduzir, em uma etapa mais adiantada do processo, ao fim do emprego clássico, de modo a transformar os trabalhadores em *prestadores de serviços* dotados de um conhecimento genérico e, por isso mesmo, dispostos a realizar qualquer sorte de tarefas em um *mercado pontual* (*spot market*).(325)

É justamente sob a égide dos novos métodos de produção surgidos em substituição ao *fordismo-taylorismo* que os sindicatos europeus se deram conta de que as formas tradicionais de atuação, a primarem pela negociação coletiva por categorias de trabalhadores especializados e segmentados em níveis hierárquicos estanques, perderia cada vez mais espaço para as tratativas

---

(325) Segundo o autor: "A hipótese do fim dos empregos qualificados sugere que as relações de emprego de longa duração no mercado de trabalho tenderão a desaparecer. Se tal hipótese pode ser considerada como correta, então ambos os lados [economistas neoclássicos e institucionalistas] deverão formular interpretações similares. Tomaremos a hipótese em termos literais e suporemos que todos os empregos remanescentes no mercado de trabalho são empregos de curta duração. Tanto para os economistas neoclássicos, quanto para os institucionalistas, o fim dos empregos significaria o fim de qualquer especificidade na relação de emprego. Tanto o conhecimento específico dos neoclássicos, quanto as estruturas e processos idiossincráticos dos institucionalistas desapareceriam. Isto significaria o fim do conhecimento específico do lado da oferta oferta, bem como o fim das firmas e um custo de transação zero para o mercado de trabalho, do lado da demanda.

Prosseguindo com o entendimento literal da hipótese do fim dos empregos qualitativos, dever-se-ia concluir que o mercado de trabalho sem os empregos de longa duração passaria a constituir uma espécie de mercado pontual (*spot market*). Nesse cenário, os mercados de produtos e serviços tornar-se-iam uma teia de contratos, e as firmas desapareceriam em concreto, para transformarem-se em organizações virtuais. Todo o conhecimento necessário para a performance de tarefas seria do tipo geral.

(...)

É preciso reconhecer que existe uma série de novos sinais de mudança nos mercados de trabalho, e estes sinais apontam em direção ao fim dos empregos qualitativos. Um dos sinais faz-se representado pela emergência e o crescimento da chamada 'nova economia', formada por mercados virtuais e relações virtuais. O conhecimento necessário para o desempenho de tarefas nesse novo e emergente segmento da economia não pode ser rotulado como 'específico'. Muitas tarefas são desempenhadas de modo remoto, e os relacionamentos são concluídos com o término das tarefas. A As firmas são organizações virtuais e elas operam com o uso intensivo de 'tecnologia da infornação'(TI), computadores e Internet. Em suma, essa nova parcela da economia opera em mercados que poderiam ser definidos como mercados pontuais (spot markets). A fim de reforçar isto, pode-se mencionar outras tendências, tais como o 'outsourcing' e a globalização da produção. Tais tendências apontam também em direção à transformação do conhecimento outrora específico, e agora geral, que se faz necessário para desempenhar as tarefas."

No original: "the hypothesis of qualitative ending of jobs suggests that long-term employment relationships in the labour market will tend to disappear. If the hypothesis is to be considered as correct, then both sides[neoclassical and institutional economists] would make similar interpretations. Let us take the hypotheses literally, and let us suppose that all remaining jobs in the labour market are short-term jobs. For neoclassical economics and for institutional economics as well, the qualitative end of jobs would mean the end of any specificity in the employment relationship.

Both neoclassical specific knowledge and institutional idiosyncratic structures and processes would vanish. This would mean the end of specific knowledge (supply) and the end of firms and a zero-transaction cost labour market (demand).

To continue with the literal understanding of the qualitative end-of-jobs hypothesis, one would then conclude that the labour market without long-term jobs would be a kind of spot market. In this scenario, product and service markets would become a web of contracts, and firms would concretely disappear and be transformed into virtual organizations. All knowledge needed to perform tasks would be of the general knowledge type.

(...)

It must be recognized that there are many new signs of change in labour markets, and the signs point in the direction of the qualitative ending of jobs. One sign would be the emergence and the growth of the so-called new economy, made of virtual markets and virtual relationships. Knowledge needed to perform tasks in this new and emerging segment of the economy would not be labelled as specific. Many tasks are remotely performed, and relationships end with the completion of the tasks. The firms are virtual organizations, and they operate with intensive usage of IT, computers, and the Internet. In sum, this new part of the economy operates in markets that could be defined as spot markets. To reinforce this, one could mention other trends, such as labour and production outsourcing and the globalization of production. These trends also point towards the transformation of knowledge necessary to perform jobs from specific to general content." ZYLBERSTAJN, Hélio. The End of Jobs. A case of Theoretical Convergence? In: The International Journal of Comparative Labor Law and Industrial Relations. New York: Wolters-Kluwer, 2010. p. 398-399.

desenvolvidas no seio das empresas, cuja organização do trabalho vinha se pautando pela generalização do conhecimento e, principalmente, pela multifuncionalidade.

Nessas novas unidades produtivas, não havia mais espaço para o surgimento de uma solidariedade obreira em torno de determinadas funções. A multifuncionalidade e a flexibilização das tarefas a caracterizar o operário do modo *toyotista* de produção fizera com que uma grande parte dos interesses comuns dos trabalhadores migrasse da pertinência a uma determinada categoria para a lotação em uma dada empresa.

Dito em outros termos, às preocupações tradicionais dos obreiros com as condições de trabalho (*vg*: salários, jornadas, segurança e higiene laborais) somaram-se questões atinentes às diferentes políticas de organização do trabalho adotadas individualmente por cada empresa. Nesse contexto, cada unidade fabril passou a assumir esquemas próprios de produção, de modo a gerar conflitos específicos entre empregadores e empregados que a atuação dos sindicatos no *extra-muros* em defesa das categorias genéricas não lograva dar cabo.

Para atender a tais demandas obreiras, fez-se necessário que o sindicato transpusesse os muros a separar as unidades fabris do mundo exterior e se fizesse presente, efetivamente, no interior da empresa, para dar cabo dos problemas concretos a afetarem as relações entre os empregadores e os empregados no que concerne às especificidades da organização produtiva.

Todavia, no momento em que os sindicatos se deram conta da nova dimensão das relações trabalhistas, os núcleos unitários de caráter extrassindical já haviam se consolidado como os representantes dos interesses dos obreiros mais concretamente relacionados aos locais de trabalho. Diante disso, os sindicatos passaram a pugnar pela aprovação de um arcabouço normativo apto não só a viabilizar sua instalação nas unidades produtivas, como também a lhes favorecer nesse novo nicho de atuação.[326]

Na França, tal arcabouço jurídico foi obtido pelas centrais sindicais (com especial destaque para a CGT) no bojo dos *Acordos de Grenelle*, que puseram termo às conflagrações sociais ocorridas no atribulado ano de 1968. Nesse sentido, a consolidação dos direitos à formação de seções sindicais nas empresas de pelo menos 50 (cinquenta) empregados, e à eleição de um delegado

(326) Não obstante a gestão dos sindicatos nesse sentido, os estudiosos que elaboraram no final da década de 1990 o célebre informe sobre *Trabalho e Emprego* para a Comissão Europeia, sob a coordenação de Alain Supiot, indicam a paulatina decadência da representação sindical em sentido amplo, justamente em razão das condições peculiares de trabalho e de organização funcional adotadas pelas novas empresas, a ocasionar a gradual perda de identidade entre os integrantes de uma mesma categoria ou setor profissional: "La crisis del sistema fordista y su incidencia en las modalidades de trabajo y en las relaciones laborales que se establecen alrededor de aquéllas afectan directamente a los representantes de los intereses socioeconómicos de los trabajadores y de los empresários, así como a sus perfiles y funciones tradicionales.

Actualmente, las transformaciones en las empresas generan una gran variedad de tipos de empresa, que definen otros tantos nuevos espacios de relaciones de trabajo (concentraciones y grupos de empresas, redes de empresas que dan lugar a la externalización del trabajo y a la creación de relaciones estables de cooperación, empresas «dependientes», empresas de dimensiones muy reducidas y empresas virtuales). La explosión de la negociación colectiva (...) pone evidentemente en tela de juicio las estructuras establecidas de la representación sindical. Ya se trate de la recentralización en nuevas unidades de negociación (grupos, redes, territorios, Europa), lo cierto es que todo contribuye a debilitar la representación sectorial de ambito nacional.

Por otro lado, la base humana y social homogenea de ls sindicatos – los trabajadores, asalariados industriales, varones, con un contrato de trabajo típico, por tiempo indefinido y en régimen de dedicación exclusiva – se ha ido fragmentando y diversificando, al tiempo que se resquebrajaba la comunidad de los intereses representados. La creciente diversificación de los trabajadores y de sus intereses, la inestabilidad de las experiencias de trabajo, la discontinuidad de las carreras profesionales, así como la proliferación o deslocalización de la producción, constituyen otros tantos factores de debilitamiento de la representación sindical tradicional." SUPIOT, Alain et alii. Trabajo y empleo. Transformaciones del trabajo y futuro del Derecho del Trabajo en Europa. Valencia: Tirant lo Blanch, 1999. p. 171-172.

sindical foi lograda por intermédio da Lei de 27 de dezembro daquele mesmo ano, alcunhada oportunamente de *Lei relativa ao exercício dos direitos sindicais dentro das empresas.*[327]

---

(327) A Lei de 27 de dezembro de 1968 assegura às seções sindicais e aos delegados sindicais os seguintes direitos:

"Art. 2º Em todas as empresas que empreguem habitualmente pelo menos 50 assalariados, seja qual for a natureza de suas atividade se de sua configuração jurídica, os sindicatos representativos dentro da empresa beneficiar-se-ão das disposições da presente lei.

Todo sindicato filiado a uma organização representativa no plano nacional é considerado como representativo dentro da empresa, pela aplicação da presente lei.

Art. 3º Cada sindicato representativo pode constituir, no seio da empresa, uma seção sindical destinada à representação dos interesses profissionais de seus membros, conforme o disposto no art. 1º, do Livro III do Código do Trabalho.

Art. 4º A coleta das contribuições sindicais pode ser efetuada no interior da empresa, dentro dos tempos e locais de trabalho.

Art. 5º A afixação de avisos sindicais efetuar-se-á de forma livre nos painéis destinados a tal fim, que serão distintos daqueles destinados aos avisos dos delegados de pessoal e dos comitês de empresa. Um exemplar do aviso será remetido ao empresário concomitantemente à postagem."

(...)

"Art. 8º Cada sindicato representativo a constituir uma seção sindical na empresa designará, nas condições fixadas a seguir, um ou mais delegados sindicais para representá-lo junto ao empresário."

(...)

"Art. 13. O despedimento de um delegado sindical não poderá ocorrer anteriormente à expedição de parecer por parte do inspetor do trabalho ou de autoridade correspondente. No entanto, em caso de falta grave, o empregador tem a prerrogativa de afastá-lo provisoriamente, colocando-o imediatamente a par do ocorrido. Tal decisão, sob pena de nulidade, será fundamentada e remetida ao inspetor do trabalho no prazo de quarenta e oito horas a contar de sua expedição. Se o despedimento for recusado, o afastamento será anulado e os seus efeitos serão suprimidos legalmente.

Art. 14. Nas empresas ou estabelecimentos que empregam habitualmente pelo menos 150 assalariados, cada delegado sindical disporá do tempo necessário ao exercício das suas funções nos limites de uma duração que, salvo acordo firmado com o empregador, não poderá exceder dez horas por mês nas empresas ou estabelecimentos que empregam habitualmente de 150 a 300 assalariados, e quinze horas por mês nas empresas ou estabelecimentos que empregam habitualmente mais de 300 assalariados."

No original : «Article 2. Dans toutes les entreprises employant habituellement au moins 50 salariés, quelles que soient la nature de leurs activités et leur forme juridique, les syndicats représentatifs dans l'entreprise bénéficient des dispositions de la présente loi.

Tout syndicat affilié à une organisation représentative sur le plan national est considéré comme représentatif dans l'entreprise, pour l'application de la présente loi.

Article 3. Chaque syndicat représentatif peut constituer, au sein de l'entreprise, une section syndicale qui assure la représentation des intérêts professionnels de ses membres conformément aux dispositions de l'article 1er du livre III du Code du travail.

Article 4. La collecte des cotisations syndicales peut être effectuée à l'intérieur de l'entreprise, en dehors des temps et des locaux de travail.

Article 5. L'affichage des communications syndicales s'effectue librement sur des panneaux réservés à cet usage et distincts de ceux qui sont affectés aux communications des délégués du personnel et du comité d'entreprise. Un exemplaire de ces communications syndicales est transmis au chef d'entreprise, simultanément à l'affichage.

(...)

«Article 8. Chaque syndicat représentatif ayant constitué une section syndicale dans l'entreprise désigne, dans les conditions fixées ci-après, un ou plusieurs délégués syndicaux pour le représenter auprès du chef d'entreprise.»

(...)

«Article 13. Le licenciement d'un délégué syndical ne peut intervenir qu'après avis conforme de l'inspecteur du travail ou de l'autorité qui en tient lieu. Toutefois, en cas de faute grave le chef d'entreprise a la faculté de prononcer à titre provisoire, la mise à pied immédiate de l'intéressé. Cette décision est, à peine de nullité, motivée et notifiée à l'inspecteur du travail dans le délai de quarante-huit heures à compter de sa prise d'effet. Si le licenciement est refusé, la mise à pied est annulée et ses effets supprimés de plein droit.

(...)

«Article 14. Dans les entreprises ou établissements employant habituellement au moins 150 salariés, chaque délégué syndical dispose du temps nécessaire à l'exercice de ses fonctions dans les limites d'une durée qui, sauf accord passé avec le chef d'entreprise, ne peut excéder dix heures par mois dans les entreprises ou établissements occupant habituellement de 150 à 300 salariés, quinze heures par mois dans les entreprises ou établissements occupant habituellement plus de 300 salariés.»

Íntegra disponível em: <http://msdj.fr/index.php?option=com_content&view=article&id=1359:loi-du-27-decembre-1968-relative-a-lexercice-du-droit-syndical-dans-les-entreprises&catid=179:la-liberte-syndicale&Itemid=478. Acesso em : 13 jun. 2021.

Nesse mesmo momento histórico, as três grandes centrais sindicais italianas (CGIL, CISL e UIL), engendraram esforços junto ao parlamento com vistas à aprovação de um marco jurídico apto a conferir a si mesmas e aos seus sindicatos filiados o direito à constituição de entes de base no interior das empresas com as devidas garantias, que funcionariam paralelamente às *comissões internas*.(328)

Tal desígnio foi atendido em 1970 com a aprovação do *Statuto dei Lavoratori*, cujo Título III consagrou a possibilidade de formação das representações sindicais na empresa (*Rappresentanze Sindacali Aziendali*), assegurando a tais núcleos e a seus integrantes uma série de garantias imprescindíveis para o escorreito exercício das prerrogativas de tais atores e da representação dos interesses dos obreiros nos locais de trabalho.

Na Espanha, a presença do sindicato nos locais de trabalho teve como primeiro expoente, ainda no período fascista, os chamados *Jurados de Empresa*, que nada mais eram do que comissões paritárias formadas por empresários e por representantes sindicais dos trabalhadores nas unidades produtivas com mais de cinquenta empregados tendo por função a colaboração do capital e do trabalho no ambiente produtivo com as diretrizes corporativistas estabelecidas pelo regime do Generalíssimo Franco.(329)

Com a derrocada do franquismo no fim da década de 1970, são formados espontaneamente nas empresas espanholas os primeiros comitês de representação unitária dos trabalhadores e nesse mesmo período, a Lei n. 19/1977 reconheceu o direito à liberdade sindical nos moldes democráticos já assumidos nas demais nações da Europa Ocidental. Sob a égide de tal ordenamento jurídico, os instrumentos coletivos firmados pelos sindicatos livres, com especial destaque para o *Acuerdo Marco Interconfederal para la Negociación Colectiva* lavrado conjuntamente pela CEOE (*Confederación Española de Organizaciones Empresariales*) e a UGT (*Unión General de los Trabajadores*) em 5 de janeiro de 1980, passaram a assegurar a estes últimos o direito à formação de seções sindicais nos locais de trabalho.(330)

---

(328) Sobre os desafios históricos concernentes à instalação de representações sindicais no interior das empresas italianas, Luisa Galantino assevera que: "A oportunidade de constituição de formas de representação dos trabalhadores nos locais de trabalho é certamente indubitável. De fato, no curso do cumprimento do contrato de trabalho se verifica frequentemente a necessidade de tutelar os interesses individuais ou coletivos dos trabalhadores.

De outro turno, as condições históricas em que se desenvolveu o sindicalismo italiano são consideravelmente desfavoráveis à formação de estruturas organizativas sindicais no âmbito das unidades produtivas individualmente consideradas.

De fato, a situação de forte desemprego, a debilidade da organização sindical, a pulverização do tecido produtivo, a busca de solidariedade de classe e de objetivos políticos são todos fatores que favoreceram uma estrutura sindical de caráter territorial horizontal.

Por tal razão, até o fim da década de 1960, as únicas formas de representação dos trabalhadores no interior das unidades produtivas se faziam representados pelas estruturas eleitas por todos os trabalhadores da empresa, independentemente de sua afiliação sindical."

No original: «L'opportunità di costituire forme di rappresentanza dei lavoratori sui luoghi di lavoro è certamente indubbia. Infatti, nel corso dello svolgimento del rapporto di lavoro si verifica la frequente necessità di tutelare gli interessi individuali o collettivi dei lavoratori.

Peraltro, le condizioni storiche in cui si è sviluppato il sindacalismo italiano sono state sfavorevoli alla formazione di strutture organizzative sindacali all'interno delle singole unità produttive.

Infatti, la situazione di forte disoccupazione, la debolezza dell'organizzazione sindacale, la polverizzazione del tessuto produttivo, la ricerca di solidarietà di classe e di obiettivi politici sono tutti fattori che hanno favorito una struttura sindacale di carattere territoriale orizzontale.

Per tali ragioni, fino verso alla fine degli anni sessanta, la uniche forme di rappresentanza dei lavoratori all'interno dell'unità produttiva sono state costituite da strutture elette da tutti lavoratori dell'impresa, indipendentemente dalla loro affiliazione sindacale.» GALANTINO, Luisa. Diritto Sindacale. 16. ed. Torino: G. Giappichelli, 2009. p. 19.

(329) *Vide*, nesse sentido: CUEVAS-LOPEZ, José. *Estructura y función de la representación colectiva en la empresa*. Pamplona: Aranzadi, 1982. p. 51.

(330) ALCARAZ, José Luján. *La acción sindical en la empresa*. Madrid: Consejo Económico y Social, 2003. p. 51-53.

Tal vicissitude contribuiu substancialmente para que o *Estatuto de los Trabajadores* (Lei n. 8/1980) viesse a reconhecer formalmente aos sindicatos mais representativos o direito à formação de seções sindicais nas empresas. O diploma em apreço será estudado mais detalhadamente, nesse particular e no que concerne às representações unitárias, no item subsequente do presente capítulo.

A análise histórica da transposição da atividade sindical para o interior das empresas nos países industrializados europeus ao longo da segunda metade do século XX indica de forma bastante clara que as seções e delegacias sindicais nos locais de trabalho tendem a coexistir com os núcleos unitários formados pelos próprios trabalhadores das empresas, em um verdadeiro sistema *dual* de representação obreira.

Naturalmente, o advento desse *duplo canal de representação obreira* trouxe consigo problemas concernentes não só à divisão de competências e à coordenação das atividades entre as seções sindicais e os núcleos unitários, como também à interferência de uns em outros, cuja resolução coube às legislações específicas.[(331)]

Nos Estados Unidos da América, de seu turno, muito embora as formas alternativas de organização laboral alternativas ao binômio *fordismo-taylorismo* tenham sido amplamente utilizadas, tal qual na Europa, a inserção dos sindicatos nas empresas não decorreu diretamente da adoção dos referidos sistemas de gestão produtiva após a Segunda Guerra Mundial.

De fato, e conforme visto no capítulo anterior, a presença dos sindicatos no interior das unidades produtivas norte-americanas foi um dos pilares das políticas públicas engendradas no conjunto do *new deal* após a hecatombe financeira que varreu o globo no início da década de 1930, formuladas sob a influência da *Escola de Winsconsin* que apregoava como uma das medidas voltadas para a recuperação econômica, o fortalecimento dos sindicatos obreiros no fito de que estes últimos pudessem reunir condições para exercitar um verdadeiro contrapoder aos desígnios empresariais.[(332)]

Ou seja, já em sua gênese, a ter como marco a aprovação do *National Labor Relations Act* em 1935, o direito à liberdade sindical consagrado no Direito norte-americano abarcou a inserção do sindicato dentro da empresa, a depender da vontade dos obreiros, e o revestiu da prerrogativa de negociar os termos da prestação laboral em nome dos trabalhadores da respectiva unidade produtiva, bem como de defender seus interesses perante o empregador nos conflitos surgidos no cotidiano laboral.[(333)]

---

(331) Nas palavras de Gian Carlo Perone: "A organização sindical territorial foi impelida pela concorrência das formas espontâneas de organização dos trabalhadores, ativas no âmbito da empresa, a dispensar mais atenção a esse nível de competência. Como coroamento de uma progressiva retomada de iniciativa e ao preço das modificações não marginais de suas estruturas tradicionais (...) o sindicalismo oficial radicou-se na empresa, mesmo naqueles sistemas onde, por muito tempo, estivera fora dela. Isso põe problemas de coordenação entre autonomia coletiva em nível nacional e em nível empresarial (e nesse caso, com referência seja a formas de organização espontânea, seja a estruturas descentralizadas do sindicalismo territorial, que, todavia, ressentem sensivelmente os influxos de base)." PERONE, Gian Carlo. Trad.: CUNHA, Edilson Alkmim. A ação sindical nos Estados-Membros da União Europeia. São Paulo: LTr, 1996. p. 51.

(332) *Vide* nesse sentido: KAUFMAN, Bruce. Labor Markets and Employment Regulation: The View of the "Old" Institutionalists. In: KAUFMAN, Bruce. *Government Regulation of the Employment Relationship.* Madison: Industrial Relations Research Association, 1997.

(333) Nesse sentido, Michael Evan Gold assinala que: "Em 1935, o Congresso reconheceu os sindicatos como os legítimos representantes dos trabalhadores. O *National Labor Relations Act* (algumas vezes cognominado *Wagner Act*) obrigou os empregadores particulares a negociar com os sindicatos e proibiu a discriminação contra os trabalhadores sindicalizados. (...) Os empregadores que violassem a norma em apreço, poderiam ser acionados perante o *National Labor Relations Board,* que detinha poderes para ordenar a cessação dos comportamentos irregulares e para compensar as vítimas pela remuneração não aferida. Como mecanismo de controle do *Labor Board,* a legislação estabeleceu que os recursos das decisões do *Board* poderiam ser formuladas perante as cortes federais de apelação.

(...)

A breve narrativa ora formulada acerca da instituição dos sindicatos no interior das empresas demonstra de modo preclaro que tal fenômeno, ao lado dos núcleos unitários, representa uma evolução do direito à liberdade sindical diante dos ganhos de complexidade das empresas no segundo pós-guerra e, principalmente, em face das alterações no processo produtivo que criaram novas formas de solidariedade entre os obreiros dentro dos locais de trabalho.

A partir do momento em que as seções sindicais e os núcleos unitários deram início à atuação em defesa dos interesses obreiros mais restritos aos locais de trabalho num verdadeiro sistema dualista, tanto aquelas primeiras como estes últimos passaram a exercer um verdadeiro e legítimo contrapoder aos empregadores concernente às questões afetas à organização dos fatores de produção.

Justamente por essa razão, a representação dos trabalhadores nos locais de trabalho — seja a *unitária*, ou a *sindical* — não pode ser concebida independentemente da concessão de garantias aos obreiros que se valerem dos referidos núcleos para a legítima defesa de seus interesses coletivos (direito de ação sindical). Tal convicção consiste na ideia-chave a permear os instrumentos internacionais e domésticos promulgados ao longo das últimas décadas a versarem sobre o tema, conforme será visto nos itens subsequentes.

3.1.3. A Convenção n. 98 da OIT

Muito embora a Convenção n. 98 da OIT já tenha sido objeto de menção no capítulo anterior, é oportuno destacá-la novamente, tendo em vista que o referido diploma, para além de representar um marco no fortalecimento do sistema internacional de proteção à liberdade sindical, configura a norma pioneira no que se refere à tutela dos núcleos sindicais constituídos no interior das empresas.

De fato, ainda que a Convenção n. 98 da OIT não trate expressamente das representações nos locais de trabalho, foi graças à proibição de imputação de prejuízos aos trabalhadores por sua atividade sindical versada em seu art. 1º e à vedação à ingerência patronal nas entidades obreiras a constar de seu art. 2º, que os sindicatos passaram a contar com diretrizes principiológicas a lhes permitir a formação de núcleos destinados à defesa dos interesses dos empregados nas unidades produtivas, onde os conflitos laborais se fazem presentes de forma mais candente.

Nos Estados Unidos e no Canadá, a maioria dos trabalhadores em uma unidade negocial (empresa) decidem se a totalidade dos trabalhadores da unidade será ou não representada pelo sindicato. (...) Se a maioria dos trabalhadores na unidade negocial optar por ser representada por um determinado sindicato, o empregador deverá negociar com o sindicato em relação a todos os trabalhadores, mesmo em relação àqueles que prefeririam negociar individualmente com seu empregador. O sindicato tornou-se, então, o agente exclusivo de negociação no âmbito da unidade produtiva. O empregador deve negociar com este sindicato e não com outro. No entanto, se a maioria optar por não ser representada por um sindicato, o empregador não precisará negociar como sindicato em referência, mesmo quando muitos trabalhadores sejam membros de tal entidade."

No original: "In 1935, Congress recognized unions as legitimate representatives of workers. The National Labor Relations Act (sometimes called the Wagner Act) required private employers to deal with unions and prohibited discrimination against union members. (...) Employers who violated the Labor Act could be tried before the National Labor Relations Board, which had the power to order them to stop the illegal behavior and compensate the victims for lost pay. As a check on the power of the Labor Board, the law provided that appeals from the Board's decisions could be taken to the federal appellate courts.

(...)

In the United States and Canada, the majority of workers in an appropriate bargaining unit decides whether or not all the workers in that unit will be represented by a union. (...) If a majority of workers in a bargaining unit choses to be represented by a union, the employer must bargain with the union regarding all the workers, even those who would prefer to bargain individually with their employer. The union becomes the exclusive bargaining agent of the unit; the employer must bargain with this union and none other. But if the majority chooses not to be represented by a union, the employer need to bargain with the union, even though many workers might be members of it." GOLD, Michael Evan. An Introduction to Labor Law. Second Edition. Ithaca: ILR Press, 1998. p. 5-7.

Sem tal proteção, como as seções e delegacias sindicais lograriam atuar com independência no interior das empresas? E, de outra forma, como os empregados destas últimas se sentiriam instados a aderir aos referidos núcleos e a tomar parte das atividades voltadas para a defesa de seus interesses nos locais de trabalho?

As diretrizes constantes da Convenção n. 98 da OIT nesse particular foram amplamente adotadas pelas legislações dos países que consagraram, a partir da década de 1960, as representações sindicais nos locais de trabalho e que passaram a assegurar em seus ordenamentos os mecanismos essenciais para a realização das atividades regulares de tais núcleos e para a participação dos obreiros nestas últimas.

3.1.4. As Convenções ns. 135 e 154 da OIT e a Recomendação n. 143

Apesar da relativa antiguidade das representações unitárias nos locais de trabalho, e mesmo de sua precedência em relação às seções e delegacias sindicais, a proteção da atividade dos núcleos em referência não havia sido contemplada nas convenções da Organização Internacional do Trabalho até 23 de junho de 1971.

Apenas na data em referência é que a OIT, por ocasião de sua 56ª Conferência Internacional do Trabalho, aprovou um instrumento voltado para a proteção dos *representantes dos trabalhadores nos locais de trabalho*. Interessante notar que o termo aqui destacado abrange tanto os integrantes dos núcleos unitários, quanto os dirigentes das seções e delegacias sindicais, de modo a reconhecer a possibilidade quanto à existência de um sistema *dual* de representação, por expressa dicção do art. 3º da Convenção.[334]

Ainda segundo as diretrizes cristalizadas no instrumento em apreço, os integrantes do sistema *dual* de representação obreira nos locais de trabalho que exerçam atividades reivindicatórias são efetivamente protegidos contra quaisquer atos dos empregadores a serem implementados como represália a sua atividade desempenhada no interesse dos obreiros, inclusive contra a demissão.[335]

A propósito, a amplitude do rol de sujeitos abarcados pela Convenção n. 135 denota que foi exatamente esse o sentido da proteção a constar de seus enunciados.[336]

---

(334) Artículo 3

A los efectos de este Convenio, la expresión representantes de los trabajadores comprende las personas reconocidas como tales en virtud de la legislación o la práctica nacionales, ya se trate:

a) de representantes sindicales, es decir, representantes nombrados o elegidos por los sindicatos o por los afiliados a ellos; o

b) de representantes electos, es decir, representantes libremente elegidos por los trabajadores de la empresa, de conformidad con las disposiciones de la legislación nacional o de los contratos colectivos, y cuyas funciones no se extiendan a actividades que sean reconocidas en el país como prerrogativas exclusivas de los sindicatos.

(335) Assim dispõe o art. 1º da Convenção n. 135 da OIT:

"Artículo 1

Los representantes de los trabajadores en la empresa deberán gozar de protección eficaz contra todo acto que pueda perjudicarlos, incluido el despido por razón de su condición de representantes de los trabajadores, de sus actividades como tales, de su afiliación al sindicato, o de su participación en la actividad sindical, siempre que dichos representantes actúen conforme a las leyes, contratos colectivos u otros acuerdos comunes en vigor." *Idem.*

Nas palavras de José Francisco Siqueira Neto: "A representação sindical, nomeada ou eleita — direta ou indiretamente —, e a representação unitária, eleita pelos trabalhadores independentemente de filiação sindical, sao portanto as representações dos trabalhadores de que trata a Convenção n. 135 da OIT. Aludido instrumento, então, admite o sistema dual de representação nos locais de trabalho, apenas com a ressalva de que as representações unitárias não poderão praticar aquelas atividades que a legislação nacional atribuir como prerrogativa exclusiva dos sindicatos." SIQUEIRA NETO, José Francisco. Liberdade sindical e representação dos trabalhadores nos locais de trabalho. São Paulo: LTr, 2000. p. 136.

(336) Conforme asseveram Geraldo Von Potobsky e Héctor Bartolomei de La Cruz: "Es indudable que los representantes con funciones reivindicativas y de reclamaciones, ya sean sindicales o electos, se hallan más expuestos que los otros a medidas discriminatórias por parte de los empleadores. De cualquier manera, la Conferencia, con base en los trabajos

Não obstante o reconhecimento em torno do sistema *dual* de defesa dos interesses dos trabalhadores nos locais de trabalho, a Convenção n. 135 ressalva oportunamente em seu art. 5º, que a coexistência dessas duas formas de representação não pode ser utilizada pelo empregador como forma de utilizar um canal no fito de prejudicar o outro, o que redundaria, ao fim e ao cabo, em intervenção na livre organização obreira, já vedada pelo art. 2º da Convenção n. 98 da OIT.[(337)]

Outro aspecto integrante do sistema de proteção da Convenção n. 135 da OIT e acatado em grande parte dos ordenamentos domésticos, faz-se representado pela garantia de instalações e instrumentos apropriados aos representantes dos trabalhadores, para que estes possam desempenhar de modo escorreito seus misteres, nos termos de seu art. 2º[(338)].

Nesse sentido, de nada adiantaria possibilitar aos representantes sindicais e unitários dos trabalhadores a plena defesa dos interesses dos trabalhadores nos locais de trabalho sem que se lhes fossem oferecidas as facilidades necessárias para o desempenho de suas funções precípuas, tais como a disponibilização de salas para o funcionamento dos respectivos núcleos, o fornecimento de quadros para a afixação de mensagens, a utilização de meios eletrônicos de comunicação (*vg*: correio eletrônico e *internet*), dentre outros.

Convém observar que a Convenção n. 135 da OIT limitou-se a assegurar as garantias mencionadas em seus dispositivos apenas para os representantes sindicais e unitários dos trabalhadores nos locais de trabalho, sem estendê-las à generalidade dos empregados, tal como o fizera a Convenção n. 98 vinte e dois anos antes.

A nosso ver, tal vicissitude não coloca os demais trabalhadores em situação de vulnerabilidade, pois a Convenção n. 98, ao vedar de forma abrangente a prática de atos antissindicais como decorrência natural do postulado da liberdade sindical, não se mostra compatível, por evidente, com a discriminação dos empregados por sua filiação a núcleos unitários e sindicais ou mesmo por seu envolvimento nas atividades desempenhadas por estes últimos. Do contrário, estar-se-ia a adotar limitação contrária não só à própria teleologia do instrumento internacional em apreço, como também do próprio sistema de proteção da OIT.[(339)]

No mesmo ano de 1971, a OIT editou a Recomendação n. 143, a detalhar as medidas de proteção às atividades dos representantes sindicais e unitários nos locais de trabalho já previstas originariamente na Convenção n. 135. Assim, no que se refere especificamente às medidas de

---

preparatorios, decidió reconocer el principio de la protección en favor de todos los representantes, independientemente de sus funciones, así como el derecho a facilidades para el cabal cumplimiento de sus cometidos." VON POTOBSKY, Geraldo; DE LA CRUZ, Héctor Bartolomei. La Organización Internacional del Trabajo. Buenos Aires: Astrea, 1990. p. 324.

(337) "Artículo 5

Cuando en una misma empresa existan representantes sindicales y representantes electos, habrán de adoptarse medidas apropiadas, si fuese necesario, para garantizar que la existencia de representantes electos no se utilice en menoscabo de la posición de los sindicatos interesados o de sus representantes y para fomentar la colaboración en todo asunto pertinente entre los representantes electos y los sindicatos interesados y sus representantes."

(338) "Artículo 2

1. Los representantes de los trabajadores deberán disponer en la empresa de las facilidades apropiadas para permitirles el desempeño rápido y eficaz de sus funciones.

2. A este respecto deberán tenerse en cuenta las características del sistema de relaciones obrero-patronales del país y las necesidades, importancia y posibilidades de la empresa interesada.

3. La concesión de dichas facilidades no deberá perjudicar el funcionamiento eficaz de la empresa interessada."

(339) Nesse sentido, Antônio Augusto Cançado Trindade assevera que: "A interpretação teleológica, com ênfase na realização do objeto e propósito dos tratados de direitos humanos, tem sido adotada pelos órgãos de supervisão internacional, como o melhor método de assegurar uma proteção eficaz dos direitos humanos. É, efetivamente, o que mais fielmente reflete a natureza especial dos tratados de direitos humanos, e o que tem possibilitado a configuração da 'autonomia'dos conceitos nestes últimos consignados (distintos dos conceitos correspondentes no direito interno, nos sistemas jurídicos nacionais)." TRINDADE, Antônio Augusto Cançado. Tratado de Direito Internacional dos Direitos Humanos. Volume II. Porto Alegre: Sergio Antonio Fabris Editor, 1999. p. 32-33.

tutela contra a demissão dos referidos dirigentes, o diploma em apreço definiu em seu item 6.2 que os Estados signatários deveriam adotar as seguintes medidas:

— Definição detalhada e precisa dos motivos que fundamentaram a demissão dos representantes dos trabalhadores;

— Exigência de consulta a um organismo público, privado ou paritário anteriormente à implementação da medida drástica;

— Estabelecimento de um procedimento especial para a discussão das demissões dos representantes de trabalhadores nos locais de trabalho;

— Estabelecimento de um sistema eficaz de reparação que compreenda a reintegração dos representantes aos seus postos de trabalho;

— Imposição ao empregador do ônus da prova em torno dos motivos aptos a justificarem o despedimento dos representantes dos trabalhadores nos locais de trabalho;

— Reconhecimento do direito de preferência aos representantes dos trabalhadores em caso de adoção de medidas voltadas para a redução do pessoal.

Em seus itens 7.1 e 7.2, a Recomendação n. 143 da OIT estabelece que os Estados deveriam estender aos candidatos e aos empregados que outrora exerceram a função de representantes do pessoal nos locais de trabalho, a proteção contra os atos discriminatórios passíveis de serem implementados contra os titulares da representação unitária ou sindical.[(340)]

Nos itens 9 a 17 a Recomendação n. 143 da OIT detalha de forma minuciosa as facilidades que deveriam ser disponibilizadas aos representantes sindicais e unitários dos trabalhadores nos locais de trabalho mencionadas genericamente no art. 2º da Convenção n. 135. Tais garantias imprescindíveis para o exercício dos misteres daqueles agentes compreendem os seguintes direitos:

— Tempo livre para o exercício das atividades representativas durante o horário de trabalho e fora dele, sem prejuízo da remuneração;

— Disponibilização de tempo livre para a participação de eventos de cunho sindical, sem prejuízo dos salários;

— Ingresso em todas as dependências do local de trabalho, na estrita medida necessária para o desempenho dos misteres representativos;

— Acesso direto aos dirigentes da empresa, na medida necessária para o desempenho eficaz de suas funções representativas;

— Cobrança periódica das contribuições devidas ao sindicato ou à representação unitária no local de trabalho;

— Disponibilização de quadro de avisos com fácil acesso para os trabalhadores;

(340) "7. (1) La protección prevista en virtud de lo dispuesto en el párrafo 5 de la presente Recomendación debería asimismo aplicarse a los trabajadores que son candidatos, o que han sido presentados como candidatos, mediante los procedimientos apropiados existentes, a la elección o al nombramiento de representantes de los trabajadores.

(2) La misma protección podría también otorgarse a los trabajadores que han cesado en sus funciones de representantes de los trabajadores.

(3) El período durante el cual tal protección ampara a las personas a quienes se refiere este párrafo podrá determinarse por los métodos de aplicación a que se refiere el párrafo 1 de la presente Recomendación." Disponível em: <http://www.ilo.org/dyn/normlex/en/f?p=1000:12100:3231063319341217::NO::P12100_INSTRUMENT_ID,P12100_LANG_CODE:312481,es:NO>. Acesso em: 15 mar. 2021.

— Livre distribuição de boletins, folhetos e outras publicações junto aos trabalhadores, sem prejuízo ao funcionamento regular da empresa.

Note-se, por oportuno, que o item 16 da Recomendação n. 143 da OIT estabelece de forma expressa para os empregadores o dever de fornecer aos representantes unitários e sindicais dos trabalhadores as informações necessárias para o exercício de seus misteres, sem o que as atividades dos referidos agentes afigurar-se-ia impossibilitada.

De modo complementar às retromencionadas garantias, o item 17 da Recomendação n. 143 estabelece que os representantes sindicais e unitários, quando não sejam empregados da firma onde há membros de suas entidades, deveriam ter o direito de penetrar naquelas unidades produtivas e exercer as prerrogativas contidas não só no diploma em apreço, como também nas Convenções ns. 98 e 135.

O sistema de proteção internacional à liberdade sindical titularizada pelos representantes sindicais e unitários dos trabalhadores nos locais de trabalho foi reforçado, ainda, pela Convenção n. 154 da OIT, cujo art. 3º abriu às legislações domésticas a possibilidade de estender o direito à negociação coletiva às representações sindicais e unitárias de trabalhadores definidas na Convenção n. 135.

Ver-se-á, nos itens subsequentes, que a grande maioria dos países industrializados que adotam o princípio da liberdade sindical em sua plenitude não só asseguram às seções sindicais e aos núcleos unitários de trabalhadores o direito à negociação coletiva, como também reconhecem os locais de trabalho como espaços relevantes para a regulamentação transindividual das condições laborais.

A análise das Convenções ns. 135 e 154 da OIT, bem como da Recomendação n. 143 ora formulada, demonstra de maneira cristalina que os diplomas internacionais em apreço reconhecem o fenômeno das representações unitárias e sindicais dos trabalhadores nos locais de trabalho como uma evolução natural do princípio da liberdade sindical, cuja importância e atualidade residem, justamente, no exercício de um contrapoder aos desígnios empresariais nos espaços onde a ocorrência dos conflitos se dá de modo mais concreto.

Subjaz, ainda, aos instrumentos ora estudados, a ideia de que a defesa dos interesses dos trabalhadores nos locais de trabalho por aqueles núcleos unitários e seções sindicais somente poderá ser efetivamente exercida conquanto os respectivos representantes gozem das garantias necessárias para tanto, sob pena de elidir por completo a almejada contraposição aos desígnios empresariais nas unidades produtivas.

3.1.5. As orientações do Comitê de Liberdade Sindical da OIT

Com a promulgação da Convenção n. 135 e com a ratificação de seu conteúdo por diversos Estados, o Comitê de Liberdade Sindical criado no âmbito do Conselho de Administração da OIT passou a receber uma série de demandas a terem por objeto violações às prerrogativas asseguradas aos representantes obreiros e aos núcleos sindicais e unitários constituídos nos locais de trabalho.

E à medida que as queixas e reclamações passaram a ser apreciadas pelo referido colegiado, o sentido e o alcance do direito à liberdade sindical nos locais de trabalho foi sendo talhado de modo coerente nos casos concretos que se sucederam, de modo a contribuir para a formação do conteúdo histórico-institucional do franco associativismo, em uma construção muito próxima àquela imaginada por Ronald Dworkin a respeito do *romance em cadeia*, detalhada no início do capítulo anterior.

Pois bem. Da análise da versão atualizada da recompilação de princípios e diretrizes do Comitê de Liberdade Sindical da OIT, o primeiro item a chamar a atenção para a questão atinente às representações sindicais e unitárias de trabalhadores nas empresas faz-se representado pelos verbetes ns. 333 e 454, cujos enunciados explicitam a vertente coletiva do franco associativismo para assentar que a estrutura orgânica das entidades sindicais é matéria totalmente inserida na autonomia destas últimas e sujeita exclusivamente à vontade dos representados.(341)

Dessa forma, segundo a dicção dos verbetes em tela, as legislações dos países signatários das Convenções ns. 87, 98 e 135 e as respectivas autoridades não poderão impedir as entidades sindicais de constituírem seções ou delegacias no âmbito das empresas, se assim lhes convier. Tal prerrogativa é complementada pelo verbete n. 799, a resguardar os delegados e os representantes sindicais na empresa das práticas tendentes a prejudicá-los por sua atuação reivindicatória.(342)

De modo similar, e atendendo ao comando emanado do art. 2º da Convenção n. 135, o verbete n. 800 do Comitê de Liberdade Sindical da OIT reafirmou categoricamente que os representantes unitários dos trabalhadores na empresa devem ser protegidos contra ingerências patronais e também em face de medidas voltada para prejudicar sua atuação em defesa dos interesses dos obreiros nos locais de trabalho.(343)

Justamente com vistas a operacionalizar na prática tal intento, os verbetes ns. 813, 814, 817 e 818 do Comitê de Liberdade Sindical da OIT reafirmaram a necessidade de que as legislações domésticas assegurem mecanismos aptos a promover a aplicação de sanções àqueles que implementarem atos antissindicais. Ver-se-á, mais adiante, que tais diretrizes não só foram adotadas por diversos ordenamentos domésticos, como também constituem peça-chave dos sistemas nacionais de promoção da atividade sindical e representativa dentro das empresas.(344)

---

(341) "333 – El libre ejercício del derecho de constituir sindicatos y de afiliarse a los mismos implicaba la libre determinación de la estructura y la composición de estos sindicatos."

(...)

"454 – La libertad sindical implica el derecho de los trabajadores y de los empleadores a elejir libremente a sus representantes y a organizar su administración y actividades sin injerencia alguna de las autoridades públicas." OFICINA INTERNACIONAL DEL TRABAJO. *La Libertad Sindical.* Recopilación de decisiones y princípios Del Comité de Libertad Sindical Del Consejo de Administración de La OIT. 5. ed. Ginebra: OIT, 2006. p. 74; 101.

(342) "Uno de los princípios fundamentales de la libertad sindical es que los trabajadores gocen de protección adecuada contra los actos de discriminación anti-sindical em relación con su empleo — tales como despido, descenso de grado, traslado y otras medidas perjudiciales — y que dicha protección es particularmente necesaria tratándose de delegados sindicales, porque para poder cumplir sus funciones sindicales con plena independencia deben tener la garantía de que no serán perjudicados en razón del mandato que detentan en el sindicato. El Comité ha estimado que tal garantia, en el caso de dirigentes sindicales, es también necesaria para dar cumplimiento al principio fundamental de que las organizaciones de trabajadores han de contar con el derecho de escoger a sus representantes con plena libertad." *Ibidem*, p. 171.

(343) "El Comité llamó la atención sobre el Convenio (num. 135) y la Recomendación (num. 143) sobre los representantes de los trabajadores, 1971, en los que se establece expresamente que los representantes de los trabajadores en la empresa deberán gozar de protección eficaz contra todo acto que pueda perjudicarlos, incluído el despido por razón de su condición de representantes de los trabajadores, de sus actividades como tales, de su afiliación al sindicato, o de su participación en la actividad sindical, siempre que actúen conforme a las leyes, contratos colectivos u otros acuerdos comunes em vigor." *Idem.*

(344) Assim dispõem os verbetes em referência:

"813 – Es necesario que la legislación establezca de manera explícita recursos y sanciones contra actos de discriminación antisindical con objeto de asegurar la eficacia práctica del artículo 1 del Convenio num. 98."

(...)

"814 – Cuando un gobierno se ha comprometido a garantizar con medidas apropiadas el libre ejercício de los derechos sindicales, para que esta garantia sea realmente eficaz deben establecerse, de ser necesario, medidas de protección en favor de los trabajadores contra los actos de discriminación sindical en el empleo."

(...)

"817 – El gobierno es responsable de la prevención de todo acto de discriminación antisindical y que debe velar por que todas las quejas contra prácticas discriminatórias de esa índole sean examinadas con arreglo a un procedimento que además de expeditivo, no solo deberia ser imparcial sino también parecerlo a las partes interesadas.

De modo concreto, o Comitê de Liberdade Sindical da OIT assentou no seu verbete n. 830, em total alinhamento com a Recomendação n. 143, que os sistemas domésticos de proteção contra os atos antissindicais deverão estabelecer para os empregadores o ônus da prova quanto à ocorrência dos motivos que, a seu juízo, estariam a justificar a dispensa de um representante sindical ou unitário dos trabalhadores nos locais de trabalho.(345)

Ainda no que concerne à tutela dos representantes obreiros nos locais de trabalho contra os atos antissindicais, o verbete n. 832 do Comitê de Liberdade Sindical da OIT reafirma que as políticas de redução de pessoal a serem implementadas pelas empresas deverão priorizar o emprego daqueles agentes que tem por missão, justamente, zelar pelos interesses dos trabalhadores nos aspectos organizativos das unidades produtivas.(346)

No capítulo dedicado à *negociação coletiva*, a recompilação de princípios e diretrizes do Comitê de Liberdade Sindical da OIT reafirma que a existência de representações unitárias de trabalhadores nos locais de trabalho não pode ser utilizada pelas empresas como forma de prejudicar as tratativas implementadas pelos sindicatos e pelos empregadores que antecipam e permeiam a assinatura dos instrumentos coletivos.(347)

Note-se, a propósito, que o verbete em apreço (n. 946) não pode ser compreendido como um impedimento ou uma restrição à realização de negociações coletivas por parte das representações unitárias dos trabalhadores nos locais de trabalho, mesmo porque a própria Convenção n. 154 ventilou a possibilidade de que isto venha a ocorrer, conforme já visto oportunamente e conforme efetivamente adotado por certos ordenamentos.

Por fim, no que diz respeito às facilidades a serem asseguradas às representações sindicais e unitárias dos trabalhadores, o Comitê de Liberdade Sindical da OIT reitera os provimentos constantes da Recomendação n. 143, no sentido de que os empregadores lhes permitam cobrar as contribuições pecuniárias nas dependências da empresa, facilitem o acesso dos representantes aos locais de trabalho e à diretoria com vistas ao diálogo e asseguram tempo livre aos delegados de pessoal para o desempenho de seus misteres funcionais e para a participação em eventos sindicais.(348)

Alguns dos casos concretos analizados pelo Comitê de Liberdade Sindical nesse particular deram origem a enunciados que ampliaram o escopo da proteção em tela para além dos limites da Recomendação n. 143. Veja-se, a propósito, os verbetes ns. 1.107 e 1.108 que reconheceram o direito dos representantes sindicais e unitários de adentrarem os locais de trabalho para

---

818 – Las normas de fondo existentes en la legislación nacional que prohiben actos de discriminación antisindical no son suficientes si las mismas no van acompañadas de procedimientos que aseguren una protección eficaz contra tales actos." *Ibidem*, p. 173-174.

(345) "830 – El Comité há recordado a la atención la Recomendación sobre los representantes de los trabajadores, 1971 (num. 143), La cual con el fin de garantizar una protección eficaz de los representantes de los trabajadores recomienda entre las medidas que deben adoptarse que, cuando se alega que el despido de un representante de los trabajadores o la modificación en su detrimento de las condiciones de empleo fuesen discriminatorios, se adopten disposiciones que impongan al empleador la obligación de probar que su acto estaba justificado." *Ibidem*, p. 177.

(346) "832 – En casos de reducción del personal, el Comité recordo el principio contenido en la Recomendación num. 143 sobre la protección y facilidades que deberían otorgarse a los representantes de los trabajadores en la empresa, que propugna entre las medidas específicas de protección «reconocer la prioridad que ha de darse a los representantes de los trabajadores respecto de su continuación en el empleo en caso de reducción de personal.» (artículo 6, 2, f)." *Idem*.

(347) *Vide*, nesse sentido, o Verbete n. 946:

"946 – En el Convenio sobre los representantes de los trabajadores, 1971 (núm. 135), y en el Convenio sobre la negociación colectiva, 1981 (num. 154), figuran disposiciones expresas para garantizar que cuando en una misma empresa existan sindicatos y representantes elegidos por los trabajadores, se adopten medidas apropiadas para garantizar que la existencia de representantes electos no se utilice en menoscabo de la posición de los sindicatos interesados." *Ibidem*, p. 202.

(348) *Ibidem*, p. 239-242.

apresentarem uma lista de reivindicações no bojo de um conflito e de se fazerem presentes no âmbito da mineração, da agricultura e do labor doméstico.(349)

Há de destacar, para além disso, a orientação firmada pelo Comitê no verbete n. 1.112, que reconheceu aos representantes sindicais e unitários dos trabalhadores nas plantações o livre acesso aos locais de trabalho, mesmo sendo estes últimos compreendidos no âmbito da propriedade privada dos empregadores.(350)

Da análise dos verbetes ora mencionados, observa-se que o Comitê de Liberdade Sindical da OIT, ao aplicar as diretrizes constantes das Convenções ns. 98, 135 e 154 às situações concretas a ele submetidas, contribuiu substancialmente para a formação do conteúdo histórico-institucional do princípio do franco associativismo no que se refere à atividade das representações sindicais e unitárias de trabalhadores nas unidades produtivas.

Tal conteúdo, como se verá mais adiante, foi amplamente incorporado pela legislação das democracias industrializadas que são pautadas pela atuação das representações unitárias e das seções sindicais no âmbito das empresas na condição de corolário da liberdade sindical.

3.1.6. A Diretiva n. 94/45 da União Europeia

Ainda no contexto da análise histórica dos mecanismos de representação dos trabalhadores nos locais de trabalho, importa fazer menção à inovação trazida no bojo da Diretiva n. 94/45 da União Europeia (1994), cujo teor previu a possibilidade de formação de conselhos unitários transnacionais no âmbito das empresas que têm atuação difundida no território comunitário.(351)

A formação dos referidos *conselhos de empresa europeus* teve por pano de fundo não só o processo de integração comunitária a permear a década de 1990, como também o contexto internacional marcado pela crescente globalização econômica que, já àquela altura, se caracterizava pela internacionalização dos mercados, pela dispersão das atividades empresariais por diversos Estados e pela interdependência entre as economias. Tal desígnio, inclusive, integrou de modo explícito os "considerandos" do documento em apreço.(352)

---

(349) "1107 – La prohibición de entrada a los dirigentes sindicales en las instalaciones de las empresas, a causa de la presentación de un pliego de condiciones conflictivo, constituye una grave violación del derecho de las organizaciones sindicales a realizar libremente sus actividades, que incluye la presentación de reivindicaciones, incluso en el caso de que no se trate del sindicato que haya concluído el convenio colectivo vigente.

1108 – Deberían tomarse las medidas necesarias para asegurar a los sindicatos y a sus representantes el libre acceso a los trabajadores de los sectores agrícola, minero y doméstico con el fin de llevar a cabo actividades sindicales normales, incluso en el interior de los locales de los empleadores." *Ibidem*, p. 241.

(350) "1112 – Aunque reconociendo plenamente que las plantaciones son propiedad privada, el Comité estimó que, ya que los trabajadores no solamente trabajan, sino que habitan en las plantaciones, de manera que únicamente accediendo a ellas pueden los representantes de los sindicatos normalmente ejercer sus actividades sindicales entre los trabajadores, es de importancia especial que el acceso de los representantes de los sindicatos a las plantaciones con el fin de ejercer legalmente sus actividades sindicales, se conceda sin reticencia, siempre que no se perjudique la ejecución del trabajo durante las horas de labor y bajo reserva de todas las precauciones adecuadas cuanto a la protección de la propiedad." *Ibidem*, p. 242.

(351) Segundo Siqueira Neto: "A diretiva tem por objeto a melhoria do direito de informação e de consulta dos trabalhadores nas empresas ou grupos de empresas de dimensões comunitárias (...) Para tal fim, faculta, alternativamente, a constituição de um Comitê de Empresa Europeu (CEE) ou o estabelecimento de um procedimento para informação e consulta dos trabalhadores em cada empresa ou grupo de empresa de dimensão comunitária (art. 1o, § 2o)." SIQUEIRA NETO, José Francisco. Liberdade sindical e representação dos trabalhadores nos locais de trabalho. São Paulo: LTr, 2000. p. 143-144.

(352) "DIRECTIVA 94/45/CE DO CONSELHO de 22 de Setembro de 1994 relativa à instituição de um conselho de empresa europeu ou de um procedimento de informação e consulta dos trabalhadores nas empresas ou grupos de empresas de dimensão comunitária

O CONSELHO DA UNIÃO EUROPEIA,

(...)

Percebeu-se, com isso, que nesse ambiente econômico de forte integração, a presença de representações sindicais e unitárias restritas aos âmbitos dos países individualmente considerados não lograria fazer frente à internacionalização das etapas do processo de produção e do comércio tornando, pois, inóqua qualquer tentativa das entidades e núcleos locais no sentido de defender os interesses dos trabalhadores nas questões afetas à organização dos fatores produtivos.

Dito em termos mais precisos, pretendeu-se, com a Diretiva n. 94/45, que a junção econômica dos países membros da União Europeia se fizesse acompanhada de uma integração das representações dos trabalhadores nas empresas, para que estes últimos não ficassem alijados das tomadas de decisões a afetarem o processo produtivo cada vez mais internacionalizado.(353)

Nesse sentido, já em seu art. 1º, a Diretiva n. 94/45 assinala que os *conselhos de empresa europeus* teriam por principal intuito oportunizar aos trabalhadores das empresas com atuação no bloco o direito à *informação* e à *consulta* sobre os aspectos relativos à organização da produção nos países comunitários.(354)

Considerando que o funcionamento do mercado interno implica um processo de concentrações de empresas, fusões transfronteiriças, absorções e associações e, consequentemente, uma transnacionalização das empresas e dos grupos de empresas; que, para assegurar o desenvolvimento harmonioso das actividades económicas, é necessário que as empresas e os grupos de empresas que operam em diversos Estados-membros informem e consultem os representantes dos trabalhadores afectados pelas suas decisões;

Considerando que os procedimentos de informação e consulta dos trabalhadores consulta dos trabalhadores consagrados nas legislações ou na prática dos Estados-membros são muitas vezes inadaptados à estrutura transnacional da entidade que toma a decisão que afecta esses trabalhadores; que esta situação poderá conduzir a um tratamento desigual dos trabalhadores afectados pelas decisões no interior de uma mesma empresa ou de um mesmo grupo;

Considerando que devem ser adoptadas disposições adequadas por forma a garantir que os trabalhadores empregados em empresas ou grupo de empresas de dimensões comunitárias sejam convenientemente informados e consultados quando, fora do Estado-membro em que trabalham, são tomadas decisões que possam afectá-lo.

Considerando que, para garantir que os trabalhadores de empresas ou de grupos de empresas que operam em diversos Estados-membros sejam convenientemente informados e consultados, é conveniente instituir um conselho de empresa europeu ou criar outros procedimentos adequados de informação e consulta transnacionais dos trabalhadores.

(...)

ADOPTOU A PRESENTE DIRECTIVA." Disponível em: <http://eurlex.europa.eu/smartapi/cgi/sga_doc?smartapi!celexapi!prod!CELEXnumdoc&lg=PT&numdoc=394L0045&model=guichett>. Acesso em: 14-jun. 2021.

(353) Muito embora o intento da Diretiva n. 45/94 nesse sentido seja louvável, a realidade atual demonstra que a integração representativa dos trabalhadores no plano internacional é algo tão imprescindível quanto dificultosa.

Num plano ideal, as representações internacionais de trabalhadores no âmbito das empresas deveriam abranger a totalidade dos obreiros dispersos pelo Globo Terrestre, não se limitando aos blocos regionais. A inexistência de tal sorte de mecanismos internacionais, aliada ao "dumping social" praticado por certos Estados, contribui para que as grandes empresas transfiram sua produção para países nos quais a legislação dificulta a organização obreira nos locais de trabalho e onde a mão de obra dócil e abundante não oferece resistência aos desígnios patronais e nem ao menos pretenda a ela se contrapor, em prática a caracterizar o *law shopping* tão criticado por Alain Supiot.

Nesse sentido: SUPIOT, Alain. Trad.: TERRÉ, Jordi. *El espíritu de Filadelfia.* La justicia social frente al mercado total. Barcelona: Península, 2011. p. 71-66.

(354) "Art. 1º

Objecto

1. A presente directiva tem como objectivo melhorar o direito à informação e consulta dos trabalhadores nas empresas ou grupos de empresas de dimensão comunitária.

2. Para o efeito, será instituído um conselho de empresa europeu ou um procedimento de informação e consulta dos trabalhadores em todas as empresas ou grupos de empresas de dimensão comunitária, quando tal seja requerido nos termos do procedimento previsto no n. 1 do art. 5º, com a finalidade de informar e consultar os referidos trabalhadores nos termos, segundo as regras e com os efeitos previstos na presente directiva.

3. Em derrogação do n. 2, sempre que um grupo de empresas de dimensão comunitária, na acepção da alínea c) do n. 1 do art. 2º, compreenda uma ou mais empresas ou grupos de empresas que sejam empresas ou grupos de empresas de dimensão comunitária, na acepção das alíneas a) ou c) do n. 1 do art. 2º, o conselho de empresa europeu será instituído a nível do grupo, salvo disposições em contrário previstas nos acordos referidos no art. 6º.

4. Salvo estipulação nos acordos referidos no art. 6º de um âmbito de aplicação mais amplo, os poderes e as competências dos conselhos de empresa europeus e o alcance dos procedimentos de informação e consulta dos trabalhadores criados para atingir o objectivo referido no n. 1 abrangem, no caso de uma empresa de dimensão comunitária, todos

Ainda segundo a diretiva (art. 4º), os órgãos centrais das companhias de atuação comunitária (alcunhados de *direção central*) ou seus representantes em território europeu, no caso de matriz sediada em países situados fora do bloco, ficaram incumbidos de propiciar as condições para que os *conselhos de empresa europeus* sejam constituídos.(355)

Nos artigos seguintes (5º e 6º), a diretiva impôs, alternativamente, à *direção central* das empresas e aos próprios trabalhadores (organizados em grupo de, pelo menos, cem obreiros) a constituição de *grupos especiais de negociação* a terem por objeto, justamente, a discussão das condições de implementação dos *conselhos de empresa europeus* e as condições formais e substantivas para o exercício dos direitos de *informação* e *consulta* mencionados em seu art. 1º.(356)

---

os estabelecimentos situados nos Estados-membros e, no caso de um grupo de empresas de dimensão comunitária, todas as empresas do grupo situadas nos Estados-membros.

5. Os Estados-membros podem dispor que a presente directiva não é aplicável às tripulações da marinha mercante." Disponível em: <http://eur-lex.europa.eu/LexUriServ/LexUriServ.do?uri=CONSLEG:1994L0045:20070101:PT:PDF>. Acesso em: 14 jun. 2021.

(355) "Art. 4º

Responsabilidade de instituição de um conselho de empresa europeu ou de um procedimento de informação e consulta dos trabalhadores.

1. Compete à direcção central criar as condições e proporcionar os meios necessários à instituição do conselho de empresa europeu ou de um procedimento de informação e consulta a que se refere o n. 2 do art. 1º na empresa ou grupo de empresas de dimensão comunitária.

2. Sempre que a direcção central não estiver situada num Estado- -membro, incumbe ao representante da direcção central num Estado- -membro, eventualmente designado, a responsabilidade referida no n. 1.

Na falta desse representante, incumbe à direcção do estabelecimento ou à da empresa do grupo que emprega o maior número de trabalhadores num Estado-membro a responsabilidade referida no n. 1.

3. Para efeitos da presente directiva, o ou os representantes ou, na falta destes, a direcção referida no segundo parágrafo do n. 2, são considerados a direcção central." *Idem*.

(356) "Art. 5º

Grupo especial de negociação

1. A fim de atingir o objectivo a que se refere o n. 1 do art. 1º, a direcção central encetará as negociações para a instituição de um comité europeu de empresa ou de um procedimento de informação e consulta, por iniciativa própria ou mediante pedido escrito de, no mínimo, 100 trabalhadores, ou dos seus representantes, provenientes de pelo menos duas empresas ou estabelecimentos situados em pelo menos dois Estados- membros diferentes.

2. Para o efeito, será constituído um grupo especial de negociação de acordo com as seguintes directrizes:

a) Os Estados-membros determinam o modo de eleição ou de designação dos membros do grupo especial de negociação que devem ser eleitos ou designados no seu território.

Os Estados-membros devem dispor que os trabalhadores de empresas e/ou estabelecimentos nos quais não existam representantes dos trabalhadores por motivos alheios à sua vontade têm o direito de eleger ou de designar, eles próprios, membros do grupo especial de negociação.

O segundo parágrafo não prejudica as legislações e/ou práticas nacionais que estabelecem limiares para constituição de um órgão de representação dos trabalhadores;

b) O grupo especial de negociação é composto no mínimo por três membros e no máximo por um número de membros igual ao número de Estados-Membros;

c) Nas eleições ou designações, deve assegurar-se:

— em primeiro lugar, a existência de um representante por cada Estado-membro no qual a empresa de dimensão comunitária possua um ou mais estabelecimentos ou em que o grupo de empresas de dimensão comunitária possua a empresa que exerce o controlo ou uma ou mais empresas controladas,

— em segundo lugar, a existência de representantes suplementares em número proporcional ao dos trabalhadores dos estabelecimentos, da empresa que exerce o controlo ou das empresas controladas nos termos da legislação do Estado-membro em cujo território se situa a direcção central;

d) A direcção central e as direcções locais são informadas da composição

do grupo especial de negociação.

3. Incumbe ao grupo especial de negociação fixar, com a direcção central e mediante acordo escrito, o âmbito de acção, a composição, as atribuições e a duração do mandato do ou dos conselhos europeus de empresa ou as regras de execução de um procedimento de informação e consulta dos trabalhadores.

No que concerne às garantias asseguradas aos integrantes dos *conselhos de empresa europeus*, a diretiva prevê em seus arts. 9º e 10 que as empresas deverão operar em espírito de colaboração com os representantes obreiros e que estes últimos farão jus às mesmas prerrogativas previstas pela legislação de seu país de emprego.(357)

---

4. Para efeitos da celebração de um acordo nos termos do art. 6º, a direcção central convocará uma reunião com o grupo especial de negociação.

Desse facto informará as direcções locais.

Para efeitos das negociações, o grupo especial de negociação pode fazer-se assitir por peritos à sua escolha.

5. O grupo especial de negociação pode decidir por, no mínimo, dois terços dos votos não encetar negociações nos termos do n. 4, ou anulá-las no caso de já estarem em curso.

Uma decisão dessa natureza põe termo ao processo para celebração do acordo referido no art. 6º Quando for tomada esta decisão, não é aplicável o disposto no anexo.

Um novo pedido de convocação do grupo especial de negociação só pode ser apresentado dois anos após a referida decisão, excepto se as partes interessadas fixarem um prazo mais curto.

6. As despesas relativas às negociações referidas nos ns. 3 e 4 serão suportadas pela direcção central, de modo a que o grupo especial de negociação possa cumprir de forma adequada a sua missão.

Desde que respeitem este princípio, os Estados-membros podem fixar regras orçamentais para o fundionamento do grupo especial de negociação.

Podem nomeadamente limitar a participação nas despesas a um único perito.

Art. 6º

Conteúdo do acordo

1. A direcção central e o grupo especial de negociação devem negociar com espírito de colaboração a fim de chegarem a acordo sobre as regras de execução em matéria de informação e da consulta dos trabalhadores referidas no n. 1 do art. 1º.

2. Sem prejuízo da autonomia das partes, o acordo referido no n. 1 celebrado por escrito entre a direcção central e o grupo especial de negociação estabelecerá:

a) As empresas do grupo de empresas de dimensão comunitária ou os estabelecimentos da empresa de dimensão comunitária abrangidos pelo acordo;

b) A composição do conselho de empresa europeu, bem como o número de membros, a distribuição dos lugares e a duração do mandato;

c) As atribuições e o procedimento de informação e consulta do conselho de empresa europeu;

d) O local, a frequência e a duração das reuniões do conselho de empresa europeu;

e) Os recursos financeiros e materiais a afectar ao conselho de empresa europeu;

f) A duração do acordo e o seu processo de renegociação.

3. A direcção central e o grupo especial de negociação podem decidir por escrito instituir um ou mais procedimentos de informação e consulta, em vez de constituir um conselho de empresa europeu.

O acordo deve estabelecer as regras segundo as quais os representantes dos trabalhadores têm o direito de se reunir para proceder a uma troca de opiniões sobre as informações que lhes são comunicadas.

Essas informações incidem nomeadamente sobre questões transnacionais susceptíveis de afectar consideravelmente os interesses dos trabalhadores.

4. Os acordos referidos nos ns. 2 e 3 não estão sujeitos, salvo disposições em contrário previstas nesses acordos, às disposições supletivas do anexo.

5. Para efeitos da celebração dos acordos referidos nos ns. 2 e 3, o grupo especial de negociação delibera por maioria dos seus membros." *Idem*.

(357) "Art. 9º

Funcionamento do conselho de empresa europeu e do procedimento de informação e consulta dos trabalhadores.

A direcção central e o conselho de empresa europeu trabalham em espírito de colaboração e na observância dos seus direitos e obrigações recíprocos.

O mesmo se aplica à colaboração entre a direcção central e os representantes dos trabalhadores no âmbito de um procedimento de informação e consulta dos trabalhadores.

Art. 10º

Protecção dos representantes dos trabalhadores.

Os membros do grupo especial de negociação, os membros do conselho de empresa europeu e os representantes dos trabalhadores que exercem funções no âmbito do procedimento referido no n. 3 do art. 6º gozam, no exercício das suas funções, da mesma protecção e de garantias semelhantes às previstas para os representantes dos trabalhadores na legislação e/ou práticas nacionais no seu país de emprego.

Da análise da Diretiva n. 94/45 da União Europeia e de seus dispositivos observa-se que a norma em apreço pode ser considerada o instrumento pioneiro na tendência à internacionalização das representações dos trabalhadores nos locais de trabalho, cuja necessidade de implementação no plano supranacional é diretamente proporcional às dificuldades inerentes a tal empreitada.(358)

De fato, em um mundo cada vez mais integrado sob o prisma econômico, não é de se tomar como inoportuna a ideia de que a atuação dos trabalhadores na defesa de seus interesses comuns concernentes à organização dos fatores de produção esteja, igualmente, integrada. Por mais utópico que possa parecer tal desígnio, não há como negar que é esse o caminho natural a ser tomado pelo postulado da liberdade sindical em sua evolução conceitual e, nesse árduo itinerário, pode-se afirmar que a Diretiva n. 94/45 da União Europeia consiste em um dos primeiros passos em direção a um equilíbrio internacional de forças entre trabalhadores e empregadores.

3.2. Formas de atuação representativa dos trabalhadores no interior da empresa

Uma vez passados em revista os aspectos históricos que pautaram o surgimento e o desenvolvimento das representações *sindicais* e *unitárias* dos obreiros nos locais de trabalho, convém traçar, no presente item, um panorama geral acerca do funcionamento das referidas instituições nos países democráticos de industrialização avançada que adotam em sua plenitude o princípio da liberdade sindical.

Nesse sentido, serão analisados separadamente os regimes jurídicos das representações obreiras nos locais de trabalho (seções sindicais e os núcleos unitários), para, em seguida, detalhar-se as formas encontradas pelos mais diversos ordenamentos para lidar com a coexistência de tais espécies no âmbito de um sistema *dual*, ao mesmo tempo em que serão expostas as diferenças entre as referidas instituições e algumas figuras análogas, tais como a *autogestão*, a *cogestão* e a *participação dos trabalhadores no capital da empresa*.

Ao cabo de tal exposição, ressairá reforçada a ideia de que as representações de trabalhadores nos locais de trabalho se afiguram essenciais para assegurar o equilíbrio entre os atores sociais no ambiente laboral e que, por isso mesmo, os núcleos unitários e as seções sindicais configuram, em sua essência, uma evolução conceitual do princípio da liberdade sindical.

3.2.1. Representação sindical

O desenvolvimento do processo produtivo no final do século XIX e durante o curso do século XX nos países de industrialização avançada, a compreender o advento dos paradigmas do *fordismo-taylorismo*, em um primeiro momento, e do *toyotismo*, a partir da segunda metade da última centúria, contribuiu decisivamente para o surgimento de uma dinâmica peculiar a pautar as relações entre os atores sociais no que concerne à organização dos fatores do trabalho.

Diante de tal constatação, diversos autores dedicaram-se à análise científica de tais relações, merecendo destaque, nesse particular, o estudo publicado pelo economista norte-americano John Dunlop em 1958, a ter como principal característica a formulação de um *Sistema de Relações Industriais* formado por três atores (*trabalhadores*, *empregadores* e *Estado*), cujas estruturas são

Isto refere-se, em especial, à participação em reuniões do grupo especial de negociação ou do conselho de empresa europeu, ou em qualquer outra reunião realizada no âmbito do acordo referido no n. 3 do artigo 6º, bem como ao pagamento dos respectivos salários, tratando-se de membros que fazem parte do pessoal da empresa ou grupo de empresas de dimensão comunitária, durante os períodos de ausência necessários ao exercício das suas funções." *Idem*.

(358) No entanto, o informe para a Comissão Europeia coordenado por Alain Supiot em 1998 destaca, a respeito da Diretiva n. 94/45 que: "No se trata de una auténtica negociación colectiva europea, sino de una negociación transnacional, a las que se aplica el Derecho de uno de los países miembros de La UE: el del lugar en el que se radica la dirección central de esas empresas y grupos de empresas comunitários." SUPIOT, Alain et alii. Trabajo y empleo. Transformaciones del trabajo y futuro del Derecho del Trabajo en Europa. Valencia: Tirant lo Blanch, 1999. p. 166.

dotadas de interesses específicos que orientam, de seu turno, sua atuação nos processos negociais voltados para a organização dos fatores de trabalho.[(359)]

Mais adiante, os economistas Harry Charles Katz e Thomas Kochan partiram do esquema elocubrado por Dunlop em seu *Sistema de Relações Industriais* para catalogar, com maior precisão, os níveis institucionais em que ocorrem as relações entre aqueles três atores (estruturas dos *empregadores*, estruturas dos *trabalhadores* e *órgãos estatais*), partindo do pressuposto de que sua atuação (e, enfim, sua própria existência) tem por finalidade precípua a definição da

(359) Segundo Dunlop: "Um sistema de relações industriais em qualquer estágio de desenvolvimento, é composto por certos atores, certos contextos, bem como por uma ideologia que pauta o sistema de relações industriais como um todo, e por um corpo de regras criados para governar tais atores no âmbito do local de trabalho e no bojo da comunidade laboral.

Os atores são: (1) uma hierarquia de gerentes e seus representantes-supervisores, (2) uma hierarquia de trabalhadores (sem poderes gerenciais) e seus agentes e (3) agências governamentais especializadas (e agências privadas especializadas criadas pelos primeiros dois atores) destinadas à organização das relações entre empregadores e trabalhadores. As duas primeiras hierarquias relacionam-se diretamente entre si de modo que os gerentes têm responsabilidades em níveis variados com vistas a estabelecer instruções (gerenciar) e os trabalhadores em cada nível correspondente têm o dever de seguir tais instruções (trabalhar).

A hierarquia dos trabalhadores não implica necessariamente na existência de organizações formais. Podem elas ser caracterizadas até mesmo como 'inorganizadas'em uma linguagem popular, mas o fato é que aonde quer que eles (os trabalhadores) estejam laborando juntos por um período considerável, ao menos uma organização informal surgirá entre estes obreiros com normas de conduta e atitudes tomadas em face da hierarquia dos 'gerentes'. Nesse sentido, os trabalhadores lotados em uma empresa sem solução de continuidade jamais serão inorganizados. A hierarquia formal dos trabalhadores pode ser corporificada em várias organizações competidoras ou complementares tais como conselhos obreiros, sindicatos e partidos.

A hierarquia dos empregadores (gerentes) não precisa, necessariamente, guardar correspondência com a propriedade dos bens de produção no local de trabalho. Os empregadores podem ser públicos, privados ou um misto destes últimos em proporções variáveis.

(...)

As agências governamentais especializadas podem, em alguns sistemas de relações industriais, ter funções amplas e decisivas de modo a suplantar as hierarquias dos trabalhadores e dos empregadores em quase todas as questões. Em outros sistemas, o papel dos órgãos governamentais especializados, ao menos para alguns prtopósitos propósitos, pode ser menor ou mais reduzido com vistas a possibilitar o franco relacionamento entre as duas hierarquias precedentes. Em outros sistemas, as hierarquias dos trabalhadores ou mesmo as hierarquias patronais podem ser investidas de um papel mais restrito. De qualquer modo, em todo sistema de relações industriais, os três atores ora mencionados far-se-ão presentes."

No original: "An industrial relations system at any one time in its development is regarded as composed of certain contexts, an ideology that binds the industrial relations system together, and a body of rules created to govern the actors at the work place and work community.

The actors are: (1) a hierarchy of managers and their representatives in supervision, (2) a hierarchy of workers (nonmanagerial) and any agents, and (3) specialized governamental agencies (and specialized private agencies created by the first two actors) concerned with workers, enterprises, and their relationships. These first two hierarchies are directly related to each other in that the managers have responsabilities at varying levels to issue instructionins (to manage), and the workers at each corresponding level have the duty to follow such instructions (to work).

The hierarchy of workers does not necessarily imply formal organizations; they may be said to be 'unorganized' in popular usage, but the fact is that wherever they work together for any considerable period , at least an informal organization comes to be formulated among the workers with norms of conduct and attitudes toward the hierarchy of managers. In this sense workers in a continuing enterprise are never unorganized. The formal hierarchy of workers may be organized into several competing or complementary organizations such as works, councils, unions and parties.

The hierarchy of managers need have no relationship to the ownership of the capital assets of the work place; the managers may be public or private or a mixture in varying proportions.

(...)

The specialized government agencies as actors may have functions in some industrial relations system so broad and decisive as to override the hierarchies of managers and workers on almost all matters. In other industrial relations systems the role of the specialized governmental agencies, at least for any purposes, may be so minor or constricted as to permit consideration of the direct relationships between the two hierarchies without reference to governmental agencies. In still other systems the worker hierarchy or even the managerial hierarchy may be assigned a relatively narrow role. But in every industrial relations system these are the three actors." DUNLOP, John. T. Industrial relations systems. 2. ed. Boston: Harvard Business School Press, 1993. p.47-48.

organização dos fatores produtivos por meio de processos negociais.

Assim, segundo Katz e Kochan, as relações entre as estruturas dos *trabalhadores*, dos *empregadores* e do *Estado* ocorrem em três segmentos distintos, a compreenderem, no topo, o *nível estratégico*, caracterizado pela definição das orientações políticas, das estratégias e das metas a serem implementadas e objetivadas pelas partes nas negociações periódicas, no meio, o *nível funcional*, definido pela postura dos atores durante os processos de barganha e, na parte inferior, o *nível do local de trabalho (workplace level)*, marcado pelos embates entre aqueles dois primeiros atores acerca da organização cotidiana dos fatores de produção e da execução prática do conteúdo dos instrumentos decorrentes das negocialções coletivas.[(360)]

Da análise da estrutura de três níveis formulada por Katz e Kochan, observa-se de plano que o *local de trabalho* configura, a par das mesas de negociação, uma das arenas onde os interesses dos trabalhadores e dos empregadores entram em conflito e onde, por isso mesmo, se faz necessária a presença de mecanismos voltados para a composição justa e equilibrada de tais desígnios, mesmo porque os fatores de divergência a se materializarem nesse espaço dizem respeito, justamente, aos aspectos cotidianos e mais candentes a afetarem as relações entre aqueles atores sociais.[(361)]

Disso se constata que os sistemas de relações industriais não serão completos se os trabalhadores deixarem de contar com estruturas representativas de seus interesses nos locais de tra-

(360) Nas palavras dos autores: "O nível mais elevado do sistema de relações industriais, o nível estratégico, inclui as estratégias e as estruturas que exercem influências de longo prazo nos processos de negociação coletiva.

(...)

O espaço intermediário do sistema de relações industriais compreende o nível funcional, ou o nível da negociação coletiva, a envolver o processo e os resultados das negociações. Discussões acerca de greves, poder de barganha e determinações acerca dos parâmetros salariais integram o conteúdo proeminente aqui.

O escopo inferior do sistema de relações industriais compreende o nível do local de trabalho, a envolver aquelas atividades através das quais os trabalhadores, seus supervisores e seus representantes sindicais administram os contratos de trabalho e se relacionam cotidianamente entre si. No nível do local de trabalho, os ajustes dos atores às circunstâncias cambiantes e aos novos problemas ocorrem regularmente. Uma questão típica nesse nível, por exemplo, diz respeito à como a introdução de programas de participação dos empregados modificou a rotima rotina diária de trabalhadores e supervisores."

No original: "The top tier of industrial relations, the strategic level, includes the strategies and structures that exert long-run influences on collective bargaining.

(...)

The middle tier of industrial relations activity, the functional level, or collective bargaining level, involves the process and outcomes of contract negotiations. Discussions of strikes, bargaining power, and wage determination feature prominently here.

The bottom tier of industrial relations activity, the workplace level, involves those activities through which workers, their supervisors, and their union representatives administer the labor contract and relate to one another on a daily basis. At the workplace level adjustment to changing circumstances and new problems occurs regularly. A typical question at this level, for example, is how the introduction of a employee participation programs has changed the day-to-day life of workers and supervisors." KATZ, Harry Charles; KOCHAN, Thomas. An Introduction to Collective Bargaining and Industrial Relations. 3. ed. New York: Mc Graw Hill, 2003. p. 5.

(361) Nas palavras de Katz e Kochan: "A administração dos conflitos e a disponibilização de um devido processo são apenas duas das várias atividades-chave que ocorrem em bases contínuas no nível do local de trabalho das relações industriais. Outras atividades envolvem a motivação, a participação e a supervisão dos trabalhadores individualmente considerados e a estruturação do trabalho em tarefas, grupos ou times. Deve o trabalho ser organizado em atividades altamente fragmentadas ou, ao invés disso, distribuídos por intermédio de um sistema de grupos? O que uma mudança para o sistema de times implica para os líderes sindicais e para a operacionalidade do sistema de queixas? Tais indagações ilustram as questões que vêm surgindo em função das recentes as mudanças que vêm ocorrendo no nível do local de trabalho."

No original: "The management of conflict and the delivery of due process are only two of several key activities that occur on a continuos basis at the workplace level of industrial relations activity. Other activities involve the motivation, participation, and supervision of individual workers and the structuring of work into jobs, groups or teams. Should work be organized into higlhy fragmented jobs or, rather, placed in team systems of work organization? What does a shift to a team system imply for union leaders and the operation of the grievance system? These questions illustrate the issues being raised by the recent changes that have been occurring at the workplace level." *Ibidem*, p. 12.

balho e se tais corpos intermediários não lograrem exercer um efetivo contrapoder aos desígnios empresariais mais diretamente relacionados com o gerenciamento da unidade produtiva, seja no que concerne à organização dos fatores laborais, ou no que diz respeito à resolução justa das controvérsias cotidianas surgidas entre os empregadores e os obreiros.

Tal vicissitude, atestada cientificamente por Dunlop — e mais detalhadamente por Katz e Kochan — foi constatada empiricamente pelos atores sociais à medida que os métodos de organização laboral e de produção foram crescendo em complexidade e ganhando aplicabilidade prática. Por isso mesmo, as legislações surgidas nos países democráticos de industrialização avançada no século XX — em especial, na sua segunda metade — conferiram especial atenção à presença constante dos sindicatos obreiros e de seus representantes nos locais de trabalho.

Nesse sentido, o *National Labor Relations Act* dos Estados Unidos, promulgado em 1935 sob os escombros da Grande Depressão e sob o influxo dos economistas institucionalistas, estabeleceu os locais de trabalho onde se encontram reunidos trabalhadores com interesses conexos como os espaços precípuos de atuação dos sindicatos.

Para tanto, caberá aos obreiros, nos termos da Seção 9 do referido diploma legal, decidir em processo eleitoral a ser supervisionado pelo *National Labor Relations Board,* se querem ou não a presença sindical em suas unidades produtivas e, em caso afirmativo, qual a entidade apta a representar-lhes nas negociações coletivas a serem entabuladas com a empresa.

Ainda segundo a Seção 9 do *National Labor Relations Act*, os empregadores e os trabalhadores deverão chegar a um consenso a respeito do âmbito fabril onde ocorrerão as eleições, caso contrário o próprio *National Labor Relations Board* arbitrará o escopo espacial do pleito. Assim, este último poderá vir a ocorrer tanto no bojo da totalidade da unidade fabril, por exemplo, quanto em uma ou mais seções desta última.

Nesse particular, a norma atentou, justamente, para a existência de empresas a contarem com uma miríade de atividades distintas a congregarem, em sua junção, uma pluralidade disforme de trabalhadores das mais distintas categorias profissionais, buscando, com isso, promover aplicabilidade prática à diretriz segundo a qual a atuação dos sindicatos deve levar em conta os locais de trabalho onde os interesses dos obreiros guardam conexidade.(362)

(362) Conforme assevera Michael Evan Gold: "A ideia por detrás da 'unidade negocial apropriada' tem por motivo a promoção da estabilidade na relação entre sindicatos e empregadores, isto é, de modo a promover o ajuste negociado das condições de trabalho ao invés da deflagração de conflitos nos locais de trabalho. Se empregos que não guardam relação de similaridade convivem em uma determinada unidade negocial, os trabalhadores poderão ter diferentes necessidades e poderão não partilhar dos mesmos objetivos. A divisão dentro do sindicato pode dificultar o processo de negociação coletiva, conduzindo até mesmo à deflagração de greves e locautes. Em contraste, se os empregos em uma dada unidade são similares, os trabalhadores provavelmente partilharão desejos e necessidades similares. A negociação coletiva será, então, mais simples porque o alcance das matérias será limitado e os ajustes negociais surgirão de modo mais espontâneo.

Se o empregador e o sindicato não lograrem um acordo acerca do âmbito da negociação, o *Labor Board* tomará a decisão. (...) Ao decidir se uma dada unidade (ou outra) é apropriada, a preocupação candente do *Board* reside na existência de uma comunidade de interesses. O *Board* indaga, então, se os empregos têm traços suficientemente comuns entre si aptos a tornar uma negociação bem sucedida. Os elementos acerca da 'comunidade de interesses' incluem:

- existência de uma supervisão comum;
- compartilhamento de áreas de trabalho;
- similaridade de deveres funcionais;
- intercâmbio de atividades entre empregos;
- transferências de empregados;
- similaridade dos métodos de avaliação da performance no emprego;
- similaridade dos métodos e taxas de pagamento de salário e outros benefícios;
- integração (ou seja, interdependência) de operações;
- histórico de negociações coletivas anteriores entre as partes."

No original: "The idea behind an appropriate bargaining unit is to promote stability in the union-employer relationship,

Paralelamente a isto, há de se destacar que a Seção 9 do *National Labor Relations Act* assegurou expressamente aos empregados individualmente considerados o direito à apresentação de queixas junto a seus empregadores, bem como a apreciação escorreita destas últimas pelos empresários, independentemente da intervenção da entidade sindical escolhida pela categoria para representá-los nas negociações coletivas.

Muito embora os sindicatos não estejam necessariamente envolvidos nos trâmites concernentes à apresentação das queixas dos empregados, têm eles um papel decisivo nesse aspecto tão diretamente relacionado à resolução das controvérsias concretas ocorridas nos locais de trabalho, pois a postura das entidades obreiras nas negociações coletivas contribuirá diretamente para a redação dos acordos a serem firmados, cujas cláusulas, por sua vez, serão objeto de questionamento nos procedimentos a serem iniciados pelos trabalhadores.

Dito em outros termos, o sucesso dos sindicatos nos processos de negociação coletiva a reverterem em conquistas para os trabalhadores e sua fiel tradução em linguagem escrita no respectivo instrumento contratual aumentarão as chances de êxito dos empregados individualmente considerados naqueles procedimentos de arbitragem, cujo objeto consiste, na grande maioria das vezes, em queixas concernentes ao descumprimento das cláusulas acordadas entre a empresa e a entidade representativa ou tendo em vista a suplantação de omissões subjacentes àquela avença.(363)

---

that is, to promote negotiated settlements instead of industrial warfare. If dissimilar jobs were joined in the same bargaining unit, the workers would have different needs and might be unable to agree on common goals. Division within the union might make collective bargaining difficult, perhaps leading to strikes and lockouts. In contrast, if the jobs in a unit are similar, the workers probably have similar needs and desires. Collective bargaining will be simpler because the range of issues will be limited, and negotiaded settlements will become more likely.

If the employer and the union cannot agree on the bargaining unit, the Labor Board will make the decision. It was mentioned in chapter 3 that the petition for an election describes the unit that the union wants to represent. In deciding whether this (or any other) unit is appropriate, the Board's overriding concern is whether there is a community of interest. The Board asks, Do these jobs have enough in common that bargaining for them as a group is likely to be sucessful? The elements of community of interest include

• commonality of supervision;

• shared working areas;

• similarity os job duties;

• interchange of duties among jobs;

• employee transfers;

• similarity of methods of evaluating job performance;

• similarity of methods and rates of pay and other benefits;

• integration (that is, interdependence) of operations;

• history (if any) of collective bargaining between the parties." GOLD, Michael Evan. An Introduction to Labor Law. 2. ed. Ithaca: ILR Press, 1998. p. 26-27.

(363) Nesse sentido, Katz e Kochan asseveram que: "Os empregados comumente acionam o procedimento de queixas quando eles consideram que os empregadores não estão cumprindo escorreitamente o acordo decorrente da negociação coletiva. O procedimento de queixas provê um mecanismo destinado aos trabalhadores para que estes expressem seu descontentamento com as ações dos empresários, de modo a mudar o comportamento destes últimos, ou com vistas a receber alguma forma de compensação.

Desacordos acerca de questões disciplinares são uma fonte comum de queixas. Os acordos coletivos geralmente conferem aos empregadores o direito de disciplinar os empregados. Os contratos de trabalho frequentemente detalham uma série de condutas objetivas passíveis de penalização disciplinar, tais como a ausência frequente ou a inobservância a determinada ordem de um supervisor. Um empregado pode apresentar uma queixa contra uma ação disciplinar implementada pelo empregador seja porque contesta o argumento deste último no sentido de que aquele agiu erroneamente ou porque o empregado crê efusivamente que a ação disciplinar em questão foi implementada de modo desproporcional à gravidade de sua falha.

(...)

A apresentação de queixas pode servir para outros propósitos. Por exemplo, queixas podem ser apresentadas por empregados como um meio de demonstrar a preocupação dos trabalhadores com questões que não são cobertas pelo acordo coletivo, tais como os efeitos a longo prazo sobre sua saúde ao desempenharem seu labor defronte a monitores de vídeo. Em tal sorte de casos, os procedimentos de queixa podem ter a valorosa serventia de avisar o empregador

Para além disso, os sindicatos, ao estarem inseridos no interior das empresas segundo a sistemática do *National Labor Relations Act,* têm, efetivamente, condições mais propícias para acompanhar a tramitação das queixas apresentadas pelos empregados individualmente considerados, bem como para fiscalizar a lisura dos procedimentos de arbitragem instituídos no âmbito da empresa.

Desse modo, com a presença efetiva e constante dos sindicatos nas unidades produtivas, somada à vedação consignada na Seção 8 item 4 do *National Labor Relations Act,* a impedir a prática, por parte dos empregadores, de quaisquer comportamentos tendentes a prejudicar o empregado em razão da apresentação de uma queixa, as controvérsias surgidas nos locais de trabalho encontram maior probabilidade de serem resolvidas no curso da relação laboral, sem que haja temor quanto a preponderância dos desígnios dos empresários sobre os interesses dos trabalhadores e sobre a implementação de represálias patronais.

Tal como ocorreu nos Estados Unidos, os atores sociais dos países europeus de industrialização avançada perceberam, durante a segunda metade do século XX, que as novas formas de organização dos fatores de produção e o ganho de complexidade por parte das empresas impunham a presença dos sindicatos nos locais de trabalho, para além de representar um mecanismo eficaz com vistas à resolução dos conflitos laborais mais corriqueiros deflagrados nas unidades fabris.

No entanto, como já visto alhures, a percepção de tal vicissitude na Europa — ocorrida com considerável atraso em relação aos Estados Unidos — foi ocasionada, em grande medida, em decorrência das divergências ideológicas mantidas entre os sindicatos e as representações unitárias no que concerne ao escopo de atuação das entidades na defesa dos interesses dos trabalhadores. Com a constatação em torno dos fatores acima mencionados a respeito da organização cada vez mais complexa das empresas, tal rusga histórica foi superada e os sindicatos ingressaram, efetivamente, nos locais de trabalho.

Nesse sentido, o Código do Trabalho atualmente em vigor na França destaca já em seu artigo L-2.122-1 que a representação das entidades sindicais terá a empresa como um dos parâmetros (não o único) e que a atuação de tais entes nas unidades produtivas e nas demais bases territoriais será aferida pelos critérios genéricos mencionados no artigo L-2.121-1, quais sejam, o "*respeito aos valores republicanos*", a "*independência*", a "*transparência financeira*", uma "*antiguidade mínima de dez anos em atuação no âmbito pretendido, a contar do depósito dos estatutos em cartório*", a "*influência nas categorias em função de sua experiência negocial*" e, por fim, "*o número efetivo de associados e de ingressos pecuniários*".

---

sobre problemas que seriam, de outra forma, ignorados."

No original: "Employees commonly file a grievance when they think management is not fairly living up to the collective bargaining agreement. The grievance procedure provides a mechanism for workers to air their displeasure with the management's actions, to change msanagement's behavior, or to receive some form of compensation for menagement's actions.

Disagreements about employee discipline are a common source of grievances. Collective bargaining agreements commonly leave to management the right to discipline employees. Contracts often outline certain actions that can lead to discipline, such as repeated absenteism or the failure to follow a direct order from a supervisor. An employee might file a grievance against a disciplinary action taken by management either because the employee contests management's claim that the employee did something wrong or because the employee believes too harsh a disciplinary action was imposed for whatever mistake was made by the employee.

(...)

The filling of grievances can also serve other purposes. For instance, grievances may be filed by employees as a way to demonstrate employee concern for issues that are not addressed in the collective bargaining agreement. For example, employees may be concerned about the long-term health effects from working with video displays and vent their concern by filing grievances over the issue. In these sorts of cases the grievance procedure can serve the valuable function of warning management about problems that might be otherwise ignored." KATZ, Harry Charles; KOCHAN. Thomas. An Introduction to Collective Bargaining and Industrial Relations. 3. ed. New York: Mc Graw Hill, 2003. p. 270-271.

No que concerne especificamente ao nível empresarial, o artigo em testilha estabelece que as entidades sindicais habilitadas a representar os trabalhadores serão aquelas que, para além de preencherem os sobreditos requisitos, lograrem obter, pelo menos, 10% (dez por cento) dos votos nas eleições para o Conselho de Empresa ou para a designação dos delegados de pessoal (representação comprovada). O dispositivo seguinte (artigo L-2.122-2), de seu turno, estende tal prerrogativa aos sindicatos que forem filiados às entidades de grau superior que preencherem tais condições, em nítido suposto de representação derivada.

Observe-se, a propósito, que a representação dos trabalhadores em uma mesma empresa ou unidade produtiva não é conferida exclusivamente a um único sindicato, tal como ocorre nos Estados Unidos, de modo que se uma multiplicidade de entidades lograr o preenchimento dos requisitos constantes dos arts. L-2.121-1 e L-2.121-2 do Código do Trabalho francês, ser-lhes-á assegurada a presença em conjunto na unidade produtiva, com a consequente constituição de seções, representantes e delegados sindicais, conforme ver-se-á mais adiante.

No art. 2.141-4, o Código do Trabalho francês estabelece de forma expressa que o exercício das prerrogativas das entidades sindicais e de seus representantes é assegurado na totalidade das empresas, vedando, outrossim, nos dispositivos seguintes (arts. 2.141-5, 2.141-6 e 2.141-7), de forma abrangente, qualquer atitude implementada pelos empresários no sentido de prejudicar seus empregados em razão do desempenho de atividades de cunho sindical, de reter as contribuições pagas pelos trabalhadores aos entes representativos e de exercer pressões favoráveis ou contrárias a uma determinada organização sindical.

Ao assim proceder, o Código do Trabalho francês amplificou a ruptura com a tradição liberal, a vislumbrar a empresa como o santuário inflexível e absoluto da livre iniciativa e da autonomia privada, para reconhecer aos trabalhadores e às suas entidades representativas o direito ao gozo de espaços e de períodos de tempo destinados ao desempenho de atividades sindicais, não obstante a subsistência das relações de subordinação entre trabalhadores e empregadores.[364]

---

(364) Sobre o tema, Alain Supiot pondera que: "O tempo e o lugar do trabalho são, efetivamente, o tempo e lugar da subordinação. O território da empresa forma, assim, (...) o lugar da autoridade do empregador. A consagração das liberdades coletivas na empresa, por conseguinte, tomou a forma de lugares e momentos que escapam do todo ou de parte do poder de direção exercido pelo empregador, e constitui em uma série de franquias concedidas à coletividade dos assalariados.

(...)

Cada vez que o exercício de certas liberdades coletivas é autorizado no seio mesmo da empresa, certos territórios desta última passam a ser limitados pelo direito do trabalho. Com efeito, é necessário delimitar em cada caso estas áreas de autonomia coletiva no que diz respeito aos lugares de exercício da autoridade patronal. Três situações podem apresentar-se a esse respeito, que correspondem à três tipos de lugares na empresa. No que concerne aos 'lugares de franquia', são estes últimos os locais estritamente delimitados que a lei subtrai à autoridade patronal para afetá-lo ao exercício das liberdades coletivas. Eles consistem essencialmente de painéis de afixação de avisos e salas atribuídas aos representantes do pessoal.

A lei define seguidamente aqueles que podem ser chamados de 'lugares de transição', a compreender os espaços que, no interior da empresa, não são afetados ao trabalho propriamente dito, tais como os salões, os corredores, os vestiários, os estacionamentos ou os refeitórios. A autoridade patronal sofre, aqui, certo abrandamento, de modo a permitir ao legislador a franquia correspondente ao exercício de diversas liberdades coletivas. (...) Estes lugares de transição têm com efeito um estatuto ambíguo, na medida em que as liberdades coletivas e a autoridade patronal são chamados à composição. (...) Por natureza [os 'lugares de transição'] são também espaços de encontros informais que escapam à previsão e a direção patronal.

Um destino específico, por derradeiro, é reservado aos 'lugares de produção', quais sejam, os espaços onde se efetua o trabalho como tal (escritórios, oficinas, estaleiros etc.). Constituem eles o verdadeiro santuário da autoridade do empregador. São, por excelência, os lugares da subordinação, aqueles onde o assalariado perde a sua liberdade de movimento e a sua autonomia individual para tornar-se um dos elementos da empresa."

No original: «Les temps et le lieu du travail sont d'abord le temps et lieu de la subordination. Le territoire de l'enterprise forme ainsi (...) l'aire d'autorité de l'employeur. L'affirmation de libertés collectives dans l'enterprise a donc pris la forme

De modo a concretizar tais diretrizes, o art. 2.142-1 do Código do Trabalho francês assegurou aos sindicatos detentores de representatividade comprovada ou derivada, o direito à constituição de seções sindicais no âmbito das empresas ou das unidades produtivas. Segundo os arts. L-2.141-2 a L-2.141-11 da norma em comento, as referidas estruturas possuem as seguintes prerrogativas:

— coleta de contribuições sindicais (art. L-2.141-2);

— afixação e difusão de comunicações de caráter sindical (art. L-2.142-3, L-2.142-4, L-2.142-5, L-2.142-6 e L-2.142-7);

— disponibilização de local para a realização das atividades sindicais nas empresas com mais de 200 (duzentos) empregados (arts. L-2.141-8 e L-2.142-9);

— realização de reuniões nos locais de trabalho fora dos horários laborais (arts. L-2.141-10 e L-2.141-11).

Ainda segundo o artigo L- 2.143-3 do Código do Trabalho francês, cada entidade sindical *com representação* em empresas com mais de 50 (cinquenta) empregados que venha a constituir uma seção sindical, poderá designar um ou mais delegados sindicais. Tais agentes serão escolhidos, necessariamente, dentre aqueles trabalhadores que obtiveram, pelo menos, 10% (dez por cento) dos votos no primeiro turno das últimas eleições para o Conselho de Empresa e para os delegados de pessoal. Para as empresas com menos de 50 (cinquenta) assalariados, será designado apenas um delegado sindical a ser escolhido dentre os delegados de pessoal, a teor do art. 2.143-6.(365)

---

de lieux et de moments qui échappent en tout ou partie au pouvoir de direction de l'employeur, et constituent autant de franchises concédées à la collectivité des salariés.

(...)

A chaque fois que l'exercice de certaintes libertés collectives est autorisé au sein même de l'enterprise, ce sont des territoires dans l'enterprise qui se trouvent circonscrits par le droit du travail. En effet, il faut délimiter en pareil cas ces aires d'autonomie collective vis-à-vis de l'aire d'exercice de l'autorité patronale. Trois situations peuvent se présenter à cet égard, qui correspondent à trois types de lieux dans l'enterprise.

Tout d'abord des lieux de franchise, c'est-à-dire des enclaves strictement délimitées, que la loi soustrait à l'autorité patronale pour les affecter à l'exercice des libertés collectives. Il s'agit essentiellement de pannaux d'affichage et de locaux attribués aux représentants du personnel.

(...)

La loi définit ensuite ce qu'on peut appeler des lieux de transition dans l'enterprise, c'est-à-dire des espaces qui, à l'intérieur de l'enterprise, ne sont 'pas affectés au travail proprement dit, tels que les halls, les couloirs, les vestiaires, les parkings ou les réfectoires. L'autorité patronale peut y souffrir facilement un certain relâchement, ce qui permet au législateur d'y situer l'exercice d'un certain nombre de libertés collectives. (...) Ces lieux de transition ont en effet un statut ambigu dans la mesure où les libertés collectives et l'autorité patronale sont apelées à y composer. (...) Par nature ce sont aussi des espaces de rencontres informelles qui échappent à la prévision et à la direction.

Un sort particulier est enfin réservé aux lieux de production, c'est-à-dire aux espaces où s'effectue le travail proprement dit (bureaux, ateliers, chantiers etc.). Ils constituent le véritable sanctuaire de l'autorité de l'employeur. Ce sont, par excellence, les lieux de la subordination, ceux où le salarié perd sa liberté de mouvement et son autonomie individuelle pour devenir l'un des rouages de l'enterprise.» SUPIOT, Alain. Critique du Droit du Travail. Paris: PUF, 1994. p. 153-157.

(365) Sobre a origem da representação sindical dos trabalhadores na França, Antoine Mazeaud destaca que: "Se o sindicalismo é reconhecido na sociedade — às vezes referido como um elemento integrado ao aparato estatal —, a ação sindical não foi reconhecida na empresa. Esse paradoxo, erigido em nome da neutralidade da empresa, foi ainda menos justificado, uma vez que a representação sindical indiretamente sempre esteve no centro do direito coletivo, por intermédio do monopólio no primeiro turno das eleições profissionais na empresa, da representação sindical no conselho de obras e do monopólio da negociação coletiva.

Tal paradoxo foi superado com o advento da Lei de 27 de dezembro de 1968 (complementada pela lei de 1982 sobre o desenvolvimento de instituições representativas), de modo que os sindicatos, originalmente representativos, passaram a poder constituir uma seção sindical de empresa encabeçada por um delegado sindical. A seção sindical garante a presença sindical na empresa, no estabelecimento ou na unidade econômica e social. Cada sindicato é livre para tomar

No art. 2.143-4, o Código do Trabalho francês estabelece que nas empresas com quinhentos empregados ou mais, os sindicatos representativos nas respectivas unidades produtivas poderão designar um delegado sindical suplementar quando tiverem elegido um ou mais representantes quando da eleição do Comitê de Empresa e desde que o escolhido tenha obtido, pelo menos, dez por cento dos votos no primeiro turno do respectivo sufrágio.

O art. 2.143-5, de seu turno, assegura aos sindicatos representativos no âmbito das empresas que possuem uma pluralidade de estabelecimentos produtivos, bem como dois mil empregados ou mais, o direito à nomeação de um delegado central, observando-se os mesmos requisitos eleitorais estabelecidos nos arts. 2.143-3 e 2.143-4.

O dispositivo em apreço garante, outrossim, às entidades com representação comprovada ou derivada nas empresas com menos de dois mil assalariados, mas formadas por uma pluralidade de estabelecimentos produtivos com, pelo menos, cinquenta assalariados cada um, a designação de um de seus delegados sindicais para o exercício das funções de delegado central.

Segundo os arts. 2.413-13 a 2.145-1, os delegados sindicais em atividade nos estabelecimentos produtivos, bem como nas empresas, possuem as seguintes prerrogativas e deveres:

— Direito a tempo para o exercício de seus misteres sindicais, a depender do porte da empresa (arts. 2.413-13 a 2.113-15);

— Contagem das horas dedicadas à atividade sindical como período efetivamente trabalhado;

— Livre trânsito dentro e fora da empresa, sem prejuízo das tarefas desempenhadas pelos empregados na unidade produtiva (art. 2.413-20);

— Dever de guardar sigilo profissional sobre os assuntos internos da empresa (art. 2.413-21);

— Direito ao gozo de licença para formação sindical (arts. 2.145-1 e 3.142-7).

Cumpre ressaltar, por derradeiro, que o art. 2.142-1-1 do Código do Trabalho francês assegura às seções sindicais formadas por sindicatos destituídos de representatividade no âmbito das unidades produtivas com cinquenta assalariados ou mais, a designação de representantes junto aos empregadores.

Note-se, por oportuno, que o artigo L-2.121-1 do Código apenas exige que as seções sindicais sejam formadas por sindicatos que atendam àqueles requisitos genéricos de representatividade comprovada e derivada ali estabelecidos. Desse modo, a entidade pode ser apta a formar uma seção sindical no âmbito de uma empresa, sem ser, necessariamente, representativa no espaço compreendido por esta última. É exatamente em tal situação que os representantes ora mencionados poderão ser designados nos termos do art. 2.142-1-1.

Pois bem, segundo os arts. 2.142-1-2 e 2.142-1-3 do Código do Trabalho francês, os representantes das seções sindicais ora mencionados possuem, em geral, as mesmas prerrogativas e deveres conferidos aos delegados sindicais, observando-se a peculiaridade concernente à

a iniciativa de formar sua própria seção."

No original: «Si le syndicalisme est reconnu dans la societé — on parle parfois d'intégration dans l'appareil d'État — l'action syndicale ne l'était pas dans l'enterprise. Ce paradoxe, au nom de l'entreprise terrain neutre, était d'autant moins justifié qu'indirectement la représentation syndicale a toujours été au cœur du droit collectif : monopole au premier tour des élections professionnelles dans l'enterprise, représentation syndicale au comité d'enterprise, monopole de négociation. Le paradoxe est tombé depuis de la loi du 27 décembre 1968 (complétée par la loi de 1982 sur le développement des institutions représentatives) : les syndicats , représentatifs à l'origine, peuvent créer une séction syndicale d'enterprise animée par le délegué syndical. La section syndicale assure la présence syndicale dans l'enterprise, l'établissement ou l'unité économique et sociale. Chaque syndicat est libre de prendre l'initiative de constituer sa section.» MAZEAUD, Antoine. Droit du Travail. 10. ed. Paris : LGDJ, 2016. p. 224.

concessão de, no mínimo, quatro horas por mês para o desempenho das atividades sindicais.

As mesmas diretrizes concernentes à presença dos sindicatos na empresa adotadas pelo ordenamento francês com vistas à representação dos interesses obreiros mais candentes nas relações diretas entre empregados e empregadores foram implementadas igualmente na Itália do pós Segunda Guerra Mundial, a partir da vigência da Constituição de 1948 e após o desmonte das estruturas corporativistas do regime anterior.

No entanto, a inserção dos sindicatos no âmbito da empresa em terras italianas decorreu muito mais da atuação concreta das entidades sindicais, em especial daquelas vinculadas às três grandes confederações peninsulares (CGIL — *Confederazione Generale Italiana del Lavoro*, CISL — *Confederazione Italiana Sindicati Lavoratori* e UIL — *Unione Italiana Del Lavoro*) diante dos problemas enfrentados pelo movimento sindical peninsular na segunda metade do século XX, do que da organização representativa talhada no ordenamento jurídico.[366]

De fato, anteriormente ao advento do *Statuto dei Lavoratori*, em 1970, o único dispositivo legal concernente à organização sindical consistia no art. 39 da Constituição Italiana de 1948, cujo texto limita-se a fazer menção à figura do sindicato registrado e à prerrogativa deste último para firmar contratos coletivos em nome de toda a categoria profissional por ele representada. No entanto, a questão atinente ao registro jamais foi regulamentada pela legislação ordinária e mesmo as associações patronais e obreiras nunca procuraram os ofícios públicos para tal finalidade.

O comportamento das entidades se justifica na medida em que a experiência corporativista levada a cabo no período anterior à Constituição de 1948 foi caracterizada pela interferência maciça e perene do governo na organização sindical italiana, deixando, portanto, marcas profundas nesta última. Por essa razão, as associações representativas constituídas sob o regime democrático passaram a enxergar no registro um resquício daquela era de intervenção, como se para o funcionamento dos referidos entes fosse necessária a chancela oficial.

Desse modo, os sindicatos italianos — tanto na cúpula do sistema quanto na base —, passaram a desempenhar suas atividades regulares sob a personalidade jurídica de *associações civis não reconhecidas*, com representação restrita a seus filiados. Tal dado da realidade, manifestado após a promulgação da Constituição de 1948, trouxe como imperativos as necessidades de de-

(366) Nesse sentido, Luisa Galantino assinala que: "O caráter oportuno a permear a constituição de representações obreiras nos locais de trabalho é indubitável. De fato, no curso do desenvolvimento do contrato de trabalho se verifica a frequente necessidade de se tutelar os interesses individuais ou coletivos dos trabalhadores.

Por outro lado, as condições históricas em que se desenvolveu o sindicalismo italiano não eram favoráveis à formação de estruturas organizativas sindicais no âmbito das unidades produtivas.

De fato, a situação de alto desemprego, a debilidade da organização sindical, a pulverização do tecido produtivo, a falta de solidariedade de classe e de objetivos políticos são todos fatores que favoreceram uma estrutura sindical de caráter territorial horizontal.

Por tal razão, até o final da década de 1960, a única forma de representação dos trabalhadores no âmbito das unidades produtivas se fazia representada pelas estruturas eleitas de todos os trabalhadores da empresa, independentemente de sua filiação sindical."

No original: «L'opportunità di costituire forme di rappresentanza dei lavoratori sui luoghi di lavoro è certamente indubbia. Infatti, nel corso dello svolgimento del rapporto di lavoro si verifica la frequente necessità di tutelare gli interessi individuali o colletivi dei lavoratori.

Peraltro, le condizioni storiche in cui si è sviluppato il sindicalismo italiano sono state sfavorevoli alla formazione di strutture organizzative sindacali all'interno delle singole unità produttive.

Infatti, la situazione di forte disocupazione, la debolezza dell'organizzazione sindacale, la polverizzazione del tessuto produttivo, la ricerca di solidarietà di classe e di obiettivi politici sono tutti fattori che hanno favorito uma struttura sindacale si carattere territoriale orizzontale.

Per tali ragioni, fino verso alla fine degli anni sessanta, le uniche forme di rappresentanza dei lavoratori all'interno dell'unità produttiva sono state costituite da strutture elette da tutti i lavoratori dell'impresa, independentemente dalla loro affiliazione sindacale.» GALANTINO, Luisa. Diritto Sindacale. 16. ed. Torino: G.Giappichelli Editore, 2009. p. 19.

finição em torno do *sindicato mais representativo* para fins de atuação no âmbito das diferentes circunscrições territoriais e das empresas e de fixação de um conjunto de garantias mínimas com vistas ao exercício regular das atividades precípuas de tais entidades.(367)

Assim, como resultado do desempenho das atividades sindicais na prática, convencionou-se considerar como entidades majoritariamente representativas tanto aquelas que são filiadas a uma das grandes confederações nacionais, quanto aquelas que mesmo sem sê-lo, são firmatárias de contratos coletivos em uma determinada base territorial. Nos termos da Sentença n. 1.320, de 1º de março de 1986 da *Corte Suprema de Cassazione*, os índices de maior representatividade para as entidades de cúpula consistiriam, em síntese, na *consistência numérica*, na *presença equilibrada em amplo arco de setores produtivos*, na *difusão em todo o território nacional* e na *realização de contratação coletiva em caráter contínuo e permanente*.(368)

Tal solução foi adotada pelo art. 19 do *Statuto dei Lavoratori*, editado em 1970, que consagrou em termos legais o modelo de representação sindical no âmbito da empresa. Nesse sentido, o dispositivo em apreço facultou aos trabalhadores e às entidades majoritariamente representativas a criação de núcleos sindicais no âmbito das unidades produtivas, denominados *Rappresentanze Sindacale Aziendale* (RSA), voltados precipuamente para a defesa dos interesses obreiros no desempenho regular das relações entabuladas com os empresários.(369)

Nos termos da redação original do art. 19 do *Statuto dei lavoratori*, os sindicatos mais representativos para fins de criação de RSA eram aqueles filiados a uma daquelas três grandes confederações (CGIL, CISL e UIL) cujo contrato coletivo nacional fosse aplicado na unidade produtiva em questão ou aqueles que não integravam as referidas entidades de cúpula e, mesmo assim, efetuavam atividades de contratação no âmbito de uma determinada empresa.

Tal sistemática, presente na versão original do art. 19 do *Statuto dei Lavoratori*, favorecia amplamente aquelas três grandes confederações, pois a simples aplicação por parte de uma

(367) Segundo Gino Giugni, "o sindicato pode ser enquadrado no esquema da associação não reconhecida e, portanto, sua regulamentação se resolve na normativa inspirada nos arts. 36 a 38 do Código Civil."

Ainda segundo o jurista italiano:

"A relação entre os sindicatos e o ordenamento jurídico, entretanto, é muito mais complexa e não se esgota na disciplina inspirada pelo art. 39 da Constituição e pelo art. 36 e seguintes do Código Civil, [pois] numerosas normas legais atribuíram uma série de posições jurídicas aos sindicatos; ao fazer isso, porém, não consideram qualquer sindicato, mas aquelas organizações que couberam, na área, na verdade muito elástica, dos sindicatos majoritariamente representativos.

(...)

Os sindicatos majoritariamente representativos tornaram-se, assim, um dos eixos em que se baseou o ordenamento legal das relações industriais italianas. Este critério designado pelo legislador com expressões não uniformes e unívocas (...) foi empregado em numerosos e diferentes contextos normativos (...) entre os quais, indubitavelmente, o título III do Estatuto dos Trabalhadores é o mais importante e que, justamente por isto, é o complexo normativo mais debatido." GIUGNI, Gino. Trad.: ITIOKA, Eiko Lúcia. Direito Sindical. São Paulo: LTr, 1991. p. 67.

(368) ITÁLIA: CORTE SUPREMA DI CASSAZIONE. Cass. 1 marzo 1986, n. 1320, 1986. In: *Mass. Giur. lav*, 352 (1986).

(369) "Art. 19.

Representações sindicais nos locais de trabalho poderão ser constituídas por iniciativa dos trabalhadores em todas as unidades produtivas, no âmbito:

a) das associaçoes aderentes às confederações majoritariamente representativas no plano nacional;

b) das associações sindicais não filiadas às referidas confederações, que são firmatárias de contratos coletivos de trabalho nacionais ou provinciais aplicados na unidade produtiva."

No original: "Art. 19.

Rappresentanze sindacali aziendali possono essere costituite ad iniziativa dei lavoratori in ogni unità produttiva, nell'ambito:

a) delle associazioni aderenti alle confederazioni maggiormente rappresentative sul piano nazionale;

b) delle associazioni sindacali, non affiliate alle predette confederazioni, che siano firmatarie di contratti collettivi nazionali o provinciali di lavoro applicati nell'unità produttiva."

determinada empresa dos contratos coletivos nacionais por ela firmados lhes conferia a possibilidade de instalar uma RSA no âmbito de qualquer unidade produtiva da Itália. Criou-se, com isto, um distanciamento entre as entidades de cúpula e as bases operárias, o que conduziu, naturalmente, à formulação de questionamentos em torno da eficácia do modelo previsto no dispositivo ora analisado.(370)

Justamente por tal razão, convocou-se, em 1995, um referendo tendo por objeto a consulta em torno da supressão ou não da alínea "a", do art. 19 do *Statuto dei Lavoratori*, cujo desfecho culminou com a efetiva eliminação do texto em referência. Com isto, apenas os sindicatos mais representativos elencados na alínea "b" — quais sejam, aqueles firmatários de contratos coletivos aplicados no âmbito de uma determinada unidade produtiva não filiados a uma daquelas grandes confederações —, remanesceram com a titularidade do direito à constituição de RSA.(371)

Assim, nos termos da atual redação do art. 19 do *Statuto dei Lavoratori*, uma RSA pode ser constituída ora pela iniciativa dos trabalhadores em atividade no âmbito de uma determinada unidade produtiva, nos termos assegurados pela Sentença n. 5.801/1991 da *Suprema Corte di Cassazione*, ora sob os auspícios de um sindicato considerado majoritariamente representativo, cujo contrato de trabalho seja aplicado no núcleo fabril onde se pretende estabelecer aquela representação.(372)

Em qualquer das duas situações ora narradas, a RSA deverá integrar, necessariamente, a estrutura do sindicato mais representativo no âmbito da unidade produtiva em questão, por expressa dicção do art. 19 do *Statuto dei Lavoratori*. Desse modo, não se concebe a constituição de uma RSA desvinculada da referida entidade.

Tendo em vista, justamente, a concretização dos auspícios legislativos que ensejaram a constituição da RSA, o Título III do *Statuto dei Lavoratori* concebeu um sistema de proteção dos trabalhadores individualmente considerados e de seus órgãos representativos com vistas a assegurar-lhes o regular desempenho de suas atividades sindicais no âmbito das unidades produtivas.

Nesse sentido, já no art. 20 do *Statuto dei Lavoratori* é assegurado à RSA em atividade na unidade produtiva o direito à convocação de assembleias dentro do horário de trabalho, observando-se, para tanto, o limite máximo de 10 (dez) horas por ano. O dispositivo seguinte (art. 21), de seu turno, assegura àqueles órgãos representativos a convocação de referendos tendo por pauta questões afetas à atividade sindical, desde que realizados fora da jornada laboral.

O art. 22 do *Statuto dei Lavoratori*, por sua vez, trata da transferência dos dirigentes sindicais da RSA, condicionando-a ao consentimento desta última e vedando a determinação unilateral do empresário nesse sentido. Note-se, a propósito, que o conceito de "transferência" adotado pelo dispositivo em apreço refere-se apenas o deslocamento do trabalhador entre localidades

(370) A prática da contratação coletiva nacional a partir da Constituição de 1948 foi muito difundida na Itália. Dela participam, de um lado, uma das grandes confederações de trabalhadores (ex: CISL, CGIL e UIL) e, do outro, uma das grandes confederações do setor patronal (ex: CONFINDUSTRIA, CONFAGRICOLTURA). O instrumento nacional produzido ao cabo de tal processo, poderia, assim, vir a ser aplicado em uma determinada unidade produtiva quando o empresário e o sindicato local filiado a uma daquelas grandes confederações convencionassem nesse sentido.

(371) A título de registro, cumpre destacar que a supressão da alínea "a" do art. 19 do *Statuto dei Lavoratori* foi questionada pelas três maiores confederações obreiras (CGIL, CSIL e UIL) no âmbito do Poder Judiciário, sob a alegação de que a medida lhes cerceava o direito à liberdade sindical assegurado no art. 39 da Constituição. A questão foi apreciada pela *Corte Costituzionale* em 12.7.1996, que, por intermédio de sua Sentença n. 244, chancelou a validade da nova redação do dispositivo legal em referência.

A íntegra da decisão encontra-se disponível no seguinte diretório: <http://www.cortecostituzionale.it/actionPronuncia.do>. Acesso em: 10 dez. 2021.

(372) ITÁLIA: CORTE SUPREMA DI CASSAZIONE, Cass. 23 maggio 1991, n. 5801. In: *Mass. Giur.lav*, 370 (1991).

diferentes, não abrangendo o deslocamento entre unidades produtivas situadas em uma mesma localidade.

Nos arts. 23 e 24, o *Statuto dei Lavoratori* cuida das licenças remuneradas e sem ônus para a empresa concedidas aos dirigentes da RSA. No primeiro caso, os afastamentos têm por causa o desempenho de mandato classista, enquanto no segundo, serão eles motivados pela participação do empregado em tratativas negociais, congressos e outros eventos de caráter sindical, observando-se o limite máximo de oito dias por ano.

A teor do art. 23 do *Statuto dei Lavoratori*, as licenças remuneradas serão concedidas aos dirigentes da RSA em razão do número de empregados lotados na unidade de produção, observando-se, para tanto, a seguinte proporção:

QUANTIDADE DE EMPREGADOS NA UNIDADE PRODUTIVA	DIRIGENTES COM DIREITO À LICENÇA REMUNERADA
Até 200 (duzentos) empregados	1 (um) dirigente
De 300 (trezentos) a 3000 (três mil) empregados	1 (um) dirigente para cada 300 (trezentos) empregados ou fração de 300 (trezentos)
Mais de 3000 (três mil) empregados	1 (um) dirigente para cada 500 (quinhentos) empregados ou fração de 500 (quinhentos) que excederem os limites da linha anterior.

Por fim, os arts. 25, 26 e 27 do *Statuto dei Lavoratori* tratam de questões fundamentais para o desempenho regular das funções precípuas da RSA e para o relacionamento desta última com os trabalhadores, quais sejam, o direito ao proselitismo das atividades sindicais e a aposição de quadro para a fixação de avisos (art. 25), a faculdade de promover o recolhimento de contribuições de seus associados (art. 26) e a disponibilização de espaço físico para o funcionamento da representação no âmbito da unidade produtiva com mais de 200 (duzentos) empregados (art. 27).

No art. 35, o *Statuto dei Lavoratori* define o campo de incidência das garantias do Título III, estabelecendo, nesse sentido, que o sistema ali previsto será aplicado nas empresas urbanas com pelo menos quinze empregados e nas empresas agrícolas com um número mínimo de cinco trabalhadores, exceto no que concerne à disponibilização de espaço físico para o funcionamento da RSA, que, como visto, é garantido tão somente às empresas com mais de duzentos obreiros.

Note-se, a propósito, que o dispositivo em comento tem como parâmetro de aplicação a *empresa* e não a *unidade produtiva*. Justamente por isso, mesmo quando uma mesma empresa urbana possuir, em idêntica localidade (comuna), mais de quinze empregados dispersos por mais de uma unidade produtiva, será ela submetida ao sistema de garantias estabelecido no Título III do *Statuto dei Lavoratori*.

Se a Itália pós-fascista logrou consolidar não só em sua legislação, como também na prática das relações entre os atores sociais, um sistema eficaz de inserção dos sindicatos de trabalhadores nas empresas, o mesmo ocorreu, mais tarde, na Espanha, após a destituição do regime de Franco e da redemocratização.

De fato, já no art. 28 da Constituição Espanhola, a liberdade sindical em seus aspectos individuais, coletivos, positivos e negativos foi garantida à generalidade dos trabalhadores segundo as mesmas diretrizes constantes da Convenção n. 87 da OIT, de modo a lhes assegurar o direito à franca filiação, desfiliação e criação de entidades representativas e de modo a garantir e estas últimas a criação de entes de grau superior (federações e confederações), independentemente da anuência do Estado.

No que diz respeito, todavia, à presença dos sindicatos na empresa, o *Estatuto dos Trabalhadores* (Real Decreto n. 8 de 10 de março de 1980), promulgado três anos após o advento da Constituição Espanhola, não regulamentou minuciosamente a matéria em seus dispositivos, limitando-se a assentar em seu art. 87.2 que as eventuais representações sindicais existentes nas unidades produtivas teriam legitimidade para entabular negociações coletivas com os empregadores.

No entanto, em seus arts. 62 e 63 o Estatuto dos Trabalhadores, ao definir os sujeitos coletivos responsáveis pela representação dos interesses obreiros na empresa e pela concretização do direito de reunião em tal seara, limitou-se a contemplar os *comitês de empresa* e os *delegados de pessoal*.

Apenas com o advento da Lei n. 11, de 2 de agosto de 1985 (*Lei Orgânica de Liberdade Sindical*), é que os mecanismos de participação dos sindicatos na defesa dos interesses dos empregados junto às empresas foram formulados de maneira mais detalhada, por intermédio da definição dos critérios nacionais e regionais para a mensuração da maior representatividade dos sindicatos e da menção às figuras da *seção sindical* e dos *delegados sindicais*.

Talvez em função da anterioridade dos conselhos de empresa em relação aos núcleos sindicais no âmbito das unidades produtivas, os critérios formulados nos arts. 6º e 7º da *Lei Orgânica de Liberdade Sindical* acerca da aferição da maior representatividade dos sindicatos nos planos nacional e regional tenham tomado como parâmetro, justamente, a maior ou menor participação das referidas entidades naqueles colegiados.

Assim é que o art. 6.2, alíneas *a* e *b* da *Lei Orgânica de Liberdade Sindical* estabelece que os sindicatos nacionais mais representativos serão aqueles que comprovarem possuir em suas fileiras, pelo menos dez por cento da totalidade dos delegados dos comitês de empresa existentes em todo o País, ou aqueles que forem filiados a entes nacionais de grau superior que preencham tais condições (*representação derivada*).

Nesse mesmo sentido, serão mais representativos no âmbito das comunidades autônomas a teor do art. 7.1 da *Lei Orgânica de Liberdade Sindical* aqueles sindicatos de base territorial regional que lograrem eleger pelo menos quinze por cento dos integrantes dos conselhos das empresas cujos quadros sejam integrados por número igual ou maior do que mil e quinhentos empregados, bem como aqueles que forem filiados a entidades de grau superior, nos termos do dispositivo precedente.

A averiguação acerca da condição de *mais representativo* fruída por um determinado sindicato segundo os parâmetros estabelecidos nos arts. 6º e 7º da *Lei Orgânica de Liberdade Sindical* será determinante para a definição das prerrogativas titularizadas pelas seções sindicais constituídas no âmbito das empresas pelos trabalhadores filiados àquelas entidades de base nacional ou regional.

Desde já, cumpre assentar que, tal como na legislação francesa, a formação de seções sindicais nos estabelecimentos produtivos espanhóis é facultada a todo e qualquer sindicato regularmente constituído, independentemente de seu coeficiente de representatividade. No entanto, certas prerrogativas de atuação serão conferidas com exclusividade àqueles núcleos que integram as entidades mencionadas nas alíneas *a* e *b* dos retromencionados arts. 6º e 7º da *Lei Orgânica de Liberdade Sindical* ou a estrutura de um determinado sindicato que contar com pelo menos um representante no Comitê de Empresa.

Pode-se dizer, portanto, que o art. 8º da Lei Orgânica de Liberdade Sindical contempla uma dualidade de regimes concernentes às prerrogativas titularizadas pelas seções sindicais, cujo conteúdo varia de acordo com o coeficiente de representatividade de seu instituidor, nos seguintes termos:

SEÇÕES SINDICAIS FORMADAS PELA GENERALIDADE DOS SINDICATOS, INCLUSIVE PELOS MENOS REPRESENTATIVOS	SEÇÕES SINDICAIS FORMADAS PELAS ENTIDADES SINDICAIS MAIS REPRESENTATIVAS OU COM PARTICIPAÇÃO NO COMITÊ DE EMPRESA
O próprio direito à constituição da seção sindical	Direito a um mural no local de trabalho com vistas à afixação de avisos de cunho sindical.
Direito à celebração de reuniões fora do horário de trabalho e sem prejuízo das atividades normais da empresa.	Direito a um local adequado para o desempenho de suas atividades naquelas empresas com mais de 250 (duzentos e cinquenta) empregados
Direito à arrecadação de contribuições sindicais fora do horário de trabalho ou mediante desconto na folha de salários.	Direito à realização de negociação coletiva de caráter normativo e geral no âmbito da unidade produtiva quando os sindicatos instituidores das seções sindicais detiverem a maioria dos membros do respectivo Comitê de Empresa.
Direito ao proselitismo sindical, a compreender a distribuição de informações aos trabalhadores e o recebimento dos boletins do sindicato instituidor.	Direito à nomeação de delegados sindicais nas empresas com mais de 250 (duzentos e cinquenta) trabalhadores, por parte das seções com representação no Conselho de Empresa.
Direito à atividade sindical, a incluir a convocação de greves, a apresentação de candidaturas nas eleições para o preenchimento dos órgãos de representação unitária e à instauração de dissídios individuais e coletivos.(373)	

No que concerne especificamente aos delegados sindicais, convém ressaltar que estes últimos, para além de serem nomeados exclusivamente pelas seções sindicais vinculadas aos sindicatos com representação no Comitê de Empresa, o serão em número proporcional à quantidade de empregados em atividade nas unidades produtivas, observando-se, para tanto, os seguintes parâmetros:

NÚMERO DE TRABALHADORES NA EMPRESA	QUANTIDADE DE DELEGADOS SINDICAIS
De 250 a 750 empregados	1 (um)
De 751 a 2.000 empregados	2 (dois)
De 2.001 a 5.000 empregados	3 (três)
Número igual ou maior do que 5.001 empregados	4 (quatro)

Nos termos do art. 10.3 da Lei Orgânica de Liberdade Sindical, os delegados sindicais terão direito às mesmas garantias asseguradas aos membros dos Comitês de Empresa e aos delegados de pessoal pelo art. 68 do Estatuto dos Trabalhadores, a compreenderem a estabilidade no emprego durante o exercício do mandato e por um ano após o término deste, a proteção em face de tratamentos discriminatórios implementados em decorrência do exercício dos misteres sindicais, a tutela formal em face de procedimentos disciplinares, o direito de preferência na manutenção do posto de trabalho em situações de despedimento por motivos econômicos e tecnológicos, a livre manifestação de suas opiniões por meio oral e escrito, sem prejuízo ao desenvolvimento normal do trabalho na empresa e o direito a um número mínimo de horas mensais remuneradas a serem dedicadas ao exercício de suas funções representativas.

(373) Muito embora o art. 8.1 da Lei Orgânica de Liberdade Sindical não faça menção expressa à extensão de tais prerrogativas para a generalidade das seções sindicais, Antonio Baylos Grau assevera que os núcleos formados pelas entidades menos representativas são titulares de tais garantias em decorrência do art. 2.1 do dispositivo em apreço, que assegura em termos amplos e irrestritos o direito à atividade sindical.

Vide, nesse sentido: GRAU, Antonio Baylos. *Sindicalismo y Derecho Sindical*. 3. ed. Albacete: Bomarzo, 2003. p. 46.

Do breve delineamento ora formulado acerca da representação sindical nos locais de trabalho nos Estados Unidos e em algumas das principais democracias da Europa continental, observa-se de plano que os sistemas de relações industriais de tais países logram contemplar não só as esferas mais elevadas e intermediárias da negociação coletiva — a compreenderem, conforme visto, a definição das metas e as tratativas da barganha em si — como também o nível correspondente às questões cotidianas enfrentadas no ambiente de trabalho pelos obreiros, de modo a deixar um canal aberto ao diálogo também nesse patamar onde os conflitos em torno da organização dos fatores de produção se fazem presentes de forma mais candente.

Dito em outros termos, o desenho institucional de tais sistemas tem o condão de fazer com que a liberdade sindical e seus consectários histórico-institucionais possam permear diretamente nos locais de trabalho, condicionando, também nessa seara de importância capital, o poder diretivo e a autonomia privada do empresário. Tal vicissitude contribui, em última instância, por concretizar o próprio postulado democrático nas unidades produtivas, pois através da presença das estruturas sindicais nas empresas, os trabalhadores adquirem voz e poder de barganha.

Disso se constata que os sistemas de relações industriais não serão completos se os trabalhadores deixarem de contar com estruturas representativas de seus interesses nos locais de trabalho e se tais corpos intermediários não lograrem exercer um efetivo contrapoder aos desígnios empresariais mais diretamente relacionados com o gerenciamento da unidade produtiva, seja no que concerne à organização dos fatores laborais, ou no que diz respeito à resolução justa das controvérsias cotidianas surgidas entre os empregadores e os obreiros.

3.2.2. Os órgãos unitários de representação dos trabalhadores na empresa

Paralelamente à existência das instâncias sindicais constituídas nas unidades produtivas, alguns sistemas de relações industriais — especialmente na Europa — mantêm em suas estruturas as representações unitárias dos trabalhadores nos locais de trabalho, ora partilhando com aquelas primeiras as atribuições de defesa dos interesses obreiros no âmbito da empresa, ora tendo funções próprias concernentes à colaboração com o empregador na organização dos fatores produtivos e à fiscalização deste último.

Nisso, exatamente, consiste o chamado sistema *dual* de representação dos trabalhadores nos locais de trabalho, cuja formação se deve àqueles fatores históricos examinados no item 2.1.2 que deram ensejo ao paulatino avanço e à consolidação dos sindicatos na empresa, onde as representações unitárias já vinham atuando mesmo antes do reconhecimento legal das entidades sindicais pelos ordenamentos jurídicos domésticos.

Nesse contexto de dualidade a permear o ambiente fabril das democracias industrializadas da Europa ocidental, as relações entre os sindicatos e as representações unitárias do pessoal adquiriram conteúdos diversificados em função da maior ou menor influência exercida por uma esfera em outra, cuja classificação foi formulada por Antonio Ojeda Avilés de modo a contemplar três possibilidades (de *separação*, de *controle sindical* e de *identificação*).[374]

---

(374) Segundo o autor: "Asimismo importante es la cuestión de [las relaciones de las secciones sindicales] com la representación unitaria (...); la práctica de los diversos países conoce tres posibilidades:

a) De *separación* entre las secciones sindicales de empresa (...) y los órganos unitarios del personal. Ambos tipos de representación marchan paralelamente, aunque los segundos tienen un mayor peso específico por las atribuciones conferidas.

(...)

b) De *control sindical* sobre los órganos unitarios como sucede em Alemania Federal, donde los representantes sindicales tienen no solamente reservada la capacidad negociadora y conflictual, sino además convocan las elecciones a dichos órganos cuando aún no se han constituido, convocan asimismo las asambleas de personal, participan em las deliberaciones de ambos órganos, y pueden impugnar las elecciones, instar la destitución judicial de parte o todos los miembros del comité, e interponer querella contra el empresario que hubiera obstaculizado las elecciones o la

As representações unitárias dos trabalhadores resultam ora de acordos e convenções coletivas, ora por intermédio da legislação e diferem substancialmente das seções sindicais na medida em que suas funções precípuas não se esgotam na reivindicação e na negociação dos interesses obreiros perante os empregadores. De fato, funcionam elas, para além disso, como instâncias consultivas que devem ser ouvidas pelos empregadores em qualquer assunto pertinente à organização dos fatores de produção e como órgãos de fiscalização no que concerne à implementação das condições laborais pelos empresários.(375)

Na prática, contudo, não é fácil estabelecer uma separação estanque entre as funções das representações unitárias nos locais de trabalho e aquelas desempenhadas pelas seções sindicais. Pelo contrário, pode-se dizer que, em alguns ordenamentos, há mesmo uma justaposição de competências entre ambas em uma série de matérias, tal como na realização de negociações coletivas, na deflagração de greves e na mobilização dos obreiros em torno de melhorias no ambiente laboral, sendo esta uma característica dos próprios diplomas jurídicos a versarem sobre o tema.(376)

De outro turno, mesmo naquelas atribuições habitualmente conferidas às representações unitárias — a compreender, conforme visto, a participação nas decisões empresariais concernentes à organização dos fatores de produção e a fiscalização do ambiente laboral —, os próprios ordenamentos jurídicos possibilitam a interferência dos sindicatos na realização de tais misteres. Basta aludir, nesse ponto, à formação dos Comitês de Empresa (órgãos unitários) por membros indicados pelos sindicatos, o que acaba por submeter a ação daquelas representações às diretrizes políticas destes últimos.

Apesar de tal confusão entre as atribuições das duas formas de representação dos trabalhadores na empresa ora estudadas, o fato é que as instâncias unitárias têm sua formação e atuação resguardadas pelos ordenamentos jurídicos daquelas democracias europeias de industrialização mais precoce, sendo elas, nesse particular, titulares de proteção especial no fito de lhes possibilitar o efetivo exercício de contrapoder aos desígnios empresariais no que concerne à organização dos fatores de produção.

Dentre os ordenamentos em apreço, merece destaque a legislação francesa, na medida em que constitui típico exemplo de sistema pautado pela coexistência das seções sindicais e as instituições de representação unitária no local de trabalho e pela regulamentação minuciosa

actividad de los representantes unitarios. Ello proporciona la primacia a los sindicatos representados em la empresa sobre el comité, por más que luego éste ejerza las funcciones gestoras.

(...)

c) De identificación em uma representación plenamente unitaria. Em países como Gran Bretaña o Suecia componen los diversos delegados sindicales los organismos unitarios, los cuales actúan asi em nombre de los trabajadores y de los sindicatos." AVILÉS, Antonio Ojeda. Derecho Sindical. 8. ed. Madrid: Tecnos, 2003. p. 419-420.

(375) No que diz respeito às atribuições dos Conselhos de Empresa, Alfredo Ruprecht assevera que estes últimos: "têm a função de colaboração técnica e econômica, consultiva e fiscalizadora, [de modo que] os delegados, tanto do pessoal, como do sindicato, controlam o cumprimento das condições do contrato, [tendo] os primeiros um caráter de colaboração, enquanto os segundos estão mais voltados para o confronto." RUPRECHT, Alfredo. Trad.: CUNHA, Edilson Alkmin. Relações coletivas de trabalho. São Paulo: LTr, 1995. p. 657.

(376) Em uma crítica dirigida especificamente ao ordenamento espanhol, mas que bem poderia ser estendida às demais legislações que resguardam a atuação das representações unitárias nos locais de trabalho, José Luján Alcaraz ressalta que: "Debe considerarse que la regulación legal del derecho de representación de los trabajadores en la empresa en ningún momento ha deslindado con suficiente claridad un ámbito funcional para cada una de las representaciones según su naturaleza. Antes al contrario, dicha regulación favorece el «solapamiento de funciones entre ambos organismos», con claro olvido de que «a partir del momento en que se institucionalizan a nivel legal ambas formas representativas para actuar una y otra en campos vecinos, cuando no plenamente identificados, resulta ineludible fijar un diseño mínimo de cuál de ambas debe primar en la representación de los trabajadores ante el empresario, cuáles han de ser las funciones de una y otra, y sobre todo, ofrecer un cuadro de lo suficientemente claro al objeto de evitar solapamientos inútiles." ALCARAZ, José Luján. La acción sindical en la empresa. Madrid: Consejo Economico y Social, 2003. p. 93.

das formas de atuação e das garantias destas últimas, destacando-se, nesse particular, as figuras dos *delegados de pessoal*, dos *comitês de empresa* e dos *comitês de higiene e de segurança*.[377]

Há de se destacar, logo de início, que o ordenamento jurídico francês é pautado por uma divisão bem delineada no que concerne à definição das atribuições destinadas às instâncias sindicais e unitárias dos trabalhadores na empresa. Assim, pode-se dizer que enquanto aquelas primeiras (seções e delegados sindicais) têm por função a defesa e a reivindicação dos interesses dos trabalhadores nos locais de trabalho, mediante o manejo das negociações coletivas, estas últimas (delegados de pessoal, comitês de empresa e comitês de higiene e segurança) dedicam-se às tarefas de assegurar a participação dos trabalhadores na gestão da empresa e de fiscalizar as condições laborais.[378]

Pois bem, no que diz respeito aos delegados de pessoal, são estes últimos escolhidos diretamente pelos trabalhadores dos estabelecimentos que contam com número igual ou maior a onze assalariados, e têm por funções precípuas a oitiva e a apresentação aos empresários das reclamações individuais e coletivas dos empregados em questões concernentes à remuneração, à saúde, à proteção social e à segurança laboral, bem como a inspeção dos locais de trabalho no que concerne a tais pautas.

A escolha dos delegados de pessoal é feita a partir de listagem apresentada pelos sindicatos em atividade há, pelo menos, dois anos e que possuam representação comprovada ou derivada na área geográfica da unidade produtiva, ou dentro desta, por intermédio da constituição de uma seção sindical. Tal mecanismo de eleição para os referidos representantes demonstra de forma inequívoca a interdependência entre os mecanismos de representação sindical e unitária no ordenamento francês.

Quanto às garantias dos delegados de pessoal, têm estes, a teor dos arts. L-2.315-1 a l-2.315-12 do *Code du Travail*, a prerrogativa de gozar do tempo necessário para o exercício de suas funções, na proporção de dez horas por mês nas empresas com número igual ou menor a cinquenta assalariados e na proporção de quinze horas por mês nas unidades a contarem com mais de cinquenta empregados. Para os delegados de pessoal que desempenham as atribuições econômicas dos Comitês de Empresa, é assegurada fruição de vinte horas por mês para o desempenho de seus misteres, contando-se tais lapsos, em todo o caso, como tempo efetivo de serviço para todos os fins.

Para além disso, possuem os delegados de pessoal o direito ao livre acesso às instalações da unidade produtiva, bem como à disponibilização de locais para o desempenho regular de seus misteres e para a afixação de avisos aos trabalhadores da empresa. Paralelamente a isto é assegurado aos referidos representantes o direito de serem recebidos pelos empregadores pelo menos uma vez a cada mês, em circunstâncias normais, ou a qualquer momento, em caso de urgência.

(377) Segundo Jean-Claude Javillier: "Cada representação dentro da empresa possui, em sua origem, uma finalidade própria. Simplificando, cada uma tem sua palavra-chave: para os delegados de pessoal, a reclamação, para os comitês de empresa, a participação, para os comitês de higiene e de segurança, a prevenção." JAVILLIER, Jean-Claude. Trad.: BOZACIYAN, Rita Asdine. Manual de Direito do Trabalho. São Paulo: LTr, 1988. p. 176.

(378) Sobre o papel das instâncias de representação unitárias, Bernard Teyssié observa que elas encontram justificativa no direito de livre expressão titularizado pelos trabalhadores e têm por finalidade: "O direito de expressão tem um propósito preciso, qual seja, definir as ações a serem implementadas para melhorar as condições de trabalho, a organização da atividade (o que possibilita discutir saúde, segurança, disciplina...) e a qualidade da produção na unidade de trabalho, nos aspectos pertinentes aos funcionários envolvidos e, além disso, na empresa. A ambição é, portanto, que uma melhoria seja alcançada não só na situação de cada indivíduo, mas também no desempenho e na competitividade da empresa."

No original: «Au droit d'expression une finalité precise est donée: definir les actions à mettre en œuvre pour améliorer les conditions de travail, l'organisation de l'activité (ce qui permet de débattre de santé, securité, discipline...) et la qualité de la production dans l'unité de travail à laqiuelle appartiennent les salariés concernés et, au delà, dans l'enterprise. L'ambition es donc affichée que soit obtenue une amélioration non seulement de la situation de chacun mais aussi des performances et de la competitivité de l'enterprise.» TEYSSIÉ, Bernard. Droit du travail. Relations collectives. 10. ed. Paris: Lexis Nexis, 2016. p. 96.

Em reforço a tais garantias, o artigo L-2.316-1 do Código do Trabalho francês dispõe que os atentados dos empregadores ao desempenho regular das atribuições dos delegados de pessoal serão penalizados com um ano de prisão e com multa de € 3.750,00 (três mil, setecentos e cinquenta euros).

No que concerne aos *comitês de empresa*, são os referidos órgãos formados pelo empregador e por uma delegação do pessoal (titulares e suplentes) nas empresas com cinquenta trabalhadores ou mais, tendo eles por função assegurar aos empregados a participação na gestão das unidades produtivas, no fito de que seus interesses sejam efetivamente ouvidos e sopesados pelos empresários quando da tomada das decisões relativas à organização dos fatores de produção e das condições laborais, à formação profissional dos assalariados e aos assuntos financeiros e econômicos da empresa.

Os representantes do pessoal no comitê de empresa são escolhidos dentre os nomes apresentados pelos sindicatos profissionais, sendo estes divididos em duas categorias distintas, a compreenderem o *corpo dos operários e empregados* e o *corpo dos engenheiros, chefes de serviço, técnicos e assimilados*. Ao assim proceder, a legislação em apreço teve por intuito cuidar para que o órgão em referência seja formado tanto pelos trabalhadores envolvidos em funções de execução, como por aqueles exercentes de atividades de coordenação, de modo a assegurar, dessa forma, uma composição plural.

Segundo os arts. 2.323-1 a 2.323-5 do *Code du Travail*, toda deliberação empresarial atinente às sobreditas matérias será, em regra, precedida de consulta ao comitê de empresa que, por sua vez, possui o direito de acesso às informações mantidas em poder da empresa ou de órgãos públicos que sejam úteis para o desempenho regular de seus misteres.

De modo ainda mais específico, sem pretensão de taxatividade, o *Code du Travail* estabelece em seus arts. L-2.323-6 a L-2.323-61 que o comitê de empresa deverá ser informado e consultado periodicamente sobre os seguintes assuntos:

— Desenvolvimento geral da empresa;

— Documentação contábil e financeira;

— Políticas de pesquisa e de introdução de novas tecnologias;

— Projetos de reestruturação e de redução de efetivos;

— Medidas destinadas à utilização de contratação temporária ou de mão-de obra contratada por tempo determinado;

— Participação nos lucros e poupança;

Modificações na estrutura jurídica e econômica da empresa;

— Ofertas públicas de aquisição;

— Questões atinentes à organizaçao do trabalho resultantes da organização do trabalho, da implementação de novas tecnologias, de novas condições de emprego e de novas formas de remuneração;

— Planos de formação;

— Aprendizagem;

— Questões afetas a processos de falências e concordatas a envolverem a empresa.

Dada a amplitude e a relevância das atribuições conferidas ao comitê de empresa, os arts. L-2.325-22 a L-2.325-35 do *Code du Travail* conferiram ao referido órgão a possibilidade de criação de comissões destinadas à análise de questões específicas, quais sejam, a *comissão econômica*, a *comissão de formação*, a *comissão de informação e de alojamento* e a *comissão de igualdade profissional*. E para o escorreito exercício de suas atribuições, os membros-empregados do comitê de empresa dispõem das seguintes garantias legais:

— Disponibilização de, no máximo, vinte horas por mês, que serão consideradas como tempo de serviço para todos os fins;

— Livre deslocamento e movimentação no interior da empresa, dentro do limite temporal estabelecido acima;

— Livre comunicação com os empregados da unidade produtiva dentro ou fora do limite temporal estabelecido acima, desde que para de tratar de assuntos relacionados às atribuições do comitê de empresa;

— Disponibilização de local e de material destinados ao regular exercício das atividades do comitê de empresa;

— Convocação dos empregados para reuniões, com a participação de especialistas e convidados de origem sindical estranhos à empresa;

— Recurso a um auditor-contábil com vistas ao auxílio na análise dos documentos financeiros da empresa;

— Recurso a outros especialistas nas empresas com número igual ou menor do que 300 (trezentos) assalariados, quando da realização de projetos importantes relacionados à reestruturação e à redução de efetivos;

— Subvenção correspondente ao montante anual de 0,2% (dois centésimos por cento) calculado sobre a massa salarial bruta da empresa;

— Participação em estágio de formação econômica, para os membros do comitê de empresa eleitos pela primeira vez, resguardada a remuneração e a contagem do tempo de trabalho para todos os fins.

Os *comitês de higiene e de segurança*, por sua vez, são formados pelo empregador e por representantes do pessoal nas empresas de 50 (cinquenta) assalariados ou mais e têm por missão a análise preventiva dos riscos profissionais existentes nos locais de trabalho por intermédio de inspeções regulares e de consultas prévias obrigatórias anteriormente à implementação de medidas gerenciais aptas a causar impacto na saúde e na segurança dos obreiros.

A escolha dos representantes do pessoal no comitê de higiene e segurança é feita por intermédio da indicação do colegiado formado pelos integrantes do comitê de empresa, acrescidos dos delegados de pessoal. Os referidos membros, uma vez escolhidos, farão jus à utilização de tempo de trabalho para a realização de seus misteres, à realização periódica de reuniões e ao recurso a um especialista em matéria de saúde, segurança e medicina do trabalho.

Se na França as funções das representações unitárias dos trabalhadores nos locais de trabalho se distinguem das competências das instituições sindicais (seções e delegados sindicais), o mesmo não ocorre na Espanha, onde o *Estatuto dos Trabalhadores* (Real Decreto n. 8/80), editado anteriormente à *Lei Orgânica de Liberdade Sindical*, confere àquelas primeiras instâncias atribuições que acabam por se justapor aos misteres sindicais.

De fato, o art. 87.1 do *Estatuto dos Trabalhadores* estabelece que tanto as representações sindicais existentes nos centros de trabalho, quanto os delegados de pessoal e os comitês de empresa são legitimados para formular negociações coletivas com os empresários no âmbito da unidade produtiva. Há, portanto, uma partilha de funções reivindicatórias entre as referidas instâncias nesse particular.(379)

Os delegados de pessoal e os comitês de empresa são, na dicção dos arts. 62 e 63 do *Estatuto dos Trabalhadores*, os órgãos de representação dos obreiros nos locais de trabalho e de defesa dos interesses destes últimos, que para além da sobredita função reivindicatória, propiciam a participação dos empregados na gestão da unidade produtiva e a fiscalização dos aspectos concernentes à organização dos fatores laborais.

Ao contrário do que ocorre na França, não há na Espanha a justaposição das duas figuras nas unidades produtivas. Os delegados de pessoal terão assento naquelas empresas que contarem com mais de 10 dez e menos do que cinquenta trabalhadores, enquanto os comitês de empresa serão instalados naqueles centros laborais cujo quadro exceda o número de cinquenta assalariados.(380)

No que diz respeito à composição do comitê de empresa, o art. 66 do Estatuto dos Trabalhadores estabelece a seguinte proporção, a variar de acordo com o porte da unidade produtiva:

QUANTIDADE DE TRABALHADORES	MEMBROS DO COMITÊ DE EMPRESA
50 (cinquenta) a 100 (cem)	5 (cinco)
101 (cento e um) a 250 (duzentos e cinquenta)	9 (nove)
251 (duzentos e cinquenta e um) a 500 (quinhentos)	13 (treze)
501 (quinhentos e um) a 750 (setecentos e cinquenta)	17 (dezessete)
751 (setecentos e cinquenta e um) a 1000 (mil)	21 (vinte e um)
1000 ou fração	Até o limite máximo de 75 (setenta e cinco)

Tanto a escolha dos delegados sindicais, quanto dos membros do comitê de empresa, será implementada ora por iniciativa dos sindicatos obreiros mais representativos no nível regional ou nacional, ora pelas entidades sindicais com filiação de, pelo menos, dez por cento dos trabalhadores no âmbito da unidade produtiva ou, ainda, por acordo majoritário dos empregados desta última, sem a intervenção sindical.

No fito de assegurar aos comitês de empresa, nas unidades produtivas com mais de cinquenta assalariados e aos delegados de pessoal, naquelas outras com número inferior, o efetivo

(379) Nesse particular, Fernando Valdés Dal-Ré assinala que: "O que diferencia a Espanha de praticamente todos os países de *double channel* [representações sindicais e unitárias] é que representações eletivas e representações sindicais, comitês de empresa e delegados de pessoal, que são órgãos da representação unitária ou eletiva, e seções sindicais e delegados sindicais, que são os órgãos da representação sindical, se encontram, do ponto de vista funcional (...) numa situação de equiparação. Ou seja, tudo o que pode fazer um comitê de empresa pode fazer uma seção sindical ou delegado sindical e vice-versa. Em outras palavras, os comitês de empresas e os delegados de pessoal não são órgãos de estilo francês de colaboração com o empresário de gestão em obras sociais. Na Espanha, os comitês de empresas são sujeitos de ação sindical.

Que problemas apresenta essa situação? Como vocês podem imaginar, o problema é que o legislador previu esses órgãos como competidores no âmbito da empresa. São concorrentes, sem que o legislador tenha estabelecido um catálogo de diferenciação entre as funções de um e de outro. O comitê de empresa, por exemplo, pode firmar um convênio coletivo de empresa e pode convocar uma greve, enquanto nos outros países a negociação e a celebração de acordos no âmbito da empresa são reservadas ao sindicato." DAL-RÉ, Fernando Valdés. O Direito Coletivo do Trabalho na Espanha. in: PORTO, Lorena Vasconcelos; PEREIRA, Ricardo José Macêdo de Britto. Temas de Direito Sindical. São Paulo: LTr, 2011. p. 69-70.

(380) Segundo o art. 62 do Estatuto dos Trabalhadores, o número de delegados sindicais varia da seguinte maneira:

— Estabelecimentos com número de trabalhadores compreendidos entre 10 (dez) e 30 (trinta) - 1 (um) delegado.

— Estabelecimentos com número de trabalhadores compreendidos entre 31 (trinta e um) e 49 (quarenta e nove) - 3 (três) delegados.

exercício de seus misteres representativos, o art. 64 do *Estatuto dos Trabalhadores* conferiu às referidas instâncias o direito à informação a respeito das questões de interesse dos trabalhadores, bem como aos temas afetos à situação econômica e ao nível de emprego das empresas, bem como à participação na gestão destas últimas, por intermédio de consultas periódicas.

De forma mais específica, referido dispositivo do *Estatuto dos Trabalhadores* impõe aos empresários o dever de informar periodicamente o comitê de empresa e os delegados de pessoal, conforme o caso, sobre os seguintes assuntos:

— Evolução geral do setor econômico a que pertence a empresa (periodicidade semestral);

— Situação econômica da empresa e evolução recente e provável de suas atividades, incluindo as ações ambientais que tenham repercussão direta no emprego, assim como sobre a produção e as vendas, incluindo o programa de produção (periodicidade semestral);

— Previsões dos empresários acerca da celebração de novos contratos de trabalho, incluindo dados referentes aos contratos a tempo parcial e à subcontratação de mão de obra (periodicidade semestral);

— Estatísticas referentes ao índice de ausência ao emprego, aos acidentes de trabalho e doenças profissionais, bem como à relação dos sinistros ocorridos, aos estudos periódicos de meio-ambiente do trabalho e aos mecanismos de prevenção utilizados (periodicidade semestral);

— Dados referentes à aplicação do direito à igualdade de tratamento e de oportunidades entre homens e mulheres (periodicidade anual);

— Balanço, informe de resultados, memória e, no caso de sociedades por ações, os demais documentos regularmente disponibilizados aos sócios;

— Modelos de contrato de trabalho escrito utilizados pela empresa, assim como os documentos concernentes ao término da relação laboral;

— Relação das sanções impostas aos assalariados por faltas muito graves.

No que tange às consultas a serem obrigatoriamente formuladas pelos empresários aos comitês de empresa e aos delegados sindicais, o art. 64.5 do *Estatuto dos Trabalhadores* lista as seguintes matérias, todas elas relacionadas umbilicalmente à organização dos fatores de produção nas empresas:

— Situação e estrutura do emprego na empresa ou na unidade desta última (informação e consulta);

— Evolução provável do emprego (informação e consulta com periodicidade trimestral);

— Decisões da empresa passíveis de causar alterações relevantes na organização do trabalho (informação e consulta);

— Medidas empresariais passíveis de causar risco para o emprego (informação e consulta);

— Reestruturação parcial ou total do quadro de empregados (informação, consulta e emissão de informe prévio);

— Reduções da jornada de trabalho (informação, consulta e emissão de informe prévio);

— Transferência total ou parcial das instalações da unidade produtiva (informação, consulta e emissão de informe prévio);

— Processos de fusão, incorporação ou modificação do *status* jurídico da empresa, quando passíveis de interferência no volume de emprego (informação, consulta e emissão de informe prévio);

— Planos de formação profissional da empresa (informação, consulta e emissão de informe prévio);

— Implantação e revisão dos sistemas de organização e controle do trabalho, bem como estudos concernentes à jornada de trabalho, estabelecimento de mecanismos de incentivos e participação nos resultados e valorização dos postos de trabalho (informação, consulta e emissão de informe prévio).

Para além de suas atribuições consultivas e reivindicatórias, os comitês de empresa e os delegados de pessoal exercem, nos termos do art. 64.7 do *Estatuto dos Trabalhadores*, a função de fiscalização acerca do cumprimento das normas laborais na unidade produtiva, das condições de segurança e higiene do trabalho e das questões afetas à aplicação do princípio de igualdade de tratamento entre homens e mulheres.

O dispositivo em apreço dota, ainda, os comitês de empresa e os delegados de pessoal de funções colaborativas relacionadas à gestão de obras sociais no âmbito da empresa em benefício dos trabalhadores e de suas famílias, à cooperação com os empresários no aumento da produtividade, no incremento da sustentabilidade ambiental da empresa e na implantação de mecanismos de conciliação.

No intuito de assegurar o escorreito exercício de tais misteres, o art. 68 do *Estatuto dos Trabalhadores* asseguram aos membros das comissões de fábrica e aos delegados sindicais as seguintes garantias:

— Abertura de inquérito em caso de faltas graves, garantindo-se o devido processo legal, com a oitiva necessária do comitê de empresa e dos delegados sindicais, conforme o caso;

— Prioridade de permanência na empresa em caso de suspensão ou extinção dos postos de trabalho por causas tecnológicas ou econômicas;

— Garantia de emprego durante o mandato e no decurso do ano seguinte à expiração deste último, quando a medida empresarial tiver por fundamento o exercício dos misteres representativos;

— Direito à livre expressão das opiniões concernentes à representação exercida, assegurando-se a publicação e a distribuição de material;

— Disponibilização de um número determinado de horas mensais para o exercício das atividades representativas, que serão contadas como tempo de serviço para todos os fins, observando-se a seguinte proporção:

NÚMERO DE TRABALHADORES NA EMPRESA	HORAS LIVRES PARA A ATIVIDADE REPRESENTATIVA
Até 100 (cem) trabalhadores	15 (quinze) horas
De 101 (cento e um) a 250 (duzentos e cinquenta) trabalhadores	20 (vinte) horas
De 251 (duzentos e cinquenta e um) a 500 (quinhentos) trabalhadores	30 (trinta) horas
De 501 (quinhentos e um) a 750 (setecentos e cinquenta) trabalhadores	35 (trinta e cinco) horas
De 751 (setecentos e cinquenta e um) trabalhadores em diante	40 (quarenta) horas

— Direito à realização de assembleias nas unidades produtivas, em regra, fora do horário de trabalho;

— Disponibilização de local adequado ao desenvolvimento das atividades representativas;

— Disponibilização de mural e de meios aptos a possibilitar a comunicação com os trabalhadores da empresa.

— A análise dos dispositivos constantes dos ordenamentos jurídicos da França e da Espanha, aqui destacados como exemplos de representação unitária dos trabalhadores, demonstra que as referidas instâncias, ao desempenharem suas funções consultivas, reivindicatórias e fiscalizatórias logram conferir voz e poder de barganha aos obreiros não só no tocante aos aspectos mais diretamente relacionados à organização do trabalho, como também às questões concernentes à vida empresarial que possam vir a interferir no cotidiano dos empregados.

Trata-se, contudo, de um contrapoder distinto em relação àquele desempenhado pelas representações sindicais, pois, enquanto estas últimas se valem do embate direto com os empregadores e com suas estruturas na defesa dos interesses da coletividade obreira, as instâncias unitárias o fazem mediante a participação e a interferência legítima nas decisões empresariais concernentes à organização dos fatores de produção e por intermédio da fiscalização da atuação dos patrões nesse tocante.

Não obstante, a atuação das representações unitárias como canais voltados para a apresentação de queixas individuais e coletivas por parte dos obreiros e para a resolução das controvérsias surgidas entre os trabalhadores e os empregadores nos próprios locais de trabalho, tem o condão de possibilitar um maior equilíbrio de forças entre os atores sociais no ambiente em que os conflitos de interesses entre estes últimos ocorrem, naturalmente, com maior frequência.

Por todas essas razões, pode-se afirmar que as instâncias unitárias complementam, ao lado das seções e dos delegados sindicais, os sistemas industriais na acepção de Dunlop e Katz/Kochan, porquanto operacionalizam canais para a composição das controvérsias surgidas no nível do local de trabalho (*workplace level*) e ampliam a participação das estruturas coletivas dos trabalhadores para além da negociação coletiva tradicional, trazendo-as para dentro do cotidiano empresarial e lhes possibilitando a participação nas discussões intraempresariais em torno da própria atuação regular da empresa.

Com isto, os interesses dos trabalhadores se encontram representados em todos os níveis do sistema industrial: no *estratégico* e no *funcional*, por suas entidades sindicais através dos procedimentos clássicos de negociação coletiva desempenhados fora da empresa, e no nível do *local de trabalho* (*workplace level*), pelas instâncias sindicais e unitárias que, ao exercerem suas funções reivindicatórias, consultivas, compositivas e fiscalizatórias no âmbito da unidade produtiva, condicionam o exercício da autonomia dos empresários ao diálogo com a contraparte obreira, de modo a consolidar, no espaço eminentemente privado da empresa, o postulado democrático.

3.2.3. *Figuras afins.* **Cogestão,** *autogestão e participação dos trabalhadores no capital da empresa*

Uma vez estudadas as formas sindicais e unitárias de representação dos trabalhadores na empresa, cumpre diferenciá-las de outros institutos que, apesar de partilharem com elas certos traços de similaridade, não se confundem, na medida em que não têm por função precípua a defesa dos interesses dos obreiros por intermédio do exercício de um contrapoder em relação aos desígnios patronais, mas sim a colaboração e a própria gestão compartilhada do estabelecimento empresarial.

A figura mais próxima das representações obreiras nos locais de trabalho — em especial da representação unitária — consiste na *cogestão*, pois nesse sistema, o comitê de empresa se faz igualmente presente e, tal como ocorre naquelas instâncias de nomenclatura similar existentes nos ordenamentos francês e espanhol, possui ele a prerrogativa de ser informado e consultado sobre os rumos da empresa e, principalmente, sobre as decisões pertinentes à organização dos fatores de produção.

O que diferencia os comitês de empresa cogestionários daqueles que exercem a representação unitária dos trabalhadores é justamente a inserção dos referidos órgãos na própria estrutura empresarial e sua atuação como elemento capaz de administrar a unidade produtiva ao lado dos empresários, exercendo, inclusive, o poder de veto às decisões patronais.(381)

Dito em outros termos, na cogestão, as *comissões de trabalhadores* não funcionam como um contrapoder em relação ao empresário, mas, ao revés, como um órgão da empresa, que tem por função colaborar com a consecução das metas e dos objetivos desta última. Não se confundem elas, portanto, com a representação de trabalhadores ora estudada no presente capítulo.

A cogestão, nesse sentido, seria um *plus* em relação à própria liberdade sindical, não se limitando, pois, a assegurar a organização autônoma dos trabalhadores no âmbito da empresa com vistas à formação de um contrapoder ao empregador para negociar com este último as condições de trabalho. É ela, mais do que isso, um meio de equalização dos empregados em relação aos empresários na definição dos rumos da unidade produtiva em matéria de organização dos fatores laborais e, por isso mesmo, uma limitação em maior medida ao postulado da autonomia privada.

Dentro das experiências conhecidas de cogestão, a mais notória consiste, exatamente, naquela implementada na Alemanha (*mitbestimmungsrecht*), não só por seu caráter peculiar e, de certo modo, inovador, mas também em razão de sua consequência mais visível: a de colocar empregadores e trabalhadores em pé de igualdade na condução das questões pertinentes à organização do trabalho no ambiente empresarial.

Surgida originalmente na indústria da mineração na década de 1950, a cogestão foi estendida à generalidade das empresas alemãs quando da edição da *Lei Constitucional de Empresas* de 1952 (*betriebsverfassungsgesetz*). O instituto em apreço é caracterizado pela formação de um Conselho de Representante dos trabalhadores e pela participação desse órgão na tomada das decisões concernentes à organização dos fatores de trabalho ao lado dos empregadores.(382)

No sistema da cogestão germânica, o Conselho de Representantes funciona como uma espécie de Poder Legislativo dentro da empresa, que tem por função apreciar toda e qualquer medida engendrada pelos empresários a envolver a organização laboral, sob pena de nulidade. Dentre as matérias necessariamente submetidas àquele colegiado, nos termos da *Lei Constitucional de Empresas*, destacam-se a definição acerca do *início e fim do horário diário de trabalho*,

(381) José Francisco Siqueira Neto observa, a propósito, que: "O direito de co-gestão é (...) o direito do pessoal (integrado pelos trabalhadores subordinados) a participar da gestão da exploração junto com o titular de dita exploração. A aparente contradição entre a subordinação do trabalhador individual e o direito de participar na direção está na nota definitória da co-gestão: o problema se resolve ao se reconhecer que o subordinado é o trabalhador individual como tal, enquanto o titular do direito de co-gestão é sempre o pessoal, entidade coletiva, não cada trabalhador em particular.
A representação dos trabalhadores nos locais de trabalho diferencia-se da co-gestão porque não se destina a viabilizar a participação na gestão das empresas. Mesmo quando se refere à negociação coletiva, a representação em foco não vislumbra a possibilidade de veto por parte dos trabalhadores. Destina-se, assim, a um estágio primário das relações coletivas nos locais de trabalho." SIQUEIRA NETO, José Francisco. Liberdade sindical e representação dos trabalhadores nos locais de trabalho. São Paulo: LTr, 2000. p. 189.

(382) GOTTSCHALK, Elson. *Participação do empregado na gestão da empresa*. Edição fac-similada. São Paulo: LTr, 1996. p. 143-146.

do *regulamento interno e da conduta dos trabalhadores no estabelecimento*, da *fixação dos princípios da remuneração e introdução de novos métodos*, dos *processos preventivos contra acidentes de trabalho e moléstias profissionais*, e das *questões relativas ao pessoal, tais como: admissões, transferências de função, remoções e despedidas*.

O processo de decisão nas empresas alemãs submetidas ao regime de cogestão ocorre da seguinte forma: as determinações patronais concernentes à organização do trabalho são remetidas ao Conselho de Representantes e em caso de impasse, a questão é submetida a uma *Comissão de Conciliação*, formada por um número igual de vogais nomeados pelos empresários e pelos trabalhadores e por um presidente neutro, detentor do *Voto de Minerva* em caso de empate. Havendo vícios formais, a *Lei Constitucional de Empresas* possibilita as partes impugnarem o procedimento junto ao Tribunal Federal do Trabalho (*Bundesarbeitsgericht*).[(383)]

Da análise dos traços gerais concernentes à cogestão, observa-se de plano que muito embora esta última não elimine completamente as relações hierárquicas existentes nas empresas, o modelo permite que os trabalhadores tomem parte das decisões corporativas a impactarem em maior medida no seu cotidiano, de modo a potencializar a construção de um meio ambiente laboral apto a compatibilizar tanto as necessidades das empresas, quanto às dos trabalhadores.

A *autogestão*, por sua vez, difere da representação dos trabalhadores na empresa na medida em que, ao contrário desta última, não é ela uma modalidade de inserção de uma instância de defesa dos interesses obreiros na unidade produtiva gerida pelos empregadores, titulares dos fatores de produção. Nesse sentido, o instituto em apreço consiste, em suma, na titularização dos bens de produção por parte dos próprios obreiros e na consequente socialização dos resultados de sua exploração.

As origens da autogestão remontam ao século XIX, quando Pierre-Joseph Proudhon, na França, e Robert Owen, na Inglaterra, elaboraram as primeiras ideias em torno do funcionamento das empresas geridas pelos próprios trabalhadores. As modalidades autogestionárias concebidas por Proudhon partiam do pressuposto ideológico de cariz anarquista, a propalar o governo autônomo das esferas da sociedade pelos seus próprios membros, sem a intermediação das elites políticas e econômicas. Com base em tal premissa, o pensador francês apregoou a necessidade de uma coincidência efetiva entre a titularidade dos meios de produção e da mão de obra empregada no processo produtivo, chegando a classificar como *roubo* a utilização da força de trabalho dos operários pelos proprietários das indústrias.[(384)]

Robert Owen, por sua vez, inspirado nos resultados positivos obtidos com as experiências implementadas em suas empresas — especialmente na unidade têxtil de New Lanark — em que o oferecimento aos operários de um meio ambiente de trabalho saudável reverteu positivamente na produtividade, concebeu e testou formas de cooperativismo baseadas na gestão autônoma de comunidades pelos próprios trabalhadores (*villages of co-operation*), como forma de lhes prover melhores condições sociais.[(385)]

Na atualidade, a forma mais comum de autogestão consiste nas cooperativas de trabalho, caracterizadas, em grande medida, pela reunião de profissionais liberais para o desempenho de uma atividade econômica específica e para a consequente partilha dos resultados, sendo todos eles responsáveis pela gestão do organismo. Pode-se dizer, portanto, que na modalidade em apreço as figuras do *empresário* e do *trabalhador* se confundem na mesma pessoa.

---

(383) Sobre o sistema de cogestão na Alemanha, *vide*: DÄUBLER, Wolfgang. Trad.: KELLER, Alfred. *Direito do Trabalho e sociedade na Alemanha*. São Paulo: LTr/Fundação Friedrich Ebert/ILDES, 1997.

(384) PROUDHON, Pierre-Joseph. *Qu'est-ce que la propriété?* Recherche sur le principe du Droit et du Gouvernement. Paris: eClassicsLivre, 2011.

(385) *Vide*, nesse sentido: BARBAGELETA, Héctor Hugo. *Curso sobre la evolución del pensamiento juslaboralista*. Montevideo: Fundación de Cultura Universitaria, 2009. p. 62-65.

A participação dos trabalhadores no capital social, por sua vez, consiste na aquisição de ações ou cotas da empresa por seus empregados. Aqui, ao contrário da participação dos trabalhadores na empresa, os obreiros adquirem a possibilidade de eventualmente interferir na gestão das unidades produtivas sob a condição de capitalistas, nos mesmos moldes em que o fazem os demais condôminos, enquanto naquela modalidade, tal vicissitude ocorre quando se encontram eles na condição de trabalhadores.(386)

Vê-se, portanto, que o fenômeno da representação sindical e unitária dos trabalhadores na empresa tem por nota característica a constituição de uma instância de contrapoder aos desígnios empresariais no que concerne à organização dos fatores de produção no ambiente laboral, não se confundindo, portanto, com a gestão compartilhada do estabelecimento (cogestão) e nem tampouco com a apropriação obreira dos próprios meios de produção e com a assunção de cotas ou ações com direito de voto nas assembleias sociais (participação no capital social).

3.3. A representação dos trabalhadores na empresa e o ordenamento jurídico brasileiro

Anteriormente ao estudo das representações dos trabalhadores na empresa em solo brasileiro e das causas para sua mirrada difusão entre nós, faz-se necessário contextualizar o fenômeno ora analisado no ambiente social, cultural e econômico que permeou o desenvolvimento pátrio e que influiu diretamente na formação da mentalidade a imperar até hoje, em grande medida, nas relações de trabalho.

Nesse sentido, não há como furtar-se à evidência de que, no Brasil, o desenvolvimento das relações laborais teve como primeira etapa, ainda nos primórdios do período colonial e da ocupação do território pátrio, um sistema de exploração de matérias-primas voltado para o consumo externo, fundado na propriedade latifundiária, na utilização de mão de obra escrava e na autoridade, onde o *senhor* exercia poder total e absoluto sobre a comunidade que se constituíra ao seu redor e, naturalmente, sobre seus cativos.(387)

A subsistência de tal modelo econômico e social por vários séculos no Brasil — a gerar dentre seus frutos mais nefastos a demora em se abolir escravidão e a entrada tardia do País no mundo industrializado — fez com que o autoritarismo patriarcal e a submissão inquestionada daqueles que se encontravam, de algum modo, jungidos a uma determinada esfera de poder fundada na autonomia privada, não só fossem compreendidas como um fator inerente à própria organização da sociedade, como também um elemento fortemente arraigado nas relações sociais.

(386) A propósito, Elson Gottschalk salienta que: "[No acionariado do trabalho] (...) o título que credencia os trabalhadores a participarem dos órgãos estruturais da sociedade é o direito de propriedade, e não mais uma conquista social. Num caso [participação no capital], procura atribuir-se ao trabalhador um estatuto de capitalista, e nesta qualidade é admitido nos conselhos diretivos. No outro [representação dos trabalhadores na empresa], aí êle chega com seu próprio 'Status profissionalis' de trabalhador subordinado. Aqui, a integração do trabalhador na emprêsa, como tal, é o principal escopo da lei que intenta organizar a colaboração na comunidade de emprêsa. Ali, os trabalhadores que dispõem de alguma economia (acionariado individual) a emprega na compra de títulos da emprêsa em que trabalham." GOTTSCHALK, Elson. Participação do empregado na gestão da empresa. Edição fac-similada. São Paulo: LTr, 1996. p. 147.

(387) Conforme infirma Sérgio Buarque de Holanda: "Nos domínios rurais é o tipo de família organizada segundo as normas clássicas do velho direito romano-canônico, mantidas na península Ibérica através de inúmeras gerações, que permanece como base e centro de toda a organização. Os escravos das plantações e das casas, e não somente escravos, como os agregados, dilatam o círculo familiar e, com ele, a autoridade imensa do pater-famílias. Esse núcleo bem característico em tudo se comporta como seu modelo da Antiguidade, em que a própria palavra 'família', derivada de *flamulus,* se acha estreitamente vinculada à ideia de escravidão, e em que mesmo os filhos são apenas os membros livres do vasto corpo, inteiramente subordinado ao patriarca, os *liberi.*

Dos vários setores de nossa sociedade colonial, foi sem dúvida a esfera da vida doméstica aquela onde o princípio de autoridade menos acessível se mostrou às forças corrosivas que de todos os lados o atacavam. Sempre imerso em si mesmo, não tolerando nenhuma pressão de fora, o grupo familiar mantém-se imune de qualquer restrição ou abalo. Em seu recatado isolamento pode desprezar qualquer princípio superior que procure perturbá-lo ou oprimi-lo." HOLANDA, Sérgio Buarque de. Raízes do Brasil. 26. ed. 7.reimp. São Paulo: Cia. das Letras, 1999. p. 81-82.

A presença constante de tais elementos na formação do arcabouço cultural brasileiro fez com que a evolução econômica do País no século XX – marcada, em grande medida, pela urbanização e pela massiva industrialização – não se fizesse acompanhada de uma significativa mudança cultural. Desse modo, a eliminação do trabalho escravo e a substituição dos antigos latifúndios por estabelecimentos industriais e comerciais não logrou, de *per se*, elidir a dificuldade de se visualizar aqueles que vendem seu labor aos proprietários dos bens de produção como sujeitos de direitos.(388)

Diante desse arcabouço cultural, a remanescer ainda nos dias de hoje, não é difícil constatar que o reconhecimento e a concretização dos direitos dos trabalhadores encontraram (e vêm encontrando) enormes dificuldades. As limitações clássicas à autonomia privada e ao direito de propriedade em nome da preservação da integridade física dos obreiros, que na Europa foram consagradas já no século XIX, só vieram a ser reconhecidas pelo ordenamento brasileiro na terceira década do século XX, sob enorme resistência das elites políticas e econômicas, que insistiam em propalar a prevalência absoluta dos dogmas liberais e individualistas, por mais carcomidos e relativizados que estes já se encontrassem em solo europeu.(389)

A legislação trabalhista elaborada a partir da década de 1930, muito embora tenha estabelecido um marco civilizatório mínimo nas relações individuais e coletivas entre empregados e empregadores, não logrou neutralizar, ou mesmo relativizar, o principal fator de autoridade exercido por estes últimos sobre aqueles primeiros: a possibilidade de dispensa sem justa causa.

De fato, a análise histórica em torno das discussões sobre o tema, desde a antiga estabilidade do art. 482 da CLT até a recente questão em torno da ratificação e denúncia unilateral da Convenção n. 158 da OIT, demonstram que a demissão imotivada configura o trunfo mais precioso que o os empresários creem possuir nas relações com os trabalhadores e que, por isso mesmo, se mostram mais ciosos de abrir mão.(390)

---

(388) Nesse sentido, Carlos Eduardo Oliveira Dias aponta que: "Consolida-se, assim, uma sociedade paternalista, em que as relações de caráter pessoal são dotadas de vital importância, e todas centradas na figura do patriarca. Com a industrialização e a transformação de propriedades rurais em cidades, essa estrutura não foi substancialmente modificada, resultando nessa inafastável vinculação e dependência patriarcal. Daí decorre o que alguns autores nominam de 'mito fundador da sociedade brasileira': a conservação das marcas da sociedade colonial escravista ou 'cultura senhorial', que fazem com que a sociedade brasileira seja marcada por uma estrutura hierárquica fortemente verticalizada em todos os seus aspectos. 'Nela, as relações sociais e intersubjetivas são sempre realizadas como relação entre um superior, que manda, e um inferior, que obedece. As diferenças e assimetrias são sempre transformadas em desigualdades que reforçam a relação mando-obediência. O outro jamais é reconhecido como sujeito nem como sujeito de direitos." DIAS, Carlos Eduardo Oliveira. Entre cordeiros e lobos. Reflexões sobre os limites da negociação coletiva na relação de trabalho. São Paulo: LTr, 2009. p. 78.

(389) Veja-se, a propósito, a noção vigente em torno do princípio da igualdade sintetizada por Uchôa Cavalcante já no início do século XX, quando na Europa a relativização do primado em razão da hipossuficiência dos trabalhadores já era uma realidade: "Todos são eguaes perante a lei, isto é, os direitos que a Constituição assegura são os mesmos para todos os indivíduos; os meios e os recursos estabelecidos para garantil-os competem egualmente a todos. Não ha, perante a lei republicana, grandes nem pequenos, senhores nem vassallos, patrícios nem plebeos, ricos nem pobres, fortes nem fracos, porque a todos irmana e nivela o direito.

Não existem privilegios de raça, casta ou classe, nem distinções quanto ás vantagens e ônus instituídos pelo regimen constitucional. E a desegualdade proveniente de condições de fortuna e de posição social não têm que influir nas relações entre o individuo e a autoridade publica em qualquer de seos ramos. A lei, a administração, a justiça serão eguaes para todos." CAVALCANTE, João Barbalho Uchôa. Constituição Federal brasileira (1891). Edição fac-similar. Brasília: Senado Federal, 2002.

(390) Sobre a existência de tal prática e sua contrariedade ao ordenamento jurídico brasileiro, Jorge Luiz Souto Maior assevera que: "O Estado brasileiro é um Estado Democrático de Direito e seu objetivo primordial é o de promover a justiça social e o bem-estar de todos. A cessação coletiva de relações de emprego, sem qualquer motivação ou comprovação de boa-fé dos motivos alegados, muitas vezes baseadas em balanços fraudulentos, não correspondendo, pois, a uma necessidade econômica e não se efetivando com uma necessária ampla discussão prévia entre os seus interlocutores diretos, da qual participem as instituições públicas locais e nacionais, demonstra-se, flagrantemente, como simples e torpe pressão de natureza econômica, uma represália do econômico sobre o social.

A isso se acresce a histórica ausência dos sindicatos obreiros no interior das empresas, proporcionada, em grande medida, pela organização sindical de cariz corporativo consagrada no Título V da CLT, a compreender as referidas entidades como órgãos de natureza colaborativa responsáveis pela defesa dos interesses de categorias profissionais pré-estabelecidas pelo Estado no âmbito de uma base territorial determinada, que não poderá ser inferior a um município.

Nesse contexto, como os sindicatos obreiros atuariam eminentemente *fora* dos umbrais das empresas como colaboradores do Estado no estudo das condições de vida e de labor das categorias profissionais e na implementação das políticas econômicas, a legislação se limitou a consagrar garantias especificamente voltadas para a cúpula dirigente dessas entidades, sem se preocupar com a atuação dos eventuais delegados e representantes sindicais nas unidades produtivas.

Mais especificamente, os arts. 522 e 543, § 3º, da CLT, estenderam a vedação à dispensa apenas para sete dirigentes das entidades sindicais e para seus suplentes, desde o momento da apresentação de suas respectivas candidaturas até um ano após o término dos mandatos. A par disso, nem a Consolidação, e tampouco qualquer diploma ulterior, se preocuparam em estabelecer formas unitárias de representação dos trabalhadores nos locais de trabalho com as respectivas garantias para seu regular funcionamento.

Tal forma de organização representativa dificulta sobremaneira, quando não impede por completo, a transposição dos muros das empresas pelos sindicatos e a constituição autônoma de seções sindicais e de representações unitárias nos locais de trabalho por parte dos próprios trabalhadores. Por conseguinte, a inexistência de previsão legal e de garantias para a implementação das referidas instâncias, acabou fazendo com que a empresa se tornasse, em matéria de relações coletivas do trabalho e de gestão dos fatores de produção, um território dominado pela *autonomia privada* dos empresários e pelo *poder diretivo*, onde se reproduz, em certa medida, aquela mesma mentalidade patriarcal existente nos engenhos e latifúndios de outrora, a compreender os empregados como fatores de produção totalmente sujeitos à vontade dos empresários.(391)

Desse modo, não seria exagero estabelecer, dadas as devidas proporções, um contraponto entre as propriedades rurais do período colonial e as empresas de hoje. Se naquela época, os latifúndios eram os locais onde o patriarca dispunha de poder absoluto sobre seus cativos, as empresas hodiernas configuram os espaços em que o empregado, ao adentrá-los, cede sua autonomia individual e coletiva aos desígnios dos proprietários dos bens de produção, sem a

---

Uma empresa que aja de tal modo extrapola aquilo que se convencionou chamar de 'direito potestativo' do empregador de cessar as relações de emprego e ingressa no campo do abuso do direito, arranhando a ordem jurídica, atingindo a dignidade da pessoa humana dos trabalhadores (...) e, porque não dizer, ferindo o próprio objetivo primordial do Estado da construção do bem comum. Trata-se, portanto, de um atentado à cidadania e ao Estado Democrático de Direito.

(...)

A constante ameaça do desemprego, sem um contraponto efetivo do direito, representa, ademais, a possibilidade concreta de considerar possível agredir a ordem jurídica e a própria nação brasileira, impunemente. Não é possível, no entanto, entender que o Direito traga ele próprio o germe de sua destruição." SOUTO MAIOR, Jorge Luiz. Curso de Direito do Trabalho. Volume II. A relação de emprego. São Paulo: LTr, 2008. p. 449.

(391) De acordo com a definição formulada por Almiro Eduardo de Almeida: "Assim como o pai de família em uma sociedade conservadora, o patrão ocupa um lugar privilegiado na ordem social: 'o da onipotência do poder adulto vindo a partir do desamparo infantil'. Em uma sociedade fortemente patriarcal, não é difícil sustentar um discurso que, deformando o imaginário, estende a autoridade paternal para a patronal. Assim, o empregador passa a ser identificado com a figura do pai em um duplo sentido: o primeiro porque é aquele que garante a manutenção da vida, provendo o trabalhador (e sua família) do necessário para a sobrevivência; além disso(e justamente por isso(, é quem detéem a autoridade no ambiente de trabalho, exercendo poderes organizativos e mesmo punitivos sobre o proletariado. Ambos os sentidos vão reforçando, não apenas no inconsciente do trabalhador, mas da coletividade, a ideia de que efetivamente o empregador possui tais poderes e que eles decorrem de sua própria condição natural. A instituição família naturaliza o poder do empregador: o patrão torna-se o pater; o proletariado assume a condição de prole." ALMEIDA, Almiro Eduardo de. Empregador. Rio de Janeiro: Lumen Juris, 2018, p. 345.

possibilidade de exercer um efetivo contraponto. E tal qual o açoite dos tempos da escravidão, a demissão sem justa causa configura, no imaginário operário, a grande ameaça exercida pelos empregadores no fito de impedir qualquer ensaio de resistência ao poder diretivo.(392)

Somente uma mentalidade ainda impregnada daquele patriarcalismo remanescente dos tempos coloniais é capaz de justificar tamanho apego do empresariado brasileiro ao instituto da demissão sem justa causa e tamanho repúdio a qualquer iniciativa tendente a conferir um grau mínimo de participação dos trabalhadores na organização dos fatores de produção das empresas.

Sendo a empresa, portanto, um espaço governado preponderantemente pelo poder diretivo unilateral exercido por seu proprietário e sendo os sindicatos brasileiros órgãos concebidos como mecanismos de defesa dos interesses gerais das categorias profissionais fora das unidades produtivas, chega-se, naturalmente, à conclusão de que a composição dos conflitos surgidos no chamado *nível do local de trabalho* não ocorrerá dentro destes últimos, como sói ocorrer nos países aqui estudados.

Isso explica, em grande medida, o fato de ser a Justiça do Trabalho um órgão acionado eminentemente após a ocorrência dos conflitos nos locais de trabalho e, o que é pior, após a aplicação da sanção extrema de demissão sem justa causa por parte dos empregadores, de modo a justificar a triste alcunha a ela conferida de *justiça dos desempregados*. Com isto, transfere-se para o Estado a composição de litígios intraempresariais que a representação unitária ou sindical dos trabalhadores nos locais de trabalho lograria resolver em conjunto com os empresários.(393)

As vicissitudes ora narradas demonstram, em síntese, que a despeito da existência de um marco protetivo na legislação trabalhista brasileira e do reconhecimento de um grau mínimo de liberdade sindical por parte do ordenamento jurídico, o interior da empresa e as relações entre os atores coletivos desenvolvidas em tal âmbito remanescem a constituir área impenetrável para o contrapoder exercido pelas organizações unitárias e sindicais dos trabalhadores.

Dito em outros termos — retomando, aqui, os conceitos trabalhados por Katz e Kochan acerca das searas de representação —, a legislação brasileira consagra uma situação em que as instituições dos trabalhadores, muito embora logrem representá-los nos níveis *estratégico* e *funcional*, onde se estabelecem as diretrizes políticas a orientarem a ação dos atores sociais nas negociações coletivas e onde se discutem as normas gerais pertinentes à regência dos contratos de trabalho (acordos e convenções coletivas), se afiguram absolutamente alheias ao nível do *local*

---

(392) Sobre a configuração da despedida sem justa causa como violência privada praticada contra o empregado, Antonio Baylos e Joaquín Pérez Rey assinalam que: "Desde el punto de vista del que se parte, el tema de estúdio, el despido, tiene que contemplarse como un acto de fuerza, un fenómeno de violencia inserto en los itinerarios de la autoridad empresarial. En tanto que fenomeno de empresa, mas allá de su forma jurídica y de su engarce en el mecanismo regulativo de las relaciones de trabajo entre el momento contractual y el organizativo, es ante todo un acto de violencia del poder privado que se expresa como tal. La empresa, a través de La privación del trabajo a una persona, procede a expulsarla de una esfera social y culturalmente decisiva, es decir de una situación compleja en la que a través del trabajo ésta obtiene derechos de integración y de participación en la sociedad, en la cultura, en la educación y en la família. Crea una persona sin cualidad social, porque la cualidad de la misma y los referentes que le dan seguridad en su vida social dependen del trabajo." BAYLOS, Antonio; REY, Joaquín Pérez. El despido o la violencia del poder privado. Madrid: Trotta, 2009. p. 44.

(393) Nesse contexto, marcado por uma administração estritamente paternalista, os trabalhadores encontram-se integralmente submetidos ao poder diretivo dos empregadores, estando, por isso mesmo, não só alijados da participação nos assuntos cotidianos da empresa como também impossibilitados de transigirem com os patrões acerca dos problemas surgidos no cotidiano da relação de trabalho. É justamente nesse sentido a crítica formulada por Arion Sayão Romita: "No passado, o trabalhador não passava de um estranho no seio da empresa. Era uma simples peça na engrenagem empresarial: mero locador de serviços, não mantinha com o estabelecimento vínculos de qualquer outra natureza, nem desejava mantê-los. O regime paternalista de administração de pessoal perpetua esse estado de coisas: vê-se no obreiro um irresponsável, quase um inconsciente, pelo menos uma pessoa juridicamente incapaz. Impõe-se uma mudança de mentalidade. O trabalhador adquire o direito de se agrupar, de constituir organismos no interior da empresa para poder nela desempenhar um papel ativo. Deve ele assumir responsabilidades concretas na vida econômica, abandonando a atitude de menor que se limita a reivindicar." ROMITA, Arion Sayão. Despedida arbitrária e discriminatória. Rio de Janeiro: Forense, 2008. p. 38.

de trabalho, onde os conflitos entre empregados e empregadores ganham contornos concretos e exigem, por isso mesmo, a presença constante das entidades obreiras e a existência de mecanismos eficazes de composição no âmbito da própria unidade produtiva.

Vê-se, diante disso, que a inexistência de fatores de contraposição obreira aos desígnios empresariais nos locais de trabalho acaba por fazer com que a autonomia privada dos empresários fulmine por completo a incidência dos postulados da liberdade sindical (art. 8º, *caput*, da Constituição Federal), da democracia (art. 1º, *caput*, da Constituição Federal) e da dignidade humana no âmbito das unidades produtivas, de modo nitidamente contrário à própria função social da empresa, consagrada como diretriz da ordem econômica no art. 170, *caput* e inciso III, da Carta Magna.[(394)]

Apenas a compreensão das representações dos trabalhadores nos locais de trabalho como parte integrante do conteúdo histórico-institucional do princípio da liberdade sindical consagrado nos arts. 8º, 9º e 11 da Constituição Federal, nas convenções da OIT e nos demais Pactos Internacionais de Direitos Humanos ratificados pelo Brasil é capaz de reverter tal déficit democrático que subjaz à legislação brasileira.

Ou, dito em termos mais palatáveis, somente o reconhecimento dos trabalhadores como cidadãos e de seus órgãos representativos como sujeitos de direitos no interior das empresas, sob a orientação democrática e pluralista subjacente à Constituição Federal de 1988, é que possibilitará a ruptura com aquela mentalidade patriarcal que ainda prepondera nas unidades produtivas pátrias e, consequentemente, o advento de um modelo de relações de trabalho mais apropriado para o estágio atual da economia brasileira, que, pelo menos em porte, há muito superou a velha colônia de exploração baseada no trinômio *latifúndio — monocultura — escravidão.*

3.3.1. A atuação sindical no interior da empresa. Experiências, limites e possibilidades

A superação de tal situação, contudo, encontra óbice não só no próprio ordenamento jurídico brasileiro — que não contempla mecanismos de garantia especificamente destinados à tutela das representações sindicais e unitárias dos trabalhadores na empresa — como também na interpretação restritiva que a jurisprudência dos tribunais pátrios vem conferindo às garantias dos dirigentes sindicais, previstas na Consolidação das Leis do Trabalho.

A análise mais detalhada de tal entendimento jurisprudencial será formulada no capítulo seguinte, quando os antissindicais e antirrepresentativos passíveis de atingir as representações sindicais e unitárias dos trabalhadores na empresa e seus titulares será esmiuçada em seus pormenores. Por ora, nos limitaremos a adiantar que os Tribunais pátrios tendem a não estender a tais atores as garantias atualmente previstas na legislação para a generalidade dos dirigentes sindicais, especialmente a estabilidade prevista no art. 543, § 3º, da CLT.[(395)]

---

(394) Nesse particular, Ana Frazão de Azevedo Lopes recorda que: "A função social da empresa é um conceito que foi consolidado não apenas para impedir o exercício anti-social da atividade empresarial, mas para direcioná-lo ao atendimento das finalidades sociais, inclusive mediante a imposição de deveres à empresa. (...) A função social da empresa traz em si uma proposta de reumanização, a fim de que os indivíduos possam ser reconhecidos como valores supremos e não como meros instrumentos da atividade econômica.

(...)

A função social da empresa é o corolário de uma ordem econômica que, embora constituída por vários princípios, possui a finalidade comum de assegurar a todos uma existência digna, conforme os ditames da justiça social. Daí porque diz respeito à responsabilidade da empresa não apenas perante seus concorrentes e os consumidores, mas também perante a sociedade como um todo." LOPES, Ana Frazão de Azevedo. Empresa e propriedade. Função Social e abuso de poder econômico. São Paulo: Quartier Latin, 2006. p. 281-183.

(395) Sobre a superação do atual entendimento jurisprudencial em torno do art. 543, § 3º, da CLT, *vide*: EBERT, Paulo Roberto Lemgruber. A limitação legal ao número de dirigentes sindicais estáveis – Da Insubsistência do art. 522 da CLT na ordem instituída pela Constituição de 1988. In: *Revista LTr*, São Paulo: LTr, v. 72, n. 4, p. 463-482, abr. 2008.

Não obstante os óbices advindos da anacrônica omissão legislativa ainda subsistente e da jurisprudência restritiva dos tribunais superiores, algumas experiências esparsas de representação dos trabalhadores nos locais de trabalho vêm frutificando tendo, inclusive, já se consolidado. A constituição e o funcionamento de tais organismos têm como marcas registradas a vinculação ao sindicato profissional e a previsão em instrumentos de negociação coletiva.

O marco inicial da instalação das comissões de fábrica no Brasil remonta ao final da década de 1970, quando do surgimento do chamado *novo sindicalismo*, em oposição às já carcomidas estruturas corporativistas oriundas do sistema da CLT. Nesse contexto, o Sindicato dos Trabalhadores de São Bernardo do Campo e Diadema logrou instalar no âmbito da unidade da Ford uma daquelas unidades após greve deflagrada em 1981.

A Comissão de Trabalhadores da Ford foi estabelecida em sede de acordo coletivo de trabalho, cujos dispositivos asseguraram ao referido organismo a edição de estatuto próprio, a garantia de emprego para seus integrantes, a escolha de seus membros por intermédio da participação de todos os trabalhadores da unidade produtiva e a delimitação de matérias para discussão em negociação coletiva específica.(396)

Nos anos que se seguiram à experiência da Ford, outras comissões de fábrica surgiram no âmbito das montadoras instaladas na região do ABC, com destaque para o organismo instalado na Volkswagen em 1982, sem qualquer vinculação com o sindicato, e aquele constituído na Scania em 1984 e na Mercedes-Benz, em 1985.

Alguns anos mais tarde, em 1990, um acordo coletivo firmado entre a Bayer e o Sindicato dos Químicos de Belford Roxo tratou da instalação de uma Comissão de Trabalhadores no âmbito da referida unidade produtiva, o que veio a ocorrer no ano seguinte. Todavia, muito embora a constituição do organismo em referência tenha decorrido da ação daquele sindicato, não há, atualmente, qualquer vinculação entre este último e aquele primeiro, de modo que a Comissão encontra-se em funcionamento na forma de *representação unitária*, abrangendo a totalidade dos trabalhadores em atividade na unidade produtiva.(397)

Naquela mesma década de 1990, o sistema de representação dos trabalhadores nos locais de trabalho no ABC experimentou considerável evolução por intermédio da instalação do Sistema Único de Representação (SUR), originalmente na planta da Scania. Tal modalidade é caracterizada, em síntese, pela aglutinação das funções das Comissões de Fábrica (representação dos interesses dos trabalhadores na unidade produtiva e resolução de conflitos pontuais) e da CIPA (acompanhamento das questões concernentes à saúde e à segurança dos obreiros).(398)

Posteriormente, o Sindicato dos Metalúrgicos do ABC, já sob nova denominação após a fusão ocorrida com a entidade congênere de Santo André, Mauá, Ribeirão Pires e Rio Grande da Serra, implementou alteração estatutária de modo a instituir em sua estrutura os "Comitês Sindicais de Empresa". Tais organismos, com nítida inspiração nas seções sindicais existentes na França, na Espanha e na Itália, têm por finalidade a representação dos interesses dos trabalhadores sindicalizados nas unidades produtivas.

---

(396) MEIRELLES, Davi Furtado. *Negociação coletiva no local de trabalho.* A experiência dos metalúrgicos do ABC. São Paulo: LTr, 2008. p. 135.

(397) CARVALHO, Maicon Sérgio Mota. *Belford Roxo e a Bayer.* Industrialização, urbanização e relações de classe. 1958-2008. Disponível em: <http://cahistoria.wordpress.com/revista-atual/cahistoria-%E2%80%93-caderno-academico-de-historia-%E2%80%93-2010-vol-i-n%C2%BA2/sumario/artigos/belford-roxo-e-a-bayer-industrializacao-urbanizacao-e-relacoes-de-classe-1958-2008>. Acesso em: 6 mar. 2021.

(398) MEIRELLES, Davi Furtado. *Negociação coletiva no local de trabalho.* A experiência dos metalúrgicos do ABC. São Paulo: LTr, 2008. p. 137.

Conforme informado por Davi Furtado Meirelles, as empresas metalúrgicas da região receberam bem as novas estruturas, tendo ocorrido, em algumas delas, a junção dos Comitês Sindicais de Empresa com o Sistema Único de Representação e sua incorporação à estrutura orgânica do Sindicato dos Metalúrgicos do ABC.[399]

Tal estrutura é observada, igualmente, no Sindicato dos Metalúrgicos de Taubaté (SINDMETAU), que, por intermédio da assinatura de acordos coletivos de trabalho, instalou Comitês Sindicais de Empresa em 17 (dezessete) unidades produtivas situadas naquele município do Vale do Paraíba (Alstom, Araya, Autoliv, Autometal, Comau, Cameron, Daido, Daruma, Ford, LG Eletronics, Metalbages, Mubea, MP Plastic, S.M Sistemas Modulares, Schnellecke, Usiminas e Volkswagen).

Digno de menção, igualmente, é o sistema de representação sindical dos trabalhadores implementado no âmbito do Sindicato Nacional dos Aeronautas, pelo qual a referida entidade elege representantes no âmbito de cada uma das empresas aeroviárias em operação no País, cuja estabilidade é conferida em função do número de tripulantes empregados de cada Companhia, conforme estabelecido na Convenção Coletiva de Trabalho da categoria.[400]

Segundo o Estatuto do Sindicato Nacional dos Aeronautas, a representação dos trabalhadores nas empresas é responsável, dentre outras atribuições, pela organização sindical dos respectivos tripulantes, bem como pela execução da política da entidade no nível do *local de trabalho* e com vistas a assegurar o escorreito exercício de tais encargos, a Convenção Coletiva de Trabalho assegura aos representantes quatro dispensas mensais para tratar de questões concernentes ao desempenho de suas funções e outras duas com vistas a viabilizar sua participação nas assembleias.[401]

---

(399) *Ibidem*, p. 139.

(400) A proporção dos representantes sindicais com estabilidade se encontra definida da seguinte maneira na Cláusula 4.4 da Convenção Coletiva de Trabalho da categoria:

"4.4. Garantia aos representantes sindicais

As empresas darão garantia de emprego aos representantes sindicais eleitos em Assembleia específica, com mandato que coincidirá com o da Diretoria do SNA, de acordo com o número de representantes estabelecidos nos critérios definidos abaixo:

Em empresas que empregam:

a. Até 1.000 (mil) aeronautas = 1 (um) Representante Sindical;

b. Entre 1001 (mil e um) e 3000 (três mil) aeronautas = 2 (dois) Representantes Sindicais;

c. Entre 3001 (três mil e um) e 5000 (cinco mil) aeronautas = 3 (três) Representantes Sindicais;

d. Entre 5001 (cinco mil e um) e 7000 (sete mil) aeronautas = 4 (quatro) Representantes Sindicais;

e. Entre 7001 (sete mil e um) e 9000 (nove mil) aeronautas = 5 (cinco) Representantes Sindicais;

f. Acima de 9001 (nove mil e um) aeronautas = 6 (seis) Representantes Sindicais." Disponível em: <https://www.aeronautas.org.br/images/CCT_Aviacao_Regular_2020-2021.pdf>. Acesso em: 9 nov. 2021.

(401) "Art. 57. São atribuições do Representante Sindical por Empresa:

a. juntamente com a Diretoria do SNA, representar e defender os interesses específicos dos aeronautas da empresa em que trabalham, bem como os da categoria em geral;

b. responsabilizar-se pela organização dos aeronautas em seu âmbito de atuação, bem como pela execução da política sindical aprovada pela Diretoria do SNA;

c. reunir-se com a Diretoria do SNA a cada 2 (dois) meses, ou quando for necessário resolver problemas urgentes específicos de sua área de atuação, assegurado, nessas reuniões, o direito de discutir e votar nas resoluções concernentes aos assuntos nelas tratados;

d. zelar pelo cumprimento da legislação trabalhista e previdenciária em seu âmbito de atuação, bem como pela organização das Comissões Internas de Prevenção a Acidentes (CIPA) nos locais de trabalho;

e. manter coordenação com a Diretoria Jurídica do SNA, recepcionando denúncias e demandas dos aeronautas e, procurando encaminhar a solução dos litígios entre os trabalhadores e a empresa em que trabalham;

f. promover e incentivar a participação dos trabalhadores de sua empresa em atividades esportivas, recreativas e culturais em coordenação com a Diretoria de Comunicação;

No entanto, em que pesem as frutíferas experiências ora relatadas, a realidade demonstra que a instalação das comissões sindicais e unitárias de trabalhadores nas unidades produtivas constituem exceções pontuais situadas nos polos econômicos mais desenvolvidos e nos setores mais fortes, quando a regra geral aponta, infelizmente, para a completa ausência da coletividade obreira do *nível do local de trabalho* e pela ferrenha resistência dos empregadores em permitir a constituição de tais instâncias.

Diante disso, chega-se à irrefutável conclusão de que o direito à liberdade sindical nos locais de trabalho somente encontrará campo para se tornar uma efetiva realidade a partir do momento em que as diretrizes a orientarem o sistema de princípios da Constituição Federal de 1988 e das convenções da OIT ratificadas pelo Brasil passarem a ser efetivamente adotadas pelos agentes incumbidos de sua concretização, quais sejam, os Poderes Legislativo, Judiciário e Executivo..

Para além disso, far-se-á necessário retirar o art. 11 da Constituição Federal do estado de latência em que se encontra, seja por intermédio de sua concretização em sede de legislação ordinária, ou através do reconhecimento em torno de sua autoaplicabilidade em conjunto com as diretrizes emanadas da Convenção n. 135 da OIT. O tema será retomado, com mais profundidade, nos capítulos seguintes, com especial ênfase em sua implicação no combate aos atos antissindicais e antirrepresentativos.

3.3.2. Os representantes dos empregados e o art. 11 da Constituição Federal

Quando dos debates travados no âmbito da Assembleia Nacional Constituinte em 1987/88, as representações unitárias e sindicais dos trabalhadores nos locais de trabalho já configuravam uma realidade consolidada nas democracias industrializadas da Europa Ocidental. Por essa razão, era natural que a ideia viesse a integrar as propostas concernentes aos direitos sociais que seriam assegurados na nova Carta em vias de preparação.

Assim, como resultado de tais discussões, o texto da Constituição Federal de 1988 passou a assegurar de modo tímido e genérico, em seu art. 7º, XI, a participação dos trabalhadores na *gestão da empresa*, na forma da lei e veio consagrar de forma mais direta, no seu art. 11, uma modalidade de organização coletiva desvinculada do sindicato e de seus órgãos, que seria instituída nas empresas com mais de duzentos obreiros: o *representante dos empregados*.

Ainda que a redação do art. 11 da Constituição Federal seja simplória, sua leitura já nos permite concluir que a representação ali cogitada é de caráter *unitário*, pois sua localização no texto constitucional é distinta dos dispositivos concernentes à organização sindical e, para além disso, seu dispositivo estabelece que a figura do *representante dos trabalhadores* terá por função precípua a promoção do "*entendimento direto com os empregadores*" naquelas questões que afetam o cotidiano da unidade produtiva.

Naturalmente, nos anos que se seguiram à promulgação da Constituição Federal de 1988, a opinião generalizada apontou para a carência de autoaplicabilidade do art. 11 da Carta Magna, sob o entendimento de que a plena fruição do direito à designação dos *representantes dos empregados* por parte dos trabalhadores dependeria da edição de lei ordinária a versar sobre os meios pelos

g. auxiliar, quando requisitado pela Diretoria, nas negociações da Convenção Coletiva da empresa de que faz parte;
h. participar das negociações para celebração de acordos coletivos de trabalho da empresa em que trabalham;
i. promover palestras na empresa, a fim de divulgar e esclarecer sobre a atuação do SNA;
j. preparar relatórios com as demandas e necessidades dos aeronautas de sua empresa;
k. desenvolver o espírito associativo na empresa em que trabalham;
l. participar das Assembleias Gerais, a fim de esclarecer e orientar os aeronautas de sua empresa;
m. elaborar relatórios anuais das atividades da Representação Sindical da empresa em que trabalham para prestação de contas à Diretoria e à Assembleia Geral." Disponível em: <https://www.aeronautas.org.br/images/CCT_Aviacao_Regular_2020-2021.pdf>. Acesso em: 9 nov. 2021.

quais aquelas figuras seriam escolhidas, bem como sobre seu quantitativo em relação ao número de obreiros em atividade nas empresas, suas garantias, seus limites de atuação em relação aos órgãos sindicais de atuação dentro e fora da empresa, dentre outras questões de idêntica importância.(402)

E tal entendimento tem prevalecido mesmo diante da ratificação da Convenção n. 135 da OIT por parte do Brasil através do Decreto n. 131/91, cujo texto, complementado pela Recomendação n. 143, impõe aos estados signatários o dever de tomar medidas concretas de proteção dos representantes do pessoal na empresa — seja os de natureza sindical ou os de cunho unitário — contra a ingerência patronal indevida, bem como à obrigação quanto ao estabelecimento das garantias necessárias ao livre exercício das atribuições confiadas àqueles agentes, conforme já visto alhures.

Por essa razão, o direito à representação unitária dos empregados nos locais de trabalho consagrado no dispositivo constitucional em apreço, bem como na Convenção n. 135 da OIT e na Recomendação n. 143, permaneceu — e ainda permanece — em estado de latência, salvo mirradas exceções de empresas com mais de duzentos empregados (individualmente ou representadas por seus sindicatos patronais) e de sindicatos obreiros que estabeleceram em convenções e acordos coletivos, as normas pertinentes à eleição do representante dos trabalhadores nos termos do art. 11 da Carta Magna e suas garantias.

Diante disso, o tema em estudo foi objeto de inúmeras propostas legislativas, merecendo destaque o *Anteprojeto da Lei de Relações Sindicais* construído no âmbito do Fórum Nacional do Trabalho durante o ano de 2004. Pela referida proposição, as *representações de trabalhadores* seriam, em regra, vinculadas aos sindicatos representativos dos empregados lotados na empresa e seriam instaladas ora por estes últimos, ora pelos próprios trabalhadores, por solicitação escrita de vinte por cento dos obreiros em atividade naquela unidade produtiva.

As fontes de inspiração para a proposição, nesse particular, foram, nitidamente, a parte do *Estatuto dos Trabalhadores* da Itália concernente à criação dos *Rappresentanze Sindacale Aziendale (RSA)* e as experiências exitosas protagonizadas pelo Sindicato dos Metalúrgicos do ABC.

Dando sequência à regulamentação do tema, o *Anteprojeto* lista os objetivos a serem perseguidos pelas representações na empresa que, em síntese, correspondem ao exercício das funções de fiscalização quanto ao cumprimento da legislação trabalhista, a apresentação e discussão dos interesses obreiros perante os empresários, a busca de soluções para os conflitos cotidianos surgidos no ambiente de trabalho e a realização de negociação coletiva em caráter supletivo ao

(402) Nesse tocante, Marcus de Oliveira Kaufmann assinala que: "As funções a serem desempenhadas pelos representantes dos empregados não foram explicitadas, quando precisariam ser no texto constitucional, assim como o foram as funções da representação sindical categorial. A expressão 'entendimento direto' é tão vaga, ampla e ilimitada em sua abrangência que se pode concluir não ter qualquer profundidade a ponto de se fazer, sob o ponto de vista normativo, um contraponto entre a representação sindical, de fora da empresa, e a representação dos empregados unitária e não sindical, no local de trabalho.

(...)

A regulamentação do art. 11 poderia dispor (i) acerca de providências para a defesa dos representantes eleitos, em linha com o disposto no art. 1o da Convenção n. 135; (ii) a respeito da facultatividade ou não da figura do representante eleito de pessoal para empresas com menos de 200 (duzentos) empregados; (iii) a respeito da existência de mecanismo de estabilidade provisória durante o curso do mandato, ou não, do representante; (iv) a respeito do sistema de apuração do resultado do processo eletivo; (v) a respeito das medidas e facilidades que seriam a tal representante reconhecidas, segundo os termos da Recomendação n. 143; (vi) a respeito da possibilidade de se ter uma certa proporcionalidade entre o número de representantes eleitos e o número total de empregados na empresa ou estabelecimento; (vii) a respeito da extensão de eventuais garantias aos suplentes de representantes; (viii) a respeito da necessidade de inquérito ou outro procedimento jurídico que poderia ser, eventualmente, judicial, para a apreciação de falta grave do representante eleito; (ix) a respeito dos limites claros e inolvidáveis de sua atuação e atribuições no plano do Direito Individual do Trabalho." KAUFMANN, Marcus de Oliveira. Das práticas anti-sindicais às práticas anti-representativas. São Paulo: LTr, 2005. p. 469-470.

sindicato. Após isto, a proposição estabelece uma relação de proporcionalidade entre o número de empregados da unidade produtiva e a quantidade de representantes, nos seguintes termos:

QUANTIDADE DE TRABALHADORES NA EMPRESA	NÚMERO DE REPRESENTANTES
Menos de 30 (trinta)	A criação da representação dependerá de negociação coletiva.
Entre 30 (trinta) e 80 (oitenta) trabalhadores	1 (um) representante
Entre 81 (oitenta e um) e 150 (cento e cinquenta) trabalhadores	2 (dois) representantes
Entre 151 (cento e cinquenta e um) e 300 (trezentos) trabalhadores	3 (três) representantes
Entre 301 (trezentos e um) e 500 (quinhentos) trabalhadores	4 (quatro) representantes
Entre 501 (quinhentos e um) e 800 (oitocentos) trabalhadores	5 (cinco) representantes
Entre 801 (oitocentos e um) e 1.000 (mil) trabalhadores	6 (seis) representantes
Mais de 1.000 (mil) trabalhadores	Mais 2 (dois) representantes para cada 1.000 (mil) trabalhadores ou fração de 500 (quinhentos) adicional.

Na sequência, o *Anteprojeto* trata do mandato dos representantes, fixado em três anos, e das garantias necessárias ao pleno exercício de seus misteres. Nesse tocante, a proposição confere estabilidade àqueles agentes a partir do registro da candidatura até um ano após o final do mandato, bem como as garantias de proteção contra a transferência unilateral para outra localidade, de liberdade de expressão, de crédito de horas, de local adequado para o desempenho de suas atividades, de acesso às informações da empresa e, principalmente, de tutela contra as práticas antissindicais, nos mesmos moldes das legislações europeias estudadas acima.

Não obstante o arrojo do *Anteprojeto* no que concerne à representação dos trabalhadores nas empresas, sua tramitação no Congresso Nacional não logrou avançar, tanto em razão das resistências patronais às instituições ali estabelecidas, como também em função da rejeição advinda das entidades identificadas com o sindicalismo de cariz confederativo.

Tal situação, contudo, não impediu a formulação de propostas alternativas voltadas para a implementação, entre nós, de mecanismos destinados a suplantar aquele déficit de representação que há muito subsiste no nível do *local de trabalho*, que afasta as entidades sindicais do espaço empresarial e que cerceia a voz dos trabalhadores no ambiente onde os conflitos decorrentes das relações laborais são sentidos pelos obreiros cotidianamente.

Nesse sentido, convém destacar a proposição formulada na década de 2010 pelo Sindicato dos Metalúrgicos do ABC, intitulada apropriadamente *Anteprojeto de Lei do Acordo Coletivo de Trabalho com Propósito Específico*. Em apertada síntese, a proposta pretende facultar aos sindicatos a instituição de *Comitês Sindicais de Empresa* no âmbito das unidades produtivas, que seriam incumbidos da negociação de condições de trabalho específicas para as empresas individualmente consideradas, cujas peculiaridades não se coadunam com as previsões genéricas a constarem dos instrumentos tradicionais de negociação coletiva (acordos e convenções coletivas de trabalho).

Segundo a proposta, os sindicatos interessados na realização de *Acordos Coletivos de Trabalho com Propósito Específico* deverão obter habilitação específica por parte do Ministério do Trabalho e Emprego que, por sua vez, está condicionada à regulamentação das condições para a instalação dos *Comitês Sindicais de Empresa*" em seus estatutos e à instalação de pelo menos um órgão dessa natureza em sua respectiva base territorial.

Ainda de acordo com o *Anteprojeto*, os *Comitês Sindicais de Empresa* serão compostos por no mínimo dois e, no máximo, trinta e dois membros, que variarão na razão de dois integrantes adicionais para cada quinhentos empregados ou fração de quinhentos. Assim, por exemplo, enquanto uma empresa com mil empregados terá um comitê com quatro membros, uma unidade produtiva com oito mil trabalhadores terá um daqueles órgãos com trinta e dois integrantes.

Como condição para a celebração de *Acordos Coletivos de Trabalho com Propósito Específico*, o Anteprojeto exige, para além da habilitação no âmbito do Ministério do Trabalho e da instalação de *Comitê Sindical* junto à empresa, a comprovação quanto à sindicalização de cinquenta por cento mais um do total dos trabalhadores da unidade produtiva e a aprovação da maioria absoluta dos obreiros lotados na empresa em escrutínio secreto que deverá contar com a participação de, no mínimo, sessenta por cento dos empregados.

A fim de assegurar a escorreita negociação das condições peculiares de trabalho entre os *Comitês Sindicais de Empresa* e os empregadores, o Anteprojeto impõe às partes o dever de atuação de acordo com a *boa-fé*, a compreender (i) a participação nas negociações solicitadas por uma das partes, (ii), a efetiva formulação de propostas e contrapropostas, (iii), a prestação das informações necessárias para o desenvolvimento das tratativas, (iv), a preservação do sigilo profissional e (v) a obtenção da concordância por parte dos trabalhadores a respeito dos termos do acordo logrado.

Muito embora o *Anteprojeto* faça menção ao referido dever geral de boa-fé e aos seus desdobramentos, não há em seu texto qualquer previsão de garantias a serem concedidas aos membros dos *Comitês Sindicais de Empresa* no fito de promover o escorreito desenvolvimento de suas atividades. A nosso ver, é exatamente este o ponto falho da proposição, pois sem o direito à estabilidade e sem as garantias de um local adequado, de crédito de horas, de proteção contra os atos antissindicais e de tutela contra a transferência unilateral, nos moldes das legislações europeias destinadas à regulamentação das seções sindicais, não há como assegurar nem o funcionamento independente daquelas instâncias e tampouco a efetiva defesa dos interesses obreiros por elas antes, durante e depois das negociações de propósito específico.(403)

Pode-se afirmar, em contrariedade a tal visão pessimista, que o dever geral de boa-fé estabelecido no *Anteprojeto* compreenderia em si mesmo a vedação às condutas antissindicais e a interferência dos empregadores nos *Comitês Sindicais de Empresa*. De fato, tal assertiva é correta. Contudo, a tradição restritiva das interpretações conferidas pelo Poder Judiciário às cláusulas gerais de proteção contra tal sorte de condutas demonstra que a ausência de um rol de garantias específicas para os membros daquela instância intraempresarial afigura-se, no mínimo, arriscada, de modo a pôr em dúvida o potencial de êxito da salutar medida vislumbrada pela proposição em estudo.(404)

(403) As ponderações formuladas por Oscar Ermida Uriarte acerca do foro sindical conferem pleno respaldo a tal observação. Segundo o autor uruguaio: "La importancia del fuero sindical esta fuera de discusión. El fuero sindical es, sin lugar a dudas, un componente esencial de la libertad sindical; es, como dice SARTHOU, 'un complemento indispensable' de los demás derechos sindicales, los que dificilmente pueden ser ejercidos sin su efectiva presencia. (...) La falta o insuficiencia del fuero sindical — así como de otras garantias del ejercício de derechos sindicales — hacen ilusória la declaración de la libertad sindical. Esta importancia se acrecienta aún más en aquellos países cuyo movimiento sindical no tiene fortaleza, tradición ni autonomia suficientes, porque en tales situaciones el fuero sindical no es sólo uma garantia de ejercício de la libertad sindical sino un elemento necesario para 'favorecer la introducción del sindicato' para permitir el alumbramiento de um movimiento sindical viable." URIARTE, Oscar Ermida. Sindicatos en libertad sindical. 2. ed. Montevideo: Fundacion de Cultura Universitaria, 1999. p. 48-49.

(404) A propósito, o Comitê de Liberdade Sindical do Conselho de Administração da OIT, após a análise de sucessivos casos, firmou o entendimento de que o princípio da boa-fé, subjacente ao instituto da negociação coletiva, impõe

Diante de tal panorama, a sintetizar o estado da representação dos trabalhadores nas empresas brasileiras e suas perspectivas, nos anos que se seguiram à promulgação da Constituição Federal de 1988, pode-se concluir, em síntese, que a presença das instituições dos trabalhadores no nível básico do sistema de relações laborais — qual seja, o *local de trabalho* — não configura a regra entre nós.

Tal situação indica a existência de um vácuo democrático a ser preenchido ora pela edição de norma regulamentadora das *representações de empregados* do art. 11 da Constituição Federal e das normas internacionais a respeito da matéria, ou por intermédio de uma mudança de compreensão no âmbito do Poder Judiciário que venha a admitir a autoaplicabilidade do referido dispositivo da Carta Magna, bem como da Convenção n. 135 da OIT e da Recomendação n. 143.

Os limites e possibilidades concernentes a esta última alternativa serão trabalhados com maior profundidade nos capítulos seguintes, com especial referência aos atos antissindicais e antirrepresentativos praticados em face dos membros das comissões sindicais e unitárias de empregados.

Por ora, limitamo-nos a adiantar que o conteúdo histórico-institucional do princípio da liberdade sindical consagrado nos arts. 8º, *caput* e 11 da Constituição Federal, bem como nos Pactos Internacionais de Direitos Humanos ratificados pelo Brasil, não só permite a imediata implantação de tais instâncias nos locais de trabalho, como também têm força normativa suficiente para inibir a prática de qualquer espécie de conduta discriminatória por parte dos empregadores.

3.3.3. **A representação dos trabalhadores na empresa** ***introduzida pela*** **Reforma Trabalhista** ***de 2017***

Se nos anos que se seguiram à promulgação da Constituição Federal de 1988 sonhou-se com a instauração, entre nós, de instâncias *sindicais* e *unitárias* realmente dedicadas à defesa dos interesses dos trabalhadores no nível do *local de trabalho* e efetivamente equipadas com as garantias e com as prerrogativas necessárias para o exercício adequado de suas funções, a realidade consolidada trinta anos depois, com o advento da Lei n. 13.467/2017 nos legou as frágeis e tímidas *representações dos trabalhadores nas empresas,* instituídas sob os influxos do arcabouço ideológico a permear a *Reforma Trabalhista.*

---

e presume a atuação das partes pautada pelo real intuito de fixarem normas de comum acordo para a regência das relações laborais, como também pela colaboração mútua e pela efetiva discussão das propostas em tempo razoável. Veja-se, nesse sentido, os Verbetes ns. 925, 934, 935, 936, 938 e 1.071 daquele Colegiado:

"925 – La negociación voluntaria de convenios colectivos y, por tanto, la autonomía de los interlocutores sociales en la negociación, constituye un aspecto fundamental de los principios de la libertad sindical."

(...)

934 – El Comité recuerda la importancia que concede a la obligación de negociar de buena fe para el mantenimiento de un desarollo armonioso de las relaciones profesionales.

935 – Es importante que tanto los empleadores como los sindicatos participen en las negociaciones de buena fe y que hagan todo lo posible por llegar a un acuerdo, y la celebración de negociaciones verdaderas y constructivas es necesaria para establecer y mantener una relación de confianza entre las partes.

936 – Tanto los empleadores como los sindicatos deben negociar de buena fe, realizando esfuerzos para llegar a un acuerdo, y la existencia de relaciones de trabajo satisfactorias depende primordialmente de la actitud recíproca de las partes y de su confianza mutua."

(...)

"938 – Si bien la actitud conciliadora o intransigente adoptada por una de las partes frente a las reivindicaciones de la otra es materia de negociación entre las partes, tanto los empleadores como los sindicatos deben negociar de buena fe realizando esfuerzos para llegar a un acuerdo."

(...)

1.071 – Se destaca la importancia de que en las consultas reine la buena fe, la confianza y el respeto mutuo y que las partes tengan suficiente tiempo para expresar sus puntos de vista y discutirlos en profundidad con el objeto de poder llegar a un compromiso adecuado." OFICINA INTERNACIONAL DEL TRABAJO. La Libertad Sindical. Recopilación de decisiones y principios del Comité de Libertad Sindical del Consejo de Administración de la OIT. 5. ed. Ginebra: OIT, 2006. p. 199-200.

Conforme visto alhures, a *representação dos trabalhadores na empresa,* em sua concepção original, constitui um mecanismo imprescindível à própria concretização do princípio da liberdade sindical, na medida em que permite aos trabalhadores coletivamente organizados o exercício do contrapoder em relação aos desígnios patronais manifestados no âmbito mais específico do local de trabalho e das questões a pautarem o cotidiano de suas unidades produtivas, paralelamente à defesa dos interesses gerais da categoria exercida pelos sindicatos fora dos umbrais dos estabelecimentos.[(405)]

As *representações dos trabalhadores nas empresas* instituídas com a *Reforma Trabalhista,* entretanto, constituem o exato oposto disso e, de fato, a análise dos arts. 510-A a 510-D da CLT introduzidos pela Lei n. 13.467/2017 atesta que os referidos dispositivos, antes de viabilizarem a efetiva defesa dos interesses dos trabalhadores no cotidiano das unidades produtivas onde se encontram ativados, tende a frustrá-la por completo. Tal vicissitude é plenamente constatável diante dos restritos papeis conferidos pela proposição ora comentada aos representantes obreiros no desempenho de seus misteres, bem como dos débeis mecanismos de tutela ali previstos.

Veja-se, nesse sentido, que o texto do art. 510-D, § 3º da CLT, com redação conferida pela Lei n. 13.467/2017, prevê como único mecanismo de tutela em face da ingerência patronal, a vedação quanto à dispensa arbitrária ou sem justa causa do *representante dos trabalhadores na empresa* desde o registro de sua candidatura até o transcurso do exíguo prazo de seis meses após o término do mandato.

Não há nos referidos dispositivos legais qualquer menção à proteção do *representante dos trabalhadores no local de trabalho* contra outras medidas patronais que, para fins de representação na unidade produtiva, teriam o mesmo efeito da demissão, tais como (i) a transferência do representante obreiro para outro estabelecimento, (ii) sua remoção para setor da empresa onde o contato com os demais empregados restasse inviabilizado, (iii) seu afastamento por razões pretensamente disciplinares, (iv) sua constante requisição para a realização de trabalhos externos, dentre outros expedientes francamente atentatórios à literalidade do art. 1º da Convenção n. 135 da OIT e às diretrizes firmadas sobre o tema no Comitê de Liberdade Sindical da OIT.[(406)]

De igual modo, o escasso rol de atribuições confiadas ao *representante dos trabalhadores no local de trabalho* a teor da redação do art. 510-B da CLT nem sequer tangencia a principal

(405) PÉREZ, Miguel Gutiérrez. *Ciudadanía en la empresa y derechos fundamentales inespecíficos.* Murcia: Laborum, 2011. p. 25-30.

(406) *Vide*, nesse sentido, os verbetes n. 800, 830, 832:

"800 – El Comité llamó la atención sobre el Convenio (num. 135) y la Recomendación (num. 143) sobre los representantes de los trabajadores, 1971, en los que se establece expresamente que los representantes de los trabajadores en la empresa deberán gozar de protección eficaz contra todo acto que pueda perjudicarlos, incluído el despido por razón de su condición de representantes de los trabajadores, de sus actividades como tales, de su afiliación al sindicato, o de su participación en la actividad sindical, siempre que actúen conforme a las leyes, contratos colectivos u otros acuerdos comunes en vigor."

(...)

"830 – El Comité ha recordado a la atención la Recomendación sobre los representantes de los trabajadores, 1971 (num. 143), La cual con el fin de garantizar una protección eficaz de los representantes de los trabajadores recomienda entre las medidas que deben adoptarse que, cuando se alega que el despido de un representante de los trabajadores o la modificación en su detrimento de las condiciones de empleo fuesen discriminatorios, se adopten disposiciones que impongan al empleador la obligación de probar que su acto estaba justificado."

(...)

"832 – En casos de reducción del personal, el Comité recordo el principio contenido en la Recomendación num. 143 sobre la protección y facilidades que deberían otorgarse a los representantes de los trabajadores en la empresa, que propugna entre las medidas específicas de protección «reconocer la prioridad que ha de darse a los representantes de los trabajadores respecto de su continuación en el empleo en caso de reducción de personal.» (artículo 6, 2, f)." OFICINA INTERNACIONAL DEL TRABAJO. *La Libertad Sindical.* Recopilación de decisiones y princípios del Comité de Libertad Sindical del Consejo de Administración de la OIT. 5. ed. Ginebra: OIT, 2006. p. 171-177.

função histórica exercida por tal figura nos países onde ela é efetivamente reconhecida, qual seja, a atuação em defesa dos interesses obreiros nas questões atinentes à organização dos fatores de produção no âmbito das unidades produtivas.

Nada há, nos dispositivos ora comentados, a indicar que o representante obreiro eleito por seus pares terá a prerrogativa de mobilizá-los na defesa dos interesses coletivos por eles partilhados no âmbito das unidades em que desempenham suas jornadas laborais ou de tomar parte (até mesmo a título meramente informativo) das deliberações empresariais a afetarem a contraparte obreira em suas atividades produtivas.(407)

Para corroborar com a insignificância da figura o *representante dos trabalhadores no local de trabalho* plasmada nos arts. 510-A a 510-D da CLT, não se estabelece em seu texto absolutamente nenhuma garantia destinada a viabilizar, ainda que minimamente, o desempenho das atribuições confiadas àquele mandatário e até mesmo sua comunicação com os demais empregados, tais como o livre trânsito nas dependências da empresa, a disponibilização de quadro de avisos, a livre distribuição de publicações, entre outras, em total desprezo à redação do art. 2º da Convenção n. 135 da OIT.

Note-se, a propósito, que a Organização Internacional do Trabalho deixou assente em sua Recomendação n. 143 que as facilidades imprescindíveis para o exercício da representação dos trabalhadores nos locais de trabalho devem incluir, inexoravelmente, (i) *o tempo livre para o exercício das atividades representativas;* (ii) *o ingresso em todas as dependências dos locais de trabalho, na estrita medida necessária para o desempenho dos misteres representativos;* (iii) *o acesso direto aos dirigentes empresariais*; (iv) *a disponibilização de quadro de avisos com fácil acesso para os trabalhadores* e (vi) *a livre distribuição de boletins, folhetos e outras publicações junto aos trabalhadores.*

Tendo em vista, portanto, a notória ausência de mecanismos de tutela em favor dos representantes obreiros e de garantias ao adequado exercício dos misteres a eles confiados, aliada à esqualidez de suas atribuições institucionais, observa-se que a figura do *representante dos trabalhadores no local de trabalho* concebida pelos arts. 510-A a 510-D da CLT, com redação conferida pela Lei n. 13.467/2017, arrisca-se a servir como uma instância a ser apropriada e utilizada pelos empregadores com vistas à cooptação dos desígnios coletivos de seus empregados nas questões mais afetas à organização dos fatores produtivos e no intuito de impor óbices à legítima e autônoma atuação dos sindicatos regularmente constituídos no seio da categoria profissional.(408)

---

(407) Na França, por exemplo, o *Code du Travail* estabelece em seus arts. L-2.323-6 e L-2.323-61 que o comitê de empresa, a ser formado por representantes dos trabalhadores, deverá ser informado e consultado sobre todos os assuntos empresariais atinentes (i) ao desenvolvimento geral da empresa, (ii), à documentação contábil e financeira, (iii), às políticas de pesquisa e de introdução de novas tecnologias, (iv) aos projetos de reestruturação e de redução de efetivos, (v) às medidas destinadas à utilização de contratação temporária ou de mão-de obra contratada por tempo determinado, (vi) à participação nos lucros; (vii) às modificações na estrutura jurídica e econômica da empresa, (viii) às ofertas públicas de aquisição, (ix) às questões atinentes à organização do trabalho resultantes da organização do trabalho, da implementação de novas tecnologias, de novas condições de emprego e de novas formas de remuneração, (x) dos planos de formação, (xi) da aprendizagem e (xii) das questões afetas a processos de falências e concordatas a envolverem a empresa.

(408) Nesse sentido, Carlos Eduardo Oliveira Dias alerta que: "O cenário legislativo pode ter sido produzido com o propósito de criar condições para que determinadas empresas — sobretudo as maiores organizações que são as mais infensas à regulação heteronormativa das relações de trabalho — procurem se esvair da representação sindical em favor da comissão de representantes no local de trabalho. Isso, naturalmente, atingiria as entidades que, a despeito do modelo estático de representação, adquiriram um *status* de representatividade que as qualifica como sendo capazes de promover negociações emancipatórias, refutando a tradicional prática de usá-las para fins de precarizar direitos. Dito de outro modo, o texto poderia incentivar que algumas empresas passassem a promover negociações diretas com a comissão de empregados, deixando de lado os sindicatos mais combativos e infensos ao seu poder econômico. Isso não pode ser considerada uma hipótese absurda, diante do fato de que a jurisprudência trabalhista chegou a reconhecer a possibilidade de negociação direta com comissão de empregados (não compulsória, por certo), a partir

Desse modo, aproxima-se a *representação dos trabalhadores no local de trabalho* assim concebida daquilo que Otto Kahn-Freund descreveu como a mais detestável forma de ingerência na liberdade sindical, na medida em que sua instituição, em tais bases, consistirá na negação ao fundamento das relações laborais, pautadas pela composição independente de forças entre empregadores e trabalhadores com vistas à obtenção do equilíbrio entre os desígnios patronais e obreiros.(409)

A despeito da fragilidade inerente às *representações dos trabalhadores nos locais de trabalho* regulamentadas nos arts. 510-A a 510-D da CLT, com redação conferida pela Lei n. 13.467/2017, deve-se interpretar os referidos dispositivos à luz dos arts. 1º e 3º da Convenção n. 135 da Organização Internacional do Trabalho, de modo a resguardar os integrantes daquelas instâncias das práticas antissindicais perpetradas pelos empregadores.(410)

De outro turno, e tendo em vista a sistemática de tutela da liberdade sindical chancelada pelo Brasil com a ratificação da Convenção n. 135 da OIT, resta evidente que a previsão legal acerca da criação das representações dos empregados nos locais de trabalho não pode excluir a possibilidade quanto à formação de instâncias sindicais no interior da empresa, tais como as *seções sindicais* e as *delegacias sindicais.*(411)

E não só por dever de coerência com o texto da Convenção n. 135 da OIT, mas também por imposição do postulado constitucional da isonomia, as representações sindicais nos locais de trabalho e seus integrantes deverão gozar das mesmas prerrogativas e garantias titularizadas pelos integrantes das comissões de representação dos empregados, a teor do Título IV-A da

---

de uma leitura equivocada do art. 617 da CLT. Esse quadro perverso seria completado com a insustentável tese da prevalência do que foi negociado coletivamente sobre o que está regulado na legislação, já por nós refutado." DIAS, Carlos Eduardo de Oliveira. A negociação coletiva e a Lei n. 13.467: resistindo à interpretação regressiva. In: SOUTO MAIOR, Jorge Luiz; SEVERO, Valdete Souto. Resistência. Aportes teóricos contra o retrocesso trabalhista. São Paulo: Expressão Popular, 2017. p. 443-461.

(409) Nas palavras do referido autor: "En várias países los empresários han realizado intentos (frecuentemente com éxito) de organizar y financiar asociaciones (...) dominadas por ellos, lo que a vezes resulta difícil demonstrar. Es ésta la forma más detestable de injerencia em la libertad sindical, una negación del fundamento de las relaciones laborales, a saber, la regulación de las condiciones de trabajo mediante la acción combinada de las fuerzas independientes de trabajadores y empresarios." KAHN-FREUND, Otto. Trad.: JESUS, Gagliana Moreno. Trabajo y Derecho. Madrid: Ministerio de Trabajo y Seguridad Social, 1987. p. 287.

(410) *Vide*, nesse sentido, o teor do Enunciado n. 60 aprovado no âmbito da 2a Jornada de Direito Material e Processual do Trabalho realizada sob os auspícios da Associação Nacional dos Magistrados da Justiça do Trabalho — ANAMATRA, em 2017: "60. COMISSÕES DE REPRESENTAÇÃO DE EMPRESAS, I. Representação dos trabalhadores no local de trabalho. Cabe às entidades sindicais a defesa dos interesses individuais e coletivos da categoria representada. Decorre dessa prerrogativa constitucional o livre exercício da negociação coletiva. É possível a previsão de participação sindical na representação dos trabalhadores, independentemente da nomenclatura e condições estabelecidas em Lei ordinária. II. A representação dos trabalhadores de uma categoria profissional e a negociação coletiva são prerrogativas constitucionais dos sindicatos (art. 8o, incisos III e VI), sendo que as Convenções ns. 135 e 154 da OIT, ratificadas pelo Brasil, são expressas ao impedir que a presença de representantes eleitos venha a ser utilizada para o enfraquecimento da situação dos sindicatos interessados ou de seus representantes (Convenção n. 135) e, ainda, que a existência destes representantes não seja utilizada em detrimento da posição das organizações de trabalhadores interessadas (Convenção n. 154). Nesse sentido deve ser interpretado e aplicado o disposto nos arts. 510-A a 510-D da CLT, com a redação dada pela Lei n. 13.467/2017." Disponível em: <https://www.anamatra.org.br/attachments/article/27175/livreto_RT_Jornada_19_Conamat_site.pdf>. Acesso em: 9 nov. 2021.

(411) Assim, nos termos do Enunciado n. 66 da 2ª Jornada de Direito Material e Processual do Trabalho:

"66. COMISSÃO DE REPRESENTAÇÃO E COEXISTÊNCIA COM AS REPRESENTAÇÕES SINDICAIS NA EMPRESA, Comissão de representação dos empregados. Coexistência com as representações sindicais na empresa.

A instituição de comissão de representantes nas empresas, nos termos do art. 510-A da CLT, não obsta a instalação e a manutenção das representações sindicais organizadas por local de trabalho;

I. Nos termos do art. 3º da Convenção n. 135 da OIT, as mesmas garantias estabelecidas para os membros das comissões de representação mencionadas no título IV-A da CLT são asseguradas aos integrantes das representações sindicais nos locais de trabalho." Disponível em: <https://www.anamatra.org.br/attachments/article/27175/livreto_RT_Jornada_19_Conamat_site.pdf>. Acesso em: 9 nov. 2021.

CLT e da própria Convenção n. 135 da OIT, complementada pela Recomendação n. 143 daquele organismo internacional.[412]

Se o País entronizou em seu ordenamento jurídico o sistema *dual* de representação dos trabalhadores nos locais de trabalho, não pode o legislador ordinário possibilitar a instituição de estruturas não sindicais e descartar a formação de instâncias sindicais. Nos termos da Convenção n. 135 da OIT, o princípio da liberdade sindical possibilita a instituição daquelas duas instâncias, valendo, para ambas, as mesmas limitações, prerrogativas e garantias.

Deve-se frisar, de outro turno, que as atribuições conferidas às *comissões de representantes dos empregados* pelo art. 510-B da CLT, com redação estabelecida pela Lei n. 13.467/2017, deve ser interpretada à luz do art. 8º, VI, da Constituição Federal, a preconizar que "*é obrigatória a participação dos sindicatos nas negociações coletivas de trabalho.*" Desse modo, quaisquer atividades daqueles representantes unitários tendentes ao estabelecimento, em comum acordo com as empresas, de condições laborais para os trabalhadores de determinada unidade empresarial ou setor deverão, contar, obrigatoriamente, com a presença e com a chancela do sindicato da categoria profissional.

São estas, portanto, as matizações que devem, no nosso entendimento, balizar a interpretação dos arts. 510- A a 510-D da CLT tendo em vista o conteúdo histórico-institucional do princípio da liberdade sindical, ao menos enquanto não se estabelece, pela via da legislação ordinária, as verdadeiras e efetivas representações *sindicais* e *unitárias* de trabalhadores, com a totalidade das garantias a elas inerentes.

3.4. Conclusão do capítulo. A liberdade sindical e a representação dos trabalhadores nos locais de trabalho

A constituição dos primeiros sindicatos em meados do século XIX voltados para a defesa dos interesses mais genéricos das categorias de trabalhadores (*vg:* jornada de trabalho, condições de saúde, higiene e segurança, piso remuneratório, entre outros) surgiu como a primeira manifestação coletiva de contrapoder dos obreiros em face da organização unilateral dos fatores de trabalho por parte dos empresários.

Àquela ocasião, as unidades produtivas pertencentes a um mesmo setor econômico não guardavam distinções significativas entre si no que concerne às condições de trabalho. Justamente por tal razão, os vínculos de solidariedade existentes entre os trabalhadores de tais empresas eram mais visíveis e mais sensíveis, o que explica a sindicalização por categoria e a ausência daquelas entidades pioneiras do interior das empresas.

No entanto, à medida que os processos produtivos foram se tornando mais complexos, após o advento do *fordismo-taylorismo* e do *toyotismo*, a organização do trabalho nas diferentes unidades produtivas passou a adquirir notas de especificidade, de modo a fazer com que as condições de vida e de labor dos empregados passassem a variar significativamente de uma empresa para outra. Nesse contexto, foram formadas as representações unitárias de trabalhadores e os sindicatos passaram a atentar para as peculiaridades dos locais de trabalho, inserindo-se, com isso, nas empresas.

Diante disso, o princípio da liberdade sindical — a compreender em sua gênese histórica o direito à formação eficaz de um contrapoder coletivo dos obreiros em relação aos desígnios empresariais — experimentou uma notória evolução no sentido de contemplar, ao lado da defesa dos interesses genéricos das categorias profissionais tradicionalmente defendidos no *extramuros*

(412) *Vide* nesse sentido: VON POTOBSKY, Geraldo; DE LA CRUZ, Héctor Bartolomei. *La Organización Internacional del Trabajo*. Buenos Aires: Astrea, 1990. p. 324.

pelos sindicatos, a mobilização dos trabalhadores no fito de buscar sua representação perante os empregadores no que concerne à organização dos fatores de produção nos distintos locais de trabalho.

Exatamente por conta dessa alteração substancial sofrida pelos processos produtivos e da consequente evolução experimentada pelo princípio da liberdade sindical ao longo do século XX, a Organização Internacional do Trabalho aprovou a Convenção n. 135 a tratar da proteção às representações unitárias e sindicais dos obreiros nos locais de trabalho e especificou as garantias a abrangerem tais instâncias por intermédio da Recomendação n. 143.

Desse modo, o contrapoder exercido coletivamente pelos trabalhadores tutelado pela liberdade sindical passou a abranger os três estágios do *Sistema de Relações Industriais* vislumbrados por Katz e Kochan, a compreenderem, conforme visto, o nível estratégico (formulação das diretrizes gerais de atuação nas negociações coletivas), o nível funcional (as tratativas negociais em si) e o nível do local de trabalho, onde ocorrem os conflitos cotidianos verificados nas relações laborais.

Analisando o que foi narrado até aqui à luz do conceito de *romance em cadeia* formulado por Ronald Dworkin, pode-se dizer que o reconhecimento em torno da proteção das representações unitárias e sindicais dos trabalhadores nos locais de trabalho constitui um capítulo adicional à *trama* da liberdade sindical, cuja elaboração logrou a atualização da concepção ideológica originária do franco associativismo.

Dito em outros termos, tendo a liberdade sindical como pedra de toque a promoção do contrapoder coletivo dos trabalhadores em face dos desígnios empresariais e visto que os interesses dos trabalhadores evoluíram no sentido de adquirir uma maior especificidade em relação às suas respectivas unidades produtivas, o reconhecimento das representações obreiras nos locais de trabalho nada mais significa do que a adequação daquele conteúdo principiológico originário a esta nova realidade, sem qualquer prejuízo à sua essência.

Sendo assim, a tutela das representações *sindicais* e *unitárias* dos trabalhadores nos locais de trabalho consagrada na Convenção n. 135 e na Recomendação n. 143 da OIT passou a integrar o conteúdo histórico-institucional do princípio da liberdade sindical, qualificando-se, portanto, como uma nova pauta a orientar os intérpretes no sentido de elaborar os próximos *capítulos* do *romance em cadeia* do franco associativismo.

Tais capítulos novos — é bom que já se diga — serão *escritos* nos casos concretos que terão como contexto um mundo cada vez mais integrado onde a utilização da mão de obra transcende cada vez mais os estritos limites das legislações estatais. Sob tal pano de fundo de inegável complexidade é que o intérprete/aplicador da liberdade sindical deverá manter vivo o intuito originário do princípio, a apontar, como visto, para o efetivo exercício de contrapoder coletivo dos obreiros aos desígnios empresariais.

4. Os Atos Antissindicais. Dogmática, Figuras afins e Regulamentação no Brasil

Conforme visto nos Capítulos 1 e 2 *supra*, o princípio da liberdade sindical possui efetivamente um conteúdo institucional peculiar que foi (e ainda é) construído historicamente, que lhe confere nota distintiva e que perpassa os ordenamentos jurídicos internacionais e internos. Tal núcleo de sentido é formado, como igualmente visto, pelos aspectos individuais e coletivos do franco associativismo, a compreenderem (i) os direitos à livre filiação e desfiliação, (ii) o direito à livre criação de entes coletivos, (iii) os direitos à participação e à não participação nas atividades sindicais, (iv) o direito à livre administração dos entes coletivos, (v) o direito à ação sindical e, (vi) o direito à filiação a entidades de grau superior.

Naturalmente, a construção histórica de tal conteúdo institucional foi marcada por inúmeros percalços, oriundos de estratagemas patronais, governamentais e até mesmo obreiros tendentes a limitar ou mesmo a impedir a plena fruição do direito à liberdade sindical por parte dos trabalhadores individualmente considerados e de suas entidades representativas. Tais óbices que vieram a ser conhecidos a partir da experiência prática constituem, justamente, a figura dos *atos antissindicais* a serem estudados e descritos no presente capítulo.

Foi justamente o surgimento dos atos antissindicais em dados momentos e seu enfrentamento a partir dos casos concretos que possibilitou — e vem possibilitando — a evolução do princípio da liberdade sindical, de modo a lhe conferir novos contornos e a mantê-lo íntegro e coerente com seu conteúdo histórico-institucional na medida em que a realidade cambiante vem apresentando novas práticas tendentes a obstar a fruição plena daqueles aspectos individuais e coletivos descritos alhures.

Com base em tal premissa, a nortear todo o trabalho ora desenvolvido, o presente capítulo pretende formular uma tipologia dos atos antissindicais vedados pelo princípio da liberdade sindical, por incompatibilidade com seu conteúdo histórico-institucional, para além de detalhar as figuras a eles conexas igualmente tuteladas pelo franco associativismo e de delimitar os contornos jurídicos que o instituto possui no ordenamento pátrio.

É importante frisar, desde já, que a descrição a ser formulada na sequencia não pretende estabelecer um rol taxativo dos atos antissindicais e das figuras afins, sob pena de comprometer a própria estrutura histórico-institucional do princípio da liberdade sindical, que, como visto, se encontra aberta a novos conteúdos elaborados a partir do tratamento conferido aos casos concretos surgidos no futuro.

4.1. Dogmática e tipologia dos atos antissindicais

4.1.1. Conceito

Anteriormente à descrição dos atos antissindicais, faz-se necessário estabelecer um conceito para o instituto, não apenas para defini-lo semanticamente, mas também — e principalmente — para compreender seu sentido e alcance, de modo a distingui-lo das figuras afins. Adianta-se, desde já, que o conceito a ser proposto buscará captar e compreender a figura do *ato antissindical* como conduta surgida na vivência cotidiana das relações trabalhistas no intuito de obstar ou impedir a fruição plena do franco associativismo, sendo este seu elemento característico.

Pois bem. O ponto de partida para o estabelecimento do conceito de *ato antissindical* faz-se representado pelos retromencionados arts. 1º e 2º da Convenção n. 98 da OIT, cujos enunciados definem não apenas o bem jurídico tutelado pelos referidos dispositivos — qual seja, a liberdade sindical em suas vertentes individual e coletiva —, como também seu âmbito de proteção.(413)

No que diz respeito à liberdade sindical individual, o art. 1º não apenas tutela genericamente os trabalhadores contra práticas discriminatórias, como também elenca três comportamentos antissindicais já amplamente conhecidos àquela quadra da evolução do franco associativismo, a saber, (i) a sujeição do emprego à desfiliação sindical, (ii) a demissão em razão da participação do obreiro nas atividades sindicais e (iii) a imputação de prejuízos funcionais (*v.g.*: transferência) em decorrência do envolvimento do empregado nas ações protagonizadas por sua entidade representativa.

Quanto à liberdade sindical coletiva tratada no art. 2º, a Convenção veda de maneira genérica a implementação de atos recíprocos de ingerência das organizações patronais nas entidades obreiras e vice-versa, exemplificando tal situação com a descrição de prática já bastante conhecida naquele momento histórico e ainda bastante frequente, qual seja, a constituição ou o financiamento de sindicatos de trabalhadores por entes patronais ou por empresas.

Naturalmente — como já visto — o elenco de práticas descritas genericamente nos arts. 1º e 2º da Convenção n. 98 da OIT não tem o condão de esgotar o elenco de condutas antissindicais vedadas pelo ordenamento jurídico pátrio, pois, sendo o bem jurídico ali tutelado — a liberdade sindical — um princípio dotado de conteúdo histórico-institucional passível de ser agregado por novos significados advindos de casos concretos a ensejarem sua aplicação, tal como se postula no presente estudo, não há como cerrar seu espectro tuitivo em um rol taxativo, sumário e datado.

Por essa razão, o modo mais adequado de se conceber o princípio da liberdade sindical elencado como direito fundamental nos arts. 8º, *caput*, 9º e 11 da Constituição Federal e condicionado pelos limites textuais descritos em seus incisos, é enxergá-los como uma espécie de *norma em branco* que não apenas abrange em seu âmbito normativo as situações descritas nos arts. 1º e 2º da Convenção n. 98 da OIT, como também as modalidades de condutas antissindicais que, ao surgirem em um dado momento, possam vir a colocar concretamente em risco o franco associativismo em suas vertentes individual e coletiva.(414)

---

(413) Art. 1

1. Os trabalhadores gozarão de adequada proteção contra atos de discriminação com relação a seu emprego.

2. Essa proteção aplicar-se-á especialmente a atos que visem:

a) sujeitar o emprego de um trabalhador à condição de que não se filie a um sindicato ou deixe de ser membro de um sindicato;

b) causar a demissão de um trabalhador ou prejudicá-lo de outra maneira por sua filiação a um sindicato ou por sua participação em atividades sindicais fora das horas de trabalho ou, com o consentimento do empregador, durante o horário de trabalho.

Art. 2

1. As organizações de trabalhadores e de empregadores gozarão de adequada proteção contra atos de ingerência de umas nas outras, ou por agentes ou membros de umas nas outras, na sua constituição, funcionamento e administração.

2. Serão principalmente considerados atos de ingerência, nos termos deste Artigo, promover a constituição de organizações de trabalhadores dominadas por organizações de empregadores ou manter organizações de trabalhadores com recursos financeiros ou de outra espécie, com o objetivo de sujeitar essas organizações ao controle de empregadores ou de organizações de empregadores.

(414) Tal concepção a respeito das normas positivadoras do direito fundamental à liberdade sindical encontra respaldo no magistério de Giuseppe Santoro-Passarelli e Yolanda Valdeolivas Garcia, que muito embora voltados para os ordenamentos italiano (art. 28 do *Statuto dei Lavoratori*) e espanhol (arts. 12 a 15 da *Ley Orgânica de Libertad Sindical*), respectivamente, aplicam-se plenamente à tutela contra os atos antissindicais subjacente aos arts. 8º, 9º e 10 da Constituição Federal, bem como dos Pactos Internacionais de Direitos Humanos ratificados pelo Brasil a versarem o tema: "O caráter indeterminado da provisão normativa [do art. 28] decorre do fato de que o bem objeto da proteção ali estabelecida pode ser lesado por uma variedade indeterminada de comportamentos e por vários modos, de modo

Tem-se, portanto, que o rol de condutas antissindicais vedadas pelo princípio da liberdade sindical no ordenamento jurídico pátrio será tão extenso quanto forem os óbices injustificadamente apostos aos trabalhadores e às suas entidades representativas no exercício cotidiano da ação coletiva. Havendo, pois, a caracterização de novas práticas lesivas ao franco associativismo, o enunciado genérico dos sobreditos dispositivos constitucionais e convencionais as captará e as integrará ao conteúdo institucional do direito fundamental ali positivado.

Sendo assim, o que a conduta praticada em concreto necessitaria para ser caracterizada pelo ordenamento jurídico pátrio como um *ato antissindical*, ou, dito de outro modo, quais seriam seus requisitos constitutivos? A resposta a tal indagação deve partir do pressuposto de que o princípio da liberdade sindical consagrado no ordenamento jurídico pátrio — e, naturalmente, seu conteúdo histórico-institucional — não se compatibilizam com quaisquer atos que, na prática, tenham como resultado impedir ou obstar indevidamente o exercício do franco associativismo em suas vertentes individual ou coletiva.

Ou seja, sendo a conduta antissindical uma prática objetivamente vedada pelo ordenamento jurídico pátrio, sua consolidação em concreto independe da demonstração em torno do elemento subjetivo do agente (*dolo* ou *culpa*), bastando, para tanto, a constatação de que houve uma *conduta* que gerou aos obreiros ou a suas entidades representativas um *dano*, materializado pela privação quanto ao exercício pleno do direito à liberdade sindical.(415)

E a lesão ocasionada pelo ato antissindical, configura um dano *in re ipsa*, ou seja, um agravo no patrimônio jurídico do lesado que é presumida pelo ordenamento jurídico, na medida em que afeta negativamente o exercício de um direito fundamental titularizado ora pelo trabalhador individualmente considerado (*liberdade sindical individual*), ora pelo sindicato tolhido no desempenho regular de suas ações (*liberdade sindical coletiva*).(416)

No entanto, tais presunções não são absolutas, podendo, ao revés, ser afastadas quando presentes uma ou mais dentre as excludentes de ilicitude definidas, em termos genéricos, no

---

que não é possível determina-los, *a priori*. Por essa razão, o legislador sancionou a conduta lesiva do empregador, mas, deliberadamente, não precisou a descrição dos comportamentos não consentidos, preferindo recorrer a uma definição teleológica que veda genericamente todas as condutas que venham a se revelar objetivamente ofensivas ao bem protegido.

No original: «L'indeterminatezza della previsione normativa deriva dal fatto che i beni oggeto della tutela possono essere lesi da uma varietà di comportamenti e da uma serie di modalità che non è posibile determinari a priori. Per questa ragione, il legislatore há sanzionato la condotta lesiva del datore di lavoro ma non ha deliberatamente precisato la descrizione dei comportamenti non consentiti, preferendo ricorrere a uma definizione teleológica che consente di ritenere vietate tutte la condotte che si revelino oggetivamente idonee a recare offesa ai beni protetti.» SANTORO--PASSARELLI, Giuseppe. Diritto Sindacale. Terza edizione. Lecce: Laterza, 2011. p. 86-87

(...)

"La antisindicalidad es susceptible de acoger em abstracto cualesquiera instrumentos de ataque al derecho fundamental, que, de outro modo, podrían quedar al margen del supuesto más concretamente identificado. Y todo ello em base a que no es posible uma apreciación apriorística de tales comportamentos, condenada a excluir manifestaciones de dicha naturaliza que quedarían, así, desamparadas o insuficientemente protegidas." VALDEOLIVAS-GARCIA, Yolanda. *Antisindicalidad y relaciones de trabajo*. Madrid: Civitas, 1994. p. 59.

(415) Luciano Martinez salienta, a propósito, que "cometerá uma antissindicalidade aquele que, por ação ou omissão, independentemente da constatação de culpa, violar direitos de liberdade sindical, [de modo que] a culpa ou o dolo qualificará, evidentemente, o ilícito civil-trabalhista aqui em análise." MARTINEZ, Luciano. Condutas antissindicais. São Paulo: Saraiva, 2013. p. 216.

De igual modo, Oscar Ermida Uriarte assevera que: "O ato pode ser anti-sindical embora o agente não tenha atuado com a intenção de causar um dano à atividade sindical ou à causa desta, bastando que cause prejuízo. Aquele que sofreu o dano é o sujeito passivo do ato anti-sindical e titular de um direito sindical, podendo ser um ente coletivo (a organização sindical ou o grupo profissional) como uma pessoa física (o trabalhador). Por sua vez, o dano, que em todo o caso – por definição – deve afetar diretamente ou indiretamente um direito sindical, pode afetar tanto um direito sindical coletivo como individual ou um direito não sindical em relação com ou por causa da atividade sindical." URIARTE, Oscar Ermida. Trad.: FERRARI, Irany. A proteção contra os atos anti-sindicais. São Paulo: LTr, 1989. p. 36.

(416) Cf., a propósito: DE CUPIS, Adriano. *Il danno*. Teoria generale dela responsabilità civile. Milano: Giuffrè, 1946. p. 93-95.

art. 188 do Código Civil, a contemplarem, no caso da antissindicalidade, (i) o cumprimento de um dever jurídico, (ii) o exercício regular de um direito, (iii) a legítima defesa e (iv) o estado de necessidade, segundo a classificação adotada por Luciano Martinez.[(417)]

O *cumprimento de um dever jurídico* apto a afastar a antissindicalidade do ato se manifesta, em maior medida, naquelas hipóteses em que a suposta lesão tem por origem os agentes do Estado responsáveis pela manutenção da ordem pública. É de se imaginar, nesse sentido, a deflagração de greve aprioristicamente legítima que descamba para a violência física e para a depredação do patrimônio público. Diante de tal situação, não se poderá classificar como antissindical a conduta dos agentes públicos voltadas para a supressão das agressões praticadas pelos participantes do movimento, pois, em tal caso, os agentes do Estado estão agindo no exercício escorreito de seu mister institucional compreendido no *poder de polícia*.[(418)]

O *exercício regular de um direito* apto a afastar a antissindicalidade, de seu turno, é de classificação mais dificultosa. Em linhas gerais, corresponde ele, para a hipótese ora descrita, ao desempenho do poder diretivo por parte do empregador dentro dos limites permitidos pelo ordenamento jurídico pátrio, podendo ser ilustrado pela transferência do estabelecimento de uma localidade para outra, pela extinção de postos de trabalho, pela determinação do ritmo de produção dentro da jornada legal etc.

Contudo, muito embora a exemplificação em abstrato do cumprimento regular de um direito não contemple maiores dificuldades, o mesmo não se pode dizer de sua visualização prática nas questões a envolverem aludidas condutas antissindicais.

Isso ocorre porque na dinâmica naturalmente conflitiva das relações coletivas não é incomum que atos aparentemente praticados dentro dos liames do *jus variandi* tenham por mote a represália aos trabalhadores em função de seu envolvimento em atividades sindicais ou mesmo a criação de obstáculos à representação exercida pelos entes coletivos obreiros, conforme ver-se-á mais adiante de modo detalhado.

Em tais situações, para além do ato antissindical, ter-se-á a caracterização de abuso de direito, nos termos do art. 187 do Código Civil, cuja materialização contempla, para o empregador, o exercício do direito à direção do estabelecimento em contrariedade às suas funções econômicas e sociais e enseja, nos termos do dispositivo em apreço, a ilicitude da conduta patronal.[(419)]

Ao fim e ao cabo, a qualificação da conduta patronal como *ato antissindical* ou como exercício regular do *jus variandi* decorrerá da apreciação dos casos concretos à luz do conteúdo histórico-institucional do princípio da liberdade sindical e, mais precisamente, da análise em torno da aplicabilidade ou não dos postulados deste último à situação em exame, nos moldes propostos no presente trabalho.

A *legítima defesa* e o *estado de necessidade*, de seu turno, não guardam maiores dificuldades quanto à sua conceituação e quanto à sua visualização prática para o fim ora proposto. Enquanto a primeira é caracterizada pelo uso proporcional da força para repelir agressão injusta, atual ou

---

(417) MARTINEZ, Luciano. *Condutas antissindicais*. São Paulo: Saraiva, 2013. p. 223-238.

(418) Na acepção de Oswaldo Aranha Bandeira de Mello, o poder de polícia exercido pelo Estado compreende "as medidas legais a ele pertinentes, de condicionamento da liberdade e da propriedade de cada indivíduo em função do bem-estar coletivo." MELLO, Oswaldo Aranha Bandeira de. Princípios gerais de Direito Administrativo. Volume I. 2. ed. Rio de Janeiro: Forense, 1979. p. 10.

(419) Nas palavras de José Affonso Dallegrave Neto: "O chamado jus variandi do empregador é um direito legítimo de comandar a atividade empresarial. Contudo, quando as ordens emanadas pela chefia estiverem dissonantes da real necessidade de serviço, extrapolando os limites sociais e econômicos ou mesmo aqueles ditados pela boa-fé ou pelos bons costumes, haverá ato ilícito." DALLEGRAVE NETO, José Affonso. Responsabilidade civil no Direito do Trabalho. 3. ed., 2. tir. São Paulo: LTr, 2009. p. 137.

iminente, a segunda se manifesta naquelas situações em que determinado ato é praticado com o intuito de salvar-se a si próprio ou terceiros de perigo iminente para o qual não concorreu.(420)

Como exemplo de situação de legítima defesa a excluir a antissindicalidade do ato, Luciano Martinez faz menção a um caso hipotético em que o exercício do direito de greve descamba para a implementação de violência física e sabotagem e diante de tal situação, o empregador vale-se da força física estritamente necessária para dissuadir tais agressões até a chegada da polícia, de modo a preservar a incolumidade das pessoas e do patrimônio presentes no local de trabalho.(421)

Já a figura do *estado de necessidade* como excludente da antissindicalidade é constatável do exemplo também hipotético em que o empregador, diante de um princípio de incêndio em seu estabelecimento, determina a evacuação deste último no momento em que um grupo de trabalhadores grevistas realiza piquete nas cercanias da empresa. É claro, que diante de tal situação, a incolumidade física dos indivíduos em risco justifica o óbice imposto à ação sindical coletiva.(422)

Formuladas, portanto, tais considerações sobre a caracterização dos atos antissindicais e sua limitação, animamo-nos, finalmente, a apresentar um conceito baseado nos elementos ora delineados. Assim, o *ato antissindical* seria, em nosso entendimento, *qualquer conduta que, independentemente de dolo ou culpa do agente, obste ou impeça de maneira injustificada o pleno exercício do direito à liberdade sindical, em suas vertentes individual e coletiva.*(423)

Trata-se, portanto, de um conceito propositalmente aberto e indeterminado que foi assim formulado justamente para abarcar não apenas o conteúdo histórico-institucional já contemplado pelo direito fundamental à liberdade sindical, como também os elementos a serem a ele agregados no futuro em função dos novos casos concretos vislumbrados à medida em que as relações coletivas se desenvolvem no cambiante e complexo contexto social, político e econômico a nos circundar.

4.1.2. Sujeitos titulares da proteção jurídica contra as práticas antissindicais

Tendo a liberdade sindical suas vertentes *individual* e *coletiva*, poder-se-ia imaginar que a titularidade da proteção contra os atos antissindicais recairia, de maneira simplista, sobre os trabalhadores individualmente considerados e sobre as entidades sindicais constituídas na forma do direito interno, ainda mais se levarmos em conta que os empregadores e suas respectivas organizações não são abrangidas pela garantia ora mencionada, conforme já visto no Capítulo 2.

(420) DIAS, José de Aguiar. *Da responsabilidade civil.* 12. ed., 2. tir. Rio de Janeiro: Lumen Juris, 2012. p. 777-781.

(421) MARTINEZ, Luciano. *Condutas antissindicais.* São Paulo: Saraiva, 2013. p. 234.

(422) *Vide*, a propósito: PEREIRA, Caio Mário da Silva. *Responsabilidade civil.* 11. ed. Rio de Janeiro: Forense, 2016. p. 386-387.

(423) Sobre a amplitude conceitual subjacente à figura dos *atos antissindicais*, Bernard Teyssié assevera, à luz da legislação francesa, que:

(...)

No original: «Au-delà du cas particulier de la discrimination syndicale, toute entrave intentionnellement apportée à l'exercice du droit syndical dans l'enterprise tel que défini par le législateur ou par une convention ou un accord collectif étendu dérogeant à des normes légales conformément aux prévisions de l'article L-2263-1 du Code du travail.

(...)

Suscetible d'être établie par tous moyen, l'entrave à l'exercice du droit syndical est sanctionée quel que soit l'auteur de l'infraction: chef d'enterprise, administrateur judiciaire, salarié investi par délégation d'une parcele de l'autorité patronale, travailleur ordinaire, représentant du personnel etc. Elle resulte cepedant, la plupart du temps, de mesures prises par le chef d'enterprise ou delegue de ce dernier à l'encontre soit de l'ensemble des syndicats ou d'un syndicat déterminé, par exemple, empêche de tenir une réunion licite ou objet de manœuvres tendant à reduire son influence, soit d'un salarié, mal noté, muté, mis à pied, licencé en raison de ses activités syndicales.» TEYSSIÉ, Bernard. Droit du travail. Relations collectives. 10. ed. Paris: Lexis Nexis, 2016. p. 92.

No entanto, a definição da titularidade do princípio da liberdade sindical — e, consequentemente, da proteção jurídica contra os atos antissindicais — não é tão fácil quanto parece à primeira vista. Em primeiro lugar, é preciso estabelecer, ainda no plano *individual*, quais são os *trabalhadores individualmente considerados* a quem se faculta a livre filiação, desfiliação e criação de entidades sindicais, bem como a participação nas atividades coletivas desenvolvidas por estas últimas.

A questão tem especial relevância na contemporaneidade, haja vista que a clássica relação de emprego a servir de modelo para a organização sindical nos ordenamentos jurídicos internos (inclusive no brasileiro) vem dividindo espaço com outras figuras ora criadas como alternativas legítimas ao trabalho subordinado (*v.g.: autônomos* e *parassubordinados*), ora engendradas como fraudes mais ou menos grosseiras ao vínculo empregatício erigido à condição de *contrato-realidade* (p. ex.: *falsos cooperados, pessoas jurídicas unipessoais, falsos autônomos* etc.).[(424)]

E tal movimento tem se intensificado sobremaneira nos últimos anos, com a difusão do trabalho a partir das chamadas *plataformas digitais,* assim concebidas como os aplicativos de aparelhos de telefonia celular (*smartphones*) dedicados a intermediar o contato entre profissionais liberais interessados em prestar determinados serviços (p.ex: transporte em veículo próprio, consertos domésticos, lavagem de roupas, faxinas etc.) e clientes interessados em obtê-los.[(425)]

Na prática, contudo, as *plataformas digitais* vão muito além da intermediação entre os interesses de profissionais liberais e de potenciais clientes, na medida em que (i) estabelecem os principais requisitos para o oferecimento dos serviços (p. ex.: os padrões dos insumos utilizados, o código de conduta no trato com a freguesia, o tipo do ferramental a ser utilizado, a

(424) Cf., sobre o tema: EBERT, Paulo Roberto Lemgruber. O trabalho autônomo na Reforma Trabalhista e a fórmula política da Constituição de 1988. In: *Revista LTr*, Legislação do Trabalho, v. 81, p. 165, 2017.

(425) Segundo a definição formulada por Ignasi Beltran de Heredia Ruiz: "O elemento central da economia das plataformas é o triplo: em primeiro lugar, a digitalização (e consequente desmaterialização) do ofertador de bens ou serviços; em segundo lugar, a capacidade tecnológica de colocar o solicitante de um bem ou serviço em contato imediato com um potencial grupo de ofertantes; e, em terceiro lugar, a delegação de decisões empresariais para programas de computador que, dotados de enorme capacidade, podem realizar um raciocínio programado do desempenho e qualidade do serviço e executar essas decisões na plataforma, com consequências contratuais para a plataforma, o provedor e o receptor.

(...)

Do ponto de vista estritamente 'laboral', o termo 'economia de plataformas' inclui basicamente duas formas de trabalho: 'trabalho coletivo' (trabalho colaborativo online) e 'trabalho sob demanda via aplicativos móveis'. Ambos referem-se a uma extrema *outsorcing* da atividade da empresa, com base na atomização do processo produtivo em pequenas unidades (com a menor duração possível) e sua execução independente e autônoma do todo. Essa descentralização produtiva, além disso, é configurada na forma de uma chamada aberta (exigindo que o número de prestadores de serviços seja grande o suficiente para atender toda a demanda) e, além disso, a contratação ocorre no momento exato em que a demanda ou solicitação para o local de serviços (daí o nome 'economia sob demanda')

No original: "The central element of the platform economy are threefold: firstly, the digitalization (and consequent dematerialization) of the offerer of the goods or services; secondly, the technological capacity to put the requester of a good or service; secondly, the technological capacity to put the requester of a good or service into immediate contact with a potential group of offerers; and, thirdly, the delegation of business decisions to computer programs which, endowed with enormous capacity, can carry out a programmed reasoning of the performance and quality of service and execute these decisions on the platform, with contractual consequences for the platform, the provider and the receiver.

(...)

From the strictly 'labour' point of view, the term 'platform economy' basically includes two forms of work: 'crowd work' (online collaborative work) and 'on-demand work via mobile applications'. Both refer to an extreme outsorcing of company activity, based on the atomization of the productive process into small units (of the shortest possible duration) and their execution independently and autonomously of the whole. This productive decentralization, in addition, is configured in the form of an open calling (requiring that the number of service providers be large enough to meet the entire demand) and, furthermore, the hiring takes place at the exact moment when the demand or request for the service tekes place (hence the name 'on-demand economy')." RUIZ, Ignasi Beltran de Heredia. Work in the platform economy: arguments for an employment relationship. Barcelona: Huygens, 2019, p. 14-15.

periodicidade das revisões nos veículos etc.); (ii) determinam os itinerários até o destino desejado pelos passageiros, no caso dos aplicativos de transporte; (iii) fixam escalas de classificação e metas quantitativas para os trabalhadores cadastrados; (iv) estipulam penalidades e políticas de incentivo para estes últimos em um ou em outro sentido, em função de seus interesses e (v) definem, de modo unilateral, os preços e os critérios para distribuição de tarefas e, em última instância, de manutenção ou desligamento dos profissionais em questão.(426)

Diante de tais características, é de se imaginar que os trabalhadores ativados nas plataformas digitais se sintam impelidos à formação de entidades representativas, de caráter sindical ou associativo, voltadas para a defesa de seus interesses junto aos aplicativos e às autoridades públicas, ou busquem se unir às organizações já existentes, especialmente naqueles países com tradição sindical mais consolidada.(427)

Ainda no plano *individual*, especialmente na realidade brasileira, é de se perquirir se os trabalhadores seriam titulares do direito de criação, de filiação e de desfiliação de entidades representativas destituídas de caráter sindical (p.ex: as representações de trabalhadores na empresa mencionadas no art. 11 da Constituição Federal) ou mesmo de núcleos sindicais nos locais de trabalho (*vg:* seções sindicais e delegacias sindicais).

No plano *coletivo*, por sua vez, a problemática reside exatamente na titularidade do direito à ação transindividual, especialmente dos direitos à *greve* e à *negociação coletiva*. De fato, indaga-se há muito se os portadores de tal garantia seriam os trabalhadores na condição de coletividade determinada ou se seria tão somente a pessoa jurídica do sindicato legalmente reconhecido por eles constituído.(428)

---

(426) Tais questões foram bem sintetizadas por Tom Slee ao estudar as questões concernentes ao aplicativo *Uber*. Segundo o autor norte-americano: "Uma preocupação em particular são os sistemas de ranqueamento que a Uber usa como garantia de qualidade. Esses sistemas podem ser usados para banir um motorista de determinada comunidade, e isso abre o debate sobre como as práticas trabalhistas da própria corporação podem ter um lado discriminatório.

(...)

A Uber tirou vantagem da vulnerabilidade dos motoristas para impor regras mais e mais rigorosas. Os motoristas (...) devem aceitar 90% dos pedidos, ou recebem uma notificação: 'Por favor, melhore sua taxa de aceitação se quiser continuar a usar a plataforma da Uber'. Motoristas queixam-se de terem sido descredenciados por fazerem críticas à companhia pelo Twitter. Motoristas no serviço Uber Black foram forçados a pegar corridas no uber x, mais barato. E motoristas do serviço uberx foram forçados a aceitar corridas pelo impopular UberPool. A companhia rastreia as localizações dos motoristas e reclama se eles não cumprem com as exigências.

(...)

Mas no coração do controle está o sistema de reputação, que permite aos passageiros classificar os condutores. (...) Se a classificação do motorista cai levemente — abaixo de 4,7 em muitas cidades — ele pode ser 'desativado' ou chutado para fora da plataforma. O sistema deixa os condutores vulneráveis aos passageiros mais exigentes, já que um pequeno número de reclamações pode levar à perda do ganha-pão. E é claro que não há como apelar da decisão, já que o motorista não é um empregado e o contrato não é um contrato de trabalho.

(...)

Enquanto dita o comportamento de seus motoristas de maneiras mais e mais peculiares, a Uber continua a não assumir qualquer responsabilidade quando as coisas dão errado. (...) A classificação como contratante independente livra a companhia de ter de pagar por direitos trabalhistas e de ter de respeitar os padrões de emprego. O risco é inteiramente empurrado para o subcontratado." SLEE, Tom. Trad.: PERES, João. Uberização. A nova onda do trabalho precarizado. São Paulo: Elefante, 2017. p. 129-134.

(427) No Reino Unido, recentemente, o sindicato GMB foi reconhecido pelo aplicativo *Uber* como representante dos interesses de seus motoristas, tendo firmado com a referida plataforma um acordo de condições de trabalho para setenta mil motoristas. *Vide*, a propósito: <https://static.poder360.com.br/2021/05/Uber-reconhece-sindicato-GMB.pdf>. Acesso em: 16 nov. 2021.

No Brasil, já se constata a formação de associações e de sindicatos destinados à representação dos interesses dos motoristas de aplicativos, como, por exemplo, nos estados de São Paulo, Pernambuco, Rio Grande do Sul, Minas Gerais, Distrito Federal, dentre outros.

(428) COUTURE, Eduardo; PLA RODRIGUEZ, Américo. *La huelga en el Derecho uruguayo.* Montevideo: MBA, 1951. p. 114-123.

Para além disso — e tal como na vertente individual — é de se indagar se o direito de ação coletiva titularizado pelos sindicatos (e pelas coletividades obreiras inorganizadas) abarca uma atuação mais incisiva no interior da empresa, por intermédio da constituição de delegacias sindicais e de núcleos presenciais do sindicato no interior dos estabelecimentos empresariais e se ele alcança, para além disso, as centrais sindicais.

Pois bem. Em relação à primeira indagação ora formulada (quais são os trabalhadores que titularizam a liberdade sindical em sua vertente individual?) a resposta a ser conferida deve ter por parâmetro o cotejo das chamadas *novas relações de trabalho* com o conteúdo institucional do princípio da liberdade sindical, aqui compreendido — repita-se — como o núcleo axiológico comum surgido a partir de sua evolução histórica.

Sendo assim, é importante frisar, tal como já ressaltado no Capítulo 1, que as normas tuitivas de ordem pública a integrarem o direito individual do trabalho surgiram da luta dos obreiros no intuito de preservar sua integridade psicofísica, de modo a evitar que o livre jogo dos mercados, plasmado na lei natural da oferta e da procura, transformasse o labor humano em mera mercadoria, de modo a possibilitar a degradação da saúde dos trabalhadores.

E nessa esteira, como complemento de tais normas tutelares, os próprios trabalhadores lograram obter do Estado o reconhecimento do direito à liberdade sindical, como condição *sine qua non* para a defesa coletiva das condições laborais em contraposição aos interesses das coletividades patronais, consolidadas na figura da empresa.

Partindo, pois, da ideia de *integridade* a pautar a evolução fático-temporal dos direitos fundamentais, a única alternativa que guarda coerência com o conteúdo institucional do princípio da liberdade sindical, de modo a atualizá-lo no presente, é aquela que preconiza a extensão de sua titularidade também para os atores das chamadas *novas relações de trabalho*, ora as legítimas, ora as fraudulentas, que engendram, em verdade, vínculos empregatícios clássicos.

Nesse diapasão, a aplicação em concreto do princípio da liberdade sindical a tais situações não pode ignorar o fato de que a difusão das chamadas *novas relações de trabalho* tem por pano de fundo uma nítida tendência à precarização das relações laborais, pautada pela aludida necessidade de flexibilização do arcabouço jurídico laboral em função da dinâmica e da complexidade das relações econômicas e comerciais contemporâneas.[(429)]

Em tal contexto, pautado pelo chamado *dumping* social, não é de se estranhar que as novas formas de contratação de mão de obra busquem afastar-se ao máximo do vínculo empregatício clássico e da tutela a ele inerente.[(430)]

(429) PEREZ, Jose Luis Monereo. *Introducción al nuevo Derecho del Trabajo.* Una reflexión crítica sobre el Derecho flexible del Trabajo. Valencia: Tirant lo Blanch, 1996. p. 99-135.

(430) Observe-se, a propósito, que a noção de *dumping social* não abrangia, em sua origem, as medidas empresariais voltadas ao rebaixamento do custo dos demais fatores de produção que não fossem representados pela mão de obra no âmbito do comércio internacional e da macroeconomia. Nesse sentido, Guillermo Cabanellas observa que: "Se da este nombre [*dumping social*] a la situación en que las exportaciones de un país se vem impulsionadas por los bajos salarios y escasso nível de prestaciones sociales vigentes en el mismo.

(...)

La figura del dumping social no es sino uno de los elementos ideológicos que constituyen el arsenal del proteccionismo. Suelen los defensores de éste argumentar que los bajos salarios en el extranjero ocasionarán la importación massiva de produtos, causando el deterioro de la balanza de pagos del pais, cuyas barreras arancelarias se desea elevar, y la desocupación de su fuerza laboral." CABANELLAS, Guillermo. El dumping. Legislación argentina y derecho comparado. Buenos Aires: Heliasta, 1981. p. 63.

Somente com o aprofundamento das discussões sobre o tema é que o conceito de dumping social foi ampliado, passando a abranger toda e qualquer prática empresarial destinada a promover a violação ao ordenamento jurídico trabalhista e a redução da qualidade de vida dos trabalhadores no ensejo de obter vantagens concorrenciais, conforme bem assinalam Jorge Luiz Souto Maior, Ranulio Mendes Moreira e Valdete Souto Severo: "Na esfera trabalhista, o

Tal vicissitude, plenamente constatável na realidade hodierna, impõe aos aplicadores dos direitos fundamentais de cunho laboral inscritos na Constituição Federal — dentre eles a *liberdade sindical* —, uma análise minuciosa dos casos concretos no sentido de verificar se as novas relações de trabalho a ele apresentadas não configuram, em verdade, típicos vínculos empregatícios. Em tais hipóteses, resta evidente que os obreiros indevidamente enquadrados como autônomos, cooperados, sócios, dentre outros, titularizarão plenamente o direito ao franco associativismo em sua vertente individual.(431)

Assim, o intérprete deverá buscar priorizar a relação de emprego, qualificando os trabalhadores efetivamente como *empregados*. Já nas situações legítimas (*v.g. autônomos*) o direito à liberdade sindical deverá ser também estendido para tais classes de trabalhadores, sob pena de deixá-los sem a possibilidade de exercer um contrapoder em relação ao tomador de seus serviços, o que vai de encontro ao núcleo axiológico da liberdade sindical e ao próprio campo de aplicação dos direitos fundamentais elencados nos arts. 7º a 11 da Constituição Federal.(432)

Ainda no plano da liberdade sindical *individual*, cumpre ressaltar que o franco associativismo contempla a tutela dos trabalhadores no que concerne à formação de entidades destituídas de

---

'dumping social' é o rebaixamento do nível e da qualidade de vida dos trabalhadores, advindo da prática de conduta socialmente reprovável do empregador, caracterizado pelo desrespeito reiterado e inescusável dos direitos trabalhistas, gerando ao empregador o efeito potencial, atingido, ou não, da obtenção de uma vantagem econômica sobre outros empregadores que cumprem, regularmente, as obrigações jurídicas trabalhistas, incentivando, reflexamente, a concorrência desleal." SOUTO MAIOR, Jorge Luiz; MOREIRA, Ranulio Mendes; SEVERO, Valdete Souto. Dumping social nas relações de trabalho. 2. ed. São Paulo: LTr, 2014. p. 25.

(431) Nesse sentido, Alain Supiot reconhece na autonomia efetiva da vontade do prestador de serviços a nota de distinção decisiva entre a condição de autônomo e a de subordinado, senão veja-se: "Nos contratos regidos pelo direito civil, a vontade compromete, enquanto nos contratos de trabalho, ela submete. O comprometimento manifesta a liberdade, enquanto a submissão a nega. Esta contradição entre a autonomia da vontade e a subordinação da vontade resulta em situação na qual o empregado é integrado à empresa ao mesmo tempo como sujeito e como objeto do contrato. Portanto, não se pode esperar que nos contratos de trabalho os princípios jurídicos relacionados à autonomia da vontade se mantenham intactos. Tais princípios resultam desfigurados em função do elo de subordinação e pela alteração na condição de sujeito de direitos que ele traz consigo. E como o objeto da obrigação que encerra o comprometimento, nos contratos de trabalho, consiste na obediência às ordens patronais, os contornos a definirem a qualificação profissional e o posto de trabalho acabam por se tornar inexatos. A força obrigatória do contrato é deslocada em benefício do empregador, ao passo que os direitos do trabalhador são degenerados pela obrigação de aceitar as alterações posteriores que o empregador pretende lhe impor. A exigência do consentimento livre e informado muitas vezes abre espaço para o consentimento fictício, voltado para o formalismo, como uma fonte de obrigações. Estas soluções híbridas bem ilustram a tensão latente entre a autonomia da vontade individual e o vínculo de subordinação, a permear o funcionamento do contrato de trabalho."

No original: «Dans le contrat civil, la volonté s'engage; dans le contrat de travail, elle se soumet. L'engagement manifeste la liberté, la soumission la nie. Cette contradiction entre autonomie de la volonté et subordination de la volonté aboutit à ce que le salarié est à la fois appéhendé dans l'enterprise comme sujet et comme objet du contrat. Dès lors on ne peut espérer retrouver intacts emn droit du travail les principes juridiques qu'implique l'autonomie de la volonté. Ces principes sont défigurés par le lien de subordination, et par l'alteration de la qualité de sujet de droit qu'elle implique. L'objet de l'obligation, qui forme la matière de l'engagement, étant l'obéissance aux ordres, y prend les contours imprécis de la qualification professionnelle et du poste de travail. La force obligatoire du contrat s'estompe au profit de l'employeur, le droit du salarié au respect de ses clauses dégénérant en devoir d'accepter les modifications secondaires que l'employeur entend y apporter. L'exigence d'un consentement libre et éclairé fait parfois place à un consentement fictif, voire au formalisme comme source d'obligations. Ces solutions hybrides sont autant de manifestations de la tension latente entre autonomie de la volonté individuelle et lien de subordination, qui parcourt la contrat de travail.» SUPIOT, Alain. Critique du Droit du Travail. Paris: PUF, 1994. p. 123-124.

(432) A propósito, esclarecem Rodrigo de Lacerda Carelli e Murilo Carvalho Sampaio Oliveira ao tratarem dos trabalhadores (autônomos) em plataformas digitais que: "Identificamos no texto constitucional um conjunto de direitos fundamentais que, igualmente, na literalidade do vocábulo, destina-se a todo humano trabalhador. Dignidade, (real) liberdade de trabalho, valor social do trabalho, limitações às jornadas, remuneração mínima vinculada à satisfação das necessidades básicas e viabilizadora de uma existência digna, proteção contra a automação, seguro contra acidentes, vedação de discriminação, liberdade e organização são direitos que, por previsão legal ou por ação de organizações coletivas, podem, conforme vontade política, ser dirigidos a todos os trabalhadores dependentes e autônomos." CARELLI, Rodrigo de Lacerda; OLIVEIRA, Murilo Carvalho Sampaio. As plataformas digitais e o Direito do Trabalho. Como entender a tecnologia e proteger as relações de trabalho no século XXI. Belo Horizonte: Dialética, 2021. p. 89.

caráter sindical, tais como as representações de trabalhadores na empresa, bem como aquelas que, mesmo integrando a estrutura dos sindicatos, não encontram previsão nos diplomas formais atualmente existentes no ordenamento pátrio (p. ex.: núcleos sindicais nos locais de trabalho).

Conforme efetivamente visto no Capítulo 3, o efetivo contrapoder, em igualdade de condições, a ser exercido pelos trabalhadores coletivamente organizados em relação à força econômica das empresas — razão de ser da liberdade sindical e do próprio Direito do Trabalho — não prescinde de uma representação obreira que esteja presente tanto no intramuros dos estabelecimentos produtivos, quanto fora deles, de modo a propiciar aos trabalhadores a postulação de seus interesses em todos os níveis de conflito com o capital, do *chão-de-fábrica* às esferas transnacionais de decisão.(433)

Por isso mesmo, o conteúdo institucional da liberdade sindical sintetizado, nesse particular, nas Convenções n. 98 e n. 135 da OIT e contemplado nos arts. 8º, *caput*, e 11 da Constituição Federal, assegura aos trabalhadores individualmente considerados a possibilidade de instituir núcleos representativos de seus interesses nos locais de trabalho, de cunho sindical ou não, e, para além disso, nulificam os atos patronais tendentes à coibição ou à desvirtuação de tais estruturas, por se inserirem no conceito de *conduta antissindical*.

Desse modo, é plenamente lídimo afirmar que os trabalhadores possuem o direito à instituição de representações unitárias de trabalhadores nas empresas, bem como de núcleos sindicais (p. ex.: delegacias e seções sindicais), a integrarem o sistema *dual* previsto na Convenção n. 135 da OIT. Em contrapartida, veda-se aos empregadores a possibilidade de criar obstáculos à criação de tais estruturas, tais como a transferência dos empregados nela envolvidos ou sua demissão injustificada.

A formulação de tal assertiva partilha da mesma lógica adotada pelo Supremo Tribunal Federal quando do julgamento do Recurso Extraordinário n. 205.107/MG, a estender para as entidades representativas em vias de formação destituídas de registro no Ministério do Trabalho e Emprego e para seus dirigentes, as garantias legais destinadas a assegurar a autonomia sindical das organizações já constituídas formalmente.(434)

Do mesmo modo que os trabalhadores são tutelados no que concerne à criação de núcleos representativos e sindicais ou mesmo de entidades sindicais, são eles titulares da proteção necessária quanto ao exercício pleno e efetivo das ações destinadas à imposição de um contrapoder

(433) Tal ideia foi descrita de maneira bastante didática por Marcus de Oliveira Kaufmann, nos seguintes termos: "Para que o sindicalismo tradicional escape de seu marasmo e do artificialismo de suas postulações, motivadas por representações formais, mas não, como visto, por verdadeiras representatividades materiais a partir dos locais de trabalho, faz-se necessário que seja dado azo ao projeto de um 'sindicalismo associativo', centrado nos eixos de sua (i) inserção nos locais de trabalho, onde a participação social ainda é rara; na (ii) inserção ou na promoção ao surgimento, regrado ou voluntário, de organismos representativos de trabalhadores de índole unitária e não sindical, quer individuais, quer coletivos; e na (iii) consequente movimentação de informações por todas as estruturas, sindicais ou unitárias, em todos os níveis (do local ao global) de atuação daqueles organismos, de forma coordenada e não conflitiva, para alimentar o sistema de gerenciamento de dados importantes para que o sindicalismo internacional, pela atuação das federações sindicais internacionais, possa oferecer um digno combate ao capital globalizado." KAUFMANN, Marcus de Oliveira. Por um sindicalismo associativo. Da solidariedade sindical internacional à democracia nos locais de trabalho. São Paulo: LTr, 2014. p. 333.

(434) "EMENTA: Estabilidade sindical provisória (CF, art. 8º, VII); reconhecimento da garantia aos diretores eleitos, na assembleia constitutiva da entidade sindical, desde, pelo menos, a data do pedido de registro no Ministério do Trabalho, o que não contraria a exigência deste, constante do art. 8º, I, da Constituição.

A constituição de um sindicato 'posto culmine no registro no Ministério do Trabalho (STF, MI 144, 3.8.92, Pertence, RTJ 147/868)' a ele não se resume: não é um ato, mas um processo.

Da exigência do registro para o aperfeiçoamento da constituição do sindicato, não cabe inferir que só a partir dele estejam os seus dirigentes ao abrigo da estabilidade sindical: é 'interpretação pedestre', que esvazia de eficácia aquela garantia constitucional, no momento talvez em que ela se apresenta mais necessária, a da fundação da entidade de classe." BRASIL: SUPREMO TRIBUNAL FEDERAL. RECURSO EXTRAORDINÁRIO N. 205.107/MG. RELATOR: Min. Sepúlveda Pertence. Plenário. DJ: 25.9.1998, p. 21.

aos empregadores. Nesse particular, destaca-se o direito à *greve* que, antes de ser uma garantia das associações representativas, tem por titulares os próprios obreiros coletivamente organizados, conforme declinado no art. 9º, da Constituição Federal, bem assim nos arts. 1º e 4º, § 2º, da Lei n. 7.783, de 28.6.1989.(435)

Não quer isto dizer, contudo, que as entidades representativas de trabalhadores deixem de titularizar o direito à greve. Pelo contrário, uma vez envolvidas diretamente nos atos preparatórios e executórios do movimento paredista, os referidos entes imiscuir-se-ão legitimamente no escopo tutelar da liberdade sindical coletiva que, conforme visto no Capítulo 2, circunscreve a ação exercida pelas organizações obreiras na defesa transindividual dos interesses de suas respectivas categorias.(436)

Pode-se dizer, portanto, que a greve é um direito titularizado pelos trabalhadores coletivamente organizados, cujo exercício — com suas respectivas garantias — abrange não apenas os obreiros individualmente considerados no que tange à sua liberdade de aderir ou não ao movimento, como também a entidade representativa que vier a encampá-lo, no que diz respeito ao legítimo desempenho das ações necessárias à deflagração e à condução da parede.

No que diz respeito à *negociação coletiva*, a tutela plasmada nas Convenções ns. 98 e 154 da OIT e, entre nós, pelo art. 8º, VI, da Constituição Federal, indica que o exercício de tal garantia é incumbência das organizações representativas dos trabalhadores sendo que, no caso brasileiro, o sindicato obreiro é o detentor *ex lege* de tal prerrogativa, conforme prescrito naquele dispositivo constitucional.

Isso, no entanto, não basta para retirar a titularidade do direito à negociação coletiva dos trabalhadores coletivamente organizados, pois ao se buscar a composição com os empresários, o que se pretende é, justamente, a materialização, em maior ou menor grau, daqueles interesses comuns almejados pelos obreiros. Por conseguinte, se há, em concreto, a necessidade de transigir sobre as condições de trabalho é porque tal vicissitude é sentida, efetivamente, pelos trabalhadores diretamente afetados por elas.

É justamente por tal razão que a negativa injustificada do sindicato obreiro quanto ao desempenho de seu poder-dever de negociação coletiva, ou mesmo o exercício desvirtuado de tal prerrogativa, configurará ato antissindical, com todas as consequências decorrentes de tal classificação, conforme ver-se-á mais detidamente no decorrer do presente capítulo.

Em vista disso, pode-se afirmar que o direito à negociação coletiva tem por titulares, tal como ocorre com a greve, os trabalhadores coletivamente considerados. Porém, diferentemente do que se passa com aquela garantia, seu efetivo exercício não prescinde da intervenção dos entes coletivos de representação obreira e, no caso brasileiro, não se dá sem a participação dos sindicatos que detêm a representatividade da respectiva categoria, a teor do art. 8º, VI, da Constituição Federal.(437)

---

(435) A propósito, Maria do Rosário Palma Ramalho pontua que: "O carácter coletivo da greve deve ser entendido num duplo sentido: em primeiro lugar, trata-se de um direito da titularidade de um conjunto de trabalhadores, actuando por si próprios ou através das respectivas associações sindicais – uma vez que a greve pode ser decretada pelos sindicatos ou directamente pelos trabalhadores em assembleia (...); em segundo lugar, a greve prossegue um interesse colectivo, ou seja, um interesse do conjunto dos trabalhadores grevistas." RAMALHO, Maria do Rosário Palma. Tratado de Direito do Trabalho. Parte III – Situações Laborais Colectivas. Coimbra: Almedina, 2012. p. 430.

(436) Nesse sentido, o Verbete n. 495 do Comitê de Liberdade Sindical da OIT preconiza que: "La libertad sindical no implica solamente el derecho de los trabajadores y empleadores a constituir libremente las asociaciones de su elección, sino también el de las asociaciones profesionales mismas a entregarse a actividades licitas en defensa de sus intereses profesionales." OFICINA INTERNACIONAL DEL TRABAJO. La libertad sindical. Recopilación de las decisiones y princípios del Comité de Libertad Sindical del Consejo de Administración de la OIT. 5. ed. Ginebra: OIT, 2006. p. 109.

(437) *Vide*, nesse sentido: SANTOS, Enoque Ribeiro dos. *Negociação coletiva de trabalho nos setores público e privado.* São Paulo: LTr, 2015. p. 128-137.

Todavia, se no ordenamento brasileiro o exercício do direito à negociação coletiva não ocorre sem a participação do sindicato, como se daria o exercício de tal prerrogativa por parte das representações dos trabalhadores e dos núcleos sindicais nos locais de trabalho? Nesse particular, é mister ressaltar que a Convenção n. 135 da OIT — a instituir, como visto, o sistema *dual* de representação obreira nas unidades produtivas — remete para as legislações nacionais a delimitação do escopo de titularidade das garantias nela previstas, bem assim a formulação dos mecanismos de resolução dos conflitos eventualmente estruturado entre as duas esferas.[(438)]

No que diz respeito aos núcleos sindicais nos locais de trabalho (vg: *seções* e *delegacias sindicais*), a indagação não suscita maiores problemas. De fato, sendo aqueles núcleos organismos integrantes dos próprios sindicatos obreiros, resta evidente que as negociações coletivas por eles conduzidas no âmbito dos locais de trabalho atenderão plenamente à exigência constante do art. 8º, VI, da Constituição Federal.

A problemática exsurge com maior ênfase quando se fazem presentes no âmbito de uma determinada unidade produtiva aquelas representações não sindicais dos trabalhadores nos locais de trabalho previstas no art. 11 da Constituição Federal e, mais recentemente, no art. 510-A e seguintes da CLT, com a instituição da *representação dos empregados.* Em tais casos, não há como suplantar o enunciado do art. 8º, VI, da Carta Magna a impor, como visto, a participação dos sindicatos representativos da categoria obreira nas respectivas negociações coletivas e, por tal razão, aquelas instâncias unitárias deverão, necessariamente, buscar a composição com as entidades sindicais nesse particular, conforme já adiantado no item 3.3.3 *supra.*

Não obstante, é de se frisar que a postura das representações unitárias e das entidades sindicais quando das negociações coletivas a serem implementadas no âmbito das unidades produtivas deverão ser plasmadas pela observância ao princípio da boa-fé objetiva, a exigir, nesses casos, que as referidas instâncias obreiras busquem, acima de qualquer objetivo político, a concretização dos interesses da categoria obreira no que concerne à melhoria das condições de trabalho naquele local específico.[(439)]

---

(438) "Art. 4
A legislação nacional, as convenções colectivas, as sentenças arbitrais ou as decisões judiciais poderão determinar o tipo ou os tipos de representantes dos trabalhadores que devem ter direito à protecção e às facilidades visadas pela presente convenção."
"Art. 5
Quando uma empresa tem, ao mesmo tempo, representantes sindicais e representantes eleitos, deverão ser tomadas medidas apropriadas, sempre que tal se verifique, a fim de se evitar que a presença dos representantes eleitos possa servir para enfraquecer a situação dos respectivos sindicatos ou dos seus representantes, e também para encorajar a cooperação entre os representantes eleitos e os sindicatos e seus representantes, em todos os assuntos pertinentes."

(439) Segundo Sonia Bendix, a aplicação do princípio da boa-fé objetiva às negociações coletivas compreenderia, a título exemplificativo, os seguintes deveres: "A sincera intenção de obter uma solução negociada, formulando propostas e concessões indicativas de boa-fé, a vedação quanto à implementação de condutas unilaterais tendentes a alterar o objeto da negociação ou postergá-la para além do razoável, a vedação quanto ao estabelecimento de pré-condições desarrazoadas para a negociação coletiva, o dever de não ignorar os legítimos agentes da negociação coletiva, o dever de prestar informações relevantes sobre questões determinadas de interesse das partes, o dever de não alterar subitamente as condições da negociação", bem como o "dever de nao negar informações e de não demonstrar comportamento insultante."

No original: "The agreement to bargain implies a duty to bargain in good faith. This means that the party concerned should display sincere intention to achieve resolution, that he should make proposals and concessions indicative of good faith, that he should not unilaterally institute changes or use delaying tatics, should not set unreasonable pre-conditions for bargaining, should not bypass acknowledged bargaining agents, should supply sound arguments for a particular stance, should not suddenly change bargaining conditions, should not unnecessarily withold information and should never engage in insulting behavior." BENDIX, Sonia. *Industrial Relations in South Africa.* 4. ed. Lansdowne: Juta Academic, 2001. p. 289.

Aqui é imprescindível asseverar, novamente, que a prerrogativa de participação nas negociações coletivas assegurada no art. 8º, VI, da Constituição Federal consiste em um poder-dever do sindicato e que, portanto, a entidade obreira detentora da representatividade formal não se encontra autorizada a se furtar de tal obrigação quando instada e nem tampouco de deixar de colaborar com a representação autônoma dos trabalhadores uma vez existente esta última, sob pena de incidir em conduta antissindical com todos os seus consectários indenizantes, caducificantes, invalidantes e autorizantes, na dicção de Luciano Martinez.(440)

Por fim, quanto às centrais sindicais, pode-se afirmar que são estas últimas, igualmente, sujeitos coletivos alcançados pela tutela contra a prática antissindical. De fato, mesmo sendo as centrais entidades dotadas de personalidade meramente associativa, situadas geralmente fora da estrutura sindical confederativa, são elas formadas e geridas a partir da vontade espontânea das organizações sindicais que, diante da necessidade de formulação de orientações políticas comuns para o atingimento de seus objetivos institucionais, conceberam aqueles entes de cúpula.(441)

Por isso mesmo, negar às centrais sindicais a tutela emanada do princípio da liberdade sindical em sua vertente coletiva e, mais precisamente, contra as práticas antissindicais, é negar, na prática, o próprio direito de ação política a ser exercido legitimamente pelas organizações de primeiro, segundo e terceiro grau na busca em torno da concretização de seus fins institucionais.(442)

Dito em outros termos, uma vez que as centrais sindicais encampam, articulam e executam no seu mais alto nível os interesses e fins institucionais das entidades de primeiro, segundo e terceiro grau, é evidente que devem ser elas protegidas contra as práticas oriundas dos empregadores e do Estado a afetarem, de algum modo, a lídima atuação daquelas entidades de cúpula, sob pena de se restringir de modo indevido a própria atuação política dos sindicatos, federações e confederações.

É possível afirmar, portanto, que a tutela contra as práticas antissindicais decorrente do direito institucional à liberdade sindical em sua vertente *individual* (art. 8º, *caput*, da Constituição Federal) é titularizada pela generalidade dos trabalhadores, a compreender não apenas os empregados clássicos, mas também aqueles obreiros que se encontram submetidos a regimes legítimos ou fraudulentos erigidos como alternativas ao trabalho subordinado, tais como os falsos cooperados, os falsos sócios, as pessoas jurídicas unipessoais, os autônomos, os profissionais liberais etc.

Tal concepção encontra pleno respaldo no conceito de liberdade sindical a nortear o desenvolvimento do presente estudo, a compreendê-la como um direito institucional, cujo conteúdo normativo não é formado apenas pelo conjunto das experiências históricas verificadas até o presente, sendo, ao revés, aberto para as vicissitudes presentes e futuras que demandem a vivificação de seus preceitos nos casos concretos.

---

(440) MARTINEZ, Luciano. *Condutas antissindicais*. São Paulo: Saraiva, 2013. p. 240-241.

(441) Nas palavras de Amauri Mascaro Nascimento, as centrais sindicais: "São a maior unidade representativa de trabalhadores na organização sindical. São entidades de cúpula. Situam-se, na estrutura sindical, acima das confederações, federações e sindicatos. Representam outras organizações sindicais que a elas se filiam espontaneamente. São intercategoriais, expressando-se como um referencial de concentração da pirâmide sindical. Surgem em congressos de organizações interessadas ou institucionalmente — mas podem ser previstas em leis —, como necessidade natural, do mesmo modo com que são criados os grupos econômicos." NASCIMENTO, Amauri Mascaro. Compêndio de Direito Sindical. 6. ed. São Paulo: LTr, 2009. p. 257.

(442) A propósito, o Comitê de Liberdade Sindical da OIT assinala em seu verbete n. 500 que: "Las disposiciones que prohiben de manera general las actividades políticas de los sindicatos para la promoción de sus objectivos específicos son contrarias a los principios de la libertad sindical." OFICINA INTERNACIONAL DEL TRABAJO. La libertad sindical. Recopilación de lãs decisiones y princípios del Comitê de Libertad Sindical del Consejo de Administración de la OIT. 5. ed. Ginebra: OIT, 2006. p. 110.

Por essa singela razão, não pode a liberdade sindical deixar de abranger em seu conteúdo institucional a tutela daqueles trabalhadores inseridos em tais figuras concebidas como alternativas lícitas ou fraudulentas ao trabalho subordinado. Do contrário, o franco associativismo não será capaz de alcançar, em seu âmbito tuitivo, o fenômeno deletério do *dumping social*, a caracterizar, na atualidade, o ambiente doméstico e internacional das relações de trabalho e a tendência à precarização generalizada dos vínculos laborais.

Já a vertente *coletiva* da titularidade da proteção contra as práticas antissindicais, igualmente decorrente do princípio constitucional da liberdade sindical, albergará não apenas os entes sindicais integrantes do sistema formal confederativo (sindicatos, federações e confederações), como também os núcleos sindicais e unitários de representação dos obreiros nos locais de trabalho, observadas as limitações decorrentes do art. 8º, VI, da Constituição Federal, assim como as centrais sindicais, conquanto entes oriundos da própria ação sindical exercida pelas organizações sindicais em sentido estrito.

Uma vez detalhada a titularidade da tutela contra os atos antissindicais em suas vertentes individual e coletiva, passa-se, na sequência do presente Capítulo, à análise das condutas objetivamente vedadas pelo princípio da liberdade sindical, sem que tal arrolamento — advirta-se — tenha a pretensão de esgotar as práticas passíveis de serem empreendidas em concreto contra o franco associativismo.

O rol de condutas a ser formulado abaixo é, portanto, meramente exemplificativo, pois a delimitação das práticas vedadas em concreto pelo princípio da liberdade sindical, assim como seu conteúdo institucional, serão tão extensos quanto a criatividade de empregadores e dos agentes do Estado no sentido de cercear o legítimo exercício do franco associativismo em suas vertentes individual e coletiva.

4.1.3. Atos antissindicais praticados pelas empresas e sindicatos patronais contra trabalhadores e entidades obreiras

As condutas implementadas pelos empregadores e pelos sindicatos patronais contra os trabalhadores e suas entidades representativas consistiram na primeira manifestação de antissindicalidade verificada na história das relações de trabalho a partir da Revolução Industrial. Tais práticas surgiram, originalmente, como uma reação imediata às primeiras tendências de organização coletiva externadas pelos obreiros e, por isso mesmo, consistiram nos primeiros supostos fáticos a integrarem o escopo tutelar do princípio da liberdade sindical ainda no século XIX.

Como conduta clássica representativa desse período histórico, cuja prática ocorre até hoje, tem-se a *recusa à contratação de trabalhadores sindicalizados*, cuja expressão mais difundida fez-se representada pelos chamados *yellow dog contracts*, pelos quais os empresários, especialmente na Inglaterra e nos Estados Unidos, impunham aos empregados em seus respectivos contratos de trabalho uma cláusula a conter o compromisso do obreiro de não se filiar a entidades dedicadas à negociação coletiva e à realização de greves.

A extrema difusão de tal prática nos Estados Unidos, especialmente nas primeiras décadas do século XX, conduziu à popularização da expressão *yellow dog contracts* e demandou, no ano de 1932, o estabelecimento de um artigo no *Norris-La Guardia Act* tornando inexequíveis as cláusulas contratuais de não filiação sindical. Posteriormente, tal proibição veio a ser reiterada no *National Labor Relations Act*, de 1935 e expressamente vedada pela Convenção n. 98 da OIT, de 1949.(443)

(443) Sobre a expressão yellow dog contracts Luciano Martinez aponta que: "A palavra 'yellow' (amarelo) tem sentido depreciativo na língua inglesa, sendo quase sempre aplicada para qualificar atos de covardia ou medo extremo. (...) Nesses termos, 'yellow dog' designava não apenas o trabalhador covarde, mas também aquele visto como submetido por conta das necessidades da vida." MARTINEZ, Luciano. Condutas antissindicais. São Paulo: Saraiva, 2013. p. 282.

Não obstante sua origem remota, a prática tendente à recusa de contratação de trabalhadores sindicalizados ou envolvidos mais incisivamente em atividades sindicais não ficou totalmente relegada ao passado, sendo ainda verificada no presente. A ilustrar tal constatação tem-se o caso concreto analisado pelo Comitê de Liberdade Sindical da OIT na década de 1990 a envolver o estabelecimento de *comitês especiais* por parte das empresas públicas da Costa Rica que ficariam incumbidos de conceder ou negar *certificados de lealdade* aos candidatos a vagas de empregos nas empresas estatais daquele país com base, dentre outros fatores, na participação pregressa do indivíduo em atividades sindicais.(444)

Como uma evolução natural dos *yellow dog contracts* surgiram no decorrer do século XX as chamadas *listas negras*, a elencar os nomes dos trabalhadores que por seu envolvimento no movimento sindical, poderiam representar uma ameaça aos empregadores, de modo que sua contratação não seria recomendada, sob a ótica patronal. Tal prática vulnera a liberdade sindical não apenas porque sua simples existência incute nos trabalhadores o temor quanto à filiação às entidades de classe, mas também — e principalmente — porque a elaboração das referidas nominatas enfraquece substancialmente as organizações obreiras e obsta o efetivo exercício de contrapoder aos desígnios empresariais.

A propósito, a casuística do Comitê de Liberdade Sindical da OIT atesta que a formulação de *listas negras* foi objeto de análise e de condenação por aquele colegiado em sucessivas oportunidades. Destacam-se, nesse sentido, os verbetes n. 782 e 803, a envolver situações concretas nas quais as listagens continham não apenas nomes de dirigentes sindicais, mas também de trabalhadores envolvidos em atividades de cunho representativo.(445)

No ordenamento jurídico brasileiro, a formulação de *listas negras* por parte dos empresários com vistas a promover a discriminação dos trabalhadores em razão de sua atuação sindical configura prática relevante também pelo fato de envolver o acesso, o tratamento e a divulgação de dados pessoais sensíveis dos trabalhadores, assim classificados pelo art. 5º, II, da Lei n. 13.709, de 14.8.2018 (Lei Geral de Proteção de Dados) como aquelas informações "*sobre origem racial ou étnica, convicção religiosa, opinião política, filiação a sindicato ou a organização de caráter religioso, filosófico ou político*".(446)

---

(444) *Vide*, a esse respeito, o Verbete n. 783 do Comitê de Liberdade Sindical da OIT: "Con respecto a los comités especiales instituídos en virtud de una ley y encargados de conceder o denegar los «certificados de lealtad», que ciertos trabajadores de las empresas de utilidad pública necesitan para ser contractados o confirmados en sus puestos, el Comitê recordo que conviene cuidar de que en ningún caso los comités especiales puedan utilizarse de forma tal que se produzca una diiscriminación antisindical." OFICINA INTERNACIONAL DEL TRABAJO. La libertad sindical. Recopilación de las decisiones y princípios del Comitê de Libertad Sindical del Consejo de Administración de la OIT. 5. ed. Ginebra: OIT, 2006. p. 169.

(445) "782. Los trabajadores tienen muchas dificultades de orden práctico para probar la naturaleza real de su despido o de la negativa de un empleo, especialmente cuando el problema se examina dentro del contexto de las listas negras, práctica cuya fuerza radica precisamente en su carácter secreto. Si es cierto que para los empleadores es importante obtener información sobre sus eventuales asalariados, no es menos cierto que a los trabajadores que en otros tiempos hayan estado afiliados a un sindicato o hayan desarrollado actividades sindicales se les deberia comunicar la información que sobre ellos se tenga, ofereciéndoles la oportunidad de impugnarla, especialmente si es erronea y se ha obtenido de una fuente que no sea digna de crédito. Además, en estas condiciones, los trabajadores interesados serían más propensos a instituir un procedimiento legal, ya que se hallarían en una mejor posición para demonstrar la naturaleza real de su despido o de la negativa de empleo." *Ibidem*, p. 168.

"803. La práctica consistente em establecer listas negras de dirigentes sindicales y sindicalistas constituye uma grave amenaza para el libre ejercício de los derechos sindicales y, em general, los gobiernos deberían tomar medidas enérgicas para combatir tales prácticas." *Ibidem*, p. 172.

(446) Discute-se, no entanto, se o consentimento *específico e destacado* previsto no art. 11 da Lei n. 13.709/2018 para o tratamento dos chamados *dados pessoais sensíveis* poderia ser expressado livremente pelos trabalhadores no curso de uma relação de emprego.

No âmbito da União Europeia, o Grupo de Trabalho criado pela Diretiva 95/46/CE concernente ao *"tratamento de dados pessoais"* formou entendimento no sentido de que:

"Ocorrem desequilíbrios de poder em contexto laboral, [pois] atendendo à dependência que resulta da relação empregador/trabalhador, é improvável que o titular dos dados possa recusar ao seu empregador o consentimento para

A inserção da *filiação sindical* no rol dos dados pessoais sensíveis se justifica na medida em que tais informações de caráter pessoal tendem usualmente a ser utilizadas pelos controladores (especialmente pelos empresários), como fundamento discriminatório de trabalhadores para fins de contratação. Trata-se, portanto, de situação cotidiana de discriminação que se enquadra na mesma categoria que as distinções por motivos raciais, religiosos, políticos, filosóficos, sanitários, biológicos, de gênero e de orientação sexual e que é abominada pelo ordenamento jurídico, justamente por se firmarem em preconceitos de matriz ideológica tendentes a limitar a fruição de garantias fundamentais.(447)

Nesse diapasão, é mister atentar para a possível utilização, por parte dos empresários, de programas ou plataformas de *gestão de pessoas* baseados em algoritmos programados para selecionar (ou desprezar), para fins de contratação ou de permanência nas empresas, trabalhadores com histórico de atuação sindical, em situações características daquilo que a doutrina contemporânea convencionou classificar como *discriminação algorítmica.* Em tais casos, muito embora os sistemas se apresentem como neutros, pode ocorrer (i) que seus parâmetros operacionais sejam dirigidos, pelo próprio fabricante ou pelo controlador dos dados, para o estabelecimento de distinções tendenciosas ou (ii) que acabem por "aprender" automaticamente (através do mecanismo de *deep learning*) os padrões discriminatórios utilizados regularmente pelos tomadores de serviços.(448)

Não menos incomuns do que os atos antissindicais praticados no momento anterior à contratação são aquelas condutas perpetradas no decurso da relação de trabalho, com destaque para a *dispensa, o afastamento e a transferência de trabalhadores em decorrência de sua filiação e atuação sindical.*

---

o tratamento dos dados sem que haja medo ou risco real de consequências negativas decorrentes da recusa." UNIÃO EUROPEIA: *Working Party 29.* WP259 ver.01. Grupo de Trabalho do Art. 29. Diretrizes sobre o consentimento nos termos do Regulamento 206/679. Disponível em: <http://ec.europa.eu/newsroom/article29/item-detail.cfm?item_id=623051>. Acesso em: 7 jun. 2022.

(447) Conforme observam Fabiano Zavanella e Gilberto Carlos Maistro Junior: "A referida qualificação dos dados pessoais sensíveis, a ponto de serem também chamados de *dados personalíssimos,* se dá pelo fato de se tratarem de dados extremamente ligados à base da personalidade do indivíduo a ponto de tocar no campo das diversidades, com impactos na seara ideológica do controlador dos dados ou de qualquer pessoa que tenha acesso aos dados (ideologia, aqui, entendida como direcionamento dos valores em sentido amplo), a partir das quais se pode extremar a vulnerabilidade da pessoa humana nas relações sociais, principalmente em quadros de discriminação negativa ou odiosa.

(...)

Por isso, compreende-se, facilmente, que dados sobre origem racial ou étnica, convicção religiosa, opinião política, filiação a sindicato ou a organização de caráter religioso, filosófico ou político, dado referente à saúde ou à vida sexual, dado genético ou biométrico, quando vinculado a uma pessoa natural (...) são dados pessoais sensíveis. São dados, portanto, que se considerado o plano da racionalidade e o mínimo de demonstração de senso humanitário, consideradas as percepções do cotidiano social e os relatos que chegam até mesmo ao conhecimento do Poder Judiciário, no atual estágio da evolução humana, lamentavelmente ainda são capazes de gerar um quadro de submissão do seu titular a situação discriminatória, privando-lhe do exercício de algum de seus direitos, ou, de fomentar a exploração para além dos limites que a liberdade contratual pode admitir, em nítida construção de cenários de coisificação da pessoa humana." ZAVANELLA. Fabiano; MAISTRO JUNIOR. Gilberto Carlos. Utilização de dados pessoais do trabalhador e o legítimo interesse do empregador a partir do poder de direção. In: MIZIARA, Raphael; MOLLICONE, Bianca; PESSOA, André. Reflexos da LGPD no Direito e no Processo do Trabalho. 2. ed. São Paulo: Revista dos Tribunais, 2022. p. 293.

(448) Nas palavras de Pilar Rivas Vallejo: "Las dudas sobre el proprio funcionamento opaco del *deep learning* y el probable desconocimiento del empleador acerca de los fundamentos de la decisión del algoritmo pueden conducir, por una parte, a basar su decisión en un mecanismo que supone objetivo, desconociendo que este haya podido haber efectuado una selección sesgada, y, por otra parte, a dificultar la prueba y el acceso a la misma por la persona afectada por la exclusión discriminatória en tanto la caja negra no motiva ni justifica los parametros de la elección, porque la programación del algoritmo no se basó en un cálculo simple de características buscadas por el empleador, sino en el aprendizaje automatico profundo (*deep learning*) que aprendió por sí mismo cuáles son tales características idóneas.

Lógicamente, el resultado puede abonar con claridad la sospecha fundada de que, si no lo hizo en esta ocasión, sí cuenta com una trayectoria dilatada en discriminación en su empresa, si es que el algoritmo aprendió de los datos historicos de la misma para efectuar sus cálculos y validar sus conclusiones." VALLEJO, Pilar Rivas. La aplicación de la Inteligencia Artificial y su impacto discriminatorio. Pamplona: Aranzadi, 2020. p. 209-210.

Nesse particular, é de crucial importância reiterar que a tutela contra o despedimento, o afastamento e a transferência antissindicais, na sistemática do art. 1º da Convenção n. 98 da OIT, ratificada pelo Brasil, não é limitada aos dirigentes das entidades sindicais formalmente reconhecidas, mas também à generalidade dos trabalhadores, eis que são estes últimos os principais titulares do direito à liberdade sindical.

Por essa singela razão, a implementação de tais condutas vedadas expressamente pela Convenção n. 98 por parte dos empregadores 3 seja em face dos dirigentes sindicais ou dos trabalhadores envolvidos com o movimento representativo — afigurar-se-á nula de pleno direito, ensejando, para além da anulação das condutas respectivas, a reversão da situação ao *status quo ante* e a reparação dos eventuais danos morais e materiais decorrentes daquelas práticas, conforme ver-se-á mais detidamente nos tópicos conclusivos do presente Capítulo.[(449)]

Veja-se, a propósito, que a casuística do Comitê de Liberdade Sindical da OIT é prenhe de julgados a condenarem tanto a prática daqueles atos em face de dirigentes sindicais, como também em relação à generalidade dos trabalhadores. Merecem especial destaque, nesse sentido, o Verbete n. 791 daquele colegiado, a determinar de modo expresso que o oferecimento de indenizações aos obreiros demitidos por motivação antissindical ou a previsão em torno de um processo administrativo prévio à dispensa não atendem de maneira satisfatória ao comando emanado do art. 1º da Convenção n. 98 e o Verbete n. 795, a propalar que as crises econômicas e as reestruturações empresariais em tais períodos não podem servir de pretexto para a demissão de trabalhadores envolvidos com o movimento sindical.[(450)]

De modo ainda mais incisivo, o Verbete n. 837, do Comitê de Liberdade Sindical da OIT destaca a necessidade de que os trabalhadores e dirigentes sindicais demitidos, afastados ou transferidos sejam reintegrados aos seus postos de trabalho como corolário da Convenção n. 98 salientando, ademais, que as indenizações substitutivas somente deveriam ser fixadas na absoluta impossibilidade de retorno ao *status quo ante.*[(451)]

---

(449) Sobre o tema, Otto Kahn-Freund ressalta que: "Las leyes pueden negarse a admitir la validez de los contractos o de cualquiera otras medidas que intenten o pretendan retringir dicha libertad, tal como ocurre en algunas naciones. Ello expressa un principio fundamental, pero tiene escassa significación en cuanto medida de política social. Si una persona ocupa una posición tan subordinada que se ve obligada a prometer a un empresario no afiliarse a nm sindicato, probablemente será igualmente débil para hacer valer la nulidad de dicha promessa. La validez o la nulidad de un contrato sólo es relevante entre partes que están en «paridad de armas.» La mera existencia de sanciones civiles, como por ejemplo la nulidad de ciertas clausulas contractuales, tiene escassa eficácia social.

Pero, las leyes puedrn ir mas allá y adoptar medidas positivas para suprimir tales practicas. El modelo más importante de legislación, en este sentido, es el elaborado en los Estados Unidos por la National Labor Relations Act de 1935. En él se amenaza con sanciones positivas a quienes traten de utilizar su poder económico para restringir la libertad sindical de otras personas. Se estabelece una lista de actuaciones de los empresarios que violan el ejercicio de la libertad sindical de sus trabajadores, que se tipificam como «prácticas sindicales abusivas» (unfair labor practices)." KAHN-FREUND, Otto. Trad.: MORENO, Jesús M. Galiana. Trabajo y Derecho. Madrid: Ministerio de Trabajo y Seguridad Social, 1987. p. 282-283.

(450) Assim proclama o Verbete n. 791: "En ciertos casos en que la práctica la legislación nacional permite a los empleadores, a condición de que paguen la indemnización prevista por la ley en todos los casos de despido injustificado, despedir a un trabajador, si el motivo real es su afiliación a un sindicato o su actividad sindical, no se concede una protección suficiente contra los actos de discriminación antisindical cubiertos por el Convenio num. 98." OFICINA INTERNACIONAL DEL TRABAJO. La libertad sindical. Recopilación de las decisiones y princípios del Comitê de Libertad Sindical del Consejo de Administración de la OIT. 5. ed. Ginebra: OIT, 2006, p. 169.

Já o Verbete n. 795 preceitua que: "No se deberían autorizar los actos de discriminación antisindical bajo pretexto de despidos por razones econômicas." *Ibidem*, p. 170. *Vide*, nesse mesmo sentido, os Verbetes ns. 796, 797, 798 e 818. *Ibidem*, p. 170 e 174.

(451) "837. Nadie debería ser objeto de discriminación antisindical por la realización de actividades sindicales legítimas y la posibilidad del reintegro em el puesto de trabajo debería estar a disposición de los interesados em tales casos de discriminación antisindical." *Ibidem*, p. 178.

Nesse mesmo sentido, *vide* os Verbetes ns. 838, 841 e 843. *Ibidem*, p. 178 e 179.

Na presente quadra, em que as plataformas digitais vêm se destacando como meios de oferecimento e de gestão do trabalho, ganham relevância as condutas implementadas pelos aplicativos no sentido de *suspender, bloquear, punir, prejudicar* ou mesmo *descredenciar* os trabalhadores que porventura venham a assumir a direção de entidades representativas de tais obreiros ou que simplesmente se filiem a estas últimas.(452)

No entanto, a discriminação antissindical pode ser mais sutil e não envolver, necessariamente, o afastamento físico dos dirigentes sindicais e dos trabalhadores envolvidos em atividades dessa natureza, ou seu descredenciamento das plataformas eletrônicas pelas quais as tarefas são oferecidas. De fato, também haverá ato lesivo ao franco associativismo quando os empregadores se valerem de *subterfúgios para cercear o desempenho regular das atividades representativas* ou utilizar, em maior ou menor medida, de *violência física ou moral no sentido de intimidar ou coibir dirigentes e trabalhadores.*

No que concerne à utilização de expedientes ilegítimos destinados ao esvaziamento da atuação sindical, a recompilação de decisões do Comitê de Liberdade Sindical da OIT traz exemplos bem ilustrativos de tais práticas antissindicais. Destacam-se, nesse sentido, dois casos oriundo da Colômbia e do Brasil, respectivamente, em que os empregadores premiaram os empregados não sindicalizados com uma bonificação salarial (Verbetes ns. 675 e 787. Merece menção, além disso, o Verbete n. 788, no qual o colegiado alerta para a necessidade quanto à proteção dos trabalhadores e dirigentes sindicais em face de discriminações sutis praticadas contras representações obreiras.(453)

Como exemplo de subterfúgio antissindical utilizado por empregador no fito de furtar-se à aplicação de norma coletiva, cita-se o caso recentemente apreciado pelo Tribunal Regional do Trabalho da 15ª Região a envolver empresa do ramo metalúrgico que alterou seu objeto social com o intuito único e exclusivo de furtar-se à aplicação da convenção coletiva resultante da negociação prévia entre a entidade patronal e o sindicato representativo da categoria profissional e, consequentemente, de frustrar movimento grevista deflagrado por seus empregados.(454)

(452) Há, inclusive, notícias na imprensa a respeito de tais condutas. *Vide*, a título exemplificativo: <https://www.extraclasse.org.br/geral/2021/05/99pop-bloqueia-aplicativo-de-dirigente-sindical/>. Acesso em: 16 nov. 2021.

(453) "675. Em relación con medidas acordadas por el Ministério de Educación de compensar a los trabajadores que no participaron en la huelga con una bonificación el Comité consideró que tales prácticas discriminatórias constituyen un obstáculo importante al derecho de los sindicatos de organizar sus actividades." OFICINA INTERNACIONAL DEL TRABAJO. *La libertad sindical.* Recopilación de las decisiones y princípios del Comité de Libertad Sindical del Consejo de Administración de la OIT. 5. ed. Ginebra: OIT, 2006, p. 144.

"787. El otorgamiento de gratificaciones al personal no afiliado a la organización sindical – aun si no es a la totalidad de los trabajadores no afiliados – excluyendo de ellas a todos los trabajadores afiliados em momentos que existe un conflicto colectivo, es un acto de discriminación antisindical contrario al Convenio num. 98." *Ibidem*, p. 169.

"788. Las oblicaciones contraídas por el gobierno con arreglo al Convenio núm. 98 y los princípios de la libertad contra la discriminación antisindical no sólo abarcan actos de discriminación directa (como descenso, despido, traslados frecuentes etc.), sino también la necesidad de proteger a los trabajadores sindicados contra ataques más sutiles que pueden resultar de omisiones. En este sentido, los cambios de propietario no deben privar a los empleados del derecho de negociación colectiva ni menoscabar directa o indirectamente la situación de los trabajadores sindicados y sus organizaciones." *Ibidem*, p. 169.

(454) "ABUSIVIDADE DA GREVE. ALTERAÇÃO ILEGAL DE ESTATUTO SOCIAL OBJETIVANDO REENQUADRAMENTO SINDICAL. CONDUTA ANTISSINDICAL. Não se considera abusiva a greve deflagrada por sindicato profissional que atua em defesa de sua organização, bem como de sua categoria, em face de evidente conduta antissindical de empregador, configurada pela alteração jurídica de seu objeto social, com a finalidade única de furtar-se ao seu inequívoco enquadramento sindical e ao cumprimento dos acordos e convenções coletivas firmadas. No presente caso, a atividade-fim do empregador identifica-se com a atividade desenvolvida pela tomadora de seus serviços, configurando-se a ilicitude da terceirização da mão de obra, reforçada pela contratação de outra prestadora de serviços, sem provar a necessidade de contratação temporária. Lícita, portanto, a autodefesa coletiva." BRASIL: TRIBUNAL REGIONAL DO TRABALHO DA 15ª REGIÃO. DISSÍDIO COLETIVO DE GREVE N. 0000385-86.2012.5.15.0000. RELATOR: Desembargador Samuel Hugo Lima. *DJ*: 14.5.2012.

Já quanto à coação física ou moral praticada contra dirigentes sindicais e trabalhadores sindicalizados, o Comitê de Liberdade Sindical da OIT alerta em seu Verbete n. 786 para a imprescindibilidade quanto à coibição de tais práticas pelos empregadores, haja vista, justamente, a tendência de enfraquecimento que elas tendem a ocasionar nas representações obreiras.(455)

E justamente em decorrência da lesividade de tais condutas para o lídimo desempenho das atividades sindicais e, consequentemente, para o equilíbrio de forças entre os atores coletivos, a Justiça do Trabalho brasileira vem reconhecendo a antissindicalidade das práticas em referência. Tal tendência é ilustrada por dois julgados do Tribunal Superior do Trabalho e do Tribunal Regional do Trabalho da 3ª Região, respectivamente, a envolverem ameaças a trabalhadores de uma empresa para que estes últimos firmassem carta de desistência de uma ação civil pública ajuizada pela entidade obreira e o estorno de um empréstimo concedido por um banco ao seu empregado, seguido de anotação depreciativa em sua avaliação de desempenho, em razão deste último ter se filiado ao sindicato profissional e assumido cargo de direção em sua estrutura.(456)

Para além das práticas até então descritas, são igualmente classificadas como atos antissindicais as condutas patronais a caracterizarem *utilização abusiva do poder diretivo* no intuito de melindrar a atividade representativa no interior de seus estabelecimentos.

Tal sorte de condutas antissindicais materializar-se-á naquelas hipóteses em que o poder de gestão do negócio, da produção e do ambiente laboral exercido pelo empregador — a compreender os rumos do empreendimento, a fixação de punições disciplinares, a determinação das jornadas de trabalho, o estabelecimento do volume de tarefas, a progressão funcional dos empregados, entre outros — for utilizado de maneira desvirtuada, com o intuito de punir ou intimidar determinado trabalhador ou dirigente por seu envolvimento com atividades sindicais ou, em última instância, a própria entidade representativa.(457)

Não por outra razão, o Comitê de Liberdade Sindical da OIT preconiza em seu Verbete de n. 781 que *"a proteção contra atos de discriminação antissindical deve abarcar (...) qualquer medida discriminatória que se adote no curso do vínculo empregatício"*. Em outros casos, aquele colegiado condenou a negativa do empregador em renovar um contrato de trabalho por

(455) "786. Los actos de acoso e intimidación perpetrados contra los trabajadores por motivo de su afiliación sindical o de sus actividades sindicales legítimas, aunque no impliquen necesariamente prejuicios en su empleo, pueden desalentarlos de afiliarse a las organizaciones de su elección, lo cual constituye una violación de su derecho de sindicación." *Ibidem*, p, 168.

(456) "EMENTA: AÇÃO CIVIL PÚBLICA – DIREITO À LIBERDADE SINDICAL – ABSTENÇÃO DE PRÁTICA DE ATOS QUE CONFIGUREM COAÇÃO OU CERCEIO À LIBERDADE SINDICAL – Demonstrado, nos autos, que a reclamada praticou atos de perseguição a dirigentes sindicais, dispensando injustamente empregados com garantia de emprego, além de ter exigido de seus trabalhadores a assinatura de carta de desistência de ação coletiva proposta pelo Sindicato obreiro e não ter repassado ao órgão as respectivas contribuições sindicais, resta configurada conduta patronal anti-sindical passível de respaldar a condenação imposta em primeira instância, no sentido de que a ré se abstenha da prática desses atos, sob pena de pagamento de multa por descumprimento de determinação judicial." BRASIL: TRIBUNAL REGIONAL DO TRABALHO DA 3ª REGIÃO. RECURSO ORDINÁRIO N. 00007-2005-152-03-00-5. RELATOR: Desembargador Jorge Berg de Mendonça. 6ª Turma. *DJ*: 5.9.2011.

"AGRAVO DE INSTRUMENTO. RECURSO DE REVISTA. AÇÃO CIVIL PÚBLICA. ATOS ANTISSINDICAIS. DANO MORAL COLETIVO. INDENIZAÇÃO.

(...)

O Tribunal Regional concluiu ter sido configurada a conduta discriminatória e antissindical por parte do réu da ação civil pública, consistente, dentre outros atos, no estorno de empréstimo bancário e na preterição de promoção funcional em virtude da filiação e da integração à diretoria de sindicato." BRASIL: TRIBUNAL SUPERIOR DO TRABALHO. AGRAVO DE INSTRUMENTO NO RECURSO DE REVISTA N. 102840-24.2005.5.13.0003. RELATOR: Min. Walmir Oliveira da Costa. 1ª Turma. *DJ*: 5.4.2013.

(457) Sobre o abuso do poder diretivo, *vide* as considerações formuladas no item 3.4.9 *infra*.

motivação antissindical (Verbete n. 785) e a outorga de gratificações de produção para trabalhadores não afiliados a uma determinada entidade (Verbete n. 787, já transcrito alhures).(458)

Ainda no tocante ao uso desvirtuado e abusivo do poder diretivo, cumpre fazer menção à prática empresarial amplamente difundida, especialmente no calor dos movimentos paredistas de grande impacto, concernente à demissão dos trabalhadores que aderiram à greve, sucedida da contratação de um novo contingente mais dócil aos desígnios patronais. Em tais casos, a dispensa de pessoal não se funda em imperativos de ordem técnica e econômica. Trata-se de ato antissindical em sua essência mais pura, cuja implementação vislumbra o enfraquecimento do sindicato obreiro por intermédio de uma manifestação exemplar de poder econômico tendente a dissuadir novas conflagrações no futuro.

Como exemplo bem ilustrativo de tal situação, tem-se a postura do Estado de São Paulo e da Companhia do Metropolitano da capital paulista diante do movimento reivindicatório deflagrado no ano de 2007. Naquela oportunidade, a empresa, com respaldo do governo estadual, procedeu à demissão sumária de cinco dirigentes sindicais e de sessenta e um funcionários, seguindo-se a isso a contratação de cem novos empregados em caráter permanente.

A questão foi levada ao Comitê de Liberdade Sindical da OIT no ano de 2009, por iniciativa da Federação Nacional dos Trabalhadores em Empresas de Transporte Metroviário — FENAMETRO, e o referido colegiado, naquele mesmo ano, não apenas reconheceu o caráter antissindical dos atos perpetrados pela Companhia do Metropolitano de São Paulo, como também recomendou a imediata reintegração dos trabalhadores e dirigentes sindicais demitidos.(459)

Veja-se, de igual modo, o caso julgado pelo Tribunal Regional do Trabalho da 3ª Região, em que a Empresa Brasileira de Correios e Telégrafos procedeu à transferência de um trabalhador para atividades internas, com redução salarial, no intuito exclusivo de penalizá-lo pelo fato de ser dirigente sindical e de ter atuado, como tal, em oposição à modalidade de distribuição domiciliar alternada em vias de implementação pela Companhia.(460)

---

(458) "781. La protección contra los actos de discriminación antisindical debe abarcar no solo la contratación y el despido, sino también cualquier medida discriminatória que se adopte durante el empleo y, em particular, lãs medidas que comporten traslados, postergación u otros actos perjudiciales." OFICINA INTERNACIONAL DEL TRABAJO. *La libertad sindical.* Recopilación de las decisiones y princípios del Comitê de Libertad Sindical del Consejo de Administración de la OIT. 5. ed. Ginebra: OIT, 2006. p. 167.

"785. La no renovación de um contracto que responda a motivos de discriminación antisindical constituye um perjuicio en el sentido del articulo 1 del Convenio num. 98." *Ibidem*, p. 168.

(459) *Vide*, nesse sentido: EBERT, Paulo Roberto Lemgruber. A condenação do Brasil na OIT por atos antissindicais praticados contra trabalhadores metroviários de São Paulo e do Rio de Janeiro. *Jus Navigandi*, Teresina, ano 14, n. 2.361, 18 dez. 2009. Disponível em: <http://jus.com.br/artigos/14040>. Acesso em: 20 fev. 2021.

(460) "CONDUTA ANTISSINDICAL – IMPORTÂNCIA DO SINDICATO E DE CADA TRABALHADOR NA CONSTRUÇÃO E NA EFETIVIDADE DO DIREITO DO TRABALHO – DERRUIÇÃO DESSES PROPÓSITOS POR CONDUTAS ANTISSINDICAIS PRATICADAS PELA EMPREGADORA – INDENIZAÇÃO POR DANO MORAL (...)

Embora o Brasil não possua uma legislação sistematizada sobre o tema, (...) isso não significa que inexistam disposições normativas esparsas que tutelam os direitos dos trabalhadores e das organizações sindicais ao exercício de sua liberdade sindical em nosso país. (...). Com efeito, não apenas a Declaração da Filadélfia e as Convenções da OIT, no plano internacional, mas também a Constituição Federal, no plano interno, tutelam tanto as coalisões sindicais, quanto os empregados, individualmente considerados, no exercício legítimo da atividade sindical. Direitos e obrigações conformam a atuação de todos, sejam os sindicatos e seus dirigentes, sejam as empresas, assim como os empregados da categoria profissional, quando no exercício de qualquer direito coletivo. No caso, restou evidenciada a transferência discriminatória do Reclamante, para realizar atividade interna, com redução salarial, em razão de sua atuação como dirigente sindical. A Reclamada agiu com intuito de penalizar as atividades sindicais do seu empregado, bem como com o seu envolvimento na luta por melhores condições de trabalho, notadamente no tocante à resistência da implantação do regime de Distribuição Domiciliar Alternada, agindo de forma discriminatória e atentatória aos direitos individual e sindical. Praticando tais atos, agiu a Ré de forma arbitrária, com o intuito de punir e intimidar o Reclamante, violando o princípio da liberdade sindical e menosprezando os preceitos constitucionais voltados à dignidade da pessoa humana, ao valor social do trabalho e à função social da propriedade, além de desprezar os princípios elementares do Direito Coletivo do Trabalho. Assim, correta a r. sentença que, reconhecendo a conduta antissindical e de caráter punitivo,

De igual modo, a descrição ora formulada em torno do uso desvirtuado e abusivo do poder diretivo não poderia prescindir da análise em torno da facilitada e difundida mobilidade do capital na atualidade — principalmente no âmbito das empresas de grande porte — que, diante dos embates ocorridos com entidades representativas de trabalhadores, podem optar pela transferência de seus estabelecimentos produtivos para regiões ou países com legislação mais dócil aos interesses patronais ou destituídas de forte tradição sindical.(461)

Diante de tais situações, não se poderia chegar ao extremo de impedir a transferência do estabelecimento empresarial, sob pena de afronta ao princípio da livre iniciativa. O ideal, nesses casos, seria o desenvolvimento de mecanismos supranacionais aptos a assegurar a onipresença dos postulados basilares do Direito do Trabalho, dentre eles, o direito à liberdade sindical em suas vertentes individual e coletiva.

Enquanto tal solução não se encontra disponível, cabe aos estados buscarem os meios que possuem em seus respectivos arcabouços jurídicos para assegurar que as medidas de impacto coletivo adotadas pelas empresas — tais como o fechamento de unidades produtivas ou seu deslocamento — sejam tomadas com a participação dos sindicatos obreiros e, principalmente, que a mobilidade do capital não resulte, ao fim e ao cabo, na burla aos direitos dos trabalhadores.(462)

---

determinou o restabelecimento da verba AADC, a fim de retornar o Autor ao *status quo ante*, não se modificando o entendimento adotado pelo fato de se tratar de salário condição. Nos termos do art. 129/CC, 'Art. 129. Reputa-se verificada, quanto aos efeitos jurídicos, a condição cujo implemento for maliciosamente obstado pela parte a quem desfavorecer, considerando-se, ao contrário, não verificada a condição maliciosamente levada a efeito por aquele a quem aproveita o seu implemento.' BRASIL: TRIBUNAL REGIONAL DO TRABALHO DA 3ª REGIÃO. RECURSO ORDINÁRIO N. 0012108-25.2017.5.03.0077. RELATOR: Desembargador Luiz Otávio Linhares Renault. 1ª Turma. *DJ*: 30.5.2019.

(461) Para Patrick Macklem a mobilidade do capital nos tempos hodiernos seria, ao lado da flexibilização do processo de produção, um dos fatores de enfraquecimento das leis trabalhistas domésticas. Segundo o autor: "Duas tendências dramáticas estão alterando de forma crescente a capacidade do direito do trabalho doméstico de promover a justiça no mundo do trabalho. A primeira delas diz respeito à introdução de formas flexíveis de produção. O que alguns especialistas têm chamado de processos de produção 'pós-fordistas' estão suplementando e, em alguns casos, suplantando as formas tradicionais de produção em massa dependentes do trabalho rotineiro e hierárquico estruturado em regras e responsabilidades detalhadas. Facilitados, em parte, pelos novos avanços na computação e na tecnologia da informação, tais formas flexíveis de produção contam com uma força de trabalho versátil motivada por um espírito de cooperação e generalismo que se volta para a produção customizada de produtos na medida exata (*just in time*) para atender a sempre cambiante demanada por consumo.

(...)

A segunda tendência diz respeito ao desabrochar da globalização econômica, que encontra uma de suas manifestações mais significativas no recente incremento dos acordos bilaterais, regionais e multilaterais especialmente daqueles supervisionados pela Organização Mundial do Comércio, a promoverem a liberalização do comércio. Ao introduzirem gradualmente reduções tarifárias recíprocas e ao eliminarem as barreiras de importação não tarifárias, tais acordos passaram a representar a superestrutura jurídica da nova ordem econômica internacional, onde o capitalismo opera cada vez mais em escala global e possui a capacidade de se mover de forma relativamente livre através das fronteiras nacionais"

No original: "Two dramatic trends are increasingly challenging the traditional capacity of domestic labor law to promote justice in the world of work. The first relates to the introduction of flexible forms of production. What some scholars are calling 'post-fordist' production process are supplementing and in some cases supplanting traditional forms of mass production dependent on routinized labor hierarchically structured by detailed rules and responsibilities. Facilitated in part by new developments in computer and information technology, these flexible forms of production rely on an increasingly versatile labour force , motivated by a spirit of cooperation and generalism, to produce customized products just in time to meet ever-shifting costumer demand.

The second trend relates to the onset of economic globalization, manifest in the recent spate of bilateral, regional and international agreements, especially those supervised by the World Trade Organization, promoting trade liberalization. By gradually introducing reciprocal tariff reductions and eliminating non-tariff import barriers, these agreements represents the legal superstructure of a new international economic order, where capitalism increasingly operates on a global scale and possesses the capacity to move freely across national boundaries." MACKLEM, Patrick. Labour law beyond borders. In: Journal of International Economic Law (2002) 606. Cambridge: Oxford University Press.

(462) Sobre a necessidade de reestruturação do Direito do Trabalho diante da mobilidade do capital no Século XXI, *vide*: EBERT, Paulo Roberto Lemgruber. O Direito do Trabalho no século XXI: em busca de uma nova estruturação. In: *Revista do Tribunal Superior do Trabalho*, Brasília, vol. 78, n. 2, abr./jun. 2012. p. 209-238.

Justamente com base em tal preocupação, amplamente legitimada em face da impressionante interligação das economias no atual estágio da globalização, a 12ª Turma do Tribunal Regional do Trabalho da 2ª Região reconheceu a necessidade quanto à imposição de constituição de capital para empresa automobilística de grande porte, a fim de evitar que esta última se valesse da facilitada mobilidade do capital para frustrar a aplicação em concreto de garantias trabalhistas obtidas pela categoria obreira com a participação ativa de seu sindicato representativo.(463)

O poder diretivo do empregador é ainda fortemente limitado pelo direito à liberdade sindical no que concerne à necessidade de consulta aos sindicatos obreiros anteriormente à tomada de decisões de impacto coletivo para a generalidade dos trabalhadores e, principalmente, à imperatividade quanto à participação de tais entidades nas discussões concernentes à implementação de tais medidas.

Com efeito, viu-se no Capítulo 2 que o direito à liberdade sindical é integrado por um conteúdo histórico-institucional pautado precipuamente pela necessidade de que os trabalhadores coletivamente organizados reúnam condições para o exercício de um efetivo contrapoder aos desígnios empresariais. Como consectário lógico de tal premissa, é evidente que a implementação unilateral de medidas de impacto coletivo pelos empresários, sem o concurso das entidades obreiras, não se compatibiliza com tal diretriz.(464)

Nesse particular, o princípio da boa-fé objetiva é de importância capital. Por isso mesmo, cumpre reiterar que sua incidência, sob o norte do art. 422 do Código Civil, deverá ser pautada pela materialização das finalidades sociais e econômicas inerentes aos institutos jurídicos que norteiam as situações concretas.(465)

---

(463) "Danos materiais. Constituição de capital. O fato da empresa ser solidamente estabelecida não desaconselha a constituição de capital prevista no art. 475-Q do Código de Processo Civil. Nos tempos de capital altamente móvel, e de uma economia que dá mostras de ser capaz de mudar radicalmente de rumos em questão de dias, levando à falência de instituições tidas por sólidas e inabaláveis, para não dizer do fenômeno, absolutamente voluntário e estratégico, da desterritorialização enquanto prática antissindical,a constituição de capital é medida de boa cautela, devendo ser utilizada sempre que se apresente a oportunidade." BRASIL: TRIBUNAL REGIONAL DO TRABALHO DA 2ª REGIÃO. RECURSO ORDINÁRIO N. 02871-2006-472-02-00-7. RELATOR: Desembargador Davi Furtado Meirelles. 12ª Turma. *DJ*: 12.3.2010.

(464) Sobre os direitos à participação e à consulta dos trabalhadores nas decisões empresariais dotadas de impacto coletivo, María Luisa Molero Marañón e Fernando Valdés Dal-Ré observam que: "En la relación con los trabajadores, la libertad de empresa se manifiesta, en primer lugar, a través de las libertades de contratación y de extinción, ninguna de las cuales puede entenderse em términos absolutos. (...) La libertad de empresa no comporta «ni uma absoluta libertad contractual, ni tampoco un principio de libertad *ad nutum* de despido.»

(...)

La cláusula del Estado social y democrático de Derecho no consiente concepciones del poder empresarial como meras facultades de carácter unilateral, al margen «del funcionamento general de las relaciones de trabajo o con pretendidos critérios autónomos de actuación jurídica.» (...) No es en modo alguno constitucionalmente viable claudicar la virtualidad de aquella cláusula cuando se entra en el ámbito de la gestión de personal en las empresas, ámbito éste en el que los poderes empresariales han de entrar en diálogo, de confrontación en ocasiones y de cooperación en otras, con los mecanismos de tutela de los interesses de los trabajadores entre los que ocupan un lugar de relativa relevancia las diversas técnicas de participación.

Es certo que la participación es una institución que tanto desde una perspectiva histórica como de presente se ha prestado y se presta a ser desterrada a un escenario de meras apariencias formales, de manera que no toda intervención de los representantes de los trabajadores o, en su caso, la de estos constituye una garantia para la efectividad de los derechos e interesses de éstos. De ahí [que] los derechos de participación, con independencia de la forma que adopten, han de actuar de manera real y efectiva como médios de tutela de los derechos de los trabajadores." MARAÑÓN, María Luisa Molero; DAL-RÉ, Fernando Valdés. Derechos de información y consulta y reestructuración de empresas. Granada: Comares, 2014. p. 15-16.

(465) Segundo Gustavo Tepedino: "Como norma de criação de deveres jurídicos, a boa-fé da origem aos chamados 'deveres laterais', também conhecidos como acessórios, ou ainda secundários, em razão de não se referirem direta e primordialmente ao objeto central da obrigação. Ao se exigir que os contratantes, quer na conclusão, quer na própria execução do contrato, 'guardem os princípios da probidade e da boa-fé, o CC, muito mais que exigir um dever geral de não prejudicar, autoriza a imposição de uma série de deveres de conduta mutuamente exigíveis entre os contratantes e que independem da vontade de um e de outro.

É importante alertar, desde já, que o presente estudo não compactua com a ideia a propalar que a diretriz prevista no art. 422 do Código Civil constituiria uma *cláusula geral*, no sentido defendido por alguns autores pátrios que ainda se atêm à noção de que a abertura textual do dispositivo em questão possibilitaria aos seus intérpretes/aplicadores a concessão discricionária do sentido e alcance a respeito das condutas exigidas em concreto pelo dever de boa-fé, a partir de suas valorações pessoais.(466)

Ao revés, parte-se aqui da premissa que a exigência de observância à *boa-fé objetiva* emanada do art. 422 do Código Civil deve ser compreendida em cotejo com a norma do art. 187 daquele mesmo diploma, de modo a exigir que o exercício das posições jurídicas dos particulares seja exercido sempre de acordo com os fins sociais e econômicos dos direitos por eles titularizados.

Sendo assim, a aplicação do postulado da boa-fé objetiva à *liberdade sindical* e à *negociação coletiva*, pautada pelos fins sociais e econômicos desta última, terá por conteúdo negativo a vedação de qualquer conduta ou omissão passível de causar desequilíbrio na equação de forças existente entre a empresa e o sindicato obreiro, de modo a colocar uma parte em posição de inadequada preponderância sobre a outra.(467)

Sob o ângulo oposto, a cláusula geral de boa-fé impõe em tais circunstâncias, positivamente, a adoção de comportamentos imbuídos do real intuito de discutir os aspectos pertinentes às relações de trabalho que interessam tanto à empresa quanto à generalidade dos trabalhadores e de buscar soluções acordadas, de modo a zelar pela manutenção da igualdade material entre os referidos atores sociais.

Quer isto dizer, concretamente, que os empregadores deverão buscar os sindicatos obreiros anteriormente à implementação de uma determinada medida de impacto coletivo (*v.g.*: transferência de estabelecimento empresarial, demissão coletiva etc.), prestando-lhes todas as informações pertinentes ao tema e deverão, para além disso, furtar-se à adoção, no curso das tratativas, de posturas tendentes a promover a imposição de seu poderio econômico, de modo

---

(...)

O conteúdo dos deveres anexos impostos pela boa-fé objetiva está indissociavelmente vinculado e limitado pela função socioeconômica do negócio celebrado. O que o ordenamento visa com o princípio da boa-fé objetiva é assegurar que as partes colaborarão mutuamente para a consecução dos fins comuns perseguidos com o contrato, não se exigindo que o contratante colabore com o interesse privado e individual da contraparte, no mais das vezes antagônico ao seu próprio." TEPEDINO, Gustavo. In: TEPEDINO, Gustavo; BARBOZA, Heloísa Helena; MORAES, Maria Celina Bodin de. *Código Civil Interpretado*. Volume II. Rio de Janeiro: Renovar, 2006. p. 18-20.

(466) Veja-se, como exemplo de tal visão já combatida no Capítulo 1 do presente estudo, a concepção de Judith Martins-Costa a respeito das chamadas cláusulas gerais, das quais a boa-fé objetiva seria uma espécie: "Diferentemente das outras normas, formadas através da técnica da casuística, cujo critério de valoração já vem indicado com relativa nitidez — sendo desenvolvido por via dos vários métodos de interpretação —, a cláusula geral introduz no âmbito normativo no qual se insere um critério ulterior de relevância jurídica, à vista do qual o juiz seleciona certos fatos ou comportamentos para confrontá-los com um determinado parâmetro e buscar, neste confronto, certas consequências jurídicas.que não estão pré-determinadas. Daí uma distinção fundamental: as normas cujo grau de vagueza é mínimo implicam que ao juiz seja dado tão somente o poder de estabelecer o significado do enunciado normativo; já no que respeita às normas formuladas através de cláusula geral, compete ao juiz um poder extraordinariamente mais amplo, pois não estará tão somente estabelecendo o significado do enunciado normativo, mas, por igual, criando direito, ao completar a fattispecie e ao determinar ou graduar as consequências." MARTINS-COSTA, Judith. A boa-fé no direito privado. Sistema e tópica no processo obrigacional. São Paulo: Revista dos Tribunais, 1999. p. 330.

(467) Sobre o caráter supletivo da cláusula geral de boa-fé objetiva, António Menezes Cordeiro observa que: "A actuação de boa-fé concretiza-se através de deveres (...) de base legal, que podem surgir em situações diferenciadas, onde as pessoas se relacionam de modo específico. (...) Como regra de conduta, a boa-fé tem uma natureza supletiva tendencial. Essa supletividade tem, como contraponto, uma grande extensão. Não é possível, em termos abstractos, determinar áreas imunes à boa-fé; ela é susceptível de colorir toda a zona de permissibilidade, actuando ou não consoante as circunstâncias. Impõe-se, assim, à reflexão, um nível instrumental da boa-fé: ela reduz a margem de discricionariedade da actuação privada, em função de objectivos externos." CORDEIRO, António Manuel da Rocha e Menezes. Da boa-fé no Direito Civil. 2. reimp. Coimbra: Almedina, 2001. p. 649.

a transformar as reuniões em meras formalidades e de frustrar o equilíbrio de forças a nortear a negociação e, em última instância, o próprio postulado da liberdade sindical.(468)

Do contrário, ter-se-á materializada prática antissindical, na medida em que o efetivo exercício da função representativa por parte das entidades profissionais em relação aos legítimos interesses de suas respectivas categorias restará obstaculizado ora pela supressão de informações por parte das empresas, ora pela negativa em levar em consideração as propostas obreiras ou, em casos extremos, pela imposição unilateral daquelas medidas de impacto coletivo sem a participação dos representantes dos trabalhadores diretamente interessados.

Não por outra razão, o Comitê de Liberdade Sindical da OIT destaca em seu Verbete n. 935 que as entidades obreiras titularizam não apenas o direito de acesso às informações referentes à situação econômica de uma determinada empresa em vias de tomar medidas de impacto coletivo, como também a prerrogativa de negociar efetivamente com os empresários a própria adoção de tais expedientes.(469)

No plano interno, a questão referente à participação dos sindicatos obreiros na discussão das medidas patronais de impacto coletivo não é exatamente uma novidade, mesmo inexistindo, entre nós, diplomas legais específicos sobre o tema. Em casos concretos, a envolverem demissões coletivas de empregados da Embraer, da fabricante de equipamentos ferroviários *CAF* e da companhia aérea *Webjet*, o Tribunal Superior do Trabalho e o Tribunal Regional do Trabalho da 1ª Região reafirmaram a necessidade quanto ao envolvimento das entidades representativas de trabalhadores nas decisões empresariais dessa natureza, como corolário das Convenções ns. 98 e 154 da OIT.(470)

---

(468) Sobre o conteúdo do direito à informação, Karen E. Ford, Kerry E. Notestine e Richard N. Hill pontuam que: "Como parte da obrigação de negociar de boa-fé, os empregadores têm o dever de fornecer informações relevantes para os representantes dos empregados quando da realização de negociações coletivas. (...) Tal dever é recíproco, muito embora seja mais invocado pelos sindicatos com vistas à obtenção de informações detidas pelos empregadores sindicalizados. O dever de fornecer informações, tal como o dever de negociar de boa-fé, depende frequentemente das circunstâncias a circundarem o caso concreto. Por exemplo, se um empregador alega dificuldades financeiras como fundamento para a redução de salários ou benefícios, tem ele a obrigação de fornecer as informações financeiras pertinentes se acaso requeridas."

No original: "As a part of the obligation to bargain in good faith, employers have a duty to furnish relevant information to their employee's representatives for the purpose of contract negotiations and contract enforcements. (...) This duty is reciprocal but is most commonly invoked by unions to acquire informations from unionized employers. The duty to provide information, like the duty to bargain in good faith, frequently depends on surrounding circinstances. For example, if an employer claims financial hardship or an inability to pay increases as a basis for holding down wages or benefits, the employer has a obligation to provide financial informations about its operations upon request." FORD, Karen E.; NOTESTINE, Kerry E.; HILL, Richard N. Fundamentals of Employment Law. 2. ed. Washington D.C: American Bar Association, 2000. p. 617-618.

Já no que tange ao dever de boa-fé no curso das negociações coletivas, Antonio Ojeda Avilés assinala que: "La buena fe en la elaboración de los convenios implica el que la mesa negociadora debe hacer todos los esfuerzos que estén en su mano para llegar a un final positivo, o en otras palabras, que el simple cambio de proposiciones escritas no es suficiente, debiendo explicar cada parte las actitudes de forma razonable, dentro de lo cual se incluye justificar las negativas con datos precisos. Ante todo, la buena fe exije no simular que se negocia o se está dispuesto a hacerlo cuando verdaderamente no existe propósito alguno de convenir. (...) La buena fe no es una simple evitación de obstrucciones, tiene un contenido positivo de transigir por ambos lados hasta el límite de sus posibilidades. Implica evitar (...) posiciones absurdas, negativas o desestabilizadoras." AVILÉS, Antonio Ojeda. Derecho Sindical. 8. ed. Madrid: Tecnos, 2003. p. 773.

(469) "935. Es importante que tanto los empleadores como los sindicatos participen en las negociaciones de buena fé y que hagan todo lo posible por llegar a un acuerdo, y la celebración de negociaciones verdaderas y constructivas es necesaria para establecer y mantener una relación de confianza entre las partes." OFICINA INTERNACIONAL DEL TRABAJO. *La libertad sindical.* Recopilación de lãs decisiones y princípios del Comitê de Libertad Sindical del Consejo de Administración de la OIT. 5. ed. Ginebra: OIT, 2006. p. 200. Ness mesmo sentido, *vide* os Verbetes n. 1.071, 1.080 e 1.083. *Ibidem*, p. 230 e 233.

(470) "DISPENSAS COLETIVAS TRABALHISTAS. EFEITOS JURÍDICOS. A ordem constitucional e infraconstitucional democrática brasileira, desde a Constituição de 1988 e diplomas internacionais ratificados (Convenções OIT ns. 11, 87, 98, 135, 141 e 151, ilustrativamente), não permite o manejo meramente unilateral e potestativista das dispensas trabalhistas

Contudo, a *Reforma Trabalhista* instituída com a Lei n. 13.467/2017, inseriu um novo art. 477-A no texto da CLT, buscando a equiparação das dispensas individuais, plúrimas e coletivas para fins jurídicos, de modo a excluir expressamente a necessidade de discussão prévia com os sindicatos de trabalhadores nas hipóteses de despedidas massivas, em reação à jurisprudência que vinha se formando nos tribunais trabalhistas pátrios. Ao assim proceder, o novel diploma atuou na contramão da tendência observada no direito comparado, a apontar

coletivas, por de tratar de ato/fato coletivo, inerente ao Direito Coletivo do Trabalho, e não Direito Individual, exigindo, por consequência, a participação do(s) respectivo(s) sindicato(s) profissional(is) obreiro(s). Regras e princípios constitucionais que determinam o respeito à dignidade da pessoa humana (art. 1º, III, CF), a valorização do trabalho e especialmente do emprego (arts. 1º, IV, 6º e 170, VIII, CF), a subordinação da propriedade à sua função socioambiental (arts. 5º, XXIII e 170, III, CF) e a intervenção sindical nas questões coletivas trabalhistas (art. 8º, III e VI, CF), tudo impõe que se reconheça distinção normativa entre as dispensas meramente tópicas e individuais e as dispensas massivas, coletivas, as quais são social, econômica, familiar e comunitariamente impactantes. Nesta linha, seria inválida a dispensa coletiva enquanto não negociada com o sindicato de trabalhadores, espontaneamente ou no plano do processo judicial coletivo. A d. Maioria, contudo, decidiu apenas fixar a premissa, *para casos futuros*, de que "a negociação coletiva é imprescindível para a dispensa em massa de trabalhadores", observados os fundamentos supra." BRASIL: TRIBUNAL SUPERIOR DO TRABALHO. RECURSO ORDINÁRIO NO DISSÍDIO COLETIVO N. 30900.12.2009.5.15.0000. RELATOR: Min. Mauricio Godinho Delgado. Seção de Dissídios Coletivos. *DJ*: 4.9.2009.

"RECURSO ORDINÁRIO EM DISSÍDIO COLETIVO DE GREVE. DISPENSA TRABALHISTA COLETIVA. IMPERATIVA INTERVENIÊNCIA SINDICAL. ORDEM CONSTITUCIONAL. PROIBIÇÃO DE DESCONTO DOS DIAS PARADOS. INCIDÊNCIA DAS REGRAS ORIUNDAS DAS CONVENÇÕES DA OIT N. 11, 98, 135, 141 E 151; E DA CONSTITUIÇÃO FEDERAL BRASILEIRA DE 1988 – ARTS. 1º, III, 5º, XXIII, 7º, I, 8º, III E VI, 170, III E VIII. A dispensa coletiva é questão grupal, massiva, comunitária, inerente aos poderes da negociação coletiva trabalhista, a qual exige, pela Constituição Federal, em seu art. 8º, III e VI, a necessária participação do Sindicato. Trata-se de princípio e regra constitucionais trabalhistas, e, portanto, critério normativo integrante do Direito do Trabalho (art. 8º, III e VI, CF). Por ser matéria afeta ao direito coletivo trabalhista, a atuação obreira na questão está fundamentalmente restrita às entidades sindicais, que devem representar os trabalhadores, defendendo os seus interesses perante a empresa, de modo que a situação se resolva de maneira menos gravosa para os trabalhadores, que são, claramente, a parte menos privilegiada da relação trabalhista. As dispensas coletivas de trabalhadores, substantiva e proporcionalmente distintas das dispensas individuais, não podem ser exercitadas de modo unilateral e potestativo pelo empregador, sendo matéria de Direito Coletivo do Trabalho, devendo ser submetidas à prévia negociação coletiva trabalhista ou, sendo inviável, ao processo judicial de dissídio coletivo, que irá lhe regular os termos e efeitos pertinentes. É que a negociação coletiva ou a sentença normativa fixarão as condutas para o enfrentamento da crise econômica empresarial, atenuando o impacto da dispensa coletiva, com a adoção de certas medidas ao conjunto dos trabalhadores ou a uma parcela deles, seja pela adoção da suspensão do contrato de trabalho para participação do empregado em curso ou programa de qualificação profissional oferecido pelo empregador (art. 476-a da CLT), seja pela criação de Programas de Demissão Voluntária (PDVs), seja pela observação de outras fórmulas atenuantes instituídas pelas partes coletivas negociadas. Além disso, para os casos em que a dispensa seja inevitável, critérios de preferência social devem ser eleitos pela negociação coletiva, tais como a despedida dos mais jovens em benefício dos mais velhos, dos que não tenham encargos familiares em benefício dos que tenham, e assim sucessivamente." BRASIL: TRIBUNAL SUPERIOR DO TRABALHO. RECURSO ORDINÁRIO NO DISSÍDIO COLETIVO N. 173.02.2011.5.15.0000. RELATOR: Min. Mauricio Godinho Delgado. Seção de Dissídios Coletivos. *DJ*: 31.8.2012.

"VRG E WEBJET. DISPENSA COLETIVA. SUCESSÃO TRABALHISTA. AUSÊNCIA DE PRÉVIA NEGOCIAÇÃO COLETIVA E INOBSERVÂNCIA DOS CRITÉRIOS NORMATIVOS PARA A REDUÇÃO DA FORÇA DE TRABALHO. REINTEGRAÇÃO. A interpretação e eficácia da garantia constitucional inserta no art. 7º, I da CF se descortina, no âmbito das dispensas coletivas, à luz das regras e princípios constitucionais que determinam o respeito à dignidade da pessoa humana (art. 1º, III, CF), a valorização do trabalho e especialmente do emprego (arts. 1º, IV, 6º e 170, VIII, CF), a subordinação da propriedade à sua função sócio-ambiental (arts. 5º, XXIII e 170, III, CF) e a intervenção sindical nas questões coletivas trabalhistas (art. 8º, III e VI, CF). Nesta ordem, a reintegração determinada pelo Juiz de 1º grau se revela adequada à lesão coletiva e às circunstância dos autos. A uma, porque não se cuida de extinção da empresa, mas de sua incorporação por outra integrante do grupo econômico, com notória superioridade financeira, caracterizando típica sucessão trabalhista; a duas, porque a estratégia empresarial desconsiderou a repercussão da decisão de extinção da empresa incorporada na esfera jurídica de seus empregados, optando, depois, por desqualificá-los e pela dispensa coletiva, sem a interveniência sindical e evidências de observância dos critérios fixados no instrumento normativo da categoria para a redução da força de trabalho; a três, porque, como decorrência da anterior, incidiram as recorrentes em evidente conduta discriminatória, privilegiando os empregados da primeira ré, adquirente, em detrimento dos pertencentes aos quadros da segunda, não obstante a identidade da categoria profissional e sua submissão aos mesmos normativos; e a quatro, porque flagrante o descumprimento da ordem judicial reintegratória, em capciosa conduta destinada a atender integralmente os interesses da empresa concentrante." BRASIL: TRIBUNAL REGIONAL DO TRABALHO DA 1ª REGIÃO. RECURSO ORDINÁRIO N. 00016183920125010023. RELATORA: Desembargadora Maria Aparecida Coutinho Magalhães. 8ª Turma. *DJ*: 9.9.2013.

para o reconhecimento das peculiaridades inerentes às demissões coletivas e das condicionantes a ela impostas pelos princípios da negociação coletiva, do valor social do trabalho e da função social da empresa.(471)

A questão concernente às dispensas coletivas foi apreciada pelo Supremo Tribunal Federal nos autos do Recurso Extraordinário com Repercussão Geral n. 999.435/SP (Tema n. 638), cujo julgamento foi concluído na sessão plenária de 8.6.2022. Na oportunidade, foi fixada a tese no sentido de que *"a intervenção sindical prévia é exigência procedimental imprescindível para a dispensa em massa de trabalhadores, que não se confunde com autorização prévia por parte da entidade sindical ou celebração de convenção ou acordo coletivo."*(472)

Muito embora a *intervenção sindical prévia* ressaltada pelo Supremo Tribunal Federal na tese de repercussão geral não se equipare à negociação que antecede os acordos e as convenções coletivas de trabalho, ela deve envolver, na linha do que preconizam os arts. 8º, III e VI, da Constituição Federal de 1988 e o art. 2º da Convenção n. 154 da OIT, o efetivo diálogo interpartes em momento anterior à efetivação das dispensas, em igualdade de condições, a fim de obter-se uma solução consensual para a questão em torno das dispensas a serem implementadas e das medidas compensatórias voltadas para a redução de seus impactos nas famílias dos trabalhadores e na comunidade.(473)

---

(471) O caráter reativo do art. 477-A da CLT foi expressamente reconhecido por Antonio Umberto de Souza Júnior, Fabiano Coelho de Souza, Ney Maranhão e Platon Teixeira de Azevedo Neto, em seus comentários à *Reforma Trabalhista*. Segundo os autores: "A inclusão deste dispositivo visa a coibir a jurisprudência atual pertinente às despedidas coletivas que impliquem a rescisão simultânea, por um motivo único, de uma pluralidade de contratos de trabalho envolvendo o mesmo empregador, sem substituição dos empregados desligados. Tal procedimento é induzido por uma necessidade da empresa e não pelo comportamento dos empregados.

A matéria envolve valores relevantes do ponto de vista legal e constitucional: a livre iniciativa; a intervenção no domínio econômico para a realização da justiça social; a boa-fé objetiva; e a função social da propriedade. Não bastasse, deve ser considerado que a sociedade de massa induz a necessidade de migração d amatriz essencialmente individualista do Direito para um sistema que viabilize a solução de demandas coletivas. Por isso, a dispensa coletiva, por seus impactos, não pode merecer o mesmo tratamento da despedida individual." SOUZA JÚNIOR, Antônio Umberto et alii. Reforma trabalhista. Análise comparativa e crítica da Lei n. 13.467/2017. São Paulo: Rideel, 2017. p. 219.

(472) A ementa do referido julgado foi assim redigida:

"CONSTITUCIONAL. DIREITO DOS TRABALHADORES. DISPENSA EM MASSA. INTERVENÇÃO SINDICAL PRÉVIA. EXIGÊNCIA. ART. 7º, INCISOS I e XXVI, da CONSTITUIÇÃO DA REPÚBLICA.

Os direitos sociais fundamentais trabalhistas são corolários primários do modelo político alcunhado de Estado Democrático de Direito.

As relações contratuais, em geral, e as relações contratuais trabalhistas, em particular, devem considerar sujeitos e objetos concretos.

Diante da previsão constitucional expressa do art. 7º, I e XXVI, da CRFB, é inadmissível o rompimento em massa do vínculo de emprego sem a devida atenção à negociação coletiva.

Recurso extraordinário não provido, com fixação majoritária, vencidos os Ministros Edson Fachin e Ricardo Lewandowski e a Ministra Rosa Weber, da seguinte tese: 'A intervenção sindical prévia é exigência procedimental imprescindível para a dispensa em massa de trabalhadores, que não se confunde com autorização prévia por parte da entidade sindical, ou celebração de convenção o acordo coletivo.' BRASIL: SUPREMO TRIBUNAL FEDERAL. RECURSO EXTRAORDINÁRIO COM REPERCUSSÃO GERAL N. 999.435/SP. RELATOR: Ministro Gilmar Mendes. Plenário. *DJ*: 14.9.2022.

(473) Em 14.9.2022 foi publicado o acórdão do Recurso Extraordinário com Repercussão Geral n. 999.435/SP. A leitura de sua ementa pode levar à crença de que haveria contradição entre ela e a tese de Repercussão Geral fixada por ocasião do julgamento, em 8.6.2022, na medida em que esta última (a tese) distingue expressamente a figura da *"intervenção sindical"* ali mencionada dos procedimentos necessários à *"celebração de acordo ou convenção coletiva"* e aquela primeira (a ementa) alude expressamente à *"devida atenção à negociação coletiva"* como um requisito prévio às dispensas coletivas.

A despeito de tal possível confusão terminológica, nos parece que a utilização da expressão *"negociação coletiva"* no acórdão do referido precedente não conflita com a figura da *"intervenção sindical"* mencionada na tese de Repercussão Geral.

Muito pelo contrário, a nosso juízo, a *"negociação coletiva"* referenciada no acórdão contempla, exatamente, a imprescindibilidade da instauração de uma instância prévia de diálogo entre as contrapartes com vistas à obtenção de uma solução sobre as dispensas pretendidas pelos empresários e sobre as contrapartidas a serem oferecidas aos

A *intervenção sindical* referenciada na tese de repercussão geral configura, portanto, um procedimento a ser deflagrado anteriormente à implementação de demissões coletivas que deverá observar estritamente o mandamento de *boa-fé objetiva* subjacente aos sobreditos dispositivos da Constituição Federal e da Convenção n. 154 da OIT e, em especial, os deveres de *lealdade* e de *transparência* a ela inerentes. Nesse sentido, as contrapartes deverão franquear entre si o acesso aos dados relevantes para a situação discutida e se comportar com o real intuito de fixar normas de comum acordo para a solução do problema.

Assim, de modo mais específico, o dever geral de *boa-fé* impõe às empresas (i) que informem, com precisão, aos sindicatos das respectivas categorias profissionais as circunstâncias de ordem técnica e/ou econômica que lhes afetam; (ii) que notifiquem os referidos entes a tomar parte das discussões a respeito das medidas a serem implementadas e (iii) que busquem formular, em comum acordo com os representantes dos trabalhadores, soluções para as questões que se apresentam em concreto.

Veda-se às contrapartes, por conseguinte, que o procedimento de *intervenção sindical* mencionado na tese de repercussão geral seja utilizado pelos pactuantes como um mero simulacro no intuito de disfarçar a implementação unilateral das dispensas coletivas pelas empresas, sem que haja a real e efetiva discussão das medidas propostas ou então, que a parte empresarial aparente debater com a contraparte obreira as questões pertinentes para, ao final, não admitir qualquer outra posição que não seja a sua, aplicando-se a tais situações a mesma *ratio* emanada dos Verbetes ns. 925, 934, 935, 936, 938 e 1.071 do Comitê de Liberdade Sindical da OIT, já mencionados no item 3.3.2 *supra*.

---

trabalhadores, na linha do que defendemos no parágrafo em que foi aposta a presente nota de rodapé.

Acreditamos que a distinção formulada na tese de Repercussão Geral entre a *"intervenção sindical"* e os procedimentos concernentes à *"celebração de acordo ou convenção coletiva"* quer significar tão somente que a negociação que antecede as dispensas coletivas não se confunde com as tratativas a serem observadas pelos atores sociais durante a elaboração dos acordos e convenções coletivas.

É o que se infere, especialmente, do voto proferido pelo Ministro Edson Fachin, condutor da tese vencedora:

"O SENHOR MINISTRO EDSON FACHIN:

(...)

A meu ver, as normas constitucionais que garantem ao trabalhador a proteção das negociações coletivas (art. 7º, XXVI, CRFB), inclusive como limite ao poder normativo da Justiça do Trabalho (art. 114, § 2º, CRFB), constituem-se em garantias fundamentais constitucionalmente impostas contra toda e qualquer ação, seja do poder público incluindo o legislador , seja das entidades privadas, que possa mitigar o poder de negociação e fruição dos direitos sociais do trabalhador. O único norte hermenêutico, haurido da Constituição de 1988, o qual vem historicamente servindo de supedâneo para as interpretações dadas ao tema, tanto nesta Suprema Corte, quanto na Justiça Especializada, é no sentido de tornar mais evidente o reconhecimento das negociações coletivas como direito fundamental dos trabalhadores. É preciso reafirmar, com a contundência necessária, a própria obrigatoriedade de participação das entidades sindicais na reconfiguração das relações trabalhistas, em face da extinção das empregadoras públicas.

Isso porque, nessa seara, o risco de violação em cascata de direitos fundamentais é iminente e real, pois quando se analisa a função da participação sindical na necessária reconformação de direitos dos trabalhadores, não se está a resguardar apenas o âmbito de proteção do direito fundamental à negociação coletiva em si, mas de todo um sistema jurídico-constitucional de direitos fundamentais desse modelo dependentes.

(...)

No particular, a Constituição da República de 1988, ao estabelecer a participação obrigatória do sindicato para a validade do processo negocial, também é reforçada pelas normas da Organização Internacional do Trabalho, como a Convenção n. 154, sobre o incentivo à Negociação Coletiva, e a Convenção n. 98, sobre a aplicação dos princípios do direito de organização e de negociação coletiva, especialmente diante de situações de grande repercussão como é o caso da dispensa em massa de trabalhadores. Dessa forma, considerando que, no caso dos autos, a discussão envolve a exigência, ou não, de negociação coletiva prévia à demissão em massa de trabalhadores, considerando a previsão constitucional expressa do art. 7º, I e XXVI, da CRFB, tem-se a impossibilidade de que a vontade do legislador constituinte seja ignorada para admitir orompimento em massa do vínculo de emprego sem a devida atenção à negociação coletiva." BRASIL: SUPREMO TRIBUNAL FEDERAL. RECURSO EXTRAORDINÁRIO COM REPERCUSSÃO GERAL N. 999.435/SP. RELATOR: Ministro Gilmar Mendes. Plenário. *DJ*: 14.9.2022.

Se o poder diretivo pode ser desvirtuado pelos empregadores no sentido de materializar atos atentatórios à liberdade sindical, o mesmo pode ocorrer com o direito de acesso ao poder judiciário. É o que sucede, especificamente, com o *manejo de interditos proibitórios* por parte dos empregadores com vistas a enfraquecer a legítima ação sindical.

A propósito, os interditos proibitórios, concebidos no contexto dos mecanismos de proteção aos direitos reais, consistem em ações possessórias destinadas ao afastamento, em concreto, de situações a caracterizarem justo receio de esbulho ou turbação ao legítimo exercício da posse. Sua desvirtuação em direção à concretização de prática antissindical ocorre quando o manejo de tal medida judicial tem por real intuito não o afastamento de ameaça, mas sim a imposição de limitações físicas à legítima ação sindical, quando esta última não coloca em risco a integridade dos bens a serem hipoteticamente tutelados.(474)

É o que ocorre com maior frequência no curso de greves, quando os empregadores recorrem aos interditos proibitórios com a intenção de obstar a realização de piquetes e a concentração de sindicalistas e trabalhadores aderentes ao movimento nas proximidades de seu estabelecimento. Em tais hipóteses, se não há real ameaça ao exercício do direito de posse por parte da empresa, o manejo daquela medida judicial, a princípio autorizado pelo direito de acesso ao Poder Judiciário, transmuda-se em ato antissindical, conforme vêm reconhecendo os tribunais trabalhistas brasileiros.(475)

---

(474) Segundo Ricardo Nunes de Mendonça: "Nas ações possessórias, cujo interesse primário deduzido em lide é a posse, e cujo interesse secundário é a necessidade de proteção possessória, haverá abuso quando:

a) o interesse deduzido em lide não for a posse;

b) quando for mais amplo do que a lei concede ou quando servir desnecessariamente para satisfazer interesses, que embora lícitos, poderiam sê-lo por um procedimento adequado, mais simples e menos oneroso.

c) Em outras palavras, haverá abuso do direito de ação possessória quando se deduzir pretensão estranha ou contrária às finalidades do processo que, no caso, é a tutela exclusiva da posse.

(...)

Se da prova dos autos se observa que os grevistas se valem de meios lícitos e pacíficos para manifestar suas insatisfações e reivindicações, tendendo, inclusive, a persuadir ou aliciar os trabalhadores a aderirem à greve (...) pode-se concluir que (...) há desvio de finalidade econômica ou social a que se presta o processo possessório, uma vez que o interesse primário a que se visa a tutelar é diverso, caracterizando a expressa violação à regra da boa-fé.

Em outras palavras, o simples fato de os trabalhadores manifestantes utilizarem carros de som, faixas, adesivos, panfletos ou prostrarem-se nas imediações da empresa entoando pacificamente palavras de ordem, não permite, por si só, concluir que há justo receio de esbulho ou turbação, na acepção legal, visto que são atos que se pressupõem lícitos." MENDONÇA. Ricardo Nunes de. Do abuso do direito das ações possessórias como ato antissindical. Curitiba: Juruá, 2010. p. 201-204.

(475) "RECURSO DE REVISTA – AJUIZAMENTO SIMULTÂNEO DE INTERDITOS PROIBITÓRIOS – GREVE – CONDUTA ANTISSINDICAL – ABUSO DE DIREITO – INDENIZAÇÃO – DANO MORAL COLETIVO. Os interditos possessórios são ações hábeis a provocar o Estado no intuito de se promover a defesa da posse que tenha sido tomada, perturbada ou, ao menos, ameaçada. No caso dos autos, os réus impetraram vinte e um interditos proibitórios, tendo como suposto receio a iminência de moléstia à posse provocada pelos movimentos grevistas deflagrados pelos trabalhadores dos réus. A ordem constitucional brasileira, em sua evolução histórica, caminhou, de forma não linear, em torno de três acepções acerca do conceito de greve: -fato socialmente danoso (delito), socialmente indiferente (liberdade) ou fato socialmente útil (direito)-. Na Constituição Federal de 1988 ocorre, pela primeira vez, a elevação do direito de greve como direito fundamental, consagrando-o, desta via, como elemento definidor e legitimador de toda a ordem jurídica positiva. A garantia ao direito de greve deve ser interpretada no contexto de afirmação ao princípio da liberdade sindical e seu sistema e mecanismos de proteção, sendo que o sistema de proteção da tutela da liberdade sindical contra atos antissindicais transborda a ordem nacional e encontra abrigo no sistema internacional de direitos humanos trabalhistas. A impetração de interditos proibitórios, independentemente do sucesso ou insucesso das ações, representa, em si, a tentativa de inviabilizar a livre participação dos trabalhadores em atos reivindicatórios ou de manifestação política e ideológica, o que implica em ofensa ao princípio da liberdade sindical e faz incidir o sistema de proteção contra atos antissindicais, notadamente, o art. 1º da Convenção n. 98 da Organização Internacional do Trabalho. Portanto, utilizar de ações judicias, na forma realizada pelos réus, em que se partiu da presunção de abusos a serem cometidos pelos grevistas, requisito particular do instituto do interdito proibitório, atenta contra os princípios concernentes ao direito de greve e configura ato antissindical, consubstanciando abuso do direito de ação, sendo devida a reparação do dano moral suportado pelos trabalhadores da categoria representada pelo Sindicato autor." BRASIL: TRIBUNAL SUPERIOR DO TRABALHO. RECURSO DE REVISTA N. 253840-90.2006.5.03.0140. RELATOR: Min. Luiz Philippe Vieira de Mello Filho. 7ª Turma. *DJ*: 20.6.2014.

No entanto, em que pese a recorrente utilização das práticas até então descritas no intuito de enfraquecer e obstar a ação sindical, nenhuma delas possui o poder destrutivo inerente ao *controle de sindicatos obreiros por empresas* e *à criação de comissões paritárias ou comitês de empresa títeres com vistas ao esvaziamento das entidades representativas dos trabalhadores.*

Tamanha é a gravidade de tais condutas que sua descrição minuciosa consta expressamente ao art. 2º da Convenção n. 98 da OIT, a condenar veementemente a ingerência patronal sobre as entidades obreiras especialmente por intermédio do controle financeiro a ser exercido por organizações dóceis aos desígnios empresariais. O dispositivo em apreço acabou por consagrar o princípio de pureza, descrito por Oscar Ermida Uriarte como a cláusula-geral que impede o desenvolvimento e o funcionamento, na prática, de entidades mistas, a aglutinarem interesses dos trabalhadores e dos empregadores.[(476)]

O controle financeiro de entidades obreiras pelos empresários é descrita por Otto Kahn-Freund como a mais detestável forma de ingerência na liberdade sindical, na medida em que representa a negação ao fundamento das relações laborais, pautadas pela composição independente de forças entre empregadores e trabalhadores. De fato, quando a ação autônoma da representação obreira é corrompida pelo poder econômico empresarial, o resultado de tal equação deletéria será, fatalmente, o desequilíbrio na balança de forças, com a preponderância dos desígnios patronais na fixação das condições de trabalho.[(477)]

De fato, a partir do momento em que um determinado sindicato obreiro passa a depender economicamente do empregador ou de uma entidade patronal deixa ele de ser um organismo de representação dos trabalhadores para se tornar um mero apêndice da estrutura empresarial. Quando isto ocorre, a ação sindical, que deveria ser independente, torna-se uma mera formalidade a ser preenchida pelo empresário e por seus títeres, em prejuízo último à coletividade dos trabalhadores.

Por isso mesmo, a interferência patronal na livre organização sindical obreira, quando consentida por aqueles que deveriam representar os trabalhadores, constitui não apenas uma conduta antissindical praticada pelos empresários, mas também uma prática desleal implementada pelos sindicatos obreiros contra os próprios trabalhadores, conforme ver-se-á mais adiante.

"GREVE. DIREITO FUNDAMENTAL. UTILIZAÇÃO DO INTERDITO PROIBITÓRIO PARA FRUSTRAR O DIREITO DE GREVE. ATO ANTISSINDICAL. MULTA E INDENIZAÇÃO.

A greve é um direito fundamental da categoria (art. 9º, CF), sendo inclusive vedada ao empregador a adoção de meios para o constrangimento dos empregados (Lei n. 7.783/89, art. 6º, § 2º). A expressão *"constrangimento"* deve ser interpretada dentro de um cenário razoavelmente tenso e com enfrentamentos de ideias, pois seria irreal exigir que a greve fosse feita num clima de um circunspecto conclave. Evidentemente que a greve não é um direito a ser exercido irresponsavelmente, arcando o Sindicato obreiro, quando houver desrespeito ao inciso I do art. 6º da Lei de Greve, com as consequências decorrentes dos excessos praticados pelos grevistas.

Nesse contexto, o interdito proibitório só pode ser utilizado excepcionalmente nas razoáveis hipóteses de justo e palpável receio de ser molestada a posse decorrente de obstáculos intransponíveis à entrada de empregados, clientes e fornecedores. Em outras palavras, sendo a greve um direito fundamental, o empregador não pode lançar mão do interdito proibitório para frustrar ou dificultar a greve.

A utilização desnecessária, indiscriminada e irresponsável do interdito proibitório constitui ato antissindical, mediante o abuso do direito de litigar. Configurado o abuso desse direito, deve o Judiciário, nos próprios autos, impor de ofício o pagamento de multa e indenização (exemplificando, arts. 18, 273, 461 do CPC)." BRASIL: TRIBUNAL REGIONAL DO TRABALHO DA 15ª REGIÃO. DISSÍDIO COLETIVO DE GREVE N. 0001631-23.2012.5.15.0096. RELATOR: Desembargador Samuel Hugo Lima. Seção de Dissídios Coletivos. *DJ*: 25.3.2014.

(476) Segundo o referido autor uruguaio: "Cada asociación profesional debe aglutinar exclusivamente a trabajadores o empleadores en su caso, lo que viene a excluir los denominados 'sindicatos mixtos'que nuclean a trabajadores y empleadores en una misma asociación." URIARTE, Oscar Ermida. Sindicatos en libertad sindical. 2. ed. Montevideo: Fundación de Cultura Universitária, 1999. p. 58.

(477) KAHN-FREUND, Otto. *Trabajo y Derecho*. Trad.: JESUS M. Gagliana Moreno. Madrid: Ministerio de Trabajo y Seguridad Social, 1987. p. 287.

No que concerne ao financiamento de entidades obreiras pelo empresariado, o Comitê de Liberdade Sindical da OIT dedica especial atenção às chamadas *associações solidaristas ou mutualistas*, assim compreendidas como as organizações compostas por trabalhadores e empregadores que têm por finalidade proporcionar a melhoria das condições de vida de seus filiados através da prestação de assistência financeira, sanitária, habitacional etc.

Sinteticamente, a preocupação do Comitê de Liberdade Sindical da OIT reside na possibilidade de que tais entidades de cunho solidarista venham a ser controladas financeiramente pelos empregadores e passem, a partir daí, a interferir ou mesmo a realizar diretamente atividades tipicamente sindicais, tal como a negociação coletiva. E, de fato, a casuística daquele colegiado, materializada no Verbete n. 873, demonstra que os temores ora mencionados encontram efetivo respaldo na realidade.[(478)]

Para além do financiamento de sindicatos obreiros, o controle indevido do empresariado sobre a organização sindical dos trabalhadores pode se dar por intermédio da criação das chamadas *entidades-títeres*, a compreenderem os organismos sindicais ou unitários destinados ao esvaziamento ou enfraquecimento de um ente representativo preexistente, cuja atuação legítima contraria os interesses patronais.[(479)]

A materialização de tal prática se dá, por exemplo, quando um determinado empregador ou entidade patronal fomenta a criação, por desmembramento ou dissociação, de um sindicato obreiro com o intuito de retirar de cena a entidade cuja base territorial ou categoria profissional abrange sua área de atuação. É possível, também, que tal sorte de condutas ocorra por intermédio da constituição, por iniciativa patronal, de associações não sindicais ou de representações unitárias nos locais de trabalho no fito de enfraquecer a atuação da entidade sindical obreira.

Aqui, novamente, tem-se a quebra da independência e do equilíbrio de forças entre os atores coletivos, a servir de suporte institucional para o princípio da liberdade sindical. Com efeito, o sindicato ou organismo unitário constituído sob o influxo patronal não é capaz de exercer qualquer contrapoder aos desígnios do empresário no tocante à discussão das condições de trabalho, pois a razão de sua existência reside na imposição de um óbice à legítima representação obreira e não na realização desta última.

Por esse singelo motivo, o Comitê de Liberdade Sindical da OIT vem condenando veementemente a prática tendente à criação de entidades sindicais ou unitárias com o intuito deliberado de enfraquecer a ação sindical desempenhada pela legítima representação dos trabalhadores. A casuística daquele órgão contempla situações que vão além da propalada criação de *entidades-títeres* (Verbete n. 858), tais como a intervenção do empregador na formação da diretoria do sindicato obreiro (Verbete n. 857) e na escolha, pelos trabalhadores, da entidade apta a negociar coletivamente em seu nome (Verbete n. 863).[(480)]

---

(478) "873. En cuanto a los alegatos relativos al «solidarismo», el Comité recuerda la importancia que presta a que, de conformidad con el articulo 2 del Convenio núm. 98, se garantice la protección contra los actos de injerencia de los empleadores tendientes a fomentar la constitución de organizaciones de trabajadores dominadas por un empleador." OFICINA INTERNACIONAL DEL TRABAJO. *La libertad sindical.* Recopilación de lãs decisiones y princípios del Comitê de Libertad Sindical del Consejo de Administración de la OIT. 5. ed. Ginebra: OIT, 2006. p. 187. Em sentido idêntico, *vide* os Verbetes ns. 870 e 875. *Ibidem*, p. 186-187.

(479) O Dicionário Houaiss da Língua Portuguesa define o vocábulo títere como sendo: "O indivíduo frívolo, sem caráter nem vontade própria, que se deixa manejar por outrem; bonifrate, fantoche, marionete (...) sem posições próprias, que representa interesses alheios." HOUAISS, Antônio. Dicionário Houaiss da língua portuguesa. Rio de. Janeiro: Objetiva, 2001 p. 2.150.

(480) "857. La intervención de un empleador a efectos de fomentar la constitución de una junta directiva de un sindicato, y la interferencia en la correspondencia del mismo, constituyen actos que violan gravemente los princípios de la libertad sindical."

"858. En relación con alegatos según los cuales una empresa ha recurrido a prácticas antisindicales, tales como intentar sobornar a miembros del sindicato para que se retirasen del mismo o tratar de hacerles firmar declaraciones por las cuales

No caso brasileiro, a instituição das *representações dos empregados nas empresas* na forma do art. 510-A e seguintes da CLT, com redação conferida pela *Reforma Trabalhista* (Lei n. 13.467/2017) escancara, a nosso ver, as portas para a constituição de *entidades-títeres,* na medida em que possibilitam a criação, no interior das próprias unidades produtivas, de organismos unitários que a despeito das diretrizes de participação obrigatória dos sindicatos nas negociações coletivas e na defesa dos interesses de suas respectivas categorias nas esferas administrativa e judicial constantes do art. 8º, III e VI, da Constituição Federal, podem muito bem ser utilizadas pelos empresários como mecanismos de coibição da atuação sindical, conforme já adiantado no item 3.3.3 *supra.*

A leitura dos arts. 510-A e seguintes da CLT indica que os titulares das tais *representações dos empregados nas empresas* permanecerão extremamente fragilizados caso busquem realizar efetivamente o papel atribuído àquelas instâncias unitárias de representação obreias, na medida em que os dispositivos introduzidos pela *Reforma Trabalhista* não os protegem contra uma série de medidas patronais de caráter retaliatório, tais como (i) a transferência para outro estabelecimento; (ii) a remoção para setor da empresa onde o contato com os demais empregados restasse inviabilizado; (iii) o afastamento por razões pretensamente disciplinares; (iv) a constante requisição dos representantes para a realização de trabalhos externos, dentre outros expedientes já amplamente catalogados na prática do Comitê de Liberdade Sindical da OIT.

Os dispositivos em questão nem sequer estabelecem as garantia elementares destinadas a viabilizar minimamente o desempenho dos misteres confiados à *representação dos empregados nas empresas,* tais como o livre trânsito nas dependências da unidade produtiva, a disponibilização de quadro de avisos, a livre distribuição de publicações, entre outras, em total desprezo à redação do art. 2º da Convenção n. 135 da OIT.

Não por outra razão, estabeleceu-se no Enunciado n. 61 da 2ª Jornada de Direito e Processo do Trabalho realizada em 2017 sob os auspícios da Associação Nacional dos Magistrados da Justiça do Trabalho — ANAMATRA que o rol de garantias e de prerrogativas constantes do art. 510-D da CLT é meramente exemplificativo e que sua interpretação à luz da Convenção n. 135 da OIT impõe a extensão de uma série de outras medidas protetivas destinadas a assegurar o escorreito desempenho da representação dos interesses dos trabalhadores junto à administração das unidades produtivas.(481)

---

renunciaban a su afiliación, asi como a los pretendidos intentos de crear sindicatos «títeres», el Comité considera que tales actos son contrários al artículo 2 del Convénio num. 98 en el que se estipula que las organizaciones de trabajadores y de empleadores deberán gozar de adecuada protección contra todo acto de injerencia de unas respecto de las otras, ya se realice directamente o por médio de sus agentes o miembros, em su constitución, funcionamiento o administración."

"863. El empleador que intenta persuadir a los trabajadores de que retiren la autorización dada a un sindicato para que negocie en su nombre podría dar lugar a injerencias indebidas en la decisión de los trabajadores y socavar la fuerza del sindicato, dificultandose así la negociación colectiva, contrariamente al princípio com arreglo al cuál esta ha de promoverse." OFICINA INTERNACIONAL DEL TRABAJO. La libertad sindical. Recopilación de las decisiones y princípios del Comitê de Libertad Sindical del Consejo de Administración de la OIT. 5. ed. Ginebra: OIT, 2006. p. 183-184.

(481) "61. MEMBROS DAS COMISSÕES DE REPRESENTAÇÃO Membros da comissão de representação. I. Garantias. 1 – Ao lado da garantia constante do art. 510-D, § 3º, da CLT, os membros da comissão de representação são protegidos contra (a) despedida sem justa causa; (b) transferência para outro estabelecimento; (c) remoção para setor da empresa onde o contato com os demais empregados reste inviabilizado; (d) afastamento por razões pretensamente disciplinares; e (e) constante requisição para a realização de trabalhos externos, dentre outros expedientes francamente atentatórios à literalidade do art. 1º da Convenção n. 135 da OIT. II. Prerrogativas. Para o exercício adequado de suas atribuições, os membros da comissão de representação possuem, com arrimo no art. 2º da Convenção n. 135 da OIT, os direitos (a) ao tempo livre para o exercício das atividades representativas; (b) ao ingresso em todas as dependências dos locais de trabalho; (c) ao acesso direto aos dirigentes empresariais; (d) à disponibilização de quadro de avisos com fácil acesso para os trabalhadores; (e) à livre distribuição de publicações junto aos trabalhadores; e (f) à livre distribuição de mensagens por via eletrônica, por intermédio dos canais institucionais da empresa." Disponível em: <https://www.anamatra.org.br/attachments/article/27175/livreto_RT_Jornada_19_Conamat_site.pdf>. Acesso em: 9 nov. 2021.

De outro turno, a *Reforma Trabalhista* consolidada na Lei n. 13.467/2017 abriu uma vasta senda para a perpetração de atos antissindicais atentatórios à liberdade sindical individual, ao condicionar na nova redação conferida ao art. 579 da CLT o recolhimento da contribuição sindical à autorização prévia e expressa por parte dos trabalhadores.

Conforme visto no item 2.5.6 *supra*, nem os arts. 579 e seguintes da CLT em suas novas redações e tampouco o Supremo Tribunal Federal, ao apreciar a ADI n. 5.794/DF, fixaram em minúcias os procedimentos pelos quais os trabalhadores expressariam sua opção pelo recolhimento ou não da contribuição sindical outrora compulsória. Não se estabeleceu, de forma peremptória, se tal manifestação poderia ser exercida de modo coletivo, em sede de assembleia geral, ou se a concordância dependeria de declaração individual firmada pelos próprios obreiros e dirigidos aos seus respectivos empregadores.

Se acaso a última alternativa preponderar — tal como já sinaliza expressiva parcela da jurisprudência firmada nos tribunais trabalhistas pátrios — a manifestação formal do trabalhador pelo desconto da contribuição sindical e pelo repasse dessa última ao sindicato da categoria profissional poderá identificar o obreiro em questão, sob a ótica do empregador, como alguém engajado nas atividades desenvolvidas por sua entidade de classe o que poderá servir de base, de seu turno, para eventuais perseguições patronais atentatórias aos artigos iniciais da Convenção n. 98 da OIT.(482)

---

(482) Nesse sentido: "CONTRIBUIÇÃO SINDICAL. AUTORIZAÇÃO PRÉVIA E EXPRESSA PARA DESCONTO. LEI N. 13.467/17. NECESSIDADE DE AUTORIZAÇÃO INDIVIDUAL DO TRABALHADOR.

A exigência de autorização expressa e prévia para o desconto das contribuições sindicais dos trabalhadores afastou o caráter compulsório e geral do pagamento, impondo requisito prévio a ser preenchido para o pagamento da parcela. Tratando-se de parcela a ser descontada do salário do trabalhador, há que se reconhecer que a pretensão do autor impõe restrição a direito patrimonial dos empregados. Por decorrência e considerando o princípio da liberdade de associação, garantido constitucionalmente, incabível a interpretação extensiva pretendida pelo sindicato. A autorização coletiva prévia obtida por meio de assembleia geral extraordinária, que autorizou os descontos das contribuições sindicais independente de associação e sindicalização, não preenche os requisitos legais expressos nos arts.578 e 579, CLT. Recurso ordinário do Sindicato a que se nega provimento." BRASIL: TRIBUNAL REGIONAL DO TRABALHO DA 2ª REGIÃO. RECURSO ORDINÁRIO N. 1000060-43.2020.5.02.0205. RELATORA: Desembargadora Wilma Gomes da Silva Hernandes. 11ª Turma. *DJ*: 8.3.2021.

(...)

"FINANCIAMENTO DA ATIVIDADE SINDICAL. INVIABILIDADE LEGAL DE DESCONTO COMPULSÓRIO DE CONTRIBUIÇÕES SEM AUTORIZAÇÃO INDIVIDUAL DOS EMPREGADOS.

Nos termos do art. 545 da CLT, com a redação da Lei n. 13.467/17, "Os empregadores ficam obrigados a descontar da folha de pagamento dos seus empregados, desde que por eles devidamente autorizados, as contribuições devidas ao sindicato, quando por este notificados." Em harmonia, o art. 579 da CLT dispõe: "O desconto da contribuição sindical está condicionado à autorização prévia e expressa dos que participarem de uma determinada categoria econômica ou profissional, ou de uma profissão liberal, em favor do sindicato representativo da mesma categoria ou profissão ou, inexistindo este, na conformidade do disposto no art. 591 desta Consolidação." Logo, a norma autônoma que determina a retenção compulsória de qualquer contribuição associativa sem a prévia autorização dos empregados impõe ao empregador obrigação de fazer contra legem, o que não se pode admitir, em respeito ao art. 5o, II, da CF." BRASIL: TRIBUNAL REGIONAL DO TRABALHO DA 3a REGIÃO. RECURSO ORDINÁRIO N. 0010728-35.2019.5.03.0064. RELATOR: Desembargador Antonio Carlos R. Filho. 7ª Turma. DJ: 5.10.2020.

(...)

«DESCONTO EM FOLHA DA CONTRIBUIÇÃO SINDICAL. AUTORIZAÇÃO EM NORMA COLETIVA. IMPOSSIBILIDADE. NECESSIDADE DE AUTORIZAÇÃO PRÉVIA, EXPRESSA E INDIVIDUAL DO EMPREGADO.

No que diz respeito ao desconto da contribuição sindical, este está condicionado à autorização prévia e expressa dos que participarem de uma determinada categoria econômica ou profissional, conforme estabelece o art. 579 da CLT, com redação dada pela Lei n. 13.467/2017. A MP n. 873/2019, que modificou a redação do *caput* do citado artigo e incluiu os §§ 1º e 2º, para dispor acerca da necessidade de autorização individual, prévia, expressa e por escrito do empregado para o desconto da contribuição sindical, vedando a sua forma tácita ou mediante requerimento de oposição, assim como considerando nula toda cláusula de norma coletiva ou deliberação assemblear que fixar a sua compulsoriedade ou obrigatoriedade de recolhimento, em nada alterou a interpretação e aplicação da norma legal. O STF, ao analisar a matéria na ADI n. 5.794, além de reconhecer a constitucionalidade formal (art. 146, III, «a», da CRFB e ADI n. 4.697) e material do art. 579 da CLT, que suprimiu a natureza tributária da contribuição sindical então existente, consignou a

Por mais esse motivo, nos posicionamos — tal como já o fizemos no item 2.5.6 *supra* — pela admissibilidade da manifestação prévia e expressa das coletividades obreiras, em sede de assembleia geral, pelo desconto (ou não) das contribuições sindicais a serem repassadas aos seus sindicatos. Tal medida não apenas encontra ressonância no princípio da *autonomia sindical* consagrado no art. 8º, I, da Constituição Federal, como também concretiza, em maior medida, o direito fundamental à liberdade sindical na sua vertente individual, porquanto minimiza a exposição dos trabalhadores a eventuais condutas discriminatórias perpetradas por seus empregadores em razão de sua filiação ou engajamento sindical.

Da análise do rol de condutas ora descritas — a elencar as práticas implementadas mais corriqueiramente pelos empresários e suas entidades de classe contra a livre organização da representação dos interesses obreiros — observa-se que a tônica a permear sua abjeção não apenas pelo Comitê de Liberdade Sindical da OIT como também, em alguns casos, pelos tribunais pátrios, consiste, exatamente, na busca em concreto pelo equilíbrio de forças que deve existir entre os atores coletivos (trabalhadores e empregadores) e que subjaz ao princípio da liberdade sindical como seu principal consectário histórico-institucional.

É importante alertar, novamente, que a relação ora formulada não encerra de forma exaustiva as condutas patronais reconhecidamente antissindicais. Reitera-se aqui, novamente, o que já foi dito alhures no sentido de que a antissindicalidade terá lugar sempre que a prática empresarial dirigida à organização autônoma dos trabalhadores comprometer a independência desta última e afetar, principalmente, aquele equilíbrio de forças a permear em concreto as representações obreiras e patronais.

E tal equilíbrio de forças imprescindível para a concretização prática da liberdade sindical, cuja titularidade primária recai sobre os trabalhadores, não é passível de ser rompido apenas pelos empresários, podendo sê-lo, de igual modo, pelos próprios sindicatos obreiros e pelo Estado, conforme ver-se-á nas linhas subsequentes.

4.1.4. Atos antissindicais praticados pelos sindicatos obreiros contra os próprios trabalhadores

Os sindicatos de trabalhadores, ao adquirirem a representatividade de suas respectivas categorias profissionais, passam a titularizar uma verdadeira função pública a residir, exatamente, na defesa dos interesses da coletividade obreira cuja defesa lhes foi incumbida. Por isso mesmo, tais entidades são detentoras do poder-dever de implementar os meios mais eficazes a elas disponibilizados para o cumprimento de seu papel institucional.[(483)]

Tal função pública inerente aos sindicatos de trabalhadores só existe e é reconhecida pelo ordenamento jurídico na medida em que os direitos e interesses de cunho laboral por eles tutelados são titularizados pelos integrantes de suas respectivas categorias profissionais. Sendo assim, quando as entidades obreiras se furtam ao dever de buscar a consolidação prática de tais garantias, tornam-se um fim em si mesmo perdendo, pois, sua legitimidade existencial.

---

necessidade de prévia e expressa autorização do empregado para o desconto, consagrando o direito fundamental à liberdade de associação, sindicalização e expressão estampados nos arts. 5º, IV e XVII, e 8º, *caput*, da CRFB, bem como conferindo especial proteção à intangibilidade salarial (art. 7º, X, da CRFB). Recurso parcialmente provido no tema.» BRASIL : TRIBUNAL REGIONAL DO TRABALHO DA 6ª REGIÃO. AGRAVO DE PETIÇÃO N. 0000240-29.2019.5.06.0002. RELATORA : Desembargadora Carmen Lucia Vieira do Nascimento. 3ª Turma. *DJ*: 11.3.2020.

(483) Segundo Celso Antônio Bandeira de Mello: "Existe função quando alguém está investido no dever de satisfazer dadas finalidades em prol do interesse de outrem, necessitando, para tanto, manejar os poderes requeridos para supri-las. Logo, tais poderes são instrumentais ao alcance das sobreditas finalidades. Sem eles, o sujeito investido na função não teria como desincumbir-se do dever posto ao seu cargo. Donde quem os titulariza maneja, na verdade, 'deveres-poderes'no interesse alheio." MELLO, Celso Antônio Bandeira de. Curso de Direito Administrativo. 13. ed. São Paulo: Malheiros Editores, 2001. p 32.

Quando isso ocorre, seja em razão de interesses políticos de seus dirigentes, de alinhamento com determinada corrente ideológica, de cooptação patronal ou por qualquer outro motivo, os sindicatos obreiros passam a ser eles mesmos os praticantes de condutas antissindicais atentatórias ao princípio do franco associativismo, pois, ao agirem de tal modo, acabam por romper com o equilíbrio de forças que deve nortear o relacionamento entre os atores coletivos (trabalhadores e empregadores).

Tal como as condutas patronais, as práticas antissindicais perpetradas pelos próprios sindicatos de trabalhadores já são conhecidas há muito. Sua expressão mais tradicional consiste nas chamadas *cláusulas de segurança sindical* a compreenderem os dispositivos convencionais destinados a forçar a filiação dos obreiros às organizações representativas ou de impedir sua desfiliação.[(484)]

A despeito de sua antiguidade, a antissindicalidade inerente às chamadas *cláusulas sindicais* é polêmica. Alguns as veem como uma prática legítima destinada a incentivar a filiação e, com isso, evitar a implementação de ações patronais tendentes a prejudicar os trabalhadores por sua aderência a uma determinada organização representativa. Outros, no entanto, reconhecem nelas condutas que atentam contra a liberdade sindical individual negativa, pois seu estabelecimento acaba por impedir, na prática, o livre arbítrio do obreiro no que concerne à permanência ou não nos quadros da entidade.[(485)]

Dentre as cláusulas de segurança sindical mais conhecidas, tem-se a chamada *closed shop*, muito difundida no Reino Unido e nos Estados Unidos no início do século XX, a compreender o compromisso firmado entre o empregador e a coletividade obreira de contratar somente trabalhadores filiados a uma determinada entidade. Propagou-se também, na mesma época e naqueles mesmos países, a cláusula *union shop* ou *maintence of membership*, pela qual o empresário se comprometia a demitir os obreiros que, durante o vínculo empregatício, se desligassem dos quadros de uma determinada organização sindical.[(486)]

Com o passar dos anos, as cláusulas *closed shop* e *union shop* evoluíram para formas mais sutis de favorecimento a organizações sindicais obreiras. Nasceram, assim, as cláusulas *porcentage shop* e *preferencial shop* caracterizadas, respectivamente, pela obrigação inerente à contratação de um número mínimo de trabalhadores filiados a uma determinada entidade obreira e pela concessão de certas vantagens (p. ex.: preferência na contratação, vantagens salariais etc.) aos empregados associados a um determinado sindicato.

E, de forma ainda mais sutil, a evolução das cláusulas de segurança sindical gerou o chamado *label*, palavra da língua inglesa que, traduzida para o português tem o significado de *rótulo* ou *selo*. Pois bem, o *label* consiste, exatamente, na aposição de uma estampa, por parte do sindicato obreiro, nos produtos de uma determinada empresa, a indicar que estes últimos foram elaborados por trabalhadores filiados àquela entidade.

(484) José Francisco Siqueira Neto conceitua as cláusulas em referência como: "Dispositivos derivados de instrumentos normativos ou leis, que limitam ou condicionam o exercício da liberdade sindical individual, no intuito de estimular a adesão sindical, ou proporcionar um grau de uniformidade sindical para facilitar que a empresa estenda os efeitos da negociação coletiva a todos os seus empregados." SIQUEIRA NETO, José Francisco. Liberdade sindical e representação dos trabalhadores nos locais de trabalho. São Paulo: LTr, 2000. p. 120.

(485) Sobre a temática das *cláusulas sindicais*, Mozart Victor Russomano é contundente em classificá-las como uma modalidade indireta de sindicalização imposta o que acaba por vulnerar, consequentemente, a liberdade individual negativa.

Segundo o autor, "não importa saber se a violação do direito individual parte do Estado ou da própria classe operária; violada, direta ou indiretamente, a liberdade não é liberdade, no sentido cristalino e amplo desse vocábulo tão caro à vida democrática." RUSSOMANO, Mozart Victor. Princípios gerais de Direito Sindical. 2. ed. Rio de Janeiro: Forense, 1995. p. 67-70.

(486) *Vide*, nesse sentido: SIQUEIRA NETO, José Francisco. *Liberdade sindical e representação dos trabalhadores nos locais de trabalho.* São Paulo: LTr, 2000. p. 122-123.

Apesar de aparentemente inofensivo à liberdade sindical individual, a aposição do selo em determinados produtos, especialmente naqueles que possuem grande aceitação dentre os consumidores, acaba por incentivar a contratação, por parte do empresariado, de trabalhadores filiados à entidade detentora do tal rótulo. Em tais hipóteses, o *label* acaba por mascarar uma verdadeira *closed shop* e, em casos mais extremos, até mesmo situações de *union shop.*(487)

A despeito da nítida antissindicalidade inerente às chamadas *cláusulas sindicais*, evidenciada na medida em que elas impedem o pleno exercício das vertentes positiva e, principalmente, negativa da liberdade sindical individual, o Comitê de Liberdade Sindical da OIT não as condena, limitando-se a asseverar em seu Verbete n. 364 que as legislações nacionais que as impedem ou que as permitem são igualmente válidas.(488)

A única ressalva advinda do Comitê de Liberdade Sindical da OIT em relação às *cláusulas de segurança sindical* diz respeito à exigência de filiação a uma determinada entidade como condição para a obtenção de trabalho, em uma modalidade extremada da *closed shop*, conforme assentado no Verbete n. 368. Paralelamente a isto, o colegiado não tolera dispositivos dessa natureza quando impostos por lei e não são fruto vontade autônoma dos atores coletivos (Verbete n. 363).(489)

No plano nacional, a Constituição Federal estabelece de maneira expressa em seu art. 8º, V, que "*ninguém será obrigado a filiar-se ou a manter filiado a sindicato*", o que, já de antemão, inviabiliza a implementação de cláusulas como a *closed shop* e a *union shop* nos acordos e convenções coletivas. E sobre a *preferential shop*, a Seção de Dissídios Coletivos do Tribunal Superior do Trabalho consolidou sua Orientação Jurisprudencial n. 20 no sentido de que "*viola o art. 8º, V, da CF/1988 cláusula de instrumento normativo que estabelece a preferência, na contratação de mão de obra, do trabalhador sindicalizado sobre os demais*".

Formulada tal análise sobre as chamadas *cláusulas de segurança sindical*, nos atemos à opinião de que elas efetivamente violam o princípio da liberdade sindical individual consagrado no art. 8º, V, da Constituição Federal, pois sua imposição advinda do sindicato obreiro influi diretamente na livre escolha do trabalhador em se manter filiado ou não àquela entidade. Por isso mesmo, as referidas cláusulas se inserem no rol de condutas antissindicais perpetradas pelas organizações obreiras contra os próprios titulares últimos do franco associativismo, quais sejam, os trabalhadores.

Outra modalidade de ato antissindical praticado pelas próprias entidades representativas contra os trabalhadores consiste na utilização de *coação moral ou física* com vistas a assegurar a

---

(487) Nesse sentido, Luciano Martinez assinala que: "O oferecimento do selo — especialmente se ele for reputado valioso pelos consumidores — estimulará, por via oblíqua, a contratação preferencial de trabalhadores filiados em detrimento daqueles que não queiram se filiar às entidades sindicais. Isso, evidentemente, produzirá discriminação e, consequentemente, restrição de oportunidades a quem, por ato de liberdade, não quis se associar à entidade sindical." MARTINEZ, Luciano. Condutas antissindicais. São Paulo: Saraiva, 2013. p. 317.

(488) "364. La admisibilidad de las cláusulas de seguridad sindical en virtud de convenciones colectivas, fueron dejadas a la elección de los Estados ratificantes, según se desprende de los trabajos preparatórios del Convenio num. 98." OFICINA INTERNACIONAL DEL TRABAJO. *La libertad sindical.* Recopilación de lãs decisiones y princípios del Comitê de Libertad Sindical del Consejo de Administración de la OIT. 5. ed. Ginebra: OIT, 2006. p. 82. *Vide*, igualmente, os Verbetes n. 365 a 367. *Ibidem*, p. 82.

(489) "363. Conviene distinguir entre cláusulas de seguridad sindical permitidas por la ley y las impuestas por la ley, dado que únicamente estas últimas tienen como resultado un sistema de monopólio sindical contrario a los princípios de libertad sindical."

"368. Cuando se encuentran en vigencia cláusulas de seguridad sindical que exigen la afiliación a una organización dada como condición para obtener trabajo, puede producirse una discriminación injusta si se establecen condiciones irrazonables para la afiliación de las personas que la soliciten." OFICINA INTERNACIONAL DEL TRABAJO. *La libertad sindical.* Recopilación de las decisiones y princípios del Comité de Libertad Sindical del Consejo de Administración de la OIT. 5. ed. Ginebra: OIT, 2006. p. 81-82.

filiação a uma determinada entidade, impedir a participação da categoria em assembleias destinadas à criação de novos sindicatos na base de uma outra organização preexistente ou cercear a livre manifestação dos obreiros sobre os rumos do movimento.

Lamentavelmente, o uso de tais artifícios violentos foi, durante certo tempo, rotineiro no cenário nacional, sendo de amplo conhecimento as situações em que dirigentes sindicais recorreram à ação truculenta de *seguranças* para obstar a presença de trabalhadores em atos destinados à criação de novas entidades ou para evitar a participação de dissidentes em assembleias do próprio sindicato convocadas para a aprovação de pautas de interesse das diretorias.(490)

Sobre o tema, o Comitê de Liberdade Sindical da OIT manifestou-se em seu Verbete n. 1.125 no sentido de que os atos de violência praticados no contexto de uma disputa sindical podem vir a refletir negativamente no pleno exercício do direito à liberdade sindical individual por parte dos trabalhadores e de que, em tais situações, é legítimo recorrer ao Estado para assegurar a fruição de tais garantias. (491)

Apesar da lesividade das chamadas *cláusulas de segurança sindical* e da coação moral e física de trabalhadores para o princípio da liberdade sindical em sua vertente individual, não são elas a ameaça mais grave para o franco associativismo advinda dos próprios sindicatos obreiros, ao menos no plano nacional. Com efeito, no bojo da peculiar organização representativa brasileira, pautada pela unicidade sindical e pela possibilidade de desdobramento por categorias e bases territoriais, o desmembramento e a dissociação assegurados em termos gerais pelo art. 571 da CLT viabiliza, em muitos casos, uma situação significativamente deletéria, qual seja, *a constituição de entidades obreiras com o intuito de enfraquecer sindicatos previamente existentes e representativos*.

A propósito, conforme já discutimos em nosso *Sindicato Mais Representativo e Mutação Constitucional: Uma proposta de Releitura do Art. 8º, II, da Constituição Federal*, a legislação concernente à organização sindical pátria não contempla, ao menos expressamente, dispositivo a exigir a demonstração em torno da efetiva representatividade das categorias obreiras por seus respectivos sindicatos, ao mesmo tempo em que possibilita a criação de novas entidades por desmembramento territorial (base menor — base maior) ou por dissociação (categoria mais específica — categoria mais ampla) sem as peias do antigo — e igualmente condenável — sistema de enquadramento sindical compulsório.(492)

Isso possibilita que um grupo dissidente do sindicato mais amplo (ou *sindicato-mãe*, segundo a linguagem consagrada na jurisprudência pátria) selecione um determinado espectro da coletividade representada por aquele ente preexistente (p. ex.: trabalhadores metalúrgicos das indústrias siderúrgicas) e crie, com respaldo no conceito aberto do art. 511, §§ 2º e 3º, da CLT, uma nova categoria que, por sua vez, servirá de suporte para a criação de um novo sindicato.

Ocorre que a constituição formal dessa nova entidade não está condicionada à demonstração de requisitos objetivos em torno da efetiva representatividade da categoria (p. ex.: número de trabalhadores da nova categoria a ela filiados em comparação com o *sindicato-mãe*). Permite-se,

(490) Sobre o tema, *vide* a reportagem publicada na edição de 2.9.2011 da Revista Isto é, disponível em: <http://www.istoe.com.br/reportagens/156899_BANDIDAGEM+SINDICAL>. Acesso em: 4 ago. 2021.

(491) "1.125. Los actos de violêecia resultantes de la rivalidad entre sindicatos podrían constituir un intento de impedir el libre ejercicio de los derechos sindicales. Si tal fuera el caso y esos actos fueran suficientemente graves, cabría recurrir a la intervención de las autoridades, especialmente de la policía, a fin de garantizar la protección adecuada de esos derechos. La cuestión de la violación de los derechos sindicales por el gobierno se planteria únicamente si el mismo actuara inapropiadamente frente a las alegadas agresiones." OFICINA INTERNACIONAL DEL TRABAJO. *La libertad sindical*. Recopilación de las decisiones y principios del Comité de Libertad Sindical del Consejo de Administración de la OIT. 5. ed. Ginebra: OIT, 2006. p. 245.

(492) EBERT, Paulo Roberto Lemgruber. *Sindicato mais representativo e mutação constitucional: uma proposta de releitura do art. 8º, II, da Constituição Federal*. São Paulo: LTr, 2007.

com isso, o fracionamento de um sindicato preexistente sem exigir-se, da nova entidade, qualquer respaldo de legitimidade perante o grupo a ser representado.

Lamentavelmente, a casuística nacional está repleta de entidades carentes de qualquer representatividade que são criados por integrantes de chapas derrotadas em eleições do *sindicato-mãe* ou — o que é ainda pior — por elementos que transigiram com os empregadores a constituição de novas *entidades títeres* por desmembramento ou por dissociação em troca de vantagens pessoais.[493]

Quando tal situação se dá com o intuito deliberado de enfraquecer a representatividade exercida pelo *sindicato-mãe*, ter-se-á, em tais casos, a consolidação de conduta antissindical, na medida em que a constituição de uma entidade obreira destituída de efetivo contrapoder em relação à empresa e às organizações patronais tolhe dos trabalhadores integrantes daquela nova *categoria* criada à sua revelia qualquer possibilidade de obter melhorias em sua condição social através do embate com os empregadores o que afeta, ao fim e ao cabo, o próprio direito à negociação coletiva.[494]

Em tais casos, a criação de uma nova entidade sindical por desmembramento ou dissociação, antes de representar a efetiva vontade dos trabalhadores integrantes da nova *categoria*, acaba por prejudicá-los naquilo que é o cerne axiológico do direito à liberdade sindical: o equilíbrio de forças entre os atores coletivos (trabalhadores e empregadores).

Tal equilíbrio, contudo, é ainda mais comprometido diante das situações em que há uma *deliberada manutenção de dependência econômica do sindicato obreiro em relação às empresas e às entidades patronais*. Em tais hipóteses, a entidade obreira abre mão espontaneamente dos elementos essenciais para sua atuação como tal, quais sejam, a independência e a autonomia, de modo a transformar-se em mero apêndice do empresário ou de suas entidades de classe.

Não se trata, em tais casos, de uma interferência advinda das empresas e das entidades patronais em direção ao sindicato obreiro. Aqui, são as próprias organizações de trabalhadores que abrem mão de seu poder-dever de representação da categoria através do confronto legítimo com os empregadores e admitem, de forma deliberada, a ingerência patronal em suas pautas de atuação, de modo francamente atentatório ao art. 2º da Convenção n. 98 da OIT.

A ilustrar, possivelmente, tal situação, tem-se a queixa apresentada ao Comitê de Liberdade Sindical da OIT por parte da Federação Nacional dos Portuários em 23.9.2008, ainda pendente de apreciação por aquele colegiado. No referido documento, a entidade obreira acusa

(493) Lembra Mauro de Azevedo Menezes, a propósito, que: "O vigor dos sindicatos no desempenho de sua missão histórica deriva da representação a eles confiada. Os sindicatos não podem estar alheios aos desejos das suas bases de representação. E tanto mais relevante será o seu peso quanto maior seja a sintonia estabelecida com as aspirações dos representados. Vale afirmar que a representação é a finalidade última de todo sindicato.

(...)

Não se poderá falar em representatividade sindical sem dar precedência aos desafios da liberdade e da autonomia. Tampouco se admite que a representação abdique da aspiração de ser legítima, para contentar-se com a sua mera validade. E mais: é preciso que todo esse esforço forje um resultado material, em que os trabalhadores sintam-se dignamente defendidos, equiparando a sua força coletiva ao poder do capital, de forma a produzir o fruto virtuoso que é o incremento do diálogo social." MENEZES, Mauro de Azevedo. Definição do sindicato (mais) representativo: pressupostos, problemas e alternativas. Disponível em: <www.unifacs.br/revistajuridica/arquivo/edicao_abril2002/convidados/Sindicato%2520mais%2520representativo%2520ERGON..doc+&cd=8&hl=pt-BR&ct=clnk&gl=br>. Acesso em: 15 nov. 2021.

(494) Pois afinal, conforme salientam Giancarlo Perone e Luís Felipe Lopes Bóson: "Para atuar como sujeito na negociação coletiva cumpre, em primeiro lugar, ter capacidade de ação coletiva, vale dizer, de agir para a realização de interesses coletivos, capacidade da qual o trabalhador individual é carente (...). Além disso, os sujeitos coletivos legitimados a negociar pelos trabalhadores devem contar com um substrato organizativo dotado de uma certa estabilidade." PERONE, Giancarlo; BOSON, Luís Felipe Lopes. Sindicatos na União Europeia e no Brasil. Estímulos para uma reflexão comparativa. São Paulo: LTr, 2015.

a Comissão Nacional dos Trabalhadores do Amianto (CNTA), a integrar a estrutura organizativa da Confederação Nacional dos Trabalhadores na Indústria — CNTI, de firmar sucessivos acordos com as entidades patronais pelos quais estas últimas comprometer-se-iam a auxiliar financeiramente aquela primeira na tarefa de divulgar o "*uso controlado*" do amianto crisotila nas indústrias da construção civil.(495)

No plano interno, a questão envolvendo o "*uso controlado*" do amianto crisotila e o financiamento patronal aos sindicatos da categoria profissional foi judicializada pelo Ministério Público do Trabalho em 2015, com o ajuizamento da Ação Civil Pública n. 0011751-32.2015.5.15.0093. Em segunda instância, o Tribunal Regional do Trabalho da 15ª Região houve por bem confirmar a sentença de origem que anulou os acordos em referência, tendo reconhecido, na situação em apreço, a existência de interferência indevida das empresas na organização sindical dos trabalhadores.(496)

(495) A tempo, o amianto em todas as suas formas (crisotila-branco, crocidolita-azul e actinolita-marrom) é um mineral que, a despeito de ser reconhecidamente cancerígeno em qualquer concentração atmosférica até mesmo pelos Ministérios do Trabalho e Emprego e da Saúde, nos termos da Lista Nacional de Agentes Cancerígenos para Humanos (Portaria Interministerial n. 9, de 7 de outubro de 2014), é amplamente utilizado no Brasil para a fabricação de artefatos para a construção civil, tais como telhas, caixas d'água, calhas etc.

(496) "Subvenção Patronal Direcionada para Entidade de Representação de Trabalhadores. Financiamento de Entidade de Representação de Trabalhadores Mediante Receitas Sindicais Previstas na Legislação.

Sobre o tema em epígrafe, a Confederação Nacional dos Trabalhadores nas Indústrias pugna pela reforma da decisão de origem alegando que há equívoco na sentença, uma vez que não tem apoio financeiro subvencionado por entidade patronal. Afirma, ainda, que '*a CNTA — Comissão Nacional dos Trabalhadores do Amianto não se confunde com as entidades sindicais litisconsorte.*' e '*o Instituto Brasileiro do Crisotila também pessoa jurídica de direito privado que não se confunde com as entidades sindicais de trabalhadores.*'

Por sua vez, o Instituto Brasileiro do Crisolita se insurge quanto ao decidido requerendo que seja excluída toda a fundamentação de que o IBC representa apenas o interesse patronal, é subvencionado pelos empresários do setor e que haveria interesse contraposto ao dos trabalhadores, considerando que se trata de instituição tripartite, formada por representantes do governo, empresários e trabalhadores.

Vejamos.

Como se sabe, a Comissão Nacional dos Trabalhadores do Amianto (CNTA) é a principal entidade de representação dos trabalhadores da indústria do amianto no Brasil e está vinculada à Confederação Nacional dos Trabalhadores na Indústria (CNTI), ora recorrente. Por outro lado, o Instituto Brasileiro do Crisotila, criado em 15 de outubro de 2002, embora se trate de instituição sem fins lucrativos tripartite formada por representantes do governo, empresários e trabalhadores, é patrocinado por 11 indústrias, para custear medidas em defesa do uso controlado do mineral.

Ocorre que, o Acordo Nacional para Extração, Beneficiamento e Utilização Segura e Responsável do Amianto Crisotila, na cláusula 110, previu a possibilidade de o IBC — Instituto Brasileiro de Crisotila prestar apoio financeiro à CNTA — Comissão Nacional dos Trabalhadores do Amianto, conforme abaixo descrito:

'*Cláusula 110 - Caberá ao Instituto Brasileiro do Crisotila apoiar, inclusive financeiramente, a CNTA, visando o desenvolvimento de ações relacionadas à divulgação, promoção do uso seguro e responsável do amianto crisotila, bem como a realização de cursos e treinamentos aos trabalhadores. Esse apoio não interferirá nas ações da CNTA que possui total independência em sua atuação.*'

Em que pese o IBC — Instituto Brasileiro de Crisotila realize cursos de treinamento e outras atividades, como seminários, dentro e fora do país em defesa do uso controlado do amianto, considerando que tal instituto é financiado por empresários do setor e participa do acordo juntamente com a CNTA que representa os trabalhadores, concordo com a conclusão da origem de que tais associações atuam na defesa de direitos contrapostos. Sendo assim, o recebimento de recursos do IBC pela CNTA viola a isenção do trabalho realizado pela comissão, mormente pela impossibilidade de fiscalização de tais repasses.

Aliás, o suposto repasse de recursos de indústrias de extração e industrialização do amianto para entidades sindicais que representam trabalhadores do setor através do IBC — Instituto Brasileiro de Crisotila já foi objeto, inclusive, de queixa junto à Organização Internacional do Trabalho por prática antissindical, conforme notícias veiculadas na imprensa.

Pelo exposto, correto o acolhimento do pleito inicial para:

a) determinar que as partes se abstenham de pactuar cláusulas prevendo apoio financeiro de entidade de representação de interesse patronal para subvencionar entidade de representação de trabalhadores;

b) que a CNTA se abstenha de receber aporte financeiro diverso das fontes de arrecadação de receitas sindicais previstas na legislação;

Há também conduta antissindical notória, quando a entidade obreira se une aos empresários para formar organizações *mistas*, destinadas, em teoria, à defesa de pretensas pautas comuns aos trabalhadores e aos empregadores. A formação de tais agrupamentos configura, exatamente, o que Oscar Ermida Uriarte classifica como *violação ao princípio da pureza*, subjacente ao art. 2º da Convenção n. 98 em sua literalidade, pelo qual as associações representativas devem ser formadas, exclusivamente por membros de suas respectivas classes, justamente a fim de evitar-se potenciais conflitos de interesses.(497)

Em síntese, não pode haver conduta antissindical mais lesiva aos trabalhadores do que aquelas que se materializam quando as organizações obreiras abrem mão de promover a defesa dos interesses de suas categorias profissionais e admitem o financiamento advindo de entidades patronais, passando, inclusive, a assumir as pautas destas últimas. Em tais casos extremos, o sindicato laboral não sacrifica apenas os direitos à ação e à autonomia sindical de que são titulares, mas também uma série de garantias individuais a integrarem o cabedal de direitos fundamentais dos próprios trabalhadores.

Nessa mesma toada, há de se fazer menção àquelas situações em que as entidades obreiras adotam postura de *omissão deliberada quanto ao exercício dos poderes-deveres sindicais*, especialmente na condução das reivindicações obreiras e naquelas situações em que sua atuação far-se-ia necessária para eliminar ou mitigar ameaças ao meio ambiente do trabalho e, consequentemente, à integridade física dos trabalhadores.(498)

Viu-se alhures que o sindicato, ao presentar e representar os interesses de suas categorias profissionais, seja nas campanhas salariais ou nos embates cotidianos com o empresariado, maneja inequívocos poderes-deveres. Quer isto dizer que as entidades obreiras não manejam suas prerrogativas legais em benefício próprio, mas sim em prol dos trabalhadores que integram sua base, de modo a possuírem um verdadeiro múnus público, apesar de sua personalidade jurídica de direito privado.

E no contexto brasileiro tal múnus público é ainda mais forte, na medida em que o sindicalismo pátrio contempla como princípio estrutural a unicidade por base territorial mínima e por categoria, de modo que a entidade detentora de tal monopólio encampará, necessariamente, os interesses dos trabalhadores compreendidos em sua base representativa, independentemente da vontade destes últimos.

---

c) que o IBC se abstenha de apoiar financeiramente qualquer pessoa jurídica de natureza sindical de representação de trabalhadores, de qualquer grau de representação." BRASIL: TRIBUNAL REGIONAL DO TRABALHO DA 15ª REGIÃO. RECURSO ORDINÁRIO N. 0011751-32.2015.5.15.0093. RELATOR: Desembargador Flávio Landi. 5ª Câmara. *DJ*: 3.12.2019.

(497) Nas palavras do autor: "Según [el principio de pureza] cada asiciación professional debe aglutinar exclusivamente a trabajadores o empleadores en su caso, lo que viene a excluir los denominados 'sindicatos mixtos' que nuclean trabajadores y empleadores en una misma asociación." URIARTE, Oscar Ermida. *Sindicatos en libertad sindical.* 2. ed. Montevideo: Fundación de Cultura Universitaria, 1999. p. 58.

(498) Segadas Vianna, ao discorrer sobre a participação dos sindicatos brasileiros na condução dos movimentos paredistas nas décadas de 1940 e 1950 relata que as entidades obreiras recusavam-se, muitas vezes, o protagonismo na condução das greves por temor de intervenção governamental e de perda da contribuição sindical compulsória. Segundo o autor: "O temor das intervenções governamentais e, em nosso país, a perda consequente dos recursos decorrentes do impôsto sindical, faz que, em certos casos, as diretorias prefiram parecer estranhas às greves, deixando sua iniciativa e seu comando aos grupos de ação.

Por tudo isso, os próprios sindicatos preferem que o direito de greve exista sem que esteja integrado nas prerrogativas sindicais, seja porque reconhecem que a greve se faz mesmo quando não há entidade sindical, seja porque entendem que é preferível deixar aos grêmios profissionais a liberdade de escolha da conveniência ou não de preparar e comandar uma greve.

No Brasil êsse receio se justifica ainda mais em face do que dispõe o Decreto-lei n. 9.070 no sentido de que nos sindicatos representativos de atividades básicas, quando uma greve fôr realizada sem a obediência às prescrições legais, a diretoria estará destituída de plano, passando a gestão do sindicato a um interventor nomeado pelo govêrno. É bem verdade que a lei não tem sido cumprida, mas existe e pode, a qualquer momento, ser posta em execução." VIANNA, Segadas. *Greve.* Direito ou violência? Rio de Janeiro: Freitas Bastos, 1959. p. 151-152.

É certo, por outro lado, que as entidades obreiras detêm, como sucedâneo da liberdade sindical coletiva, o direito à autonomia coletiva (art. 8º, I, da Constituição Federal), que, dentre outros aspectos, contempla a faculdade concernente à elaboração de seus respectivos planos de ação. No entanto, tal prerrogativa dos sindicatos encontra sua razão existencial justamente na defesa dos direitos fundamentais titularizados por seus representados — os trabalhadores — de modo que ela só será exercida legitimamente conquanto atenda a tais interesses.(499)

Justamente em razão de tais premissas a nortearem a atuação dos sindicatos na condição de entidades titulares de poderes-deveres decorrentes de seu múnus público, especialmente no sistema da unicidade, estes não poderão invocar o princípio da autonomia sindical para se furtarem à defesa dos direitos fundamentais titularizados pelos integrantes de suas categorias, notadamente aqueles que envolvem o meio-ambiente do trabalho (art. 225, da Constituição Federal), a saúde (art. 6º, da Constituição Federal) e a integridade psicofísica (art. 5º, X, da Constituição Federal).

4.1.5. Atos antissindicais praticados pelo Estado contra as entidades sindicais

A antissindicalidade não constitui um fenômeno que perpassa apenas as relações entre os trabalhadores, suas entidades representativas e os empregadores. De fato, a própria análise histórica formulada no Capítulo 2 *supra* acerca da liberdade sindical demostra que o Estado exerceu, no passado, forte papel repressor e controlador dos movimentos obreiros e que sua conscientização acerca do direito ao franco associativismo representou uma conquista obreira tão importante quanto à possibilidade de exercer o contrapoder em relação às empresas.

Por isso mesmo, se os empregadores nos dias atuais são sujeitos ativos de práticas antissindicais, os agentes públicos também o são. No plano estatal, tais práticas manifestar-se-ão de maneira consideravelmente incisiva quando o Poder Público, no intuito de exercer o registro cartorial das pessoas jurídicas, de dar andamento aos processos administrativos, de harmonizar os conflitos entre os atores sociais, de elidir movimentos reivindicatórios que coloquem em risco a prestação de serviços públicos e de lhes aplicar as punições previstas em lei, acaba por intervir sobremaneira na organização e na ação sindical de modo a obstar o exercício do franco associativismo.(500)

Nesse particular, a caracterização em torno da antissindicalidade dependerá da análise em concreto acerca do grau de intervenção do Estado nas questões afetas à livre organização sindical, visto que, a princípio, a ação do Poder Público no sentido de registrar a generalidade das pessoas jurídicas, de velar pela paz social e de aplicar penalidades legais é legítima.

Pode-se dizer, portanto, que a atuação do Poder Público corresponderá a uma conduta antissindical sempre que o Estado extrapolar o desempenho regular de suas prerrogativas institucionais de modo a obstar ou inviabilizar, em concreto, a fruição do direito à liberdade sindical por parte das entidades e dos trabalhadores. Contextualizando tal assertiva no plano nacional, é possível afirmar que tais práticas ocorrerão quando as autoridades estatais de qualquer dos Poderes da República agirem em contrariedade ao art. 8º, I da Constituição Federal (*autonomia sindical*), bem como ao art. 9º, da Carta Magna (*direito de greve*).

(499) Não por outra razão, José Rodrigo Rodriguez, ao comentar as prerrogativas titularizadas pelos sindicatos, assinala que: "Não estamos lidando com faculdades, com ausência de deveres, mas com posições jurídicas que devem ser exercitadas no interesse da categoria econômica ou profissional, representada pelo sindicato [sendo, portanto] mais adequado concebê-las como poderes-deveres [que] resultam da atribuição de um múnus ou função a alguém [e que] consistem no conjunto de poderes atribuídos pela norma a alguém, cujo exercício discricionário constitui um dever, pois seu titular não satisfaz a interesses especificamente seus." RODRIGUEZ, José Rodrigo. *Dogmática da liberdade sindical*. Rio de Janeiro: Renovar, 2003. p. 408.

(500) URIARTE, Oscar Ermida. *Sindicatos en libertad sindical*. 2. ed. Montevideo: Fundación de Cultura Universitaria, 1999. p. 39-41.

Naturalmente, a constatação de tais hipóteses variará em função das nuances dos casos concretos a envolverem o registro das pessoas jurídicas, a condução dos processos administrativos e judiciais, a manutenção dos serviços essenciais e a aplicação da legislação penal. Não obstante, a rica casuística oriunda do Comitê de Liberdade Sindical e mesmo da jurisprudência nacional nos permite elencar, a título ilustrativo, as práticas estatais que com maior frequência são perpetradas contra a livre organização e atuação coletiva dos trabalhadores.

Dentre tais condutas estatais lesivas à livre organização e administração titularizada pelas entidades sindicais, ganham especial relevância aquelas praticadas no curso dos processos administrativos de registro das entidades. É de se ressaltar, todavia, que o cadastramento cartorial das pessoas jurídicas é uma atividade plenamente legítima desempenhada pelo Poder Público no intuito de velar pela regularidade formal dos atos constitutivos das associações, a fim de que estas possam funcionar como *pessoas jurídicas*.(501)

No que diz respeito ao registro dos sindicatos, o próprio Comitê de Liberdade Sindical da OIT assinala em seu Verbete n. 294 que o cadastramento dos atos constitutivos daquelas entidades representativas em órgãos públicos por intermédio da observância a requisitos objetivos não constitui afronta ao franco associativismo, desde que tal exigência legal não redunde em interferência e intervenção do Estado na organização e administração autonomamente desempenhados pelos entes profissionais.(502)

Ocorre, contudo, que o Estado, ao regulamentar os procedimentos de registro sindical nos órgãos competentes, acaba muitas vezes por estabelecer condições que abrem espaço para uma condução discricionária a ser empreendida pela autoridade competente, seja no que concerne ao andamento com maior ou menor vagar dos processos administrativos ou no que diz respeito à conveniência e oportunidade para a efetivação do próprio cadastramento. Tem-se, aí, as hipóteses que caracterizam o *desvirtuamento do registro sindical em prejuízo à autonomia sindical.*

No plano do Comitê de Liberdade Sindical da OIT tem-se reconhecido o caráter antissindical das medidas administrativas que possibilitam a implementação de um juízo de conveniência e oportunidade para o cadastramento das entidades obreiras, porquanto tal prerrogativa significaria, na prática, a autorização estatal para a criação de sindicatos vedada expressamente pela Convenção n. 87. O colegiado em referência firmou tal entendimento em situações concretas a envolverem a denegação de registro sob o entendimento de que os entes poderiam dedicar-se à prática de atividades tidas por estranhas à defesa dos interesses profissionais de suas categorias

(501) Sobre a temática do registro cartorial dos atos constitutivos das associações sem fins econômicos, Rodrigo Xavier Leonardo adverte que: "O ato de registro seria um componente destinado a integrar a eficácia do ato constitutivo da associação, propiciando a personificação do subtipo associativo correspondente [de modo que] não confere *existência* à associação sem fins econômicos."

Ainda segundo o autor: "O registro dos estatutos amplia a *eficácia* das associações sem fins econômicos, atribuindo-lhes os efeitos próprios às pessoas jurídicas.

Considerando a opção dogmática do legislador em fazer depender a personificação das associações ao prévio registro dos seus estatutos, para que a liberdade de associação não seja violada, pelo menos tal como plasmada na Constituição Federal, mostra-se necessário esvaziar o ato do oficial de registros públicos de qualquer controle substancial sobre a entidade que se pretende criar." LEONARDO, Rodrigo Xavier. *Associações sem fins econômicos.* São Paulo: Revista dos Tribunais, 2014. p. 220-222.

(502) "294. Si las condiciones para conceder el registro equivaliesen a exigir una autorización previa de las autoridades públicas para la constitución o para el funcionamiento de un sindicato, se estaria frente a una manifesta infracción del Convenio núm. 87. No obstante, no parece ser este el caso cuando el registro de los sindicatos consiste únicamente en uma formalidad cuyas condiciones no son de tal naturaleza que pongan en peligro las garantias previstas por el Convenio." OFICINA INTERNACIONAL DEL TRABAJO. *La libertad sindical.* Recopilación de las decisiones y principios del Comité de Libertad Sindical del Consejo de Administración de la OIT. 5. ed. Ginebra: OIT, 2006. p. 65. Nesse mesmo sentido, faz-se menção aos Verbetes ns. 272, 295 e 306. *Ibidem*, p. 61, 65 e 68.

(Verbete n. 297) ou de que a atuação de tais organismos teria o condão de ameaçar a segurança e a ordem pública (Verbete n. 298).(503)

De outro turno, o Comitê de Liberdade Sindical da OIT tem validado o estabelecimento de requisitos objetivos meramente formais por parte das legislações domésticas, tais como a concessão de publicidade aos seus atos constitutivos (Verbete n. 280), a indicação de um domicílio (Verbete n. 282) e a fixação de um número mínimo razoável de associados (Verbetes ns. 287 e 292).(504)

No âmbito doméstico, o mesmo entendimento formulado pelo Comitê de Liberdade Sindical da OIT à luz da Convenção n. 87 da OIT foi encampado pelo Supremo Tribunal Federal com respaldo no art. 8º, I, da Constituição Federal, quando do julgamento do Mandado de Injunção n. 144/SP. Naquela oportunidade, a envolver a colmatação da lacuna legislativa em torno dos procedimentos de registro sindical, o Pretório Excelso, capitaneado pelo voto do Ministro Sepúlveda Pertence, pontificou que o Ministério do Trabalho teria competência para regulamentar o cadastramento das entidades representativas enquanto perdurasse tal omissão do legislador, desde que a concessão do respectivo registro fosse pautada por requisitos objetivos previamente elencados em atos normativos e não estivesse condicionado a um juízo de discricionariedade por parte da autoridade competente, tal como ocorria na sistemática existente anteriormente à promulgação da Carta Magna em 1988.

Reconheceu-se, em tal julgado, que no contexto inaugurado pela Constituição Federal de 1988, a contemplar expressamente o princípio da *autonomia sindical*, a delimitação das categorias e das bases territoriais, bem assim o delineamento das estruturas internas, competem às próprias entidades sindicais e não ao Poder Público, observando-se, naturalmente, a regra da unicidade plasmada no art. 8º, II, da Carta Magna. Por isso mesmo, o registro sindical não mais dependeria de um juízo de *conveniência* e *oportunidade* a ser implementado pela autoridade competente, mas sim pela observância a requisitos objetivos previamente definidos pelo ordenamento jurídico.(505)

---

(503) "297. La autoridad administrativa no debería poder denegar la inscripción em el registro de uma organización solo por estimar que podria dedicarse a actividades que pudieran sobrepasar el marco de lãs actividades sindicales normales, o no encontrarse em medida de cumplir sus funciones. Aceptar um sistema de esta naturaleza equivaldría a supeditar la inscripción obligatória de los sindicatos a uma autorización prévia de autoridad administrativa."

"298. Uma disposición por la que pueda negarse el registro de um sindicato si este está «a punto de lanzarse» em actividades que puedan representar uma amenaza grave para la seguridad y el orden públicos, podría dar lugar a abusos y su aplicación exige la mayor prudência. No deberia negarse el registro sino a causa de hechos graves y debidamente probados, normalmente bajo el control de la autoridad judicial competente." OFICINA INTERNACIONAL DEL TRABAJO. *La libertad sindical.* Recopilación de las decisiones y princípios del Comité de Libertad Sindical del Consejo de Administración de la OIT. 5. ed. Ginebra: OIT, 2006. p. 66. *Vide*, ademais, os Verbetes ns. 276, 277, 296, 297, 298 e 302. *Ibidem*, p. 62 e 65 a 67.

(504) "280. Las legislaciones nacionales que prevén el depósito de los estatutos de las organizaciones son compatibles con el artículo 2 del Convénio [87] en la medida en que ese requisito sea una simple formalidad que tenga como objeto garantizar la publicidad de esos estatutos. En cambio, pueden plantearse problemas cuando la ley obliga a las autoridades competentes a invitar a los fundadores de las organizaciones a incoorporar a sus estatutos exigencias jurídicas que, en si mismas, se hallan en contradicción con los princípios de la libertad sindical."

"282. El requisito de que todo sindicato tenga un domicílio registrado es una condición normal impuesta en gran número de países."

"287. Aunque el requisito de una afiliación mínima a nível de empresa no es en si incompatible con el Convenio num. 87, el número mínimo debería mantenerse dentro de limites razonables para no obstaculizar la constitución de organizaciones. Este concepto puede variar en función de las condiciones particulares en que las restricciones se imponen."

"292. El número mínimo de 20 miembros para la constitución de un sindicato no parece constituir una cifra exagerada ni, por conseguiente, un obstáculo de por si para la formación de sindicatos." *Ibidem*, p. 63-65.

(505) "Mandado de injunção: ocorrência de legitimação *"ad causam"* e ausência de interesse processual.

(...)

Liberdade e unicidade sindical e competência para o registro de entidades sindicais (CF, art. 8º, I e II): recepção em termos, da competência do Ministério do Trabalho, sem prejuízo da possibilidade de a lei vir a criar regime diverso. O que é inerente à nova concepção constitucional positiva de liberdade sindical é, não a inexistência de registro público

A mesma objetividade exigida do Poder Público na fixação dos requisitos necessários para o registro cartorial dos sindicatos é reproduzida, igualmente, nos sistemas onde vige a regra da *pluralidade sindical,* tanto em relação à constituição formal das entidades, quanto no que diz respeito à aferição dos coeficientes de representatividade para fins de participação nas negociações coletivas com as respectivas contrapartes. Registre-se, nesse sentido, que o Comitê de Liberdade Sindical da OIT tem reconhecido, em linhas gerais, a compatibilidade entre a concessão de certas prerrogativas aos sindicatos mais representativos e as Convenções ns. 87 e 98, desde que os critérios previstos nas legislações nacionais sejam precisos, imparciais e previsíveis.(506)

Por via de consequência, a atuação pontual do Poder Público no ensejo de buscar subterfúgios destinados a afastar dos processos negociais determinadas entidades classificadas como *menos representativas* ou de buscar fórmulas tendentes a reduzir-lhes os coeficientes de representatividade não encontra respaldo no princípio da *autonomia sindical,* conforme ilustra o precedente sobre o tema emanado do Tribunal Constitucional Alemão (*Bundesverfassungsgericht*) em 2017.(507)

— o qual é reclamado, no sistema brasileiro, para o aperfeiçoamento da constituição de toda e qualquer pessoa jurídica de direito privado —, mas, a teor do art. 8º, I, do texto fundamental, "que a lei não podera exigir autorização do Estado para a fundação de sindicato": o decisivo, para que se resguardem as liberdades constitucionais de associação civil ou de associação sindical, é, pois, que se trate efetivamente de simples registro — ato vinculado, subordinado apenas à verificação de pressupostos legais —, e não de autorização ou de reconhecimento discricionários.

A diferença entre o novo sistema, de simples registro, em relação ao antigo, de outorga discricionária do reconhecimento sindical não resulta de caber o registro dos sindicatos ao Ministério do Trabalho ou a outro oficio de registro público.

Ao registro das entidades sindicais inere a função de garantia da imposição de unicidade — esta, sim, a mais importante das limitações constitucionais ao princípio da liberdade sindical.

A função de salvaguarda da unicidade sindical induz a sediar, 'si et in quantum', a competência para o registro das entidades sindicais no Ministério do Trabalho, detentor do acervo das informações imprescindíveis ao seu desempenho.

O temor compreensível — subjacente à manifestação dos que se opõem à solução —, de que o hábito vicioso dos tempos passados tenda a persistir, na tentativa, consciente ou não, de fazer da competência para o ato formal e vinculado do registro, pretexto para a sobrevivência do controle ministerial asfixiante sobre a organização sindical, que a Constituição quer proscrever — enquanto não optar o legislador por disciplina nova do registro sindical —, há de ser obviado pelo controle jurisdicional da ilegalidade e do abuso de poder, incluída a omissão ou o retardamento indevidos da autoridade competente." BRASIL: SUPREMO TRIBUNAL FEDERAL. MANDADO DE INJUNÇÃO N. 144/SP. RELATOR: Min. Sepúlveda Pertence. Plenário. *DJ*: 28.5.1993, p. 10.381.

(506) Veja-se, nesse sentido, os Verbetes ns. 347, 348, 351, 356 e 358:

"347. Los criterios en que se inspire la distinción entre organizaciones más o menos representativas tienen que ser de carácter objetivo y fundarse en elementos que no ofrezcan posibilidad de parcialidad o abuso.

348. Deben existir en la legislación critérios objetivos, precisos y previamente establecidos para determinar la representatividad de una organización de empleadores o de trabajadores, y dicha apreciación no podría dejarse a la discreción de los gobiernos."

(...)

"351. Para poder determinar de la mejor manera posible la representatividad de las organizaciones sindicales es necesario garantizar la imparcialidad y la confidencialidad del procedimento. Por ende, la verificación de la representatividad de una organización sindical debería estar a cargo de un órgano independiente e imparcial."

(...)

"356. El hecho de establecer en la legislación un porcentaje a efectos de determinar el nível de representación de las organizaciones y otorgar ciertos privilégios a las organizaciones más representativas (en particular a los efectos de la organización colectiva) no plantee dificultades en la medida que se trate de critérios objetivos, precisos y previamente estabelecidos que no oferezcan posibilidad de parcialidad o abuso."

(...)

"358. El Comité considero que un sistema de registro introduzido por una ley, que otorga el derecho exclusivo de negociación a los sindicatos registrados no seria incompatible con los princípios de libertad sindical siempre que el registro se base en critérios objetivos y preestabelecidos. Sin embargo, acordar derechos exclusivos a la organización más representativa no debería significar la prohibición de la existencia de otros sindicatos a los que ciertos trabajadores interesados desearían afiliarse." OFICINA INTERNACIONAL DEL TRABAJO. *La libertad sindical*. Recopilación de las decisiones y princípios del Comité de Libertad Sindical del Consejo de Administración de la OIT. 5. ed. Ginebra: OIT, 2006. p. 78-80.

(507) "O art. 9 (3) da Constituição assegura, em abstrato, a existência dos sindicatos, mas não assegura a manutenção do *status quo* das associações individualmente consideradas. As medidas do Poder Público no sentido de retirar

No entanto, o momento do cadastramento em si da entidade sindical ou da aferição de sua representatividade não constitui a única oportunidade em que a discricionariedade administrativa encontra campo para se manifestar. De fato, a interferência e a intervenção do Estado na livre organização dos trabalhadores tem lugar, igualmente, quando as autoridades públicas delongam injustificadamente a tramitação de processos de registro sindical, mesmo quando os entes postulantes preenchem de modo pleno todos os requisitos legais para exercer a representatividade de uma determinada categoria em uma dada base territorial.

Em tais casos, a obstrução dos trâmites a desaguarem na concessão do registro sindical a tais entidades acabam tendo por efeito prático a própria denegação do cadastramento por razões discricionárias, conforme salientou o Comitê de Liberdade Sindical da OIT em seu Verbete n. 279. De modo ainda mais incisivo, o referido colegiado fixou em um mês o prazo razoável para o registro de uma organização representativa, nos termos de seu Verbete n.308.[(508)]

No plano nacional, os tribunais pátrios vêm analisando diversos casos em que entidades sindicais prejudicadas com a demora do Ministério do Trabalho na apreciação de seus pedidos de registro sindical e de alteração estatutária não têm conseguido desempenhar regularmente seus misteres representativos, tais como a participação em negociações coletivas, de modo a comprometer a própria fruição do direito à liberdade sindical em sua vertente coletiva.

Em algumas situações, as cortes têm determinado ao Ministério do Trabalho o efetivo cadastramento das entidades, seja com escopo nos postulados constitucionais da razoável duração do processo e da eficiência administrativa (arts. 5º, LXXVIII e 37, *caput,* da Carta Magna) ou com arrimo no próprio direito ao exercício das prerrogativas sindicais. Em outros casos, os tribunais têm suprimido a exigência formal do registro sindical para o desempenho de situações específicas tais como, por exemplo, a participação em negociações coletivas.[(509)]

---

determinados sindicatos dos processos de negociação coletiva ou de subtrair as condições de existência de determinados sindicatos são incompatíveis com o art. 9 (3) da Constituição.

(...)

As previsões legais que são albergadas pelo art. 9 (3) da Constituição e que se voltam para o estabelecimento e para o funcionamento regular do sistema autônomo de negociação coletiva (*Tarifautonomie*) perseguem um fim legítimo. Para atingi-lo, é facultado ao legislador estabelecer medidas destinadas a assegurar a paridade de armas entre as contrapartes da negociação coletiva. Não obstante, faculta-se ao legislador, igualmente, o estabelecimento de regras concernentes às relações entabuladas entre as partes que se encontram do mesmo lado, de modo a criar pré-condições estruturais para que se obtenha o equilíbrio justo entre as contrapartes e para que os instrumentos coletivos concretizem a pretensão que lhes é subjacente, qual seja, a de gerar condições de trabalho razoáveis."

No original:

"Art. 9 (3) GG [*Grundgezetz*] protects the existence of labour associations in general but does not guarantee a protection of the *status quo* of individual associations. State measures seeking to drive particular trade unions out of the collective bargaining process or to deprive particular trade unions of their basis of existence are incompatible with Art. 9(3) GG, and so are requirements demanding that trade unions have a particular profile.

Legal provisions that are covered by the scope of protection of Art. 9(3) GG and that are intended to establish and ensure the functioning of the system of autonomy of collective bargaining (*Tarifautonomie*) pursue a legitimate aim. To achieve this, the legislature can establish parity between the opposing parties of collective agreements; however, it can also adopt rules governing the relationship between parties of collective agreements that are on the same side in order to create the structural preconditions for a fair balance in collective negotiations also in that respect, and in order to ensure that collective agreements, which are presumed to be inherently correct, generate reasonable economic and working conditions." ALEMANHA: BVerfG, Judgement of the First Senate of 11 July 2017 - 1BvR 1571/15.

(508) "279.Los requisitos prescritos por la ley para constituir un sindicato, no se deben aplicar de manera que impidan o retrasen la creación de organizaciones sindicales, y toda demora provocada por las autoridades en el registro de un sindicato constituye una violación del artículo 2 del Convénio num. 87."

"308. Se considera razonable el plazo de um mes para registrar uma organización." OFICINA INTERNACIONAL DEL TRABAJO. *La libertad sindical.* Recopilación de las decisiones y princípios del Comité de Libertad Sindical del Consejo de Administración de la OIT. 5. ed. Ginebra: OIT, 2006. p. 66-68.

(509) Veja-se, a propósito:

"RECURSO ORDINÁRIO EM AÇÃO DECLARATÓRIA INCIDENTAL. LEGITIMIDADE DO SINDICATO DOS TRABALHADORES EM EDUCAÇÃO DE RORAIMA.REGISTRO SINDICAL.

De qualquer forma, a análise da jurisprudência dos tribunais trabalhistas atesta a conscientização das cortes em relação aos impactos deletérios que a demora injustificada para a concessão de registro sindical ocasionam para a livre e autônoma organização sindical, especialmente no que diz respeito ao exercício da representação dos interesses das categorias titularizada pelos sindicatos.

Se a demora na concessão de registro constitui uma conduta estatal extremamente prejudicial à ação sindical, o mesmo ocorre quando a legislação nacional e a prática forense doméstica *não dispõem de mecanismos voltados à proteção efetiva dos trabalhadores e dos dirigentes sindicais contra as práticas antissindicais perpetradas pelos empregadores.*

Nesse caso específico, a antissindicalidade estatal não decorre de uma ação voltada contra as entidades representativas ou da demora em conferir eficácia aos mecanismos existentes, como no caso do registro sindical. Aqui, a lesão à liberdade sindical decorre de uma omissão do Poder Legislativo em estabelecer um sistema adequado de proteção dos trabalhadores e de seus sindicatos em face daquelas práticas patronais, em um típico suposto de lesão a direitos fundamentais por mora legislativa.[510]

Trata-se de Ação Declaratória ajuizada, de forma incidental, com o intuito de obter a declaração de ilegitimidade do Sindicato dos Trabalhadores em Educação de Roraima, que, ao propor reclamatória trabalhista, não teria apresentado o registro sindical expedido pelo Ministério do Trabalho. Embora, nos termos da OJ n. 15 desta Corte, o registro sindical seja o documento necessário a conferir a legitimidade ao Sindicato que ajuíza a ação, constata-se, nos autos, que a referida entidade solicitou o seu registro ao MTE com a antecedência de quase um ano em relação ao ajuizamento da reclamatória. Verificando-se, no entanto, que a demora na expedição do referido registro, pelo MTE, foi decorrente de controvérsia gerada em face da vedação constitucional referente à não intervenção do Estado na organização sindical e da edição de inúmeras normas no âmbito ministerial, não há que ser penalizado o Sindicato profissional, cuja legitimidade foi reconhecida pela Corte *a quo*. Desse modo, mantém-se a decisão regional e nega-se provimento ao recurso ordinário." BRASIL: TRIBUNAL SUPERIOR DO TRABALHO. REMESSA EX-OFFICIO E RECURSO ORDINÁRIO EM AÇÃO DECLARATÓRIA n. 1710616-54-2006.5.11.0900. RELATORA: Ministra Dora Maria da Costa. Seção de Dissídios Coletivos. *DJ*: 21.8.2009.

(...)

"REMESSA OFICIAL. PROCESSO ADMINISTRATIVO. PEDIDO DE REGISTRO SINDICAL. PRAZO PARA ANÁLISE.

(...)

No que concerne aos pedidos de registro sindical, a não observância do prazo prejudica sobremaneira o sindicato e seus representados, pois paralisa as negociações que atendem aos interesses da classe. Assim, não se mostra admissível tolerar qualquer prorrogação quando esta sequer se firma em justificativa plausível, mas na mera alegação de que o atraso no processamento do feito foi motivado pela própria ingerência administrativa do órgão federal." BRASIL: TRIBUNAL REGIONAL DO TRABALHO DA 10ª REGIÃO. RECURSO ORDINÁRIO N. 01861-2013-007-10-00-8. RELATORA: Desembargadora Maria Regina Machado Guimarães. 1ª Turma. *DJ*: 28.11.2014.

(...)

"REGISTRO SINDICAL. APRECIAÇÃO PELO PODER PÚBLICO. ART. 28 DA PORTARIA N. 186/2008/MTE. EXTRAPOLAÇÃO DO PRAZO.

O prazo de 180 dias estabelecido no art. 28 da Portaria 186/2008 do MTE para a análise de processo administrativo encontra-se em consonância com o art. 5º, LXXVIII, da Constituição da República. Todavia, consoante ressai dos autos, sem justificativa plausível, tal prazo decorreu sem que a Administração Pública sequer tenha analisado o processo administrativo referente ao registro sindical do recorrido, o que implica ofensa ao direito do autor/recorrido insculpido no art. 28 da Portaria 186/2008/MTE, bem como o de ver distribuído, analisado e concluído o respectivo processo administrativo em prazo razoável (art. 5º, LXXVIII, da CF)." BRASIL: TRIBUNAL REGIONAL DO TRABALHO DA 10ª REGIÃO. RECURSO ORDINÁRIO N. 02047-2013-010-10-00-3. RELATOR: Desembargador Brasilino Santos Ramos. 2ª Turma. *DJ*: 20.2.2015.

(...)

"REGISTRO SINDICAL. PRAZO PARA CONCLUSÃO DO PROCESSO ADMINISTRATIVO. Ultrapassado o prazo previsto na Portaria n. 326/2013 do MTE para conclusão da análise do pedido de registro sindical, flagrante é a inobservância ao princípio da eficiência e demais princípios constitucionais a ele intrinsecamente relacionados, bem como à garantia da duração razoável do processo a todos assegurada no processo judicial e administrativo, nos termos do art. 5º, LXXVIII, da Constituição. Recurso conhecido e desprovido." BRASIL: TRIBUNAL REGIONAL DO TRABALHO DA 10ª REGIÃO. RECURSO ORDINÁRIO N. 00034-2014-010-00-0. RELATOR: Desembargador Denílson Bandeira Coelho. 3ª Turma. *DJ*: 23.1.2015.

(510) De acordo com a definição de José Joaquim Gomes Canotilho: "No Estado Constitucional Democrático, o legislador está obrigado, normativo-constitucionalmente, à emanação das leis necessárias à concretização das imposições constitucionais. [Assim], omissão legislativa, jurídico-constitucionalmente relevante, existe quando o legislador não cumpre ou cumpre incompletamente o dever constitucional de emanar normas, destinadas a actuar as imposições

Tal situação foi tratada especificamente pelo Comitê de Liberdade Sindical da OIT em seu Verbete n. 771, cujo enunciado preconiza que as legislações domésticas não só devem promover mecanismos aptos a elidir de maneira eficaz e imediata as condutas discriminatórias implementadas pelos empregadores contra o pleno exercício da liberdade sindical, como também tutelar em igual medida os dirigentes sindicais e a generalidade dos trabalhadores.(511)

Nesse ponto específico é de se registrar que o Comitê de Liberdade Sindical da OIT, em agosto de 2007, ao se manifestar especificamente sobre caso a envolver a demissão de um grupo de docentes da Universidade Católica de Brasília que pretendia fundar naquela instituição particular de ensino uma seção sindical do ANDES — SINDICATO NACIONAL, reconheceu que os mecanismos disponibilizados pelo ordenamento brasileiro não são suficientes para elidir, de modo adequado à luz da Convenção n. 98, as práticas antissindicais. Tal conclusão justifica com mais ênfase, a nosso ver, a proposta do presente trabalho, no sentido de identificar o conteúdo deontológico inerente ao princípio da liberdade sindical e de promover sua aplicação às situações concretas.(512)

Se o vazio normativo no tocante à proteção dos trabalhadores e das entidades diante dos atos antissindicais era a realidade presente em agosto de 2007, quinze anos depois a situação assume ares de maior gravidade, especialmente diante do silencio eloquente sobre o tema que subjaz à *Reforma Trabalhista* instituída com a Lei n. 13.467/2017.

Ao mesmo tempo em que a *Reforma Trabalhista* instituiu núcleos unitários de representação obreira nas empresas e confiou aos sindicatos a negociação de acordos e convenções coletivas que terão o poder de suplantar o direito positivo heterônomo durante suas respectivas vigências (*negociado sobre legislado*) não conferiu às entidades em apreço, aos seus dirigentes e à generalidade dos trabalhadores os mecanismos necessários para o desempenho pleno e efetivo de tais prerrogativas, de modo a protegê-los das ingerências patronais.

Situação de igual gravidade ocorre quando o ordenamento jurídico de um determinado País possui mecanismos aptos a promover a imediata reintegração dos trabalhadores aos postos de trabalho e suas autoridades deixam de aplicá-los deliberadamente aos casos concretos. Tal hipótese tem lugar, muitas vezes, com dirigentes sindicais que, em função do desempenho de seus misteres, são afastados, demitidos ou transferidos para outros postos de trabalho.

Com efeito, o afastamento, a demissão ou a transferência de um dirigente sindical não corresponde apenas a um ato antissindical praticado pelos empregadores contra um determinado trabalhador. Mais do que isso, tal prática acaba por desestabilizar a própria atuação da entidade sindical na defesa dos interesses obreiros, porquanto o ato arbitrário em questão não apenas retira dos demais empregados o convívio cotidiano com aquela liderança sindical, como também abala politicamente a categoria que diante da violência patronal impingida contra um expoente da coletividade, tende a evitar o envolvimento nas lutas encampadas pela organização representativa.(513)

---

constitucionais pertinentes e concretas." CANOTILHO, José Joaquim Gomes. *Constituição dirigente e vinculação do legislador.* 2. ed. Coimbra: Coimbra Editora, 2001. p. 338.

(511) "771. Nadie debe ser despedido u objeto de medidas perjudiciales en el empleo a causa de su afiliación sindical o de la realización de actividades sindicales legítimas, y es importante que en la práctica se prohiban y sancionen todos los actos de discriminación em relación con el empleo." OFICINA INTERNACIONAL DEL TRABAJO. *La libertad sindical.* Recopilación de las decisiones y princípios del Comité de Libertad Sindical del Consejo de Administración de la OIT. 5. ed. Ginebra: OIT, 2006. p. 165. *Vide*, também, os Verbetes de ns. 772 a 775. *Ibidem*, p. 165-166.

(512) Notícia disponível em: <http://www.adunifesp.org.br/old/senado.htm>. Acesso em: 17 ago. 2021.

(513) Nas palavras de José Francisco Siqueira Neto, "[as] medidas especiais destinadas a proteger os dirigentes dos trabalhadores (...) configuram um modo indireto de proteger a liberdade sindical, permitindo a quem atua na representação dos trabalhadores cumprir livremente sua missão." SIQUEIRA NETO, José Francisco. *Liberdade sindical e representação dos trabalhadores nos locais de trabalho.* São Paulo: LTr, 2000. p. 130.

Justamente por tal razão, o Comitê de Liberdade Sindical da OIT firmou em seu Verbete n. 818 o entendimento de que os procedimentos administrativos e judiciais existentes nas legislações domésticas devem conter, necessariamente, mecanismos aptos a promover a imediata reintegração dos dirigentes sindicais aos seus postos de trabalho. Quanto isso não ocorre, o Estado passa a referendar, na prática, aquelas condutas implementadas pelos empresários contra os trabalhadores e seus entes coletivos incidindo ele próprio em antissindicalidade, na medida em que sua inércia acaba por impedir o restabelecimento da correlação de forças entre os atores sociais.[(514)]

No rol de condutas antissindicais praticadas pelo Poder Público contra a livre organização dos sindicatos não há como deixar de fazer menção àquelas situações a constituírem *interferência e intervenção nos assuntos internos das entidades*. São tais as ocasiões em que as autoridades extrapolam o exercício regular das funções estatais (p. ex.: o poder regulamentar e o poder de polícia), incidindo, pois, em abuso de poder e acabam por se imiscuir em assuntos reservados à autogestão das entidades — a compreender as autonomias organizativa, financeira e administrativa — que, no caso do ordenamento brasileiro, é resguardada pelo art. 8º, I, da Constituição Federal.

Dentre as práticas antissindicais mais comumente cometidas pelo Estado contra a liberdade sindical coletiva destaca-se, justamente, o detalhamento excessivo, em sede legislativa, do funcionamento interno das entidades representativas, de modo a lhes cercear sobremaneira a autogestão. Nesse sentido, a casuística do Comitê de Liberdade Sindical condena expressamente não apenas a edição de diplomas regulamentares que descrevem de maneira pormenorizada os requisitos necessários para a fundação de sindicatos e o *modus operandi* de suas instâncias internas (Verbetes n. 369, 370 e 454), como também as legislações que estabelecem para estes últimos a inserção de conteúdos obrigatórios em seus estatutos (Verbetes ns. 379 e 384).[(515)]

Nesse mesmo sentido, o Comitê de Liberdade Sindical da OIT também rechaça as condutas estatais voltadas para a regulamentação minuciosa do processo eleitoral dos sindicatos (Verbete n. 393), da elegibilidade dos associados (Verbete n. 405), dos quóruns qualificados de eleição

---

(514) "818. Las normas de fondo existentes en la legislación nacional que prohíben actos de discriminación antisindical no son suficientes si las mismas no van acompañadas de procedimientos que aseguren una protección eficaz contra tales actos." OFICINA INTERNACIONAL DEL TRABAJO. *La libertad sindical.* Recopilación de las decisiones y princípios del Comité de Libertad Sindical del Consejo de Administración de la OIT. 5. ed. Ginebra: OIT, 2006. p. 174. *Vide*, igualmente, os verbetes ns. 820, 821 e 824. *Ibidem*, p. 175.

(515) "369. Las disposiciones legislativas que regulan detalladamente el funcionamiento interno de las organizaciones de trabajadores y de empleadores entrañan graves riesgos de ingerencia por las autoridades públicas." *Ibidem*, p. 83.

"370. El Comité no considera que la simple existencia de una legislación sindical constituya en si una violación de los derechos sindicales, al poder darse el caso de que el Estado desee velar por que los estatutos sindicales se ciñan a la ley. Ahora bien, ninguna legislación adoptada en este ámbito puede menoscabar los derechos de los trabajadores definidos en el marco de los princípios de la libertad sindical. Prescripciones legislativas demasiado detalladas y estrictas en la matéria pueden frenar en la práctica la creación y el desarollo de las organizaciones sindicales." *Ibidem*, p. 83.

"379. La enumeración en la legislación de los puntos que deben figurar en los estatutos no constituye por si misma una violación del derecho de las organizaciones sindicales a redactar libremente sus reglamentos interiores." *Ibidem*, p. 85.

"384. Toda obligación impuesta a un sindicato — aparte ciertas cláusulas de pura forma — de copiar sus estatutos sobre un modelo forzoso sería contraria a las reglas que garantizan la libertad sindical. Muy diferente es el caso en que el gobierno se limita a poner un modelo de estatuto a disposición de las organizaciones en formación sin imponer la aceptación del modelo presupuesto. La preparación de estatutos y reglas tipo para guia de los sindicatos, siempre que las circunstancias sean tales que no exista de hecho ninguna obligación de aceptarlos ni ninguna presión ejercida en tal sentido, no entraña necesariamente una intervención en el derecho de las organizaciones a redactar sus estatutos y reglamentos en completa libertad." *Ibidem*, p. 86.

"454. La libertad sindical implica el derecho de los trabajadores y de los empleadores a elegir libremente a sus representantes y a organizar su administración y actividades sin injerencia alguna de lãs autoridades públicas." *Ibidem*, p. 101.

(Verbete n. 401) da duração dos mandatos (Verbete n. 397), dos números máximo e mínimo de dirigentes (Verbete n. 402) e da composição dos órgãos diretivos (Verbetes ns. 394 e 433).(516)

E de modo ainda mais incisivo, o Comitê de Liberdade Sindical da OIT entende como atentatórias ao princípio do franco associativismo as determinações oficiais destinadas a pautar ou a limitar a fixação autônoma dos programas de ação pelos próprios sindicatos (Verbetes ns. 496 e 500).(517)

Ainda no que concerne à liberdade sindical em sua vertente coletiva, o Comitê de Liberdade Sindical da OIT vem resguardando fortemente a autonomia financeira das entidades, de modo a rechaçar, inclusive, a própria fixação legal das taxas a serem descontadas das categorias obreiras em prol de suas entidades representativas, a teor dos retromencionados Verbetes ns. 473 e 481, sob o entendimento de que tal cotização deve ser estabelecida pelos próprios organismos.

Havia nessa matéria, anteriormente ao advento da *Reforma Trabalhista* (Lei n. 13.647/2017), um nítido conflito entre a subsistência da contribuição sindical compulsória dos arts. 578 e 579 da CLT, de um lado, e, de outro, o próprio princípio da liberdade sindical positivado no art. 8º, *caput* da Constituição Federal e, mais especificamente, com o postulado da autonomia sindical positivado no art. 8º, I, da Carta Magna e complementado pelos sobreditos Verbetes ns. 496 e 500 do Comitê de Liberdade Sindical, muito embora o Supremo Tribunal Federal já tivesse se posicionado pela recepção do chamado *imposto sindical* em sucessivos julgados anteriores à edição da Lei n. 13.467/2017.(518)

---

(516) "393. Una reglamentación demasiado minuciosa y detallada del procedimiento electoral de las organizaciones sindicales, viola el derecho de eligir libremente a sus representantes, prevista en el artículo 3 del Convenio num. 87." *Ibidem*, p. 88.

"394. Una legislación que reglamenta minuciosamente los procedimientos electorales internos de um sindicato y la composición de sus órganos directivos, fija los dias de reunión, la fecha precisa de la asamblea anual y la fecha en que concluirán los mandatos de los dirigentes, es incompatible com las garantias reconocidas a los sindicatos por el Convénio num. 87." *Ibidem*, p. 88.

"397. Debería dejarse a los sindicatos la determinación de la duración de los mandatos sindicales." *Ibidem*, p. 89.

"401. Debería dejarse a las próprias organizaciones de trabajadores la tarea de determinar en sus estatutos o reglamentos la mayoria de votos necesaria para elegir a los dirigentes sindicales." *Ibidem*, p. 89.

"402. La determinación del número de dirigentes de una organización debería ser de la competencia de las propias organizaciones sindicales." *Ibidem*, p. 89.

"405. La determinación de las condiciones para la afiliación o la eligibilidad para cargos directivos sindicales es una cuestión que debería dejarse a la discreción de los estatutos de los sindicatos y que las autoridades públicas deberían abstenerse de toda intervención que podría obstaculizar el ejercício de este derecho por las organizaciones sindicales." *Ibidem*, p. 90.

"433. El nombramiento por las autoridades de miembros de los comitês ejecutivos de los sindicatos, constituye una injerencia directa en los asuntos internos de estas organizaciones y es incompatible con el Convenio num. 87." *Ibidem*, p. 95.

(517) "496. Toda disposición que confiera a las autoridades, por ejemplo, el derecho de restringir las actividades de los sindicatos a un nível inferior al de las actividades y fines perseguidos por los sindicatos de casi todos los países para la promoción y defensa de los intereses de sus miembros, sería incompatible con los princípios de libertad sindical." *Ibidem*, p. 109.

"500. Las disposiciones que prohíben de manera general las actividades políticas de los sindicatos para la promoción de los objetivos específicos son contrarias a los princípios de la libertad sindical." *Ibidem*, p. 110.

(518) "A recepção pela ordem constitucional vigente da contribuição sindical compulsória, prevista no art. 578, CLT, e exigível de todos os integrantes da categoria, independentemente de sua filiação ao sindicato, resulta do art. 8º, IV, in fine, da Constituição; não obsta à recepção a proclamação, no *caput* do art. 8º, do princípio da liberdade sindical, que há de ser compreendido a partir dos termos em que a Lei Fundamental a positivou, nos quais a unicidade (art. 8º, II) e a própria contribuição sindical de natureza tributária (art. 8º, IV) — marcas características do modelo corporativista resistente —, dão a medida da sua relatividade (cf. MI 144, Pertence, RTJ 147/868, 874); nem impede a recepção questionada a falta da lei complementar prevista no art. 146, III, CF, à qual alude o art. 149, à vista do disposto no art. 34, §§ 3º e 4º, das Disposições Transitórias (cf. RE n. 146.733)." BRASIL: SUPREMO TRIBUNAL FEDERAL. RECURSO EXTRAORDINÁRIO N. 146.733. RELATOR: Min. Sepúlveda Pertence. 1ª Turma. *DJ*: 8.5.1998.

(...)

De fato, em um sistema pautado pela liberdade sindical — e, naturalmente, pela autonomia sindical — com toda a carga de positividade decorrente de seu conteúdo histórico-institucional, não se poderia reconhecer no *imposto sindical* previsto nos arts. 578 e 579 da CLT a "*contribuição prevista em lei*" a que se refere o art. 8º, IV, da Constituição Federal.

Dito de forma mais precisa, a interpretação sistemática do inciso em referência com o *caput* do art. 8º, da Constituição Federal e com o inciso I indicava — como ainda indica, segundo nosso entendimento — que a única *"contribuição prevista em lei"* admissível nesse contexto é aquela fixada pelas próprias entidades sindicais autonomamente — seja ela *negocial* ou *assistencial* — e não aquela estabelecida pelo Estado em sede legal, com compulsoriedade de desconto para toda a categoria.(519)

Ainda no que concerne à interferência e intervenção nos assuntos internos dos sindicatos, há de se fazer menção aos excessos cometidos pelo Estado no desempenho de seu poder de polícia. Nesse particular, o Comitê de Liberdade Sindical da OIT tem reconhecido como abusivas as condutas do Poder Público tendentes à detenção de sindicalistas por motivos relacionados à participação nas ações de suas entidades (Verbete n. 63), ao controle conteudístico das reuniões sindicais com a presença de autoridades (Verbete n. 131), à negativa injustificada de movimentos convocados pelos sindicatos (Verbete n. 142), à censura prévia de publicações (Verbete n. 164) e ao ingresso injustificado dos agentes públicos nas sedes das entidades (Verbete n. 181).(520)

Não poderíamos, contudo, encerrar o *subitem* destinado aos atos antissindicais praticados pelo Estado contra a organização dos trabalhadores sem fazer menção à *fixação de exigências desproporcionais para o exercício do direito de greve.* Trata-se de uma hipótese comum, mesmo nos países de democracia consolidada, pois o Poder Público, no anseio de zelar pelo interesse coletivo e pela continuidade da prestação dos serviços essenciais aos cidadãos, por vezes acaba tolhendo de maneira extremada a legítima ação sindical.

Por isso mesmo, a casuística do Comitê de Liberdade Sindical da OIT é bastante rica de situações nas quais o Estado acabou por cercear substancialmente o direito de greve, corolário da liberdade sindical em sua vertente coletiva. Ao analisar os casos concretos submetidos ao seu conhecimento, o colegiado definiu nos Verbetes ns. 526 e 527, em linha de princípio, que o franco-associativismo delineado nas Convenções ns. 87 e 98 não se mostra compatível com legislações domésticas que delimitam os motivos pelos quais os movimentos paredistas podem

(519) Pois afinal, conforme salienta Luís Roberto Barroso: "O direito objetivo não é um aglomerado aleatório de disposições legais, mas um organismo jurídico, um sistema de preceitos coordenados ou subordinados, que convivem harmonicamente"

E, ainda segundo o autor, "no centro [desse] sistema, irradiando-se por todo o ordenamento, encontra-se a Constituição, principal elemento de sua unidade, porque a ela se reconduzem todas as normas no âmbito do Estado." BARROSO, Luís Roberto. *Interpretação e aplicação da Constituição.* 5. ed. São Paulo: Saraiva, 2003. p.136.

(520) "63. Las medidas privativas de libertad contra sindicalistas, por motivos relacionados con sus actividades sindicales, aunque se trate de simples interpelaciones de corta duración, pueden constituir un obstáculo al ejercício de los derechos sindicales." *Ibidem*, p. 19.

"131. El derecho de huelga y el derecho a organizar reuniones sindicales son elementos esenciales del derecho sindical, por lo que las medidas adoptadas por las autoridades para hacer respetar la legalidad no deberían tener por efecto impedir a los sindicatos organizar reuniones con ocasión de los conflictos de trabajo." *Ibidem*, p. 31.

"142. La autorización para celebrar reuniones y manifestaciones públicas, que constituyen un derecho sindical importante, no debería ser negada arbitrariamente." *Ibidem*, p. 33.

"164. Si los sindicatos, para publicar un periódico, deben depositar una fianza elevada, esta exigencia, especialmente para los pequeños sindicatos, puede constituir una condición excessivamente gravosa que seria incompatible con el derecho de los sindicatos a expresar sus opiniones a través de la prensa." *Ibidem*, p. 37.

"181. Fuera de los allanamientos por mandato judicial, el ingreso de la fuerza pública en los locales sindicales constituye una grave e injustificable injerencia en las actividades sindicales."

ou não ser deflagrados pelas entidades sindicais (p. ex.: greve econômica, política, de solidariedade etc).[(521)]

Nessa mesma toada, o Comitê de Liberdade Sindical da OIT salientou em seu Verbete n. 548 que a fixação de requisitos para a deflagração de greves por parte das legislações domésticas é aceitável, desde que não seja minucioso e exigente a ponto de inviabilizar o movimento.

Desse modo, ao mesmo tempo em que admite a exigência legal de um aviso prévio para o início da parede com vistas a promover uma maior reflexão dos atores sociais e mesmo a negociação (Verbete n. 552), o colegiado não reconhece como lídima a exigência quanto à aprovação da greve pela maioria absoluta da categoria ou por quóruns de difícil obtenção (Verbete n. 560).[(522)]

E coerentemente com tais diretrizes, o Comitê tem ressalvado substancialmente a possibilidade quanto ao estabelecimento de uma *arbitragem obrigatória* preliminarmente à deflagração de greve por parte das entidades obreiras. Nesse ponto, o colegiado tem afirmado categoricamente que tal requisito se legitima apenas naquelas hipóteses em que os próprios atores coletivos a requisitam de comum acordo, ou naqueles serviços considerados essenciais (Verbete n. 565).[(523)]

No que diz respeito especificamente aos serviços essenciais em que o exercício do direito à greve pode ser limitado a critério das legislações domésticas, o Comitê de Liberdade Sindical da OIT tem se preocupado substancialmente com o cerceamento indiscriminado de tal garantia por parte dos Estados a pretexto de resguardar o interesse público. Nesse sentido, o colegiado tem ressaltado como diretriz geral que a greve é um instrumento legítimo de defesa dos interesses dos trabalhadores (Verbete n. 520) e que, por isso mesmo, sua essência não é compatível com regramentos que a impeçam de maneira absoluta, salvo em situações de *crise nacional aguda*.[(524)]

E mesmo naquelas hipóteses em que se está diante de um efetivo *serviço essencial*, ainda assim o Comitê de Liberdade Sindical da OIT vem assentando que as limitações estatais só se justificam quando a atividade em questão é imprescindível para a sociedade a ponto de colocar em risco a vida, a saúde e a segurança da população, nos termos dos Verbetes ns. 573 e 576.[(525)]

---

(521) "526. Los intereses profesionales y económicos que los trabajadores defienden mediante el derecho de huelga abarcan no solo la obtención de mejores condiciones de trabajo o las reivindicaciones colectivas de orden profesional, sino que engloban también la búsqueda de soluciones a las cuestiones de política económica e social y a los problemas que se plantean en la empresa y que interesan directamente a los trabajadores." *Ibidem*, p. 116.

"527. Las organizaciones encargadas de defender los intereses socioeconómicos y profesionales de los trabajadores deberían en princípio poder recurrir a la huelga para apoyar sus posiciones en la búsqueda de soluciones a los problemas derivados de las grandes cuestiones de política económica y social que tienen consecuencias inmediatas para sus miembros y para todos los trabajadores en general, especialmente en matéria de empleo, de protección social y de nível de vida." *Ibidem*, p. 116.

(522) "548. Los procedimientos legales para declarar una huelga no deberían ser complicados al punto de que en la práctica resulte imposible una huelga legal." *Ibidem*, p. 120.

"552. La obligación de dar un preaviso al empleador o a su organización antes de declarar una huelga puede ser considerada como admisible." *Ibidem*, p. 120.

"560. Um quórum de dos tercios de los miembros podría ser difícil de alcanzar, en particular cuando los sindicatos tienen un gran número de afiliados o cubren un território vasto." *Ibidem*, p. 121.

(523)"565. En la medida en que el arbitraje obligatorio impide el ejercicio de la huelga, dicho arbitraje atenta contra el derecho de las organizaciones sindicales a organizar libremente sus actividades, y solo podría justificarse en el marco de la función pública o de los servicios esenciales en el sentido estricto del término." *Ibidem*, p. 122. *Vide*, no mesmo sentido, os Verbetes ns. 564, 566, 567, 569 e 569. *Ibidem*, p. 122-123.

(524) "520. El Comité ha estimado siempre que el derecho de huelga es uno de los derechos fundamentales de los trabajadores y de sus organizaciones únicamente en la medida en que constituya un médio de defensa de sus intereses económicos." *Ibidem*, p. 115. De igual modo, destacam-se os Verbetes de ns. 521 a 525. *Ibidem*, p. 115-116.

(525) "573. El Comité admitió que el derecho de huelga puede ser objeto de restricciones, incluso prohibiciones, cuando se trate de la función pública o de servicios esenciales, en la medida en que la huelga pudiere causar graves perjuicios a la colectividad nacional y a condición de que estas restricciones vayan acompañadas de ciertas garantias compensatórias." *Ibidem*, p. 124.

Interessante observar que o colegiado, no intuito de precisar os serviços em referência, formulou em seus Verbetes ns. 585 e 587 um extenso rol de atividades que se incluem em tal definição e que coincidem, em termos gerais, com o elenco definido no art. 10 da Lei n. 7.783/89:

> 585. Pueden ser considerados como servicios esenciales:
>
> — el sector hospitalario;
>
> — los servicios de electricidad;
>
> — los servicios de abastecimiento de agua;
>
> — los servicios telefônicos;
>
> — la policía y las fuerzas armadas;
>
> — los servicios de bomberos;
>
> — los servicios penitenciários públicos o privados;
>
> — el suministro de alimentos a alumnos em edad escolar y la limpieza de los establecimientos escolares;
>
> — el control del trático aéreo.
>
> (...)
>
> 587. No constituyen servicios esenciales en el sentido estricto del término:
>
> — la radio-televisión;
>
> — los sectores del petróleo;
>
> — los puertos;
>
> — los bancos;
>
> — los servicios de informática para la recaudación de aranceles e impuestos;
>
> — los grandes almacenes y los parques de atracciones;
>
> — la metalurgia y el conjunto del sector minero;
>
> — los transportes en general;
>
> — los pilotos de líneas aéreas;
>
> — la generación, transporte y distribución de combustibles;
>
> — los servicios ferroviários;
>
> — los transportes metropolitanos;
>
> — los servicios de correos;
>
> — el servicio de recolección de basuras;
>
> — las empresas frigoríficas;
>
> — los servicios de hotelaria;
>
> — la construcción;
>
> — la fabricación de automóviles;
>
> — las actividades agrícolas, el abastecimiento y la distribución de productos alimentarios;
>
> — la Casa de la Moneda;
>
> — la Agencia Gráfica del Estado y los monopólios estatales del alcohol, de la sal y del tabaco;
>
> — el sector de la educación;
>
> — empresas de embotellamiento de agua mineral.

"576. El derecho de huelga puede limitarse o prohibirse: 1) en la función pública solo en caso de funcionários que ejercen funciones de autoridad en nombre del Estado, o 2) en los servicios esenciales en el sentido estricto del término (es decir, aquellos servicios cuya interrupción podría poner en peligro la vida, la seguridad o la salud de la persona em toda o parte de la población)." *Ibidem*, p. 124.

A esse respeito, o colegiado assevera em seu Verbete n. 606 que a proibição de greve naqueles serviços tidos por essenciais deve ser evitada por parte do Estado, através da fixação de um percentual mínimo de atividades a serem desempenhadas durante o movimento paredista com vistas a atender às necessidades prementes da população e, ao mesmo tempo, viabilizar aos trabalhadores o exercício da liberdade sindical em sua vertente coletiva. No âmbito da legislação pátria, o art. 11 da Lei n. 7.783/89 determina que o quantitativo em referência será definido de comum acordo entre os atores coletivos e, na ausência de consenso, pelo Poder Judiciário em sede de dissídio coletivo.(526)

Naturalmente, a fixação dos quantitativos mínimos, seja pelas próprias partes, seja pelo Poder Judiciário, deverá se dar em proporção adequada à observância, em concreto, tanto dos direitos fundamentais dos cidadãos afetados pela paralisação, quanto dos direitos à liberdade sindical e à greve titularizados pelos trabalhadores.(527)

Ainda segundo o Comitê de Liberdade Sindical (Verbetes ns. 574 e 575), a limitação e mesmo a proibição do direito à greve pelas legislações domésticas são justificadas nas chamadas *funções públicas* assim entendidas aquelas em que os respectivos titulares personificam o Estado e exercem autoridade em nome deste último, como, por exemplo, na magistratura, nas atividades de fiscalização e nas forças armadas.(528)

É importante ressaltar que o Comitê de Liberdade Sindical da OIT em seus Verbetes ns. 595 e 596 condiciona expressamente a proibição e a limitação do direito à greve, seja nos serviços essenciais ou nas funções públicas, à existência de instâncias independentes, efetivos e rápidos de conciliação ou arbitragem a servirem, nesses casos, como mecanismos de compensação para o cerceamento legal.(529)

---

(526) "606. El establecimiento de servicios mínimos en caso de huelga solo debería poder ser posible en: 1) aquellos servicios cuya interrupción pueda poner en peligro la vida, la seguridad o la salud de la persona en toda o parte de la población (servicios esenciales en el sentido estricto del término); 2) en aquellos servicios no esenciales en el sentido estricto en los que huelgas de una cierta extensión y duración podrían provocar una situación de crisis nacional aguda tal que las condiciones normales de existencia de la población podrían estar en peligro, y 3) en servicios públicos de importancia trascendentales." *Ibidem*, p. 131.

Nesse mesmo sentido: Verbetes ns. 607 a 614. *Ibidem*, p. 132-133.

"Lei n. 7.783/1989 – Art. 11. Nos serviços ou atividades essenciais, os sindicatos, os empregadores e os trabalhadores ficam obrigados, de comum acordo, a garantir, durante a greve, a prestação dos serviços indispensáveis ao atendimento das necessidades inadiáveis da comunidade."

(527) Como exemplo extremo de situação em que tal equilíbrio não foi alcançado, tem-se o Recurso Ordinário em Dissídio Coletivo n. 2021800-30.2007.5.02.0000, julgado, em última instância, pelo Tribunal Superior do Trabalho, cujo acórdão reformou decisão originária que impunha ao sindicato obreiro a manutenção de contingentes de trabalhadores entre oitenta e cem por cento durante movimento paredista ocorrido no metrô da cidade de São Paulo.

Em idêntico sentido, os integrantes da Seção Especializada em Dissídios Coletivos do Tribunal Superior do Trabalho tem exigido dos aeronautas a manutenção de contingentes de 80% (oitenta por cento) durante as greves deflagradas pela categoria nos últimos anos. *Vide*, nesse sentido:

(...)

(528) "574. El derecho de huelga puede limitarse o prohibirse en la función pública solo en el caso de los funcionários que ejercen funciones de autoridad en nombre del Estado." OFICINA INTERNACIONAL DEL TRABAJO. *La libertad sindical.* Recopilación de las decisiones y princípios del Comité de Libertad Sindical del Consejo de Administración de la OIT. 5. ed. Ginebra: OIT, 2006. p. 124.

"575. Una definición demasiado detallada del concepto de funcionário público podría tener como resultado una restricción muy amplia, e incluso una prohibición del derecho de huelga de estos trabajadores. La prohibición del derecho de huelga en la función pública debería limitarse a los funcionarios que ejercen funciones de autoridad en nombre del Estado." *Ibidem*, p. 124.

(529) "595. Cuando el derecho de huelga ha sido limitado o suprimido en empresas o servicios considerados esenciales, los trabajadores deben gozar de una protección adecuada, de suerte que se les compensen las restricciones impuestas a su libertad de acción durante los conflictos que puedan surgir en dichas empresas o servicios." *Ibidem*, p. 129.

"596. En cuanto a la índole de las «garantias apropiadas» en caso de restricción del derecho de huelga en los servicios esenciales y en la función pública, la limitación de la huelga debe ir acompañada por procedimientos de conciliación y arbitraje adecuados, imparciales y rápidos en que los interesados puedan participar en todas las etapas, y en los que los laudos dictados deberían ser aplicados por completo y rapidamente." *Ibidem*, p. 129.

De fato, se o exercício do direito à sindicalização e à greve tem por fundamento último o exercício efetivo de um contrapoder por parte dos trabalhadores em relação aos empregadores, sua proibição a determinadas categorias profissionais por razões de interesse coletivo só se justifica se estas últimas puderem contar com instâncias eficazes de negociação que lhes assegure o diálogo e o embate legítimos com suas contrapartes, sob pena de se tolher da coletividade obreira qualquer chance de defesa transindividual de suas pautas reivindicatórias, colocando-a à mercê dos desígnios patronais.

Por isso mesmo é plenamente possível afirmar que a proibição ou a limitação excessiva do direito à greve naqueles *serviços essenciais* e naquelas *funções públicas* por parte das legislações domésticas sem o oferecimento de mecanismos compensatórios de arbitragem ou de conciliação constituem atos antissindicais praticados pelo Estado contra a organização coletiva dos trabalhadores atentatórios, portanto, às Convenções ns. 87 e 98 da OIT.

Ainda no que concerne ao exercício do direito de greve, são dignas de nota as condutas antissindicais perpetradas pelo Estado na *aplicação desproporcional de penalidades às entidades sindicais* em caso de movimentos abusivos. Nesse particular, é importante frisar que as sanções a serem impingidas às organizações obreiras não podem ser severas a ponto de inviabilizá-las financeiramente e de comprometer o legítimo exercício de suas atividades no futuro.

Aqui, novamente, os Estados deverão buscar o equilíbrio entre a efetiva punição dos excessos cometidos pelos trabalhadores e pelas entidades sindicais no curso dos movimentos paredistas e a necessária observância ao postulado da liberdade sindical que pressupõe os sindicatos obreiros como atores imprescindíveis nas relações entabuladas entre os atores sindicais, de modo a não lhes comprometer a subsistência, conforme asseverou o Comitê de Liberdade Sindical da OIT em seus Verbetes ns. 668 e 670.(530)

Caso típico de aplicação desproporcional de penalidades aos sindicatos obreiros é o desfecho da greve nacional dos petroleiros no início de 1995, quando o Tribunal Superior do Trabalho, ao julgar abusivo o movimento da categoria, aplicou às respectivas entidades obreiras multa equivalente a R$ 100.000,00 (cem mil reais) por dia não trabalhado, em valores da época. Tal condenação culminou com o bloqueio de contas das organizações representativas envolvidas, com a retenção das mensalidades sindicais e com a penhora de bens, de modo a comprometer substancialmente a sobrevivência de tais entes.(531)

Nos anos seguintes, a questão foi submetida ao Comitê de Liberdade Sindical da OIT que, em 14.3.1997, recomendou ao governo brasileiro a anulação das multas impostas pelo Tribunal Superior do Trabalho, haja vista, justamente, a potencial inviabilização das atividades desempenhadas pelos sindicatos filiados à Federação Única dos Petroleiros — FUP. Em 1998, finalmente, com a promulgação da Lei n. 9.689, de 14.7.1998, as referidas penalidades pecuniárias foram anistiadas.(532)

---

(530) "668. No deberían imponerse sanciones penales por actos de huelga, salvo en los casos em que no se respeten as prohibiciones relativas a la huelga que estén en conformidad con los princípios de la libertad sindical. Cualquier sanción impuesta por actividades ilegítimas relacionadas con huelgas debería ser proporcional al delito o falta cometido y las autoridades deberían excluir el recurso a medidas de encarcelamiento contra quienes organizan o participan en una huelga pacífica." *Ibidem*, p. 142.

"670. Las multas que equivalen a um monto máximo de 500 ó 1.000 salarios mínimos por dia de huelga abusiva son susceptibles de tener un efecto intimidatorio sobre los sindicatos e inhibir sus acciones sindicales reivindicativas legítimas, y más aún cuando la cancelación de la multa se halla subordinada a la no realización de una nueva huelga que sea considerada abusiva." *Ibidem*, p. 143.

(531) *Vide*, a propósito: <http://www.fup.org.br/2012/greve/greve-1995>. Acesso em: 25 nov. 2021.

(532) O jornal *Folha de S. Paulo* noticiou, em 4.5.1997, a condenação do Brasil no Comitê de Liberdade Sindical da OIT nos seguintes termos:

"OIT pressiona FHC a anistiar petroleiros (...)

Da análise exemplificativa formulada nas presentes linhas, observa-se que o Estado é, historicamente, ao lado dos empregadores e das próprias organizações obreiras, um dos potenciais praticantes de condutas antissindicais sendo, portanto, um natural destinatário das obrigações de abstenção subjacentes à Convenções ns. 87 e 98 das OIT e aos arts. 8º, I, e 9º, da Constituição Federal, que delimitam o conteúdo institucional da liberdade sindical e do direito à greve, que é seu consectário.

4.2. A proteção contra os atos antissindicais e outras figuras derivadas do princípio da liberdade sindical

Viu-se nos Capítulos 1 e 2 que a liberdade sindical compreendida em uma concepção deontológica de cariz dworkiniano pressupõe, tal como os demais direitos fundamentais, a sucessão de testes de aplicabilidade nos casos concretos cujos resultados práticos conferirão àquelas garantias novos conteúdos institucionais que passarão a integrar o escopo por elas tutelado.

E no caso do franco associativismo, a evolução conceitual de tal garantia foi — e ainda é — pautada pelo surgimento em concreto das representações sindicais e unitárias nos locais de trabalho (sistema *dual*) e pelo advento de outras instâncias de representação obreira destituídas de personalidade jurídica sindical, mas voltadas para o exercício de um contrapoder legítimo aos desígnios empresariais, tais como as associações, as centrais sindicais, as entidades de coordenação internacional etc.

A Organização Internacional do Trabalho (OIT) está pressionando o governo brasileiro a anular as multas milionárias aplicadas aos sindicatos dos petroleiros devido à greve de um mês, cujo início completou ontem dois anos.

As multas, que somam R$ 45 milhões, foram impostas pelo Tribunal Superior do Trabalho (TST), que considerou a greve abusiva e determinou a volta ao trabalho, o que não foi cumprido.

Em documento obtido pela Folha, a OIT, um organismo da ONU (Organização das Nações Unidas), critica a restrição ao direito de greve e recomenda a adoção de medidas para anular as multas.

O documento data de 14 de março. Trata-se de resposta a uma petição da CUT, à qual está ligada a Federação Única dos Petroleiros.

A decisão do Comitê de Liberdade Sindical da OIT foi tomada em caráter definitivo. Ou seja, não cabem mais recursos.

Diz o texto da OIT: "A imposição de multas pelo exercício do direito de greve nas circunstâncias do presente caso não se ajusta ao princípio da liberdade sindical, ainda mais tendo em conta que o governo reconhece que o elevado montante das multas pode inviabilizar a atividade sindical".

Para Antonio Carlos Spis, coordenador da FUP e principal líder da greve, o governo procurou, junto à OIT, lavar as mãos sobre as multas, já que elas foram decisão da Justiça. "Foi o próprio governo, por intermédio de uma empresa que controla, a Petrobrás, que sugeriu o valor das multas", diz.

Reflexos:

A OIT não tem poder de sanção. Não pode obrigar o governo a seguir suas recomendações. Mas é respeitada internacionalmente. O Brasil é um dos 163 países integrantes da organização.

O Comitê de Liberdade Sindical da OIT é formado por representantes de trabalhadores, empresários e governos.

Nova votação, agora na plenária da OIT, de 3 a 21 de junho, será realizada. É aí, junto a representantes dos 163 países, que a decisão do comitê sobre o caso dos petroleiros brasileiros será anunciada internacionalmente.

'Além dos sem-terra, dos meninos de rua, do trabalho e prostituição infantil, o Brasil vai ficar também conhecido como o país que desrespeita o direito de greve', diz José Drummond, vice-presidente da Confederação Química Internacional.

Reintegração:

O Comitê de Liberdade Sindical da OIT também reafirmou decisão anterior, de novembro de 95: o governo desrespeitou o direito de greve ao punir os grevistas com demissão. Pediu a reintegração dos 85 demitidos.

Para a OIT, os acordos coletivos entre empresas e sindicatos devem ser respeitados e a solução de conflitos, negociada.

Na greve de 95, os petroleiros pediam o cumprimento de acordo — chamado de "protocolo de intenções" pelo governo — assinado em 25 de novembro de 94, que previa um reajuste internívels (nas diversas faixas salariais) que resultava em aumentos de 12% a 18%.

O governo argumentou, na época, que as demissões foram feitas 'em respeito à lei' e para garantir o abastecimento de combustível, visto que o TST declarara o 'protocolo de intenções' sem validade jurídica e a greve, abusiva.

A OIT respondeu que 'uma disposição que permite que uma das partes do conflito possa, unilateralmente, solicitar uma intervenção de autoridade do trabalho para a solução do mesmo representa risco ao direito dos trabalhadores de declarar greve e contraria o fomento da negociação coletiva'. Disponível em: <http://www1.folha.uol.com.br/fsp/dinheiro/fi040524.htm>. Acesso em: 14 maio 2021.

Em síntese, o direito fundamental à liberdade sindical, aqui compreendido como um princípio dotado de conteúdo institucional historicamente definido, mas aberto a novas vicissitudes na linha do *romance em cadeia* descrito por Ronald Dworkin em seu *Law's Empire*, deve espraiar suas garantias de cunho individual e coletivo a todas as situações em que o almejado equilíbrio de forças entre os desígnios dos empregadores e dos trabalhadores for concretamente prejudicado.

E, para tanto, é imprescindível que o conceito de *ato antissindical* derivado do franco associativismo seja ampliado em direção à coibição das condutas praticadas pelos empregadores e pelo Estado contra as representações sindicais e unitárias dos trabalhadores nos locais de trabalho (os chamados *atos antirrepresentativos*) e contra as demais formas de organização coletiva surgidas no intuito de promover o equilíbrio de forças entre os atores coletivos diante das significativas mudanças nos processos produtivos e da intensa mobilidade geográfica do capital.

4.2.1. A proteção das representações sindicais de trabalhadores nos locais de trabalho

Conforme visto no Capítulo anterior, à medida que os processos produtivos foram se tornando mais complexos, principalmente após o advento do binômio *fordismo-taylorismo* e, mais recentemente, do *toyotismo,* os trabalhadores coletivamente organizados e os próprios sindicatos passaram a estabelecer formas distintas de organização no interior das empresas, a fim de atender às necessidades dos obreiros diante das peculiaridades presentes em seus distintos locais de trabalho, originando, com isto, as representações unitárias e as delegacias ou seções sindicais.

Por isso mesmo, o princípio da liberdade sindical experimentou uma notória evolução no sentido de contemplar, ao lado da defesa dos interesses genéricos das categorias profissionais tradicionalmente defendidos no *extra muros* pelos sindicatos, a mobilização dos trabalhadores no fito de buscar sua representação perante os empregadores no que concerne à organização dos fatores de produção nos distintos locais de trabalho. Tal concepção se materializou nas garantias conferidas àquelas entidades do sistema *dual* de representação pela Convenção n. 135 da OIT, bem como pela Recomendação n. 143.

Nessa toada, sendo a representação *sindical* e *unitária* nos locais de trabalho um consectário evolutivo do princípio da liberdade sindical, resta evidente que os trabalhadores abrangidos por tal sistema *dual* e suas respectivas entidades são titulares dos mecanismos de tutela contra as práticas antissindicais perpetradas contra eles pelos empregadores, pelo Estado e pelas próprias organizações obreiras.

No que diz respeito especificamente às representações sindicais dos trabalhadores nas empresas (*v.g.*: delegacias e seções sindicais), cumpre recordar — retomando-se aqui os conceitos dos autores norte-americanos Harry C. Katz e Thomas Kochan já delineados no Capítulo 3 *supra* — que tais esferas de atuação são imprescindíveis para o exercício do poder de barganha desempenhado pelos sindicatos, pois conduzem as negociações com os empregadores para o nível do local de trabalho (*workplace level*), a constituir a arena onde as questões mais sensíveis para os trabalhadores são definidas.[533]

Por isso mesmo, as delegacias e seções sindicais, assim como seus respectivos representantes, devem ser inseridos, necessariamente, no escopo de tutela contra as práticas antissindicais, podendo-se afirmar categoricamente que um sistema de proteção contra tais condutas não será completo e não atenderá plenamente às diretrizes deontológicas emanadas do princípio da liberdade sindical, se aquelas estruturas situadas no nível do local de trabalho não forem contempladas.

---

(533) KATZ, Harry Charles; KOCHAN, Thomas. *An introduction to collective bargaining and industrial relations.* 3. ed. New York: Mc Graw Hill, 2003. p. 5.

A imprescindibilidade da tutela das representações sindicais nos locais de trabalho é aferível de maneira cristalina a partir dos dispositivos que regulamentam o tema nas legislações da Itália (*Statuto dei Lavoratori*) e dos Estados Unidos (*National Labor Relations Act*), na medida em que estas pressupõem o nível do local de trabalho como a esfera típica e cotidiana de atuação das organizações sindicais.

No contexto italiano, muito embora o *Statuto dei lavoratori* tenha definido a *Rappresentazione Sindacale Aziendale* — RSA como o *locus* precípuo de atuação das organizações sindicais obreiras em seu art. 19, não trouxe a referida norma em seus dispositivos um conceito de *ato antissindical* ou mesmo um rol exemplificativo de condutas dessa natureza, limitando-se a estabelecer no art. 28 um procedimento judicial destinado à reparação em concreto de tais condutas patronais.

Tal lacuna veio a ser preenchida, com o passar do tempo, pela jurisprudência formada a partir da análise dos casos concretos. Nesse sentido, a *Corte Costituzionale*, quando da prolação da Sentença n. 28 de 13 de fevereiro de 1974, concebeu os atos antissindicais como *"todas aquelas hipóteses em que a conduta do empregador se expressa em uma série de atos e de comportamentos, que, mesmo objetivamente lícitos, possuem como finalidade a limitação, a contraposição ou o impedimento ao exercício dos direitos sindicais titularizados pelos trabalhadores"*.[(534)]

E em complemento a tal linha de entendimento, a jurisprudência da *Corte Suprema di Cassazione* deixou assente que a configuração dos atos antissindicais, a teor do art. 28 do *Statuto dei Lavoratori*, independe da constatação em concreto dos elementos subjetivos da conduta patronal (*culpa* ou *dolo*), bastando, para tanto, a demonstração objetiva em torno da ocorrência do ato em questão, do resultado lesivo e do nexo de causalidade entre àquela e este último.[(535)]

Com arrimo na conceituação objetiva consagrada em tal jurisprudência, é possível configurar como atos antissindicais, na acepção do art. 28 do *Statuto dei lavoratori*, a título exemplificativo, a obstrução patronal à constituição de uma RSA em uma determinada unidade produtiva, a negativa de cessão de espaço físico para o funcionamento do referido núcleo representativo, a proibição de participação nas assembleias convocadas nos termos do art. 20 do diploma em apreço, a repressão de trabalhadores que participaram de greve legítima e a transferência ou a dispensa de empregados em decorrência de suas atividades reivindicatórias.

No que diz respeito à tutela reparatória consagrada no art. 28 do *Statuto dei lavoratori*, cumpre assentar, de início, que somente as representações locais das entidades sindicais nacionais detêm legitimidade para ingressar com a demanda ali prevista. A legitimidade exclusiva das referidas organizações remanesce na redação atual do dispositivo em evidência, a despeito das sucessivas críticas à impossibilidade de ajuizamento por parte dos trabalhadores individualmente considerados e por parte dos sindicatos mais representativos propriamente ditos o que, segundo Luisa Galantino, não se compatibiliza com o princípio da liberdade sindical consagrado no art. 39 da Constituição Italiana.[(536)]

(534) ITÁLIA: CORTE COSTITUZIONALE, Sentenza 5 febbraio 1974, n. 28. Disponível em: <http://www.cortecostituzionale.it/actionSchedaPronuncia.do?param_ecli=ECLI:IT:COST:1974:31>. Acesso em: 21 set. 2011.

(535) ITÁLIA: CORTE SUPREMA DI CASSAZIONE, cass 12 giugno 1997, n. 5295, in *Foro i.* I, 2416 (1997); ITÁLIA: CORTE SUPREMA DI CASSAZIONE, cass 22 giugno 1998, n. 6193, in *Guida al diritto*, 32,71 (1998).

(536) Segundo a autora: "De um lado, efetivamente, ganha relevo o fato de que a titularidade dos direitos tutelados no art. 28 do Estatuto — liberdade, atividade sindical e greve — pertencem aos trabalhadores individualmente considerados, mesmo sendo tais direitos de exercício coletivo.

Portanto, se o art. 28 do Estatuto pretende que a tutela dos interesses titularizados por todos os trabalhadores seja efetiva, não se justifica a exclusão destes últimos da legitimação ativa.

Por outro lado, ganha relevância o fato de que a exclusão das organizações sindicais destituídas de uma estrutura nacional da possibilidade de recorrerem ao instrumento processual previsto no art. 28 do Estatuto significa uma discriminação indevida entre as organizações sindicais, para além de lesar o princípio da liberdade sindical."

Em que pese a legitimidade exclusiva dos referidos núcleos para a suscitação da tutela específica prevista no art. 28 do *Statuto dei lavoratori*, os trabalhadores individualmente considerados podem se valer, na omissão dos referidos organismos, do ajuizamento de ação ordinária tendo por objeto a anulação do ato antissindical perpetrado pelo empregador e a reversão da situação ao *status quo ante*.

O procedimento em si do remédio específico previsto no art. 28 do *Statuto dei lavoratori* se diferencia do rito ordinário na medida em que possibilita a suspensão liminar do ato antissindical no prazo de dois dias a contar do ajuizamento da demanda. Nesse breve interregno as partes serão convocadas para uma primeira audiência e, em seguida, a autoridade judicial decidirá pela concessão ou não da tutela. Em caso positivo, o ato antissindical será imediatamente suspenso e a situação retornará ao estágio existente anteriormente à efetivação da conduta vedada e, do contrário, o ato será mantido em sua integralidade e a demanda prosseguirá sob o rito ordinário.

Nos Estados Unidos, tal como ocorre na Itália, a representação no local de trabalho configura o espaço natural para as relações empreendidas entre os atores coletivos, a teor da Seção 9 do *National Labor Relations Act*, a prever que cabe aos próprios trabalhadores estabelecer em processo eleitoral supervisionado pelo *National Labor Relations Board* se querem ou não a presença sindical em suas respectivas unidades produtivas e, em caso afirmativo, qual a entidade apta a representar-lhes nas negociações coletivas.

E é pressupondo justamente a atuação dos sindicatos escolhidos pelos trabalhadores no interior das próprias unidades produtivas que a Seção 8 do *National Labor Relations Act* classifica as práticas antissindicais (*Unfair Labor Practices*), de modo geral, como as condutas perpetradas pelos empregadores e pelas organizações obreiras atentatórias ao pleno exercício do direito à liberdade sindical em suas vertentes individual e coletiva previsto na Seção 7 do diploma em apreço.[537]

No que concerne às práticas patronais atentatórias à liberdade sindical, a Seção 8 do *National Labor Relations Act* estabelece um rol exemplificativo de condutas que abrange (i) a coação dos trabalhadores de uma determinada unidade produtiva a aderirem ou não a uma determinada entidade sindical, bem como a deixarem de participar das atividades convocadas pelas respectivas organizações obreiras; (ii) a interferência nos sindicatos de trabalhadores, bem como seu financiamento; (iii) a implementação de práticas discriminatórias na contratação e durante a vigência do vínculo empregatício em função da filiação sindical dos trabalhadores ou motivadas pela apresentação de queixas relativas à organização dos locais de trabalho e (iv) a

---

No original: «Da un lato, infatti, si rileva che la titolarità dei diritti protetti dall'art. 28 dello Statuto – libertà ed attività sindacale e sciopero – è dei singoli lavoratori, anche se tali diritti sono ad esercizio collettivo.

Pertanto, se l'art. 28 dello Statuto tende a rendere effetiva la tutela processuale di interesi che fanno capo a tutti i lavoratori, non si giustifica l'esclusione di questi ultimo dalla legittimazione attiva.

Dall'altro lato, si rileva che l'esclusione delle organizzazioni sindacali prive di una struttura nazionale dalla possibilità di ricorrere allo strumento processuale previsto dall'art. 28 dello Statuto determina un'indebita discriminazione fra le organizazzioni sindacali e lede il principio di libertà sindacale.» GALANTINO, Luisa. *Diritto Sindacale*. 16. ed. Torino: G. Giappichelli Editore, 2009. p. 116-118.

(537) A propósito, a Seção 7 do NLRA estabelece que: "Os funcionários devem ter o direito de auto organização, para formar, aderir ou apoiar organizações trabalhistas, de participarem da negociação colectiva através de representantes de sua própria escolha e para participar em outras atividades concertadas para efeitos de negociação colectiva ou outras modalidades de ajuda mútua ou proteção e também têm o direito de abster se de qualquer ou todas estas attividades, exceto na medida em que tal direito pode ser afetado por um acordo de associação como condição de emprego, nos termos autorizados pela seção 8(a)(3)."

No original: "Employees shall have the right to self-organization, to form, join, or assist labor organizations, to bargain collectively through representatives of their own choosing, and to engage in other concerted activities for the purpose of collective bargaining or other mutual aid or protection, and shall also have the right to refrain from any or all of such activities except to the extent that such right may be affected by an agreement requiring membership in a labor organization as a condition of employment as authorized in section 8(a)(3)."

recusa à realização de negociações coletivas com as entidades obreiras eleitas pelos trabalhadores nos termos da Seção 9.(538)

Já no tocante às condutas sindicais perpetradas pelas entidades obreiras contra as próprias categorias profissionais, a Seção 8 do NLRA elenca como tais (i) a coação dos trabalhadores individualmente considerados à filiação em uma determinada entidade ou à participação na ação sindical, aí incluídas as greves, os piquetes etc.; (ii) a utilização de subterfúgios no intuito de fazer com que os empregadores passem a discriminar os obreiros em função da não sindicalização destes últimos; (iii) a recusa à negociação coletiva; (iv) a cobrança compulsória de taxas à generalidade dos trabalhadores abrangidos pelos acordos coletivos e (v) ao emprego de pressão ilícita e excessiva com vistas a obter dos empregados de uma determinada unidade produtiva a representatividade no âmbito desta última.

Nesse mesmo sentido, a Convenção n. 135 da Organização Internacional do Trabalho, ao fundar as bases do sistema *dual* de defesa dos interesses obreiros na empresa, estabeleceu em seus arts. 1º e 3º, *a* que os representantes sindicais dos trabalhadores estão resguardados das práticas antissindicais perpetradas pelos empregadores, aí incluída a demissão sem justa causa. Tais diretrizes foram, inclusive, reafirmadas em diversos casos concretos submetidos à análise do Comitê de Liberdade Sindical, conforme atestam os Verbetes ns. 813, 814, 817, 818, 830 e 946, já mencionados e transcritos no Capítulo 3.

No plano da legislação doméstica, todavia, os dispositivos concernentes às representações sindicais desconcentradas longe estão de assegurar uma tutela adequada àquelas instâncias e aos seus titulares, muito embora o art. 517, § 2º da Consolidação das Leis do Trabalho possibilite aos sindicatos a criação de delegacias e seções sindicais "*para melhor proteção dos associados e da categoria econômica ou profissional ou profissão liberal representada*".

Em primeiro lugar, há de se ressaltar que não há nenhuma menção nem no referido dispositivo e muito menos no restante da Consolidação das Leis do Trabalho e da legislação esparsa que relacione as *delegacias* e as *seções sindicais* ali mencionadas à figura das representações sindicais nos locais de trabalho. Nesse sentido, a leitura do artigo em questão no contexto da organização *extra-muros*, do paternalismo e do corporativismo a pautarem o sindicalismo pátrio e a própria sociedade nativa, leva-nos a crer que a intenção do legislador foi a de viabilizar a criação de instâncias descentralizadas da diretoria que deveriam ser constituídas nas subdivisões da base territorial dos sindicatos (p. ex.: municípios, distritos e bairros) e não no interior das unidades produtivas onde os integrantes da categoria desempenhassem suas atividades.

Em segundo lugar, tanto as representações sindicais descentralizadas (*delegacias* e *seções sindicais*), quanto seus titulares (delegados, presidentes de seção etc.) não são destinatários, nos termos da Consolidação das Leis do Trabalho, de qualquer garantia contra a prática de atos antissindicais, eis que o art. 543, § 3º c/c o art. 522 daquele diploma limita a proteção contra tal sorte de condutas a sete integrantes da diretoria e aos seus respectivos suplentes, silenciando-se quanto aos demais mandatários de funções sindicais.

Por tais motivos, a criação de delegacias e seções sindicais mesmo fora das empresas é inadequada ao atingimento da própria finalidade almejada pelo art. 517, § 2º, da CLT, qual seja, de assegurar "*melhor proteção dos associados e da categoria (...) profissional ou profissão liberal representada.*" E quando tal intento descentralizador tem por mote a instalação de uma representação sindical no interior das unidades produtivas, a ausência de proteção legal se faz sentir de modo ainda mais incisivo, na medida em que os empregadores invocam a autonomia privada como se esta última constituísse um manto impenetrável a isolar os sindicatos da organização

(538) Para consultar a íntegra do NLRA, *vide*: <https://www.nlrb.gov/resources/national-labor-relations-act>. Acesso em: 16 ago. 2021.

interna dos fatores de produção, quando não tratam de promover unilateralmente a rescisão imediata dos vínculos empregatícios dos representantes sindicais.

Tal quadro é completado pelo entendimento firmado no âmbito do Tribunal Superior do Trabalho, consolidado na Orientação Jurisprudencial n. 369 de sua Primeira Subseção de Dissídios Individuais (SBDI1), a excluir nominalmente os delegados sindicais da garantia de estabilidade, limitando-a aos dirigentes eleitos, dentro dos estritos lindes do art. 522 da CLT.[(539)]

A despeito desse quadro que ainda persiste, há de se destacar que a Segunda Turma do Tribunal Superior do Trabalho, quando do julgamento do Agravo de Instrumento no Recurso de Revista n. 842-52.2012.5.04.0121, reconheceu a possibilidade de se conferir estabilidade aos delegados sindicais desde que estes últimos integrem as diretorias das entidades dentro das limitações numéricas do art. 522 da CLT e tenham sido eleitos. Na decisão em apreço, o colegiado destacou incisivamente a antissindicalidade inerente às condutas patronais destinadas à demoção daqueles representantes obreiros, nos termos da Convenção n. 98 da OIT.[(540)]

Não obstante a timidez do julgado em referência e seu alinhamento com a diretriz emanada da OJ n. 369 da SBDI1, não há como ignorar que o entendimento ali formulado é um primeiro passo em direção ao amplo e irrestrito sistema de foro sindical contemplado pela Convenção n. 98 da OIT e pelo próprio conteúdo histórico-institucional subjacente ao postulado da liberdade sindical, a tutelar não apenas um número limitado de dirigentes, mas sim a totalidade dos trabalhadores passíveis de serem prejudicados pelos empregadores, pelo Estado e por suas próprias entidades em função de suas opções e atividades de cunho sindical.

Da análise ora empreendida, observa-se que a tutela das representações sindicais dos trabalhadores nos locais de trabalho e de seus respectivos agentes constitui parte inexorável do próprio direito à liberdade sindical, pois o conteúdo histórico-institucional deste último, alinhado aos progressos experimentados pelas formas de gestão, evoluiu para reconhecer nas

---

(539) "369 – Estabilidade Provisória. Delegado Sindical. Inaplicável. O delegado sindical não é beneficiário da estabilidade provisória prevista no art. 8º, VIII, da CF/1988, a qual é dirigida, exclusivamente, àqueles que exerçam ou ocupem cargos de direção nos sindicatos, submetidos a processo eletivo."

(540) AGRAVO DE INSTRUMENTO EM RECURSO DE REVISTA.ESTABILIDADE PROVISÓRIA. DELEGADOSINDICAL.DECISÃO EM SINTONIA COM A ORIENTAÇÃO JURISPRUDENCIAL N. 369, II, DO TST. DESPROVIMENTO DO APELO. Em primeiras linhas, faço saber meu entendimento de que é possível conferir estabilidade provisória, prevista no art. 8º, da CF, ao delegado sindical, sujeito ao processo eletivo, quando houver ocupação ou exercício de cargo de direção. A proteção contra atos antissindicais está intimamente ligada à liberdade sindical; melhor, dela faz parte, compondo a sua própria ideia. Com efeito, os arts. 1º e 2º da Convenção Internacional do Trabalho n. 98, se referem à — adequada proteção contra todo ato de discriminação tendente a diminuir a liberdade sindical em relação ao seu emprego — (§ 1º, do art. 1º); à proteção contra a conduta patronal de condicionar o emprego à desfiliação ou a não filiação sindical (§ 2º, do art. 1º); à proibição contra a despedida por causa da filiação ou da afinidade sindical (§ 2º, do art. 1º); à garantia de que — as organizações de trabalhadores e de empregadores deverão gozar de adequada proteção contra todo ato de ingerência de umas contra as outras — (§ 1º do art. 2º). A liberdade sindical abrange tripla perspectiva: a liberdade de constituir sindicato em razão do fato de um grupo de empregados ou empresários estarem vinculados a uma atividade comum, similar ou conexa; a liberdade individual de filar-se ou desfiliar-se a sindicato; <u>a liberdade de organização e da forma de atuação em defesa de seus interesses corporativos.</u> A estabilidade sindical atua nessas três perspectivas na medida em que proporciona condições materiais de defesa dos interesses da categoria por meio de representantes eleitos, em virtude de filiação a ente sindical.

É garantia constitucional que instrumentaliza o direito de liberdade sindical. A afronta a direito dessa magnitude importa em grave violação de direitos fundamentais e configura conduta anti-sindical, repelida pela doutrina dos direitos humanos no plano nacional e internacional. Entretanto, no caso dos autos, o direito à estabilidade provisória da Reclamante, esbarra no óbice da Súmula n. 369, II, do egrégio TST, uma vez que ultrapassado o limite de sete membros titulares previsto no art. 522 da CLT. Logo, estando a decisão recorrida em consonância com a atual, iterativa e notória jurisprudência deste Tribunal, restam afastadas as violações indicadas e a divergência colacionada, incidindo o óbice da Súmula n. 333 do TST e do art. 896, § 7º, da CLT.Agravo de Instrumento desprovido, ressalvando meu entendimento de que é possível conferir estabilidade provisória, prevista no art. 8º, da CF, ao delegado sindical, sujeito ao processo eletivo, quando houver ocupação ou exercício de cargo de direção. BRASIL: TRIBUNAL SUPERIOR DO TRABALHO. AGRAVO DE INSTRUMENTO NO RECURSO DE REVISTA N. 842-52.2012.5.04.0121. RELATOR: Desembargador Convocado Cláudio Armando Couce de Menezes. 2ª Turma. *DJ*: 19.12.2014.

delegacias e nas seções sindicais elementos não apenas aptos a trazer os sindicatos para dentro das empresas, mas também — e principalmente — para viabilizar o exercício de contrapoder dos trabalhadores aos desígnios patronais na base, ou, na dicção de Katz e Kochan, no nível do *local de trabalho.*

4.2.2. Atos antirrepresentativos. A proteção das representações unitárias nos locais de trabalho

Conforme já visto no Capítulo 3 *supra*, o princípio da liberdade sindical integra em seu conteúdo histórico-institucional não apenas as representações sindicais nos locais de trabalho, mas também as chamadas representações *unitárias*, assim compreendidas aquelas que coexistem com aquelas primeiras nas unidades produtivas ora partilhando com elas as atribuições inerentes à defesa dos interesses obreiros no *nível do local de trabalho*, ora tendo funções próprias concernentes à colaboração com o empregador na organização dos fatores produtivos e na fiscalização destes últimos.

As representações *unitárias* formam, ao lado das representações *sindicais*, o sistema *dual* referido na Convenção n. 135 da OIT e compreendem nos países onde são frequentes (especialmente na Europa Ocidental), os chamados *comitês de empresa*, os *delegados de pessoal* e os *comitês de higiene e segurança*. Tais organismos funcionam, em termos gerais, como instâncias de consulta e participação dos obreiros nas decisões a serem tomadas pelos empregadores naquelas questões a afetarem diretamente a organização dos fatores de produção nos locais de trabalho.(541)

E como os referidos organismos e agentes acabam por exercer, à sua maneira, um contrapoder diverso daquele embate direto empreendido pelas representações sindicais, mas a ele complementar, os dispositivos internacionais e domésticos que consagraram o princípio da liberdade sindical acabaram por estender seu escopo tutelar em direção às representações unitárias, nos mesmos moldes da Convenção n. 135 da OIT.

Como as representações *unitárias* de trabalhadores acabam por obstaculizar em muitos casos a implantação de desígnios patronais concernentes à organização dos fatores de produção nas unidades produtivas, os empregadores tendem, naturalmente, a reproduzir também em relação a elas aquelas mesmas práticas implementadas no intuito de dificultar ou obstar a atuação das entidades sindicais e suas instâncias presentes nos locais de trabalho. Em tais situações, nas quais os atos antissindicais são perpetrados contra representações unitárias de trabalhadores ter-se-á, na dicção de Marcus de Oliveira Kaufmann, os chamados *atos antirrepresentativos*.(542)

---

(541) Antoine Mazeaud, ao tratar da coexistência das instâncias sindicais e unitárias nos locais de trabalho no sistema francês, o compara à figura de um *mosaico*. Nas palavras do autor: "O sistema francês de representação de pessoal lembra um mosaico, uma vez que, na melhor das hipóteses, contam em suas estruturas com delegados de pessoal, comitês de estabelecimento, um conselho central de obras (um conselho de obras na ausência de estabelecimentos separados), possivelmente um comitê de grupo e um comitê europeu, delegados sindicais de empresas ou estabelecimentos, delegados sindicais centrais, uma comissão de higiene, segurança e condições de trabalho (CHSCT), representante dos empregados e representante da comissão em processos coletivos... Também vale mencionar o conselheiro dos empregados e o empregado incumbido de mandato sindical... E, nessa toada, o pluralismo sindical acrescenta ainda mais cores à paleta disponível dentro de cada tipo de representação."

No original: «Le système français de représentation du personnel fait penser à une mosaïque, pusqu'au mieux peuvent coexister des délégués du personnel, des comités d'établissement, un comité central d'enterprise (un seul comité d'enterprise en l'absence d'établissements distincts), éventuellement un comité de groupe et un comité européen, des délégués syndicaux d'enterprise ou d'établissement, des delegues syndicaux centraux, un comité d'hygiène, de securité et des conditions de travail (CHSCT), un représentant des salariés et un représentant du comité dans les procédures collectives... On citera encore, le conseiller du salarié, le salarié mandaté (mandatement syndical)... Le pluralisme syndical colore un peu plus la palette à l'intérieur même de chaque type de représentation.» MAZEAUD, Antoine. *Droit du Travail.* 10. e. Paris: LGDJ, 2016. p. 128.

(542) Nas palavras do autor: "Não é só os atos de dispensa e transferência, de posto e de lugar, exercidos contra os representantes unitários e não sindicais de trabalhadores, podem ser consideradas práticas ilustrativas de anti-representatividade do empregador. Qualquer designação de mister que dificulte, aos representantes, ou lhes tornem impossível o desempenho das funções representativas (...) também ilustram práticas anti-representativas.

Veja-se, a propósito, que os retromencionados arts. 1º e 3º da Convenção n. 135 da OIT, ao tratarem do sistema *dual* de representação dos trabalhadores nas empresas, estenderam aos organismos sindicais e unitários as mesmas garantias em face daquelas *"medidas que poderiam vir a prejudicá-los"*, o que atesta o idêntico grau de reprovabilidade a permear tanto os atos antissindicais, quanto os atos antirrepresentativos.

Tanto isso é verdade, que o Comitê de Liberdade Sindical da OIT reafirmou categoricamente em seus verbetes ns. 799 e 800, já mencionados no Capítulo 3 *supra*, que os delegados e representantes sindicais na empresa são resguardados das práticas tendentes a prejudicá-los por sua atuação. Em complemento a tais diretrizes, o colegiado em referência asseverou em seu Verbete n. 818 que as legislações domésticas deveriam adotar mecanismos destinados à coibição dos atos antirrepresentativos, ao lado das práticas antissindicais.(543)

E, justamente, no plano das legislações domésticas, os ordenamentos que regulamentaram com maior precisão as representações unitárias nos locais de trabalho são, conforme já visto no Capítulo 3 *supra*, o francês e o espanhol. Como consectário de tal previsão, os respectivos diplomas nacionais (*Code du Travail* e *Estatuto de los Trabajadores*) estabelecem limites claros à prática de atos antirrepresentativos, ainda que não façam menção expressa a tal figura.

No que concerne especificamente ao *Code du Travail* francês, há de se ressaltar, inicialmente, que o sistema de garantia de emprego prevista em seu Título III aplica-se indiscriminadamente à generalidade dos trabalhadores, na medida em que seus contratos de trabalho somente poderão ser rompidos unilateralmente pelos empregadores caso haja um motivo "*relevante* e *sério*" de natureza interpessoal ou econômica.(544)

Como o ordenamento jurídico francês tem por uma de suas diretrizes o exercício da liberdade sindical dentro da empresa, com amplas garantias concedidas às representações sindicais e unitárias, é evidente que as rescisões contratuais decorrentes de práticas antissindicais e antirrepresentativas nunca serão consideradas motivos *relevantes* e *sérios* a justificarem a dispensa unilateral.(545)

E já no que diz respeito às demais práticas antissindicais e antirrepresentativas, pode-se afirmar que sua vedação em abstrato é decorrência do artigo L1.132-1 do *Code du Travail*, cujo teor veda de forma ampla a prática de atos discriminatórios praticados pelos empregadores

---

Nesse sentido, a (i) própria denegação de emprego a representante ou a ex-representante unitário e não sindical; (ii) a dispensa; (iii) a suspensão ou outras sanções disciplinares motivadas por razões anti-representativas; (iv) a modificação *in pejus* das condições de trabalho (e de acesso aos instrumentos de trabalho) ou a desqualificação dessas condições motivadas por razões anti-representativas; (v) a adoção de condutas discriminatórias por parte do empregador mediante a distribuição desarrazoada de trabalho ou propositalmente excessiva ao representante; (vi) a adoção de política discriminatória em relação ao representante no plano ce cargos e salários ou, quiçá, na participação nos lucros e/ou resultados da empresa; e (vii) a transferência de cargo ou de lugar, antes integrantes de exemplos de condutas anti-sindicais mais frequentemente verificadas internacionalmente (...) podem ser exemplos de condutas discriminatórias em relação aos representantes unitários e não sindicais de trabalhadores, agora caracterizadas como práticas anti-representativas e que devem ser repreendidas por um sistema de combate tal aquele que antes se estudou contra as práticas anti-sindicais." KAUFMANN, Marcus de Oliveira. *Das práticas anti-sindicais às práticas anti-representativas.* Sistemas de combate e a tutela de representações coletivas de trabalhadores. São Paulo: LTr, 2005. p. 482-483.

(543) "818. Las normas de fondo existentes en la legislación nacional que prohiben actos de discriminación antisindical no son suficientes si las mismas no van acompañadas de procedimientos que aseguren una protección eficaz contra tales actos." OFICINA INTERNACIONAL DEL TRABAJO. *La libertad sindical.* Recopilación de las decisiones y principios del Comité de Libertad Sindical del Consejo de Administración de la OIT. 5. edi. Ginebra: OIT, 2006. p. 174.

(544) "L-1232-1. Qualquer demissão por motivos pessoais será motivada de acordo com as condições definidas pelo presente capítulo. A demissão será justificada por uma causa real e séria."

No original: "Tout licenciement pour motif personnel est motivé dans les conditions définies par le présent chapitre. Il est justifié par une cause réelle et sérieuse."

(545) LYON-CAEN, Gérard; PÉLISSIER. Jean; SUPIOT. Alain. *Droit du Travail.* 19. e. Paris: Dalloz, 1998. p. 667.

tendentes a prejudicar qualquer trabalhador em razão de suas opiniões políticas e de sua atividade sindical. É de se ressaltar que o dispositivo seguinte (artigo L1.132-2) estende tal tutela ao exercício regular do direito de greve.(546)

Tal como ocorre no *Code du Travail* francês, seu correspondente espanhol (*Estatuto de los Trabajadores*) dispõe de uma cláusula geral (art. 17) que veda de forma ampla toda e qualquer prática discriminatória implementada pelos empregadores tendo em vista a orientação sindical e política, infirmando-a de nulidade, nisso residindo, exatamente, a tutela disponibilizada aos obreiros contra as práticas antissindicais e antirrepresentativas.(547)

---

(546)"L-1.132-1. Ninguém será excluído dos processos de recrutamento ou dos cursos de formação, sancionado, demitido ou afetado por medidas discriminatórias diretas ou indiretas, tais como definidos no art. 1º da Lei n. 496-2008, de 27 de maio de 2008, que contém várias disposições da adaptação da legislação comunitária no domínio da luta contra a discriminação, no tocante à remuneração, na acepção do artigo l. 3221-3, à distribuição de lucros ou ações, à formação, à reclassificação, à atribuição, de qualificação, de classificação, de promoção, de mutação ou de de renovação de contrato devido a sua origem, sexo, costumes, de sua orientação ou identidade sexual, sua idade, sua família ou sua situação de gravidez, características genéticas, sua composição ou sua não adesão, real ou suposta a um grupo étnico, nação ou raça, opiniões políticas, as atividades sindicais ou crenças religiosas, mutualistas, aparência física, nome de família, de seu lugar de residência ou por causa de seu estado de saúde ou deficiência."

No original: "L-1.132-1. Aucune personne ne peut être écartée d'une procédure de recrutement ou de l'accès à un stage ou à une période de formation en entreprise, aucun salarié ne peut être sanctionné, licencié ou faire l'objet d'une mesure discriminatoire, directe ou indirecte, telle que définie à l'article 1er de la Loi n. 2008-496 du 27 mai 2008 portant diverses dispositions d'adaptation au droit communautaire dans le domaine de la lutte contre les discriminations, notamment en matière de rémunération, au sens de l'article L. 3221-3, de mesures d'intéressement ou de distribution d'actions, de formation, de reclassement, d'affectation, de qualification, de classification, de promotion professionnelle, de mutation ou de renouvellement de contrat en raison de son origine, de son sexe, de ses moeurs, de son orientation ou identité sexuelle, de son âge, de sa situation de famille ou de sa grossesse, de ses caractéristiques génétiques, de son appartenance ou de sa non-appartenance, vraie ou supposée, à une ethnie, une nation ou une race, de ses opinions politiques, de ses activités syndicales ou mutualistes, de ses convictions religieuses, de son apparence physique, de son nom de famille, de son lieu de résidence ou en raison de son état de santé ou de son handicap."

(547) "L-1.132-2. Nenhum empregado poderá ser sancionado, demitido, ou objeto de medidas discriminatórias mencionada no art. L-1.132-1 em função do exercício normal do direito de greve."

No original: " L-1.132-2. Aucun salarié ne peut être sanctionné, licencié ou faire l'objet d'une mesure discriminatoire mentionnée à l'article L. 1132-1 en raison de l'exercice normal du droit de grève."

"Artículo 17. No discriminación en las relaciones laborales.

1. Se entenderán nulos y sin efecto los preceptos reglamentarios, las cláusulas de los convenios colectivos, los pactos individuales y las decisiones unilaterales del empresario que den lugar en el empleo, así como en materia de retribuciones, jornada y demás condiciones de trabajo, a situaciones de discriminación directa o indirecta desfavorables por razón de edad o discapacidad o a situaciones de discriminación directa o indirecta por razón de sexo, origen, incluido el racial o étnico, estado civil, condición social, religión o convicciones, ideas políticas, orientación o condición sexual, adhesión o no a sindicatos y a sus acuerdos, vínculos de parentesco con personas pertenecientes a o relacionadas con la empresa y lengua dentro del Estado español. Serán igualmente nulas las órdenes de discriminar y las decisiones del empresario que supongan un trato desfavorable de los trabajadores como reacción ante una reclamación efectuada en la empresa o ante una acción administrativa o judicial destinada a exigir el cumplimiento del principio de igualdad de trato y no discriminación.

2. Podrán establecerse por ley las exclusiones, reservas y preferencias para ser contratado libremente.

3. No obstante lo dispuesto en el apartado anterior, el Gobierno podrá regular medidas de reserva, duración o preferencia en el empleo que tengan por objeto facilitar la colocación de trabajadores demandantes de empleo. Asimismo, el Gobierno podrá otorgar subvenciones, desgravaciones y otras medidas para fomentar el empleo de grupos específicos de trabajadores que encuentren dificultades especiales para acceder al empleo. La regulación de las mismas se hará previa consulta a las organizaciones sindicales y asociaciones empresariales más representativas. Las medidas a las que se refieren los párrafos anteriores se orientarán prioritariamente a fomentar el empleo estable de los trabajadores desempleados y la conversión de contratos temporales en contratos por tiempo indefinido.

4. Sin perjuicio de lo dispuesto en los apartados anteriores, la negociación colectiva podrá establecer medidas de acción positiva para favorecer el acceso de las mujeres a todas las profesiones. A tal efecto podrá establecer reservas y preferencias en las condiciones de contratación de modo que, en igualdad de condiciones de idoneidad, tengan preferencia para ser contratadas las personas del sexo menos representado en el grupo o categoría profesional de que se trate. Asimismo, la negociación colectiva podrá establecer este tipo de medidas en las condiciones de clasificación profesional, promoción y formación, de modo que, en igualdad de condiciones de idoneidad, tengan preferencia las

E de forma mais específica — ao contrário do que ocorre na França — o *Estatuto de los Trabajadores* espanhol estabeleceu de forma expressa dentre as garantias titularizadas pelos delegados de pessoal e pelos comitês de empresa (art. 68) não apenas o direito à prioridade de permanência na unidade produtiva em caso de suspensão ou extinção dos postos de trabalho por contingências tecnológicas ou econômicas, como também a garantia de emprego durante a duração do mandato e no ano seguinte à expiração deste último.(548)

Tendo em vista, portanto, que as representações *unitárias* de trabalhadores nas empresas exercem, a seu modo, um legítimo contrapoder obreiro em relação aos desígnios empresariais reconhecido como tal pela Convenção n. 135 da OIT, são elas e seus agentes titulares dos mecanismos de tutela inerentes ao princípio da liberdade sindical, especialmente no que concerne à repressão dos atos antissindicais, aqui renomeados como *atos antirrepresentativos*.

4.2.3. Atos praticados contra as associações e coletividades representativas destituídas de personalidade jurídica sindical

A liberdade sindical — como direito fundamental que é — possui, ao mesmo tempo, uma definição institucional decorrente das experiências históricas a desafiarem sua aplicação em concreto no passado e uma abertura conceitual para o futuro, por onde novos conteúdos serão agregados à medida que a evolução das relações coletivas de trabalho demandarem a aplicação do referido princípio em situações fáticas até então impensáveis, nos moldes do *romance em cadeia* idealizado por Ronald Dworkin.

E se há um segmento social que experimentou nas últimas décadas uma significativa evolução é justamente aquele representado pelas relações coletivas de trabalho, até mesmo em função das mudanças experimentadas no cenário macroeconômico interno e externo. De fato, a interdependência cada vez mais crescente a pautar os diferentes setores produtivos e seus respectivos ramos de atividades, somado à ampliação do comércio internacional, fez com que a singela estrutura sindical confederativa organizada por categorias econômicas e profissionais não mais desse conta dos complexos problemas a afetarem seu entorno.(549)

---

personas del sexo menos representado para favorecer su acceso en el grupo, categoría profesional o puesto de trabajo de que se trate.

5. El establecimiento de planes de igualdad en las empresas se ajustará a lo dispuesto en esta ley y en la Ley Orgánica para la igualdad efectiva de mujeres y hombres."

(548) "Artículo 68. Garantías.

Los miembros del comité de empresa y los delegados de personal, como representantes legales de los trabajadores, tendrán, a salvo de lo que se disponga en los convenios colectivos, las siguientes garantías: a) Apertura de expediente contradictorio en el supuesto de sanciones por faltas graves o muy graves, en el que serán oídos, aparte del interesado, el comité de empresa o restantes delegados de personal. b) Prioridad de permanencia en la empresa o centro de trabajo respecto de los demás trabajadores, en los supuestos de suspensión o extinción por causas tecnológicas o económicas. c) No ser despedido ni sancionado durante el ejercicio de sus funciones ni dentro del año siguiente a la expiración de su mandato, salvo en caso de que ésta se produzca por revocación o dimisión, siempre que el despido o sanción se base en la acción del trabajador en el ejercicio de su representación, sin perjuicio, por tanto, de lo establecido en el artículo 54. Asimismo no podrá ser discriminado en su promoción económica o profesional en razón, precisamente, del desempeño de su representación. d) Expresar, colegiadamente si se trata del comité, con libertad sus opiniones en las materias concernientes a la esfera de su representación, pudiendo publicar y distribuir, sin perturbar el normal desenvolvimiento del trabajo, las publicaciones de interés laboral o social, comunicándolo a la empresa. e) Disponer de un crédito de horas mensuales retribuidas cada uno de los miembros del comité o delegado de personal en cada centro de trabajo, para el ejercicio de sus funciones de representación, de acuerdo con la siguiente escala: delegados de personal o miembros del comité de empresa: 1.º Hasta cien trabajadores, quince horas. 2.º De ciento uno a doscientos cincuenta trabajadores, veinte horas. 3.º De doscientos cincuenta y uno a quinientos trabajadores, treinta horas. 4º De quinientos uno a setecientos cincuenta trabajadores, treinta y cinco horas. 5.º De setecientos cincuenta y uno en adelante, cuarenta horas. Podrá pactarse en convenio colectivo la acumulación de horas de los distintos miembros del comité de empresa y, en su caso, de los delegados de personal, en uno o varios de sus componentes, sin rebasar el máximo total, pudiendo quedar relevado o relevados del trabajo, sin perjuicio de su remuneración."

(549) A respeito dos problemas enfrentados pelo sindicalismo no contexto atual, Rafael Albuquerque assinala que: "es evidente que el movimento sindical está atravessando por circunstancias dificiles. Los cambios profundos de la economia

De fato, o que pode fazer uma entidade sindical por si só para combater uma determinada política pública ou uma articulação empresarial mais ampla? Como uma organização obreira considerada de *per se* conseguirá se contrapor às injunções no cenário macroeconômico que muitas vezes decorrem da intensificação dos avanços tecnológicos e do processo de globalização, mormente no atual contexto pautado pela mobilidade geográfica do capital em busca dos menores custos da força de trabalho?

A fim de oferecer uma resposta a tais desafios, as próprias representações obreiras organizaram estruturas destinadas ora ao embate no campo político doméstico — dentre as quais se destacam as centrais sindicais — ora à cooperação internacional com vistas a promover o enfrentamento dos desafios impostos pela globalização econômica e pela mobilidade do capital.

No caso das *Centrais Sindicais*, sua constituição no campo doméstico decorreu da necessidade de se conferir à generalidade dos trabalhadores representados por suas respectivas entidades sindicais de primeiro e segundo graus a coordenação em torno de seus interesses comuns e de estabelecer com o Poder Público um diálogo permanente no que diz respeito aos aspectos macroeconômicos a afetarem as relações laborais, seja nas discussões a pautarem a aplicação de políticas públicas, ou no embate em torno de projetos legislativos.(550)

E uma vez que não atuam em nome de determinadas categorias profissionais, tal como ocorre com os sindicatos, as federações e as confederações, as centrais sindicais não integram a estrutura sindical de cariz confederativo plasmado no art. 8º da Constituição Federal. Configuram elas, ao revés, associações civis que pairam formalmente sob tal sistema, mas que mantêm com este último uma relação de coordenação imprescindível para a defesa dos interesses obreiros no campo das discussões em torno das políticas públicas a afetarem o mundo do trabalho.

No contexto brasileiro, as centrais sindicais foram regulamentadas pela Lei n. 11.648, de 31.3.2008, cujos dispositivos lhes fixaram como atribuições (i) a representação geral dos interesses obreiros e (ii) a participação, em nome dos trabalhadores, nos fóruns governamentais. Para além disso, o diploma legal em referência estabeleceu os requisitos mínimos para sua constituição e os critérios de representatividade a serem mensurados pelo Ministério do Trabalho.(551)

---

mundial y los avances incessantes de la tecnologia de punta han disminuído los índices de sindicación y debilitado la eficácia de las acciones de las organizaciones de trabajadores. (...) La intensificación de la competencia y el imperativo de la competitividad oferece a los sindicatos muy poco espacio para negociar, lo que de por si les debilita frente a sus actuales y potenciales afiliados, pues el éxito de la acción sindical se mide por los resultados que se puedan conseguir en lo que atañe a la protección social de los trabajadores.

Por lo demás, las secuelas de la economia del mercado obligan necesariamente a graves mutaciones en la mentalidad y conducta de la dirigencia sindical, que deben adaptarse rapidamente a una gran diversidad de estructuras economicas, al instrumento cada día más utilizado de la subcontratación, a las expresiones de las agencias temporales de empleo, al trabajo de tempo parcial y a la contratación precária, al reemplazo de los capitalistas nacionales por redes de intercambio financiero, de servicios tecnológicos complejos y de informaciones destinadas a las empresas o al consumo individualizado." ALBUQUERQUE, Rafael. Sindicalismo y globalización. In: ALBUQUERQUE, Rafael; DE BUEN, Nestor. *El derecho del trabajo ante el nuevo milenio.* México: Porrúa, 2000. p. 84-85.

(550) A propósito, José Claudio de Brito Monteiro Filho assinala que: "Do ponto de vista da atuação, enquanto o sindicato, como entidade que congrega, diretamente, trabalhadores e empregadores de determinado setor, pauta sua atuação na defesa dos interesses destes, seus representados, no mais das vezes sem visão de conjunto, as centrais sindicais não, formulando sua política em termos mais amplos e, via de regra, por meio de visão macro, que privilegia o geral e não o particular."

E arremata o autor em apreço apontando outro fator de diferenciação entre as entidades sindicais e as centrais, a residir no "fato de que as centrais sindicais não estão presas à organização sindical por ramo de atividade ou profissão, o que se explica pelo motivo de que, como sua finalidade é defender interesses classistas, de maneira geral, não é coerente a constituição de uma organização limitada em termos de setor ou setores."

MONTEIRO FILHO, José Claudio de Brito. *Direito Sindical.* São Paulo: LTr, 2000. p. 130-131.

(551) Sobre a Lei n. 11.648/2008 e seu conteúdo, *vide*: NASCIMENTO, Amauri Mascaro. Aspectos da legalização das centrais em 2008. In: *Revista LTr*, vol. 72, n. 04, abr. 2008.

Não obstante a legislação pátria tenha conferido juridicidade às centrais sindicais, tal formalização não se fez acompanhada do estabelecimento de mecanismos de tutela voltados para a proteção contra atos oriundos do Estado e de entidades patronais com vistas a enfraquecer e até mesmo a obstar o desempenho das tarefas conferidas àquelas entidades de cúpula, o que é preocupante tendo em vista, principalmente, a importância das tarefas a elas conferidas e a premente necessidade de sua atuação nas arenas políticas onde são estabelecidas as medidas domésticas de enfrentamento às alterações na conjuntura macroeconômica internacional.

Sendo assim, uma vez que as centrais sindicais personificam a contraposição dos trabalhadores aos desígnios patronais no campo das discussões políticas de cúpula, não há como afastar tais entidades e seus integrantes do campo de incidência do postulado da liberdade sindical no que concerne à tutela contra as práticas antissindicais e antirrepresentativas.(552)

Pode-se dizer, portanto, em uma perspectiva dworkiniana, que as centrais sindicais configuram um novo *capítulo* daquele *romance em cadeia* a configurar o direito à liberdade sindical. E nessa nova quadra histórica onde os trabalhadores necessitam de voz nas instâncias governamentais definidoras das políticas macroeconômicas, a fim de fazerem valer seus interesses comuns, faz-se igualmente premente a extensão da tutela contra as medidas estatais e patronais tendentes ao enfraquecimento de tais entidades.

No entanto, a participação dos trabalhadores nas discussões a circundarem as mudanças na conjuntura macroeconômica não se limita à atuação das centrais sindicais e nem pode sê-lo. Com efeito, em um mundo pautado pela mobilidade geográfica do capital, pelo *law shopping*, pelas mudanças tecnológicas, pela intensa flexibilidade dos processos produtivos e pala profusão das empresas multinacionais, a cooperação internacional dos trabalhadores deve integrar, em caráter preponderante, a ordem do dia dos movimentos obreiros de modo a integrar um novo *capítulo* no *romance em cadeia* da liberdade sindical.(553)

---

(552) Veja-se, a propósito, o acórdão proferido pela 3ª Turma do Tribunal Superior do Trabalho nos autos do Recurso de Revista n, 50000-91.2008.5.17.0012, em que se reconheceu a um dirigente de central sindical o direito à estabilidade provisória:

"RECURSO DE REVISTA. ESTABILIDADE PROVISÓRIA. DIRIGENTE DE CENTRAL SINDICAL. A estrutura do sistema sindical do País manteve-se, regra geral, dentro dos velhos moldes corporativistas, que não foram inteiramente revogados pela Constituição de 1988. Há, no sistema, uma pirâmide, que se compõe do sindicato, em seu piso, da federação, em seu meio, e da confederação, em sua cúpula. As Centrais Sindicais não compõem o modelo corporativista, sendo, de certo modo, seu contraponto. Porém constituem, do ponto de vista social, político e ideológico, entidades líderes do movimento sindical, que atuam e influem em toda a pirâmide regulada pela ordem jurídica. Ora, não há por que dizer que não sejam acolhidas pelos princípios constitucionais que orientam o Direito Coletivo do trabalho, embora certamente não o sejam pelo texto do Título V da CLT (Da Organização Sindical). Elas, de certo modo, unificam, pela cúpula, a atuação das entidades sindicais, enquanto não superado o modelo corporativista. No plano interno de suas atividades, não apenas fixam linhas gerais de atuação para o sindicalismo em contextos geográficos e sociais mais amplos, como podem erigir instrumentos culturais e logísticos de grande significado para as respectivas bases envolvidas. No plano externo de suas atividades, participam da fundamental dinâmica democrática ao dialogarem com as grandes forças institucionais do País, quer as de natureza pública, quer as de natureza privada.

Finalmente, quase vinte anos após a Constituição de 1988, a ordem jurídica infraconstitucional veio produzir novo avanço no processo de transição democrática do sistema sindical brasileiro, ao realizar o reconhecimento formal das centrais sindicais — embora sem poderes de negociação coletiva (Lei n. 11.648, de 31.3.2008 – ementa). Consequentemente, em face de as Centrais Sindicais constituírem, do ponto de vista social, político e ideológico, entidades líderes do movimento sindical, que atuam e influem em toda a pirâmide regulada pela ordem jurídica, há de se assegurar aos seus dirigentes, na linha consagrada às demais entidades representativas dos trabalhadores, as garantias mínimas de proteção à atuação de ente obreiro coletivo. A Convenção n. 98 da OIT (que trata do direito de sindicalização e de negociação coletiva), vigorante no Brasil desde a década de 1950, estipula critérios para tais garantias sindicais. O texto convencional da OIT é, na verdade, de suma importância, por sua generalidade e imprecisão, uma vez que invoca o labor intenso do intérprete em busca da realização concreta das garantias a que alude. A Convenção n. 135, por sua vez (vigente no País desde 18.3.1991), que trata da proteção de representantes de trabalhadores, estipula a proteção contra a despedida por parte do empregador." BRASIL: TRIBUNAL SUPERIOR DO TRABALHO. RECURSO DE REVISTA N. 205340-68.1997.5.01.0041. RELATOR: Ministro Mauricio Godinho Delgado. 3ª Turma. *DJ*: 17.11.2017.

(553) Tais vicissitudes configuram exatamente o que o geógrafo francês François Bost define como os *riscos econômicos* decorrentes da globalização. Assim, segundo o autor: "A maior parte destes riscos apresenta (...) um caráter decididamente

Nesse sentido, Marcus de Oliveira Kaufmann aponta para a constituição de *comitês internacionais de empregados* e de *representantes de trabalhadores*, especialmente na estrutura das empresas multinacionais, de modo a possibilitar não apenas o intercâmbio de informações e a definição em conjunto de estratégias de atuação, mas também a pressão em torno da realização de negociações coletivas internacionais.(554)

Em outro sentido, Alberto Emiliano de Oliveira Neto destaca a estipulação dos chamados *acordos marco* firmados entre as empresas multinacionais e as entidades internacionais de trabalhadores dos setores econômicos correspondentes, no ensejo de obter, daquelas primeiras, o compromisso em observar as diretrizes elementares emanadas dos pactos e das declarações de Direitos Humanos (p. ex.: a *Declaração de Princípios Fundamentais da OIT*, de 1998, na *Declaração sobre a Justiça social para uma Globalização Equitativa*, de 2008, e no *Pacto Mundial para o Emprego*, de 2009), no âmbito de efetivas negociações coletivas de caráter transnacional.(555)

Tais estruturas obreiras e instrumentos de cariz internacional deverão, naturalmente, ser tuteladas pelo princípio da liberdade sindical no que diz respeito aos intentos patronais e governamentais tendentes a enfraquecer o contrapoder por elas exercido em relação àqueles fenômenos característicos do atual estágio do processo de globalização econômica, bem como a ocasionar desequilíbrios de forças na estipulação das condições .

Todavia, se na cúpula da organização representativa obreira as mudanças no entorno demandaram a criação de novas estruturas de contraposição que transcenderam o sistema confederativo tradicional, tal fenômeno foi verificado igualmente na base, onde as demandas de certos movimentos sociais (*vg*: minorias, cidadãos expostos a substâncias tóxicas, moradores de determinadas áreas etc.) passaram a demandar a atuação das entidades de trabalhadores para além da busca de melhorias salariais através do binômio *negociação coletiva-greve*.

---

novo por sua natureza, por suas consequências e por seus efeitos de nivelamento. Sem visar à exaustividade, citemos a unificação e a homogeneização relativa dos modos de vida e de consumo locais (destruição das especificidades culturais, *junk food* etc.); o todo-poderoso mercado; a afirmação do único modelo liberal anglo-saxão dominado pelos Estados Unidos e por algumas instituições como o FMI; a destruição do emprego industrial nos países industrializados e a migração maciça das indústrias para países de baixos salários; a instabilidade financeira recorrente; a potência e o poder inédito das empresas multinacionais (agora algumas delas apresentam números superiores ao PIB de vários países industrializados) etc." BOST. François. Trad.: CRUZ, Dilson Ferreira da. Os riscos econômicos. In: VEYRET, Yvette. Trad.: CRUZ. Dilson Ferreira da. *Os riscos:* o homem como agressor e vítima do meio ambiente. São Paulo: Contexto, 2007. p. 262.

(554) Segundo observa Marcus de Oliveira Kaufmann: "O sindicalismo internacional, além de suas estruturas e da necessidade de desenvolvimento de um amplo tráfego de informações por entre os níveis de representação coletiva, do local de trabalho ao âmbito mundial, deve estar imbuído da construção de uma nova linguagem para fazer uso das ferramentas tecnológicas ao seu dispor e para estabelecer, de forma fácil e rápida, como exige a bilateralidade com as operações das empresas multinacionais, uma intensificação dos contatos entre trabalhadores de uma mesma empresa.

Essa ponte de contatos pode se dar em estruturas de comitês de empregados (ainda que situados em diversas localidades) ou pode ser mantida, com os meios disponíveis, com organizações da sociedade civil, com a comunidade local adjacente ao ambiente de trabalho, com organizações não governamentais, com ativistas de direitos humanos e, principalmente, com outras formas de representação coletiva de natureza unitária e não sindical, como os delegados de pessoal, os representantes de trabalhadores, os comitês, as comissões ou os conselhos de empresa ou de fábrica. O tráfego de informações pode se estabelecer, em outro nível, em organismos de natureza paritária eventualmente existentes na empresa.

(...)

Toda essa conexão, esse *network* de troca de informações e de experiências, nos níveis local, regional, nacional e global, tem o condão de criar uma comunidade laboral internacional que, enquanto prossegue a globalização, é fundamental para contrapor o capital global de maneira eficiente e racional, uma vez que munida de organização sindical e de mobilização social." KAUFMANN, Marcus de Oliveira. *Por um sindicalismo associativo.* Da solidariedade sindical internacional à democracia nos locais de trabalho. São Paulo: LTr, 2014. p. 107-108.

(555) OLIVEIRA NETO, Alberto Emiliano de. *Negociação coletiva transnacional.* Acordos Marco Globais, sindicatos e globalização. Belo Horizonte: RTM, 2020. p. 146-151.

Além disso, a proliferação das *novas relações de trabalho*, na esteira da precarização da mão de obra, do deslocamento geográfico das unidades produtivas, da proliferação do trabalho por microtarefas em plataformas digitais (*uberização*), da massificação do *teletrabalho* e a multiplicação dos vínculos alternativos à relação de emprego tradicional, impuseram aos sindicatos a encampação de novas modalidades de comunicação com suas categorias, bem como de atuação frente às necessidades advindas da realidade contemporânea.(556)

Nesse diapasão, ora os próprios sindicatos obreiros passaram a agregar em suas estruturas os pleitos dos trabalhadores precarizados e dos movimentos sociais, ora as próprias entidades representativas desses grupos passaram a enfrentar diretamente os tomadores de serviços e os governos a fim de fazer com que suas pautas passassem a integrar o escopo tutelar das relações de trabalho, por intermédio de medidas antidiscriminatórias em relação a certas coletividades vulneráveis. Tal movimento, inclusive, nos parece vital para que as referidas organizações possam subsistir no contexto atual em que o trabalho humano é exercido e para que não pereçam por défice de representatividade.(557)

---

(556) Sobre o tema, Miguel Ángel Purcalla Bonilla observa que: "El sindicato ha de adecuar su funcionamento a sus renovadas bases sociologicas, en un intento imprescindible de acoger también a nuevas categorias de trabajadores por cuenta ajena y funcionarios públicos, así como de dar respuesta a nuevas y crecientes demandas y necessidades sociales. Es el caso de la formación de los *outsiders*, de los «parasubordinados», de los trabajadores precarios, de los trabajadores domesticos (...) y de las preocupaciones medioambientales (...). Se trata, pues y más en general, de discutir y razonar sobre el nuevo universo del movimiento sindical: el sindicato debe impulsionar su acción hacia nuevas temáticas, que son cumunes a su función y también al conjunto de la sociedad (ecologia, derechos humanos, feminismo, sexualidad, juventud, niñez, ancianidad, derechos del consumidor, movimentos campesinos, minorias nacionales etc.).

Se trata, también, de la necesidad de revisar, en la medida que sea preciso, las estructuras sindicales actuales, y de adaptarlas a las mutaciones acaecidas en el mundo del trabajo, especialmente durante las dos últimas décadas." BONILLA, Miguel Ángel Purcalla. *El trabajo globalizado: realidades y propuestas*. Pamplona: Aranzadi, 2009. p. 239-240.

(557) A propósito, Ricardo Antunes elenca uma série de desafios a serem enfrentados pelo sindicalismo na contemporaneidade, dentre os quais destacamos os seguintes: "O primeiro deles, determinante para a sua própria sobrevivência, será romper a enorme barreira social que separa a classe trabalhadora 'estável', em franco processo de redução, dos trabalhadores e trabalhadoras intermitentes, em tempo parcial, precarizados, subempregados e desempregados, todos em significativa expansão no cenário mundial de hoje. Os sindicatos devem se empenhar fortemente na *organização sindical ampliada* em todos os seus setores e recortes.

(...)

Os sindicatos devem compreender, dada a nova morfologia do trabalho, outras dimensões decisivas do *ser social* que estão presentes no cotidiano do trabalho e que têm forte perfil interrelacional. Referimo-nos aqui às dimensões de *gênero, geração, raça e etnia*.

(...)

Os sindicatos devem incorporar também aqueles expressivos contingentes do *novo proletariado de serviços* que vende sua força de trabalho nas empresas de call-center, telemarketing, supermercados, comércio, indústria hoteleira e tantas outras áreas por onde se amplia o universo dos assalariados, muitos deles sem nenhuma experiência de atuação na organização sindical. Portanto, as *novas categorias de trabalhadores e trabalhadoras* que não têm tradição anterior de organização em sindicatos devem, necessariamente, ser representadas por um verdadeiro sindicato de classe, contemporâneo aos problemas divisados no horizonte do século XXI.

(..)

Também é fundamental reverter a tendência, desenvolvida a partir do Toyotismo e da acumulação flexível, que consiste em reduzir o sindicato ao âmbito exclusivamente empresarial, ao chamado 'sindicalismo de empresa', de perfil patronal, mais vulnerável e vinculado ao capital e às suas corporações. (...) Assim, um sindicato verticalizado está impossibilitado de enfrentar os desafios de classe no capitalismo contemporâneo. Ao contrário, ele deve se estruturar de modo mais horizontal possível, o que significa ser ainda mais organizado pela base.

(...)

Com a expansão do capital em escala planetária e a nova forma assumida pela divisão internacional do trabalho, as respostas do movimento dos trabalhadores assumem cada vez mais um sentido totalizante. A transnacionalização do capital e do seiu sistema produtivo, com a difusão de novas cadeias geradoras de valor, obriga ainda mais os sindicatos a desenvolverem formas internacionais de ação, solidariedade e confrontação." ANTUNES, Ricardo. *O privilégio da servidão*. O novo proletariado de serviços na era digital. São Paulo: Boitempo, 2018. p. 294-297.

O fenômeno em apreço é caracterizado por Charles Heckscher como um dos principais fatores que contribuíram para o enfraquecimento dos sindicatos norte-americanos tradicionalmente pautados pelo *National Labor Relations Act*, da década de 1930. Segundo o autor, as demandas encampadas por aqueles movimentos sociais (p. ex.: garantia de direitos às minorias, busca da tutela à saúde dos trabalhadores, restrição à exposição a certos agentes insalubres etc.) representam a própria evolução dos direitos dos trabalhadores que inflamaram, no passado, as lutas pela consolidação da liberdade sindical como um direito e que, por isso mesmo, devem passar a integrar o escopo das negociações coletivas e das lutas obreiras.(558)

---

(558) Segundo Charles Heckscher: "Os novos direitos não surgiram do nada. Eles resultaram dos esforços de uma rede crescente de movimentos sociais e associações que empreenderam mecanismos efetivos de pressão. As mulheres e outros grupos minoritários, por intermédio da publicidade e da pressão lícita, conseguiram ganhos mais efetivos em certa medida do que os sindicatos tradicionais nos últimos vinte anos. Esses grupos, igualmente, constituem forças que muito embora sejam poderosas, não integram o sistema de relações laborais.

(...)

O sindicalismo associativo é a estrutura necessária para juntar estes direitos e interesses, hoje confusos e dispersos, em um sistema de representação. (...) O termo 'sindicalismo associativo' é deliberadamente paradoxal. Tradicionalmente os sindicatos e as associações se veem como polos opostos. Aqueles primeiros foram poderosas organizações que buscavam fazer prevalecer seus pleitos sobre os empregadores, enquanto estes últimos sempre foram grupos dispersos destinados a prover certos serviços para seus membros. Hoje, no entanto, estes dois polos estão andando lado-a-lado. Os sindicatos, que não logram mais manter seu poder de outrora através dos contratos coletivos de trabalho, estão a explorar maneiras de encorajar a participação local e a diversidade sem destruírem a si mesmos. Paralelamente a isto, as associações de empregados se veem a si mesmas como grupos de pressão destinadas à defesa dos interesses de seus membros.

Faz-se necessário, no presente momento, a unificação desses dois polos. Um sistema de representação nesse contexto deve ser 'associativo', de modo a integrar uma ampla gama de grupos de empregados e de interesses diversos ao invés de insistir em uma confrontação bipolar.

(...)

[A 'cooperação' em questão] envolve muito mais do que uma mudança de relacionamento entre as organizações existentes, pautada pelo ataque conjunto ao adversário em comum. Ao invés disso, ela envolve profundas mudanças no interior delas mesmas e em suas relações entre si. Os sindicatos precisam aprender a ir além da negociação coletiva, para poderem enfrentar situações nas quais eles não podem buscar a uniformização contratual ou a mobilização das massas.

(...)

A transformação corrente, tal qual aquela ocorrida no passado em direção ao sindicalismo industrial, demanda um novo embasamento político. Esse novo fundamento pode ser construído com a energia de um movimento que sempre produziu as maiores mudanças nas empresas: a demanda por direitos dos trabalhadores. Ao mesmo tempo em que o apoio público ao sindicalismo tem caído, as pressões em torno da proteção contra abusos do poder empregatício têm crescido. O enfrentamento ao conceito de 'natureza privada da relação de emprego' produziu normas contra a discriminação, violações à saúde e à segurança e várias outras formas de atuação arbitrária. Os movimentos por direitos têm sido o núcleo das atividades empreendidas pelos grupos situados fora do movimento laboral tradicional: associações de mulheres, de minorias e de profissionais. Nas últimas duas décadas, os novos direitos tiveram um efeito muito maior sobre os empregadores do que qualquer ganho obtido através da negociação coletiva."

No original: "The new rights have not emerged in a vacuum; they result from a growing network of interest-based movements and associations that have evolved into effective mechanisms of pressure. Women's and minority groups, through the use of publicity and legal pressure, have in many respects had more important effects on corporate management than traditional unions during the past twenty years. These groups, too, now constitute powerful forces that are not integrated into the existing labor relations framework.

(...)

Associational unionism is the structure needed to pull together these rights and interests — now confused and fractious — into a constructive system of representation. It builds from the growing maturity and strength of interests groups and fronm evolving techniques of coordination among multiple groups.

The term *associational unionism* is deliberately paradoxal. Traditionally unions and associations have been seen as opposites. The former have been powerful organizations seeking to enforce claims on employers; the latter have been loose groupings providing service to individuals. But today these two poles are moving closer together. Unions, no longer able to sustain their power throught the establishment of uniform contracts, are exploring ways to encourage local participation and diversity without destroying themselves. And employee associations are increasingly viewing themselves as organized pressure groups for their member interests.

What is needed now is a unification of the two poles. A system of representation in the current environment must be *associational,* permiting a range of employee groups in shifting combinations rather than insisting on two-party confrontation.

Ocorre, todavia, que nem sempre os sindicatos formalmente constituídos agem espontaneamente no sentido de confrontar os empregadores e os tomadores de serviços no que diz respeito àquelas pautas, preferindo, ao invés disso, abrir mão da proteção às minorias e à tutela da saúde dos trabalhadores em troca de garantias de emprego e de incrementos remuneratórios. Em tais situações, os próprios movimentos sociais passam a agir no sentido de obter das empresas e do governo a implementação de medidas voltadas ao atendimento de suas pautas, como, por exemplo, a vedação à discriminação de certas minorias ou o banimento quanto ao uso industrial de determinada matéria-prima.

Nessas situações em que os próprios movimentos sociais passam a exercer efetivamente a contraposição dos interesses dos trabalhadores que integram seus quadros associativos, o princípio da liberdade sindical pode efetivamente encontrar um novo *capítulo*, a de modo a que seu conteúdo institucional passa a abranger, nos casos concretos, as práticas patronais, governamentais e sindicais tendentes a eliminar a atuação de tais grupos e de suas organizações representativas.[559]

Por outro lado, as entidades sindicais tradicionalmente constituídas passaram a enfrentar em maior medida as pressões advindas de grupos dissidentes que pretendem instituir em suas respectivas bases territoriais novas entidades por desmembramento ou dissociação e que buscam, por isso mesmo, o registro formal como entidades sindicais.

Tal situação — extremamente frequente no cotidiano brasileiro anteriormente à *Reforma Trabalhista* e muitas vezes relacionada à atitude tomada pelas chapas derrotadas nas eleições da *entidade-mãe* — nem sempre tem o oportunismo e a derrota eleitoral como motivação precípua. Há, sim, hipóteses em que o desdobramento sindical está relacionado a um vácuo de representatividade do *sindicato-mãe* em relação a uma determinada parcela de sua base que,

---

(...)

[The cooperation between them] involve far more than a change of relationship between existing organizations, a simple pulling together in the face of adversary. Rather, they involve profound changes within both parties as well as between them, and a restructuring of the whole system of representation. These unions have had to learn to move beyond collective bargaining, to maneuver in situations where they cannot hold to contractual uniformity or rely on mass action.

(...)

The current transformation, like the earlier move toward industrial unionism, demands a new policy foundation. That foundation can be built with the energy of a movement that has already produced major changes in employment law: the demand for employee rights. While public support for unionism has declined, pressures for protection against abuses of employer have increased. The challenge to the concept of the private nature of the employment relationship has produced laws against discrimination, health and safety abuses, and many forms of arbitrary discharge. The movement for rights has been the center of organized activities by many groups outside the formal labor movement: associations of women, minorities, and professionals. In the past two decades, the new rights have a far greater effect on employers than anything achieved through collective bargaining." HECKSCHER, Charles. *The new unionism*. Employee involvement in the changing corporation. 2. ed. ILR Press. Ithaca: 1996. p. 10-255.

(559) Sobre a importância fática dos movimentos sociais destituídos de organização formal e sua tutela pelo ordenamento jurídico, Ángel Gallegos Morales assinala que: "Los interesses grupales afloran a la historia como interesses dotados de organización, por rudimentaria que ésta sea, pudiendo, en su emergencia, adaptarse o no a fórmulas organizativas juridificadas, pero sin que, en caso negativo, ello le reste virtualidad en cuanto fórmula de expresión grupal, como referente que exteriorice una voluntad global, como portadora de un programa común, quedando a la voluntad de los promotores, el adecuarse o no, reiteramos, a las fórmulas juridificadas, en tanto que tal juridificación opera en un momento posterior, adscribiendo normativamente consecuencias a la acción colectiva; adscripción que, normalmente, pende a la adecuación a las preferencias del ordenamento por fórmulas asimiladas por el sistema (no sólo normativo). Pero nada obsta a que el ordenamento pueda igualmente adscribir consecuencias normativas a expresiones grupales sin preordenación organizativa acorde con las juridificadas, basta para ello que el ordenamiento considere al grupo como centro autónomo de referencia o de imputación, adscribiendo efectos jurídicos a la actividad del mismo em la persecución de sus objetivos." MORALES, Ángel Gallegos. Algunas notas sobre organizaciones «no sindicales» de representación de interesses profesionales. In: PÉREZ. José Luis Monereo. *Los derechos de libertad sindical y de negociación colectiva en una perspectiva comparada*. Granada: Comares, 2011. p. 201.

insatisfeita com a atuação daquele ente, busca, com o respaldo da categoria, a legítima criação de uma nova organização por desmembramento ou dissociação.(560)

Nesse particular, a jurisprudência do Supremo Tribunal Federal, representada pelo já mencionado Recurso Extraordinário n. 205.107/MG, bem como a do Tribunal Superior do Trabalho, vem estendendo para os sindicatos em vias de formação por dissociação ou desmembramento que ainda não possuem registro no Ministério do Trabalho e para seus dirigentes, as garantias constitucionais e legais destinadas a assegurar a autonomia sindical das organizações já constituídas formalmente, especialmente a estabilidade conferida pelo art. 8º, VI, da Constituição Federal e pelo art. 543 da CLT.(561)

Vê-se, portanto, que o princípio da liberdade sindical, como instituição jurídica dotada de um conteúdo histórico e ao mesmo tempo aberto a novos significados, encontra nas entidades e movimentos de cúpula e de base destituídas de personalidade jurídica sindical um terreno natural e amplo para a extensão de sua tutela destinada à coibição das práticas antissindicais e antirrepresentativas.

---

(560) *Vide*, nesse sentido: ALVES, Amauri César. *Pluralidade sindical.* Nova interpretação constitucional e celetista. São Paulo: LTr, 2015. p. 148-154.

(561) "EMENTA: Estabilidade sindical provisória (CF, art. 8º, VII); reconhecimento da garantia aos diretores eleitos, na assembleia constitutiva da entidade sindical, desde, pelo menos, a data do pedido de registro no Ministério do Trabalho, o que não contraria a exigência deste, constante do art. 8º, I, da Constituição.

A constituição de um sindicato 'posto culmine no registro no Ministério do Trabalho (STF, MI 144, 3.8.92, Pertence, RTJ 147/868)' a ele não se resume: não é um ato, mas um processo.

Da exigência do registro para o aperfeiçoamento da constituição do sindicato, não cabe inferir que só a partir dele estejam os seus dirigentes ao abrigo da estabilidade sindical: é 'interpretação pedestre', que esvazia de eficácia aquela garantia constitucional, no momento talvez em que ela se apresenta mais necessária, a da fundação da entidade de classe." BRASIL: SUPREMO TRIBUNAL FEDERAL. RECURSO EXTRAORDINÁRIO N. 205.107/MG. RELATOR: Min. Sepúlveda Pertence. Plenário. *DJ*: 25.9.1998, p. 21.

"ESTABILIDADE SINDICAL. SINDICATO. EXISTÊNCIA. Evidenciada nos autos a existência do sindicato no mundo dos fatos, a par de seu registro no Cartório do Registro Civil das Pessoas Jurídicas, sem que tivesse sido operado o registro junto ao Ministério do Trabalho, recohece-se a estabilidade provisória sindical do trabalhador, eleito em assembleia da categoria para o exercício de cargo representativo." BRASIL: TRIBUNAL SUPERIOR DO TRABALHO. RECURSO DE REVISTA N. 406612-07.1997.5.03.5555. RELATORA: Juíza convocada Eneida Melo Correia de Araújo. 3ª Turma. *DJ*: 9.2.2001.

(...)

"DIRIGENTE SINDICAL. ESTABILIDADE SINDICAL. REGISTRO DO SINDICATO NO MINISTÉRIO DO TRABALHO. DESNECESSIDADE. -Estabilidade sindical provisória (CF, art. 8º, VII); reconhecimento da garantia aos diretores eleitos, na assembleia constitutiva da entidade sindical, desde, pelo menos, a data do pedido de registro no Ministério do Trabalho, o que não contraria a exigência deste, constante do art. 8º, I, da Constituição. A constituição de um sindicato 'posto culmine no registro no Ministério do Trabalho (STF, MI 144, 3.8.92, Pertence, RTJ 147/868)' a ele não se resume: não é um ato, mas um processo. Da exigência do registro para o aperfeiçoamento da constituição do sindicato, não cabe inferir que só a partir dele estejam os seus dirigentes ao abrigo da estabilidade sindical: é 'interpretação pedestre', que esvazia de eficácia aquela garantia constitucional, no momento talvez em que ela se apresenta mais necessária, a da fundação da entidade de classe (...) Precedentes desta Corte. Violação do art. 543, § 5º, da CLT não demonstrada." BRASIL: TRIBUNAL SUPERIOR DO TRABALHO. RECURSO DE REVISTA N. 47300-72.2005.5.15.0055. RELATORA: Minª. Rosa Maria Weber. 3ª Turma. *DJ*: 13.5.2011.

(...)

"ESTABILIDADE SINDICAL. ARTS. 543 DA CLT E 8º, I E VIII, DA CF/88. AUSÊNCIA DE INFORMAÇÃO POR PARTE DO REGIONAL QUANTO A DATA DE PEDIDO DE REGISTRO DO SINDICATO JUNTO AO MTB. INCIDÊNCIA DO ENUNCIADO N. 126/TST. O art. 8º, I e VIII, da Constituição Federal, que consagra o princípio da liberdade sindical, exige o registro do sindicato no órgão competente, como pressuposto de sua existência, e, ao mesmo tempo, assegura a estabilidade do dirigente sindical a partir do registro de sua candidatura. Já o Supremo Tribunal Federal reconheceu a garantia da estabilidade sindical aos diretores eleitos na assembleia constitutiva da entidade sindical, desde a data do pedido de registro no MTb: Da exigência do registro para o aperfeiçoamento da Constituição do sindicato não cabe inferir que só a partir dele estejam os seus dirigentes ao abrigo da estabilidade sindical: é interpretação pedestre , que esvazia de eficácia aquela garantia constitucional, no momento talvez em que ela se apresenta mais necessária, a da fundação da entidade de classe (STF-RE-205.107/MG, Min. Rel. Sepúlveda Pertence, in DJ de 25/9/98)." BRASIL: TRIBUNAL SUPERIOR DO TRABALHO. EMBARGOS DECLARATÓRIOS NO RECURSO DE REVISTA N. 43840-08.2002.5.24.0031. RELATOR: Juiz Convocado José Antônio Pancotti. 4ª Turma. *DJ*: 22.10.2004.

De fato, em um cenário pautado, no plano externo, pela globalização econômica e pela mobilidade do capital, a limitação de tal tutela às entidades domésticas dotadas de existência formal significa, no extremo, a condenação dos trabalhadores e de seus movimentos coletivos à inação diante do arsenal de medidas de que dispõem os empregadores para buscar a redução dos custos com a mão de obra e para tratá-la, ao fim e ao cabo, como uma *mercadoria*, em franca contradição com o que preconiza a Declaração da Filadélfia da Organização Internacional do Trabalho.

E de igual modo, a negativa de tutela contra os atos antissindicais e antirrepresentativos praticados contra as organizações obreiras de base destituídas de personalidade jurídica sindical que buscam de maneira legítima o exercício do contrapoder obreiro aos desígnios patronais significa não apenas a vitória do formalismo e do legalismo sobre a própria liberdade sindical, mas também — e principalmente — a sentença de morte de tais movimentos e do almejado equilíbrio entre os atores sociais.

4.3. A proteção contra os atos antissindicais no ordenamento jurídico brasileiro

Conforme já visto no item 1.6 *supra*, o conteúdo institucional da liberdade sindical encampado pelos arts. 8º, 9º e 11 da Constituição Federal é fruto da tensão histórica entre elementos de viés autoritário, herdados da própria formação da sociedade brasileira, institutos de cariz corporativista, inseridos sob a influência do Estado Novo e de desígnios democráticos e emancipatórios encampados pela Carta de 1988.

Tal conformação fez com que apenas uma parcela do conteúdo histórico-institucional consagrado internacionalmente nas Convenções ns. 87, 98, 135 e 154 da OIT fosse contemplada no texto da Constituição Federal, de modo que a *liberdade sindical à brasileira* consagra a autonomia sindical individual e coletiva (art. 8º, I), a tutela contra a intervenção estatal na organização das entidades (art. 8º, I), a negociação coletiva (art. 8º, III e IV) o direito de greve (art. 9º), ao mesmo tempo em que limita substancialmente a livre criação de entes representativos e a livre filiação, haja vista a subsistência do monopólio sindical por base e categoria no art. 8º, II, da Carta Magna.

Diante da peculiaríssima conformação institucional do princípio da liberdade sindical no ordenamento pátrio, a plena compreensão do sistema de tutela contra as práticas antissindicais consagrado na legislação brasileira não prescinde, igualmente, de uma revisitação histórica a ser formulada *pari passu* com aquele escorço implementado no item 2.6 *supra* do presente estudo, a fim de se definir em que medida o conteúdo histórico-institucional da *liberdade sindical à brasileira* protege os trabalhadores e as entidades sindicais das práticas tendentes à sua desmobilização.

4.3.1. A legislação vigente no fim do século XIX e nas primeiras décadas do século XX

Com a abolição formal da escravatura em fins do século XIX, somada à proliferação da mão de obra estrangeira — principalmente europeia — no campo e na incipiente atividade industrial nos polos urbanos mais populosos, foram empreendidas no País as primeiras experiências de organização dos trabalhadores com vistas à formação de um contrapoder obreiro aos desígnios patronais, sob grande influxo do ideário anarquista e socialista.[562]

(562) Para fins de estudo dos atos antissindicais no Brasil, não se está a considerar o período anterior à abolição formal da escravatura, classificada por José Albertino Rodrigues como *fase de mutualismo*. A explicação para tanto é que em tal período as entidades profissionais de origem notoriamente manufatureira existentes se aproximavam muito mais das corporações de ofício do que dos sindicatos propriamente ditos, cujo advento, conforme visto, é um fenômeno característico da Revolução Industrial que, entre nós, somente veio a ter suas primeiras manifestações no alvorecer do século XX.

Ao mesmo tempo em que a mão de obra europeia se empregava nos campos e na cidade, surgiam as primeiras associações obreiras e ligas operárias que, diante da estrutura oligárquica a pautar a sociedade brasileira e da proliferação do ideário liberal entre nós, não tardaram a deflagrar movimentos paredistas que logo a legislação tratou de criminalizar, conforme visto no Capítulo 1 *supra*, com a promulgação dos arts. 205 e 206 do Código Penal de 1890 e da *Lei Afonso Gordo*.

Diante da proliferação de movimentos operários insuflados por ideias anarquistas e socialistas, o Estado brasileiro buscou, já de antemão, a domesticação dos sindicatos, a despeito da previsão genérica em torno da *liberdade de associação* e da *liberdade de expressão*, erigidas como direitos individuais no art. 72, §§ 8º e 12 da Constituição Federal de 1891.(563)

A fim de consolidar tal intuito controlador, editou-se, em um primeiro momento, o Decreto n. 1.637/1907 — cujo teor assegurava o direito à representação obreira tão somente àquelas entidades que fossem constituídas no intuito de obter a harmonia entre os trabalhadores e os empregadores — e, posteriormente, a *Lei Aníbal de Toledo*, de 1921 e a *Lei Celerada*, de 1927, a autorizarem, por parte da autoridade pública, o fechamento das associações e dos sindicatos envolvidos em "*atos nocivos aos bens públicos*" e a vedação ao proselitismo de ações promovidas por aqueles entes.(564)

Nesse contexto marcado pelo forte controle estatal, pela preponderância do ideário liberal a preconizar a "*igualdade entre as partes*" nos contratos de trabalho e pela semi-clandestinidade das organizações operárias, os empresários encontravam vasto campo para prejudicar seus empregados em função de sua filiação sindical ou de sua participação nas atividades empreendidas pelos sindicatos, de modo a esvaziar os incipientes movimentos representativos obreiros.(565)

As vicissitudes ocorridas na Greve Geral de 1917, iniciada em resposta ao achatamento generalizado dos salários nos anos anteriores, bem exemplificam tal constatação. De fato, seguiu-se à deflagração do referido movimento não apenas a dispensa massiva dos trabalhadores

---

No que diz respeito à chamada *fase de mutualismo*, *vide*: RODRIGUES, José Albertino. *Sindicato e desenvolvimento no Brasil*. São Paulo: Difusão Europeia do Livro, 1968. p. 6-8.

(563) "Art.72 – A Constituição assegura a brasileiros e a estrangeiros residentes no paiz a inviolabilidade dos direitos concernentes á liberdade, á segurança individual e á propriedade, nos termos seguintes:

(...)

§ 8º A todos é licito associarem-se e reunirem-se livremente e sem armas, não podendo intervir a policia senão para manter a ordem publica.

(...)

§ 12. Em qualquer assumpto é livre a manifestação do pensamento pela imprensa ou pela tribuna, sem dependencia de censura, respondendo cada um pelos abusos que commetter, nos casos e pela fórma que a lei determinar. Não é permittido o anonymato."

(564) Nesse sentido, a exposição de motivos do decreto em referência, redigida pelo Deputado Joaquim Ignacio Tosta (BA) é auto-explicativa: "É tempo de cuidar o Congresso Nacional da organização profissional no paiz, enquanto o mar está calmo e as lufadas do velho mundo, não veem levantar escarcéus de odio e antagonismo, que por felicidade de nossa patria, não existem entre nós, nem encontrarão ainda, por muito tempo, alimento no seio da classe laboriosa e honrada do operariado brasileiro." RODRIGUES, José Albertino. *Sindicato e desenvolvimento no Brasil*. São Paulo: Difusão Europeia do Livro, 1968. p. 51.

(565) João Tristan Vargas, nesse particular, pontua que "o *princípio da liberdade de trabalho chegou a figurar como argumento contrário ao ato de legislar sobre trabalho no período estudado [Primeira República]*", de modo que "*sua primeira aparição com esse caráter se deu em 1897 e marcou fortemente a memória histórica.*"

Mais adiante, o autor cita uma série de movimentos ocorridos nos polos urbanos brasileiros, dentre eles as greves de chapeleiros e sapateiros no Rio de Janeiro , nos primeiros anos do Século XX, a greve dos ferroviários do Estado de São Paulo, em 1906, a parede do Porto de Santos no mesmo período e a greve geral da Capital Paulista em 1907 para sacramentar a conclusão de que "a ação do Estado em relação aos trabalhadores na ordem liberal da Primeira República se caracterizava basicamente pela repressão, configurando tal ação uma política deliberada." VARGAS, João Tristan. *O trabalho na ordem liberal*. O movimento operário e a construção do Estado na Primeira República. Campinas: CMU, 2004. p. 60-99.

envolvidos, como também uma brutal repressão policial — ilustrada tragicamente pela morte do operário espanhol José Martinez na porta de uma tecelagem no bairro paulistano do Brás — e a expulsão de um grande número de estrangeiros tidos como nocivos à "paz pública".(566)

Pode-se dizer, em tal cenário, que a antissindicalidade não só era consentida pelo Poder Público como também consistia em uma política de Estado que, a fim de assegurar as *liberdades individuais* e de resguardar a *paz pública* das ameaças de cunho anarquista e comunista, possibilitava às autoridades a franca intervenção nos movimentos obreiros que, aliás, só eram tolerados conquanto não vulnerassem a almejada harmonia entre as classes sociais, a teor do Decreto n. 1.637/1907.

Sob tais circunstâncias políticas e ideológicas, o desenvolvimento entre nós de uma noção mais abrangente do direito à liberdade sindical já consagrado na Constituição da OIT de 1919 e no Tratado de Versalhes não encontrava terreno fértil para prosperar. Não obstante, os direitos constitucionais à liberdade de associação e à liberdade de expressão presentes na Constituição Federal de 1891 permitiam, pelo menos em tese, o questionamento em torno da validade jurídica dos atos patronais e governamentais perpetrados contra os trabalhadores e seus movimentos reivindicatórios.(567)

Somente na década de 1930, quando a matriz econômica nacional iniciou seu paulatino processo de mudança e quando a República Velha finalmente caiu, o ordenamento pátrio passou a consagrar mecanismos destinados à tutela das entidades sindicais e dos trabalhadores contra aquelas práticas patronais, muito embora a interferência estatal ainda permanecesse como uma das marcas características do sindicalismo brasileiro.

4.3.2. A legislação trabalhista da década de 1930 e a penalidade pecuniária do art. 543, § 6º, da Consolidação das Leis do Trabalho

Com a chegada de Getúlio Vargas ao poder no início da década de 1930 e ao contrário do que ocorria na República Velha, o Governo Federal passou a priorizar a intervenção normativa nas relações entre o capital e o trabalho, no intuito de minar os movimentos obreiros surgidos de forma espontânea no meio urbano e de domesticar, segundo seus desígnios, as organizações representativas dos trabalhadores que estavam a surgir naquele novo estágio do desenvolvimento econômico nacional.

Ou seja, se na República Velha a tônica era a repressão policial e a criminalização dos movimentos obreiros, no Estado Novo — de cariz corporativista — buscou-se a regulamentação das relações entre os atores sociais, de modo a acomodar as representações de trabalhadores e de empregadores dentro dos moldes oficiais. Passou-se, dessa forma, a impressão de que o arcabouço tuitivo criado a partir da década de 1930, antes de ser fruto das lutas empreendidas nas quatro décadas anteriores, consistiu em uma dádiva generosa outorgada por Getúlio Vargas, conforme já visto no item 1.6.2 *supra*.(568)

---

(566) MARTINEZ, Luciano. *Atos antissindicais*. São Paulo: Saraiva, 2013. p. 187-188.

(567) Pois afinal, em linha de princípio, na acepção de Carlos Maximiliano acerca do *direito de associação* formulada em seus Comentários à Constituição Federal de 1891: "Comprehende-se na denominação generica de liberdade de associação a que tem as pessoas 'de pôr em comum bens, direitos ou valores, o seu trabalho, a sua atividade, os seus conhecimentos, forças individuaes quaisquer, para um fim, desinteressado ou não, intelectual, moral, caridoso, econômico, artístico ou recreativo, [de modo que] a policia não exerce acção preventiva contra as associações. Respeita, entretanto, só as que se organizaram tendo fins ordeiros, lícitos, compatíveis com a moral" SANTOS, Carlos Maximiliano Pereira dos. *Comentários à Constituição Brasileira de 1891*. Edição fac-similar. Brasília: Senado Federal, 2005. p. 700-701.

(568) A propósito, Luciano Martinez ressalta que: "A ideia de que as leis trabalhistas existentes à época decorreram de outorga do governo varguista, e não de conquista proveniente do acúmulo das lutas operárias nos decênios anteriores, ganhou *status* de verdade, msmo sem ser uma verdade. Getúlio Vargas surgia, então, como benfeitor e destinatário da fidelidade e do apoio da grande massa, apagando, com esse perfil construído, um período de lutas das classes populares que antecedeu o seu governo." MARTINEZ, Luciano. *Atos antissindicais*. São Paulo: Saraiva, 2013. p. 193.

Nesse contexto pautado pelo corporativismo como moldura ideológica para a conformação das relações entre os atores sociais, o Estado se arvorou da potestade de definir, segundo seus desígnios, as categorias econômicas e profissionais dentro das quais as entidades sindicais de primeiro, segundo e terceiro grau seriam criadas, para além das suas condições gerais de funcionamento. Com base em tais premissas, foi editado em 19 de março de 1931, o Decreto n. 19.970, a regular *"a sindicalisação das classes patronaes e operarias"*.

O diploma em referência praticamente institucionalizou a intervenção do Poder Público na organização das entidades sindicais e, com isso, a antissindicalidade de cunho estatal. Dentre seus dispositivos, constam normas a estabelecer (i) o número mínimo de fundadores de uma organização, com a predominância de elementos nacionais em seus quadros e na diretoria; (ii) a vedação à profilaxia de certas ideologias tidas por sectárias (entenda-se: *comunismo* e *anarquismo*); (iii) a exigência de aprovação dos Estatutos das federações e confederações por parte do Ministério do Trabalho; (iv) a agregação de tais entes na estrutura deste último na condição de *"órgãos consultivos e technicos no estudo e solução, pelo Governo Federal, dos problemas que, economica e socialmente, se relacionarem com os seus interesses de classe"*; (v) a vedação quanto à filiação de operários a sindicatos internacionais sem o aval do Ministério do Trabalho; (vi) a participação de agentes estatais nas assembleias, dentre outras medidas.[(569)]

---

(569) "Art. 1º Terão os seus direitos e deveres regulados pelo presente decreto, podendo defender, perante o Governo da Republica e por intermedio do Ministerio do Trabalho, Industria e Commercio, os seus interesses de ordem economica, juridica, hygienica e cultural, todas as classes patronaes e operarias, que, no território nacional, exercerem profissões identicas, similares ou connexas, e que se organisarem em sindicatos, independentes entre si, mas subordinada a sua constituição ás seguintes condições:

a) reunião de, pelo menos, 30 associados de ambos os sexos, maiores de 18 annos;

b) maioria, na totalidade dos associados, de dois terços, no minimo, de brasileiros natos ou naturalisados;

c) exercício dos cargos de administração e de representação, confiado á maioria de brasileiros natos ou naturalisados com 10 annos, no mínimo, de residencia no paiz, só podendo ser admittidos estrangeiros em numero nunca superior a um terço e com residencia effectiva no Brasil de, pelo menos, 20 annos;

d) mandato annual em taes cargos, sem direito a reeleição;

e) gratuidade absoluta dos serviços de administração, não podendo os directores, como os representantes dos syndicatos, das federações e das confederações, accumular os seus cargos com os que forem remunerados por qualquer associação de classe;

f) abstenção, no *seio* das organisações syndicaes, de toda e qualquer propaganda de ideologias sectarias, de caracter social, politico ou religioso, bem como de candidaturas a cargos electivos, extranhos á natureza e finalidade das associações."

(...)

"Art. 3º Poderão os syndicatos, em numero nunca inferior a tres, formar, no Districto Federal, em cada Estado, e no Territorio do Acre, uma federação regional, com séde nas capitaes, e, quando se organizarem, pelo menos, cinco federações regionaes, poderão ellas formar uma confederação, com séde na Capital da Republica. Denominar-se-á — *Confederação Brasileira do Trabalho* — a que se constituir por federações operarias, e *Confederação Nacional da Industria e Commercio* — a que se constituir por federações patronaes.

§ 1º Para estudo mais amplo e defesa mais efficiente dos seus interesses, é facultado aos syndicatos de profissões identicas, similares ou connexas formarem as suas federações de classe, independentes entre si, com séde na Capital da Republica, e agindo sempre em entendimento com a respectiva confederação syndical.

§ 2º As federações e confederações só se poderão constituir e funccionar depois que forem os seus estatutos approvados pelo ministro do Trabalho, Industria e Commercio."

(...)

"Art. 5º Além do direito de fundar e administrar caixas beneficentes, agencias de collocação, cooperativas, serviços hospitalares, escolas e outras instituições de assistencia, os syndicatos que forem reconhecidos pelo Ministerio do Trabalho, Industria e Commercio serão considerados, pela collaboração dos seus representantes ou pelos representantes, das suas federações e respectiva Confederação, orgãos consultivos e technicos no estudo e solução, pelo Governo Federal, dos problemas que, economica e socialmente, se relacionarem com os seus interesses de classe."

(...)

"Art. 12. O operario, o empregado ou patrão, que pertencer a um syndicato reconhecido pelo Ministerio do Trabalho, Industria e Commercio, não poderá, sob pena de ser excluido, fazer parte de syndicatos internacionaes, como só poderão as organizações de classe federar-se com associações congeneres, fóra do territorio nacional, depois de ouvido o ministro do Trabalho, Industria e Commercio."

No entanto, em que pese o caráter intervencionista do Decreto n. 19.970/31, seus arts. 13 e 14 definiram de modo pioneiro no ordenamento jurídico pátrio a antissindicalidade patronal e vedaram expressamente a despedida, a suspensão e o rebaixamento dos empregados em função de sua associação ao sindicato de classe ou da participação em atividades empreendidas por este último, para além de impedir a transferência arbitrária de seus dirigentes. Naquelas três primeiras hipóteses, os dispositivos em testilha estabeleciam como penalidade o pagamento de indenizações compensatórias, enquanto no caso da transposição dos titulares de mandatos classistas, a pena era a reversão ao estado anterior.(570)

Com o advento da Constituição de 1934, editou-se um novo marco regulatório para os sindicatos, representado pelo Decreto n. 24.694 de 12 de julho de 1934. A despeito dos novos paradigmas estabelecidos pela Carta Magna, na prática os pilares do corporativismo e da subordinação das entidades representativas aos desígnios oficiais foram mantidos, pois o regulamento em apreço continuava a estabelecer uma quantidade-padrão de dirigentes, a vedar a propagação de ideologias tidas por nocivas e, principalmente, a manter o Ministério do Trabalho como o centro de reconhecimento e de controle de suas atividades.

E tal como seu congênere de 1931, o Decreto n. 24.694/34 manteve a definição de ato antissindical naqueles mesmos moldes, vedando às empresas a demissão, o rebaixamento e a suspensão de empregados por sua filiação às entidades de classe ou em função de sua participação nas ações destas últimas, sob pena de pagamento de indenização aos respectivos obreiros. Paralelamente a isto, passou-se a vedar não apenas a transferência dos dirigentes, mas também a implementação de medidas tendentes a impedir o exercício de suas funções representativas.(571)

---

(570) "Art. 13. É vedada aos patrões ou emprezas despedir, suspender e rebaixar de categoria, de salario ou de ordenado o operario ou empregado, pelo facto de associar-se ao syndicato de sua classe, ou por ter, no seio do mesmo syndicato, manifestado idéas ou assumido attitudes em divergencia com os seus patrões.

§ 1º No caso de demissão, ao operario ou empregado será paga indemnisação correspondente ao salario ou ordenado de seis mezes; no caso de suspensão, até 30 dias, ao salario ou ordenado de dous mezes, indemnisação esta que será mensalmente mantida emquanto perdurar a suspensão; no caso de rebaixamento de categoria, de salario ou de ordenado, prevalecerá o criterio adoptado para as suspensões, impostas taes penas pela autoridade competente, com recurso para o ministro do Trabalho, Industria e Commercio.

§ 2º Em se tratando de operario ou empregado garantido pelo direito de vitaliciedade, pagar-se-á ao que for demittido uma quantia correspondente a cinco annos de salario ou de ordenado, e ao que for rebaixado de categoria, ou sofrer reducção de salario ou ordenado, uma quantia correspondente a tres annos, depois do competente processo administrativo.

§ 3º Para os effeitos do presente artigo, ficam abolidas as demissões, suspensões e outras penas que, sob qualquer pretexto, forem impostas em virtude de "notas secretas" ou de qualquer processo que prive o operário ou empregado de meios de defesa"

"Art. 14. Sem motivos que plenamente o justifiquem, e a juizo do ministro do Trabalho, Industria e Commercio, não poderão ser transferidos para logares ou misteres que difficultem o desempenho de suas funcções os operarios e empregados eleitos para cargos de administração ou de representação nos syndicatos, nas federações, nas confederações, nas caixas de aposentadoria e pensões, junto ao Ministerio do Trabalho, Industria e Commercio, em qualquer dos seus departamentos ou nos institutos que lhe forem subordinados.

Paragrapho unico. Si a transferencia for voluntariamente acceita ou solicitada pelo operario ou empregado, perderá elle o mandato, desde que o seu afastamento da actividade do cargo ultrapasse o periodo de seis mezes."

(571) "Art. 29. O empregado eleito para cargos de administração ou de representação do sindicato não poderá, por motivo de serviço, ser impedido do exercício das suas funções, nem transferido sem causa que o justifique, a Juízo do Ministério, para lugares ou mistéres que lhe dificultem o desempenho de comissão ou mandato."

(...)

"Art. 31. E vedado aos empregadores despedir, suspender, ou rebaixar de categoria; de salário ou de ordenado e empregado, com a intenção de obstar que este se associe ou procure formar associação para fins sindicais, ou pelo fato de já se ter associado a sindicato.

Parágrafo único. Caberá ao empregado, na hipotese de demissão e a titulo de indenização, a importancia correspondente a tantos meses de ordenados ou salários quantos fórem os anos de serviços prestados, e, nos casos de suspensão ou redução, o direito a remuneração íntegral que deverá, perceber durante o tempo da suspensão ou redução."

Curioso notar que o Decreto n. 24.694/34, ao mesmo tempo em que definiu os atos antissindicais e impôs aos seus praticantes certas penalidades, acabou por institucionalizar em seus arts. 30 e 32 a prática de *closed shop* não apenas pelas empresas, mas também pelo próprio Poder Público, na medida em que foi estabelecida, para os empregados sindicalizados, a preferência na contratação após sua demissão motivada pela supressão de serviços.(572)

No que diz respeito à greve, a legislação promulgada na década de 1930 não apenas deixou de reconhecê-la como um aspecto coletivo da liberdade de ação sindical, como também a criminalizou, pois, sob a ótica da ideologia corporativista, o levante unilateral de um dos atores sociais comprometeria a harmonia entre capital e trabalho almejada pelo Estado e a planificação econômica por ele estabelecida.(573)

Nesse sentido, a deflagração de movimentos paredistas, para além de ser proscrita expressamente pelo art. 139 da Constituição Federal de 1937, também consistia em crime contra a segurança nacional, nos termos dos arts. 14, 15 e 19 da Lei n. 38, de 4 de abril de 1935 e em delito passível de enquadramento nos arts. 197, 200 e 201 do Código Penal (Decreto-lei n. 2.848, de 7 de dezembro de 1940).(574)

---

(572) "Art. 30. O empregado sindicalizado, dispensado por ter sido suprimido o serviço ou o emprêgo na emprêsa em que, trabalhava, terá direito de preferencia, em igualdade de condições, caso o serviço ou o emprego venha a ser restabelecido."

(...)

"Art. 32. Fica assegurado aos empregados sindicalizados preferencia, em igualdade de condições, para a admissão nos trabalhos de empresas que explorem serviços públicos, ou mantenham quaisquer contratos com os poderes públicos federais, estaduais ou municipais.

Parágrafo único. A mesma preferencia terão os empregados sindicalizados, em igualdade de condições, para a admissão nos trabalhas públicos a cargo da União, do Estados e Municipais."

(573) Veja-se, no particular, os apontamentos formulados por Castro Nunes a respeito das finalidades inerentes à criação da Justiça do Trabalho na década de 1930. Segundo o autor: "O fim da justiça do trabalho é conseguir a paz social, evitar a luta de classes, e daí a proibição da greve e do *lock-out*, que são formas de auto-defesa tornadas inadmissíveis nos países que a teem organizada e vão, como a Itália, até a incriminação daquelas atitudes perturbadoras da harmonia social e do interêsse coletivo.

Na mesma ordem de ideias, mostrei o caráter da instituição como instrumento da paz social e a mentalidade nova do juiz do trabalho no quadro das ideias que dominam o particularismo do direito trabalhista: 'Disse-o muito bem o ministro AGAMENON MAGALHÃES na exposição de motivos do projeto ora encaminhado à Câmara dos Deputados: 'Sem justiça organizada todo o humanismo social que a Revolução de 1930 realizou, valorizando o trabalho e animando as fôrças da nossa economia, se transformará em motivos de rebeldia e reivindicações subversivas. A parede e o *lock-out* geram ressentimentos entre empregados e patrões, incentivando rivalidade e ódio de consequências imprevistas. O estado passional que se segue às paredes (...) é mais nocivo à produção do que a perda econômica do valor das jornadas do trabalho. É indispensável, pois, que o interêsse do capital e do trabalho se expresse por uma relação jurídica e que esta encontre nos órgãos da justiça a fôrça que a declare e imponha." NUNES, José de Castro. *Teoria e prática do Poder Judiciário*. Rio de Janeiro: Forense, 1943. p. 450.

(574) "Art 139 – Para dirimir os conflitos oriundos das relações entre empregadores e empregados, reguladas na legislação social, é instituída a Justiça do Trabalho, que será regulada em lei e à qual não se aplicam as disposições desta Constituição relativas à competência, ao recrutamento e às prerrogativas da Justiça comum.

A greve e o *lock-out* são declarados recursos anti-sociais nocivos ao trabalho e ao capital e incompatíveis com os superiores interesses da produção nacional."

(...)

"São crimes contra a ordem social além de outros definidos em lei :

Art. 14. Incitar directamente o odio entre as classes sociaes.

Pena – De 6 mezes a 2 armas de prisão cellular.

Art. 15. Instigar as classes sociaes á luta pela violencia.

Pena – De 6 mezes a 2 anos de prisão cellular.

(...)

"Art. 19. Induzir empregadores ou empregados á cessação ou suspensão do trabalho por motivos estranhos ás condições do mesmo.

Com a promulgação da Consolidação das Leis do Trabalho, por intermédio do Decreto-lei n. 5.452, de 1º de maio de 1943, foram ratificadas as diretrizes previstas na legislação oriunda do período varguista tanto no que diz respeito à condenação da greve como ato lesivo à harmonia social (arts. 723, 724 e 725), quanto no que concerne à coibição de condutas patronais tendentes a prejudicar os trabalhadores em razão da participação destes últimos nas ações convocadas por suas respectivas entidades.

Nesse último aspecto, a Consolidação inovou em seu art. 543, § 3º (posteriormente renumerado para o § 6º, quando do advento do Decreto-lei n. 229/67), ao estabelecer uma multa a variar entre Cr$ 100,00 (cem cruzeiros) a Cr$ 10.000,00 (dez mil cruzeiros) — valor máximo na hipótese da dobra em caso de reincidência —, que seria revertida para o empregado e poderia ser cumulada com as verbas trabalhistas a que faria jus o obreiro em função de sua despedida sem justa causa.(575)

No que diz respeito aos dirigentes sindicais, a redação originária do art. 543, *caput*, vedava genericamente a prática de condutas patronais tendentes a impedir ou a dificultar o exercício das funções concernentes ao mandato, aí compreendidas, naturalmente, a transferência, o rebaixamento, a suspensão e a demissão dos respectivos empregados. Posteriormente, com a promulgação do Decreto-lei n. 229, de 28.2.1967, que alterou a redação do dispositivo em referência deslocando-o para o § 3º, a proteção aos titulares de mandato representativo foi ainda mais explicitada, de modo a lhes assegurar, efetivamente, a estabilidade no período ali indicado.

Pena – De 6 mezes a 2 annos de prisão cellular."

(...)

"Art. 197 – Constranger alguém, mediante violência ou grave ameaça:

I – a exercer ou não exercer arte, ofício, profissão ou indústria, ou a trabalhar ou não trabalhar durante certo período ou em determinados dias:

Pena – detenção, de um mês a um ano, e multa, além da pena correspondente à violência;

II – a abrir ou fechar o seu estabelecimento de trabalho, ou a participar de parede ou paralisação de atividade econômica:

Paralisação de trabalho, seguida de violência ou perturbação da ordem

Art. 200 – Participar de suspensão ou abandono coletivo de trabalho, praticando violência contra pessoa ou contra coisa:

Pena – detenção, de um mês a um ano, e multa, além da pena correspondente à violência.

Parágrafo único – Para que se considere coletivo o abandono de trabalho é indispensável o concurso de, pelo menos, três empregados.

Paralisação de trabalho de interesse coletivo

Art. 201 – Participar de suspensão ou abandono coletivo de trabalho, provocando a interrupção de obra pública ou serviço de interesse coletivo:

Pena – detenção, de seis meses a dois anos, e multa.

Pena – detenção, de três meses a um ano, e multa, além da pena correspondente à violência."

(575) "Art. 543. (*omissis*)

(...)

§ 3º O empregador que despedir, suspender ou rebaixar de categoria o empregado, ou lhe reduzir o salário, para impedir que o mesmo se associe a sindicato, organize associação sindical ou exerça os direitos inerentes à condição de sindicalizado, fica sujeito à penalidade prevista na alínea 'a' do art. 553, sem prejuízo da reparação a que tiver direito o empregado."

(...)

"Art. 553 – As infrações ao disposto neste Capítulo serão punidas, segundo o seu caráter e a sua gravidade, com as seguintes penalidades:

a) multa de Cr$ 100,00 (cem cruzeiros) e 5.000 (cinco mil cruzeiros), dobrada na reincidência."

Segundo o IPC-FIPE, o valor atualizado das referidas quantias para o mês de novembro de 2021 corresponde, respectivamente, a R$ 146,38 (cento e quarenta e seis reais e trinta e oito centavos) e R$ 7.318,82 (sete mil, trezentos e dezoito reais e oitenta e dois centavos).

O cálculo em referência foi feito utilizando-se o simulador *Calculadora do Cidadão* disponizado pelo Banco Central do Brasil no sítio <www3.bcb.gov.br/CALCIDADAO>.

No entanto, ao longo da vigência do art. 543, a estabilidade dos dirigentes sindicais assegurada pelo dispositivo em referência sempre foi interpretada de modo restritivo, de modo a abranger apenas os catorze membros que integram a diretoria-padrão das entidades sindicais fixada pelo art. 522 da CLT. Ver-se-á mais adiante, todavia, que tal exegese não mais encontra condições de subsistência diante dos atuais paradigmas a nortearem o ordenamento jurídico pátrio e sua compreensão sistemática.

Ressalvadas algumas alterações pontuais implementadas ao longo de seus quase oitenta anos de vigência, os dispositivos da Consolidação das Leis do Trabalho concernentes à tutela dos trabalhadores e dos dirigentes em face dos atos antissindicais perpetrados pelos empresários permaneceram, ao menos textualmente, incólumes ao passar dos anos e das décadas, de modo a resistir às quatro constituições promulgadas nos últimos setenta anos.

Nem mesmo o advento da *Reforma Trabalhista* instituída pela Lei n. 13.647/2017 logrou instituir, entre nós, dispositivos voltados à proteção efetiva das entidades sindicais, de seus dirigentes e dos trabalhadores em face dos atos antissindicais contra eles perpetrados, a despeito de ter alterado significativamente o equilíbrio de forças entre os atores coletivos, especialmente na arena da negociação coletiva, conforme visto oportunamente.

Isto não quer dizer, contudo, que a proteção dos trabalhadores e de suas entidades representativas em relação às condutas antissindicais deva permanecer limitada àqueles dispositivos de dicção estrita e severamente limitada. Pelo contrário, a assunção de novas diretrizes principiológicas a nortearem o ordenamento jurídico, bem assim a própria evolução conceitual da *liberdade sindical* entre nós e a agregação de novos dispositivos de tutela da pessoa humana pela legislação pátria deverão pautar, naturalmente, a tratativa da questão, conforme ver-se-á mais detalhadamente adiante.

4.3.3. O art. 199 do Código Penal

Ao lado da tutela consagrada na legislação trabalhista editada no período varguista, a prática de condutas antissindicais por parte dos empresários contra os trabalhadores foi tipificada como crime no art. 199 do Código Penal (Decreto-lei n. 2.848, de 7 de dezembro de 1940), cuja descrição foi inserida no título concernente aos *crimes contra a organização do trabalho.*(576)

A configuração do tipo, contudo, não se basta com o constrangimento patronal em torno da participação em sindicatos ou associações profissionais, exigindo-se, para além disso, o emprego de *grave ameaça ou violência.* Nesse particular, o dispositivo acaba por condicionar sua eficácia à análise subjetiva do aplicador no que concerne à conceituação do que seria, em concreto, a tal *grave ameaça* a configurar, para fins criminais, a antissindicalidade tipificada no art. 199 do Código Penal.

Sob o prisma dos elementos subjetivos, o tipo exige a presença de *dolo* patronal no que concerne não apenas ao cerceamento quanto à participação de seus empregados em sindicato ou associação sindical, mas também quanto à intenção deliberada de se valer de *violência ou grave ameaça* para tal desiderato.

Independentemente de maiores digressões a respeito dos elementos objetivos e subjetivos do tipo, o fato é que sua descrição textual longe está de abarcar todas as hipóteses de antissindicalidade tuteladas pelo princípio da liberdade sindical e por seu conteúdo histórico-institucional. Talvez por isso mesmo a configuração prática do delito em referência seja extremamente rara, mesmo após os quase oitenta anos de vigência do Código Penal.

(576) "**Atentado contra a liberdade de associação**

"Art. 199 – Constranger alguém, mediante violência ou grave ameaça, a participar ou deixar de participar de determinado sindicato ou associação profissional:

Pena – detenção, de um mês a um ano, e multa, além da pena correspondente à violência."

Em um dos poucos acórdãos a versar sobre a aplicação prática do art. 199 do Código Penal, o Superior Tribunal de Justiça — capitaneado pelo voto do Ministro Vicente Cernicchiaro — firmou o entendimento no Recurso em *Habeas Corpus* n. 4.749/CE que o crime de *atentado contra a liberdade de associação* somente se configuraria quando a conduta do agente se mostra grave a ponto de inviabilizar a própria existência da entidade sindical ou da associação profissional, uma vez que o bem jurídico tutelado pelo dispositivo é a *organização do trabalho*.(577)

A despeito das dificuldades práticas inerentes à configuração do delito previsto no art. 199 do Código Penal, a tipificação criminal da antissindicalidade, ainda que em moldes extremamente restritos, é um claro indicativo de repulsa a tais condutas patronais por parte do ordenamento jurídico pátrio, mormente se o conteúdo histórico-institucional do princípio da liberdade sindical for compreendido como elemento integrante dos arts. 8º, 9º e 11 da Constituição Federal, nos moldes ora propostos no presente trabalho.

4.3.4. *A estabilidade no emprego restrita aos dirigentes sindicais a teor do art. 543, § 2º c/c o art. 522 da CLT.* O foro sindical à brasileira e *suas limitações estruturais*

Conforme já visto alhures, quando do surgimento do arcabouço legislativo pátrio a regulamentar as relações sindicais nas décadas de 1930 e 1940, o sindicalismo brasileiro não configurava um fenômeno significativamente difundido, haja vista a incipiente produção industrial, concentrada em poucos e dispersos núcleos urbanos, bem como o caráter predominantemente rural da economia e da própria população, a despeito daquelas experiências ocorridas nos ainda incipientes polos industriais cuja mão de obra se encontrava submetida à influência das ideologias anarquistas e socialistas advindas da Europa ocidental.(578)

Nesse contexto de incipiência, o Estado decidiu tomar para si a função de delinear a organização sindical dos trabalhadores e dos empresários segundo um programa ideológico de cariz corporativista que preconizava, em apertada síntese, a união das forças empresariais e profissionais com vistas ao alcance dos objetivos nacionais por ele definidos.

Sob tal crença, erigiu-se nas décadas de 1930 e 1940 o arcabouço legislativo pátrio concernente às relações sindicais. A noção de categoria, a estrutura interna, a eleição de seus dirigentes, a organização da diretoria, os requisitos para a investidura sindical e diversos outros aspectos, encontravam ampla e minuciosa previsão em lei. O Estado se propôs a moldar os sindicatos de acordo com concepções pré-estabelecidas a respeito do que convinha ou não dispor acerca da vida associativa dos trabalhadores.

---

(577) "RHC – PENAL – CRIME CONTRA A ORGANIZAÇÃO DO TRABALHO – ART. 199, CODIGO PENAL. CRIME É CONDUTA QUE PRODUZ RESULTADO, OU SEJA, DANO, OU PERIGO AO BEM JURIDICAMENTE TUTELADO. MODERNAMENTE, FAZ-SE JUÍZO DE VALOR DA CONDUTA E DO RESULTADO. 'ORGANIZAÇÃO DO TRABALHO' (CP, PARTE ESPECIAL, TITULO IV) É OBJETO JURIDICO. TRABALHO, AQUI, É INSTITUTO DE INTERESSE COLETIVO. NÃO SE CONFUNDE COM O DIREITO INDIVIDUAL DO EMPREGADO E DO EMPREGADOR. INTERESSA, ANTES DE TUDO, À SOCIEDADE, AO ESTADO. REPERCUTE NAS RELAÇÕES DE TRABALHO. SE A CONDUTA DO TRABALHADOR E DO EMPREGADOR NÃO GERA SEQUER PERIGO PARA A – ORGANIZAÇÃO DO TRABALHO – NÃO EXTRAPOLANDO EFEITOS A SINDICATO, OU ASSOCIAÇÃO PROFISSIONAL – NÃO SE CONFIGURA O CRIME DESCRITO NO ART. 199 (CP) – ATENTADO CONTRA A LIBERDADE DE ASSOCIAÇÃO. SÓ HAVERA RESULTADO PRÓPRIO DESSE CRIME OCORRENDO PERIGO PARA A EXISTENCIA, OU FUNCIONAMENTO DO SINDICATO, OU DA ASSOCIAÇÃO. CASO CONTRARIO, O FATO SERA RESTRITO A RELAÇÃO INDIVIDUAL DE TRABALHO. O TRABALHO, COMO BEM JURIDICO DESPERSONALIZADO, NÃO É AFETADO." BRASIL: SUPERIOR TRIBUNAL DE JUSTIÇA. RECURSO EM *HABEAS CORPUS* N. 4.749/CE. RELATOR: Min. Vicente Cernicchiaro. 6ª Turma. *DJ*: 6.5.1996.

(578) A propósito, as estatísticas oficiais referentes ao período compreendido entre 1939 e 1943 demonstram que 28 (vinte e oito) milhões de brasileiros viviam, à ocasião, na zona rural, enquanto a população urbana não chegava a 13 (treze) milhões. Nesse mesmo lapso temporal, o pessoal em atividade na indústria atingia o singelo número de 851.755 (oitocentos e cinquenta e um mil, setecentos e cinquenta e cinco) operários, ao passo que existiam no País apenas 43.250 (quarenta e três mil, duzentos e cinquenta) estabelecimentos desse ramo produtivo. Fonte: INSTITUTO BRASILEIRO DE GEOGRAFIA E ESTATÍSTICA. *Estatísticas Históricas do Brasil*. 2. ed. Rio de Janeiro: IBGE, 1990. p. 388.

E tais concepções foram firmadas — é importante que se diga — em uma época em que as atividades econômicas no País se restringiam a alguns poucos polos urbanos distantes uns dos outros em função do extenso território nacional e das dificuldades de comunicação e de locomoção. Nesse contexto, o movimento sindical era igualmente limitado àquelas localidades, disperso e, em razão disso, impossibilitado de se expandir e ultrapassar as fronteiras locais.[579]

Desse modo, as entidades então existentes nas décadas de 1930 e 1940, por estarem situadas em um contexto econômico de baixo desenvolvimento, tinham porte reduzido e, naturalmente, suas perspectivas de atuação não iam muito além da defesa dos interesses imediatos e localizados da categoria, pois, afinal, não havia, à ocasião, nenhum fator que ensejasse a ampliação de tais horizontes por parte dos sindicatos.[580]

Nesse contexto, Segadas Vianna chegou mesmo a fixar um *esquema-padrão* para as organizações sindicais brasileiras em função do porte destas últimas àquela ocasião, estipulando em quatro a quantidade ideal de dirigentes a variarem segundo as singelas funções de tais entidades.[581]

Diante de tais fatores econômicos e sociais, o corpo técnico-burocrático do Estado Novo que redigiu a Consolidação das Leis do Trabalho houve por bem tomar por razoável e oportuna a fixação de um número máximo de dirigentes sindicais, segundo o porte médio das entidades existentes à época. Assim, o art. 522 do diploma legal em referência restringiu os mandatos a vinte, aí compreendidos os sete diretores, os três integrantes do Conselho Fiscal e seus respectivos suplentes, em número de dez.

Criou-se, portanto, por intermédio do art. 522 da CLT, uma *diretoria-padrão* dentro de um *sindicato-padrão* quase completamente regulamentado em seus aspectos internos por dispositivos legais casuísticos e inflexíveis. Nessa ótica, as entidades eventualmente divergentes do modelo legal seriam classificadas e tratadas simploriamente pelo Estado e seus agentes como irregulares e, em razão disso, inaptas a se valerem das prerrogativas destinadas aos entes enquadrados na moldura oficial.

---

(579) Conforme ressalta Boris Fausto: "A pequena empresa industrial, dispersa em vários pontos do país, existiu antes da formação do polo cafeeiro e ao lado dele, graças à proteção representada pela dificuldade de comunicações, à proximidade das fontes de matéria-prima, à existência de um pequeno mercado consumidor de bens como alimentos, bebidas, tecidos de qualidade inferior. Os trabalhadores desse tipo de indústria, espalhados em um imenso espaço geográfico, nunca tiveram condições objetivas para dar origem a um movimento operário. Eles ficariam nas fímbrias do que Antônio Barros de Castro chamou a industrialização descentralizada do Brasil." FAUSTO, Boris. *Trabalho Urbano e Conflito Social.* 5. ed. Rio de Janeiro: Bertrand Brasil, 2000. p. 14.

(580) A respeito dos interesses que ensejam a atuação sindical, Evaristo de Morais Filho assinala que: "Devido às mesmas condições de vida, aos mesmos expedientes técnicos de exercício ocupacional, que determinam geralmente os mesmos níveis de vida, através de idênticos padrões de habitação, vestuário, alimentação e saúde, mantém-se visível no seio de qualquer categoria profissional um sentimento bem vivo de comunhão de interesses. Estão todos os seus ocupantes metidos no mesmo barco, correndo os mesmos riscos e perigos. E bem sabem — ou sentem — que os seus interesses embora coletivos, não se confundem nem com os interesses individuais de cada um, nem com os interesses gerais da sociedade tomada como um todo." MORAES FILHO, Evaristo de. *O problema do sindicato único no Brasil.* 2. ed. São Paulo: Alfa-Omega, 1978. p. 59.

(581) Nas palavras do autor: "Salvo casos excepcionais, de sindicatos com número muito grandes de associados, a diretoria de uma entidade não necessita mais de quatro membros: Presidente, Secretário, Tesoureiro e Diretor Social, tendo êste último a responsabilidade direta da direção da sede e a fiscalização imediata dos serviços de assistência prestados aos associados.

(...)

Parece-nos mais simples a adoção de um esquema geral para a administração, com 4 diretores, com as funções assim distribuídas: PRESIDENTE – Representação da entidade, coordenação das atividades da administração e demais atribuições estatutárias; SECRETÁRIO – 1ª Secretaria das sessões; atas; correspondência. 2º.: Direção do Serviço de Propaganda e Inscrição; do Serviço da Agência de Colocações; do Arquivo. 3º.: Direção geral dos funcionários; TESOUREIRO – 1º.: Serviços gerais da tesouraria, inclusive pagamentos de benefícios. 2º.: Orientação da Comissão de Finanças; DIRETOR SOCIAL – 1º: Direção da sede e programação da vida social. 2º: Controle dos serviços de assistência social prestados na sede." VIANA, Segadas. *O Sindicato no Brasil.* Rio de Janeiro: Olímpica Editora, 1953. p. 64-65.

Tais pretensões de vigência abstrata e aplicabilidade universal subjacentes ao art. 522 da CLT — características das normas emanadas do Estado Social —, para além de intentarem submeter toda a organização sindical aos programas políticos emanados do aparato oficial em um determinado momento histórico, acabam por reduzir significativamente a possibilidade de processamento das alterações contextuais verificadas em seu entorno fático pois, como visto, sua redação não só é casuística como tem por móvel, propositadamente, a fixação de parâmetros tidos por imutáveis.

A limitação legal ao número de dirigentes sindicais constante do art. 522 da CLT acabou por refletir no escopo do *foro sindical* definido no art. 543 do diploma em referência, razão pela qual subsiste ainda hoje na jurisprudência dos tribunais superiores brasileiros, a despeito da promulgação da Constituição Federal de 1988, a noção de que a estabilidade ali conferida aos detentores de mandatos representativos somente abrangeria os sete dirigentes e seus respectivos suplentes, no número máximo de catorze indivíduos.(582)

---

(582) "EMENTA: CONSTITUCIONAL. TRABALHO. SINDICATO: DIRIGENTES: CLT, ART. 522: RECEPÇÃO PELA CF/88, art. 8º, I. I. – O art. 522, CLT, que estabelece número de dirigentes sindicais, foi recebido pela CF/88, art. 8º, I. II. – R.E. conhecido e provido.

(...)

VOTO

O Sr. Ministro Carlos Velloso (Relator):

(...)

No caso, penso que não há incompatibilidade entre o que dispõe o art. 522, CLT, e o art. 8º, I, da Constituição Federal.

O que deve ser entendido é que a Constituição, que assegura a liberdade sindical, no sentido de que 'a lei não poderá exigir autorização do Estado para a fundação de sindicato, ressalvado o registro no órgão competente, vedadas ao poder público a interferência e a intervenção na organização sindical' (art. 8º, I), estabeleceu, também, no mesmo art. 8º, inc. VIII, que é [vedada a dispensa do empregado sindicalizado a partir do registro da candidatura a cargo de direção ou representação sindical e, se eleito, ainda que suplente, até um ano após o final do mandato, salvo se cometer falta grave nos termos da lei.'

É dizer, estabelece a Constituição estabilidade para os dirigentes sindicais. Seria possível, então, a lei disciplinar a matéria, em termos de número de dirigentes sindicais?

Penso que sim.

Caso contrário, podendo o sindicato estabelecer o número de dirigentes, poderia estabelecer número excessivo, com a finalidade de conceder-lhes a estabilidade sindical do art. 8º, VIII, da C.F, e art. 543, § 3º, CLT.

O que deve ser entendido (...) é que não há incompatibilidade entre o art. 522, CLT e o art. 8º, I e VIII, da C.F. Ao contrário, essas normas se harmonizam e se completam.

(...)

A liberdade sindical se dá nos limites da lei. A observância, aliás, dos limites da lei é característica do Estado de Direito. Permitir que o sindicato, em nome da liberdade sindical, possa criar direitos, em detrimento da outra parte, quando disposição legal estaria a impedir essa ocorrência, seria fazer tabula rasa do princípio da legalidade que deve ser observado nas relações entre Estado e indivíduo, associações e associados e entre entidades sindicais."

BRASIL: SUPREMO TRIBUNAL FEDERAL. RECURSO EXTRAORDINÁRIO N. 193.345/SC. RELATOR: Min. Carlos Velloso. 2ª Turma. *DJ*: 28.5.1999.

(...)

"Dirigentes Sindicais – Quantitativo de livre estipulação pela entidade – Princípio constitucional da autonomia na organização – Beneficiários da garantia provisória de emprego assegurada pelo artigo oitavo, inciso oito da Carta política de mil novecentos e noventa e oito – Sujeição à previsão legal ordinária – Impossibilidade de atribuição de ônus ao empregador pela via dos estatutos do sindicato profissional.

Conquanto esteja ao arbítrio das entidades sindicais o estabelecimento da composição e funcionamento de seus órgãos administrativos, no que se inclui a deliberação quanto ao número de membros integrantes de cada qual, não pode a norma estatutária substituir-se à lei para criar, obliquamente, obrigação a cargo do empregador, qual seja a de assegurar estabilidade no emprego irrestrita para quantos candidatos a cargos diretivos viabilize a estrutura da entidade, a propósito do previsto no oitavo, inciso oito, da Carta Política, mormente quando a ordem jurídica em vigor não contempla garantias contra dispensa imotivada para a generalidade dos trabalhadores, remetendo-as ao plano da lei complementar. Admitir-se a aplicação ilimitada, extensiva da norma estatutária afrontaria, a um só tempo, o disposto no artigo quinto, inciso dois, da própria constituição, como também o princípio da isonomia de tratamento, porque estaria criada, nas cúpulas sindicais, uma casta privilegiada. Na inexistência, portanto, de incompatibilidade entre o

A despeito do entendimento firmado sobre o limitadíssimo *foro sindical à brasileira*, há de se ressaltar que as significativas mudanças verificadas na economia nacional nos quase oitenta anos a margearem a promulgação da CLT e o momento atual, bem assim o conteúdo histórico-institucional do princípio da liberdade sindical a integrar o ordenamento jurídico vigente apontam, justamente, para a superação de tais entraves interpretativos, no sentido de estender a tutela à totalidade dos dirigentes sindicais que efetivamente necessitarem da garantia da estabilidade para o desempenho de seus respectivos mandatos, sem prejuízo da contenção de eventuais abusos na fixação das diretorias.

4.3.4.1. A evolução da economia nacional, da sociedade brasileira e do perfil dos sindicatos pátrios

Nas décadas que se seguiram ao advento do art. 522 da CLT, a economia nacional, bem como a política e a sociedade, passaram por mudanças significativas. O aspecto mais evidente de tais alterações estruturais se fez representado pelo câmbio no perfil da população, outrora eminentemente rural, dedicada à produção agrícola, e, agora, predominantemente urbana, voltada para o desempenho de atividades nos setores do comércio, dos transportes, da indústria e, em medida cada vez maior, de serviços.

Os indicadores sociais demonstram, a propósito, que da população atual do País, estimada em 169.799.170 habitantes, nada menos do que 81,25% vivem em áreas urbanas, ao passo que apenas 18,75%, em zonas rurais.(583) Em 1943, os habitantes do campo somavam 68,30% de todos os 41 milhões de brasileiros de então, enquanto os residentes nas cidades não passavam de 31,70%.

Grande parte dessa alteração no perfil da sociedade brasileira pode ser creditada ao desenvolvimento econômico do País na segunda metade do século XX, cuja válvula propulsora consistiu na crescente industrialização fomentada pelo Estado.(584)

---

direito assegurado no artigo oitavo, inciso oito, da Constituição (...), que não é inovatório, e os critérios fixados pelos artigos quinhentos e vinte e dois, quinhentos e trinta e oito e quinhentos e quarenta a três da CLT, para o fim de garantia excepcional, deve a norma estatutária que dispõe sobre o número de dirigentes do sindicato profissional e integrantes dos conselhos respectivos ser interpretada, quanto ao seu alcance, à luz das disposições celetiárias recepcionadas pela nova ordem jurídica estabelecida a partir de cinco de outubro de mil novecentos e oitenta e oito." BRASIL. TRIBUNAL SUPERIOR DO TRABALHO. RECURSO ORDINÁRIO EM DISSÍDIO COLETIVO N. 423.261/98. RELATOR: Min. Ursulino Santos. Subseção de Dissídios Coletivos. *DJ*: 4.12.1998, p. 51.

(583) BRASIL: INSTITUTO BRASILEIRO DE GEOGRAFIA E ESTATÍSTICA. *Sindicatos:* Indicadores Sociais 2001. Disponível em: <http://www.ibge.gov.br/home/estatistica/populacao/condicaodevida/sindical/default_result_completos.shtm>.

(584) Nesse sentido, os economistas Flávio Versiani e Wilson Suzigan assinalam que: "a partir dos anos cinquenta o Estado brasileiro passou a se empenhar, de forma ativa e organizada, na promoção do desenvolvimento industrial do País. Logo no início da década, a realização de um amplo diagnóstico da economia brasileira, identificando 'pontos de estrangulamento' nas áreas de transporte, energia, agricultura e indústria, levou à criação de um banco de desenvolvimento (o BNDE — Banco Nacional de Desenvolvimento Econômico) em 1952. (...) Entretanto, somente a partir de 1956/57, com a implementação do Plano de Metas, pode-se identificar uma política deliberada e coordenada de desenvolvimento industrial, abrangendo os seguintes elementos em termos de estratégia, organização institucional e instrumentos de proteção e promoção:

1.Uma estratégia geral de desenvolvimento econômico (Plano de Metas), que articulou o papel do Estado ao do capital privado, nacional e estrangeiro, e estabeleceu metas para os investimentos em infra-estrutura (energia e transportes) e para o desenvolvimento de indústrias específicas (...); 2. Um sistema de proteção que elevou substancialmente o protecionismo à indústria no mercado interno (...); 3. Financiamento ao investimento industrial, principalmente através do BNDE.

(...)

Como resultado, a estrutura da indústria brasileira evoluiu no sentido de incorporar segmentos da indústria pesada, da indústria de bens de consumo duráveis e da indústria de bens de capital, substituindo importações de insumos básicos, máquinas e equipamentos, material de transporte, eletrodomésticos etc. Essa estrutura seria a base sobre a qual se apoiaria o rápido crescimento da produção industrial na fase inicial do ciclo expansivo de 1968 a 1973/74." VERSIANI. Flávio; SUZIGAN, Wilson. *O Processo de industrialização:* Uma visão geral. Disponível em: <http://www.unb.br/ih/eco/textos/industrializacao.pdf>. Acesso em: 9 maio 2021.

Nesse período, ampliou-se significativamente a produção automobilística, siderúrgica, metalúrgica, de eletrodomésticos, bem como a rede urbana de comércio e de serviços, culminando com o surgimento de demanda de mão de obra nas cidades e ensejando, assim, o êxodo rural constatado pelas estatísticas históricas.(585)

Saliente-se, outrossim, que a expansiva produção industrial e o incremento dos setores do comércio, transportes e serviços possibilitou o desenvolvimento urbano de localidades outrora alheias ao processo, principalmente nas regiões sul e sudeste. E tal ampliação do setor econômico e sua relativa desconcentração territorial possibilitaram, em contrapartida, um significativo aumento no número de entidades representativas de categorias urbanas. A propósito, o censo sindical levado a cabo pelo Instituto Brasileiro de Geografia e Estatística — IBGE em 2001 demonstra que, na segunda metade do século XX, 8.764 sindicatos com esse perfil foram criados, enquanto de 1907 a 1950, constituíram-se apenas 1.413 entidades.(586)

E, dentre as entidades sindicais obreiras de primeiro grau atualmente existentes, 4.957 delas possuem base territorial intermunicipal, 2.914, estadual, 1.923, interestadual e até mesmo nacional (45).(587) Tais organizações, que representam 46% dos entes de trabalhadores em atividade no País(588), tiveram sua criação fomentada pela industrialização de zonas contíguas, tais como as regiões metropolitanas e pela concentração de determinadas atividades econômicas em polos formados por mais de um município.

A estrutura das entidades intermunicipais, estaduais, interestaduais e nacionais difere significativamente do perfil dos sindicatos existentes na primeira metade do século XX, quando do advento do art. 522 da CLT, que, conforme visto alhures, atuavam em espaços territoriais reduzidos e em defesa de categorias pequenas, justamente em função da concentração e da incipiência das atividades econômicas urbanas.

Com a organização das entidades em áreas territoriais maiores, se fez necessária, naturalmente, a adoção de estruturas administrativas mais robustas do que aquela sugerida linhas acima por Segadas Vianna, com certo grau de descentralização e com aptidão para atender aos desígnios da categoria em toda a base do sindicato.(589)

No plano político-ideológico, o entorno subjacente ao art. 522 da CLT sofreu, igualmente, substanciais alterações. Nas últimas décadas, principalmente após a derrocada da Ditadura Militar, a capacidade do Estado Social tomar para si a tarefa de promover compensação e inclusão através de fórmulas políticas emanadas da cúpula técnico-burocrática foi amplamente questionada.(590)

---

(585) Em artigo publicado no ano de 1962, Azis Simão constata que dentre os trabalhadores que contribuíram para o crescimento dos quadros sociais nos sindicatos da indústria paulista, destacam-se aqueles "que, até o momento de sua chegada, tinham exercido atividades apenas nas zonas rurais." Azis Simão ressalta, nesse sentido, que "a categoria dos naturais de outros estados é quase inteiramente constituída por eles, os quais ultrapassavam os 90% dos 2.088.945 entrados entre 1935 e 1960." SIMÃO, Azis. Industrialização e sindicalização no Brasil. In: *Revista Brasileira de Estudos Políticos*. Belo Horizonte, n. 13, jan.1962.

(586) BRASIL: INSTITUTO BRASILEIRO DE GEOGRAFIA E ESTATÍSTICA. *Sindicatos: Indicadores Sociais 2001*. Disponível em: <http://www.ibge.gov.br/home/estatistica/populacao/condicaodevida/sindical/default_result_completos.shtm>. Acesso em: 9 maio 2021.

(587) *Idem*.

(588) *Idem*.

(589) Não por outra razão, Amauri Mascaro Nascimento critica veementemente a subsistência da limitação traçada pelo art. 522 da CLT. Segundo ele: "É difícil compatibilizar essa limitação com as necessidades atuais das organizações sindicais. (...) Restringir a sete o número máximo de diretores de uma entidade sindical, independentemente do seu tamanho, natureza ou número de associados, é uniformizar o que por natureza não é uniforme: sindicatos nacionais com estaduais ou municipais, sindicatos de categorias grandes com os de categorias pequenas, sindicatos por categoria com sindicatos por profissão, enfim, situações díspares." NASCIMENTO, Amauri Mascaro. *Compêndio de Direito Sindical*. 3. ed. São Paulo: LTr, 2003. p. 262-264.

(590) Nesse diapasão, José Rodrigo Rodriguez observa que: "A CLT foi elaborada com base no princípio fundamental do controle do sindicalismo pelo Estado e a Constituição Federal com base na liberdade sindical sem possibilidade

Dentre as críticas impingidas ao Estado Social, destaca-se a ineficácia deste último na tarefa de promover a cidadania, pois a estrutura centrífuga das amplas políticas de inclusão — emanadas unilateralmente da Administração Pública em direção à sociedade — excluía seu público-alvo do processo de formulação. Ao assim proceder, o Estado acabava por desconsiderar as reais reivindicações dos cidadãos, arvorando-se da potestade de definir as necessidades da massa amorfa.(591)

Nesse contexto de questionamentos à postura autoritária do Estado Social, incorporada em grande medida pelos governos militares que antecederam a Nova República, e de busca de protagonismo dos cidadãos na definição e execução das políticas de governo, elaborou-se a Constituição Federal de 1988, cuja característica marcante, diga-se de passagem, fez-se representada pela ampla participação dos movimentos sociais em sua elaboração, conforme já visto no item 2.6.5 *supra*.

Como não poderia deixar de ser, a postura centralizadora e tutora do Estado Social foi questionada, também, no que se refere à organização sindical. À época da Assembleia Nacional Constituinte, discutiu-se a substituição das estruturas corporativistas então existentes por modelos alinhados com as pautas valorativas consagradas pelas Convenções ns. 87 e 98, da OIT, a preconizarem, como visto, a autonomia organizativa, a pluralidade, o financiamento espontâneo e a abolição da intervenção do Estado na vida das entidades.

Ao cabo de todo o processo, aprovou-se um modelo híbrido, que assegurou, ao mesmo tempo, o monopólio por base territorial, a contribuição compulsória subsistente até o advento da *Reforma Trabalhista* de 2017 e a livre organização e atuação das entidades sem a ingerência do Estado. Em outras palavras, a organização sindical pátria delineada na Constituição Federal de 1988 acabou por mesclar elementos eminentemente *corporativistas* com diretrizes *pluralistas* e *democráticas*.

E assim, ainda que as discussões e as críticas travadas na Assembleia Constituinte em torno do papel do Estado na organização sindical pátria não tenham instituído um sindicalismo totalmente independente, tiveram elas por efeito romper com determinados dogmas corporativistas e lograr certas conquistas. Dentre tais avanços, o mais significativo consiste, sem dúvida alguma, na consolidação da autonomia sindical, a contemplar o *"amplo poder das associações de autodeterminar as suas próprias regras fundamentais, que é exercido basicamente por intermédio dos atos constitutivos e dos estatutos"*, nas palavras de José Francisco Siqueira Neto.(592)

---

de intervenção estatal. Esta oposição de princípios deve repercutir nas interpretações que busquem compatibilizar os dois diplomas legais." Desse modo, "sob a nova Constituição, as leis antigas ganham um novo sentido. Devem ser interpretadas segundo as novas opções valorativas constituintes." RODRIGUEZ, José Rodrigo. *Dogmática da liberdade sindical*. Rio de Janeiro: Renovar, 2003. p. 444.

(591) Nesse sentido, Cristiano Paixão Araújo Pinto assinala que *"a crise do Estado Social não é exclusivamente fiscal ou administrativa. Ela é, antes de tudo, uma crise de déficit de cidadania e de democracia."*

E tal crise, segundo o autor viabilizou: "A construção — ainda em pleno andamento — de um novo paradigma: o Estado Democrático de Direito. Ele decorre da constatação da crise do Estado Social e da emergência — a partir da complexidade das relações sociais — de novas manifestações de direitos. Desde manifestações ligadas à tutela do meio ambiente, até reivindicações de setores antes ausentes do processo de debate interno (minorias raciais, grupos ligados por vínculos de gênero ou orientação sexual), passando ainda pela crescente preocupação com lesões a direitos cuja titularidade é de difícil determinação (os chamados interesses difusos), setores das sociedades ocidentais, a partir do pós-guerra e especialmente da década de 1960, passam a questionar o papel e a racionalidade do Estado-interventor.

A ênfase conferida ao paradigma emergente concentra-se na ideia de cidadania, compreendida em sentido procedimental, de participação ativa." PINTO, Cristiano Paixão Araújo. Arqueologia de uma Distinção — O Público e o Privado na Experiência Histórica do Direito. In: PEREIRA, Claudia Fernanda Oliveira. O novo Direito Administrativo brasileiro. Belo Horizonte: Fórum, 2003. p. 17-18.

(592) SIQUEIRA NETO, José Francisco. Liberdade sindical e representação dos trabalhadores nos locais de trabalho. São Paulo: LTr, 2000. p. 92.

Paralelamente a isto, a fórmula política da Constituição Federal de 1988, rompendo com a tradição a persistir nas cartas anteriores, incorporou a *"prevalência dos direitos humanos"* como princípio regente das relações internacionais, o que conduziu à ratificação de importantes tratados internacionais de direitos humanos pelo Brasil, alguns deles a versarem sobre o direito à ampla liberdade sindical, tanto no aspecto individual, quanto na dimensão coletiva, nos mesmos moldes preconizados pela Convenção n. 87, da OIT, conforme já visto alhures.(593)

Observa-se, nas presentes linhas, que o entorno subjacente aos arts. 522 e 543, § 3º, da CLT — em especial no que concerne aos aspectos políticos e econômicos — experimentou substanciais alterações nos últimos oitenta anos, de modo que a limitação da estabilidade àquele número férreo de dirigentes não mais se sustenta, de modo a ensejar, portanto, a implementação imediata de novos parâmetros interpretativos para sua plena compreensão.

Com efeito, o atual estágio do desenvolvimento econômico nacional, sintetizado linhas acima, demonstra que, em muitos casos, a limitação do número máximo de dirigentes sindicais estáveis na forma inflexível preconizada pelo art. 522 da CLT não mais se compatibiliza com a necessidade das entidades obreiras, mormente daquelas cuja base territorial é intermunicipal, estadual, interestadual ou nacional.

De igual modo, a fórmula política subjacente à Constituição Federal de 1988, integrada, conforme visto, pelo princípio da autonomia sindical e pela prevalência dos direitos humanos, aponta para a incompatibilidade entre os dispositivos legais que pretendem condicionar unilateralmente a organização interna dos entes representativos e as diretrizes democráticas e pluralistas emanadas da Carta Magna.

Há de se perquirir, diante do quadro ora exposto, se a limitação férrea do número de dirigentes sindicais estabelecida pelo art. 522 da CLT encontra condições de subsistência no sistema do direito da forma em que este último se encontra atualmente definido. Já adiantamos, contudo, que o desfecho de tal investigação, a ser empreendida mais adiante, compreenderá, necessariamente, a superação do entendimento atualmente consagrado pela jurisprudência dos Tribunais pátrios acerca do referido dispositivos legais e de sua relevância para fins de determinação dos beneficiários da estabilidade no emprego assegurada pelo art. 8º, VIII, da Constituição Federal.

4.3.4.2. Alternativas à limitação constante do art. 543, § 3º c/c o art. 522 da CLT. Aplicação direta do princípio da liberdade sindical e coibição do abuso na formação das diretorias

Conforme visto alhures, a intervenção e a interferência do Estado na organização sindical pátria, muito embora não tenha sido totalmente eliminada, foi substancialmente questionada durante o processo de elaboração da Constituição de 1988 e, em decorrência disso, mitigada em relação aos ordenamentos constitucionais anteriores.

Alguns elementos eminentemente corporativistas, tal como *unicidade*, ainda subsistem, contraditoriamente, na ordem constitucional de 1988. Contudo, a possibilidade de modulação das estruturas das entidades representativas por parte do Estado através de padrões pré-determinados foi, sem sombra de dúvidas, extinta com o advento do princípio da *auonomia sindical* insculpido no art. 8º, I, da Carta Magna.

(593) O art. 104 da Constituição Federal de 1934 não fazia menção aos direitos e garantias expressos em pactos internacionais ratificados pelo Brasil. Limitava-se a afirmar que *"a especificação dos direitos e garantias expressos nesta Constituição não exclui outros, resultantes da forma de governo que ela adota, do regime político-social que estabelece e dos princípios que consigna"*.

As Constituições de 1946 e 1967 asseveraram em seus arts. 144 e 153, § 36, respectivamente, que *"a especificação dos direitos e garantias expressos nesta Constituição não exclui os direitos e garantias decorrentes do regime e dos princípios que ela adota"*.

A livre organização das entidades sindicais de acordo com suas necessidades e peculiaridades, assegurada pelo texto constitucional vigente, se insere plenamente dentre as pautas características do paradigma do *Estado Democrático de Direito*, a preconizarem, em apertadíssima síntese, o reconhecimento em torno do caráter multifacetário da sociedade e, em decorrência disso, a impossibilidade de que o Estado estabeleça diretrizes uniformes no sentido de vincular a totalidade dos integrantes da complexa teia social.(594)

Nesse contexto de complexidade econômica e social, diversas são as formas de organização assumidas pelas entidades sindicais de primeiro grau, assim como são distintas suas necessidades e propósitos. Nesse contexto, o reconhecimento de tal diversidade por parte do Estado e a possibilidade conferida aos entes representativos para se estruturar da forma que melhor lhes assegure a persecução de suas finalidades integra o substrato teleológico do paradigma do *Estado Democrático de Direito* e encontra expresso amparo no princípio da *autonomia sindical*.(595)

Uma vez lançadas tais assertivas, poder-se-ia formular a seguinte indagação: em se admitindo a tese ora proposta em torno da insubsistência dos limites trazidos pelo art. 522 da CLT diante dos princípios da *democracia*, do *pluralismo ideológico* e da *autonomia sindical*, consagrados na Constituição Federal de 1988, como seriam coibidos os eventuais abusos perpetrados pelas entidades sindicais na fixação do número de dirigentes estáveis?

No intuito de responder tal questionamento, já adiantamos que, ao contrário da linha de entendimento adotada pela jurisprudência firmada nos tribunais pátrios após a promulgação da Constituição de 1988, a possibilidade abstrata de materialização dos sobreditos abusos não respalda, por si só, a subsistência do art. 522 da CLT.

Tal assertiva se justifica na medida em que o discurso adotado pelo Tribunal Superior do Trabalho e pelo Supremo Tribunal Federal nos julgados em referência não se mostra adequado à totalidade dos casos envolvendo a constituição de diretorias sindicais em um número superior aos vinte dirigentes autorizados pelo art. 522 da CLT.

Ora, nem todas as situações que porventura contrariem a literalidade do dispositivo legal em apreço revestir-se-ão da pecha de *abusivas*, pois as entidades representativas hodiernas se organizam sob múltiplas formas, a variarem segundo sua abrangência territorial e de acordo com seu porte. Nesse contexto, é plenamente possível que, em muitos casos, seja vital para as organizações sindicais constituir uma diretoria e um conselho fiscal em número superior àquele delimitado no art. 522 da CLT, situação esta que encontra pleno respaldo no princípio da autonomia sindical.

E, nesse diapasão, não é demais recordar que a livre formação das diretorias por parte das entidades representativas de grande porte sem a correspondente estabilidade de seus integrantes

(594) Sobre a contraposição entre o conceito de Estado Democrático de Direito e o totalitarismo, Paulo Otero assevera que: "O totalitarismo representa, em última análise, a alienação da dignidade humana através de uma deliberada e organizada máquina pública de redução de cada homem à categoria de mero objecto: o totalitarismo é a ideologia por excelência de um Estado desumano ou contrário à dignidade da pessoa humana. (...) Pode mesmo dizer-se que o totalitarismo, mais do que pretender revolucionar e transformar a sociedade e o mundo, visa a transformação da própria natureza humana, subordinando e instrumentalizando o homem a fins e a interesses transpersonalistas alheios à pessoa humana viva e concreta: a vida e a ação de cada homem pertencem ao Estado, verificando-se que o indivíduo desaparece, apagando-se diante da colectividade protagonizada pelo Estado." OTERO, Paulo. *Instituições políticas e constitucionais*. Vol. I. Coimbra: Almedina, 2007. p. 303-306.

(595) A propósito, Juan Garcia Abellán conceitua a autonomia sindical como: "Una especificación de la autonomía privada, o faculdad reconocida a las comunidades para regirse a si mismas mediante normas por ella producidas, y que titularizada por el sindicato se garantiza la necesaria independencia para la realización de los fines que le son proprios." ABELLÁN, Juan Garcia. *Curso de Derecho Sindical*. 2. ed. Murcia: Universidad de Murcia, 1986. p. 106.

não tem valia alguma, pois a ausência da referida garantia para a totalidade dos dirigentes compromete sobremaneira a livre atividade sindical e torna o ente obreiro vulnerável aos desígnios patronais.(596)

Diante disso, caberá aos intérpretes do direito efetuar a análise individual dos casos postos a seu conhecimento, a fim de verificar se há, ou não, nos diferentes supostos, abuso de direito. Deve-se partir, portanto, do pressuposto exegético de que todas as situações a envolverem a formulação de diretorias de entidades representativas são regidas pelos os princípios constitucionais genéricos da *democracia*, da *pluralidade ideológica* e da *autonomia sindical* e que a justa medida de cada um destes pressupostos abstratos variará de acordo com as peculiaridades das hipóteses concretas.

É justamente o que afirma Ronald Dworkin em sua célebre compreensão do direito como *integridade*, a preconizar que o sentido e o alcance dos preceitos normativos não é unívoco e estanque temporalmente, mas sim variável, aberto e sujeito a novas compreensões a medida em que a evolução da vida cria novos supostos de aplicação, conforme já visto nos Capítulos 1 e 2 *supra*.

Ao fixar um entendimento abstrato, estanque e pretensamente unívoco acerca da receptividade da limitação legal do número de dirigentes sindicais, a jurisprudência do Tribunal Superior do Trabalho e do Supremo Tribunal Federal acabou por incidir nas mesmas generalizações e imprecisões características das medidas do Estado Social. As substanciais diferenças de porte e abrangência existentes entre as entidades sindicais contemporâneas foram singelamente ignoradas, pondo-se todas elas sob as rédeas sufocantes do art. 522 da CLT.

Em se levando tal interpretação às últimas consequências, os princípios da liberdade e da autonomia sindical não encontrarão espaço para incidir concretamente nas diferentes situações postas à apreciação do Poder Judiciário. Ao revés, os postulados constitucionais em referência serão reféns de uma compreensão generalizante e restritiva e, retomando os conceitos de Dworkin, incapazes de assegurar sua coerência caso a caso.

Entendimentos jurisprudenciais análogos àqueles formulados em torno da receptividade do art. 522 da CLT não se coadunam com a atividade hermenêutica requerida dos juízes na vigência do paradigma do *Estado Democrático de Direito*. Sob esta nova ótica, o reconhecimento em torno do caráter plural e diferenciado dos corpos sociais, por parte do Estado, exigirá a elaboração de decisões específicas para cada caso concreto, a serem formuladas sob a forma de discursos de aplicação.(597)

---

(596) Nesse sentido, alerta Oscar Ermida Uriarte que: "La importancia del fuero sindical está fuera de discusión. El fuero sindical es, sin lugar a dudas, un componente esencial de la libertad sindical; es (...) un complemento indispensable de los demás derechos sindicales, los que dificilmente pueden ser ejercidos sin su efectiva presencia. (...) La falta o la insuficiencia del fuero sindical — así como de otras garantias del ejercício de derechos sindicales — hecen ilusória la declaración de la libertad sindical.

(...)

El bien jurídico tutelado por el fuero sindical no es solamente el derecho al empleo del trabajador afectado, sino la própria libertad sindical y, más precisamente, el derecho al desarollo de la actividad sindical, lo que solo recibe adecuada protección (como lo pide el Convenio 98) con la reincorporación real del trabajador." URIARTE, Oscar Ermida. *Sindicatos en libertad sindical*. 2. ed. Montevideo: Fundación de Cultura Universitária, 1999. p. 48-52.

(597) Nesse sentido, Menelick de Carvalho Netto assinala que: "No paradigma do Estado Democrático de Direito, é de se requerer do Judiciário que tome decisões que, ao retrabalharem construtivamente os princípios e regras constitutivos do Direito vigente, satisfaçam, a um só tempo, a exigência de dar curso e reforçar a crença tanto na legalidade, entendida como segurança jurídica, como certeza do Direito, quanto ao sentimento de justiça realizada, que deflui da adequabilidade da decisão às particularidades do caso concreto.

(...)

É precisamente a diferença entre os discursos legislativos de justificação, regidos pelas exigências de universalidade e abstração, e os discursos judiciais de aplicação, regidos pelas exigências de respeito às especificidades e à concretude de cada caso, ao densificarem as normas gerais e abstratas na produção das normas individuais e concretas, que fornece

Deve-se, pois, sob a vigência do paradigma do *Estado Democrático de Direito*, reconhecer a todas as entidades sindicais o direito de se organizarem internamente de acordo com suas necessidades legítimas e com suas propostas de atuação. Nesse contexto, não há espaço para a imposição, por parte do Estado, de regras extremamente casuísticas e cerradas, que se pretendam aplicáveis de modo universal e como se discursos de justificação o fossem.

Ao contrário, o paradigma do *Estado Democrático de Direito* apregoa a regência das situações concretas por intermédio de textos normativos propositadamente abertos, com vistas a permitir o maior grau possível de identificação entre os diferentes atores sociais e o direito positivo, o que acabará por reforçar a inclusão de um maior número de cidadãos e entidades no espaço público.(598)

Destarte, se a Constituição Federal de 1988 incorporou em sua fórmula política o paradigma do Estado Democrático de Direito, é de se descartar a subsistência dos dispositivos legais tendentes a pautar a estrutura das entidades representativas segundo padrões preestabelecidos pelo Estado, elaborados sob a forma do *tudo ou nada*, na acepção de Dworkin. Logo, o art. 522 da CLT reputar-se-á incompatível com os princípios da democracia, do pluralismo e da autonomia sindical insculpidos na Carta Magna vigente, o que leva inexoravelmente à conclusão em torno de sua rejeição pela nova ordem.

Na sistemática subjacente à Carta de 1988, a questão em torno das diretorias sindicais é melhor resolvida, ao que nos parece, pela aplicação caso a caso dos princípios da liberdade e da autonomia sindical, por intermédio da formulação de discursos de aplicação em cada suposto específico. Somente assim será possível ao Poder Judiciário distinguir as situações legítimas das abusivas e, nessa toada, concretizar, em maior medida, não só as garantias previstas no art. 8º, *caput*, I e VIII, da Constituição Federal, como também os demais postulados constitucionais a incidirem eventualmente nas hipóteses concretas.

4.3.5. A proteção jurídica contra os atos antirrepresentativos

Conforme já visto anteriormente, a organização sindical pátria, bem assim as próprias empresas, sempre se mantiveram refratárias à criação de instâncias representativas no interior das unidades produtiva destinadas à defesa dos interesses dos trabalhadores naquelas questões

---

o substrato do que Klaus Günther denomina 'senso de adequabilidade', que, no Estado Democrático de Direito, é de se exigir do concretizador do ordenamento do tomar suas decisões.

(...)

No domínio dos discursos de aplicação normativa, faz-se justiça não somente na medida em que o julgador seja capaz de tomar uma decisão consistente com o Direito vigente, mas para isso ele tem que ser igualmente capaz de se colocar no lugar de cada um desses envolvidos, de buscar ver a questão de todos os ângulos possíveis e, assim, proceder racional ou fundamentadamente à escolha de única norma plenamente adequada à complexidade e à unicidade da situação de aplicação que se apresenta. Com essa abertura para a complexidade de toda essa situação de aplicação, o aplicador deve exigir então que o ordenamento jurídico apresente-se diante dele, não através de uma única regra integrante de um todo passivo, harmônico e predeterminado que já teria de antemão regulado de modo absoluto a aplicação de suas regras, mas em sua integralidade, como um mar revolto de normas em permanente tensão concorrendo entre si para regerem situações." CARVALHO NETTO, Menelick de. A hermenêutica constitucional sob o paradigma do Estado Democrático de Direito. In: *Notícia do Direito Brasileiro.* Brasília, n. 6, 1998, p. 233-250.

(598) De acordo com Dieter Grimm: "Via de regra, a percepção de um sistema como 'bom' pressupõe um alto grau de inclusividade. Quanto mais pessoas na sociedade se identificarem com sua constituição, o poder desta última de criar integração social aumentará. A elaboração de textos abertos na constituição auxilia esse processo. Tal abertura ajuda a prevenir o choque de ideias em torno do significado do texto que acaba por enfraquecer a identificação dos cidadãos com ele. Assim, pode-se dizer que o poder simbólico da constituição aumenta com sua ambiguidade interpretativa, muito embora seu poder de determinação legal diminua na mesma medida."

No original: "As a rule, the perception of a system as 'good' presupposes a high degree of inclusivity. As more people in society identify with the constitution, its power to create social integration will grow. Open wording in a constitution fosters this process. It helps to prevent competing ideas about the meaning of the text from undermining the citizenry's identification with it. Thus, it may be correct to say that a constitution's symbolic power increases with its interpretative ambiguity, although its legally determinative power decreases to the same degree." GRIMM, Dieter. Integration by Constitution. In: *I-CON.* Volume 3, Numbers 2 & 3. New York: New York School of Law, 2005. p. 193-208.

mais diretamente relacionadas à organização do processo produtivo no chamado *chão de fábrica* ou, na acepção de Katz e Kochan, no *workplace level.*

Tal tendência contribuiu para a subsistência, por décadas a fio, de um vazio histórico no ordenamento jurídico pátrio a respeito da representação dos trabalhadores nos locais de trabalho, seja a *sindical*, ou a *unitária*. O preenchimento da lacuna normativa em questão foi ensaiado tão somente quando da promulgação da Constituição Federal de 1988, cujo art. 11 assegurou a eleição de um *representante dos empregados* nas empresas com mais de duzentos funcionários, cujo caráter é *unitário*, conforme já verificado no Capítulo 3 *supra*.

Recentemente, com o advento da *Reforma Sindical* instituída pela Lei n. 13.467/2017 e com a inserção dos arts. 510-A a 510-D no texto da CLT, o tema concernente às representações unitárias de trabalhadores foi tratado, pela primeira vez, no âmbito da legislação infraconstitucional. No entanto, e conforme já avaliado alhures, a regulamentação do tema por parte dos dispositivos em referência se mostra ainda tímida e incompleta, haja vista a escassez das funções e da proteção ali conferidas àquelas instâncias e aos seus titulares, permitindo-nos constatar, portanto, que a concretização do aspecto relacionado ao direito fundamental à liberdade sindical previsto no art. 11 da Constituição Federal não ocorreu de modo pleno, havendo, por ora, uma *omissão parcial.*[(599)]

Diante de tal cenário, duas conclusões são possíveis: (i) ou a tutela das representações unitárias naquelas empresas com mais de duzentos empregados não é aplicável em sua integridade e permanece em estado de parcial latência, dentro dos estreitos limites estabelecidos pelos arts. 510-A a 510-D da CLT, ou (ii) o princípio da liberdade sindical, positivado no art. 8º da Carta Magna e na Convenção n. 135 da OIT, contemplaria tal tutela em seu conteúdo histórico-institucional que, de seu turno, asseguraria àqueles núcleos e a seus integrantes a proteção plena contra as práticas antirrepresentativos praticadas pelos empregadores, pelo Estado e pela própria organização sindical obreira.

Naturalmente, o marco teórico adotado no presente trabalho aponta para a segunda alternativa. É de se ressaltar, nesse ponto, a observação já formulada no Capítulo 3 *supra*, no sentido de que o fenômeno das representações *sindicais* e *unitárias* dos trabalhadores nos locais de trabalho correspondem a uma evolução natural do princípio da liberdade sindical, de modo a assegurar àquelas instâncias obreiras o exercício de um contrapoder aos desígnios empresariais nos espaços onde a ocorrência dos conflitos se dá de modo mais concreto.

E, nesse sentido, os atos antirrepresentativos não apenas são incompatíveis com o conteúdo histórico-institucional subjacente ao art. 8º da Constituição Federal, como também são obstados pela Convenção n. 135 da OIT, ratificada pelo Brasil por intermédio do Decreto n. 131 de 22.5.1991, cujo art. 1º é preclaro ao afirmar que:

> Os representantes dos trabalhadores na empresa devem ser beneficiados com uma proteção eficiente contra quaisquer medidas que poderiam vir a prejudicá-los, inclusive o licenciamento, e que

---

(599) Sobre o tema em questão, Virgílio Afonso da Silva observa que: "Os direitos fundamentais impõem ao Estado outros deveres que vão além do dever de não interferência. Muitas vezes o que se exige é uma ação, não uma abstenção. Essa é a faceta positiva. (...) Diante disso, em vez de garantia é mais preciso falar em *realização* de um direito. Realizar o direito à educação implica construir escolas, contratar professoras e professores, estabelecer diretrizes para a educação; realizar o direito à saúde implica construir hospitais, fornecer medicamentos, desenvolver políticas de prevenção a doenças, saneamento básico e outras.

Mas apesar dos exemplos citados, seria um equívoco supor que apenas direitos sociais impõem um dever de ação estatal. Todos os direitos fundamentais exigem ação estatal para produzir todos os efeitos pretendidos. A ação estatal pode ocorrer de várias formas: por meio de legislação, por meio da criação de procedimentos e instituições, por meio da implementação de políticas públicas, dentre várias outras." SILVA, Virgílio Afonso da. *Direito Constitucional brasileiro.* São Paulo: Editora da Universidade de São Paulo, 2021. p. 104.

seriam motivadas por sua qualidade ou suas atividades como representantes dos trabalhadores, sua filiação sindical, ou participação em atividades sindicais, conquanto ajam de acordo com as leis, convenções coletivas ou outros arranjos convencionais vigorando.

O dispositivo em referência define de maneira cristalina o que seriam os *atos antirrepresentativos*, por intermédio da analogia com os *atos antissindicais*. Assim, na acepção do art. 1º da Convenção n. 135 da OIT, as práticas antirrepresentativas seriam aquelas medidas patronais, estatais ou oriundas da própria organização obreira tendentes a prejudicar o exercício da representação *sindical* ou *unitária* nos locais de trabalho ou destinadas a lhes cercear o acesso às facilidades necessárias para o desempenho dos misteres concernentes à defesa dos interesses obreiros nos locais de trabalho.

É de se ressaltar, nesse particular, que a Recomendação n.143 da OIT, em seus itens 9 a 17, estabeleceu de maneira minuciosa as facilidades que deverão ser concedidas aos representantes dos trabalhadores nos locais de trabalho por parte dos países signatários da Convenção n. 135, destacando-se, nesse particular, (i) a concessão de tempo livre para o exercício das atividades representativas, (ii) o livre acesso às dependências da empresa e aos dirigentes desta última, (iii) a cobrança das respectivas contribuições a serem descontadas dos trabalhadores, (iv) o franqueamento à distribuição de periódicos e à instalação de quadros de avisos nas dependências empresariais e (v) o fornecimento, por parte do empresário, das informações necessárias ao desempenho dos misteres daqueles representantes obreiros.

De maneira ainda mais incisiva, a Recomendação n. 143 da OIT estabeleceu em seu item 6.2 medidas detalhadas com vistas a obstar a demissão injustificada de representantes de trabalhadores nas empresas, cujo teor foi reforçado nos retromencionados Verbetes ns. 800, 830 e 832 do Comitê de Liberdade Sindical da OIT, a tutelar de maneira específica os representantes unitários em relação a tais práticas.[(600)]

Daí se percebe que a própria evolução conceitual do princípio da liberdade sindical e as diretrizes formuladas pela Organização Internacional do Trabalho na Convenção n. 135 conferem àquelas representações *unitárias* de trabalhadores previstas no art. 11 da Constituição Federal e aos seus integrantes um grau palatável de tutela contra as práticas patronais, governamentais e sindicais tendentes a prejudicar as atividades desempenhadas por aquelas instâncias.

No entanto, é mister destacar que por expressa limitação textual constante do art. 11 da Constituição federal (reproduzida, em igual medida, no art. 510-A da CLT), o direito à instalação daquela representação unitária de trabalhadores, nos moldes ora indicados, é limitado às empresas que possuem, ao menos, duzentos empregados.

---

(600) "6. (1) Onde não houver suficientes e relevantes medidas protetoras aplicáveis a trabalhadores em geral, medidas específicas devem ser tomadas para assegurar a proteção efetiva de representantes de trabalhadores.(2) Essas medidas poderiam incluir as seguintes:

a) a definição precisa e detalhada das razões que justifiquem o fim de emprego de representantes de trabalhadores;

b) a exigência de consulta a um órgão independente, público ou privado, ou misto, ou de seu parecer ou anuência, antes de se concretizar a demissão de representante de trabalhadores;

c) um procedimento especial de recurso acessível a representantes de trabalhadores que considerem injustificável o fim de seu emprego, ou que tenham sido vítimas de uma mudança desfavorável em suas condições de emprego ou de tratamento injusto;

d) com relação ao fim de emprego, sem justa causa, de representantes de trabalhadores, disposição de correção que inclua, a menos que contrarie os princípios básicos da lei do país em causa, a reintegração desses representantes em seu emprego, com pagamento de salários não pagos e com a manutenção de seus direitos adquiridos;

e) disposição que imponha ao empregador, no caso de qualquer demissão alegada como discriminatória ou de mudança desfavorável das condições de emprego de representantes de trabalhadores, o ônus de provar a correção dessa medida." Disponível em: <http://www.oitbrasil.org.br/content/sobre-prote%C3%A7%C3%A3o-e-facilidades-serem-dispensadas-representantes-de-trabalhadores-na-empresa>. Acesso em: 16 ago. 2015.

Veja-se, a propósito, que o próprio Tribunal Superior do Trabalho, no julgamento dos dissídios coletivos a ele submetidos por força de seu poder normativo, fixou, nos termos do Precedente Normativo n. 86, o entendimento de que nas empresas com mais de duzentos trabalhadores, é assegurada a eleição direta de um representante que terá, inclusive, a garantia de estabilidade prevista no art. 543, § 3º, da CLT.[601]

Entretanto, nas unidades produtivas com quantitativo inferior, a extensão de tal garantia dependerá, naturalmente, da edição de convenções ou acordos coletivos que a assegure, ou, eventualmente, de sua previsão nos regulamentos empresariais. Nessas situações, as representações unitárias e seus titulares farão jus àquelas garantias asseguradas nos termos da Convenção n. 135 da OIT, complementadas pela Recomendação n. 143 e pelos Verbetes ns. 800, 830 e 832 do Comitê de Liberdade Sindical.

Convém mencionar, nesse sentido, o precedente emanado pela Subseção de Dissídios Coletivos do Tribunal Superior do Trabalho por ocasião do julgamento do Recurso Ordinário em Dissídio Coletivo n. 1002264-93.2020.5.02.0000, pelo qual vedou-se à empresa a extinção unilateral das comissões de representantes unitários previstas em seus regulamentos internos, quando seu quadro de pessoal viesse a atingir quantitativo inferior a duzentos trabalhadores.[602]

---

(601) PRECEDENTE NORMATIVO N. 86 REPRESENTANTES DOS TRABALHADORES. ESTABILIDADE NO EMPREGO.

Nas empresas com mais de 200 empregados é assegurada a eleição direta de um representante, com as garantias do art. 543, e seus parágrafos, da CLT.

Nesse mesmo sentido: "DISSÍDIOS COLETIVOS AJUIZADOS PELOS TRABALHADORES RODOVIÁRIOS NAS EMPRESAS DE PASSAGEIROS DE ANANINDEUA E MARITUBA E PELA FEDERAÇÃO DAS EMPRESAS DE TRANSPORTES RODOVIÁRIOS DA REGIÃO NORTE. I) RECURSO ORDINÁRIO INTERPOSTO PELA FEDERAÇÃO PATRONAL. REPRESENTANTE SINDICAL. O Regional, analisando as propostas apresentadas pelos suscitantes, verificou que a proposta obreira, referente aos dirigentes sindicais, se referia a um representante para cada 200 empregados, e a patronal a um representante para cada 500 empregados. Considerando o disposto no art. 11 da Carta Magna, entendeu por deferir um representante para cada duzentos empregados, com a garantia mínima de um dirigente, independentemente do número de obreiros, ou seja, mesmo que a empresa contasse com menos de 200 trabalhadores. Alega a FETRANORTE que a decisão regional viola o texto constitucional, uma vez que este estabelece "um representante para as empresas que possuam mais de 200 empregados em seu quadro" e não "um representante para cada grupo de 200 profissionais." A matéria de que trata a cláusula está sedimentada na jurisprudência desta Corte, no Precedente Normativo n. 86, que dispõe: "Nas empresas com mais de 200 empregados é assegurada a eleição direta de um representante, com a garantia do art. 543 e seus parágrafos da CLT." Assim, dou provimento parcial ao recurso para adaptar a redação da cláusula ao PN 86 do TST." BRASIL: TRIBUNAL SUPERIOR DO TRABALHO. RECURSO ORDINÁRIO NO DISSÍDIO COLETIVO N. 28900-05.2007.5.08.0000. RELATORA: Minª. Dora Maria da Costa. SDC. *DJ*: 13.6.2008.

(602) "COMISSÃO DE FÁBRICA PREVISTA EM REGULAMENTO INTERNO DA EMPRESA HÁ MAIS DE 20 ANOS. EXTINÇÃO DA COMISSÃO POR ATO UNILATERAL DA EMPRESA. INVALIDADE. A Constituição assegura o direito à representação obreira intraempresarial (art. 11, CF), não somente enquanto expressão do direito fundamental à liberdade de associação, como também na qualidade de expressão de seu próprio conceito de Estado Democrático de Direito, que concebe a necessidade de a sociedade civil ser também democrática e inclusiva. Na esteira do avanço trazido pela promulgação da Constituição de 1988 — e de sua autorização amplificadora de direitos e garantias individuais, sociais e coletivos trabalhistas, o Brasil ratificou, logo a seguir, a Convenção n. 135 da OIT, denominada de '*Convenção Relativa aos Representantes dos Trabalhadores*'. A Convenção n. 135 acentua, entre outros aspectos, a importância de serem adotadas disposições complementares ao direito de organização e negociação coletiva — disposições também direcionadas à representação coletiva dos trabalhadores. A finalidade da Convenção n. 135 da OIT, portanto, é a de reforçar práticas democráticas complementares (ao invés de práticas excludentes, é claro) no âmbito das empresas e de seus estabelecimentos, por meio da pluralidade de atores e da ampliação da representação coletiva obreira, seja ela vinculada aos sindicatos ou a outros tipos de representantes eleitos. A Lei da Reforma Trabalhista disciplina essa modalidade de representação coletiva dos empregados na empresa (comissão de fábrica), por meio da inserção de novo Título na CLT: o Título VI-A — Da Representação dos Empregados —, composto pelos arts. 510-A até 510-D. Por meio dela se instituiu a figura da comissão de representação dos empregados, no interior das empresas 'com mais de duzentos empregados', visando à '*finalidade de promover-lhes o entendimento direto com os empregadores*' (*caput* do novo art.510-A da CLT). Embora exista, na legislação heterônoma estatal, um claro condicionamento para a instituição cogente da comissão de representação nas empresas, dado por um número mínimo de empregados, é evidente que a Constituição da Republica autoriza às normas legais ordinárias, às normas internacionais ratificadas, à própria negociação coletiva trabalhista e até mesmo aos regulamentos internos empresariais que criem regras jurídicas mais favoráveis do que a fixada no art. 11 da CF/88 e a do art. 510-A da CLT. É o que se depreende do sentido o princípio da norma mais favorável, que foi claramente incorporado pelo *caput* do art. 7º da Constituição: ' *São direitos dos trabalhadores urbanos e rurais, além de*

No julgado em referência, o colegiado destacou que as diretrizes plasmadas na Convenção n. 135 da OIT, lidas em conjunto com o princípio da ampliação da proteção social dos trabalhadores, positivado no art. 7º, *caput*, da Constituição Federal e com o direito à negociação coletiva (art. 7º, XXVI, da CF), impunham a extensão das garantias concebidas em favor das representações unitárias de trabalhadores também para aquelas instâncias criadas em sede de regulamento empresarial nas unidades com menos de duzentos trabalhadores.

4.3.6. A ratificação das Convenções ns. 98 e 135 da OIT e a interpretação de seu conteúdo pela jurisprudência

Não obstante a histórica omissão do legislador pátrio quanto à edição de diplomas especificamente voltados à coibição das práticas *antissindicais* e *antirrepresentativas*, o Brasil ratificou — em 1952 e em 1991, respectivamente — as Convenções ns. 98 e 135 da OIT que asseguram, em termos gerais, a proteção dos empregados e dos representantes sindicais e unitários dos trabalhadores contra tal sorte de condutas.

Por constituírem verdadeiros *pontos fora da curva* ante a histórica ausência de normas concernentes à proteção contra as práticas antissindicais e antirrepresentativas, as Convenções ns. 98 e 135 da OIT passaram a ser constantemente invocadas pelos trabalhadores, entidades e instâncias representativas tolhidos por condutas patronais, governamentais e mesmo sindicais tendentes a prejudicá-los no que diz respeito à plena fruição do direito à liberdade sindical.

No entanto, a tendência inicial do Poder Judiciário diante dos comandos emanados das Convenções ns. 98 e 135 da OIT — na linha do entendimento formulado a respeito dos demais diplomas internacionais oriundos da OIT — foi pautada pela negativa de autoaplicabilidade a tais preceitos, sob a assertiva de que estes últimos, a despeito de integrarem o ordenamento jurídico pátrio, configurariam meras recomendações diretivas ao legislador doméstico e dependeriam, por isso mesmo, de complementação normativa para terem plena cogência.

Tal entendimento perfilhado inicialmente pelo Poder Judiciário, partilha de uma visão positivista a respeito dos princípios jurídicos definidores de direitos fundamentais segundo a qual a aplicação dos dispositivos constantes das Convenções da OIT somente teria lugar no momento em que fosse possível promover a subsunção precisa dos casos concretos (*premissas menores*) na legislação específica (*premissa maior*).

Para tanto, o Poder Judiciário se valeu do clássico escólio de José Afonso da Silva a respeito da efetividade das normas constitucionais de conteúdo programático que, segundo o autor em

outros que visem à melhoria de sua condição social: (...)'. Na situação dos autos , a existência da comissão de representação dos trabalhadores é prevista em regulamento da Empresa Suscitante há quase 30 anos (desde 1992), sem qualquer vinculação a um número mínimo de empregados e com nítido intuito continuativo. Depreende-se, inclusive, que o regulamento empresarial estabelece que eventuais revisões das condições de existência da comissão sejam precedidas de negociação coletiva (art. 16). Nada obstante, no ano de 2020, a Empresa chegou a extingui-la, sob o fundamento de que a redução do quadro de funcionários para menos de 200 afastaria a obrigatoriedade de sua manutenção. Com efeito, o art. 510-A da CLT dispõe ser assegurada a eleição da comissão de representação apenas nas empresas com mais de duzentos empregados. Ocorre que, na situação vertente, o direito à existência da comissão incorporou-se às relações jurídicas como condição mais favorável, independentemente do critério quantitativo fixado na Lei. E, por se tratar de vantagem de natureza coletiva, prevista em regulamento empresarial, não poderia ser extirpada unilateralmente do patrimônio jurídico dos trabalhadores, sob pena de desrespeito aos princípios da inalterabilidade contratual lesiva, da incorporação da norma mais favorável, bem como o da lealdade e transparência nas relações coletivas de trabalho. Nesse contexto, deve ser mantida a decisão do TRT, que considerou ilícita a extinção unilateral pela Empresa da comissão de representação. Recurso ordinário desprovido neste aspecto." BRASIL: TRIBUNAL SUPERIOR DO TRABALHO. RECURSO ORDINÁRIO EM DISSÍDIO COLETIVO N. 1002264-93.2020.5.02.0000. RELATOR: Ministro Mauricio Godinho Delgado. Subseção de Dissídios Coletivos. *DJ*: 11.11.2021.

referência, seriam "*esquemas genéricos, simples programas a serem desenvolvidos ulteriormente pela atividade dos legisladores ordinários (...) visando à realização dos fins sociais*".[(603)]

Nesse sentido, a jurisprudência firmada no âmbito do Tribunal Superior do Trabalho no curto período da década de 1990 a intermediar a ratificação e a denúncia unilateral da Convenção n. 158 da OIT pelo Brasil, se ateve ferreamente ao entendimento de que o diploma em referência não possuía densidade normativa suficiente para vincular de maneira direta os empregadores de modo a vedar-lhes a dispensa imotivada de seus empregados.[(604)]

O entendimento em questão acabou por pautar, naturalmente, a compreensão em torno da tutela emanada da Convenção n. 98 da OIT contra as práticas antissindicais e, nesse sentido, a jurisprudência emanada nas décadas de 1990 e 2000 firmou-se no sentido de que a tutela contra as práticas antissindicais – especialmente no que diz respeito ao direito à estabilidade – não poderia ser exercida para além dos estreitos limites dos arts. 522 e 543, § 3º, da CLT, de modo que a proteção dos demais trabalhadores contra tais condutas dependeria da edição de diplomas normativos complementares pelo legislador interno.[(605)]

---

(603) SILVA, José Afonso da. *Aplicabilidade das normas constitucionais*. 7. ed. São Paulo: Malheiros Editores, 2008. p. 137-138.

(604) *Vide*, a propósito: "REINTEGRAÇÃO. APLICAÇÃO DA CONVENÇÃO N. 158 DA OIT. IMPOSSIBILIDADE. A jurisprudência desta Corte firmou-se no sentido de que a Convenção n. 158 da OIT, por se tratar de norma programática, dependente de lei complementar para que seja aplicada internamente – e já denunciada pelo Governo brasileiro —, ostentava eficácia limitada, não garantindo direito ao emprego capaz de autorizar sua reintegração." BRASIL: TRIBUNAL SUPERIOR DO TRABALHO. RECURSO DE REVISTA N. 1332356-02.2004.5.04.0900. RELATOR: Min. Emmanoel Pereira. 5ª Turma. *DJ*: 18.9.2009.

(...)

"A proteção instituída na Convenção n. 158 da OIT, contra a despedida arbitrária ou sem justa causa, subordina-se, a teor do seu art. 10, às modalidades admitidas pelo direito interno do Estado signatário. O Plenário do STF, em decisão liminar, proferida nos autos da ADIN 1.480-DF, condicionou a constitucionalidade da Convenção n. 158 da OIT à interpretação compatível com os arts. 7º, I, da Lei Maior e 10 do ADCT, respeitada a reserva de lei complementar aí exigida, insuscetível de substituição por tratado internacional que, incorporado ao direito interno, assume posição hierárquica de lei ordinária. Ao julgamento de mérito, referida ADIN foi extinta, por perda de objeto, com a denúncia da Convenção pelo Estado Brasileiro em 20.11.1996. Na esteira do excelso Supremo Tribunal Federal, esta Corte firmou jurisprudência no sentido de que o aludido tratado, ratificado pelo Brasil em 05.01.1995 e denunciado em 20.11.1996, enquanto vigente, revestia-se de natureza programática e eficácia limitada, conquanto dependente, a matéria nele disciplinada, de regulamentação por lei complementar, na forma do art. 7º, I, da Constituição, de modo que sua recepção no direito pátrio não foi suficiente para garantir a permanência no emprego e autorizar comando de reintegração ou indenização, em caso de despedida sem justa causa." BRASIL: TRIBUNAL SUPERIOR DO TRABALHO. EMBARGOS NO RECURSO DE REVISTA N. 644813-89.2000.5.17.5555. RELATORA: Ministra Rosa Maria Weber Candiota da Rosa. Subseção I de Dissídios Individuais. *DJ*: 18.5.2007.

(...)

CONVENÇÃO INTERNACIONAL N. 158 DA OIT REINTEGRAÇÃO NÃO ASSEGURADA. A jurisprudência desta Corte Superior e do egr. STF entendem que a Convenção Internacional n. 158 da OIT não trouxe o direito à reintegração ou à indenização quando a despedida for imotivada, sendo esta uma norma meramente programática, inclusive, estando em patamar inferior à norma que deve regulamentar o art. 7º, inciso I, da Constituição Federal, por ter natureza de lei ordinária, não podendo se socorrer o reclamante do fato de a perda de vigência da Convenção da OIT ser posterior à sua despedida. (Precedente ADIn n. 1480-DF). Desprovimento. BRASIL: TRIBUNAL SUPERIOR DO TRABALHO. RECURSO DE REVISTA N. 534966-56.1999.5.17.0008. RELATORA: Juíza convocada Maria do Perpétuo Socorro Wanderley de Castro. 1ª Turma. *DJ*: 31.3.2006.

(605) Nesse sentido: "ESTABILIDADE SINDICAL. REINTEGRAÇÃO. REQUISITOS. NÃO PREENCHIMENTO. A estabilidade prevista nos arts. 8.º, VIII, da CR e 543, § 3.º, da CLT, abrange apenas os ocupantes de cargo de direção do sindicato, observadas as limitações do art. 522, da CLT. Os integrantes de seções sindicais não são ocupantes de cargo de direção e representação sindical e não possuem estabilidade na forma dos arts. 517, § 2.º e 523, da CLT. Verificado que os recorrentes não foram eleitos para cargos de direção e representação sindical, mas compõem seção sindical, não há falar em estabilidade. Recurso conhecido. Preliminar rejeitada. No mérito, não provido.

(...)

A Convenção n. 98, da OIT, tem *status* de lei ordinária, portanto, se submete às regras constitucionais vigentes no País. Mas se avulta tal conclusão quando se verifica o conteúdo programático do instrumento citado. Com efeito, a Convenção n. 98, da OIT, em seu art. 1º, § 2º, *b*, estabelece a proteção dos empregados contra atos discriminatórios e referida proteção deve ser aplicada aos atos que visem "causar a demissão de um trabalhador ou prejudicá-lo de outra maneira por sua

A despeito de tal tendência jurisprudencial, é digno de registro o acórdão lavrado em 1997 pelo Supremo Tribunal Federal nos autos da Ação Direta de Inconstitucionalidade n. 1.675/DF, relatado pelo Ministro Sepúlveda Pertence, pelo qual a Convenção n. 106 da OIT, relativa aos repousos hebdomadários, foi reconhecida como conteúdo integrativo do art. 7º, XV, da Constituição Federal para fins de fixação do domingo como dia de descanso segundo a tradição nacional e, consequentemente, como fundamento normativo para a declaração de inconstitucionalidade da Medida Provisória n. 1.539/97, a versar justamente sobre o funcionamento do comércio varejista naquele dia da semana.(606)

Não obstante a consolidação de tal linha de compreensão em torno do conteúdo meramente programático das convenções da OIT, a jurisprudência dos tribunais pátrios tem avançado significativamente nos últimos anos em direção à superação de tal posicionamento, mormente após o julgamento dos precedentes oriundos do Supremo Tribunal Federal que conferiram aos tratados internacionais de direitos humanos hierarquia infraconstitucional, porém supralegal.(607)

---

filiação a um sindicato ou participação em atividades sindicais fora das horas de trabalho ou, com o consentimento do empregador, durante o horário de trabalho", ou seja, cria uma regra programática para os países que ratificaram a convenção, porém, em nenhum momento confere estabilidade aos empregados, não sendo autorizadora do pleito.

(...)

Aqui devo dizer aos recorrentes que a presente decisão não se nega a aplicar a Convenção n. 98, da OIT, pelo contrário, está aplicando a referida norma e dizendo, expressamente, que ela não dá guarida à pretensão esposada, situação que não pode ser alterada pela utilização dos princípios da dignidade humana, do valor social do trabalho e da liberdade sindical. Os recorrentes não possuem nenhuma estabilidade porque não são dirigentes sindicais e assim sendo podem ser dispensados sem justa causa, o que efetivamente ocorreu. O fato de serem filiados ao sindicato, por si só e nos termos da legislação vigente, mesmo considerando os termos da Convenção n. 98, da OIT, não lhes confere estabilidade no emprego na forma pretendida, portanto, o pleito não pode ser atendido." BRASIL: TRIBUNAL REGIONAL DO TRABALHO DA 10ª REGIÃO. RECURSO ORDINÁRIO N. 00273-2006-102-10-00-4. RELATORA: Juíza convocada Cilene Ferreira Amaro Santos. 1ª Turma. *DJ*: 16.2.2007.

(606) "EMENTA: I. Medida provisória: a questão do controle jurisdicional dos pressupostos de relevância e urgência e a da prática das reedições sucessivas, agravada pela inserção nas reedições da medida provisória não convertida, de normas estranhas ao seu conteúdo original: reserva pelo relator de reexame do entendimento jurisprudencial a respeito. II. Repouso semanal remunerado preferentemente aos domingos (CF, art. 7º, XV): histórico legislativo e inteligência: arguição plausível de consequente inconstitucionalidade do art. 6º da M. Prov. 1539-35/97, o qual — independentemente de acordo ou convenção coletiva — faculta o funcionamento aos domingos do comércio varejista: medida cautelar deferida. A Constituição não faz absoluta a opção pelo repouso aos domingos, que só impôs "preferentemente"; a relatividade daí decorrente não pode, contudo, esvaziar a norma constitucional de preferência, em relação à qual as exceções — sujeitas à razoabilidade e objetividade dos seus critérios — não pode converter-se em regra, a arbítrio unicamente de empregador. A Convenção n. 126 da OIT reforça a arguição de inconstitucionalidade: ainda quando não se queira comprometer o Tribunal com a tese da hierarquia constitucional dos tratados sobre direitos fundamentais ratificados antes da Constituição, o mínimo a conferir-lhe é o valor de poderoso reforço à interpretação do texto constitucional que sirva melhor à sua efetividade: não é de presumir, em Constituição tão ciosa da proteção dos direitos fundamentais quanto a nossa, a ruptura com as convenções internacionais que se inspiram na mesma preocupação." BRASIL: SUPREMO TRIBUNAL FEDERAL. MEDIDA CAUTELAR NA AÇÃO DIRETA DE INCONSTITUCIONALIDADE N. 1.675/ DF. RELATOR: Min. Sepúlveda Pertence. Plenário. *DJ*: 19.9.2003.

(607) "DIREITO PROCESSUAL. *HABEAS CORPUS*. PRISÃO CIVIL DO DEPOSITÁRIO INFIEL. PACTO DE SÃO JOSÉ DA COSTA RICA. ALTERAÇÃO DE ORIENTAÇÃO DA JURISPRUDÊNCIA DO STF. CONCESSÃO DA ORDEM. 1. A matéria em julgamento neste *habeas corpus* envolve a temática da (in)admissibilidade da prisão civil do depositário infiel no ordenamento jurídico brasileiro no período posterior ao ingresso do Pacto de São José da Costa Rica no direito nacional. 2. O julgamento impugnado via o presente *habeas corpus* encampou orientação jurisprudencial pacificada, inclusive no STF, no sentido da existência de depósito irregular de bens fungíveis, seja por origem voluntária (contratual) ou por fonte judicial (decisão que nomeia depositário de bens penhorados). Esta Corte já considerou que "o depositário de bens penhorados, ainda que fungíveis, responde pela guarda e se sujeita a ação de depósito" (HC n. 73.058/SP, rel. Min. Maurício Corrêa, 2ª Turma, *DJ* de 10.05.1996). Neste mesmo sentido: HC 71.097/PR, rel. Min. Sydney Sanches, 1ª Turma, *DJ* 29.03.1996). 3. Há o caráter especial do Pacto Internacional dos Direitos Civis Políticos (art. 11) e da Convenção Americana sobre Direitos Humanos – Pacto de San José da Costa Rica (art. 7º, 7), ratificados, sem reserva, pelo Brasil, no ano de 1992. A esses diplomas internacionais sobre direitos humanos é reservado o lugar específico no ordenamento jurídico, estando abaixo da Constituição, porém acima da legislação interna. O *status* normativo supralegal dos tratados internacionais de direitos humanos subscritos pelo Brasil, torna inaplicável a legislação infraconstitucional com ele conflitante, seja ela anterior ou posterior ao ato de ratificação. 4. Na atualidade a única hipótese de prisão civil, no Direito brasileiro, é a do devedor de alimentos. O art. 5º, § 2º, da Carta Magna, expressamente estabeleceu que os direitos e garantias

Nesse sentido, diversos são os julgados – inclusive do Tribunal Superior do Trabalho – que se valeram do caráter supralegal das Convenções ns. 98 e 135 da OIT para lhes conferir plena aplicabilidade, no sentido de impor a vedação em concreto de práticas antissindicais e antirrepresentativas mesmo naquelas situações em que a legislação ordinária não possui normas tutelares específicas e mesmo quando os casos concretos não se inserem nos lindes estreitos da estabilidade sindical prevista nos arts. 522 e 543 da CLT.

Nesse sentido, é mister destacar as decisões proferidas nos Recursos de Revista n. 231000-81.2009.5.18.0102 e n. 166900-50.2009.5.15.0022, bem como no Recurso Ordinário em Dissídio Coletivo n. 20923-26.2014.5.04.0000 em que o caráter supralegal da Convenção n. 98 serviu de fundamento para a coibição de atos patronais tendentes a determinar o imediato retorno ao trabalho dos empregados no curso de um movimento reivindicatório e para vedar o estabelecimento, em norma coletiva, de taxa a ser paga pelos empregadores ao sindicato obreiro.[608]

---

expressos no *caput* do mesmo dispositivo não excluem outros decorrentes do regime dos princípios por ela adotados, ou dos tratados internacionais em que a República Federativa do Brasil seja parte. O Pacto de São José da Costa Rica, entendido como um tratado internacional em matéria de direitos humanos, expressamente, só admite, no seu bojo, a possibilidade de prisão civil do devedor de alimentos e, consequentemente, não admite mais a possibilidade de prisão civil do depositário infiel. 5. *Habeas corpus* concedido." BRASIL: SUPREMO TRIBUNAL FEDERAL. *HABEAS CORPUS* N. 88.240/SP. RELATORA: Ministra Ellen Gracie Northfleet. 2ª Turma. *DJ*: 24.10.2008.

(608) "RECURSO DE REVISTA DA RECLAMADA – CONDIÇÕES DE TRABALHO – ATO REIVINDICATÓRIO – PARALISAÇÃO – MOVIMENTO PACÍFICO – DISPENSA POR JUSTA CAUSA – DESCARACTERIZAÇÃO – CONDUTA ANTISSINDICAL – OFENSA AO PRINCÍPIO DA LIBERDADE SINDICAL – CONVENÇÃO N. 98 DA OIT – ART. 1º – NORMA INTERNACIONAL DE PROTEÇÃO A DIREITOS FUNDAMENTAIS – INTEGRAÇÃO AO ORDENAMENTO JURÍDICO INTERNO – *STATUS* SUPRALEGAL. A questão objeto do recurso, além de deter contornos nitidamente constitucionais (art. 9º da Constituição Federal), também encontra respaldo no disposto na convenção n. 98 da OIT, que trata sobre o direito de sindicalização e de negociação coletiva. O reconhecimento da relação de interdependência existente entre as ordens jurídicas nacional e internacional, vislumbrado no *leading case* em que o Supremo Tribunal Federal decidiu sobre a incorporação das normas constantes no Pacto de San José da Costa Rica ao direito pátrio, implicou o reconhecimento de que os direitos fundamentais estabelecidos em tratados internacionais possuem *status* supralegal, isto é, posição hierárquica inferior à Constituição, porém superior à legislação interna. Portanto, para a afirmação do direito fundamental à liberdade sindical, em sua plenitude e efetividade, é imprescindível a utilização de instrumentos internacionais de proteção contra atos antissindicais. De acordo com a Convenção n. 98 da OIT, todos os trabalhadores devem ser protegidos de atos discriminatórios que atentem contra a liberdade sindical, não só referentes à associação ou direção de entidades sindicais, mas também quanto à participação de atos reivindicatórios ou de manifestação política e ideológica, conforme se destaca da redação do art. 1º da aludida convenção.

O exercício pacífico da organização coletiva dos trabalhadores, fora do local da empresa, antes do horário de trabalho, em prol da reivindicação por condições de trabalho, não se enquadra como ato de indisciplina ou insubordinação, mas como exercício regular de um direito. E, no âmbito de uma reivindicação coletiva dos trabalhadores, a desobediência à ordem emanada pela empregadora, que determinou o retorno imediato ao trabalho, longe de configurar ato de insubordinação ou indisciplina — que se caracterizam pelo desrespeito às ordens proferidas pelo empregador no exercício do poder empregatício, ou seja, na condução da prestação de serviços — apenas revela a resistência dos trabalhadores à condução autoritária da negociação com o movimento obreiro, o que não se enquadra em nenhuma das hipóteses de rescisão contratual por justa causa insertas no art. 482 da CLT. Nessa medida, a decisão do 18º Tribunal Regional do Trabalho, que converteu em dispensa imotivada a justa causa aplicada pela reclamada a um dos 123 trabalhadores envolvidos no ato reivindicatório que não obedeceram à sua ordem de retorno ao serviço, revela a plena observância ao princípio da liberdade sindical, e consagra a eficácia plena do art. 1º da Convenção n. 98 da OIT." BRASIL: TRIBUNAL SUPERIOR DO TRABALHO. RECURSO DE REVISTA N. 231000-81.2009.5.18.0102. RELATOR: Min.Luiz Philippe Vieira de Mello Filho. 4ª Turma. *DJ*: 1º.6.2012.

"ABSTENÇÃO DE INSERIR CLÁUSULA PREVENDO O PAGAMENTO DE TAXAS OU CONTRIBUIÇÕES PELOS EMPREGADORES AO SINDICATO OBREIRO. CONDUTA ANTISSINDICAL. CONVENÇÃO N. 98 DA OIT.

A transferência ao empregador do custeio do sindicato obreiro não encontra respaldo no ordenamento vigente, além de constituir risco ao exercício independente da atividade sindical, em afronta ao princípio da autonomia, consagrado no art. 8o, I, da Constituição Federal. O desempenho livre e independente das atividades do sindicato dos trabalhadores passa pela ausência de subordinação financeira em relação aos empregadores. Daí porque se reconhece o prejuízo oriundo da cláusula normativa que transfere às empresas o poder de repassar dinheiro ao sindicato que representa seus trabalhadores. A acionada praticou ato qualificado como "conduta antissindical", e não apenas violou o direito fundamental dos trabalhadores ao livre desenvolvimento da atividade do sindicato que os representa, como também comprometeu, ainda que por via oblíqua, o desenvolvimento da categoria por ele representada, em virtude da possibilidade de comprometer uma das mais importantes garantias para o exercício da atividade sindical: a liberdade. Igualmente desrespeitada a Convenção n. 98 da OIT, que, em seu art. 2o considera ato reprovável de ingerência "promover

De igual modo, há de se pontuar o entendimento firmado nos Agravos de Instrumento em Recurso de Revista n. 312-07.2013.5.03.0100 e 673-28.2012.5.03.0013 a estabelecerem, com arrimo na Convenção n. 98 da OIT, a ilicitude das condutas patronais tendentes a promover a desfiliação massiva dos empregados em relação a uma determinada entidade sindical obreira e a impedir a liberação de determinados dirigentes sindicais para a participação em evento de interesse da categoria profissional.(609)

De modo ainda mais incisivo, cumpre registrar o considerável avanço demarcado pelo Tribunal Superior do Trabalho no julgamento do Recurso de Revista n. 189-64.2013.5.04.0008, a ter por relator o Ministro Mauricio Godinho Delgado. No referido precedente, reconheceu-se, com arrimo nas Convenções n. 98 e n. 135 da OIT, que os dirigentes das centrais sindicais são titulares das garantias previstas na legislação constitucional e infraconstitucional, especialmente no que converte à proteção do emprego, ainda que aquelas entidades de cúpula não integrem o sistema confederativo.(610)

---

a constituição de organizações de trabalhadores dominadas por organizações de empregadores ou manter organizações de trabalhadores com recursos financeiros ou de outra espécie, com o objetivo de sujeitar essas organizações ao controle de empregadores ou de organizações de empregadores." Acertada, portanto, a decisão regional que acolheu a pretensão do Ministério Público do Trabalho. Agravo de instrumento a que se nega provimento." BRASIL: TRIBUNAL SUPERIOR DO TRABALHO. AGRAVO DE INSTRUMENTO NO RECURSO DE REVISTA N. 166900-50.2009.5.15.0022. RELATOR: Min. Cláudio Mascarenhas Brandão. 7ª Turma. *DJ*: 15.5.2015.

"RECURSO ORDINÁRIO INTERPOSTO PELO MINISTÉRIO PÚBLICO DO TRABALHO. ACORDO JUDICIAL. HOMOLOGAÇÃO. CONTRIBUIÇÃO PATRONAL EM FAVOR DO SINDICATO PROFISSIONAL. AUTONOMIA SINDICAL. INGERÊNCIA. CONVENÇÃO N. 98 DA OIT. De acordo com a jurisprudência pacífica desta Corte Normativa, é inválida a cláusula coletiva de acordo judicial, homologado pelo Tribunal Regional, que estipula -doação- da categoria patronal para o sindicato profissional, em razão da transferência, para os empregadores, do custeio da atuação sindical em defesa dos interesses e direitos da categoria, subordinando a categoria à ingerência indevida e atentando contra a autonomia sindical garantida materialmente pelos arts. 8º, IV, da Constituição Federal e 513, e, 578 a 610, da CLT." BRASIL: TRIBUNAL SUPERIOR DO TRABALHO. RECURSO ORDINÁRIO EM DISSÍDIO COLETIVO N. 20923-26.2014.5.04.0000. RELATOR: Min. Walmir Oliveira da Costa. Seção Especializada em Dissídios Coletivos. *DJ*: 19.12.2014.

(609) "AGRAVO DE INSTRUMENTO EM RECURSO DE REVISTA. CONDUTA ANTISSINDICAL DO EMPREGADOR.DESFILIAÇÃO DE EMPREGADO. DANO MORAL. A hipótese é de acórdão que confirma a sentença no reconhecimento da prática pelo empregador de conduta antissindical, configurada pela coação no sentido de desfiliação sindical em massa dos empregados, com enfraquecimento da atuação do sindicato profissional. Menciona que a prova demonstra que a empresa obrigava a desfiliação, fato corroborado pelos testemunhos e pelos inúmeros requerimentos de desfiliação, redigidos em termos bastante semelhantes. Indica a consistência da prova na demonstração do comportamento irregular com o objetivo de retirar do sindicato a independência, a autonomia e a liberdade, com violação à garantia da liberdade sindical. Conclui pela configuração do dano moral, quantificando-o em R$ 5.000,00. Nesse contexto, a violação patronal aos direitos de filiação e de manutenção da filiação é a mais comum das condutas antissindicais praticadas pelo empregador, objeto de severas reprimendas por meio de aparatos institucionais e normativos internacionais e nacionais. A OIT dedica a Convenção n. 98 à matéria, fazendo especial menção, no seu art. 1º, tópico II, *a*, à necessidade de proteção dos trabalhadores contra atos que sujeitem a sua admissão no emprego à filiação ou dissociação sindical." BRASIL: TRIBUNAL SUPERIOR DO TRABALHO. AGRAVO DE INSTRUMENTO NO RECURSO DE REVISTA N. 312-07.2013.5.03.0100. RELATOR: Desembargador Convocado Arnaldo Bóson Paes. 7ª Turma. *DJ*: 26.9.2014.

"LIBERAÇÃO DE DELEGADOS SINDICAIS PARA PARTICIPAREM DE DETERMINADO EVENTO SINDICAL. NORMA COLETIVA. DISCUSSÃO QUANTO AO NÚMERO DE DELEGADOS QUE PODERIAM SER LIBERADOS. DESCONTOS SALARIAIS EM RELAÇÃO AOS DIAS DO EVENTO

1. O TRT consignou que a norma coletiva que tratava da liberação de representantes sindicais para eventos não estabelecia número de empregados que poderiam ser liberados, de modo que o número de 200 representantes indicados pelo sindicato não estava vedado, além de configurar pequeno percentual em relação ao número de empregados existentes na base territorial do sindicato. Por outro lado, considerou que a cláusula normativa, ao estabelecer que a liberação seria sem ônus para a ECT, quis esclarecer que essa empresa não arcaria com as despesas necessárias à participação dos empregados no evento, mas não isentou o pagamento dos salários, já que isso seria contrário ao disposto nos art. 1º e 2º da Convenção n. 98 da OIT." BRASIL: TRIBUNAL SUPERIOR DO TRABALHO. AGRAVO DE INSTRUMENTO NO RECURSO DE REVISTA N. 673-28.2012.5.03.0013. RELATORA: Ministra Kátia Magalhães Arruda. 6ª Turma. *DJ*: 7.2.2014.

(610) "RECURSO DE REVISTA. ESTABILIDADE PROVISÓRIA. DIRIGENTE DE CENTRAL SINDICAL. A estrutura do sistema sindical do País manteve-se, regra geral, dentro dos precedentes moldes celetistas, que não foram inteiramente revogados pela Constituição de 1988. Há, no sistema, uma pirâmide, que se compõe do sindicato, em seu piso, da federação, em seu meio, e da confederação, em sua cúpula. As Centrais Sindicais não compõem o modelo sindical originário, sendo, de certo modo, seu contraponto. Porém constituem, do ponto de vista social, político, ideológico e institucional, entidades líderes do movimento sindical, que atuam e influem em toda a pirâmide regulada pela ordem jurídica. Ora, não

Igual destaque merece o entendimento firmado no Recurso de Revista n. 900-83.2009.5.23.0007 em que as Convenções ns. 98 e 135 da OIT foram utilizadas como parâmetros destinados a obstar a dispensa de empregado envolvido na criação de associação que, muito embora não possuísse personalidade jurídica sindical, estava à frente de movimento reivindicatório.(611)

Há também de se destacar, nesse sentido, o julgado proferido no Recurso de Revista n. 212-68.2017.5.05.0193, em que a Terceira Turma do Tribunal Superior do Trabalho condenou

---

há por que dizer que não sejam acolhidas pelos princípios constitucionais que orientam o Direito Coletivo do Trabalho, embora certamente não o sejam pelo texto do Título V da CLT (-Da Organização Sindical-). Elas, de certo modo, unificam, pela cúpula, a atuação das entidades sindicais, enquanto não superado o modelo corporativista. No plano interno de suas atividades, não apenas fixam linhas gerais de atuação para o sindicalismo em contextos geográficos e sociais mais amplos, como podem erigir instrumentos culturais e logísticos de grande significado para as respectivas bases envolvidas. No plano externo de suas atividades, participam da fundamental dinâmica democrática ao dialogarem com as grandes forças institucionais do País, quer as de natureza pública, quer as de natureza privada.

Finalmente, quase vinte anos após a Constituição de 1988, a ordem jurídica infraconstitucional veio produzir novo avanço no processo de transição democrática do sistema sindical brasileiro, ao realizar o — reconhecimento formal das centrais sindicais — embora sem poderes de negociação coletiva (Lei n. 11.648, de 31.3.2008 - ementa). Consequentemente, em face de as Centrais Sindicais constituírem, do ponto de vista social, político, ideológico e institucional, entidades líderes do movimento sindical, que atuam e influem em toda a pirâmide regulada pela ordem jurídica, há de se assegurar aos seus dirigentes, na linha consagrada às demais entidades representativas dos trabalhadores, as garantias mínimas de proteção à atuação de ente obreiro coletivo. A Convenção n. 98 da OIT (que trata do -direito de sindicalização e de negociação coletiva-), vigorante no Brasil desde a década de 1950, estipula critérios para tais garantias sindicais. O texto convencional da OIT é, na verdade, de suma importância, por sua generalidade e imprecisão, uma vez que invoca o labor intenso do intérprete em busca da realização concreta das garantias a que alude. A Convenção n. 135, por sua vez (vigente no País desde 18.3.1991), que trata da -proteção de representantes de trabalhadores-, estipula a proteção contra a despedida por parte do empregador. Recurso de revista conhecido e provido." BRASIL: TRIBUNAL SUPERIOR DO TRABALHO. RECURSO DE REVISTA N. 189-64.2013.5.04.0008. RELATOR: Min. Mauricio Godinho Delgado. 3ª Turma. *DJ*: 7.11.2014.

(611) "RECURSO DE REVISTA. 1. DESPEDIDA DE INTEGRANTE DE UM GRUPO MINORITÁRIO ENVOLVIDO NO MOVIMENTO PAREDISTA E EM FACE DE ASSOCIAÇÃO PARA FUNDAR SINDICATO PROFISSIONAL. CARACTERIZAÇÃO DE TRATAMENTO DISCRIMINATÓRIO. CONDUTA ANTISSINDICAL (CONVENÇÕES 98 E 135 DA OIT). DESRESPEITO AOS PRINCÍPIOS FUNDAMENTAIS DA DIGNIDADE DA PESSOA HUMANA E DO VALOR SOCIAL DO TRABALHO. (ART. 1º, III E IV, DA CF). REINTEGRAÇÃO. 2. HONORÁRIOS ADVOCATÍCIOS. HIPÓTESE DE CABIMENTO. SÚMULAS 219 E 329/TST. Discriminação é a conduta pela qual se nega à pessoa, em face de critério injustamente desqualificante, tratamento compatível com o padrão jurídico assentado para a situação concreta por ela vivenciada. O princípio da não discriminação é princípio de proteção, de resistência, denegatório de conduta que se considera gravemente censurável. Portanto, labora sobre um piso de civilidade que se considera mínimo para a convivência entre as pessoas. A conquista e afirmação da dignidade da pessoa humana não mais podem se restringir à sua liberdade e intangibilidade física e psíquica, envolvendo, naturalmente, também a conquista e afirmação de sua individualidade no meio econômico e social, com repercussões positivas conexas no plano cultural — o que se faz, de maneira geral, considerado o conjunto mais amplo e diversificado das pessoas, mediante o trabalho e, particularmente, o emprego. As proteções jurídicas contra discriminações na relação de emprego são distintas. A par das proteções que envolvem discriminações com direta e principal repercussão na temática salarial, há as proteções jurídicas contra discriminações em geral, que envolvem tipos diversos e variados de empregados ou tipos de situações contratuais. Embora grande parte desses casos acabem por ter, também, repercussões salariais, o que os distingue é a circunstância de serem discriminações de dimensão e face diversificadas, não se concentrando apenas (ou fundamentalmente) no aspecto salarial. No caso concreto, vale enfatizar algumas premissas consignadas pelo Tribunal Regional no julgamento do recurso ordinário, quais sejam: a) os dez grevistas, inclusive o Reclamante, foram despedidos em razão da adesão à greve e a respectiva associação para fundar o Sindvalores, no qual o obreiro tomou posse como membro do Conselho Fiscal; b) o resultado positivo da avaliação à qual o obreiro foi submetido 30 dias antes da dispensa demonstra sua aptidão para o exercício das suas funções; c) a contratação de três novos trabalhadores após a saída do obreiro revela que a dispensa não decorreu de excesso de trabalhadores. Nesse contexto, a prática da Reclamada contrapõe-se aos princípios basilares da nova ordem constitucional, mormente àqueles que dizem respeito à proteção da dignidade humana e da valorização do trabalho humano (art. 1º, III e IV, da CR/88) e à isonomia de tratamento (art. 5º, *caput*, da CR/88), sem contar a vedação à prática de atos antissindicais (arts. 2-1 e 2, Convenção n. 98 da OIT; art. 1º, Convenção n. 135 da OIT). Assim, o recurso de revista não preenche os requisitos previstos no art. 896 da CLT, pelo que inviável o seu conhecimento. Recurso de revista não conhecido." BRASIL: TRIBUNAL SUPERIOR DO TRABALHO. RECURSO DE REVISTA N. 900-83.2009.5.23.0007. RELATOR: Min. Mauricio Godinho Delgado. 3ª Turma. *DJ*: 7.3.2014.

prática implementada por determinada empresa no sentido de conceder uma *bonificação* aos empregados que se recusaram a participar de greve.(612)

Não obstante os significativos avanços vislumbrados na jurisprudência pátria em direção à autoaplicabilidade das Convenções ns. 98 e 135, ainda não há consenso quanto ao amplo escopo de seus dispositivos tuitivos, no sentido de tutelar a generalidade dos empregados e das entidades obreiras — sindicais ou unitárias — em face das práticas antissindicais, na linha do entendimento propalado pelo presente trabalho. Nesse particular, a supralegalidade dos tratados direitos humanos ainda não foi utilizada integralmente pelos Tribunais pátrios como um mecanismo de controle do direito doméstico, especialmente daqueles vetustos dispositivos da CLT que limitam sobremaneira as garantias conferidas aos dirigentes sindicais e representativos.(613)

De fato, viu-se alhures que o Supremo Tribunal Federal mantém ainda nos presentes dias a orientação no sentido de que apenas os sete dirigentes sindicais e seus respectivos suplentes mencionados no art. 522 da CLT poderiam ser contemplados com a garantia de estabilidade, independentemente do porte das entidades. Tal compreensão foi engendrada sem se levar em conta os comandos emanados das Convenções ns. 98 e 135 da OIT, cujos enunciados nada mais

(612) "RECURSO DE REVISTA. GREVE. BONIFICAÇÃO A TRABALHADORES NÃO PARTICIPANTES. CONDUTA ANTISSINDICAL – CARACTERIZAÇÃO. INDENIZAÇÃO. DANOS MORAL E MATERIAL.

O direito de greve, ínsito ao Estado Democrático de Direito e consagrado na Constituição Federal como direito fundamental (art. 9º), representa expressão da autonomia privada coletiva, sendo corolário da liberdade e autonomia sindicais (art. 8 da CLT). Por essa razão, o direito comparado e o direito pátrio identificam comportamentos que visem a enfraquecer esse direito e essa liberdade, as chamadas práticas desleais ("unfair labour practices") ou antissindicais. Quanto ao tema, o art. 1º da Convenção n. 98 da OIT, da qual o Brasil é signatário, dispõe: "Os trabalhadores deverão gozar de proteção adequada contra quaisquer atos atentatórios à liberdade sindical em matéria de emprego."

Rememore-se a lição de Oscar Ermida Uriarte, para quem as condutas ou atos antissindicais são "aqueles que prejudiquem indevidamente um titular de direitos sindicais no exercício da atividade sindical ou por causa desta ou aqueles atos mediante os quais lhe são negadas, injustificadamente, as facilidades ou prerrogativas necessárias ao normal desempenho da ação coletiva"

Veda-se, portanto, a discriminação decorrente da expressão da liberdade sindical, da qual é exemplo a greve. Qualquer conduta tendente a mitigar ou obstaculizar o direito (tanto individual quanto coletivo) configura ilícito.

Segundo o autor uruguaio referido, são três os grupos de medidas de proteção, que abrangem não só dirigentes sindicais e empregados sindicalizados, mas todos os trabalhadores: preventivas, reparatórias e complementares. Especificamente quanto à greve, a proteção positivou-se, no direito objetivo brasileiro, no art. 6º, § 2º, da Lei n. 7.783/89.

Praticado o ilícito, deve o empregador arcar com a reparação, por meio de indenização por danos moral e material (arts. 186, 187 e 927 do Código Civil)

No caso concreto, o pagamento de vantagem pecuniária expressiva a trabalhadores que não participaram do movimento paredista evidencia a prática de sofisticada conduta antissindical, com a intenção de frustrar greve. 9. Perpetrada a quebra da isonomia entre empregados (sendo a isonomia protoprincípio da Constituição Federal – art. 5º), tem o trabalhador reclamante direito à mesma bonificação ofertada, em caráter geral, aos empregados não grevistas. Da mesma forma, a discriminação e a ofensa a direito fundamental provocam, "in re ipsa", violação dos direitos de personalidade do reclamante. Assim, também é devida indenização por dano moral. Recurso de revista conhecido e provido." BRASIL: TRIBUNAL SUPERIOR DO TRABALHO. RECURSO DE REVISTA N. 212-68.2017.5.05.0193. RELATOR: Ministro Alberto Luiz Bresciani de Fontan. 3ª Turma. *DJ*: 4.12.2020.

(613) Nesse sentido, Valério de Oliveira Mazzuoli pondera que: "A constituição não exclui a aplicação dos tratados, e nem estes excluem a aplicação dela, mas ambas as normas (Constituição e tratados) se unem para servir de obstáculo à produção normativa doméstica infraconstitucional que viole os preceitos ou da Constituição ou dos tratados de direitos humanos em que a República Federativa do Brasil é parte. As normas infraconstitucionais, doravante, para serem *vigentes* e *válidas*, deverão submeter-se a esse novo exame de compatibilidade vertical material, solução esta mais fluida (e, portanto, capaz de melhor favorecer a 'evolução do direito') e mais consentânea com os ditames da pós-modernidade jurídica.

(...)

Com isto, possibilita-se a criação de um Estado Constitucional e Humanista de Direito em que *todo* o direito doméstico guarde total compatibilidade tanto com a Constituição quanto com os tratados internacionais de direitos humanos ratificados pelo Estado, chegando-se, assim, a uma ordem jurídica interna *perfeita*, que tem no valor dos direitos humanos sua maior racionalidade, principiologia e sentido." MAZZUOLI, Valério de Oliveira. *Tratados Internacionais de Direitos Humanos e Direito interno.* São Paulo: Saraiva, 2010. p. 214.

representam senão concretizações do conteúdo histórico-institucional da liberdade sindical assegurada nos arts. 8º e 11 da Constituição Federal.

Em que pesem tais avanços pontuais e os obstáculos de ordem conceitual a serem superados pela jurisprudência pátria no que concerne à ampla aplicação das Convenções ns. 98 e 135 da OIT nos casos concretos, é preciso examinar a amplitude do conceito de *liberdade sindical* para além dos referidos diplomas internacionais e dos demais dispositivos que o consagram especificamente, a fim de que a tutela dos trabalhadores e de suas entidades contra as práticas antissindicais seja plena. É exatamente sobre isso que a análise a ser empreendida nas próximas linhas será dedicada.

4.3.7. Os atos antissindicais e antirrepresentativos sob a perspectiva da tutela jurídica dos direitos da personalidade e dos danos morais trabalhistas

A garantia da liberdade sindical assegurada expressamente nos arts. 8º, 9º e 11 da Constituição Federal e nos Tratados Internacionais de Direitos Humanos ratificados pelo Brasil, não obstante configure um direito fundamental dotado de conteúdo histórico-institucional a lhe conferir características peculiares, pode ser compreendida, juntamente com as demais posições jurídicas titularizadas pelos indivíduos, sob a estrutura lógica a configurar os chamados *direitos da personalidade*.[614]

A *personalidade*, na acepção consagrada por Adriano de Cupis, representa a susceptibilidade do indivíduo de ser titular de direitos e obrigações. Na medida em que este último passa a adquirir posições jurídicas por intermédio do exercício de sua capacidade civil e com respaldo no ordenamento jurídico, vai integrando à esfera de sua personalidade novos direitos.[615]

E sendo a *liberdade sindical* — em suas nuances positivas e negativas — um direito garantido ao indivíduo a partir do momento em que este último, por intermédio de sua capacidade civil, passa a estabelecer com um determinado empregador um contrato de trabalho e vem a fazer parte de uma categoria profissional, integra ela, naturalmente, o amplo leque dos direitos da personalidade.

A *liberdade sindical*, na condição de direito da personalidade, se manifesta no momento em que o indivíduo capaz, movido por suas convicções pessoais e já integrante de uma determinada categoria profissional, decide se filiar ou não a um dado sindicato ou quando opta ele por participar ou não de um ato convocado por sua entidade representativa. Nesse particular, aplica-se plenamente o entendimento de Adriano de Cupis ao conceituar o direito genérico à

(614) Sob tal ótica, os direitos da personalidade seriam decorrência do direito fundamental à liberdade, a compreender as posições jurídicas cujo exercício por parte dos indivíduos seriam exercitáveis dentro dos limites estabelecidos pelo ordenamento jurídico. Nesse sentido, Ricardo Marcondes Martins pontua que: "Do ponto de vista da lógica deôntica, a liberdade consiste num conjunto de condutas, ontologicamente não necessárias nem impossíveis juridicamente qualificadas como facultativas e, portanto, passíveis de serem exercidas ou não exercidas, sendo a escolha fruto apenas da vontade. Trata-se de um conceito *negativo* de liberdade, formulado por exclusão: conjunto de condutas não qualificadas juridicamente como proibidas ou obrigatórias. Esse conceito 'por exclusão' deixa evidente que a liberdade jurídica só é possível de ser compreendida a partir da disciplina da conduta, vale dizer, da qualificação de comportamentos como proibidos e obrigatórios." MARTINS, Ricardo Marcondes. *Teoria jurídica da liberdade*. São Paulo: Contracorrente, 2015. p. 44.

(615) Segundo De Cupis: "A personalidade, ou capacidade jurídica, é geralmente definida como sendo uma susceptibilidade de ser titular de direitos e obrigações jurídicas. Não se identifica nem com os direitos nem com as obrigações, e nem é mais do que a essência de uma simples qualidade jurídica.

(...)

No que diz respeito particularmente aos direitos, tem-se recorrido à imagem da ossatura, que aliás se pode aplicar igualmente às obrigações: a personalidade seria uma ossatura destinada a ser revestida de direitos, assim como os direitos seriam destinados a revestir a ossatura." DE CUPIS, Adriano. Trad.: JARDIM, Adriano Vera. CAEIRO. Antonio Miguel. *Os direitos da personalidade*. Lisboa: Livraria Morais, 1961. p. 13-15.

liberdade como o "*poder de fazer ou de não fazer tudo o que se quer, no âmbito resultante das limitações fixadas pelo ordenamento jurídico.*"[(616)]

Sendo assim, quando os empregadores estabelecem restrições injustificadas ao pleno exercício da liberdade sindical individual por parte dos trabalhadores, nos termos já delineados nos itens anteriores, estarão eles não só cometendo atos antissindicais em sentido estrito, como também infringindo a esfera dos direitos da personalidade titularizados por seus empregados.

E quando a esfera dos direitos da personalidade é maculada, tem-se a materialização da figura jurídica do *dano pessoal* (tido, aqui, por sinônimo de *dano moral*).[(617)] No caso dos atos antissindicais, tal sorte de lesões é caracterizada não apenas por aquele cerceamento ao direito à liberdade titularizado pelo trabalhador, como também pela afronta ao seu direito à livre manifestação da vontade — e, em última instância, à sua própria *intimidade* —, daí resultando, para o obreiro, um nítido prejuízo decorrente da imiscuição indevida do empregador em suas escolhas pessoais, de modo a lhe restringir o exercício de garantias individuais asseguradas pelo ordenamento jurídico pátrio.[(618)]

No caso brasileiro, os *danos à personalidade* (ou *danos morais*) são objeto de tutela própria nos incisos V e X do art. 5º da Constituição Federal, bem como no art. 186 do Código Civil a assentarem, em síntese, que a violação a tais garantias configura ato ilícito e que a toda lesão de tal natureza (aí incluídas, sem exclusão de outros aspectos, os atentados à *intimidade*, à *vida privada*, à *honra* e à *imagem* das pessoas), corresponde o direito à reparação.[(619)]

---

(616) *Ibidem*, p. 108.

(617) Sobre a identidade terminológica entre as duas expressões, Paulo Eduardo Vilhena Oliveira assinala que: "[Se] os direitos da personalidade são constituídos pelas integridades psicofísicas, intelectual e moral, não há razão para invocar um *tertium genus* de dano que somente atinja a vida, a relação social, o sexual, o estático, o psíquico. Qualquer dano que os afeta é pessoal.

(...)

Em síntese: basta a violação de qualquer integridade, de qualquer direito da personalidade, para configuração do dano pessoal.

Concluindo, pois, se o adjetivo 'moral' tiver a mesma compreensão que 'pessoal', ambos são sinônimos, e o que se pode discutir é qual a melhor denominação." OLIVEIRA, Paulo Eduardo Vilhena. *O dano pessoal no Direito do Trabalho*. 2. ed. São Paulo: LTr, 2010. p. 36-37.

(618) Sobre o vínculo entre a vulneração aos direitos da personalidade e os danos morais, Carlos Alberto Bittar pontua que: "Na análise da categoria dos danos morais [observa-se] que no respectivo âmago encontra-se a antinomia a atributos personalíssimos reconhecidos aos titulares de direitos. Reveste-se, pois, de caráter atentatório à personalidade, de vez que se configura por meio de lesões a elementos essenciais da individualidade. Ora, por essa razão é que recebe a viva e ativa repulsa do Direito, que, como já anotado, procura realizar a defesa dos valores básicos da pessoa e do relacionamento social.

Com efeito, a ordem jurídica reconhece às pessoas direitos denominados de personalidade (...) os quais incidem sobre elementos materiais e imateriais que compõem a respectiva estrutura, a fim de possibilitar-lhes a individualização e a identificação no meio social, permitindo-lhes o consequente alcance das metas visadas. Por meio desses direitos é que as pessoas se apresentam, movimentam-se e se afirmam no convívio social, perseguindo os objetivos eleitos na realização de sua missão na órbita terrestre.

Para a tutela correspondente, conta a ordem jurídica com mecanismos de prevenção e de reparação de danos a que podem se submeter, diante dos diversos fatores de causação e presentes os limites expostos.

(...)

De fato, repugnando à consciência humana o dano injusto e sendo necessária a proteção da individualidade para a própria coexistência pacífica da sociedade, a teoria da reparação de danos ou da responsabilidade civil encontra na natureza do homem a sua própria explicação, como, de resto, institutos outros do Direito, em que a moral exerce influência." BITTAR, Carlos Alberto. *Reparação civil por danos morais*. 4. ed. São Paulo: Saraiva, 2015. p. 57-59.

(619) Sobre o conteúdo material dos direitos à personalidade na ordem instituída com a Constituição Federal de 1988, José Affonso Dallegrave Neto assinala que: "Os valores tutelados [no inciso X, da Constituição Federal] (intimidade, vida privada, honra e imagem) nem de longe são tidos como *numerus clausus*, [pois] a orientação majoritária é a da 'tipicidade aberta, ou seja, os tipos previstos na Constituição e na legislação civil são apenas enunciativos, não esgotando as situações suscetíveis de tutela jurídica à personalidade.

Na sistemática adotada pelo ordenamento jurídico pátrio, a pedra de toque da recomposição dos danos à personalidade faz-se representada pelo princípio da *reparação integral* consagrado nos arts. 5º, X, da Constituição Federal e 944 do Código Civil, a preconizar, em síntese, que a reparação a ser provida pelo ofensor de um determinado direito, deve guardar estrita equivalência com o prejuízo imputado, a fim de restaurar, na maior medida possível, o patrimônio jurídico do lesado.

Em decorrência do princípio da reparação integral, formulou-se a noção de que a condenação cível dos ofensores deve atender, na acepção de Paulo de Tarso Vieira Sanseverino, às funções *compensatória, indenitária, concretizadora* e *punitiva*, a fim de que com ela se possa lograr não só o restabelecimento ou a amenização da situação pessoal dos ofendidos, na maior medida possível, como também a prevenção quanto à ocorrência de novas lesões.[(620)]

Nesse sentido, as funções *compensatória* e *indenitária* podem ser consideradas como as duas faces de uma mesma moeda. Com efeito, enquanto a primeira tem por móvel a fixação da condenação na exata proporção do prejuízo experimentado pelo ofendido, a última vislumbra, em sentido oposto, evitar excessos que acarretem o enriquecimento ilícito do lesado. Pode-se dizer, portanto, que ambas as funções ora apreciadas se limitam mutuamente a fim de impedir, ao mesmo tempo, a fixação de reparações que estejam aquém ou além do razoável em cada caso concreto.

A função *concretizadora*, de seu turno, preconiza que a reparação dos danos sofridos seja personalizada, ou seja, leve em conta os prejuízos experimentados em concreto pelo ofendido e com base neles, e em sua exata proporção, seja fixada a compensação. O postulado em apreço tem por intuito maior vedar a fixação de indenizações em abstrato, tal como sói ocorrer com os tarifamentos previstos, por exemplo, nas antigas leis de acidentes do trabalho (Decreto n. 3.764/19, Decreto n. 24.637/34 e Decreto-lei n. 7.046/44) e na Convenção de Varsóvia sobre a aviação comercial, assinada em 1929 e ratificada pelo Brasil em 1931.

No tocante à função *concretizadora*, é mister observar que a *Reforma Trabalhista* instituída com a Lei n. 13.467/2017, buscou estabelecer em seus arts. 223-A a 223-G uma série de parâmetros para a fixação dos danos morais em matéria trabalhista, dentre eles o tabelamento pré-estabelecido das indenizações a serem fixadas pelo Poder Judiciário na análise dos casos concretos. No nosso entendimento, tal iniciativa é francamente atentatória à Constituição Federal, por uma série de aspectos que violam não apenas o princípio da *reparação integral* (art. 5º, X), como também os postulados da *isonomia* (art. 5º, *caput*), da *separação de poderes* (art. 2º)

Nessa esteira afirmativa, o Código Civil fez questão de incluir expressamente o dano moral ao modificar a redação da vetusta regra do art. 159 do CC/16, para assim constar, doravante no art. 186 do CC/2002: 'aquele que por ação ou omissão voluntária, negligência ou imprudência, violar direito e causar dano a outrem, *ainda que exclusivamente moral*, comete ato ilícito.

(...)

É bem verdade que aludido dispositivo do código civil em vigor se reporta aos *atos ilícitos*, dando a entender que se refere apenas às responsabilidades extracontratuais. Contudo, para uma melhor compreensão desse quadro é preciso registrar que a partir da Carta Constitucional de 1988 um novo paradigma surgiu para estudar o direito privado. Trata-se do direito civil-constitucional, ou seja, o direito civil esquadrinhado e interpretado à luz dos novos valores e princípios estampados na Constituição Federal.

Nessa esteira paradigmática, surgiram os direitos de personalidade plasmados no art. 5º, V e X, da Carta. Mais que isso, o constituinte, dada a importância do tema, trouxe uma regra que desenha verdadeira cláusula geral de proteção à personalidade, qual seja, o art. 1º, III, que assegura a dignidade da pessoa humana como fundamento de todo Estado Democrático de Direito. Assim, toda a ordem jurídica deve ser interpretada à luz do princípio da máxima efetividade dos direitos de personalidade." DALLEGRAVE NETO, José Affonso. *Responsabilidade Civil no Direito do Trabalho*. 3. ed., 2. tir. São Paulo: LTr, 2009. p. 145-147.

(620) SANSEVERINO, Paulo de Tarso Vieira. *Princípio da reparação integral.* Indenização no Código Civil. São Paulo: Saraiva, 2010. p. 57-77.

e da proteção ao meio ambiente do trabalho e da proteção contra os riscos de origem laboral (arts. 7º, XXII e 225, *caput*).(621)

No que tange à função *punitiva* (ou *pedagógica*), pode-se dizer que esta vislumbra, em síntese, a imposição de uma sanção de natureza cível ao ofensor, para incutir-lhe a ideia de *arrependimento*, ao mesmo tempo em que proporciona ao ofendido um certo sentimento de justiça realizada, no fito de aplacar-lhe o sofrimento. Nesse mesmo sentido, o aspecto em referência tem por escopo prevenir, através da condenação pecuniária, a ocorrência de novas lesões similares àquela que se busca reparar, de modo a dissuadir não só o ofensor, como também eventuais terceiros que venham a intentar práticas similares no futuro.(622)

No entanto, se o estabelecimento de uma punição severa (desde que proporcional) tem o condão de prevenir futuras lesões, tal intuito bem pode ser obtido, igualmente, através da coibição do dano antes mesmo de sua materialização por parte do Poder Judiciário, por intermédio da aplicação de mecanismos de tutela inibitória. Tem-se, nisso mesmo, o que se convencionou chamar de *função preventiva* da responsabilidade civil.(623)

---

(621) *Vide*, a propósito: EBERT, Paulo Roberto Lemgruber. A nova sistemática da reparação dos danos extrapatrimoniais decorrentes da relação de trabalho: análise sob os prismas da constitucionalidade e da aplicabilidade. In: *Revista eletrônica [do] Tribunal Regional do Trabalho da 9ª Região*, Curitiba, v. 7, n. 67, p. 119-166, abr. 2018.

O Supremo Tribunal Federal, a propósito, iniciou em outubro de 2021 o julgamento da Ação Direta de Inconstitucionalidade n. 5.870/DF e 6.050/DF, ajuizada em face dos arts. 223-A a 223-G da CLT. Após o voto do Ministro Gilmar Mendes, o julgamento foi suspenso em razão do pedido de vistas do Ministro Kássio Marques.

(622) Sobre tal aspecto da função punitiva, Nelson Rosenvald assevera que: "Repensar hoje a responsabilidade civil significa compreender as exigências econômicas e sociais de um determinado ambiente. 'Responsabilizar' já significou punir, reprimir, culpar; com o advento da teoria do risco, 'responsabilizar' se converteu em reparação de danos. Agora, some-se à finalidade compensatória a ideia de responsabilidade como prevenção de ilícitos.

Em todas as políticas de prevenção e repressão de atividades socialmente indesejáveis devem ser feitas determinadas escolhas que se classificam em três grupos: (I) a escolha relativa à definição dos comportamentos ilícitos — entra nesta escolha o grau de culpa necessário a disparar a sanção; (II) a escolha da gestão do risco que os comportamentos indesejáveis assumirão — trata-se de decidir o nível de intervenção preventiva, os eventuais controles e os níveis de desestímulo; (III) a escolha da gestão das consequências dos comportamentos ilícitos. Aqui, não obstante a exigência de ilicitude, objetiva-se aferir qual será a compensação devida à vítima. Com base nessa classificação, a função de desestímulo de ilícitos se insere na 'escolha da gestão do risco', inspirada em considerações de eficiência sobre em que setores devem ser investidos recursos para impedir a prática de atos antijurídicos. Em outro sentido, a função reparatória se insere na 'escolha da gestão das consequências'.

É nesta passagem para uma perspectiva de uma tutela diferenciada de desestímulo, perfeitamente adequada a uma *sociedade de danos*, que o instituto da responsabilidade civil se converte em modelo jurídico de caráter prospectivo, dotado da capacidade de conferir maior efetividade à responsabilidade civil." ROSENVALD, Nelson. *As funções da responsabilidade civil.* A reparação e a pena civil. São Paulo: Atlas, 2013. p. 91-92.

(623) Sobre o tema, André Tunc observa que: "A prevenção é uma função da responsabilidade civil que dificilmente pode ser discutida. É antiga, mas continua válida, mesmo que inúmeros erros sejam cometidos todos os dias por pessoas que esperam escapar de toda a responsabilidade e ter sucesso em fazê-lo, mesmo que não haja chance de impedir que os homens cometam erros.

(...)

A teoria moderna distingue entre duas formas de prevenção, embora não estejam relacionadas. Em seu sentido comum, a prevenção por responsabilidade resulta da ameaça de uma sanção a uma determinada atividade. Essa forma de prevenção é 'específica'. (...) A segunda forma de prevenção (...) [a] 'geral', só pode ser aplicada em uma economia de mercado e para atividades que geram riscos. Implica que devemos nos esforçar para calcular o custo das diversas atividades, incluindo o custo dos acidentes, e que deixemos que o mercado leve em consideração esses custos, para definir quais atividades são desejáveis e como devem ser realizadas. Note-se que ambas correspondem a políticas de prevenção por dissuasão, ainda que a prevenção possa se valer de muitas outras técnicas."

No original: «La prévention est une fonction de la responsabilité civile qui ne peut guère être discutée. Elle est ancienne, mais elle reste valable, même si des fautes innombrables sont tous les jours commises par des personnes qui espèrent échapper à toute responsabilité et y parviennent et même s'il n'y a aucune chance d'empêcher les hommes de commettre des erreurs.

(...)

La théorie moderne distingue deux formes de prévention, buien qu'elles ne soient pas sans rapport. Dans son sens courant, la prévention par la responsabilité résulte de la menace d'une sanction pesant sur une certaine activité. Cette

Não por outra razão, o art. 12 do Código Civil preceitua que "*pode-se exigir que cesse a ameaça, ou a lesão, a direito da personalidade, e reclamar perdas e danos, sem prejuízo de outras sanções previstas em lei*". Assim, diante de um risco conhecido ou hipotético aos direitos da personalidade, cuja materialização é sabidamente causadora de danos àqueles que estão expostos a tal ameaça, a função *preventiva* da responsabilidade civil impõe ao Poder Judiciário a implementação de medidas específicas no sentido de fazer cessar tal situação, antes mesmo que as lesões ao patrimônio jurídico dos indivíduos se concretizem.(624)

No caso dos atos antissindicais, as cinco funções da responsabilidade civil convergirão para a noção de que a reparação das condutas atentatórias à liberdade sindical se dê em momento anterior à sua própria ocorrência (função *preventiva*) ou, quando isto não for possível, que a expiação seja a mais efetiva no sentido de restaurar a situação existente anteriormente à lesão (funções *compensatória* e *concretizadora*), proporcional à gravidade da conduta patronal a ser coibida (função *indenitária*) e, principalmente, apta a evitar a repetição de tais práticas no futuro, seja pelo próprio ofensor ou por outros empresários (função *punitiva* ou *pedagógica*).

No caso da função *preventiva*, é de se notar que em muitas situações a envolverem um estado de ânimos exaltados entre empregadores e trabalhadores a prática de condutas antissindicais constitui, efetivamente, um risco concreto a ser afastado. Não são poucos os casos, especialmente nos momentos imediatamente anteriores à data-base das categorias profissionais, em que os empresários propalam ameaças severas de sanções (e mesmo de demissões) dirigidas aos obreiros que pretendem aderir aos movimentos convocados por seus respectivos sindicatos.

Em tais casos, qual a conduta em concreto a ser implementada pelo Poder Judiciário? Aguardar a materialização daquelas sanções patronais para reparar, posteriormente, os danos já materializados ou agir previamente no sentido de inibir as condutas antissindicais na iminência de serem praticadas? De tudo o que foi até aqui exposto e tendo em vista, além disso, o enunciado do art. 12 do Código Civil, nos parece claro que a segunda alternativa é aquela exigida pelo ordenamento pátrio em tais situações, não apenas para atender à função preventiva da responsabilidade civil, mas também — e principalmente — para velar pelo equilíbrio de forças nas relações coletivas que, ao fim e ao cabo, constitui a própria essência do conteúdo histórico-institucional da liberdade sindical.

---

forme de prévention es apelée «spécifique.» (...) La seconde forme de prévention (...) [la] «génerale», ne peut s'appliquer que dans une économie de marché et pour des activités qui créent des risques. Elle implique que l'on s'efforce de calculer le coût des différentes activités, en y incluant le coût en accidents et qu'on laisse le marché déterminer en considération de ces coûts quelles activités sont désirables et comment elles doivent être conduites. L'une et l'autres, notons-le dès à présent, constituent des politiques de prévention par dissuasion, alors que la prévention doit utuiliser bien d'autres techniques.» TUNC, André. *La responsabilité civile*. Paris: Economica, 1981. p. 134-135.

(624) A propósito, Teresa Ancona Lopez pontua que: "No Direito Civil, quando falamos em 'responsabilidade', estamos a nos referir às consequências danosas de nossos atos e pelas quais devemos responder, seja contratual ou extracontratualmente. Por outro lado, a forma ou modo pelo qual vai se efetivar essa garantia vai depender do instituto jurídico ou do tipo de responsabilidade a que ele está afeto. Geralmente, o modo é indenizatório e em dinheiro, mas isso não exclui a reparação *in natura*, quando as coisas voltam exatamente ao *status quo ante* (um vaso quebrado por outro exatamente igual), ou em outro tipo de atos ressarcitórios, como o desagravo pela imprensa dos atos ilícitos contra a honra ou contra a imagem de alguém.

Sendo assim, e revendo a história de evolução da responsabilidade civil, não vemos inconveniente em ampliar ou estender a noção de responsabilidade para a prevenção ou precaução dos danos possíveis, graves e irreversíveis, pois a ideia fundamentadora de todo o sistema de responsabilidade civil é a da proibição de causar dano a outrem (*alterum non laedere*). Ora, uma função da responsabilidade civil que impeça a realização de danos estará garantindo a integridade física, moral e econômica dos cidadãos individualmente e da sociedade inteira. (...) A função preventiva deverá englobar as atitudes de prevenção (ao risco conhecido) e as de precaução (ao risco hipotético). Dentro da evolução da responsabilidade civil, que acompanha de perto a mudança social, vemos que já está agregada essa função preventiva em sentido lato, que é a função que visa o futuro, a função antecipatória." LOPEZ, Teresa Ancona. *Princípio da precaução e evolução da responsabilidade civil*. São Paulo: Quartier Latin, 2010. p. 137-138.

Porém, e naquelas situações em que a prática dos atos antissindicais já se concretizou? Deve o Poder Judiciário se limitar à fixação de indenizações compensatórias ou buscar, na medida do possível em cada caso concreto, a restauração da situação existente anteriormente ao ilícito patronal? Aqui, mais uma vez, a segunda opção nos afigura como a mais consentânea com o ordenamento jurídico pátrio — especialmente com o princípio da *reparação integral* positivado no art. 944 do Código Civil e com a regulamentação instrumental da tutela específica prevista nos arts. 497, 499 e 500 do Código de Processo Civil de 2015 —, pois a própria razão de ser da responsabilidade civil aponta para a restituição do estado anterior na maior medida possível, de modo a justificar a preponderância da reparação *in natura* quando possível.(625)

Assim, exemplificativamente, tendo ocorrido a dispensa retaliatória de empregado motivada pelo envolvimento deste último em atos convocados por seu sindicato profissional, o princípio da *reparação integral* indicará, em concreto, a anulação da rescisão unilateral do contrato de trabalho e a restituição do obreiro ao seu posto de trabalho. Somente quando isto não for possível, a depender das nuances dos casos concretos, a reintegração deverá ser convolada em perdas e danos, com a condenação do empresário ao pagamento de indenização pecuniária.

Diante do que foi aqui exposto, nos parece também que a restituição da situação anterior nos supostos de atos antissindicais atende plenamente à função *punitiva* ou *pedagógica* da responsabilidade civil, na medida em que não apenas restabelece em concreto o equilíbrio de forças nas relações coletivas entre os polos patronal e obreiro, como também serve de alerta para os empresários no tocante às suas condutas ulteriores e para aqueles patrões que almejam recorrer a tais práticas na lida com seus trabalhadores e com os sindicatos representativos destes últimos.

Não obstante, a jurisprudência dos tribunais pátrios tem optado, em geral, pelo caminho da reparação dos atos antissindicais por intermédio da fixação de indenizações pecuniárias, muito embora venha reconhecendo a integração da liberdade sindical na esfera dos direitos da personalidade. Para tanto, pesa o entendimento de que a dispensa imotivada seria um direito potestativo do empregador a integrar seu poder diretivo e que, em tais casos, a fixação de danos morais seria a única possibilidade assegurada pelo ordenamento jurídico.(626)

---

(625) "Art. 497. Na ação que tenha por objeto a prestação de fazer ou de não fazer, o juiz, se procedente o pedido, concederá a tutela específica ou determinará providências que assegurem a obtenção de tutela pelo resultado prático equivalente.
Parágrafo único. Para a concessão da tutela específica destinada a inibir a prática, a reiteração ou a continuação de um ilícito, ou a sua remoção, é irrelevante a demonstração da ocorrência de dano ou da existência de culpa ou dolo."
(...)
"Art. 499. A obrigação somente será convertida em perdas e danos se o autor o requerer ou se impossível a tutela específica ou a obtenção de tutela pelo resultado prático equivalente.
"Art. 500. A indenização por perdas e danos dar-se-á sem prejuízo da multa fixada periodicamente para compelir o réu ao cumprimento específico da obrigação."
Nas palavras de José de Aguiar Dias, citando Hans Fischer:
"Toda reparação de dano apresenta o caráter de sucedâneo, ou *Ersatz*, da precisa nomenclatura jurídica alemã: 'O acontecimento danoso interrompe a sucessão normal dos fatos: o dever do indenizante, em tal emergência. É provocar um novo estado de coisas que se aproxime o mais que for possível da situação frustrada, daquela situação, isto é, que, segundo os cálculos da experiência humana e as leis da probabilidade, seria a existente (e que é, portanto, irreal), a não ter-se interposto o dano.' O problema da reparação se considera satisfatoriamente resolvido quando se consegue adaptar a nova realidade àquela situação imaginária." FISCHER, Hans. *Apud* DIAS, José de Aguiar. *Da responsabilidade civil.* 12. ed, 2. tir. Rio de Janeiro: Lumen Juris, 2012. p. 830.

(626) Nesse sentido: "INDENIZAÇÃO POR DANOS MORAIS DECORRENTES DE DISPENSA RETALIATÓRIA PELO FATO DE O RECLAMANTE NÃO VOTAR FAVORAVELMENTE À PROPOSTA DE ACORDO COLETIVO. A dispensa imotivada, por si só, não é motivo jurídico suficiente que viabilize o pleito de indenização por danos morais, uma vez que está dentro dos limites legais do poder diretivo patronal à livre contratação e despedida de trabalhadores, conforme o regime celetista. A avaliação judicial da dispensa, em tais casos, regra geral, em princípio, enseja, como efeito jurídico próprio, o pagamento de todas as verbas resilitórias favoráveis, ou, se for o caso, a reintegração no emprego. Apenas se houver circunstância adicional grave que manifestamente afronte o patrimônio moral do trabalhador é que desponta a possibilidade de efeito jurídico suplementar, consistente na indenização por dano moral. Na hipótese, constata-se a existência do dano

moral a impor a responsabilização da Reclamada, pois, conforme consignado pelo Regional, é incontroverso que o fato ensejador da dispensa foi a não concordância do obreiro — juntamente com outros empregados que também foram dispensados — com as regras estabelecidas em proposta de acordo coletivo, que deixou de ser celebrado em face de tal discordância. Tal atitude da Reclamada também configura, em última análise, ferimento dos princípios de liberdade associativa e sindical (art. 8º da CF), bem como de liberdade de manifestação de pensamento e de opinião (art. 5º, IV e VIII, da CF), evidenciando-se a conduta abusiva da empregadora. Registre-se que a adoção de práticas, pela empresa, que pressionem os trabalhadores que possuem significativa atuação sindical, procedendo à ruptura de seus contratos de trabalho, agride o princípio da liberdade associativa. Essa relevante garantia à atuação dos trabalhadores está expressamente consignada na Convenção n. 98 da OIT, que trata do — direito de sindicalização e de negociação coletiva —, vigorante no Brasil desde a década de 1950. Tal Convenção, em seu art. 1º, reprime eventuais restrições empresariais a obreiros em face da participação ou não participação em um sindicato (art. 1, 2, a) ou em atividades sindicais (art. 1, 2, b). Note-se que o diploma internacional estipula regra significativamente ampla, vedando atos empresariais que restrinjam, desarrazoadamente, a atividade dos sindicatos e dos respectivos trabalhadores. Nessa linha, fixa a Convenção n. 98 que a proteção jurídica deve se aplicar a atos destinados a -dispensar um trabalhador *ou prejudicá-lo, por qualquer modo*, em virtude de sua filiação a um sindicato *ou de sua participação em atividades sindicais*, fora das horas de trabalho ou com o consentimento do empregador, durante as mesmas horas — (art. 1,2, b, Convenção n. 98 da OIT; grifos acrescidos). A conduta da Reclamada implicou, portanto, uma prática antissindical, contrária às regras jurídicas assecuratórias da plena existência e potencialidade do ser coletivo obreiro." BRASIL: TRIBUNAL SUPERIOR DO TRABALHO. RECURSO DE REVISTA N. 122900-40.2006.5.17.0013. RELATOR: Min. Mauricio Godinho Delgado. 6ª Turma. *DJ*: 21.10.2011.

(...)

"EMENTA: DISPENSA POR JUSTA CAUSA RETALIATIVA. ADESÃO A MOVIMENTO GREVISTA. INDENIZAÇÃO POR DANOS MORAIS. Constitui conduta antissindical a dispensa por justa causa de empregado, como retaliação pela adesão a movimento paredista deflagrado nos limites legais, em menosprezo princípios elementares do Direito Coletivo do Trabalho. O poder diretivo do empregador encontra limites na dignidade da pessoa humana e no valor social do trabalho, dispostos no art. 1º, incisos III e IV, da Constituição da Republica Federativa do Brasil e, especificamente, na hipótese presente no art. 9º da Constituição. Logo, faz jus o Reclamante à indenização por danos morais, em face do ilícito cometido."

(...)

VOTO

(...)

À vista do previsto no art. 5.º, incs. V e X, da C.R./88, todo aquele que por culpa ou dolo infringir direito os direitos da personalidade de outrem, fica compelido a indenizar-lhe o prejuízo, porquanto a honra, a imagem, a integridade física e a intimidade de qualquer pessoa são bens jurídicos protegidos constitucionalmente. Além disso, o direito à indenização por dano moral exsurge a partir da constatação da presença simultânea do dano, do nexo causal e da culpa ou dolo do agente, nos termos do art. 186 do Código Civil Brasileiro.

Assim, na esteira dos dispositivos supramencionados, a reparação por dano moral decorrente do contrato de trabalho pressupõe um ato ilícito ou um erro de conduta do empregador, um dano suportado pelo trabalhador e um nexo de causalidade entre o comportamento antijurídico do primeiro e o prejuízo suportado pelo segundo.

Pois bem.

Conforme destacado no tópico da justa causa, na hipótese dos autos, o conjunto probatório dos autos não autoriza concluir que o Reclamante cometeu falta grave capaz ensejar o rompimento contratual por justa causa.

Analisando-se o acervo probante, verifico que o Reclamante apenas se utilizou do seu legítimo direito constitucional à greve, em busca de melhores condições de trabalho, não havendo qualquer indício do alegado abuso do seu direito.

Cumpre enfatizar que a reversão da justa causa em dispensa imotivada, *per si*, não acarreta automaticamente na condenação das Reclamadas ao pagamento de indenização por danos morais.

Todavia, na espécie, revela-se inegável que ao dispensar o Reclamante por justa causa, em função do exercício legal do seu direito de greve, a Reclamada exorbitou os limites do seu poder diretivo.

Embora seja direito potestativo do empregador rescindir o contrato de trabalho de seus empregados por justo motivo, desde que comprovada a falta grave, configura-se abusiva a dispensa operada apenas pelo fato de o trabalhador exercer o direito legítimo de greve.

Desse modo, mostra-se patente dos autos a prática retaliatória da empresa Reclamada, punindo o Reclamante com a dispensa por justa causa, em virtude de participação no movimento paredista. Ao assim proceder, a Reclamada age de forma arbitrária, intimidando os empregados a defender os seus direitos, violando o princípio da liberdade sindical e, por consequência, menosprezando os princípios elementares do direito coletivo.

Não se pode olvidar que o poder diretivo da empregadora encontra limites na dignidadeda pessoa humana e no valor social do trabalho, dispostos no art. 1º, incisos III e IV, da Constituição da República Federativa do Brasil. Logo, faz jus o Reclamante à indenização por danos morais vindicada na exordial.

Friso que o acervo probante dos autos não revela a ilegalidade do movimento grevista de que participou o Reclamante, tampouco qualquer ação de sua parte demonstrando ter abusado do seu direito de greve." BRASIL: TRIBUNAL REGIONAL DO TRABALHO DA 3ª REGIÃO. RECURSO ORDINÁRIO N. 00271-2013-099-03-00-4. RELATOR: Desembargador Sércio da Silva Peçanha. 8ª Turma. *DJ*: 21.11.2014.

Em que pese tal linha de entendimento, veremos no tópico subsequente que o ordenamento jurídico pátrio não confere aos empregadores a possibilidade de se valer de seu poder diretivo com vistas a punir trabalhadores por seu envolvimento em atividades sindicais e muito menos de estabelecer discriminações entre tais obreiros em decorrência de sua pertinência ou não a uma determinada entidade representativa e que a jurisprudência, nesse particular, vem respaldando tal linha de entendimento.

Por ora, ficamos com a noção de que a garantia da liberdade sindical titularizada pelos trabalhadores integra o rol dos chamados *direitos da personalidade* que, por tal razão, a violação a tais posições jurídicas por parte dos empresários dá azo à aplicação da sistemática legal concernente à responsabilidade civil, pautada pelo princípio da reparação integral e por suas funções *compensatória, reparatória, indenitária, punitiva* e *preventiva*, de modo a justificar, em concreto, a inibição dos atos antissindicais anteriormente à sua materialização e, na impossibilidade de tal medida, a restituição da situação ao estágio anterior.

4.3.8. Os atos antissindicais e antirrepresentativos e os diplomas voltados para o combate ao abuso no exercício de direitos e à discriminação

A proibição da prática dos atos antissindicais no ordenamento jurídico pátrio encontra guarida, outrossim, nos dispositivos da Constituição Federal e do Código Civil que consagram a função social da empresa (art. 170, III, da Carta Magna), os deveres-gerais de boa-fé objetiva e de vedação ao abuso do direito (arts. 187 e 422 do Código Civil) e o combate às práticas discriminatórias nas relações de trabalho (Lei n. 9.029, de 13.4.1995). Demonstrar-se-á, nas linhas subsequentes, em que medida o sentido e o alcance inerentes aos referidos dispositivos se comunicam e se ajustam entre si de modo a impedir, em concreto, a implementação de tal sorte de condutas por parte dos empresários.

Pois bem. O dever geral de boa-fé que subjaz à generalidade dos atos e negócios jurídicos — aí incluídos os contratos de trabalho — encontra expressa previsão legal nos arts. 187 e 422 do Código Civil, impõe aos sujeitos, em especial aos contratantes, o exercício de seus direitos de acordo com os fins econômicos e sociais subjacentes a estes últimos e infirma de nulidade as condutas implementadas em dissonância com as referidas finalidades.

Por incidir em todo e qualquer ato ou negócio jurídico, a boa-fé acresce a estes últimos e às normas de direito positivo que os regem, deveres adicionais de comportamento voltados para a observância dos fins econômicos e sociais subjacentes ao objeto a ser pactuado pelas partes e aos seus atos unilaterais (deveres acessórios), limitando, por essa razão, a autonomia privada em nome daqueles objetivos.(627)

(...)

"DANO MORAL. CONDUTA ANTISSINDICAL. Devida a indenização por dano moral quando demonstrado que o empregador praticou, ainda que sem intenção deliberada, ato que investe indevidamente contra o pleno exercício dos direitos sindicais por seu titular, negando-lhe as prerrogativas e facilidades necessárias ao normal desempenho da ação coletiva, bem como que podem gerar desestimulo dos demais trabalhadores em se inserir na vida associativa." BRASIL: TRIBUNAL REGIONAL DO TRABALHO DA 5ª REGIÃO. RECURSO ORDINÁRIO N. 0000681-21.2012.5.05.0022. RELATORA: Desembargadora Luíza Lomba. 2ª Turma. *DJ*: 5.5.2014.

(627) Nesse sentido, António Menezes Cordeiro assevera que: "A actuação de boa-fé concretiza-se através de deveres (...) de base legal, que podem surgir em situações diferenciadas, onde as pessoas se relacionam de modo específico. (...) Como regra de conduta, a boa-fé tem uma natureza supletiva tendencial. Essa supletividade tem, como contraponto, uma grande extensão. Não é possível, em termos abstractos, determinar áreas imunes à boa-fé; ela é susceptível de colorir toda a zona de permissibilidade, actuando ou não consoante as circunstâncias. Impõe-se, assim, à reflexão, um nível instrumental da boa-fé: ela reduz a margem de discricionariedade da actuação privada, em função de objectivos externos." CORDEIRO, António Manuel da Rocha e Menezes. *Da boa-fé no Direito Civil*. 2. reimp. Coimbra: Almedina, 2001. p. 649.

No caso dos atos unilaterais implementados pelos empregadores com arrimo em seu poder diretivo, os deveres acessórios decorrentes do princípio da boa-fé objetiva compreendem as medidas diretivas tomadas pelo empresário destinadas a assegurar a realização escorreita das atividades econômicas da empresa, desde que observados aqueles direitos da personalidade titularizados pelos trabalhadores e, de igual modo, os fins sociais e econômicos almejados pela ordem jurídica.[(628)]

Nesse último aspecto, é mister pontuar que a fruição do direito à propriedade e o exercício da autonomia privada — a fundamentarem, em última instância, o poder diretivo do empregador — somente serão legítimos à luz da ordem jurídica instaurada com o advento da Constituição Federal de 1988 conquanto respeitem *"o valor social do trabalho"* e conquanto atendam à finalidade precípua de *"assegurar a todos existência digna"*, para além das demais diretrizes vinculantes consagradas no art. 170 da Carta Magna e dos dispositivos consagradores de direitos fundamentais dispersos no texto da Carta Magna.[(629)]

Tecnicamente, o poder diretivo titularizado pelo empregador integra os chamados *direitos potestativos* classificados por Giuseppe Lumia como aqueles em que *"o interesse do sujeito agente é tutelado mediante o poder conferido a ele próprio de criar, modificar ou extinguir unilateralmente situações jurídicas nas quais outros sujeitos sejam interessados."* Sendo assim, a organização dos fatores de produção existentes no interior da empresa — aí compreendidas as questões ineren-

---

(628) Segundo Alexandre Agra Belmonte: "Na execução do contrato, principalmente em virtude do estado de subordinação em que o trabalho é realizado, não há dúvidas de que o poder de comando, quando indevidamente utilizado, é veículo propício ao cometimento de abusos, que tanto podem atingir direitos da personalidade do empregado, como causarem-lhe prejuízos financeiros.

Enfim, o poder diretivo e o correlato estado de subordinação representam potencial risco ao desenvolvimento da personalidade do trabalhador e, consequentemente, à sua dignidade.

(...)

Daí resulta que o poder empregatício não é absoluto. Tem limites externos (a lei, a moral, as normas coletivas da categoria profissional, a sentença judicial e as decisões administrativas) e internos (o contrato de trabalho, o regulamento de empresa, as deliberações dos órgãos de cogestão, a dignidade, os direitos da personalidade do trabalhador e o normal funcionamento da atividade).

Em outras palavras, o poder empregatício, decorrente da livre-iniciativa, tem por limite o normal funcionamento da atividade, devendo, portanto, ser exercido com respeito às obrigações contratualmente assumidas pelo empregado, as cláusulas mínimas de proteção ao trabalho, os direitos da personalidade do trabalhador e o princípio da dignidade da pessoa humana. Do contrário, revelar-se-á ilegal ou abusivo." BELMONTE, Alexandre Agra. *A tutela das liberdades nas relações de trabalho*. São Paulo: LTr, 2013. p. 39-40.

(629) Nas palavras de Ana Frazão de Azevedo Lopes: "A livre-iniciativa, enquanto manifestação da autonomia, da emancipação do homem e do desenvolvimento da personalidade, recebe a proteção constitucional em todos os seus desdobramentos (...) que são a liberdade de investimento, a liberdade de organização e a liberdade de contratação.

Mas a atividade empresarial apenas é considerada legítima quando decorrente do exercício da autonomia, ou seja, enquanto o projeto do empresário se compatibiliza com o igual direito de todos os membros da sociedade de também realizarem os seus respectivos projetos de vida.

(...)

O equilíbrio entre a liberdade empresarial e a igual liberdade dos demais membros da sociedade é extremamente delicado e envolve a questão da justiça social. Esta, por sua vez, não tem como ser reduzida a fórmulas fechadas e que sejam insensíveis ao processo democrático e ao contexto social e histórico em que é analisada.

Daí porque o princípio da função social da propriedade, cuja decorrência necessária é a função social da empresa, pode ser considerado como uma forma que a Constituição encontrou de condicionar o exercício da atividade empresarial à justiça social, sem ter que recorrer a nenhum compromisso previamente determinado.

(...)

A função social da empresa é um conceito que foi consolidado não apenas para impedir o exercício anti-social da atividade empresarial, mas para direcioná-la ao atendimento das finalidades sociais, inclusive mediante a imposição de deveres à empresa. (...) A função social da empresa traz em si uma proposta de reumanização, a fim de que os indivíduos possam ser reconhecidos como valores supremos e não como meros instrumentos da atividade econômica." LOPES, Ana Frazão de Azevedo. *Empresa e propriedade: função social e abuso de poder econômico*. São Paulo: Quartier Latin, 2006. p. 278-281.

tes à gestão de pessoal — não é, em regra, oponível pelos sujeitos diretamente afetados por tal decisão, quais sejam, os trabalhadores individualmente considerados.(630)

No entanto, muito embora a gestão dos chamados *recursos humanos* constitua, de fato, um *direito potestativo* na forma estabelecida pela teoria das relações jurídicas, não quer isto dizer que o exercício da referida faculdade mediante a singela observância aos sobreditos requisitos possa ocorrer de modo absoluto, sem a observância às finalidades que norteiam a atividade empresarial e a fruição da propriedade privada.

Com efeito, o próprio Direito Civil já superou há muito a concepção individualista pura, fundada no princípio da *autonomia privada* em sua acepção clássica e na noção de que o exercício das faculdades jurídicas interessa apenas a seus titulares, para reconhecer a existência de um princípio de solidariedade social a limitar a plena fruição dos direitos e a exigir, para tanto, a observância a certos fins coletivos.(631)

No que concerne ao poder diretivo do empregador, as diretrizes positivadas no art. 170 da Constituição Federal indicam de maneira cristalina que se a empresa tem por finalidade econômica a atuação em um determinado segmento do mercado e a geração de lucros para seus proprietários, tem ela, paralelamente a isto, uma *função social*, pautada pela colaboração com o Estado na busca do pleno emprego, na superação das desigualdades sociais e, principalmente, no respeito aos direitos da personalidade titularizados pelos trabalhadores a englobarem, conforme visto, a liberdade sindical.

Nesse particular, a *função social da empresa* demandará desta última o respeito às entidades sindicais e representativas como contraponto legítimo aos desígnios dos empregadores pois, conforme já visto, é apenas por intermédio de tais organizações que os obreiros logram a exposição e a defesa de seus interesses em igualdade de condições com os patrões. Por via de consequência, os atos unilaterais do empresário no sentido de prejudicar seus trabalhadores em razão da orientação sindical destes últimos, para além de interferirem no âmbito das escolhas pessoais, acabarão por prejudicar, em última instância, o próprio equilíbrio de forças almejado

(630) Ainda segundo Lumia: "A esse poder corresponde, do lado passivo, uma sujeição: o destinatário da manifestação de vontade de quem exerce um direito potestativo não pode senão suportar-lhe os efeitos, sem nada poder fazer para esconjurá-los." LUMIA, Giuseppe. Trad.: AGOSTINETTI, Denise. *Elementos de Teoria e Ideologia do Direito*. São Paulo: Martins Fontes, 2003. p. 114.

(631) Não obstante, é mister recordar que tal superação do modelo puro da autonomia privada não ocorreu sem que houvesse extrema resistência por parte dos defensores da ideologia liberal de sua principal expressão jurídica: o Direito Civil.

A esse respeito, Ana Prata observa que: "Se, economicamente, o modelo liberal foi cedendo às necessidades de transformação que a realidade impunha, já a nível ideológico ele se mostrou mais resistente, justamente porque, dadas as condições da sua formulação, ele aparecia despido de qualquer referência temporal ou espacial, apresentando-se como provindo da essência intemporal do homem. A identidade do sistema subordina-se à identidade do homem e quanto a esta não se admite que possa ser posta em causa a sua alteração através dos tempos.

(...)

Ora, a concepção da ordem jurídica do capitalismo é, em larga medida, investida, como já se viu, por um conteúdo ideológico; daí que, se, por um lado, sofre as reflexas transformações da realidade económica e social, por outro lado, conserva, enquanto modelo teórico global, as características conformadoras que lhe estiveram na origem e que lhe garantem a coerência e a unidade. Por isso que os privatistas se encontram hoje a braços com uma contradição, cujos termos são a concepção do direito civil como expressão jurídica da liberdade humana e a realidade deste ramo do direito, integrado em medida cada vez maior por normas contraditórias com o princípio da autonomia privada.

(...)

Esta contradição, que tende a agudizar-se e não a atenuar-se, constitui reflexo da contradição entre a concepção do homem como entidade individual e a inserção social e real deste, e a sua resolução só pode passar por uma reformulação da noção de liberdade jurídica, que não aliene a realidade social, que tenha em conta o carácter instrumental da liberdade relativamente à realização da dignidade humana, que não ignore o confronto inelutável entre o exercício da liberdade por uns e a liberdade de todos numa comunidade." PRATA, Ana. *A tutela constitucional da autonomia privada*. Reimp. Coimbra: Almedina, 2016. p. 79-80.

pelo franco associativismo e, por conseguinte, aos arts. 8º e 11 da Constituição Federal, complementados pelas Convenções ns. 98, 135 e 154 da OIT, bem como pelo Pacto Internacional de Direitos Sociais, Econômicos e Culturais da ONU, pelo Protocolo de San Salvador, da OEA e, mais recentemente, pela Opinião Consultiva OC-27/21, de 5.5.2022 da Corte Interamericana de Direitos Humanos.

É justamente nesse ponto que as noções de *boa-fé* e *abuso de direito* talhadas no art. 187 do Código Civil limitarão os atos unilaterais praticados pelos empregadores com base em seu poder diretivo. Com efeito, para que o exercício deste último seja plenamente lícito, não basta apenas cumprir com os requisitos formais elencados na legislação específica. Há de ser a referida potestade, paralelamente a isto, efetivamente exercida de modo a não vulnerar os direitos da personalidade titularizados pelos obreiros, bem assim o postulado da liberdade sindical em todas as suas vertentes individuais e coletivas.[(632)]

Dito em outros termos, o direito potestativo à organização dos fatores de produção no âmbito da empresa — aí inseridos os aspectos relacionados à contratação, à dispensa e à aplicação de penalidades disciplinares aos empregados — somente poderá ser exercido por seus titulares (os empregadores) se as medidas a serem empreendidas não comprometerem, em concreto, o pleno cumprimento das sobreditas finalidades sociais e dos direitos fundamentais elencados na Constituição Federal.[(633)]

Do contrário, se o direito potestativo à gestão do pessoal no âmbito interno da empresa for exercido no fito de concretizar objetivos estranhos àquelas finalidades que permeiam o ordenamento constitucional — e, mais particularmente, os direitos de personalidade titularizados pelos trabalhadores e a própria liberdade sindical — ter-se-á aí configurado o *abuso de direito* mencionado no art. 187 do Código Civil, restando comprometida, por conseguinte, a validade daquelas medidas unilaterais.

Nesse particular, a utilização desvirtuada do direito potestativo à organização dos fatores de produção por parte dos empregadores em contrariedade às diretrizes insculpidas nos arts. 8º, 11 e 170 da Constituição Federal, bem como naqueles Pactos Internacionais de Direitos Humanos

---

(632) Sobre o *abuso de direito*, Carlos Hugo Preciado Domènech observa que: "La natureza del abuso de derecho ha sido, desde sus orígenes, la propia de un «limite de los derechos subjetivos», pues su esencia es el sobrepassar manifiestamente los limites normales de ejercício del derecho, porque, a la postre, se parte del principio o regla general de que quien ejercita un derecho subjetivo, sea de la naturaleza que fuere, no ocasiona un daño: «*qui iure suo utitur neminen lædit*»; o, en otras palabras, no causa un daño injusto, sino tolerado por el orden jurídico.

(...)

[El abuso de derecho] se plasma en la inmoralidad o antisocialidad del daño causado, manifestada de forma subjectiva (cuando el derecho se actúa con la intención de prejudicar o sincillamente sin un fin serio y legítimo), o bajo forma objetiva (cuando el daño procede de exceso o anormalidad en el ejercicio del derecho)." DOMÈNECH, Carlos Hugo Preciado. *Teoría general de los Derechos Fundamentales en el contrato de trabajo*. Pamplona: Aranzadi, 2018. p. 457-458.

(633) Pois afinal, conforme pontua Pietro Perlingieri: "No ordenamento moderno, o interesse é tutelado se, e enquanto for conforme não apenas ao interesse do titular, mas também àquele da coletividade. Na maior parte das hipóteses, o interesse faz nascer uma situação subjetiva complexa, composta tanto de poderes quanto de deveres, obrigações, ônus.

(...)

No vigente ordenamento não existe um direito subjetivo (...) ilimitado, atribuído ao exclusivo interesse do sujeito, de modo tal que possa ser configurado como entidade pré-dada, isto é, preexistente ao ordenamento e que deva ser levada em consideração enquanto conceito ou noção, transmitido de geração em geração. O que existe é um interesse juridicamente tutelado, uma situação jurídica que já em si mesma encerra limitações para o titular. (...) O ordenamento tutela um interesse somente enquanto atender àquelas razões, também de natureza coletiva, garantidas com a técnica das limitações e dos vínculos. Os limites, que se definem externos ao direito, na realidade não modificam o interesse pelo externo, mas contribuem à identificação da sua essência, da sua função." PERLINGIERI, Pietro. Trad.: DE CICCO, Maria Cristina. *Perfis do Direito Civil*. Introdução ao Direito Civil Constitucional. 2. ed. Rio de Janeiro: Renovar, 2002. p. 121-122.

ratificados pelo Brasil configurará aquilo que Manuel Atienza e Juan Ruiz Manero classificam como *ilícitos atípicos.*[(634)]

Na sistemática adotada pelos arts. 186 e 187 do Código Civil pátrio, as consequências práticas dos chamados *ilícitos atípicos* se equiparam àquelas decorrentes dos *ilícitos típicos*, na medida em que ambos são classificados como atentatórios ao ordenamento jurídico e, portanto, proibidos.[(635)]

Não obstante, no ordenamento jurídico pátrio o *abuso de direito* praticado pelos empregadores no exercício de seu poder diretivo encontra na Lei n. 9.029, de 13 de abril de 1995 uma clara expressão em concreto. A tempo, o diploma legal em referência tem por escopo, justamente, a coibição das práticas discriminatórias levadas a efeito pelas empresas antes e durante a vigência do vínculo laboral, cuja implementação teria o condão de afetar a esfera de direitos da personalidade titularizados pelos trabalhadores e candidatos a vagas de emprego.

Na estrita dicção de seu art. 1º, a Lei n. 9.029/95 proíbe a implementação de práticas discriminatórias tendentes a limitar o acesso ao emprego ou a manutenção do vínculo já constituído por motivos de sexo, origem, raça, cor, estado civil, situação familiar ou idade. Mais adiante, no art. 4º (com redação conferida pela Lei n. 12.288/2010), o diploma faculta ao trabalhador demitido a opção entre a readmissão ou à percepção em dobro e atualizada da remuneração correspondente ao período de afastamento, sem prejuízo da indenização por danos morais.[(636)]

---

(634) Nas palavras dos autores: "Um ilícito pode ser definido como um ato contrário a uma norma regulativa de mandato.

(...)

O que se qualifica como ilícito é ou bem uma ação em sentido amplo, isto é, uma conduta (ativa ou omissiva) suscetível de ser qualificada deonticamente como obrigatória, proibida etc. (por exemplo, caluniar); ou bem a consequência de ações ou omissões, quando essa consequência está deonticamente qualificada (para seguir com o exemplo usado antes, não haver conseguido ao final do prazo estipulado que 50% dos funcionários chegassem a dominar uma certa língua).

(...)

Se os ilícitos são condutas contrárias a normas de mandato e estas últimas podem ser regras ou princípios, isso significa que cabe também traçar uma classificação paralela entre atos ilícitos, que abranja aos que sejam contrários a regras e aos que sejam contrários a princípios? Nossa tese é de que sim, e que os primeiros (atos opostos a regras) podem ser chamados de ilícitos típicos, enquanto os segundos, que se opõem a princípios, seriam os ilícitos atípicos.

(...)

Se os ilícitos típicos são, pois, condutas contrárias a regras (de mandato), os ilícitos atípicos seriam condutas contrárias a princípios de mandato." ATIENZA, Manuel; MANERO, Juan Ruiz. Trad.: MATIDA, Janaina Roland. *Ilícitos atípicos.* Sobre o abuso de direito, fraude à lei e desvio de poder. São Paulo: Marcial Pons, 2014. p. 24-27.

(635) A fim de ilustrar a operacionalidade prática dos *ilícitos atípicos* compreendidos no art. 187 do Código Civil sob a expressão *abuso de direito*, convém transcrever a fórmula idealizada por Manuel Atienza e Juan Ruiz Manero em estudo dedicado ao tema: "A ação A realizada por um sujeito S nas circunstâncias X é abusiva se e apenas se:

Existe uma regra que permite a S realizar A nas circunstância. Essa regra é um elemento do conjunto de posições normativas em que S se encontra como titular de um certo direito subjetivo.

2) Como consequência de A, outro ou outros sujeitos sofrem um dano D, e não existe uma regra que proíba causar D.

3) D, contudo, aparece como um dano injustificado porque se dá uma das seguintes circunstâncias:

3.1) Que, ao realizar A, S não perseguia finalidade distinta que não causar D ou que S realizou A sem nenhum fim sério ou legítimo.

3.2) Que D é um dano excessivo ou anormal.

4) O caráter injustificado do dano determina que a ação A fique fora do alcance dos princípios que justificam a regra de permissão aludida em 1) e que surja uma nova regra que estabeleça que nas circunstâncias X' [X mais alguma circunstância] que suponha uma forma de realização de 3.1) ou 3.2) a ação A esteja proibida." *Ibidem*, p. 48-49.

(636) "Art. 1º Fica proibida a adoção de qualquer prática discriminatória e limitativa para efeito de acesso a relação de emprego, ou sua manutenção, por motivo de sexo, origem, raça, cor, estado civil, situação familiar ou idade, ressalvadas, neste caso, as hipóteses de proteção ao menor previstas no inciso XXXIII do art. 7º da Constituição Federal."

(...)

"Art. 4º O rompimento da relação de trabalho por ato discriminatório, nos moldes desta Lei, além do direito à reparação pelo dano moral, faculta ao empregado optar entre:

Ao longo da vigência da Lei n. 9.029/95 instaurou-se nos meios jurídicos pátrios uma considerável celeuma acerca da taxatividade ou não dos motivos discriminatórios elencados no art. 1º do diploma em referência. Muito embora ainda haja certa resistência à tese a propalar o caráter exemplificativo das hipóteses ali listadas, tem prevalecido, atualmente, a orientação a permitir o enquadramento de situações não previstas originalmente naquele dispositivo dentre seu escopo tuitivo.(637)

Para tanto, vem ganhando corpo o entendimento a propalar que o próprio art. 3º, IV, da Constituição Federal, ao inserir a coibição a toda e qualquer forma de discriminação dentre os objetivos fundamentais da República Federativa do Brasil, não se coaduna com a taxatividade infraconstitucional dos supostos de discriminação em matéria de emprego. Nesse mesmo sentido, e de maneira ainda mais específica, o art. 1º, da Convenção n. 111 da OIT — de caráter supralegal — deixa assente que seu âmbito de incidência contempla toda e qualquer prática prejudicial aos trabalhadores implementada em função de sua condição pessoal.(638)

I – a readmissão com ressarcimento integral de todo o período de afastamento, mediante pagamento das remunerações devidas, corrigidas monetariamente, acrescidas dos juros legais;

II – a percepção, em dobro, da remuneração do período de afastamento, corrigida monetariamente e acrescida dos juros legais."

(637) A fim de exemplificar a posição referente ao caráter taxativo dos motivos elencados no art. 1º da Lei n. 9.029/95, transcreve-se o seguinte julgado: "DESPEDIDA DISCRIMINATÓRIA. INDENIZAÇÃO. ART. 1º DA LEI N. 9.029/95. ROL TAXATIVO. Nos termos do art. 1º da Lei n. 9.029/95, fica proibida a adoção de qualquer prática discriminatória e limitativa para efeito de acesso a relação de emprego, ou sua manutenção, por motivo de sexo, origem, raça, cor, estado civil, situação familiar ou idade, ressalvadas, neste caso, as hipóteses de proteção ao menor previstas no inciso XXXIII do art. 7º da Constituição Federal. As hipóteses de despedidas discriminatórias ensejadoras da indenização pleiteada pelo autor estão previstas, taxativamente, no art. 1º da Lei n. 9.029/95, não podendo o julgador aplicar interpretação extensiva, conforme fez o Tribunal de origem." BRASIL: TRIBUNAL SUPERIOR DO TRABALHO. RECURSO DE REVISTA N. 81200-39.2009.5.05.0005. RELATOR: Min. Emmanoel Pereira. 5ª Turma. *DJ*: 26.3.2013.

Não obstante, o próprio Tribunal Superior do Trabalho, quando do julgamento dos precedentes a ensejarem a edição de sua Súmula n. 443, acabou por consagrar a tese do caráter exemplificativo do rol previsto no art. 1º da Lei n. 9.029/95. A tempo, o enunciado em referência acresce àquelas condutas tidas por discriminatórias a dispensa de trabalhador acometido por doença grave, carreando, como consequência, o direito à reintegração, nos seguintes termos:

"SÚMULA N. 443 – DISPENSA DISCRIMINATÓRIA. PRESUNÇÃO. EMPREGADO PORTADOR DE DOENÇA GRAVE. ESTIGMA OU PRECONCEITO. DIREITO À REINTEGRAÇÃO. Presume-se discriminatória a despedida de empregado portador do vírus HIV ou de outra doença grave que suscite estigma ou preconceito. Inválido o ato, o empregado tem direito à reintegração no emprego."

(638) Nos termos da Convenção n. 111 da OIT:

"Art. 1 — 1. Para os fins da presente convenção o termo "discriminação" compreende:

a) toda distinção, exclusão ou preferência fundada na raça, cor, sexo, religião, opinião política, ascendência nacional ou origem social, que tenha por efeito destruir ou alterar a igualdade de oportunidade ou de tratamento em matéria de emprego ou profissão;

b) qualquer outra distinção, exclusão ou preferência que tenha por efeito destruir ou alterar a igualdade de oportunidades ou tratamento em matéria de emprego ou profissão que poderá ser especificada pelo Membro interessado depois de consultadas as organizações representativas de empregadores e trabalhadores, quando estas existam, e outros organismos adequados."

E sobre o caráter meramente exemplificativo do art. 1º da Lei n. 9.029/95, Firmino Alves Lima assevera que:

"Uma questão importante que surge com a redação do art. 1º se encontra na taxatividade dos motivos discriminatórios previstos na norma. Com efeito, são proibidas as práticas discriminatórias motivadas por sexo, origem, raça, cor, estado civil, situação familiar ou idade. Dessa apresentação de motivos emerge uma questão: a norma somente proíbe a atitude discriminatória pelos motivos expressamente relacionados ou poderiam ser aceitos outros?

(...)

A condição de enumeração aberta da Convenção n. 111 permite assumir um princípio de não limitação dos motivos da discriminação nas relações de trabalho [e] a norma constitucional do art. 3º, inciso IV, da Constituição Federal de 1988, afirma claramente como um dos objetivos fundamentais da República Federativa do Brasil promover o bem comum sem preconceitos ali estabelecidos, ou quaisquer outras formas de discriminação.

(...)

Dessa forma, não há como considerar que na ordem jurídica brasileira qualquer indicação de motivos para qualificação da discriminação seja taxativa, não permitindo a extensão a qualquer outro motivo. O mandamento constitucional

Pois bem. Se o ordenamento jurídico pátrio veda por intermédio do art. 3º, IV, da Constituição Federal, do art. 1º, da Convenção n. 111 da OIT e do art. 1º da Lei n. 9.029/95 a implementação de quaisquer formas de discriminação antes e durante a relação de emprego, soa evidente que as práticas antissindicais, na condição de modalidades discriminatórias a terem por destinatários os trabalhadores individualmente considerados, serão abrangidas pelo escopo tuitivo dos dispositivos em tela.

Justamente por tal razão, vem se consolidando nos tribunais trabalhistas pátrios o entendimento a consagrar a nulidade não apenas das dispensas, como também da generalidade das condutas antissindicais, com arrimo nos arts. 1º e 4º da Lei n. 9.029/95, resguardando-se aos obreiros prejudicados o direito à reintegração aos postos de trabalho.(639)

é claro: a única interpretação que pode ser dada ao art. 1º é que os motivos ali previstos são meramente indicativos, nunca taxativos, mormente quando o art. 1º atinge motivos não previstos na norma constitucional como estado civil e situação familiar.

(...)

Portanto, é possível entender que o rol de motivos previstos no art. 1º da Lei n. 9.029/95 é meramente indicativo, aceitando outros motivos que aquele não previsto. As consequências desse enterndimento são importantes, na medida em que discriminações por motivos não previstos expressamente no nosso ordenamento podem ser reguladas pela Lei n. 9.029/95, excluindo-se aqueles motivos do âmbito criminal." LIMA, Firmino Alves. *Mecanismos antidiscriminatórios nas relações de trabalho*. São Paulo: LTr, 2006. p. 255-256.

(639) *Vide*, nesse sentido: "RECURSO DE REVISTA DA RECLAMADA – CONDUTA ANTISSINDICAL – DEMISSÃO POR JUSTA CAUSA DE PARTICIPANTE DE GREVE – CONVENÇÃO N. 98 DA OIT – INTEGRAÇÃO DAS DISPOSIÇÕES DA ORDEM JURÍDICA INTERNACIONAL AO ORDENAMENTO JURÍDICO INTERNO – INDENIZAÇÃO POR PRÁTICA DISCRIMINATÓRIA. A questão objeto do recurso refere-se diretamente ao disposto na Convenção n. 98 da OIT, que trata do direito de sindicalização e de negociação coletiva. Nesse aspecto, embora ainda não seja habitual a utilização de normas de direito internacional como causa de pedir de pretensões trabalhistas, ou como fundamento de sentenças e acórdãos proferidos, a aplicabilidade dessas normas para solução das controvérsias judiciais está consagrada, não havendo dúvidas quanto à vigência e eficácia dos diplomas internacionais ratificados pelo Congresso Nacional. As decisões do Supremo Tribunal Federal, referentes à integração ao ordenamento jurídico nacional das normas estabelecidas no Pacto de San José da Costa Rica, consolidaram o reconhecimento da relação de interdependência existente entre a ordem jurídica nacional e a ordem jurídica internacional, implicando na incorporação à legislação interna dos diplomas internacionais ratificados. Os precedentes alusivos ao Pacto de San José da Costa Rica marcam o reconhecimento dos direitos fundamentais estabelecidos em tratados internacionais como normas de *status* supralegal, isto é, abaixo da Constituição, porém acima da legislação interna. A afirmação do direito fundamental à liberdade sindical, para sua plenitude e efetividade, importa na existência e utilização de medidas de proteção contra atos antissindicais. De acordo com a Convenção n. 98 da Organização Internacional do Trabalho, ratificada pelo Brasil por meio do Decreto Legislativo n. 49/52, todos os trabalhadores devem ser protegidos de atos discriminatórios que atentem contra a liberdade sindical, não só referentes à associação ou direção de entidades sindicais, mas também quanto à participação de atos reivindicatórios ou de manifestação política e ideológica, conforme se destaca da redação do art. 1º da aludida convenção.

Nessa medida, a decisão do 12º Tribunal Regional do Trabalho, em que aplicou, analogicamente, a Lei n. 9.029/95 para punir e coibir o ato antissindical da reclamada, que demitira por justa causa dezoito trabalhadores que participaram de greve, revela a plena observação do princípio da liberdade sindical e da não discriminação, e consagra a eficácia plena do art. 1º da Convenção n. 98 da OIT no ordenamento jurídico, no sentido de promover a proteção adequada contra quaisquer atos atentatórios à liberdade sindical." BRASIL: TRIBUNAL SUPERIOR DO TRABALHO. RECURSO DE REVISTA N. 77200-27.2007.5.12.0019, RELATOR: Min. Luiz Philippe Vieira de Mello Filho. 1ª Turma. *DJ*: 24.2.2012.

(...)

"RECURSO DE REVISTA DO SINDICATO DOS JORNALISTAS NO ESTADO DO PARÁ. DISPENSA DISCRIMINATÓRIA. PARTICIPAÇÃO EM MOVIMENTO GREVISTA. Esta c. 6ª Turma, por ocasião do julgamento do RR-10327-88.201.5.08.0005 (*DEJT* de 03.06.2016), decidiu, por maioria, que a dispensa dos empregados em face de participação em movimento grevista evidencia a conduta antissindical do empregador e ato discriminatório previsto no art. 4º, I, da Lei n. 9.029/95, sendo impertinente o entendimento do eg. TRT em afastar a natureza discriminatória da dispensa com base em cláusula coletiva que estabeleceu o direito à estabilidade durante determinado período após a greve. Ressalva de entendimento da Relatora. Recurso de revista de que se conhece e a que se dá provimento." BRASIL: TRIBUNAL SUPERIOR DO TRABALHO. AGRAVO NO RECURSO DE REVISTA N. 294-05.2014.5.08.0005. RELATORA: Juíza convocada Cilene Ferreira Amaro Santos. 6ª Turma. *DJ*: 16.11.2018.

(...)

"RECURSO DE REVISTA DA RECLAMADA. LYNX VIGILÂNCIA E SEGURANÇA EM FACE DE DECISÃO PUBLICADA ANTES DA VIGÊNCIA DA LEI N. 13.015/2014. INDENIZAÇÃO POR DANOS MORAIS E REINTEGRAÇÃO. DISPENSA DISCRIMINATÓRIA. PARTICIPAÇÃO EM CHAPA ELEITORAL. CONDUTA ANTISSINDICAL. O exercício da atividade econômica, legitimado em

Conclui-se, portanto, que o princípio da boa-fé objetiva e a regra de vedação ao abuso das posições jurídicas, consagradas nos arts. 187 e 422 do Código Civil, vedam aos empregadores o exercício das medidas fundadas no poder diretivo que tiverem por intuito a vulneração das diretrizes deontológicas insculpidas na Constituição Federal e os direitos fundamentais titularizados pelos trabalhadores, aí inserida a liberdade sindical.

Viu-se, de igual modo, que os supostos de abuso do poder diretivo do empregador configuradores de condutas discriminatórias implementadas em razão das condições pessoais dos trabalhadores são vedadas em abstrato pela Lei n. 9.029/95 interpretada em conjunto com o art. 3º, IV, da Constituição Federal e com o art. 1º da Convenção n. 111 da OIT, não se limitando àquelas situações a envolverem o gênero, a origem, a raça, a cor, o estado civil, a situação familiar ou idade dos obreiros.

Desse modo, sendo as condutas antissindicais, ao mesmo tempo, supostos de abuso do direito potestativo titularizado pelos empregadores e práticas discriminatórias implementadas em razão da posição e da orientação político-associativa dos trabalhadores, são elas classificadas como *ilícitos atípicos* — segundo a classificação de Manuel Atienza e Juan Ruiz Manero — e inseridas no âmbito de proibição e de tutela dos arts. 1º e 4º da Lei n. 9.029/95, bem assim dos arts. 187 e 422 do Código Civil.

4.4. Conclusão do capítulo

A narrativa formulada no presente capítulo conduz à conclusão de que a evolução histórico-institucional por que passou — e vem passando — o princípio da liberdade sindical positivado nos arts. 8º e 11 da Constituição Federal tem por norte a coibição de toda e qualquer modalidade de atos antissindicais e antirrepresentativos passíveis de atingir os trabalhadores individualmente considerados e seus entes coletivos.

Assim, diante da materialização de práticas implementadas nas relações individuais e coletivas de trabalho até então desconhecidas que resultem, comprovadamente, no abalo do equilíbrio de forças entre os empregadores e as coletividades obreiras, o conteúdo deontológico do princípio da liberdade sindical decretará a antijuridicidade da conduta em questão e acabará, impreterivelmente, por anexá-la ao seu cabedal cognitivo de modo a evoluir institucionalmente.

---

um sistema capitalista de produção, está condicionado pelo art. 170 da Constituição à observância dos princípios nele enumerados, entre os quais se incluem a valorização do trabalho humano, a existência digna, de acordo com a justiça social (*caput*) e a função social da propriedade (inciso III), este último perfeitamente lido como função social da empresa. Ademais, estabelece vínculo direto e indissociável com os princípios contidos no art. 1º da Constituição, que fundamentam o Estado Democrático de Direito, entre os quais se incluem os valores sociais do trabalho e da livre iniciativa (inciso IV), sem se falar na dignidade da pessoa humana (inciso III). Nesse contexto, informados por princípios basilares da atual ordem constitucional pátria, mormente na centralidade da pessoa humana, que decorre da dignidade que é ostentada por todos os indivíduos, forçoso concluir que o rol de condutas discriminatórias, a que se refere o art. 1º da Lei n. 9.025/95, é meramente exemplificativo." BRASIL: TRIBUNAL SUPERIOR DO TRABALHO. RECURSO DE REVISTA N. 358500-51.2009.5.09.0662. RELATOR: Ministro Claudio Mascarenhas Brandão. 7ª Turma. *DJ*: 3.6.2017.

(...)

"EMENTA: CONDUTA ANTISSINDICAL E DISCRIMINATÓRIA. DISPENSA RETALIATÓRIA. ABUSO DE DIREITO. REINTEGRAÇÃO. DANO MORAL. É abusiva a dispensa motivada pelo fato de o trabalhador haver exercido o direito legítimo de greve. Ao dispensar o reclamante logo após o seu retorno ao trabalho, em momento seguinte à paralisação coletiva, a reclamada agiu com excesso, abusando de seu direito potestativo de dispensa. A greve que, no passado era considerada ilícito penal, atualmente, constitui direito fundamental, assegurado pelo art. 9º da Constituição, bem como na Lei n. 7783/89. A conduta antissindical viola diretamente os preceitos contidos na Convenção n. 98 da OIT, ratificada pela República Federativa do Brasil em 18.11.1952 (Decreto n. 33.196/53), que traz proteção contra quaisquer atos atentatórios à liberdade sindical em matéria de emprego. É nula a dispensa por motivo discriminatório, comportando a reintegração do empregado, nos termos dos arts. 1º, III e IV e 3º, I e IV da Constituição da República, das disposições da Convenção n. 111 da OIT, ratificada em 26.11.1965 (Decreto n. 62.150/68) e do art. 4º da Lei n. 9.029/95. Faz jus o reclamante à reparação pelo dano moral." BRASIL: TRIBUNAL REGIONAL DO TRABALHO DA 3ª REGIÃO. RECURSO ORDINÁRIO N. 0000334-87.2014.5.03.0146. RELATOR: Desembargador José Eduardo Resende Chaves Jr. 1ª Turma. *DJ*: 5.11.2014.

Garante-se assim, ao mesmo tempo, a coerência do franco-associativismo com suas ideias-chave e sua evolução conceitual diante de novas hipóteses.

No âmbito do ordenamento jurídico brasileiro, o próprio princípio da liberdade sindical positivado de maneira genérica nos arts. 8º, *caput,* 9º e 11 da Constituição Federal, complementados pelas Convenções ns. 98, 135 e 154 da OIT, pelo Pacto Internacional de Direitos Civis e Políticos, pelo PIDESC, da ONU, e pelo Protocolo de San Salvador, da OEA, todos devidamente ratificados pelo Brasil, possibilitam não apenas a assimilação de tais condutas incompatíveis com o franco-associativismo, como também sua coibição em concreto, conforme a jurisprudência emanada dos tribunais trabalhistas vem paulatinamente sinalizando.

E, para além de tais dispositivos constitucionais e supralegais, o ordenamento jurídico brasileiro, a despeito da inexistência de normas especificamente destinadas aos atos antissindicais e antirrepresentativos, possui uma série de mecanismos que contemplam, em seu âmbito de incidência, a coibição em concreto de tais práticas, tais como a Lei n. 9.029/95 e o art. 187 do Código Civil.

Por isso mesmo, é plenamente possível formularmos a assertiva de que todos os supostos de condutas comprovadamente antissindicais e antirrepresentativas praticadas pelos empregadores, pelos tomadores de serviços, pelo Estado e pelas próprias organizações obreiras são vedadas pelo ordenamento jurídico pátrio e são, por isso mesmo, passíveis de reversão ao *status quo ante* ou, diante de sua impossibilidade, subsumíveis aos mecanismos compensatórios de tutela dos direitos da personalidade e da reparabilidade dos danos morais.

E uma vez constatada tal vicissitude à luz da dogmática e da extensa tipologia dos atos antissindicais e antirrepresentativos, passa-se, no capítulo seguinte, à análise específica dos mecanismos institucionais de controle e do âmbito subjetivo de proteção que os trabalhadores possuem em face de tais práticas que, ao fim e ao cabo, definirão a exata medida da tutela emanada do princípio da liberdade sindical e de seu conteúdo histórico-institucional.

5. A Tutela dos Trabalhadores Contra os Atos Antissindicais no Ordenamento Jurídico Brasileiro: Conteúdo Deontológico do Princípio da Liberdade Sindical

Uma vez esquadrinhadas a tipologia dos atos antissindicais e antirrepresentativos, bem assim os diplomas normativos (constitucionais, supralegais e legais) a coibirem a materialização de tais condutas atentatórias à liberdade sindical, passa-se à análise das possibilidades hermenêuticas de concretização daquele amplo arcabouço contemplado pelo ordenamento jurídico brasileiro.

Dito em outros termos, se no capítulo anterior o presente estudo debruçou-se sobre a descrição dos elementos coibitivos das práticas atentatórias à liberdade sindical existentes no ordenamento jurídico pátrio, as presentes linhas dedicar-se-ão à análise dos horizontes a serem contemplados pelos intérpretes no desvelamento do sentido e do alcance inerentes àquelas diretrizes normativas.

Já se adianta, por oportuno, que as conclusões do presente capítulo se valerão das considerações formuladas nos capítulos iniciais a respeito do caráter cogente dos direitos fundamentais — em especial da liberdade sindical — e da concepção deontológica a extrair sua força normativa do conteúdo histórico-institucional inerente a tais diretrizes, analisado e desvelado à luz das nuances dos casos concretos.

Por isso mesmo, o horizonte hermenêutico a ser traçado para os preceitos a positivarem, entre nós, o direito fundamental à liberdade sindical não será aquele apontado pelas concepções clássicas fundadas no ideário do positivismo e da soberania estatal a recusarem auto-aplicabilidade às normas de direitos fundamentais e aos Tratados Internacionais de Direitos Humanos e muito menos aquele contemplado pela visão axiológica, a legitimar concepções subjetivas e visões sectárias por intermédio da utilização pretensamente neutra da *metódica da ponderação*.

Nenhuma dessas concepções, a nosso ver, se afigura adequada para a compreensão do conteúdo institucional subjacente aos direitos fundamentais e, em especial, à liberdade sindical. De fato, o significado em concreto de tal conteúdo resultará, como visto, da análise do *background* histórico subjacente à criação e à evolução de tais diretrizes não apenas no contexto doméstico, como também no plano supranacional, mormente quando um determinado ordenamento interno passa a integrar, espontaneamente, aspectos consagrados no sistema internacional de proteção dos Direitos Humanos, como é o caso do Brasil após a promulgação da Constituição Federal de 1988.

Fixadas tais premissas a respeito do horizonte hermenêutico a ser vislumbrado na compreensão do direito fundamental à liberdade sindical, a análise a ser empreendida no presente capítulo dedicar-se-á às possibilidades de materialização de tal conteúdo histórico-institucional pelos agentes públicos que, no contexto do Estado Democrático de Direito fundado na tripartição das funções estatais, encampam os poderes necessários à concretização daquelas diretrizes, seja na atividade legislativa, no exercício da jurisdição ou na regulamentação das normas.

Uma vez desvelada *qual* a linha hermenêutica mais adequada, a nosso ver, para a compreensão em torno do direito fundamental à liberdade sindical, bem como definidos *quem* pode concretizá-lo e *em que medida*, passar-se-á à análise substancial do escopo tutelar inerente ao conteúdo histórico-institucional do franco-associativismo, materializado na definição *do que* ele protege e *em que situações* podem seus destinatários invocá-los.

Nesse particular, serão retomadas as considerações formuladas nos capítulos anteriores a fim de buscar desvelar em que medida o conteúdo histórico-institucional a vivificar o direito fundamental à liberdade sindical consagrado no ordenamento jurídico brasileiro tutela seus destinatários (trabalhadores e entidades representativas) contra as práticas antissindicais e antirrepresentativas.

Com a delimitação dos elementos a serem trabalhados no presente capítulo ter-se-á, ao fim e ao cabo, o vislumbre do conteúdo deontológico do direito fundamental à liberdade sindical, a contemplar o modo pelo qual se desvela seu conteúdo nos casos concretos, o que seu escopo tuitivo contempla, quem ele tutela e do que ele protege.

5.1. Análise crítica da interpretação conferida aos dispositivos do ordenamento jurídico pátrio voltados para a coibição e repressão aos atos antissindicais

Anteriormente à defesa propriamente dita da linha hermenêutica a ser adotada no presente capítulo, a propalar o desvelamento do conteúdo histórico-institucional da liberdade sindical com vistas à resolução dos casos concretos a envolverem a prática de atos antissindicais e de atos antirrepresentativos, faz-se mister proceder à análise crítica das vertentes interpretativas que tradicionalmente pautaram a compreensão e a concretização dos direitos fundamentais positivados no ordenamento jurídico brasileiro, aí incluída a liberdade sindical.

Nesse sentido, o trajeto a ser percorrido nas linhas subsequentes terá início com a análise da vertente interpretativa a servir, por mais tempo, de parâmetro para a compreensão dos direitos fundamentais entre nós. Trata-se da corrente a postular a aplicação pura e simples dos dogmas do positivismo clássico e da soberania estatal que veem aquelas diretrizes normativas como preceitos destituídos de eficácia plena, a dependerem ora da concretização do legislador, ora da atuação discricionária do Poder Judiciário, e que vislumbram nos Tratados Internacionais de Direitos Humanos normas destituídas de autoaplicabilidade e de densidade normativa.

Na sequência, passar-se-á à análise crítica da *ponderação de bens*, a consistir na corrente interpretativa que, entre nós, mais tem amealhado adeptos nas últimas décadas, especialmente após a promulgação da Constituição Federal de 1988. Nesse sentido, as objeções a serem formuladas atentarão para os riscos já apontados no Capítulo 1 *supra*, de que as posições subjetivas dos intérpretes sobre o conteúdo dos direitos fundamentais a serem *sopesados* prevaleçam em detrimento de seu sentido objetivo a ser desvelado à luz das nuances dos casos concretos.

E no caso do direito fundamental à liberdade sindical, tal risco se afigura ainda mais grave na medida em que os *bens jurídicos* a serem geralmente *ponderados* nos casos concretos são representados, na maioria das vezes, pelas garantias institucionais da propriedade e da autonomia privada, cujo simbolismo e cujas origens históricas acabam, por muitas vezes, a ensejar a formulação de concepções subjetivas sobre seu sentido e alcance que não necessariamente guardam relação nem com seu conteúdo histórico-institucional reconhecido pelo ordenamento jurídico e, a depender das circunstâncias, nem com as características dos casos concretos a servir-lhes de moldura fática.

Ao cabo de tal análise crítica, restará claro que nem o positivismo clássico concebido para valer em um contexto pautado pela soberania estatal e tampouco a *ponderação de bens* de cariz axiológico se afiguram adequados para compreender a liberdade sindical como um direito fundamental e para tutelar os trabalhadores e as entidades de representação coletiva das práticas antissindicais e antirrepresentativas.

De fato, os direitos fundamentais são muito mais do que dispositivos destituídos de densidade normativa ou do que dados a serem inseridos em uma equação ponderativa segundo o peso determinado subjetivamente pelo intérprete. São eles, ao revés, instituições que possuem uma origem histórica e uma evolução conceitual dotadas de peculiaridades aferíveis de modo objetivo — tanto no plano internacional, quanto no doméstico — que deverão espraiar tais significados aos casos concretos de modo a assegurar a coerência e a integridade de suas pautas.

5.1.1. O positivismo clássico e o dogma da soberania nacional como empecilhos à aplicação direta dos dispositivos que vedam a prática de atos antissindicais

O positivismo jurídico clássico e o dogma da soberania estatal se complementam. Aquele primeiro, ao conceber o Direito como um conjunto hierarquicamente organizado de normas fundamentado, em última instância, na autoridade exercida pelas facções detentoras do poder, toma por pressuposto a prevalência deste último, na medida em que todo o sistema jurídico idealizado no famoso estratagema da *pirâmide de Kelsen* tem como âmbito espacial de incidência o Estado-Nação e suas leis e regulamentos internos.

Nesse contexto amplamente difundido no século XIX e nas primeiras décadas do século XX, o Estado Nacional se bastava em relação ao seu entorno. Era ele a fonte do Direito por excelência, de modo que os arranjos verificados nos demais ordenamentos ou mesmo no incipiente Direito Internacional dos Tratados não tinham o condão de influenciar de maneira direta a compreensão em torno de seu ordenamento jurídico, a menos que as autoridades locais optassem espontaneamente pela absorção de tais inovações submetendo-as a uma minuciosa filtragem.[(640)]

Partia-se, portanto, do pressuposto de que as ordens jurídicas interna e internacional constituíam compartimentos estanques, de modo que as normas derivadas desta última somente se integrariam àquela primeira com o aval das autoridades estatais e, ainda assim, com a edição de uma regulamentação complementar destinada a lhes conferir aplicabilidade e a promover sua *adaptação* às peculiaridades locais.[(641)]

Sob tal paradigma, os tratados internacionais possuíam um escopo deveras limitado, pautado, basicamente, pela regulamentação bilateral (ou multilateral, em menor medida) dos aspectos relacionados às relações militares e comerciais entre as *potências soberanas* que, na

(640) Nas palavras de Luigi Ferrajoli: "Entre o século XIX e a primeira metade do século XX, desenrola-se essa série singular de eventos político-institucionais: o Estado nacional e liberal-democrático que vem se afirmando na Europa, enquanto internamente outorga para si um ordenamento complexo, fundado em princípio na limitação dos poderes do soberano e na sua sujeição à lei (nos moldes do estado liberal de direito) e, em seguida, na representação e na participação popular (nos moldes da democracia representativa), liberta-se definitivamente, nas relações externas com os demais Estados, de qualquer vínculo e freio jurídico. Os dois processos são simultâneos e paradoxalmente conexos. O estado de direito, internamente, e o estado absoluto, externamente, crescem juntos como os dois lados da mesma moeda. Quanto mais se limita – e, através de seus próprios limites, se autolegitima – a soberania interna, tanto mais se absolutiza e se legitima, em relação aos outros Estados e sobretudo em relação ao mundo 'incivil', a soberania externa. Quanto mais o estado de natureza é superado internamente, tanto mais é reproduzido o desenvolvido externamente. E, quanto mais o Estado se juridiciza como ordenamento, tanto mais se afirma como entidade auto-suficiente, identificando-se com o direito mas, ao mesmo tempo, hipostasiando-se como sujeito não relacionado e legibus solutus." FERRAJOLI, Luigi. Trad.: COCCIOLI, Carlo; LAURIA FILHO, Márcio; JANNINI, Karina. *A soberania no mundo moderno.* Nascimento e crise do Estado Nacional. São Paulo: Martins Fontes, 2007. p. 35-36.

(641) Segundo a crítica de George Rodrigo Bandeira Galindo: "Na verdade, o dualismo crê, em último aspecto, na própria prevalência do Direito Interno sobre o Direito Internacional, [pois] como para os dualistas o Direito Internacional precisa passar por um processo de adoção específica ou transformação, expressa ou implicitamente, eles acreditam na primazia do Direito Interno." GALINDO. George Rodrigo Bandeira. Tratados internacionais de direitos humanos e Constituição Brasileira. Belo Horizonte: Del Rey, 2002. p. 36.

concepção formulada por Emer de Vattel já no século XVIII, permaneceriam jacentes no plano do *Direito Natural* de modo que sua tradução em instrumentos formais far-se-ia conveniente a fim de lhes conceder uma base formal de exigibilidade.(642)

Sendo assim, os direitos fundamentais se encontravam confinados nos ordenamentos jurídicos internos, de modo que sua *universalidade* era restrita aos cidadãos de um determinado Estado e sua cogência se encontrava fatalmente jungida aos juízos de conveniência e de oportunidade das autoridades locais.(643)

A preponderância de tal compreensão estrita acerca dos direitos fundamentais, plasmada, de um lado, nas garantias individuais e, de outro, no âmbito espacialmente delimitado de sua incidência ocasionou o fenômeno a que Alfonso de Julios-Campuzano denomina *constitucionalismo frágil*, cujo fracasso restou escancarado após as vicissitudes ocorridas nas duas grandes guerras a pontuarem o período compreendido entre 1914 e 1945.(644)

---

(642) Segundo Vattel: "A matéria dos tratados é sem dúvida uma das mais importantes que as relações mútuas e os negócios das Nações possam nos apresentar. Convencidas do pouco conteúdo subsistente nas obrigações naturais dos corpos políticos e sobre os deveres mútuos que a humanidade lhes impõem as Nações mais prudentes buscam obter, mediante tratados, os apoios e as vantagens que a lei natural lhes asseguraria se os desígnios perniciosos de uma política de falsidades não a tornassem ineficaz. Um tratado, em latim foedus, é um pacto feito entre soberanos em vista do bem público, seja para a perpetuidade, seja para um período considerável de tempo." VATTEL, Emer de. Trad.: RANGEL, Vicente Marotta. *O direito das gentes*. Brasília: Instituto de Pesquisa de Relações Internacionais/Editora UnB, 2004. p. 274.

(643) A propósito, observa Luigi Ferrajoli que: "Nos ordenamentos internos dos Estados liberal-democráticos, os antigos direitos naturais são consagrados e positivados pelas constituições como 'universais' e, portanto, como base da igualdade de todos os seres humanos. E, todavia, coincidindo seu 'universo' jurídico-positivo com o do ordenamento interno do Estado, os direitos do 'homem' acabam de fato por se achatar sobre os direitos do 'cidadão'. Dessa forma, a cidadania, se internamente representa a base da igualdade, externamente age como privilégio e como fonte de discriminação contra os não cidadãos. A 'universalidade' dos direitos humanos resolve-se, consequentemente, numa universalidade parcial e de parte: corrompida pelo hábito de reconhecer o Estado como única fonte de direito e, portanto, pelos mecanismos de exclusão por este desencadeados para com os não cidadãos; e, ao mesmo tempo, pela ausência, também para os próprios cidadãos, de garantias supra-estatais de direito internacional contra as violações impunes de tais direitos, cometidas pelos próprios Estados.

Mas explica-se, sobretudo, o total vazio de direito que vem a se produzir nas relações entre Estados. A identificação juspositivista entre direito e Estado, se internamente produz a subordinação do Estado ao direito conforme o paradigma do estado de direito, externamente torna inconcebível o direito internacional como direito supra-estatal. Consequentemente, o Estado configura-se como um sistema jurídico fechado e auto-suficiente. O monopólio exclusivo da força por ele alcançado é afirmado no que diz respeito não apenas ao seu interior, onde é subordinado ao direito, mas também ao seu exterior, onde se resolve numa livre concorrência entre monopólios igualmente exclusivos, e, enfim, no domínio do mais forte." FERRAJOLI. Luigi. Trad.: COCCIOLI, Carlo; LAURIA FILHO, Márcio; JANNINI, Karina. *A soberania no mundo moderno*. Nascimento e crise do Estado Nacional. São Paulo: Martins Fontes, 2007. p. 35-36.

(644) Segundo o autor: "Na concepção do positivismo legalista a exclusividade da produção jurídica pertence ao Estado que, ao proclamar o monopólio de todo o direito, confere à lei a categoria de fonte do direito por excelência, dotada de força absoluta sobre qualquer outra normatividade. E a Constituição não faz senão ratificar esta concepção teórica subjacente sobre a qual descansa toda a ordem jurídica. O constitucionalismo do positivismo oitocentista é um *constitucionalismo frágil* que se limita a estabelecer o esquema básico da ordem política e de suas instituições, abrindo competências e determinando procedimentos, um constitucionalismo das *regras do jogo*, dos limites que não podem ser ultrapassados, dos direitos que não podem ser transgredidos, um constitucionalismo de *mínimos* que estabelece um marco de convivência baseado na autonomia dos indivíduos nas esferas social e política.

(...)

A radical separação entre direito e moral postulada pelo positivismo comportou a exclusão dos juízos de valor do âmbito da juridicidade. O direito, enquanto realidade puramente empírica, ficou limitado à experiência sensível do direito positivo, único e estatal.

(...)

A racionalidade formal da ordem jurídica do positivismo legalista exibia-se, assim, como aposta durante o século XIX. O incerto caminho dos acontecimentos históricos, no entanto, não tardaria em evidenciar as grandes carências do positivismo legalista e de seu modelo constitucionalista frágil. A precariedade deste paradigma constitucional mostrou-se como uma evidência do descrédito do Estado mínimo e de sua escandalosa redução formalista dos direitos que, a partir de uma odiosa concepção abstrata do indivíduo, terminou por negar as exigências elementares de justiça que se abririam décadas mais tarde, sob a forma de direitos sociais. De outro lado, o lamentável episódio de totalitarismos

Desse modo, com a constatação em torno da emergência dos direitos sociais e, principalmente, do fracasso do direito interno em regulamentar de maneira autônoma e estanque os direitos fundamentais, especialmente nas décadas que antecederam a Segunda Guerra Mundial os tratados internacionais ganharam uma nova dimensão. De simples *contratos* entre uma pluralidade de Estados acerca de questões comerciais, militares e limítrofes, passaram eles a configurar verdadeiros pactos multilaterais destinados a conferir uma base mínima para a dignidade humana e seus corolários e a condicionar diretamente a interpretação dos próprios dispositivos já existentes nos ordenamentos internos.[(645)]

Não obstante a substancial metamorfose experimentada pelo direito dos tratados a partir do advento da Declaração Universal dos Direitos Humanos em 1948, muitos estados ainda permaneceram fiéis às concepções dualistas, de modo a submeter a totalidade dos pactos internacionais — até mesmo aqueles a versarem direitos humanos — aos procedimentos estritos e limitados de incorporação ao seu direito interno, mesmo diante das diferenças substanciais existentes entre uns e outros.[(646)]

O Brasil, a despeito da cristalina dicção do art. 5º, § 2º, da Constituição Federal de 1988 — cujo teor distingue os pactos de Direitos Humanos da generalidade dos tratados internacionais, conferindo-lhes *status* de normas constitucionais — foi um dos países que mais resistiram a essa concepção e, consequentemente, à incorporação imediata dos tratados de Direitos Humanos ao seu ordenamento jurídico.[(647)]

---

do século XX veio a confirmar o estrondoso fracasso das brilhantes construções teóricas da dogmática jurídica." JULIOS-CAMPUZANO. Alfonso de. Trad.: MORAIS. José Luis Bolzan de; NASCIMENTO, Valéria Ribas do. *Constitucionalismo em tempos de globalização*. Porto Alegre: Livraria do Advogado, 2009. p. 16-21.

(645) De acordo com Antonio Enrique Pérez-Luño: "Los derechos humanos aúnan a su significación descriptiva de aquellos derechos y libertades reconocidos en las declaraciones y convénios internacionales, una connotación prescriptiva o deontológica, al abarcar también aquellas exigencias más radicalmente vinculadas al sistema de necesidades humanas, y que debiendo ser objeto de positivación no lo han sido." PÉREZ-LUÑO. Antonio Enrique. *Los Derechos Fundamentales*. 8. ed. Madrid: Tecnos, 2005. p. 47.

(646) Nas palavras de Antonio Augusto Cançado Trindade: "Os tratados de direitos humanos, diferentemente dos tratados clássicos que regulamentam os interesses recíprocos entre as Partes, consagram valores comuns superiores, consubstanciados em última análise na proteção do ser humano. Como tais, requerem interpretação e aplicação próprias, dotados que são, ademais, de mecanismos de supervisão próprios. Assim sendo, como sustentar que a um Estado Parte seria dado 'derrogar' ou 'revogar' por uma lei um tratado de direitos humanos? Tal entendimento se chocaria frontalmente com a própria noção de *garantia coletiva*, subjacente a todos os tratados de direitos humanos.

No presente contexto de proteção, já não mais se justifica que o direito internacional e o direito interno continuem sendo abordados de forma estanque ou compartimentalizada, como o foram no passado.

Ao criarem obrigações para os Estados *vis-à-vis* os seres humanos sob sua jurisdição, as normas dos tratados de direitos humanos aplicam-se não só na ação conjunta (exercício da garantia coletiva) dos Estados Partes na realização do propósito comum de proteção, mas também e sobretudo no âmbito do ordenamento jurídico interno de cada um deles." TRINDADE, Antônio Augusto Cançado. *Tratado de Direito Internacional dos Direitos Humanos*. Vol. I. Porto Alegre: Sergio Antonio Fabris Editor, 1997. p. 438-439.

(647) A despeito disso, vários autores dedicados ao estudo do tema, destacavam que a opção feita pelo legislador constituinte no art. 5º, § 2º, da Carta Magna contemplava um regime misto, a compreender a concessão de hierarquia constitucional aos pactos internacionais a versarem direitos humanos e a outorga de hierarquia legal aos tratados convencionais. Nesse sentido, o entendimento de Flávia Piovesan bem exemplifica tal vertente interpretativa:

"Por força do art. 5º, § 2º, a Carta de 1988 atribui aos direitos enunciados em tratados internacionais hierarquia de norma constitucional, incluindo-os no elenco dos direitos constitucionalmente garantidos, que apresentam aplicabilidade imediata. Os demais tratados internacionais têm força hierárquica infraconstitucional, nos termos do art. 102, III, *'b'* do texto (que admite o cabimento de recurso extraordinário de decisão que declarar a inconstitucionalidade de tratado), e se submetem à sistemática de incorporação legislativa. Conclui-se, portanto, que o Direito brasileiro faz opção por um sistema misto, que combina regimes jurídicos diferenciados: um regime aplicável aos tratados de direitos humanos e um outro aplicável aos tratados tradicionais. Enquanto os tratados internacionais de proteção dos direitos humanos — por força do art. 5º, §§ 1º e 2º — apresentam hierarquia de norma constitucional e são incorporados automaticamente, os demais tratados internacionais apresentam hierarquia infraconstitucional, não sendo incorporados de forma automática pelo ordenamento jurídico brasileiro." PIOVESAN, Flávia. *Temas de Direitos Humanos*. 2. ed. São Paulo: Max Limonad, 2003. p. 83.

De fato, a jurisprudência consolidada no âmbito do Supremo Tribunal Federal na década de 1990 e em grande parte da década de 2000 se manteve fiel ao entendimento consagrado anteriormente à promulgação da Constituição Federal de 1988, no sentido de que os tratados internacionais possuem, indistintamente, posição hierárquica de lei ordinária e que, por isso mesmo, se encontravam submetidos ao controle de constitucionalidade como qualquer norma daquela hierarquia editada pelo Poder Legislativo.[(648)]

Tal recalcitrância advinda do Supremo Tribunal Federal fomentou, no Congresso Nacional, o debate acerca da incorporação dos tratados de Direitos Humanos ao Direito pátrio que culminou, de seu turno, na inserção de um § 3º do art. 5º da Carta Magna, por ocasião da promulgação da Emenda Constitucional n. 45, de 30.12.2004, a estatuir que aqueles pactos integrariam o ordenamento jurídico como normas de hierarquia constitucional desde que aprovados na Câmara dos Deputados e no Senado Federal, em dois turnos, por três quintos dos votos dos respectivos membros.[(649)]

Após o advento do sobredito parágrafo, a jurisprudência do Supremo Tribunal Federal avançou para consagrar a tese já propalada pelo Ministro Sepúlveda Pertence naqueles julgamentos, a reconhecer os tratados internacionais de Direitos Humanos ratificados anteriormente à Emenda Constitucional n. 45/2004 como normas de caráter infraconstitucional, porém supralegal, cuja preponderância em relação às leis ordinárias exigia destas últimas a observância a seus preceitos.[(650)]

No entanto, a despeito dos recentes avanços em torno da integração dos tratados de Direitos Humanos e da própria interpretação dos dispositivos a versarem direitos fundamentais, a tradição consolidada na jurisprudência pátria, ao menos até meados da década de 2000, apontava para a preponderância do ideário pautado pelo positivismo clássico, pela soberania nacional e

---

(648) Nesse sentido: BRASIL: SUPREMO TRIBUNAL FEDERAL. MEDIDA CAUTELAR NA AÇÃO DIRETA DE INCONSTITUCIONALIDADE N. 1.470/DF. RELATOR: Min. Celso de Mello. Plenário. *DJ*: 18.5.2001. BRASIL: SUPREMO TRIBUNAL FEDERAL. *HABEAS CORPUS* N. 73.044/SP. RELATOR: Min. Maurício Corrêa. 2ª Turma. *DJ*: 20.9.1996. BRASIL: SUPREMO TRIBUNAL FEDERAL. *HABEAS CORPUS* N. 73.383/SP. RELATOR: Min. Néri da Silveira. 2ª Turma. *DJ*: 27.6.1997.

(649) Até o presente momento, apenas um tratado internacional de direitos humanos foi integrado no ordenamento jurídico com base no procedimento estabelecido no art. 5º, § 3º, da Constituição Federal. Trata-se da Convenção sobre os Direitos das Pessoas com Deficiência e de seu Protocolo Facultativo, assinados em Nova York, em 30 de março de 2007 e promulgados pelo Decreto Legislativo n. 186, de 9.7.2008.

(650) Tal entendimento teve por *leading case* o *Habeas Corpus* n. 88.240/SP, cuja ementa foi assim redigida: "DIREITO PROCESSUAL. *HABEAS CORPUS*. PRISÃO CIVIL DO DEPOSITÁRIO INFIEL. PACTODE SÃO JOSÉ DA COSTA RICA. ALTERAÇÃO DE ORIENTAÇÃO DA JURISPRUDÊNCIA DO STF. CONCESSÃO DA ORDEM. A matéria em julgamento neste *habeas corpus* envolve a temática da (in)admissibilidade da prisão civil do depositário infiel no ordenamento jurídico brasileiro no período posterior ao ingresso do Pacto de São José da Costa Rica no direito nacional. O julgamento impugnado via o presente *habeas corpus* encampou orientação jurisprudencial pacificada, inclusive no STF, no sentido da existência de depósito irregular de bens fungíveis, seja por origem voluntária (contratual) ou por fonte judicial (decisão que nomeia depositário de bens penhorados). Esta Corte já considerou que "o depositário debens penhorados, ainda que fungíveis, responde pela guarda e se sujeita a ação dedepósito" (HC n. 73.058/SP, rel. Min. Maurício Corrêa, 2ª Turma, DJ de 10.05.1996). Neste mesmo sentido: HC 71.097/PR, rel. Min. Sydney Sanches, 1ª Turma, DJ 29.03.1996). Há o caráter especial do Pacto Internacional dos Direitos Civis Políticos (art. 11) e da Convenção Americana sobre Direitos Humanos – Pacto de San José da Costa Rica (art. 7º, 7), ratificados, sem reserva, pelo Brasil, no ano de 1992. A esses diplomas internacionaissobre direitos humanos é reservado o lugar específico no ordenamento jurídico, estando abaixo da Constituição, porém acima da legislação interna. O *status* normativo supralegal dos tratados internacionais de direitos humanos subscritos pelo Brasil, torna inaplicável a legislação infraconstitucional com ele conflitante, seja ela anterior ou posterior ao ato de ratificação. Na atualidade a única hipótese de prisão civil, no Direito brasileiro, é a do devedor de alimentos. O art. 5º, § 2º, da Carta Magna, expressamente estabeleceu que os direitos e garantias expressos no *caput* do mesmo dispositivo não excluem outros decorrentes do regime dos princípios por ela adotados, ou dos tratados internacionais em que a República Federativa do Brasil seja parte. O Pacto de São José da Costa Rica, entendido como um tratado internacional em matéria de direitos humanos, expressamente, só admite, no seu bojo, a possibilidade de prisão civil do devedor de alimentos e, consequentemente, não admite mais a possibilidade de prisão civil do depositário infiel. *Habeas corpus* concedido." BRASIL: SUPREMO TRIBUNAL FEDERAL. *HABEAS CORPUS* N. 88.240/SP. RELATORA: Minª. Ellen Gracie Northfleet. 2ª Turma. *DJ*: 24.10.2008.

pela concepção dualista das normas de Direito Internacional, de modo que sua influência não pode ser sumariamente considerada como página virada.

De fato, não se pode ignorar que a tese a propalar a eficácia limitada de grande parte dos dispositivos constitucionais de direitos fundamentais, sob o argumento de que estes últimos não reuniriam força normativa suficiente para regulamentar de *per se* as situações em concreto e que, portanto, não poderiam ser aplicados de maneira direta, encontrou — e ainda encontra — considerável ressonância nos meios jurídicos pátrios.(651)

De igual modo, a concepção a negar aos direitos fundamentais consagrados nos instrumentos internacionais de Direitos Humanos força normativa e aplicação imediata às situações concretas — seja por vê-los como normas de eficácia limitada ou como dispositivos incompatíveis com os cânones orientadores do ordenamento interno — foi amplamente difundida até bem pouco tempo atrás.(652)

Conforme já visto no Capítulo 4, tal orientação espraiou-se em direção aos direitos fundamentais de cunho trabalhista, sendo clássico exemplo dessa tendência o entendimento firmado pelo Tribunal Superior do Trabalho acerca da aplicação da Convenção n. 158 da OIT no curto período em que esta última integrou o ordenamento pátrio. Àquela ocasião, a corte ateve-se à compreensão de que o diploma em referência não possuía densidade normativa suficiente para vincular de maneira direta os empregadores no sentido de vedar-lhes a dispensa imotivada de seus empregados.

E no mesmo sentido do que se passou com a Convenção n. 158 da OIT, a tutela emanada da Convenção n. 98 da OIT no que concerne às práticas antissindicais acabou sendo anulada, sob o entendimento de que suas diretrizes somente poderiam ser compreendidas dentro dos estreitos limites dos arts. 522 e 543, § 3º, da CLT, atinentes à estabilidade dos dirigentes sindicais, e de que a proteção da generalidade dos trabalhadores contra tais condutas dependeria da edição de diplomas normativos complementares pelo legislador interno.

Tal posicionamento, para além de negar ao direito fundamental à liberdade sindical um mínimo de cogência, de modo a ignorar seu riquíssimo conteúdo histórico-institucional, acaba por reduzir o diploma internacional mais representativo para a matéria concernente à tutela dos trabalhadores e de suas entidades contra os atos antissindicais — qual seja, a Convenção n. 98 da OIT — a um mero apêndice da legislação interna (no caso, a CLT), cujo sentido e alcance estariam premidos pela limitadíssima tutela emanada desta última que, como visto, restringe-se à concessão de estabilidade a um número reduzido de dirigentes sindicais, mesmo após o advento da *Reforma Trabalhista* institucionalizada pela Lei n. 13.467/2017.

Trata-se, pois, de uma concepção que acaba por subverter o entendimento atualmente preponderante no Supremo Tribunal Federal, a conceber os tratados internacionais de Direitos Humanos como diplomas superiores em hierarquia às leis ordinárias. De fato, é o sentido

---

(651) *Vide*, por todos: SILVA, José Afonso da. *Aplicabilidade das normas constitucionais*. 7. ed., 2. tir. São Paulo: Malheiros Editores, 2008. p. 137-138.

(652) Nesse sentido era, justamente, a jurisprudência preponderante do Supremo Tribunal Federal na década de 1990. Veja-se, a título exemplificativo, a ementa proferida por ocasião do julgamento do *Habeas Corpus* 72.131/RJ:

"*'Habeas corpus'*. Alienação fiduciária em garantia. Prisão civil do devedor como depositário infiel. – Sendo o devedor, na alienação fiduciária em garantia, depositário necessário por força de disposição legal que não desfigura essa caracterização, sua prisão civil, em caso de infidelidade, se enquadra na ressalva contida na parte final do art. 5º, LXVII, da Constituição de 1988. – Nada interfere na questão do depositário infiel em matéria de alienação fiduciária o disposto no § 7º do art. 7º da Convenção de San José da Costa Rica. *"Habeas corpus"* indeferido, cassada a liminar concedida." BRASIL: SUPREMO TRIBUNAL FEDERAL. *HABEAS CORPUS* N. 72.131/RJ. RELATOR: Min. Marco Aurélio. *DJ*: 1º.8.2003.

inerente à Convenção n. 98 da OIT que deve servir de parâmetro para a aplicação e para a própria validade dos arts. 522 e 543, § 3º, da CLT e não o contrário.(653)

Sendo assim, se a Convenção n. 98 da OIT estabelece em seu art. 1º que *"os trabalhadores deverão gozar de proteção adequada contra quaisquer atos atentatórios à liberdade sindical em matéria de emprego"*, não pode o Estado afirmar que tal tutela será limitada, nos termos da lei, a um pequeno grupo de dirigentes sindicais e suplentes. É o sentido amplo conferido pela Convenção à proteção contra os atos antissindicais que deve se sobrepor às restrições do direito interno e não o contrário.

A mesma compreensão ora formulada vale para os demais pactos internacionais de Direitos Humanos a consagrarem a liberdade sindical e seus corolários, notadamente (i) as Convenções ns. 135 e 154 da OIT, no que concerne às representações unitárias nos locais de trabalho e à negociação coletiva; (ii) o art. 22 do Pacto de Direitos Civis e Políticos da ONU; (iii) o art. 8º do Pacto Internacional de Direitos Econômicos, Sociais e Culturais da ONU e (iv) o art. 8º do Protocolo de San Salvador da OEA.

Resumidamente, em um contexto pautado pela complementariedade existente entre os ordenamentos interno e internacional no que tange à configuração do sentido e do alcance dos direitos fundamentais — aí incluída a liberdade sindical —, não mais se justifica nem a visão a lhes negar eficácia plena e tampouco a concepção tendente a submeter sua aplicabilidade a um controle formal e substancial exercido exclusivamente à luz dos dispositivos de direito interno.

5.1.2. A metódica da ponderação *ou de como os princípios da* autonomia privada, *da* propriedade *e da* segurança jurídica *configuram pretensos óbices à aplicação direta dos dispositivos que vedam a prática de atos antissindicais*

Com a redemocratização do País, complementada pelo advento da Constituição Federal de 1988 e de seu extenso catálogo de direitos fundamentais, a hermenêutica jurídica passou a sofrer o influxo das concepções que naquela quadra vinham se desenvolvendo na Europa e nos Estados Unidos, a constituírem o movimento denominado *neoconstitucionalismo*.

Conforme já tratado no Capítulo 1 *supra*, o *neoconstitucionalismo*, em suas mais variadas vertentes, se voltou para a superação do positivismo jurídico de cariz formalista e legicentrista, por intermédio da constitucionalização dos direitos fundamentais sob a forma de princípios cujo conteúdo seria, à primeira vista, preenchido por concepções valorativas e cuja concretização dar-se-ia por intermédio de uma interpretação a lhes possibilitar a aplicação direta às mais diversas hipóteses fáticas.

E dentre as vertentes do chamado *neoconstitucionalismo*, a que encontrou maior ressonância na doutrina e na jurisprudência brasileiras, especialmente nas décadas de 1990 e 2000, foi justamente a concepção axiológica dos direitos fundamentais elaborada, na Alemanha, a partir da prática do *Bundesverfassungsgerichts* e da consolidação de suas diretrizes elementares na doutrina, especialmente na obra de Robert Alexy.(654)

(653) Conforme pontua Valério de Oliveira Mazzuoli: "Não basta que a norma de direito doméstico seja compatível apenas com a Constituição Federal, devendo também estar apta para integrar a ordem jurídica internacional sem violação de qualquer de seus preceitos. A *contrario sensu*, não basta a norma infraconstitucional ser compatível com a Constituição e incompatível com um tratado ratificado pelo Brasil (...) pois, nesse caso, operar-se-á de imediato a terminação da *validade* da norma (que, no entanto, continuará *vigente*, por não ter sido expressamente revogada por outro diploma congênere de direito interno." MAZZUOLI, Valério de Oliveira. *O controle jurisdicional da convencionalidade das leis*. 2. ed. São Paulo: Revista dos Tribunais, 2011. p. 131-132.

(654) Segundo Andreas J. Krell: "A dogmática constitucional alemã certamente é, em muitos aspectos, transponível ou adaptável para o Brasil, já que muitos preceitos e formulações das Cartas de 1988 e anteriores foram fortemente

Segundo tal corrente, os direitos fundamentais configurariam valores assumidos pela Constituição cuja concretização dependeria da aplicação de uma metódica própria para tal finalidade que, por sua vez, seria legitimada pela aferição do *peso* de cada valor nas distintas hipóteses fáticas e pela abertura para o ingresso dos argumentos advindos dos mais diferentes atores sociais.

Tal metodologia, representada pela *ponderação de bens*, apregoa que a aferição em concreto do *peso* dos direitos fundamentais em choque e, consequentemente, de sua preponderância nas distintas hipóteses de incidência seria implementada por intermédio da aplicação em separado das fórmulas da *adequação* (*Geeignetheit*), da *necessidade* (*Erforderlichkeit*) e da *proporcionalidade em sentido estrito* (*Verhältnismässigkeitsprinzip*), já analisadas detalhadamente no Capítulo 1 *supra*, a fim de viabilizar o escrutínio das escolhas legislativas por parte do Poder Judiciário.(655)

No entanto, a prática em torno da metodologia da *ponderação de bens* demonstra que a mensuração do *peso* dos princípios em choque num dado caso concreto depende mais das preferências pessoais e das visões de mundo dos intérpretes/aplicadores a respeito de cada um dos valores a serem sopesados do que de qualquer dado objetivo disponível, o que acaba por reduzir os direitos fundamentais a um emaranhado de *conceitos indeterminados* cujo significado em concreto dependerá, ao fim e ao cabo, da discricionariedade do aplicador autorizado.(656)

---

inspirados pela Lei Fundamental de 1949. Essas doutrinas germânicas disseminaram-se através de doutrinadores da Espanha e de Portugal, países que, por sua proximidade cultural e linguística, exerceram forte influência nas ciências jurídicas brasileiras, sobretudo no âmbito do Direito Público. Um número elevado de importantes publicações de autores brasileiros sobre o tema dos Direitos Fundamentais e sua interpretação fazem referência expressa à doutrina e à jurisprudência da Alemanha, fato que se deve também à tradução de várias obras de constitucionalistas deste país para os idiomas português e espanhol." No entanto o autor em referência adverte que: "Não se pode transportar um instituto jurídico de uma sociedade para outra sem levar-se em conta os condicionamentos sócio-culturais e econômico-políticos a que estão sujeitos todos os modelos jurídicos, [pois] ordens jurídicas concretas não representam apenas variantes distintas da realização dos mesmos direitos e princípios; nelas refletem-se também diferentes paradigmas jurídicos." KRELL, Andreas J. *Direitos sociais e controle judicial no Brasil e na Alemanha.* Os (des)caminhos de um direito constitucional "comparado." Porto Alegre: Sergio Antonio Fabris Editor, 2002. p. 42-43.

(655) Nas palavras de Carlos Bernal Pulido, a função e a metodologia concernentes ao princípio da proporcionalidade seriam descritas da seguinte forma: "La función que el principio de proporcionalidad cumple en el control constitucional de las leyes que intervienen en los derechos fundamentales, consiste en estructurar la fundamentación de la validez de las normas iusfundamentales adscritas. El principio de proporcionalidade estrutura esta fundamentación en un procedimento de cinco pasos, en el cual son tenidos en cuenta todos los argumentos materiales analíticos, normativos y fácticos a favor y en contra de la validez de la norma adscrita relevante. Los cinco passos son los seguientes: a. La adscripción prima facie de una norma de derecho fundamental, y de su posición respectiva, a una disposición de derecho fundamental; b. La verificación de que la ley examinada en el control de constitucionalidad constituye una intervención en el ámbito de la disposición de derecho fundamental relevante; c. El examen de idoneidad de la ley; d. El examen de necesidad de la ley; e. El examen de proporcionalidad en sentido estricto de la ley." PULIDO, Carlos Bernal. *El principio de proporcionalidad y los derechos fundamentales.* 3. ed. Madrid: Centro de Estudios Politicos y Constitucionales, 2007. p. 134-135.

(656) Conforme alerta Eros Roberto Grau: "Juízes, especialmente *juízes constitucionais,* têm lançado mão, intensamente, da técnica da chamada *ponderação entre princípios* quando diante do que a doutrina qualifica como *conflito entre direitos fundamentais.* Como, porém, inexiste no sistema jurídico qualquer regra a orientá-los a propósito de qual dos princípios, no conflito entre eles, deve ser privilegiado, essa técnica é praticada à margem do sistema, subjetivamente, discricionariamente, perigosamente.

A opção por um ou outro é determinada subjetivamente, a partir das pré-compreensões de cada juiz, no quadro de determinadas ideologias. Ou adotam conscientemente certa posição jurídico-teórica, ou atuam à mercê dos que detêm o poder e o espírito do seu tempo, inconscientes dos efeitos de suas decisões — em uma espécie de 'voo cego'. (...)

Enquanto uma corte constitucional adotar a teoria da ordem de valores e nela fundamentar sua práxis decisória, o perigo de juízos irracionais aumenta, porque os argumentos funcionalistas ganham prevalência sobre os normativos. (...)

A apreensão do significado da expressão 'tirania dos valores' dá-nos (...) 'a chave para compreendermos que toda teoria dos valores nada mais faz senão atiçar e intensificar a luta antiga e eterna entre convicções e interesses.

A submissão de todos nós a essa tirania é tanto mais grave quando se perceba a promiscuidade dos valores que, por força de ponderações que os revalorizam, ocorre no plano da aplicação do direito. Refiro-me, reiteradamente, às *ponderações entre princípios* que os juristas – em especial os juízes – operam visando a impor os seus valores, no exercício

Essa abertura à discricionariedade do intérprete/aplicador viabilizada pela *ponderação de bens* é especialmente preocupante nos casos concretos a envolverem a aplicação do direito fundamental à liberdade sindical eis que, segundo aquela metódica, o princípio em referência teria de ser sopesado, fatalmente, com as garantias institucionais da *propriedade* e da *autonomia privada*, de igual hierarquia constitucional e de igual relevância no âmbito do ordenamento jurídico.

E o aspecto problemático inerente a essa *ponderação* entre o princípio da liberdade sindical, de um lado, e as garantias à autonomia e à propriedade privada, de outro, reside no fato de que ambos os direitos fundamentais ora mencionados, dadas as vicissitudes que pautaram as lutas de classes especialmente ao longo dos séculos XIX e XX, têm sua compreensão subjetiva pautada fortemente por aspectos ideológicos e, em muitos casos, até mesmo por preconceitos recíprocos.

De fato, a propriedade privada por si só é uma garantia polêmica por natureza. Muito embora ela possua atualmente um conteúdo institucional fortemente matizado pela função social imposta em razão de interesses da coletividade reconhecidos como relevantes pelo ordenamento jurídico, a concepção que a enxerga como um *privilégio de classe* ou como um instituto marcado pelo poder absoluto de seu titular — não apenas por conta de sua origem histórica, pautada pela prerrogativa de gozar, fruir e dispor da *res* segundo os desígnios do proprietário, mas também pelo fato de ter sido ela um dos pilares do liberalismo a influenciar a estrutura clássica do direito privado — sempre a acompanhará, fatalmente.(657)

Como decorrência da *propriedade*, o direito à *autonomia privada* visto como a faculdade conferida ao empresário de organizar os meios de produção a ele pertencentes, possui, igualmente, uma carga ideológica extremamente forte, oriunda do liberalismo. De fato, sendo a empresa não apenas o resultado exitoso da prospecção mercadológica de seu titular (ou dos ascendentes deste último), mas também o espaço coletivo sujeito ao poder de direção do empresário é natural que este último resista ferozmente a qualquer intromissão externa tendente a regulamentar o espaço onde se enxerga como senhor absoluto.(658)

Já a *liberdade sindical*, de seu turno, é concebida pelos trabalhadores como um trunfo da classe operária em face do ideário de cunho liberal e individualista a servir de base jurídica para a Revolução Industrial, especialmente nos países que a protagonizaram. Por outro lado, os empresários tendem a vê-la como um vilipêndio às garantias da propriedade e da autonomia

---

de pura *discricionariedade*, em regra não se dando conta de que o fazem." GRAU, Eros Roberto. *Por que tenho medo dos juízes (a interpretação/aplicação do direito e os princípios)*. São Paulo: Malheiros Editores, 2013. p. 117-121.

(657) Nesse particular, a concepção de Orlando Gomes a respeito do *conteúdo de classe do Direito Civil* é bem ilustrativa: "O conteúdo de classe do Direito Civil manifesta-se, mais claramente, através de uma análise, por mais rápida, de seus princípios fundamentais (...) (a) a propriedade privada; (b) a liberdade contratual; (c) o matrimônio monógamo; e (d) a sucessão hereditária. Dentre todos avulta por sua capital importância a propriedade privada porque ela constitui o sustentáculo da sociedade que aí está, dividida em ricos e pobres. O amontoado de regras que se condensam nos códigos civis tem por objetivo fundamental assegurar aos afortunados o odioso privilégio contra o qual se levantam os socialistas de todos os matizes. A propriedade é, de fato, intangível a despeito do reconhecimento platônico de que ela constitui uma função social. Mais clara não pode se manifestar a finalidade classista do Direito Civil do que nessa preocupação exclusivista das leis em favorecer, proteger e garantir a uma diminuta parcela da sociedade um direito de que está privada a grande maioria." GOMES, Orlando. *A crise do Direito*. São Paulo: Max Limonad, 1955. p. 87-88.

(658) Tal carga ideológica a pontuar o princípio da autonomia privada, em sua versão original, é bem sintetizada na seguinte passagem de Mario de La Cueva: "En la historia de la empresa capitalista se señala un primer momento, finales del siglo XVIII y gran parte del XIX, como la era de apogeo del capitalismo liberal. En esa etapa, el empresario fue el heredero legítimo del señor feudal de la Edad Media: su fabrica era su castillo, al que no podia penetrar el rey — léase el estado — porque sus murallas eran el laisser-faire, laisser-passer del liberalismo, pero tampoco la persona humana, porque entre ella y el patrono se introducía el derecho civil con su tesis del trabajo mercancia. Acertadamente se ha dicho que en estos tiempos, el empresario era el titular de la soberania, la que adquirió no por una delegación, sino por derecho próprio, por el solo acto de la creación de la empresa: el empresario, dueño absoluto de todas las cosas que se hallasen dentro de ella, incluído el trabajo, ejercía un poder omnímodo, del que dependían la vida y la acción y las condiciones de trabajo; y era también, como soberano absoluto, el único que recibía los benefícios de la producción." DE LA CUEVA, Mario. *El nuevo Derecho Mexicano del Trabajo*. Tomo I. México: Porrúa, 2007. p. 165.

privada, na medida em que a organização dos fatores de produção, sob o influxo do franco-associativismo, passa a não mais depender de seus desígnios individuais, estando, pois, submetida ao contrapoder exercido pelas entidades representativas dos interesses obreiros.[(659)]

Nesse contexto plasmado pelo embate entre as concepções de classe a respeito dos direitos à *propriedade*, à *autonomia privada* e à *liberdade sindical*, a aplicação da *metódica da ponderação* às situações concretas a envolverem os referidos princípios se apresenta como potencialmente desastrosa, na medida em o *peso* a ser conferido a cada um dos *bens* em cotejo tende a ser formado, em grande medida, pelas concepções individuais e subjetivas dos intérpretes/aplicadores, em detrimento do estudo acerca do conteúdo histórico daqueles institutos e de sua reconstrução à luz dos casos concretos.

Compreendidos dessa maneira, os direitos fundamentais à *propriedade*, à *autonomia privada* e à *liberdade sindical* acabam por se configurar como óbices recíprocos que fatalmente se anularão nos supostos práticos de incidência. De fato, se a aplicação em concreto das referidas garantias for pautada pela orientação ideológica e pelos preconceitos de classe dos intérpretes/aplicadores a tarefa de mensurar em cada hipótese fática o conteúdo objetivo dos princípios em questão restará fatalmente inviabilizada e sua força normativa será reduzida a nada.[(660)]

---

(659) O advento do direito à liberdade sindical nos ordenamentos jurídicos se insere naquilo que Alain Supiot denomina como sendo a *civilização da empresa*, ou seja, a aposição de limites ao poder diretivo do empregador no sentido de aplacar a desigualdade fática existentes entre os signatários do contrato de trabalho. Nas palavras do autor: "O Direito Civil e o Direito do Trabalho partilham da mesma razão de ser, qual seja, a de 'civilizar' as relações sociais, ou seja, de substituir por relações jurídicas as relações de força e de assegurar a todos os seus destinatários o estatuto de sujeitos de direito livres e iguais. Mas ao mesmo tempo em que o direito das obrigações evoluiu sob um terreno sólido — aquele do sujeito de direito, mestre de seu corpo e da sua vontade — a subordinação privou os trabalhadores de tal liberdade, de modo a coloca-los em uma relação jurídica com o empregador pautada pela desigualdade de forças. A submissão dez desaparecer o trabalhador, enquanto sujeito de direito, do horizonte do Direito Civil dentro da empresa, reduzindo-o a um sujeito submetido por completo ao poder diretivo do empregador. O direito do trabalho teve e terá sempre por razão essencial de ser o suprimento desse lapso, ou seja, de 'civilizar' o poder patronal, de modo a dotá-lo de limites jurídicos exatamente onde ele é exercido, ou seja, dentro da empresa."

No original: «Le droit civil et le droit du travail ont finalement la même raison d'être, qui est de «civiliser» les relations sociales, c'est-a-dire d'y substituer des rapports de droit aux rapports de force, et d'assurer à tous le statut de sujets de droit libres et égaux. Mais tandis que le droit civil des obligations évolue sur un terrain solide — celui du sujet de droit, maître de son corps e de as volonté — la subordination prive le salarié de sa liberte et le place dans une relation juridiquement inégalitaire avec l'employeur. Elle fait disparaître le salarié, en tant que sujet de droit, de l'horizon du droit civil lorsqu'il rentre dans l'enterprise, pour laisser place à un sujet tout court, soumis au pouvoir de direction du chef d'enterprise. Le droit du travail a eu et a toujours pour première raison d'être, de pallier ce manqué, c'est-à-dire de «civiliser» le pouvoir patronal, en le dotant d'un cadre juridique là où il s'exerce, c'est-à-dire dans l'enterprise.» SUPIOT, Alain. *Critique du droit du travail.* Paris: PUF, 1994. p. 151.

(660) Em sentido contrário, Ricardo Pereira de Freitas Guimarães justifica a aplicação do princípio da proporcionalidade e da metódica da ponderação aos "conflitos de direitos fundamentais" a envolverem situações trabalhistas (p. ex.: revista de empregados, controle de correio eletrônico, assédio moral etc.) assentando, para tanto, que: "Nos dias atuais, enfrentamos questões difíceis (*hard cases*), geralmente vinculadas a direitos inespecíficos, em que empregados são revistados com suposta violação à sua intimidade, discussões sobre a privacidade ou não dos e-mails, debates sobre doenças psíquicas muitas vezes oriundas do desgaste emocional aviltante causado pelo trabalho, a existência ou não de assédio moral e sexual em situações corporativas, entre outros tantos exemplos.

Indaga-se então: Será a lei infraconstitucional capaz de criar uma hipótese de incidência para essa complexidade de mundo em que vivemos, permitindo ao julgador que pela simples subsunção do fato a uma norma pré-estabelecida dê guarida a essa ou aquela proteção?

Evidente que não.

Então como compatibilizar a promessa do Estado Democrático de Direito, enquanto uma escolha política de um povo com as garantias e direitos fundamentais por meio da edição de leis?

E mais, como compatibilizar a garantia da decisão dita 'justa' ou mais próxima do justo, e fundamentada sem a utilização de critérios objetivos capazes de externar a segurança jurídica da decisão, evitando assim a discricionariedade num elevado grau?

No nosso entender há apenas uma saída, que é justamente a aplicação dos princípios de forma volátil quanto às garantias e direitos fundamentais, permitindo a análise de casos concretos, individualmente, pelas regras do princípio da proporcionalidade." GUIMARÃES, Ricardo Pereira de Freitas. *Princípio da proporcionalidade no Direito do Trabalho.* Teoria e prática. São Paulo: Revista dos Tribunais, 2015. p. 96-97.

Têm-se, como exemplos práticos da situação ora descrita, as decisões proferidas na década de 1990 pelo Tribunal Superior do Trabalho e pelo Supremo Tribunal Federal já mencionadas no Capítulo anterior, a consagrarem a impossibilidade quanto à fixação de diretorias sindicais em número maior do que os catorze dirigentes e suplentes mencionados no art. 543, § 3º c/c o art. 522 da CLT, ainda que não tenham implementado uma análise pormenorizada acerca dos elementos de adequação, necessidade e proporcionalidade em sentido estrito a configurarem a *metódica da ponderação*.[(661)]

Nos referidos julgados, as teses segundo as quais o princípio da legalidade consagrado no art. 5º, II, da Constituição Federal configuraria óbice ao exercício da liberdade sindical no que concerne à fixação do número de diretorias e de que o princípio da autonomia privada carrearia a *"impossibilidade de atribuição de ônus ao empregador pela via dos estatutos do sindicato profissional"* foram adotadas sem que se perquirisse as nuances em concreto das situações a envolverem as referidas entidades representativas.

Tal análise objetiva permitiria ao intérprete/aplicador verificar se o porte e a abrangência territorial da entidade em questão justificariam o estabelecimento do número majorado de dirigentes dotados de estabilidade, o que atrairia a aplicação em concreto do direito fundamental à liberdade sindical, ou, se ao revés, a estrutura dos sindicatos em questão mostrar-se-ia incompatível com a quantidade pretendida de mandatários o que, aí sim, ensejaria a incidência em concreto do postulado da autonomia privada de modo a configurar, até mesmo, o abuso do direito ao franco-associativismo.

No entanto, os julgados em questão partiram do pressuposto de que os *pesos* do direito à autonomia privada e do princípio da legalidade seriam maiores do que aquele atribuído à liberdade sindical na *equação* concernente à fixação do número de dirigentes sindicais estáveis, o que acabou por anular, na prática, este último postulado.

É justamente a visão dos direitos fundamentais como óbices recíprocos, proporcionada e fomentada pela *metódica da ponderação*, que se pretende superar a partir da narrativa a ser formulada no item subsequente. De fato, os preceitos em referência, antes de configurarem receptáculos vazios a serem preenchidos e sopesados em concreto segundo as orientações valorativas do intérprete/aplicador, possuem uma história institucional que lhes confere, ao mesmo tempo, um conteúdo objetivo e um norte para a resolução dos chamados *casos difíceis*.

Nessa perspectiva, os conteúdos dos direitos fundamentais não se obstaculizam em função de seus *pesos* aferidos em concreto segundo a orientação ideológica dos intérpretes/aplicadores. Ao revés, eles mantêm, sempre, a integridade de seus respectivos conteúdos histórico-institucionais, mesmo diante daqueles *casos difíceis* que serão resolvidos não a partir do sopesamento entre princípios em aparente contradição, mas sim a partir da perquirição em torno de sua aplicabilidade ou não à luz das nuances inerentes à situação fática.

5.1.3. *Por uma nova visão em torno da força normativa dos direitos fundamentais e, em especial, da liberdade sindical. A natureza deontológica dos dispositivos que consagram a proteção jurídica dos trabalhadores em face dos atos antissindicais*

Conforme já delineado no Capítulo 1 *supra*, na concepção deontológica dos direitos fundamentais, estes últimos integram efetivamente o ordenamento jurídico e possuem um

---

O autor, contudo, faz abstração dos riscos inerentes à abertura da metódica da *ponderação de bens* para os juízos pessoais do intérprete que são, justamente, no nosso sentir, a grande falha inerente à visão axiológica dos direitos fundamentais.

(661) BRASIL: SUPREMO TRIBUNAL FEDERAL. RECURSO EXTRAORDINÁRIO N. 193.345/SC. RELATOR: Min. Carlos Velloso. 2ª Turma. *DJ*: 28.5.1999.

BRASIL. TRIBUNAL SUPERIOR DO TRABALHO. RECURSO ORDINÁRIO EM DISSÍDIO COLETIVO N. 423.261/98. RELATOR: Min. Ursulino Santos. Subseção de Dissídios Coletivos. *DJ*: 4.12.1998, p. 51.

enunciado normativo cogente que, na presença de um *caso difícil*, impõem uma determinada solução que será obtida por intermédio do cotejo entre as nuances da hipótese sob exame e o conteúdo histórico-institucional do princípio em questão.

Desse modo, as vicissitudes históricas que desaguaram no aparecimento e na evolução dos valores de uma dada comunidade, uma vez transformadas em direitos fundamentais, passam a integrar o escopo normativo destes últimos e, consequentemente, a vincular os intérpretes/aplicadores na análise dos casos concretos.

Viu-se, igualmente, no Capítulo inicial do presente estudo que a tarefa de criação e interpretação do Direito é orientada pela lógica inerente à alegoria do *romance em cadeia*, de modo que os princípios, nesse enredo, seriam os capítulos iniciais da obra e os aplicadores de tais pautas seriam os *escritores* das partes subsequentes da narrativa, cabendo-lhes, no exercício de tal mister, zelar pela coerência entre estas últimas e aqueles primeiros e, consequentemente, pela integridade do conjunto.

Sob tal construção lógica, à medida que os *novos capítulos* se agregarem ao sistema jurídico, por se mostrarem coerentes com este último, seus enunciados serão apreendidos pelo conteúdo institucional dos princípios e passarão, ao lado daquelas pautas já existentes anteriormente, a servir como diretrizes vinculantes dos intérpretes/aplicadores quando da resolução dos futuros casos concretos. Desse modo, o conjunto de princípios manter-se-á, ao mesmo tempo, íntegro e aberto a novas definições.

Uma vez revisitadas tais premissas da teoria dworkiniana já declinadas no Capítulo 1 *supra*, é mister constatar que no atual contexto de integração entre os ordenamentos internos e o ordenamento internacional — especialmente no que diz respeito aos tratados de Direitos Humanos — não serão apenas as vicissitudes históricas constatadas no âmbito doméstico que conferirão conteúdo e sentido aos dispositivos de direitos fundamentais.

Para além de tais vicissitudes ocorridas no plano interno, o conteúdo institucional daqueles direitos fundamentais cuja previsão é partilhada pelos ordenamentos domésticos e pelos tratados internacionais de Direitos Humanos será integrado também pelo *background* histórico que antecedeu e justificou a edição daquelas normas supranacionais.[(662)]

A inserção de tal pano de fundo histórico no conteúdo institucional dos direitos fundamentais materializar-se-á através do *diálogo* a ser estabelecido entre as ordens jurídicas doméstica e internacional. Assim, o aplicador/intérprete daquelas garantias em um dado caso concreto deverá indagar, necessariamente, (i) em que medida as vicissitudes que plasmaram a edição dos tratados de Direitos Humanos conferiram a estes últimos suas notas institucionais e, para além disso, (ii) em que medida tais elementos característicos também se fazem presentes no ordenamento interno e (iii) em que medida eles condicionaram a edição dos preceitos que consagram, no plano interno, os direitos fundamentais em questão.

---

(662) Pois afinal, conforme preconiza Antônio Augusto Cançado Trindade: "Ao criarem obrigações para os Estados *vis-à-vis* os seres humanos sob sua jurisdição, as normas dos tratados de direitos humanos, como já assinalado, aplicam-se não só na ação conjunta (exercício da garantia coletiva) dos Estados Partes, na realização do propósito comum de proteção, mas também e sobretudo no âmbito do ordenamento jurídico interno de cada um deles.

O cumprimento das obrigações internacionais de proteção requer o *concurso dos órgãos internos dos Estados*, e estes são chamados a aplicar as normas internacionais. É este o traço distintivo e talvez o mais marcante dos tratados de direitos humanos, dotados de especificidade própria e, permitimo-nos insistir neste ponto, a requererem uma interpretação própria guiada pelos valores comuns superiores que abrigam, diferentemente dos tratados clássicos que se limitam a regulamentar os interesses recíprocos entre as Partes. Com a interação entre o direito internacional e o direito interno no presente contexto, os grandes beneficiários são as pessoas protegidas. Resulta, assim, claríssimo que leis posteriores não podem revogar normas convencionais que vinculam o Estado, sobretudo no presente domínio de proteção.

As sentenças dos tribunais nacionais devem tomar em devida conta as disposições convencionais dos tratados de direitos humanos que vinculam o país em questão." TRINDADE, Antônio Augusto Cançado. *Tratado de Direito Internacional dos Direitos Humanos*. Vol. II. Porto Alegre: Sergio Antonio Fabris Editor, 1999. p. 147-148.

Tal diálogo, no entanto, não poderá ser restrito ao ordenamento interno e aos tratados internacionais de Direitos Humanos. Com efeito, em um contexto pautado pela crescente interação entre os Estados e suas ordens jurídicas e pelo surgimento de questões cuja dinâmica e cuja resolução não mais cabem nos vetustos moldes da soberania estatal, os ordenamentos internos deverão, irrefragavelmente, *conversar entre si* no que diz respeito à compreensão do conteúdo inerente aos direitos fundamentais e, fatalmente, no que concerne à sua aplicação.(663)

Desse modo, diante da resolução de um *caso difícil* o intérprete/aplicador do direito fundamental em questão ampliará a perquirição do conteúdo histórico-institucional deste último não apenas em direção ao *background* que pautou a edição dos tratados internacionais de Direitos Humanos, devendo agregar em seu horizonte persecutório os significados daquela garantia nas demais ordens jurídicas internas, especialmente naquelas que partilham entre si certos valores fundantes, tal como sugere Marcelo Neves ao conceituar sua noção de *transconstitucionalismo*.(664)

---

(663) Niko Krisch, nesse particular, sugere um modelo de coexistência entre fontes normativas internas e supranacionais em contraposição ao constitucionalismo moderno ao qual ele chama de *pluralismo pós-nacional.*

Este último se diferenciaria do constitucionalismo na medida em que a resolução dos problemas concretos a envolverem a aplicação de direitos fundamentais não mais seria pautado pela preponderância de uma determinada norma em relação às demais, mas sim pelo *diálogo* aberto entre tais fontes que conduziria os intérpretes, ao fim e ao cabo, a uma solução, segundo ele, adequada à situação concreta.

Ainda segundo a concepção do referido autor, muito embora os ordenamentos permaneçam divididos em *camadas*, inexistiria uma hierarquia estanque entre eles, o que permitir-lhes-ia a conversação recíproca com vistas à resolução em concreto das controvérsias.

Nas palavras de Krisch: "O pluralismo pós-nacional reconhece a separação turva existente entre as camadas do direito mas não busca reorganizá-los em uma estrutura jurídica hierárquica, tal como pretende o constitucionalismo. O pluralismo pós-nacional tem em seu horizonte uma estrutura não hierárquica (fluida) na qual a interação das diferentes camadas não é determinada em última medida por uma regra jurídica de primazia, mas sim influenciada pela variedade de normas potencialmente conflitantes emanadas de cada uma das referidas camadas. Entre as diferentes camadas não há um ponto comum de referência em matéria de hierarquia jurídica. A relação entre elas é fundamentalmente aberta e depende, em grande parte, de fatores políticos."

No original: "Postnational pluralism recognizes the blurred separation of layers of law but does not seek to reorganize them in an overarching legal framework, as does constitutionalism. It envisages a heterarchial structure in which the interaction of different layers is not ultimately determined by one legal rule but influenced by a variety of (potentially conflicting) norms emanating from each of the layers. Between the different layers, there is no common point of reference in law; their relationship is fundamentally open and depends, in large part, on political factors." KRISCH, Nico. *Beyond constitutionalism.* The pluralist structure of postnational law. Oxford: Oxford University Press, 2010. p. 298-299.

(664) Nas palavras do autor: "Não só a sociedade mundial, mas também o seu sistema jurídico é multicêntrico, de tal maneira que, na perspectiva do centro (juízes e tribunais) de uma ordem jurídica, o centro de uma outra ordem jurídica constitui uma periferia. (...) Essa situação importa relações de observação mútua, no contexto da qual se desenvolvem formas de aprendizado e intercâmbio, sem que se possa definir o primado definitivo de uma das ordens, uma *ultima ratio* jurídica.

Nesse sentido, fala-se de 'conversação' ou 'diálogo' entre cortes, que podem se desenvolver em vários níveis.

(...)

No caso do transconstitucionalismo, as ordens se inter-relacionam no plano reflexivo de suas estruturas normativas que são autovinculantes e dispõem de primazia. Trata-se de uma 'conversação constitucional', que é incompatível com um 'constitucional *diktat*' de uma ordem em relação a outra.

(...)

Com o tempo, o incremento das relações transterritoriais com implicações normativas fundamentais levou à necessidade de abertura do constitucionalismo para além do Estado. Os problemas dos direitos fundamentais ou dos direitos humanos ultrapassaram fronteiras, de tal maneira que o direito constitucional estatal passou a ser uma instituição limitada para enfrentar esses problemas. (...) O tratamento desses problemas deixou de ser um privilégio do direito constitucional do Estado, passando a ser enfrentado legitimamente por outras ordens jurídicas, pois eles passaram a apresentar-se como relevantes para essas.

(...)

Assim, um mesmo problema de direitos fundamentais pode apresentar-se perante uma ordem estatal, local, internacional, supranacional e transnacional (no sentido estrito) ou, com frequência, perante mais de uma dessas ordens, o que implica cooperações e conflitos, exigindo aprendizado recíproco." NEVES, Marcelo. *Transconstitucionalismo.* São Paulo: Martins Fontes, 2009. p. 117-121

Nesse contexto de partilha de valores por parte dos ordenamentos jurídicos, os novos capítulos do *romance em cadeia* a ilustrar, na concepção de Dworkin, a evolução dos direitos fundamentais dentro de parâmetros de coerência e adaptabilidade às novas circunstâncias, bem poderão ser construídos em espaços que transcendem as fronteiras de uma dada sociedade, ou seja, tanto no âmbito das Cortes Internacionais de Direitos Humanos, quanto em um tribunal local na análise de um *caso difícil*.

Caberá, portanto, aos intérpretes/aplicadores de um dado direito fundamental atentar para tais *capítulos* escritos alhures e *dialogar* com estes últimos no sentido de perquirir em que medida seus enunciados poderão agregar novos conteúdos à definição institucional daquelas garantias no plano interno.[665]

No que concerne especificamente à liberdade sindical, é ela um direito fundamental em que o diálogo transnacional no sentido ora exposto encontra campo fértil para prosperar, haja vista a riquíssima história do instituto em apreço partilhada pelas sociedades democráticas, apesar das nuances presentes em alguns ordenamentos domésticos, e sua presença destacada nos principais pactos regionais e globais de Direitos Humanos.

Nesse sentido, o direito fundamental à liberdade sindical possui como traço comum na totalidade dos ordenamentos democráticos que o consagram o fato de ter ele sido uma conquista decorrente das lutas dos trabalhadores em torno do exercício da contraposição ao poderio empresarial no que concerne à organização dos fatores de produção, cuja fruição se encontrava obstada, até meados dos séculos XIX e XX, pela subsistência de um ideário liberal que não apenas criminalizava qualquer suposto de *coalizão*, como também partia de uma fictícia igualdade entre patrões e empregados para o estabelecimento das condições de trabalho.

E tal direito obtido por meio da luta dos trabalhadores se materializou, em linhas gerais, (i) na faculdade conferida aos obreiros para criarem entidades representativas de seus interesses, observadas as restrições locais; (ii) na garantia de livre filiação, participação e desfiliação de tais entes; (iii) na proteção contra as práticas dos empregadores tendentes a frustrar o exercício de tais posições jurídicas; (iv) na garantia de livre administração e organização daquelas entidades; (v) na prerrogativa de definição da ação sindical e (vi) na tutela contra a interferência governamental e patronal em seus assuntos internos.

No contexto brasileiro, é bem verdade que o direito à liberdade sindical, na forma consagrada pelo art. 8º, da Constituição Federal, encontra uma série de limitações textuais que impedem, ao menos em parte, o compartilhamento de alguns pontos importantes do conteúdo histórico-institucional da garantia em referência com os demais ordenamentos de cunho democrático. Tais óbices residem, exatamente, nas regras da unicidade sindical e do poder normativo da Justiça do Trabalho, conforme já discorrido no Capítulo 2 *supra*.

---

(665) No tocante aos diálogos a serem estabelecidos entre o ordenamento brasileiro e as legislações estrangeiras, Guilherme Guimarães Feliciano, ao discorrer sobre o *pré-contrato de trabalho*, pontua que a expressão *direito comparado* a constar do art. 8º da CLT permitiria a abertura do sistema pátrio ao intercâmbio de sentidos sobre determinados institutos jurídicas e, no caso de inexistência de disciplina sobre determinado tema entre nós, à própria aplicação direta do direito alienígena.

Segundo o autor: "Empregar o Direito Comparado como fonte supletiva do Direito do Trabalho é, sem dúvida, um passo adiante na construção empírica de um Direito do Trabalho de vocação cosmopolita, construído sobre bases dogmáticas mínimas de validade universal (como, *e.g.*, o princípio da primazia da realidade ou a regra da imutabilidade unilateral *in pejus* dos contratos de trabalho de trabalho). Não, portanto, um Direito do Trabalho complessivo e de minúcias (...), mas um direito do trabalho basal, de princípios e regras — que, num futuro próximo, venha a se converter em teoria genuinamente 'geral' (se não para todo o orbe terrestre, ao menos para os países de tradição romano-germânica, ou para esses e os de *common law*). FELICIANO, Guilherme Guimarães. *Do pré-contrato de trabalho.* O contrato preliminar de trabalho no iter da contratação laboral: abordagem comparativa e jusfundamental. São Paulo: LTr, 2010. p. 73.

Todavia, paralelamente a estas peias que impedem a ampla entronização do conteúdo histórico-institucional da liberdade sindical no ordenamento pátrio, a própria Constituição Federal consagrou uma série de postulados que se alinham plenamente com a garantia do franco associativismo, tais como a autonomia sindical, a participação dos sindicatos na negociação coletiva e o próprio direito de greve, além do que o País é signatário de vários tratados de Direitos Humanos consagradores da liberdade sindical em seus aspectos individuais e coletivos que deverão, irrefragavelmente, preencher de sentido os dispositivos constitucionais referentes ao tema.

E no que se refere especificamente à temática das condutas antissindicais e antirrepresentativas, o Brasil, por ser signatário das Convenções ns. 98, 135 e 154 da OIT, agregou ao seu ordenamento jurídico toda aquela parcela do conteúdo histórico-institucional da liberdade sindical que repudia veementemente as práticas empresariais tendentes a impedir ou manter a filiação de trabalhadores a determinadas entidades representativas, bem assim a intervenção patronal e estatal na ação coletiva empreendida por estas últimas, nos moldes já descritos no Capítulo 3 *supra*.

Nesse particular, é mister repisar que muito embora o ordenamento brasileiro não disponha de um elenco exemplificativo de práticas antissindicais e antirrepresentativas, tal vicissitude não retira dos trabalhadores e de suas entidades o direito à tutela contra aqueles atos, haja vista a vedação aberta a tais condutas subsumíveis dos arts. 1º e 2º da Convenção n. 98 e dos arts. 1º e 2º da Convenção n. 135, ambas da OIT.

Justamente por tal razão, o sentido inerente às sobreditas convenções no que se refere à coibição das práticas antissindicais e antirrepresentativas que confere ao princípio da liberdade sindical uma das características nucleares de seu conteúdo histórico-institucional, acabará por ser incorporado ao ordenamento jurídico pátrio e permitirá que os intérpretes/aplicadores de tal garantia fundamental no plano interno possam *dialogar* com as demais instâncias internacionais e estrangeiras que partilham de tal conteúdo, no fito de buscar sua concretização nas mais distintas situações e de viabilizar, com isto, a *redação* dos próximos *capítulos* daquele *romance em cadeia* que assegurará, ao mesmo tempo, a adaptabilidade do postulado às novas circunstâncias fáticas e sua integridade.

Assim, exemplificativamente, o intérprete do direito fundamental à liberdade sindical, ao analisar um determinado suposto de prática antissindical ou antirrepresentativa a desafiar a aplicação de tal garantia no território brasileiro, deverá buscar o desvelamento do sentido do franco-associativismo para aquela situação em concreto não apenas em face do conteúdo histórico-institucional daquele postulado desenvolvido no plano interno, mas também levando-se em conta as vicissitudes evolutivas experimentadas pelo princípio em questão consagradas na prática internacional e estrangeira.

É exatamente nesse sentido que o intérprete/aplicador do direito à liberdade sindical no plano doméstico deverá lançar seus olhares para além dos dispositivos positivados no ordenamento brasileiro e das decisões emanadas das cortes pátrias, a fim de promover um *diálogo* com os sistemas que agregam aqueles mesmos elementos do conteúdo histórico-institucional do franco-associativismo incorporados aos diplomas vigentes no âmbito local. Nesse desiderato, os verbetes do Comitê de Liberdade Sindical da OIT, os precedentes oriundos das cortes internacionais de Direitos Humanos e as decisões advindas dos tribunais estrangeiros a respeito da tutela dos trabalhadores e das entidades em face dos atos antissindicais e antirrepresentativos figurarão, naturalmente, como os interlocutores a quem o jurista recorrerá.

Em suma, no atual contexto de integração global nenhum ordenamento jurídico interno encontra-se isolado em relação aos demais, principalmente quando estes últimos partilham entre si os mesmos princípios jurídicos e agregam aos seus enunciados normativos um conteúdo histórico-institucional que, muito embora possa variar de um sistema para outro, guarda, efetivamente, traços em comum.(666)

Formuladas tais premissas, pode-se concluir que a liberdade sindical, compreendida de acordo com a visão ora proposta, extrai sua força normativa não apenas das vicissitudes históricas ocorridas no âmbito doméstico que plasmaram o instituto em apreço, mas também — e principalmente — do conteúdo histórico-institucional que subjaz aos outros ordenamentos domésticos e aos tratados internacionais de Direitos Humanos.

Vista dessa maneira, a liberdade sindical, antes de ser um princípio geral vazio de conteúdo e carente de autoaplicabilidade ou mesmo um valor a ser sopesado com outros *bens jurídicos* a partir de critérios subjetivos pontuados por pré-compreensões dos intérpretes, configurará um efetivo direito fundamental, dotado de um riquíssimo conteúdo normativo construído historicamente não apenas no plano interno, mas também na comunidade internacional, que conferirá ao intérprete/aplicador a *única solução correta* para a resolução do caso submetido à sua análise.

E a *única solução correta* para o caso — tal como visto no Capítulo 1 *supra* — não consiste em um método apto a conduzir o intérprete/aplicador a uma solução pretensamente perfeita e inquestionável, mas sim uma *postura* a ser por ele assumida diante de um *caso difícil* no sentido de buscar, justamente, a descoberta do significado dos princípios à luz das nuances daquelas situações concretas. E sob a concepção ora proposta, a busca de tal significado abrangerá, ao lado dos elementos histórico-institucionais presentes no contexto interno, aquelas vicissitudes que plasmaram a consolidação de um determinado instituto também nos ordenamentos a integrarem seu entorno.

5.2. Os agentes públicos concretizadores do direito à liberdade sindical

Uma vez delimitadas as linhas gerais a configurarem a visão deontológica acerca do princípio da liberdade sindical em contraposição às concepções positivista e axiológica, passa-se à análise das possibilidades de concretização prática de tal garantia que, no sistema democrático e republicano a servir como fundamento da República Federativa do Brasil, dependerá necessariamente do concurso dos poderes Legislativo, Judiciário e Executivo.

De fato, cada um dos Três Poderes contribuirá com a concretização do direito fundamental à liberdade sindical de acordo com suas atribuições institucionais, cabendo ao Poder Legislativo proceder à edição de normas gerais destinadas à tradução em direito positivo dos elementos compreendidos no conteúdo histórico-institucional daquela garantia, ao Poder Executivo a regulamentação e a coibição em concreto das situações a envolverem a antissindicalidade e a antirrepresentatividade e ao Poder Judiciário a interpretação/aplicação do princípio em referência, bem assim o controle dos atos emanados das demais esferas estatais.

Nas linhas subsequentes, procurar-se-á esquadrinhar de maneira mais minuciosa a atuação dos Poderes da República no contexto da visão deontológica ora proposta para a compreensão do princípio da liberdade sindical — especialmente no que concerne ao combate às práticas antissindicais e antirrepresentativas — de modo a traçar, paralelamente a isto, os condicionamentos a que eles se encontram jungidos nesse desiderato.

5.2.1. *Poder Legislativo*

Onde quer que os princípios da democracia, do republicanismo e da soberania popular se façam presentes, o Poder Legislativo será o foro destinado à implementação das discussões

(666) *Vide*, nesse sentido: TUSHNET, Mark. *The new constitutional order.* Princeton: Princeton University Press, 2003. p. 142-164.

políticas que acabarão, ao fim e ao cabo, por desaguar na edição das normas a pautarem as condutas de toda a coletividade. Tal concepção, engendrada ao lado da própria concepção originária acerca dos *direitos fundamentais* como consequência das revoluções liberais ocorridas na Europa Ocidental ao longo do século XVIII, permanece, em sua essência, inalterada.

Naturalmente, as formas de representação dos cidadãos no parlamento e, principalmente, de participação daqueles primeiros e de suas organizações representativas nos espaços públicos foram — e ainda vêm sendo — objeto de intenso estudo por parte da Ciência Política e da Filosofia do Direito. Nesse diapasão, vêm ganhando expressivo destaque as correntes que, amparadas no chamado *Paradigma do Estado Democrático de Direito* e no *procedimentalismo*, procuram legitimar o processo legislativo e seus frutos na abertura institucional do Poder Legislativo para a mais ampla participação dos atores sociais (cidadãos, empresas, grupos de interesse, organizações etc.) nos debates e nos eventos políticos que antecedem à edição das normas.(667)

Tendo em vista que tais debates se darão em um contexto pautado pela supremacia de uma Constituição que recepciona e consagra direitos fundamentais dotados de um vasto conteúdo histórico, os atores sociais serão instados a discutir, em abstrato, quais as melhores alternativas destinadas à concretização daquelas garantias supralegais antepostas à sua atuação política e em que medida elas poderão ser limitadas para viabilizar a coexistência com os demais princípios positivados na Lei Maior.

E aqui, exatamente na seara do processo legislativo deflagrado na arena política — diferentemente do que ocorre no labor do Poder Judiciário ao aplicar os preceitos já editados a casos concretos —, é que as concepções valorativas dos diferentes atores sociais que dele participarão em paridade de armas encontrarão espaço para serem confrontadas (e até mesmo sopesadas) umas com as outras mediante a elaboração de argumentos característicos dos *discursos de fundamentação*.(668)

---

(667) A visão procedimentalista do direito encontra em Jürgen Habermas um de seus mais expressivos expoentes. Segundo o referido autor alemão: "A justificativa da existência do Estado não reside primariamente na proteção de direitos subjetivos iguais, e sim na garantia de um processo inclusivo de formação da opinião e da vontade, dentro do qual civis livres e iguais se entendem sobre quais normas e fins estão no interesse comum de todos. Com isso, exige-se do cidadão republicano muito mais do que a simples orientação pelo próprio interesse.

(...)

[Os discursos políticos] devem tematizar as orientações axiológicas e interpretações de carências, e, com isso, a própria compreensão pré-política de si mesmo e do mundo, a fim de poder transforma-las *de forma razoável.* Sob condições do discurso, que obrigam cada um a assumir a perspectiva dos demais membros e até de todos os outros, é possível uma modificação racionalmente motivada das tomadas de posição iniciais. Como participantes de um tal processo de formação discursiva da opinião e da vontade, os cidadãos se conscientizam de seu direito de autodeterminação." HABERMAS. Jürgen. Trad.: SIEBENEICHLER, Flávio Beno. *Direito e democracia. Entre facticidade e validade***.** Vol. I. 2. ed. Rio de Janeiro: Tempo Brasileiro, 2003. p. 335-339.

(668) Sobre a formulação dos *discursos de fundamentação,* Jurgen Habermas assevera que: "Quando desejamos convencer-nos mutuamente da validade de algo, nós nos confiamos intuitivamente a uma prática, na qual supomos uma aproximação suficiente das condições ideais de uma situação de fala especialmente imunizada contra a repressão e a desigualdade — uma situação de fala na qual proponentes e oponentes, aliviados da pressão da experiência e da ação, tematizam uma pretensão de validade que se tornou problemática e verificam, num enfoque hipotético e apoiados apenas em argumentos, se a pretensão defendida pelo proponente tem razão de ser. A intuição básica que ligamos a esta prática de argumentação caracteriza-se pela intenção de conseguir o assentimento de um auditório universal para um proferimento controverso, no contexto de uma disputa não coercitiva, porém regulada pelos melhores argumentos, na base das melhores informações. É fácil descobrir por que o princípio do discurso promove esse tipo de prática para a fundamentação de normas e decisões valorativas. Para saber se normas e valores podem encontrar o assentimento racionalmente motivados de todos os atingidos, é preciso assumir a perspectiva, intersubjetivamente ampliada da primeira pessoa plural, a qual assume em si, de modo não coagido e não reduzido, as perspectivas da compreensão do mundo e da autocompreensão de todos os participantes. Para uma tal assunção total de papeis, praticada em comum e generalizada, recomenda-se a prática da argumentação. Como forma reflexiva do agir comunicativo, ela se caracteriza, por assim dizer, através de uma reversibilidade completa de todas as perspectivas dos participantes, liberando a intersubjetividade mais alta da coletividade deliberativa." *Ibidem*, p. 283-284.

No entanto, a elaboração das normas no transcurso de um processo legislativo pautado, como visto, pelo embate entre discursos baseados em concepções valorativas encontrará limitação substancial nos próprios direitos fundamentais reconhecidos e consagrados pela Constituição e nos pactos internacionais de Direitos Humanos, mais precisamente nos conteúdos histórico--institucionais que lhes conferem notas distintivas e peculiares.(669)

Os direitos fundamentais e seus respectivos conteúdos histórico-institucionais representam, nesse contexto, as condições prévias para o exercício do jogo democrático a configurar o processo legislativo, no qual se dará o embate entre aquelas distintas concepções valorativas.(670),

É importante frisar, desde já, que o conteúdo histórico-institucional dos direitos fundamentais aqui concebidos como elementos objetivos que conferem sentido e força normativa àquelas garantias e como limites substanciais às comunicações implementadas no bojo do processo legislativo não se confunde com a figura do *núcleo essencial* idealizada pelos adeptos da visão axiológica.

Com efeito, o propalado *núcleo essencial* dos direitos fundamentais, em qualquer uma das formas encampadas pelos partidários da concepção axiológica — a saber, as teorias absoluta a relativa —, muito embora busquem o estabelecimento de um conteúdo intransponível, acaba por apresentar as mesmas falhas inerentes à *metódica da ponderação*, na medida em que o conteúdo daquele *núcleo essencial* será, tanto em um quanto em outro caso, estabelecido pelo intérprete/aplicador daqueles princípios a partir se suas próprias concepções pessoais.(671)

(669) Nas palavras de Karl Loewenstein: "Entre todos los limites impuestos al poder del Estado se considera que el más eficaz es el reconocimiento jurídico de determinados ámbitos de autodeterminación individual en los que el Leviatán no puede penetrar. El acceso a estas zonas prohibidas está cerrado a todos los detentadores del poder, al gobierno, al parlamento y, dado que los derechos fundamentales son «inalienables», también al electorado. Estas esferas privadas, dentro de las cuales los destinatarios del poder están libres de la intervención estatal, coinciden con lo que se ha venido a llamar desde hace trescientos años los «derechos del hombre» o «libertades fundamentales.»

(...)

Aunque están sometidas a una interpretación variable debido a la diferencia del ambienbte donde estén en vigor, estas garantias fundamentales son el núcleo inviolable del sistema político de la democracia constitucional, rigiendo como princípios superiores al orden jurídico positivo, aun cuando no estén formulados en normas constitucionales expresas. En su totalidad, estas libertades fundamentales encarnan la dignidad del hombre." LOEWENSTEIN, Karl. Trad.: ANABITARTE, Alfredo Gallego. *Teoría de la constitución*. 2. ed. Barcelona: Ariel, 1976. p.390.

(670) Conforme assevera Marcelo Cattoni: "A Constituição, para articular-se com uma visão discursiva da Democracia, deverá ser compreendida, fundamentalmente, como a interpretação e a prefiguração de um sistema de direitos fundamentais, que apresenta as condições procedimentais de institucionalização jurídica das formas de comunicação necessárias para uma legislação política autônoma. Essa institucionalização jurídica das formas de comunicação necessárias para uma legislação política autônoma deverá estabelecer, em termos constitucionais, as condições para um processo legislativo democrático, no qual a soberania popular e os direitos humanos, concebidos desde o início, como princípios jurídico-constitucionais, fazem valer o nexo interno entre autonomia pública e autonomia privada dos cidadãos, estas também consideradas, desde o início, de forma jurídica, co-originárias e com igual relevância." OLIVEIRA, Marcelo Andrade Cattoni de. *Devido processo legislativo*. Uma justificação democrática do controle jurisdicional de constitucionalidade das leis e do processo legislativo. 2. ed. Belo Horizonte: Mandamentos, 2006. p. 71-72.

(671) Nesse sentido a própria transcrição da passagem elaborada por Bodo Pieroth e Bernhard Schlink acerca das teorias referentes ao *núcleo essencial dos direitos fundamentais* denotam o forte conteúdo valorativo a ser conferido pelos intérpretes/aplicadores a estes últimos: "O limite dos limites da *garantia do conteúdo essencial* (...) tem de ser determinado de forma separada para cada um dos diferentes direitos fundamentais. Aqui apenas podemos indicar o que perguntar e o que procurar, no caso de o objetivo ser a determinação do conteúdo essencial.

Segundo a *teoria* muitas vezes sustentada do *conteúdo essencial relativo*, o conteúdo essencial tem de ser determinado em separado não só em relação a cada direito fundamental em concreto, mas até mesmo a cada caso *per se*. Apenas o pesar e o ponderar os bens e interesses públicos e privados envolvidos no caso concreto permitem verificar se o conteúdo essencial foi afetado ou não. (...) Deste modo, apenas se repete o princípio da proporcionalidade e este além disso no critério, questionável, da proporcionalidade em sentido estrito.

Em contrapartida, a *teoria do conteúdo essencial absoluto* entende o conteúdo essencial como uma grandeza fixa, independente do caso concreto e da questão concreta. Só de forma vaga esta teoria é denotada pelos conceitos de núcleo essencial dos direitos fundamentais, de substância fundamental, de conteúdo mínimo, de posição mínima

Já para a concepção acerca do conteúdo histórico-institucional dos direitos fundamentais, ao contrário, não há espaço para a imposição de visões pessoais na concretização daquelas garantias. Sob tal enunciado, as vicissitudes fáticas que desaguaram no aparecimento e na evolução dos valores de uma dada comunidade, uma vez transformadas em direitos fundamentais, passarão a integrar o escopo normativo destes últimos e, consequentemente, a vincular não apenas os intérpretes/aplicadores na análise dos casos concretos, como também os atores sociais e os parlamentares no desenrolar dos processos legislativos.

Tendo em mente, portanto, o conteúdo institucional dos direitos fundamentais e valendo-se novamente do estratagema do *romance em cadeia* elaborado por Dworkin, os participantes do processo legislativo serão incitados a *redigir* novos *capítulos* na trama evolutiva daquelas garantias, devendo se ater, nesse desiderato, aos limites estabelecidos pelos elementos históricos agregados àqueles princípios.(672)

---

etc. No entanto, aquilo que exatamente deve ficar intocado ainda também não teve até agora de ser determinado de uma maneira mais precisa." PIEROTH, Bodo; SCHLINK, Bernhard. Trad.: SOUSA, António Francisco de; FRANCO, António. *Direitos Fundamentais.* São Paulo: Saraiva, 2012. p. 146-147.

(672) Dworkin trata dos atores do processo legislativo como participantes do *romance em cadeia* no Capítulo Nove de seu *Law's Empire.*

Ali, o autor norte-americano ressalta que seu Juiz Hércules, ao buscar reconstruir o conteúdo histórico-institucional dos direitos fundamentais, deverá também levar em conta os valores a fomentarem o debate político que serviu de pano de fundo para a elaboração das leis destinadas a concretizar uma dada garantia, justamente para aferir em que medida o *capítulo* elaborado no Poder Legislativo afigura-se coerente com a trama e qual o desfecho mais adequado à integridade.

"[Hercules] deverá tratar o Congresso como um autor que o antecedeu na cadeia do direito, mesmo sendo ele um ator com poderes e responsabilidades diferentes das suas e ele deverá encarar seu próprio papel, fundamentalmente, como o de um co-autor que deverá se dedicar à empreitada de desenvolver a "cadeia do direito" iniciada no Congresso com a edição de uma determinada lei.

(...)

[Hércules] compreende a ideia inerente ao 'propósito' ou à 'intenção' de uma lei não como uma espécie de combinação entre os propósitos e as intenções de legisladores em particular, mas como o resultado de um processo tendente a buscar a integridade a partir da interpretação dos eventos políticos que culminaram com a edição da norma em questão. Ele levará em consideração os pronunciamentos que os legisladores proferiram durante o processo legislativo apenas para trata-los como eventos políticos importantes por si mesmos, e não como evidência de um determinado estado mental de seu prolator.

(...)

Ao proceder de tal maneira, Hercules não tenta obter o que ele acredita ser o melhor resultado substantivo, mas sim a melhor justificativa que ele conseguir alcançar a respeito de um evento pretérito verificado no curso do processo legislativo. Ele busca demonstrar uma parte da história social — a história de uma legislatura eleita democraticamente elaborando um texto específico em circunstâncias específicas — da maneira mais abrangente possível. (...) Ele não busca identificar pessoas em particular como os elaboradores exclusivos dos textos legais de acordo com suas crenças, expectativas, convicções pessoais, discursos ou reações. Cada elemento das considerações políticas que ele leva em consideração na tarefa de descrever a história da lei em questão da melhor maneira possível, identifica uma variedade de sujeitos, grupos e instituições cujas declarações e convicções podem ser relevantes de modo diverso.

No original: "[Hercules] will treat Congress as an author earlier than himself in the chain of law, though an author with special powers and responsabilities different from his own, and he will see his own role as fundamentally the creative one of a partner continuing to develop, in what he believe is the best way, the statutory scheme Congress began.

(...)

[Hercules] understands the idea of a statute's purpose or intention, not as some combination of the purposes or intentions of particular legislators, but as the upshot of integrity, of taking the interpretative attitude toward the political events that include the statute's enactment. He takes note of the statements the legislators made in the process of enacting it, but he treats them as political events important in themselves, not as evidence of any mental state behind them.

(...)

For Hercules is not trying to reach what he believes is the best substantive result, but to find the best justification he can of a past legislative event. He tries to show a piece of social history — the story of a democratically elected legislature enacting a particular text in particular circumstances — in the best light overall. (...) He does not identify particular people as the exclusive 'framers' of a statute and then attend only to their hopes or expectations or concrete convictions or statements or reactions. Each of the political considerations he brings to bear on his overall question, how to make the statute's story the best it can be, identifies a variety of people and groups and institutions whose statements or convictions might be relevant in different ways." DWORKIN, Ronald. *Law's Empire.* Cambridge: Harvard University Press, 1986. p. 313-349.

No caso da liberdade sindical, os novos *capítulos* a serem desenvolvidos pelos atores políticos na arena legislativa em vistas à concretização daquele direito fundamental, especialmente no que diz respeito à delimitação dos atos antissindicais, deverão resultar de um processo aberto à participação plena não apenas das entidades obreiras interessadas, como também das associações em vias de se tornarem sindicatos, das representações sindicais e unitárias nos locais de trabalho, dos próprios trabalhadores, dos empregadores e das entidades patronais.

Nesse diapasão, os embates entre as concepções valorativas e os interesses de cada participante darão tônica à composição a ser alcançada. É importante reiterar, no entanto, que os debates acerca da configuração dos atos antissindicais encontrarão limitação substancial no conteúdo histórico-institucional inerente ao princípio da liberdade sindical e que subjaz, portanto, aos arts. 8º, 9º e 11 da Constituição Federal e às próprias Convenções ns. 98, 135 e 154 da OIT que, por versarem direitos humanos, situam-se acima das leis ordinárias na hierarquia normativa pátria.

Assim, por exemplo, dado o conteúdo histórico-institucional da liberdade sindical incorporada ao art. 8º da Constituição Federal e complementada pela Convenção n. 98 da OIT, não seria coerente com o *romance em cadeia* a caracterizar a concretização daquele princípio uma eventual discussão tendente a legitimar o financiamento dos sindicatos de trabalhadores por parte das empresas ou das entidades patronais, ainda que o processo legislativo fosse totalmente aberto, transparente e participativo.

De fato — e conforme visto no decorrer do Capítulo 4 *supra* — a independência das entidades obreiras em relação às empresas e às representações dos empregadores é um dado essencial para a manutenção do equilíbrio de forças entre os atores sociais, de modo que sua desconfiguração através do financiamento acaba por inviabilizar por completo a equação vislumbrada pelo princípio da liberdade sindical desde as suas origens mais remotas.

Analisando-se em concreto as proposições apresentadas no Congresso Nacional acerca da tutela contra as práticas antissindicais e fazendo abstração das vicissitudes fáticas e políticas a ocorrerem durante sua elaboração e tramitação, observa-se que os projetos, em linhas gerais, buscam reproduzir as posições consolidadas na Convenção n. 98 e no Comitê de Liberdade Sindical da OIT acerca do tema.

É exatamente nesse sentido que o Anteprojeto de Reforma Sindical elaborado em meados de 2004 no âmbito do Ministério do Trabalho e Emprego e apresentado ao Congresso Nacional no ano seguinte classificou como práticas antissindicais em seu art. 175 um extenso rol não taxativo de condutas implementadas pelos empregadores e por suas entidades representativas em face da livre organização sindical obreira e estabeleceu em seus arts. 173 e 174 um procedimento para a supressão em concreto de tais condutas, a ser deflagrado tanto pelo sindicato, quanto pelo próprio trabalhador.[673]

(673) "Art. 173. Sempre que o empregador comportar-se de maneira a impedir ou limitar a liberdade e a atividade sindical, bem como o exercício do direito de greve, o juiz do trabalho, em decisão imediatamente executiva, poderá ordenar a cessação do comportamento ilegítimo e a eliminação de seus efeitos."

"Art. 174. Têm legitimidade concorrente para o ajuizamento da demanda a entidade dotada de personalidade sindical, no âmbito de sua representação, e o trabalhador prejudicado pela conduta anti-sindical."

"Art. 175. Sem prejuízo de outras hipóteses previstas em lei, configura conduta anti-sindical todo e qualquer ato do empregador que tenha por objetivo impedir ou limitar a liberdade ou a atividade sindical, tais como:

I – subordinar a admissão ou a preservação do emprego à filiação ou não a uma entidade sindical;

II – subordinar a admissão ou a preservação do emprego ao desligamento de uma entidade sindical;

III – despedir ou discriminar trabalhador em razão de sua filiação a sindicato, participação em greve, atuação em entidade sindical ou em representação dos trabalhadores nos locais de trabalho;

IV – conceder tratamento econômico de favorecimento com caráter discriminatório em virtude de filiação ou atividade sindical;

V – interferir nas organizações sindicais de trabalhadores;

De maneira igualmente louvável, o Anteprojeto consagrou em seu art. 84, ainda sob terminologia errônea, a tutela dos representantes dos trabalhadores nas empresas contra as práticas antirrepresentativas implementadas pelos empregadores, de modo plenamente coerente com o enunciado dos arts. 1º e 2º da Convenção n. 135 da OIT.(674)

Para além disso, ao longo do texto do Anteprojeto, há menção a uma série de atos antissindicais já listados no Capítulo 4 *supra*, que são igualmente rechaçados pelas Convenções ns. 98 e 154, bem como pela prática do Comitê de Liberdade Sindical da OIT, tais como a recusa reiterada à prática da negociação coletiva (art. 103, § 1º), a contratação de trabalhadores terceirizados com vistas a esvaziar os movimentos grevistas dos trabalhadores (art. 113, § 2º) e a realização de *lockout* no fito de inviabilizar as tratativas negociais com a entidade obreira (art. 118).(675)

De igual modo, é digno de menção o Projeto de Lei do Senado Federal n. 75/2009, de autoria do Senador Antonio Carlos Valadares que, na linha do Anteprojeto de Reforma Sindical, elenca de modo exemplificativo em seu art. 2º uma série de práticas antissindicais já vedadas pelos arts. 1º e 2º da Convenção n. 98 da OIT, cominando-as de nulidade, para além de estabelecer em seu art. 4º a possibilidade de que o trabalhador demitido nesse contexto opte pela reintegração ao emprego ou por uma indenização.(676)

No campo das sanções impostas aos empregadores que vierem a praticar os atos antissindicais, o Projeto de Lei do Senado Federal n. 75/2009 inova no sentido de estabelecer multas elevadas às empresas que praticarem atos antissindicais contra a organização representativa de

---

VI – induzir o trabalhador a requerer sua exclusão de processo instaurado por entidade sindical em defesa de direito individual;

VII – contratar, fora dos limites desta Lei, mão de obra com o objetivo de substituir trabalhadores em greve;

VIII – contratar trabalhadores em quantidade ou por período superior ao que for razoável para garantir, durante a greve, a continuidade dos serviços mínimos nas atividades essenciais à comunidade ou destinados a evitar danos a pessoas ou prejuízo irreparável ao próprio patrimônio ou de terceiros;

IX – constranger o trabalhador a comparecer ao trabalho com o objetivo de frustrar ou dificultar o exercício do direito de greve;

X – violar o dever de boa-fé na negociação coletiva." BRASIL: FÓRUM NACIONAL DO TRABALHO. *Reforma sindical.* Proposta de Emenda à Constituição. Anteprojeto de Lei. Brasília: Ministério do Trabalho e Emprego, 2005. p. 115-117. Para uma análise minuciosa do Anteprojeto de Lei da Reforma Sindical, *vide*: KAUFMANN, Marcus de Oliveira. A antisindicalidade e o anteprojeto de lei de relações sindicais. In: *Rev. TST*, Brasília, vol. 71, n. 2, maio/ago. 2005. p. 188-229.

(674) "Art. 84. Constitui conduta anti-sindical a violação das garantias destinadas à proteção dos representantes e à instalação, eleição, funcionamento e renovação da representação dos trabalhadores." *Ibidem*, p. 102.

(675) "Art. 103. Havendo recusa, devidamente comprovada, à negociação por parte das entidades representativas, será conferida a outra entidade sindical do mesmo ramo de atividade ou setor econômico a titularidade da negociação coletiva.

§ 1º A recusa reiterada à negociação caracteriza conduta anti-sindical e sujeita as entidades sindicais de trabalhadores ou de empregadores à perda da personalidade sindical."

(...)

"Art. 113. Durante a greve, a entidade sindical de trabalhadores, mediante acordo com o empregador, deverá manter equipes com o objetivo de assegurar os serviços cuja paralisação resulte em danos a pessoas ou prejuízo irreparável pela deterioração irreversível de bens, além de garantir a manutenção dos serviços necessários à retomada das atividades.

(...)

§ 2º Não havendo acordo, o empregador poderá, durante o período de greve, contratar diretamente os serviços mínimos, definindo, de modo razoável, os setores e o número de trabalhadores, sem comprometer o exercício e a eficácia do direito de greve, sob pena de caracterizar ato anti-sindical."

(...)

"Art. 118. É vedada a paralisação das atividades, por iniciativa do empregador, com o objetivo de frustrar a negociação ou dificultar o atendimento de reivindicações dos respectivos empregados (lockout)." *Ibidem*, p. 84-102.

(676) Disponível em: <http://www25.senado.leg.br/web/atividade/materias/-/materia/89810>. Acesso em: 28 set. 2015.

seus trabalhadores e até mesmo a proibição de contratar com o Poder Público e de obter empréstimo, financiamento, benefício ou incentivo fiscal deste último.[(677)]

Nesse particular, é mister observar que a referida proposição acaba por reforçar sobremaneira aquela "*proteção adequada contra quaisquer atos atentatórios à liberdade sindical em matéria de emprego*" a que faz menção o art. 1º da Convenção n. 98 da OIT, na medida em que sua positivação terá o condão de inibir as condutas dos empregadores destinadas a obstar a livre organização representativa de seus empregados.[(678)]

Paralelamente a isto, o Projeto de Lei em referência avança em relação ao Anteprojeto de Reforma Sindical na medida em que faz expressa menção, em seu art. 2º, às práticas perpetradas pelos agentes estatais contra a livre organização dos trabalhadores, muito embora se omita em relação à tutela das representações unitárias dos trabalhadores nas empresas em face dos atos antirrepresentativos.[(679)]

Em suma, o Poder Legislativo, na condição de espaço destinado à realização dos embates políticos prévios à edição das normas cogentes, é o local adequado para que os atores sociais interessados na regulamentação da tutela em face dos atos antissindicais e antirrepresentativos, assegurada em linhas gerais nos arts. 8º, 9º e 11 da Constituição Federal, nas Convenções ns. 98, 135 e 154 da OIT, no art. 22 do Pacto Internacional de Direitos Civis e Políticos, da ONU, no art. 8º do PIDESC, da ONU, no art. 8º do Protocolo de San Salvador, da OEA e na Opinião Consultiva OC-27/21, de 5.5.2021, possam definir, em caráter de abstração e generalidade, as situações e as circunstâncias de fato e de direito a serem alcançadas pela referida proteção dentro, naturalmente, dos limites impostos pelo conteúdo histórico-institucional inerente à liberdade sindical.

De fato, há supostos fáticos que muito embora estejam efetivamente inseridos no âmbito de proteção emanado dos sobreditos dispositivos constitucionais e convencionais e ensejem sua aplicação em concreto, por força daquele conteúdo histórico-institucional, não se encontram previstas em abstrato na legislação. Se é conveniente ou não, para uma dada sociedade, integrá-los ao arcabouço normativo do País, caberá ao Poder Legislativo decidir, mediante o devido processo legislativo já delineado alhures.

É exatamente dessa maneira que o Poder Legislativo tornar-se-á um autor qualificado dos novos capítulos da *trama* a caracterizar a evolução e a atualização daquele conteúdo histórico-institucional inerente ao postulado da liberdade sindical.

5.2.2. Poder Judiciário

Na clássica divisão dos poderes do Estado, ainda sob a égide do liberalismo, o Judiciário foi incumbido da aplicação da lei em concreto, através da vivificação de seus preceitos abstratos

(677) *Idem*.

(678) Sobre os mecanismos legais de tutela contra as práticas antissindicais mencionados no art. 1º, Oscar Ermida Uriarte pontua que: "Numa sistematização dos meios de proteção da atividade sindical — os que não se envolvem entre si, mas que podem ser complementares ou acumulativos —, podem distinguir-se: a) os mecanismos de proteção; b) os mecanismos de reparação; e c) outros mecanismos tais como a publicidade das decisões administrativas ou judiciais, a aplicação de decisões administrativas ou penais, e a autotutela coletiva." URIARTE, Oscar Ermida. Trad.: FERRARI, Irany. *A proteção contra os atos anti-sindicais*. São Paulo: LTr, 1989. p. 45.

(679) "Art. 2º. Sem prejuízo das ações prescritas no artigo anterior, são nulos os atos anti-sindicais praticados pelo Estado que:

I – busquem favorecer diretamente os interesses dos empregadores, adotando políticas desfavoráveis à organização dos trabalhadores;

II – violem a liberdade sindical, veladamente ou realizando atos de ingerência nos sindicatos, associações profissionais, comissões internas e movimentos de reivindicação;

II – condicionem a existência e o funcionamento das entidades sindicais ao preenchimento de formalidades por demais onerosas ou impossíveis de serem atendidas."

nos casos colocados à sua apreciação. Tal concepção clássica via no juiz o árbitro nomeado pelo Estado para dar cabo dos conflitos entre os particulares *livres* e *iguais* que teriam sua contenda resolvida à luz da singela subsunção do ordenamento à situação fática por eles vivenciada ou, ante a inexistência de normas de direito positivo, por uma solução criada discricionariamente pelo julgador.(680)

Com a superação do ideário liberal, com os ganhos de complexidade experimentados pelas sociedades em geral e, principalmente, com o advento e expansão do constitucionalismo a ter por base os princípios de direitos fundamentais, o Poder Judiciário agregou ao seu cabedal clássico de atribuições o dever de velar, em concreto, pela integralidade daquelas garantias a nortearem todo o ordenamento jurídico doméstico e pelo próprio Estado Democrático de Direito exercitando, nesse desiderato, um verdadeiro contrapoder aos demais poderes do Estado, especialmente em relação ao Poder Legislativo.(681)

Tais funções assumidas pelo Poder Judiciário especialmente ao longo do século XX encontram-se enfeixadas, em grande medida, no desempenho do controle de constitucionalidade exercido sob as modalidades difusa e concentrada, pelos quais os juízes afastam do ordenamento jurídico, em concreto ou em abstrato, os atos normativos em dissonância com os princípios reitores do sistema normativo.

Para o desempenho de tais atributos é essencial que a análise a ser empreendida pelo Poder Judiciário no exercício dos controles concentrado e difuso de constitucionalidade reflita o conteúdo objetivo inerente às instituições de direitos fundamentais — dentre as quais a liberdade sindical — e não se baseie em concepções subjetivas ora legitimadas na discricionariedade, ora

(680) Sobre as funções judiciais sob o paradigma liberal, Francesco Ferrara ressalta que:

"O direito opera por comandos abstractos. Mas a realização forçada dêstes comandos efectua-se por imposição judiciária.

O juiz é intermediário entre a norma e a vida: é o instrumento vivo que transforma a regulamentação típica imposta pelo legislador na regulamentação individual das relações dos particulares; que traduz o comando abstracto da lei no comando concreto entre as partes, formulado na sentença. O juiz é a *viva vox juris.*

O juiz, porém, está submetido às leis, decide como a lei lhe ordena, é o *executor* e não o criador da lei. A sua função específica consiste na aplicação do direito.

Esta actividade desdobra-se em três operações:

I) Averiguar o estado de facto que é objecto da controvérsia.

II) Determinar a norma jurídica aplicável.

III) Pronunciar o resultado jurídico que deriva da subsunção do estado de facto aos princípios jurídicos." FERRARA. Francesco. Trad.: ANDRADE, Manuel A. D. de. *Interpretação e aplicação das leis.* São Paulo: Saraiva & C.ª, 1934. p. 1-2.

(681) Nas palavras de Nuno Piçarra: "No Estado de Direito do Século XX as ideias de controlo, fiscalização e também coordenação recíprocos tornou-se o centro de gravidade do princípio da separação de poderes.

(...)

Dentre os vários tipos de controlo inorgânico ou intraestadual avultam os controlos jurisdicionais, quer da legalidade da administração quer da constitucionalidade da legislação, evidenciando a «ascenção» nítida do poder judicial que é, por isso, hoje a contraimagem do «pouvoir en quelque façon nul» preconizado por Montesquieu, onde ele se chegou a pretender institucionalizar. (...) A partir da ideia de um controlo do poder pelo poder, tem-se mesmo considerado que a função jurisdicional, tal como actualmente se configura, constitui o contrapoder da função legislativa enquanto instrumento da função política.

(...)

Porque a natureza da lei é política mas também jurídica, porque a sua componente política pode sobrepor-se à sua componente jurídica e pode postergar os valores jurídico-constitucionais fundamentais, ela convoca 'ipso facto' no Estado de Direito — em que pela disposição das coisas o poder limita o poder — um freio e um contrapeso, ou seja, um poder destinado a garantir na lei esses valores.

Ora, o poder mais adequado e idóneo para isso é o poder judicial, cuja função se caracteriza e deve caracterizar-se, justamente, pela sua natureza exclusivamente jurídica, despida de qualquer compromisso ou intenção política conjuntural, visando apenas à salvaguarda e à actualização daqueles valores." PIÇARRA, Nuno. *A separação dos poderes como doutrina e princípio constitucional.* Um contributo para o estudo de suas origens e evolução. Coimbra: Coimbra Editora, 1989. p. 258-260.

na aplicação de uma *metódica da ponderação de bens* que, ao fim e ao cabo, não são mais do que o desvirtuamento de caráter voluntarista dos cânones do *neoconstitucionalismo.*[(682)]

E para além disso, é mister que o controle dos atos normativos tendentes à regulamentação da liberdade sindical e, mais precisamente, dos atos antissindicais e antirrepresentativos, seja levado a cabo pelo Poder Judiciário não apenas à luz da Constituição Federal, mas também em vistas aos tratados internacionais de Direitos Humanos ratificados pelo Brasil que consagram aquela instituição e que, como visto, complementam seu conteúdo histórico-institucional.

5.2.2.1. Controle concentrado (objetivo) de constitucionalidade e de convencionalidade dos dispositivos legais em face dos arts. 8º, 9º e 11 da Constituição Federal e dos Pactos Internacionais de Direitos Humanos consagradores do direito à liberdade sindical

As origens do controle de constitucionalidade remontam ao início do século XIX, quando a Suprema Corte norte-americana, ao apreciar o célebre caso *Marbury vs. Madison,* reconfigurou o princípio da separação de poderes de modo a chancelar a atuação do Poder Judiciário no sentido de afastar do ordenamento jurídico os atos legislativos contrários à Constituição a partir da análise dos casos concretos postos à apreciação do Poder Judiciário. Nascia, assim, o *controle difuso de constitucionalidade.*[(683)]

A modalidade concentrada, de seu turno, ganhou seus atuais contornos com a vitória de Hans Kelsen sobre Carl Schmitt na querela travada nas décadas de 1920 e 1930 acerca do *Guardião da Constituição*. A partir daí, especialmente após o Segundo Pós-Guerra, os países da Europa Ocidental passaram a contar com cortes constitucionais dedicadas exclusivamente ao mister de cotejar em abstrato as normas editadas pelo Poder Legislativo com o texto da Lei Maior.[(684)]

No Brasil, em razão da forte inspiração norte-americana quando da edição da Constituição Federal de 1891, o modelo de controle difuso de constitucionalidade surgiu como a única alternativa.[(685)] Apenas com o advento das Constituições de 1934 e 1946 e, principalmente, da Emenda

---

(682) *Vide*, nesse sentido, a crítica formulada por Lenio Luiz Streck: "Em linhas gerais, é possível afirmar que, na trilha do *neoconstitucionalismo,* percorremos um caminho que nos leva à jurisprudência da valoração e suas derivações axiologistas, temperada por elementos analítico-conceituais provenientes da ponderação alexyana.

Desse modo, esse belo epíteto (...) embora tenha representado um importante passo para a afirmação da força normativa da Constituição na Europa Continental, no Brasil acabou por incentivar/institucionalizar uma recepção acrítica da jurisprudência dos valores, da teoria da argumentação de Robert Alexy (que cunhou o procedimento da ponderação como instrumento pretensamente racionalizador da decisão judicial) e do ativismo judicial norte-americano.

(...)

Destarte, passadas mais de duas décadas da Constituição de 1988 e levando em conta as especificidades do direito brasileiro, é necessário reconhecer que as características desse 'neoconstitucionalismo' acabaram por provocar condições patológicas que, em nosso contexto atual, acabam por contribuir para a corrupção do próprio texto da Constituição. Ora, sob a bandeira 'neoconstitucionalista' defende-se, ao mesmo tempo, um direito constitucional da efetividade; um direito assombrado pela ponderação de valores, uma concretização *ad hoc* da Constituição; e uma pretensa constitucionalização do ordenamento, a partir de jargões vazios de conteúdo e que reproduzem o prefixo *neo* em diversas ocasiões, tais como *neoprocessualismo* (*sic*) e *neopositivismo* (*sic*).

Tudo porque, ao fim e ao cabo, acreditou-se ser a jurisdição responsável pela incorporação dos 'verdadeiros valores' que definem o direito justo." STRECK, Lenio Luiz. *Jurisdição constitucional e decisão jurídica.* 4. ed. São Paulo: Revista dos Tribunais, 2014. p. 295-297.

(683) *Vide*, a propósito: GARRATY, John Arthur. *Quarrels that have shaped the Constitution.* New York: Harper Perennial, 1988. p. 7-20.

(684) Sobre o embate entre Kelsen e Schmitt acerca do *Guardião da Constituição vide*: SCHMITT, Carl. Trad.: CARVALHO. Geraldo de. *O guardião da Constituição.* Belo Horizonte: Del Rey, 2007. KELSEN, Hans. Trad.: KRUG, Alexandre. *Jurisdição constitucional.* São Paulo: Martins Fontes, 2003.

(685) Assim se manifestou Rui Barbosa a respeito da inovação representada pelo controle difuso de constitucionalidade previsto na Constituição Federal de 1891:

Constitucional n. 16, de 26.11.1965 é que o controle concentrado de constitucionalidade passou a ganhar corpo no ordenamento pátrio, limitando-se, em um primeiro momento, à *representação interventiva*, pela qual o Procurador-Geral da República provocava diretamente o Supremo Tribunal Federal com vistas a afastar ato dos entes federativos atentatórios aos *princípios sensíveis* da Constituição Federal e, posteriormente, à *representação de inconstitucionalidade*, a consagrar efetivamente o controle abstrato de normas estaduais e federais à luz da Carta Magna.(686)

Em que pese, todavia, a presença dos referidos mecanismos nas cartas anteriores à Constituição Federal de 1988, foi apenas com esta última e com a complementação carreada pela Emenda Constitucional n. 3/1993 (controle concentrado de constitucionalidade) e pelas Leis ns. 9.868, de 10.11.1999 (ação direta de constitucionalidade) e 9.882, de 3.12.1999 (arguição de descumprimento de preceito fundamental) que o controle concentrado de constitucionalidade passou a preponderar. Sob a égide dos referidos diplomas normativos, não apenas foi ampliado o rol de atores legitimados para provocar diretamente o Supremo Tribunal Federal, como também as situações concretas e os diplomas normativos passíveis de serem cotejados com o texto da Carta Magna.(687)

Nesse sentido, apenas a partir do sistema inaugurado com o advento dos arts. 102 e 103 da Constituição Federal de 1988 e com a ampliação do leque instrumental colocado à disposição do Supremo Tribunal Federal é que se passou a vislumbrar em caráter inédito, por exemplo, a suplantação da mora legislativa por intermédio das Ações Diretas de Inconstitucionalidade por Omissão, a declaração de inconstitucionalidade com modulação dos efeitos e o escrutínio em abstrato dos atos regulamentares editados pelo Poder Executivo e de decisões judiciais via Arguição de Descumprimento de Preceitos Fundamentais.

No entanto, tal empoderamento do órgão de cúpula do Poder Judiciário a partir da Constituição Federal de 1988 gerou, em contrapartida, o aumento exponencial dos riscos de preponderância das concepções valorativas dos ministros do Supremo Tribunal Federal no

---

"Não é somente contra as deliberações políticas, da administração, ou do Congresso, que os tribunais não dispõem de autoridade revogatória. Os tribunais só revogam sentenças de tribunais. O que eles fazem aos atos inconstitucionais de outros poderes é coisa tecnicamente diversa. Não os revogam: desconhecem-nos. Deixam-nos subsistir no corpo das leis, ou dos atos do Executivo; mas a cada indivíduo, por eles agravado, que vem requerer contra eles proteção, ou reparação, que demanda a manutenção de um direito ameaçado, ou a restituição de um direito extorquido, a cada litigante, que usa, com esse fim, do meio judicial, os magistrados, em homenagem à lei, violada pelo governo, ou à Constituição, violada pelo Congresso, têm obrigação de ouvir e deferir." BARBOSA, Rui. *Atos inconstitucionais*. 2. ed. Campinas: Russell, 2004. p. 83.

(686) Sobre a representação de inconstitucionalidade existente anteriormente à Constituição Federal de 1988, Themístocles Brandão Cavalcanti assinala que: "O seu objetivo é a declaração de inconstitucionalidade, em face de um caso concreto, é verdade, ou pelo menos de uma hipótese concreta, mas não tem por objeto decidir determinada relação de direito envolvendo um debate em que se tenha de decidir sôbre direitos puramente subjetivos.

(...)

Antes de ajuizada a arguição, o que existe é um procedimento administrativo, no âmbito da Procuradoria-Geral como órgão administrativo, incumbido da defesa judicial da União e da representação do Estado perante o Supremo Tribunal Federal.

Tôdas as representações feitas tiveram êsse andamento e, na realidade, a pessoa ou órgão que faz a representação desaparece ante a encampação da mesma pelo Procurador-Geral."

Em complemento à lição de Themístocles Brandão Cavalcanti, é curioso notar a posição do autor a respeito da (in)conveniência quanto à participação de terceiros interessados nos processos de controle concentrado de constitucionalidade, ao compará-la com a sistemática da antiga Lei n. 14 do Distrito Federal:

"Permita Deus que também não se introduzam naqueles casos [nas Representações de Inconstitucionalidade] elementos tão perturbadores da boa ordem processual desde que instituto tão necessário ao esclarecimento da causa se transformou em uma fonte de desprestígio para a ordem processual. (...) Quem se apresenta como representante dêsses interêsses, substituto processo (...) é o Procurador-Geral da República." CAVALCANTI, Themistocles Brandão. *Do contrôle da constitucionalidade*. Rio de Janeiro: Forense, 1966. p. 67-68.

(687) MENDES, Gilmar Ferreira. *Direitos fundamentais e controle de constitucionalidade*. Estudos de direito constitucional. 3. ed. São Paulo: Saraiva, 2004. p. 207-220.

julgamento das questões a envolverem o controle concentrado de constitucionalidade das leis e dos atos administrativos, em um típico suposto de *ativismo judicial*.[(688)]

E tais riscos de *ativismo judicial* são fortemente potencializados na medida em que a visão axiológica acerca dos direitos fundamentais e sua *metódica da ponderação*, sintetizadas na doutrina de Robert Alexy, geraram ampla repercussão entre os ministros do Supremo Tribunal Federal a partir das décadas de 1990 e de 2000 e foram expressamente utilizadas em casos paradigmáticos a envolverem a aplicação em concreto de direitos fundamentais.[(689)]

Diante de tais riscos inerentes à interpretação dos direitos fundamentais à luz da concepção axiológica, faz-se mister conceber um novo referencial teórico para o controle concentrado das normas infraconstitucionais que, ao mesmo tempo, logre assegurar em abstrato a supremacia da Constituição e a integridade do conteúdo histórico-institucional que subjaz aos seus preceitos, no fito de blindá-los, da maneira mais eficaz possível, das concepções valorativas partilhadas pelo intérprete/aplicador.

Pois bem. Para a configuração desse novo referencial, o postulado da supremacia da constituição terá especial relevância, não apenas porque o documento em referência consagra a organização estatal e a divisão de poderes e competências, mas também — e principalmente — porque nele estão positivados os direitos fundamentais que foram historicamente consagrados como trunfos dos cidadãos, incumbindo-se o Estado não apenas do dever de abster-se quanto ao seu vilipêndio, mas também da obrigação de efetivá-los contra os poderes privados.[(690)]

---

(688) Sobre o ativismo judicial Dworkin salienta que: "O ativismo judicial é uma forma virulenta de pragmatismo legal. Um juiz ativista tende a ignorar o texto da Constituição, a história de sua promulgação, as decisões e as interpretações precedentes emanadas da Suprema Corte, para além das tradições mais longevas de nossa cultura política. Ele tende a ignorar todos esses fatores a fim de impor seus próprios pontos de vista sobre as demandas da justiça. O direito como integridade condena o ativismo judicial, bem como qualquer prática de interpretação constitucional que dele se aproxime. O direito como integridade insiste que os juízes devem conferir aplicabilidade prática à Constituição por intermédio da interpretação, não através da atividade crítica, de modo que tais decisões devem levar em consideração a prática constitucional, de modo a não ignorá-la."

No original: "Activism is a virulent form of legal pragmatism. An activist justice would ignore the Constitution's text, the history of its enactment, prior decisions of the Supreme Court interpreting it, and long standing traditions of our political culture. He would ignore all these in order to impose on other branches of government his own view of what justice demands. Law as integrity condemns activism, and any practice of constitutional adjudication close to it. It insists that justices enforce the Constitution through interpretation, not fiat, meaning that their decisions must fit constitutional practice, not ignore it." DWORKIN, Ronald. *Law's Empire*. Cambridge: Harvard University Press, 1986. p. 378.

(689) Nesse sentido, Menelick de Carvalho Netto e Guilherme Scotti alertam que: "A fundamentação de uma decisão vazada em termos de conflitos de direitos, reduzidos a meros valores, não é expressa em termos de pretensões controversas em relação a direitos que seriam indisponíveis. Comporta assim uma descrição inadequada da controvérsia que pode conduzir a decisões que anulem direitos em favor de preferências pessoais do julgador." CARVALHO NETTO. Menelick de; SCOTTI, Guilherme. *Os direitos fundamentais e a (in)certeza do direito.* A produtividade das tensões principiológicas e a superação do sistema de regras. Belo Horizonte: Fórum, 2011. p. 148.

Como casos paradigmáticos em que o Supremo Tribunal Federal valeu-se da metódica da ponderação em supostos de controle concentrado de constitucionalidade, *vide*: BRASIL: SUPREMO TRIBUNAL FEDERAL. ARGUIÇÃO DE DESCUMPRIMENTO DE PRECEITOS FUNDAMENTAIS N. 101/DF. RELATORA: Minª. Carmen Lucia Antunes Rocha. Plenário. *DJ*: 1º.6.2012. (Caso da importação de pneus usados);

BRASIL: SUPREMO TRIBUNAL FEDERAL. RECURSO EXTRAORDINÁRIO N. 349.703/RS. RELATOR: Min. Carlos Ayres Britto. Plenário. *DJ*: 5.6.2009 (Caso da prisão do depositário infiel);

BRASIL: SUPREMO TRIBUNAL FEDERAL. AÇÃO DIRETA DE INCONSTITUCIONALIDADE N. 855/PR. RELATOR: Min. Octavio Gallotti. Plenário. *DJ*: 27.3.2009. (Caso da pesagem dos botijões de gás na presença do comprador).

(690) Sobre o tema, Eduardo García de Enterría pontua que: "El princípio limitativo del poder y de definición de zonas exentas o de libertad individual es, en efecto, un principio esencial del constitucionalismo. Por una parte, porque la libertad es consustancial a la idea misma del poder como relación entre hombres; el concepto de un poder absoluto o ilimitado es intrínsecamente contradictorio, puesto que nadie puede estar sometido íntegramente a outro semejante sin negar su própria esencia humana, sin «cosificarse.» Todo poder social es, y no puede dejar de ser, si ha de respetarse a los hombres sobre los que se ejerce, esencialmente limitado. Resulta, por ello, imprescindible que en el momento de fundar o constituirse un poder se defina su campo próprio y, consecuentemente, sus limites. (...) De este modo,

Desse modo, afigura-se plenamente consentâneo com a concepção hodierna acerca do constitucionalismo situar os órgãos judiciais responsáveis pelo controle concentrado de constitucionalidade como as instâncias que velam, em último grau, pela adequação da atividade legislativa ao conteúdo histórico-institucional inerente aos direitos fundamentais e, consequentemente, pela integridade do ordenamento jurídico.

E para além disso, no atual contexto marcado pela ruptura com o dogma da soberania absoluta do Estado e pela interação existente entre os sistemas jurídicos domésticos e os ordenamentos supranacionais, os retromencionados órgãos de cúpula do Poder Judiciário deverão velar, igualmente, pelo controle de convencionalidade das leis e atos normativos internos à luz dos tratados internacionais a consagrarem Direitos Humanos repletos de historicidade e, portanto, de um conteúdo institucional que reforça e vivifica aquele já presente nos dispositivos de direito interno.

O controle de convencionalidade ora descrito, antes de se limitar à implementação de um cotejo entre o conteúdo da norma de direito interno e o teor do tratado de direitos humanos a servir de paradigma, é pautado pela necessidade de que os órgãos de cúpula dos sistemas domésticos dialoguem efetivamente com as cortes internacionais que interpretaram aqueles dispositivos de Direitos Humanos, de modo que a jurisprudência destas últimas seja levada em conta para a fixação do entendimento a ser conferido pelo Poder Judiciário do país em questão, conforme frisado pela Corte Interamericana de Direitos Humanos por ocasião do julgamento do caso *Almonacid Arellano e outros vs. Chile.*[(691)]

Ao agir segundo a orientação emanada do caso *Almonacid Arellano Vs. Chile* – e, consequentemente, segundo a linha de orientação postulada no presente estudo —, os órgãos internos responsáveis pelo controle concentrado de constitucionalidade (e de convencionalidade) estarão promovendo aquele diálogo interinstitucional já mencionado alhures no sentido de perquirir, da maneira mais ampla possível, o conteúdo histórico-institucional de um determinado direito fundamental comungado pelo ordenamento interno e pelo tratado de Direitos Humanos interpretado pela corte internacional e de garantir, ao fim e ao cabo, a integridade e a coerência da *trama* a envolver o desenvolvimento do direito em questão.

---

esta técnica aparentemente formal de la decisión colectiva ha resultado indisolublemente vinculada al pensamiento iusnaturalista material de unos derechos inatos o preestatales en el hombre, que no solo al Estado cumple respetar sino también garantizar y hacer efectivos como primera de sus funciones.

El constitucionalismo nació como vehículo de esa concepción y hay que decir que continúa siéndolo. Sigue en él presente la tradición individualista europea de base religiosa que desconfia del Estado como posible fuente de transgresión de los derechos del hombre, y que por ello intenta limitarlo, frente a otras concepciones históricas, hoy reactualizadas en explicaciones totalitárias, para las cuales solo el Estado es el dispensador de la libertad y de la felicidad. Sin embargo, la concepción de unos derechos fundamentales que aseguran el libre desenvolvimiento de los ciudadanos como personas singulares y solidárias y que a la vez permiten la decisiva participación de los mismos en el funcionamiento y el control del sistema político se ha convertido hoy en un dogma universal, por más que no siempre, ni siquiera predominantemente, vaya seguido de consecuencias efectivas. (...) La constitución es el primero de los instrumentos técnicos específicos al servicio de esos valores éticos sustantivos." ENTERRÍA, Eduardo García de. *La constitución como norma y el tribunal constitucional.* 3. ed.. Madrid: Civitas, 2001. p. 46-47.

(691) "A Corte tem consciência de que os juízes e tribunais internos estão sujeitos ao ímpeto da lei e, por isso, estão obrigados a aplicar as disposições vigentes no ordenamento jurídico . Porém, quando um Estado ratifica um tratado internacional como a Convenção Americana, seus juízes, como parte do aparato do Estado, também estão submetidos a ela, o que os obriga a velar para que os efeitos das disposições da Convenção não se vejam prejudicados pela aplicação de leis contrárias ao seu objeto e fim, e que desde o seu início carecem de efeitos jurídicos. Em outras palavras, o Poder Judiciário *deve exercer uma espécie de 'controle de convencionalidade'* entre as normas jurídicas internas que aplicam nos casos concretos e a Convenção Americana sobre Direitos Humanos. Nesta tarefa, o Poder Judiciário deve ter em conta não somente o tratado, senão também a interpretação que do mesmo tem feito a Corte Interamericana, intérprete última da Convenção Americana." CIDH. *Caso Almonacid Arellano e outros Vs. Chile.* Exceções Preliminares, Mérito, Reparações e Custas, sentença de 26 de setembro de 2006, Série C, n. 154, parágrafo 124.

Formuladas tais premissas, passa-se, enfim, à configuração propriamente dita a respeito do papel a ser assumido pelo controle concentrado de constitucionalidade e de convencionalidade sob a visão deontológica dos direitos fundamentais e, nesse contexto, à análise em torno do escrutínio a ser implementado pelos órgãos de cúpula do Poder Judiciário em relação às normas destinadas à coibição dos atos antissindicais e antirrepresentativos.

Sob a concepção deontológica e sob o paradigma procedimentalista já descrito no item anterior, o controle concentrado de constitucionalidade e de convencionalidade das leis averiguará, em um primeiro momento, se o devido processo legislativo foi efetivamente observado quando das discussões no parlamento, ou seja, se o seu desenrolar assegurou aos atores interessados a ampla participação nos *discursos de justificação* a servirem de fundamento axiológico para a norma editada.[692]

É importante frisar que o *devido processo legislativo* ora mencionado, por cuja integralidade devem velar os órgãos responsáveis pelo controle concentrado de constitucionalidade e de convencionalidade, em nada se confunde com o *devido processo legal substantivo* apregoado sucessivas vezes pelo Supremo Tribunal Federal em sua jurisprudência. De fato, enquanto aquele primeiro é caracterizado pela igualdade de participação e de comunicação dos atores diretamente interessados nos debates prévios à edição de uma norma, este último é pautado por um escrutínio implementado pela corte acerca da *proporcionalidade* e da *razoabilidade* dos fins eleitos pelo legislador pautados, preponderantemente, por concepções valorativas do intérprete.[693]

---

(692) Nas palavras de Marcelo Cattoni de Oliveira: "Se compreendermos fundamentalmente a Constituição como a regulação de processos que visam garantir o exercício da autonomia (...) poderemos reconstruir a tarefa da Jurisdição Constitucional no exercício do controle de constitucionalidade como primordialmente referida ao exame e à garantia de realização das condições procedimentais da gênese democrática do Direito. (...) Mas tal referência às condições procedimentais do processo legislativo democrático não faz da Jurisdição Constitucional um poder legislativo, ainda que negativo, porque sua perspectiva lógico-argumentativa não deve ser a perspectiva do Legislativo, que deve visar o estabelecimento de programas e políticas para a realização dos direitos constitucionais, mas a da aplicação reconstrutiva do Direito Constitucional.

Estamos aqui diante de uma diferença qualitativa e não meramente quantitativa: enquanto os discursos legislativos de justificação normativa se referem à validade das normas, nos termos das condições institucionais exigidas pelo princípio democrático (...) os discursos jurisdicionais de aplicação normativa se referem à adequabilidade de normas válidas a um caso concreto à luz de visões paradigmático-jurídicas que cobram reflexividade. (...) No processo constitucional, não se trata de justificar a validade das normas jurídicas legislativas, mas sim de averiguar a constitucionalidade e a regularidade do processo legislativo, aplicando a Constituição.

(...)

A tarefa geral da Jurisdição Constitucional e, especialmente, do controle jurisdicional de constitucionalidade das leis e do processo legislativo, n o marco do paradigma procedimentalista do Estado Democrático de Direito, é a da *garantia das condições processuais para o exercício da autonomia pública e da autonomia privada dos co-associados jurídicos,* no sentido da equiprimordialidade e da interação entre elas. Essa tarefa densifica-se nas seguintes perspectivas:

Garantia do devido processo legislativo democrático; ou seja, democracia e abertura nos discursos de justificação;

1. Garantia do devido processo constitucional; ou seja, imparcialidade e adequabilidade nos discursos de aplicação constitucional." OLIVEIRA, Marcelo Andrade Cattoni de. Devido processo legislativo. Uma justificação democrática do controle jurisdicional de constitucionalidade das leis e do processo legislativo. 2. ed. Belo Horizonte: Mandamentos, 2006. p. 156-167.

(693) Nesse sentido: "VEDAÇÃO DE COLIGAÇÕES PARTIDÁRIAS APENAS NAS ELEIÇÕES PROPORCIONAIS – PROIBIÇÃO LEGAL QUE NÃO SE REVELA ARBITRÁRIA OU IRRAZOÁVEL – RESPEITO À CLÁUSULA DO SUBSTANTIVE DUE PROCESS OF LAW. O Estado não pode legislar abusivamente. A atividade legislativa está necessariamente sujeita à rígida observância de diretriz fundamental, que, encontrando suporte teórico no princípio da proporcionalidade, veda os excessos normativos e as prescrições irrazoáveis do Poder Público. O princípio da proporcionalidade — que extrai a sua justificação dogmática de diversas cláusulas constitucionais, notadamente daquela que veicula a garantia do *substantive due process of law* — acha-se vocacionado a inibir e a neutralizar os abusos do Poder Público no exercício de suas funções, qualificando-se como parâmetro de aferição da própria constitucionalidade material dos atos estatais. A norma estatal, que não veicula qualquer conteúdo de irrazoabilidade, presta obséquio ao postulado da proporcionalidade, ajustando-se à cláusula que consagra, em sua dimensão material, o princípio do *substantive due process of law* (CF, art. 5º, LIV). Essa cláusula tutelar, ao inibir os efeitos prejudiciais decorrentes do abuso de poder legislativo, enfatiza a noção de que a prerrogativa de legislar outorgada ao Estado constitui atribuição jurídica essencialmente limitada, ainda

Sob a ótica deontológica e procedimentalista, não cabe aos órgãos responsáveis pelo controle de constitucionalidade e de convencionalidade das normas se imiscuir nas razões de conveniência e de oportunidade erigidas pelo legislador, por mais desproporcionais que estas se apresentem. O que deve ser perquirido em tal concepção diz respeito à observância das condições de participação dos atores sociais nos debates prévios e ao respeito aos limites impostos ao processo legislativo pelos direitos fundamentais.

Nesse último aspecto reside, exatamente, o segundo momento do controle de constitucionalidade e de convencionalidade das normas, no qual os órgãos incumbidos de tal mister averiguarão se os atos produzidos ao cabo do *devido processo legislativo* se afiguram coerentes com o conteúdo histórico-institucional dos direitos fundamentais que pretendem concretizar.

Não se trata, aqui, de perquirir o *peso* de princípios hipoteticamente colidentes através de concepções valorativas pessoais, mas sim de analisar se a solução conferida em abstrato pelo legislador — retomando-se a analogia dworkiniana do *romance em cadeia* — pode ser considerada como um capítulo coerente com o *background* anterior da trama a envolver a evolução dos direitos fundamentais que são, ao fim e ao cabo, instituições de cariz histórico dotadas de um conteúdo objetivo, porém não definitivo.

No entanto — e conforme já visto alhures — o controle concentrado de constitucionalidade e de convencionalidade, na sistemática pátria, não se limita ao cotejo das normas já existentes com o texto da Constituição Federal e dos tratados internacionais de Direitos Humanos. Para além disso, o ordenamento vigente vislumbra a possibilidade em torno do controle das omissões legislativas, naquelas hipóteses em que um dado direito fundamental carece de regulamentação infraconstitucional.

Muito embora seja plenamente possível, à luz da concepção deontológica dos direitos fundamentais, proceder à aplicação direta destes últimos aos casos concretos tendo em vista a força normativa emanada de seu conteúdo histórico-institucional, o fato é que o ordenamento constitucional brasileiro vislumbrou nos arts. 102, I, "*q*" e 103, § 2º, a possibilidade de que o Supremo Tribunal Federal venha a suplantar, em abstrato, as omissões legislativas a envolverem diretamente aquelas garantias previstas no texto constitucional.(694)

Em tais situações o Supremo Tribunal Federal vem, inclusive, se valendo da técnica concernente à aplicação, em concreto, de um marco regulamentar análogo às situações afetadas pela

que o momento de abstrata instauração normativa possa repousar em juízo meramente político ou discricionário do legislador." BRASIL: SUPREMO TRIBUNAL FEDERAL. MEDIDA CAUTELAR NA AÇÃO DIRETA DE INCONSTITUCIONALIDADE N. 1.407/DF. RELATOR: Min. Celso de Mello. Plenário. *DJ*: 24.11.2000.

(694) Tal visão, ainda caudatária de um positivismo que vê nas normas de hierarquia inferior os elementos imprescindíveis para a concretização dos preceitos constitucionais, aí incluídos aqueles a versarem direitos fundamentais, foi fortemente influenciada pelas lições do constitucionalista lusitano Joaquim José Gomes Canotilho, especialmente quando este último assevera que: "Em muitos preceitos constitucionais que contêm «normas programáticas» (determinações dos fins do Estado ou definição de tarefas estaduais) é possível detectar uma imposição, expressa ou implicitamente concludente, no sentido de o legislador concretizar os «grandes fins» constitucionais. (...) Estas normas são todas directivas materiais constitucionais e assumem relevo de uma tripla forma: (1) como imposições, vinculando o legislador, de forma permanente, à sua realização; (2) como directivas materiais, vinculando positivamente os órgãos concretizadores; (3) como limites negativos, justificando a possibilidade de censura em relação aos actos que a contrariam.

(...)

Como se vê, o que caracteriza a específica vinculatividade das imposições constitucionais não é o facto de existir aqui uma simples discricionariedade legislativa por contraposição à liberdade de conformação; não é a existência de uma «ordem de legislar em prazos estipulados»; não é a natureza da execução dos actos legislativos, concretizadores das normas impositivas. É assim: (1) a existência de uma ordem material permanente e concreta dirigida essencialmente ao legislador , no sentido de este emanar os actos legislativos concretizadores; (2) o dever de o legislador regular positivamente as matérias contidas nas imposições; (3) o dever de o legislador «actuar» os preceitos impositivos, segundo as diretivas materiais neles formuladas." CANOTILHO, José Joaquim Gomes. *Constituição dirigente e vinculação do legislador*. 2. ed. Coimbra: Coimbra Editora, 2001. p. 169-316.

mora constitucional, conforme visto nas questões a envolverem o direito à greve (Mandado de Injunção n. 670/ES) e o direito à contagem especial do tempo de serviço por parte dos servidores públicos (Mandado de Injunção n. 5.637/DF).(695)

Independentemente da técnica a ser utilizada pelo Supremo Tribunal Federal na suplantação da mora legislativa, o fato é que tal procedimento, se implementado à luz do paradigma procedimentalista e da concepção deontológica dos direitos fundamentais, por envolver, de certa forma, uma atividade excepcional que beira a atuação legislativa autônoma, deverá contar com a participação efetiva dos grupos sociais interessados na construção da decisão que, ao fim e ao cabo, fará as vezes de *lei* enquanto a norma correspondente não for editada pelo Poder Legislativo, através da figura dos *amici curiæ*.(696)

Contextualizando o direito fundamental à liberdade sindical no que foi aqui pontuado acerca do controle concentrado de constitucionalidade e convencionalidade, pode-se dizer que os processos legislativos e as normas internas a terem por objeto a referida garantia, especialmente no que concerne à tutela contra as práticas antissindicais e antirrepresentativas, deverão ser escrutinadas à luz do conteúdo histórico-institucional que subjaz e confere força normativa não apenas aos arts. 8º, 9º e 11 da Constituição Federal, como também às Convenções ns. 98, 135 e 154 da OIT, ao art. 8º do Pacto Internacional de Direitos Econômicos, Sociais e Culturais, da ONU, ao art. 8º do Protocolo de San Salvador, da OEA e à Opinião Consultiva OC-27/21, de 5.5.2021, da Corte Interamericana de Direitos Humanos.

Nesse particular, os órgãos responsáveis pelo controle concentrado de constitucionalidade e convencionalidade deverão averiguar se o Poder Legislativo assegurou aos atores sociais diretamente interessados na regulamentação dos atos antissindicais e antirrepresentativos a participação plena nos debates que precederam a edição da norma em referência e se aqueles participantes tiveram, efetivamente, a oportunidade de manifestar suas diferentes concepções valorativas a respeito do tema em discussão.

Vencida esta etapa formal do controle de constitucionalidade e de convencionalidade, os órgãos incumbidos de tal mister verificarão se o resultado dos embates ocorridos na arena do processo legislativo — consolidados na norma regulamentadora da tutela contra os atos antissindicais e antirrepresentativos — afiguram-se coerentes com o conteúdo histórico-institucional do direito fundamental à liberdade sindical que integra e confere força normativa aos retromencionados dispositivos constitucionais e convencionais.

Dito em outros termos, é o órgão responsável pelo controle concentrado de constitucionalidade e de convencionalidade das leis quem dirá, em última instância, se o novo *capítulo* da trama concernente à liberdade sindical desenvolvido pelo parlamento ao cabo do processo legislativo afigura-se coerente ou não com os fundamentos institucionais daquela garantia e se a inovação em tela é compatível ou não com a integralidade do princípio.

---

(695) BRASIL: SUPREMO TRIBUNAL FEDERAL. MANDADO DE INJUNÇÃO N. 670/ES. RELATOR: Min. Maurício Corrêa. Plenário. *DJ*: 31.10.2008;

BRASIL: AGRAVO REGIMENTAL NO MANDADO DE INJUNÇÃO N. 5.637/DF. RELATOR: Min. Teori AGRAVO REGIMENTAL NO MANDADO DE INJUNÇÃO N. 5.637/DF. *DJ*: 13.8.2013.

(696) Nas palavras de Marcelo Andrade Cattoni de Oliveira: "A Jurisdição Constitucional deve garantir, de forma constitucionalmente adequada, a participação, nos processos constitucionais de controle jurisdicional de constitucionalidade da lei e do processo legislativo, dos possíveis afetados por cada decisão, dos possíveis afetados por cada decisão, em matéria constitucional, através de uma interpretação construtiva que compreenda o próprio Processo Constitucional como garantia das condições para o exercício da autonomia jurídica dos cidadãos. Ao possibilitar a garantia dos direitos fundamentais processuais jurisdicionais, nos próprios processos constitucionais de controle jurisdicional de constitucionalidade das leis e do processo legislativo, a Jurisdição Constitucional também garantirá as condições para o exercício da autonomia jurídica dos cidadãos, pela aplicação *reflexiva* do *princípio do devido processo legal*, compreendido aqui como 'modelo constitucional do processo'." OLIVEIRA, Marcelo Andrade Cattoni de. *Devido processo legislativo*. Uma justificação democrática do controle jurisdicional de constitucionalidade das leis e do processo legislativo. 2. ed. Belo Horizonte: Mandamentos, 2006. p. 167-168.

Para tanto, é mister que o órgão em referência estabeleça um diálogo constante e incisivo com os organismos internacionais que, tal como aquela instância doméstica, procuraram desvelar o conteúdo histórico-institucional do princípio da liberdade sindical em certas situações. No caso brasileiro, isto exige do Supremo Tribunal Federal a tomada em consideração, especialmente, das decisões e opiniões emanadas pela Corte Interamericana de Direitos Humanos acerca do art. 8º do Protocolo de San Salvador e dos enunciados formulados pelo Comitê de Liberdade Sindical da OIT ao interpretar em concreto as Convenções ns. 98, 135 e 154.

No particular, relevam os precedentes emanados da Corte Interamericana de Direitos Humano nos casos *Baena Ricardo vs. Panamá*, de 2001, e *Huilca Tecse vs. Peru*, de 2005, em que aquele colegiado consagrou expressamente como corolário do direito à liberdade sindical a tutela dos trabalhadores em face das condutas estatais tendentes a puni-los pela participação em atividades sindicais e a restringir a organização coletiva dos indivíduos, bem assim a filiação legítima destes últimos às associações de representação de seus interesses.[(697)]

De outro turno, quando o órgão incumbido do controle de constitucionalidade e de convencionalidade dos atos normativos é o próprio o autor do novo capítulo a ser aposto na trama da liberdade sindical, ao se deparar com a histórica omissão legislativa no que concerne à regulamentação das práticas antissindicais, ele mesmo deverá se autopoliciar no sentido de (i) promover a participação ampla dos grupos de interesse no processo constitucional (p. ex.: sindicatos, associações postulantes a registro sindical, representações unitárias de trabalhadores nas empresas etc.) e (ii) velar para que a decisão a ser obtida em colmatação à lacuna normativa respeite os limites substanciais impostos pelo conteúdo histórico-institucional subjacente aos arts. 8º, 9º e 11 da Constituição Federal, às Convenções ns. 98, 135 e 154 da OIT, ao art. 8º do Pacto Internacional de Direitos Econômicos, Sociais e Culturais, da ONU e, finalmente, ao art. 8º do Protocolo de San Salvador, da OEA.

Do exposto nas presentes linhas, observa-se de plano que a concepção deontológica dos direitos fundamentais, se aplicada efetivamente ao controle concentrado de constitucionalidade, tem o condão de afastar os riscos de preponderância das concepções valorativas dos intérpretes sobre o conteúdo histórico-institucional das garantias reconhecidas no texto da Constituição Federal e dos tratados internacionais de direitos humanos ratificados pelo Brasil.

Desse modo, em se afastando o ativismo judicial e o subjetivismo a caracterizarem a aplicação da visão axiológica dos direitos fundamentais, estar-se-á conferindo aos cidadãos e aos agrupamentos sociais bases mais objetivas e concretas para o controle concentrado acerca do conteúdo dos atos normativos, pautadas não mais nas concepções valorativas dos intérpretes, mas sim no conteúdo objetivo que a evolução histórica dos direitos fundamentais a conferiu.

5.2.2.2. Controle difuso. O *discurso de aplicação*

No modelo liberal-burguês de separação de poderes, fruto da reorganização do Estado ocorrida após as grandes revoluções do século XVII, especialmente a Revolução Francesa, o Poder Judiciário representava, na concepção de Montesquieu *o Poder que nada fazia* (*"des trois pouvoirs, celui de juger est en quelque façon nul"*), na medida em que seu protagonismo limitava-se, no plano ideal, a aplicar de maneira mecânica as leis elaboradas pelo Poder Legislativo às hipóteses concretas.[(698)]

---

(697) CIDH. *Caso Baena Ricardo vs. Panamá*. Exceções Preliminares, Mérito, Reparações e Custas. Sentença de 2 de fevereiro de 2001;

CIDH. *Caso Huilca Tecse vs. Peru*. Exceções Preliminares, Mérito, Reparações e Custas. Sentença de 3 de março de 2005.

(698) Segundo Nuno Piçarra, a influência da obra de Montesquieu sobre a concepção originária do Poder Judiciário pode ser compreendida da seguinte forma: "Conhecidos os factos e a lei, o juiz apenas procede a uma operação lógica automática e forçosa, sem nada de juridicamente constitutivo. (...) A função jurisdicional via-se, assim, reduzida a uma

Em tal concepção originária acerca da separação dos poderes — que, de certa maneira, inspirou o codicismo do século XIX — a função judiciária era pautada pela operacionalização da subsunção dos casos concretos à letra da lei, como se fosse possível para os textos normativos comprimirem em seus períodos gramaticais toda a realidade complexa da vida e de sua constante e cada vez mais célere evolução.(699)

Naturalmente, a realidade não tardaria a demonstrar que a letra da lei não era capaz de regular, por si só, a miríade de situações práticas surgidas das relações entre os atores sociais e que a subsunção das normas escritas aos fatos não passaria de uma concepção idealizada. Diante da complexidade da vida em sociedade, esta última sempre estaria - como de fato está - muitos passos adiante do texto estático das normas, conforme já havia percebido Jean Cruet na década de 1930.(700)

Diante dessa constatação, o positivismo jurídico, já em seu nascedouro, concebeu como solução para o problema das *lacunas normativas* o apelo à discricionariedade do juiz, seja através da via da analogia, da aplicação dos chamados *princípios gerais do direito* (aqui compreendidos como valores pessoais), dos costumes ou, em último caso, da equidade, conforme já vislumbrado no Capítulo 1 *supra*.(701)

---

tarefa de aplicação mecânica lógico-silogística do texto legal cuja consistência deveria ser absoluta.

A sentença proferida sobre o caso concreto seria a mera reprodução fiel do já decidido genérico-abstratamente pela lei.

(...)

O poder judicial, despojado de qualquer autonomia decisória, de qualquer poder criador de Direito, há de ser, por isso, «en quelque façon invisible et nulle.»" PIÇARRA, Nuno. *A separação dos poderes como doutrina e princípio constitucional.* Um contributo para o estudo das suas origens e evolução. Coimbra: Coimbra Editora, 1989. p. 96-97.

(699) Tal concepção clássica acerca do Poder Judiciário e sua incorporação no texto da Constituição Imperial de 1824 é bem descrita por José Antonio Pimenta Bueno: "O poder judiciário deduz seu nome de sua própria missão: é ele quem examina a natureza e circunstâncias dos fatos ou questões de interêsse privado e as disposições das leis, ou direito respectivo, e determina, julga, declara quais as relações que vigoram entre essas questões e o direito.

Sua atribuição ou missão consiste pois em conhecer das contestações dos direitos ou interêsses que se suscitam entre os particulares, e em punir os fatos criminosos pela aplicação das leis civis e penais.

(...)

Essa é a missão do poder judiciário, a de distribuir exata justiça, não tendo por norma senão a lei, e só a lei e o direito." BUENO, José Antonio Pimenta Bueno. *Direito público brasileiro e análise da Constituição do Império.* Rio de Janeiro: Ministério de Justiça e Negócios Interiores, 1958. p. 318-319.

(700) Nas palavras do autor: "A evolução não consiste no desenrolar ininterrupto e retilíneo de transformações uma da outra procedentes pela virtude occulta de um principio interno; as legislações não evoluem por evoluir, evoluem para se adaptarem, e o progresso resulta de uma pressão exterior, do choque inesperado de uma invenção vindo a produzir-se na ordem material, intelectual ou moral.

(...)

Se é verdade que a evolução social é feita das mil revoluções trazidas pela invenção ao meio econômico, intellectual ou moral, concebe-se facilmente não só a incerteza das previsões históricas, mas também, por consequencia, a vaidade das antecipações legislativas.

O Estado não é o senhor do progresso jurídico, porque não tem o monopólio do espírito de invenção, se é que delle é dotado em algum grau; e o futuro permanece-lhe desconhecido porque a evolução não é uma curva regular de que seja possível, senão fácil, imaginar por um simples fragmento a figura completa, mas uma linha quebrada cuja direcção variável obedece a leis ainda mysteriosas.

Temos mostrado no decurso desta obra como muitas regras do Código Civil se foram encontrando pouco a pouco estranhas á realidade: phenomeno absolutamente normal! Os redactores do Código Civil foram, segundo o parecer geral, excellentes observadores dos costumes de seu tempo, mas podiam ser também bons prophetas?

(...)

A lei marca uma paragem do direito; ora, se o direito pára, é necessariamente excedido, porque emquanto o legislador repousa sobre um código, a sociedade vai trabalhando sempre." CRUET, Jean. *A vida do direito e a inutilidade das leis.* Lisboa: Editorial Ibero-americana, 1938. p. 168-171.

(701) Sobre o tema, assim se expressou Oscar Tenório em um dos primeiros comentários formulados ao art. 4º da Lei de Introdução ao Código Civil: "A norma elaborada pelo legislador tem por objetivo disciplinar, sob certos aspectos, a vida social. Desce à sociedade, para mediante sanções dispor sobre infinitas relações, cuja complexidade não é percebida, de

Diferentemente do que se passou na Europa continental e nos países que seguiram o modelo de separação dos poderes ali concebido a partir das Revoluções do Século XXI, o modelo de constitucionalismo norte-americano, caudatário de uma desconfiança inata dos colonos em relação a tudo o que provinha do Estado, atribuiu ao Poder Judiciário a prerrogativa de escrutinar, em concreto, os atos do Poder Legislativo e do Poder Executivo, deixando de aplicá-los às situações *sub judice* no caso de contrariarem a Constituição. Eis aí, portanto, a gênese do que se se conhece por *controle difuso de constitucionalidade.*(702)

No entanto, não obstante a possibilidade de aplicação direta dos direitos fundamentais presentes no texto constitucional em decorrência do controle difuso, a tese positivista acerca

---

modo integral, pelo legislador. O juiz, cuja função é aplicar a lei aos casos litigiosos, tem a vida mais perto de si do que o legislador. Êste, afeiçoado a determinadas ideias políticas e morais, possue uma concepção de vida social no momento em que elaborou a norma. O juiz aplica ao caso contencioso a norma feita em tempo diferente do da sua aplicação. O trabalho do elaborador da lei cristaliza-se. Fica imutável, enquanto a vida se transforma e os valores se modificam.

O caráter geral e abstrato das normas dá-lhes o destino dos antigos portulanos. São roteiros de nauta. Os caminhos dos oceanos e dos portos não estão todos eles nos mapas. Mas não se deixa de navegar em virtude da imperfeição e deficiência dos roteiros.

O magistrado tem o dever de resolver os litígios que as partes levam ao pretório. Se a lei dispõe sobre a matéria, limita-se o papel do juiz a ajustar o fato à norma. Quando a lei não dispõe a respeito, nem por isto a sentença deixará de ser proferida. Realizará o magistrado o processo de integração do direito, a que se tem chamado de preenchimento das lacunas da lei." TENÓRIO, Oscar. *Lei de introdução ao Código Civil Brasileiro.* Rio de Janeiro: A Noite, 1944. p.67-68.

(702) Ao comparar o sistema norte-americano de controle difuso com os sistemas existentes na Europa Continental anteriormente ao advento das Cortes Constitucionais, Bernard Schwartz se manifesta da seguinte maneira: "A maioria dos países da Europa continental possui constituições escritas. Mas em nenhuma delas os juízes possuem o mesmo *status* que seus pares norte-americanos desfrutam. Do ponto de vista político, a situação naqueles países da Europa Continental é basicamente igual à da Grã-Bretanha, haja vista a falta de mecanismos destinados ao controle dos atos emanados do Poder Legislativo em face da Constituição. As restrições estabelecidas para o Poder Legislativo em algumas constituições da Europa Continental não são, em realidade, preceitos dotados de força normativa uma vez que elas não são regras que serão, em última instância, aplicadas pelas cortes como parâmetros de validade dos atos legislativos. Elas representam, na verdade, máximas de moralidade política, cujo fundamento é mais moral do que jurídico.

A experiência dos países da Europa Continental demonstra que uma constituição que não pode ser acionada em concreto pelo Poder Judiciário não contém nada além de palavras vazias. É justamente o insucesso das cortes continentais em exercer um poder de revisão sobre os atos emanados do Poder Legislativo e do Poder Executivo que torna a maior parte das constituições europeias meros instrumentos de papel.

(...)

Já nos Estados Unidos, o Poder Judiciário (...) desfruta de seu lugar em grande medida pelo conceito de separação de poderes encampado pela constituição federal e pelas constituições estaduais, a propalar que os poderes são ramos independentes e coordenados do governo e também em parte, por poder decidir (em contraste com o que ocorre nos sistemas inglês e francês) o que é a 'lei suprema da nação', a fim de suplantar, se for o caso, os atos emanados dos poderes legislativo e executivo que confrontarem a Constituição. Em função de sua alta responsabilidade, a independência do Poder Judiciário em relação ao Poder Legislativo e ao Poder Executivo são as pedras-chave do governo constitucional norte-americano."

No original: "Most of the countries of Continental Europe have written constitutions; yet in none of them has the judge attained anything like the status of his American confrère. From a practical point of view, the situation in such Continental countries is basically like that in Britain because of the lack in their system of any effective judicial control of constitutionality of the laws enacted by the legislature. The restrictions placed upon the legislature under most Continental constitutions are not, in reality, laws since they are not rules which in the last resort will be enforced by the courts. Their true character is that of maxims of political morality, which have more a moral than a legal basis.

The Continental experience shows that a constitution which cannot be judicially enforced contains but empry words. It is the failure of Continental courts to assert a power of review over legislative and executive acts that has made most European constitutions mere paper instruments.

(...)

The judiciary (...) owes its place in American government in large measure to its having been established in our federal and state constitutions in accordance with the doctrine of separation of powers as an independent, coordinate branch of government, and also in part to its being so often called on (in contrast with the English and French judiciary, thought for different reasons in each of these countries) to decide what is the 'supreme law of the land' and thus on occasion to override legislative or executive action. Because of this high responsibility the independence of the judiciary from the both of legislative and executive branches is the keystone of the American constitutional government." SCHWARTZ, Bernard. *American Constitutional Law.* Cambridge: Cambridge University Press, 1955. p.125-126.

da discricionariedade do juiz nos supostos de *lacuna normativa* foi amplamente difundida nos Estados Unidos, tendo por principal expoente o professor da Universidade de Oxford Herbert Lionel Adolphus Hart, que apregoava o labor criativo do intérprete/aplicador naquelas situações por ele denominadas *casos difíceis* que envolviam, em realidade, a aplicação de princípios aparentemente colidentes.(703)

E assim, visto que a concepção positivista dos direitos fundamentais calcada na discricionariedade judicial foi fortemente veiculada tanto na Europa continental quanto nos Estados Unidos, vários autores norte-americanos, com especial destaque para Michael Rosenfeld, Lon Fuller e, naturalmente, Ronald Dworkin, buscaram alternativas àquele modelo propalado por Hart e Kelsen nas primeiras décadas do século XX, vindo a integrar, ainda que inconscientemente, o chamado *movimento neoconstitucionalista.*

As correntes atreladas ao neoconstitucionalismo, conforme descrito no Capítulo 1 *supra*, buscaram superar o positivismo legicentrista através da constitucionalização dos valores basilares das sociedades ocidentais na metade do século XX — especialmente no Segundo Pós-Guerra — sob a forma de *direitos fundamentais* dotados de força normativa suficiente para ensejar sua aplicação direta aos mais diversos casos concretos.(704)

E dentre as várias correntes a integrarem o chamado *neoconstitucionalismo*, as que mais se destacaram ao longo das últimas décadas foram, justamente, as concepções *axiológica* e *deontológica* dos direitos fundamentais que se distinguem essencialmente, como visto, pelas fórmulas atribuídas à resolução dos chamados *casos difíceis*. Assim, enquanto a primeira vertente se contenta em buscar tal solução através da atividade criativa do intérprete no sentido de encontrar uma dentre várias respostas corretas, desde que ele se valha da metódica da *ponderação de bens*, a segunda corrente almeja a obtenção da *única resposta correta* para o caso através da reconstrução do conteúdo histórico-institucional dos princípios aplicáveis à situação à luz das nuances dos casos concretos.

Em suma, enquanto a visão axiológica concebe a possibilidade quanto à existência de várias respostas corretas a um determinado *caso difícil*, a serem desveladas pelo labor interpretativo do aplicador autorizado mediante a utilização da *metódica da ponderação*, a concepção deontológica parte da premissa de que a única solução correta para o *caso difícil* configura um dado objetivo cujo desvelamento depende, justamente, da reconstrução do conteúdo institucional dos princípios tendo por moldura as circunstâncias concretas apresentadas pela situação.

Em uma estrutura judicial como a brasileira, historicamente pautada pela coexistência dos controles concentrado e difuso de constitucionalidade e, consequentemente, pela possibilidade de que todos os integrantes do Poder Judiciário possam efetivar o escrutínio dos atos administrativos e legislativos à luz da Constituição Federal, a utilização de uma ou de outra concepção por parte dos intérpretes/aplicadores fará toda a diferença quando forem eles instados a solucionar aqueles *casos difíceis* por intermédio da aplicação direta dos direitos fundamentais.

Nesse diapasão, já expusemos no Capítulo 1 *supra* a inadequação, a nosso sentir, da concepção axiológica e de sua *metódica da ponderação* para a resolução dos casos a envolverem a aplicação direta dos direitos fundamentais, pois, como visto, a mensuração acerca do *peso* dos princípios em choque acabará por depender mais das preferências pessoais e das visões de

(703) HART, H. L. A. Trad.: SETTE-CÂMARA, Antônio de Oliveira. *O conceito de Direito.* São Paulo: Martins Fontes, 2009. p. 264-265.

(704) Cf., a propósito: TAJADURA TEJADA, Javier. *Los derechos fundamentales y sus garantias.* 2. ed. Valencia: Tirant lo blanch, 2021. p. 25-35.

mundo dos intérpretes/aplicadores a respeito de cada um dos valores a serem sopesados do que de qualquer dado objetivo disponível.(705)

No entanto, com o grande influxo que a concepção axiológica obteve em terras brasileiras, principalmente após a promulgação da Constituição Federal de 1988, o Poder Judiciário, no exercício do controle difuso de constitucionalidade, vem se valendo abertamente da *metódica da ponderação* e de suas fórmulas da *adequação*, da *necessidade* e da *proporcionalidade em sentido estrito* como verdadeiro álibi para o exercício de um protagonismo judicial que nem sempre logra obter soluções compatíveis com o significado dos direitos fundamentais naqueles casos concretos.(706)

No nosso sentir, a forma mais democrática no fito de promover a resolução dos casos a envolverem a aplicação de direitos fundamentais no contexto do controle difuso de constitucionalidade é aquela apregoada pela concepção deontológica a respeito dos *discursos de aplicação* que se diferencia dos *discursos de justificação* ou de *fundamentação* justamente porque sua linguagem própria não envolve a escolha de opções políticas características da atividade legislativa.

Nos discursos de aplicação a serem empreendidos na análise dos chamados *casos difíceis* e, consequentemente, no exercício do controle difuso de constitucionalidade, o intérprete/aplicador deverá buscar a reconstrução do sentido e do alcance dos direitos fundamentais à luz da situação específica, a fim de averiguar se a garantia constitucional em apreço confere ao cidadão que acionou o Poder Judiciário uma dada posição jurídica e, consequentemente, se o ato legislativo impugnado afigura-se aplicável ou inaplicável por chocar-se com a Constituição.

No capítulo de sua obra *Taking Rights Seriously* dedicada aos chamados *casos difíceis*, Dworkin descreve uma situação hipotética que bem ilustra a formulação dos discursos de aplicação em sede de controle difuso de constitucionalidade. Trata-se de um caso submetido à análise de seu legendário juiz Hércules em que o Congresso de um determinado país aprova uma lei assegurando transporte gratuito aos alunos das escolas paroquiais, sendo que a constituição

(705) *Vide*, nesse sentido: AMADO, Juan Antonio Garcia. El juicio de ponderación y sus partes. Una crítica. In: ALEXY. Robert *et alii*. *Derechos sociales y ponderación*. Madrid: Fundación Colóquio Jurídico Europeo, 2007. p. 249-331 e STRECK, Lenio Luiz. *O que é isto* — decido conforme minha consciência? 2. ed. Porto Alegre: Livraria do Advogado, 2010. p. 49-51.

(706) A esse respeito, vale trazer à colação a crítica formulada por Júlio César Rossi: "A doutrina brasileira, até certo ponto, vai bem quando afirma que no Estado Democrático e Constitucional a lei cede à força normativa da Constituição, assim como reconhece a jurisdição constitucional e as suas formas de interpretação, mas peca ao afirmar que o neoconstitucionalismo possui como marco filosófico o pós-positivismo.

Em verdade, quando fazem essa afirmação, estão buscando no pós-positivismo o álibi para adotar a teoria da argumentação de Robert Alexy e a sua teoria da ponderação.

Como dito, o pós-positivismo à brasileira é um disfarce para a aplicação rasa da ponderação de valores, muito mal recepcionada pela doutrina brasileira, notadamente pelo fato de que a aplicação da ponderação autoriza a discricionariedade na 'escolha' do princípio que prevalecerá na solução do caso.

(...)

Há uma tendência contemporânea brasileira de postar no protagonismo judicial uma maneira de concretizar direitos. Isso decorre de uma equivocada recepção da chamada Jurisprudência dos Valores, movimento ocorrido na Alemanha após a Segunda Guerra. (...) Com efeito, o nosso pós-positivismo, ancorado na metodologia (jurisprudência de valores), assim como os adeptos da ponderação, utiliza-se de certos valores (axiomas) para auxiliar o julgador a identificá-los no momento em que procuram resolver o conflito levado à apreciação.

(...)

A jurisprudência dos valores leva à criação de padroes decisórios calcados no subjetivismo (enraizado no ideal valorativo individual), os quais, como sabemos, são lançados pelo sujeito encarregado de decidir, denunciando a máxima de que primeiro se tem a solução e depois se busca a lei para fundamentá-la.

É nesse estado da arte que, no Brasil, ainda não ultrapassamos o positivismo normativista (semântico) e, auxiliados pela descoberta da ponderação de valores, abrimos uma aposta no protagonismo judicial como forma de concretizar direitos." ROSSI, Júlio César. *Precedente à brasileira. A jurisprudência vinculante no CPC e no novo CPC*. São Paulo: Atlas, 2015. p. 24-26.

local veda expressamente a expedição de normas infraconstitucionais que venham a estabelecer uma religião oficial.(707)

Para a resolução de tal controvérsia, segundo Dworkin, o juiz Hércules deveria se portar como aquele árbitro do jogo de xadrez mencionado no Capítulo 1 *supra*, no sentido de reconstruir e desvelar o significado em concreto de todo o arcabouço constitucional – especialmente no que diz respeito ao direito fundamental à liberdade religiosa – diante da situação a envolver o oferecimento de transporte gratuito aos alunos das escolas confessionais.

Por meio de tal operação de revisão e de reconstrução do ordenamento constitucional, Hércules descobriria se a medida implementada pela norma em referência guarda compatibilidade com as características políticas, institucionais e históricas que definem o regime (*scheme*) adotado pela constituição do país em questão e, consequentemente, se elas se afiguram ou não coerentes com aqueles conceitos definidos no passado de modo a manter o sistema jurídico íntegro.(708)

Hércules, nesse caso, não está a *ponderar* o direito à liberdade religiosa com outros *bens jurídicos* de igual hierarquia, tal como, por exemplo, a garantia de locomoção e muito menos a buscar uma solução pautada pela *concordância* entre os princípios em aparente confronto. Pelo contrário, está ele a promover a releitura do regime constitucional e de todos os seus elementos históricos à luz daquele caso concreto no fito de descobrir a solução objetivamente adequada para a controvérsia em questão que, como visto, o sistema é capaz de oferecer institucionalmente. É nesse ponto, exatamente, que se distingue a *aplicação* dos direitos fundamentais de sua *justificação* ou *fundamentação*.

(707) DWORKIN, Ronald. *Taking rights seriously*. Cambridge: Harvard University Press, 1978. p. 106-107.

(708) Segundo Dworkin: "Hércules deverá perguntar a si mesmo qual regime de princípios foi estabelecido pelo ordenamento em vigor. E ele deve estabelecer, nesse sentido, uma teoria acerca da Constituição. Sendo ele Hércules, podemos supor que ele pode desenvolver uma teoria política completa acerca de toda a sistemática principiológica que subjaz à Constituição. (...) No entanto, mais de uma teoria dita "completa" pode estabelecer uma explicação para o significado da liberdade religiosa. Uma das teorias em questão pode estabelecer, por exemplo, que é vedado ao governo editar qualquer lei que possa vir a ocasionar consideráveis tensões sociais ou desordens. De acordo com tal teoria, uma vez que o estabelecimento de uma religião poderia conduzir a tel efeito, seria vedado à legislatura estabelecer uma dada religião. Outra teoria poderia reconhecer o direito institucional à liberdade religiosa e, desse modo, argumentar que uma religião estabelecida pelo Estado afigura-se indevido, não porque seria ela socialmente lesiva, mas porque ela estaria a violar tal direito institucional. Nesse caso, Hércules deverá remeter-se aos preceitos constitucionais vigentes e à sua compreensão prática a fim de verificar qual das duas teorias é capaz de melhor se adequar ao regime constitucional como um todo.

(...)

Desse modo, Hércules é guiado, nesse projeto, em direção a um processo hermenêutico idêntico ao processo levado à cabo pelo 'árbitro do jogo de xadrez'. Ele deve desenvolver uma teoria sobre a constituição, sob a forma de um complexo conjunto de princípios e regras apta a se adequar àquele regime de governo, tal como o 'árbitro do jogo de xadrez' é guiado no sentido de desenvolver uma teoria a respeito das características daquele jogo. Ele [Hércules] deve desenvolver sua teoria de modo a se referir, alternadamente, à filosofia política e aos detalhes institucionais. Ele deve gerar possíveis teorias adequadas a diferentes aspectos do regime e testar tais teorias em face das instituições mais amplas."

No original: "Hercules must then ask just what a scheme of principles has been settled. He must construct, that is, a constitutional theory; since he is Hercules we may suppose that he can develop a full political theory that justifies the constitution as a whole. (...) But more than one fully specified theory may fit the specific provision about religion sufficiently well. One theory might provide, for example, that is wrong for the government to enact any legislation that will cause great social tension or disorder; so that since the establishment of a church will have that effect, it is wrong to empower the legislature to establish one. Another theory will provide a background right to religious liberty, and therefore argue that an established church is wrong, not because it will be socially disruptive, but because it violates the background right. In this case, Hercules must turn to remaining constitutional rules and settled practices under these rules to see which of these two theories provides a smoother fit with the constitutional scheme as a whole.

(...)

So Hercules is driven, by this project, to a process of reasoning that is much like the process of the self-conscious chess referee. He must develop a theory of the constitution, in the shape of a complex set of principles and policies that justify that scheme of government, just as the chess referee is driven to develop a theory about the character of his game. He must develop that theory by referring alternately to political philosophy and institutional detail. He must generate possible theories justifying different aspects of the scheme and test the theories agains the broader institution." *Ibidem*, p. 106-107.

Em suma, a postura de Hércules — que o modelo deontológico pressupõe para todo aquele que almejar a aplicação de direitos fundamentais — é pautada pelo desvelamento da *única resposta correta* existente de modo objetivo no ordenamento jurídico e que será obtida a partir daquele labor reconstrutivo descrito por Dworkin na metáfora do *árbitro do jogo de xadrez*. Não se trata aqui, portanto, de justificar soluções implementadas pelo labor criativo do intérprete a partir da utilização de uma dada metodologia (p. ex.: a *ponderação de bens*) que, ao fim e ao cabo, acaba por reduzir os direitos fundamentais a meros valores cuja incidência em concreto estará a depender antes das preferências e pré-compreensões da autoridade do que de seu rico conteúdo histórico-institucional.

Na atual quadra histórica, contudo, o regime (*scheme*) vislumbrado originalmente por Dworkin na descrição daquele caso hipotético não mais se encontra centrado exclusivamente no sistema jurídico de um determinado Estado. Conforme já visto alhures, a crescente integração global e a constatação em torno da relevância compartilhada pelos países democráticos em torno dos direitos fundamentais impõe ao intérprete/aplicador que o labor reconstrutivo em torno do conteúdo histórico-institucional daquelas garantias leve em conta, também, sua inserção nos Pactos Internacionais de Direitos Humanos e, em certa medida, nos ordenamentos dos outros países, em postura a denotar aquele diálogo transconstitucional.

É justamente por esse motivo que o controle difuso a ser exercido pelos intérpretes/aplicadores na análise dos casos postos à sua apreciação não mais se limitará a averiguar a compatibilidade em concreto das normas de hierarquia inferior com a Constituição Federal. Nesse contexto, lhes é imposto em acréscimo, o escrutínio daqueles diplomas com os Pactos Internacionais de Direitos Humanos ratificados pelo Brasil que, afinal, passaram a gozar de hierarquia supralegal. Trata-se, pois, agora, não mais apenas de um *controle difuso de constitucionalidade*, mas, também, de um *controle difuso de convencionalidade*.(709)

É importante frisar, de outro turno, que os discursos de aplicação, quando exercidos no contexto do controle difuso de constitucionalidade e de convencionalidade, não se limitam a

(709) Veja-se, a propósito, a recente decisão proferida pela 7ª Turma do Tribunal Superior do Trabalho, capitaneada pelo voto do Ministro Cláudio Brandão, em que a questão acerca da cumulatividade dos adicionais de periculosidade e insalubridade, vedada pelo art. 193, § 2º, da CLT, foi apreciada (e revista) à luz das Convenções ns. 148 e 155 da OIT. Note-se que o referido colegiado valeu-se conscientemente do controle difuso de convencionalidade para afastar a aplicação do diploma legal em questão:

"RECURSO DE REVISTA. CUMULAÇÃO DOS ADICIONAIS DE INSALUBRIDADE E PERICULOSIDADE. POSSIBILIDADE. PREVALÊNCIA DAS NORMAS CONSTITUCIONAIS E SUPRALEGAIS SOBRE A CLT. JURISPRUDÊNCIA CONSOLIDADA DO STF QUANTO AO EFEITO PARALISANTE DAS NORMAS INTERNAS EM DESCOMPASSO COM OS TRATADOS INTERNACIONAIS DE DIREITOS HUMANOS. INCOMPATIBILIDADE MATERIAL. CONVENÇÕES NOS 148 E 155 DA OIT. NORMAS DE DIREITO SOCIAL. CONTROLE DE CONVENCIONALIDADE. NOVA FORMA DE VERIFICAÇÃO DE COMPATIBILIDADE DAS NORMAS INTEGRANTES DO ORDENAMENTO JURÍDICO.

A previsão contida no art. 193, § 2º, da CLT não foi recepcionada pela Constituição Federal de 1988, que, em seu art. 7º, XXIII, garantiu de forma plena o direito ao recebimento dos adicionais de penosidade, insalubridade e periculosidade, sem qualquer ressalva no que tange à cumulação, ainda que tenha remetido sua regulação à lei ordinária. A possibilidade da aludida cumulação se justifica em virtude de os fatos geradores dos direitos serem diversos. Não se há de falar em *bis in idem*. No caso da insalubridade, o bem tutelado é a saúde do obreiro, haja vista as condições nocivas presentes no meio ambiente de trabalho; já a periculosidade traduz situação de perigo iminente que, uma vez ocorrida, pode ceifar a vida do trabalhador, sendo este o bem a que se visa proteger. A regulamentação complementar prevista no citado preceito da Lei Maior deve se pautar pelos princípios e valores insculpidos no texto constitucional, como forma de alcançar, efetivamente, a finalidade da norma. Outro fator que sustenta a inaplicabilidade do preceito celetista é a introdução no sistema jurídico interno das Convenções Internacionais ns. 148 e 155, com *status* de norma materialmente constitucional ou, pelo menos, supralegal, como decidido pelo STF. A primeira consagra a necessidade de atualização constante da legislação sobre as condições nocivas de trabalho e a segunda determina que sejam levados em conta os — riscos para a saúde decorrentes da exposição simultânea a diversas substâncias ou agentes —. Nesse contexto, não há mais espaço para a aplicação do art. 193, § 2º, da CLT. Recurso de revista de que se conhece e a que se nega provimento." BRASIL: TRIBUNAL SUPERIOR DO TRABALHO. RECURSO DE REVISTA N. 1072-72-2011-5.02.0384. RELATOR: Min. Cláudio Mascarenhas Brandão. 7ª Turma. *DJ*: 3.10.2014.

perquirir a aplicabilidade de um dado direito fundamental a uma dada situação fática através da *busca da única resposta correta*. Para além disso, configuram eles um instrumental imprescindível para a constatação em torno de posições abusivas, pelas quais os possíveis destinatários daquelas garantias se valem do caráter textualmente aberto daquelas garantias no fito de nelas escorar suas pretensões.

Diante de situações dessa natureza, caberá ao intérprete/aplicador ter em mente, mais uma vez, o conteúdo histórico do direito fundamental em questão e, à luz desse dado institucional, averiguar se a pretensão submetida à sua análise encontra ou não guarida naquela garantia ou se, ao revés, se trata de uma situação a denotar abuso. É justamente através desses *testes* que a integridade e a coerência do sistema serão cotidianamente aferidas e onde a evolução do conteúdo daqueles direitos fundamentais será operacionalizada.(710)

Transplantadas as noções ora formuladas para a compreensão em torno do direito fundamental à liberdade sindical e à tutela contra as práticas antissindicais e antirrepresentativas, observa-se que o labor a ser executado pelo intérprete/aplicador de tal garantia em um determinado caso concreto será pautado, na concepção deontológica, em um primeiro momento, pela perquirição acerca (i) das vicissitudes históricas que plasmaram objetivamente a consolidação daquele instituto no ordenamento pátrio, especialmente nos arts. 8º, 9º e 11 da Constituição Federal; (ii) do contexto político, social e econômico subjacente à edição dos Pactos Internacionais de Direitos Humanos que asseguram aquela garantia e de sua posterior ratificação pelo Brasil; (iii) dos fatores políticos, econômicos e sociais que justificaram a edição do(s) diploma(s) normativo(s) confrontado(s) com a Constituição e com aqueles diplomas de caráter supralegal e

---

(710) Sobre tal função exercida pelos discursos de aplicação, Menelick de Carvalho Netto e Guilherme Scotti asseveram que: "É a *integridade* do direito, no exercício hermenêutico que se volta tanto para o passado quanto para o futuro, que marcará a diferença entre *densificação* e *descumprimento* dos princípios fundamentais, especialmente mediante a capacidade e a sensibilidade do intérprete de, no processo de densificação e concretização normativas, diante de uma situação concreta de aplicação, impor normas que se mostrem *adequadas* a reger essa situação de modo a dar pleno curso ao direito em sua integridade, a reforçar a crença na efetividade da comunidade de princípios.

(...)

A legitimidade ou a constitucionalidade de uma norma não significa, por si só, que pretensões abusivas não possam ser levantadas em relação à sua aplicação aos casos concretos. Por isso mesmo, embora o uso abusivo e instrumental do direito seja sempre possível, encontramo-nos hoje em condições de exigir, na prática, que pretensões desse tipo não mais possam encontrar guarida sob o Direito, reforçando a postura interna do cidadão que assume os seus direitos como condição de possibilidade da própria comunidade de princípios fundada no igual respeito e consideração devido a todos os seus membros.

(...)

O problema do Direito moderno, agora claramente visível graças à vivência acumulada, é exatamente o enfrentamento consistente do desafio de se aplicar adequadamente normas gerais e abstratas a situações de vida sempre individualizadas e concretas, à denominada situação de aplicação, sempre única e irrepetível, por definição. O Direito moderno, enquanto conjunto de normas gerais e abstratas, torna a sociedade mais e não menos complexa. Complexidade que envolve uma faceta que não mais pode se confundir com o exercício legítimo de direitos, a das pretensões abusivas que a mera edição em texto do direito na forma de norma geral e abstrata incentiva.

(...)

Assim é que é precisamente a visibilidade dessa força irradiadora dos princípios que nos habilita a lidar de forma consistente com as pretensões abusivas enquanto tais, não mais as confundindo com o regular exercício de direitos. Não somente não é suficiente tomarmos os direitos como meros limites, mas torna-se clara agora a exigência dworkiniana de que sempre sejam levados a sério, ou seja, de que sempre sejam considerados como condição de possibilidade de liberdade. Esse conteúdo moral do Direito só pode ter curso quando assumido da perspectiva interna do participante, do cidadão. Muito embora, é claro, o conteúdo moral do Direito não o transforme em moral, pois continua a operar como Direito (visando regular o comportamento externo das pessoas e não as suas crenças internas), deve ser levado a sério no terreno dos discursos de aplicação pois permite tratar de forma consistente as pretensões abusivas, buscando coibir e não incentivar o uso estratégico do Direito, que se mostra agora claramente como um uso contrário ao próprio Direito, como um abuso, um atentado contra a mesma comunidade de princípios que o Direito institui, viabiliza e pela integridade da qual deve zelar." CARVALHO NETTO, Menelick de; SCOTTI, Guilherme. *Os direitos fundamentais e a (in)certeza do Direito. A produtividade das tensões principiológicas e a superação do sistema de regras.* Belo Horizonte: Fórum, 2011. p. 123-129.

(iv) da delimitação precisa das nuances da conduta antissindical ou antirrepresentativa situação a ser resolvida.

Nesse diapasão, o intérprete/aplicador deverá ter em mente que o direito fundamental à liberdade sindical se materializou nos ordenamentos jurídicos — aí incluído o brasileiro — de modo geral através da luta dos trabalhadores e de suas entidades (i) pela livre criação de organizações representativas de seus interesses; (ii) pela garantia de livre filiação, participação e desfiliação de tais entes; (iii) pela proteção contra as práticas dos empregadores tendentes a frustrar o exercício de tais posições jurídicas; (iv) pela garantia de livre administração e organização daquelas entidades; (v) pela prerrogativa de definição da ação sindical, especialmente no que diz respeito ao exercício do direito de greve e (vi) pela tutela contra a interferência governamental e patronal em seus assuntos internos.

No caso brasileiro, o intérprete/aplicador deverá ter em mente, de igual modo, que a despeito das limitações textuais conferidas à liberdade sindical no próprio art. 8º da Constituição Federal (especialmente em razão da regra da unicidade), o regime constitucional instituído em 1988 não só possui um enorme significado simbólico e prático no fito de promover a ruptura das instituições autoritárias até então existentes, como também — e principalmente — passou a considerar os direitos fundamentais como elementos centrais de todo o sistema, a justificarem não apenas a própria existência do Estado, mas também das demais instituições da sociedade, na medida em que esta última passou a ser orientada pelos cânones da democracia, do pluralismo ideológico, da dignidade da pessoa humana e da justiça social.(711)

Nesse contexto de alocação dos direitos fundamentais em uma posição de centralidade sistêmica e de ruptura com as amarras autoritárias que cerceavam ou impediam sua plena fruição, a Constituição Federal de 1988 suplantou a interferência e a intervenção do Estado na livre organização sindical (art. 8º, I), empoderou o sindicato na defesa dos interesses de suas categorias, especialmente na negociação coletiva (art. 8º, III e VI), assegurou de maneira expressa o direito à livre filiação e desfiliação (art. 8º, V), reforçou o direito à estabilidade dos dirigentes sindicais (art. 8º, VIII), conferiu autonomia às coletividades obreiras para decidir sobre o exercício do direito de greve (art. 9º) e viabilizou a criação das representações unitárias dos trabalhadores (art. 11).

No que diz respeito aos Pactos Internacionais de Direitos Humanos ratificados pelo Brasil — especialmente as Convenções ns. 98, 135 e 154, da OIT, bem assim o Pacto Internacional de Direitos Econômicos, Culturais e Sociais da ONU e o Protocolo de San Salvador da OEA — o intérprete/aplicador não poderá deixar de observar que a tutela da liberdade sindical na condição de direito fundamental titularizado pelos trabalhadores e por suas entidades contra a ingerência indevida dos empregadores e do Estado têm lugar de destaque nos diplomas em referência, justamente porque estes últimos o consagram como uma conquista civilizatória irreversível e essencial para a manutenção do equilíbrio de forças entre patrões e obreiros.(712)

(711) A propósito, Luís Roberto Barroso assinala que: "A Constituição de 1988 tem a virtude de espelhar a reconquista dos direitos fundamentais, notadamente os de cidadania e os individuais, simbolizando a superação de um projeto autoritário, pretensioso e intolerante que se impusera ao País. Os anseios de participação, represados à força nas duas décadas anteriores, fizeram da constituinte uma apoteose cívica." BARROSO, Luís Roberto. *O direito constitucional e a efetividade de suas normas.* 8. ed. Rio de Janeiro: Renovar, 2006. p. 41.

(712) Nas palavras de Alfredo Villavicencio Ríos: "O direito de associação dos trabalhadores e empregadores, para todos os fins que não sejam contrários às leis 'é de importância particular e urgente' (Constituição da OIT, XIIIª parte do Tratado de Versalhes, 1919) e (...) a liberdade sindical foi consagrada como um direito fundamental em todos os tratados e convenções sobre tais direitos de nível mundial ou regional.

(...)

[A liberdade sindical] é um dos principais instrumentos de luta pela vigência dos outros direitos fundamentais. Ademais, há de se estabelecer que, por sua vinculação absolutamente inseparável, o direito de greve também se encontra

Por isso mesmo, toda a legislação interna vigente e futura a ser editada no fito de regulamentar quaisquer aspectos da liberdade fundamental deverá atentar para tal conteúdo institucional que emana dos sobreditos diplomas de direito internacional, de modo que este último impactará diretamente na interpretação das normas domésticas em referência, vindo-lhes a conferir sentido e alcance e, nos casos mais drásticos, a ensejar sua inaplicabilidade ao caso concreto, no contexto do exame de convencionalidade.

Assim, diante de uma situação a envolver a prática de conduta antissindical ou antirrepresentativa contra um trabalhador ou uma entidade, o intérprete/aplicador deverá ter em mente todos os retromencionados elementos com vistas a aferir, em concreto, (i) se o conteúdo histórico-institucional da liberdade sindical consagrado no ordenamento jurídico pátrio — especialmente na Constituição Federal e naqueles Pactos Internacionais de Direitos Humanos ratificados pelo Brasil — repudiam ou não o ato em questão; (ii) se eventuais normas de direito interno se mostram incompatíveis com o *background* que subjaz objetivamente aos preceitos constitucionais e convencionais em testilha e, finalmente; (iii) se a posição jurídica vindicada pela(s) parte(s) configura um suposto legítimo respaldado pela garantia em questão ou se, ao contrário, trata-se de invocação indevida (abusiva) daquele direito fundamental.

Dessa forma, o intérprete/aplicador não estará apenas a promover a aplicação direta do direito fundamental à liberdade sindical e de seu conteúdo objetivo às mais diversas situações fáticas, sem a interferência de pré-compreensões e posições pessoais, mas também a exercer, efetivamente, o controle em concreto acerca da constitucionalidade e da convencionalidade da legislação ordinária e, principalmente, o controle acerca da adequabilidade das pretensões vindicadas àquela garantia.

Logra-se, dessa forma, em última instância, promover a evolução coerente do direito fundamental à liberdade sindical num contexto de integridade sistêmica, tal como deve ocorrer em um ordenamento plasmado pela centralidade dos direitos fundamentais e, principalmente, pela democracia.

5.2.3. Poder Executivo

Na moderna teoria da separação dos poderes, cabe ao Executivo viabilizar a execução das leis gerais e abstratas por intermédio da edição de atos normativos de segundo grau (decretos, portarias, circulares etc.), da expedição de atos administrativos voltados para o cumprimento de tais medidas e, finalmente, da fiscalização em torno de sua observância pelos particulares.

No que diz respeito à atividade regulamentar, sua justificativa histórica reside no fato de que a lei, por ser geral e abstrata, não contempla todas as hipóteses fáticas de incidência, fazendo-se necessário, portanto, a intervenção da Administração Pública no sentido de viabilizar a execução daquelas normas, especialmente naqueles assuntos que dizem respeito à própria participação dos agentes estatais no cumprimento dos dispositivos legais.[713]

---

compreendido nesta primeira liberdade." RÍOS, Alfredo Villavicencio. Trad.: ARAÚJO, Jorge Alberto. *A liberdade sindical nas normas e pronunciamentos da OIT*. São Paulo: LTr, 2011. p. 21-23.

(713) Nas palavras de Eduardo García de Enterría e Tomás-Ramón Fernández: "La ley arranca la incondicionalidad de su contenido y la irresistibilidad de su eficacia por su legitimación en la voluntad de la comunidad; el Reglamento no puede presentarse como voluntad de la comunidad, porque la Administración no es un representante de la comunidad, es una organización servicial de la misma, lo cual resulta algo en esencia distinto; en el Reglamento no se expressa por ello una hipotética «voluntad general», sino que es una simple regla técnica, «ocurrencia de los funcionários», a la que órganos simplemente administrativos han dado expresión definitiva. La Ley es la norma originaria por excelencia; dispone desde si misma, rompe el Derecho o las relaciones existentes, puede (dentro de la Constitución) hecerlo todo (...). Nada de esto es proprio de las determinaciones reglamentarias, que más bien se presentan como complementarias de las Leyes, como «ejecución» (en un amplio sentido) de la Ley.

El Reglamento tiene de común con la Ley el ser una norma escrita, pero difere en todo lo demás. De esta nota común pocos caracteres genéricos pueden derivarse. Lo proprio del Reglamento, lo que le separa definitivamente de la Ley,

Viu-se alhures, no entanto, que sob a égide da concepção deontológica, os direitos fundamentais positivados nas leis, nos Pactos Internacionais de Direitos Humanos e na própria Constituição possuem um conteúdo histórico-institucional que lhes conferem notas características plenamente detectáveis pelo intérprete/aplicador e que lhes atribuem, consequentemente, auto-aplicabilidade às situações concretas independentemente da intermediação do Poder Executivo.

Tal característica, contudo, não exclui a possibilidade de que o Poder Executivo venha a contribuir para a concretização daquele direito fundamental e de seu conteúdo institucional, dentro, naturalmente, de suas atribuições institucionais. Nesse caso, a concepção deontológica conceberá os agentes governamentais como artífices de novos *capítulos* a integrarem a *trama* iniciada no passado com as vicissitudes históricas que pautaram seu surgimento e complementada com os casos concretos a ensejarem sua aplicação em concreto e seu desenvolvimento.

Deverão eles, tal como os agentes dos demais poderes, remeter-se às origens do direito fundamental a ser regulamentado, às considerações de ordem econômica, social e política a ensejarem sua positivação na Constituição, nos instrumentos internacionais e, finalmente, na lei a ser regulamentada, para editarem o ato normativo de segundo escalão de modo coerente com tal *backgroud* e, principalmente, de modo a assegurar a integridade do direito nesse particular.(714)

Para além da atividade regulamentar, o Poder Executivo é incumbido da implementação, no âmbito da competência institucional de seus órgãos, da potestade de fiscalização em torno do cumprimento das leis (o chamado *poder de polícia*) e, nesse desiderato, da prerrogativa de determinar aos particulares e aos demais agentes da Administração Pública determinadas condutas tendentes a dar concretude àquelas normas.(715)

---

es que es una norma secundaria, subalterna, inferior y complementaria de la Ley, obra de la Administración. (...) Su sumisión a la Ley es absoluta, en varios sentidos; no se produce más que en los ambitos que la Ley le deja, no puede intentar dejar sin efecto los preceptos legales o contradecirlos, no puede suplir a la Ley allí donde ésta es necessária para producir un determinado efecto o regular um cierto contenido." ENTERRÍA, Eduardo García de; FERNÁNDEZ, Tomás-Ramón. *Curso de derecho administrativo.* Vol. I. 14. ed. Madrid: Thomson-Civitas, 2008. p. 183-184.

(714) É exatamente o que preconiza Dworkin no capítulo nove de seu *Law's Empire* ao tratar do caso *snail darter.*

Trata-se de um caso real submetido hipoteticamente à jurisdição de seu juiz Hércules, no qual uma lei de proteção a espécies em risco de extinção (*Endangered Species Act*) foi invocada no fito de obstar a construção de uma usina hidrelétrica quase finalizada com vistas à proteção do referido *snail darter*, um tipo de peixe pequeno e considerado ecologicamente irrelevante.

Sobre a resolução do caso em questão pelo Juiz Hércules, Dworkin formulou as seguintes considerações:

"Um dia o caso *snail darter* foi levado ao conhecimento de Hércules. Ele deveria decidir se a Lei das Espécies em Risco (*Endangered Species Act*) concederia ao Secretário do Interior a prerrogativa de obstar um grande e quase finalizado projeto de geração de energia no fito de salvar um peixe pequeno e ecologicamente irrelevante, de modo que ele [Hércules] precisaria decidir como proceder à leitura de leis cujo significado afigura-se como incerto. Meu argumento é complexo e eu devo adiantá-lo desde já como ele se encerra. Hércules usará, para a leitura das leis, as mesmas técnicas de interpretação utilizadas na leitura dos precedentes da *common law*, ou seja, as técnicas estudadas nos capítulos anteriores.

(...)

Ele deverá perguntar a si mesmo qual a leitura da lei [das espécies em risco] — a permitir ou não ao Secretário do Interior a obstrução de projetos quase finalizados — consolida, em melhor medida, a história política subjacente à edição daquela norma."

No original: "One day the snail darter case comes to Hercules' court. He must decide whether the Endangered Species Act gives the secretary of the interior power to halt a vast, almost finished federal power project to save a small and ecologically uninteresting fish, so he must first decide how to read statutes whose meaning is uncertain. My argument is complex, and I shall tell you at once how it ends. Hercules will use much the same techniques of interpretation to read statutes that he uses to decide common-law cases, the techniques we studied in the last two chapters. (...) He will ask himself which reading of the act — permitting or not permitting the secretary to halt projects almost completed — shows the political history including and surrounding that statute in the better light." DWORKIN, Ronald. *Law's Empire.* Cambridge: Harvard University Press, 1986. p. 313.

(715) Em clássica concepção acerca do poder de polícia, Thomas Cooley assevera que ele: "Compreende o sistema de regulação interna [do Estado], pelo qual ele almeja não apenas preservar a ordem pública e prevenir ataques contra

Nesse particular, o Direito Administrativo divide tradicionalmente as atribuições do Poder Executivo em *atos vinculados* e *atos discricionários*, sendo que aqueles primeiros contemplam as situações em que a Administração Pública se encontra totalmente jungida à letra da lei e estes últimos abrangem os casos em que a própria norma confere ao agente certa margem de atuação para aferir a *conveniência* e a *oportunidade* a respeito do teor da intervenção estatal.(716)

Ocorre, todavia, que no contexto de uma organização territorial que se auto-intitula um *Estado Democrático de Direito* e que tem por diretrizes elementares a *cidadania*, a *dignidade humana* e, principalmente, a *centralidade dos direitos fundamentais*, a discricionariedade da Administração Pública, antes de se fundar na concessão de uma margem de escolha pessoal ao agente público, buscará obter deste último a *melhor concretização possível* não apenas da finalidade da lei a ser aplicada, como também daquelas garantias a servirem de norte para todo o ordenamento jurídico.(717)

Sob a concepção deontológica, não é demais ressaltar que o *poder discricionário* do agente administrativo encontrará justificativa na imposição da postura em torno da *única resposta correta* que o ordenamento jurídico e o direito fundamental em questão exigem para a superação

---

as instituições do Estado, mas também estabelecer, para as relações interpessoais entre os cidadãos, aquelas regras de 'boas maneiras'e de 'boa vizinhança' as quais são necessárias para assegurar a prevenção de conflitos a envolverem direitos e para assegurar a cada um o pleno gozo de seus direitos, na medida razoavelmente consistente com os limites representados pelos direitos dos demais."

No original: "The police of a State, in a comprehensive sense, embraces its system of internal regulation, by which it is sought not only to preserve the public order and to prevent offences against the State, but also to establish for the intercourse of citizen with citizen those rules of good manners and good neighborhood which are calculated to prevent a conflict of rights, and to insure to each the uninterrupted enjoyment of his own, so far as is reasonably consistent with a like enjoyment of rights by others." COOLEY, Thomas M. *A treatise on the constiotutional limitations which rest upon the legislative power of the United States of the American Union.* Boston: Little, Brown & Company, 1868. p. 572.

(716) A concepção clássica acerca da natureza *vinculada* ou *discricionária* das atribuições administrativas é bem detalhada por Miguel Seabra Fagundes, nos seguintes termos: "Para a prática de alguns atos, a competência da Administração é estritamente determinada na lei, quanto aos motivos e modo de agir. A lei lhe determina que, existentes determinadas circunstâncias, proceda dentro de certo prazo e certo modo. A competência diz-se então vinculada. A Administração Pública não é livre para resolver sobre a conveniência do ato, nem sobre o seu conteúdo. Só lhe cabe constatar a ocorrência dos motivos, e, com base neles, praticar o ato. Escusando-se a praticá-lo, no tempo e com o objetivo determinado, viola a lei.

Noutros casos, a lei deixa a autoridade administrativa livre na apreciação do *motivo* ou do *objeto* do ato, ou de ambos ao mesmo tempo. No que respeita ao motivo, essa discrição se refere à ocasião de praticá-lo (oportunidade) e à sua utilidade (conveniência). No que respeita ao conteúdo, a discrição está em poder praticar o ato com objetivo variável ao seu entender. Nestes casos, a competência é livre ou discricionária. A propósito de tais atos, não é possível cogitar de nulidade relacionada com o motivo, com o objeto, ou com ambos, conforme a respeito de qualquer um desses requisitos, ou dos dois, possa deliberar livremente a Administração." FAGUNDES, Miguel Seabra. *O controle dos atos administrativos pelo Poder Judiciário.* 7. ed. Rio de Janeiro: Forense, 2005. p. 91-93.

(717) Nas palavras de Celso Antônio Bandeira de Mello: "Quando a lei regula uma dada situação em termos dos quais resulta discricionariedade, terá ela aberto mão do propósito e da imposição de que seja adotado o comportamento plenamente adequado à satisfação de sua finalidade?

Muito pelo contrário. A discrição, como se espera a breve trecho comprovar, é a mais completa prova de que a lei sempre impõe o comportamento ótimo. Procurar-se-á demonstrar que quando a lei regula discricionariamente uma dada situação, ela o faz deste modo exatamente porque não aceita do administrador outra conduta que não seja aquela capaz de satisfazer excelentemente a finalidade legal.

Em primeiro lugar, isso é postulado por uma ideia simplicíssima. Deveras, não teria sentido que a lei, podendo fixar uma solução por ela reputada ótima para atender o interesse público, e uma solução apenas sofrível ou relativamente ruim, fosse indiferente perante estas alternativas. É de se presumir que, não sendo a lei um ato meramente aleatório, só pode pretender, tanto nos casos de vinculação, quanto nos casos de discrição, que a conduta do administrador atenda excelentemente, a perfeição, a finalidade que a animou. Em outras palavras, a lei só quer aquele específico ato que venha a calhar à fiveleta para o atendimento do interesse público. Tanto faz que se trate de vinculação, quanto de discrição. O comando da norma sempre propõe isto. Se o comando da norma sempre propõe isto e se uma norma é uma imposição, o administrador está, então, *nos casos de discricionariedade*, perante o *dever jurídico* de praticar, *não qualquer ato dentre os comportados pela regra, mas única e exclusivamente aquele que atenda com absoluta perfeição à finalidade da lei.*" MELLO, Celso Antônio Bandeira de. *Discricionariedade e controle jurisdicional.* 2. ed., 6. tir. São Paulo: Malheiros Editores, 2003. p. 32-33.

da controvérsia a ser solucionada mediante a edição do ato administrativo, conforme pontuado por Ronald Dworkin ao tratar do caso *snail darter* sob a jurisdição de seu juiz Hércules.

Na questão a envolver o direito fundamental à liberdade sindical e a tutela contra as condutas antissindicais e antirrepresentativas, a atividade regulamentar do Poder Executivo deverá, naturalmente, observar os limites estabelecidos pelas normas gerais e abstratas a respeito do tema. De igual modo, a atuação da Administração Pública no exercício do poder de polícia e na expedição de atos concretos destinados à coibição de tais práticas estará, necessariamente, jungida ao escopo autorizado pela legislação e pelos decretos, portarias e instruções normativas a respeito do tema.

Em que pese tal constatação, todavia, há no caso brasileiro uma questão essencial a ser resolvida a respeito do tema, qual seja, a inexistência, entre nós, de leis em sentido estrito a coibirem expressamente a prática de atos antissindicais e antirrepresentativos. Diante disso, o que poderia fazer o Poder Executivo? Ser-lhe-ia possível regulamentar diretamente os Pactos Internacionais de Direitos Humanos a versarem o tema, especialmente as Convenções ns. 98 e 135 da OIT? Na impossibilidade de tal solução, ou de modo complementar a ela, seria viável cogitar-se na regulamentação, via decreto ou instruções normativas, de dispositivos já existentes no ordenamento jurídico, tais como o art. 187 do Código Civil, o art. 1º da Lei n. 9.029/95 e os arts. 5º e 11 da Lei n. 13.709/2018 (Lei Geral de Proteção de Dados)?

A fim de responder tais indagações, faz-se necessário, em um primeiro momento, averiguar as limitações textuais que a própria Constituição Federal impõe ao exercício do poder regulamentar. De fato, consta no art. 84, IV da Carta Magna que as atribuições do Presidente da República compreendem a expedição de decretos para a *fiel execução* das leis que serão, por ele, sancionadas, promulgadas e publicadas.

Vê-se que a própria disposição textual referente ao poder regulamentar conferido ao Presidente da República faz expressa remissão às leis ordinárias em sentido estrito, quais sejam, aquelas produzidas a partir do labor cotidiano do Poder Legislativo, cujo ingresso no ordenamento jurídico dependerá da sanção presidencial. Tal restrição abrangerá, fatalmente, a competência destinada pelo art. 87, II, da Constituição Federal aos Ministros de Estado, no que concerne à expedição de "*instruções para a execução das leis, decretos e regulamentos*".

Por isso mesmo, o exercício do poder regulamentar por parte do Presidente da República e dos Ministros de Estado estabelecido nos arts. 84, IV e 87, II, da Constituição Federal é limitado às leis ordinárias editadas pelo Congresso Nacional na forma do art. 61 da Carta Magna. Os tratados internacionais, por possuírem rito distinto para ingresso no ordenamento jurídico pátrio, na forma do art. 84, VIII c/c o art. 49, I, da Lei Maior, estão excluídos do âmbito de incidência daqueles dispositivos.

Em reforço a tal constatação, reitera-se que os Pactos Internacionais de Direitos Humanos ratificados pelo Brasil anteriormente à promulgação da Emenda Constitucional n. 45/2004 passaram a gozar de hierarquia *supralegal*, o que definitivamente afasta qualquer possibilidade de equiparação orgânico-sistemática com as leis ordinárias e, consequentemente, de regulamentação via decreto ou portarias ministeriais dos dispositivos elencados nas Convenções n 98 e 135 da OIT a vedarem, em abstrato, a prática de atos antissindicais.

Atestada, pois, a impossibilidade quanto à regulamentação direta dos sobreditos diplomas de Direito Internacional ratificados pelo Brasil, resta saber se o Presidente da República e mesmo os Ministros de Estado poderiam expedir decretos e instruções normativas a terem por base os diplomas de leis ordinárias já existentes que vedam, em abstrato, a prática de condutas abusivas e discriminatórias no contexto das relações jurídicas, especialmente os arts. 187 e 422 do Código Civil, o art. 1º da Lei n. 9.029/95 e os arts. 5º e 11 da Lei n. 13.709/2018.

Do ponto de vista formal, nos parece que a regulamentação de tais dispositivos com vistas à coibição das práticas antissindicais e antirrepresentativas se afigura consentânea com os arts. 84, IV e 87, parágrafo único, II, da Constituição Federal, pois a Administração Pública, ao expedir os decretos e instruções normativas ora mencionados, estaria antecipando textualmente hipóteses cristalinas de incidência daqueles preceitos legais voltados, conforme visto no Capítulo 4 *supra*, para a coibição do abuso de posições jurídicas nas relações entre particulares e para a vedação de condutas discriminatórias no curso do vínculo empregatício.

De igual modo, do ponto de vista substancial, o estabelecimento de um rol de condutas antissindicais e antirrepresentativas por intermédio da atividade regulamentar exercida pela Administração Pública no fito de regulamentar os arts. 187 e 422 do Código Civil, bem como o art. 1º da Lei n. 9.029/95 e os arts. 5º e 11 da Lei n. 13.709/2018 é totalmente coerente não apenas com o conteúdo histórico-institucional do direito fundamental à liberdade sindical, como também com o pano de fundo político e social que ensejou não apenas a edição daqueles diplomas normativos em 1995 e 2002, respectivamente, como também a promulgação da própria Constituição Federal de 1988.

Nesse sentido, o advento dos arts. 187 e 422 do Código Civil de 2002, já sob o influxo do ideário a permear a Constituição Federal de 1988, tiveram por nítido intuito consolidar a noção de que as posições jurídicas titularizadas pelos atores sociais — mesmo aquelas dispostas sob a forma de *direitos potestativos* — só serão legítimas conquanto exercidos em vistas à materialização de sua *função social*.[(718)]

Já o art. 1º da Lei n. 9.029/95 e os arts. 5º e 11 da Lei n. 13.709/2018, de seu turno, reforçam a vedação à implementação de práticas abusivas por parte dos empregadores, na medida em que coíbem as práticas discriminatórias levadas a efeito pelas empresas antes e durante a vigência do vínculo laboral, cuja implementação teria o condão de afetar a esfera de direitos da personalidade titularizados pelos trabalhadores e candidatos a vagas de emprego.

E a própria Constituição Federal de 1988, por fim, é fortemente calcada na ideia de que a fruição dos direitos à *propriedade*, à *autonomia privada* e, em última instância, ao próprio *poder diretivo* do empregador, somente serão legitimados à luz da ordem jurídica conquanto respeitem o *valor social do trabalho* e conquanto atendam à finalidade precípua de "*assegurar a todos existência digna*" e na concepção de que a promoção do "*bem de todos, sem preconceitos de origem, raça, sexo, cor, idade e quaisquer outras formas de discriminação*" configura um objetivo fundamental da República Federativa do Brasil, conforme já destacado oportunamente no item 4.3.8 *supra*.

Pelos motivos ora expostos, a solução ora vislumbrada se afigura plenamente coerente com o conteúdo institucional dos dispositivos legais e constitucionais que pressupõem os regulamentos administrativos a serem expedidos com vistas ao arrolamento e a coibição das práticas antissindicais, pois estas últimas nada mais são do que supostos daquelas situações abusivas e

(718) Miguel Reale, ao comentar o anteprojeto de lei que deu origem ao Código Civil de 2002 pontua que: "Frequente no projeto é a referência à probidade e à boa-fé, assim como a correção (*correttezza*) ao contrário do que ocorre no Código vigente [de 1916], demasiado parcimonioso nessa matéria, como se tudo pudesse ser regido por determinações de caráter estritamente jurídicas.

(...)

É constante o objetivo do novo Código no sentido de superar o manifesto caráter individualista da lei vigente, feita para um País ainda eminentemente agrícola, com cerca de 80% da população no campo.

Hoje em dia, vive o povo brasileiro nas cidades, na mesma proporção de 80%, o que representa uma alteração de 180 graus na mentalidade reinante, inclusive em razão dos meios de comunicação, como rádio e a televisão. Daí o predomínio do social sobre o individual.

Alguns exemplos dados já consagram, além da exigência ética, o imperativo da *socialidade*, como quando se declara a *função social do contrato*." REALE, Miguel. *História do Novo Código Civil*. São Paulo: Revista dos Tribunais, 2005. p. 37-38.

discriminatórias antevistas pelos arts. 187 e 422 do Código Civil, bem assim pelo art. 1º, da Lei n. 9.029/95 e incompatíveis com as diretrizes insculpidas nos arts. 1º e 3º da Constituição Federal.

Nesse sentido, bem pode — e deve — a Administração Pública ir além da fixação do elenco dos atos antissindicais e antirrepresentativos e se valer das competências estabelecidas no art. 84, II, "*a*", da Constituição Federal a fim de reforçar as atribuições dos Auditores-Fiscais do Trabalho na coibição cotidiana daquelas condutas patronais atentatórias à livre organização sindical.

Vale frisar, a propósito, que a própria Lei n. 10.593, de 6.12.2002, ao regulamentar a carreira de Auditor-Fiscal do Trabalho, confere a estes últimos em seu art. 11, I e IV as atribuições concernentes ao "*cumprimento de disposições legais e regulamentares (...) no âmbito das relações de trabalho e de emprego*" e, especialmente, "*o respeito aos acordos, tratados e convenções internacionais dos quais o Brasil seja signatário*".

De outro turno, há de se destacar as amplas possibilidades de atuação do Ministério Público do Trabalho no tocante ao combate às práticas antissindicais, ressaltando-se, desde já, que o órgão em referência não integra a estrutura do Poder Executivo, uma vez que o art. 127 da Constituição Federal o classifica expressamente como uma *função essencial à Justiça*.

Nos termos da Lei Complementar n. 75, de 20.5.1993, o Ministério Público do Trabalho possui, no âmbito do art. 83, III e XII e do art. 84, *caput* e inciso II, as prerrogativas, dentre outras, de (i) instaurar inquérito civil público com vistas à investigação de práticas antissindicais, (ii) requerer diligências nesse desiderato, (iii) ajuizar Ação Civil Pública com vistas à reversão dos atos antissindicais e antirrepresentativos praticados e (iv) promover, em conjunto com os investigados, Termos de Ajustamento de Conduta no fito de promover a cessação e a remediação de tais práticas atentatórias à liberdade sindical.(719)

É, portanto, o Ministério Público do Trabalho um agente dotado de amplas possibilidades legais de atuação com vistas à coibição das práticas antissindicais e, consequentemente, de concretização prática do direito fundamental à liberdade sindical e de seu conteúdo institucional, seja através de sua atuação junto ao Poder Judiciário, ou através de seus poderes de investigação e de formulação de Termos de Ajustamento de Condutas.(720)

Vê-se, diante do exposto nas presentes linhas, que o Poder Executivo bem pode ser, ao lado das funções legislativa e judiciária — além do Ministério Público do Trabalho —, um dos protagonistas da concretização do conteúdo histórico-institucional inerente à liberdade sindical e aos diplomas que o consagram no ordenamento jurídico pátrio no tocante à repressão aos atos antissindicais e antirrepresentativos, cabendo-lhe, nesse desiderato, a edição de regulamentos e atos concretos tendentes à coibição de tais práticas.

---

(719) Segundo preconiza o Enunciado n. 28 da 1ª Jornada de Direito Material e Processual na Justiça do Trabalho: "O Ministério Público do Trabalho possui legitimidade para promover as ações pertinentes para a tutela das liberdades sindicais individuais e coletivas, quando violados os princípios da liberdade sindical, nos conflitos inter e intrassindicais, por meio de práticas e condutas antissindicais nas relações entre sindicatos, sindicatos e empregadores, sindicatos e organizações de empregadores ou de trabalhadores, sindicatos e trabalhadores, empregadores e trabalhadores, órgãos públicos e privados e as entidades sindicais, empregadores ou trabalhadores." MONTESSO, Cláudio José *et alii* (Orgs.). *1ª Jornada de Direito Material e Processual na Justiça do Trabalho*. São Paulo: LTr, 2007. p. 7.

(720) Nas palavras de Afonso de Paula Pinheiro Rocha: "Embora o MPT não possa desconsiderar que a ausência de ratificação da Convenção n. 87 limita a efetivação da liberdade sindical plena, outros aspectos da seara laboral coletiva relativos à liberdade sindical demandam a atuação do *parquet* laboral diuturnamente. Doutrina e jurisprudência pátrias reconhecem ao MPT legitimidade para atuar das mais diversas formas para salvaguardar as liberdades sindicais e coibir atos antissindicais sejam quais forem os agentes que os realizem." ROCHA, Afonso de Paula Pinheiro. Liberdade sindical, condutas antissindicais e a atuação do Ministério Público do Trabalho. In: GOMES,, Ana Virgínia Moreira; FREITAS JÚNIOR, Antonio Rodrigues de. *A declaração de 1998 da OIT sobre princípios e direitos fundamentais no trabalho*. Análise do seu significado e efeitos. São Paulo: LTr, 2014. p. 153.

5.3. Os elementos do direito fundamental à liberdade sindical. Âmbito subjetivo da proteção dos trabalhadores e de suas entidades contra as práticas antissindicais e antirrepresentativas

Uma vez delineadas as possibilidades de operacionalização prática do conteúdo histórico-institucional da liberdade sindical por parte dos Poderes Legislativo, Judiciário e Executivo dentro do marco teórico representado pela concepção deontológica dos direitos fundamentais, passa-se à análise acerca do âmbito subjetivo da tutela emanada da referida garantia em relação aos atos antissindicais e antirrepresentativos titularizados pelos trabalhadores individualmente considerados e por suas entidades no ordenamento jurídico pátrio.

Nesse particular, as considerações formuladas no Capítulo anterior acerca da dogmática e da tipologia dos atos antissindicais e antirrepresentativos serão retomadas no fito de indicar aos sobreditos agentes dos Poderes Legislativo, Judiciário e Executivo o que os elementos de cunho histórico-institucional subjacentes ao direito fundamental à liberdade sindical exigem para a plena fruição das posições jurídicas titularizadas pelos sobreditos atores sociais.

Procurar-se-á, portanto, estabelecer um elenco não taxativo de posições jurídicas — transcrevendo-se, ao menos as mais relevantes — que defluem do conteúdo histórico-institucional da liberdade sindical assumido pelos arts. 8º, 9º e 11, da Constituição Federal, bem assim dos Pactos Internacionais de Direitos Humanos ratificados pelo Brasil sobre a temática dos atos antissindicais e antirrepresentativos (notadamente as Convenções ns. 98 e 135 da OIT, o PIDESC, da ONU e o Protocolo de San Salvador, da OEA) e, complementarmente, dos próprios dispositivos do ordenamento interno que reforçam a tutela em referência, com especial destaque para os arts. 187 e 422 do Código Civil e para o art. 1º, da Lei n. 9.029/95.

Ao cabo do empreendimento a ser formulado nas linhas subsequentes, ter-se-á a delimitação daquilo que o presente estudo pretende estabelecer: o conteúdo institucional e objetivo que caracteriza e dá concretude e força normativa ao direito fundamental à liberdade sindical incorporado ao ordenamento jurídico pátrio, fruto das vicissitudes históricas que o plasmaram nos planos doméstico e internacional e que exigem, por isso mesmo, que sua evolução se dê de forma coerente com os elementos políticos e sociais que lhe conferem suas notas distintivas, de modo a atualizá-los diante do mundo cambiante dos fatos.

A premissa, para tanto, é a seguinte: tal como o jogo de xadrez na acepção dworkiniana é uma instituição marcada pelo fato de consistir em um jogo de raciocínio e estratégia, no qual a destreza intelectual dos participantes deve definir a vitória, também o direito fundamental à liberdade sindical é uma instituição que tem por característica peculiar a consecução do equilíbrio de forças entre os atores coletivos, a fim de garantir as bases justas para a fixação das condições de trabalho.

Assim, quaisquer subterfúgios utilizados pelos participantes de uma partida de xadrez, antes, durante ou depois do embate em si, tendentes a desvirtuar seu caráter de jogo intelectual afigurar-se-á incompatível (e *incoerente*) com a natureza própria daquela instituição. De igual modo, as condutas praticadas pelos atores sociais que venham a descaracterizar a liberdade sindical, de modo a desvirtuar o equilíbrio de forças que a caracteriza, mostrar-se-ão incoerentes com seu conteúdo institucional e, portanto, inválidos.

Adverte-se aqui, mais uma vez, que o elenco de posições jurídicas não pretende ser taxativo e nem poderia sê-lo diante da adoção da concepção deontológica acerca dos direitos fundamentais e da noção dworkiniana relativa ao *romance em cadeia* como marco teórico do presente estudo. Do contrário, estar-se-ia a comprometer a própria estrutura histórico-institucional da liberdade sindical que encontra-se, desde sempre, aberta a novos conteúdos emanados dos casos concretos e das vicissitudes políticas e sociais surgidas no futuro.

5.3.1. A proteção dos empregados clássicos contra as práticas antissindicais durante a relação de emprego

Se compreendida a evolução histórica do direito fundamental à liberdade sindical como um *romance em cadeia*, pode-se dizer que a tutela dos empregados clássicos contra as práticas antissindicais representou o capítulo subsequente ao surgimento daquela própria garantia no Século XIX.

De fato — e conforme já visto no Capítulo 2 *supra* — o franco-associativismo surgiu no século XIX como decorrência das vicissitudes econômicas, sociais e tecnológicas verificadas na Revolução Industrial que levaram os movimentos obreiros a extrair, em um primeiro momento, a edição de leis voltadas para a proteção da integridade física e psíquica dos trabalhadores e, posteriormente, o direito à constituição de entidades destinadas à atuação coletiva em defesa de seus interesses de classe a fim de formar um contrapoder aos desígnios patronais.

Surgida, portanto, sob a vigência do paradigma fordista, a liberdade sindical teve como clientela primária, naturalmente, os empregados clássicos, aqui compreendidos aqueles trabalhadores vinculados a um empregador por intermédio de um contrato de trabalho, a ter por objeto a disponibilização de mão de obra e como contrapartida o pagamento de uma remuneração fixada com base em uma jornada laboral determinada.[721]

Como uma reação natural ao surgimento das entidades obreiras e do efetivo contrapoder por elas exercido em relação aos empregadores, estes últimos passaram a elucubrar e a colocar em prática mecanismos tendentes a inibir a filiação dos trabalhadores àquelas entidades representativas e a enfraquecer tais organizações. Surgiram, exatamente aí, os atos antissindicais em sua modalidade clássica, objeto das primeiras intervenções legislativas dedicadas ao tema, aí incluindo-se a Convenção n. 98 da OIT.

Dentre tais práticas antissindicais clássicas perpetradas pelos patrões contra seus empregados no curso da relação laboral destacam-se a dispensa, o afastamento e a transferência dos obreiros em decorrência de sua filiação e atuação sindical, cuja difusão nas primeiras décadas do século XX veio a ensejar a edição do *National Labor Relations Act* dos Estados Unidos, em 1935, e, posteriormente, dos próprios arts. 1º e 2º da Convenção n. 98 da OIT, para além de uma série de Verbetes do Comitê de Liberdade Sindical da OIT, com especial destaque para os de número 791, 795 e 837.

Paralelamente a tais condutas até hoje amplamente implementadas pelos empregadores, a despeito da existência de diplomas de Direito interno e internacional a vedá-las terminantemente, a antissindicalidade praticada contra os empregados clássicos abrange, igualmente, a implementação sutil de subterfúgios destinados a cercear o desempenho regular das atividades

---

(721) A relação intrínseca entre o surgimento do sindicalismo e a fábrica de cariz fordista é bem resumida por Giuseppe Santoro-Passarelli que, muito embora se refira à Itália na passagem em referência, bem ilustra a origem histórica do franco-associativismo na generalidade dos países de industrialização tardia.

Nas palavras do autor: "A conexão entre a atividade sindical e a prestação de trabalho se verifica historicamente sob o plano fenomênico da fábrica de tipo fordista que, na Itália, se desenvolveu entre os fins do Século XIX e o início do século seguinte. A fábrica é o lugar em que se constituem os primeiros contratos de trabalho entre os operários que se acotovelavam nos locais de trabalho o patrão da fábrica. E a identidade de interesses dos trabalhadores favoreceu a formação das primeiras coalizões operárias ocasionais com vistas à obtenção de melhores condições econômicas por parte dos empregadores."

No original: "La connessione tra attività sindacale e prestazione di lavoro si verifica storicamente sul piano fenomenico nella fabbrica di tipo fordista, che in Italia si svilluppa tra la fine del secolo XIX e gli inizi del secolo scorso. La fabbrica è il luogo in cui si constituiscono i primi rapporto di lavoro tralgli operai che lavorano gomito a gomito e il padrone nella fabbrica. E la comunanza degli interessi dei lavoratori favorisce la formazione dele prime coalizioni occasionale operaie per ottenere migliori condizioni economiche dal datore di lavoro." SANTORO-PASSARELLI, Giuseppe. *Diritto sindacale.* Terza edizione. Lecce: Laterza, 2011. p. 3.

representativas, a utilização abusiva do poder diretivo e a utilização de violência física ou moral nesse sentido, cuja coibição foi objeto dos Verbetes ns. 675, 786, 785, 787 e 788, do Comitê de Liberdade Sindical da OIT.

Merece destaque, na atual quadra, a ampla utilização de expedientes enquadráveis no conceito de *assédio moral* (em suas modalidades *individual* ou *institucional*) com vistas a inibir a integração dos empregados nas atividades realizadas por suas entidades representativas, tais como, por exemplo, o estabelecimento de metodologias de gestão das relações interpessoais que envolvem ameaças de punição (velada ou explícita) aos trabalhadores sindicalizados ou a pura e simples perseguição pessoal àqueles sujeitos que se identificam, em maior medida, com a agenda sindical.(722)

Porém, a antissindicalidade a vitimar os empregados clássicos não tem por fonte exclusiva as condutas patronais. Em algumas situações, os próprios sindicatos obreiros são os artífices das violações à liberdade sindical, especialmente naquelas situações a envolverem o estabelecimento das chamadas *cláusulas de segurança sindical*, tais como o *closed shop*, o *union shop*, o *porcentage shop*, o *preferencial shop* e o *label*, destinadas a forçar o trabalhador a se filiar a uma dada entidade representativa e que, entre nós, encontram expressa vedação no próprio art. 8º, V, da Constituição Federal.(723)

De igual modo, os sindicatos cometem atos antissindicais contra os próprios trabalhadores quando optam deliberadamente pela captação de financiamento patronal, abrindo mão, consequentemente, de sua independência e autonomia e permitindo, consequentemente, a ingerência dos empregadores em suas pautas de ação. Nesses casos, as entidades deixarão de ser órgãos voltados à defesa dos legítimos interesses obreiros para se tornarem meros apêndices dos desígnios empresariais.

Há de se fazer menção, ainda no tocante à antissindicalidade praticada pelas próprias entidades obreiras em face dos trabalhadores, aos atos de coação ou violência física implementados por prepostos daquelas organizações no fito de angariar associados aos seus quadros associativos ou de impedir a filiação a outros entes, conforme tratado no Verbete n. 1.125 do Comitê de Liberdade Sindical da OIT.

E se os próprios sindicatos obreiros são, em certos supostos, autores de práticas antissindicais contra os empregados clássicos, o Estado também pode sê-lo, especialmente quando

(722) Segundo a lição conjunta de Roberto Heloani e Margarida Barreto: "Assédio moral é uma conduta abusiva, intencional, frequente e repetida, que ocorre no meio ambiente laboral, cuja causalidade se relaciona com as formas de organizar o trabalho e a cultura organizacional, que visa humilhar e desqualificar um indivíduo ou um grupo, degradando as suas condições de trabalho, atingindo a sua dignidade e colocando em risco a sua integridade pessoal e profissional. Os casos mais gritantes e que compõem a lista dos agredidos, são os adoecidos, os sindicalizados, aqueles em final de estabilidade pós-acidente do trabalho ou pós-parto, os acima de 40 anos, os com altos salários, os criativos, os com alto senso de justiça e sensíveis ao sofrimento alheio; os questionadores de políticas de metas inatingíveis e da expropriação do tempo em família; aqueles que fazem amizades facilmente e dominam as informações no coletivo; os que são íntegros e não aceitam conluios e práticas corruptas." HELOANI, Roberto; BARRETO, Margarida. A violência do assédio moral no trabalho em oposição à matriz constitucional do trabalho digno. In: DELGADO, Gabriela Neves. *Direito fundamental ao trabalho digno no século XXI*. Principiologia, dimensões e interfaces no Estado Democrático de Direito. Volume I. São Paulo: LTr, 2020. p. 29-292.

(723) Veja-se, a propósito, o relato formulado por Otto Kahn-Freund sobre os acertos de *closed shop* comunmente firmados entre os empregadores britânicos e certas entidades sindicais na década de 1970. Segundo o autor: "Existia un reconocimiento legal del concierto o acuerdo por el que los trabajadores de un grupo identificable deberían, en la práctica, estar afiliados o afiliarse a un determinado sindicato. El empresario que concertaba tal acuerdo adquiria el derecho a prohibir las actividades de los sindicatos no incluídos en el mismo o aceptados por las partes como se hubiesen sido incluídos. Durante el empleo de un trabajador no afiliado a un sindicato protegido por el *closed shop*, el empresario no podia discriminarle en cuanto a salario o cualquier otra condición de trabajo, pero sí podia prohibirle realizar actividades para un sindicato rival." KAHN-FREUND, Otto. Trad.: MORENO, Jesús M. Galiana. *Trabajo y Derecho*. Madrid: Ministerio de Trabajo y Seguridad social, 1987, p. 297.

sua legislação interna e suas autoridades são omissas no tocante à proteção daqueles obreiros contra as condutas lesivas praticadas contra a liberdade sindical de que são titulares, conforme preconizado pelo Comitê de Liberdade Sindical da OIT em seus Verbetes ns. 771 e 818.

No que diz respeito às práticas antissindicais implementadas contra os empregados clássicos, é possível visualizar de modo cristalino que seu surgimento no âmbito das relações entre trabalhadores e patrões teve início com a implementação de represálias expressas aos obreiros por motivação sindical (*v.g.*: demissão, afastamento e transferência) e passou a abranger, com o tempo, mecanismos mais sutis destinados a desincentivar a filiação àquelas entidades representativas.

Viu-se, além disso, que a antissindicalidade praticada contra os referidos empregados clássicos passou a ser implementada também pelos próprios sindicatos obreiros e pelo Estado, ora através de mecanismos atentatórios à liberdade sindical individual em sua vertente negativa, ora por intermédio da letargia oficial no combate àquelas condutas patronais.

Nesse particular, verifica-se de modo igualmente cristalino que a própria redação ampla e aberta do art. 1º, da Convenção n. 98 da OIT, complementada pelos sucessivos verbetes do Comitê de Liberdade Sindical da OIT, pelas legislações domésticas e pelas próprias decisões jurisprudenciais mencionadas no Capítulo 4 *supra* contemplaram tais vicissitudes fáticas que, por serem atentatórias aos caracteres institucionais do direito fundamental à liberdade sindical — especialmente no que concerne à equiparação de forças entre patrões e empregados na discussão dos aspectos pertinentes às relações laborais — acabaram por integrar o escopo tutelar da garantia em referência.

5.3.2. A proteção dos trabalhadores na pré-contratação e durante a contratação

As práticas antissindicais implementadas contra os trabalhadores na fase pré-contratual são tão antigas quanto as condutas narradas no item anterior. De fato, ao mesmo tempo em que os empregadores buscaram se livrar daqueles empregados cuja atuação sindical os causava incômodo, cuidaram eles para evitar que novos obreiros com tal perfil viessem a adentrar seus umbrais.

Pode-se dizer, à luz da perspectiva dworkiniana do *romance em cadeia*, que a tutela dos trabalhadores contra as práticas antissindicais efetivadas nos momentos prévios à sua contratação integram, juntamente com a proteção dos empregados clássicos, o capítulo subsequente ao próprio surgimento da liberdade sindical no século XIX.

A veracidade de tal constatação é aferível da prática correspondente aos *yellow dog contracts,* amplamente difundida entre os empregadores britânicos e norte-americanos nas primeiras décadas do século XX, pela qual os patrões estabeleciam nos contratos de trabalho a serem firmados pelos futuros empregados uma cláusula a conter o compromisso destes últimos de não se filiarem a entidades representativas de interesses obreiros.

Os chamados *yellow dog contracts* foram objeto de expressa vedação no *Norris-La Guardia Act,* de 1932, e no *National Labor Relations Act,* de 1935, ambos dos Estados Unidos, para além de serem mencionados indiretamente no art. 1º, § 1º, "a", da Convenção n. 98 da OIT, na parte em que esta última estabelece a proteção dos trabalhadores em face dos *"atos destinados a (...) subordinar o emprego de um trabalhador à condição de não se filiar a um sindicato ou deixar de fazer parte de um sindicato."*

Tal como ocorreu com as condutas antissindicais praticadas contra os trabalhadores no curso dos vínculos empregatícios, os atos dessa natureza implementados na fase pré-contratual experimentaram uma evolução no sentido de se tornarem mais sutis, justamente no fito de evitar seu enquadramento automático na conceituação já amplamente difundida acerca dos *yellow dog contracts* e, principalmente, de dificultarem a prova acerca da ilicitude de tais práticas por parte dos trabalhadores.

Surgiram, a partir daí, as chamadas *listas negras* a circularem de modo velado entre os empregadores de certo ramo ou atividade e a elencarem os nomes dos trabalhadores que, por sua participação no movimento sindical, poderiam representar ameaça aos empregadores, recomendando-se, por conseguinte, sua não contratação. Tais práticas foram objeto de expressa repulsa por parte do Comitê de Liberdade Sindical da OIT em seus Verbetes ns. 782 e 803, conforme visto no Capítulo anterior.

Há ainda, de forma independente das *listas negras*, situações práticas nas quais os empregadores, ao tomarem ciência do histórico sindical de um determinado candidato a emprego, barram peremptoriamente sua contratação. Nesses casos, a antissindicalidade inerente à conduta encontra vedação, entre nós, não apenas na Convenção n. 98 da OIT e nos demais diplomas do ordenamento brasileiro a consagrarem o direito à liberdade sindical, mas também na Lei n. 9.029/95, a impedir em seu art. 1º a implementação de "*qualquer prática discriminatória e limitativa para efeito de acesso a relação de emprego*", cuja interpretação vem sendo significativamente amplificada pelos tribunais trabalhistas pátrios, conforme visto alhures.

Nesse mesmo sentido, tal sorte de práticas encontra óbice expresso nos arts. 5º, II e 11 da Lei n. 13.709/2018 (Lei Geral de Proteção de Dados), vedando-se aos empresários e aos recrutadores, por via de consequência, o compartilhamento de dados pessoais pertinentes à atuação sindical dos trabalhadores para fins de discriminação nas etapas prévias à contratação, especialmente no curso dos processos seletivos.

Ainda no que se refere à proteção dos trabalhadores em face das práticas antissindicais na fase pré-contratual, é mister salientar que a regra-geral da boa-fé a pautar a generalidade das relações jurídicas nos termos do art. 422 do Código Civil impõe ao empregador a observância aos deveres de *informação* e de *lealdade*, de modo a vedar-lhe não apenas a implementação de tal conduta discriminatória e ilícita, como também o cerceamento ao candidato acerca do real motivo da recusa inerente à sua contratação.[724]

---

(724) Sobre o tema, afigura-se oportuno carrear as conclusões obtidas por Guilherme Guimarães Feliciano em obra dedicada ao tema do *pré-contrato de trabalho*, no qual o autor admite a aplicação, entre nós, dos arts. do Código do Trabalho de Portugal relativos ao tema em razão do disposto no art. 8º da CLT.

Especificamente sobre a incidência dos princípios de informação e de lealdade na fase pré-contratual, Guilherme Guimarães Feliciano aponta que: "O regime jurídico geral do pré-contrato revela, na base do instituto, dois *princípios instrumentais* de vocação universal: o princípio da economia formal e o princípio da equiparação. Pelo primeiro, a forma do pré-contrato não poderá ser mais onerosa e/ou complexa que a forma do contrato definitivo, tendendo, sempre, para as formas mais singelas. Pelo segundo, aplicam-se ao pré-contrato, em via de regra, as mesmas normas jurídicas – princípios e regras – que se aplicam ao contrato prometido.

(...)

Por força do princípio da equiparação, o regime jurídico do contrato de trabalho – *i.e.*, suas normas-regras e suas normas-princípios – tem relativa aplicabilidade ao pré-contrato de trabalho, em face da necessidade social de proteção da pessoa trabalhadora (em acepção sociológica), ainda antes da instauração das relações de subordinação. (...) Legislações e jurisprudência tendem a produzir empiricamente essa equiparação, como se verifica nos exemplos paradigmáticos de Portugal e da Alemanha: os deveres de informação e de lealdade, inerentes ao processo de formação de qualquer contrato, exsurgem mais fortes e evidentes na fase pré-contratual laboral, notadamente em favor da parte vulnerável (o trabalhador). Logo, o pré-contrato de trabalho assimila elementos normativos e axiológicos inerentes ao regime jurídico tuitivo do contrato de trabalho definitivo (princípio da proteção), desaguando em um regime civil intermediário de proteção ao hipossuficiente, contíguo ao regime juslaboral, que engendra a aplicação antecipada dos conteúdos normativos expressos nas fórmulas *'in dubio pro misero'* e da condição mais benéfica, entre outras.

(...)

O reconhecimento de um regime jurídico especialmente tuitivo no âmbito do pré-contrato de trabalho contribui para a percepção das violações dos deveres de lealdade do agenciador ou do futuro tomador de serviços, permitindo extrair das atitudes substantivas pré-contratuais a conformação material de uma relação de emprego em perspectiva e, diante disso, fulminar as cláusulas de renúncia antecipada a direitos trabalhistas típicos, a despeito da vontade declarada das partes e antes mesmo da celebração do contrato definitivo." FELICIANO, Guilherme Guimarães. *Do pré-contrato de trabalho*. O contrato preliminar de trabalho no iter da contratação laboral: abordagem comparativa e jusfundamental. São Paulo: LTr, 2010. p. 197-200.

Vê-se, diante disso, que o mesmo influxo tuitivo que estendeu a proteção emanada do direito fundamental à liberdade sindical aos trabalhadores em vias de contratação nas décadas de 1930 e 1940, por ocasião dos chamados *yellow dog contracts*, espraia-se, na atualidade, em direção aos obreiros envolvidos em atividades sindicais ou simplesmente filiados a entidades representativas cuja contratação por um determinado empregador é obstada por esse motivo, com ou sem a presença das *listas negras*.

Tanto lá no passado, quanto cá, no presente, o conteúdo institucional inerente à liberdade sindical em sua essência — qual seja, o empoderamento das coletividades obreiras diante dos desígnios patronais com vistas à equiparação de forças entre ambos — não compactua com condutas empresariais, governamentais ou mesmo sindicais voltadas a incutir nos trabalhadores em vias de contratação temor quanto à filiação a determinadas entidades representativas, cuja reiteração terá o condão de enfraquecer substancialmente a atuação destas últimas, em prejuízo àquele próprio desígnio a caracterizar, em essência, o franco associativismo.

Por isso mesmo, a coibição de toda e qualquer prática antissindical implementada na fase pré-contratual, seja por parte da legislação, da jurisprudência ou da Administração Pública dentro de seus limites de atuação, afigurar-se-ão coerentes com o conteúdo institucional a caracterizar o direito fundamental à liberdade sindical e legitimar-se-ão como novos *capítulos* na trama a envolver sua evolução.

5.3.3. A proteção dos trabalhadores durante o desempenho de mandato sindical

Se os trabalhadores em geral se encontram sujeitos a perseguições patronais em decorrência de sua filiação sindical, tal situação é potencializada em relação aos dirigentes sindicais, aqui compreendidos todos aqueles que, em maior ou menor medida, desempenham um mandato representativo na defesa dos interesses de uma dada coletividade obreira.

De fato, sendo os dirigentes sindicais aqueles mandatários que personificam as entidades representativas, dando-lhes rosto, expressão e voz, é natural que as referidas figuras estejam mais expostas às práticas antissindicais em comparação com a generalidade dos trabalhadores. Por isso mesmo, quando tais indivíduos situados na linha de frente dos movimentos reivindicatórios obreiros são vitimados por condutas dessa natureza — tais como a demissão, a transferência ou o afastamento — o prejuízo à coletividade é proporcionalmente maior.

E tais prejuízos decorrem não apenas do vácuo ocasionado pela retirada de cena daquela figura de proa a liderar uma dada coletividade obreira, mas também — e principalmente — pela repercussão negativa na categoria profissional que, diante da violência sofrida pela liderança, tende a se afastar do movimento sindical. Não por outra razão, as legislações domésticas conferem proteção especial a tais indivíduos em face das condutas antissindicais contra eles implementadas pelo patronato, ampliando-se, para eles, o escopo do *foro sindical*.(725)

Há que se destacar aqui, tal como já fizemos de modo exaustivo no item 4.3.4 *supra*, que a tutela destinada aos dirigentes sindicais deve abranger, para além daqueles integrantes do núcleo diretivo da entidade, todos os trabalhadores que exercem mandato representativo e que se situam, portanto, na linha de frente do movimento obreiro, especialmente aqueles que atuam como *delegados sindicais*.(726)

(725) Nas palavras de Oscar Ermida Uriarte: "En cuanto al *ámbito subjetivo* de aplicación del fuero sindical, debe alcanzar, como surge de la definición transcripta, a todos los trabajadores sindicalizados y no sólo a los dirigentes, aunque puede admitirse un diferente grado de protección dado que éstos, así como los militantes sindicales, están, de hecho, más expuestos a ser perjudicados, que el trabajador afiliado que no ejerce una atividade militante o directriz." URIARTE, Oscar Ermida. *Sindicatos en libertad sindical*. 2. edición. Montevideo: Fundación de Cultura Universitaria, 1999. p. 49-50.

(726) Sobre a proteção aos *delegados sindicais* e aos *representantes sindicais na empresa* (*shop stewards*) emanada da legislação britânica sob os influxos das Convenções ns. 98 e 135, Otto Kahn-Freund assim se manifesta: "El trabajador

Recorde-se, nesse diapasão, que os arts. 1º e 3º da Convenção n. 135 da OIT, ao fundarem as bases do sistema *dual* de defesa dos interesses dos obreiros na empresa, estabeleceram que os representantes sindicais dos trabalhadores nos locais de trabalho estão resguardados das práticas antissindicais perpetradas pelos empregadores, aí incluída a demissão sem justa causa.

De fato, o escopo tutelar emanado da liberdade sindical vista aqui não apenas como um direito fundamental, mas como uma instituição dotada de conteúdo histórico, não se coaduna com a limitação do foro sindical a uma *diretoria-padrão* que deverá se adequar, em toda e qualquer situação, às limitações numéricas estabelecidas na legislação, tal como ocorre, no caso brasileiro, com os arts. 522 e 543, § 2º, da CLT, que fixam em catorze a quantidade máxima de dirigentes detentores de estabilidade.

O regime estabelecido nos dispositivos em referência acaba por deixar os dirigentes sindicais em número excedente àqueles catorze contemplados vulneráveis a toda sorte de práticas antissindicais, especialmente os delegados e representantes sindicais que, por atuarem no interior das unidades empresariais em confronto diuturno com os empregadores, são os alvos preferenciais de tal sorte de condutas.

Pode-se afirmar, portanto, que a aplicação direta do direito fundamental à liberdade sindical contemplado no art. 8º, *caput,* e no inciso VIII da Constituição Federal, bem assim no art. 1º da Convenção n. 98 da OIT, nos arts. 1º e 3º da Convenção n. 135 da OIT e nos arts. 8º do PIDESC, da ONU e 8º do Protocolo de San Salvador, da OEA, aponta para a extensão da tutela contra a antissindicalidade em direção à generalidade dos dirigentes sindicais, independentemente das limitações numéricas eventualmente existentes nas legislações domésticas.

Nesse particular, o controle de convencionalidade a ser exercido a partir do cotejo entre os arts. 543, § 2º e 522 da CLT com os sobreditos Pactos Internacionais de Direitos Humanos ratificados pelo Brasil implicará, fatalmente, na inaplicabilidade daquele estrito quantitativo legal aos casos concretos, especialmente nas hipóteses em que dirigentes sindicais vêm tendo suas atividades cerceadas indevidamente por condutas patronais.

Naturalmente — e como já visto no item 4.3.4 *supra* — a fixação dos quantitativos das diretorias sindicais pode vir a ocorrer de modo abusivo em certas situações. Nesses casos, caberá ao intérprete analisar, em concreto, se as nuances das questões submetidas à sua análise se adequam ao conteúdo institucional da liberdade sindical (e se são, portanto, com eles coerentes) ou se, do contrário, configuram abusos da posição jurídica vindicada pelas entidades e por seus dirigentes, dentro da lógica dos *discursos de aplicação* já detalhada alhures.

Ao assim proceder, o intérprete/aplicador do direito fundamental à liberdade sindical estará não apenas a exercer o controle em torno da aplicabilidade do ordenamento jurídico pátrio às sobreditas situações concretas, mas também a formular novos capítulos na *trama* a envolver a evolução institucional do franco associativismo, especialmente no que diz respeito à extensão da tutela dos dirigentes sindicais em face dos atos antissindicais.

5.3.4. A proteção dos trabalhadores após o desempenho de mandato sindical

Findo o exercício do mandato representativo, o dirigente sindical volta a ser um trabalhador comum, deixando a coordenação das ações empreendidas por sua entidade representativa e

durante su empleo goza de una triple protección. En primer lugar, no se le pueden otorgar condiciones menos favorables en su empleo por causa de su afiliación a un sindicato — esté o no reconocido — o por ser, por ejemplo, un representante sindical (*shop steward*), ni se le pueden asignar los puestos peor remunerados, impedirle realizar horas extraordinarias, colocarle en una posición desventajosa en el turno de vacaciones, preterirle en el ascenso etc. Y si el trabajador alega que cualquiera de estos actos ha sido motivado por su afiliación o actividades sindicales, al empresario le corresponde demostrar la razonabilidad de su actuación, es decir, el empresario debe probar que no actuó por razones discriminatorias." KAHN-FREUND, Otto. Trad.: MORENO, Jesús M. Galiana. *Trabajo y Derecho.* Madrid: Ministerio de Trabajo y Seguridad Social, 1987. p. 292.

retornando ao seu posto de trabalho, onde estará submetido às ordens de sua chefia imediata tal como seus colegas.

Nem sempre, todavia, a transição ora descrita se dá de forma pacífica pois, destituídos das garantias inerentes ao mandato sindical, os ex-dirigentes se tornam alvo da sanha persecutória advinda de prepostos do empregador que veem em tal momento a oportunidade ideal para aplicar-lhes medidas como represália por sua atuação pretérita à frente da entidade profissional e, consequentemente, para enfraquecer esta última, ocasionando temor nos demais trabalhadores, bem como nos atuais ocupantes de sua diretoria.

A CLT, na redação conferida ao art. 543, § 3º pela Lei n. 7.543, de 2.10.1986, não ficou indiferente a tal vicissitude e, justamente por conta dos riscos corridos pelos empregados recém desligados dos cargos de direção sindical, estendeu-lhes a estabilidade ali prevista para o período adicional de 1 (um) ano a contar do término do mandato.

Ocorre, todavia, que nem sempre o prazo de doze meses após o término do mandato sindical será suficiente para arrefecer os ânimos patronais quando estes últimos estão fortemente voltados para a aplicação de represálias aos antigos dirigentes sindicais. Pode ocorrer, até mesmo, que os empregadores admitam suportar a espera em torno do lapso anual determinado pela legislação para, tão logo findo este último, proceder à penalização ou à demissão sumária daquele trabalhador.

Por isso mesmo, o intérprete/aplicador do art. 543, § 3º, da CLT, diante de uma situação a envolver a demissão, a transferência, o afastamento ou a punição disciplinar de ex-dirigente sindical com mandato findo há mais de 1 (um) ano, deverá averiguar de maneira minuciosa as nuances do caso concreto a fim de verificar se a conduta patronal teve motivação antissindical ou se, ao revés, decorreu do lídimo exercício do poder diretivo do empregador.

Em se constatando a motivação antissindical inerente à conduta patronal, a norma insculpida no art. 543, § 3º, da CLT deverá ser interpretada de modo a estender a estabilidade ali prevista para além do período de 1 (um) ano após o término do mandato. Do contrário, estar-se-ia a proferir decisão em que a literalidade e o formalismo legal prevaleceriam sobre o conteúdo histórico-institucional da liberdade sindical e seu escopo tuitivo, de modo absolutamente incoerente com este último.

De qualquer maneira, o ex-dirigente sindical estará, na condição de trabalhador, protegido contra aquelas condutas antissindicais perpetrada pelos empregadores já descritas no item 5.3.1 do presente Capítulo, pois o direito fundamental à liberdade e seu conteúdo histórico-institucional incorporado pelo art. 8º, *caput*, da Constituição Federal, bem como pelo art. 1º da Convenção n. 98 da OIT e pelos arts. 8º do PIDESC, da ONU e 8º do Protocolo de San Salvador da OEA vedam, em concreto, a prática de atos daquela natureza contra a generalidade dos obreiros.

Não obstante, em se tratando de ex-dirigente sindical, a atenção do intérprete para a ocorrência de eventual prática antissindical deve ser majorada haja vista, justamente, a maior vulnerabilidade daquele trabalhador às represálias patronais a terem por móvel propulsor eventos ocorridos durante o mandato findo.

5.3.5. A proteção dos trabalhadores após a vigência do vínculo empregatício

A antissindicalidade praticada pelos empregadores contra os trabalhadores não se limita aos momentos a antecederem e a intermediarem o vínculo contratual. Para além dessas ocasiões, as condutas patronais atentatórias à liberdade sindical têm o potencial de alcançar as etapas posteriores à própria relação de emprego, de modo a prejudicar não apenas o obreiro individualmente considerado, mas também a própria entidade sindical por ele integrada.

Tais atos antissindicais *pós-contratuais*, se assim podemos chamá-los, caracterizam-se, tradicionalmente, ora pela inclusão do nome do ex-trabalhador em uma daquelas *listas negras*, ora pela difusão, por parte do empregador, de informações desabonadoras acerca da conduta do obreiro a ter por móvel propulsor, para além do ânimo ofensivo em si, o intuito de puni-lo por sua atuação sindical e de expor negativamente a entidade a que ele se filia, de modo a enfraquecê-la.

Vistos sob o prisma do Direito Civil, os atos antissindicais ora mencionados se enquadram no conceito de *responsabilidade pós-contratual* que tem por fundamento teórico e legal as noções de boa-fé objetiva e abuso do direito positivadas, entre nós, nos arts. 187 e 422 do Código Civil.

Sob tal ótica, a regra da boa-fé objetiva faz aderir à generalidade dos contratos os chamados *deveres anexos* que estabelecem para os contratantes, basicamente, não apenas a obrigação de se portar de modo leal e transparente na elaboração, na execução e na conclusão dos pactos, mas também a obrigação de atenderem aos fins sociais e econômicos da avença, sob pena de configurar-se abuso de direito.

Logo, do mesmo modo que as condutas abusivas e contrárias à boa-fé objetiva praticadas antes e durante a execução do contrato se afiguram ilícitas, assim também serão consideradas as práticas dessa mesma natureza implementadas após a extinção da avença, residindo, justamente aí, o que a doutrina civilista convencionou chamar de *culpa post pactum finitum*.(727)

Desse modo, do ponto de vista da responsabilidade civil, a inserção do nome de um ex-empregado em *lista negra* ou a divulgação de informações desabonadoras aos demais empregadores e à coletividade em razão da atividade sindical desempenhada por aquele obreiro, para além de caracterizar afronta aos deveres de *lealdade* e *proteção* inerentes à boa-fé objetiva (art. 422 do Código Civil) e abuso de direito (art. 187 do Código Civil), configura ato ilícito (art. 186 do Código Civil), ensejando, por tal razão, a correspondente reparação integral dos danos sofridos pelo indivíduo em questão (art. 944 do Código Civil).(728)

---

(727) A propósito, Rogério Donnini preceitua que: "Os efeitos do contrato, além de eventual violação à lei, podem ser verificados quanto à transgressão de deveres acessórios, mais especificamente os denominados deveres de lealdade, que, diante de sua violação, resultariam numa relação contratual desproporcional e contrária à boa-fé.

(...)

A boa-fé objetiva foi consagrada no art. 422 do Código Civil e com ela a responsabilidade pré-contratual e a responsabilidade pós-contratual. Quando determina esse dispositivo que os contraentes devem se ater aos princípios da boa-fé e probidade na conclusão e execução do contrato, reconhece que a proteção reúne as fases anterior e ulterior à celebração do pacto.

O artigo antecedente (421) do Código Civil também serve de apoio à aplicação da teoria da *culpa post factum finitum*, ao estabelecer a concepção do contrato, o que implica dizer que, se as partes têm de observar a função social do pacto, considerada esta uma limitação à autonomia privada, que busca um comportamento ético, dentro da mais exata noção de comutatividade e boa-fé, essa atitude deve estar presente na formação do contrato e em seu momento posterior.

Portanto, em nossa lei civil substantiva, os deveres acessórios (deveres de informação, proteção e lealdade), amparados na cláusula geral de boa-fé (art. 422), se transgredidos no momento posterior à extinção do contrato, dão margem à responsabilidade pós-contratual." DONNINI, Rogério. *Responsabilidade civil pós-contratual no Direito Civil, no Direito do Consumidor, no Direito do Trabalho, no Direito Ambiental e no Direito Administrativo*. 3. ed. São Paulo: Saraiva, 2011. p. 150.

(728) Sobre as situações inerentes ao direito do trabalho que caracterizam a responsabilidade pós-contratual, Rogério Donnini faz menção, justamente, ao dever do empregador de não prestar informações desabonadoras a respeito do ex-empregado. Nas palavras do autor: "Há (...) na relação entre empregador e empregado situação que se caracteriza na *culpa post factum finitum*. É o dever do empregador, após o término da relação trabalhista com seu empregado, de prestar informações corretas a respeito de seu ex-empregado. Dessa forma, se o ex-patrão distorce ou dá informação errônea sobre seu ex-funcionário, comprometendo a sua imagem e boa-fama profissional, causando embaraço ou dúvida a respeito de sua idoneidade, está ele ferindo os deveres acessórios de informação e lealdade.

(...)

A boa-fé objetiva é o suporte para que o ex-patrão seja responsabilizado por eventual prejuízo causado ao ex-funcionário, em razão de informação imprópria. Esse dever de informação continuou a existir na fase pós-contratual, o que resulta para o ex-empregador o dever de reparar o dano provocado, ainda que extinta a relação de trabalho. Trata-se de típica situação de aplicação da teoria da *culpa post factum finitum*." *Ibidem*, p. 190-193.

Já sob o prisma da liberdade sindical propriamente dita, a discriminação pós-contratual é ato que se afigura incompatível com o conteúdo institucional da referida garantia, de modo que os ex-trabalhadores passíveis de serem vitimados por tais condutas encontram-se abrangidos pelo escopo tuitivo daquele direito fundamental o que, por si só, basta para fulminar do mundo jurídico os atos a materializarem tal violência.

Vê-se, portanto, que o direito fundamental à liberdade sindical possui conteúdo institucional (e normativo) a tutelar o trabalhador em todos os momentos nos quais a antissindicalidade possa vir a se manifestar. Seja antes, durante ou depois do contrato de trabalho, a prática de condutas dessa ordem pelos empregadores afigurar-se-á incompatível com a referida garantia e será, portanto, ilícita.

5.3.6. A proteção dos trabalhadores durante as etapas preparatória e executória dos movimentos paredistas

A greve, antes de consistir em uma instituição jurídica, é um fato social. Sua origem moderna, advinda das vicissitudes a plasmarem a Revolução Industrial, coincide com o início das lutas obreiras em torno de melhores condições de trabalho e as acompanham em todo o seu desenvolvimento até a obtenção daquelas legislações destinadas à tutela da integridade psicofísica, da jornada e da remuneração dos trabalhadores e do próprio direito à liberdade sindical.(729)

Tal como ocorreu com a liberdade sindical — da qual é parte inerente — a greve, vista como fenômeno social, foi fortemente combatida pelas legislações penais ao longo do Século XIX, configurando ora delito de *coalizão*, no caso do Código Penal francês de 1810, ora crime de *conspiração*, conforme vinham enquadrando as cortes norte-americanas no período em referência.(730)

A tendência verificada no exterior, conforme visto no Capítulo 2, foi reproduzida no Brasil nos anos seguintes à abolição da escravatura, com a inserção das greves nos crimes de

(729) Alguns autores, todavia, classificam como greves movimentos ocorridos em momentos distintos da história universal, como na Antiguidade e na Idade Média, onde, todavia, o contexto a pautar as relações de trabalho era substancialmente diverso daquele surgido com a Revolução Industrial, ora porque tais relações envolviam a utilização de mão de obra escrava, ora por se enquadrarem no sistema feudal.

Vide, nesse sentido: MARANHÃO, Délio. In: SÜSSEKIND, Arnaldo *et alii*. *Instituições de Direito do Trabalho*, Vol. 2. 21. ed. São Paulo: LTr, 2003. p. 1.212-1.214.

(730) A propósito, Enoque Ribeiro dos Santos assinala que:"A partir de 1806 alguns empregadores encontraram um novo método para tratar com os sindicatos de sapateiros. Eles procuraram a ajuda dos tribunais. E a esse procedimento — a busca da tutela do Estado nos conflitos coletivos de trabalho — permanece até os dias de hoje como um elemento persistente e padrão das relações trabalhistas norte-americanas.

(...)

Naquele ano, os empregadores do setor de calçados da Filadélfia acusaram os sindicatos de conspiradores. Como conspiradores, eles reivindicavam que os sindicatos de trabalhadores tinham se tornado organizações fora-da-lei. Uma conspiração pode ser definida, geralmente, como uma combinação de duas ou mais pessoas que se reuniam em grupo para prejudicar os direitos de outros ou de toda a sociedade.

(...)

Os sindicatos de trabalhadores nos casos de conspiração eram julgados por júris. Uma análise da composição dos jurados revela que os júris eram representados principalmente por empresários e grupos de empregadores. Nesta época, um dos pré-requisitos para a tarefa de jurado era possuir algum tipo de propriedade. Trabalhadores, que tinham pequenas posses ou propriedades, eram geralmente excluídos do serviço de jurados. Além disso, as decisões eram influenciadas, não apenas pelas preferências sociais e econômicas dos jurados, mas também pelas características gerais dos juízes responsáveis pelos julgamentos. Alguns dos juízes faziam pouco esforço para esconder seus sentimentos anti-sindicais.

(...)

A maioria dos processos judiciais de conspiração dos sindicatos de trabalhadores terminou em sentenças condenatórias. Eles representavam a rejeição da ação coletiva no mercado de trabalho em favor das negociações individuais." SANTOS, Enoque Ribeiro dos. *Fundamentos do Direito Coletivo do Trabalho nos Estados Unidos da América, na União Europeia, no Mercosul e a experiência brasileira.* Rio de Janeiro: Lumen Juris, 2005. p. 3-6.

aliciamento de trabalhadores e de *cessação ou suspensão de trabalho* positivados nos arts. 205 e 206 do Código Penal de 1890 e com a repressão introduzida pela *Lei Aníbal de Toledo*, de 1921 e amplificada pela *Lei Celerada*, de 1927, ante o crescimento dos movimentos reivindicatórios fustigados por imigrantes europeus nos incipientes polos urbanos.

Seja nos países de industrialização mais remota ou no Brasil, o fato é que a greve seguiu um itinerário histórico em tudo coincidente com a própria liberdade sindical. Seu início foi marcado por uma brutal *fase de proibição*, seguida de uma *etapa de tolerância*, em que ela era compreendida como uma *liberdade civil* a ser desempenhada nos limites impostos pela legislação, até se tornar, efetivamente, um direito assegurado e regulamentado de modo específico nos mais diversos ordenamentos jurídicos.(731)

Nesse particular, não é demasiado reiterar que o direito à greve, muito embora não tenha sido objeto de regulamentação específica no âmbito da OIT, é expressamente mencionado como um direito dos trabalhadores pelos arts. 8º, "*d*", do PIDESC, da ONU e 8º, § 1º, "*b*", do Protocolo de San Salvador, da OEA, cuja regulamentação não poderá restringi-lo para além das medidas imprescindíveis às demais garantias titularizadas pelos cidadãos.

No âmbito do ordenamento jurídico brasileiro, o art. 9º da Constituição Federal assegura o direito de greve aos trabalhadores de maneira ampla, ressaltando ser destes últimos a decisão acerca da "*oportunidade de exercê-lo e sobre os interesses que devam por meio dele defender.*" No plano infraconstitucional, a Lei n. 7.783/89 conceitua a greve, genericamente, como a "*suspensão coletiva, temporária e pacífica, total ou parcial, de prestação pessoal de serviços a empregador*" e estabelece os requisitos formais para sua deflagração, desenvolvimento e conclusão.

Compreendida como um elemento integrativo da liberdade sindical, vista como uma instituição caracterizada por um conteúdo histórico-institucional a ela peculiar, a *greve* é uma das expressões do direito à ação sindical titularizada pelos trabalhadores coletivamente organizados. Por esse motivo, são estes últimos protegidos pela Convenção n. 98 da OIT na parte em que esta última conceitua como antissindicais as condutas patronais tendentes a "*dispensar um trabalhador ou prejudicá-lo, por qualquer modo, em virtude de (...) sua participação em atividades sindicais*", para além, é claro, pelos demais Pactos Internacionais de Direitos Humanos que a preveem de modo expresso e, no caso brasileiro, pelo próprio art. 9º, da Constituição Federal e pela Lei n. 7.783/89.

A deflagração da parede traz como decorrência natural o acaloramento dos ânimos entre trabalhadores e empregadores e, nesse contexto, a predisposição destes últimos à implementação de práticas destinadas ao esvaziamento da greve em suas etapas preparatória e executória e à consequente imposição dos desígnios patronais sobre o movimento a ser derrotado. Por isso mesmo, a tutela dos obreiros nesses períodos de efervescência reivindicatória contra as condutas antissindicais configura uma das decorrências mais significativas da evolução histórico-institucional da liberdade sindical.

Dentre tais condutas, talvez a mais clássica delas consista na demissão dos trabalhadores grevistas sucedida da contratação de um contingente mais dócil aos desígnios patronais, cuja implementação não apenas fulmina o movimento nascente, como também enfraquece substancialmente o sindicato obreiro em suas futuras empreitadas. No ordenamento brasileiro, a prática em referência encontra vedação expressa no art. 7º, parágrafo único, da Lei n. 7.783/89.(732)

---

(731) BELTRAN, Ari Possidônio. *A autotutela nas relações do trabalho.* São Paulo: LTr, 1996. p. 210.

(732) "Art. 7º Observadas as condições previstas nesta Lei, a participação em greve suspende o contrato de trabalho, devendo as relações obrigacionais, durante o período, ser regidas pelo acordo, convenção, laudo arbitral ou decisão da Justiça do Trabalho.
Parágrafo único. É vedada a rescisão de contrato de trabalho durante a greve, bem como a contratação de trabalhadores substitutos, exceto na ocorrência das hipóteses previstas nos arts. 9º e 14."

É importante observar, nesse particular, que a interpretação do dispositivo em apreço à luz do direito fundamental à liberdade sindical e de seu conteúdo histórico-institucional deve ser ampliada de modo a estender aquela vedação de dispensa também às práticas dessa natureza implementadas pelos empregadores nas etapas preparatórias do movimento paredista, e não apenas durante a greve propriamente dita.

Tal extensão se justifica na medida em que nas etapas preparatórias dos movimentos paredistas, aquelas tensões entre trabalhadores e empregadores já se encontram demasiadamente exacerbadas, de modo que as eventuais demissões em massa de grevistas terão, igualmente, forte impacto na ação sindical obreira presente e futura. É ela, portanto, plenamente coerente com os elementos institucionais inerentes à liberdade sindical, que a caracterizam como uma garantia de efetivo contrapoder dos obreiros em relação aos desígnios patronais e que tem especial relevância nos momentos de conflagração legítima entre aqueles atores sociais.

E se a dispensa de trabalhadores nas etapas preparatória e executória dos movimentos paredistas não encontra respaldo no direito fundamental à liberdade sindical, pode-se dizer o mesmo em relação às outras condutas patronais praticadas contra os trabalhadores nesses momentos críticos com vistas ao enfraquecimento da greve, tais como a suspensão e a transferência de empregados, bem assim a instauração abusiva de procedimentos disciplinares ou a implementação de medidas tendentes a prejudica-lo, de uma forma ou de outra, no desenvolvimento de suas carreiras.(733)

Também não há como considerar como adequada à liberdade sindical — e muito menos aos próprios direitos à livre-iniciativa e à autonomia privada — a contratação temporária de trabalhadores terceirizados para a realização das tarefas desempenhadas pelos grevistas. Nesse caso, não se estará diante de uma hipótese legítima do exercício daquelas garantias titularizadas pelos empresários, senão de seu abuso e da correlata configuração de conduta antissindical voltada para a frustração do movimento paredista e das ações empreendidas pelas entidades sindicais.

Note-se que diante de um caso concreto a envolver tal descrição, não se terá um conflito nem sequer aparente entre os *bens jurídicos* representados pela liberdade sindical de um lado, e pela livre-iniciativa, de outro, a ser resolvido pela *metódica da ponderação*. Trata-se, ao revés, de uma situação fática a ser resolvida por intermédio da utilização do *discurso de aplicação* que apontará, fatalmente, para a pura e simples inaplicabilidade em concreto da livre-iniciativa e de seus corolários e pela incompatibilidade de tal conduta com o conteúdo institucional subjacente à liberdade sindical.(734)

---

(733) *Vide*, a propósito, o comentário de Bernard Teyssié à luz da legislação francesa: "Elemento-chave da proteção concedida aos grevistas, o sistema é complementado pelas disposições legais excludentes (sob pena de nulidade da medida tomada) não apenas de que um empregado seja sancionado por causa do exercício normal do direito de greve, mas também que ele seja submetido, por essa razão, à medida discriminatória no curso de sua atividade profissional sabendo que: (1) uma vez apresentados 'elementos factuais' que sugerem a existência de discriminação direta ou indireta, cabe ao réu provar que a decisão tomada 'se justifica por fatores objetivos não relacionados a qualquer discriminação'; (2) que a existência de discriminação não implica necessariamente na comparação com a situação de outros empregados e (3) que a mera observação da situação individual — por exemplo, do desenvolvimento do empregado na carreira — às vezes é suficiente para revelá-la."

No original: «Élément clé de la protection accordée aux grévistes, le dispositif précédent trouve complément dans les dispositions légales excluant (sous peine de nullité de la mesure prise) non seulement qu'un salarié soit sanctionné en raison de l'exercice normal du droit de greve mais aussi qu'il fasse l'objet, pour ce motif, d'une mesure discriminatoire au cours de son activité professionnelle sachant que: 1) une fois présentés des «éléments de fait» qui laissent supposer l'existence d'une discrimination directe ou indirecte, il appartient au défendeur de prouver que la décision prise «est justifiée par des éléments objectifs étrangers à toute discrimination»; 2) l'existence d'une discrimination n'implique pas nécessairement une comparaison avec la situation d'autres salariés; la seule observation de la situation d'une personne — par exemple de son déroulement de carrière — suffit parfois à la révéler.» TEYSSIÉ, Bernard. *Droit du travail*. Relations collectives. 10. ed. Paris: Lexis Nexis, 2016. p. 1.018-1.019.

(734) *Vide*, nesse sentido: CARVALHO NETTO, Menelick de. A Hermenêutica Constitucional sob o Paradigma do Estado Democrático de Direito. In: *Notícia do Direito Brasileiro*. Brasília, 6, 1998. p. 233-250.

Nesse mesmo diapasão, afiguram-se contrárias à liberdade sindical as condutas patronais tendentes a constranger os trabalhadores ao retorno ao trabalho (*vg:* ameaças, intimidações, marcação dos dias parados como faltas, concessão de vantagens aos trabalhadores que não aderiram à greve etc.) ou a obstá-los a divulgar o movimento paredista dentro e fora dos estabelecimentos empresariais, conforme estabelecido no art. 6º, § 2º, da Lei n. 7.783/89.(735)

Há de se ressaltar, de outro turno, que os trabalhadores coletivamente organizados com vistas à deflagração ou à execução de um movimento paredista legítimo são titulares, por força do direito fundamental à liberdade sindical, de tutela contra o manejo abusivo de interditos proibitórios por parte dos empregadores que, em tais casos, antes de consistirem na utilização lídima de mecanismos destinados à proteção de seu direito à posse e à propriedade, configuram, em verdade, atos antissindicais destinados à liquidação da greve em sua origem, conforme visto no Capítulo 4 *supra.*

Paralelamente à proteção em face dos atos antissindicais implementados pelos empregadores antes e durante a greve, os trabalhadores envolvidos em tais paralisações são tutelados pelo direito fundamental à liberdade sindical contra as omissões perpetradas por seus próprios sindicatos nos momentos que antecedem e intermedeiam os movimentos reivindicatórios.

De fato, viu-se no Capítulo anterior que os sindicatos, por presentarem e representarem os interesses de suas categorias profissionais, maneja inequívocos poderes-deveres que são por eles titularizados e exercidos sempre em nome dos trabalhadores. Por isso mesmo, quando uma dada entidade se omite a convocar e a organizar movimento paredista legitimamente e inequivocamente desejado pela coletividade representada, estará ele a cometer ato antissindical contra esta última que é quem detém, afinal, a titularidade do direito de greve.(736)

Diante de tal situação, a interpretação a ser conferida ao art. 4º, § 2º da Lei n. 7.783/89 à luz do direito à liberdade sindical previsto na Constituição Federal e nos Pactos Internacionais de Direitos Humanos que o consagram aponta para a extensão da possibilidade de realização de assembleia e de deflagração de greve por parte das *comissões de negociação* não apenas para aquelas situações em que inexistem entidades representativas na base territorial da categoria profissional em questão, mas também para as hipóteses em que os sindicatos existentes se omitem quanto ao exercício dos poderes-deveres pelos quais personificam os interesses das coletividades a que representam.(737)

---

(735) Segundo Estêvão Mallet: "O constrangimento que se tem em vista não é apenas o físico, sob forma de coação (*metus*), que importa muito menos, por ser mais raro — conquanto não inexistente — e de ilicitude mais manifesta. Também constitui constrangimento ilegítimo a promessa de pagamentos adicionais, sob qualquer forma, inclusive como prêmios ou gratificações, aos que não aderiram à greve ou aos que a abandonarem. Os *primes anti-grève*, do Direito francês, ou *premi antisciopero* , como são chamados no Direito italiano, têm clara natureza discriminatória.

(...)

No fundo, a prática envolve punição, por meio de tratamento desfavorecido, daqueles que exercem o direito de greve. A ilicitude compreende, pois, outras vantagens não pecuniárias, como dias de repouso, promoções ou, em termos gerais, 'qualsivoglia altro beneficio'." MALLET, Estêvão. *Dogmática elementar do direito de greve*. 2. ed. São Paulo: LTr, 2015. p. 75-76.

(736) Veja-se, nesse sentido, que a titularidade da greve em relação aos trabalhadores coletivamente organizados – e não à figura de suas representações sindicais — foi bem definido pelo Tribunal Constitucional da Espanha em sua *Sentencia* 11/1981, nos seguintes termos: "Define al derecho de huelga el ser un derecho atribuido a los trabajadores «*uti singuli*» aunque tenga que ser ejercitado colectivamente mediante concierto o acuerdo entre ellos. Para aclarar lo que se entiende por ejercicio colectivo debe señalarse que son facultades del derecho de huelga la convocatoria o llamada, el establecimiento de las reivindicaciones, la publicidad o proyección exterior, la negociación y, finalmente, la decisión de darla por terminada, Se puede, por ello, decir que si bien la titularidad del derecho de huelga pertenece a los trabajadores, y que a cada uno de ellos corresponde el derecho de sumarse o no a las huelgas declaradas, las facultades en que consiste el ejercicio del derecho de huelga, en cuanto acción colectiva y concertada, corresponden tanto a los trabajadores como a sus representantes y a las organizaciones sindicales." ESPANHA. TRIBUNAL CONSTITUCIONAL. SENTENCIA N. 11/1981, DE 8 DE ABRIL. *BOE*: núm. 99, de 25 de abril de 1981, páginas 1 a 13.

(737) "Art. 4º Caberá à entidade sindical correspondente convocar, na forma do seu estatuto, assembleia geral que definirá as reivindicações da categoria e deliberará sobre a paralisação coletiva da prestação de serviços.

E tão logo encerrado o movimento paredista, mais precisamente no momento exatamente anterior ao estabelecimento do acordo coletivo a consolidar os acertos obtidos pelos atores sociais envolvidos, a *comissão de negociação* deverá notificar o sindicato omisso, bem como a federação e a confederação correspondentes para dar cumprimento ao art. 617 da CLT.(738)

Nos parece evidente, até mesmo por coerência com o que foi aqui ressaltado, que o sindicato omisso naquele primeiro momento, bem assim a federação e a confederação que vierem eventualmente a assumir a negociação coletiva em questão, não poderão estabelecer com os empregadores pontos diversos daqueles que foram acertados entre estes últimos e a *comissão de negociação* durante a execução do movimento paredista, sob pena de estarem reincidindo em conduta antissindical atentatória à coletividade de trabalhadores.

No que diz respeito às condutas antissindicais praticadas pelo Estado contra os trabalhadores coletivamente organizados no que concerne aos movimentos paredistas, são dignas de destaque as determinações legais e regulamentares destinadas à fixação de exigências desproporcionais para o exercício da greve, cuja incompatibilidade com o franco associativismo já foi expressamente reconhecida pelo Comitê de Liberdade Sindical em seus Verbetes ns. 526, 527, 585 e 587, já descritos no Capítulo 4 *supra*.

Nesse particular, é importante repisar que a eventual imposição de medidas dessa ordem por parte do legislador ordinário ou mesmo pela Administração Pública no exercício do poder regulamentar deverá ser objeto de controle de convencionalidade, por parte do Poder Judiciário, à

---

§ 1º O estatuto da entidade sindical deverá prever as formalidades de convocação e o quorum para a deliberação, tanto da deflagração quanto da cessação da greve.

§ 2º Na falta de entidade sindical, a assembleia geral dos trabalhadores interessados deliberará para os fins previstos no *'caput'*, constituindo comissão de negociação."

(738) Note-se, a propósito, que a jurisprudência firmada no Tribunal Superior do Trabalho vem reconhecendo a recepção do art. 617 da CLT por parte do art. 8º, VI, da Constituição Federal, a exigir, como regra geral, a obrigatoriedade quanto à participação dos sindicatos nas negociações coletivas.

Nesse sentido: "RECURSO ORDINÁRIO EM DISSÍDIO COLETIVO. NEGOCIAÇÃO COLETIVA SEM A PARTICIPAÇÃO DO SINDICATO. RECUSA EM NEGOCIAR NÃO COMPROVADA. SINDICATO

PRETERIDO. INVALIDADE DO ACORDO DE JORNADA DE TRABALHO DE DOZE HORAS. O art. 8º, inciso VI, da Constituição Federal, ao declarar a participação obrigatória do sindicato na negociação coletiva de trabalho revela natureza de preceito de observância inafastável. Em verdade, a própria CLT já trazia a exigência de participação do sindicato na celebração de convenção e de acordo coletivo de trabalho, conforme dispõem os arts. 611, -*caput*- e § 1º, e 613. Todavia, o art. 617 da CLT, nos moldes em que redigido, não se revela incompatível com a garantia constitucional, pois o ordenamento jurídico conteria lacuna de graves consequências caso não previsse solução para situações em que comprovadamente o sindicato não se desincumbe da nobre função constitucional. A recepção do art. 617 da CLT, contudo, não dispensa a análise minuciosa do caso concreto, a fim de que se verifique a efetiva recusa na negociação coletiva a ensejar as etapas seguintes previstas no aludido artigo, e, em tese, se conclua pela validade de eventual ajuste direto com os empregados. Precedentes. Se os autos carecem da comprovação de que o sindicato recusou-se a negociar, e, ao contrário, a prova revela uma total preterição do sindicato na negociação coletiva, julga-se improcedente o pedido de declaração de validade de acordo de jornada de trabalho de doze horas celebrado diretamente com os empregados. Recurso ordinário a que se nega provimento." BRASIL: TRIBUNAL SUPERIOR DO TRABALHO. RECURSO ORDINÁRIO EM DISSÍDIO COLETIVO N. 8281-17.2010.5.02.0000. RELATOR: Min. Márcio Eurico Vitral Amaro. Seção Especializada em Dissídios Coletivos. *DJ*: 23.8.2013.

(...)

"ACORDO DE COMPENSAÇÃO DE HORÁRIOS – BANCO DE HORAS – FIRMADO DIRETAMENTE COM COMISSÃO DE EMPREGADOS – INVALIDADE – VIOLAÇÃO DO ART. 617 DA CLT – NÃO CONFIGURADA.

(...)

Ao ensejo, pontue-se que a jurisprudência da Seção de Dissídios Coletivos desta Corte, embora posicione-se no sentido de que o art. 617 da CLT não se demonstra incompatível com o disposto no art. 8º, VI, da Constituição Federal, preceitua que a recepção do art. 61 da CLT não dispensa a análise minuciosa do caso concreto, a fim de que se verifique a efetiva recusa na negociação, em tese, a ensejar as etapas seguintes previstas no aludido dispositivo." BRASIL: TRIBUNAL SUPERIOR DO TRABALHO. RECURSO DE REVISTA N. 74200-87.2008.5.02.0463. RELATOR: Min. Luiz Philippe Vieira de Mello Filho. 7ª Turma. *DJ*: 9.10.2015.

(...)

luz dos arts. 8º do PIDESC, da ONU e 8º, do Protocolo de San Salvador, da OEA, cujos dispositivos são veementes em afirmar que o direito de greve, assim como as demais garantias derivadas da liberdade sindical, somente podem ser restringidas na medida estritamente necessária para o resguardo de outras garantias titularizadas pelos cidadãos.

Por derradeiro, ainda no que diz respeito à tutela dos trabalhadores contra as práticas antissindicais implementadas no curso dos movimentos paredistas, é mister assinalar que o direito fundamental à liberdade sindical deverá compreender em sua evolução conceitual aquelas situações fáticas caracterizadas pela doutrina como *greves atípicas*, a compreenderem outras modalidades de autotutela obreira tais como a *operação-tartaruga*, a *operação-padrão*, a *paralisação intempestiva*, as *greves de braços caídos*, dentre outras.(739)

Aqui, mais uma vez, os casos concretos a denotarem a ocorrência fática de tais modalidades de autotutela deverão ser analisados à luz do direito fundamental à liberdade sindical no sentido de aferir sua compatibilidade com o conteúdo histórico-institucional daquela garantia. Deve-se levar em conta, para tanto, que as *greves atípicas* configuram situações a materializar a resistência coletiva dos trabalhadores em face de desígnios patronais e que tais condutas obreiras têm por desiderato o restabelecimento do equilíbrio de forças nos locais de trabalho, o que se afigura plenamente coerente com o franco associativismo e com suas características elementares.

Há de se concordar, nesse particular, com as conclusões formuladas por Jorge Boucinhas Filho sobre o tema, no sentido de que as *greves atípicas* não podem ser vedadas em abstrato pelo ordenamento jurídico pelo simples fato de não se enquadrarem no conceito de *greve* estabelecido no art. 2º da Lei n. 7.783/89. Seu impedimento só se justifica no bojo dos *discursos de aplicação* a serem empreendidos pelos intérpretes em cada caso concreto, pelos quais verificar-se-á a abusividade ou não do movimento ante as próprias características institucionais da liberdade sindical e a eventual ofensa a outros direitos fundamentais consagrados no ordenamento jurídico.(740)

---

(739) Na concepção de Márcio Túlio Viana, as chamadas *greves atípicas* se enquadram no direito de resistência assegurado á generalidade dos trabalhadores. Segundo o autor: "Enquanto na greve *típica* o grupo recusa a prestação de trabalho, já aqui continua a trabalhar, mas de forma parcial, posto que insubordinadamente. Essa insubordinação pode ser completa, como no caso da greve de ocupação ativa; ou *incompleta,* como na hipótese da *operação tartaruga.* Pode ainda ser *evidente,* como se dá na mesma *operação-tartaruga,* ou *disfarçada,* como ocorre na *greve de zelo.*

É interessante notar que as formas *típicas* de greve vêm cedendo lugar às *atípicas,* em que a luta já não é *frontal,* mas *lateral.*

É que, para o trabalhador, as greves *atípicas* são menos onerosas, muito embora, em alguns países, a jurisprudência admita o desconto dos salários, em; proporção à queda da produtividade.

Mais do que isso, porém, essas formas alternativas de luta se explicam pela própria conjuntura socioeconômica, que vem rompendo o equilíbrio entre o prejuízo causado a cada um dos atores sociais pela greve *típica.* É que, num quadro de salários aviltantes, alta rotatividade de mão de obra e baixa qualificação profissional, *fazer* greve passa a ser um risco muito maior do que *sofrer* greve." VIANA, Márcio Túlio. *Direito de resistência.* São Paulo: LTr, 1996, p. 310-311.

(740) Nas palavras do autor: "Os abusos em questão [praticados no exercício das 'greves atípicas'] somente poderão ser identificados após a deflagração do movimento. Não há como pressupor ou presumir que o movimento será abusivo. E como o texto constitucional [art. 9º] fala que as sanções serão definidas em lei, mas em momento algum fala que o conceito de abusividade será definido em norma infraconstitucional, reconhece-se ao magistrado a possibilidade de considerar que determinado movimento paredista, apesar de deflagrado sem a observância de todas as formalidades impostas pela lei, não é abusivo, deixando, por essa razão, de aplicar as sanções cabíveis.

(...)

Com isso, eventual conclusão acerca da abusividade de um movimento não poderá ter como fundamento apenas a atipicidade da forma de manifestação. Em outras palavras, o simples fato de ela não se enquadrar dentro do conceito legal de greve, seja em razão de não ser dirigida diretamente em face do empregador formal, mas em face da empresa cliente, que dele toma serviços, seja em razão de não consistir na efetiva suspensão da prestação de serviços por trabalhador, por si só, não torna a greve ilícita. Para merecer essa capitulação, é imprescindível que a ação coletiva tenha, de forma dolosa e intencional, causado um dano à produtividade do trabalhador e não à sua produção, como ocorre, por exemplo, com movimentos que deliberadamente danifiquem o maquinário da empresa." BOUCINHAS FILHO, Jorge. *Direito de greve e democracia.* São Paulo: LTr, 2013. p. 160.

Vê-se, portanto, que o conteúdo histórico-institucional da liberdade sindical tende a reconhecer nas etapas preparatória e executória da greve um dos momentos mais significativos — senão mesmo o mais importante — de ação coletiva obreira, de modo a conferir especial proteção aos seus titulares, quais sejam, os trabalhadores coletivamente organizados em face das condutas antissindicais praticadas pelos empregadores, pelo Estado e pelas próprias entidades obreiras.

5.3.7. *A proteção dos trabalhadores enquadrados nas* novas relações de trabalho

Com relação às chamadas *novas relações de trabalho*, já se viu no Capítulo anterior que o conteúdo institucional do direito fundamental à liberdade sindical, se aplicado às situações fáticas em que tais espécies de labor se materializam, aponta para a extensão de sua titularidade também para aqueles trabalhadores que se vinculam de forma legítima, fraudulenta ou informal a um tomador de serviço por intermédio de um liame diverso do vínculo empregatício.

De fato, a realidade contemporânea demonstra que a precarização das relações de trabalho é uma tendência global. Em todo o mundo, a relação de emprego tradicional vem sendo substituída paulatinamente por vínculos pautados (i) pela prevalência do trabalho autônomo em detrimento da subordinação (tal como a *parassubordinação* vislumbrada nas legislações da Itália e da Espanha); (ii) pela utilização do *trabalho a tempo parcial* (*part time job*), (iii) pela subcontratação de mão de obra ou (iv) pela pura e canhestra fraude à legislação trabalhista, materializada na contratação dos obreiros como *falsos autônomos*, *cooperados*, *sócios*, ou até mesmo como *pessoas jurídicas*.(741)

Nesse diapasão, vem ganhando cada vez mais relevância o debate sobre a natureza da relação estabelecida entre os trabalhadores cadastrados nas chamadas *plataformas digitais* e estas últimas, especialmente nas situações em que os referidos suportes estabelecem, de maneira preponderante ou integral, os procedimentos a serem observados por seus prestadores de serviços, para além de implementar mecanismos de controle e punições, ainda que o obreiro atue com seus próprios insumos (p. ex.: o veículo automotor, no caso dos serviços de carros por aplicativo).(742)

---

(741) Na conceituação de José Afonso Dallegrave Neto, a parassubordinação configuraria uma relação: "Própria de empregados altamente qualificados, ou controlados à distância, ou ainda, das figuras contratuais resididas na zona fronteiriça entre o trabalho autônomo e a relação de emprego, como por exemplo, o representante comercial e o vendedor pracista." DALLEGRAVE NETO, José Afonso. *Inovações na legislação trabalhista: reforma trabalhista ponto a ponto.* 2. edição. São Paulo: LTr, 2002. p. 172.

Na Espanha, as relações entre os "parassubordinados" e seus tomadores de serviços são regulamentadas pela *Ley* n. 20, de 11.7.2007, conhecida pela sigla "LETA" (*Ley-Estatuto de los trabajadores autónomos*).

Já na Itália, a parassubordinação é regulamentada pelo Decreto Legislativo n. 276/2003, apodado de *Lei Biaggi.*

(742) Sobre o tema da subordinação no trabalho em plataformas digitais, Rodrigo de Lacerda Carelli e Murilo Carvalho Sampaio Oliveira observam que: "Além da quebra de uma organização estruturada em hierarquia pessoal, o modelo de gestão das plataformas é ordenado em mecanismos de controle à distância e numa construção ideológica de empreendedorismo.

(...)

Com as possibilidades de gestão por gamificação (prêmios, punição e competição) e o controle pelo algoritmo e sua precificação, as empresas plataformas dirigem uma atividade econômica sem recorrer ao clássico padrão de trabalho apoiado nas relações de hierarquia-disciplina.

(...)

Há direção dos serviços quando a plataforma: cria um padrão — via instruções gerais — e, por conseguinte, estabelece um resultado do trabalho; define o modelo do negócio, ao estabelecer critérios opacos na distribuição das demandas entre os trabalhadores com a programação algorítmica; capta e organiza a clientela dos tomadores do serviço. Rastrear trabalhadores via o GPS do celular, aplicar punições como suspensão temporária e até definitiva do sistema ou impor uma nota mínima para prosseguir são sinais clarividentes do poder disciplinar, prerrogativa típica de empregadores. Por fim, a apropriação — no sentido de assalariamento — indica que o trabalhador aporta apenas força de trabalho e às vezes algumas ferramentas (veículos, celulares etc.) em modelo de negócios cujo principal e mais valioso bem é a infraestrutura de rede e os algoritmos, no qual a precificação funciona como salário indireto (salário por peça) e método de gestão por força de trabalho.

Diante do fenômeno da *precarização*, tanto em sua vertente tradicional, quanto em sua modalidade *digital* (também alcunhada de *uberização*, na acepção de Tom Slee), não é difícil constatar que o poder de barganha das entidades sindicais tradicionais tende a se enfraquecer, eis que a curta duração dos vínculos estabelecidos entre os empregadores e os obreiros não permitem a identificação destes últimos com as categorias representadas pelos entes sindicais, tendo por consequência direta o impacto negativo nos índices de filiação, ainda que se constate, na prática, um movimento crescente de organização coletiva por parte dos trabalhadores em plataformas digitais, conforme visto alhures.(743)

Paralelamente a isto, os sindicatos clássicos se encontram em pleno enfrentamento do processo de desconcentração produtiva para além das fronteiras nacionais e da corrida frenética pela redução dos custos de produção por parte das empresas diante da concorrência cada vez mais acirrada.(744)

Nesse cenário social e econômico amplamente desafiador, é evidente que os sindicatos clássicos deverão reunir condições para fazer frente a tal processo de precarização das relações laborais, não apenas através da participação ativa nas instâncias políticas nacionais e internacionais diretamente ou através de seus organismos de cúpula, como também por intermédio da atuação em direção à filiação daqueles atores inseridos nas "novas relações de trabalho".(745)

Para tanto, os trabalhadores contratados sob aqueles regimes alternativos à relação de emprego tradicional deverão ser, igualmente, protegidos em face dos atos antissindicais perpetrados pelos tomadores de serviços com vistas a afastá-los da organização coletiva obreira. Sem tal tutela, a preponderância dos desígnios patronais nas relações estabelecidas com os obreiros

---

São, portanto, estes métodos de controle que qualificam as plataformas como híbridas ou dirigentes. Estes caracteres instauram uma relação de poder que se expressa em ordenação, direção, fiscalização, punição e apropriação e, assim, caracterizam essas plataformas digitais de trabalho como empresas que assalariam e dirigem seus trabalhadores." CARELLI, Rodrigo de Lacerda; OLIVEIRA, Murilo Carvalho Sampaio. *As plataformas digitais e o Direito do Trabalho.* Como entender a tecnologia e proteger as relações de trabalho no século XXI. Belo Horizonte: Dialética, 2021. p. 123-136.

(743) SLEE, Tom. Trad.: PERES, João. *Uberização. A nova onda do trabalho precarizado.* São Paulo: Elefante, 2017.

(744) Nesse sentido, Rafael Albuquerque pontua que: "Es evidente que el movimiento sindical está atravesando por circunstancias dificiles. Los cambios profundos de la economia mundial y los avances incesantes de la tecnologia de punta han disminuído los índices de sindicación y debilitado la eficácia de las acciones de las organizaciones de trabajadores. (...) La intensificación de la competencia y el imperativo de la competitividad ofrece a los sindicatos muy poco espacio para negociar, lo que de por si les debilita frente a sus actuales y potenciales afiliados, pues el éxito de la acción sindical se mide por los resultados que se puedan conseguir en lo que atañe a la protección social de los trabajadores.

Por lo demás, las secuelas de la economia del mercado obligan necesariamente a graves mutaciones en la mentalidad y conducta de la dirigencia sindical, que deben adaptarse rapidamente a una gran diversidad de estructuras economicas, al instrumento cada día más utilizado de la subcontratación, a las expresiones de las agencias temporales de empleo, al trabajo de tiempo parcial y a la contratación precária, al reemplazo de los capitalistas nacionales por redes de intercambio financiero, de servicios tecnológicos complejos y de informaciones destinadas a las empresas o al consumo individualizado. La estabilidad en el empleo, las condiciones de trabajo y la protección social se encuentran seriamente amenazadas como resultado de todos estos cambios, defendidos y conceptualizados por la doctrina neoliberal que aboga por un mercado libre en todos los terrenos, con inclusión del trabajo, que según sus partidários debe ser lo suficientemente flexible por su directa relación con el nivel de empleo, lo que coloca a los sindicatos en la defensiva y trae como consecuencia un declive del sindicalismo reivindicativo, que sin abandonar sus reflejos por la protesta, se muestra mucho más dispuesto que antaño a la participación con miras de preservar lo adquirido en el pasado." ALBUQUERQUE, Rafael. Sindicalismo y globalización. In: ALBUQUERQUE, Rafael; DE BUEN, Nestor. *El Derecho del Trabajo ante el nuevo milenio.* México: Porrúa, 2000. p. 84-85.

(745) A propósito, Laís Corrêa de Mello alerta que: "Os sindicatos precisam encontrar condições de incluir em seus quadros associativos as massas crescentes de trabalhadores precários e sem emprego, no intuito de não perder a tradição de representar o conjunto da classe trabalhadora. Caso contrário, os sindicatos serão transformados em pequenos grupos minoritários lutando separadamente pela defesa dos interesses particulares de seus membros." MELLO, Laís Corrêa de. *Liberdade sindical na Constituição Brasileira.* São Paulo: LTr, 2005. p. 246.

tende a descompensar, senão mesmo a elidir, aquele equilíbrio de forças entre os atores coletivos que confere à liberdade sindical sua nota distintiva como direito fundamental.(746)

Trata-se aqui, portanto, de estender o escopo protetivo do direito fundamental à liberdade sindical àqueles trabalhadores *autônomos, parassubordinados, pejotizados, cooperados, sócios, estagiários, residentes* ou enquadrados em qualquer outra denominação fraudulenta ou não, a fim de que o conteúdo histórico-institucional daquela garantia seja vivificado diante das novas vicissitudes sociais e econômicas que o circundam na atualidade, na exata medida do que propõe Noemia Porto em relação à ampliação da tutela emanada do art. 7º, da Constituição Federal.(747)

Retomando-se, nesse particular, a concepção deontológica dos direitos fundamentais a servir de marco teórico para o presente estudo, observa-se que a tese a propalar a extensão da tutela emanada da liberdade sindical aos sujeitos inseridos fraudulentamente ou não nas chamadas *novas relações de trabalho* afigura-se plenamente coerente com o conteúdo institucional inerente à garantia em apreço, de modo a conferir integridade não apenas à compreensão desta última no presente, como também de todo o ordenamento jurídico pátrio, especialmente nas disposições constitucionais destinadas aos fundamentos e objetivos da República Federativa do Brasil (arts. 1º, III e IV e 3º, I, III e IV) e na proteção dos direitos sociais (arts. 6º e 7º, *caput*).(748)

---

(746) Por isso mesmo, Jorge Boucinhas Filho, ao justificar a extensão da titularidade do direito de greve aos trabalhadores inseridos naquelas *novas relações de trabalho*, defende a extensão do regime estabelecido na Lei n. 7.783/89 para tal coletividade, nos mesmos moldes implementados pelo Supremo Tribunal Federal quando do julgamento dos Mandados de Injunção ns. 670, 708 e 712, a terem por objeto a ausência de normas a regulamentarem os movimentos paredistas deflagrados pelos servidores públicos.

Segundo o autor: "Utilizando-se por analogia a mesma lógica, é possível concluir que havendo um mandamento constitucional assegurando aos autônomos, parassubordinados, estagiários, residentes, entre outras espécies do gênero trabalhadores (...) a oportunidade de definir o direito de greve e os interesses que por meio dele devam defender, embora não estejam tutelados na restritiva definição da Lei n. 7.783/89, esta se lhes deve ser aplicável até que se edite, caso se entenda ser o caso, uma lei específica para tratar a questão." BOUCINHAS FILHO, Jorge. *Direito de greve e democracia.* São Paulo: LTr, 2013. p. 71.

(747) Nas palavras da autora: "A tendência à parassubordinação está presente no acréscimo das contratações temporárias e a tempo parcial em prejuízo dos contratos por prazo indeterminado. O movimento global de precarização é observável não apenas em razão dos contratos temporários e precários, mas também à vista do aparecimento de outras formas de remuneração, pelo que a contraprestação fixa, contabilizada a partir do fator tempo do trabalhador, deixou de ser prevalente. Também a remuneração se flexibiliza para se tornar variável.

A assimetria própria à estrutura do mercado de trabalho, que evoca a consolidação da normatividade do princípio protetivo, se intensificou com as novas organizações das forças de trabalho, e se localiza, portanto, para muito além das questões, ainda que importantes, relacionadas ao contrato de emprego.

As reflexões sobre a garantia constitucional do pleno emprego precisam se vincular às demandas advindas das relações precárias ou rompidas com o mundo assalariado. A plenitude não deve significar, de forma simplificada, apenas a disponibilidade quantitativa de ocupações para as pessoas que vivem do trabalho, mas, sim, a oferta de trabalho protegido, num contexto de dignidade, e também a construção de alternativas de inclusão àqueles que, embora trabalhadores, não se afiliam ao sistema de emprego.

(...)

O desafio que se apresenta é o de se apontar na direção do universalismo da proteção fundamental, vale dizer, para além do contrato de emprego, a ser construída, de forma adequada e concreta, em relação a cada uma, e em relação a todas as novas e renovadas situações em que o trabalho humano é exigido para a produção de riqueza, e em que os seus resultados se perfaçam essenciais para a sobrevivência da pessoa que é portadora desta especial *mercadoria.*

(...)

A luta contra a precarização das relações de trabalho exige repensar o sistema de proteção para além do esquema jurídico conhecido da relação empregatícia, a qual, hoje em dia, é cada vez mais protagonizada por menos trabalhadores. A questão central que se apresenta é a da garantia dos direitos sociais a todos os trabalhadores, nas diversas e variadas formas de ocupação. O sentido que precisa ser construído sobre o art. 7º da Constituição é o de extensão dos direitos sociais para todos. (...) O eixo referencial do art. 7º da Constituição deve ser a melhoria da condição social de todos os trabalhadores." PORTO, Noemia. *O trabalho como categoria constitucional de inclusão.* São Paulo: LTr, 2013. p. 159-168.

(748) Pois afinal, conforme salienta Sayonara Grillo Coutinho Leonardo da Silva: "A proteção de uma voz coletiva dos trabalhadores, não só para ampliar o diálogo social democrático, mas também para possibilitar a constituição das coletividades fragmentadas, exige repensar os instrumentos de ação sindical, a capacidade de aglutinar novas identidades.

De fato, o arcabouço normativo a tutelar o trabalho humano teve como premissa, desde a sua origem nos estertores da Revolução Industrial, a proteção dos obreiros como partes hipossuficientes da relação mantida com os empregadores em seus aspectos vitais (saúde e segurança, jornada e remuneração) e o Direito Coletivo do Trabalho — aí inserida, naturalmente, a liberdade sindical — vislumbrou desde sua concepção o empoderamento das organizações coletivas dos trabalhadores para fazerem frente aos desígnios patronais nas questões atinentes à implementação em concreto daqueles fatores.

Por isso mesmo, a extensão da tutela emanada da liberdade sindical em direção às práticas antissindicais implementadas contra os titulares daquelas *novas relações de trabalho*, vista sob a ótica do *romance em cadeia* dworkiniano, configura, efetivamente, um novo capítulo da trama a envolver a evolução da garantia em referência, não só plenamente coerente com as características que as distinguem como tal, como também com os elementos institucionais que pautam o ordenamento jurídico pátrio.

5.3.8. A proteção das entidades sindicais tradicionais

Passando-se do plano individual para o escopo coletivo da proteção emanada do direito fundamental à liberdade sindical, tem-se como capítulo inaugural da saga evolutiva da referida garantia — ao lado da tutela dos empregados clássicos — a proteção conferida às entidades sindicais tradicionais contra os atos antissindicais praticados pelos empregadores, pelo Estado e por outras organizações paralelas no fito de enfraquecê-la em prejuízo último ao contrapoder por ela exercido em relação aos desígnios patronais no tocante à determinação das condições gerais de trabalho.

As entidades tradicionais aqui contempladas são aquelas que preenchem os requisitos definidos objetivamente nas legislações internas dos Estados para sua constituição como *sindicato*, *federação* ou *confederação*. No caso brasileiro, seriam elas as organizações que encontram-se inscritas no registro sindical do Ministério do Trabalho (Cadastro Nacional de Entidades Sindicais) e que, por essa razão, detêm as prerrogativas inerentes ao exercício da representatividade de uma determinada categoria profissional em uma dada base territorial, sob o regime de monopólio, haja vista a regra da unicidade consagrada no art. 8º, II, da Constituição Federal.

Tais entidades, que têm sua origem histórica na Primeira Revolução Industrial, representam a essência do direito fundamental à liberdade sindical, pois seu surgimento teve - e ainda tem - por motivação a reunião dos trabalhadores em torno de um ente coletivo com vistas ao exercício de contrapoder aos desígnios patronais no que concerne à fixação das condições de trabalho. São os sindicatos, portanto, um elemento essencial para a consecução do equilíbrio de forças entre os atores sociais e, consequentemente, para a manutenção e a evolução do padrão de vida dos obreiros.(749)

Diante da ameaça à hegemonia patronal representada pela simples existência dos sindicatos em suas áreas de atuação, os empregadores buscaram, desde o início, interferir na livre organização dos trabalhadores, seja por intermédio do financiamento daquelas entidades, ou através da criação de organizações paralelas, por eles controladas, destinadas exclusivamente

(...)
O ambiente de maior equilíbrio nas Relações Coletivas de Trabalho no terceiro quartel do século passado não foi decorrência natural de um modelo econômico keynesiano-fordista, e sim resultado de anos de lutas sociais e políticas dos trabalhadores. Também agora a superação dos novos desequilíbrios não será obtida pela criatividade dos intérpretes, mas por uma conjugação de estratégias das classes sociais e da ação concreta dos movimentos de trabalhadores excluídos, para os quais os estudos e análises jurídicas podem, entretanto, contribuir." SILVA, Sayonara Grillo Coutinho Leonardo da. *Relações coletivas de trabalho. Configurações institucionais no Brasil contemporâneo.* São Paulo: LTr, 2008. p. 121.

(749) Cf., a propósito: FOURGEAUD, André. *Du code individualiste au droit syndical.* Paris: Valois, 1929, p. 45-71.

a promover o enfraquecimento dos entes legitimamente constituídos pela coletividade profissional. A difusão de tal prática já em fins do século XIX e no início do século XX justificou a própria redação do art. 2º, da Convenção n. 98 da OIT, cujo teor elenca e veda expressamente a implementação das práticas ora descritas.

Do mesmo modo que ocorreu em relação aos atos antissindicais praticados contra os trabalhadores, as condutas patronais destinadas a controlar e a enfraquecer os sindicatos obreiros se aperfeiçoaram ao longo do tempo, tornando-se cada vez mais sutis. Como exemplo de tais práticas, tem-se a criação das chamadas *associações solidaristas ou mutualistas* compostas por trabalhadores e empregadores que muito embora sejam criadas no fito de proporcionar a prestação de assistência financeira, sanitária, habitacional, entre outras, acabam sendo desvirtuadas em sua natureza, passando a realizar atividades tipicamente sindicais, como, por exemplo, a negociação coletiva.(750)

Há, ainda, como clássicos exemplo de condutas antissindicais praticadas contra as organizações obreiras, a criação das chamadas *entidades-títeres*, ou seja, os organismos sindicais ou unitários criados sob o influxo dos empregadores para esvaziar ou enfraquecer os sindicatos preexistentes, conforme já detalhado no Capítulo anterior.

No caso brasileiro, tal risco é sobremaneira exacerbado na medida em que a criação de entidades sindicais por *dissociação* ou por *desmembramento*, a despeito da regra da unicidade sindical insculpida no art. 8º, II, da CLT, não se faz acompanhada de requisitos a exigirem a demonstração em torno da efetiva representatividade a ser exercida pelo ente a ser criado em relação à categoria profissional pretendida.(751)

Assim, a criação de sindicatos por dissociação e por desmembramento fomentados pela iniciativa patronal com o intuito de esvaziar as entidades preexistentes, ao menos no contexto brasileiro, é uma possibilidade não apenas realista como também constatada na prática cotidiana. Em que pese sua regularidade formal, a constituição de tais entes que são, em verdade, verdadeiros apêndices das empresas ou de suas organizações representativas, configura nítido e inequívoco ato antissindical incompatível com o direito fundamental à liberdade sindical e, portanto, ilícito.

Além disso, é digno de registro o fato de que, com a cessação abrupta das receitas advindas da contribuição compulsória sem o estabelecimento de um regime de transição, no ensejo da *Reforma Trabalhista* institucionalizada pela Lei n. 13.467/2017, vem se constatando País afora a prática implementada por numerosas empresas de grande porte no sentido de repassar aos sindicatos obreiros de suas respectivas áreas geográficas de atuação os valores correspondentes àquela rubrica extinta, requerendo-lhes, em contrapartida, lealdade aos seus desígnios específicos (p. ex.: deixar de ingressar com ações coletivas, fazer "*vista grossa*" com relação a certas práticas nos locais de trabalho, moderar as propostas apresentadas por ocasião das negociações coletivas periódicas etc.).

Trata-se, nesse caso, de um ato antissindical que afeta, ao mesmo tempo, o próprio sindicato e os trabalhadores por ele representados, na medida em que neutraliza as ações daquele primeiro na defesa dos interesses legítimos de suas categorias profissionais e, a um só golpe, impede os obreiros considerados de *per se* de contar com sua entidade de classe para atuar adequadamente em prol das pautas coletivas que, ao fim e ao cabo, constituem direitos individuais homogêneos (p. ex.: percepção de um determinado adicional para quem trabalha em setor de risco, concessão de certo tipo de Equipamento de Proteção Individual etc.).

(750) Sobre a repulsa do Comitê de Liberdade Sindical da OIT às *associações solidaristas* ou *mutualistas*, *vide* o teor do Verbete n. 873, já transcrito alhures.

(751) *Vide*, a propósito: EBERT, Paulo Roberto Lemgruber. *Sindicato mais representativo e mutação constitucional:* uma proposta de releitura do art. 8º, II, da Constituição Federal. São Paulo: LTr, 2007.

No que diz respeito à antissindicalidade praticada pelos agentes do Estado em face das entidades sindicais, é ela caracterizada pela interferência excessiva nos assuntos internos destas últimas, não apenas pelo Poder Executivo no desempenho das atividades regulamentares e de polícia, mas também pelo Poder Legislativo e pelo Poder Judiciário, de modo a comprometer a autonomia sindical consagrada no art. 8º, I, da Constituição Federal e nos arts. 8º do PIDESC, da ONU e 8º do Protocolo de San Salvador, da OEA.

Nesse diapasão, conforme já mencionado no Capítulo anterior, destacam-se o detalhamento excessivo, em sede legislativa, dos requisitos para o funcionamento interno das entidades, especialmente no que diz respeito às regras eleitorais, dos quantitativos de dirigentes, da composição dos órgãos diretivos e da fixação dos programas de ação, cuja reprovabilidade é objeto de sucessivos enunciados do Comitê de Liberdade Sindical da OIT (Verbetes ns. 369, 370, 379, 384, 393, 394, 397, 401, 402, 405 e 454, 496 e 500).

Há de se mencionar, igualmente, as condutas abusivas praticadas pela Administração Pública no exercício do poder de polícia a envolver a detenção de sindicalistas por motivos relacionados à lídima ação sindical, ao controle de conteúdo das reuniões sindicais, à negativa injustificada para a realização de atos públicos convocados pelos sindicatos, à censura prévia de publicações, bem como o ingresso injustificado de agentes estatais nas dependências da entidade, todas elas reprimidas pelo Comitê de Liberdade Sindical da OIT em seus Verbetes de ns. 63, 131, 142, 164 e 181.

Ainda no tocante às práticas antissindicais implementadas pelo Estado contra as entidades obreiras, é mister fazer menção à aplicação desproporcional de obrigações e penalidades pecuniárias aos referidos entes ao cabo de greves julgadas abusivas. A violação à liberdade sindical ocorrerá, nesse particular, quando o valor das multas colocar em risco a própria subsistência dos sindicatos, em prejuízo último aos interesses de toda a categoria profissional e, consequentemente, ao equilíbrio de forças na fixação das condições de trabalho, conforme decidido pelo Comitê de Liberdade Sindical da OIT em seus Verbetes ns. 668 e 670.

Também ocorrerá antissindicalidade, nesse particular, quando o Poder Público, a pretexto de estabelecer contingentes mínimos para a realização das atividades tidas por *essenciais* durante as greves, exigir dos sindicatos a desmobilização de altos contingentes de trabalhadores, a ponto de impedir o movimento de surtir quaisquer efeitos legítimos em relação à contraparte patronal.

Por derradeiro, não se poderia deixar de fazer menção, no título dedicado à antissindicalidade estatal, àquelas situações em que a lídima ação sindical é obstada pela omissão das autoridades públicas em assegurar no ordenamento jurídico os meios adequados para o desempenho de tal atuação, especialmente no que concerne às garantias dos dirigentes e das próprias entidades contra as investidas patronais.

No caso brasileiro, tal situação é particularmente percebida no que diz respeito às *representações sindicais nos locais de trabalho* (delegacias e seções sindicais) que, à falta de garantias adequadas à sua instalação, especialmente após o advento da *Reforma Trabalhista* instituída pela Lei n. 13.467/2017, são facilmente desmobilizadas pelos empregadores, geralmente por intermédio da demissão dos trabalhadores envolvidos em sua instalação.

Ocorre, todavia, que a falta das representações sindicais nos locais de trabalho tais instâncias compromete substancialmente a atividade representativa dos sindicatos, na medida em que as categorias por eles defendidas ficam desprotegidas no espaço onde as relações de trabalho se desenvolvem de maneira dinâmica e cotidiana, ou seja, no interior da própria unidade produtiva, conforme já visto detalhadamente nos Capítulos 3 e 4 *supra*.

Daí porque o direito fundamental à liberdade sindical consagrado no art. 8º da Constituição Federal, em todos aqueles Pactos de Direitos Humanos ratificados pelo Brasil já citados acima e, nesse particular, nos arts. 1º e 3º da Convenção n. 135 da OIT, não se compatibiliza com as condutas patronais tendentes à desmobilização das representações sindicais nos locais de trabalho, pois, como visto, o franco associativismo tem por tendência histórica e mesmo institucional o ingresso nos ambientes onde os embates entre os atores sociais se desenvolvem.

Ante tudo o que se formulou acerca da importância histórica e atual das entidades sindicais clássicas para a obtenção do almejado equilíbrio de forças entre os atores sociais no curso das relações de trabalho, resta evidente que o direito sindical à liberdade sindical, em sua vertente coletiva, tutela e tutelará as referidas organizações obreiras em relação às práticas tendente a enfraquecer a legítima atuação por elas empreendida na defesa dos interesses dos trabalhadores, seja tal conduta oriunda dos empregadores, de outros entes ou mesmo do próprio Estado.

De fato, não se concebe a instituição *liberdade sindical* sem a figura das entidades sindicais clássicas. Por isso mesmo, a integridade do referido direito fundamental no presente e no futuro dependerá da coibição, em concreto, de toda e qualquer conduta oficial ou particular tendente a colocar as referidas organizações obreiras em um plano subalterno em relação aos desígnios patronais ou a reduzir sobremaneira sua autonomia, especialmente no que concerne à definição das pautas de ação sindical.

5.3.9. A proteção das representações unitárias nos locais de trabalho, de seus trabalhadores e de seus dirigentes. Sentido e alcance do art. 11 da Constituição Federal e dos arts. 1º e 3º da Convenção n. 135 da OIT

Já se viu no item 4.2.2 do Capítulo anterior que as representações unitárias nos locais de trabalho, que integram, ao lado das seções e delegacias sindicais o sistema *dual* de representação dos trabalhadores nos locais de trabalho contemplado na Convenção n. 135 da OIT, complementada pela Recomendação n. 143, funcionam como instâncias de consulta e participação dos obreiros nas decisões referentes à organização laboral a serem tomadas pelos empregadores e que, por isso mesmo, exercem, à sua maneira, uma espécie legítima de contrapoder aos desígnios patronais de modo a atrair, por essa razão, o escopo protetivo emanado do direito fundamental à liberdade sindical.

De fato, as representações unitárias dos trabalhadores, ao lado das representações sindicais, trouxeram as reivindicações obreiras para dentro das unidades produtivas — ou, na dicção de Katz e Kochan, para o *nível do local de trabalho* — de modo a confrontá-las direta e cotidianamente com o poder diretivo patronal. Por isso mesmo, pode-se dizer que as referidas instâncias vivenciam e vivificam diuturnamente o conteúdo histórico-institucional inerente à liberdade sindical, na medida em que os embates entre os atores sociais no foro onde suas relações se desenrolam propicia, ao fim e ao cabo, o equilíbrio de forças entre eles.

No ordenamento brasileiro, as representações unitárias são tratadas no art. 11 da Constituição Federal, cujo teor estabelece, para os trabalhadores, o direito à eleição de um representante nas empresas com mais de duzentos empregados. A previsão constitucional em apreço somente veio a ser regulamentada, em caráter parcial, com o advento da *Reforma Trabalhista* instituída pela Lei n. 13.467/2017, que inseriu no texto da CLT os arts. 510-A a 510-D, a terem por objeto as chamadas *comissões de representantes dos empregados*, com as condições necessárias para a sua formação e as atribuições a ela confiadas.

Conforme visto nos itens 2.5.3 e 3.3.3 *supra,* o modelo de representação unitária plasmado nos novos arts. 510-A a 510-D da CLT (i) não se fez acompanhado de mecanismos destinados a promover a proteção dos representantes contra uma série de medidas patronais tendentes a turbar o desempenho de suas atribuições; (ii) não investiu as referidas instâncias do múnus concernente à atuação plena em defesa dos interesses obreiros nas questões atinentes à organização dos fatores de produção no nível do local de trabalho e (iii) não as revestiu das garantias elementares destinadas a viabilizar o acesso às informações sobre os temas de interesse comum de empregados e empregadores e a assegurar a comunicação com os demais empregados.

Houve, portanto, uma concretização apenas *parcial* e *fragmentada* do mandamento emanado do art. 11 da Constituição Federal por parte da Lei n. 13.467/2017, a veicular a *Reforma Trabalhista*. A maior parte das diretrizes constantes da Convenção n. 135 da OIT e ali apostas no ensejo de assegurar, com independência e desenvoltura, o desempenho das funções atribuídas às representações unitárias dos trabalhadores nas empresas, remanesce intocada pela legislação ordinária.

Quer isto dizer que os representantes dos trabalhadores nas empresas com mais de duzentos empregados se encontram desprotegidos em relação aos atos antirrepresentativos praticados pelos empresários, pelas entidades sindicais receosas de concorrerem com eles ou mesmo pelo Estado? E quanto às unidades produtivas com quantitativo de empregados *menor* do que aquele mencionado no art. 11 da Constituição Federal? Estariam os representantes obreiros a exercerem seus misteres a descoberto de qualquer tutela?

No nosso entendimento, impõe-se a resposta negativa para ambas as questões ora formuladas. Quanto à inércia legislativa no que concerne à regulamentação integral do art. 11 da Constituição Federal, já se viu nos Capítulos 3 e 4 *supra* que tal situação não impede a aplicação direta do art. 1º da Convenção n. 135 da OIT, cuja redação é preclara ao estender para a generalidade dos representantes sindicais e unitários dos trabalhadores nos locais de trabalho a tutela contra *"quaisquer medidas que poderiam vir a prejudicá-los, inclusive o licenciamento, e que seriam motivadas por sua qualidade ou suas atividades como representantes dos trabalhadores, sua filiação sindical, ou participação em atividades sindicais"*.

Nesse ponto, não é demais repisar que a legislação infraconstitucional que vier a regulamentar efetivamente o art. 11 da Constituição Federal deverá observar os parâmetros tutelares estabelecidos na Convenção n. 135 da OIT, haja vista o caráter supralegal em que esta última se encontra no ordenamento jurídico pátrio, não podendo, portanto, reduzir o amplo escopo protetivo mencionado em seu art. 1º e muito menos desvirtuar a conceituação estabelecida no art. 3º do diploma internacional em testilha.

Já no que diz respeito à extensão da tutela contra os atos antirrepresentativos para as representações criadas nas unidades produtivas com menos de duzentos empregados, há de se notar que a redação do art. 11 da Constituição Federal não vedou a eleição de representantes obreiros e muito menos a criação de instâncias unitárias nos locais de trabalho a contarem com quantitativo inferior àquele ali mencionado. O que o dispositivo em questão preconiza é o direito dos trabalhadores à eleição de um representante nas empresas a possuírem número de obreiros superior àquelas duas centenas e nada além disso.

Sendo assim, se para os trabalhadores lotados nas empresas com mais de duzentos empregados a eleição de um representante é um direito assegurado expressamente na Carta Magna, para os obreiros a desempenharem suas atividades em locais de trabalho com quantitativo inferior àquele, a constituição de instâncias de representação unitária ou a eleição de representantes é uma possibilidade a ser inserida nas pautas da negociação coletiva que, uma vez criada, atrairá para si o escopo tutelar emanado do art. 1º da Convenção n. 135 da OIT.

A tese ora defendida encontra respaldo não apenas na *ratio essendi* da negociação coletiva, a residir na implementação de melhores condições de vida e trabalho aos obreiros por intermédio do entendimento direto entre os atores sociais, mas também no diálogo intersistêmico que impõe à compreensão do art. 11 da Constituição Federal a encampação do sentido e do alcance emanados da Convenção n. 135 da OIT, a preconizar em seu art. 1º, como visto, a tutela ampla e irrestrita dos mandatários e das instâncias unitárias contra a prática de atos antirrepresentativos.(752)

Recorde-se, nesse particular, que tal diálogo entre o ordenamento constitucional e as Convenções da OIT já foi implementado pelo próprio Supremo Tribunal Federal quando este último, por ocasião do julgamento da ADI n. 1.675/DF, reconheceu a Convenção n. 106 da OIT, relativa aos repousos hebdomadários, como conteúdo integrativo do art. 7º, XV, da Carta Magna para fins de fixação do domingo como dia de descanso segundo a tradição nacional. Nesse particular, o Ministro Sepúlveda Pertente ressaltou que "*o mínimo a conferir [à Convenção n. 106 da OIT] é o valor de poderoso reforço à interpretação do texto constitucional que sirva melhor à sua efetividade*".(753)

Por essa razão, cremos que a redação do art. 11 da Constituição Federal não configura um limite textual à ampliação da tutela emanada da liberdade sindical e do art. 1º da Convenção n. 135 da OIT também para aquelas representações unitárias constituídas nas empresas com menos de duzentos empregados. Nesses casos, sua criação por intermédio de acordo, convenção coletiva ou até mesmo por entendimento direto entre os trabalhadores diretamente interessados e os empregadores, e, principalmente, seu funcionamento, serão tutelados pelo conteúdo histórico-institucional inerente à liberdade sindical e, consequentemente, pelo art. 1º da Convenção n. 135 da OIT, complementada pela Recomendação n. 143.

Convém observar, por fim, que os fundamentos ora elencados para a tutela das representações unitárias formadas em estabelecimentos com menos de duzentos empresários foram expressamente considerados pela Subseção Especializada em Dissídios Coletivos do Tribunal do Trabalho por ocasião do julgamento do Recurso Ordinário em Dissídio Coletivo n. 1002264-93.2020.5.02.0000, já mencionado no item 4.3.5 *supra*. Na oportunidade, o colegiado reconheceu que a tutela emanada da Convenção n. 135 da OIT alcança os organismos em atividade nas unidades empresariais dotados dos quantitativos obreiros inferiores àqueles previstos no art. 11 da Constituição Federal.(754)

No que diz respeito à fixação dos quantitativos de representantes unitários em proporção ao número de empregados existentes nas unidades produtivas há duas soluções que, no nosso entendimento, se afiguram compatíveis e coerentes com o conteúdo institucional da liberdade sindical e, por tabela, com as Convenções ns. 135 e 154 da OIT. A primeira seria o estabelecimento de tal correlação pela via da negociação coletiva a e segunda vislumbraria a aplicação subsidiária da legislação estrangeira (direito comparado) a tratar do tema, segundo os parâmetros definidos por Guilherme Guimarães Feliciano ao tratar do instituto do *pré-contrato de trabalho* e de sua inserção no ordenamento pátrio.(755)

---

(752) Pois afinal, segundo preceitua Mozart Victor Russomano: "Através das obrigações contratuais e, sobretudo, das criações normativas que resultam da convenção coletiva, os sindicatos exercem sua mais alta e nobre função. A negociação coletiva assegura a unidade e a força das categorias interessadas e chega à obtenção de melhores, justas e equilibradas condições de trabalho.

Através dessas relações coletivas — e daí sua importância admirável — o Direito do Trabalho não apenas assegura, fortemente, o cumprimento das leis, como, igualmente, as suplementa, indo além deles, pois estas nada mais são do que o *limite inferior* das garantias devidas ao trabalhador." RUSSOMANO, Mozart Victor. *Princípios gerais de Direito Sindical*. 2. edição. Rio de Janeiro: Forense, 1995. p. 46.

(753) BRASIL: SUPREMO TRIBUNAL FEDERAL. MEDIDA CAUTELAR NA AÇÃO DIRETA DE INCONSTITUCIONALIDADE N. 1.675/DF. RELATOR: Min. Sepúlveda Pertence. Plenário. *DJ*: 19.9.2003.

(754) BRASIL: TRIBUNAL SUPERIOR DO TRABALHO. RECURSO ORDINÁRIO EM DISSÍDIO COLETIVO N. 1002264-93.2020.5.02.0000. RELATOR: Ministro Mauricio Godinho Delgado. Subseção de Dissídios Coletivos. *DJ*: 11.11.2021.

(755) FELICIANO, Guilherme Guimarães. *Do pré-contrato de trabalho*. O contrato preliminar de trabalho no iter da contratação laboral: abordagem comparativa e jusfundamental. São Paulo: LTr, 2010. p. 61-79.

Nesse particular, é de se ressaltar que nem o art. 11 da Constituição Federal e muito menos a Convenção n. 135 da OIT estabelecem uma correlação entre o número de representantes a serem eleitos e a quantidade de empregados lotados nas unidades produtivas. Tampouco o arcabouço normativo pátrio possui dispositivos aptos a servirem de moldura para uma eventual aplicação analógica.

Daí porque o diálogo intersistêmico entre o ordenamento brasileiro e os ordenamentos de países que se orientam por diretrizes democráticas, políticas e sociais similares àquelas contempladas na Constituição Federal de 1988, se apresenta como uma solução coerente com o escopo tutelar emanado do direito fundamental à liberdade sindical que, conforme já visto no item **?__?** *supra* do presente Capítulo, é formado pelas vicissitudes e concretizações legais verificadas não apenas no âmbito doméstico, mas também nos planos dos sistemas jurídicos estrangeiros e naqueles dos organismos internacionais.

Pois bem. Nesse desiderato, caberá ao intérprete/aplicador, no bojo do que preconiza a postura da *única resposta correta* formulada por Dworkin, buscar naqueles ordenamentos alienígenas o dispositivo a estabelecer a correlação quantitativa mais coerente com o escopo tuitivo emanado da liberdade sindical e de seu conteúdo histórico-institucional. Um dos candidatos a participarem de tal empreitada seria, naturalmente, o art. 66 do *Estatuto de los Trabajadores* da Espanha, já mencionado no Capítulo 3 *supra*, a fixar um número entre 5 (cinco) e 75 (setenta e cinco) representantes a variarem segundo o porte das empresas.

Verifica-se, portanto, que as representações unitárias de trabalhadores nos locais de trabalho se encontram inseridas no escopo tutelar da liberdade sindical, por consistirem em notória evolução história experimentada pela garantia em referência destinada, conforme visto, a assegurar a correlação de forças entre os atores sociais no interior das unidades produtivas, onde o poder diretivo do empregador se faz sentir de maneira mais direta.

Por isso mesmo, as representações unitárias e os trabalhadores que as personificam são titulares, por força da Convenção n. 135 da OIT e dos demais dispositivos a consagrarem o direito fundamental à liberdade sindical no ordenamento pátrio, da proteção contra toda e qualquer medida patronal, sindical ou estatal tendente a obstruir ou demover as atividades desempenhadas por aquelas instâncias.

5.3.10. A proteção das entidades associativas destituídas de personalidade sindical

No que diz respeito à extensão da tutela emanada da liberdade sindical às entidades destituídas de personalidade sindical, já se viu no item 4.2.3 *supra* que tal encampação pelo conteúdo institucional inerente àquela garantia é decorrência da evolução que esta última experimentou em função das metamorfoses pelas quais as relações de trabalho passaram nas últimas décadas por imposição do cenário macroeconômico mundial.

Viu-se, nesse particular, que diante desses novos contextos a diferirem substancialmente do cenário existente no período da Revolução Industrial, as próprias representações obreiras estabeleceram estruturas voltadas tanto para o embate político no campo doméstico, quanto para a cooperação internacional no fito de superar os desafios inerentes à globalização econômica, à mobilidade do capital e à precarização das relações laborais.(756)

(756) A enorme dimensão do desafio a ser enfrentado por tais estruturas transnacionais fica patente diante do relato formulado pelo sociólogo do trabalho francês Vincent de Gaulejac acerca dos efeitos perversos da globalização para os trabalhadores. Segundo Gaulejac: "A globalização transforma as relações entre o capital e o trabalho. À desterritorialização corresponde uma re-territorialização do trabalho. Verificamos isso observando as estratégias de deslocamento das firmas. De um lado as pressões para abaixar os custos da mão de obra, abrandar as exigências do direito do trabalho. Do outro, as pressões para favorecer uma liberdade total da circulação de capitais e das trocas comerciais. (...)

Dado o caráter espontâneo de seu surgimento em face do próprio dinamismo das relações políticas, sociais e econômicas a influenciarem o universo do trabalho, as estruturas ora analisadas foram constituídas em paralelo às molduras legais que conformam a criação dos sindicatos, federações e confederações e o desempenho de suas atividades representativas. Por isso mesmo, são elas formalmente destituídas de personalidade sindical, muito embora existam no mundo jurídico como associações civis e desempenhem efetivamente a defesa dos interesses das categorias obreiras em níveis mais elevados de representação.(757)

Tais estruturas consistem na resposta dada pela organização coletiva obreira às mudanças verificadas no entorno político, social e econômico que a circunda, a fim de manter o equilíbrio de forças entre trabalhadores e empregadores na definição das condições de trabalho. Por isso mesmo, o reconhecimento em torno de sua legitimidade e, principalmente, da extensão dos mecanismos de tutela contra as práticas antissindicais e antirrepresentativas àqueles novos entes e a seus dirigentes é medida que se afigura não apenas coerente com o conteúdo institucional a caracterizar a liberdade sindical, mas também exigida por este último, até mesmo para assegurar ao seu *romance em cadeia* peculiar, os futuros capítulos.

No plano doméstico, a análise empreendida no item 4.2.3 *supra* demonstrou que a percepção dos movimentos obreiros em torno da evolução a pautar as relações de trabalho deu origem às *centrais sindicais*, voltadas, como visto, para a coordenação dos interesses comuns das entidades sindicais de primeiro e segundo graus nas questões macroeconômicas a afetarem o universo laboral, seja em face das organizações dos empregadores, seja em face do Poder Público.

Muito embora as centrais sindicais estejam formalmente regulamentadas no ordenamento jurídico pátrio (nos termos da Lei n. 11.648, de 31.3.2008), não há no diploma em referência e tampouco em outro dispositivo qualquer mecanismo de tutela destinado à coibição das práticas antissindicais passíveis de serem praticadas contra as referidas entidades de cúpula e contra seus representantes legais. Por isso mesmo, não há como afastá-las do âmbito tuitivo do direito fundamental à liberdade sindical no que pertine à coibição das medidas patronais e estatais tendentes a enfraquecer sua atuação.

No plano internacional, as assertivas formuladas naquele mesmo item 4.2.3 *supra* demonstraram que os movimentos obreiros vêm se organizando nas últimas décadas em comitês

---

A corrida louca para as fatias de Mercado e a concorrência para manter ou atrair empresas fazem cada vez mais aparecer a regressão social como um instrumento de política econômica a serviço da competitividade.

É a mesma ideologia que se propaga, segundo a qual é preciso diminuir ('é preciso reduzir os encargos'), o salário mínimo é uma causa do desemprego ('é preciso mais flexibilidade'), o direito do trabalho é uma exigência ('é preciso abrandar as regras'). A regulamentação do trabalho é, definitivamente, considerada um obstáculo para a liberalização dos mercados. (...) Nessa perspectiva, a melhoria só pode vir por meio da desregulamentação, da liberalização das trocas, do abaixamento das despesas públicas e do não intervencionismo do Estado." GAULEJAC, Vincent de. Trad.: STORNIOLO, Ivo. *Gestão como doença social. Ideologia, poder gerencialista e fragmentação social.* São Paulo: Ideias & Letras, 2014. p. 61-65.

(757) Na Espanha, a *Ley n. 20/2007, de 11 de julio* reconheceu em seu art. 19 as associações profissionais formadas exclusivamente pelos trabalhadores autônomos, estendendo a elas os direitos coletivos titularizados pela generalidade dos sindicatos.

Sobre o imbricamento entre as associações de autônomos e os sindicatos no contexto espanhol, Alfredo Montoya Melgar e Rodrigo Martín Jimenez pontuam que: "El creciente número de autónomos ha conducido, en la práctica, a un tipo de organización que, ante las dificultades para encuadrarse en el sindicalismo, ha adquirido otras expresiones. Tal desviación no es ni mucho menos inócua, o neutral, para el Estado, pues la creación de organizaciones representativas de intereses específicos de los trabajadores autónomos, conduce a la radical separación de unas y otras, al tiempo que impede que éstas de beneficien de la experiencia sindical, y permite a los sindicatos, en pie de igualdad con las asociaciones profesionales, captar una realidad emergente de nuevas actividades independientes o semidependientes que encerra unas aspiraciones que quizá no coincidan con las tradicionales reivindicaciones obreras." MONTOYA-MELGAR, Alfredo; JIMENEZ, Rodrigo Martín. *Estatuto del trabajo autónomo.* Comentario a la Ley 20/2007, de 11 de Julio. Madrid: Thomson-Civitas, 2007. p. 175-176.

internacionais de empregados e de representantes de trabalhadores destinados a confrontar os efeitos deletérios decorrentes da mobilidade geográfica do capital, pelo *law shopping*, pelas mudanças tecnológicas, pela intensa flexibilidade dos processos produtivos e pela profusão das empresas multinacionais.

E tal como ocorre com as centrais sindicais, tais estruturas obreiras de cariz internacional deverão ser tuteladas pelo princípio da liberdade sindical no que diz respeito aos intentos patronais e estatais tendentes a enfraquecer o contrapoder por elas exercido em face daqueles fenômenos decorrentes do atual estágio de desenvolvimento do processo de globalização econômica.

Para além das entidades domésticas e internacionais criadas pelos trabalhadores com vistas ao enfrentamento dos desafios inerentes à globalização econômica, o direito fundamental à liberdade sindical deverá tutelar, igualmente, aqueles movimentos sociais voltados para a defesa de uma causa determinada (p. ex.: defesa dos interesses das minorias, banimento de algum material perigoso, proteção contra o assédio moral e sexual etc.), tratados por Charles Heckscher em sua obra intitulada *The New Unionism,* quando estes últimos passam a exercer, efetivamente, a contraposição aos interesses obreiros aos desígnios empresariais.(758)

Por fim, e conforme igualmente visto no item 4.2.3 *supra*, a tutela das entidades destituídas de personalidade jurídica sindical e de seus representantes deve ser estendida também em direção àquelas entidades legitimamente criadas através da dissociação e do desmembramento diante do vácuo de representatividade do *sindicato-mãe* em relação a uma determinada parcela de sua base, sob pena de expor tais entidades às investidas predatórias dos empresários, de modo a condená-las à morte já no seu nascedouro.

Em suma, e tendo em vista as considerações aqui formuladas, bem assim no já mencionado item 4.2.3 *supra*, tem-se que a liberdade sindical consagrada nos arts. 8º, 9º e 11, da Constituição Brasileira, nas Convenções n. 98 e 135 da OIT, bem assim no PIDESC, da ONU (art. 8º) e no Protocolo de San Salvador (art. 8º) integra em seu conteúdo institucional a tutela (i) das centrais sindicais, (ii) dos organismos transnacionais de defesa dos trabalhadores, (iii) dos movimentos sociais e (iv) dos sindicatos em vias de constituição e de seus representantes das práticas implementadas pelos empregadores e pelo próprio Estado no sentido de enfraquecer o contrapoder exercido por tais estruturas com vistas a promover o equilíbrio de forças na fixação das condições de trabalho. Ter-se-á, também nessas hipóteses, a configuração dos atos antissindicais e antirrepresentativos.

5.4. Conclusão do capítulo. O escopo tutelar emanado da liberdade sindical e a tutela contra as práticas antissindicais e antirrepresentativas

Diante do que foi exposto, pode-se afirmar que as vicissitudes fáticas ocorridas ao longo dos séculos XIX e XX, bem como aquelas que estão a se descortinar neste início de século XXI, agregaram — e vêm agregando — ao conteúdo institucional do direito à liberdade sindical partilhado, em grande medida, pelo ordenamento dos tratados internacionais e pelos sistemas normativos que o consagram, uma série de novas posições titularizadas pelos trabalhadores individualmente considerados e por suas entidades representativas.

Tal escopo protetivo ampliado é fruto da evolução pela qual a liberdade sindical compreendida como uma instituição autônoma passou e vem passando, sempre no sentido de manter seu propósito inerente ao equilíbrio de forças entre os atores sociais diante das alterações verificadas no riquíssimo universo das relações de trabalho ao longo dos últimos dois séculos, tais como a inserção das representações sindicais e unitárias no interior das fábricas, a intensificação das

(758) HECKSCHER, Charles. *The new unionism*. Employee involvement in the changing corporation. 2. ed. Ithaca: ILR Press, 1996.

greves, o aprimoramento das artimanhas patronais voltadas ao enfraquecimento dos movimentos obreiros, as novas formas de interferência e de intervenção estatal na organização dos trabalhadores, entre outras.

Em suma, onde quer que se materializem as mudanças tendentes a abalar, de alguma forma, as relações entre trabalhadores e empregadores, a liberdade sindical — na condição de instituição histórica reconhecida como um direito fundamental — demandará dos operadores do Direito, ao mesmo tempo, a atualização de seu escopo tutelar com vistas à agregação daqueles novos supostos fáticos e a coerência de tal reação com o principal elemento institucional a caracterizar a garantia em tela, qual seja, o oferecimento de condições aos obreiros para que estes últimos possam exercer um efetivo contrapoder aos desígnios patronais de modo a colocá-los em paridade de forças com os detentores dos meios de produção no que concerne à discussão em torno das condições de trabalho.

Foi justamente com base em tal premissa que a Organização Internacional do Trabalho editou as Convenções ns. 87, 98, 135 e 154, no sentido de assegurar, respectivamente, a proteção genérica à liberdade sindical, a tutela contra as práticas antissindicais, a extensão de tal escopo protetivo às representações sindicais e unitárias nos locais de trabalho e o fomento à negociação coletiva em paridade de forças como forma de fixação das condições de trabalho pelos próprios atores sociais.

Nesse mesmo sentido, o Comitê de Liberdade Sindical da OIT tem conferido operacionalização prática aos referidos tratados, a partir da análise das situações submetidas à sua apreciação, de modo a apontar, em concreto, as soluções exigidas pelo direito à liberdade sindical diante das novas vicissitudes fáticas a plasmarem as relações de trabalho e de assegurar, com isto, a coerência de tais entendimentos com o escopo tutelar emanado das Convenções ns. 87, 98, 135 e 154.

Há, pois, no plano internacional — especialmente no sistema da Organização Internacional do Trabalho — um nítido *romance em cadeia*, na acepção dworkiniana, iniciado com as próprias vicissitudes que antecederam a criação daquele organismo no primeiro quartel do século XX, seguido pela promulgação das sobreditas convenções destinadas à tutela da liberdade sindical e da coibição às práticas antissindicais e antirrepresentativas e pelo labor interpretativo e atualizador do Comitê de Liberdade Sindical, a zelar pela integridade de toda a *trama*.

Mas, e no plano doméstico? Seria possível extrair da instável, vacilante e atribulada evolução das instituições sociais pátrias — especialmente, das relações de trabalho e da formatação peculiar de nossa organização sindical — uma linha de coerência apta a permitir a compreensão dos direitos fundamentais consagrados no ordenamento jurídico brasileiro — em especial, da liberdade sindical — nos moldes ora propostos? Pensamos que sim.

Em primeiro lugar, é preciso assimilar que a Constituição Federal de 1988 - pedra angular de todo o ordenamento jurídico pátrio — tem por principal característica histórica a ruptura com o autoritarismo a plasmar não apenas as Cartas anteriores, em especial a de 1967/69, como também as normas editadas sob a égide destas últimas e a própria vida política nacional.(759)

(759) Nesse sentido, Luís Roberto Barroso pontua que: "A Constituição de 1988 é o símbolo maior de uma história de sucesso: a transição de um Estado autoritário, intolerante e muitas vezes violento, para um Estado Democrático de Direito.

(...)

O constitucionalismo democrático foi a ideologia vitoriosa do Século XX. O imaginário social contemporâneo vislumbra nesse arranjo institucional, que procura combinar Estado de direito (supremacia da lei, *rule of the law, Rechtsstaat*) e soberania popular, a melhor forma de realizar os anseios da modernidade: poder limitado, dignidade da pessoa humana, direitos fundamentais, justiça social, tolerância e – quem sabe? – até felicidade. Para evitar ilusões, é bom ter em conta que as grandes conquistas da humanidade levam um tempo relativamente longo para passarem do plano das ideias vitoriosas para a plenitude do mundo real. O curso do processo civilizatório é bem mais lento do que a nossa ansiedade por progresso social. O rumo certo, porém, costuma ser mais importante do que a velocidade.

Nesse sentido, o próprio processo de elaboração da Carta de 1988 deu-se em um contexto de forte contraposição às práticas e às posturas implementadas pelos governos militares que antecederam a Nova República e de busca de protagonismo dos cidadãos na definição e execução das políticas de governo. Sua característica mais marcante consistiu, justamente, na ampla e inédita participação dos movimentos sociais nos debates ocorridos no âmbito da Assembleia Nacional Constituinte.(760)

Como resultado de tal processo, a Constituição Federal de 1988 — apodada de *Constituição Cidadã* —, elencou a *cidadania*, a *dignidade da pessoa humana* e o *valor social do trabalho* como fundamentos da República e impôs ao Estado, como objetivos nucleares, a construção de uma "*sociedade livre, justa e solidária*" e a promoção "*do bem de todos*" com repulsa expressa à discriminação de qualquer espécie, de modo totalmente inovador em comparação às Cartas anteriores na medida em que colocou no centro do sistema não mais um pretenso *interesse público* definido por intermédio do Governo e por suas autoridades de plantão, mas sim o próprio ser humano, cujo progresso como indivíduo e integrante da sociedade passou a vincular e a justificar toda a ação estatal.(761)

Em segundo lugar, não há como passar desapercebido o fato de que a Constituição Federal de 1988, em direção diametralmente oposta àquilo que se preconizava no regime suplantado, conferiu especial primazia aos Direitos Humanos e, nesse desiderato, buscou ativamente a

---

(...)

O constitucionalismo democrático, que se consolidou entre nós, traduz não apenas um modo de ver o Estado e o Direito, mas de desejar o mundo, em busca de um tempo de justiça, fraternidade e delicadeza. Com as dificuldades inerentes aos processos históricos complexos e dialéticos, temos nos libertado, paulatinamente, de um passado autoritário, excludente, de horizonte estreito." BARROSO, Luís Roberto. Vinte anos da Constituição de 1988: a reconstrução democrática do Brasil. In: MONTESSO, Cláudio José; FREITAS. Marco Antônio de; STERN. Maria de Fátima Coêlho Borges. *Direitos sociais na Constituição de 1988*. Uma análise crítica vinte anos depois. São Paulo: ANAMATRA/LTr, 2008. p. 321-329.

(760) Sobre o processo de elaboração da Constituição Federal de 1988, Menelick de Carvalho Netto assevera que: "A legitimidade da Constituição de 1988 veio de seu inusitado processo de elaboração. (...) O procedimento tradicional foi atropelado pela grande força popular já mobilizada no movimento das Diretas Já, e que diante da sua frustração decorrente da não aprovação da Emenda Dante de Oliveira e da morte do presidente eleito pelo Colégio Eleitoral como símbolo da transição para a democracia. Tancredo Neves, exigiu a formulação de um novo procedimento iniciado com a coleta de sugestões populares, ocasionando a abertura e a total democratização do processo constituinte. É isso precisamente o que pode explicar o paradoxo de que uma das legislaturas mais conservadoras já eleitas (...) tenha vindo a elaborar a Constituição mais progressista de nossa história. A legitimidade da Constituição de 1988 advém do seu processo de elaboração democrático, aberto e participativo, processo esse que, deve ser condição de legitimidade para qualquer alteração mais ampla a que venha a se sujeitar a Constituição." CARVALHO NETTO. Menelick de. A urgente revisão da teoria do poder constituinte: da impossibilidade da democracia possível. In: OLIVEIRA, Marcelo Cattoni de. *Poder constituinte e patriotismo constitucional*. Belo Horizonte: Mandamentos, 2006. p. 25.

(761) Nas palavras de Carlos Ayres Britto: "O humanismo enquanto vida coletiva de alto padrão civilizatório é aquele que transcorre nos mais *dilatados cômodos* da contemporânea democracia de três vértices: a procedimentalista, a substancialista e a fraternal. Os dois termos (humanismo e democracia) a se interpenetrar por osmose, e não mais por simples justaposição.

(...)

Mas assim transfundido em democracia plena, ele passa a manter com o Direito uma relação necessária. O Direito enquanto meio, o humanismo enquanto fim. É como dizer: o humanismo, alçado à condição de valor jurídico, é de ser realizado mediante *figuras de Direito*. Que são os institutos e as instituições em que ele, Direito Positivo, se decompõe e pelos quais opera.

(...)

Não que as Constituições precisem nominar o humanismo. Basta que elas falem de democracia para que ele esteja automaticamente normado. Como se pode concluir dos incisos de I a V do art. 1º da Constituição de 1988, que sob a denominação de 'fundamentos' da República Federativa do Brasil, fez da democracia (logo, do humanismo) uma feérica *estrela de cinco pontas*: 'soberania', 'cidadania', 'dignidade da pessoa humana', 'valores sociais do trabalho e da livre iniciativa', 'pluralismo político'. Sendo que a expressão 'dignidade da pessoa humana', ali naquele dispositivo, ainda não é todo o humanismo; é a parte do humanismo que mais avulta, de modo a ocupar uma posição de centralidade no âmbito mesmo dos direitos fundamentais de todo o sistema constitucional brasileiro." BRITTO, Carlos Ayres. *O humanismo como categoria constitucional*. Belo Horizonte: Fórum, 2007. p. 35-38.

entronização dos Tratados Internacionais a versarem o tema no ordenamento jurídico pátrio, de modo a promover a integração substancial entre este último e o sistema tutelar emanado daqueles pactos.[(762)]

A singela leitura de seu art. 4º, II, a estabelecer a *prevalência dos direitos humanos* como pauta de regência da República Federativa do Brasil em suas relações internacionais, bem como do art. 5º, II, a abrir, de forma inédita, o elenco dos direitos fundamentais previstos no texto constitucional para as garantias previstas nos Tratados Internacionais de Direitos Humanos ratificados pelo País, demonstram às escancaras os desígnios de integração inerentes à Constituição Federal de 1988.[(763)]

Não por outra razão, os Tratados Internacionais de Direitos Humanos mais importantes do século XX — a saber: o Pacto Internacional sobre Direitos Civis e Políticos e o PIDESC, da ONU, bem assim o Pacto de San José e o Protocolo de San Salvador, da OEA — foram ratificados pelo Brasil justamente nos anos subsequentes à promulgação da Constituição Federal de 1988.

Disso se infere, portanto, que dentre as características nucleares da Constituição Federal de 1988, a indicarem ao intérprete/aplicador dos direitos fundamentais o pano de fundo histórico e político a ela inerentes, destacam-se (i) a primazia da pessoa humana e de suas garantias individuais e sociais como justificativa para a atuação do Poder Público, (ii) a ruptura institucional com as práticas estatais de cunho autoritário levadas a cabo sob a égide do regime suplantado e (iii) o intuito deliberado de promover a integração e o diálogo entre o ordenamento jurídico pátrio e os Tratados Internacionais de Direitos Humanos.

No que diz respeito especificamente à liberdade sindical e à tutela dela emanada, a despeito da subsistência de elementos de cariz eminentemente corporativista no texto constitucional, tal como a regra da unicidade, não há como negar que o pano de fundo institucional subjacente à Carta Magna de 1988 inspirou, em alguma medida, o estabelecimento da referida garantia nos arts. 8º, 9º e 11.[(764)]

---

(762) Sobre a teoria constitucional a fundamentar a Carta de 1988 (Estado Democrático e Social de Direito), Lenio Luiz Streck e José Luis Bolzan de Morais asseveram que: "A teoria da Constituição deve conter um núcleo (básico) que albergue as conquistas civilizatórias próprias do Estado Democrático (e Social) de Direito, assentado no binômio democracia e direitos humanos-fundamentais-sociais. Esse núcleo derivado do Estado Democrático de Direito faz parte, hoje, de um núcleo básico geral-universal, que comporta elementos que poderiam confortar uma teoria geral da Constituição e do constitucionalismo do Ocidente. Já os demais substratos constitucionais aptos a confortar uma teoria da Constituição derivam das especificidades regionais e da identidade nacional de cada Estado." STRECK, Lenio Luiz; MORAIS, José Luiz Bolzan de. *Ciência Política & Teoria do Estado*. 8. ed., 2. tir. Porto Alegre: Livraria do Advogado, 2014. p. 109.

(763) Nesse particular, Carlos Roberto Husek assevera que: "Tais normas [de direitos fundamentais previstas nos arts. 5º a 11 da Constituição Federal] constituem a espinha dorsal de inspiração das normas constitucionais. Um núcleo de regras que devem ser respeitadas e implementadas.

Não sem motivo são precedidas pelo art. 4º da Lei Maior, que estabelece os princípios com que o Brasil se rege nas relações internacionais. Princípios estes que funcionam como pontes de ligação entre o Direito Interno e o Direito Internacional, portas de passagem entre as duas esferas, pelas quais nos inspiramos, nós brasileiros, dos ventos que sopram fora de nosso território e permitimos que estes ventos arejem o sistema interno.

(...)

Em particular, neste aspecto, o arcabouço interno se completa com os arts. 1º e 3º da Carta, que devem ser conscientizados e que, de forma clara e expressa, determinam o 'Estado Democrático de Direito', sob os fundamentos da soberania, cidadania, dignidade da pessoa humana, os valores sociais do trabalho e da livre iniciativa e fazem concretizar como objetivos fundamentais da República a constituição de uma sociedade livre, justa e solidária, a erradicação da pobreza, a redução das desigualdades sociais, a promoção do bem, sem preconceitos de origem, raça, sexo, cor, idade e quaisquer outras formas de discriminação.

Aí está a base, o arcabouço, o patamar, a fundação em que necessariamente é constituído o edifício jurídico nacional e com o qual ele se movimenta na área internacional. Este é o Brasil. Esta é sua personalidade. Esta é a sua face." HUSEK, Carlos Roberto. *Curso básico de Direito Internacional Público e Privado do Trabalho*. 2. ed. São Paulo: LTr, 2011. p. 71.

(764) No que diz respeito especificamente à regra da unicidade sindical, Ricardo Machado Lourenço Filho a identifica como um elemento cuja subsistência no texto constitucional só se justifica na medida em que a Constituição Federal

De fato — e conforme já visto no Capítulo 2 *supra* — a Constituição Federal de 1988, para além de abolir toda e qualquer forma de intervenção ou de interferência do Estado na organização sindical autônoma (art. 8º, I), reiterou os direitos à livre filiação e desfiliação dos trabalhadores às entidades sindicais (art. 8º, V) e à estabilidade dos dirigentes sindicais (art. 8º, VIII), reconheceu o protagonismo dos referidos entes nas negociações coletivas (art. 8º, VI), ampliou significativamente o escopo do direito à greve, de modo a conferir plena autonomia aos obreiros no que tange à motivação para sua deflagração (art. 9º) e abriu caminho para a instituição das representações unitárias dos trabalhadores nos locais de trabalho (art. 11).

Nos anos subsequentes à promulgação da Carta de 1988, foram finalmente ratificados os Pactos Internacionais de Direitos Humanos emanados da ONU e da OEA a estabelecerem a liberdade sindical em sua acepção ampla (Pacto de Direitos Civis e Políticos — art. 22, PIDESC — art. 8º e Protocolo de San Salvador — art. 8º), para além das Convenções ns. 135 e 154, da OIT, a assegurarem, respectivamente, a constituição das representações sindicais e unitárias nos locais de trabalho e o fomento à negociação coletiva, com as garantias a elas inerentes, em ampliação ao escopo tutelar previsto originalmente na Convenção n. 98.

Tal contexto a apontar para a abertura do ordenamento jurídico interno às diretrizes emanadas daqueles Pactos de Direitos Humanos a consagrarem a liberdade sindical em sua acepção plena, potencializou a implementação de um diálogo (ainda não realizado em toda a sua plenitude) entre o sistema normativo pátrio e a riquíssima casuística do Comitê de Liberdade Sindical da OIT, de modo a fazer com que as orientações deste último a respeito do sentido e do alcance das Convenções ns. 98, 135 e 154 venham a integrar o *background* histórico-institucional a ser levado em conta pelas instâncias domésticas concretizadoras daquela garantia.

Ademais, o reconhecimento em torno do caráter supralegal dos Pactos Internacionais de Direitos Humanos e da inserção da figura do *controle de convencionalidade* das leis por parte da jurisprudência firmada após a promulgação da Emenda Constitucional n. 45/2004 no âmbito do Supremo Tribunal Federal conferiu aos referidos diplomas posição de preponderância no ordenamento jurídico, de modo que suas diretrizes hão de vincular, efetivamente, a tarefa do intérprete/aplicador na análise dos casos concretos a envolverem a garantia à liberdade sindical, de modo a prevalecer sobre os atos normativos contrários às suas orientações.

Vê-se, portanto, que o pano de fundo político subjacente à Constituição Federal de 1988 não só culminou com a ampliação do escopo tutelar do franco-associativismo previsto nos arts. 8º, 9º e 11 como também possibilitou a agregação a estes últimos novos sentidos advindos dos Pactos Internacionais de Direitos Humanos, de modo a inserir, no ordenamento jurídico pátrio, uma grande parte do conteúdo institucional a caracterizar a *liberdade sindical* na condição de instituição histórica.

---

de 1988 consagra em seu pano de fundo um momento de transição de um regime autoritário e intervencionista, para um efetivo Estado Democrático de Direito. Nas palavras do autor: "A unicidade sindical (...) acaba se mostrando um instituto anacrônico na Constituição de um Estado Democrático de Direito.

Entretanto, é preciso ter em vista que a construção de um Estado Democrático de Direito envolve um processo lento e que ainda está em andamento, engendrando uma dinâmica marcada por possíveis avanços e retrocessos. A Constituição de 1988 parece refletir esse momento de transição, principalmente quando, de um lado, inova em diversos mecanismos de participação popular (...), bem como no próprio rol de direitos fundamentais (do que a vedação de interferência na vida estatal é um exemplo), enquanto, de outro, mantém elementos específicos de um Estado intervencionista e paternalista que pretende atuar de forma ampla na realidade e predeterminar o futuro.

(...)

A tarefa que se apresenta é, então, a de buscar o contínuo enriquecimento de nossa experiência histórico-constitucional, a partir das exigências presentes e futuras." LOURENÇO FILHO, Ricardo Machado. *Liberdade sindical:* percursos e desafios na história constitucional brasileira. São Paulo: LTr, 2011. p. 128.

E dentre esse conteúdo oriundo daqueles Pactos Internacionais de Direitos Humanos e incorporados pelo ordenamento jurídico pátrio prepondera, como visto, a tutela dos trabalhadores individualmente considerados e de suas entidades contra os atos antissindicais e antirrepresentativos praticados pelos empregadores, pelo Estado e pelos próprios sindicatos obreiros. Nesse particular, as orientações emanadas especialmente das Convenções ns. 98 e 135 da OIT, bem como de inúmeros verbetes do Comitê de Liberdade Sindical apontam, em concreto, para a antijuridicidade de tais condutas.

Há sim, portanto, uma *linha de coerência* a perpassar e a conferir sentido político e histórico (i) ao advento da Constituição Federal de 1988; (ii) ao reconhecimento da liberdade sindical em seu texto e (iii) à abertura de seu sistema de direitos fundamentais para as diretrizes emanadas dos Pactos Internacionais de Direitos Humanos e das instâncias internacionais de decisão, especialmente do Comitê de Liberdade Sindical da OIT.

A coerência a ser buscada pelo intérprete, nesse particular, não reside na análise da vacilante evolução das instituições jurídicas pátrias ao longo de toda a existência da nação brasileira, mas sim na averiguação em torno do pano de fundo a caracterizar a atual Carta Magna e daquilo que sua promulgação pretendeu superar, de um lado, e agregar, de outro.

Assim, com o advento da Constituição Federal de 1988 e com a ratificação dos sobreditos Pactos Internacionais de Direitos Humanos, o direito à liberdade sindical consagrado no ordenamento jurídico pátrio agregou ao seu cabedal de sentidos as diretrizes emanadas do *romance em cadeia* a caracterizar a evolução da referida garantia no plano internacional, ao menos no que concerne à tutela dos trabalhadores e de suas entidades em face das práticas antissindicais e antirrepresentativas.

Formuladas tais premissas, pode-se afirmar que o escopo tutelar emanado do direito fundamental à liberdade sindical no que concerne à coibição às práticas antissindicais e antirrepresentativas reconhecido pelo ordenamento jurídico brasileiro engloba todas aquelas posições jurídicas em que se situam os trabalhadores individualmente considerados e suas entidades representativas elencadas no item 5.3 *supra*.

Trata-se, pois, de uma tutela que relega à antijuridicidade não apenas as condutas antissindicais e antirrepresentativas ali descritas, mas também toda e qualquer prática patronal, estatal ou mesmo oriunda das entidades representativas de trabalhadores, tendente a mitigar ou a nulificar o equilíbrio de forças que deve permear as relações entre os atores sociais, dado o caráter aberto do conteúdo histórico-institucional inerente à liberdade sindical.

Desse modo, uma vez que as sobreditas posições integram o próprio conteúdo institucional da liberdade sindical, a atuação dos agentes públicos concretizadores do direito fundamental em referência (Poderes Legislativo, Judiciário e Executivo) encontra-se, de antemão, plasmada pela observância a tais diretrizes, de modo que sua coerência com a referida garantia estará a depender da observância a tais pautas.

Assim, os debates levados a cabo no âmbito do Poder Legislativo acerca da tutela contra os atos antissindicais e antirrepresentativos, muito embora devam contar com a ampla participação dos interessados no bojo de um verdadeiro e devido processo legislativo a considerar seus desígnios peculiares, não poderão culminar com a mitigação ou com a fulminação daquelas posições jurídicas titularizadas pelos trabalhadores e por suas entidades, sob pena de afronta aos arts. 8º, 9º e 11 da Constituição Federal e àqueles Pactos Internacionais de Direitos Humanos de hierarquia supralegal.

E quando o processo legislativo gerar atos normativos potencialmente atentatórios àquele conteúdo institucional, caberá ao Poder Judiciário — mais especificamente ao Supremo Tribunal

Federal no âmbito do controle concentrado de constitucionalidade e de convencionalidade — averiguar, através de um diálogo constante e incisivo com os ordenamentos jurídicos internacionais e estrangeiros, se o novo *capítulo* da trama referente à evolução do direito fundamental à liberdade sindical desenvolvido pelo parlamento afigura-se coerente ou não com os fundamentos institucionais daquela garantia.

Tal dever de coerência, a pautar o Poder Legislativo no curso do debate a gerar as leis em abstrato, deverá orientar, igualmente, o Poder Judiciário no mister de colmatação das lacunas normativas concernentes à regulamentação das práticas antissindicais e antirrepresentativas, de modo a lhe impor a observância aos limites objetivos impostos pelo conteúdo histórico-institucional da liberdade sindical descrito no item 5.3 *supra*.

Já no âmbito do controle difuso de constitucionalidade, o Poder Judiciário se encontra vinculado àquele conteúdo histórico-institucional na medida em que deverá averiguar se este último repudia ou não a conduta patronal, governamental ou sindical apreciada em concreto, se as normas de direito interno invocadas pelas partes como pretensos fundamentos para seus direitos se afiguram compatíveis com aquele pano de fundo subjacente à Constituição Federal de 1988 e àqueles Pactos Internacionais de Direitos Humanos a consagrarem o direito à liberdade sindical em sua acepção plena e, finalmente, se as posições jurídicas vindicadas pelos jurisdicionados afiguram-se legitimadas ou abusivas à luz dos preceitos por elas invocados.

Em se constatando a incompatibilidade da conduta antissindical ou antirrepresentativa apreciada em concreto pelo Poder Judiciário com o conteúdo institucional inerente ao postulado da liberdade sindical, a parte atingida pela conduta ilícita terá direito à declaração de nulidade da prática, com a reversão da situação ao *status quo ante*, sem prejuízo do ressarcimento dos danos à personalidade decorrentes daqueles atos antijurídicos, como decorrência do art. 5º, V e X, da Constituição Federal, bem como dos arts. 186, 187 e 944 do Código Civil.

E, por fim, quanto à atuação do Poder Executivo no tocante à matéria, viu-se que é possível, à luz dos arts. 84, IV e 87, parágrafo único, II, da Constituição Federal, a expedição de decretos e de instruções normativas no fito de regulamentar as leis ordinárias já existentes a vedarem, em abstrato, a prática de condutas abusivas e discriminatórias no contexto das relações de trabalho, com destaque para os arts. 187 e 422 do Código Civil, para o art. 1º, da Lei n. 9.029/95 e para os arts. 5º e 11 da Lei n. 13.709/2018 (Lei Geral de Proteção de Dados).

Nesse sentido, sendo as práticas antissindicais e antirrepresentativas supostos de abuso do direito e de discriminação, o Poder Executivo encontra-se autorizado a estabelecer, no âmbito da regulamentação daqueles dispositivos legais, um rol de condutas incompatíveis com o conteúdo histórico-institucional do direito à liberdade sindical, estando, nesse desiderato, pautado pelas posições jurídicas elencadas no item 5.3 *supra*.

Vê-se, portanto, que o desenvolvimento histórico do direito fundamental à liberdade sindical consagrado na própria Constituição Federal e, principalmente, nos Pactos Internacionais de Direitos Humanos que o reconhecem em sua plenitude, enriquecido pelo contexto democrático, pluralista, inclusivo e humanista a caracterizar a Carta de 1988, conferem ao intérprete uma *linha de coerência* apta a promover, em concreto, o escrutínio dos atos antissindicais e antirrepresentativos com ela incompatíveis e que vincula, objetivamente, os Poderes Legislativo, Judiciário e Executivo, nos termos ora descritos.

Conclusões

Ao cabo do presente estudo, é possível formular as seguintes conclusões:

1) A definição acerca do conteúdo subjacente à liberdade sindical prevista na Constituição Federal de 1988 e nos principais Pactos Internacionais de Direitos Humanos ratificados pelo Brasil como um efetivo direito fundamental deverá ser formulada a partir da análise de sua peculiar evolução histórica que perpassa não apenas as vicissitudes ocorridas no âmbito nacional desde os primórdios da organização coletiva dos trabalhadores, como também os aspectos vivenciados nos países que protagonizaram a Revolução Industrial, bem assim aqueles que foram inseridos naqueles tratados internacionais e nas Convenções da OIT a versarem o tema, sem abdicar, contudo, da integração de novos conteúdos àquela garantia a depender das novas vicissitudes constatadas quando da análise dos casos concretos;

2) No plano doméstico, muito embora a evolução do sindicalismo pátrio tenha sido pautada por vicissitudes muito peculiares, não se pode ignorar que a Constituição Federal de 1988 é pautada por um pano de fundo histórico e político caracterizado (i) pela primazia da pessoa humana e de suas garantias individuais e sociais como justificativa para a atuação do Poder Público, (ii) pela a ruptura institucional com as práticas estatais de cunho autoritário levadas a cabo sob a égide do regime suplantado e (iii) pelo o intuito deliberado de promover a integração e o diálogo entre o ordenamento jurídico pátrio e os Tratados Internacionais de Direitos Humanos;

3) Nesse sentido, a Constituição Federal de 1988 erigiu o sindicato como o interlocutor dos trabalhadores nas relações coletivas de trabalho, liberando-o da tutela estatal, deixando as categorias livres do enquadramento e possibilitando-lhes o amplo exercício das faculdades da dissociação e do desmembramento nesse desiderato, para além de ter assegurado aos trabalhadores o direito à livre integração ou desintegração dos quadros associativos das entidades representativas de suas categorias, de modo a recepcionar, em parte, o conteúdo histórico-institucional da liberdade sindical subjacente às Convenções ns. 87, 98 e 154 da OIT. Ao mesmo tempo, contudo, a Carta Magna manteve íntegros outros institutos corporativistas, tais como a unicidade sindical e o poder normativo da Justiça do Trabalho nos dissídios coletivos de natureza econômica, ainda que de forma mitigada;

4) Em tal contexto, a resgatar a autonomia sindical e a romper, em parte, com as estruturas corporativistas, os elementos previstos no art. 8º da Constituição Federal devem ser interpretados de forma ampla, de modo a tutelar, na maior medida possível, os agentes dos sindicatos e os trabalhadores no lídimo exercício da ação sindical. Tal exegese deve ocorrer em concordância com os fundamentos e objetivos da República declinados na Carta de 1988, com especial destaque para os postulados da *democracia*, do *pluralismo ideológico*, da *valorização do trabalho humano* e do condicionamento da ordem econômica à promoção da existência digna e em consonância com as diretrizes emanadas daqueles Pactos Internacionais de Direitos Humanos ratificados pelo Brasil que, em decorrência do art. 5º, § 2º, da Lei Maior, têm o condão de preencher de sentido os direitos fundamentais reconhecidos pelo ordenamento jurídico pátrio;

5) Por conseguinte, o conteúdo do princípio da liberdade sindical consagrado na Constituição Federal de 1988 como uma instituição dotada de um conteúdo historicamente definido é formado em seu plano individual pelo direito conferido aos trabalhadores e aos empregadores

à criação de entidades sindicais — dentro dos limites formulados pela regra da unicidade por categoria profissional na base territorial mínima de um município — bem assim pelas faculdades de livre filiação, participação e desfiliação titularizadas pelos obreiros e pela proteção de tais atores contra os atos antissindicais;

6) No plano coletivo, a garantia em referência tem por conteúdo histórico-institucional reconhecido pela Constituição Federal de 1988 os direitos à livre organização e administração, bem como as garantias de ação sindical — a incluir o direito à definição dos motivos pertinentes à deflagração da greve — e de filiação a outras organizações representativas nacionais e internacionais e, ainda, a tutela contra a interferência governamental em seus assuntos internos e contra a ingerência recíproca das entidades de trabalhadores e empregadores umas nas outras;

7) O conteúdo institucional da liberdade sindical não se limita às referidas pautas, concebidas com vistas à tutela das entidades formadas para a tutela dos interesses comuns partilhados pelos trabalhadores como integrantes de uma mesma categoria profissional. De fato, a partir do momento em que a organização das empresas em torno de estruturas complexas com funções dotadas de grande especialização e a ampliação das diferenças de filosofias e métodos de gestão do trabalho entre elas se intensificaram, os obreiros passaram a vislumbrar desígnios específicos partilhados com seus colegas que tinham por parâmetro o local de trabalho e as questões a pautarem o cotidiano da unidade fabril, surgindo, com isto, a figura das representações sindicais e unitárias dos trabalhadores nas empresas;

8) Uma vez que tais instâncias têm por intuito o exercício do contrapoder obreiro em relação aos desígnios patronais nos próprios locais de trabalho — onde as relações laborais e os conflitos entre trabalhadores e empregadores se desenvolvem de forma mais candente — o princípio da liberdade sindical agregou ao seu conteúdo institucional a tutela das sobreditas representações e de seus agentes. Não por outra razão a OIT editou a Convenção n. 135 a estender para estes últimos os mecanismos de tutela contra as práticas antissindicais já consagradas na Convenção n. 98 e de fomento à negociação coletiva consagrados na Convenção n. 154.

9) Assim, à luz do conceito de *integridade* a caracterizar a concepção deontológica dos direitos fundamentais, pode-se dizer que o reconhecimento em torno da proteção das representações unitárias e sindicais dos trabalhadores nos locais de trabalho constitui um capítulo adicional à *trama* da liberdade sindical, cuja elaboração logrou a atualização da concepção ideológica originária do franco associativismo;

10) A construção histórica do conteúdo institucional da liberdade sindical foi — e ainda é — marcada por inúmeros percalços, oriundos de estratagemas patronais, governamentais e até mesmo obreiros tendentes a limitar ou mesmo a impedir a plena fruição de tal direito por parte dos trabalhadores individualmente considerados e de suas entidades representativas. Tais óbices que vieram a ser conhecidos a partir da experiência prática constituem, justamente, a figura dos *atos antissindicais*, cujo enfrentamento a partir dos casos concretos possibilitou — e vem possibilitando — a evolução daquela garantia, de modo a conferir-lhe novos contornos e a mantê-la íntegra e coerente com suas características histórico-institucionais;

11) Serão, portanto, antissindicais quaisquer atos oriundos dos empregadores, das autoridades públicas e das próprias entidades obreiras que, independentemente de dolo ou culpa do agente, obstem ou impeçam de maneira injustificada o pleno exercício do direito à liberdade sindical, em suas vertentes individual e coletiva. Nesse diapasão, a reprodução de tais práticas no âmbito das representações unitárias de trabalhadores na empresa — tutelada que é pelo princípio da liberdade sindical em igual medida — culminará, fatalmente, com a reprovação de tais condutas, que, nessa seara configurarão os chamados *atos antirrepresentativos*;

12) A despeito da inexistência no ordenamento jurídico pátrio de diplomas especificamente voltados para a coibição das práticas antissindicais e antirrepresentativas, em linha com o conteúdo institucional emanado dos arts. 8º, 9º e 11 da Constituição Federal e, principalmente, dos Pactos Internacionais de Direitos Humanos a versarem o tema, a implementação de tais condutas ilícitas pode — e deve — ser combatida por intermédio dos mecanismos jurídicos destinados à tutela dos direitos da personalidade titularizados por seus empregados, com especial destaque para a reparação dos danos pessoais assegurada no art. 5º, V e X, da Carta Magna e no art. 186 do Código Civil;

13) Para além disso, a proibição da prática dos atos antissindicais e antirrepresentativos no ordenamento jurídico pátrio encontra guarida nos dispositivos da Constituição Federal e do Código Civil que consagram a função social da empresa (art. 170, III, da Carta Magna), os deveres-gerais de boa-fé objetiva e de vedação ao abuso do direito (arts. 187 e 422 do Código Civil), o combate às práticas discriminatórias nas relações de trabalho (Lei n. 9.029, de 13.4.1995) e a proteção dos dados pessoais dos trabalhadores (Lei n. 13.709, de 14.8.2018);

14) Sendo, pois, as condutas comprovadamente antissindicais e antirrepresentativas praticadas pelos empregadores, pelo Estado e pelas próprias organizações obreiras supostos cuja vedação decorre daqueles dispositivos de cariz genérico, configurarão elas os chamados *ilícitos atípicos*;

15) Por força da equiparação textual constante dos arts. 186 e 187 do Código Civil, as sobreditas condutas antissindicais e antirrepresentativas serão passíveis de reversão ao *status quo ante* ou, diante de sua impossibilidade, subsumíveis aos mecanismos compensatórios de tutela dos direitos da personalidade e da reparabilidade dos danos morais;

16) Não obstante tais possibilidades inferíveis do próprio ordenamento jurídico pátrio, o direito fundamental à liberdade sindical, aqui compreendido sob a perspectiva deontológica, impõe ao intérprete que, diante de um determinado suposto de prática antissindical ou antirrepresentativa a desafiar a aplicação de tal garantia, busque o desvelamento de seu significado não apenas em face do conteúdo histórico-institucional desenvolvido no plano interno, mas também levando-se em conta as vicissitudes evolutivas experimentadas pelo princípio em questão consagradas na prática internacional e estrangeira, de modo a implementar um efetivo *diálogo* com os sistemas que agregam aqueles mesmos elementos;

17) Sob a perspectiva deontológica, o direito fundamental à liberdade sindical e seu conteúdo histórico-institucional vincularão não apenas o Poder Judiciário na análise dos casos concretos submetidos à sua apreciação, mas também os Poderes Legislativo e Executivo, de modo a abrir possibilidades de concretização da referida garantia no tocante à coibição aos atos antissindicais e antirrepresentativos também nessas searas, para além de possibilitar de modo objetivo a fixação das posições jurídicas titularizadas por seus destinatários (trabalhadores e entidades representativas) e que deverão ser, necessariamente, observadas por aquelas instâncias estatais no desempenho de seus misteres específicos;

17) No que concerne ao Poder Legislativo, seus integrantes serão incitados a *redigir* novos *capítulos* na trama evolutiva do direito à liberdade sindical, especialmente no que diz respeito à delimitação dos atos antissindicais e antirrepresentativos, no contexto de um processo aberto à participação plena não apenas das entidades obreiras interessadas, como também das associações em vias de se tornarem sindicatos, das representações sindicais e unitárias nos locais de trabalho, dos próprios trabalhadores, dos empregadores e das entidades patronais;

19) Nesse diapasão, os embates entre as concepções valorativas e os interesses de cada participante darão tônica à composição a ser alcançada, ressaltando-se, no entanto, que os debates acerca da configuração dos atos antissindicais e antirrepresentativos encontrarão limitação substancial no conteúdo histórico-institucional inerente ao princípio da liberdade sindical

e que subjaz, portanto, aos arts. 8º, 9º e 11 da Constituição Federal e aos Pactos Internacionais de Direitos Humanos ratificados pelo Brasil;

20) Já no que diz respeito ao Poder Judiciário, a concretização do conteúdo histórico-institucional do direito fundamental à liberdade sindical em relação à tutela contra os atos antissindicais e antirrepresentativos dar-se-á não apenas por intermédio da análise dos casos concretos em sede de controle difuso, mas também através do exercício em abstrato do controle concentrado de constitucionalidade e de convencionalidade dos atos normativos;

21) O controle concentrado de constitucionalidade e de convencionalidade das normas a definirem em abstrato as condutas antissindicais e antirrepresentativas e os respectivos mecanismos de tutela deverá ser pautado pela averiguação em torno (i) do efetivo oferecimento aos interessados de participação plena nos debates que precederam a edição dos preceitos em referência e (ii) da coerência a perpassar o resultado dos embates ocorridos na arena do processo legislativo e o conteúdo histórico-institucional do direito fundamental à liberdade sindical que integra e confere força normativa aos arts. 8º, 9º e 11, da Constituição Federal e àqueles Pactos Internacionais de Direitos Humanos ratificados pelo Brasil;

22) O controle difuso de constitucionalidade e de convencionalidade das normas a definirem as condutas antissindicais e antirrepresentativas dar-se-á diante das situações a envolverem a implementação de uma daquelas práticas ilícitas contra um trabalhador ou uma entidade. Em tais situações, deverá o intérprete/aplicador ter em mente todos os elementos inerentes ao desenvolvimento institucional da liberdade sindical nos planos interno e internacional com vistas a aferir em concreto (i) se o ato concreto em questão é proibido ou permitido pelo conteúdo histórico-institucional consagrado no ordenamento jurídico pátrio — especialmente na Constituição Federal e naqueles Pactos Internacionais de Direitos Humanos ratificados pelo Brasil —; (ii) se eventuais normas de direito interno concernentes ao tema afiguram-se incompatíveis com o *background* que subjaz objetivamente aos preceitos constitucionais e convencionais em testilha e, finalmente; (iii) se a posição jurídica vindicada pela(s) parte(s) configura um suposto legítimo respaldado pela garantia em questão ou se, ao contrário, trata-se de invocação indevida (abusiva) daquele direito fundamental;

23) No que diz respeito ao Poder Executivo, a concretização do conteúdo subjacente ao direito fundamental à liberdade sindical por intermédio do exercício de sua função regulamentar é possível mediante o estabelecimento de um rol de condutas antissindicais e antirrepresentativas a ser exercida pela Administração Pública no fito de regulamentar os arts. 187 e 422 do Código Civil, bem como o art. 1º da Lei n. 9.029/95 e os arts. 5º e 11 da Lei n. 13.709/2018. Tal atuação é totalmente coerente não apenas com o *background* institucional daquela garantia, como também com o pano de fundo político e social que ensejou a edição daqueles diplomas normativos em 1995, 2002 e 2018 respectivamente, e a promulgação da própria Constituição Federal de 1988;

24) Para além disso, a Administração Pública pode ir além da fixação do elenco dos atos antissindicais e antirrepresentativos através de decretos e portarias e valer-se das competências estabelecidas no art. 84, VI, *a*, da Constituição Federal a fim de reforçar as atribuições dos Auditores-Fiscais do Trabalho na coibição cotidiana daquelas condutas patronais atentatórias à livre organização sindical;

25) Analisadas à luz da perspectiva deontológica, as possibilidades de atuação dos agentes estatais com vistas à concretização do direito fundamental à liberdade sindical no tocante à coibição das práticas antissindicais e antirrepresentativas serão limitadas e norteadas pelas posições jurídicas titularizadas pelos destinatários daquela garantia (trabalhadores e entidades representativas) em face das ingerências patronais, estatais e até mesmo obreiras, a decorrerem de seu conteúdo histórico-institucional;

26) No plano individual, e evolução histórica da liberdade sindical abrange, no tocante à coibição das práticas antissindicais e antirrepresentativas — em caráter exemplificativo — a tutela (i) dos empregados clássicos; (ii) dos trabalhadores na etapa de pré-contratação; (iii) dos obreiros em geral durante e após o exercício de mandato representativo; (iv) dos trabalhadores nas etapas preparatória e executória dos movimentos paredistas, a abrangerem a totalidade dos atos destinados ao exercício legítimo do direito de autotutela e (v) dos trabalhadores enquadrados nas chamadas *novas relações de trabalho* contra tal sorte de condutas;

27) No plano coletivo, a evolução histórica da liberdade sindical integra, no tocante à coibição das práticas antissindicais e antirrepresentativas — em caráter exemplificativo — a tutela (i) das entidades sindicais tradicionais, aí incluídas suas delegacias e seções sindicais; (ii) das representações unitárias nos locais de trabalho e de seus titulares e (iii) das entidades destituídas de personalidade jurídica sindical destinadas à efetivação do contrapoder obreiro aos desígnios patronais na fixação coletiva das condições de trabalho;

28) Para que as medidas implementadas pelos poderes Legislativo, Judiciário e Executivo no tocante à concretização do direito fundamental à liberdade sindical em direção aos supostos antissindicais e antirrepresentativos sejam coerentes e, consequentemente, válidas em face do conteúdo histórico-institucional a ele inerente, deverão elas assegurar as posições jurídicas retromencionadas aos titulares individuais e coletivos daquela garantia, vedando-se a limitação de tal tutela a um contingente restrito de beneficiários;

29) Em suma, onde quer que se materializem as mudanças a abalarem, de alguma forma, as relações entre trabalhadores e empregadores, a liberdade sindical — na condição de instituição histórica reconhecida como um direito fundamental — demandará dos operadores do Direito, ao mesmo tempo, a atualização de seu escopo tutelar com vistas à agregação daqueles novos supostos fáticos e a coerência de tal reação com o principal elemento institucional a caracterizar a garantia em tela, qual seja, o oferecimento de condições aos obreiros para que estes últimos possam exercer um efetivo contrapoder aos desígnios patronais de modo a colocá-los em paridade de forças com os detentores dos meios de produção no que concerne à discussão em torno das condições de trabalho que perpassa não apenas os Pactos Internacionais de Direitos Humanos ratificados pelo Brasil, como também a própria Constituição Federal de 1988.

Referências

AARNIO, Aulis. ¿Una única respuesta correcta? In:AARNIO. Aulis; ATIENZA. Manuel; LAPORTA. Francisco. J. *Bases teóricas de la interpretación jurídica.* Madrid: Fundación Colóquio Jurídico Europeo, 2010.

ABELLAN, Juan Garcia. *Curso de Derecho Sindical.* 2. ed. Murcia: Universidad de Murcia.

ACKERMAN, Bruce. *We The People.* Foundations. Cambridge: Belknap-Harvard, 1991.

ALBUQUERQUE, Rafael. Sindicalismo y Globalización. In: ALBUQUERQUE. Rafael; DE BUEN. Nestor. *El derecho del trabajo ante el nuevo milenio.* México: Porrúa, 2000.

ALCARAZ, José Luján. *La Acción Sindical en la Empresa.* Madrid: Consejo Económico y Social, 2003.

ALEXY, Robert. Trad.: VALDÉS. Ernesto Garzón. *Teoría de los derechos fundamentales.* Madrid: Centro de estudios políticos y constitucionales, 2002.

ALMEIDA, Almiro Eduardo de. *Empregador.* Rio de Janeiro: Lumen Juris, 2018.

ALVES, Amauri César. *Pluralidade sindical.* Nova interpretação constitucional e celetista. São Paulo: LTr, 2015.

AMADO, Juan Antonio Garcia. El juicio de ponderación y sus partes. Una crítica. In: ALEXY. Robert *et alii. Derechos sociales y ponderación.* Madrid: Fundación Coloquio Jurídico Europeo, 2007.

ANDRADE, José Carlos Vieira de. *Os Direitos Fundamentais na Constituição Portuguesa de 1976.* 3. ed. Coimbra: Almedina, 2004.

ANTUNES, Ricardo. *Os Sentidos do Trabalho.* Ensaio sobre a afirmação e a negação do trabalho. 2. ed. São Paulo: Boitempo, 2010.

______. *O privilégio da servidão.* O novo proletariado de serviços na era digital. São Paulo: Boitempo, 2018.

AROUCA, José Carlos. *Curso básico de Direito Sindical.* São Paulo: LTr, 2006.

______. *O Sindicato em um Mundo Globalizado.* São Paulo: LTr, 2003.

ASCENSÃO, José de Oliveira. *Direito Civil 1.* Introdução. As pessoas. Os bens. 3. ed. São Paulo: Saraiva, 2010.

ATIENZA, Manuel; MANERO. Juan Ruiz. Trad.: MATIDA, Janaina Roland. *Ilícitos atípicos.* Sobre o abuso de direito, fraude à lei e desvio de poder. São Paulo: Marcial Pons, 2014.

ATLEE, Clement. Trad.: MARZANO. Eneias. *Bases e Fundamentos do Trabalhismo.* Rio de Janeiro: Editôra "A Noite", 1942.

AUBIN, Gérard; BOUVERESSE. Jacques. *Introduction historique au Droit du Travail.* Paris: Puf, 1995.

ÁVILA, Humberto. *Teoria da segurança jurídica.* 4. ed. São Paulo: Malheiros Editores, 2016

AVILÉS. Antonio Ojeda. *Derecho Sindical.* 8. ed. Madrid: Tecnos, 2003.

AZEVEDO NETO, Platon Teixeira de. A Reforma Trabalhista e a vedação da ultra-atividade das normas coletivas: retrocesso social? In: FELICIANO, Guilherme Guimarães *et alii. Reforma Trabalhista.* Visão, compreensão e crítica. São Paulo: LTr/ANAMATRA, 2017, p. 187-197.

BARBAGELATA, Héctor-Hugo. *Curso sobre La Evolución del Pensamiento Juslaboralista*. Montevideo: Fundación de Cultura Universitaria, 2009.

BARBOSA, Rui. A Questão Social e Política no Brasil. In: LACERDA. Virgínia Côrtes de. *Rui Barbosa*. Escritos e Discursos Seletos. Rio de Janeiro: Companhia Aguilar Editora, 1966.

______. *Atos inconstitucionais*. 2. ed. Campinas: Russell, 2004.

______. *Commentarios á Constituição Federal Brasileira coligidos e ordenados por Homero Pires*. Volume VI. São Paulo: Saraiva, 1934.

BARROS, Suzana de Toledo. *O princípio da proporcionalidade e o controle de constitucionalidade das leis restritivas de direitos fundamentais*. 3. ed. Brasília: Brasília Jurídica, 2003.

BARROSO, Luís Roberto. *O Direito Constitucional e a Efetividade de suas Normas*. 8. ed. Rio de Janeiro: Renovar, 2006.

______. *Interpretação e aplicação da Constituição*. 5. ed. São Paulo: Saraiva, 2003.

______. BARROSO. Luís Roberto. Vinte anos da Constituição de 1988: a reconstrução democrática do Brasil. In: MONTESSO, Cláudio José; FREITAS, Marco Antônio de; STERN, Maria de Fátima Coêlho Borges. *Direitos sociais na Constituição de 1988*. Uma análise crítica vinte anos depois. São Paulo: ANAMATRA/LTr, 2008.

BATISTA, Paulo Nogueira. O Consenso de Washington: a visão neoliberal dos problemas latino-americanos. Programa Educativo Dívida Externa – PEDEX, *Caderno Dívida Externa*, n. 6, 2. ed., nov. 1994.

BATISTA JÚNIOR, Onofre Alves. *O outro leviatã e a corrida ao fundo do poço*. Coimbra: Almedina, 2015.

BAYLOS, Antonio; REY, Joaquín Pérez. *El despido o la violencia del poder privado*. Madrid: Trotta, 2009.

BELMONTE, Alexandre Agra. *A tutela das liberdades nas relações de trabalho*. São Paulo: LTr, 2013.

BELTRAN, Ari Possidônio. *A autotutela nas relações do trabalho*. São Paulo: LTr, 1996.

BENDIX, Sonia. *Industrial Relations in South Africa*. 4. ed. Lansdowne: Juta Academic, 2001.

BITTAR, Carlos Alberto. *Reparação civil por danos morais*. 4. ed. São Paulo: Saraiva, 2015.

BOBBIO, Norberto. Trad.: COUTINHO, Carlos Nelson. *A Era dos Direitos*. 11. ed. Rio de Janeiro: Campus, 1992.

______. Trad.: PUGLIESI, Márcio. *O positivismo jurídico*. Lições de filosofia do direito. São Paulo: Ícone, 2006.

BONGIOVANNI, Giorgio. *Costituzionalismo e teoria del diritto*. 3. ed. Roma: Laterza, 2005.

BONILLA, Miguel Ángel Purcalla. *El trabajo globalizado:* realidades y propuestas. Pamplona: Aranzadi, 2009.

BOST, François. Trad.: CRUZ. Dilson Ferreira da. Os riscos econômicos. In: VEYRET. Yvette. Trad.: CRUZ. Dilson Ferreira da. *Os riscos:* o homem como agressor e vítima do meio ambiente. São Paulo: Contexto, 2007.

BOUCINHAS FILHO, Jorge. *Direito de greve e democracia*. São Paulo: LTr, 2013.

BRANCO, Paulo Gustavo Gonet. *Juízo de ponderação na jurisdição constitucional*. São Paulo: Saraiva, 2009.

BRITTO, Carlos Ayres. *O humanismo como categoria constitucional*. Belo Horizonte: Fórum, 2007.

BRONSTEIN, Arturo. *International and comparative labour law*. Current challenges. New York: Palgrave Macmillan, 2009.

BUENO, José Antonio Pimenta. *Direito Público Brasileiro e Análise da Constituição do Império*. Rio de Janeiro: Ministério da Justiça e dos Negócios Interiores, 1958.

BÜHLER, Ottmar. Trad.: ARMENGOL, José Rovira. Texto de La Constitución Alemana de Agosto de 1919 y comentario sistemático a sus preceptos. In: VVAA. *La Constitución de Weimar*. Madrid: Tecnos, 2010.

CABANELLAS, Guillermo. *El dumping*. Legislación argentina y derecho comparado. Buenos Aires: Heliasta, 1981.

CANOTILHO, José Joaquim Gomes. *Constituição dirigente e vinculação do legislador*. 2. ed. Coimbra: Coimbra Editora, 2001.

______. *Direito Constitucional e Teoria da Constituição*. 7. ed. Coimbra: Almedina, 2003.

______; MOREIRA, Vital. *Constituição portuguesa anotada*. Vol. I. 4. ed. Coimbra: Almedina, 2007.

CARELLI, Rodrigo de Lacerda; OLIVEIRA, Murilo Carvalho Sampaio. *As plataformas digitais e o Direito do Trabalho*. Como entender a tecnologia e proteger as relações de trabalho no século XXI. Belo Horizonte: Dialética, 2021.

CARBONELL, Miguel. El neoconstitucionalismo en su laberinto. In: CARBONELL. Miguel *et alii*. *Teoría del neoconstitucionalismo*. Madrid: Trotta, 2007.

______. *Una Historia de los Derechos Fundamentales*. México: Porrúa/UNAM/CNDH, 2005.

CARVALHO, Maicon Sérgio Mota. *Belford Roxo e a Bayer*. Industrialização, urbanização e relações de classe. 1958-2008. Disponível em: <http://cahistoria.wordpress.com/revista-atual/cahistoria-%E2%80%93-caderno-academico-de-historia-%E2%80%93-2010-vol-i-n%C2%BA2/sumario/artigos/belford-roxo-e-a-bayer-industrializacao-urbanizacao-e-relacoes-de-classe-1958-2008>.

CARVALHO NETTO, Menelick de. A Hermenêutica Constitucional sob o Paradigma do Estado Democrático de Direito. In: *Notícia do Direito Brasileiro*. Brasília, 6, 1998.

______. A urgente revisão da teoria do poder constituinte: da impossibilidade da democracia possível.. In: OLIVEIRA, Marcelo Cattoni de. *Poder constituinte e patriotismo constitucional*. Belo Horizonte: Mandamentos, 2006.

______; SCOTTI, Guilherme. *Os direitos fundamentais e a (in)certeza do direito*. A produtividade das tensões principiológicas e a superação do sistema de regras. Belo Horizonte: Fórum, 2011.

CASTRO, Raimundo de Araújo. *A Constituição de 1937*. Edição fac-similar. Brasília: Senado Federal, 2003.

CATHARINO, José Martins. *Neoliberalismo e sequela*. São Paulo: LTr, 1997.

CAVALCANTE, João Barbalho Uchôa. *Constituição Federal Brasileira (1891)*. Edição Fac-Similar. Brasília: Senado Federal, 2002.

CAVALCANTI, Themistocles Brandão. *Do contrôle da constitucionalidade*. Rio de Janeiro: Forense, 1966.

CAZZETTA, Giovanni. Trad.: ÁLVAREZ, Clara. *Estado, juristas y trabajo*. Itinerarios del Derecho del trabajo en el siglo XX. Madrid: Marcial Pons, 2010.

COMANDUCCI, Paolo. Constitucionalización y neoconstitucionalismo. In: COMANDUCCI, Paolo; AHUMADA, Mª Ángeles; LAGIER, Daniel González. *Positivismo jurídico y neoconstitucionalismo*. Madrid: Fundación Coloquio Juridico Europeo, 2009.

COMPARATO, Fábio Konder. *A Afirmação Histórica dos Direitos Humanos.* 3. ed. São Paulo: Saraiva, 2003.

COLLIA, Filippo; ROTONDI, Francesco. *Il comportamento antisindacale (aspetti sostanziali e processuali).* Padova: CEDAM, 2004.

COOLEY, Thomas M. *A treatise on the constiotutional limitations which rest upon the legislative power of the United States of the American Union.* Boston: Little, Brown & Company, 1868.

CORDEIRO, António Manuel da Rocha e Menezes. *Da Boa-Fé no Direito Civil.* 2. reimp. Coimbra: Almedina, 2001.

CORTE INTERAMERICANA DE DIREITOS HUMANOS. *Caso Baena Ricardo vs. Panamá.* Exceções Preliminares, Mérito, Reparações e Custas. Sentença de 2 de fevereiro de 2001.

______. *Caso Huilca Tecse vs. Peru.* Exceções Preliminares, Mérito, Reparações e Custas. Sentença de 3 de março de 2005.

______. *Opinión Consultiva OC-27/21 de 5 de mayo de 2021 solicitada por la Comisión Interamericana de Derechos Humanos.* Disponível em: <https://www.corteidh.or.cr/docs/opiniones/seriea_27_esp1.pdf>. Acesso em: (falta data).

COTRIM NETO, A. B. *Doutrina e Formação do Corporativismo.* Rio de Janeiro: A. Coelho Branco Fo. Editor, 1938.

COUTURE, Eduardo; PLA RODRIGUEZ. Américo. *La huelga en el Derecho uruguayo.* Montevideo: MBA, 1951.

CRISAFULLI, Vezio. *La Constituzione e le sue disposizioni di principio.* Milano: Giuffrè, 1952.

CRUET, Jean. *A vida do direito e a inutilidade das leis.* Lisboa: Editorial Ibero-americana, 1938.

CUEVAS-LOPEZ, José. *Estructura y función de la representación colectiva en la empresa.* Pamplona: Aranzadi, 1982.

CUNHA, Paulo Ferreira da. *A constituição viva.* Cidadania e direitos humanos. Porto Alegre: Livraria do Advogado, 2007.

DAL-RÉ, Fernando Valdés. O Direito Coletivo do Trabalho na Espanha. In: PORTO. Lorena Vasconcelos; PEREIRA. Ricardo José Macêdo de Britto. *Temas de Direito Sindical.* São Paulo: LTr, 2011.

DALLEGRAVE NETO, José Affonso. *Inovações na legislação trabalhista:* reforma trabalhista ponto a ponto. 2. ed. São Paulo: LTr, 2002.

______. *Responsabilidade civil no direito do trabalho.* 3. ed., 2. tir. São Paulo: LTr, 2009.

DE CUPIS, Adriano. *Il danno.* Teoria generale dela responsabilità civile. Milano: Giuffrè, 1946.

______. Trad.: JARDIM, Adriano Vera. CAEIRO, Antonio Miguel. *Os direitos da personalidade.* Lisboa: Livraria Morais, 1961.

DE LA CUEVA, Mario. *El Nuevo Derecho Mexicano Del Trabajo.* Tomo I. 21. ed. México: Porrúa, 2007.

______. *El Nuevo Derecho Mexicano del Trabajo.* Tomo. II. 14. ed. México: Porrúa, 2006.

DELGADO, Mauricio Godinho. *Capitalismo, trabalho e emprego.* Entre o paradigma da destruição e os caminhos da reconstrução. 2. ed. São Paulo: LTr, 2015.

______. *Curso de Direito do Trabalho.* 4. ed. São Paulo: LTr, 2005.

______; DELGADO, Gabriela Neves. *A reforma trabalhista no Brasil com os comentários à Lei n. 13.467/2017.* São Paulo: LTr, 2017.

DIAS, Carlos Eduardo de Oliveira. A negociação coletiva e a Lei n. 13.467: resistindo à interpretação regressiva. In: SOUTO MAIOR, Jorge Luiz; SEVERO, Valdete Souto. *Resistência*. Aportes teóricos contra o retrocesso trabalhista. São Paulo: Expressão Popular, 2017.

______. *Entre Cordeiros e Lobos*. Reflexões sobre os limites da negociação coletiva na relação de trabalho. São Paulo: LTr, 2009.

DIAS, José de Aguiar. *Da responsabilidade civil*. 12. ed., 2. tir. Rio de Janeiro: Lumen Juris, 2012.

DOMÈNECH, Carlos Hugo Preciado. *Teoría general de los derechos fundamentales en el contrato de trabajo*. Pamplona: Aranzadi, 2018.

DONNINI, Rogério. *Responsabilidade civil pós-contratual no direito civil, no direito do consumidor, no direito do trabalho, no direito ambiental e no direito administrativo*. 3. ed. São Paulo: Saraiva, 2011.

DUNLOP, John T. *Industrial relations system*. 2. ed. Boston: Harvard Business School Press, 1993.

DWORKIN, Ronald. *Law's Empire*. Cambridge: Bellknap Harvard, 1986.

______. *Taking rights seriously*. Cambridge: Harvard University Press, 1978.

EBERT, Paulo Roberto Lemgruber. A condenação do Brasil na OIT por atos antissindicais praticados contra trabalhadores metroviários de São Paulo e do Rio de Janeiro. *Jus Navigandi*, Teresina, ano 14, n. 2.361, 18 dez. 2009. Disponível em: <http://jus.com.br/artigos/14040>.

______. A limitação legal ao número de dirigentes sindicais estáveis — Da insubsistência do art. 522 da CLT na ordem instituída pela Constituição de 1988. *Revista LTr*, São Paulo: LTr, v. 72, n. 4, p. 463-482, abr. 2008.

______. A nova sistemática da reparação dos danos extrapatrimoniais decorrentes da relação de trabalho: análise sob os prismas da constitucionalidade e da aplicabilidade. In: *Revista Eletrônica [do] Tribunal Regional do Trabalho da 9ª Região*, Curitiba, v. 7, n. 67, p. 119-166, abr. 2018.

______. *O art. 187 do Código Civil e a criação abusiva de entidades sindicais de trabalhadores*. São Paulo: *Suplemento Trabalhista LTr*, n. 103/2009. Out. 2009.

______. O Direito do Trabalho no Século XXI: em busca de uma nova estruturação. In: *Revista do Tribunal Superior do Trabalho*, Brasília, vol. 78, n. 2, abr./jun. 2012.

______. *Sindicato Mais Representativo e Mutação Constitucional:* Uma proposta de releitura do art. 8º, II, da Constituição Federal. São Paulo: LTr, 2007.

ENTERRÍA, Eduardo García de. *La constitución como norma y el tribunal constitucional*. 3. ed. Madrid: Civitas, 2001.

ENTERRÍA, Eduardo García de; FERNÁNDEZ, Tomás-Ramón. *Curso de derecho administrativo*. Vol. I. 14. ed. . Madrid: Thomson-Civitas, 2008.

ERICKSON, Kenneth Paul. Trad.: LOPES. Cecília. *Sindicalismo no processo politico no Brasil*. São Paulo: Brasiliense, 1979.

ESSER, Josef. Trad.: FIOL, Eduardo Valentí. *Principio y norma en la elaboración jurisprudencial del Derecho Privado*. Barcelona: Bosch, 1961.

FAGUNDES, Miguel Seabra. *O controle dos atos administrativos pelo Poder Judiciário*. 7. ed. Rio de Janeiro: Forense, 2005.

FAUSTO, Boris. *História do Brasil*. São Paulo: Edusp, 1994.

______. Trabalho Urbano e Conflito Social. 5. ed. Rio de Janeiro: Bertrand Brasil, 2000.

FELICIANO, Guilherme Guimarães. *Do pré-contrato de trabalho*. O contrato preliminar de trabalho no iter da contratação laboral: abordagem comparativa e jusfundamental. São Paulo: LTr, 2010.

FERNANDEZ, Leandro. Dumping *social.* São Paulo: Saraiva, 2014.

FERRAJOLI, Luigi. Trad.: COCCIOLI. Carlo; LAURIA FILHO, Márcio; JANNINI, Karina. *A soberania no mundo moderno.* Nascimento e crise do Estado Nacional. São Paulo: Martins Fontes, 2007.

FERRARA, Francesco. Trad.: ANDRADE. Manuel A. D. *Interpretação e aplicação das leis.* Coimbra: Arménio Amado, 1933.

FIORAVANTI, Maurizio. Trad.: NEIRA, Manuel Martínez. *Los Derechos Fundamentales.* Apuntes de Historia de las Consttiuciones. 4. ed.. Madrid: Trotta, 2003.

FORD, Karen E.; NOTESTINE, Kerry E.; HILL. Richard N. *Fundamentals of Employment Law.* 2. ed. Washington D.C: American Bar Association, 2000.

FOURGEAUD, André. *Du code individualiste au droit syndical.* Paris: Valois, 1929.

FRANÇA, Rubens Limongi. *Princípios gerais de Direito.* 3. ed. São Paulo: Revista dos Tribunais, 2010.

FREITAS JÚNIOR, Antonio Rodrigues de. *Direito do Trabalho e populismo:* de Vargas a Bolsonaro. Campinas: Lacier Editora, 2022.

GALANTINO, Luisa. *Diritto Sindacale.* Sedicesima Edizione. Torino: G. Giappichelli Editore, 2009.

GALINDO, George Rodrigo Bandeira. *Tratados internacionais de direitos humanos e Constituição Brasileira.* Belo Horizonte: Del Rey, 2002.

GARRATY, John Arthur. *Quarrels that have shaped the Constitution.* New York: Harper Perennial, 1988.

GASPARI, Elio. *A Ditadura Envergonhada.* São Paulo: Cia. das Letras, 2002.

GAULEJAC, Vincent de. Trad.: STORNIOLO, Ivo. *Gestão como doença social.* Ideologia, poder gerencialista e fragmentação social. São Paulo: Ideias & Letras, 2014.

GHEZZI, Giorgio; ROMAGNOLI. Umberto. *Il diritto sindacale.* 4. ed. Bologna: Zanichelli, 2001.

GIUGNI, Gino. Trad.: ITIOKA, Eiko Lúcia. *Direito Sindical.* São Paulo: LTr, 1991.

GOLD, Michael Evan. *An Introduction to Labor Law.* 2. ed. Ithaca: ILR Press, 1998.

GOMES, Orlando. *A crise do direito.* São Paulo: Max Limonad, 1955.

GÓMEZ, Roberto Charis. *Fundamentos del Derecho Sindical.* México: Porrúa, 2003.

GOMPERS, Samuel. Trad.: GOMES. Luiz. *Sindicalismo e Trabalhismo nos E.U.A.* Rio de Janeiro: Presença, 1966.

GOTTSCHALK, Egon Felix. *Norma pública e privada no Direito do Trabalho.* São Paulo: Saraiva, 1944.

GOTTSCHALK, Elson. *A Participação do Empregado na Gestão da Empresa.* Edição fac-similada. São Paulo: LTr, 1996.

GRAU, Antonio Baylos. *Sindicalismo y Derecho Sindical.* 3. ed. Albacete: Bomarzo, 2006.

GRAU, Eros Roberto. *Ensaio e Discurso sobre a Interpretação/Aplicação do Direito.* 4. ed. São Paulo: Malheiros Editores, 2006.

______. *Por que tenho medo dos juízes (a interpretação/aplicação do direito e os princípios).* São Paulo: Malheiros Editores, 2013.

GRIMM, Dieter. Trad.: PINA. Antonio López. *Constitucionalismo y Derechos Fundamentales.* Madrid: Trotta, 2006.

______. Integration by Constitution. In: *I-CON*. Volume 3, Numbers 2 & 3. New York: New York School of Law, 2005.

GUANTER, Salvador Del Rey. Autonomía individual y autonomia colectiva: algunos puntos críticos a la luz del TRET. In: *Revista Española de Derecho del Trabajo*, núm. 77, 1996.

GUIMARÃES, Ricardo Pereira de Freitas. *Princípio da proporcionalidade no direito do trabalho.* Teoria e prática. São Paulo: Revista dos Tribunais, 2015.

HÄBERLE, Peter. Trad.: FIX-FIERRO, Héctor. *El Estado constitucional.* Buenos Aires: Astrea, 2007.

______. Trad.: CAMAZANO, Joaquín Brage. El Tribunal Constitucional como poder político. In: HESSE,. Konrad; HÄBERLE, Peter. *Estudios sobre la juriscdicción constitucional.* México: Porrúa, 2005.

HABERMAS, Jürgen. Trad.: SIEBENEICHLER. Flávio Beno. *Direito e democracia.* Entre facticidade e validade. Volume I. 2. ed. Rio de Janeiro: Tempo Brasileiro, 2003.

HART, H. L. A. Trad.: SETTE-CÂMARA, Antônio de Oliveira. *O conceito de Direito.* São Paulo: Martins Fontes, 2009.

HAURIOU, Maurice. Trad.: CASTILLO, Carlos Ruiz del. *Principios de Derecho Público y Constitucional.* Granada: Editorial Comares, 2003.

HAYEK, Friedrich A. *Sindicatos, ¿Para qué?* Madrid: Unión Editorial, 2009.

HECKSCHER, Charles. *The new unionism.* Employee involvement in the changing corporation. 2. ed. ILR Press. Ithaca: 1996.

HELOANI, Roberto; BARRETO, Margarida. A violência do assédio moral no trabalho em oposição à matriz constitucional do trabalho digno. In: DELGADO, Gabriela Neves. *Direito fundamental ao trabalho digno no século XXI.* Principiologia, dimensões e interfaces no Estado Democrático de Direito. Volume I. São Paulo: LTr, 2020.

HOLANDA, Sérgio Buarque de. *Raízes do Brasil.* 26. ed. 7. reimp. São Paulo: Cia. das Letras, 1999.

HOUAISS, Antônio. *Dicionário Houaiss da Língua Portuguesa.* Rio de. Janeiro: Objetiva, 2001.

HUSEK, Carlos Roberto. *Curso básico de direito internacional público e privado do trabalho.* 2. ed. São Paulo: LTr, 2011.

INSTITUTO BRASILEIRO DE GEOGRAFIA E ESTATÍSTICA. *Estatísticas Históricas do Brasil.* 2. ed. Rio de Janeiro: IBGE, 1990.

JAVILLIER, Jean-Claude. Trad.: BOZACIYAN, Rita Asdine. *Manual de Direito do Trabalho.* São Paulo: LTr, 1988.

JULIOS-CAMPUZANO, Alfonso de. Trad.: MORAIS, José Luis Bolzan de; NASCIMENTO, Valéria Ribas do. *Constitucionalismo em tempos de globalização.* Porto Alegre: Livraria do Advogado, 2009.

KAHN-FREUND, Otto. *Trabajo y Derecho.* Trad.: JESUS M, Gagliana Moreno. Madrid: Ministerio de Trabajo y Seguridad Social, 1987.

KATZ, Harry Charles; KOCHAN, Thomas. *An Introduction to Collective Bargaining and Industrial Relations.* 3. ed. New York: Mc Graw Hill, 2003.

KAUFMAN, Bruce. Labor Markets and Employment Regulation: The View of the "Old" Institutionalists. In: KAUFMAN, Bruce. *Government Regulation of the Employment Relationship.* Madison: Industrial Relations Research Association, 1997.

KAUFMANN, Marcus de Oliveira. *Das práticas anti-sindicais às práticas anti-representativas.* Sistemas de combate e a tutela de representações coletivas de trabalhadores. São Paulo: LTr, 2005.

______. *Por um sindicalismo associativo.* Da solidariedade sindical internacional à democracia nos locais de trabalho. São Paulo: LTr, 2014.

______. Uma visão prospectiva da atuação jurisdicional em relação à organização sindical. *Jus Navigandi*, Teresina, ano 14, n. 2.247, 26 ago. 2009. Disponível em: <http://jus.com.br/revista/texto/13395>.

KELSEN, Hans. Trad.: MACHADO, João Baptista. *Teoria pura do direito.* Volume II. 2. ed. Coimbra: Arménio Amado, 1962.

______. Trad.: KRUG, Alexandre. *Jurisdição constitucional.* São Paulo: Martins Fontes, 2003.

KENS, Paul. *Lochner v. New York.* Economic regulation on trial. Lawrence: University Press of Kansas, 1998.

KRELL, Andreas J. *Direitos sociais e controle judicial no Brasil e na Alemanha.* Os (des)caminhos de um direito constitucional "comparado". Porto Alegre: Sergio Antonio Fabris Editor, 2002.

KRISCH, Nico. *Beyond constitutionalism.* The pluralist structure of postnational law. Oxford: Oxford University Press, 2010.

LEFRANC, Georges. *Le Syndicalisme dans le Monde.* Paris: PUF, 1958.

LEONARDO, Rodrigo Xavier. *Associações sem fins econômicos.* São Paulo: Revista dos Tribunais, 2014.

LHUILIER, Giles. Le concept de «law shopping» (droit international privé, droit social et droit de l'environnement). In : BLIN-FRANCHOMME, Marie-Pierre ; DESBARATS, Isabelle. *Droit du Travail et Droit de l'Environnement.* Regards croisés sur le développement durable. Paris: Lamy, 2010 .

LIMA, Firmino Alves. *Mecanismos antidiscriminatórios nas relações de trabalho.* São Paulo: LTr, 2006.

LOEWENSTEIN, Karl. Trad.: ANABITARTE, Alfredo Gallego. *Teoría de la constitución.* 2. ed. Barcelona: Ariel, 1976.

LOPES, Ana Frazão de Azevedo. *Empresa e Propriedade. Função Social e Abuso de Poder Econômico.* São Paulo: Quartier Latin, 2006.

LOPEZ, Manuel Carlos Palomeque. Trad.: MOREIRA, António. *Direito do Trabalho e Ideologia.* Coimbra: Almedina, 2001.

LOPEZ, Teresa Ancona. *Princípio da precaução e evolução da responsabilidade civil.* São Paulo: Quartier Latin, 2010.

LOURENÇO FILHO, Ricardo Machado. *Liberdade Sindical:* percursos e desafios na história constitucional brasileira. São Paulo: LTr, 2011.

LOZANO, Néstor de Buen. *Derecho del trabajo.* Tomo segundo. 21. ed. México: Porrúa, 2008.

LUMIA, Giuseppe. Trad.: AGOSTINETTI, Denise. *Elementos de Teoria e Ideologia do Direito.* São Paulo: Martins Fontes, 2003.

LYON-CAEN, Gérard; PÉLISSIER. Jean; SUPIOT. Alain. *Droit du Travail.* 19. ed. Paris: Dalloz, 1998.

MACKLEM, Patrick. Labour law beyond borders. In: *Journal of International Economic Law* (2002) 606. Cambridge: Oxford University Press.

MALLET, Estêvão. *Dogmática elementar do direito de greve*. 2. ed. São Paulo: LTr, 2015.

MARTÍNEZ, Albert Pastor. La ultraactividad del convenio tras las reformas del 2012. Certezas e incertezas del nuevo régimen jurídico. In: TORRECILLA, Eduardo Rojo. *Vulnerabilidad de los derechos laborales y de protección social de los trabajadores*. Barcelona: Huygens, 2015.

MARTINEZ, Luciano. *Condutas antissindicais*. São Paulo: Saraiva, 2013.

MARTÍNEZ, Gregorio Peces-Barba. *Curso de derechos fundamentales*. Teoría General. Madrid: Universidad Carlos III/Boletín Oficial Del Estado, 1995.

MARTINS, Ricardo Marcondes. *Teoria jurídica da liberdade*. São Paulo: Contracorrente, 2015.

MARTINS-COSTA, Judith. *A boa-fé no direito privado*. Sistema e tópica no processo obrigacional. São Paulo: Revista dos Tribunais, 1999.

MARX, Karl. Trad.: SCHMIDT. Ronaldo Alves. *O Capital*. Edição resumida por Julian Borchardt. 7. ed. Rio de Janeiro: LTC Editora, 1982.

MAZEAUD, Antoine. *Droit du Travail*. 10. ed. Paris: LGDJ, 2016.

MAZZUOLI, Valério de Oliveira. *Tratados internacionais de direitos humanos e direito interno*. São Paulo: Saraiva, 2010.

MEIRELLES, Davi Furtado. *Negociação Coletiva no Local de Trabalho*. A Experiência dos Metalúrgicos do ABC. São Paulo: LTr, 2008.

MELLO, Celso Antônio Bandeira de. *Curso de direito administrativo*. 13. ed. São Paulo: Malheiros Editores, 2001.

______. *Discricionariedade e controle jurisdicional*. 2. edi., 6. tir. São Paulo: Malheiros Editores, 2003.

MELLO, Laís Corrêa de. *Liberdade sindical na Constituição Brasileira*. São Paulo: LTr, 2005.

MELLO, Oswaldo Aranha Bandeira de. *Princípios gerais de Direito Administrativo*. Volume I. 2. ed. Rio de Janeiro: Forense, 1979.

MENDES, Gilmar Ferreira. *Direitos fundamentais e controle de constitucionalidade*. 3. ed. São Paulo: Saraiva, 2004.

______; COELHO, Inocêncio Mártires; BRANCO, Paulo Gustavo Gonet. *Hermenêutica constitucional e direitos fundamentais*. Brasília: Brasília Jurídica, 1998.

MENDONÇA, Ricardo Nunes de. *Do abuso do direito das ações possessórias como ato antissindical*. Curitiba: Juruá, 2010.

MENEZES, Mauro de Azevedo. Definição do sindicato (mais) representativo: pressupostos, problemas e alternativas. Disponível em: <www.unifacs.br/revistajuridica/arquivo/edicao_abril2002/convidados/Sindicato%2520mais%2520representativo%2520ERGON..doc+&cd=8&hl=pt-BR&ct=clnk&gl=br>. Acesso em: 15 nov. 2015.

MILL, John Stuart. Trad.: MADEIRA. Pedro. Sobre a Liberdade. Lisboa: Edições 70, 2006.

MONCADA, Luís Soares Cabral de. *Ensaio sobre a Lei*. Coimbra: Coimbra Editora, 2002.

MONTEIRO FILHO, José Claudio de Brito. Direito Sindical. São Paulo: LTr, 2000.

MONTESSO, Cláudio José *et alii* (Orgs.). *1ª Jornada de Direito Material e Processual na Justiça do Trabalho*. São Paulo: LTr, 2007.

MONTOYA-MELGAR, Alfredo; JIMENEZ, Rodrigo Martín. *Estatuto del trabajo autónomo*. Comentario a la Ley 20/2007, de 11 de Julio. Madrid: Thomson-Civitas, 2007.

MORAES, Evaristo de. *Apontamentos de Direito Operário*. 4. ed., fac-similar. São Paulo: LTr, 1998.

MORAES FILHO, Evaristo de. *O problema do sindicato único no Brasil.* Seus fundamentos sociológicos. 2. ed. São Paulo: Alfa-Ômega, 1978.

MORALES, Ángel Gallegos. Algunas notas sobre organizaciones «no sindicales» de representación de interesses profesionales. In: PÉREZ. José Luis Monereo. *Los derechos de libertad sindical y de negociación colectiva en una perspectiva comparada.* Granada: Comares, 2011.

NASCIMENTO, Amauri Mascaro. *Aspectos da Legalização das Centrais em 2008.* In: *Revista LTr*, Vol. 72, n. 04, abr. 2008.

______. *Compêndio de Direito Sindical.* 6. ed. São Paulo: LTr, 2009.

NEVES, Marcelo. *Transconstitucionalismo.* São Paulo: Martins Fontes, 2009.

NINO, Carlos Santiago. *Derecho, moral y política.* Una revisión de la teoría general del Derecho. Buenos Aires: Siglo Veintiuno, 2014.

NOGUEIRA, Octaciano. *Doutrina Constitucional Brasileira (Constituição de 1946).* Tomo III. Brasília: Senado Federal, 2006.

NUNES, António José Avelãs. *A crise atual do capitalismo.* São Paulo: Revista dos Tribunais, 2012.

NUNES, José de Castro. *Teoria e prática do Poder Judiciário.* Rio de Janeiro: Forense, 1943.

O'DONNEL, Guillermo; SCHMITTER. Philippe. Trad.: SOBRAL. Adail. *Transições do regime autoritário.* Primeiras conclusões. São Paulo: Vértice, 1988.

OFICINA INTERNACIONAL DEL TRABAJO. *La Libertad Sindical.* Recopilación de decisiones y princípios del Comité de Libertad Sindical del Consejo de Administración de la OIT. 5. ed. Ginebra: OIT, 2006.

OLIVEIRA, Christiana D'Arc Damasceno. *(O) Direito do Trabalho Contemporâneo.* Efetividade dos Direitos Fundamentais e Dignidade da Pessoa Humana no Mundo do Trabalho. São Paulo: LTr, 2010.

OLIVEIRA, Paulo Eduardo Vilhena. *O dano pessoal no direito do trabalho.* 2. ed. São Paulo: LTr, 2010.

OLIVEIRA NETO, Alberto Emiliano de. *Negociação coletiva transnacional.* Acordos Marco Globais, sindicatos e globalização. Belo Horizonte: RTM, 2020. p. 146-151.

ORGANIZAÇÃO INTERNACIONAL DO TRABALHO. *Para superar a crise:* Um Pacto Mundial para o Emprego. Lima: OIT, 2009.

OTERO, Paulo. *Instituições políticas e constitucionais.* Vol. I. Coimbra: Almedina, 2007.

PABLOS, María Isabel Heredero de; BENITO, Santos Miguel Ruesga. *Instituciones laborales en Europa.* Cambios durante la Gran Recesión. Valencia: Tirant lo Blanch, 2019.

PELLING, Henry. *A History of the British Trade Unionism.* 3. ed. Harmondsworth: Penguin Books, 1976.

PEREIRA, Caio Mário da Silva. *Responsabilidade civil.* 11. ed. Rio de Janeiro: Forense, 2016.

PÉREZ, Miguel Gutiérrez. *Ciudadanía en la empresa y derechos fundamentales inespecíficos.* Murcia: Laborum, 2011.

PÉREZ-LUÑO, Antonio Enrique. *Los derechos fundamentales.* 8. ed. Madrid: Tecnos, 2005.

PERLINGIERI, Pietro. Trad.: DE CICCO, Maria Cristina. *Perfis do Direito Civil.* Introdução ao Direito Civil Constitucional. 2. ed. Rio de Janeiro: Renovar, 2002.

PERONE, Gian Carlo. Trad.: CUNHA, Edilson Alkmim. *A Ação Sindical nos Estados-Membros da União Europeia.* São Paulo: LTr, 1996.

PIC, Paul. *Traité élémentaire de législation industrielle.* Les lois ouvrières. 6. ed. Paris: Arthur Rousseau, 1930.

PIÇARRA, Nuno. *A Separação dos Poderes como Doutrina e Princípio Constitucional.* Coimbra: Coimbra Editora, 1989.

PIEROTH, Bodo; SCHLINK. Bernhard. Trad.: SOUSA. António Francisco de; FRANCO. António. *Direitos Fundamentais.* São Paulo: Saraiva, 2012.

PIMENTA, Joaquim. *Sociologia Jurídica do Trabalho.* 2. ed. Rio de Janeiro: Editora Nacional de Direito, 1946.

PINTO, Cristiano Paixão Araújo. Arqueologia de uma Distinção — O Público e o Privado na Experiência Histórica do Direito. In: PEREIRA, Claudia Fernanda Oliveira. *O Novo Direito Administrativo Brasileiro.* Belo Horizonte: Fórum, 2003.

PIOVESAN, Flávia. *Direitos humanos e o Direito Constitucional Internacional.* 7. edição. São Paulo: Saraiva, 2006.

______. *Temas de direitos humanos.* 2. ed. São Paulo: Max Limonad, 2003.

PORTO, Noemia. *O trabalho como categoria constitucional de inclusão.* São Paulo: LTr, 2013.

PRADO JÚNIOR, Caio. *História Econômica do Brasil.* 51. reimp. São Paulo: Brasiliense, 2011.

PRATA, Ana. *A tutela constitucional da autonomia privada.* Reimp.. Coimbra: Almedina, 2016.

PULIDO, Carlos Bernal. *El principio de proporcionalidad y los derechos fundamentales.* 3. ed. Madrid: Centro de Estudios Politicos y Constitucionales, 2007.

RAMALHO, Maria do Rosário Palma. *Tratado de Direito do Trabalho.* Parte III – Situações Laborais Colectivas. Coimbra: Almedina, 2012.

REALE, Miguel. *História do novo Código Civil.* São Paulo: Revista dos Tribunais, 2005.

RÍOS, Alfredo Villavicencio. Trad.: ARAÚJO, Jorge Alberto. *A liberdade sindical nas normas e pronunciamentos da OIT.* São Paulo: LTr, 2011.

RIPERT, George. Trad.: OLIVEIRA. Osório de. *A regra moral nas obrigações civis.* 2. ed. Campinas: Bookseller, 2009.

ROBORTELLA, Luiz Carlos Amorim. *O moderno Direito do Trabalho.* São Paulo: LTr, 1994.

ROCHA, Afonso de Paula Pinheiro. Liberdade sindical, condutas antissindicais e a atuação do Ministério Público do Trabalho. In: GOMES, Ana Virgínia Moreira; FREITAS JÚNIOR, Antonio Rodrigues de. *A declaração de 1998 da OIT sobre princípios e direitos fundamentais no trabalho.* Análise do seu significado e efeitos. São Paulo: LTr, 2014.

RODRIGUES, José Albertino. *Sindicato e desenvolvimento no Brasil.* São Paulo: Difusão Europeia do Livro, 1968.

RODRIGUEZ, José Rodrigo. *Dogmática da liberdade sindical.* Rio de Janeiro: Renovar, 2003.

ROMITA, Arion Sayão. *Despedida Arbitrária e Discriminatória.* Rio de Janeiro: Forense, 2008.

ROPPO, Enzo. Trad.: COIMBRA, Ana; GOMES, Januário. *O Contrato.* Coimbra: Almedina, 2009.

ROSENVALD, Nelson. *As funções da responsabilidade civil.* A reparação e a pena civil. São Paulo: Atlas, 2013.

ROSSI, Júlio César. *Precedente à brasileira.* A jurisprudência vinculante no CPC e no novo CPC. São Paulo: Atlas, 2015.

ROUAST, André; DURAND. Paul. *Précis de législation industrielle.* Paris: Dalloz, 1948.

RUIZ, Ignasi Beltran de Heredia. *Work in the platform economy:* arguments for an employment relationship. Barcelona: Huygens, 2019.

RUPRECHT, Alfredo. Trad.: FERRARI, Irany. *Relações Coletivas de Trabalho.* São Paulo: LTr, 1995.

RUSSOMANO, Mozart Victor. *Princípios gerais de Direito Sindical.* 2. ed. Rio de Janeiro: Forense, 1995.

SAGÜÉS, Néstor Pedro. *La Interpretación Judicial de la Constitución.* Buenos Aires: Depalma, 1998.

SANCHÍS, Luis Prieto. *Justicia constitucional y derechos fundamentales.* Madrid: Trotta, 2003.

SANSEVERINO, Paulo de Tarso Vieira. *Princípio da reparação integral.* Indenização no Código Civil. São Paulo: Saraiva, 2010.

SANTORO-PASSARELLI, Giuseppe. *Diritto Sindacale.* 3. ed.. Lecce: Laterza, 2011.

SANTOS, Carlos Maximiliano Pereira dos. *Comentários à Constituição Brasileira de 1891.* Edição fac-similar. Brasília: Senado Federal, 2005.

SANTOS, Enoque Ribeiro dos. *Fundamentos do Direito Coletivo do Trabalho nos Estados Unidos da América, na União Europeia, no Mercosul e a Experiência Brasileira.* Rio de Janeiro: Lumen Juris, 2005.

______. *Negociação coletiva de trabalho nos setores público e privado.* São Paulo: LTr, 2015.

SARMENTO, Daniel. *Direitos Fundamentais e Relações Privadas.* Rio de Janeiro: Lumen Juris, 2004.

SCHMITT, Carl. Trad.: AYALA, Francisco. *Teoría de la Constitución.* 4. reimp. Madrid: Alianza Editorial, 2003.

______. Trad.: CARVALHO, Geraldo de. *O guardião da Constituição.* Belo Horizonte: Del Rey, 2007.

SCHÜRMANN, Francisca Albertina. *Sindicalismo e Democracia.* Os casos do Brasil e do Chile. Brasília: Editora UnB, 1998.

SCHWARTZ, Bernard. *American Constitutional Law.* Cambridge: Cambridge University Press, 1955.

SIEYÈS, Emmanuel Joseph. Trad.: GARCIA, Emerson. *Exposição Refletida dos Direitos do Homem e do Cidadão.* Rio de Janeiro: Lumen Juris, 2008.

SILVA, José Afonso da. *Aplicabilidade das normas constitucionais.* 7. ed., 2. tir. São Paulo: Malheiros Editores, 2008.

SILVA, Sayonara Grillo Coutinho Leonardo da. *Relações coletivas de trabalho.* Configurações institucionais no Brasil contemporâneo. São Paulo: LTr, 2008.

SILVA, Virgílio Afonso da. *Direito Constitucional brasileiro.* São Paulo: Edusp, 2021.

SILVA, Walküre Lopes Ribeiro da; LOUREIRO, Alexandre Pinto. Origem, Evolução e Perspectivas atuais dos sindicatos patronais. *LTr: Revista do Departamento de Direito do Trabalho e da Seguridade Social.* Faculdade de Direito da USP, V. 4, p. 193-194, jul./dez. 2007.

SIMÃO, Azis. *Sindicato e Estado.* São Paulo: Dominus, 1966.

SIQUEIRA NETO, José Francisco. *Direito do Trabalho & democracia.* Apontamentos e pareceres. São Paulo: LTr, 1996.

______. *Liberdade Sindical e Representação dos Trabalhadores no Local de Trabalho.* São Paulo: LTr, 2000.

SLEE, Tom. Trad.: PERES, João. *Uberização.* A nova onda do trabalho precarizado. São Paulo: Elefante, 2017.

SMEND, Rudolf. Trad.: FIORE, F; LUTHER. J. *Costituzione e diritto costituzionale.* Milano: Giuffrè, 1988.

SMITH, Adam. Trad.: LIMA. Norberto de Paula. *A Riqueza das Nações.* Investigação sobre sua natureza e suas causas. Rio de Janeiro: Ediouro, 1986.

SOUTO MAIOR, Jorge Luiz. *Curso de Direito do Trabalho.* Volume II. A Relação de Emprego. São Paulo: LTr, 2008.

______. *O STF (no ARE 1.121.633) não fixou tese de que o negociado prevalece sobre o legislado, para o efeito de eliminar direitos trabalhistas.* Disponível em: <https://www.jorgesoutomaior.com/blog/o-stf-no-are-1121633-nao-fixou-tese-de-que-o-negociado-prevalece-sobre-o-legislado-para-o-efeito-de-eliminar-direitos-trabalhistas>. Acesso em: 11 out. 2022.

______; MOREIRA, Ranulio Mendes; SEVERO, Valdete Souto. Dumping *social nas relações de trabalho.* 2. ed. São Paulo: LTr, 2014.

SOUZA JÚNIOR, Antônio Umberto *et alii. Reforma trabalhista.* Análise comparativa e crítica da Lei n. 13.467/2017. São Paulo: Rideel, 2017.

SOUZA NETO, Cláudio Pereira de. *Direito Constitucional. Teoria, história e métodos de trabalho.* 2. ed. Belo Horizonte: Fórum, 2016.

STRECK. Lenio Luiz, *Jurisdição constitucional e decisão jurídica.* 4. ed. São Paulo: Revista dos Tribunais, 2014.

______. *O que é isto* — decido conforme minha consciência? 2. ed. Porto Alegre: Livraria do Advogado, 2010.

STRECK, Lenio Luiz; MORAIS, José Luiz Bolzan de. *Ciência Política & Teoria do Estado.* 8. ed., 2. tir. Porto Alegre: Livraria do Advogado, 2014.

SUPIOT, Alain. *Critique du Droit du Travail.* Paris: PUF, 1994.

______. Trad.: RUBINI-BLANCO, Patricia. *Derecho del Trabajo.* Buenos Aires: Heliasta, 2008.

______. Trad.: TERRÉ, Jordi. *El Espíritu de Filadelfia.* La justicia social frente al mercado total. Barcelona: Península, 2011.

______ *et alii. Trabajo y Empleo.* Transformaciones del trabajo y futuro del Derecho del Trabajo en Europa. Valencia: Tirant lo Blanch, 1999.

SÜSSEKIND, Arnaldo. *Convenções da OIT e Outros Tratados.* 3. ed. São Paulo: LTr, 2007.

______. *Direito Internacional do Trabalho.* 3. ed. São Paulo: LTr, 2000.

______ *et alii. Instituições de Direito do Trabalho.* Vol. 2. 21. ed. São Paulo: LTr, 2003.

TAJADURA TEJADA, Javier. *Los derechos fundamentales y sus garantias.* 2. ed. Valencia: Tirant lo blanch, 2021.

TAYLOR, Frederick Winslow. Trad.: RAMOS, Arlindo Vieira. *Princípios de administração científica.* São Paulo: Atlas, 1985.

TENÓRIO, Oscar. *Lei de introdução ao Código Civil Brasileiro.* Rio de Janeiro: A Noite, 1944.

TEPEDINO, Gustavo; BARBOZA, Heloísa Helena; MORAES, Maria Celina Bodin de. *Código Civil Interpretado.* Vol. II. Rio de Janeiro. Renovar, 2006.

TEYSSIÉ, Bernard. *Droit du travail. Relations collectives.* 10. ed. Paris : Lexis Nexis, 2016.

THOME, Candy Florêncio. A República de Weimar e os Movimentos Operários. In: *Caderno de Doutrina e Jurisprudência da Ematra XV*, v. 1, n. 5, set./out. 2005.

TOLEDO, Edilene. *Anarquismo e Sindicalismo Revolucionário.* Trabalhadores e Militantes em São Paulo na Primeira República. São Paulo: Fundação Perseu Abramo, 2004.

TRINDADE, Antônio Augusto Cançado. *Tratado de Direito Internacional dos Direitos Humanos.* Vol I. Porto Alegre: Sergio Antonio Fabris Editor, 1997.

______. *Tratado de Direito Internacional dos Direitos Humanos.* Vol. II. Porto Alegre: Sergio Antonio Fabris Editor, 1999.

TRINDADE, José Damião de Lima. *História Social dos Direitos Humanos.* 2. ed. São Paulo: Peirápolis, 2002.

TROPER, Michel. *La séparation des pouvoirs et l'histoire constitututionnelle française.* Paris: LGDJ, 1980.

TUNC, André. *La responsabilité civile.* Paris: Economica, 1981 .

TUSHNET, Mark. *The new constitutional order.* Princeton: Princeton University Press, 2003.

UGARTE, José Luis. *Análisis económico del derecho.* El derecho laboral y sus enemigos. Montevideo: Fundación de Cultura Universitaria, 2001.

URIARTE, Oscar Ermida. Trad.: FERRARI, Irany. *A Proteção contra os Atos Anti-Sindicais.* São Paulo: LTr, 1989.

______. *Sindicatos en Libertad Sindical.* 2. ed.. Montevideo: Fundación de Cultura Universitaria, 1999.

VALDEOLIVAS-GARCIA, Yolanda. *Antisindicalidad y relaciones de trabajo.* Madrid: Civitas, 1994.

VALE, André Rufino do. *Estrutura das normas de direitos fundamentais.* Repensando a distinção entre regras, princípios e valores. São Paulo: Saraiva, 2009.

VALLEJO, Pilar Rivas. *La aplicación de la Inteligencia Artificial y su impacto discriminatorio.* Pamplona: Aranzadi, 2020.

VATTEL, Emer de. Trad.: RANGEL, Vicente Marotta. *O direito das gentes.* Brasília: Instituto de Pesquisa de Relações Internacionais/Editora UnB, 2004.

VARGAS, João Tristan. *O trabalho na ordem liberal.* O movimento operário e a construção do Estado na Primeira República. Campinas: Unicamp, 2004.

VERDIER, Jean-Maurice. *Syndicats et Droit Syndical.* Vol. I. 10. ed.. Paris: Dalloz, 1987.

VERSIANI, Flávio; SUZIGAN, Wilson. *O Processo de Industrialização:* Uma Visão Geral. Disponível em: <http://www.unb.br/ih/eco/textos/industrializacao.pdf>.

VIANA, Francisco José de Oliveira. *Instituições Políticas Brasileiras.* Brasília: Senado Federal, 1999.

______. *Problemas de Direito Sindical.* Rio de Janeiro: Max Limonad, 1943.

VIANA, Márcio Túlio. *Direito de resistência.* São Paulo: LTr, 1996.

VIANNA, Luiz Werneck. *Liberalismo e Sindicato no Brasil.* 3. ed. Rio de Janeiro: Paz e Terra, 1989.

VIANNA, Segadas. *O Sindicato no Brasil.* Rio de Janeiro: Olímpica Editora, 1953.

______. *Greve.* Direito ou Violência? Rio de Janeiro: Freitas Bastos, 1959.

VON POTOBSKY, Geraldo; DE LA CRUZ, Héctor Bartolomei. *La Organización Internacional del Trabajo.* Buenos Aires: Astrea, 1990.

ZAGREBELSKY, Gustavo. Trad.: GASCÓN, Marina. *El Derecho Dúctil.* 6. ed. Madrid: Trotta, 2005.

______. Trad.: CARBONELL, Miguel. *Historia y Constitución.* Madrid: Trotta, 2005.

ZAVANELLA, Fabiano; MAISTRO JUNIOR, Gilberto Carlos. Utilização de dados pessoais do trabalhador e o legítimo interesse do empregador a partir do poder de direção. In: MIZIARA, Raphael; MOLLICONE, Bianca; PESSOA, André. *Reflexos da LGPD no Direito e no Processo do Trabalho.* 2. ed. São Paulo: Revista dos Tribunais, 2022.

ZYLBERSTAJN, Hélio. The End of Jobs. A case of Theoretical Convergence? In: *The International Journal of Comparative Labor Law and Industrial Relations.* New York: Wolters-Kluwer, 2010.